Datenintensive Anwendungen designen

Datenintensive Anwendungen designen

Konzepte für zuverlässige, skalierbare und wartbare Systeme

Martin Kleppmann

Übersetzung aus dem Englischen von Frank Langenau

O'REILLY®

Martin Kleppmann

Lektorat: Alexandra Follenius
Übersetzung: Frank Langenau
Korrektorat: Claudia Lötschert, www.richtiger-text.de
Satz: III-satz, www.drei-satz.de
Herstellung: Stefanie Weidner
Umschlaggestaltung: Karen Montgomery, Michael Oréal, www.oreal.de
Druck und Bindung: C.H.Beck, Nördlingen

Bibliografische Information Der Deutschen Nationalbibliothek
Die Deutsche Nationalbibliothek verzeichnet diese Publikation in der Deutschen Nationalbibliografie; detaillierte bibliografische Daten sind im Internet über *http://dnb.d-nb.de* abrufbar.

ISBN:
Print 978-3-96009-075-5
PDF 978-3-96010-183-3
ePub 978-3-96010-184-0
mobi 978-3-96010-185-7

Dieses Buch erscheint in Kooperation mit O'Reilly Media, Inc. unter dem Imprint »O'REILLY«. O'REILLY ist ein Markenzeichen und eine eingetragene Marke von O'Reilly Media, Inc. und wird mit Einwilligung des Eigentümers verwendet.

1. Auflage 2019

Wieblinger Weg 17
69123 Heidelberg

5 4 3 2 1 0

Technologie übt in unserer Gesellschaft eine große Macht aus. Daten, Software und Kommunikation können missbraucht werden: um ungerechte Machtstrukturen tiefer zu verankern, Menschenrechte auszuhöhlen und Eigeninteressen zu schützen. Aber sie können auch für gute Zwecke genutzt werden: um Minderheiten Gehör zu verschaffen, Chancen für alle zu eröffnen und Katastrophen abzuwenden. Dieses Buch ist jedem gewidmet, der sich für das Gute einsetzt.

Inhalt

Teil II: Verteilte Daten

Einleitung

> *Computing ist Popkultur. [...] Die Popkultur verachtet die Geschichte. In der Popkultur dreht sich alles um Identität und das Gefühl mitzumachen. Sie hat nichts mit Zusammenarbeit, Vergangenheit oder Zukunft zu tun – es geht um das Leben in der Gegenwart. Ich denke, das Gleiche gilt für die meisten Leute, die Code für Geld schreiben. Sie haben keine Ahnung, woher [ihre Kultur kommt].*
>
> – **Alan Kay**, im Interview mit *Dr Dobb's Journal* (2012)

Wenn Sie in den letzten Jahren in der Softwareentwicklung gearbeitet haben und hier vor allem mit Server- und Backendsystemen, dann sind Sie wahrscheinlich mit einer Fülle von Schlagwörtern rund um die Speicherung und Verarbeitung von Daten bombardiert worden. NoSQL! Big Data! Skalierbarkeit! Sharding! Konsistenz! ACID! CAP-Theorem! Cloud-Dienste! MapReduce! Echtzeit!

Das letzte Jahrzehnt hat viele interessante Entwicklungen hervorgebracht, und zwar bei Datenbanken, in verteilten Systemen und in der Art und Weise, wie wir Anwendungen darauf aufbauen. Für diese Entwicklungen gibt es vielfältige Triebkräfte:

- Internetfirmen wie Google, Microsoft, Amazon, Facebook, LinkedIn, Netflix und Twitter verarbeiten riesige Mengen an Daten und Datenverkehr, was sie dazu zwingt, neue Tools zu entwickeln, die in dieser Größenordnung effizient arbeiten.
- Unternehmen müssen agil sein, Hypothesen kostengünstig testen und schnell auf neue Markterkenntnisse reagieren, indem sie die Entwicklungszyklen kurz und die Datenmodelle flexibel halten.
- Freie und Open-Source-Software ist sehr erfolgreich geworden und wird heute in vielen Umgebungen kommerzieller oder intern entwickelter Software vorgezogen.
- Während sich die Taktfrequenz der Prozessoren kaum mehr erhöht, sind Multi-Core-Prozessoren zum Standard avanciert, und Netzwerke werden immer schneller. Die Entwicklung strebt also in Richtung Parallelverarbeitung.

- Dank Infrastructure as a Service (IaaS) wie zum Beispiel Amazon Web Services können Sie selbst in einem kleinen Team Systeme aufbauen, die über mehrere Computer und sogar über mehrere geografische Regionen hinweg verteilt sind.
- Bei vielen Diensten erwartet man heutzutage, dass sie hochverfügbar sind. Längere Ausfallzeiten aufgrund von Störungen oder Wartungsarbeiten sind kaum noch tragbar.

Datenintensive Anwendungen erweitern die Grenzen des Machbaren, indem sie diese technologischen Entwicklungen nutzen. Eine Anwendung bezeichnen wir als *datenintensiv*, wenn sie vorrangig Probleme in Bezug auf Daten – die Menge der Daten, ihre Komplexität oder die Geschwindigkeit, mit der sie sich verändern – zu lösen hat, im Unterschied zu *rechenintensiv*, wenn die CPU-Takte einen Engpass darstellen.

Die Werkzeuge und Techniken, mit denen datenintensive Anwendungen Daten speichern und verarbeiten, haben sich diesen Änderungen schnell angepasst. Neue Arten von Datenbanksystemen (»NoSQL«) haben viel Aufmerksamkeit erregt, doch auch Nachrichtenwarteschlangen, Caches, Suchindizes, Frameworks für Batch- und Stream-Verarbeitung sowie verwandte Techniken sind auch sehr wichtig. Viele Anwendungen kombinieren diese Techniken.

Die diesbezüglichen Schlagwörter kennzeichnen die Begeisterung für die neuen Möglichkeiten, was prinzipiell zu begrüßen ist. Allerdings brauchen wir als Softwareentwickler und -architekten ein technisch genaues und präzises Verständnis für die verschiedenen Techniken und deren Abwägungen, wenn wir gute Anwendungen erstellen wollen. Für dieses Verständnis dürfen wir uns nicht mit Schlagwörtern begnügen, sondern müssen tiefer eintauchen.

Glücklicherweise stehen hinter diesen rasanten technischen Veränderungen dauerhafte Prinzipien, die ihre Gültigkeit behalten, unabhängig davon, welche Version eines bestimmten Tools Sie verwenden. Wenn Sie diese Prinzipien verstehen, können Sie sehen, wozu jedes Werkzeug passt, wie Sie es zweckmäßig einsetzen und wie Sie seine Fallstricke vermeiden. Hier kommt dieses Buch ins Spiel.

Es soll Ihnen helfen, sich in der vielfältigen und sich schnell verändernden Landschaft der Techniken zum Verarbeiten und Speichern von Daten zurechtzufinden. Dabei ist das Buch weder ein Tutorial für ein bestimmtes Tool noch ein Lehrbuch voller trockener Theorie. Vielmehr sehen wir uns Beispiele erfolgreicher Datensysteme an: Techniken, die die Grundlage vieler bekannter Anwendungen bilden und die täglich den Anforderungen an Skalierbarkeit, Leistung und Zuverlässigkeit in der Produktion gerecht werden müssen.

Wir dringen in die Interna dieser Systeme ein, nehmen ihre Schlüsselalgorithmen auseinander und diskutieren ihre Prinzipien und Abwägungen, die sie treffen müssen. Dabei streben wir nach zweckmäßigen Methoden, um über Datensysteme *nachzudenken* – nicht nur darüber, *wie* sie funktionieren, sondern auch, *warum* sie auf diese Weise funktionieren und welche Fragen wir stellen müssen.

Nachdem Sie dieses Buch gelesen haben, befinden Sie sich in einer komfortablen Position, um zu entscheiden, welche Technik für welchen Zweck geeignet ist, und um zu verstehen, wie sich die Tools kombinieren lassen, um die Grundlage für eine gute Anwendungsarchitektur zu bilden. Zwar werden Sie Ihre eigene Datenbank noch nicht von Grund auf neu erstellen können, doch zum Glück ist das auch kaum notwendig. Allerdings werden Sie ein gutes Gespür dafür entwickeln, was Ihre Systeme im Verborgenen tun, sodass Sie über ihr Verhalten nachdenken, gute Entwurfsentscheidungen treffen und eventuelle Probleme aufspüren können.

Wer sollte dieses Buch lesen?

Wenn Sie Anwendungen entwickeln, die Daten auf einer Art Server oder Backend speichern oder verarbeiten, und Ihre Anwendungen das Internet nutzen (zum Beispiel Webanwendungen, mobile Apps oder Sensoren mit Internetanschluss), dann ist dieses Buch genau richtig für Sie.

Die Zielgruppe dieses Buchs sind Softwareentwickler, Softwarearchitekten und technische Führungskräfte, die gerne programmieren. Es ist vor allem relevant, wenn Sie Entscheidungen über die Architektur der Systeme treffen müssen, an denen Sie arbeiten – wenn Sie zum Beispiel Tools für ein bestimmtes Problem auswählen und herausfinden müssen, wie Sie sie am besten anwenden. Doch selbst wenn Sie keinen Einfluss auf die Auswahl Ihrer Tools haben, hilft Ihnen das Buch, deren Stärken und Schwächen besser zu verstehen.

Sie sollten einige Erfahrungen im Erstellen von webbasierten Anwendungen oder Netzwerkdiensten mitbringen und mit relationalen Datenbanken und SQL vertraut sein. Wenn Sie nichtrelationale Datenbanken und andere datenbezogene Tools kennen, ist das prinzipiell von Vorteil, aber nicht unbedingt erforderlich. Hilfreich ist ein allgemeines Verständnis der gängigen Netzwerkprotokolle wie zum Beispiel TCP und HTTP. Welche Programmiersprache oder welches Framework Sie wählen, ist für dieses Buch nicht entscheidend.

Wenn einer der folgenden Punkte auf Sie zutrifft, wird Ihnen dieses Buch nützlich sein:

- Sie möchten lernen, wie sich Datensysteme skalierbar machen lassen, um beispielsweise Webanwendungen oder mobile Apps mit Millionen von Benutzern zu unterstützen.
- Sie müssen Anwendungen hochverfügbar machen (Ausfallzeiten minimieren) und betriebssicher gestalten.
- Sie suchen nach Möglichkeiten, Systeme langfristig wartungsfreundlicher zu machen, selbst wenn sie wachsen und sich die Anforderungen und Techniken verändern.

- Sie sind von Haus aus neugierig, wie die Dinge funktionieren, und wollen wissen, was bei den großen Websites und Onlinediensten hinter den Kulissen vor sich geht. Dieses Buch nimmt die Interna der verschiedenen Datenbanken und Datenverarbeitungssysteme auseinander, und es macht großen Spaß, die cleveren Überlegungen zu erkunden, die in ihr Design eingeflossen sind.

Wenn es um skalierbare Datensysteme geht, hört man manchmal Meinungen wie »Du bist nicht Google oder Amazon. Mach dir keine Gedanken um die Skalierbarkeit und nimm einfach eine relationale Datenbank.« In dieser Aussage liegt etwas Wahres: Ein System zu erstellen für eine Skalierung, die Sie noch nicht brauchen, ist unnützer Aufwand und kann Sie in ein unflexibles Design zwängen. Letztlich handelt es sich dabei um eine Form von vorschneller Optimierung. Allerdings ist es auch wichtig, das richtige Tool für den Job auszuwählen, und verschiedene Techniken zeichnen sich jeweils durch ihre eigenen Stärken und Schwächen aus. Wie wir sehen werden, sind relationale Datenbanken zwar wichtig, aber kein Allheilmittel für den Umgang mit Daten.

Das Themenspektrum dieses Buchs

Dieses Buch liefert keine detaillierten Anleitungen, wie Sie bestimmte Softwarepakete oder APIs installieren oder verwenden. Hierfür gibt es genügend Dokumentationen. Stattdessen erörtern wir die verschiedenen Prinzipien und Abwägungen, die für Datensysteme maßgeblich sind, und wir analysieren die verschiedenen Entwurfsentscheidungen, die für verschiedene Produkte typisch sind.

In den E-Book-Ausgaben sind Links zum vollständigen Text von Onlinequellen enthalten. Zwar wurden alle Links zeitnah zur Veröffentlichung überprüft, doch leider liegt es in der Natur des Webs, dass Links häufig ungültig werden. Falls Sie einen defekten Link finden oder die gedruckte Ausgabe dieses Buchs lesen, können Sie mit einer Suchmaschine nach den Quellen suchen. Bei akademischen Arbeiten können Sie nach dem Titel in Google Scholar nach frei zugänglichen PDF-Dateien suchen. Alternativ finden Sie alle Quellen unter *https://github.com/ept/ddia-references*, wo wir aktuelle Links pflegen.

Wir betrachten vor allem die *Architektur* von Datensystemen und ihre Integration in datenintensive Anwendungen. Der Platz im Buch reicht nicht aus, um Bereitstellung, Betrieb, Sicherheit, Verwaltung und andere Bereiche zu behandeln – solchen komplexen und wichtigen Themen könnten wir nicht gerecht werden, wenn wir sie zu oberflächlichen Randbemerkungen in diesem Buch machen. Sie verdienen eigene Bücher.

Viele der im Buch beschriebenen Techniken lassen sich dem Schlagwort *Big Data* zuordnen. Allerdings ist der Begriff »Big Data« so überstrapaziert und ziemlich schwammig definiert, dass er für eine ernsthafte technische Diskussion nicht viel taugt. Dieses Buch verwendet weniger zweideutige Begriffe, wie zum Beispiel Einzelknotensysteme vs. verteilte Systeme oder online/interaktiv vs. offline/Batch-Verarbeitungssysteme.

Dieses Buch betont *Freie Software* und *Open-Source-Software*, denn wenn man Quellcode selbst lesen, ändern und ausführen kann, versteht man viel besser, wie etwas im Detail funktioniert. Bei offenen Plattformen ist auch die Gefahr einer Anbieterabhängigkeit geringer. Wo es passend erscheint, diskutieren wir aber auch proprietäre Software (Closed-Source-Software, Software as a Service oder firmeninterne Software, die lediglich in der Literatur beschrieben, aber nicht als Code veröffentlicht wird).

Gliederung dieses Buchs

Dieses Buch ist in drei Teile gegliedert:

1. In *Teil I* beschäftigen wir uns mit den prinzipiellen Konzepten, die dem Design von datenintensiven Anwendungen zugrunde liegen. Zuerst erläutert Kapitel 1, was wir eigentlich anstreben: Zuverlässigkeit, Skalierbarkeit und Wartbarkeit, welche Überlegungen wir anstellen müssen und wie wir die Ziele erreichen können. In Kapitel 2 vergleichen wir verschiedene Datenmodelle und Abfragesprachen und zeigen, wie sie sich für unterschiedliche Situationen eignen. In Kapitel 3 geht es um Speichermodule: wie Datenbanken die Daten auf der Festplatte anordnen, damit wir sie effizient wiederfinden können. Kapitel 4 erläutert die Formate für die Datencodierung (Serialisierung) und die Entwicklung von Schemas im Laufe der Zeit.
2. In *Teil II* gehen wir von den Daten, die auf einem Computer gespeichert sind, zu Daten über, die über mehrere Computer verteilt sind. Dies ist oftmals für Skalierbarkeit erforderlich, bringt aber auch eine Vielzahl von speziellen Problemen mit sich. Zuerst befassen wir uns mit Replikation (Kapitel 5), Partitionierung und Sharding (Kapitel 6) und Transaktionen (Kapitel 7). Dann gehen wir näher auf die Probleme mit verteilten Systemen ein (Kapitel 8) und zeigen, was es bedeutet, Konsistenz und Konsens in einem verteilten System zu erreichen (Kapitel 9).
3. In *Teil III* geht es um Systeme, die bestimmte Datenmengen aus anderen Datenmengen ableiten. Abgeleitete Daten sind häufig in heterogenen Systemen zu finden: Wenn eine Datenbank nicht alle Aufgaben gleichermaßen gut übernehmen kann, müssen Anwendungen mehrere verschiedene Datenbanken, Caches, Indizes usw. integrieren. Zu Beginn zeigt Kapitel 10 das Konzept einer Stapelverarbeitung für abgeleitete Daten, und darauf aufbauend erläutert Kapitel 11 eine Stream-Verarbeitung. Schließlich bringen wir in Kapitel 12 alles zusammen und diskutieren Ansätze, um in Zukunft zuverlässige, skalierbare und wartbare Anwendungen zu erstellen.

Quellen und weiterführende Literatur

Das meiste von dem, was wir in diesem Buch besprechen, ist bereits an anderer Stelle in der einen oder anderen Form gesagt worden – auf Konferenzen, in Forschungsarbeiten, Blog-Posts, Code, Bugtracker-Berichten, Mailinglisten und dem mündlich überlieferten technischen Mythos. Dieses Buch fasst die wichtigsten Ideen aus vielen verschiedenen Quellen zusammen und gibt im gesamten Text Verweise auf die Originalliteratur an. Die Verweise am Ende jedes Kapitels bieten sich an, wenn Sie in einem Themenbereich weiter recherchieren wollen. Zudem sind die meisten davon online frei verfügbar.

Vorwort des Autors zur deutschen Übersetzung

Nachdem die englische Originalfassung dieses Buchs viele begeisterte Leser gefunden hat, war ich sehr erfreut von den Plänen zu erfahren, *Designing Data-Intensive Applications* in mehrere andere Sprachen zu übersetzen. Zu den meisten Übersetzungen, zum Beispiel auf Koreanisch, Russisch und Polnisch, habe ich allerdings keinen Beitrag leisten können, weil ich in Sprachen leider nicht so bewandert bin.

Die deutsche Übersetzung ist jedoch ein Ausnahmefall: Zwar wohne ich inzwischen seit 15 Jahren in Großbritannien, aber da ich in Deutschland aufgewachsen bin, ist mein Deutsch immerhin gut genug, um beim Korrekturlesen der deutschen Übersetzung zu helfen. Ich war von Frank Langenaus Übersetzung von Anfang an beeindruckt: Er hat den beabsichtigten Sinn präzise erfasst und zugleich gute, idiomatische Ausdrucksweisen gefunden – viel besser, als ich es selbst geschafft hätte.

Das vorliegende Buch habe ich komplett überprüft und bei der Übersetzung begleitet; dabei haben wir auch den Inhalt auf den neuesten Stand gebracht. Wir sind bei der Übersetzung auf einige Details gestoßen, die im englischen Original unklar formuliert waren: Diese haben wir nicht nur in der deutschen Fassung korrigiert, sondern auch als Verbesserungen in die nächste Aktualisierung der englischen Ausgabe übernommen. Somit ist die Übersetzung dem Buch doppelt zugutegekommen!

Mein großer Dank gilt also Frank Langenau für seine hervorragende Übersetzung des Buchs. Ebenfalls danken möchte ich Alexandra Follenius und dem Team bei O'Reilly Deutschland.

Danksagungen der englischen Originalfassung

Dieses Buch verschmilzt und systematisiert viele Ideen und Erkenntnisse anderer Menschen, wobei es Erfahrungen sowohl aus der akademischen Forschung als auch der industriellen Praxis zusammenbringt. In der Datenverarbeitung fühlen wir uns angezogen von neuen und modischen Dingen, doch meiner Ansicht nach können wir noch jede Menge lernen aus den Dingen, die in der Vergangenheit getan wurden. Im Buch finden Sie über 800 Verweise auf Artikel, Blogposts, Vorträge, Dokumentationen und mehr, die auch für mich wertvolle Lernunterlagen waren. Ich bin den Autoren dieses Materials sehr dankbar, dass sie ihr Wissen teilen.

Auch aus persönlichen Gesprächen habe ich viel mitgenommen, dank einer großen Anzahl von Menschen, die sich die Zeit genommen haben, Ideen zu diskutieren oder mir Sachverhalte geduldig zu erklären. Insbesondere möchte ich mich bedanken bei Joe Adler, Ross Anderson, Peter Bailis, Márton Balassi, Alastair Beresford, Mark Callaghan, Mat Clayton, Patrick Collison, Sean Cribbs, Shirshanka Das, Niklas Ekström, Stephan Ewen, Alan Fekete, Gyula Fóra, Camille Fournier, Andres Freund, John Garbutt, Seth Gilbert, Tom Haggett, Pat Helland, Joe Hellerstein, Jakob Homan, Heidi Howard, John Hugg, Julian Hyde, Conrad Irwin, Evan Jones, Flavio Junqueira, Jessica Kerr, Kyle Kingsbury, Jay Kreps, Carl Lerche, Nicolas Liochon, Steve Loughran, Lee Mallabone, Nathan Marz, Caitie McCaffrey, Josie McLellan, Christopher Meiklejohn, Ian Meyers, Neha Narkhede, Neha Narula, Cathy O'Neil, Onora O'Neill, Ludovic Orban, Zoran Perkov, Julia Powles, Chris Riccomini, Henry Robinson, David Rosenthal, Jennifer Rullmann, Matthew Sackman, Martin Scholl, Amit Sela, Gwen Shapira, Greg Spurrier, Sam Stokes, Ben Stopford, Tom Stuart, Diana Vasile, Rahul Vohra, Pete Warden und Brett Wooldridge.

Weitere Personen haben beim Schreiben dieses Buchs wertvolle Hilfe geleistet, indem sie Entwürfe begutachtet und Feedback gegeben haben. Für diese Beiträge danke ich Raul Agepati, Tyler Akidau, Mattias Andersson, Sasha Baranov, Veena Basavaraj, David Beyer, Jim Brikman, Paul Carey, Raul Castro Fernandez, Joseph Chow, Derek Elkins, Sam Elliott, Alexander Gallego, Mark Grover, Stu Halloway, Heidi Howard, Nicola Kleppmann, Stefan Kruppa, Bjorn Madsen, Sander Mak, Stefan Podkowinski, Phil Potter, Hamid Ramazani, Sam Stokes, and Ben Summers. Selbstverständlich übernehme ich die gesamte Verantwortung für alle verbliebenen Fehler oder nicht akzeptable Meinungen in diesem Buch.

Für die Unterstützung, dass dieses Buch Wirklichkeit werden konnte, und für ihre Geduld mit meinem langsamen Schreiben und den ausgefallenen Anfragen danke ich meinen Redakteuren Marie Beaugureau, Mike Loukides, Ann Spencer und dem ganzen Team bei O'Reilly. Bedanken möchte ich mich auch bei Rachel Head für Ihre Hilfe, die richtigen Worte zu finden. Dafür, dass sie mir die Zeit und Freiheit gegeben haben, trotz anderweitiger beruflicher Verpflichtungen zu schreiben, danke ich Alastair Beresford, Susan Goodhue, Neha Narkhede und Kevin Scott. Ein ganz besonderer Dank geht an Shabbir Diwan und Edie Freedman, die mit großer Sorgfalt die Karten zu den Kapiteln illustriert haben. Es ist wunderbar, dass sie die unkonventionelle Idee aufgegriffen haben, Landkarten zu erstellen, und dass sie sie so schön und ansprechend gestaltet haben.

Schließlich gilt meine Liebe meiner Familie und meinen Freunden, ohne die ich das Schreiben, das fast vier Jahre gedauert hat, nicht hätte durchstehen können. Ihr seid die Besten.

TEIL I

Grundlagen von Datensystemen

Die ersten vier Kapitel beschäftigen sich mit den fundamentalen Ideen, die auf alle Datensysteme anwendbar sind, egal, ob sie auf einem einzelnen Computer laufen oder über einen Cluster von Computern verteilt sind:

1. Kapitel 1 führt die Terminologie und die Konzepte ein, die wir das gesamte Buch hindurch verwenden werden. Es untersucht, was wir mit Begriffen wir *Zuverlässigkeit*, *Skalierbarkeit* und *Wartbarkeit* tatsächlich meinen und wie sich diese Ziele erreichen lassen.
2. Kapitel 2 vergleicht verschiedene Datenmodelle und Abfragesprachen – der offensichtlichste Unterscheidungsfaktor zwischen Datenbanken aus dem Blickwinkel des Entwicklers. Hier erfahren Sie, wie verschiedene Modelle für verschiedene Situationen geeignet sind.
3. Kapitel 3 wendet sich den Interna der Speichermodule zu und zeigt, wie Datenbanken die Daten auf dem Datenträger anordnen. Verschiedene Speichermodule sind für unterschiedliche Arbeitsbelastungen optimiert, und die Auswahl des richtigen Moduls kann sich drastisch auf die Performance auswirken.
4. Kapitel 4 vergleicht Formate für die Codierung (Serialisierung) von Daten und untersucht insbesondere, wie sie sich in einer Umgebung verhalten, in der sich die Anforderungen an die Anwendungen ändern und Schemas im Laufe der Zeit angepasst werden müssen.

Später wendet sich Teil II den speziellen Fragen verteilter Datensysteme zu.

Datenintensive Anwendungen designen
Konzepte für zuverlässige, skalierbare und wartbare Systeme
ZUVERLÄSSIGKEIT
SKALIERBARKEIT
WARTBARKEIT
ZUVERLÄSSIGKEIT
Hardware- und Softwarefehler tolerieren
Menschlicher Fehler
SKALIERBARKEIT
Messen von Belastung & Leistung
Latenz-Perzentile, Durchsatz
WARTBARKEIT
Betriebsfähigkeit, Einfachheit & Erweiterbarkeit
N
W
O
S

KAPITEL 1

Zuverlässige, skalierbare und wartbare Anwendungen

Das Internet wurde so gut gemacht, dass die meisten Menschen es als eine natürliche Ressource wie den Pazifischen Ozean betrachten, und nicht als etwas, das vom Menschen geschaffen wurde. Wann war das letzte Mal eine Technologie in einer solchen Größenordnung so fehlerfrei?

– **Alan Kay** im Interview mit *Dr Dobb's Journal* (2012)

Viele Anwendungen sind heutzutage *datenintensiv* im Gegensatz zu *rechenintensiv*. Die CPU-Leistung an sich ist für diese Anwendungen kaum ein begrenzender Faktor – größere Probleme ergeben sich üblicherweise aus dem Umfang der Daten, ihrer Komplexität und der Geschwindigkeit, mit der sie sich verändern.

Eine datenintensive Anwendung besteht normalerweise aus Standardbausteinen, die häufig benötigte Funktionalität bereitstellen. Zum Beispiel müssen viele Anwendungen

- Daten speichern, damit sie oder andere Anwendungen die Daten später wiederfinden können (*Datenbanken*),
- das Ergebnis einer aufwendigen Operation zwischenspeichern, um Lesevorgänge zu beschleunigen (*Caches*),
- Benutzern ermöglichen, Daten nach Schlüsselwörtern zu durchsuchen oder nach verschiedenen anderen Methoden zu filtern (*Suchindizes*),
- eine Nachricht an einen anderen Prozess senden, um eine asynchrone Verarbeitung zu veranlassen (*Streamverarbeitung*) und
- regelmäßig eine große Menge akkumulierter Daten verarbeiten (*Stapelverarbeitung*).

Sollte das zu offensichtlich klingen, dann nur, weil diese *Datensysteme* eine so erfolgreiche Abstraktion sind: Wir verwenden sie die ganze Zeit, ohne groß darüber nachzudenken. Wenn ein Entwickler eine Anwendung erstellt, wird er kaum davon träumen, ein neues Speichermodul von Grund auf neu zu schreiben, denn für diese Aufgabe sind Datenbanken prädestiniert.

Die Realität sieht aber nicht so einfach aus. Es existieren viele Datenbanksysteme mit unterschiedlichen Eigenschaften, weil verschiedene Anwendungen unterschiedliche Anforderungen stellen. Für das Zwischenspeichern gibt es verschiedene Methoden, das Gleiche gilt für das Erstellen von Indizes usw. Wenn wir eine Anwendung erstellen, müssen wir immer noch herausfinden, welche Werkzeuge und welche Ansätze für die konkrete Aufgabe am besten geeignet sind. Und falls ein einzelnes Werkzeug diese Aufgabe nicht allein bewältigen kann, ist es mitunter schwierig, passende Tools zu kombinieren.

Dieses Buch führt Sie sowohl durch die Prinzipien als auch die praktischen Aspekte von Datensystemen und zeigt, wie Sie damit datenintensive Anwendungen erstellen können. Wir untersuchen, was verschiedene Werkzeuge gemeinsam haben, was sie unterscheidet und wie sie zu ihren Eigenschaften kommen.

In diesem Kapitel untersuchen wir zunächst die Grundlagen für das, was wir erreichen wollen: zuverlässige, skalierbare und wartbare Datensysteme. Wir machen deutlich, was diese Dinge bedeuten, umreißen Methoden, sie zu analysieren, und wenden uns den Basics zu, die für die späteren Kapitel erforderlich sind. In den folgenden Kapiteln fahren wir mit den einzelnen Ebenen nacheinander fort und sehen uns dabei die verschiedenen Entwurfsentscheidungen an, die beim Arbeiten an einer datenintensiven Anwendung betrachtet werden müssen.

Gedanken zu Datensystemen

In der Regel stellen wir uns Datenbanken, Warteschlangen, Caches usw. als vollkommen verschiedene Kategorien von Werkzeugen vor. Obwohl eine Datenbank und eine Nachrichtenwarteschlange einige oberflächliche Berührungspunkte aufweisen – beide speichern Daten für einen gewissen Zeitraum –, unterscheiden sie sich in ihren Zugriffsmustern. Das bedeutet verschiedene Leistungscharakteristika und somit sehr verschiedene Implementierungen.

Warum sollten wir sie alle unter einem Sammelbegriff wie *Datensysteme* zusammenfassen?

1In den letzten Jahren sind zahlreiche neue Tools für das Speichern und Verarbeiten von Daten entstanden. Optimiert für eine breite Vielfalt von Einsatzfällen lassen sie sich nicht mehr streng den herkömmlichen Kategorien zuordnen [1]. So gibt es zum Beispiel Datenspeicher, die auch als Nachrichtenwarteschlangen dienen (Redis), und Nachrichtenwarteschlangen mit datenbankähnlichen Beständigkeitsgarantien (Apache Kafka). Die Grenzen zwischen den Kategorien verschwimmen immer weiter.

Zweitens stellen heute immer mehr Anwendungen so anspruchsvolle oder breit gefächerte Anforderungen, dass ein einzelnes Tool nicht mehr sämtliche Ansprüche an die Verarbeitung und Speicherung der Daten realisieren kann. Stattdessen teilt man die Arbeit in Aufgaben auf, die ein einzelnes Tool effizient durchführen *kann*, und der Anwendungscode verknüpft diese verschiedenen Tools.

Haben Sie zum Beispiel eine von der Anwendung verwaltete Caching-Ebene (etwa mit einem Cache-Server wie *Memcached*) oder einen Server für die Volltextsuche (wie zum Beispiel Elasticsearch oder Solr) eingerichtet, die von Ihrer Hauptdatenbank getrennt sind, ist normalerweise der Code der Anwendung dafür zuständig, diese Caches und Indizes mit der Hauptdatenbank synchron zu halten. Abbildung 1-1 veranschaulicht dieses Prinzip (mehr Einzelheiten folgen in späteren Kapiteln).

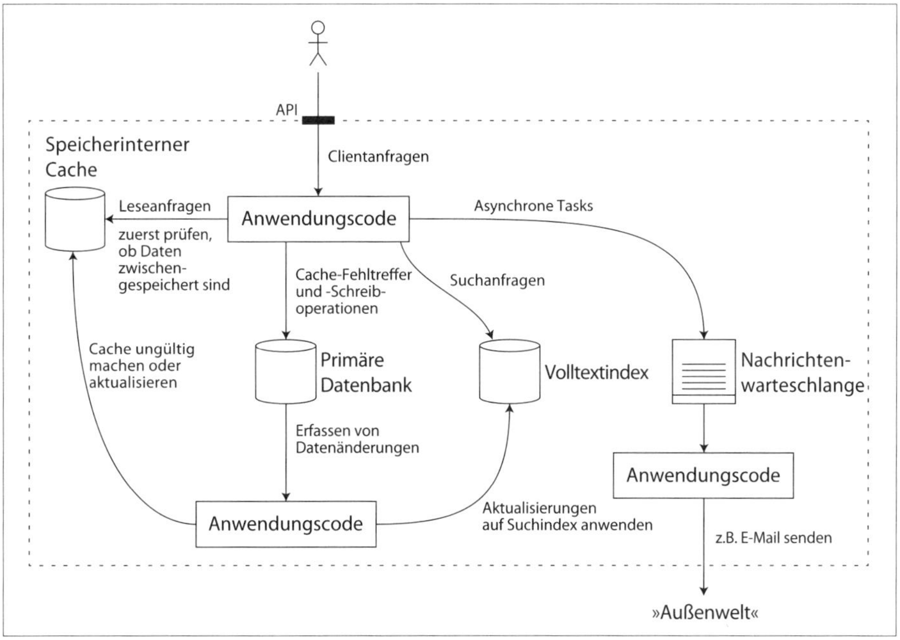

Abbildung 1-1: Eine mögliche Architektur für ein Datensystem, das mehrere Komponenten kombiniert

Wenn Sie mehrere Tools kombinieren, um einen Dienst zu realisieren, verbirgt die Oberfläche des Diensts oder die API[1] normalerweise diese Implementierungsdetails vor den Clients. Praktisch haben Sie nun ein neues spezialisiertes Datensystem aus kleineren, universellen Komponenten erzeugt. Das zusammengesetzte Datensystem kann bestimmte Garantien bieten: beispielsweise, dass der Cache korrekt ungültig gemacht oder bei Schreibvorgängen aktualisiert wird, sodass externe Clients konsistente Ergebnisse sehen. Jetzt sind Sie nicht nur Anwendungsentwickler, sondern auch Datensystemdesigner.

Beim Entwurf eines Datensystems oder eines Diensts tauchen viele knifflige Fragen auf. Wie stellen Sie sicher, dass die Daten korrekt und vollständig bleiben, selbst wenn intern etwas schiefläuft? Wie bieten Sie den Clients eine konstant gute Performance, selbst wenn Teile Ihres Systems ausfallen? Wie skalieren Sie, um einer wachsenden Belastung gerecht zu werden? Wie sieht eine gute API für den Dienst aus?

1 API – Application Programming Interface, Schnittstelle zur Anwendungsprogrammierung

Viele Faktoren können das Design eines Datensystems beeinflussen, unter anderem die Fertigkeiten und Erfahrungen der beteiligten Entwickler, Abhängigkeiten von einem Legacysystem, die Lieferzeit, die Toleranz Ihres Unternehmens gegenüber verschiedenen Arten von Risiken, regulatorische Beschränkungen usw. Derartige Faktoren hängen stark von der jeweiligen Situation ab.

In diesem Buch konzentrieren wir uns auf drei Aspekte, die in den meisten Softwaresystemen wichtig sind:

Zuverlässigkeit
: Das System sollte auch bei Widrigkeiten (Hardware- oder Softwarefehlern und sogar menschlichem Versagen) weiterhin *korrekt* arbeiten (die richtige Funktion auf dem gewünschten Leistungsniveau ausführen). Siehe Abschnitt »Zuverlässigkeit« unten.

Skalierbarkeit
: Wenn das System wächst (in Bezug auf Datenvolumen, Verkehrsaufkommen oder Komplexität), sollte es vernünftige Maßnahmen geben, um mit diesem Wachstum umzugehen. Siehe Abschnitt »Skalierbarkeit« auf Seite 11.

Wartbarkeit
: Im Laufe der Zeit arbeiten verschiedene Leute am System (Techniker und Betreiber, die sowohl das aktuelle Verhalten sicherstellen als auch das System an neue Einsatzfälle anpassen), und sie alle sollten daran *produktiv* arbeiten können. Siehe Abschnitt »Wartbarkeit« auf Seite 20.

Diese Begriffe werden oftmals in den Raum geworfen, ohne überhaupt ihre Bedeutung genau verstanden zu haben. Im Sinne einer nachvollziehbaren Herangehensweise werden wir im Rest dieses Kapitels Möglichkeiten untersuchen, um Überlegungen zu Zuverlässigkeit, Skalierbarkeit und Wartbarkeit anzustellen. In den darauffolgenden Kapiteln sehen wir uns dann die verwendeten Techniken, Architekturen und Algorithmen an, mit denen sich diese Ziele erreichen lassen.

Zuverlässigkeit

Wohl jeder hat eine intuitive Vorstellung davon, was zuverlässig oder unzuverlässig bedeutet. Zu den typischen Erwartungen an Software gehören:

- Die Anwendung führt die Funktion aus, die der Benutzer erwartet.
- Sie kann tolerieren, dass der Benutzer Fehler macht bzw. die Software auf unerwartete Art und Weise benutzt.
- Ihre Leistung ist gut genug für den vorgesehenen Einsatzfall, unter der erwarteten Arbeitslast und für das anfallende Datenvolumen.
- Das System verhindert jeden nicht autorisierten Zugriff und jeden Missbrauch.

Wenn all dies zusammengenommen »korrekt arbeiten« bedeutet, dann können wir *Zuverlässigkeit* ganz grob verstehen als »weiterhin korrekt arbeiten, auch wenn etwas schiefläuft«.

Die Dinge, die schiefgehen, bezeichnet man als *Fehler*, und Systeme, die Fehler einkalkulieren und bewältigen können, heißen *fehlertolerant* oder *robust*. Der erste Begriff ist etwas irreführend, suggeriert er doch, dass wir ein System gegenüber jeder Art von Fehlern tolerant machen könnten, was in der Praxis aber nicht realisierbar ist. Wenn man damit rechnet, dass ein schwarzes Loch den gesamten Planeten Erde (und alle Server auf ihm) verschluckt, müsste Webhosting im Weltraum stattfinden, um Fehlertoleranz für dieses Ereignis zu bieten – viel Erfolg dabei, diesen Haushaltsposten genehmigt zu bekommen. Es ist demnach nur sinnvoll, von der Toleranz gegenüber *bestimmten Fehlerarten* zu sprechen.

Beachten Sie, dass ein Fehler nicht dasselbe ist wie ein Ausfall [2]. Entsprechend der üblichen Definition ist ein *Fehler* eine Komponente des Systems, die von ihrer Spezifikation abweicht, während bei einem *Ausfall* das System als Ganzes aufhört, dem Benutzer den gewünschten Dienst bereitzustellen. Da es nicht möglich ist, die Wahrscheinlichkeit eines Fehlers auf null zu verringern, ist es normalerweise am besten, Fehlertoleranzmechanismen zu entwickeln, die verhindern, dass Fehler zu Ausfällen führen. In diesem Buch behandeln wir verschiedene Techniken, um zuverlässige Systeme aus unzuverlässigen Bestandteilen aufzubauen.

Auch wenn es der Intuition widerspricht, kann es in derartigen fehlertoleranten Systemen sinnvoll sein, die Fehlerrate zu *erhöhen*, indem man Fehler bewusst auslöst – zum Beispiel durch zufälliges Beenden einzelner Prozesse ohne Warnung. Viele kritische Bugs gehen auf eine schlechte Fehlerbehandlung zurück [3]. Indem Sie Fehler bewusst herbeiführen, stellen Sie sicher, dass der Fehlertoleranzmechanismus laufend beansprucht und getestet wird. Das kann Ihr Vertrauen stärken, dass Fehler ordnungsgemäß behandelt werden, wenn sie im regulären Betrieb auftreten. Ein Beispiel für dieses Konzept ist das Tool *Chaos Monkey* [4] von Netflix.

Obwohl wir im Allgemeinen Fehler lieber tolerieren als verhindern, gibt es Fälle, in denen Vorbeugen besser ist als Heilen (zum Beispiel, weil es keine Heilung gibt). Das ist unter anderem bei Sicherheitsfragen der Fall: Wenn ein Angreifer ein System gehackt und Zugriff auf vertrauliche Daten erlangt hat, lässt sich ein solches Ereignis nicht mehr rückgängig machen. Allerdings beschäftigt sich dieses Buch vorrangig mit solchen Fehlern, die sich beheben lassen, wie die folgenden Abschnitte beschreiben.

Hardwarefehler

Denkt man an die Ursachen für Systemausfälle, kommen einem schnell Hardwarefehler in den Sinn: ein Festplattencrash tritt auf, RAM-Zellen verlieren Speicherinhalte, das Stromnetz bricht kurzzeitig zusammen, ein falsches Netzwerkkabel wurde eingesteckt. Jeder, der schon einmal mit großen Datencentern gearbeitet hat, wird bestätigen, dass diese Dinge *ständig* passieren, wenn nur genügend Computer vorhanden sind.

Bei Festplatten beträgt die mittlere Betriebszeit bis zum Ausfall (Mean Time To Failure, MTTF) etwa 10 bis 50 Jahre [5, 6]. Folglich ist in einem Speichercluster mit 10.000 Festplatten im Durchschnitt ein Festplattenausfall pro Tag zu erwarten.

Unsere erste Reaktion darauf ist üblicherweise, die einzelnen Hardwarekomponenten mit mehr Redundanz auszustatten, um die Ausfallrate des Systems zu verringern. Festplatten lassen sich in einer RAID-Konfiguration betreiben, Server sind mit doppelten Stromversorgungen und Hot-Swap-fähigen CPUs ausgerüstet, und in Rechenzentren sichern Batterien und Dieselgeneratoren die Notstromversorgung ab.

Wenn eine Komponente kaputtgeht, kann die redundante Komponente ihren Platz einnehmen, während die defekte Komponente ersetzt wird. Zwar lässt sich mit diesem Konzept nicht komplett verhindern, dass Hardwareprobleme zu Ausfällen führen, doch es ist praktikabel und sorgt oftmals dafür, dass ein Computer jahrelang ununterbrochen läuft.

Bis vor Kurzem genügten redundante Hardwarekomponenten für die meisten Anwendungen, da dank dieser Maßnahme einzelne Computer nur ziemlich selten komplett ausfallen. Sofern Sie recht schnell eine Sicherung auf einem neuen Computer wiederherstellen können, ist die Ausfallzeit bei den meisten Anwendungen nicht dramatisch. Somit ist eine Redundanz mit mehreren Computern nur für eine kleine Anzahl von Anwendungen erforderlich, bei denen Hochverfügbarkeit an vorderster Stelle steht.

Wegen größerer Datenmengen und gestiegener rechentechnischer Anforderungen geht man jedoch bei immer mehr Anwendungen dazu über, eine größere Anzahl von Computern zu nutzen, wodurch die Rate der Hardwarefehler proportional zunimmt. Darüber hinaus kommt es bei manchen Cloudplattformen wie zum Beispiel Amazon Web Services (AWS) durchaus vor, dass Instanzen virtueller Computer ohne Vorwarnung unverfügbar werden [7], weil die Plattformen dafür konzipiert sind, Flexibilität und Elastizität[2] über die Zuverlässigkeit einzelner Computer zu priorisieren.

Folglich gibt es eine Verschiebung hin zu Systemen, die den Verlust ganzer Computer tolerieren können, indem sie softwareseitige Fehlertoleranztechniken bevorzugen oder ergänzend zur Hardwareredundanz einsetzen. Solche Systeme bieten auch operative Vorteile: Bei einem Einzelserversystem müssen Sie die Stillstandszeiten planen, falls Sie den Computer neu starten müssen (um zum Beispiel Sicherheitspatches des Betriebssystems zu installieren), während sich ein System, das

2 Wird definiert in Abschnitt »Konzepte zur Bewältigung von Belastungen« auf Seite 18.

den Ausfall eines Computers tolerieren kann, knotenweise mit Patches versorgen lässt, ohne dass das gesamte System stillsteht (*rollendes Upgrade*; siehe Kapitel 4).

Softwarefehler

Normalerweise geht man davon aus, dass Hardwarefehler zufällig und unabhängig voneinander auftreten: Fällt bei einem Computer die Festplatte aus, heißt das nicht, dass die Festplatte in einem anderen Computer ebenfalls kaputtgeht. Es kann zwar schwache Korrelationen geben (etwa bei zu hohen Temperaturen im Servergestell), doch ansonsten ist es unwahrscheinlich, dass eine große Anzahl von Hardwarekomponenten gleichzeitig ausfällt.

Zu einer anderen Fehlerklasse gehören systematische Fehler innerhalb des Systems [8]. Derartige Fehler sind schwerer vorherzusehen, und weil sie über Knoten korreliert sind, verursachen sie mehr Systemausfälle als nicht korrelierte Hardwarefehler [5]. Beispiele dafür sind:

- Ein Softwarebug bewirkt, dass jede Instanz eines Anwendungsservers abstürzt, wenn eine bestimmte Fehleingabe erfolgt. Denken Sie nur an die Schaltsekunde am 30. Juni 2012, die aufgrund eines Fehlers im Linux-Kernel [9] dazu führte, dass viele Anwendungen gleichzeitig hängenblieben.
- Ein unkontrollierbarer Prozess erschöpft eine gemeinsam genutzte Ressource – CPU-Zeit, Arbeitsspeicher, Festplattenplatz oder Netzwerkbandbreite.
- Ein Dienst, von dem das System abhängig ist, wird langsamer, reagiert nicht mehr oder gibt beschädigte Antworten zurück.
- Kaskadenartiges Ausbreiten von Fehlern, wobei ein kleiner Fehler in der einen Komponente einen Fehler in einer anderen Komponente auslöst, die ihrerseits weitere Fehler auslöst [10].

Die Bugs, die für derartige Softwarefehler verantwortlich sind, schlummern oftmals eine ganze Zeit lang, bis sie durch das Zusammentreffen ungewöhnlicher Umstände zutage treten. In diesen Fällen zeigt sich, dass die Software bestimmte Annahmen über ihre Umgebung trifft – und normalerweise sind diese Annahmen auch richtig, doch schließlich treffen sie aus irgendeinem Grund nicht mehr zu [11].

Für das Problem systematischer Softwarefehler gibt es keine schnelle Lösung. Viele kleine Dinge können helfen: gründliches Nachdenken über Annahmen und Wechselwirkungen im System, umfangreiche Tests, Prozessisolierung; Zulassen, dass Prozesse abstürzen und neu starten; Messen, Überwachen und Analysieren des Systemverhaltens in der Produktion. Wenn man von einem System eine gewisse Garantie erwartet (dass zum Beispiel in einer Nachrichtenwarteschlange die Anzahl der eintreffenden Nachrichten gleich der Anzahl der ausgehenden Nachrichten ist), kann es sich im Betrieb ständig selbst überprüfen und einen Alarm auslösen, wenn es eine Abweichung feststellt [12].

Menschliche Fehler

Menschen entwerfen und erstellen Softwaresysteme, und die Betreiber, die die Systeme am Laufen halten, sind ebenfalls Menschen. Selbst wenn sie die besten Absichten haben, sind Menschen bekanntlich unzuverlässig. So geht aus einer Studie über große Internetdienste hervor, dass Konfigurationsfehler von Betreibern die Hauptursache für Ausfälle waren, während Hardwarefehler (Server oder Netzwerk) nur in 10 bis 25% der Ausfälle eine Rolle gespielt haben [13].

Wie machen wir nun unsere Systeme trotz unzuverlässiger Menschen zuverlässig? Die besten Systeme kombinieren mehrere Ansätze:

- Systeme so entwerfen, dass Fehlermöglichkeiten minimiert werden. Beispielsweise erleichtern es gut konzipierte Abstraktionen, APIs und Administrationsoberflächen, »das Richtige« zu tun und »das Falsche« zu unterbinden. Wenn jedoch die Schnittstellen zu restriktiv sind, umgeht der Programmierer sie und negiert damit ihren Nutzen. Dadurch ist es schwierig, das richtige Gleichgewicht zu finden.
- Die Stellen, an denen Programmierer die meisten Fehler machen, von den Stellen entkoppeln, wo sie Ausfälle hervorrufen können. Stellen Sie insbesondere voll ausgestattete *Sandbox*-Testumgebungen bereit, die Programmierer erkunden und in ihnen mit echten Daten gefahrlos experimentieren können, ohne dass wirkliche Benutzer davon betroffen sind.
- Gründlich auf allen Ebenen testen, angefangen bei Komponententests (Unit Tests) bis hin zu Integrationstests mit dem gesamten System und manuellen Tests [3]. Automatisiertes Testen ist weit verbreitet, hinreichend bekannt und vor allem wertvoll, um die Grenzfälle abzudecken, die im normalen Betrieb selten auftreten.
- Schnelle und einfache Wiederherstellung bei Fehlern, die auf den Menschen zurückgehen, ermöglichen, die Auswirkungen im Fehlerfall zu minimieren. Zum Beispiel: Konfigurationsänderungen schnell zurücksetzen, neuen Code schrittweise einführen (sodass unerwartete Bugs nur eine kleine Untergruppe von Benutzern betreffen) und Tools bereitstellen, mit denen sich Daten neu berechnen lassen (falls sich herausstellt, dass die alten Berechnungen nicht korrekt waren).
- Detaillierte und klare Überwachung einrichten, wie zum Beispiel Leistungskennziffern und Fehlerquoten. Andere technische Bereiche sprechen hier von *Telemetrie*. (Nachdem eine Rakete den Boden verlassen hat, sind die Telemetriedaten unerlässlich, um das Geschehen verfolgen und Fehlerereignisse deuten zu können [14].) Die Überwachung liefert uns frühzeitige Warnsignale und erlaubt uns zu überprüfen, ob Annahmen oder Einschränkungen verletzt werden. Tritt ein Problem auf, sind Messwerte unabdingbar für die Diagnose der Ursache.
- Gute Verwaltungspraktiken und Schulungen umsetzen – ein komplexer und wichtiger Aspekt, der aber über den Rahmen dieses Buchs hinausginge.

Wie wichtig ist Zuverlässigkeit?

Zuverlässigkeit hat nicht nur etwas mit Software für Kernkraftwerke oder Flugsicherung zu tun, sondern auch für eher alltägliche Anwendungen. Bugs in Geschäftsanwendungen bedeuten Produktivitätseinbußen (und rechtliche Risiken, wenn Zahlen falsch gemeldet werden), Ausfälle von E-Commerce-Sites verursachen riesige Kosten in Form von Umsatzverlusten und Rufschädigungen.

Selbst in »unkritischen« Anwendungen tragen wir eine Verantwortung gegenüber unseren Benutzern. Denken Sie beispielsweise an Eltern, die sämtliche Bilder und Videos ihrer Kinder in Ihrer Fotoanwendung speichern [15]. Wie würden sie sich fühlen, wenn diese Datenbank plötzlich beschädigt wäre? Wüssten sie, wie sie sie aus einer Datensicherung wiederherstellen könnten?

In manchen Situationen kann es besser sein, auf Zuverlässigkeit zu verzichten, um Entwicklungskosten zu verringern (zum Beispiel bei der Entwicklung eines Prototyps für einen unsicheren Markt) oder die Betriebskosten (zum Beispiel für einen Dienst mit einer sehr geringen Gewinnspanne) – wir sollten uns aber genau darüber im Klaren sein, wenn wir Abstriche machen.

Skalierbarkeit

Selbst wenn ein System heute zuverlässig arbeitet, heißt das nicht, dass es zwangsläufig auch zukünftig zuverlässig arbeiten wird. Eine Verschlechterung ist häufig auf eine erhöhte Belastung zurückzuführen: Vielleicht ist das System von 10.000 gleichzeitigen Benutzern auf 100.000 gleichzeitige Benutzer gewachsen oder von 1 Million auf 10 Millionen. Vielleicht verarbeitet es wesentlich umfangreichere Datenmengen als zuvor.

Mit *Skalierbarkeit* beschreiben wir die Fähigkeit eines Systems, steigende Belastungen verkraften zu können. Allerdings ist das kein eindimensionales Etikett, das wir einem System anheften können: Es ist sinnlos zu sagen »X ist skalierbar« oder »Y lässt sich nicht skalieren«. Vielmehr geht es bei einer Diskussion über Skalierbarkeit darum, Fragen zu klären wie zum Beispiel: »Wenn das System in bestimmter Art und Weise wächst, welche Optionen haben wir, um mit dem Wachstum klarzukommen?« oder »Mit welchen zusätzlichen rechentechnischen Ressourcen können wir die Mehrbelastung verarbeiten?«

Lasten beschreiben

Zuerst müssen wir kurz und bündig die aktuelle Last im System beschreiben. Nur dann können wir über Fragen des Wachstums diskutieren (was passiert, wenn sich die Last verdoppelt?). Die Last lässt sich mit einigen Kennwerten beschreiben, den sogenannten *Lastparametern*. Die beste Wahl von Parametern hängt von der Architektur Ihres Systems ab: Denkbar sind die Anzahl der Anfragen an einen

Webserver pro Sekunde, das Verhältnis von Lese- zu Schreibzugriffen in einer Datenbank, die Anzahl der gleichzeitig aktiven Benutzer in einem Chatroom, die Trefferquote in einem Cache oder etwas anderes. Vielleicht ist für Sie der Durchschnittsfall relevant, oder der Engpass wird von wenigen Extremfällen dominiert.

Um diesen Gedanken konkreter zu fassen, nehmen wir als Beispiel Twitter und sehen uns Daten an, die im November 2012 veröffentlicht wurden [16]. Zwei Hauptoperationen von Twitter sind:

Tweet posten
: Ein Benutzer kann eine neue Nachricht an seine Follower senden (4.600 Anfragen/Sekunde im Mittel, über 12.000 Anfragen/Sekunde in Spitzenzeiten).

Home-Timeline
: Ein Benutzer kann Tweets ansehen, die von seinen Followern gepostet wurden (300.000 Anfragen/Sekunde).

Es wäre ein Leichtes, lediglich 12.000 Schreibvorgänge pro Sekunde zu verarbeiten (was dem Höchstwert für das Posting von Tweets darstellt). Die Herausforderung beim Skalieren von Twitter ist nicht in erster Linie das Tweet-Aufkommen, sondern der *Lastfaktor*[3] – jeder Benutzer folgt vielen Personen und jedem Benutzer folgen viele Personen. Im Wesentlichen gibt es zwei Methoden, um diese beiden Operationen zu realisieren:

1. Beim Posten eines Tweets wird der neue Tweet einfach in eine globale Auflistung von Tweets eingefügt. Wenn ein Benutzer seine Home-Timeline abfragt, sucht man nach allen Personen, denen der Benutzer folgt, sucht alle Tweets für jede dieser Personen und fasst sie (zeitlich sortiert) zusammen. In einer relationalen Datenbank wie in Abbildung 1-2 könnte man zum Beispiel folgende Abfrage schreiben:

   ```
   SELECT tweets.*, users.* FROM tweets
     JOIN users   ON tweets.sender_id    = users.id
     JOIN follows ON follows.followee_id = users.id
     WHERE follows.follower_id = current_user
   ```

2. Einen Cache für die Home-Timeline jedes Benutzers verwalten – sozusagen ein Postfach von Tweets für jeden Empfänger (siehe Abbildung 1-3). Wenn ein Benutzer einen *Tweet postet*, sucht man nach allen Personen, die diesem Benutzer folgen, und fügt den neuen Tweet in jede ihrer Home-Timeline-Caches ein. Der Vorgang, die Home-Timeline zu lesen, kostet dann nur wenig, weil die Ergebnisse bereits vorab berechnet wurden.

3 Ein Begriff, der aus der Elektronik stammt. Er beschreibt dort die Anzahl der Eingänge von Logikgattern, die am Ausgang eines anderen Gatters anliegen. Der Ausgang muss genügend Strom liefern, um alle angeschlossenen Eingänge zu treiben. In Transaktionsverarbeitungssystemen beschreiben wir damit die Anzahl von Anfragen an andere Dienste, die wir ausführen müssen, um eine eingehende Anforderung zu bedienen.

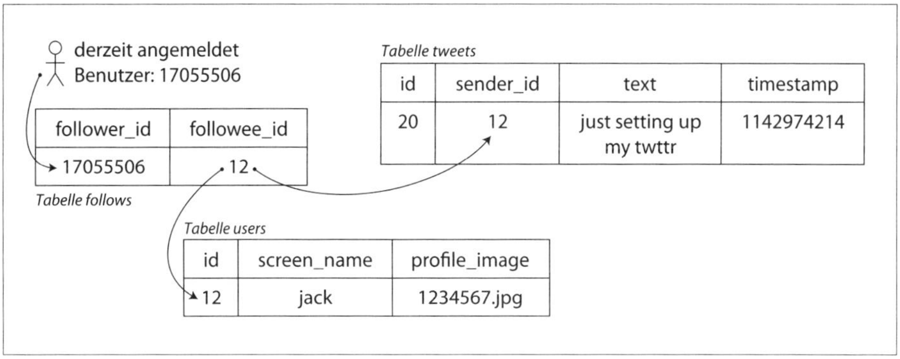

Abbildung 1-2: Einfaches relationales Schema für die Implementierung einer Home-Timeline von Twitter

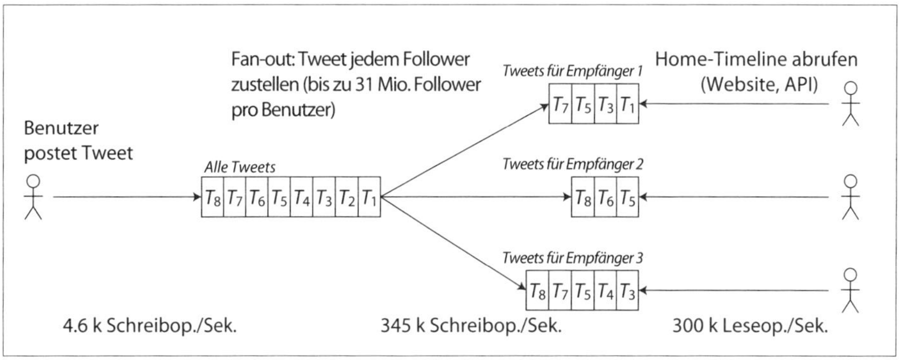

Abbildung 1-3: Eine Datenpipeline von Twitter, um Tweets für die Follower bereitzustellen, mit den Lastparametern von November 2012 [16]

Die erste Version von Twitter hat mit Methode 1 gearbeitet. Da aber die Systeme mit der Belastung durch Abfragen von Home-Timelines zu kämpfen hatten, wechselte die Firma zu Methode 2. Diese Methode funktioniert besser, weil die durchschnittliche Rate der veröffentlichten Tweets fast zwei Größenordnungen niedriger liegt als die Rate der Lesevorgänge von Home-Timelines. In diesem Fall ist es also vorzuziehen, mehr Arbeit während der Schreibvorgänge zu erledigen und weniger während der Lesevorgänge.

Nachteilig bei Methode 2 ist jedoch, dass das Posten eines Tweets nun zusätzlichen Aufwand erfordert. Ein Tweet wird durchschnittlich an 75 Follower geliefert, sodass aus 4.600 Tweets pro Sekunde 345.000 Schreibvorgänge pro Sekunde in die Home-Timeline-Caches werden. Dieser Durchschnittswert verbirgt aber die Tatsache, dass die Anzahl der Follower je Benutzer stark variiert und manche Benutzer über 30 Millionen Follower haben. Ein einzelner Tweet kann somit zu über 30 Millionen Schreiboperationen in Home-Timelines führen! Diesen Vorgang zeitgerecht auszuführen – Twitter versucht, Tweets an Follower innerhalb von fünf Sekunden zu liefern –, ist eine erhebliche Herausforderung.

Im Twitter-Beispiel ist die Verteilung der Follower pro Benutzer (gegebenenfalls gewichtet nach der Häufigkeit, mit der diese Benutzer twittern) ein wesentlicher Lastparameter für eine Diskussion um Skalierbarkeit, da er die Ausgangslast bestimmt. Möglicherweise hat Ihre Anwendung ganz andere Eigenschaften, doch Überlegungen zu ihrer Last können Sie nach ähnlichen Prinzipien anstellen.

Die letzte Wendung in der Twitter-Geschichte sieht nun so aus: Nachdem Methode 2 robust umgesetzt ist, geht Twitter auf eine Hybridvariante aus beiden Methoden über. Die Tweets der meisten Benutzer werden weiterhin auf die Home-Timelines aufgefächert[4], wenn sie gepostet werden, eine kleine Anzahl von Benutzern (d.h. Prominente) mit einer sehr großen Anzahl von Followern werden aber aus dieser Auffächerung ausgenommen. Tweets von Prominenten, denen ein Benutzer folgen kann, werden getrennt abgerufen und – wie in Methode 1 – mit der Home-Timeline dieses Benutzers zusammengebracht, wenn diese gelesen wird. Diese Hybridlösung ist in der Lage, eine beständig gute Performance zu liefern. In Kapitel 12 greifen wir dieses Beispiel noch einmal auf, nachdem wir weitere technische Grundlagen besprochen haben.

Performance beschreiben

Nachdem Sie die Belastung in Ihrem System beschrieben haben, können Sie sich der Frage zuwenden, was bei wachsender Belastung passiert. Das können Sie aus zwei Perspektiven betrachten:

- Wie wird die Performance Ihres Systems beeinflusst, wenn Sie einen Lastparameter erhöhen und die Systemressourcen (CPU, Arbeitsspeicher, Netzwerkbandbreite usw.) unverändert lassen?
- In welchem Maße müssen Sie die Ressourcen aufstocken, wenn Sie einen Lastparameter erhöhen und die Performance unverändert bleiben soll?

Da Sie beide Fragen nur anhand von Leistungskennziffern beantworten können, sehen wir uns kurz an, wie sich die Performance eines Systems beschreiben lässt.

In einem Stapelverarbeitungssystem wie Hadoop interessiert uns normalerweise der *Durchsatz* – die Anzahl der Datensätze, die wir pro Sekunde verarbeiten können, oder die notwendige Gesamtdauer, um einen Job auf einer Datenmenge einer bestimmten Größe auszuführen.[5] In Onlinesystemen ist normalerweise die *Antwortzeit* des Diensts wichtiger – d.h. die Zeit, die vom Senden einer Anfrage durch einen Client bis zum Eintreffen einer Antwort verstreicht.

4 Der englische Begriff »fan-out«, der im Deutschen mit »Lastfaktor« übersetzt wird, bedeutet auch »auffächern«, d.h., ein Ausgang wird auf entsprechend viele Lasten aufgefächert. (Anm. d. Übers.)

5 In einer idealen Welt ergibt sich die Laufzeit eines Stapeljobs aus der Größe der Datenmenge dividiert durch den Durchsatz. In der Praxis ist die Laufzeit oftmals höher, weil Asymmetrien auftreten (wenn Daten nicht gleichmäßig auf die Arbeitsprozesse verteilt werden) und auf die Fertigstellung des langsamsten Arbeitsschritts gewartet werden muss.

Latenz und Antwortzeit

Die Begriffe *Latenz* und *Antwortzeit* werden oft synonym verwendet, bezeichnen aber nicht dasselbe. Die Antwortzeit ist das, was der Client sieht: Neben der eigentlichen Verarbeitungszeit der Anforderung (der *Servicezeit*) schließt sie die Netzwerk- und Warteschlangenverzögerungen ein. Die Latenz gibt die Dauer an, die eine Anforderung auf ihre Verarbeitung wartet – in dieser Zeit ist sie *latent* und wartet auf Bedienung [17].

Selbst wenn Sie die gleiche Anforderung immer wieder ausführen, erhalten Sie bei jedem Versuch eine etwas andere Antwortzeit. In einem System, das ein breites Spektrum von Anfragen verarbeitet, können die Antwortzeiten in der Praxis stark variieren. Demzufolge dürfen wir uns die Antwortzeit nicht als eine einzelne Zahl vorstellen, sondern als *Verteilung* von Messwerten.

In Abbildung 1-4 stellt jeder graue Balken eine Dienstanforderung dar, wobei die Höhe des Balkens anzeigt, wie lange diese Anforderung gedauert hat. Die meisten Anforderungen sind halbwegs schnell, es gibt aber gelegentliche *Ausreißer*, die viel mehr Zeit benötigen. Die langsamsten Anfragen sind möglicherweise an sich teurer, weil sie zum Beispiel mehr Daten verarbeiten. Doch selbst in einem Szenario, in dem alle Anfragen die gleiche Zeit benötigen sollten, ist mit Variationen zu rechnen: Zusätzliche Latenzzeiten können durch Kontextwechsel, Hintergrundprozesse, den Verlust von Netzwerkpaketen, erneute TCP-Übertragungen, Pausen aufgrund der Garbage Collection, Seitenfehler, die ein neues Lesen von Festplatte erfordern, mechanische Schwingungen im Servergestell [18] oder viele andere Ursachen entstehen.

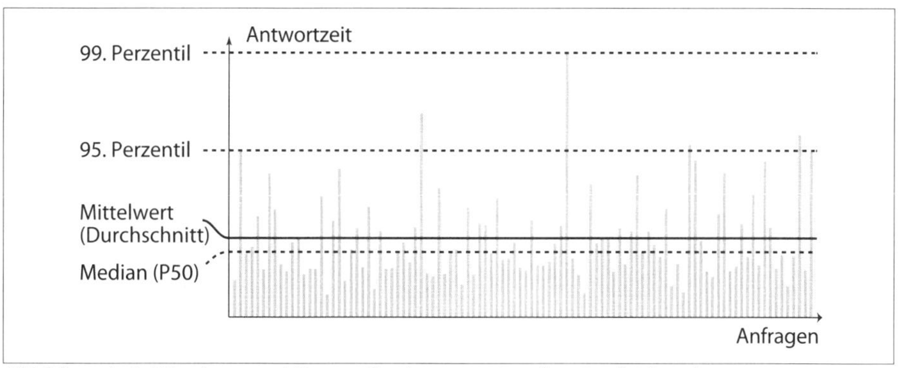

Abbildung 1-4: Mittelwert und Perzentile: Antwortzeiten für eine Stichprobe von 100 Anforderungen eines Diensts

Es ist üblich, die *durchschnittliche* Antwortzeit eines Diensts anzugeben. (Genau genommen bezieht sich der Begriff »Durchschnitt« nicht auf eine bestimmte Formel, sondern wird in der Praxis gewöhnlich als *arithmetisches Mittel* verstanden: Sind *n* Werte gegeben, summiert man alle Werte und teilt die Summe durch *n*.) Der Mittelwert ist jedoch keine gute Maßzahl, wenn Sie Ihre »typische« Antwortzeit wissen möchten, weil er nichts darüber aussagt, wie viele Benutzer tatsächlich diese Verzögerung erfahren haben.

In der Regel ist es besser, *Perzentile* (lat. Hundertstelwerte) zu verwenden. Wenn Sie die Liste der Antwortzeiten von der schnellsten zur langsamsten sortieren, teilt der *Median* die Werte in zwei Hälften: Liegt beispielsweise der Median der Antwortzeiten bei 200 ms, treffen bei der Hälfte Ihrer Anfragen die Antworten in weniger als 200 ms ein und bei der anderen Hälfte in mehr als 200 ms.

Der Median ist deshalb ein geeignetes Maß, wenn Sie wissen möchten, wie lange Benutzer normalerweise warten müssen: Die Hälfte der Benutzeranfragen werden in weniger als der Median-Antwortzeit bedient, und die andere Hälfte braucht länger als der Medianwert. Der Median wird auch als *50. Perzentil* bezeichnet und manchmal mit *P50* abgekürzt. Beachten Sie, dass sich der Median auf eine einzelne Anfrage bezieht; wenn der Benutzer mehrere Abfragen ausführt (im Verlauf einer Sitzung oder weil mehrere Ressourcen auf einer einzelnen Seite enthalten sind), ist die Wahrscheinlichkeit, dass wenigstens eine von ihnen langsamer als der Median ist, wesentlich größer als 50 %.

Um herauszufinden, wie schlecht unsere Ausreißer sind, können Sie sich die höheren Perzentile ansehen: üblicherweise die 95., 99. und 99,9. Perzentile (abgekürzt mit P95, P99 und P999). Sie geben die Schwellenwerte der Antwortzeiten an, bei denen 95 %, 99 % bzw. 99,9 % der Anfragen schneller als der jeweilige Schwellenwert sind. Wenn zum Beispiel das 95. Perzentil der Antwortzeit 1,5 Sekunden beträgt, brauchen 95 von 100 Anfragen weniger als 1,5 Sekunden und 5 von 100 Anfragen 1,5 Sekunden oder mehr. Abbildung 1-4 veranschaulicht dies.

Hohe Perzentile von Antwortzeiten, auch *Latenzausreißer* genannt, sind wichtig, weil sie die Benutzererfahrung des Diensts direkt beeinflussen. Zum Beispiel beschreibt Amazon die Anforderungen an die Antwortzeit für interne Dienste in Form des 99,9. Perzentils, selbst wenn dieser Wert nur 1 von 1.000 Anfragen betrifft. Das hängt damit zusammen, dass die Kunden mit den langsamsten Anfragen oftmals diejenigen mit den meisten Daten auf ihren Konten sind, weil sie viel eingekauft haben – d. h., sie sind die wertvollsten Kunden [19]. Es ist wichtig, diese Kunden mit einer besonders schnellen Website bei Laune zu halten: Amazon hat auch beobachtet, dass eine Zunahme der Antwortzeit von 100 ms den Verkauf um 1 % verringert [20], und andere Onlineshops melden, dass eine Verlangsamung um 1 Sekunde die Kundenzufriedenheit um 16 % senkt [21, 22].

Andererseits erscheint Amazon die Optimierung des 99,99. Perzentils (die eine langsamste Anfrage von 10.000 Anfragen) als zu teuer und zu wenig gewinnbringend. Es ist schwierig, die Antwortzeiten bei sehr hohen Perzentilen zu verringern, weil sie leicht durch zufällige Ereignisse beeinflusst werden, die sich Ihrer Kontrolle entziehen, und sich kein nennenswerter Nutzen mehr ergibt.

Zum Beispiel werden Perzentile oftmals in *Service-Level-Objectives* (SLOs) und *Service-Level-Agreements* (SLAs) verwendet. Das sind Verträge, die die erwartete Performance und Verfügbarkeit eines Diensts definieren. Ein SLA kann angeben, dass der Dienst als »aktiv« gilt, wenn der Median der Antwortzeit kleiner als 200 ms und das 99. Perzentil unter 1 s liegt (wenn die Antwortzeit größer ist, kann er genauso gut ausgefallen sein) und der Dienst mindestens 99,9 % der Zeit aktiv ist. Diese Kennzahlen setzen Erwartungen für Clients des Diensts und erlauben den Kunden, eine Rückerstattung einzufordern, wenn der SLA nicht mehr erfüllt ist.

Verzögerungen durch Warteschlangen machen oftmals einen großen Anteil der Antwortzeit bei hohen Perzentilen aus. Da ein Server nur wenige Objekte parallel verarbeiten kann (zum Beispiel durch die Anzahl seiner CPU-Kerne begrenzt), genügen wenige langsame Anforderungen, um die Verarbeitung von darauffolgenden Anfragen aufzuhalten – ein Effekt, der auch als *Head-of-Line-Blocking* bezeichnet wird. Selbst wenn der Server diese nachfolgenden Anfragen schnell verarbeitet, erfährt der Client eine lange Gesamtantwortzeit, weil auf die Fertigstellung der vorherigen Anfrage gewartet wird. Wegen dieses Effekts ist es wichtig, die Antwortzeiten auf der Clientseite zu messen.

Perzentile in der Praxis

Hohe Perzentile werden besonders wichtig in Backenddiensten, die mehrfach aufgerufen werden, um ein und dieselbe Endbenutzeranfrage zu bedienen. Selbst wenn Sie die Aufrufe parallel ausführen, muss die Endbenutzeranfrage trotzdem warten, bis der langsamste der parallelen Aufrufe abgeschlossen ist. Wie Abbildung 1-5 veranschaulicht, genügt ein einziger langsamer Aufruf, um die gesamte Endbenutzeranfrage langsam zu machen. Auch wenn nur ein kleiner Prozentsatz der Backendaufrufe langsam ist, steigt die Wahrscheinlichkeit, einen langsamen Aufruf zu erhalten, wenn eine Endbenutzeranfrage mehrere Backendaufrufe durchführen muss. Somit wird am Ende ein höherer Anteil der Endbenutzeranfragen langsam sein (ein Effekt, den man als *Latenzausreißerverstärkung* bezeichnet [24]).

Wenn Sie die Antwortzeitperzentile in die Überwachungsdashboards für ihre Dienste aufnehmen, müssen Sie sie effizient und kontinuierlich berechnen. Hier bietet sich zum Beispiel ein gleitendes Fenster für die Antwortzeiten der Anfragen in den letzten 10 Minuten an. Den Median und die verschiedenen Perzentile berechnen Sie über den Werten in diesem Fenster und stellen die Kennzahlen in einem Diagramm dar.

Eine naive Implementierung führt eine Liste von Antwortzeiten für alle Anfragen innerhalb des Zeitfensters und sortiert diese Liste jede Minute. Falls Ihnen das zu ineffizient ist, können Sie auf Algorithmen zurückgreifen, die eine gute Annäherung von Perzentilen mit minimalen CPU- und Speicherkosten berechnen können, wie zum Beispiel Forward Decay [25], t-digest [26] und HdrHistogram [27]. Beachten Sie, dass die Mittelwertbildung von Perzentilen, um zum Beispiel die zeitliche Auflösung zu verringern oder Daten von mehreren Computern zusammenzufassen, mathematisch sinnlos ist – um Daten von Antwortzeiten richtig zusammenzufassen, sind die Histogramme zu addieren [28].

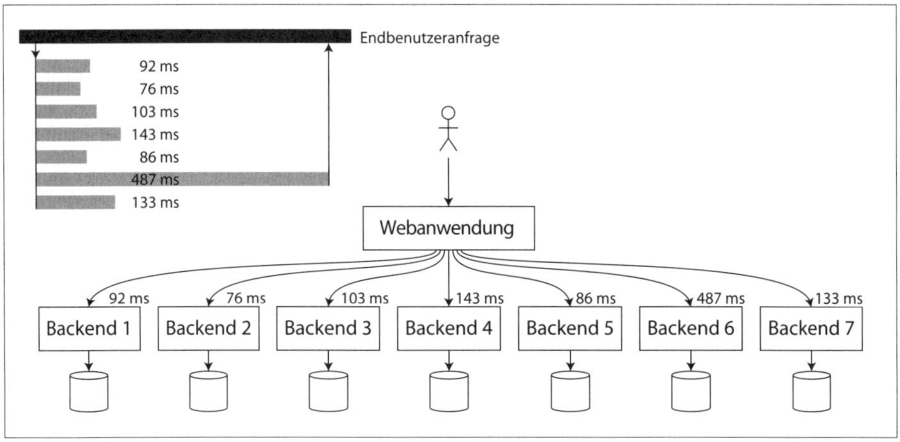

Abbildung 1-5: Wenn mehrere Backendaufrufe erforderlich sind, um eine Anfrage zu bedienen, genügt eine langsame Backendanfrage, um die gesamte Endbenutzeranfrage zu bremsen.

Will man die Skalierbarkeit eines Systems mithilfe von künstlichen Belastungen testen, muss der Client, der die Last generiert, beständig Anforderungen unabhängig von der Antwortzeit senden. Wenn der Client wartet, bis die vorherige Anfrage abgeschlossen ist, bevor er die nächste sendet, werden letztlich die Warteschlangen im Test künstlich kürzer gehalten als in der Realität, was die Messungen verzerrt [23].

Konzepte zur Bewältigung von Belastungen

Nachdem Sie die Parameter kennen, mit denen sich Belastungen und Kennzahlen zur Leistungsmessung beschreiben lassen, können wir uns ernsthaft der Skalierbarkeit zuwenden: Wie gewährleisten wir eine gute Performance, selbst wenn unsere Lastparameter um einen gewissen Betrag ansteigen?

Eine Architektur, die für ein bestimmtes Lastniveau ausgelegt ist, kommt höchstwahrscheinlich nicht mit dem Zehnfachen dieser Last zurecht. Wenn Sie an einem schnell wachsenden Dienst arbeiten, ist es demzufolge wahrscheinlich, dass Sie Ihre Architektur bei jeder Erhöhung der Last um eine Größenordnung – vielleicht auch noch häufiger – überdenken müssen.

Häufig spricht man von einer Zweiteilung zwischen *vertikaler Skalierung* (Übergang zu einem leistungsfähigeren Computer) und *horizontaler Skalierung* (Verteilen der Last auf mehrere kleinere Computer). Das Verteilen der Last auf mehrere Computer wird auch als *Shared-Nothing-Architektur* bezeichnet. Ein System, das auf einem einzelnen Computer laufen kann, ist oftmals einfacher, doch können High-End-Computer sehr teuer werden, sodass es sich oftmals nicht vermeiden lässt, sehr intensive Arbeitslasten horizontal zu skalieren. In der Praxis zeichnen sich gute Architekturen in der Regel durch eine pragmatische Mischung der Konzepte aus: Zum Beispiel kann die Verwendung mehrerer recht leistungsfähiger

Computer immer noch einfacher und billiger sein als eine große Anzahl kleiner virtueller Computer.

Manche Systeme sind *elastisch*, d.h., sie können automatisch rechentechnische Ressourcen hinzufügen, wenn sie eine zunehmende Belastung feststellen, während andere Systeme manuell skaliert werden (ein Mensch analysiert die Kapazität und entscheidet, dem System weitere Computer hinzuzufügen). Ein elastisches System kann zweckmäßig sein, wenn die Last kaum vorhersagbar ist, aber manuell skalierte Systeme sind einfacher und bringen möglicherweise auch weniger Überraschungen im Betrieb mit sich (siehe Abschnitt »Rebalancing – Partitionen gleichmäßig belasten« auf Seite 222.)

Während es ziemlich einfach ist, zustandslose Dienste auf mehrere Computer zu verteilen, kann die Übertragung zustandsbehafteter Datensysteme von einem einzelnen Knoten auf ein verteiltes Setup eine ganze Menge zusätzlicher Komplexität mit sich bringen. Aus diesem Grund war es bis vor Kurzem gängige Lehrmeinung, die Datenbank auf einem einzelnen Knoten zu halten (Scale-up, vertikale Skalierung), bis die Skalierungskosten oder Hochverfügbarkeitsanforderungen dazu zwangen, die Datenbank zu verteilen.

Mit verbesserten Tools und Abstraktionen für verteilte Systeme kann sich diese Lehrmeinung ändern, zumindest für bestimmte Arten von Anwendungen. Es ist denkbar, dass verteilte Systeme in Zukunft zum Standard werden, selbst für Einsatzfälle, die weder mit großen Mengen von Daten noch mit umfangreichem Datenverkehr zu tun haben. Wir diskutieren auch, wie sie sich nicht nur in Bezug auf Skalierbarkeit, sondern auch hinsichtlich Benutzerfreundlichkeit und Wartbarkeit entwickeln.

Die Architektur von Systemen, die im großen Maßstab arbeiten, ist in der Regel stark anwendungsspezifisch – es gibt keine generische, universell für alle Größen skalierbare Architektur (inoffiziell als »magische Skalierungssauce« bekannt). Das Problem kann der Umfang der Lesevorgänge, der Umfang der Schreibvorgänge, der Umfang der zu speichernden Daten, die Komplexität der Daten, die Anforderungen an die Antwortzeit, die Zugriffsmuster oder (in der Regel) eine Mischung aus diesen und vielen weiteren Problemen sein.

Zum Beispiel sieht ein System, das für die Verarbeitung von 100.000 Anforderungen pro Sekunde mit einer Größe von jeweils 1 KB ausgelegt ist, ganz anders aus als ein System, das 3 Anfragen pro Minute mit jeweils 2 GB Datenvolumen verarbeiten soll – obwohl beide Systeme den gleichen Datendurchsatz haben.

Eine Architektur, die sich für eine bestimmte Anwendung gut skalieren lässt, baut auf Annahmen auf, welche Operationen häufig und welche selten vorkommen – die Lastparameter. Stellen sich diese Annahmen als falsch heraus, ist der technische Aufwand für die Skalierung bestenfalls verschwendet und im schlimmsten Fall kontraproduktiv. In einer frühen Inbetriebnahmephase oder bei einem noch nicht erprobten Produkt ist es normalerweise wichtiger, die Produktfeatures schnell abzuarbeiten als auf eine hypothetische zukünftige Belastung zu skalieren.

Skalierbare Architekturen sind zwar auf eine bestimmte Anwendung zugeschnitten, bestehen aber dennoch in der Regel aus universellen Bausteinen, die in bekannten Mustern angeordnet sind. In diesem Buch befassen wir uns mit solchen Bausteinen und Mustern.

Wartbarkeit

Es ist allgemein bekannt, dass die meisten Softwarekosten nicht in der anfänglichen Entwicklung anfallen, sondern in der ständigen Wartung – Fehlerbeseitigung, Gewährleisten des laufenden Betriebs, Untersuchung von Fehlern, Anpassen an neue Plattformen, Modifizieren für neue Einsatzfälle, Zurückzahlen technischer Schulden und Hinzufügen neuer Features.

Leider sind die meisten Menschen, die an Softwaresystemen arbeiten, von der Wartung sogenannter *Legacy-Systeme* nicht begeistert – möglicherweise müssten sie Fehler anderer Programmierer beheben oder mit Plattformen arbeiten, die inzwischen veraltet sind, oder Systeme krampfhaft zu Funktionen »überreden«, für die sie nie vorgesehen waren. Jedes Legacy-System ist auf seine Art unangenehm, und somit ist es schwierig, allgemeine Empfehlungen für den Umgang mit ihnen zu geben.

Allerdings können und sollten wir Software in einer Art und Weise entwerfen, die nach Möglichkeit die Mühen während der Wartungsphase minimiert, und somit vermeiden, die eigene Software zur Legacy-Software zu machen. In dieser Hinsicht achten wir besonders auf drei Entwurfsprinzipien für Softwaresysteme:

- *Bedienbarkeit*
  Alle Möglichkeiten schaffen, dass die Betreiberteams das System reibungslos am Laufen halten.
- *Einfachheit*
  Neuen Technikern das Verständnis des Systems erleichtern, indem möglichst viel Komplexität vom System entfernt wird. (Das ist nicht das Gleiche wie Einfachheit der Benutzeroberfläche.)
- *Evolvierbarkeit*
  Die Voraussetzungen schaffen, dass Techniker Änderungen am System in der Zukunft vornehmen können, um es bei geänderten Anforderungen an nicht vorgesehene Einsatzfälle anzupassen. Stichwörter hier sind *Erweiterbarkeit*, *Modifizierbarkeit* oder *Plastizität*.

Wie schon bei Zuverlässigkeit und Skalierbarkeit gibt es für das Erreichen dieser Ziele keine einfachen Lösungen. Stattdessen versuchen wir, Systeme zu entwerfen und damit immer Bedienbarkeit, Einfachheit und Evolvierbarkeit im Hinterkopf zu behalten.

Betriebsfähigkeit: Den Betrieb erleichtern

Man spricht davon, dass »gute Betriebsteams oftmals die Beschränkungen von schlechter (oder unvollständiger) Software umgehen können, gute Software aber mit schlechten Betriebsteams nicht zuverlässig laufen kann« [12]. Auch wenn einige Aspekte des Betriebs automatisiert werden können und sollten, liegt es immer noch beim Menschen, die Automatisierung überhaupt erst einzurichten und einen ordnungsgemäßen Ablauf sicherzustellen.

Betriebsteams sind für den reibungslosen Betrieb eines Softwaresystems unerlässlich. Ein gutes Betriebsteam ist normalerweise für die folgenden und für weitere Aufgaben zuständig [29]:

- Die Systemintegrität überwachen und den Dienst schnell wiederherstellen, wenn er in einen ungünstigen Zustand übergeht
- Die Ursache von Problemen aufspüren, wie zum Beispiel Systemausfälle oder sinkende Performance
- Software und Plattformen auf dem neuesten Stand halten, einschließlich der Sicherheitspatches
- Kontrollieren, wie sich verschiedene Systeme einander beeinflussen, um eine problematische Änderung von vornherein zu vermeiden, bevor sie einen Schaden verursacht
- Zukünftige Probleme vorwegnehmen und lösen, bevor sie auftreten (zum Beispiel Kapazitätsplanung)
- Optimale Methoden und Tools für Bereitstellung, Konfigurationsverwaltung und mehr etablieren
- Komplexe Wartungsaufgaben durchführen, beispielsweise eine Anwendung von einer Plattform auf eine andere übertragen
- Die Sicherheit des Systems aufrechterhalten, wenn Konfigurationsänderungen durchgeführt werden
- Prozesse definieren, die den Betrieb vorhersagbar machen und dabei helfen, die Produktionsumgebung stabil zu halten
- Das Wissen über das System im Unternehmen bewahren, selbst wenn einzelne Mitarbeiter neu hinzukommen oder Mitarbeiter das Unternehmen verlassen

Gute Bedienbarkeit heißt auch, Routineaufgaben leicht erledigen zu können, sodass sich das Betriebsteam auf die anspruchsvolleren Aufgaben konzentrieren kann. Datensysteme können unter anderem mit folgenden Mitteln dazu beitragen, Routineaufgaben zu erleichtern:

- Das Laufzeitverhalten und die Interna des Systems mit guter Überwachung transparent gestalten
- Gute Unterstützung für Automatisierung und Integration mit Standardtools bereitstellen

- Abhängigkeit von einzelnen Computern vermeiden (ermöglichen, dass einzelne Computer zu Wartungszwecken heruntergefahren werden, während das System als Ganzes ununterbrochen weiterlaufen kann)
- Gute Dokumentation und ein leicht verständliches Betriebsmodell bereitstellen (»Wenn ich X tue, wird Y passieren«)
- Gutes Standardverhalten realisieren, aber auch Administratoren die Freiheit bieten, bei Bedarf die Standardwerte zu überschreiben
- Selbstheilung, wo es angebracht ist, aber auch den Administratoren bei Bedarf die manuelle Kontrolle über den Systemzustand geben
- Vorhersagbares Verhalten zeigen, Überraschungen minimieren

Einfachheit: Komplexität im Griff

Bei kleinen Softwareprojekten ist der Code oft erfreulich einfach und aussagekräftig, doch wenn der Umfang eines Projekts zunimmt, wird er oftmals erheblich komplexer und schwerer zu verstehen. Diese Komplexität bremst jeden, der am System arbeiten muss, was die Kosten der Wartung weiter in die Höhe treibt. Ein Softwareprojekt, das keine erkennbare Softwarestruktur besitzt, nennt man auch *Big Ball of Mud* (große Matschkugel) [30].

Komplexität zeigt sich an verschiedenen möglichen Symptomen: Explosion des Zustandsraums, enge Kopplung von Modulen, verwickelte Abhängigkeiten, inkonsistente Benennung und Terminologie, Hacks, die Performanceprobleme lösen sollen, Behandlung von Spezialfällen, um bestimmte Probleme in den Griff zu bekommen, und vielen mehr. Zu diesem Thema ist schon viel gesagt worden [31, 32, 33].

Wenn sich aufgrund der Komplexität die Wartung erschwert, werden Budgets und Zeitpläne oftmals überschritten. In komplexer Software ist auch das Risiko größer, während einer Änderung Bugs einzubringen: Wenn der Entwickler das System nur schwer versteht und überblickt, werden versteckte Annahmen, nicht beabsichtigte Konsequenzen und unerwartete Interaktionen leichter übersehen. Da sich umgekehrt die Wartbarkeit von Software verbessert, wenn man die Komplexität der Software verringert, sollte Einfachheit ein Schlüsselmerkmal der Systeme sein, die wir erstellen.

Ein System zu vereinfachen, heißt nicht zwangsläufig, seine Funktionalität zu verringern, sondern kann auch bedeuten, *unbeabsichtigte* Komplexität zu beseitigen. Moseley und Marks [32] definieren Komplexität als unbeabsichtigt, wenn sie dem Problem, das die Software (aus Sicht der Benutzer) löst, nicht innewohnt, sondern nur auf die Implementierung zurückzuführen ist.

Zu den besten Mitteln, mit denen sich unbeabsichtigte Komplexität beseitigen lässt, gehört die *Abstraktion*. Eine gute Abstraktion kann eine ganze Menge Implementierungsdetails hinter einer sauberen und leicht verständlichen Fassade verbergen. Auch kann eine gute Abstraktion für ein breites Spektrum verschiedener Anwendungen eingesetzt werden. Diese Wiederverwendung ist nicht nur effizienter, als etwas Ähnliches mehrfach erneut zu implementieren, sondern führt auch zu qualitativ besserer Software, da von den Qualitätsverbesserungen in der abstrahierten Komponente sämtliche Anwendungen profitieren, die diese Komponente nutzen.

So sind zum Beispiel höhere Programmiersprachen Abstraktionen, die Maschinencode, CPU-Register und Systemaufrufe verbergen. SQL ist eine Abstraktion, die komplexe Datenstrukturen auf der Festplatte und im Hauptspeicher, parallele Anfragen von anderen Clients und Inkonsistenzen nach Systemabstürzen verbirgt. Natürlich verwenden wir trotzdem Maschinencode, auch wenn wir in einer höheren Sprache programmieren, wir verwenden ihn nur nicht *direkt*, weil uns die Programmiersprachenabstraktion davon befreit, in Maschinencode zu denken.

Allerdings ist es ziemlich schwer, gute Abstraktionen zu finden. Auf dem Gebiet der verteilten Systeme gibt es zwar viele gute Algorithmen, doch es ist weniger klar, wie wir sie in Abstraktionen verpacken können, die es uns erlauben, die Komplexität des Systems auf einem beherrschbaren Niveau zu halten.

Das gesamte Buch hindurch halten wir Ausschau nach guten Abstraktionen, mit denen wir Teile aus einem großen System in eigenständige, wiederverwendbare Komponenten extrahieren können.

Evolvierbarkeit: Änderungen erleichtern

Es ist äußerst unwahrscheinlich, dass die Anforderungen an Ihr System für immer unverändert bleiben. Vielmehr werden sie in einem beständigen Fluss sein: Neue Fakten tauchen auf, bislang nicht angedachte Einsatzfälle eröffnen sich, die Geschäftsprioritäten wechseln, Benutzer verlangen nach neuen Features, alte Plattformen werden durch neue ersetzt, gesetzliche oder regulatorische Anforderungen ändern sich, das Wachstum des Systems erzwingt Architekturänderungen usw.

In Bezug auf organisatorische Prozesse bieten *agile* Arbeitsmuster einen Rahmen für die Anpassung an Veränderungen. Die Community für agile Methoden hat auch technische Werkzeuge und Muster entwickelt, die hilfreich sind, wenn Sie Software in einer sich häufig ändernden Umgebung entwickeln, beispielsweise testgetriebene Entwicklung (test-driven development, TDD) und Refactoring.

Die meisten Diskussionen dieser agilen Techniken konzentrieren sich auf eine ziemlich kleine, lokale Skala (ein paar Quellcodedateien innerhalb derselben Anwendung). In diesem Buch suchen wir nach Möglichkeiten, die Agilität auf das Niveau eines größeren Datensystems zu erhöhen, das vielleicht aus mehreren verschiedenen Anwendungen oder Diensten mit verschiedenen Eigenschaften besteht. Wie würden Sie zum Beispiel die Architektur von Twitter für das Zusammenstellen der Home-Timeline (siehe Abschnitt »Lasten beschreiben« auf Seite 11) von Methode 1 zu Methode 2 »refaktorisieren«?

Die Leichtigkeit, mit der Sie ein Datensystem modifizieren und es an geänderte Anforderungen anpassen können, ist eng verknüpft mit seiner Einfachheit und seinen Abstraktionen: Einfache und leichtverständliche Systeme lassen sich in der Regel leichter modifizieren als komplexe. Doch weil dies eine so wichtige Idee ist, verwenden wir ein anderes Wort, um uns auf Agilität auf der Ebene eines Datensystems zu beziehen: *Evolvierbarkeit* [34].

Zusammenfassung

In diesem Kapitel haben wir einige grundlegende Denkansätze für datenintensive Anwendungen untersucht. Diese Prinzipien führen uns durch den Rest des Buchs, wo wir uns eingehend mit den technischen Details befassen.

Um nützlich zu sein, muss eine Anwendung verschiedene Anforderungen erfüllen. Es gibt *funktionale Anforderungen* (was sie tun soll, zum Beispiel Daten nach verschiedenen Methoden speichern, abrufen, suchen und verarbeiten) und einige *nichtfunktionale Anforderungen* (allgemeine Eigenschaften wie Sicherheit, Zuverlässigkeit, Konformität, Skalierbarkeit, Kompatibilität und Wartbarkeit). In diesem Kapitel haben wir Zuverlässigkeit, Skalierbarkeit und Wartbarkeit ausführlicher diskutiert.

Zuverlässigkeit bedeutet, dass Systeme korrekt funktionieren, selbst wenn Fehler auftreten. Fehler können sich in der Hardware zeigen (in der Regel zufällig und unkorreliert), in der Software (Bugs sind normalerweise systematisch und schwer zu bewältigen) und beim Menschen (der zwangsläufig von Zeit zu Zeit Fehler macht). Fehlertolerante Systeme können bestimmte Arten von Fehlern gegenüber dem Endbenutzer verbergen.

Skalierbarkeit heißt, Strategien zu haben, mit denen sich eine gute Performance gewährleisten lässt, selbst wenn die Belastung zunimmt. Um über Skalierbarkeit zu diskutieren, brauchen wir zunächst Möglichkeiten, Belastung und Performance quantitativ zu beschreiben. Wir haben uns kurz die Home-Timelines von Twitter als Beispiel angesehen, um Belastungen zu beschreiben, und die Perzentile von Antwortzeiten als Methode, die Performance zu messen. Einem skalierbaren System kann man Verarbeitungskapazität hinzufügen, damit es auch unter höherer Belastung zuverlässig bleiben kann.

Wartbarkeit hat viele Facetten, doch im Wesentlichen geht es darum, Technikern und Betreiberteams, die mit dem System arbeiten müssen, das Leben zu erleichtern. Gute Abstraktionen können dabei helfen, die Komplexität zu verringern und das System schlanker zu machen, sodass es sich leichter für neue Einsatzfälle modifizieren und anpassen lässt. Gute Bedienbarkeit heißt, die Systemintegrität transparent darzustellen und sie mit effizienten Methoden aufrechtzuerhalten.

Leider gibt es keine einfache Lösung, um Anwendungen zuverlässig, skalierbar oder wartungsfähig zu machen. Allerdings sind bestimmte Muster und Techniken bekannt, die in verschiedenen Arten von Anwendungen regelmäßig auftauchen. In den nächsten Kapiteln sehen wir uns einige Beispiele für Datensysteme an und analysieren, wie sie diese Ziele umzusetzen versuchen.

Später im Buch befasst sich *Teil III* mit Mustern für Systeme, die aus mehreren zusammenwirkenden Komponenten bestehen, wie es beispielsweise bei dem in Abbildung 1-1 gezeigten System der Fall ist.

Literaturhinweise

[1] Michael Stonebraker und Uğur Çetintemel: *'One Size Fits All': An Idea Whose Time Has Come and Gone*, auf der 21. International Conference on Data Engineering (ICDE), April 2005.

[2] Walter L. Heimerdinger und Charles B. Weinstock: *A Conceptual Framework for System Fault Tolerance.* Technical Report CMU/SEI-92-TR-033, Software Engineering Institute, Carnegie Mellon University, Oktober 1992.

[3] Ding Yuan, Yu Luo, Xin Zhuang, et al.: *Simple Testing Can Prevent Most Critical Failures: An Analysis of Production Failures in Distributed Data-Intensive Systems*, auf dem 11. USENIX Symposium on Operating Systems Design and Implementation (OSDI), Oktober 2014.

[4] Yury Izrailevsky und Ariel Tseitlin: *The Netflix Simian Army.* techblog.netflix.com, 19. Juli 2011.

[5] Daniel Ford, François Labelle, Florentina I. Popovici, et al.: *Availability in Globally Distributed Storage Systems*, auf dem 9. USENIX Symposium on Operating Systems Design and Implementation (OSDI), Oktober 2010.

[6] Brian Beach: *Hard Drive Reliability Update – Sep 2014.* backblaze.com, 23. September 2014.

[7] Laurie Voss: *AWS: The Good, the Bad and the Ugly.* blog.awe.sm, 18. Dezember 2012.

[8] Haryadi S. Gunawi, Mingzhe Hao, Tanakorn Leesatapornwongsa, et al.: *What Bugs Live in the Cloud?*, auf dem 5. ACM Symposium on Cloud Computing (SoCC), November 2014. doi:10.1145/2670979.2670986

[9] Nelson Minar: *Leap Second Crashes Half the Internet.* somebits.com, 3. Juli 2012.

[10] Amazon Web Services: *Summary of the Amazon EC2 and Amazon RDS Service Disruption in the US East Region.* aws.amazon.com, 29. April 2011.

[11] Richard I. Cook: *How Complex Systems Fail.* Cognitive Technologies Laboratory, April 2000.

[12] Jay Kreps: *Getting Real About Distributed System Reliability.* blog.empathybox.com, 19. März 2012.

[13] David Oppenheimer, Archana Ganapathi und David A. Patterson: *Why Do Internet Services Fail, and What Can Be Done About It?*, auf dem 4. USENIX Symposium on Internet Technologies and Systems (USITS), März 2003.

[14] Nathan Marz: *Principles of Software Engineering, Part 1*. nathanmarz.com, 2. April 2013.

[15] Michael Jurewitz: *The Human Impact of Bugs*. jury.me, 15. März 2013.

[16] Raffi Krikorian: *Timelines at Scale*, auf der QCon San Francisco, November 2012.

[17] Martin Fowler: *Patterns of Enterprise Application Architecture*. Addison Wesley, 2002. – ISBN 978-0-321-12742-6

[18] Kelly Sommers: *After all that run around, what caused 500ms disk latency even when we replaced physical server?*. twitter.com, 13. November 2014.

[19] Giuseppe DeCandia, Deniz Hastorun, Madan Jampani, et al.: *Dynamo: Amazon's Highly Available Key-Value Store*, auf dem 21. ACM Symposium on Operating Systems Principles (SOSP), Oktober 2007.

[20] Greg Linden: *Make Data Useful*. Folien einer Präsentation an der Stanford University Data Mining class (CS345), Dezember 2006.

[21] Tammy Everts: *The Real Cost of Slow Time vs Downtime*. webperformancetoday.com, 12. November 2014.

[22] Jake Brutlag: *Speed Matters for Google Web Search*. googleresearch.blogspot.co.uk, 22. Juni 2009.

[23] Tyler Treat: *Everything You Know About Latency Is Wrong*. bravenewgeek.com, 12. Dezember 2015.

[24] Jeffrey Dean und Luiz André Barroso: *The Tail at Scale*. Communications of the ACM, Bd. 56, Nr. 2, S. 74–80, Februar 2013. doi:10.1145/2408776.2408794

[25] Graham Cormode, Vladislav Shkapenyuk, Divesh Srivastava und Bojian Xu: *Forward Decay: A Practical Time Decay Model for Streaming Systems*, auf der 25. IEEE International Conference on Data Engineering (ICDE), März 2009.

[26] Ted Dunning und Otmar Ertl: *Computing Extremely Accurate Quantiles Using t-Digests*. github.com, März 2014.

[27] Gil Tene: *HdrHistogram*. hdrhistogram.org.

[28] Baron Schwartz: *Why Percentiles Don't Work the Way You Think*. vividcortex.com, 7. Dezember 2015.

[29] James Hamilton: *On Designing and Deploying Internet-Scale Services*, auf der 21. Large Installation System Administration Conference (LISA), November 2007.

[30] Brian Foote und Joseph Yoder: *Big Ball of Mud*, auf der 4. Conference on Pattern Languages of Programs (PLoP), September 1997.

[31] Frederick P Brooks: *No Silver Bullet – Essence and Accident in Software Engineering.* in The Mythical Man-Month, Anniversary edition, Addison-Wesley, 1995. – ISBN 978-0-201-83595-3

[32] Ben Moseley und Peter Marks: *Out of the Tar Pit.* in BCS Software Practice Advancement (SPA), 2006.

[33] Rich Hickey: *Simple Made Easy.* in Strange Loop, September 2011.

[34] Hongyu Pei Breivold, Ivica Crnkovic und Peter J. Eriksson: *Analyzing Software Evolvability*, auf der 32. Annual IEEE International Computer Software and Applications Conference (COMPSAC), Juli 2008. doi:10.1109/COMPSAC.2008.50

Kap JSON
Handelsroute
HyperDex
DOKUMENTDATENREGION
Ruinen von
XML-Datenbanken
CouchDB
MongoDB
MapReduce-Wald
Imperativer Fluss
PostgreSQL
MySQL
SQL Server
Oracle
DB2
SQL
Metropolis
RethinkDB
XPath
CSS
Deklarativer Fluss
HBase
IMS
Graph-Daten-Gipfel
CODASYL
REGION DER
SPALTENFAMILIE
Cypher
Cassandra
Neo4j
SPARQL
Redis
Datalog
Titan
Abfrage-
planer
Datomic
OrientDB
Berkeley DB
SCHLÜSSEL-WERT-REGION
DAS RELATIONALE IMPERIUM
NoSQL-
Gefahrenzone
Aerospike
Voldemort
Riak

KAPITEL 2

Datenmodelle und Abfragesprachen

Die Grenzen meiner Sprache bedeuten die Grenzen meiner Welt.

– **Ludwig Wittgenstein**, *Tractatus Logico-Philosophicus* (1922)

Datenmodelle sind der vielleicht wichtigste Teil bei der Entwicklung von Software, weil sie einen so tiefen Einfluss ausüben: nicht nur, wie die Software geschrieben wird, sondern auch, wie wir über das zu lösende *Problem nachdenken*.

Die meisten Anwendungen entstehen, indem ein Datenmodell auf ein anderes aufgesetzt wird. Für jede Ebene stellt sich die Schlüsselfrage: Wie wird sie in Form der nächst niedrigeren Ebene *dargestellt*? Zum Beispiel:

1. Als Anwendungsentwickler betrachten Sie die reale Welt (in der es Menschen, Unternehmen, Waren, Aktionen, Geldflüsse, Sensoren usw. gibt) und modellieren sie in Form von Objekten oder Datenstrukturen sowie APIs, die diese Datenstrukturen manipulieren. Diese Strukturen sind oftmals spezifisch für Ihre Anwendung.
2. Wenn Sie diese Datenstrukturen speichern möchten, drücken Sie sie in Form eines universellen Datenmodells aus, beispielsweise als JSON- oder XML-Dokumente, Tabellen in einer relationalen Datenbank oder als Graph.
3. Die Entwickler Ihrer Datenbanksoftware haben sich wiederum für eine Darstellungsart dieser JSON-/XML-Dokumente, relationalen Daten oder Graphen entschieden, und zwar in Form von Bytes im Arbeitsspeicher, auf Festplatte oder in einem Netzwerkprotokoll. Abhängig von der Darstellung lassen sich die Daten nach verschiedenen Methoden abfragen, durchsuchen, manipulieren und verarbeiten.
4. Auf noch tieferen Ebenen haben Hardwareingenieure Verfahren entwickelt, wie sich die Bytes beispielsweise in Form von elektrischem Strom, Lichtimpulsen oder Magnetfeldern darstellen lassen.

In einer komplexen Anwendung kann es weitere Zwischenschichten geben, wie etwa APIs, die auf APIs aufsetzen. Die grundsätzliche Idee bleibt aber immer die gleiche: Jede Ebene verbirgt die Komplexität der darunterliegenden Ebenen, indem sie ein sauberes Datenmodell bereitstellt. Diese Abstraktionen ermöglichen es verschiedenen Personengruppen – zum Beispiel den Ingenieuren beim Datenbankanbieter und den Anwendungsentwicklern, die deren Datenbank einsetzen –, effektiv zusammenzuarbeiten.

Es gibt viele verschiedene Arten von Datenmodellen, und jedes Datenmodell beinhaltet Annahmen, wie es zu verwenden ist. Manche Nutzungsarten sind einfach und manche werden nicht unterstützt, manche Operationen sind schnell und manche zeigen eine schlechte Performance, manche Datentransformationen sind intuitiv anwendbar und manche sind schlicht merkwürdig.

Es kann viel Mühe kosten, nur ein einziges Datenmodell zu beherrschen (denken Sie nur einmal daran, wie viele Bücher es zur Modellierung relationaler Datenbanken gibt). Es ist schwer genug, Software zu erstellen, selbst wenn man mit lediglich einem Datenmodell arbeitet und sich um die inneren Abläufe nicht kümmert. Doch da sich das Datenmodell maßgeblich darauf auswirkt, was die darüber befindliche Software leisten kann und was nicht, sollte man unbedingt ein Modell auswählen, das für die Anwendung geeignet ist.

In diesem Kapitel sehen wir uns eine Auswahl von universellen Datenmodellen für das Speichern und Abfragen von Daten an (Punkt 2 in der obigen Liste). Insbesondere vergleichen wir das relationale Modell, das Dokumentmodell und einige Graphen-orientierte Datenmodelle. Außerdem sehen wir uns verschiedene Abfragesprachen an und vergleichen ihre Einsatzgebiete. Kapitel 3 erläutert, wie Storage-Engines arbeiten, d.h., wie diese Datenmodelle tatsächlich implementiert werden (Punkt 3 in der Liste oben).

Relationales Modell vs. Dokumentmodell

Am bekanntesten ist heute wahrscheinlich das SQL-Datenmodell, welches auf dem relationalen Modell basiert, das von Edgar Codd im Jahre 1970 vorgeschlagen wurde [1]: Die Daten sind in *Relationen* organisiert (in SQL als *Tabellen* bezeichnet), wobei jede Relation eine unsortierte Auflistung von *Tupeln* (in SQL *Zeilen*) ist. Das relationale Modell war ein theoretischer Ansatz, und viele Entwickler haben zu jener Zeit gezweifelt, ob es sich überhaupt effizient implementieren ließe. Mitte der 1980er-Jahre sind jedoch relationale Datenbankmanagementsysteme (RDBMSe) und SQL zu den Tools der Wahl für die meisten Programmierer geworden, die Daten mit einer gewissen regelmäßigen Struktur speichern und abfragen mussten. Die Dominanz der relationalen Datenbanken hat etwa 25 bis 30 Jahre angehalten – eine Ewigkeit in der Geschichte der Rechentechnik.

Die Wurzeln relationaler Datenbanken liegen in der *Geschäftsdatenverarbeitung*, die in den 1960er- und 1970er-Jahren auf Mainframes abwickelt wurde. Aus heutiger Sicht muten die Einsatzgebiete banal an: typischerweise *Transaktionsverarbeitung* (Eingabe von Verkaufsaufträgen oder Bankgeschäften, Flugbuchungen,

Lagerbestandsführung in Warenhäusern) und *Stapelverarbeitung* (Kundenrechnungen, Gehaltsabrechnungen, Berichtswesen).

Andere Datenbanken zwangen zu dieser Zeit den Anwendungsentwickler, eingehend über die interne Darstellung der Daten in der Datenbank nachzudenken. Ziel des relationalen Modells war es, dieses Implementierungsdetail hinter einer sauberen Benutzeroberfläche zu verbergen.

Im Lauf der Jahre hat es viele rechentechnische Ansätze für das Speichern und Abfragen von Daten gegeben. In den 1970er- und frühen 1980er-Jahren waren das *Netzwerkmodell* und das *hierarchische Modell* die Hauptalternativen, wobei aber das relationale Modell letztendlich den Markt dominierte. Objektdatenbanken kamen und gingen in den späten 1980er- und frühen 1990er-Jahren. XML-Datenbanken tauchten in den frühen 2000ern auf, konnten sich aber nur als Nischenprodukt behaupten. Zwar hat jeder Wettbewerber des relationalen Modells in seiner Zeit einen Hype ausgelöst, doch war dieser nie von Dauer [2].

Als Computer erheblich leistungsfähiger und vernetzt wurden, hat man sie für ein zunehmend breiteres Spektrum von Aufgaben herangezogen. Bemerkenswert ist auch, dass sich relationale Datenbanken über ihren ursprünglichen Bereich zur Geschäftsdatenverarbeitung für eine breite Vielfalt von Einsatzbereichen als verallgemeinertes Instrument erwiesen haben. Vieles von dem, was Sie heute im Web sehen, wird immer noch von relationalen Datenbanken unterstützt, sei es Online-Veröffentlichung, Diskussion, Social Networking, E-Commerce, Spiele, SaaS-(Software-as-a-Service-)Produktivitätsanwendungen und vieles mehr.

Die Geburt von NoSQL

In den 2010er-Jahren ist nun *NoSQL* der letzte Versuch, die Dominanz des relationalen Modells zu stürzen. Der Name »NoSQL« ist unglücklich gewählt, weil er sich eigentlich nicht auf eine besondere Technologie bezieht – ursprünglich sollte er einfach als einprägsamer Twitter-Hashtag für eine Diskussionsgruppe im Jahre 2009 zu verteilten, nichtrelationalen Open-Source-Datenbanken dienen [3]. Nichtsdestotrotz traf der Begriff einen Nerv und verbreitete sich schnell über die Web-Start-up-Community und darüber hinaus. Eine Reihe von interessanten Datenbanksystemen ist nun mit dem Hashtag #NoSQL verbunden, und rückwirkend wird der Name als *Not Only SQL* interpretiert [4].

Für die Akzeptanz von NoSQL-Datenbanken sind unter anderem folgende Triebkräfte verantwortlich:

- Eine Notwendigkeit für größere Skalierbarkeit, als sie sich mit relationalen Datenbanken erreichen ließe, einschließlich sehr großer Datensätze oder sehr hohem Schreibdurchsatz
- Eine weitverbreitete Bevorzugung von freier und Open-Source-Software gegenüber kommerziellen Datenbankprodukten

- Spezialisierte Abfrageoperationen, die das relationale Modell nur schlecht unterstützt
- Frustration mit den Einschränkungen der relationalen Schemas und der Wunsch nach einem dynamischeren und ausdrucksstärkeren Datenmodell [5]

Verschiedene Anwendungen haben unterschiedliche Anforderungen, und die beste Wahl der Technologie für den einen Einsatzfall kann sich von der besten Wahl für einen anderen Einsatzfall unterscheiden. Es sieht also so aus, dass relationale Datenbanken in absehbarer Zukunft weiterhin neben einer breiten Palette nichtrelationaler Datenspeicher verwendet werden – eine Idee, die manchmal als *Polyglot Persistence* bezeichnet wird [3].

Die objektrelationale Unverträglichkeit

Die Anwendungsentwicklung läuft heutzutage größtenteils in objektorientierten Programmiersprachen ab, was zu einer allgemeinen Kritik des SQL-Datenmodells führt: Wenn Daten in relationalen Tabellen gespeichert werden, ist eine umständliche Übersetzungsebene zwischen den Objekten im Anwendungscode und dem Datenbankmodell aus Tabellen, Zeilen und Spalten erforderlich. Die Trennung zwischen den Modellen wird auch als *Fehlanpassung*[1] bezeichnet.

Frameworks der objektrelationalen Abbildungen (Object-Relational Mapper oder ORM) wie ActiveRecord und Hibernate verringern den Umfang des erforderlichen Standardcodes für diese Übersetzungsschicht, können aber nicht vollständig die Unterschiede zwischen den beiden Modellen kaschieren.

Zum Beispiel veranschaulicht Abbildung 2-1, wie ein Lebenslauf (ein LinkedIn-Profil) in einem relationalen Schema ausgedrückt werden könnte. Das Profil als Ganzes kann durch einen eindeutigen Bezeichner, `user_id`, gekennzeichnet werden. Felder wie `first_name` (Vorname) und `last_name` (Nachname) erscheinen genau einmal pro Benutzer, sodass sie sich als Spalten in der Tabelle `users` (Benutzer) modellieren lassen. Allerdings dürften die meisten Leute in ihrer Karriere mehrere Jobs (Positionen) innehaben. Auch die Anzahl der Bildungsphasen und der Umfang der Kontaktinformationen werden variieren. Vom Benutzer zu diesen Elementen besteht eine *1:n*-Beziehung, die sich auf verschiedene Art und Weise darstellen lässt:

- Im herkömmlichen SQL-Modell (vor SQL:1999) ist die häufigste normalisierte Darstellung, Positions-, Bildungs- und Kontaktinformationen in ge-

1 Ein Begriff, der aus der Elektronik entlehnt wurde. Jede elektrische Schaltung besitzt eine bestimmte Impedanz (Widerstand gegen Wechselstrom) an ihren Ein- und Ausgängen. Wenn man den Ausgang der einen Schaltung mit dem Eingang einer anderen Schaltung verbindet, ist die Energieübertragung an der Verbindungsstelle maximal, wenn die Ausgangs- und Eingangsimpedanzen der beiden Schaltungen übereinstimmen. Eine Impedanzfehlanpassung kann zu Signalreflexionen und anderen Schwierigkeiten führen.

trennten Tabellen unterzubringen, die jeweils einen Fremdschlüssel auf die Tabelle users enthalten, wie Abbildung 2-1 zeigt.

- Spätere Versionen des SQL-Standards brachten die Unterstützung für strukturierte Datentypen und XML-Daten. Damit ließen sich Daten mit mehreren Werten in einer einzelnen Zeile speichern und innerhalb dieser Dokumente abfragen und indizieren. Diese Features wurden im unterschiedlichen Maße von Oracle, IBM DB2, MS SQL Server und PostgreSQL unterstützt [6, 7]. Mehrere Datenbanken wie zum Beispiel IBM DB2, MySQL und PostgreSQL unterstützten auch einen JSON-Datentyp [8].
- Als dritte Option kann man Jobs, Bildungsdaten und Kontaktinformationen als JSON- oder XML-Dokument codieren, in der Datenbank in einer Textspalte speichern und es der Anwendung überlassen, ihre Struktur und ihren Inhalt zu interpretieren. In diesem Set-up können Sie normalerweise die Datenbank nicht nutzen, um Werte innerhalb dieser codierten Spalten abzufragen.

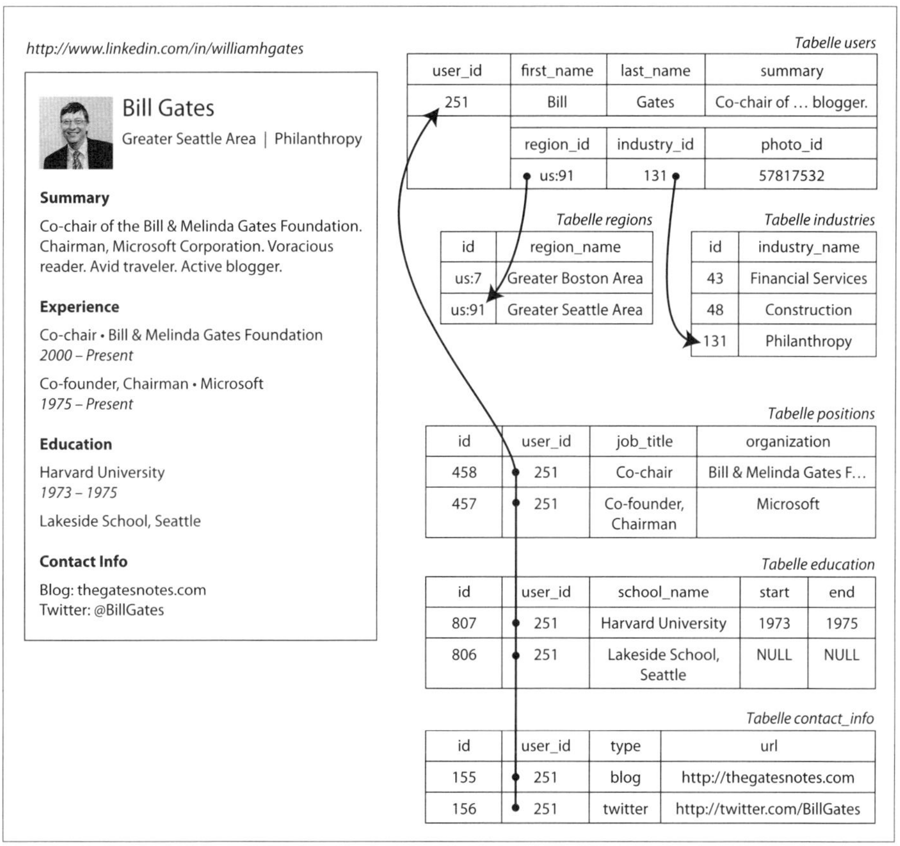

Abbildung 2-1: Darstellung eines LinkedIn-Profils mit einem relationalen Schema. Foto von Bill Gates mit freundlicher Genehmigung von Wikimedia Commons, Ricardo Stuckert, Agência Brasil

Für eine Datenstruktur wie zum Beispiel einen Lebenslauf, der im Wesentlichen ein eigenständiges *Dokument* ist, kann eine JSON-Darstellung zweckmäßig sein: siehe Beispiel 2-1. JSON hat den Vorzug, wesentlich einfacher als XML zu sein. Dokumentorientierte Datenbanken wie MongoDB [9], RethinkDB [10], CouchDB [11] und Espresso [12] unterstützen dieses Datenmodell.

Beispiel 2-1: Darstellung eines LinkedIn-Profils als JSON-Dokument

```
{
  "user_id":    251,
  "first_name": "Bill",
  "last_name":    "Gates",
  "summary":    "Co-chair of the Bill & Melinda Gates... Active blogger.",
  "region_id":    "us:91",
  "industry_id": 131,
  "photo_url":    "/p/7/000/253/05b/308dd6e.jpg",
  "positions": [
    {"job_title": "Co-chair", "organization": "Bill & Melinda Gates Foundation"},
    {"job_title": "Co-founder, Chairman", "organization": "Microsoft"}
  ],
  "education": [
    {"school_name": "Harvard University",    "start": 1973, "end": 1975},
    {"school_name": "Lakeside School, Seattle", "start": null, "end": null}
  ],
  "contact_info": {
    "blog":    "http://thegatesnotes.com",
    "twitter": "http://twitter.com/BillGates"
  }
}
```

Manche Entwickler sind der Ansicht, dass das JSON-Modell die Fehlanpassung zwischen dem Anwendungscode und der Speicherebene verringert. Wie aber Kapitel 4 zeigt, gibt es auch Probleme mit JSON als Datencodierungsformat. Das Fehlen eines Schemas wird oft als Vorteil angeführt. Darauf gehen wir im Abschnitt »Schemaflexibilität im Dokumentmodell« auf Seite 42 ein.

Die JSON-Darstellung hat eine bessere *Lokalität* als das Mehrtabellenschema in Abbildung 2-1. Wenn Sie ein Profil im relationalen Beispiel abrufen möchten, müssen Sie entweder mehrere Abfragen ausführen (jede Tabelle nach `user_id` abfragen) oder eine umständliche Mehrwegverknüpfung zwischen der Tabelle users und ihren untergeordneten Tabellen schreiben. In der JSON-Darstellung befinden sich alle relevanten Informationen an einem Platz, und es genügt eine Abfrage.

Die *1:n*-Beziehungen vom Benutzerprofil zu den Positionen des Benutzers, dem Bildungsverlauf und den Kontaktinformationen implizieren eine Baumstruktur in den Daten, und die JSON-Darstellung macht diese Baumstruktur explizit (siehe Abbildung 2-2).

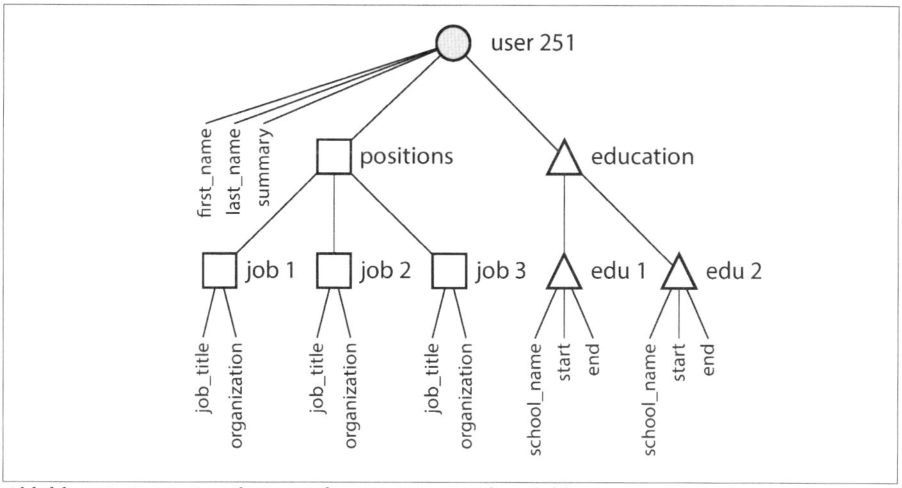

Abbildung 2-2: 1:n-Beziehungen, die eine Baumstruktur bilden

n:1- und n:n-Beziehungen

Im vorherigen Abschnitt gibt Beispiel 2-1 die Felder `region_id` und `industry_id` als IDs und nicht als einfache Textzeichenfolgen wie `"Greater Seattle Area"` und `"Philanthropy"` an. Warum?

Wenn die Benutzeroberfläche Textfelder für die Eingabe von Region und Branche anbietet, ist es zweckmäßig, die Eingaben in Form von normalem Text zu speichern. Es ist aber vorteilhaft, mit standardisierten Listen von geografischen Regionen und Branchen zu arbeiten und den Benutzer die Einträge aus einer Dropdown-Liste auswählen oder per Autovervollständigung ergänzen zu lassen:

- Einheitlicher Stil und Schreibweise über Profile hinweg
- Vermeidet Mehrdeutigkeiten (zum Beispiel, wenn es mehrere Städte mit dem gleichen Namen gibt)
- Einfaches Aktualisieren – der Name ist nur an einer Stelle gespeichert, sodass er sich leicht einheitlich aktualisieren lässt, wenn er geändert werden muss (zum Beispiel Änderung eines Städtenamens aufgrund politischer Ereignisse).
- Unterstützung für Lokalisierung – wenn die Site in andere Sprachen übersetzt wird, kann die standardisierte Liste übersetzt werden, sodass die Region und die Branche in der Sprache des Betrachters angezeigt werden können.
- Bessere Suche – zum Beispiel kann eine Suche nach Wohltätern (Philanthropen) im Staat Washington diesem Profil entsprechen, weil die Liste der Regionen die Tatsache codieren kann, dass Seattle in Washington liegt (was aus dem String "Greater Seattle Area" nicht hervorgeht).

Ob Sie eine ID oder eine Textzeichenfolge speichern, ist eine Frage der Duplizierung. Bei einer ID sind die Informationen, die für den Menschen verständlich sind (wie zum Beispiel das Wort *Philanthrop*) nur an einer Stelle gespeichert und alles, was darauf verweist, verwendet eine ID (die nur innerhalb der Datenbank eine Bedeutung hat). Wenn Sie den Text direkt speichern, duplizieren Sie die für den Menschen verständlichen Informationen in jeden Datensatz, der diesen Eintrag verwendet.

Da eine ID für den Menschen keine Bedeutung hat, ergibt sich der Vorteil, dass sie nie geändert werden muss: Die ID kann die gleiche bleiben, selbst, wenn sich die von ihr bezeichneten Informationen ändern. Alles, was für den Menschen relevant ist, kann sich irgendwann in der Zukunft ändern – und wenn diese Informationen dupliziert werden, müssten sämtliche redundanten Kopien aktualisiert werden. Das bringt einen Schreibmehraufwand mit sich und riskiert inkonsistente Daten (weil zum Beispiel manche Kopien der Informationen aktualisiert werden, andere jedoch nicht). Das Entfernen solcher doppelten Daten ist das Wesen der *Normalisierung* in Datenbanken.[2]

> Datenbankadministratoren und Entwickler streiten gern über Normalisierung und Denormalisierung, doch wir werden das Urteil vorerst aussetzen. In Teil III dieses Buchs kehren wir zu diesem Thema zurück und untersuchen systematische Methoden, die mit Caching, Denormalisierung und abgeleiteten Daten zu tun haben.

Leider erfordert die Normalisierung dieser Daten *n:1-Beziehungen* (viele leben in einer bestimmten Region, viele arbeiten in einer bestimmten Branche), was sich mit dem Dokumentmodell nicht gut verträgt. In relationalen Datenbanken ist es normal, auf Zeilen in anderen Tabellen nach ID zu verweisen, weil Joins einfach einzurichten sind. In Dokumentdatenbanken kommen die *1:n*-Baumstrukturen dagegen ohne Joins aus, und die Unterstützung für Joins ist oftmals nur schwach ausgebaut.[3]

Wenn die Datenbank selbst keine Joins unterstützt, müssen Sie einen Join im Anwendungscode nachbilden, indem Sie ihn aus mehreren Abfragen der Datenbank aufbauen. (In diesem Fall sind die Listen von Regionen und Branchen möglicherweise genügend klein und ändern sich nur langsam, sodass die Anwendung sie einfach im Arbeitsspeicher halten kann. Dennoch wird der Aufwand, den Join zu erzeugen, von der Datenbank auf den Anwendungscode verlagert.)

Selbst wenn die ursprüngliche Version einer Anwendung gut zu einem Join-freien Dokumentmodell passt, nimmt die Vernetzung der Daten in der Regel zu, wenn weitere Features zu den Anwendungen hinzukommen. Nehmen Sie zum Beispiel die folgenden Änderungen, die wir am Lebenslauf-Beispiel vornehmen könnten:

---

2 Die Literatur zu relationalen Datenmodellen unterscheidet mehrere verschiedene Normalformen, wobei aber die Unterscheidungen kaum von praktischem Interesse sind. Als Faustregel gilt: Wenn Sie Werte duplizieren, die sich an nur einer Stelle speichern lassen, ist das Schema noch nicht normalisiert.

3 Bei Drucklegung dieses Buchs werden Verknüpfungen in RethinkDB unterstützt, nicht aber in MongoDB und in CouchDB nur in vordeklarierten Sichten.

Organisationen und Schulen als Entitäten
In der obigen Beschreibung sind `organization` (die Firma, in der der Benutzer arbeitet) und `school_name` (wo er zur Schule oder Universität gegangen ist) lediglich Strings. Vielleicht sollten es stattdessen Referenzen auf Entitäten sein? Dann könnte jede Organisation, Schule oder Universität ihre eigene Webseite (mit Logo, News Feed usw.) haben; jeder Lebenslauf könnte mit den erwähnten Organisationen verlinkt sein und deren Logos und andere Informationen einbinden (siehe Abbildung 2-3 für ein Beispiel von LinkedIn).

Empfehlungen
Angenommen, Sie möchten ein neues Feature hinzufügen: Ein Benutzer kann eine Empfehlung für einen anderen Benutzer schreiben. Die Empfehlung erscheint auf dem Lebenslauf des Benutzers, der empfohlen wurde, zusammen mit dem Namen und dem Foto des Benutzers, der die Empfehlung abgibt. Wenn der Empfehlende sein Foto aktualisiert, müssen alle Empfehlungen, die er verfasst hat, das neue Foto widerspiegeln. Demzufolge sollte die Empfehlung eine Referenz auf das Profil des Autors speichern.

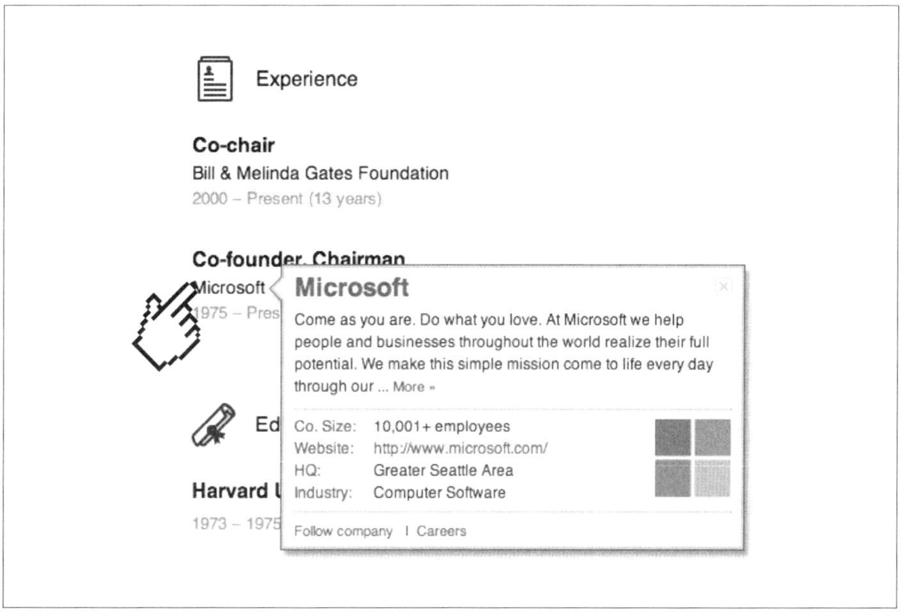

Abbildung 2-3: Der Firmenname ist nicht einfach ein String, sondern ein Link zu einer Firmenentität. (Screenshot von linkedin.com)

Abbildung 2-4 veranschaulicht, wie für diese neuen Features *n:n*-Beziehungen erforderlich sind. Die Daten in jedem punktierten Rechteck lassen sich zu einem Dokument gruppieren, die Verweise auf Organisationen, Schulen und andere Benutzer müssen aber als Referenzen dargestellt werden, und bei Abfragen sind Joins erforderlich.

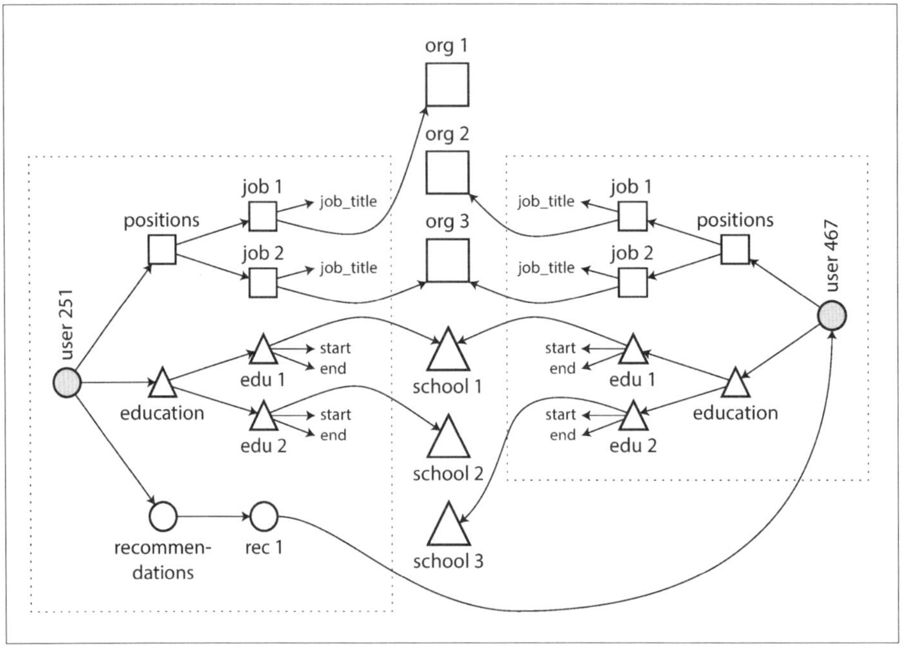

Abbildung 2-4: Lebensläufe mit n:n-Beziehungen erweitern

Wiederholen Dokumentdatenbanken die Geschichte?

Während *n:n*-Beziehungen und Joins in relationalen Datenbanken regelmäßig verwendet werden, haben Dokumentdatenbanken und NoSQL die Debatte darüber, wie sich solche Beziehungen in einer Datenbank am besten darstellen lassen, neu eröffnet. Diese Debatte ist viel älter als NoSQL – praktisch geht sie auf die frühesten computergestützten Datenbanksysteme zurück.

Die bekannteste Datenbank für Geschäftsdatenverarbeitung war in den 1970er-Jahren das *Information Management System* (IMS) von IBM, das ursprünglich für die Stücklistenverwaltung im Apollo-Raumfahrtprogramm entwickelt und 1968 kommerziell veröffentlicht wurde [13]. Es wird heute immer noch eingesetzt und gewartet und läuft unter OS/390 auf IBM-Mainframes [14].

Das Konzept von IMS beruht auf einem ziemlich einfachen Datenmodell, dem sogenannten *hierarchischen Modell*, das einige bemerkenswerte Ähnlichkeiten mit dem JSON-Modell aufweist, das von Dokumentdatenbanken verwendet wird [2]. Es stellt alle Daten als Baum von Datensätzen dar, die innerhalb von Datensätzen verschachtelt sind, fast so wie die JSON-Struktur, die in Abbildung 2-2 zu sehen ist.

Wie Dokumentdatenbanken war auch IMS für *1:n*-Beziehungen gut geeignet, doch *n:n*-Beziehungen waren schwierig, und Joins wurden nicht unterstützt. Entwickler mussten entscheiden, ob sie die Daten duplizieren (denormalisieren) oder die Verweise von einem Datensatz zu einem anderen manuell auflösen. Diese Probleme der 1960er- und 1970er-Jahre sind sehr ähnlich den Problemen, mit denen Entwickler bei den heutigen Dokumentdatenbanken konfrontiert sind [15].

Verschiedene Lösungen wurden vorgeschlagen, um die Beschränkungen des hierarchischen Modells zu beseitigen. Die beiden bekanntesten Vertreter sind das *relationale Modell* (das zu SQL wurde und riesigen Einfluss errang) und das *Netzwerkmodell* (das ursprünglich viele Anhänger hatte, aber schließlich in Vergessenheit geriet). Die »große Debatte« zwischen diesen beiden Lagern dauerte einen Großteil der 1970er-Jahre an [2].

Da das Problem, das die beiden Modelle lösen, derzeit immer noch so bedeutsam ist, lohnt es sich, diese Debatte unter heutigen Aspekten erneut aufzurollen.

Das Netzwerkmodell

Das Netzwerkmodell wurde vom Komitee *Conference on Data Systems Languages* (CODASYL) standardisiert und von verschiedenen Datenbankanbietern implementiert; es ist daher auch als das CODASYL-Modell bekannt [16].

Das CODASYL-Modell war eine Verallgemeinerung des hierarchischen Modells. In der Baumstruktur des hierarchischen Modells besitzt jeder Datensatz genau ein übergeordnetes Element; im Netzwerkmodell könnte ein Datensatz mehrere übergeordnete Elemente haben. Zum Beispiel könnte es einen Datensatz für den Bereich `"Greater Seattle Area"` geben, und jeder Benutzer, der in diesem Bereich lebt, könnte mit ihm verknüpft sein. Auf diese Weise ließen sich *n:1*- und *n:n*-Beziehungen modellieren.

Die Verknüpfungen zwischen den Datensätzen im Netzwerkmodell waren keine Fremdschlüssel, sondern eher wie Zeiger in einer Programmiersprache (wurden aber trotzdem auf Festplatte gespeichert). Der Zugriff auf einen Datensatz war nur möglich, wenn man einem Pfad von einem Wurzeldatensatz entlang dieser Kette von Verknüpfungen – dem sogenannten *Zugriffspfad* – folgte.

Im einfachsten Fall sieht der Zugriffspfad wie beim Durchlaufen einer verketteten Liste aus: Man beginnt beim Kopf der Liste und sieht sich nacheinander jeden Datensatz an, bis der gewünschte gefunden ist. Doch in einer Welt von *n:n*-Beziehungen können mehrere verschiedene Pfade zum selben Datensatz führen, und ein Programmierer, der mit dem Netzwerkmodell arbeitet, muss diese verschiedenen Zugriffspfade berücksichtigen.

Bei einer Abfrage in CODASYL läuft ein Cursor durch die Datenbank, iteriert über Listen von Datensätzen und folgt Zugriffspfaden. Besitzt ein Datensatz mehrere übergeordnete Elemente (d.h. mehrere eingehende Zeiger, die von anderen Datensätzen kommen), muss der Anwendungscode sämtliche verschiedenen Beziehungen nachverfolgen. Selbst die Mitglieder des CODASYL-Komitees gaben zu, dass dies mit der Navigation in einem *n*-dimensionalen Datenraum zu vergleichen ist [17].

Obwohl sich durch die manuelle Auswahl des Zugriffspfads die sehr beschränkten Hardwarefähigkeiten in den 1970er-Jahren (wie zum Beispiel Bandlaufwerke mit ihren langen Suchzeiten) am effizientesten nutzen ließen, bestand das Problem darin, dass der Code für das Abfragen und Aktualisieren der Datenbank kompliziert und unflexibel wurde. Sowohl beim hierarchischen als auch beim Netzwerkmodell besteht das Problem, dass Sie in einer schwierigen Situation waren, wenn Sie keinen Pfad zu den gewünschten Daten hatten. Zwar konnten Sie die Zugriffspfade ändern, mussten dann aber jede Menge handgeschriebenen Datenbankabfragecode durchgehen und ihn für die neuen Zugriffspfade umschreiben. Es war schwierig, Änderungen am Datenmodell einer Anwendung vorzunehmen.

Das relationale Modell

Demgegenüber legte das relationale Modell sämtliche Daten offen: Eine Relation (Tabelle) ist einfach eine Sammlung von Tupeln (Zeilen) und fertig. Es gibt keine labyrinthartig verschachtelten Strukturen, und man muss keinen komplizierten Zugriffspfaden folgen, um zu den Daten zu gelangen. Man kann eine beliebige oder alle Zeilen in einer Tabelle lesen und diejenigen auswählen, die einer beliebigen Bedingung genügen. Man kann eine bestimmte Zeile lesen, indem man bestimmte Spalten als Schlüssel kennzeichnet und bezüglich dieser Spalten vergleicht. Man kann eine neue Zeile in eine beliebige Tabelle einfügen, ohne sich Gedanken über Fremdschlüsselbeziehungen zu und von anderen Tabellen machen zu müssen.[4]

In einer relationalen Datenbank entscheidet der Abfrageoptimierer automatisch, welche Teile der Abfrage in welcher Reihenfolge ausgeführt werden und welche Indizes dabei anzuwenden sind. Diese Entscheidungen stellen praktisch den »Zugriffspfad« dar, wobei aber der Unterschied darin besteht, dass der Abfrageoptimierer und nicht der Anwendungsentwickler die Entscheidungen trifft, sodass wir uns nur selten damit befassen müssen.

Wenn Sie Ihre Daten nach neuen Methoden abfragen möchten, deklarieren Sie einfach einen neuen Index. Abfragen verwenden automatisch die jeweils am besten geeigneten Indizes, und Sie müssen Ihre Abfragen gar nicht ändern, um von einem neuen Index zu profitieren. (Siehe auch Abschnitt »Abfragesprachen für Daten« auf Seite 45.) Im relationalen Modell ist es also viel einfacher, neue Features zu Anwendungen hinzuzufügen.

Abfrageoptimierer für relationale Datenbanken sind komplizierte Biester und sie haben viele Jahre der Forschungs- und Entwicklungsanstrengungen aufgezehrt [18]. Doch es wurde ein wichtiger Einblick in das relationale Modell gewonnen: Man braucht einen Abfrageoptimierer nur einmal aufzubauen und dann können

4 Fremdschlüsseleinschränkungen ermöglichen es, Änderungen zu begrenzen. Im relationalen Modell sind solche Einschränkungen allerdings nicht erforderlich. Selbst mit Einschränkungen werden Joins auf Fremdschlüsseln zur Abfragezeit ausgeführt, während in CODASYL der Join praktisch zur Einfügezeit stattfindet.

alle Anwendungen, die die Datenbank verwenden, davon profitieren. Wenn Sie keinen Abfrageoptimierer haben, ist es einfacher, die Zugriffspfade für eine bestimmte Abfrage manuell zu schreiben als einen universellen Optimierer zu entwickeln – wobei aber die universelle Lösung auf lange Sicht gewinnt.

Vergleich mit Dokumentdatenbanken

Dokumentdatenbanken kehrten in einem Aspekt zum hierarchischen Modell zurück: Speichern verschachtelter Datensätze (*1:n*-Beziehungen, wie zum Beispiel `positions`, `education` und `contact_info` in Abbildung 2-1) innerhalb ihres übergeordneten Datensatzes statt in einer separaten Tabelle.

Wenn es jedoch darum geht, *n:1*- und *n:n*-Beziehungen darzustellen, unterscheiden sich relationale und Dokumentdatenbanken nicht grundsätzlich: In beiden Fällen wird das verknüpfte Element durch einen eindeutigen Bezeichner referenziert, der im relationalen Modell als *Fremdschlüssel* und im Dokumentmodell als *Dokumentreferenz* bezeichnet wird [9]. Dieser Bezeichner wird zur Lesezeit durch einen Join oder Folgeabfragen aufgelöst. Derzeit sind Dokumentdatenbanken noch nicht dem Pfad von CODASYL gefolgt.

Heutige relationale Datenbanken vs. Dokumentdatenbanken

Beim Vergleichen von relationalen Datenbanken mit Dokumentdatenbanken sind viele Unterschiede zu berücksichtigen, einschließlich ihrer Fehlertoleranzeigenschaften (siehe Kapitel 5) und der Behandlung von gleichzeitigen Zugriffen (siehe Kapitel 7). In diesem Kapitel konzentrieren wir uns ausschließlich auf die Unterschiede im Datenmodell.

Die Hauptargumente zugunsten des Dokumentendatenmodells sind Schemaflexibilität, bessere Performance aufgrund der Lokalitätseigenschaft und die Tatsache, dass es für bestimmte Anwendungen näher an den von der Anwendung verwendeten Datenstrukturen liegt. Das relationale Modell punktet mit besserer Unterstützung für Joins und *n:1*- und *n:n*-Beziehungen.

Welches Datenmodell führt zu einfacherem Anwendungscode?

Wenn die Daten in Ihrer Anwendung eine dokumentähnliche Struktur aufweisen (d.h. einen Baum von *1:n*-Beziehungen, wobei der gesamte Baum in der Regel auf einmal geladen wird), ist ein Dokumentmodell höchstwahrscheinlich zu empfehlen. Die relationale Technik *Shredding* – eine dokumentähnliche Struktur auf mehrere Tabellen (wie `positions`, `education` und `contact_info` in Abbildung 2-1) aufteilen – kann zu umständlichen Schemas und unnötig kompliziertem Anwendungscode führen.

Das Dokumentmodell weist allerdings auch Beschränkungen auf: Zum Beispiel kann man auf ein verschachteltes Element innerhalb eines Dokuments nicht direkt verweisen, sondern muss stattdessen etwas in der Art von »das zweite Element in der Liste der Positionen für Benutzer 251« formulieren (ähnlich einem Zugriffspfad im hierarchischen Modell). Solange aber Dokumente nicht sehr tief verschachtelt sind, stellt das in der Regel kein Problem dar.

Die schwache Unterstützung für Joins in Dokumentdatenbanken muss nicht unbedingt ein Problem sein. Es kommt auch hier auf die konkrete Anwendung an. Zum Beispiel sind in einer Analytikanwendung, die in einer Dokumentdatenbank aufzeichnet, welche Ereignisse zu welchem Zeitpunkt aufgetreten sind, *n:n*-Beziehungen wahrscheinlich überhaupt nicht erforderlich [19].

Wenn dagegen Ihre Anwendung viele *n:n*-Beziehungen verwendet, verliert das Dokumentmodell an Attraktivität. Es ist möglich, per Denormalisierung die Notwendigkeit für Joins zu verringern, doch dann muss der Anwendungscode zusätzlichen Aufwand betreiben, um die denormalisierten Daten konsistent zu halten. Zwar lassen sich Joins im Anwendungscode nachbilden, indem man mehrere Anfragen an die Datenbank richtet, doch damit wandert die Komplexität in die Anwendung, und diese Methode ist in der Regel langsamer als ein Join, der durch spezialisierten Code innerhalb der Datenbank ausgeführt wird. In derartigen Fällen kann die Verwendung eines Dokumentmodells zu erheblich komplexerem Anwendungscode und schlechter Performance führen [15].

Welches Datenmodell zu einfacherem Anwendungscode führt, kann man nicht allgemein sagen. Es kommt auf die Art der Beziehungen an, die zwischen den Datenelementen bestehen. Für stark verflochtene Daten ist das Dokumentmodell umständlich, das relationale Modell akzeptabel, und die auf Graphen basierten Modelle (siehe Abschnitt »Graphen-ähnliche Datenmodelle« auf Seite 52) sind am besten geeignet.

Schemaflexibilität im Dokumentmodell

Die meisten Dokumentdatenbanken und die JSON-Unterstützung in relationalen Datenbanken setzen kein Schema für die Daten in Dokumenten voraus. Die XML-Unterstützung in relationalen Datenbanken bringt normalerweise eine optionale Schemavalidierung mit. Kein Schema bedeutet, dass beliebige Schlüssel und Werte in ein Dokument hinzugefügt werden können, Clients aber beim Lesen keine Gewähr dafür bekommen, welche Felder das Dokument enthalten kann.

Dokumentdatenbanken werden manchmal als *schemafrei* betitelt, was aber irreführend ist, da der Code, der die Daten liest, normalerweise von einer gewissen Struktur ausgeht – d.h., es gibt ein implizites Schema, das aber von der Datenbank nicht erzwungen wird [20]. Ein genauerer Begriff ist *Schema-beim-Lesen* (die Struktur der Daten ist implizit und wird nur beim Lesen der Daten interpretiert) im Unterschied zu *Schema-beim-Schreiben* (wie bei relationalen Datenbanken üblich, wobei das Schema explizit ist und die Datenbank sicherstellt, dass ihm alle geschriebenen Daten entsprechen) [21].

Schema-beim-Lesen ähnelt der dynamischen Typprüfung (zur Laufzeit) in Programmiersprachen, während Schema-beim-Schreiben mit statischer Typprüfung (zur Übersetzungszeit) vergleichbar ist. Genau wie die Befürworter der statischen und dynamischen Typprüfung große Debatten über die jeweiligen Vorzüge geführt haben [22], ist die Durchsetzung von Schemas in Datenbanken ein umstrittenes Thema, und im Allgemeinen gibt es keine richtige oder falsche Antwort.

Der Unterschied zwischen den beiden Ansätzen zeigt sich vor allem in Situationen, in denen eine Anwendung das Format ihrer Daten ändern will. Nehmen wir zum Beispiel an, dass Sie bisher den vollständigen Namen jedes Benutzers in einem Feld speichern und Sie stattdessen den Vornamen und den Nachnamen separat speichern wollen [23]. In einer Dokumentdatenbank würden Sie neue Dokumente einfach mit den neuen Feldern schreiben und in der Anwendung Code vorsehen, der den Fall behandelt, wenn alte Dokumente gelesen werden. Zum Beispiel:

```
if (user && user.name && !user.first_name) {
    // Dokumente vor dem 8. Dez. 2013 haben keine Spalte first_name
    user.first_name = user.name.split(" ")[0];
}
```

Dagegen würden Sie in einem »statisch typisierten« Datenbankschema normalerweise eine *Migration* nach folgendem Vorbild durchführen:

```
ALTER TABLE users ADD COLUMN first_name text;
UPDATE users SET first_name = split_part(name, ' ', 1);      -- PostgreSQL
UPDATE users SET first_name = substring_index(name, ' ', 1);      -- MySQL
```

Schemaänderungen hängt der Ruf an, langsam zu sein und Stillstandszeiten zu erfordern. Das trifft aber nicht ganz zu: Die meisten relationalen Datenbanksysteme führen die `ALTER TABLE`-Anweisung in wenigen Millisekunden aus. MySQL ist eine bemerkenswerte Ausnahme – das System kopiert die gesamte Tabelle von `ALTER TABLE`, was Minuten oder sogar Stunden Stillstand bedeuten kann, wenn eine große Tabelle zu ändern ist. Allerdings gibt es verschiedene Tools, um diese Beschränkung zu umgehen [24, 25, 26].

Auf einer großen Tabelle ausgeführt, ist die Anweisung `UPDATE` in jeder Datenbank langsam, weil jede Zeile geschrieben werden muss. Ist das nicht akzeptabel, kann die Anwendung `first_name` auf dem Standardwert `NULL` gesetzt lassen und ihn zur Lesezeit ausfüllen, wie es bei einer Dokumentdatenbank geschehen würde.

Das Schema-beim-Lesen-Konzept ist vorteilhaft, wenn die Elemente in der Auflistung aus irgendwelchen Gründen nicht alle die gleiche Struktur haben (d.h., die Daten sind heterogen) – zum Beispiel, weil:

- es viele verschiedene Typen von Objekten gibt und es nicht praktikabel ist, jeden Objekttyp in seiner eigenen Tabelle unterzubringen,
- die Struktur der Daten durch externe Systeme bestimmt wird, über die Sie keine Kontrolle haben und die sich jederzeit ändern können.

In derartigen Situationen schadet ein Schema mehr, als es nützt, und schemafreie Dokumente können ein wesentlich natürlicheres Datenmodell verkörpern. Doch in Fällen, in denen für sämtliche Datensätze die gleiche Struktur erwartet wird, sind Schemas ein nützlicher Mechanismus, um diese Struktur zu dokumentieren und durchzusetzen. Auf Schemas und Schemaentwicklung gehen wir ausführlich in Kapitel 4 ein.

Datenlokalität für Abfragen

Ein Dokument wird normalerweise als einzelner zusammenhängender String gespeichert, der als JSON, XML oder eine binäre Variante davon (wie zum Beispiel BSON von MongoDB) codiert ist. Muss Ihre Anwendung häufig auf das gesamte Dokument zugreifen (um es zum Beispiel auf einer Webseite zu rendern), bietet diese *Speicherlokalität* einen Performancevorteil. Sind die Daten auf mehrere Tabellen aufgeteilt, wie zum Beispiel in Abbildung 2-1, sind mehrere Indexsuchen erforderlich, um alle Daten abzurufen, was mehr Suchoperationen auf der Festplatte und mehr Zeit in Anspruch nimmt.

Der Lokalitätsvorteil kommt nur zum Tragen, wenn Sie große Teile des Dokuments auf einmal benötigen. Die Datenbank muss normalerweise das gesamte Dokument laden, selbst wenn Sie nur auf einen kleinen Teil davon zugreifen. Bei großen Dokumenten kann das recht verschwenderisch sein. Bei Aktualisierungen eines Dokuments muss das gesamte Dokument in der Regel neu geschrieben werden – nur Änderungen, bei denen die codierte Größe eines Dokuments unverändert bleibt, lassen sich an Ort und Stelle durchführen [19]. Deshalb empfiehlt es sich im Allgemeinen, Dokumente ziemlich klein zu halten und Schreibvorgänge zu vermeiden, die die Größe eines Dokuments erhöhen [9]. Diese Performancebegrenzungen verringern das Einsatzspektrum von Dokumentdatenbanken erheblich.

Die Idee, zusammengehörende Daten im Sinne der Lokalität zu gruppieren, ist nicht auf das Dokumentmodell beschränkt. Zum Beispiel bietet die Spanner-Datenbank von Google die gleichen Lokalitätseigenschaften in einem relationalen Modell. Hierfür darf im Schema deklariert werden, dass die Zeilen einer Tabelle innerhalb einer übergeordneten Tabelle versetzt (verschachtelt) sein sollen [27]. Oracle erlaubt das Gleiche mit einem Feature namens *Multi-Table Index Cluster Tables* [28]. Das Konzept der *Spaltenfamilie* im BigTable-Datenmodell (in Cassandra und HBase verwendet) hat einen ähnlichen Zweck für die Aufrechterhaltung der Lokalität [29].

Mehr zur Lokalitätseigenschaft erfahren Sie in Kapitel 3.

Konvergenz von Dokument- und relationalen Datenbanken

Die meisten relationalen Datenbanksysteme (außer MySQL) haben XML seit Mitte der 2000er-Jahre unterstützt. Dazu gehören Funktionen, um lokale Änderungen an XML-Dokumenten vorzunehmen, und die Möglichkeit, innerhalb von

XML-Dokumenten zu indizieren und abzufragen. Dadurch können Anwendungen mit ähnlichen Datenmodellen arbeiten, wie sie sie auch bei Dokumentdatenbanken verwenden würden.

Bei PostgreSQL seit Version 9.3 [8], MySQL seit Version 5.7 und IBM DB2 seit Version 10.5 [30] gibt es ein ähnliches Niveau der Unterstützung für JSON-Dokumente. Angesichts der Bekanntheit von JSON für Web-APIs ist es wahrscheinlich, dass andere relationale Datenbanken deren Beispiel folgen und JSON-Unterstützung hinzufügen werden.

Auf der Seite der Dokumentdatenbanken unterstützt die Abfragesprache von RethinkDB-Joins, wie sie aus relationalen Datenbanken bekannt sind, und manche MongoDB-Treiber lösen Dokumentenreferenzen automatisch auf (wobei sie letztlich einen clientseitigen Join ausführen, obwohl dieser wahrscheinlich langsamer ist als ein Join, der in der Datenbank ausgeführt wird, weil er zusätzliche Netzwerk-Roundtrips erfordert und weniger optimiert ist).

Es sieht so aus, dass sich relationale und Dokumentdatenbanken immer ähnlicher werden, und das ist eine gute Sache: Die Datenmodelle ergänzen einander.[5] Wenn eine Datenbank in der Lage ist, dokumentähnliche Daten zu verarbeiten und auch relationale Abfragen darauf auszuführen, können Anwendungen die Kombination von Features verwenden, die am besten ihren Anforderungen entsprechen.

Hybridvarianten aus relationalen und Dokumentmodellen sind eine gute Richtung, in die sich Datenbanken in Zukunft entwickeln können.

Abfragesprachen für Daten

Als das relationale Modell eingeführt wurde, brachte es eine neue Methode mit, um Daten abzufragen: SQL ist eine *deklarative* Abfragesprache, während IMS und CODASYL die Datenbank mit *imperativem* Code abgefragt haben. Was heißt das?

Viele der gebräuchlichen Programmiersprachen sind imperativ. Wenn Sie zum Beispiel eine Liste von Tierarten haben, könnten Sie etwas wie im folgenden Code schreiben, um nur die Haie ("Sharks") in der Liste zurückzugeben:

```
function getSharks() {
    var sharks = [];
    for (var i = 0; i < animals.length; i++) {
        if (animals[i].family === "Sharks") {
            sharks.push(animals[i]);
        }
```

5 Die ursprüngliche Beschreibung des relationalen Modells von Codd [1] erlaubte tatsächlich etwas, was JSON-Dokumenten innerhalb eines relationalen Schemas ähnelte. Er nannte es *nonsimple domains* (*nichteinfache Definitionsmengen*). Die Idee war, dass ein Wert in einer Zeile nicht unbedingt lediglich ein primitiver Datentyp wie eine Zahl oder ein String sein muss, sondern auch eine verschachtelte Relation (Tabelle) sein kann – somit können Sie eine beliebig verschachtelte Baumstruktur als Wert erzeugen, fast so wie die JSON- oder XML-Unterstützung, die zu SQL über 30 Jahre später hinzugefügt wurde.

```
    }
    return sharks;
}
```

In der relationalen Algebra schreibt man stattdessen:

```
sharks = σfamily = "Sharks" (animals)
```

Hierin gibt der Auswahloperator σ (der griechische Buchstabe Sigma) nur diejenigen Tiere zurück, die der Bedingung `family = "Sharks"` entsprechen.

Die ursprüngliche Definition von SQL hielt sich sehr eng an die Struktur der relationalen Algebra:

```
SELECT * FROM animals WHERE family = 'Sharks';
```

Eine imperative Sprache weist den Computer an, bestimmte Operationen in einer bestimmten Reihenfolge auszuführen. Das können Sie sich so vorstellen: Sie arbeiten den Code Zeile für Zeile ab, werten Bedingungen aus, aktualisieren Variablen und entscheiden, ob Sie die Schleife noch einmal durchlaufen.

In einer deklarativen Abfragesprache wie SQL oder relationaler Algebra geben Sie lediglich das Muster der gewünschten Daten an – welche Bedingungen die Ergebnisse erfüllen müssen und wie Sie die Daten transformieren wollen (zum Beispiel sortieren, gruppieren und zusammenfassen) –, aber nicht, *wie* dieses Ziel zu erreichen ist. Es ist Sache des Abfrageoptimierers im Datenbanksystem zu entscheiden, welche Indizes und welche Join-Methoden zu verwenden sind und in welcher Reihenfolge die verschiedenen Bestandteile der Abfrage ausgeführt werden.

Eine deklarative Abfragesprache ist attraktiv, weil sie in der Regel prägnanter ist und man einfacher damit arbeiten kann als mit einer imperativen API. Vor allem aber verbirgt sie auch die Implementierungsdetails des Datenbankmoduls. Dadurch hat das Datenbanksystem die Möglichkeit, Performanceverbesserungen einzubringen, ohne irgendwelche Änderungen an den Abfragen zu verlangen.

Im imperativen Code, der zu Beginn dieses Abschnitts zu sehen ist, erscheint die Liste der Tiere in einer bestimmten Reihenfolge. Wenn die Datenbank hinter den Kulissen den nicht mehr benötigten Speicherplatz zurückgewinnen will, muss sie gegebenenfalls Datensätze verschieben und dabei die Reihenfolge ändern, in der die Tiere erscheinen. Kann das die Datenbank gefahrlos tun, ohne Abfragen zu ruinieren?

Da das SQL-Beispiel keine bestimmte Reihenfolge der Abarbeitung garantiert, spielt es auch keine Rolle, wenn sich die Reihenfolge ändert. Wenn aber die Abfrage als imperativer Code geschrieben ist, kann die Datenbank niemals sicher sein, ob sich der Code auf die Reihenfolge verlässt oder nicht. Der Umstand, dass SQL funktional mehr eingeschränkt ist, gibt der Datenbank wesentlich mehr Spielraum für automatische Optimierungen.

Schließlich führen deklarative Sprachen oftmals von sich aus zu paralleler Ausführung. Moderne CPUs werden schneller, weil die Hersteller mehr Kerne auf einem

Chip unterbringen, und nicht, indem sie die Taktgeschwindigkeit drastisch erhöhen [31]. Imperativer Code lässt sich nur schwer über mehrere Kerne und mehrere Computer parallelisieren, weil er Anweisungen spezifiziert, die in einer bestimmten Reihenfolge ausgeführt werden müssen. Bei deklarativen Sprachen ist die Chance höher, durch parallele Ausführung schneller zu werden, weil die Anweisungen nur das Muster der Ergebnisse spezifizieren und nicht den Algorithmus, mit dem die Ergebnisse ermittelt werden. Der Datenbank steht es frei, eine parallele Implementierung der Abfragesprache zu verwenden, wenn dies zweckmäßig ist [32].

Deklarative Abfragen im Web

Die Vorteile von deklarativen Abfragesprachen sind nicht auf Datenbanken beschränkt. Um diesen Punkt zu veranschaulichen, vergleichen wir deklarative und imperative Ansätze in einer vollkommen anderen Umgebung: in einem Webbrowser.

Angenommen sei eine Website über Tiere im Ozean. Da sich der Benutzer derzeit die Seite zu Haien ansieht, markieren Sie das Navigationselement »Haie« als momentan ausgewählt, und zwar wie folgt:

```
<ul>
    <li class="selected">   ❶
        <p>Sharks</p>       ❷
        <ul>
            <li>Great White Shark</li>
            <li>Tiger Shark</li>
            <li>Hammerhead Shark</li>
        </ul>
    </li>
    <li>
        <p>Whales</p>
        <ul>
            <li>Blue Whale</li>
            <li>Humpback Whale</li>
            <li>Fin Whale</li>
        </ul>
    </li>
</ul>
```

❶ Das ausgewählte Element ist mit der CSS-Klasse `"selected"` markiert.

❷ `<p>Sharks</p>` ist der Titel der derzeit ausgewählten Seite.

Nehmen wir nun an, dass Sie den Titel der aktuell ausgewählten Seite mit einem blauen Hintergrund versehen möchten, um ihn optisch hervorzuheben. Per CSS lässt sich das leicht bewerkstelligen:

```
li.selected > p {
    background-color: blue;
}
```

Hier deklariert der CSS-Selektor `li.selected > p` das Muster der Elemente, auf die wir den blauen Stil anwenden wollen: nämlich alle `<p>`-Elemente, deren direkt übergeordnetes Element ein `<li>`-Element mit der CSS-Klasse `selected` ist. Im Beispiel stimmt das Element `<p>Sharks</p>` mit diesem Muster überein, während `<p>Whales</p>` nicht übereinstimmt, weil sein übergeordnetes `<li>`-Element nicht mit `class="selected"` markiert ist.

Mit XSL anstelle von CSS lässt sich etwas Ähnliches schreiben:

```
<xsl:template match="li[@class='selected']/p">
    <fo:block background-color="blue">
        <xsl:apply-templates/>
    </fo:block>
</xsl:template>
```

Hier ist der XPath-Ausdruck `li[@class='selected']/p` äquivalent zum CSS-Selektor `li.selected > p` im vorherigen Beispiel. CSS und XSL sind deklarative Sprachen, mit denen sich die Formatierung eines Dokuments beschreiben lässt. Stellen Sie sich nur einmal vor, Sie müssten einen imperativen Ansatz verwenden. In JavaScript sieht das Ergebnis unter Verwendung der DOM-API (Document Object Model) etwa so aus:

```
var liElements = document.getElementsByTagName("li");
for (var i = 0; i < liElements.length; i++) {
    if (liElements[i].className === "selected") {
        var children = liElements[i].childNodes;
        for (var j = 0; j < children.length; j++) {
            var child = children[j];
            if (child.nodeType === Node.ELEMENT_NODE && child.tagName === "P") {
                child.setAttribute("style", "background-color: blue");
            }
        }
    }
}
```

Dieses JavaScript setzt imperativ das Element `<p>Sharks</p>` auf einen blauen Hintergrund. Allerdings ist der Code furchtbar. Er ist nicht nur länger und schwerer zu verstehen als die CSS- und XSL-Äquivalente, sondern er weist auch ernsthafte Probleme auf:

- Wenn die Klasse `selected` entfernt wird (zum Beispiel weil der Benutzer auf eine andere Seite klickt), wird die blaue Farbe nicht entfernt, selbst wenn der Code erneut ausgeführt wird – und somit bleibt das Element hervorgehoben, bis die gesamte Seite erneut geladen wird. Mit CSS erkennt der Browser automatisch, wann die Regel `li.selected > p` nicht mehr gilt, und entfernt den blauen Hintergrund, sobald die Klasse `selected` entfernt wird.
- Wenn Sie von einer neuen API profitieren möchten, beispielsweise `document.getElementsBy ClassName("selected")` oder sogar `document.evaluate()` – was die Performance verbessern kann –, müssen Sie den Code neu schreiben. Andererseits können Browseranbieter die Performance von CSS und XPath verbessern, ohne die Kompatibilität zu verletzen.

In einem Webbrowser ist es vorteilhafter, die Formate deklarativ per CSS festzulegen als imperativ in JavaScript. Entsprechend haben sich deklarative Abfragesprachen wie SQL als wesentlich besser erwiesen als imperative Abfrage-APIs.[6]

MapReduce-Abfragen

MapReduce ist ein von Google eingeführtes Programmiermodell für die Massenverarbeitung großer Datenmengen auf Computerclustern [33]. Einige NoSQL-Datenspeicher (einschließlich MongoDB und CouchDB) unterstützen eine begrenzte Form von MapReduce als Mechanismus für die Ausführung von Nur-Lese-Abfragen über viele Dokumente hinweg.

Kapitel 10 beschäftigt sich ausführlicher mit MapReduce. Fürs Erste gehen wir nur kurz auf die Verwendung des Modells in MongoDB ein.

MapReduce ist weder eine deklarative Abfragesprache noch eine vollkommen imperative Abfrage-API, sondern liegt irgendwo dazwischen: Die Logik der Abfrage wird mit Codefragmenten ausgedrückt, die vom verarbeitenden Framework wiederholt aufgerufen werden. Es basiert auf den Funktionen `map` (auch als `collect` bekannt) und `reduce` (auch als `fold` oder `inject` bekannt), die in vielen funktionalen Programmiersprachen vorhanden sind.

Stellen Sie sich als Beispiel vor, Sie sind Meeresbiologe und fügen Ihrer Datenbank jedes Mal einen Beobachtungsdatensatz hinzu, wenn Sie Tiere im Ozean sehen. Nun wollen Sie einen Bericht erzeugen, der darüber Auskunft gibt, wie viele Haie Sie pro Monat gesichtet haben.

In PostgreSQL können Sie das wie folgt ausdrücken:

```
SELECT date_trunc('month', observation_timestamp) AS observation_month,   ❶
       sum(num_animals) AS total_animals
FROM observations
WHERE family = 'Sharks'
GROUP BY observation_month;
```

❶ Die Funktion `date_trunc('month', timestamp)` ermittelt den Kalendermonat, der den Zeitstempel enthält, und gibt einen anderen Zeitstempel zurück, der den Beginn dieses Monats darstellt. Mit anderen Worten rundet die Funktion einen Zeitstempel auf den aktuellen Monat ab.

Diese Abfrage filtert zuerst die Beobachtungen, um nur die Arten in der Familie `Sharks` zu zeigen, gruppiert dann die Beobachtungen nach dem Kalendermonat, in dem sie aufgetreten sind, und summiert schließlich die Anzahl der Tiere, die in allen Beobachtungen in diesem Monat gesichtet wurden.

---

6 Sowohl IMS als auch CODASYL verwenden imperative Abfrage-APIs. Anwendungen haben die Datensätze in der Datenbank normalerweise mit COBOL-Code nacheinander durchlaufen [2, 16].

Das Gleiche lässt sich mit dem MapReduce-Feature von MongoDB wie folgt ausdrücken:

```
db.observations.mapReduce(
    function map() {  ❷
        var year = this.observationTimestamp.getFullYear();
        var month = this.observationTimestamp.getMonth() + 1;
        emit(year + "-" + month, this.numAnimals);  ❸
    },
    function reduce(key, values) {  ❹
        return Array.sum(values);  ❺
    },
    {
        query: { family: "Sharks" },  ❶
        out: "monthlySharkReport"  ❻
    }
);
```

❶ Der Filter, um nur die Art Haie zu betrachten, lässt sich deklarativ festlegen (dies ist eine MongoDB-spezifische Erweiterung zu MapReduce).

❷ Die JavaScript-Funktion `map` wird einmal für jedes Dokument aufgerufen, das der Abfrage entspricht, wobei `this` auf das Dokumentobjekt gesetzt ist.

❸ Die Funktion `map` gibt einen Schlüssel (einen String, der aus Jahr und Monat besteht, wie zum Beispiel `"2013-12"` oder `"2014-1"`) und einen Wert (die Anzahl der Tiere in dieser Beobachtung) aus.

❹ Für alle Schlüssel-Wert-Paare mit demselben Schlüssel (d.h. demselben Monat und Jahr) wird die Funktion `reduce` einmal aufgerufen.

❺ Die Funktion `reduce` summiert die Anzahl der Tiere aus allen Beobachtungen in einem bestimmten Monat.

❻ Die endgültige Ausgabe wird in die Datenbank namens `monthlySharkReport` geschrieben.

Nehmen wir als Beispiel an, dass die Auflistung der Beobachtungen die beiden folgenden Dokumente enthält:

```
{
    observationTimestamp: Date.parse("Mon, 25 Dec 1995 12:34:56 GMT"),
    family:     "Sharks",
    species:    "Carcharodon carcharias",
    numAnimals: 3
}
{
    observationTimestamp: Date.parse("Tue, 12 Dec 1995 16:17:18 GMT"),
    family:     "Sharks",
    species:    "Carcharias taurus",
    numAnimals: 4
}
```

Die Funktion `map` wird einmal für jedes Dokument aufgerufen, was in `emit("1995-12", 3)` und `emit("1995-12", 4)` resultiert. Anschließend wird die Funktion `reduce` mit `reduce("1995-12", [3, 4])` aufgerufen, was 7 zurückgibt.

Die Funktionen map und reduce sind etwas eingeschränkt in dem, was sie tun dürfen. Es müssen *reine* Funktionen sein, d. h., sie verwenden nur Daten, die an sie als Eingabe übergeben werden, sie können keine zusätzlichen Datenbankabfragen ausführen und sie dürfen keine Seiteneffekte haben. Durch diese Einschränkungen kann die Datenbank die Funktionen überall und in jeder Reihenfolge ausführen und sie bei einem Fehler erneut ausführen. Dennoch sind sie leistungsfähig: Sie können Strings parsen, Bibliotheksfunktionen aufrufen, Berechnungen durchführen und mehr.

MapReduce ist ein ziemlich systemnahes Programmiermodell für die verteilte Ausführung auf einem Computercluster. Höhere Abfragesprachen wie SQL können als Pipeline von MapReduce-Operationen implementiert werden (siehe Kapitel 10), es gibt aber auch viele verteilte Implementierungen von SQL, die MapReduce nicht verwenden. Beachten Sie, dass es in SQL nichts gibt, was die Ausführung auf einem einzelnen Computer beschränken würde, und MapReduce besitzt kein Monopol auf verteilte Abfrageausführung.

JavaScript-Code mitten in einer Abfrage verwenden zu können, ist ein großartiges Feature für komplexere Abfragen, doch ist dies nicht auf MapReduce beschränkt – manche SQL-Datenbanken lassen sich ebenfalls mit JavaScript-Funktionen erweitern [34].

Beim Einsatz von MapReduce ist problematisch, dass man zwei sorgfältig aufeinander abgestimmte JavaScript-Funktionen schreiben muss, was oftmals schwieriger ist, als eine einzelne Abfrage zu schreiben. Darüber hinaus bietet eine deklarative Abfragesprache mehr Möglichkeiten für einen Abfrageoptimierer, die Performance einer Abfrage zu verbessern. Deshalb hat MongoDB 2.2 die Unterstützung für eine deklarative Abfragesprache namens *Aggregation Pipeline* hinzugefügt [9]. In dieser Sprache sieht die gleiche Abfrage zum Zählen von Haien so aus:

```
db.observations.aggregate([
    { $match: { family: "Sharks" } },
    { $group: {
        _id: {
            year: { $year:  "$observationTimestamp" },
            month: { $month: "$observationTimestamp" }
        },
        totalAnimals: { $sum: "$numAnimals" }
    } }
]);
```

Die Aggregation-Pipeline-Sprache ist ähnlich ausdrucksstark wie eine Teilmenge von SQL, verwendet aber eine JSON-basierte Syntax statt der SQL-Syntax im Stil englischer Sätze. Der Unterschied ist vielleicht eine Geschmacksfrage. Die Moral der Geschichte ist, dass ein NoSQL-System unbeabsichtigt SQL neu erfinden kann, wenn auch verschleiert.

Graphen-ähnliche Datenmodelle

Wie weiter vorn gezeigt, sind *n:n*-Beziehungen ein wichtiges Unterscheidungsmerkmal zwischen verschiedenen Datenmodellen. Wenn in Ihrer Anwendung überwiegend *1:n*-Beziehungen (baumstrukturierte Daten) oder keine Beziehungen zwischen Datensätzen üblich sind, ist das Dokumentmodell geeignet.

Wie sieht es aber aus, wenn in Ihren Daten viele *n:n*-Beziehungen vorkommen? Das relationale Modell kommt mit einfachen Fällen von *n:n*-Beziehungen klar, doch wenn die Verbindungen innerhalb der Daten komplexer werden, liegt es nahe, die Daten als Graphen zu modellieren.

Ein Graph besteht aus zwei Arten von Objekten: *Knoten* (auch *Ecken* oder *Entitäten* genannt) und *Kanten* (auch *Beziehungen* oder *Bögen* genannt). Als Graphen lassen sich viele Arten von Daten modellieren. Typische Beispiele sind unter anderem:

Soziale Graphen
: Knoten sind Personen, und Kanten zeigen an, welche Personen sich kennen.

Der Webgraph
: Knoten sind Webseiten, und Kanten zeigen HTML-Links zu anderen Seiten an.

Straßen- oder Eisenbahnnetze
: Knoten sind Kreuzungen, und Kanten stellen die Straßen oder Bahnlinien zwischen ihnen dar.

Auf diesen Graphen können bewährte Algorithmen operieren: Zum Beispiel suchen Navigationsgeräte im Auto nach dem kürzesten Weg zwischen zwei Punkten in einem Straßennetz, und PageRank kann für einen Webgraphen die Popularität einer Webseite und somit ihren Rang in den Suchergebnissen bestimmen.

In den angegebenen Beispielen stellen alle Knoten in einem Graphen die gleiche Art von Objekt dar (Personen, Webseiten bzw. Straßenkreuzungen). Allerdings sind Graphen nicht auf solche homogenen Daten beschränkt: Graphen sind ebenso leistungsfähig, wenn eine einheitliche Methode gefragt ist, um vollkommen verschiedene Typen von Objekten in einem einzigen Datenspeicher abzulegen. Zum Beispiel verwaltet Facebook einen einzelnen Graphen mit vielen verschiedenen Typen von Knoten und Kanten: Knoten stellen Personen, Orte, Ereignisse, Check-ins und Kommentare von Benutzern dar; Kanten geben an, welche Personen Freunde sind, welches Check-in an welchem Ort stattgefunden hat, wer welchen Beitrag kommentiert hat, wer an welchem Ereignis teilgenommen hat usw. [35].

In diesem Abschnitt verwenden wir das Beispiel, das Abbildung 2-5 zeigt. Es könnte aus einem sozialen Netzwerk oder einer genealogischen Datenbank stammen: Es zeigt zwei Personen, Lucy aus Idaho, USA, und Alain aus Beaune, Frankreich. Sie sind miteinander verheiratet und leben in London.

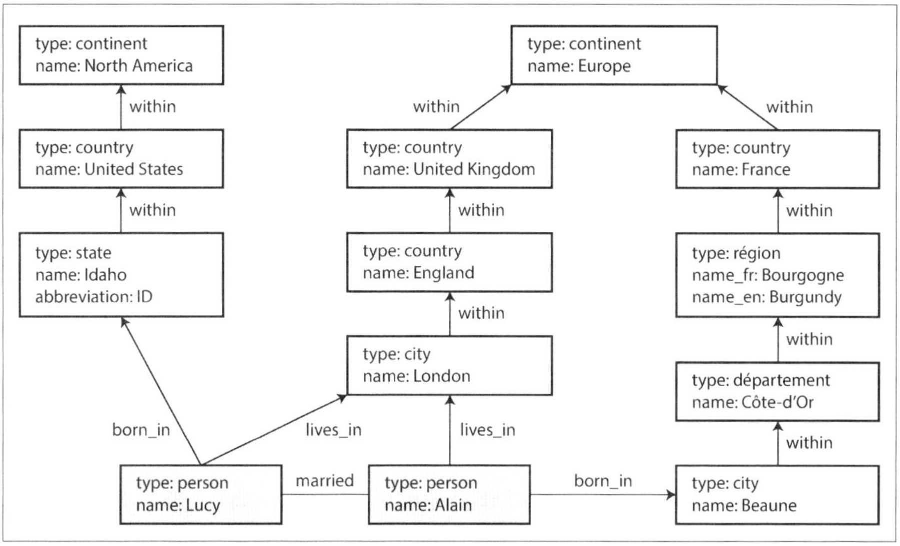

Abbildung 2-5: Beispiel für Graphen-strukturierte Daten (Kästen stellen Knoten dar, Pfeile kennzeichnen Kanten)

Es gibt verschiedene, aber miteinander verwandte Methoden, Daten in Graphen zu strukturieren und abzufragen. Dieser Abschnitt befasst sich mit dem *Property-Graphen-Modell* (von Neo4j, Titan und InfiniteGraph implementiert) und dem *Triple-Store-Modell* (von Datomic, AllegroGraph und anderen implementiert). Wir sehen uns drei deklarative Abfragesprachen für Graphen an: Cypher, SPARQL und Datalog. Ähnliche Konzepte erscheinen in anderen Graph-Abfragesprachen wie zum Beispiel Gremlin [36] und Graphen-Verarbeitungsframeworks wie Pregel (siehe Kapitel 10).

Property-Graphen

Im Property-Graphen-Modell besteht jeder Knoten aus

- einem eindeutigen Bezeichner,
- einem Satz von ausgehenden Kanten,
- einem Satz von eingehenden Kanten und
- einer Auflistung von Eigenschaften (Schlüssel-Wert-Paare).

Jede Kante besteht aus

- einem eindeutigen Bezeichner,
- dem Knoten, an dem die Kante beginnt (dem Endknoten),
- dem Knoten, bei dem die Kante endet (dem Kopfknoten),
- einer Beschriftung, um die Art der Beziehung zwischen den beiden Knoten zu beschreiben, und
- einer Auflistung von Eigenschaften (Schlüssel-Wert-Paare).

Einen Graph-Speicher implementiert man beispielsweise mittels zweier relationaler Tabellen, je eine für Knoten und eine für Kanten, wie Beispiel 2-2 zeigt (dieses Schema verwendet den PostgreSQL-Datentyp `json`, um die Eigenschaften jedes Knotens oder jeder Kante zu speichern). Die Kopf- und Endknoten werden für jede Kante gespeichert; wenn Sie den Satz der eingehenden oder ausgehenden Kanten für einen Knoten benötigen, können Sie die Tabelle `edges` mit `head_vertex` bzw. `tail_vertex` abfragen.

Beispiel 2-2: Darstellung eines Property-Graphen mit einem relationalen Schema

```
CREATE TABLE vertices (
    vertex_id   integer PRIMARY KEY,
    properties  json
);

CREATE TABLE edges (
    edge_id     integer PRIMARY KEY,
    tail_vertex integer REFERENCES vertices (vertex_id),
    head_vertex integer REFERENCES vertices (vertex_id),
    label       text,
    properties  json
);

CREATE INDEX edges_tails ON edges (tail_vertex);
CREATE INDEX edges_heads ON edges (head_vertex);
```

Einige wichtige Aspekte dieses Modells sind:

1. Jeder Knoten kann eine Kante haben, die ihn mit einem anderen Knoten verbindet. Es gibt kein Schema, das einschränkt, welche Art von Element zugeordnet werden kann oder nicht.
2. Für einen beliebigen Knoten können Sie die eingehenden und ausgehenden Kanten effizient aufsuchen und somit den Graphen sowohl vorwärts als auch rückwärts durchlaufen – d.h. einem Pfad durch die Kette der Knoten folgen. (Aus diesem Grund verwendet Beispiel 2-2 Indizes für beide Spalten – `tail_vertex` und `head_vertex`.)
3. Mit verschiedenen Beschriftungen für unterschiedliche Beziehungen können Sie mehrere Arten von Informationen in einem einzigen Graphen speichern und dennoch ein sauberes Datenmodell aufrechterhalten.

Diese Features verleihen Graphen ein großes Maß an Flexibilität für die Datenmodellierung, wie Abbildung 2-5 veranschaulicht. Die Abbildung zeigt einige Dinge, die sich in einem herkömmlichen relationalen Schema nur schwer ausdrücken lassen, beispielsweise unterschiedliche regionale Strukturen in verschiedenen Ländern (Frankreich hat *Departments* und *Regionen*, während es in den USA Countys und Staaten sind), historische Eigenheiten wie zum Beispiel ein Land innerhalb eines Landes (ohne zunächst die Feinheiten von souveränen Staaten und Nationen zu berücksichtigen) und variierende Granularität der Daten (der aktuelle Wohnsitz von Lucy ist als Stadt spezifiziert, während ihr Geburtsort nur auf der Ebene eines Staats angegeben ist).

Es ist denkbar, den Graphen zu erweitern, um auch noch viele andere Fakten über Lucy und Alain oder andere Personen einzubinden. Zum Beispiel könnten Sie ihn verwenden, um Nahrungsmittelallergien der betreffenden Personen anzuzeigen (durch Einführung eines Knotens für jedes Allergen und einer Kante zwischen einer Person und einem Allergen, um eine Allergie anzuzeigen) und die Allergene mit einem Satz von Knoten zu verknüpfen, die zeigen, welche Nahrungsmittel welche Substanzen enthalten. Dann könnten Sie mit einer Abfrage herausfinden, was jede Person sicher essen kann. Graphen sind gut für die Entwicklungsfähigkeit: Wenn Sie Ihrer Anwendung Features hinzufügen, lässt sich ein Graph leicht erweitern, um ihn an die Änderungen in den Datenstrukturen der Anwendung anzupassen.

Die Abfragesprache Cypher

Bei *Cypher* handelt es sich um eine deklarative Abfragesprache für Property-Graphen, die für die Graph-Datenbank Neo4j geschaffen wurde [37]. (Benannt ist sie nach einer Figur im Film *The Matrix*. Der Name hat also nichts mit Chiffren in der Kryptografie zu tun [38].)

Beispiel 2-3 zeigt die Cypher-Abfrage, um den linken Teil von Abbildung 2-5 in eine Graph-Datenbank einzufügen. Der Rest des Graphen lässt sich in ähnlicher Weise hinzufügen, wurde hier aber zugunsten der Übersichtlichkeit weggelassen. Jeder Knoten erhält einen symbolischen Namen wie `USA` oder `Idaho`. Andere Teile der Abfrage können auf diese Namen zurückgreifen, um Kanten zwischen Knoten einzurichten. Dafür verwendet man eine Pfeilnotation: `(Idaho) -[:WITHIN]-> (USA)` erzeugt eine Kante, die `WITHIN` genannt wird, mit `Idaho` als Endknoten und `USA` als Kopfknoten.

Beispiel 2-3: Eine Teilmenge der Daten von Abbildung 2-5, dargestellt als Cypher-Abfrage

```
CREATE
  (NAmerica:Location {name:'North America', type:'continent'}),
  (USA:Location      {name:'United States', type:'country' }),
  (Idaho:Location    {name:'Idaho',         type:'state' }),
  (Lucy:Person       {name:'Lucy' }),
  (Idaho) -[:WITHIN]-> (USA) -[:WITHIN]-> (NAmerica),
  (Lucy) -[:BORN_IN]-> (Idaho)
```

Wenn Sie alle Knoten und Kanten von Abbildung 2-5 zur Datenbank hinzugefügt haben, können Sie interessante Abfragen bilden wie zum Beispiel *Suche die Namen aller Menschen, die aus den USA nach Europa ausgewandert sind*. Um genauer zu sein: Wir wollen hier alle Knoten finden, bei denen die Kante `BORN_IN` zu einem Ort in den USA und außerdem eine Kante `LIVING_IN` zu einem Ort in Europa führt und die `name`-Eigenschaft dieser Knoten zurückgeben.

Beispiel 2-4 zeigt, wie sich diese Abfrage in Cypher ausdrücken lässt. Die gleiche Pfeilschreibweise wird in einer MATCH-Klausel verwendet, um Muster im Graphen zu finden: (person) -[:BORN_IN]-> () gleicht zwei Knoten ab, die durch eine Kante BORN_IN in Beziehung stehen. Der Endknoten dieser Kante ist an die Variable person gebunden, und der Kopfknoten bleibt unbenannt.

Beispiel 2-4: Cypher-Abfrage, um die Personen zu finden, die von den USA nach Europa ausgewandert sind

```
MATCH
  (person) -[:BORN_IN]-> () -[:WITHIN*0..]-> (us:Location {name:'United States'}),
  (person) -[:LIVES_IN]-> () -[:WITHIN*0..]-> (eu:Location {name:'Europe'})
RETURN person.name
```

Die Abfrage kann folgendermaßen gelesen werden:

Suche einen Knoten (nenne ihn person), der *beide* der folgenden Bedingungen erfüllt:

1. person hat eine ausgehende BORN_IN-Kante zu einem bestimmten Knoten. Von diesem Knoten aus können Sie einer Kette von ausgehenden WITHIN-Kanten folgen, bis Sie schließlich einen Knoten vom Typ Location erreichen, dessen name-Eigenschaft gleich "United States" ist.
2. Derselbe person-Knoten hat auch eine ausgehende LIVES_IN-Kante. Wenn Sie dieser Kante und dann einer Kette von ausgehenden WITHIN-Kanten folgen, erreichen Sie schließlich einen Knoten vom Typ Location, dessen name-Eigenschaft gleich "Europe" ist.

   Gib die name-Eigenschaft für jeden dieser person-Knoten zurück.

Es gibt mehrere mögliche Methoden, die Abfrage auszuführen. Die hier angegebene Beschreibung legt nahe, dass Sie zunächst alle Personen in der Datenbank durchsuchen und dabei Geburtsort und Wohnort jeder Person prüfen und nur diejenigen Personen zurückgeben, die den Kriterien entsprechen.

Genauso gut könnten Sie mit den beiden Location-Knoten beginnen und rückwärts arbeiten. Wenn ein Index für die name-Eigenschaft eingerichtet ist, können Sie die beiden Knoten, die die USA und Europa darstellen, wahrscheinlich effizient finden. Dann können Sie fortfahren und alle Orte (Staaten, Regionen, Städte usw.) in den USA bzw. in Europa suchen, indem Sie allen eingehenden WITHIN-Kanten folgen. Schließlich können Sie nach Personen suchen, die über eine eingehende BORN_IN- oder LIVES_IN-Kante an einem der Orte-Knoten gefunden werden können.

Wie es für eine deklarative Abfragesprache typisch ist, brauchen Sie in einer Abfrage keine Ausführungsdetails anzugeben: Der Abfrageoptimierer wählt automatisch die Strategie, die voraussichtlich am effizientesten ist, sodass Sie sich damit befassen können, den Rest Ihrer Anwendung zu schreiben.

Graph-Abfragen in SQL

Beispiel 2-2 legt nahe, dass sich Graph-Daten in einer relationalen Datenbank darstellen lassen. Doch wenn wir Graph-Daten in eine relationale Struktur stellen, können wir sie dann auch per SQL abfragen?

Die Antwort ist »Ja«, doch mit einigen Schwierigkeiten. In einer relationalen Datenbank wissen Sie normalerweise im Voraus, welche Joins Sie in Ihrer Abfrage benötigen. In einer Graph-Abfrage müssen Sie gegebenenfalls eine variable Anzahl von Kanten durchlaufen, bevor Sie den gesuchten Knoten finden – d.h., die Anzahl der Joins steht im Voraus nicht fest.

In unserem Beispiel passiert dies in der Regel `() -[:WITHIN*0..]-> ()` in der Cypher-Abfrage. Die Kante `LIVES_IN` einer Person kann auf jede Art von Ort zeigen: eine Straße, eine Stadt, einen Distrikt, eine Region, einen Staat usw. Eine Stadt kann eine innerhalb (`WITHIN`) einer Region liegen, eine Region innerhalb (`WITHIN`) eines Staats, ein Staat innerhalb (`WITHIN`) eines Lands usw. Die Kante `LIVES_IN` kann direkt auf den gesuchten Orte-Knoten oder mehrere Ebenen davon entfernt in der Orte-Hierarchie zeigen.

In Cypher drückt `:WITHIN*0..` diese Tatsache sehr prägnant aus. Die Anweisung bedeutet: »Folge einer `WITHIN`-Kante null oder mehrere Male.« Vergleichbar ist dies mit dem Sternchen-Operator (*) in einem regulären Ausdruck.

Seit SQL:1999 kann diese Idee der Durchlaufpfade mit variabler Länge mit sogenannten *rekursiven allgemeinen Tabellenausdrücken* (mit der `WITH RECURSIVE`-Syntax) ausgedrückt werden. Beispiel 2-5 zeigt die gleiche Abfrage – Suchen der Namen von Menschen, die von den USA nach Europa emigriert sind – ausgedrückt in SQL mithilfe dieser Technik (die in PostgreSQL, IBM DB2, Oracle und SQL Server unterstützt wird). Allerdings ist die Syntax recht umständlich im Vergleich zu Cypher.

Beispiel 2-5: Die gleiche Abfrage wie in Beispiel 2-4, implementiert in SQL mit rekursiven allgemeinen Tabellenausdrücken

```
WITH RECURSIVE

-- in_usa ist die Menge der Knoten-IDs aller Orte in den USA
in_usa(vertex_id) AS (
    SELECT vertex_id FROM vertices WHERE properties->>'name' = 'United States'    ❶
  UNION
    SELECT edges.tail_vertex FROM edges    ❷
      JOIN in_usa ON edges.head_vertex = in_usa.vertex_id
      WHERE edges.label = 'within'
),

-- in_europe ist die Menge der Knoten-IDs aller Orte in Europa
in_europe(vertex_id) AS (
    SELECT vertex_id FROM vertices WHERE properties->>'name' = 'Europe'    ❸
  UNION
```

Beispiel 2-5: Die gleiche Abfrage wie in Beispiel 2-4, implementiert in SQL mit rekursiven allgemeinen Tabellenausdrücken (Fortsetzung)

```
    SELECT edges.tail_vertex FROM edges
      JOIN in_europe ON edges.head_vertex = in_europe.vertex_id
      WHERE edges.label = 'within'
),

-- born_in_usa ist die Menge der Knoten-IDs aller Personen, die
-- in den USA geboren wurden
born_in_usa(vertex_id) AS (    ❹
SELECT edges.tail_vertex FROM edges
JOIN in_usa ON edges.head_vertex = in_usa.vertex_id
WHERE edges.label = 'born_in'
),

-- lives_in_europe ist die Menge der Knoten-IDs aller Personen, die
-- in Europa leben
lives_in_europe(vertex_id) AS (    ❺
SELECT edges.tail_vertex FROM edges
JOIN in_europe ON edges.head_vertex = in_europe.vertex_id
WHERE edges.label = 'lives_in'
)

SELECT vertices.properties->>'name'
FROM vertices
-- verknüpfen, um die Personen zu finden, die sowohl in den USA geboren sind
-- als auch in Europa leben
JOIN born_in_usa     ON vertices.vertex_id = born_in_usa.vertex_id    ❻
JOIN lives_in_europe ON vertices.vertex_id = lives_in_europe.vertex_id;
```

❶ Suche zuerst den Knoten, dessen `name`-Eigenschaft den Wert `"United States"` hat, und mache ihn zum ersten Element der Knotenmenge `in_usa`.

❷ Folge allen eingehenden `within`-Kanten von Knoten in der Menge `in_usa` und füge sie zur selben Menge hinzu, bis alle eingehenden `within`-Kanten besucht worden sind.

❸ Führe das Gleiche aus, beginnend mit dem Knoten, dessen `name`-Eigenschaft den Wert `"Europe"` hat, und richte die Knotenmenge `in_europe` ein.

❹ Folge für jeden Knoten in der Menge `in_usa` den eingehenden `born_in`-Kanten, um die Personen zu finden, die in den USA geboren wurden.

❺ Folge analog dazu für jeden Knoten in der Menge `in_europe` den eingehenden `lives_in`-Kanten, um Personen zu finden, die in Europa leben.

❻ Bilde abschließend mit einem Join die Schnittmenge aus der Menge der Personen, die in den USA geboren wurden, und der Menge der Personen, die in Europa leben.

Wenn dieselbe Abfrage mit 4 Zeilen in der einen Abfragesprache geschrieben werden kann, aber 29 Zeilen in einer anderen benötigt, zeigt das einfach, dass verschiedene Datenmodelle für unterschiedliche Einsatzfälle entworfen werden.

Wählen Sie auf jeden Fall das Datenmodell aus, das für Ihre Anwendung am besten geeignet ist.

Triple-Stores und SPARQL

Das Triple-Store-Modell ist weitgehend äquivalent zum Property-Graphen-Modell und beschreibt die gleichen Konzepte mit anderen Worten. Es lohnt sich dennoch, darauf einzugehen, weil es verschiedene Tools und Sprachen für Triple-Stores gibt, die sich als wertvolle Ergänzungen für Ihre Toolbox zum Erstellen von Anwendungen erweisen können.

In einem Triple-Store werden alle Informationen in Form von sehr einfachen dreiteiligen Anweisungen (*Subjekt*, *Prädikat*, *Objekt*) gespeichert. Zum Beispiel ist im Tripel (*Franz*, *mag*, *Bananen*) *Franz* das Subjekt, *mag* das Prädikat (Verb) und *Bananen* das Objekt.

Das Subjekt eines Tripels ist einem Knoten in einem Graphen äquivalent. Das Objekt ist eines von zwei Dingen:

1. Ein Wert in einem primitiven Datentyp wie zum Beispiel ein String oder eine Zahl. In diesem Fall sind das Prädikat und das Objekt des Tripels äquivalent zum Schlüssel und Wert einer Eigenschaft im Subjektknoten. Zum Beispiel ist (*lucy*, *age*, *33*) wie ein Knoten `lucy` mit den Eigenschaften `{"age":33}`.
2. Ein anderer Knoten im Graphen. In diesem Fall ist das Prädikat eine Kante im Graphen, das Subjekt ist der Endknoten und das Objekt ist der Kopfknoten. Zum Beispiel sind in (*lucy*, *marriedTo*, *alain*) das Subjekt und das Objekt *lucy* und *alain* beides Knoten, und das Prädikat *marriedTo* ist die Beschriftung der Kante, die sie verbindet.

Beispiel 2-6 zeigt die gleichen Daten wie in Beispiel 2-3, jetzt aber als Tripel geschrieben im sogenannten *Turtle*-Format, einer Teilmenge von *Notation3 (N3)* [39].

Beispiel 2-6: Eine Teilmenge der Daten von Abbildung 2-5, dargestellt als Turtle-Tripel

```
@prefix : <urn:example:>.
_:lucy     a       :Person.
_:lucy     :name   "Lucy".
_:lucy     :bornIn _:idaho.
_:idaho    a       :Location.
_:idaho    :name   "Idaho".
_:idaho    :type   "state".
_:idaho    :within _:usa.
_:usa      a       :Location.
_:usa      :name   "United States".
_:usa      :type   "country".
_:usa      :within _:namerica.
_:namerica a       :Location.
_:namerica :name   "North America".
_:namerica :type   "continent".
```

In diesem Beispiel werden die Knoten des Graphen als `_:someName` geschrieben. Der Name bedeutet außerhalb dieser Datei nichts, sondern existiert nur, weil wir andernfalls nicht wüssten, welche Tripel auf denselben Knoten verweisen. Wenn das Prädikat eine Kante darstellt, ist das Objekt ein Knoten wie zum Beispiel in `_:idaho :within _:usa`. Ist das Prädikat eine Eigenschaft, ist das Objekt ein Stringliteral wie in `_:usa :name "United States"`.

Es ist ziemlich monoton, dasselbe Subjekt stetig zu wiederholen, doch erfreulicherweise können Sie Semikolons verwenden, um mehrere Dinge über dasselbe Subjekt zu sagen. Dadurch ist das Turtle-Format übersichtlich und verständlich: siehe Beispiel 2-7.

Beispiel 2-7: Eine prägnantere Methode, die Daten von Beispiel 2-6 zu schreiben

```
@prefix : <urn:example:>.
_:lucy     a :Person;   :name "Lucy";          :bornIn _:idaho.
_:idaho    a :Location; :name "Idaho";         :type "state";   :within _:usa.
_:usa      a :Location; :name "United States"; :type "country"; :within _:namerica.
_:namerica a :Location; :name "North America"; :type "continent".
```

Das semantische Web

Wenn Sie mehr über Triple-Stores lesen, werden Sie vielleicht in einen Strudel von Artikeln über das *semantische Web* gezogen. Das Triple-Store-Datenmodell ist vollkommen unabhängig vom semantischen Web – zum Beispiel ist Datomic [40] ein Triple-Store, der keinen Anspruch darauf erhebt, irgendetwas damit zu tun zu haben.[7] Aber da die beiden in den Köpfen vieler Menschen so eng miteinander verknüpft sind, sollten wir kurz darauf eingehen.

Das semantische Web ist prinzipiell eine einfache und vernünftige Idee: Websites veröffentlichen bereits Informationen in Form von Text und Bildern, die für den Menschen verständlich sind. Warum veröffentlicht man nicht auch Informationen als maschinenlesbare Daten, die der Computer lesen kann? Das *Resource Description Framework* (RDF) [41] wurde erfunden als Mechanismus, damit Websites Daten in einem einheitlichen Format veröffentlichen, sodass sich Daten von verschiedenen Websites automatisch zu einem *Web von Daten* zusammenführen lassen – eine Art von internetweiter »Datenbank von allem«.

Leider wurde das semantische Web in den frühen 2000er-Jahren überbewertet, doch bisher gibt es keine Anzeichen dafür, dass es in der Praxis realisiert worden wäre, was viele Menschen zu Zynismus verleitet. Außerdem hat es unter einer schwindelerregenden Fülle von Abkürzungen, übermäßig komplexen Standardvorschlägen und Überheblichkeit gelitten.

Wenn Sie aber diese gescheiterten Konzepte beiseitelassen, gibt es auch jede Menge guter Arbeiten, die aus dem semantischen Webprojekt hervorgehen. Tripel

7 Streng genommen verwendet Datomic 5-Tupel statt Tripeln. Die beiden zusätzlichen Felder speichern Metadaten für die Versionskontrolle.

können ein gutes internes Datenmodell für Anwendungen sein, selbst wenn Sie kein Interesse daran haben, RDF-Daten im semantischen Web zu veröffentlichen.

Das RDF-Datenmodell

Die Turtle-Sprache, die wir in Beispiel 2-7 verwendet haben, ist ein Klartextformat für RDF-Daten. Manchmal wird RDF ebenfalls in einem XML-Format geschrieben, was das Gleiche viel weitschweifiger ausdrückt – siehe Beispiel 2-8. Turtle/N3 ist zu bevorzugen, da es wesentlich übersichtlicher ist und Tools wie Apache Jena [42] bei Bedarf automatisch zwischen verschiedenen RDF-Formaten konvertieren können.

Beispiel 2-8: Die Daten von Beispiel 2-7, ausgedrückt in RDF/XML-Syntax

```
<rdf:RDF xmlns="urn:example:"
    xmlns:rdf="http://www.w3.org/1999/02/22-rdf-syntax-ns#">

  <Location rdf:nodeID="idaho">
    <name>Idaho</name>
    <type>state</type>
    <within>
      <Location rdf:nodeID="usa">
        <name>United States</name>
        <type>country</type>
        <within>
          <Location rdf:nodeID="namerica">
            <name>North America</name>
            <type>continent</type>
          </Location>
        </within>
      </Location>
    </within>
  </Location>

  <Person rdf:nodeID="lucy">
    <name>Lucy</name>
    <bornIn rdf:nodeID="idaho"/>
  </Person>
</rdf:RDF>
```

RDF weist einige Besonderheiten auf, weil das Framework für einen internetweiten Datenaustausch konzipiert ist. Subjekt, Prädikat und Objekt eines Tripels sind oftmals URIs. Zum Beispiel könnte ein Prädikat ein URI wie `<http://my-company.com/namespace#within>` oder `<http://my-company.com/namespace#lives_in>` sein statt einfach nur `WITHIN` oder `LIVES_IN`. Diesem Design liegt der Gedanke zugrunde, dass Sie in der Lage sein sollen, Ihre Daten mit den Daten anderer zusammenzuführen. Und wenn sie dem Wort `within` oder `lives_in` eine andere Bedeutung zuordnen, wird kein Konflikt auftreten, weil ihre Prädikate tatsächlich `<http://other.org/foo#within>` und `<http://other.org/foo#lives_in>` lauten.

Die URL <http://my-company.com/namespace> muss nicht unbedingt zu irgendetwas aufgelöst werden können – aus dem Blickwinkel von RDF handelt es sich einfach um einen Namespace. Um mögliche Verwechslungen mit http://-URLs zu vermeiden, verwenden die Beispiele in diesem Abschnitt nicht auflösbare URIs wie zum Beispiel urn:example:within. Erfreulicherweise können Sie dieses Präfix einmalig am Anfang der Datei festlegen und dann vergessen.

Die Abfragesprache SPARQL

SPARQL ist eine Abfragesprache für Triple-Stores, die das RDF-Datenmodell verwenden [43]. (Die Bezeichnung ist ein rekursives Akronym für **S**PARQL **P**rotocol **A**nd **R**DF **Q**uery **L**anguage, ausgesprochen wie »Sparkl«.) Die Sprache ist älter als Cypher, und da der Mustervergleich von Cypher von SPARQL ausgeborgt ist, sehen sich die Sprachen recht ähnlich [37].

Die gleiche Abfrage wie vorher – Personen suchen, die von den USA nach Europa ausgewandert sind – lässt sich in SPARQL noch prägnanter als in Cypher formulieren (siehe Beispiel 2-9).

Beispiel 2-9: Die gleiche Abfrage wie in Beispiel 2-4, ausgedrückt in SPARQL

```
PREFIX : <urn:example:>

SELECT ?personName WHERE {
  ?person :name ?personName.
  ?person :bornIn  / :within* / :name "United States".
  ?person :livesIn / :within* / :name "Europe".
}
```

Die Struktur ist sehr ähnlich. Die beiden folgenden Ausdrücke sind äquivalent (Variablen beginnen in SPARQL mit einem Fragezeichen):

```
(person) -[:BORN_IN]-> () -[:WITHIN*0..]-> (location)   # Cypher

?person :bornIn / :within* ?location.                   # SPARQL
```

Weil RDF nicht zwischen Eigenschaften und Kanten unterscheidet, sondern einfach Prädikate für beide verwendet, können Sie die gleiche Syntax für Vergleiche von Eigenschaften verwenden. Im folgenden Ausdruck ist die Variable usa an einen Knoten gebunden, der über eine name-Eigenschaft verfügt, deren Wert der String "United States" ist:

```
(usa {name:'United States'})   # Cypher

?usa :name "United States".    # SPARQL
```

SPARQL ist eine komfortable Abfragesprache – selbst wenn es nie zum semantischen Web kommen sollte, können Anwendungen sie als leistungsfähiges Tool intern nutzen.

> ## Graph-Datenbanken im Vergleich zum Netzwerkmodell
>
> In Abschnitt »Wiederholen Dokumentdatenbanken die Geschichte?« auf Seite 38 haben wir diskutiert, wie CODASYL und das relationale Modell konkurriert haben, um das Problem der *n:n*-Beziehungen in IMS zu lösen. Auf den ersten Blick sieht das Netzwerkmodell von CODASYL dem Graph-Modell ähnlich. Sind Graph-Datenbanken die getarnte Wiederauferstehung von CODASYL?
>
> Nein. Sie unterscheiden sich in mehreren wichtigen Punkten:
>
> - In CODASYL hat ein Schema in einer Datenbank spezifiziert, welcher Datensatztyp innerhalb welches anderen Datensatztyps verschachtelt werden kann. In einer Graph-Datenbank gibt es keine derartige Einschränkung: Von jedem Knoten kann eine Kante zu irgendeinem anderen Knoten führen. Das bietet Anwendungen mehr Flexibilität, um sich an ändernde Anforderungen anzupassen.
> - In CODASYL ließ sich ein bestimmter Datensatz nur erreichen, wenn man einen der Zugriffspfade zu ihm durchlief. In einer Graph-Datenbank können Sie auf einen beliebigen Knoten mit seiner eindeutigen ID direkt verweisen oder einen Index verwenden, um Knoten mit einem bestimmten Wert zu finden.
> - In CODASYL waren die untergeordneten Elemente eines Datensatzes eine geordnete Menge, sodass die Datenbank diese Reihenfolge aufrechterhalten musste (was Konsequenzen für das Speicherlayout hatte). Anwendungen, die neue Datensätze in die Datenbank einfügten, mussten sich um die Positionen der neuen Datensätze in diesen Mengen kümmern. In einer Graph-Datenbank sind Knoten und Kanten nicht geordnet (man kann nur die Ergebnisse einer Abfrage sortieren).
> - In CODASYL waren alle Abfragen imperativ, schwierig zu schreiben und anfällig gegenüber Änderungen im Schema. In einer Graph-Datenbank können Sie das Durchlaufen in imperativem Code schreiben, wenn Sie das möchten, doch die meisten Graph-Datenbanken unterstützen auch höhere deklarative Abfragesprachen wie zum Beispiel Cypher oder SPARQL.

Das Fundament: Datalog

Datalog ist eine viel ältere Sprache als SPARQL oder Cypher und wurde in den 1980er-Jahren ausgiebig von Akademikern untersucht [44, 45, 46]. Die Sprache ist unter Softwaretechnikern weit weniger bekannt, doch ist sie trotzdem wichtig, weil sie das Fundament bereitete, auf dem spätere Abfragesprachen aufbauen.

In der Praxis wird Datalog in einigen Datensystemen eingesetzt: Zum Beispiel ist sie die Abfragesprache von Datomic [40], und Cascalog [47] ist eine Datalog-Implementierung für die Abfrage großer Datenmengen in Hadoop.[8]

Das Datenmodell ähnelt dem Triple-Store-Modell, ist nur etwas verallgemeinert. Anstatt ein Tripel als (*Subjekt*, *Prädikat*, *Objekt*) zu schreiben, notieren wir es als *Prädikat*(*Subjekt*, *Objekt*). Beispiel 2-10 zeigt, wie die Daten aus unserem Beispiel in Datalog zu schreiben sind.

Beispiel 2-10: Eine Teilmenge der Daten von Beispiel 2-5, dargestellt als Datalog-Fakten

```
name(namerica, 'North America').
type(namerica, continent).

name(usa, 'United States').
type(usa, country).
within(usa, namerica).

name(idaho, 'Idaho').
type(idaho, state).
within(idaho, usa).

name(lucy, 'Lucy').
born_in(lucy, idaho).
```

Nachdem wir die Daten definiert haben, können wir die gleiche Abfrage wie zuvor schreiben, wie Beispiel 2-11 zeigt. Sie sieht etwas anders aus als die äquivalente Abfrage in Cypher oder SPARQL, doch das sollte Sie nicht abschrecken. Datalog ist eine Teilmenge der Sprache Prolog, die Sie vielleicht schon kennen, wenn Sie Informatik studiert haben.

Beispiel 2-11: Die gleiche Abfrage wie in Beispiel 2-4, ausgedrückt in Datalog

```
within_recursive(Location, Name) :- name(Location, Name).     /* Regel 1 */

within_recursive(Location, Name) :- within(Location, Via),    /* Regel 2 */
                                    within_recursive(Via, Name).

migrated(Name, BornIn, LivingIn) :- name(Person, Name),       /* Regel 3 */
                                    born_in(Person, BornLoc),
                                    within_recursive(BornLoc, BornIn),
                                    lives_in(Person, LivingLoc),
                                    within_recursive(LivingLoc, LivingIn).
?- migrated(Who, 'United States', 'Europe').
/* Who = 'Lucy'. */
```

Während Cypher und SPARQL gleich mit `SELECT` einsteigen, unternimmt Datalog nacheinander kleine Schritte. Wir definieren Regeln, die der Datenbank neue Prädikate beibringen: Hier definieren wir mit `within_recursive` und `migrated` zwei neue Prädikate. Diese Prädikate sind keine Tripel, die in der Datenbank gespeichert sind, sondern werden aus Daten oder von anderen Regeln abgeleitet. Regeln

8 Datomic und Cascalog verwenden eine Clojure S-Expression-Syntax für Datalog. In den folgenden Beispielen verwenden wir eine Prolog-Syntax, die etwas einfacher zu lesen ist, hier aber keinen funktionalen Unterschied ausmacht.

können auf andere Regeln verweisen, genau wie Funktionen andere Funktionen oder sich selbst rekursiv aufrufen können. Auf diese Weise lassen sich komplexe Abfragen aus kleinen Stücken aufbauen.

In Regeln sind Wörter, die mit einem Großbuchstaben beginnen, Variablen. Prädikate werden wie in Cypher und SPARQL abgeglichen. Zum Beispiel entspricht `name(Location, Name)` dem Tripel `name(namerica, 'North America')` mit den Variablenbindungen `Location = namerica` und `Name = 'North America'`.

Eine Regel trifft zu, wenn das System eine Übereinstimmung für *alle* Prädikate auf der rechten Seite des Operators `:-` findet. Falls die Regel zutrifft, ist das so, als ob die linke Seite des Operators `:-` zur Datenbank hinzugefügt wurde (wobei die Variablen durch die jeweils übereinstimmenden Werte ersetzt werden).

Eine Möglichkeit, die Regeln anzuwenden, sieht so aus:

1. `name(namerica, 'North America')` existiert in der Datenbank, sodass Regel 1 zutrifft. Sie generiert `within_recursive(namerica, 'North America')`.
2. `within(usa, namerica)` existiert in der Datenbank, und der vorherige Schritt hat `within_recursive(namerica, 'North America')` generiert, sodass Regel 2 zutrifft. Sie generiert `within_recursive(usa, 'North America')`.
3. `within(idaho, usa)` existiert in der Datenbank, und der vorherige Schritt hat `within_recursive(usa, 'North America')` generiert, sodass Regel 2 zutrifft. Sie generiert `within_recursive(idaho, 'North America')`.

Durch wiederholte Anwendung der Regeln 1 und 2 kann uns das Prädikat `within_recursive` alle Orte in Nordamerika (oder jeden anderen Ortsnamen) nennen, der in unserer Datenbank enthalten ist. Abbildung 2-6 veranschaulicht diesen Vorgang.

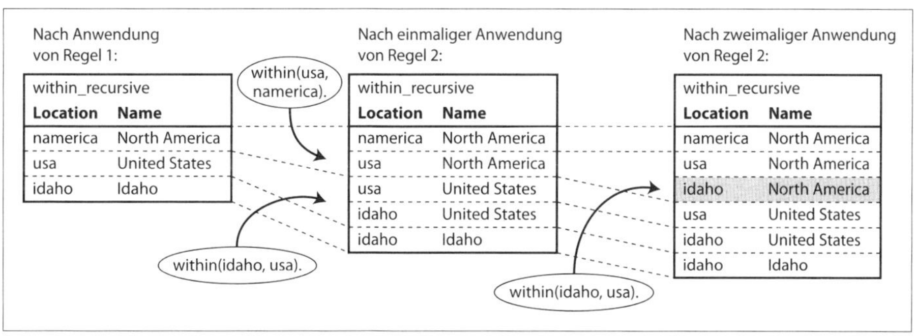

Abbildung 2-6: Mit den Datalog-Regeln aus Beispiel 2-11 ermitteln, dass Idaho in Nordamerika liegt

Jetzt kann Regel 3 Personen finden, die an einem Ort `BornIn` geboren wurden und an einem Ort `LivingIn` leben. Indem man `BornIn = 'United States'` und `LivingIn = 'Europe'` abfragt und die Person als Variable `Who` beibehält, weisen wir das Datalog-System an, herauszufinden, welche Werte für die Variable `Who` erscheinen können. Somit erhalten wir schließlich die gleiche Antwort wie in den weiter vorn gezeigten Cypher- und SPARQL-Abfragen.

Das Datalog-Verfahren verlangt eine andere Denkweise gegenüber den anderen Abfragesprachen, die dieses Kapitel vorgestellt hat, doch es ist ein sehr leistungsfähiger Ansatz, weil sich Regeln kombinieren und in verschiedenen Anfragen wiederverwenden lassen. Die Methode ist für einfache Einmalabfragen weniger komfortabel, schneidet aber besser ab, wenn Ihre Daten komplexer sind.

Zusammenfassung

Datenmodelle sind ein großes Thema, und in diesem Kapitel haben wir einen kurzen Blick auf eine breite Vielfalt verschiedener Modelle geworfen. Der Platz reicht hier nicht aus, um auf sämtliche Einzelheiten jedes Modells einzugehen, doch sicher hat dieser Überblick genügt, um Ihren Appetit zu wecken, mehr über das Modell herauszufinden, das den Anforderungen Ihrer Anwendung am besten entspricht.

Daten hat man zunächst als einen großen Baum dargestellt (das hierarchische Modell), doch war dies ungeeignet, um *n:n*-Beziehungen zu verarbeiten. Um dieses Problem zu lösen, hat man das relationale Modell erfunden. In jüngster Zeit haben Entwickler festgestellt, dass auch das relationale Modell für manche Anwendungen nicht geeignet ist. Neue nichtrelationale »NoSQL«-Datenspeicher haben sich in zwei Hauptrichtungen entwickelt:

1. *Dokumentdatenbanken* zielen auf Einsatzfälle, bei denen die Daten aus eigenständigen Dokumenten kommen und Beziehungen zwischen einem Dokument und einem anderen selten sind.
2. *Graph-Datenbanken* schlagen die entgegengesetzte Richtung ein und zielen auf Einsatzfälle, bei denen gegebenenfalls alles mit allem verknüpft ist.

Alle drei Modelle (Dokument, relational und Graph) sind heute weitverbreitet, und jedes Modell ist in seinem jeweiligen Anwendungsbereich gut. Ein Modell kann in Form eines anderen Modells nachgebildet werden – zum Beispiel lassen sich Graph-Daten in einer relationalen Datenbank darstellen – die Ergebnisse sind aber oftmals sperrig. Deshalb haben wir verschiedene Systeme für verschiedene Zwecke und keine allumfassende Universallösung.

Dokument- und Graph-Datenbanken ist gemeinsam, dass sie in der Regel kein Schema für die zu speichernden Daten voraussetzen, wodurch es einfacher ist, Anwendungen an sich ändernde Anforderungen anzupassen. Allerdings wird Ihre Anwendung höchstwahrscheinlich trotzdem von einer bestimmten Struktur der Daten ausgehen. Es kommt nur darauf an, ob das Schema explizit ist (beim Schreiben erzwungen wird) oder implizit (beim Lesen angenommen).

Jedes Datenmodell bringt seine eigene Abfragesprache oder sein eigenes Framework mit, und wir haben mehrere Beispiele vorgestellt: SQL, MapReduce, Aggregations-Pipeline von MongoDB, Cypher, SPARQL und Datalog. Außerdem haben wir CSS und XSL/XPath angerissen, die zwar keine Datenbankabfragesprachen sind, aber interessante Parallelen aufweisen.

Obwohl wir ein breites Themenspektrum behandelt haben, gibt es noch viele Datenmodelle, die unerwähnt geblieben sind. Um nur einige Beispiele zu nennen:

- Forscher, die mit Genomdaten arbeiten, müssen oftmals *Sequenzähnlichkeitssuchen* durchführen, d. h., einen sehr langen String (der ein DNA-Molekül darstellt) mit einer großen Datenbank von ähnlichen, aber nicht identischen Strings abgleichen. Keine der hier beschriebenen Datenbanken ist für solche Aufgaben geeignet, weshalb Forscher spezialisierte Genomdatenbanksoftware wie zum Beispiel GenBank [48] entwickelt haben.
- Teilchenphysiker führen seit Jahrzehnten groß angelegte Datenanalysen im Big-Data-Stil durch, und Projekte wie der Large Hadron Collider (LHC, Großer Hadronen-Speicherring) arbeiten jetzt mit Hunderten von Petabytes! In einer solchen Größenordnung sind maßgeschneiderte Lösungen gefragt, damit die Hardwarekosten nicht aus dem Ruder laufen [49].
- Die Volltextsuche ist wohl ein Datenmodell, das häufig neben Datenbanken verwendet wird. Informationsgewinnung ist ein großes Spezialgebiet, das wir in diesem Buch nicht bis ins Detail behandeln werden, aber wir werden in Kapitel 3 und Teil III auf Suchindizes eingehen.

Wir müssen es vorerst dabei belassen. Im nächsten Kapitel diskutieren wir einige Abwägungen, die bei der Implementierung der in diesem Kapitel beschriebenen Datenmodelle zum Tragen kommen.

Literaturverzeichnis

[1] Edgar F. Codd: *A Relational Model of Data for Large Shared Data Banks.* Communications of the ACM, Bd. 13, Nr. 6, S. 377–387, Juni 1970. doi:10.1145/362384.362685

[2] Michael Stonebraker und Joseph M. Hellerstein: *What Goes Around Comes Around.* in Readings in Database Systems, 4. Auflage, MIT Press, S. 2–41, 2005. – ISBN 978-0-262-69314-1

[3] Pramod J. Sadalage und Martin Fowler: *NoSQL Distilled.* Addison-Wesley, August 2012. – ISBN 978-0-321-82662-6

[4] Eric Evans: *NoSQL: What's in a Name?.* blog.sym-link.com, 30. Oktober 2009.

[5] James Phillips: *Surprises in Our NoSQL Adoption Survey.* blog.couchbase.com, 8. Februar 2012.

[6] Michael Wagner: *SQL/XML:2006 – Evaluierung der Standardkonformität ausgewählter Datenbanksysteme.* Diplomica Verlag, Hamburg, 2010. – ISBN 978-3-836-64609-3

[7] *XML Data in SQL Server.* SQL Server 2012-Dokumentation, technet.microsoft.com, 2013.

[8] *PostgreSQL 9.3.1 Documentation.* The PostgreSQL Global Development Group, 2013.

[9] *The MongoDB 2.4 Manual.* MongoDB, Inc., 2013.

[10] *RethinkDB 1.11 Documentation.* rethinkdb.com, 2013.

[11] *Apache CouchDB 1.6 Documentation.* docs.couchdb.org, 2014.

[12] Lin Qiao, Kapil Surlaker, Shirshanka Das, et al.: *On Brewing Fresh Espresso: LinkedIn's Distributed Data Serving Platform*, auf der ACM International Conference on Management of Data (SIGMOD), Juni 2013.

[13] Rick Long, Mark Harrington, Robert Hain und Geoff Nicholls: *IMS Primer.* IBM Redbook SG24-5352-00, IBM International Technical Support Organization, Januar 2000.

[14] Stephen D. Bartlett: *IBM's IMS – Myths, Realities, and Opportunities.* The Clipper Group Navigator, TCG2013015LI, Juli 2013.

[15] Sarah Mei: *Why You Should Never Use MongoDB.* sarahmei.com, 11. November 2013.

[16] J. S. Knowles und D. M. R. Bell: *The CODASYL Model.* in Databases – Role and Structure: An Advanced Course, edited by P. M. Stocker, P. M. D. Gray und M. P. Atkinson, S. 19–56, Cambridge University Press, 1984. – ISBN 978-0-521-25430-4

[17] Charles W. Bachman: *The Programmer as Navigator.* Communications of the ACM, Bd. 16, Nr. 11, S. 653–658, November 1973. doi: 10.1145/355611.362534

[18] Joseph M. Hellerstein, Michael Stonebraker und James Hamilton: *Architecture of a Database System.* Foundations and Trends in Databases, Bd. 1, Nr. 2, S. 141–259, November 2007. doi:10.1561/1900000002

[19] Sandeep Parikh und Kelly Stirman: *Schema Design for Time Series Data in MongoDB.* blog.mongodb.org, 30. Oktober 2013.

[20] Martin Fowler: *Schemaless Data Structures.* martinfowler.com, 7. Januar 2013.

[21] Amr Awadallah: *Schema-on-Read vs. Schema-on-Write.* am Berkeley EECS RAD Lab Retreat, Santa Cruz, CA, Mai 2009.

[22] Martin Odersky: *The Trouble with Types.* Strange Loop, September 2013.

[23] Conrad Irwin: *MongoDB – Confessions of a PostgreSQL Lover*, auf der HTML5DevConf, Oktober 2013.

[24] *Percona Toolkit Documentation: pt-online-schema-change.* Percona Ireland Ltd., 2013.

[25] Rany Keddo, Tobias Bielohlawek und Tobias Schmidt: *Large Hadron Migrator*. SoundCloud, 2013.

[26] Shlomi Noach: *gh-ost: GitHub's Online Schema Migration Tool for MySQL*. githubengineering.com, 1. August 2016.

[27] James C. Corbett, Jeffrey Dean, Michael Epstein, et al.: *Spanner: Google's Globally-Distributed Database*, auf dem 10. USENIX Symposium on Operating System Design and Implementation (OSDI), Oktober 2012.

[28] Donald K. Burleson: *Reduce I/O with Oracle Cluster Tables*. dba-oracle.com.

[29] Fay Chang, Jeffrey Dean, Sanjay Ghemawat, et al.: *Bigtable: A Distributed Storage System for Structured Data*, auf dem 7. USENIX Symposium on Operating System Design and Implementation (OSDI), November 2006.

[30] Bobbie J. Cochrane und Kathy A. McKnight: *DB2 JSON Capabilities, Part 1: Introduction to DB2 JSON*. IBM developerWorks, 20. Juni 2013.

[31] Herb Sutter: *The Free Lunch Is Over: A Fundamental Turn Toward Concurrency in Software*. Dr. Dobb's Journal, Bd. 30, Nr. 3, S. 202-210, März 2005.

[32] Joseph M. Hellerstein: *The Declarative Imperative: Experiences and Conjectures in Distributed Logic*. Electrical Engineering and Computer Sciences, University of California at Berkeley, Tech report UCB/EECS-2010-90, Juni 2010.

[33] Jeffrey Dean und Sanjay Ghemawat: *MapReduce: Simplified Data Processing on Large Clusters*. at 6th USENIX Symposium on Operating System Design and Implementation (OSDI), Dezember 2004.

[34] Craig Kerstiens: *JavaScript in Your Postgres*. blog.heroku.com, 5. Juni 2013.

[35] Nathan Bronson, Zach Amsden, George Cabrera, et al.: *TAO: Facebook's Distributed Data Store for the Social Graph*. at USENIX Annual Technical Conference (USENIX ATC), Juni 2013.

[36] *Apache TinkerPop3.2.3 Documentation*. tinkerpop.apache.org, Oktober 2016.

[37] *The Neo4j Manual v2.0.0*. Neo Technology, 2013.

[38] Emil Eifrem: *Twitter correspondence*. 3. Januar 2014.

[39] David Beckett und Tim Berners-Lee: *Turtle – Terse RDF Triple Language*. W3C Team Submission, 28. März 2011.

[40] *Datomic Development Resources*. Metadata Partners, LLC, 2013.

[41] W3C RDF Working Group: *Resource Description Framework (RDF)*. w3.org, 10. Februar 2004.

[42] *Apache Jena*. Apache Software Foundation.

[43] Steve Harris, Andy Seaborne und Eric Prud'hommeaux: *SPARQL 1.1 Query Language*. W3C Recommendation, März 2013.

[44] Todd J. Green, Shan Shan Huang, Boon Thau Loo und Wenchao Zhou: *Datalog and Recursive Query Processing.* Foundations and Trends in Databases, Bd. 5, Nr. 2, S. 105–195, November 2013. doi:10.1561/1900000017

[45] Stefano Ceri, Georg Gottlob und Letizia Tanca: *What You Always Wanted to Know About Datalog (And Never Dared to Ask).* IEEE Transactions on Knowledge and Data Engineering, Bd. 1, Nr. 1, S. 146–166, März 1989. doi:10.1109/69.43410

[46] Serge Abiteboul, Richard Hull und Victor Vianu: *Foundations of Databases.* Addison-Wesley, 1995. – ISBN 978-0-201-53771-0, verfügbar online unter webdam.inria.fr/Alice

[47] Nathan Marz: *Cascalog.* cascalog.org.

[48] Dennis A. Benson, Ilene Karsch-Mizrachi, David J. Lipman, et al.: *GenBank.* Nucleic Acids Research, Bd. 36, Database issue, S. D25–D30, Dezember 2007. doi:10.1093/nar/gkm929

[49] Fons Rademakers: *ROOT for Big Data Analysis.* im Workshop on the Future of Big Data Management, London, UK, Juni 2013.

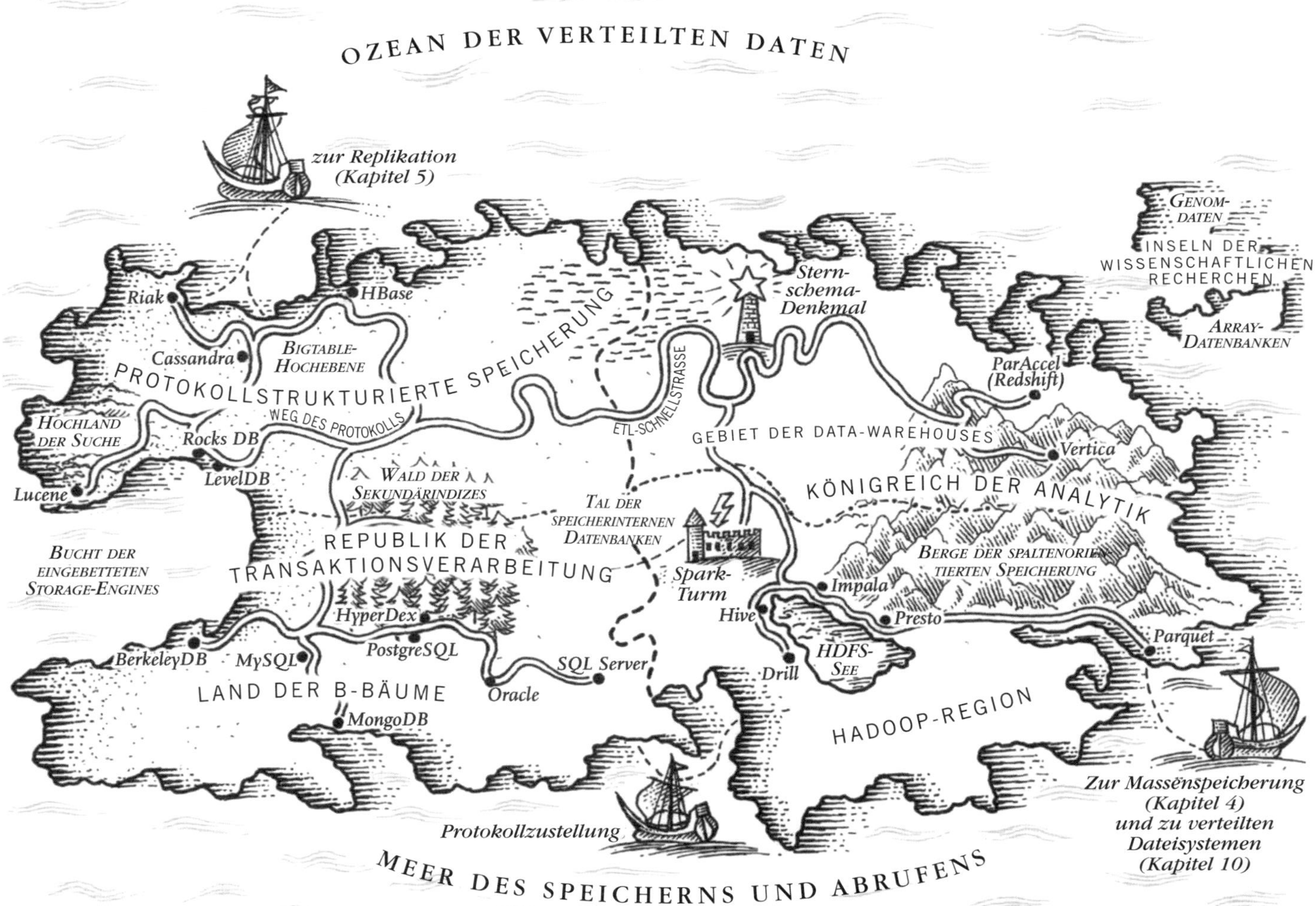

OZEAN DER VERTEILTEN DATEN
zur Replikation (Kapitel 5)
GENOM-DATEN
INSELN DER WISSENSCHAFTLICHEN RECHERCHEN
ARRAY-DATENBANKEN
Riak
HBase
Cassandra
BIGTABLE-HOCHEBENE
PROTOKOLLSTRUKTURIERTE SPEICHERUNG
Stern-schema-Denkmal
ParAccel (Redshift)
HOCHLAND DER SUCHE
Rocks DB
WEG DES PROTOKOLLS
ETL-SCHNELLSTRASSE
GEBIET DER DATA-WAREHOUSES
Vertica
Lucene
LevelDB
WALD DER SEKUNDÄRINDIZES
KÖNIGREICH DER ANALYTIK
TAL DER SPEICHERINTERNEN DATENBANKEN
REPUBLIK DER TRANSAKTIONSVERARBEITUNG
BUCHT DER EINGEBETTETEN STORAGE-ENGINES
Spark-Turm
BERGE DER SPALTENORIENTIERTEN SPEICHERUNG
Impala
HyperDex
Hive
Presto
BerkeleyDB
MySQL
PostgreSQL
SQL Server
Parquet
HDFS-SEE
Drill
LAND DER B-BÄUME
Oracle
HADOOP-REGION
MongoDB
Protokollzustellung
Zur Massenspeicherung (Kapitel 4) und zu verteilten Dateisystemen (Kapitel 10)
MEER DES SPEICHERNS UND ABRUFENS

KAPITEL 3
Speichern und Abrufen

Wer Ordnung hält, ist nur zu faul zum Suchen.

– Deutsches Sprichwort

Eine Datenbank muss grundsätzlich zwei Dinge tun: Wenn man ihr Daten übergibt, sollte sie die Daten speichern, und wenn man sie später wieder abfragt, sollte sie die Daten zurückgeben.

In Kapitel 2 haben wir Datenmodelle und Abfragesprachen besprochen – d.h. das Format, in dem Sie (der Anwendungsentwickler) der Datenbank Ihre Daten anbieten, und den Mechanismus, mit dem Sie später danach fragen können. In diesem Kapitel besprechen wir das Gleiche aus dem Blickwinkel der Datenbank: Wie können wir die übergebenen Daten speichern und wie können wir sie wiederfinden, wenn wir danach gefragt werden?

Warum sollten Sie sich als Anwendungsentwickler darum kümmern, wie die Datenbank das Speichern und Abrufen intern realisiert? Wahrscheinlich werden Sie nicht Ihre eigene Storage-Engine von Grund auf neu implementieren, doch von den vielen verfügbaren Storage-Engines müssen Sie eine *auswählen*, die für Ihre Anwendung geeignet ist. Um eine Storage-Engine so zu konfigurieren, dass sie die vorgesehene Arbeitsbelastung gut bewältigt, brauchen Sie eine grobe Vorstellung davon, was die Storage-Engine hinter den Kulissen macht.

Insbesondere besteht ein großer Unterschied zwischen Storage-Engines, die für transaktionale Arbeitslasten optimiert sind, und denjenigen, die für Datenanalyseaufgaben optimiert sind. Auf diesen Unterschied gehen wir später ein im Abschnitt »Transaktionsverarbeitung oder Datenanalyse?« auf Seite 97, und im Abschnitt »Spaltenorientierte Speicherung« auf Seite 103 befassen wir uns mit einer Familie von Storage-Engines, die für Analytik optimiert ist.

Zu Beginn dieses Kapitels sprechen wir aber über Storage-Engines von Datenbanken, mit denen Sie wahrscheinlich vertraut sind. Dabei geht es um herkömmliche relationale Datenbanken und auch einen Großteil der sogenannten NoSQL-Datenbanken. Wir untersuchen zwei Familien von Storage-Engines: *protokollstruk-*

turierte Storage-Engines und *seitenorientierte* Storage-Engines wie zum Beispiel B-Bäume.

Datenstrukturen, auf denen Ihre Datenbank beruht

Sehen Sie sich die einfachste Datenbank der Welt an, die in Form zweier Bash-Funktionen implementiert ist:

```
#!/bin/bash

db_set () {
    echo "$1,$2" >> database
}

db_get () {
    grep "^$1," database | sed -e "s/^$1,//" | tail -n 1
}
```

Diese beiden Funktionen implementieren einen Schlüssel-Wert-Speicher. Mit dem Aufruf `db_set key value` können Sie den Schlüssel `key` und den Wert `value` in der Datenbank speichern. Schlüssel und Wert können (fast) alles sein, was Sie möchten – zum Beispiel könnte der Wert ein JSON-Dokument sein. Dann können Sie mit dem Aufruf `db_get key` nach dem neuesten Wert suchen, der diesem Schlüssel zugeordnet ist, und ihn zurückgeben.

Und es funktioniert:

```
$ db_set 123456 '{"name":"London","attractions":["Big Ben","London Eye"]}'

$ db_set 42 '{"name":"San Francisco","attractions":["Golden Gate Bridge"]}'

$ db_get 42
{"name":"San Francisco","attractions":["Golden Gate Bridge"]}
```

Das zugrunde liegende Speicherformat ist sehr einfach: eine Textdatei, in der jede Zeile ein Schlüssel-Wert-Paar, getrennt durch ein Komma, enthält (etwa wie eine CSV-Datei, ohne Berücksichtigung von Escape-Zeichenfolgen). Jeder Aufruf von `db_set` fügt die Daten an das Ende der Datei an. Wenn Sie also einen Schlüssel mehrmals aktualisieren, werden die alten Versionen des Werts nicht überschrieben – Sie müssen nach dem letzten Vorkommen eines Schlüssels in einer Datei suchen, um den neuesten Wert zu finden (daher das `tail -n 1` in der Funktion `db_get`):

```
$ db_set 42 '{"name":"San Francisco","attractions":["Exploratorium"]}'

$ db_get 42
{"name":"San Francisco","attractions":["Exploratorium"]}

$ cat database
123456,{"name":"London","attractions":["Big Ben","London Eye"]}
42,{"name":"San Francisco","attractions":["Golden Gate Bridge"]}
42,{"name":"San Francisco","attractions":["Exploratorium"]}
```

Unsere Funktion `db_set` zeigt eigentlich eine gute Performance für etwas so Einfaches, weil das Anfügen an eine Datei im Allgemeinen sehr effizient vonstatten geht. Ähnlich dem, was `db_set` tut, verwenden viele Datenbanken intern ein *Protokoll*, das als Datei implementiert ist, an die nur am Ende angefügt werden kann. Echte Datenbanken haben mit mehr Problemen zu tun (zum Beispiel Nebenläufigkeit steuern, Festplattenplatz freigeben, damit das Protokoll nicht unendlich wächst, und Fehler sowie unvollständig geschriebene Datensätze behandeln), doch das Grundprinzip ist das gleiche. Protokolle sind unglaublich nützlich, und wir werden sie im Rest dieses Buchs noch mehrmals antreffen.

> Unter *Protokoll* (englisch: *log*, im Sinne eines Logbuchs) versteht man oftmals ein Anwendungsprotokoll, in das eine Anwendung Text ausgibt, um Ereignisse zu beschreiben. In diesem Buch verwenden wir *Protokoll* in einem allgemeiner gefassten Sinn: als Folge von Datensätzen, die ausschließlich angefügt werden. Die Daten müssen nicht notwendigerweise im Klartextformat vorliegen, sondern können auch binär codiert und nur zum Lesen durch andere Programme vorgesehen sein.

Andererseits legt unsere Funktion `db_get` eine furchtbare Performance an den Tag, wenn die Datenbank eine große Anzahl von Datensätzen speichert. Bei jeder Suche nach einem Schlüssel muss `db_get` die gesamte Datenbankdatei von Anfang bis Ende durchgehen und nach den Vorkommen des Schlüssels suchen. Im Sprachgebrauch der Algorithmenanalyse sagt man, dass die Kosten einer solchen Suche $O(n)$ betragen: Wenn Sie die Anzahl der Datensätze n in Ihrer Datenbank verdoppeln, dauert die Suche doppelt so lange. Das ist nicht gut.

Um effizient den Wert für einen bestimmten Schlüssel in der Datenbank zu finden, brauchen wir eine andere Datenstruktur: einen *Index*. In diesem Kapitel sehen wir uns ein paar Indexstrukturen an und vergleichen sie. Prinzipiell liegt ihnen die Idee zugrunde, zusätzliche Metadaten mitzuführen, die als Wegweiser dienen und Ihnen helfen, die gewünschten Daten aufzufinden. Wenn Sie dieselben Daten auf verschiedene Art und Weise suchen wollen, brauchen Sie gegebenenfalls mehrere verschiedene Indizes, die verschiedene Bestandteile der Daten abdecken.

Ein Index ist eine *zusätzliche* Struktur, die aus den primären Daten abgeleitet wird. Viele Datenbanken erlauben es Ihnen, Indizes hinzuzufügen und zu entfernen. Dies wirkt sich nicht auf den Inhalt der Datenbank aus, sondern beeinflusst nur die Performance von Abfragen. Die Verwaltung zusätzlicher Strukturen bringt speziell bei Schreibvorgängen einen Overhead mit sich. Beim Schreiben ist es schwer, die Performance eines einfachen Anfügens an eine Datei zu übertreffen, weil das die einfachste mögliche Schreiboperation ist. Jede Art von Index bremst Schreibvorgänge normalerweise ab, weil der Index bei jedem Schreiben von Daten ebenfalls aktualisiert werden muss.

Dies ist eine wichtige Abwägung in Speichersystemen: Gut gewählte Indizes beschleunigen Leseabfragen, aber jeder Index bremst die Schreibvorgänge. Aus diesem Grund indizieren Datenbanken standardmäßig nicht einfach alles, sondern verlangen von Ihnen – dem Anwendungsentwickler oder Datenbankadministrator –, die Indizes manuell auszuwählen, wobei Sie Ihr Wissen über die typischen Abfragemuster der Anwendung einfließen lassen. Dann können Sie die Indizes auswählen, von denen Ihre Anwendung am meisten profitiert, ohne mehr Overhead als notwendig einzubringen.

Hash-Indizes

Beginnen wir mit Indizes für Schlüssel-Wert-Daten. Dies ist nicht die einzige Art von Daten, die man indizieren kann, aber sie kommt häufiger vor, und dieser Index ist ein nützlicher Baustein für komplexere Indizes.

Schlüssel-Wert-Speicher ähneln stark dem *Wörterbuchtyp* (*Dictionary*), den Sie in den meisten Programmiersprachen finden und der normalerweise als Hashtabelle (engl. Hash Map) implementiert ist. Hashtabellen werden in vielen Lehrbüchern für Algorithmen beschrieben [1, 2], sodass wir hier nicht im Detail auf ihre Arbeitsweise eingehen. Da wir bereits über Hashtabellen für unsere speicherinternen Datenstrukturen verfügen, sollten wir dann nicht auch unsere Daten auf der Festplatte damit indizieren?

Nehmen wir an, in unserem Datenspeicher werden die Einträge wie im vorherigen Beispiel immer nur an eine Datei angefügt. Dann sieht die einfachste Indizierungsstrategie so aus: Führen einer speicherinternen Hashtabelle, in der jeder Schlüssel auf einen Byteoffset in der Datendatei abgebildet wird – dem Ort, an dem der Wert gefunden werden kann, wie es Abbildung 3-1 veranschaulicht. Immer wenn Sie ein neues Schlüssel-Wert-Paar an die Datei anfügen, aktualisieren Sie auch die Hashtabelle, sodass sie den Offset der eben geschriebenen Daten widerspiegelt (dies funktioniert sowohl beim Einfügen von neuen Schlüsseln als auch beim Aktualisieren vorhandener Schlüssel). Wenn Sie einen Wert nachschlagen möchten, suchen Sie in der Hashtabelle den Offset auf die Datendatei heraus, suchen diese Position auf und lesen den Wert.

Dies mag grob vereinfachend erscheinen, doch der Ansatz ist brauchbar. Tatsächlich ist dies im Wesentlichen das, was Bitcask (die Standard-Storage-Engine in Riak) tut [3]. Bitcask bietet hochperformante Lese- und Schreiboperationen, die der Forderung unterliegen, dass alle Schlüssel in den verfügbaren Arbeitsspeicher (RAM) passen, da die Hashtabelle gänzlich im Arbeitsspeicher gehalten wird. Die Werte dürfen mehr Platz belegen als Arbeitsspeicher vorhanden ist, da sie sich von der Festplatte mit lediglich einem einfachen Suchvorgang laden lassen. Falls sich dieser Teil der Datendatei bereits im Cache des Dateisystems befindet, ist für ein Lesen überhaupt keine Festplatten-E/A erforderlich.

Eine Storage-Engine wie Bitcask ist gut geeignet für Situationen, in denen der Wert für jeden Schlüssel häufig aktualisiert wird. So könnte der Schlüssel die URL eines Katzenvideos sein und der Wert eine Zahl, die angibt, wie oft es wiedergegeben wurde (jedes Mal inkrementiert, wenn jemand auf die *Play*-Schaltfläche klickt). Bei einer derartigen Arbeitsbelastung gibt es jede Menge Schreibvorgänge, wobei aber die Anzahl unterschiedlicher Schlüssel überschaubar bleibt – man hat eine große Anzahl von Schreibvorgängen pro Schlüssel, doch es ist praktikabel, alle Schlüssel im Arbeitsspeicher zu halten.

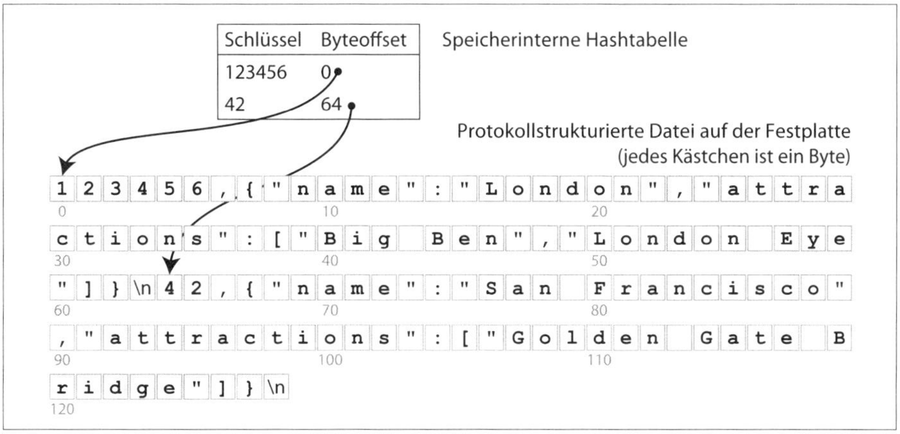

Abbildung 3-1: Ein Protokoll von Schlüssel-Wert-Paaren wird in einem CSV-ähnlichen Format gespeichert, indiziert mit einer speicherinternen Hashtabelle.

Da wir wie bisher beschrieben ausschließlich an eine Datei anfügen, stellt sich die Frage: Wie vermeiden wir, dass uns letztendlich der Festplattenplatz ausgeht? Eine gute Lösung ist es, das Protokoll in Segmente einer bestimmten Größe aufzuteilen, indem man eine Segmentdatei schließt, wenn sie eine bestimmte Größe erreicht hat, und die nächsten Schreibvorgänge in eine neue Segmentdatei ausführt. Diese Segmente können wir dann *komprimieren*, wie Abbildung 3-2 zeigt. Komprimierung bedeutet, doppelte Schlüssel aus dem Protokoll zu entfernen und nur die letzte Aktualisierung für jeden Schlüssel zu behalten.

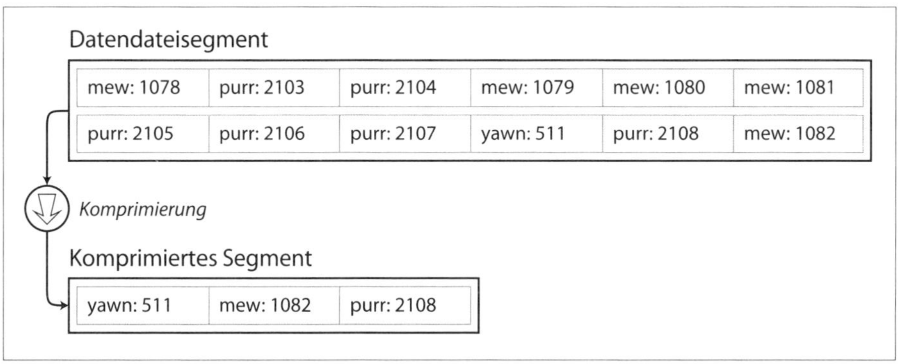

Abbildung 3-2: Komprimierung eines Schlüssel-Wert-Aktualisierungsprotokolls (das zählt, wie oft jedes Katzenvideo wiedergegeben wurde), wobei nur der neueste Wert für jeden Schlüssel beibehalten wird

Da zudem die Segmente beim Komprimieren deutlich kleiner werden (unter der Annahme, dass ein Schlüssel im Durchschnitt mehrmals innerhalb eines Segments überschrieben wird), können wir während der Komprimierung auch mehrere Segmente zusammenführen (siehe Abbildung 3-3). Da Segmente niemals geändert werden, nachdem sie geschrieben wurden, schreiben wir das zusammengeführte Segment in eine neue Datei. Das Zusammenführen und Komprimieren von eingefrorenen Segmenten kann in einem Hintergrund-Thread erfolgen. Und während das geschieht, können wir Lese- und Schreibanfragen wie üblich weiterhin bedienen, indem wir die alten Segmentdateien verwenden. Wenn das Zusammenführen abgeschlossen ist, leiten wir die Leseanfragen auf die neuen, zusammengeführten Segmente anstelle der alten Segmente – und dann können die alten Segmentdateien einfach gelöscht werden.

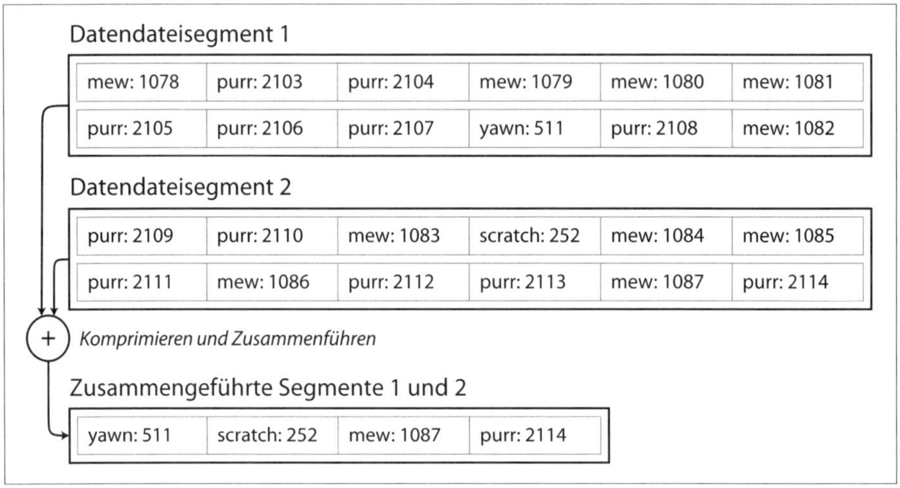

Abbildung 3-3: Komprimieren und Zusammenführen von Segmenten gleichzeitig durchführen

Jedes Segment besitzt jetzt seine eigene speicherinterne Hashtabelle, die Schlüssel auf Dateioffsets abbildet. Um den Wert für einen Schüssel zu finden, überprüfen wir zuerst die Hashtabelle des neuesten Segments. Wenn der Schlüssel nicht vorhanden ist, sehen wir im zweitjüngsten Segment nach usw. Durch das Zusammenführen bleibt die Anzahl der Segmente gering, sodass Nachschlageoperationen nicht sehr viele Hashtabellen überprüfen müssen.

Damit diese einfache Idee in der Praxis auch funktioniert, sind noch jede Menge Details zu berücksichtigen. In einer wirklichen Implementierung sind unter anderem folgende wichtige Punkte zu klären:

Dateiformat
: CSV ist nicht das beste Format für ein Protokoll. Schneller und einfacher zu verwenden ist ein binäres Format, das zuerst die Länge eines Strings in Bytes codiert und daran anschließend den rohen String speichert (ohne dass Escapezeichen notwendig sind).

Datensätze löschen
: Wenn Sie einen Schlüssel und seinen zugeordneten Wert löschen möchten, müssen Sie einen speziellen Löschdatensatz an die Datendatei anfügen (auch als *Tombstone* [Grabstein] bezeichnet). Beim Zusammenführen von Protokollsegmenten erkennt der Zusammenführungsprozess am Löschdatensatz, dass alle vorherigen Werte für den gelöschten Schlüssel zu verwerfen sind.

Wiederherstellung nach Absturz
: Wenn die Datenbank neu gestartet wird, gehen die speicherinternen Hashtabellen verloren. Im Prinzip können Sie die Hashtabelle für jedes Segment wiederherstellen, indem Sie die gesamte Segmentdatei von Anfang bis Ende lesen und sich dabei den Offset des neuesten Werts für jeden Schlüssel notieren. Dies kann jedoch recht lange dauern, wenn die Segmentdateien groß sind, was Serverneustarts besonders schmerzhaft macht. Bitcask beschleunigt die Wiederherstellung, indem ein Snapshot der Hashtabelle für jedes Segment auf der Festplatte abgelegt wird. Diese lässt sich dann schneller in den Arbeitsspeicher laden.

Teilweise geschriebene Datensätze
: Die Datenbank kann jederzeit abstürzen, auch mitten im Anfügen eines Datensatzes an das Protokoll. Bitcask-Dateien enthalten Prüfsummen, sodass sich beschädigte Teile des Protokolls erkennen und ignorieren lassen.

Steuerung der Nebenläufigkeit
: Da die Schreibvorgänge in streng sequenzieller Reihenfolge an das Protokoll angefügt werden, wird dies üblicherweise mit nur einem Schreib-Thread implementiert. An Datendateisegmente kann ausschließlich am Ende angefügt werden, und sie sind anderweitig unveränderlich, sodass sie von mehreren Threads parallel gelesen werden können.

Ein Protokoll im Anfügemodus scheint auf den ersten Blick verschwenderisch zu sein: Warum aktualisiert man die Datei nicht an Ort und Stelle, indem man den alten Wert mit dem neuen Wert überschreibt? Doch ein Konzept, das nur Anfügen am Ende erlaubt, erweist sich aus mehreren Gründen als vorteilhaft:

- Das Anfügen und Zusammenführen von Segmenten sind sequenzielle Schreiboperationen, die im Allgemeinen wesentlich schneller ablaufen als Schreiboperationen mit wahlfreiem Zugriff. Das trifft insbesondere auf Festplattenlaufwerke mit rotierenden Magnetscheiben zu. Zum Teil sind sequenzielle Schreiboperationen auch bei Flash-basierten SSD-Laufwerken (Solid State Drives) zu bevorzugen [4]. Im Abschnitt »B-Bäume und LSM-Bäume im Vergleich« auf Seite 89 gehen wir näher auf dieses Thema ein.
- Nebenläufigkeit und Wiederherstellung bei Abstürzen lassen sich wesentlich einfacher realisieren, wenn die Segmentdateien nur Anfügen erlauben oder unveränderlich sind. Zum Beispiel brauchen Sie sich nicht um den Fall zu kümmern, wenn ein Absturz passiert ist, während ein Wert überschrieben

wird, wobei eine Datei zurückbleibt, die einen Teil des alten und einen Teil des neuen Werts enthält, die miteinander verschweißt sind.

- Das Zusammenführen alter Segmente vermeidet das Problem, dass Datendateien mit der Zeit fragmentiert werden.

Allerdings sind beim Hashtabellenindex ebenfalls Einschränkungen zu beachten:

- Die Hashtabelle muss in den Arbeitsspeicher passen. Wenn Sie also eine sehr große Anzahl von Schlüsseln verwalten müssen, haben Sie Pech. Prinzipiell ließe sich eine Hashtabelle auf der Festplatte verwalten, doch leider ist es schwierig, mit einer festplattengestützten Hashtabelle eine brauchbare Performance zu erzielen. Es sind jede Menge E/A-Operationen mit wahlfreiem Zugriff erforderlich; es ist aufwendig, die Tabelle zu erweitern, wenn sie voll ist; und Hashkollisionen verlangen nach einer ausgefeilten Logik [5].
- Bereichsabfragen sind nicht effizient. Zum Beispiel können Sie nicht einfach nach allen Schlüsseln zwischen `kitty00000` und `kitty99999` suchen – Sie müssten jeden Schlüssel einzeln in den Hashtabellen nachschlagen.

Im nächsten Abschnitt sehen wir uns eine Indexstruktur an, die diese Beschränkungen nicht aufweist.

SSTables und LSM-Bäume

In Abbildung 3-3 ist jedes protokollstrukturierte Speichersegment eine Sequenz von Schlüssel-Wert-Paaren. Diese Paare erscheinen in der Reihenfolge, in der sie geschrieben wurden, und Werte, die weiter hinten in der Protokolldatei stehen, haben Vorrang vor den Werten für denselben Schlüssel weiter vorn im Protokoll. Abgesehen davon spielt die Reihenfolge der Schlüssel-Wert-Paare in der Datei keine Rolle.

Jetzt können wir eine einfache Änderung am Format unserer Segmentdateien vornehmen: Wir fordern, dass die Sequenz der Schlüssel-Wert-Paare nach dem Schlüssel sortiert wird. Auf den ersten Blick sieht es so aus, als ob diese Forderung unsere Fähigkeit unterbindet, sequenzielle Schreibvorgänge zu verwenden, doch dazu kommen wir gleich. Wir nennen dieses Format *Sorted String Table* (kurz *SSTable*). Des Weiteren fordern wir, dass jeder Schlüssel nur einmal innerhalb jeder zusammengeführten Segmentdatei erscheinen darf (das sichert bereits die Komprimierung ab). SSTables bieten mehrere entscheidende Vorteile gegenüber Protokollsegmenten mit Hashindizes:

1. Das Zusammenführen von Segmenten ist einfach und effizient, selbst wenn die Dateien größer als der verfügbare Arbeitsspeicher sind. Das Konzept entspricht dem beim *Mergesort*-Algorithmus verwendeten Vorgang und ist in Abbildung 3-4 zu sehen: Man liest zunächst die Eingabedateien nebeneinander ein, sucht nach dem ersten Schlüssel in jeder Datei, kopiert den kleinsten

Schlüssel (entsprechend der Sortierreihenfolge) in die Ausgabedatei und wiederholt das Ganze. Dabei entsteht eine neue zusammengeführte Segmentdatei, die ebenfalls nach dem Schlüssel sortiert ist.

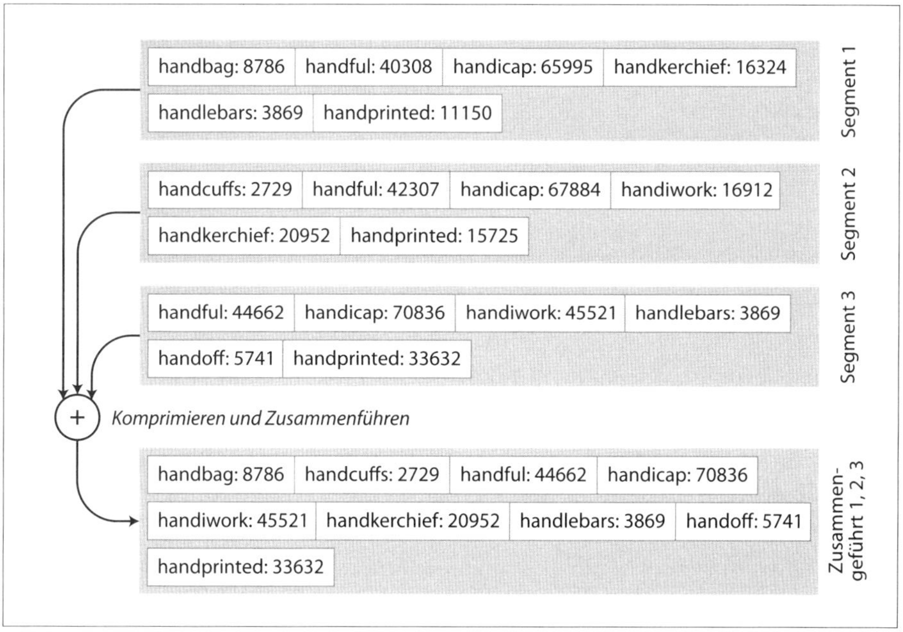

Abbildung 3-4: Zusammenführen mehrerer SSTable-Segmente, wobei nur der neueste Wert für jeden Schlüssel beibehalten wird

Wie sieht es aus, wenn der gleiche Schlüssel in mehreren Eingabesegmenten vorkommt? Denken Sie daran, dass jedes Segment alle Werte enthält, die in einer bestimmten Zeitspanne in die Datenbank geschrieben wurden. Das heißt, dass alle Werte in dem einen Eingabesegment neuer sein müssen als alle Werte im anderen Segment (unter der Annahme, dass wir immer aufeinanderfolgende Segmente zusammenführen). Wenn mehrere Segmente den gleichen Schlüssel enthalten, können wir den Wert aus dem neuesten Segment behalten und die Werte in älteren Segmenten verwerfen.

2. Um einen bestimmten Schlüssel in der Datei zu finden, brauchen Sie nicht mehr den kompletten Index aller Schlüssel im Speicher zu halten. Sehen Sie sich das Beispiel in Abbildung 3-5 an: Angenommen, Sie suchen nach dem Schlüssel `handiwork`, kennen aber nicht den genauen Offset dieses Schlüssels in der Segmentdatei. Allerdings kennen Sie die Offsets für die Schlüssel `handbag` und `handsome`, und aufgrund der Sortierung ist bekannt, dass `handiwork` zwischen diesen beiden liegen muss. Das heißt, Sie können zum Offset für `handbag` springen und von dort aus suchen, bis Sie `handiwork` finden (oder eben nicht, wenn der Schlüssel nicht in der Datei vorhanden ist).

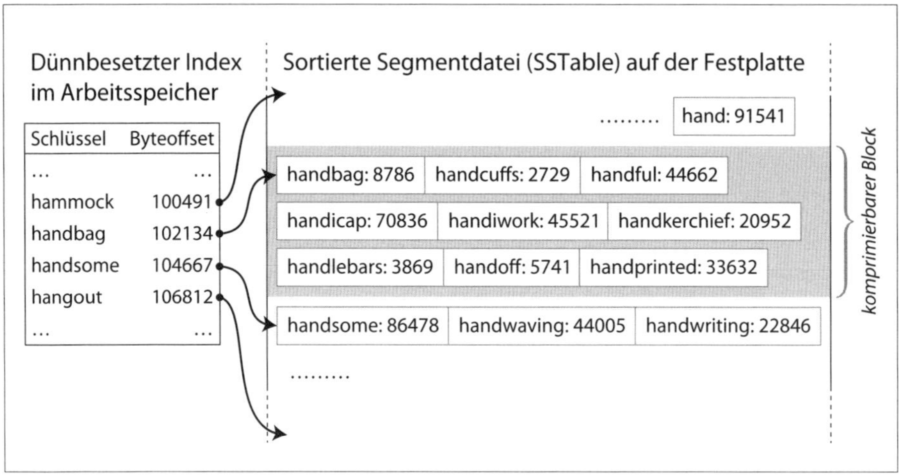

Abbildung 3-5: Eine SSTable mit einem speicherinternen Index

Trotzdem brauchen Sie noch einen speicherinternen Index, der Ihnen die Offsets für einige der Schlüssel angibt, aber er kann dünnbesetzt ausfallen: ein Schlüssel für alle paar Kilobyte der Segmentdatei genügt, weil sich einige Kilobyte sehr schnell durchsuchen lassen.[1]

3. Da Leseanfragen ohnehin über mehrere Schlüssel-Wert-Paare im angefragten Bereich scannen müssen, ist es möglich, diese Datensätze in einem Block zu gruppieren und zu komprimieren, bevor die Daten auf die Festplatte geschrieben werden (durch den schattierten Bereich in Abbildung 3-5 angezeigt). Jeder Eintrag des reduzierten speicherinternen Index zeigt dann auf den Beginn eines komprimierten Blocks. Abgesehen von einer Einsparung an Speicherplatz verringert die Komprimierung auch den E/A-Bandbreitenbedarf.

SSTables konstruieren und verwalten

So weit, so gut – doch wie bekommen Sie Ihre Daten überhaupt erst einmal nach Schlüsseln sortiert? Unsere eingehenden Schreibvorgänge können in beliebiger Reihenfolge auftreten.

Es ist durchaus möglich, eine sortierte Struktur auf der Festplatte zu verwalten (siehe Abschnitt »B-Bäume« auf Seite 85), doch im Arbeitsspeicher lässt sie sich einfacher verwalten. Es gibt viele etablierte Baumdatenstrukturen, die Sie verwenden können, beispielsweise Rot-Schwarz-Bäume oder AVL-Bäume [2]. Mit diesen Datenstrukturen können Sie Schlüssel in jeder Reihenfolge einfügen und sie in sortierter Reihenfolge wieder auslesen.

1 Hätten alle Schlüssel eine feste Größe, könnte man eine binäre Suche auf der Segmentdatei ausführen und auf den speicherinternen Index gänzlich verzichten. Allerdings sind die Schlüssel in der Praxis normalerweise unterschiedlich lang, sodass sich schwer sagen lässt, wo der eine Datensatz endet und der nächste beginnt, wenn man keinen Index hat.

Unsere Storage-Engine können wir nun wie folgt zum Laufen bringen:

- Wenn Schreibdaten eintreffen, werden diese in eine speicherinterne balancierte Baumdatenstruktur eingefügt (zum Beispiel in einen Rot-Schwarz-Baum). Dieser speicherinterne Baum wird auch als *MemTable* bezeichnet.
- Wenn die MemTable größer als ein bestimmter Schwellenwert wird – typischerweise einige Megabyte –, wird sie als SSTable-Datei auf die Festplatte geschrieben. Das lässt sich effizient bewerkstelligen, weil der Baum bereits die Schlüssel-Wert-Paare nach Schlüsseln sortiert verwaltet. Die neue SSTable-Datei wird zum neuesten Segment der Datenbank. Während die SSTable auf Festplatte geschrieben wird, können weitere Schreibvorgänge in eine neue MemTable-Instanz erfolgen.
- Um eine Leseanforderung zu bedienen, wird zuerst versucht, den Schlüssel in der MemTable zu finden, dann im neuesten Segment auf der Festplatte, dann im nächst älteren Segment usw.
- Gelegentlich werden im Hintergrund die Segmentdateien zusammengeführt und komprimiert, um überschriebene oder gelöschte Werte zu verwerfen.

Dieser Ansatz funktioniert gut. Es leidet nur an einem Problem: Wenn die Datenbank abstürzt, gehen die letzten Schreibvorgänge (die zwar in der MemTable stehen, aber noch nicht auf Festplatte geschrieben wurden) verloren. Um dieses Problem zu vermeiden, können wir ein separates Protokoll auf der Festplatte führen, in das jeder Schreibvorgang sofort angefügt wird, genau wie im vorherigen Abschnitt. Dieses Protokoll ist nicht sortiert, doch das spielt keine Rolle, weil sein einziger Zweck darin besteht, die MemTable nach einem Absturz wiederherzustellen. Jedes Mal, wenn die MemTable in eine SSTable übernommen wird, kann das entsprechende Protokoll verworfen werden.

Einen LSM-Baum aus SSTables erstellen

Der hier beschriebene Algorithmus ist praktisch das, was in LevelDB [6] und RocksDB [7] verwendet wird. Diese Storage-Engine-Bibliotheken für Schlüssel-Wert-Paare sind dafür konzipiert, in andere Anwendungen eingebettet zu werden. Unter anderem lässt sich LevelDB in Riak als Alternative zu Bitcask einsetzen. Ähnliche Storage-Engines werden in Cassandra und HBase verwendet [8], die beide durch den *BigTable*-Artikel von Google [9] inspiriert wurden (der die Begriffe *SSTable* und *MemTable* eingeführt hat).

Ursprünglich wurde diese Indexstruktur von Patrick O'Neil et al. unter dem Namen *Log-Structured Merge-Tree* (oder LSM-Tree) [10] beschrieben, aufbauend auf einer früheren Arbeit an protokollstrukturierten Dateisystemen [11]. Storage-Engines, die auf diesem Prinzip von Zusammenführen und Komprimieren sortierter Dateien aufbauen, werden oftmals LSM-Storage-Engines genannt.

Lucene, eine von Elasticsearch und Solr eingesetzte Index-Engine für Volltextsuchen arbeitet nach einer ähnlichen Methode, um ihr *Begriffswörterbuch* zu speichern [12, 13]. Ein Volltextindex ist wesentlich komplexer als ein Schlüssel-Wert-Index, beruht aber auf einer ähnlichen Idee: Finde für ein gegebenes Wort in einer Suchabfrage alle Dokumente (Webseiten, Produktbeschreibungen usw.), in denen das Wort vorkommt. Dies wird mit einer Schlüssel-Wert-Struktur implementiert, bei der der Schlüssel ein Wort (ein *Begriff*) ist und der Wert die Liste der IDs aller Dokumente, die das Wort enthalten (die *Postingsliste*). In Lucene wird diese Abbildung von der Begriffs- auf die Postingsliste in SSTable-ähnlichen sortierten Dateien gehalten, die bei Bedarf im Hintergrund zusammengeführt werden [14].

Performanceoptimierungen

Wie immer ist viel Detailarbeit erforderlich, um in der Praxis eine gute Leistung der Storage-Engine zu erreichen. Zum Beispiel kann der LSM-Baum-Algorithmus beim Nachschlagen von Schlüsseln, die in der Datenbank nicht existieren, langsam sein: Sie müssen die MemTable überprüfen, dann die Segmente bis zurück zum ältesten (und möglicherweise jedes einzelne von der Festplatte lesen), bevor Sie sicher sein können, dass der Schlüssel nicht existiert. Um derartige Zugriffe zu optimieren, verwenden Storage-Engines oftmals zusätzliche *Bloom-Filter* [15]. (Ein Bloom-Filter ist eine speichereffiziente Datenstruktur, um den Inhalt einer Menge anzunähern. Er kann sagen, ob ein Schlüssel in der Datenbank fehlt, und spart somit viele unnötige Festplattenleseoperationen für nicht existierende Schlüssel.)

Es gibt auch andere Strategien, um Reihenfolge und Timing zu bestimmen, wie SSTables komprimiert und zusammengeführt werden. Die gängigsten Optionen sind eine sogenannte *size-tiered* (nach Dateigröße gruppierte) oder eine *leveled* (in Ränge gruppierte) Komprimierung. Die Bibliotheken LevelDB und RocksDB verwenden ranggruppierte Komprimierung (der Name von LevelDB ist vom »leveled« Ansatz hergeleitet), HBase verwendet Dateigrößengruppierung, und Cassandra unterstützt beide [16]. Bei der nach Dateigröße gruppierten Komprimierung werden neuere und kleinere SSTables stufenweise zu älteren und größeren SSTables zusammengeführt. Bei der ranggruppierten Komprimierung wird hingegen der Schlüsselbereich in kleinere SSTables aufgeteilt, und ältere Daten werden in separate »Ränge« verschoben, wodurch die Komprimierung inkrementell ablaufen kann und deshalb weniger Festplattenplatz benötigt.

Obwohl viele Feinheiten zu beachten sind, ist die Grundidee von LSM-Bäumen – eine Kaskade von SSTables zu verwalten, die im Hintergrund zusammengeführt werden – einfach und effektiv. Selbst wenn die Datenmenge wesentlich größer als der verfügbare Arbeitsspeicher ist, funktioniert das Verfahren weiterhin gut. Da die Daten in sortierter Reihenfolge gespeichert werden, können Sie Bereichsabfragen effizient durchführen (alle Schlüssel oberhalb eines Minimums bis zu einem bestimmten Maximum scannen), und weil die Festplattenschreibvorgänge sequenziell erfolgen, kann der LSM-Baum einen bemerkenswert hohen Schreibdurchsatz unterstützen.

B-Bäume

Die protokollstrukturierten Indizes, die wir bisher besprochen haben, gewinnen zwar an Akzeptanz, sind aber nicht die gebräuchlichste Indexart. Am weitesten verbreitet ist eine ganz andere Indexstruktur: der *B-Baum*.

Die 1970 eingeführten [17] und kaum 10 Jahre später als »allgegenwärtig« [18] titulierten B-Bäume haben sich im Laufe der Zeit gut bewährt. In nahezu allen relationalen Datenbanken bleiben sie die Standardindeximplementierung, und viele nichtrelationale Datenbanken nutzen sie ebenfalls.

Wie SSTables halten B-Bäume Schlüssel-Wert-Paare nach dem Schlüssel sortiert, was effiziente Schlüssel-Wert-Nachschlageoperationen und Bereichsabfragen ermöglicht. Doch an dieser Stelle hört die Ähnlichkeit auf: B-Bäume haben eine gänzlich andere Entwurfsphilosophie.

Die protokollstrukturierten Indizes, wie sie weiter vorn zu sehen waren, gliedern die Datenbank in *Segmente* variabler Größe von typischerweise mehreren Megabyte und schreiben ein Segment immer sequenziell. Im Unterschied dazu gliedern B-Bäume die Datenbank in *Blöcke* oder *Seiten* fester Größe von traditionell 4 KB (manchmal auch mehr) und lesen oder schreiben jeweils eine Seite auf einmal. Dieses Design kommt der zugrunde liegenden Hardware näher, da Festplatten ebenfalls in Blöcke fester Größe unterteilt sind.

Jede Seite kann mit einer Adresse oder einer Position identifiziert werden, wodurch eine Seite auf eine andere verweisen kann – ähnlich einem Zeiger, aber auf Festplatte statt im Arbeitsspeicher. Diese Seitenreferenzen können wir verwenden, um einen Baum von Seiten zu konstruieren, wie Abbildung 3-6 veranschaulicht.

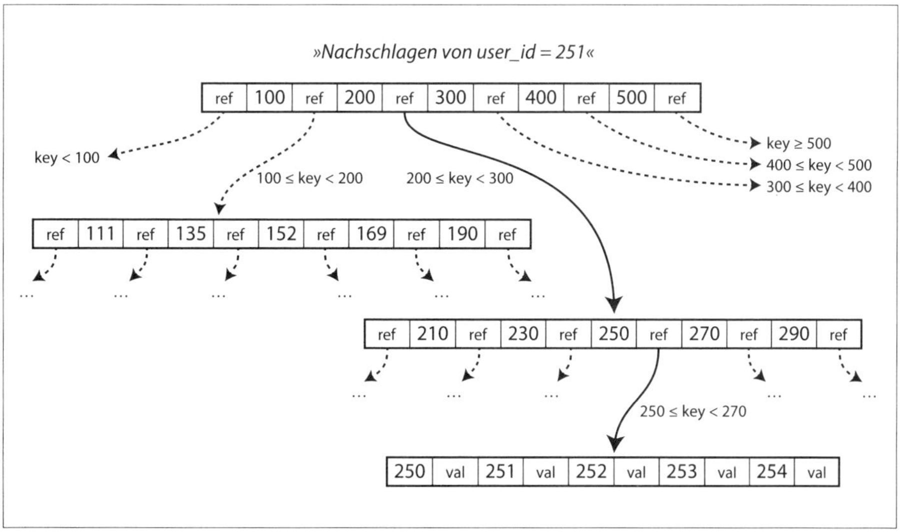

Abbildung 3-6: Nachschlagen eines Schlüssels mit einem B-Baum-Index

Eine bestimmte Seite ist als Wurzel des B-Baums festgelegt. Hier beginnen Sie immer, wenn Sie nach einem Schlüssel im Index suchen. Die Seite enthält mehrere Schlüssel und Referenzen auf untergeordnete Seiten. Jede untergeordnete Seite ist für einen zusammenhängenden Schlüsselbereich zuständig, und die Schlüssel zwischen den Referenzen zeigen an, wo die Grenzen zwischen diesen Bereichen liegen.

Da wir im Beispiel, das Abbildung 3-6 zeigt, nach dem Schlüssel 251 suchen, wissen wir, dass wir der Seitenreferenz zwischen den Grenzen 200 und 300 folgen müssen. Dies bringt uns zu einer ähnlich aussehenden Seite, die den Bereich von 200 bis 300 weiter in Teilbereiche unterteilt.

Schließlich gelangen wir zu einer Seite, die einzelne Schlüssel enthält (eine *Blattseite*), die entweder den Wert für jeden Schlüssel inline speichert oder die Seiten referenziert, wo die eigentlichen Werte gefunden werden können.

Die Anzahl der Referenzen auf untergeordnete Seiten in einer Seite des B-Baums ist der *Verzweigungsgrad*. So ist im Beispiel von Abbildung 3-6 der Verzweigungsgrad gleich 6. In der Praxis hängt der Verzweigungsgrad davon ab, wie viele Bytes benötigt werden, um die Seitenreferenzen und die Bereichsgrenzen zu speichern; typischerweise beträgt der Verzweigungsgrad mehrere Hundert.

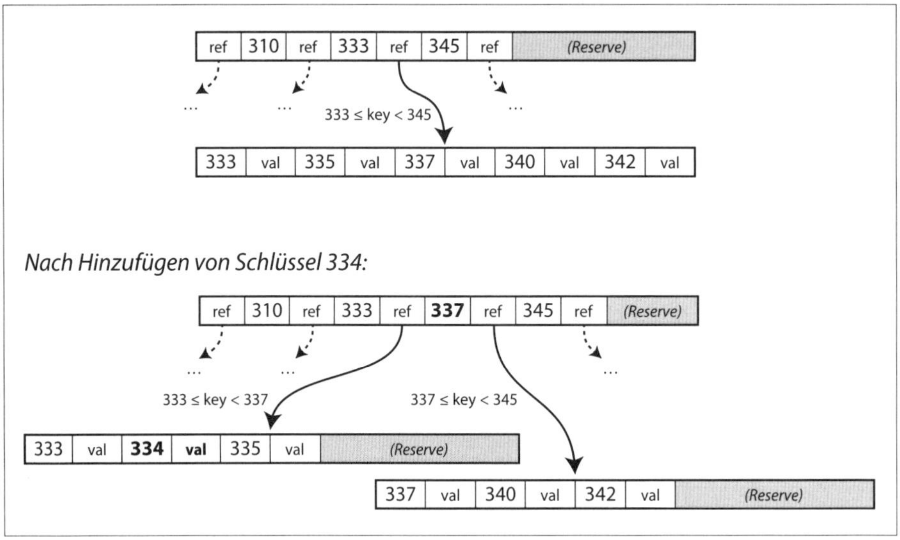

Abbildung 3-7: Wachsen eines B-Baums durch Teilen einer Seite

Wenn Sie den Wert für einen vorhandenen Schlüssel in einem B-Baum aktualisieren wollen, suchen Sie nach der Blattseite, die diesen Schlüssel enthält, ändern den Wert in dieser Seite und schreiben die Seite zurück auf die Festplatte (Verweise von anderen Seiten auf diese Seite bleiben dabei gültig). Möchten Sie einen neuen Schlüssel hinzufügen, müssen Sie die Seite suchen, deren Bereich den neuen Schlüssel umschließt, und ihn zu dieser Seite hinzufügen. Wenn in der Seite nicht genügend Platz für den neuen Schlüssel ist, wird sie in zwei halbvolle Seiten geteilt und die übergeordnete Seite wird aktualisiert, um die neue Unterteilung der Schlüsselbereiche zu erfassen – siehe Abbildung 3-7.[2]

Dieser Algorithmus stellt sicher, dass der Baum *balanciert* bleibt: Ein B-Baum mit n Schlüsseln hat immer eine Tiefe von $O(\log n)$. Die meisten Datenbanken passen in einen B-Baum, der drei oder vier Ebenen tief ist. Somit brauchen Sie nicht vielen Seitenverweisen zu folgen, um die gesuchte Seite zu finden. (Ein Baum mit vier Ebenen, 4 KB großen Seiten und mit einem Verzweigungsfaktor von 500 kann bis zu 256 TB speichern.)

B-Bäume zuverlässig machen

Beim Schreiben in einem B-Baum wird prinzipiell eine Seite auf der Festplatte mit den neuen Daten überschrieben. Es wird davon ausgegangen, dass sich beim Überschreiben die Position der Seite nicht ändert; d. h., alle Referenzen auf diese Seite bleiben intakt, wenn die Seite überschrieben wird. Dieses Vorgehen steht in krassem Kontrast zu protokollstrukturierten Indizes wie zum Beispiel LSM-Bäumen, die ausschließlich an Dateien anfügen (und letztlich veraltete Dateien löschen), aber niemals Dateien direkt modifizieren.

Das Überschreiben einer Seite auf Festplatte können Sie sich als echte Hardwareoperation vorstellen. Auf einer magnetischen Festplatte verschiebt die Steuerung den Schreib-Lese-Kopf zur richtigen Spur, wartet auf die richtige Position der sich drehenden Magnetplatten und überschreibt dann den jeweiligen Sektor mit neuen Daten. Auf SSDs sind die Vorgänge etwas komplizierter, was mit dem Umstand zusammenhängt, dass eine SSD ziemlich große Blöcke auf dem Speicherchip auf einmal löschen und neu beschreiben muss [19].

Darüber hinaus ist es bei manchen Vorgängen erforderlich, mehrere verschiedene Seiten zu überschreiben. Wenn Sie zum Beispiel eine Seite teilen, weil sie beim Einfügen zu voll geworden wäre, müssen Sie die beiden geteilten Seiten schreiben und außerdem deren übergeordnete Seite überschreiben, um die Referenzen auf die beiden untergeordneten Seiten zu aktualisieren. Diese Operation ist gefährlich, denn wenn die Datenbank abstürzt, nachdem nur einige der Seiten geschrieben worden sind, ist das Ergebnis ein beschädigter Index (zum Beispiel kann eine *verwaiste* Seite entstehen, die zu keiner übergeordneten Seite mehr gehört).

Um die Datenbank gegenüber Abstürzen robust zu machen, verwalten Implementierungen von B-Bäumen üblicherweise eine zusätzliche Datenstruktur auf der Festplatte: ein *Write-Ahead-Log* (WAL) – auch als *Wiederholungsprotokoll* (Redo-Log) bekannt. Dies ist eine Datei, an die jede B-Baum-Modifikation angefügt werden muss, bevor sie auf die Seiten des Baums selbst angewendet werden darf. Wenn die Datenbank nach einem Absturz wieder gestartet wird, lässt sich anhand dieses Protokolls der B-Baum in einen konsistenten Zustand wiederherstellen [5, 20].

2 Einen neuen Schlüssel kann man relativ einfach in einen B-Baum einfügen; einen Schlüssel zu löschen (und dabei den Baum balanciert zu halten), ist dagegen etwas komplizierter [2].

Beim direkten Aktualisieren von Seiten ist zusätzlich zu berücksichtigen, dass eine sorgfältige Nebenläufigkeitssteuerung erforderlich ist, wenn mehrere Threads gleichzeitig auf den B-Baum zugreifen – andernfalls kann ein Thread den Baum in einem inkonsistenten Zustand vorfinden. Dies geschieht in der Regel dadurch, dass die Datenstrukturen des Baums mit *Indexsperren* (engl. *Latches*; leichtgewichtige Sperren) geschützt werden. Protokollstrukturierte Ansätze sind in dieser Hinsicht einfacher, weil sie das gesamte Zusammenführen im Hintergrund abwickeln, ohne mit eingehenden Abfragen zu kollidieren, und alte Segmente von Zeit zu Zeit atomar gegen neue Segmente austauschen.

Optimierungen von B-Bäumen

Da B-Bäume schon so lange existieren, überrascht es nicht, dass im Lauf der Jahre viele Optimierungen entwickelt worden sind. Um nur ein paar zu nennen:

- Anstatt Seiten zu überschreiben und ein WAL für die Wiederherstellung bei Abstürzen zu verwalten, verwenden manche Datenbanken (wie LMDB) ein Kopieren-beim-Schreiben-Prinzip [21]. Eine modifizierte Seite wird an einen anderen Ort geschrieben, und im Baum wird eine neue Version der übergeordneten Seiten angelegt, die auf die neue Position verweisen. Dieses Konzept ist auch nützlich für die Kontrolle der Nebenläufigkeit, wie der Abschnitt »Snapshot-Isolation und Repeatable Read« auf Seite 252 erläutert.
- Auf den Seiten lässt sich Platz sparen, wenn man nicht den gesamten Schlüssel speichert, sondern ihn abkürzt. Speziell auf Seiten im Inneren des Baums müssen Schlüssel nur so viele Informationen liefern, dass sie als Grenzen zwischen Schlüsselbereichen fungieren können. Werden mehr Schlüssel auf eine Seite gepackt, kann der Baum einen höheren Verzweigungsgrad und folglich weniger Ebenen haben.[3]
- Im Allgemeinen können Seiten an beliebigen Stellen auf der Festplatte untergebracht werden; es gibt keinerlei Forderungen, dass Seiten mit benachbarten Schlüsselbereichen auch auf der Festplatte nahe beieinanderliegen müssten. Wenn eine Abfrage über einen großen Teil des Schlüsselbereichs in sortierter Reihenfolge scannen muss, ist dieses seitenorientierte Layout eventuell ineffizient, weil eine Festplattenpositionierung für jede gelesene Seite erforderlich sein kann. Viele B-Baum-Implementierungen versuchen deshalb, den Baum so anzuordnen, dass die Blattseiten auf der Festplatte in sequenzieller Reihenfolge liegen. Allerdings ist es schwierig, diese Reihenfolge aufrechtzuerhalten, wenn der Baum wächst. Dagegen schreiben LSM-Bäume beim Zusammenführen große Segmente des Speicherinhalts in einem Zug, sodass es für sie einfacher ist, aufeinanderfolgende Schlüssel nahe beieinander auf der Festplatte abzulegen.

3 Diese Variante wird auch als B^+-Baum bezeichnet, obwohl die Optimierung so häufig vorkommt, dass man diese Variante oftmals nicht von anderen B-Baum-Varianten unterscheidet.

- Zusätzliche Zeiger können in den Baum eingefügt werden. Zum Beispiel kann jede Blattseite Verweise auf ihre gleichgeordneten Seiten nach links und rechts haben, sodass sich Schlüssel der Reihe nach suchen lassen, ohne zu übergeordneten Seiten zurückspringen zu müssen.
- B-Baum-Varianten wie zum Beispiel *fraktale Bäume* [22] orientieren sich zum Teil an protokollstrukturierten Konzepten, um die Anzahl der Festplattenpositionierungen zu verringern (sie haben allerdings nichts mit Fraktalen zu tun).

B-Bäume und LSM-Bäume im Vergleich

Obwohl B-Baum-Implementierungen im Allgemeinen ausgereifter sind als LSM-Baum-Implementierungen, sind LSM-Bäume auch wegen ihrer Performanceeigenschaften interessant. Als Faustregel gilt, dass Schreibvorgänge bei LSM-Bäumen und Lesevorgänge bei B-Bäumen typischerweise schneller sind [23]. Lesevorgänge sind bei LSM-Bäumen in der Regel langsamer, weil sie mehrere verschiedene Datenstrukturen und SSTables auf verschiedenen Komprimierungsrängen prüfen müssen.

Allerdings sind Ergebnisse von Benchmarks oftmals nicht schlüssig und hängen stark von Details der Arbeitsbelastung ab. Um brauchbare Vergleiche durchführen zu können, müssen Sie die Systeme mit Ihrer konkreten Arbeitsbelastung testen. In diesem Abschnitt gehen wir kurz auf einige Dinge ein, die Sie bei Leistungsmessungen einer Storage-Engine beachten sollten.

Vorteile von LSM-Bäumen

Ein B-Baum-Index muss jedes Datenelement mindestens zweimal schreiben: einmal in das Write-Ahead-Log und einmal auf die Baumseite selbst (und vielleicht erneut, wenn Seiten geteilt werden). Außerdem entsteht ein Overhead, weil eine ganze Seite geschrieben werden muss, selbst wenn sich auf dieser Seite nur wenige Bytes geändert haben. Manche Storage-Engines überschreiben dieselbe Seite sogar zweimal, damit zum Beispiel bei einem Stromausfall keine nur teilweise aktualisierte Seite zurückbleibt [24, 25].

Protokollstrukturierte Indizes schreiben die Daten ebenfalls mehrmals neu, was mit wiederholtem Komprimieren und Zusammenführen von SSTables zusammenhängt. Dieser Effekt – ein Schreibvorgang in der Datenbank führt zu mehreren Schreibvorgängen auf der Festplatte während der Lebenszeit der Datenbank – wird als *Write Amplification* (Schreibverstärkung) bezeichnet. Dies ist besonders kritisch bei SSD-Laufwerken, bei denen die Anzahl der Schreibzyklen technologisch begrenzt ist, Blöcke also nicht beliebig oft überschrieben werden können, bevor die Speicherzellen verschlissen sind.

Bei schreibintensiven Anwendungen kann der Engpass die Rate sein, mit der die Datenbank auf Festplatte schreiben kann. In diesem Fall schlägt sich die Write Amplification direkt in Performancekosten nieder: Je mehr eine Storage-Engine auf Festplatte schreibt, desto weniger Schreiboperationen pro Sekunde kann sie innerhalb der verfügbaren Festplattenbandbreite verarbeiten.

Darüber hinaus sind LSM-Bäume typischerweise in der Lage, einen höheren Schreibdurchsatz als B-Bäume aufrechtzuerhalten, einerseits, weil sie manchmal eine geringere Write Amplification haben (obwohl diese von der Konfiguration der Storage-Engine und der Arbeitslast abhängt), und andererseits, weil sie sequenziell kompakte SSTable-Dateien schreiben, anstatt mehrere Seiten im Baum überschreiben zu müssen [26]. Dieser Unterschied ist besonders wichtig bei magnetischen Festplatten, wo sequenzielle Schreiboperationen wesentlich schneller als wahlfreie Schreiboperationen sind.

LSM-Bäume können besser komprimiert werden und ergeben folglich oftmals kleinere Dateien auf der Festplatte als B-Bäume. B-Baum-Storage-Engines nutzen aufgrund der Fragmentierung nicht den gesamten Festplattenplatz aus: Wenn eine Seite geteilt wird oder wenn eine Zeile nicht auf eine vorhandene Seite passt, bleibt Platz in einer Seite ungenutzt. Da LSM-Bäume nicht seitenorientiert sind und regelmäßig SSTables neu schreiben, um die Fragmentierung zu beseitigen, haben sie einen geringeren Speicheroverhead, und zwar insbesondere, wenn sie ranggruppierte Komprimierung verwenden [27].

Auf vielen SSDs verwendet die Firmware intern einen protokollstrukturierten Algorithmus, um wahlfreie Schreibvorgänge in sequenzielle Schreibvorgänge auf den zugrunde liegenden Speicherchips umzuwandeln, was dazu führt, dass sich das Schreibmuster der Storage-Engine weniger stark bemerkbar macht [19]. Allerdings sind eine geringere Write Amplification und verringerte Fragmentierung bei SSDs trotzdem von Vorteil: Die kompaktere Darstellung der Daten erlaubt mehr Lese- und Schreibzugriffe innerhalb der verfügbaren E/A-Bandbreite.

Nachteile von LSM-Bäumen

Nachteilig bei der protokollstrukturierten Speicherung ist, dass der Komprimierungs- und Zusammenführungsvorgang manchmal die Performance von laufenden Lese- und Schreiboperationen beeinträchtigen kann. Selbst wenn Storage-Engines versuchen, die Komprimierung inkrementell auszuführen und ohne gleichzeitige Zugriffe zu beeinflussen, kann es durch die begrenzten Ressourcen von Festplatten leicht passieren, dass eine Anforderung warten muss, während die Festplatte einen umfangreichen Komprimierungsvorgang abschließt. Der Einfluss auf den Durchsatz und die mittlere Reaktionszeit ist normalerweise gering, doch bei höheren Perzentilen (siehe Abschnitt »Performance beschreiben« auf Seite 14) kann die Reaktionszeit von Anfragen an protokollstrukturierte Storage-Engines manchmal ziemlich lang sein, und B-Bäume können einheitlichere Performance zeigen [28].

Ein anderes Problem bei der Komprimierung entsteht bei einem hohen Schreibdurchsatz: Die endliche Schreibbandbreite der Festplatte müssen sich der anfängliche Schreibvorgang (Protokollieren und Schreiben einer MemTable auf die Festplatte) und die im Hintergrund laufenden Komprimierungsthreads teilen. Beim Schreiben in eine leere Datenbank steht die volle Bandbreite für den anfänglichen Schreibvorgang zur Verfügung, doch je größer die Datenbank wird, desto mehr Bandbreite ist für die Komprimierung erforderlich.

Wenn bei einem hohen Schreibdurchsatz die Komprimierung nicht sorgfältig konfiguriert ist, kann die Komprimierung gegebenenfalls nicht mehr mit der Rate der eingehenden Schreibanforderungen Schritt halten. In diesem Fall wächst die Anzahl der nicht zusammengeführten Segmente auf der Festplatte, bis kein Festplattenplatz mehr übrig ist. Auch die Leseoperationen laufen langsamer ab, weil sie mehr Segmentdateien prüfen müssen. Typischerweise drosseln SSTable-basierte Storage-Engines die eingehenden Schreibanforderungen nicht, selbst wenn die Komprimierung nicht Schritt halten kann. Diese Situation müssen Sie deshalb explizit überwachen und erkennen [29, 30].

B-Bäume haben unter anderem den Vorteil, dass jeder Schlüssel an genau einer Stelle im Index vorhanden ist, während eine protokollstrukturierte Storage-Engine mehrere Kopien desselben Schlüssels in verschiedenen Segmenten haben kann. Dieser Aspekt macht B-Bäume attraktiv für Datenbanken, die strenge transaktionale Semantik bieten wollen: In vielen relationalen Datenbanken wird die Transaktionsisolation durch Sperren auf Schlüsselbereichen implementiert, und in einem B-Baum-Index können diese Sperren unmittelbar dem Baum zugewiesen werden [5]. In Kapitel 7 kommen wir auf diesen Punkt ausführlich zu sprechen.

B-Bäume sind in der Architektur von Datenbanken tief verwurzelt und bieten eine durchgängig gute Performance für viele Arbeitslasten. Es ist also unwahrscheinlich, dass sie in absehbarer Zeit von der Bildfläche verschwinden werden. In neueren Datenspeichern werden protokollstrukturierte Indizes zunehmend beliebter. Da es keine Regel gibt, nach der Sie schnell und einfach bestimmen könnten, welcher Typ von Storage-Engine für Ihren Anwendungsfall besser geeignet ist, lohnt es sich, empirisch zu testen.

Andere Indizierungsstrukturen

Bislang haben wir uns nur mit Schlüssel-Wert-Indizes beschäftigt, die etwa einem *Primärschlüsselindex* im rationalen Modell entsprechen. Ein Primärschlüssel identifiziert eindeutig eine Zeile in einer relationalen Tabelle, ein Dokument in einer Dokumentendatenbank oder einen Knoten in einer Graphdatenbank. Andere Datensätze in der Datenbank können auf diese Zeile, das Dokument oder den Knoten mit dem entsprechenden Primärschlüssel (oder der ID) verweisen, und der Index dient dazu, solche Verweise aufzulösen.

Es ist auch üblich, *sekundäre Indizes* anzulegen. In relationalen Datenbanken können Sie mehrere sekundäre Indizes auf derselben Tabelle mit der Anweisung `CREATE INDEX` anlegen. Oftmals sind solche Indizes entscheidend, um Joins effizient ausführen zu können. Zum Beispiel würden Sie in Abbildung 2-1 von Kapitel 2 höchstwahrscheinlich einen sekundären Index auf den `user_id`-Spalten einrichten, um effizient alle Zeilen zu finden, die in jeder der Tabellen zum selben Benutzer gehören.

Ein sekundärer Index lässt sich leicht aus einem Schlüssel-Wert-Index konstruieren. Der Unterschied zu einem Primärindex besteht vor allem darin, dass Schlüssel nicht eindeutig sind; d.h., es kann viele Zeilen (bzw. Dokumente oder Knoten) mit dem gleichen Schlüssel geben. Dies lässt sich nach zwei Methoden auflösen: Entweder macht man jeden Wert im Index zu einer Liste von übereinstimmenden Zeilenbezeichnern (wie zum Beispiel eine Postings-Liste in einem Volltextindex), oder man macht jeden Schlüssel eindeutig, indem man ihm einen Zeilenbezeichner anfügt. In jedem Fall können sowohl B-Bäume als auch protokollstrukturierte Indizes als sekundäre Indizes verwendet werden.

Werte im Index speichern

In einem Index ist es der Schlüssel, wonach Abfragen suchen, doch der Wert kann zweierlei sein: Er könnte die tatsächlich gesuchte Zeile (bzw. Dokument oder Knoten) sein oder ein Verweis auf die Zeile, die an anderer Stelle gespeichert ist. Im zweiten Fall ist der Ort, an dem die Zeilen gespeichert werden, die sogenannte *Heap-Datei*. Sie speichert die Daten in einer unbestimmten Reihenfolge. (Die Heap-Datei verwaltet typischerweise den Speicherplatz in einer Weise, die erlaubt, gelöschte Zeilen später mit neuen Daten zu überschreiben.) Der Ansatz mit Heap-Datei ist gebräuchlich, weil er doppelte Daten vermeidet, wenn mehrere Sekundärindizes vorhanden sind: Jeder Index verweist einfach auf eine Stelle in der Heap-Datei, und die eigentlichen Daten werden an einem Ort für sich gespeichert.

Wird ein Wert aktualisiert, ohne den Schlüssel zu ändern, kann der Ansatz mit Heap-Datei recht effizient sein: Der Datensatz kann an Ort und Stelle überschrieben werden, sofern der neue Wert nicht mehr Platz benötigt als der alte Wert. Die Situation ist komplizierter, wenn der neue Wert größer ist, denn er muss möglicherweise an eine neue Position im Heap verschoben werden, wo genügend Platz zur Verfügung steht. In diesem Fall müssen entweder alle Indizes aktualisiert werden, um auf die neue Heap-Position des Datensatzes zu verweisen, oder es wird an der alten Heap-Position ein *Weiterleitungszeiger* hinterlassen [5].

In manchen Situationen bedeutet der zusätzliche Sprung vom Index zur Heap-Datei zu viel Einbuße an Performance bei Leseoperationen, sodass es wünschenswert sein kann, die indizierte Zeile direkt innerhalb eines Index zu speichern. Dies wird als *gruppierter Index* (clustered index) bezeichnet. Zum Beispiel ist in der Storage-Engine InnoDB von MySQL der Primärschlüssel einer Tabelle immer ein gruppierter Index, und Sekundärindizes verweisen auf den Primärschlüssel (statt auf eine Position in der Heap-Datei) [31]. In SQL Server können Sie pro Tabelle einen gruppierten Index vorgeben [32].

Ein Kompromiss zwischen einem gruppierten Index (der alle Zeilendaten innerhalb des Index speichert) und eines nicht gruppierten Index (der innerhalb des Index nur Verweise auf die Daten speichert) wird als *abdeckender Index* (covering index) oder *Index mit eingeschlossenen Spalten* bezeichnet. Er speichert *ausgewählte* Spalten einer Tabelle innerhalb des Index [33]. Auf diese Weise lassen sich manche Abfragen allein durch Verwendung des Index beantworten (in diesem Fall sagt man, dass der Index die Abfrage *abdeckt*) [32].

Wie bei jeder Art von Datenduplizierung können gruppierte und abdeckende Indizes Leseoperationen beschleunigen, doch sie erfordern zusätzlichen Speicher und können Overhead bei Schreibvorgängen verursachen. Datenbanken müssen zudem zusätzlichen Aufwand betreiben, um transaktionale Garantien durchzusetzen, weil Anwendungen keine Inkonsistenzen aufgrund der Duplizierung sehen sollten.

Mehrspaltige Indizes

Die bisher vorgestellten Indizes bilden nur einen einzelnen Schlüssel auf einen Wert ab. Das genügt nicht, wenn wir mehrere Spalten einer Tabelle (oder mehrere Felder in einem Dokument) gleichzeitig abfragen müssen.

Die gebräuchlichste Art eines mehrspaltigen Index ist ein sogenannter *zusammengesetzter Index* (concatenated index), der einfach mehrere Felder zu einem Schlüssel zusammenfasst, indem eine Spalte an eine andere angefügt wird (wobei die Indexdefinition festlegt, in welcher Reihenfolge die Felder verkettet werden). Dies ist wie bei einem althergebrachten gedruckten Telefonbuch, das einen Index von (*Nachname*, *Vorname*) zur Telefonnummer bietet. Aufgrund der Sortierreihenfolge eignet sich der Index, um alle Personen mit einem bestimmten Nachnamen zu finden oder alle Leute mit einer bestimmten *Nachname*-*Vorname*-Kombination. Der Index ist jedoch nutzlos, wenn Sie alle Personen mit einem bestimmten Vornamen ermitteln wollen.

Mehrdimensionale Indizes sind eine allgemeinere Methode, mehrere Spalten auf einmal abzufragen, was vor allem für Geodaten/raumbezogene Daten wichtig ist. Zum Beispiel könnte eine Website für Restaurantsuchen eine Datenbank mit den Breiten- und Längengradangaben jedes Restaurants führen. Wenn sich ein Benutzer die Restaurants auf einer Karte ansieht, muss die Website nach allen Restaurants innerhalb des rechteckigen Kartenausschnitts suchen, den der Benutzer gerade betrachtet. Dazu ist eine Abfrage für einen zweidimensionalen Bereich wie im folgenden Beispiel erforderlich:

```
SELECT * FROM restaurants WHERE latitude > 51.4946 AND latitude < 51.5079
                          AND longitude > -0.1162 AND longitude < -0.1004;
```

Ein standardmäßiger B-Baum- oder LSM-Baum-Index ist nicht in der Lage, derartige Abfragen effizient zu beantworten: Er kann Ihnen entweder alle Restaurants in einem Bereich von Breitengraden (aber mit beliebigen Längengraden) oder alle

Restaurants in einem Bereich von Längengraden (aber irgendwo zwischen Nord- und Südpol) liefern, aber nicht beide gleichzeitig.

Eine Möglichkeit besteht darin, einen zweidimensionalen Ort mithilfe einer raumfüllenden Kurve in eine einzelne Zahl zu übersetzen und dann einen normalen B-Baum-Index zu verwenden [34]. Gebräuchlicher sind spezialisierte räumliche Indizes wie zum Beispiel R-Bäume. So implementiert PostGIS Geodatenindizes als R-Baum mit der *Generalized Search Tree*-(GiST-)Schnittstelle von PostgreSQL [35]. Aus Platzgründen können wir nicht im Detail auf R-Bäume eingehen, doch gibt es hierzu jede Menge Literatur.

Interessant sind auch andere Einsatzarten von mehrdimensionalen Indizes, nicht nur für geografische Orte. Zum Beispiel könnten Sie auf einer E-Commerce-Website einen dreidimensionalen Index auf den Dimensionen (*Rot*, *Grün*, *Blau*) verwenden, um nach Produkten in einem bestimmten Farbenbereich zu suchen, oder in einer Datenbank mit Wetterbeobachtungen einen zweidimensionalen Index auf (*Datum*, *Temperatur*) einrichten, um nach allen Beobachtungen im Jahr 2013 zu suchen, bei denen die Temperatur zwischen 25 und 30 °C lag. Mit einem eindimensionalen Index müssten Sie entweder sämtliche Datensätze von 2013 (ohne Beachtung der Temperatur) durchsuchen und sie dann nach Temperatur filtern oder umgekehrt. Mit einem zweidimensionalen Index ließen sich die Daten gleichzeitig nach Zeitstempel und Temperatur einengen. HyperDex verwendet diese Technik [36].

Volltextsuche und Fuzzy-Indizes

Alle bisher behandelten Indizes gehen davon aus, dass Sie über genaue Daten verfügen und nach genauen Werten eines Schlüssels oder einem Bereich von Schlüsselwerten mit einer Sortierreihenfolge abfragen können. Dagegen erlauben sie Ihnen nicht, nach *ähnlichen* Schlüsseln zu suchen, beispielsweise nach falsch geschriebenen Wörtern. Eine derartige *unscharfe* (engl. fuzzy) Abfrage verlangt andere Techniken.

Beispielsweise erlauben es Volltextsuchmaschinen üblicherweise, die Suche nach einem Wort auf Synonyme des Worts auszudehnen, grammatikalische Variationen des Worts zu ignorieren und nach nahe beieinanderliegenden Vorkommen des Worts im selben Dokument zu suchen. Zudem unterstützen sie verschiedene andere Features, die von der linguistischen Analyse des Texts abhängen. Um mit Tippfehlern in Dokumenten oder Abfragen zurechtzukommen, ist Lucene in der Lage, Text nach Wörtern innerhalb einer bestimmten Editierdistanz (auch Levenshtein-Distanz) zu suchen (wobei eine Editierdistanz von 1 bedeutet, dass genau ein Buchstabe hinzugefügt, entfernt oder ersetzt wurde) [37].

Wie in Abschnitt »Einen LSM-Baum aus SSTables erstellen« auf Seite 83 erwähnt, verwendet Lucene eine SSTable-ähnliche Struktur für sein Begriffswörterbuch.

Diese Struktur benötigt einen kleinen speicherinternen Index, dem Abfragen entnehmen können, bei welchem Offset in der sortierten Datei sie nach einem Schlüssel suchen müssen. In LevelDB ist dieser speicherinterne Index eine schwach besetzte Auflistung einiger Schlüssel, während in Lucene der speicherinterne Index durch einen endlichen Automaten über die Zeichen der Schlüssel – ähnlich einem *Trie* (Präfixbaum) – realisiert wird [38]. Dieser Automat lässt sich in einen *Levenshtein*-Automaten transformieren, der eine effiziente Suche nach Wörtern innerhalb einer vorgegebenen Editierdistanz unterstützt [39].

Andere unscharfe Suchtechniken gehen in Richtung Dokumentklassifizierung und maschinelles Lernen. Weitere Details hierzu finden Sie in Lehrbüchern zur Informationsgewinnung [zum Beispiel 40].

Alles im Arbeitsspeicher halten

Die bisher in diesem Kapitel besprochenen Datenstrukturen sind alles Antworten auf Beschränkungen von Festplatten gewesen. Verglichen mit dem Hauptspeicher ist der Umgang mit Festplatten umständlich. Sowohl bei magnetischen Festplatten als auch bei SSDs müssen Sie die Daten sorgfältig auf dem Datenträger anordnen, wenn Sie gute Performance bei Lese- und Schreibvorgängen erzielen wollen. Allerdings tolerieren wir diese Unbequemlichkeit, weil Festplatten zwei erhebliche Vorteile bieten: Sie sind dauerhaft (ihr Inhalt geht nicht verloren, wenn der Strom abgeschaltet wird), und die Kosten pro Gigabyte sind geringer als bei RAM.

Mit billiger werdendem RAM wird das Argument Kosten pro Gigabyte ausgehöhlt. Viele Datensätze sind einfach nicht sonderlich groß, sodass es durchaus machbar ist, sie vollständig im Arbeitsspeicher zu halten, eventuell über mehrere Computer hinweg verteilt. Dies hat zur Entwicklung von speicherinternen Datenbanken geführt.

Einige speicherinterne Schlüssel-Wert-Speicher wie zum Beispiel Memcached sind allein für Caching-Zwecke vorgesehen, wo ein Datenverlust durch einen Neustart des Computers akzeptierbar ist. Andere speicherinterne Datenbanken sind dagegen auf Dauerhaftigkeit ausgelegt, die sich mit spezieller Hardware (wie zum Beispiel batteriegestütztem RAM), durch Schreiben eines Änderungsprotokolls auf Festplatte, durch periodisches Schreiben von Snapshots auf Festplatte oder durch Replizieren des speicherinternen Zustands auf andere Computer erreichen lässt. Wird eine speicherinterne Datenbank neu gestartet, muss sie ihren Zustand erneut laden, und zwar entweder von Festplatte oder über das Netzwerk von einem Replikat (sofern keine spezielle Hardware verwendet wird). Trotz der Schreibvorgänge auf Festplatte handelt es sich immer noch um eine speicherinterne Datenbank, weil sie die Festplatte lediglich als Protokoll für Dauerhaftigkeit nutzt und Lesevorgänge komplett aus dem Arbeitsspeicher bedient. Das Schreiben auf Festplatte hat auch Vorteile für den Betrieb: Dateien auf Festplatte lassen sich leicht von externen Dienstprogrammen sichern, inspizieren und analysieren.

Produkte wie zum Beispiel VoltDB, MemSQL und TimesTen von Oracle sind speicherinterne Datenbanken mit einem relationalen Modell. Deren Anbieter behaupten, dass sie große Performanceverbesserungen bieten können, indem sie den gesamten Overhead beseitigen, der mit der Verwaltung von plattenbasierten Datenstrukturen zusammenhängt [41, 42]. RAMCloud ist ein speicherinterner Schlüssel-Wert-Speicher aus dem Open-Source-Umfeld mit Dauerhaftigkeit (unter Verwendung eines protokollstrukturierten Ansatzes für die Daten im Arbeitsspeicher wie auch für die Daten auf der Platte) [43]. Redis und Couchbase bieten eine schwache Dauerhaftigkeit, indem sie asynchron auf die Festplatte schreiben.

Auch wenn es der Intuition widerspricht, ist der Performancevorteil von speicherinternen Datenbanken nicht dem Umstand zu verdanken, dass sie nicht von der Festplatte lesen müssen. Selbst eine plattenbasierte Storage-Engine muss unter Umständen nie von der Festplatte lesen, wenn genügend Arbeitsspeicher zur Verfügung steht, weil das Betriebssystem ohnehin die zuletzt verwendeten Plattenblöcke im Arbeitsspeicher zwischenspeichert. Vielmehr sind sie deshalb schneller, weil sie den Overhead vermeiden können, die speicherinternen Datenstrukturen in eine Form zu codieren, die sich für das Schreiben auf Platte eignet [44].

Neben der Performance sind speicherinterne Datenbanken auch interessant für Datenmodelle, die mit plattenbasierten Indizes nur schwer zu implementieren sind. Zum Beispiel bietet Redis eine datenbankähnliche Schnittstelle zu verschiedenen Datenstrukturen wie zum Beispiel Prioritätswarteschlangen und Mengen. Da alle Daten im Arbeitsspeicher gehalten werden, ist die Implementierung vergleichsweise einfach.

Die jüngste Forschung lässt erkennen, dass eine speicherinterne Datenbankarchitektur erweitert werden könnte, um Datenmengen zu unterstützen, die größer als der verfügbare Arbeitsspeicher sind, ohne den Overhead einer festplattenorientierten Architektur zu erfordern [45]. Der sogenannte *Anti-Caching-Ansatz* verlagert die am längsten nicht benutzten Daten aus dem Arbeitsspeicher auf die Festplatte, wenn nicht genügend Arbeitsspeicher vorhanden ist, und lädt sie wieder zurück in den Arbeitsspeicher, wenn später erneut auf sie zugegriffen wird. Das ähnelt dem, was Betriebssysteme mit virtuellem Speicher und Auslagerungsdateien realisieren, jedoch kann die Datenbank den Arbeitsspeicher effizienter als das Betriebssystem verwalten, da sie auf der Granularität von individuellen Datensätzen statt auf gesamten Speicherseiten arbeiten kann. Bei diesem Ansatz ist es aber trotzdem noch erforderlich, dass die Indizes komplett in den Arbeitsspeicher passen (wie beim Bitcask-Beispiel zu Beginn dieses Kapitels).

Weitere Änderungen am Design der Storage-Engine werden wahrscheinlich notwendig, wenn sich Technologien mit nichtflüchtigem Speicher (Non-Volatile Memory, NVM) zunehmend durchsetzen [46]. Derzeit ist dies noch ein Bereich der Forschung, doch es lohnt sich, diese Technologie für die Zukunft im Auge zu behalten.

Transaktionsverarbeitung oder Datenanalyse?

In den Anfangstagen der Geschäftsdatenverarbeitung entsprach ein Schreibvorgang in die Datenbank typischerweise einer *kommerziellen Transaktion*: einen Verkauf tätigen, eine Bestellung bei einem Lieferanten platzieren, das Gehalt eines Mitarbeiters zahlen usw. Als Datenbanken in Bereiche vordrangen, die mit Geldverkehr nichts zu tun hatten, blieb der Begriff *Transaktion* trotzdem haften und meint jetzt eine Gruppe von Lese- und Schreibvorgängen, die eine logische Einheit bilden.

> Eine Transaktion muss nicht unbedingt über die ACID[4]-Eigenschaften verfügen. *Transaktionsverarbeitung* meint lediglich, dass Clients Lese- und Schreibvorgänge mit geringer Latenz ausführen können – im Unterschied zu *Stapelverarbeitungsjobs*, die nur periodisch ausgeführt werden (zum Beispiel einmal pro Tag). Mit den ACID-Eigenschaften beschäftigt sich Kapitel 7, mit der Stapelverarbeitung Kapitel 10.

Selbst wenn Datenbanken nun auch für viele andere Arten von Daten verwendet werden – Kommentare zu Blog-Beiträgen, Aktionen in einem Spiel, Kontakte in einem Adressbuch usw. –, das grundlegende Zugriffsmuster hat sich gegenüber der Verarbeitung von Geschäftstransaktionen nicht verändert. Eine Anwendung schlägt typischerweise eine kleine Anzahl von Datensätzen nach einem bestimmten Schlüssel nach und verwendet dazu einen Index. Datensätze werden basierend auf der Eingabe des Benutzers eingefügt oder aktualisiert. Da diese Anwendungen interaktiv sind, ist das Zugriffsmuster als *OLTP* (Online Transaction Processing) bekannt geworden.

Allerdings werden Datenbanken zunehmend auch für die *Datenanalyse* verwendet, die sehr verschiedene Zugriffsmuster hat. Eine analytische Abfrage muss normalerweise eine riesige Anzahl von Datensätzen scannen, wobei sie nur wenige Spalten pro Datensatz liest, und berechnet Zusammenfassungsstatistiken (wie zum Beispiel Anzahl, Summe oder Mittelwert), anstatt dem Benutzer die Rohdaten zurückzugeben. Wenn Ihre Daten zum Beispiel aus einer Tabelle von Verkaufstransaktionen bestehen, sind unter anderem folgende analytische Abfragen denkbar:

- Wie hoch war der Gesamtumsatz der einzelnen Filialen im Januar?
- Wie viele Bananen haben wir mehr als sonst seit unserer letzten Aktion verkauft?
- Welche Marke von Babynahrung wird am häufigsten zusammen mit Windeln der Marke X gekauft?

4 ACID – Abkürzung für Atomicity, Consistency, Isolation und Durability (Abgeschlossenheit, Konsistenz, Isolation und Dauerhaftigkeit)

Solche Abfragen werden oftmals von Geschäftsanalysten geschrieben. Die Ergebnisse fließen in Berichte ein, die es dem Management eines Unternehmens erlauben, bessere Entscheidungen zu treffen (*Business Intelligence*). Um dieses Nutzungsmuster der Datenbanken von der Transaktionsverarbeitung abzugrenzen, hat man es *OLAP* getauft. [47].[5] Der Unterschied zwischen OLTP und OLAP ist nicht immer eindeutig, aber Tabelle 3-1 gibt einige typische Merkmale an.

Tabelle 3-1: Vergleich der Eigenschaften von Transaktionsverarbeitungs- und Analysesystemen

Eigenschaft	Transaktionsverarbeitungssysteme (OLTP)	Analytische Systeme (OLAP)
Hauptlesemuster	Kleine Anzahl von Datensätzen pro Abfrage, abgerufen nach Schlüssel	Aggregat über eine große Anzahl von Datensätzen
Hauptschreibmuster	Wahlfreier Zugriff, Schreiboperationen von Benutzereingaben mit geringer Latenz	Massenimport (ETL) oder Ereignisstream
Hauptsächlich genutzt von	Endbenutzer/Kunde, via Webanwendung	Interner Analyst, als Entscheidungshilfe
Was die Daten darstellen	Neuester Zustand der Daten (aktueller Zeitpunkt)	Verlauf der Ereignisse, die sich in einem Zeitraum ereignet haben
Umfang der Datenmenge	Gigabyte bis Terabyte	Terabyte bis Petabyte

Zunächst wurden sowohl für die Transaktionsverarbeitung als auch für analytische Abfragen dieselben Datenbanken verwendet. SQL hat sich in dieser Beziehung als ziemlich flexibel erwiesen: Die Sprache funktioniert sowohl für OLTP-artige als auch für OLAP-artige Abfragen. Dennoch ist in den späten 1980er- und frühen 1990er-Jahren ein Trend zu verzeichnen, dass Firmen ihre OLTP-Systeme nicht mehr für Analysewecke nutzen und stattdessen die Analysen auf einer separaten Datenbank ausführen. Diese separate Datenbank wurde *Data-Warehouse* genannt.

Data-Warehousing

Ein Unternehmen kann Dutzende von verschiedenen Transaktionsverarbeitungssystemen betreiben: Systeme, um die kundenseitige Website zu versorgen, um die Kassen (Bezahlstellen) in realen Geschäften zu steuern, um den Bestand in Lagersystemen zu verfolgen, um die Routen für Lieferfahrzeuge zu planen, um die Lieferanten und Mitarbeiter zu verwalten usw. Jedes dieser Systeme ist komplex und benötigt einen Mitarbeiterstab, der es wartet. Die Systeme arbeiten daher überwiegend autonom voneinander.

5 OLAP – Abkürzung für Online Analytical Processing. Die Bedeutung von *online* in OLAP ist unklar; wahrscheinlich bezieht sich diese Bezeichnung auf die Tatsache, dass Abfragen nicht nur in vordefinierte Berichte eingehen, sondern dass Analysten das OLAP-System interaktiv für explorative Abfragen heranziehen.

Von diesen OLTP-Systemen erwartet man normalerweise, dass sie hochverfügbar sind und Transaktionen mit geringer Latenz verarbeiten, da sie oftmals für den Betrieb des Unternehmens eine entscheidende Rolle spielen. Datenbankadministratoren überwachen demzufolge ihre OLTP-Datenbanken sehr genau. In der Regel lassen sie Geschäftsanalysten nur widerwillig Ad-hoc-Analyseabfragen auf einer OLTP-Datenbank ausführen, da diese Abfragen oftmals aufwendig sind und große Teile der Datenmenge scannen, was die Performance von gleichzeitig ausgeführten Transaktionen beeinträchtigen kann.

Dagegen ist ein *Data-Warehouse* eine separate Datenbank, die Analysten nach Herzenslust abfragen können, ohne OLTP-Operationen zu beeinflussen [48]. Das Data-Warehouse enthält eine schreibgeschützte Kopie aller Daten der verschiedenen OLTP-Systeme im Unternehmen. Die Daten werden aus OLTP-Datenbanken extrahiert (entweder mit einem periodischen Data-Dump oder mit einem kontinuierlichen Stream von Aktualisierungen), in ein analysefreundliches Schema transformiert, bereinigt und dann in das Data-Warehouse geladen. Das Übernehmen der Daten in das Warehouse wird als *Extract-Transform-Load* (ETL) bezeichnet. Abbildung 3-8 veranschaulicht diesen Prozess.

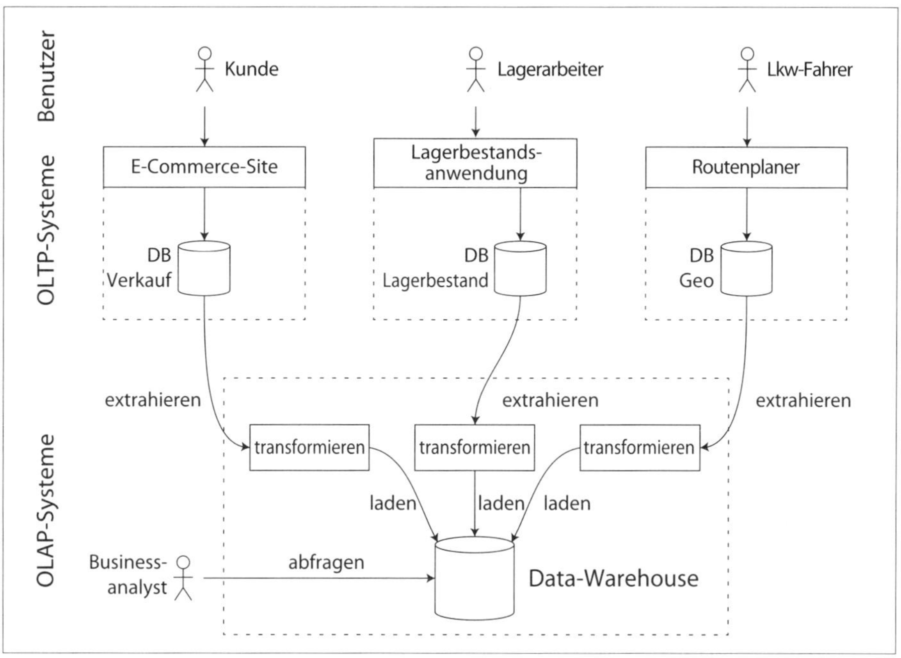

Abbildung 3-8: Vereinfachte Darstellung des ETL-Prozesses in ein Data-Warehouse

Data-Warehouses existieren heute in allen großen Unternehmen, doch in kleineren Firmen sind sie fast unbekannt. Das hängt wahrscheinlich damit zusammen, dass die meisten kleinen Firmen nicht so viele verschiedene OLTP-Systeme betreiben und meistens nur relativ wenige Daten anfallen – höchstens so viele, dass sie sich auch in einer herkömmlichen SQL-Datenbank abfragen oder sogar in einer

Tabellenkalkulation analysieren lassen. In einer großen Firma ist ein ungleich höherer Aufwand erforderlich für etwas, was in einer kleinen Firma ganz einfach zu erledigen ist.

Anstatt die OLTP-Syteme direkt für Analysezwecke abzufragen, bietet ein separates Data-Warehouse den großen Vorteil, dass es sich für analytische Zugriffsmuster optimieren lässt. Es zeigt sich, dass die in der ersten Hälfte dieses Kapitels diskutierten Indexalgorithmen für OLTP zwar geeignet sind, aber nicht so gut abschneiden, wenn analytische Abfragen beantworten werden müssen.

Im Rest dieses Kapitels sehen wir uns Storage-Engines an, die stattdessen für Analysen optimiert sind.

Die Divergenz zwischen OLTP-Datenbanken und Data-Warehouses

Das Datenmodell eines Data-Warehouses ist meistens relational, weil SQL im Allgemeinen für analytische Abfragen gut geeignet ist. Es gibt viele grafische Datenanalyse-Tools, die SQL-Abfragen generieren, Ergebnisse visualisieren und es Analysten erlauben, die Daten zu untersuchen (mit Operationen wie *Drill-Down*[6] sowie *Slicing und Dicing*[7]).

Von außen betrachtet sehen sich ein Data-Warehouse und eine relationale OLTP-Datenbank recht ähnlich, weil beide eine SQL-Abfrageschnittstelle haben. Die Interna der Systeme können aber ziemlich verschieden sein, weil sie für die jeweiligen Abfragemuster optimiert sind. Viele Datenbankanbieter konzentrieren sich neuerdings darauf, entweder Transaktionsverarbeitungs- oder Analysearbeitslasten zu unterstützen, nicht aber beide.

Einige Datenbanken wie zum Beispiel Microsoft SQL Server und SAP HANA unterstützen Transaktionsverarbeitung und Data-Warehousing im selben Produkt. Allerdings entwickeln sie sich zunehmend zu zwei separaten Storage- und Abfrage-Engines, die zufälligerweise über eine gemeinsame SQL-Oberfläche zugänglich sind [49, 50, 51].

Data-Warehouse-Anbieter wie Teradata, Vertica, SAP HANA und ParAccel verkaufen in der Regel ihre Systeme unter teuren kommerziellen Lizenzen. RedShift von Amazon ist eine gehostete Version von ParAccel. In jüngerer Zeit ist eine Vielfalt von Open-Source-SQL-auf-Hadoop-Projekten entstanden, die noch jung sind, aber mit kommerziellen Data-Warehouse-Systemen konkurrieren wollen. Hierzu gehören Apache Hive, Spark SQL, Cloudera Impala, Facebook Presto, Apache Tajo und Apache Drill [52, 53]. Einige von ihnen basieren auf Ideen von Googles Dremel [54].

6 Drill-Down – Navigieren in hierarchischen Daten, insbesondere Betrachten von Daten in unterschiedlicher Detailtiefe (Anm. d. Übers.)

7 Slicing und Dicing – ein Feature, bei dem der Benutzer eine bestimmte Datenmenge aus einem OLAP-Würfel entnehmen (Slicing) und diese Datenscheiben (Slices) unter verschiedenen Aspekten betrachten kann (Dicing) (Anm. d. Übers.)

Sterne und Schneeflocken: Schemas für die Analytik

Wie in Kapitel 2 erläutert, wird im Bereich der Transaktionsverarbeitung je nach den Bedürfnissen der Anwendung ein breites Spektrum verschiedener Datenmodelle verwendet. Im Gegensatz dazu ist die Vielfalt der Datenmodelle in der Analytik deutlich geringer. Viele Data-Warehouses werden in einem ziemlich formelhaften Stil verwendet, dem sogenannten *Sternschema* (auch als *Dimensionenmodellierung* bezeichnet [55]).

Das Beispielschema in Abbildung 3-9 zeigt ein Data-Warehouse, wie es vielleicht bei einem Supermarkt zu finden sein könnte. In der Mitte des Schemas gibt es eine sogenannte *Faktentabelle* (im Beispiel `fact_sales` genannt). Jede Zeile der Faktentabelle stellt ein Ereignis dar, das zu einem bestimmten Zeitpunkt aufgetreten ist (hier steht jede Zeile für den Kauf eines Produkts durch einen Kunden). Würden wir den Website-Verkehr statt der Verkaufsumsätze analysieren, könnte jede Zeile einen Seitenabruf oder einen Klick eines Benutzers darstellen.

Üblicherweise werden Fakten als individuelle Ereignisse erfasst, weil dies später eine maximale Flexibilität bei der Analyse erlaubt. Allerdings bedeutet das, dass die Faktentabelle äußert groß werden kann. Bei einem großen Unternehmen wie Apple, Walmart oder eBay kann das Data-Warehouse zig Petabyte an Transaktionsverlauf enthalten, wovon der größte Teil in Faktentabellen steht [56].

Manche Spalten in der Faktentabelle sind Attribute wie zum Beispiel der Preis, zu dem das Produkt verkauft wird, und die Kosten, zu dem es beim Lieferanten eingekauft wird (woraus sich die Gewinnspanne berechnen lässt). Andere Spalten in der Faktentabelle sind Fremdschlüsselreferenzen auf andere Tabellen, die sogenannten *Dimensionstabellen*. Während jede Zeile in der Faktentabelle ein Ereignis verkörpert, stellen die Dimensionen das *Wer*, *Was*, *Wo*, *Wann*, *Wie* und *Warum* des Ereignisses dar.

Zum Beispiel ist in Abbildung 3-9 eine der Dimensionen das verkaufte Produkt. Jede Zeile in der Tabelle `dim_product` repräsentiert einen Typ des zu verkaufenden Produkts, einschließlich Lagerbestandseinheit (SKU[8]), Beschreibung, Markenname, Kategorie, Fettgehalt, Packungsgröße usw. Jede Zeile in der Tabelle `fact_sales` kennzeichnet mithilfe eines Fremdschlüssels, welches Produkt in der betreffenden Transaktion verkauft wurde. (Wenn der Kunde mehrere verschiedene Produkte auf einmal kauft, werden diese der Einfachheit halber als separate Zeilen in der Faktentabelle dargestellt.)

Sogar Datum und Uhrzeit werden oftmals mithilfe von Dimensionstabellen dargestellt, weil sich damit zusätzliche Informationen zu Datumswerten codieren lassen (wie zum Beispiel Feiertage), sodass Abfragen bei Verkäufen zwischen Feiertagen und Nicht-Feiertagen unterscheiden können.

8 SKU – Stock-Keeping Unit, im weitesten Sinne eine eindeutige Artikelnummer (Anm. d. Übers.)

Tabelle dim_product

product_sk	sku	description	brand	category
30	OK4012	Bananas	Freshmax	Fresh fruit
31	KA9511	Fish food	Aquatech	Pet supplies
32	AB1234	Croissant	Dealicious	Bakery

Tabelle dim_store

store_sk	state	city
1	WA	Seattle
2	CA	San Francisco
3	CA	Palo Alto

Tabelle fact_sales

date_key	product_sk	store_sk	promotion_sk	customer_sk	quantity	net_price	discount_price
140102	31	3	NULL	NULL	1	2.49	2.49
140102	69	5	19	NULL	3	14.99	9.99
140102	74	3	23	191	1	4.49	3.89
140102	33	8	NULL	235	4	0.99	0.99

Tabelle dim_date

date_key	year	month	day	weekday	is_holiday
140101	2014	jan	1	wed	yes
140102	2014	jan	2	thu	no
140103	2014	jan	3	fri	no

Tabelle dim_customer

customer_sk	name	date_of_birth
190	Alice	1979-03-29
191	Bob	1961-09-02
192	Cecil	1991-12-13

Tabelle dim_promotion

promotion_sk	name	ad_type	coupon_type
18	New Year sale	Poster	NULL
19	Aquarium deal	Direct mail	Leaflet
20	Coffee & cake bundle	In-store sign	NULL

Abbildung 3-9: Beispiel eines Sternschemas aus einem Data-Warehouse

Der Name »Sternschema« leitet sich von der visuellen Darstellung der Tabellenbeziehungen ab: In der Mitte befindet sich die Faktentabelle, die umgeben ist von ihren Dimensionstabellen, wobei die Verbindungen zwischen diesen Tabellen an die Strahlen eines Sterns erinnern.

Eine Variante dieses Musters ist als *Schneeflockenschema* bekannt, bei dem die Dimensionen weiter unterteilt sind in Subdimensionen. Zum Beispiel sind getrennte Tabellen für Marken und Produktkategorien denkbar, und jede Zeile in der Tabelle `dim_product` könnte auf die Marke und die Kategorien mit Fremdschlüsseln verweisen, anstatt diese Werte als Strings in der Tabelle `dim_product` zu speichern. Schneeflockenschemas sind stärker normalisiert als Sternschemas, wobei man aber Sternschemas oftmals bevorzugt, weil es für Analysten einfacher ist, mit ihnen zu arbeiten [55].

In einem typischen Data-Warehouse sind Tabellen oftmals sehr breit: Faktentabellen umfassen häufig über 100 Spalten, manchmal mehrere Hundert [51]. Dimensionstabellen können ebenfalls sehr breit sein, da sie sämtliche Metadaten einschließen, die für Analysen relevant sein können – zum Beispiel kann die Tabelle `dim_store` Details darüber speichern, welche Dienstleistungen in welchem Geschäft angeboten werden, ob es eine eigene Bäckerei hat, wie groß die Verkaufsfläche ist, wann das Geschäft eröffnet wurde, wann es zuletzt umgebaut wurde, wie weit es von der nächsten Fernstraße entfernt ist usw.

Spaltenorientierte Speicherung

Wenn Ihre Faktentabellen Billionen von Zeilen und Petabytes von Daten enthalten, wird es zu einem anspruchsvollen Problem, die Daten zu speichern und abzufragen. Dimensionstabellen sind normalerweise wesentlich kleiner (Millionen Zeilen), und daher konzentrieren wir uns in diesem Abschnitt hauptsächlich auf das Speichern von Fakten.

Obwohl Faktentabellen oftmals über 100 Spalten breit sind, greift eine typische Data-Warehouse-Abfrage nur auf 4 oder 5 von ihnen gleichzeitig zu ("`SELECT *`"-Abfragen kommen in der Analytik sehr selten vor) [51]. Nehmen wir die Abfrage in Beispiel 3-1 an: Sie greift auf eine große Anzahl von Zeilen zu (für jeden Kauf von Obst oder Süßigkeiten im Kalenderjahr 2013), muss aber nur drei Spalten der Tabelle `fact_sales` einbeziehen: `date_key`, `product_sk` und `quantity`. Die Abfrage ignoriert alle anderen Spalten.

Beispiel 3-1: Analysieren, ob Personen abhängig vom Wochentag lieber frisches Obst oder Süßigkeiten kaufen

```
SELECT
  dim_date.weekday, dim_product.category,
  SUM(fact_sales.quantity) AS quantity_sold
FROM fact_sales
  JOIN dim_date    ON fact_sales.date_key   = dim_date.date_key
  JOIN dim_product ON fact_sales.product_sk = dim_product.product_sk
WHERE
  dim_date.year = 2013 AND
  dim_product.category IN ('Fresh fruit', 'Candy')
GROUP BY
  dim_date.weekday, dim_product.category;
```

Wie können wir diese Abfrage effizient ausführen?

In den meisten OLTP-Datenbanken werden die Daten *zeilenorientiert* gespeichert: Alle Werte aus derselben Zeile einer Tabelle werden nacheinander abgelegt. Dokumentdatenbanken verhalten sich ähnlich: Ein komplettes Dokument wird normalerweise als zusammenhängende Folge von Bytes gespeichert. Davon können Sie sich im CSV-Beispiel von Beispiel 3-1 überzeugen.

Um eine Abfrage wie Beispiel 3-1 zu verarbeiten, haben Sie wahrscheinlich Indizes für die Spalten `fact_sales.date_key` und/oder `fact_sales.product_sk` eingerichtet, die der Storage-Engine sagen, wo alle Verkäufe für ein bestimmtes Datum oder für ein bestimmtes Produkt zu finden sind. Allerdings muss eine zeilenorientierte Storage-Engine trotzdem noch alle diese Zeilen (die jeweils aus über 100 Attributen bestehen) von Festplatte in den Arbeitsspeicher laden, sie parsen und diejenigen Datensätze ausfiltern, die nicht den geforderten Bedingungen entsprechen. Das kann ziemlich lange dauern.

Die Idee hinter der *spaltenorientierten Speicherung* ist einfach: Wir speichern nicht sämtliche Werte aus derselben Zeile hintereinander, sondern legen stattdessen alle Werte aus derselben *Spalte* nacheinander im Speicher ab. Wenn jede Spalte in einer eigenen Datei gespeichert wird, muss eine Abfrage nur diejenigen Spalten, die in dieser Abfrage vorkommen, lesen und parsen, was jede Menge Arbeit sparen kann. Abbildung 3-10 veranschaulicht das Prinzip.

> Die Spaltenspeicherung lässt sich am besten in einem relationalen Modell verstehen, doch sie ist gleichermaßen auf nichtrelationale Daten anwendbar. Zum Beispiel ist Parquet [57] ein spaltenorientiertes Speicherformat, das ein Dokumentdatenmodell unterstützt und auf Dremel von Google basiert [54].

Tabelle fact_sales

date_key	product_sk	store_sk	promotion_sk	customer_sk	quantity	net_price	discount_price
140102	69	4	NULL	NULL	1	13.99	13.99
140102	69	5	19	NULL	3	14.99	9.99
140102	69	5	NULL	191	1	14.99	14.99
140102	74	3	23	202	5	0.99	0.89
140103	31	2	NULL	NULL	1	2.49	2.49
140103	31	3	NULL	NULL	3	14.99	9.99
140103	31	3	21	123	1	49.99	39.99
140103	31	8	NULL	233	1	0.99	0.99

Spaltenorientiertes Speicherlayout:

date_key file contents:	140102, 140102, 140102, 140102, 140103, 140103, 140103, 140103
product_sk file contents:	69, 69, 69, 74, 31, 31, 31, 31
store_sk file contents:	4, 5, 5, 3, 2, 3, 3, 8
promotion_sk file contents:	NULL, 19, NULL, 23, NULL, NULL, 21, NULL
customer_sk file contents:	NULL, NULL, 191, 202, NULL, NULL, 123, 233
quantity file contents:	1, 3, 1, 5, 1, 3, 1, 1
net_price file contents:	13.99, 14.99, 14.99, 0.99, 2.49, 14.99, 49.99, 0.99
discount_price file contents:	13.99, 9.99, 14.99, 0.89, 2.49, 9.99, 39.99, 0.99

Abbildung 3-10: Relationale Daten spaltenweise statt zeilenweise speichern

Das spaltenorientierte Speicherlayout verlässt sich darauf, dass jede Spaltendatei die Zeilen in derselben Reihenfolge enthält. Wenn Sie also eine komplette Zeile wieder zusammenbauen müssen, können Sie den 23. Eintrag aus jeder der einzelnen Spaltendateien übernehmen und zusammenfügen, um die 23. Zeile der Tabelle wiederherzustellen.

Spaltenkomprimierung

Anstatt nur die Spalten, die für eine Abfrage erforderlich sind, von der Festplatte zu laden, können wir die Anforderungen an den Durchsatz der Festplatte weiter verringern, wenn wir die Daten komprimieren. Erfreulicherweise eignet sich die spaltenorientierte Speicherung oftmals sehr gut zur Komprimierung.

Sehen Sie sich die Sequenzen der Werte für jede Spalte in Abbildung 3-10 an: Die Daten scheinen sich oft zu wiederholen, was ein guter Ausgangspunkt für eine Komprimierung ist. Abhängig von den Daten in der Spalte kommen verschiedene Komprimierungsverfahren infrage. So ist die *Bitmap-Codierung* eine Technik, die vor allem für Data-Warehouses effektiv arbeitet. Abbildung 3-11 veranschaulicht das Prinzip.

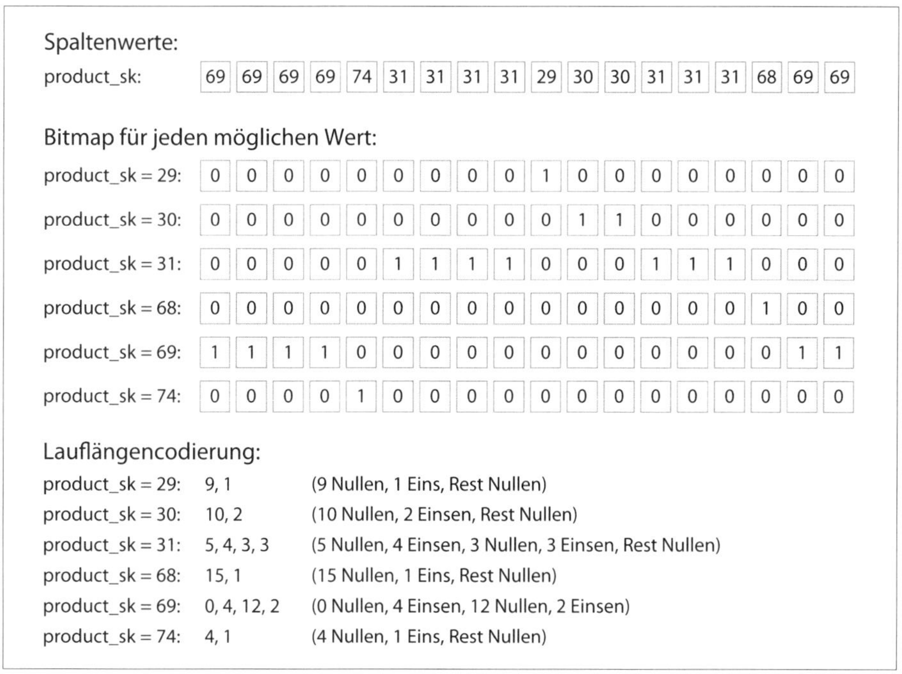

Abbildung 3-11: Komprimierte, bitmapindizierte Speicherung einer einzelnen Spalte

Oftmals ist die Anzahl der eindeutigen Werte in einer Spalte klein im Vergleich zur Anzahl der Zeilen (zum Beispiel können bei einem Supermarkt Milliarden Verkaufstransaktionen anfallen, aber nur 100.000 verschiedene Produkte gehandelt werden). Wir können nun eine Spalte mit *n* eindeutigen Werten in *n* separate Bitmaps umwandeln: eine Bitmap für jeden eindeutigen Wert mit einem Bit für jede Zeile. Das Bit ist 1, wenn die Zeile diesen Wert hat, und andernfalls 0.

Wenn *n* sehr klein ist (zum Beispiel kann eine Spalte *Land* nur ungefähr 200 eindeutige Werte haben), lassen sich diese Bitmaps mit einem Bit pro Zeile speichern. Bei größerem *n* treten aber in den meisten Bitmaps viele Nullen auf (wir sagen dann, die Bitmap ist *schwach besetzt*). In diesem Fall können die Bitmaps zusätzlich lauflängencodiert werden, wie es der untere Teil von Abbildung 3-11 zeigt. Dadurch erreicht man eine bemerkenswert kompakte Spaltencodierung.

Derartige Bitmapindizes eignen sich besonders gut für Abfragen, wie sie in einem Data-Warehouse üblich sind. Zum Beispiel:

`WHERE product_sk IN (30, 68, 69):`
: Lade die drei Bitmaps für `product_sk = 30`, `product_sk = 68` und `product_sk = 69` und berechne das bitweise *OR* der drei Bitmaps, was sich sehr effizient realisieren lässt.

`WHERE product_sk = 31 AND store_sk = 3:`
: Lade die Bitmaps für `product_sk = 31` und `store_sk = 3` und berechne das bitweise *AND*. Das funktioniert, weil die Spalten die Zeilen in derselben Reihenfolge enthalten – das *k*-te Bit in der Bitmap der einen Spalte entspricht derselben Zeile wie das *k*-te Bit in der Bitmap einer anderen Spalte.

Es gibt auch verschiedene andere Komprimierungsschemas für verschiedene Arten von Daten, auf die wir hier aber nicht im Detail eingehen. In [58] finden Sie einen Überblick.

Spaltenorientierte Speicherung und Spaltenfamilien

Cassandra und HBase kennen das Konzept der *Spaltenfamilien*, das sie von BigTable geerbt haben [9]. Allerdings ist es irreführend, hier von Spaltenorientierung zu sprechen: Innerhalb jeder Spaltenfamilie speichern sie alle Spalten einer Zeile zusammen mit einem Zeilenschlüssel und verwenden keine Spaltenkomprimierung. Somit ist das BigTable-Modell trotzdem noch weitgehend zeilenorientiert.

Speicherbandbreite und vektorisierte Verarbeitung

Für Data-Warehouse-Abfragen, die Millionen Zeilen scannen müssen, ist die Bandbreite beim Abrufen der Daten von der Festplatte in den Arbeitsspeicher ein großer Engpass. Allerdings ist dies nicht der einzige Engpass. Entwickler von Analysedatenbanken machen sich auch Gedanken um die effiziente Nutzung der Bandbreite vom Arbeitsspeicher in den CPU-Cache, um falsche Sprungvorhersagen und Blasen in der Verarbeitungspipeline der CPU zu vermeiden und von den SIMD[9]-Anweisungen in modernen CPUs zu profitieren [59, 60].

9 SIMD – Abkürzung für Single Instruction, Multiple Data; denselben Befehl auf mehreren Datenelementen (parallel) ausführen (Anm. d. Übers.)

Mit spaltenorientierten Layouts lässt sich nicht nur der Umfang der Daten verringern, die von der Festplatte geladen werden müssen, sondern auch die Nutzung der CPU-Zyklen effizienter gestalten. Zum Beispiel kann die Abfrage-Engine einen Block komprimierter Spaltendaten übernehmen, die bequem in den L1-Cache der CPU passen, und in einer engen Schleife (d.h. ohne Funktionsaufrufe) durchlaufen. Eine CPU kann eine derartige Schleife wesentlich schneller ausführen als Code, der in viele Funktionsaufrufe und bedingte Verzweigungen für jeden zu verarbeitenden Datensatz übersetzt wird. Durch Spaltenkomprimierung passen mehr Zeilen aus einer Spalte in einen gleich großen L1-Cache. Operatoren wie die oben beschriebenen bitweisen *AND*- und *OR*-Verknüpfungen lassen sich so gestalten, dass sie solche Blöcke aus komprimierten Spaltendaten direkt verarbeiten können. Diese Technik bezeichnet man als *vektorisierte Verarbeitung* [58, 49].

Sortierreihenfolge in spaltenorientierten Datenbanken

In einer spaltenorientierten Datenbank ist die Reihenfolge, in der die Zeilen abgelegt sind, nicht unbedingt relevant. Es ist am einfachsten, sie in der Reihenfolge zu speichern, in der sie eingefügt werden. Eine neue Zeile muss dann lediglich an jede der Spaltendateien angefügt werden. Allerdings können wir auch eine Reihenfolge festlegen, wie wir es vorher mit SSTables gezeigt haben, und diese Reihenfolge als Indizierungsmechanismus verwenden.

Es ist nicht sinnvoll, die Spalten unabhängig voneinander zu sortieren, weil wir dann nicht mehr wüssten, welche Elemente in den Spalten zur selben Zeile gehören. Eine Zeile können wir nur dann rekonstruieren, wenn wir wissen, dass das *k*-te Element in der einen Spalte zur selben Zeile wie das *k*-te Element in einer anderen Spalte gehört.

Vielmehr müssen die Daten jeweils für eine komplette Zeile auf einmal sortiert werden, selbst wenn sie nach Spalte gespeichert sind. Der Datenbankadministrator kann die Spalten auswählen, nach denen die Tabelle sortiert werden soll. Hierfür kann er sein Wissen über gängige Abfragen nutzen. Wenn zum Beispiel Abfragen oftmals auf Datenbereiche zielen, etwa den letzten Monat, ist es zweckmäßig, `date_key` zum ersten Sortierschlüssel zu machen. Dann braucht der Abfrageoptimierer nur nach den Zeilen aus dem letzten Monat zu suchen, was wahrscheinlich viel schneller geht als das Scannen aller Zeilen.

Eine zweite Spalte kann die Sortierreihenfolge aller Zeilen mit dem gleichen Wert in der ersten Spalte bestimmen. Wenn zum Beispiel in Abbildung 3-10 `date_key` der erste Sortierschlüssel ist, kann es zweckmäßig sein, `product_sk` als zweiten Sortierschlüssel zu verwenden, sodass sich alle Verkäufe des gleichen Produkts am selben Tag im Speicher gruppieren lassen. Hilfreich ist dies für Abfragen, die Verkäufe nach Produkt innerhalb eines bestimmten Datumsbereichs gruppieren oder filtern müssen.

Die sortierte Reihenfolge bietet zudem den Vorteil, dass sie für das Komprimieren der Spalten hilfreich ist. Wenn die primäre Sortierspalte nicht viele eindeutige Werte enthält, gibt es nach dem Sortieren lange Sequenzen, in denen der gleiche Wert mehrmals nacheinander wiederholt wird. Eine einfache Lauflängencodierung, wie wir sie für die Bitmaps in Abbildung 3-11 verwendet haben, könnte diese Spalte auf wenige Kilobytes komprimieren – sogar wenn die Tabelle Milliarden von Zeilen enthält.

Dieser Komprimierungseffekt ist beim ersten Sortierschlüssel am stärksten. Beim zweiten und dritten Sortierschlüssel sind die Werte mehr durcheinandergewürfelt und weisen somit keine so langen Läufe sich wiederholender Werte auf. Spalten, die in der Sortierpriorität weiter unten rangieren, erscheinen in praktisch zufälliger Reihenfolge, sodass sie sich wahrscheinlich ebenfalls kaum komprimieren lassen. Doch es ist schon ein Gewinn, wenn die ersten Spalten sortiert sind.

Mehrere verschiedene Sortierreihenfolgen

Eine geschickte Erweiterung dieser Idee wurde in C-Store eingeführt und in das kommerziellen Data-Warehouse Vertica übernommen [61, 62]. Verschiedene Abfragen profitieren von verschiedenen Sortierreihenfolgen. Warum speichert man dann nicht dieselben Daten sortiert auf verschiedene Art und Weise? Daten müssen ohnehin auf mehrere Computer repliziert werden, damit beim Ausfall eines Computers kein Datenverlust auftritt. Diese redundanten Daten könnte man genauso gut nach verschiedenen Methoden sortiert speichern und dann beim Verarbeiten einer Abfrage die Version auswählen, die am besten zum Abfragemuster passt.

Mehrere Sortierreihenfolgen in einer spaltenorientierten Datenbank lassen sich grob mit mehreren sekundären Indizes in einer zeilenorientierten Datenbank vergleichen. Der große Unterschied besteht aber darin, dass die zeilenorientierte Datenbank jede Zeile an einem Ort hält (in der Heapdatei oder in einem gruppierten Index) und sekundäre Indizes lediglich Zeiger auf die betreffenden Zeilen enthalten. In einer spaltenorientierten Datenbank gibt es normalerweise keinerlei Zeiger, die auf Daten an anderen Stellen verweisen würden, sondern nur Spalten, die Werte enthalten.

In spaltenorientierte Datenbanken schreiben

Diese Optimierungen sind sinnvoll in Data-Warehouses, weil der größte Teil der Last aus großen Nur-Lese-Abfragen besteht, die von Analysten ausgeführt werden. Spaltenorientierte Speicherung, Komprimierung und Sortieren helfen dabei, diese Leseabfragen zu beschleunigen. Nachteilig ist allerdings, dass sich Schreibvorgänge dadurch schwieriger gestalten.

Ein Ansatz mit Aktualisierung an Ort und Stelle, wie ihn B-Bäume verwenden, ist mit komprimierten Spalten nicht möglich. Wenn Sie eine Zeile in der Mitte einer sortierten Tabelle einfügen möchten, müssen Sie höchstwahrscheinlich sämtliche Spaltendateien neu schreiben. Da Zeilen durch ihre Position innerhalb einer Spalte identifiziert werden, müssen beim Einfügen alle Spalten einheitlich aktualisiert werden.

Zum Glück haben wir bereits weiter vorn in diesem Kapitel eine gute Lösung kennengelernt: LSM-Bäume. Alle Schreibdaten gelangen zuerst in eine speicherinterne Datenbank, wo sie einer sortierten Struktur hinzugefügt und für das Schreiben auf Platte vorbereitet werden. Es spielt dabei keine Rolle, ob die speicherinterne Datenbank zeilenorientiert oder spaltenorientiert arbeitet. Wenn sich genügend Schreibdaten angesammelt haben, werden sie mit den Spaltendateien auf der Festplatte zusammengeführt und en bloc in neue Dateien geschrieben. Das entspricht praktisch der Arbeitsweise von Vertica [62].

Abfragen müssen sowohl die Spaltendaten auf der Festplatte als auch die zuletzt im Arbeitsspeicher geschriebenen Daten untersuchen und beide kombinieren. Der Abfrageoptimierer verbirgt diesen Unterschied jedoch vor dem Benutzer. Aus dem Blickwinkel des Analysten werden Daten, die beim Einfügen, Aktualisieren oder Löschen modifiziert worden sind, unmittelbar in darauffolgenden Abfragen widergespiegelt.

Aggregation: Datenwürfel und materialisierte Sichten

Nicht jedes Data-Warehouse ist zwangsläufig eine spaltenorientierte Datenbank: Herkömmliche zeilenorientierte Datenbanken und einige andere Architekturen sind ebenfalls gebräuchlich. Allerdings kann die spaltenorientierte Speicherung für Ad-hoc-Analyseabfragen beträchtlich schneller sein, weswegen sie rasch an Beliebtheit gewonnen hat [51, 63].

Als weiterer Aspekt von Data-Warehouses sollten noch kurz *materialisierte Aggregate* erwähnt werden. Wie bereits weiter vorn erläutert, ist in Data-Warehouse-Abfragen oftmals eine Aggregatfunktion wie `COUNT`, `SUM`, `AVG`, `MIN` oder `MAX` in SQL beteiligt. Wenn die gleichen Aggregate in vielen verschiedenen Abfragen vorkommen, ist es Verschwendung, jedes Mal die Rohdaten erneut durchzuwälzen. Warum legt man nicht einige der am häufigsten verwendeten Zählergebnisse oder Summen in einem Cache ab?

Ein derartiger Cache lässt sich beispielsweise mit einer *materialisierten Sicht* erstellen. In einem relationalen Datenmodell wird sie oftmals wie eine standardmäßige (virtuelle) Sicht definiert: ein tabellenartiges Objekt, dessen Inhalt die Ergebnisse einer bestimmten Abfrage sind. Der Unterschied besteht darin, dass eine materialisierte Sicht eine reale Kopie der Abfrageergebnisse ist, die auf Platte geschrieben wurden, während eine virtuelle Sicht lediglich eine Kurzform für das Schreiben von Abfragen ist. Wenn Sie aus einer virtuellen Sicht lesen, erweitert die SQL-

Engine diese en passant in die Abfrage, die der Sicht zugrunde liegt, und verarbeitet dann die erweiterte Abfrage.

Wenn sich die zugrunde liegenden Daten ändern, muss eine materialisierte Sicht aktualisiert werden, weil sie eine denormalisierte Kopie der Daten ist. Die Datenbank kann dies automatisch tun, doch verteuern derartige Aktualisierungen die Schreibvorgänge. Deshalb werden materialisierte Ansichten in OLTP-Datenbanken nicht oft verwendet. In leseintensiven Data-Warehouses können sie zweckmäßiger sein (ob sie die Leseperformance tatsächlich verbessern oder nicht, hängt vom konkreten Fall ab).

Ein gängiger Spezialfall einer materialisierten Sicht wird als *Datenwürfel* oder *OLAP-Würfel* (OLAP Cube) bezeichnet [64]. Es handelt sich um ein Gitter von Aggregaten, die nach verschiedenen Dimensionen gruppiert sind. Abbildung 3-12 zeigt ein Beispiel.

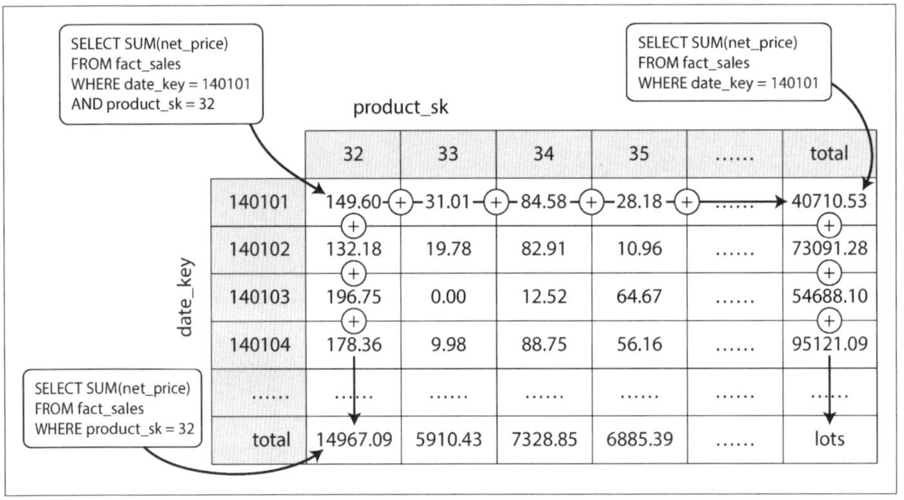

Abbildung 3-12: Zwei Dimensionen eines Datenwürfels, der Daten durch Summieren zusammenfasst

Stellen Sie sich für den Moment vor, dass jeder Fakt Fremdschlüssel zu nur zwei Dimensionstabellen hat – in Abbildung 3-12 sind das `date` und `product`. Jetzt können Sie eine zweidimensionale Tabelle erstellen, bei der die `date`-Werte entlang der einen Achse und die `product`-Werte entlang der anderen Achse aufgetragen sind. Jede Zelle enthält das Aggregat (zum Beispiel `SUM`) eines Attributs (zum Beispiel `net_price`) aller Fakten mit dieser `date`-`product`-Kombination. Dann können Sie das gleiche Aggregat entlang jeder Zeile oder Spalte anwenden und eine Zusammenfassung abrufen, die um eine Dimension verringert wurde (den Umsatz nach Produkt unabhängig vom Datum oder den Umsatz nach dem Datum unabhängig vom Produkt).

Im Allgemeinen haben Fakten oftmals mehr als zwei Dimensionen. In Abbildung 3-9 gibt es fünf Dimensionen: `date`, `product`, `store`, `promotion` und `customer`. Es ist ungleich schwerer, sich vorzustellen, wie ein fünfdimensionaler Hyperwürfel aussehen würde, doch das Prinzip bleibt das gleiche: Jede Zelle enthält den Umsatz für eine bestimmte `date-product-store-promotion-customer`-Kombination. Diese Werte können dann wiederholt entlang der Dimensionen summiert werden.

Ein materialisierter Datenwürfel bietet den Vorteil, dass bestimmte Abfragen sehr schnell werden, weil sie praktisch vorab berechnet worden sind. Wenn Sie zum Beispiel den gestrigen Gesamtumsatz pro Geschäft wissen wollen, brauchen Sie sich lediglich die Gesamtsummen in der passenden Dimension anzusehen – es ist nicht notwendig, Millionen von Zeilen zu scannen.

Der Nachteil ist, dass ein Datenwürfel nicht die gleiche Flexibilität bieten kann wie das Abfragen der Rohdaten. So lässt sich beispielsweise nicht berechnen, welcher Anteil des Umsatzes von Artikeln stammt, die mehr als 100 $ kosten, weil es keine Dimension für den Preis gibt. Die meisten Data-Warehouses versuchen deshalb, so viele Rohdaten wie möglich zu behalten und Aggregate wie Datenwürfel nur als Performancebeschleunigung für bestimmte Abfragen heranzuziehen.

Zusammenfassung

In diesem Kapitel sind wir der Frage auf den Grund gegangen, wie Datenbanken Daten speichern und abrufen. Was passiert, wenn Sie Daten in einer Datenbank ablegen, und was unternimmt die Datenbank, wenn Sie die Daten später wieder abfragen?

Von höherer Warte aus haben wir gesehen, dass man Storage-Engines in zwei große Kategorien unterteilen kann: diejenigen, die für Transaktionsverarbeitung optimiert sind (OLTP), und diejenigen, die sich besser für Analysezwecke eignen (OLAP). Die Zugriffsmuster in diesen Einsatzfällen unterscheiden sich erheblich:

- OLTP-Systeme sind typischerweise benutzerorientiert, d.h., sie werden möglicherweise mit einer riesigen Menge von Anfragen konfrontiert. Um die Last zu bewältigen, rufen Anwendungen nur eine kleine Anzahl von Datensätzen in jeder Abfrage ab. Die Anwendung fordert Datensätze mithilfe eines Schlüssels an, und die Storage-Engine sucht die Daten für den angeforderten Schlüssel anhand eines Index. Die Positionierungszeit der Festplatte ist hier oftmals der Engpass.
- Data-Warehouses und ähnliche Analysesysteme sind weniger bekannt, weil hauptsächlich Unternehmensanalysten damit arbeiten, nicht aber Endbenutzer. Bei ihnen fallen deutlich weniger Abfragen als bei OLTP-Systemen an, dafür ist jedoch jede Abfrage typischerweise sehr anspruchsvoll, weil Millionen von Datensätzen in kurzer Zeit gelesen werden müssen. Die Festplat-

tenbandbreite (nicht die Positionierungszeit) ist hier oftmals der Engpass. Spaltenorientierte Speicherung ist eine zunehmend beliebte Lösung für derartige Arbeitslasten.

Auf der OLTP-Seite haben wir Storage-Engines von zwei großen Denkschulen kennengelernt:

- Die Schule der protokollstrukturierten Datenbanken erlaubt nur, Daten an Dateien anzufügen und veraltete Dateien zu löschen, jedoch niemals eine geschriebene Datei zu aktualisieren. In diese Gruppe fallen Bitcask, SSTables, LSM-trees, LevelDB, Cassandra, HBase, Lucene und andere.
- Die Aktualisierung-vor-Ort-Schule, die die Festplatte als Satz von Seiten fester Größe behandelt, die überschrieben werden können. Das bekannteste Beispiel für diese Philosophie sind B-Bäume, die in allen wichtigen relationalen und auch in vielen nichtrelationalen Datenbanken gebräuchlich sind.

Protokollstrukturierte Storage-Engines sind eine vergleichsweise jüngere Entwicklung. Ihnen liegt das Prinzip zugrunde, dass sie Schreibzugriffe mit wahlfreiem Zugriff systematisch in sequenzielle Schreiboperationen auf Festplatte umwandeln, was einen höheren Schreibdurchsatz aufgrund der Performanceeigenschaften von Festplatten und SSDs ermöglicht.

Zum Abschluss der OLTP-Seite haben wir eine kurze Tour durch einige komplexere Indizierungsstrukturen und Datenbanken unternommen, die dafür optimiert sind, alle Daten im Arbeitsspeicher zu halten. Dann haben wir einen Abstecher von den Interna der Storage-Engines gemacht, um die Architektur eines typischen Data-Warehouses im Überblick zu betrachten. Dieser Hintergrund macht deutlich, warum sich analytische Arbeitslasten so stark von OLTP unterscheiden: Wenn die Datenbank bei Ihren Abfragen eine große Anzahl von Zeilen scannen muss, sind die Indizes weit weniger relevant. Stattdessen wird es wichtiger, Daten sehr kompakt zu codieren, um den Umfang der Daten zu minimieren, die die Abfrage von der Festplatte lesen muss. Wir haben erläutert, wie sich dieses Ziel mit einer spaltenorientierten Datenbank erreichen lässt.

Wenn Sie als Anwendungsentwickler mit diesem Wissen über die Interna von Storage-Engines ausgerüstet sind, befinden Sie sich in einer viel besseren Position, um das am besten geeignete Tool für Ihre konkrete Anwendung auszuwählen. Müssen Sie die Abstimmungsparameter einer Datenbank anpassen, können Sie sich mit diesem Wissen vorstellen, welche Wirkung ein höherer oder niedrigerer Wert eines Parameters haben wird.

Obwohl dieses Kapitel Sie nicht zu einem Experten machen konnte, der eine bestimmte Storage-Engine optimieren kann, hat es Sie bestimmt trotzdem mit genügend Vokabular und Ideen versorgt, um die Dokumentation für die Datenbank Ihrer Wahl verstehen zu können.

Literaturverzeichnis

[1] Alfred V. Aho, John E. Hopcroft und Jeffrey D. Ullman: *Data Structures and Algorithms.* Addison-Wesley, 1983. – ISBN 978-0-201-00023-8

[2] Thomas H. Cormen, Charles E. Leiserson, Ronald L. Rivest und Clifford Stein: *Introduction to Algorithms.* 3. Auflage. MIT Press, 2009. – ISBN 978-0-262-53305-8

[3] Justin Sheehy und David Smith: Bitcask: *A Log-Structured Hash Table for Fast Key/Value Data.* Basho Technologies, April 2010.

[4] Yinan Li, Bingsheng He, Robin Jun Yang, et al.: *Tree Indexing on Solid State Drives.* Proceedings of the VLDB Endowment, Bd. 3, Nr. 1, S. 1195–1206, September 2010.

[5] Goetz Graefe: *Modern B-Tree Techniques.* Foundations and Trends in Databases, Bd. 3, Nr. 4, S. 203–402, August 2011. – doi:10.1561/1900000028

[6] Jeffrey Dean und Sanjay Ghemawat: *LevelDB Implementation Notes.* leveldb.googlecode.com

[7] Dhruba Borthakur: *The History of RocksDB.* rocksdb.blogspot.com, 24. November 2013.

[8] Matteo Bertozzi: *Apache HBase I/O – HFile.* blog.cloudera.com, 29. Juni 2012.

[9] Fay Chang, Jeffrey Dean, Sanjay Ghemawat, et al.: *Bigtable: A Distributed Storage System for Structured Data*, auf dem 7th USENIX Symposium on Operating System Design and Implementation (OSDI), November 2006.

[10] Patrick O'Neil, Edward Cheng, Dieter Gawlick und Elizabeth O'Neil: *The Log-Structured Merge-Tree (LSM-Tree).* Acta Informatica, Bd. 33, Nr. 4, S. 351–385, Juni 1996. doi:10.1007/s002360050048

[11] Mendel Rosenblum und John K. Ousterhout: *The Design and Implementation of a Log-Structured File System.* ACM Transactions on Computer Systems, Bd. 10, Nr. 1, S. 26–52, Februar 1992. doi:10.1145/146941.146943

[12] Adrien Grand: *What Is in a Lucene Index?*, auf der Lucene/Solr Revolution, November 14, 2013.

[13] Deepak Kandepet: *Hacking Lucene – The Index Format.* hackerlabs.org, 1. Oktober 2011.

[14] Michael McCandless: *Visualizing Lucene's Segment Merges.* blog.mikemccandless.com, 11. Februar 2011.

[15] Burton H. Bloom: *Space/Time Trade-offs in Hash Coding with Allowable Errors.* Communications of the ACM, Bd. 13, Nr. 7, S. 422–426, Juli 1970. doi:10.1145/362686.362692

[16] Operating Cassandra: *Compaction.* Apache Cassandra Documentation v4.0, 2016.

[17] Rudolf Bayer und Edward M. McCreight: *Organization and Maintenance of Large Ordered Indices.* Boeing Scientific Research Laboratories, Mathematical and Information Sciences Laboratory, report no. 20, Juli 1970.

[18] Douglas Comer: *The Ubiquitous B-Tree.* ACM Computing Surveys, Bd. 11, Nr. 2, S. 121–137, Juni 1979. doi:10.1145/356770.356776

[19] Emmanuel Goossaert: *Coding for SSDs.* codecapsule.com, 12. Februar 2014.

[20] C. Mohan und Frank Levine: ARIES/IM: *An Efficient and High Concurrency Index Management Method Using Write-Ahead Logging*, auf der ACM International Conference on Management of Data (SIGMOD), Juni 1992. doi:10.1145/130283.130338

[21] Howard Chu: *LDAP at Lightning Speed*, auf der Build Stuff '14, November 2014.

[22] Bradley C. Kuszmaul: *A Comparison of Fractal Trees to Log-Structured Merge (LSM) Trees.* tokutek.com, 22. April 2014.

[23] Manos Athanassoulis, Michael S. Kester, Lukas M. Maas, et al.: *Designing Access Methods: The RUM Conjecture*, auf der 19. International Conference on Extending Database Technology (EDBT), März 2016. doi:10.5441/002/edbt.2016.42

[24] Peter Zaitsev: *Innodb Double Write.* percona.com, 4. August 2006.

[25] Tomas Vondra: *On the Impact of Full-Page Writes.* blog.2ndquadrant.com, 23. November 2016.

[26] Mark Callaghan: *The Advantages of an LSM vs a B-Tree.* smalldatum.blogspot.co.uk, 19. Januar 2016.

[27] Mark Callaghan: *Choosing Between Efficiency and Performance with RocksDB*, auf der Code Mesh, 4. November 2016.

[28] Michi Mutsuzaki: *MySQL vs. LevelDB.* github.com, August 2011.

[29] Benjamin Coverston, Jonathan Ellis, et al.: *CASSANDRA-1608: Redesigned Compaction.* issues.apache.org, Juli 2011.

[30] Igor Canadi, Siying Dong und Mark Callaghan: *RocksDB Tuning Guide.* github.com, 2016.

[31] *MySQL 5.7 Reference Manual.* Oracle, 2014.

[32] *Books Online for SQL Server 2012.* Microsoft, 2012.

[33] Joe Webb: *Using Covering Indexes to Improve Query Performance.* simple-talk.com, 29. September 2008.

[34] Frank Ramsak, Volker Markl, Robert Fenk, et al.: *Integrating the UB-Tree into a Database System Kernel*, auf der 26. International Conference on Very Large Data Bases (VLDB), September 2000.

[35] The PostGIS Development Group: *PostGIS 2.1.2dev Manual.* postgis.net, 2014.

[36] Robert Escriva, Bernard Wong und Emin Gün Sirer: *HyperDex: A Distributed, Searchable Key-Value Store*, auf der ACM SIGCOMM Conference, August 2012. doi:10.1145/2377677.2377681

[37] Michael McCandless: *Lucene's FuzzyQuery Is 100 Times Faster in 4.0.* blog.mikemccandless.com, 24. März 2011.

[38] Steffen Heinz, Justin Zobel und Hugh E. Williams: *Burst Tries: A Fast, Efficient Data Structure for String Keys.* ACM Transactions on Information Systems, Bd. 20, Nr. 2, S. 192–223, April 2002. doi:10.1145/506309.506312

[39] Klaus U. Schulz und Stoyan Mihov: *Fast String Correction with Levenshtein Automata.* International Journal on Document Analysis and Recognition, Bd. 5, Nr. 1, S. 67–85, November 2002. doi:10.1007/s10032-002-0082-8

[40] Christopher D. Manning, Prabhakar Raghavan und Hinrich Schütze: *Introduction to Information Retrieval.* Cambridge University Press, 2008. – ISBN 978-0-521-86571-5, online verfügbar unter nlp.stanford.edu/IR-book

[41] Michael Stonebraker, Samuel Madden, Daniel J. Abadi, et al.: *The End of an Architectural Era (It's Time for a Complete Rewrite)*, auf der 33. International Conference on Very Large Data Bases (VLDB), September 2007.

[42] *VoltDB Technical Overview White Paper.* VoltDB, 2014.

[43] Stephen M. Rumble, Ankita Kejriwal und John K. Ousterhout: *Log-Structured Memory for DRAM-Based Storage*, auf der 12. USENIX Conference on File and Storage Technologies (FAST), Februar 2014.

[44] Stavros Harizopoulos, Daniel J. Abadi, Samuel Madden und Michael Stonebraker: *OLTP Through the Looking Glass, and What We Found There*, auf der ACM International Conference on Management of Data (SIGMOD), Juni 2008. doi:10.1145/1376616.1376713

[45] Justin DeBrabant, Andrew Pavlo, Stephen Tu, et al.: *Anti-Caching: A New Approach to Database Management System Architecture.* Proceedings of the VLDB Endowment, Bd. 6, Nr. 14, S. 1942–1953, September 2013.

[46] Joy Arulraj, Andrew Pavlo und Subramanya R. Dulloor: *Let's Talk About Storage & Recovery Methods for Non-Volatile Memory Database Systems*, auf der ACM International Conference on Management of Data (SIGMOD), Juni 2015. doi:10.1145/2723372.2749441

[47] Edgar F. Codd, S. B. Codd und C. T. Salley: *Providing OLAP to User-Analysts: An IT Mandate*. E. F. Codd Associates, 1993.

[48] Surajit Chaudhuri und Umeshwar Dayal: *An Overview of Data Warehousing and OLAP Technology*. ACM SIGMOD Record, Bd. 26, Nr. 1, S. 65–74, März 1997. doi:10.1145/248603.248616

[49] Per-Åke Larson, Cipri Clinciu, Campbell Fraser, et al.: *Enhancements to SQL Server Column Stores*, auf der ACM International Conference on Management of Data (SIGMOD), Juni 2013.

[50] Franz Färber, Norman May, Wolfgang Lehner, et al.: *The SAP HANA Database – An Architecture Overview*. IEEE Data Engineering Bulletin, Bd. 35, Nr. 1, S. 28–33, März 2012.

[51] Michael Stonebraker: *The Traditional RDBMS Wisdom Is (Almost Certainly) All Wrong*. Präsentation an der EPFL, Mai 2013.

[52] Daniel J. Abadi: *Classifying the SQL-on-Hadoop Solutions*. hadapt.com, 2. Oktober 2013.

[53] Marcel Kornacker, Alexander Behm, Victor Bittorf, et al.: *Impala: A Modern, Open-Source SQL Engine for Hadoop*, auf der 7. Biennial Conference on Innovative Data Systems Research (CIDR), Januar 2015.

[54] Sergey Melnik, Andrey Gubarev, Jing Jing Long, et al.: *Dremel: Interactive Analysis of Web-Scale Datasets*, auf der 36. International Conference on Very Large Data Bases (VLDB), S. 330–339, September 2010.

[55] Ralph Kimball und Margy Ross: *The Data Warehouse Toolkit: The Definitive Guide to Dimensional Modeling*. 3. Auflage. John Wiley & Sons, Juli 2013. – ISBN 978-1-118-53080-1

[56] Derrick Harris: *Why Apple, eBay, and Walmart Have Some of the Biggest Data Warehouses You've Ever Seen*. gigaom.com, 27. März 2013.

[57] Julien Le Dem: *Dremel Made Simple with Parquet*. blog.twitter.com, 11. September 2013.

[58] Daniel J. Abadi, Peter Boncz, Stavros Harizopoulos, et al.: *The Design and Implementation of Modern Column-Oriented Database Systems*. Foundations and Trends in Databases, Bd. 5, Nr. 3, S. 197–280, Dezember 2013. doi:10.1561/1900000024

[59] Peter Boncz, Marcin Zukowski und Niels Nes: *MonetDB/X100: Hyper- Pipelining Query Execution*, auf der 2. Biennial Conference on Innovative Data Systems Research (CIDR), Januar 2005.

[60] Jingren Zhou und Kenneth A. Ross: *Implementing Database Operations Using SIMD Instructions*, auf der ACM International Conference on Management of Data (SIGMOD), S. 145–156, Juni 2002. doi:10.1145/564691.564709

[61] Michael Stonebraker, Daniel J. Abadi, Adam Batkin, et al.: *C-Store: A Column-oriented DBMS*, auf der 31. International Conference on Very Large Data Bases (VLDB), S. 553–564, September 2005.

[62] Andrew Lamb, Matt Fuller, Ramakrishna Varadarajan, et al.: *The Vertica Analytic Database: C-Store 7 Years Later.* Proceedings of the VLDB Endowment, Bd. 5, Nr. 12, S. 1790–1801, August 2012.

[63] Julien Le Dem und Nong Li: *Efficient Data Storage for Analytics with Apache Parquet 2.0*, auf der Hadoop Summit, San Jose, Juni 2014.

[64] Jim Gray, Surajit Chaudhuri, Adam Bosworth, et al.: *Data Cube: A Relational Aggregation Operator Generalizing Group-By, Cross-Tab, and Sub-Totals.* Data Mining and Knowledge Discovery, Bd. 1, Nr. 1, S. 29–53, März 2007. doi:10.1023/A:1009726021843

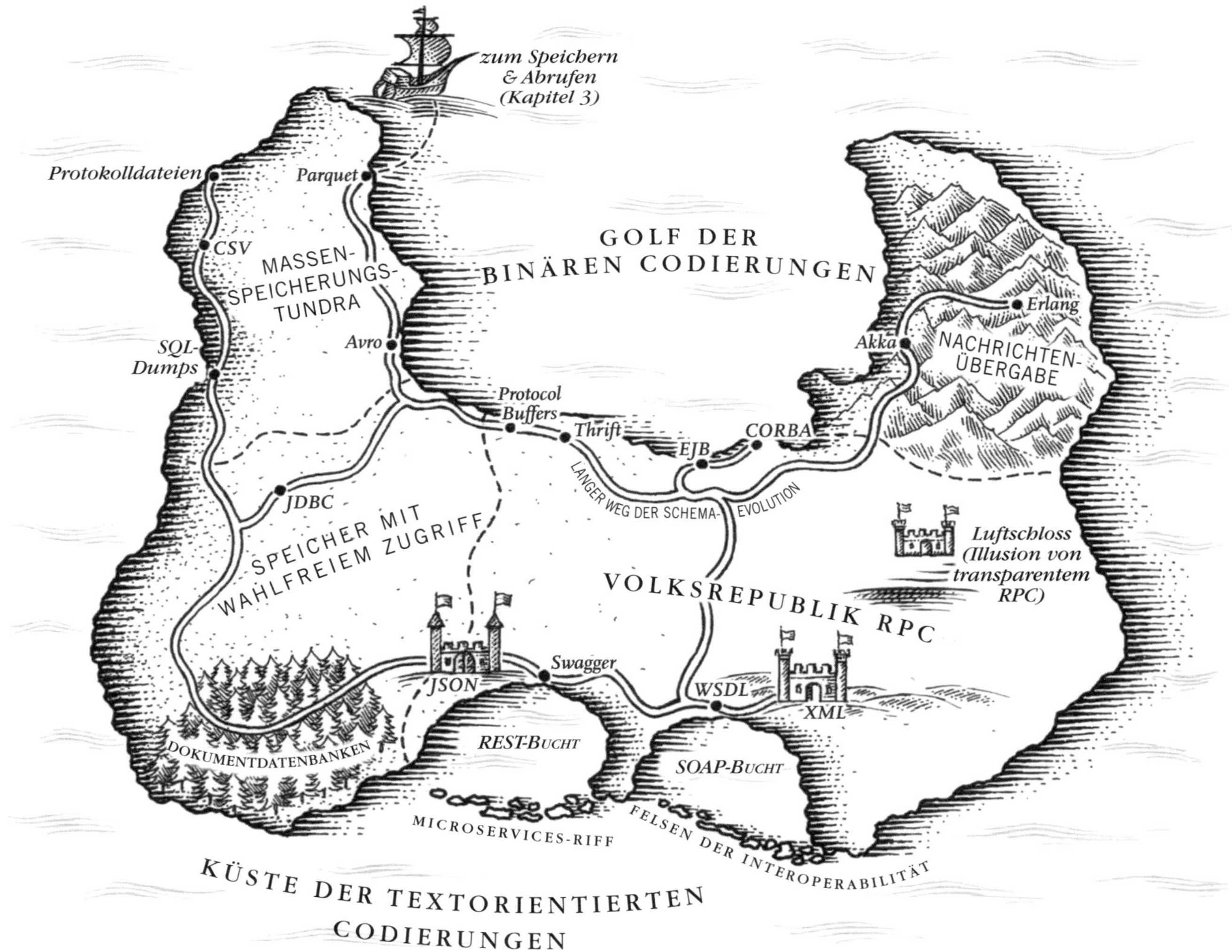
zum Speichern & Abrufen (Kapitel 3)
Protokolldateien
Parquet
CSV
MASSEN-SPEICHERUNGS-TUNDRA
SQL-Dumps
Avro
GOLF DER BINÄREN CODIERUNGEN
Protocol Buffers
Thrift
EJB
CORBA
Akka
Erlang
NACHRICHTEN-ÜBERGABE
LANGER WEG DER SCHEMA-EVOLUTION
JDBC
SPEICHER MIT WAHLFREIEM ZUGRIFF
Luftschloss (Illusion von transparentem RPC)
VOLKSREPUBLIK RPC
JSON
Swagger
WSDL
XML
DOKUMENTDATENBANKEN
REST-BUCHT
SOAP-BUCHT
MICROSERVICES-RIFF
FELSEN DER INTEROPERABILITÄT
KÜSTE DER TEXTORIENTIERTEN CODIERUNGEN

KAPITEL 4

Codierung und Evolution

Alles bewegt sich fort und nichts bleibt.

– **Heraklit von Ephesus**, wie von Platon zitiert im *Kratylos* (360 v. Chr.)

Anwendungen ändern sich mit der Zeit zwangsläufig. Features werden hinzugefügt oder modifiziert, wenn neue Produkte auf den Markt kommen, den Anforderungen der Benutzer besser entsprochen werden soll oder sich die geschäftlichen Verhältnisse ändern. Kapitel 1 hat das Konzept der *Evolvierbarkeit* eingeführt: Wir sollten danach streben, Systeme zu erstellen, die sich leicht an Veränderungen anpassen lassen (siehe Abschnitt »Evolvierbarkeit: Änderungen erleichtern« auf Seite 23).

In den meisten Fällen sind bei einer Änderung der Features einer Anwendung auch die Daten zu ändern, die die Anwendung speichert: Vielleicht müssen Sie ein neues Feld oder einen Datensatztyp erfassen oder vorhandene Daten auf eine neue Art und Weise darstellen.

Die in Kapitel 2 beschriebenen Datenmodelle haben verschiedene Möglichkeiten, um mit derartigen Änderungen klarzukommen. Relationale Datenbanken gehen im Allgemeinen davon aus, dass alle Daten in der Datenbank einem Schema entsprechen: Obwohl dieses Schema geändert werden kann (über Schemamigrationen, d. h. `ALTER`-Anweisungen), ist zu jedem Zeitpunkt genau ein Schema in Kraft. Da im Unterschied dazu Schema-on-read-Datenbanken (»schemalose Datenbanken«) kein Schema erzwingen, kann die Datenbank eine Mischung aus älteren und neuen Datenformaten enthalten, die zu verschiedenen Zeitpunkten geschrieben wurden (siehe Abschnitt »Schemaflexibilität im Dokumentmodell« in Kapitel 2 auf Seite 42).

Wenn sich ein Datenformat oder Schema ändert, ist oftmals eine entsprechende Änderung am Anwendungscode erforderlich (zum Beispiel fügen Sie ein neues Feld in einen Datensatz ein, und der Anwendungscode liest und schreibt dieses Feld). Allerdings ist es in einer großen Anwendung oftmals nicht möglich, Codeänderungen an einem einzigen Zeitpunkt in Kraft treten zu lassen:

- Bei serverseitigen Anwendungen kann es vorteilhaft sein, ein *Rolling Upgrade* (auch als *mehrphasige Bereitstellung* bezeichnet) durchzuführen: das heißt, die neue Version auf einigen Knoten auf einmal bereitstellen; sich vergewissern, ob die neue Version ordnungsgemäß läuft; und dann nach und nach die anderen Knoten aktualisieren. Da sich dadurch neue Versionen ohne Dienstausfälle bereitstellen lassen, fördert diese Vorgehensweise häufigere Releases und bessere Evolvierbarkeit.
- Bei clientseitigen Anwendungen sind Sie vom Benutzer abhängig, der das Update vielleicht nicht sofort installiert.

Das heißt, dass alte und neue Versionen des Codes sowie alte und neue Datenformate möglicherweise gleichzeitig im System existieren. Damit das System weiterhin ordnungsgemäß läuft, müssen Sie Kompatibilität in beide Richtungen aufrechterhalten:

Abwärtskompatibilität
: Neuerer Code kann Daten lesen, die von älterem Code geschrieben wurden.

Vorwärtskompatibilität
: Älterer Code kann Daten lesen, die von neuerem Code geschrieben wurden.

Abwärtskompatibilität ist normalerweise nicht schwer zu erreichen: Als Autor des neueren Codes kennen Sie das Format der Daten, die mit dem älteren Code geschrieben wurden, und Sie können diese explizit verarbeiten (indem Sie gegebenenfalls einfach den alten Code beibehalten, um die alten Daten zu lesen). Vorwärtskompatibilität kann diffiziler sein, weil sie voraussetzt, dass älterer Code die Erweiterungen ignoriert, die eine neuere Version des Codes vorgenommen hat.

In diesem Kapitel sehen wir uns mehrere Formate an, um Daten zu codieren, einschließlich JSON, XML, Protocol Buffers, Thrift und Avro. Insbesondere gehen wir darauf ein, wie sie Schemaänderungen behandeln und wie sie Systeme unterstützen, bei denen alte und neue Daten sowie alter und neuer Code gemeinsam existieren müssen. Dann erläutern wir, wie diese Formate für das Speichern von Daten und für die Kommunikation verwendet werden: in Webservices, REST (Representational State Transfer) und RPCs (Remote Procedure Calls) sowie in Systemen für den Nachrichtenaustausch wie zum Beispiel Aktoren und Nachrichtenwarteschlangen.

Formate für das Codieren von Daten

Programme arbeiten üblicherweise mit Daten in (mindestens) zwei verschiedenen Darstellungen:

1. Im Arbeitsspeicher werden Daten in Objekten, Strukturen, Listen, Arrays, Hashtabellen, Bäumen usw. gespeichert. Diese Datenstrukturen sind für einen effizienten Zugriff und die Manipulation durch die CPU optimiert (typischerweise mit Zeigern).

2. Wenn Sie Daten in eine Datei schreiben oder über das Netzwerk senden wollen, müssen Sie sie in Form einer eigenständigen Bytesequenz codieren (zum Beispiel als JSON-Dokument). Da ein Zeiger für keinen anderen Prozess Sinn machen würde, sieht diese Darstellung als Bytesequenz gänzlich anders aus als die Datenstrukturen, die normalerweise im Arbeitsspeicher verwendet werden.[1]

Wir brauchen also eine Art Übersetzung zwischen den beiden Darstellungen. Die Übersetzung von der speicherinternen Darstellung in eine Bytesequenz heißt *Codierung* (auch als *Serialisierung* oder *Marshalling* bezeichnet) und der entgegengesetzte Vorgang *Decodierung* (*Parsing*, *Deserialisierung*, *Unmarshalling*).[2]

Terminologiekonflikt

Serialisierung wird leider auch im Kontext von Transaktionen verwendet (siehe Kapitel 7), und zwar mit einer vollkommen anderen Bedeutung. Um das Wort nicht überzustrapazieren, bleiben wir in diesem Buch bei *Codierung*, selbst wenn *Serialisierung* der vielleicht gebräuchlichere Begriff ist.

Da dies ein so häufiges Problem ist, stehen unzählige verschiedene Bibliotheken und Codierungsformate zur Auswahl. Die folgenden Abschnitte geben einen kurzen Überblick.

Sprachspezifische Formate

Viele Programmiersprachen unterstützen von Haus aus die Codierung von speicherinternen Objekten zu Bytesequenzen. Zum Beispiel kennt Java die Schnittstelle `java.io.Serializable` [1], Ruby hat `Marshal` [2], in Python ist es `pickle` [3] usw. Außerdem gibt es viele Bibliotheken von Drittanbietern, etwa Kryo für Java [4].

Diese Codierungsbibliotheken sind sehr komfortabel, weil mit ihnen nur ganz wenig Code erforderlich ist, um speicherinterne Objekte zu speichern und wiederherzustellen. Allerdings gibt es bei ihnen auch eine Anzahl ernsthafter Probleme:

- Die Codierung ist oftmals an eine bestimmte Programmiersprache gebunden, und das Lesen der Daten in einer anderen Sprache ist sehr schwierig. Wenn Sie Daten in einer derartigen Codierung speichern oder übertragen, legen Sie sich für eine möglicherweise sehr lange Zeit auf Ihre aktuelle Programmiersprache fest und schließen die Integration Ihrer Systeme in die anderer Organisationen (die eventuell andere Sprachen verwenden) von vornherein aus.

1 Mit Ausnahme von einigen Spezialfällen wie zum Beispiel Memory-Mapped-Dateien oder wenn direkt auf komprimierten Daten gearbeitet wird (wie es der Abschnitt »Spaltenkomprimierung« in Kapitel 3 auf Seite 105 beschreibt).

2 Beachten Sie, dass *Codierung* (engl. encoding) nichts mit *Verschlüsselung* (engl. encryption) zu tun hat. Auf Verschlüsselung gehen wir in diesem Buch nicht ein.

- Um die Daten in denselben Objekttypen wiederherzustellen, muss die Decodierung in der Lage sein, beliebige Klassen zu instanziieren. Hier liegt eine häufige Quelle für Sicherheitsprobleme [5]: Wenn ein Angreifer Ihre Anwendung dazu bringen kann, eine beliebige Bytesequenz zu decodieren, kann er beliebige Klassen instanziieren. Das bietet ihm oftmals die Möglichkeit, Schadcode einzuschleusen, um beispielsweise beliebigen Code remote auszuführen [6, 7].
- Die Versionsverwaltung der Daten ist in diesen Bibliotheken oftmals wenig durchdacht: Da sie für schnelle und einfache Codierung der Daten vorgesehen sind, vernachlässigen sie oft die unbequemen Probleme der Vorwärts- und Abwärtskompatibilität.
- Die Effizienz (die benötigte CPU-Zeit zum Codieren oder Decodieren und die Größe der codierten Struktur) spielt oft ebenfalls eine untergeordnete Rolle. Zum Beispiel ist die in Java integrierte Serialisierung berüchtigt für ihre schlechte Performance und aufgeblähte Codierung [8].

Aus diesen Gründen sollten Sie die integrierte Codierung Ihrer Sprache nur für sehr kurzlebige Daten verwenden.

JSON, XML und binäre Varianten

Wenn man auf standardisierte Codierungen übergeht, die sich durch viele Programmiersprachen schreiben und lesen lassen, sind JSON und XML die Favoriten. Sie sind weithin bekannt, erfahren breite Unterstützung und werden fast genauso wenig gemocht. XML wird oft kritisiert, weil es zu weitschweifig und unnötig kompliziert ist [9]. Die weite Verbreitung von JSON geht hauptsächlich auf die integrierte Unterstützung in Webbrowsern (aufgrund der Tatsache, dass es eine Teilmenge von JavaScript ist) und die Einfachheit relativ zu XML zurück. CSV ist ein weiteres beliebtes sprachunabhängiges Format, auch wenn es weniger leistungsfähig ist.

JSON, XML und CSV sind Textformate und somit für den Menschen einigermaßen verständlich (obwohl die Syntax ein beliebtes Diskussionsthema ist). Abgesehen von den oberflächlichen syntaktischen Problemen weisen sie auch einige subtile Probleme auf:

- Es gibt eine ganze Menge Unklarheiten hinsichtlich der Codierung von Zahlen. In XML und CSV kann man nicht unterscheiden zwischen einer Zahl und einem String, der zufälligerweise aus Ziffern besteht (außer durch Bezugnahme auf ein externes Schema). JSON unterscheidet Strings und Zahlen, macht aber keinen Unterschied zwischen Ganzzahl und Gleitkommazahlen und spezifiziert auch keine Genauigkeit.

  Dies ist ein Problem beim Umgang mit großen Zahlen; zum Beispiel lassen sich Ganzzahlen größer als 2^{53} in einer Gleitkommazahl doppelter Genauigkeit nach dem Standard IEEE 754 nicht genau darstellen. Solche Zahlen werden also ungenau, wenn sie in einer Sprache geparst werden, die Gleitkommazahlen verwendet (wie zum Beispiel JavaScript). Zahlen größer als 2^{53} kommen beispielsweise auf Twitter vor, das jeden Tweet mit einer 64-Bit-Zahl kennzeichnet. Das von der Twitter-API zurückgegebene JSON enthält Tweet-IDs zweimal – einmal als JSON-Zahl und einmal als Dezimalstring, um dem Umstand Rechnung zu tragen, dass die Zahlen sonst von JavaScript-Anwendungen nicht korrekt geparst werden [10].

- JSON und XML sind für Unicode-Zeichenstrings (d.h. Klartext) ausgelegt, unterstützen aber keine binären Strings (Bytesequenzen ohne Zeichencodierung). Binäre Strings sind ein nützliches Feature, und daher umgeht man diese Beschränkung häufig, indem man die Binärdaten per Base64 codiert. Aus dem verwendeten Schema geht dann hervor, dass der Wert als Base64-codiert zu interpretieren ist. Das funktioniert, ist aber etwas umständlich und erhöht die Datenmenge um etwa 33%.
- Es gibt eine optionale Schemaunterstützung sowohl für XML [11] als auch für JSON [12]. Diese Schemasprachen sind recht leistungsfähig und somit auch ziemlich kompliziert zu lernen und zu implementieren. Die Verwendung von XML-Schemas ist durchaus üblich, doch viele JSON-basierte Tools haben mit Schemas nichts am Hut. Da die korrekte Interpretation von Daten (wie zum Beispiel Zahlen und binären Strings) von Informationen im Schema abhängt, müssen Anwendungen, die ohne XML-/JSON-Schemas arbeiten, stattdessen möglicherweise die passende Logik zum Codieren/Decodieren fest im Code realisieren.
- Da CSV keinerlei Schema kennt, liegt es bei der Anwendung, die Bedeutung jeder Zeile und Spalte zu definieren. Wenn eine Anwendung eine neue Zeile oder Spalte hinzufügt, müssen Sie diese Änderung manuell behandeln. Darüber hinaus ist CSV auch ein ziemlich ungenaues Format (was passiert, wenn ein Wert ein Komma oder das Zeichen für eine Zeilenschaltung enthält?) Obwohl Regeln für Escapezeichen formal spezifiziert worden sind [13], implementieren nicht alle Parser diese Regeln korrekt.

Trotz dieser Mängel sind JSON, XML und CSV für viele Zwecke gut geeignet. Es ist absehbar, dass sie weiterhin viel genutzt werden, speziell als Datenaustauschformate (d.h. für das Übermitteln von Daten von einer Organisation an eine andere). Solange sich die Beteiligten über das Format einig sind, spielt es oftmals keine Rolle, wie ansprechend oder effizient das Format ist. Die Schwierigkeit, verschiedene Organisationen dazu zu bewegen, sich auf irgendein gemeinsames Format zu einigen, wiegt schwerer als die meisten anderen Probleme.

Binäre Codierung

Bei Daten, die Sie ausschließlich intern in Ihrer Organisation verwenden, ist der Druck geringer, ein Codierungsformat mit dem kleinsten gemeinsamen Nenner zu verwenden. So könnten Sie zum Beispiel ein Format wählen, das kompakter ist oder sich schneller parsen lässt. Für kleine Datenvolumen sind die Gewinne zu vernachlässigen, doch sobald Sie in den Bereich von Terabyte kommen, kann die Wahl des Datenformats einen großen Einfluss haben.

Auch wenn JSON weniger weitschweifig ist als XML, verbrauchen beide Formate trotzdem noch wesentlich mehr Platz als binäre Formate. Diese Beobachtung hat zur Entwicklung einer Fülle von Binärcodierungen für JSON (MessagePack, BSON, BJSON, UBJSON, BISON und Smile, um nur einige zu nennen) und für XML (zum Beispiel WBXML und Fast Infoset) geführt. Diese Formate haben sich in verschiedenen Nischen etablieren können, doch keines von ihnen ist so weit verbreitet wie die Textversionen von JSON und XML.

Einige dieser Formate erweitern den Satz der Datentypen (zum Beispiel unterscheiden sie Ganzzahlen und Gleitkommazahlen oder unterstützen binäre Strings), lassen aber sonst das JSON-/XML-Datenmodell unverändert. Insbesondere schreiben sie kein Schema vor und müssen deshalb sämtliche Objektfeldnamen in die codierten Daten einbinden. In einer binären Codierung des JSON-Dokuments von Beispiel 4-1 müssen also die Strings `userName`, `favoriteNumber` und `interests` enthalten sein.

Beispiel 4-1: Beispieldatensatz, den wir in diesem Kapitel in mehreren binären Formaten codieren

```
{
    "userName": "Martin",
    "favoriteNumber": 1337,
    "interests": ["daydreaming", "hacking"]
}
```

Sehen wir uns ein Beispiel von MessagePack an, einer binären Codierung für JSON. Die in Abbildung 4-1 gezeigte Bytesequenz erhalten Sie, wenn Sie das JSON-Dokument in Beispiel 4-1 mit MessagePack codieren [14]. Die ersten Bytes der Sequenz geben Folgendes an:

1. Das erste Byte, `0x83`, zeigt an, dass die folgenden Daten ein Objekt (obere vier Bits = `0x80`) mit drei Feldern (untere vier Bits = `0x03`) codieren. (Was passiert, wenn ein Objekt mehr als 15 Felder umfasst? Da sich die Anzahl der Felder dann nicht mehr in vier Bits darstellen lässt, erhält das Objekt einen anderen Typindikator, und die Anzahl der Felder wird in zwei oder vier Bytes codiert.)
2. Das zweite Byte, `0xa8`, gibt an, dass die folgenden Bytes einen String (obere vier Bits = `0xa0`) mit einer Länge von acht Bytes (untere vier Bits = `0x08`) codieren.
3. Die nächsten acht Bytes enthalten den Feldnamen `userName` in ASCII. Da die Länge bereits vor dem String steht, ist keine Markierung (oder ein Escapezeichen) notwendig, um das Ende des Strings zu kennzeichnen.
4. Die nächsten sieben Bytes codieren mit dem Präfix `0xa6` und 6 Buchstaben den Stringwert `Martin` usw.

Die binäre Codierung ist 66 Bytes lang und damit nur wenig kürzer als die 81 Bytes, die eine JSON-Textcodierung (mit entfernten Whitespaces) beansprucht. In dieser Hinsicht sind sämtliche Binärcodierungen von JSON einander ähnlich. Es ist nicht klar, ob eine so geringe Platzersparnis und vielleicht ein beschleunigtes Parsing den Verlust der Klartexteigenschaft wettmachen.

Die folgenden Abschnitte zeigen, wie es bedeutend besser geht: Wir codieren denselben Datensatz in nur 32 Bytes.

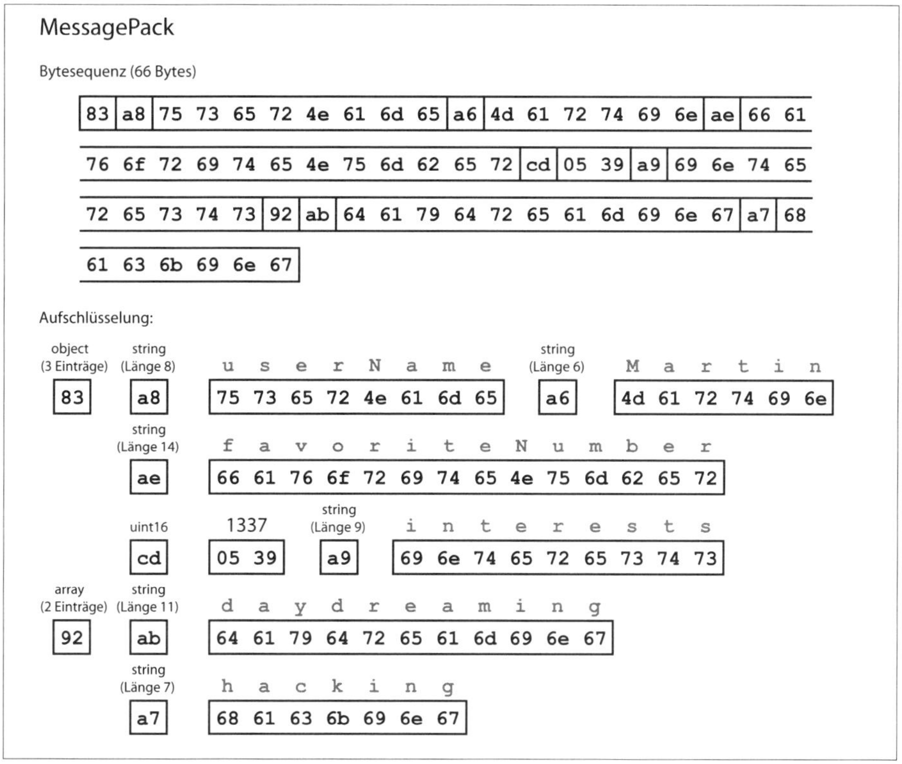

Abbildung 4-1: Beispieldatensatz (Beispiel 4-1), der mit MessagePack codiert wurde

Thrift und Protocol Buffers

Apache Thrift [15] und Protocol Buffers (protobuf) [16] sind Bibliotheken für die binäre Codierung, die auf demselben Prinzip basieren. Protocol Buffers wurde ursprünglich von Google und Thrift von Facebook entwickelt. Beide Projekte sind 2007/2008 zu Open Source gemacht worden [17].

Sowohl Thrift als auch Protocol Buffers setzen ein Schema für die zu codierenden Daten voraus. Um die Daten von Beispiel 4-1 in Thrift zu codieren, beschreiben Sie das Schema in der Thrift-IDL (Interface Description Language), wie es der folgende Code zeigt:

```
struct Person {
  1: required string       userName,
  2: optional i64          favoriteNumber,
  3: optional list<string> interests
}
```

Die äquivalente Schemadefinition für Protocol Buffers sieht sehr ähnlich aus:

```
message Person {
    required string user_name       = 1;
    optional int64  favorite_number = 2;
    repeated string interests       = 3;
}
```

Thrift und Protocol Buffers bringen ein Codeerzeugungstool mit, das anhand einer Schemadefinition Klassen erzeugt, die das Schema in verschiedenen Programmiersprachen implementieren [18]. Diesen generierten Code kann Ihre Anwendung aufrufen, um Datensätze des Schemas zu codieren oder zu decodieren.

Wie sehen die Daten aus, die mit diesem Schema codiert wurden? Verwirrenderweise hat Thrift mit BinaryProtocol und CompactProtocol zwei verschiedene Formate zur Binärcodierung.[3] Sehen wir uns zuerst BinaryProtocol an. Codiert man Beispiel 4-1 in diesem Format, ergeben sich 59 Bytes, wie sie in Abbildung 4-2 dargestellt sind [19].

Ähnlich wie in Abbildung 4-1 hat jedes Feld eine Typanmerkung (um anzuzeigen, ob es sich um einen String, eine Ganzzahl, eine Liste usw. handelt) und bei Bedarf ein Längenkennzeichen (Länge eines Strings, Anzahl der Elemente in einer Liste). Die Strings, die in den Daten erscheinen (`"Martin"`, `"daydreaming"`, `"hacking"`) sind ähnlich wie zuvor als ASCII (oder vielmehr UTF-8) codiert.

Der große Unterschied gegenüber Abbildung 4-1 besteht darin, dass es keine Feldnamen (`userName`, `favoriteNumber`, `interests`) gibt. Stattdessen enthalten die codierten Daten *Feldtags*, und zwar in Form von Zahlen (1, 2 und 3). Dabei handelt es sich um die Zahlen, die in der Schemadefinition erscheinen. Feldtags sind so etwas wie Alias für Felder – damit lässt sich in kompakter Form sagen, über welches Feld wir sprechen, ohne den Feldnamen ausschreiben zu müssen.

Die CompactProtocol-Codierung von Thrift ist semantisch dem BinaryProtocol äquivalent, doch wie Abbildung 4-3 zeigt, bringt das Format dieselben Informationen in nur 34 Bytes unter. Dazu packt es den Feldtyp und die Tagnummer in einem einzelnen Byte zusammen und verwendet Ganzzahlen variabler Länge. Anstatt volle acht Bytes für die Zahl 1337 zu verbrauchen, kommt das Format mit zwei Bytes aus. Dabei zeigt das höchste Bit jedes Bytes an, ob noch weitere Bytes folgen. Folglich werden Zahlen zwischen –64 und 63 in einem Byte codiert, Zahlen zwischen –8192 und 8191 in zwei Bytes usw. Größere Zahlen benötigen mehr Bytes.

3 Eigentlich sind es sogar drei Formate – BinaryProtocol, CompactProtocol und DenseProtocol –, wobei DenseProtocol nur von der C++-Implementierung unterstützt wird, sodass es nicht als sprachübergreifend zählt [18]. Abgesehen davon hat es auch zwei verschiedene JSON-basierte Codierungsformate [19].

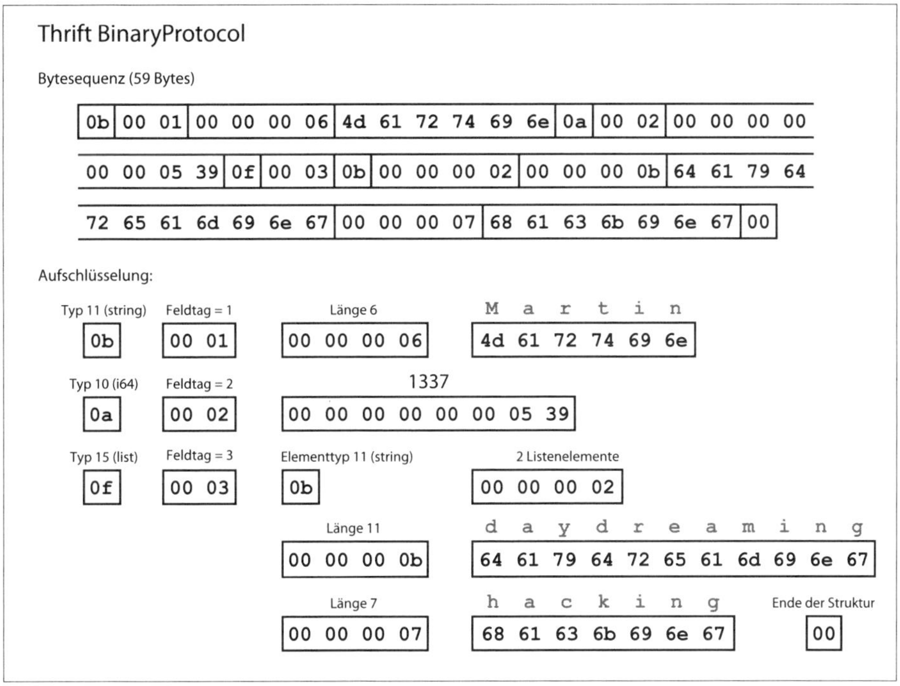

Abbildung 4-2: Beispieldatensatz, codiert mit BinaryProtocol von Thrift

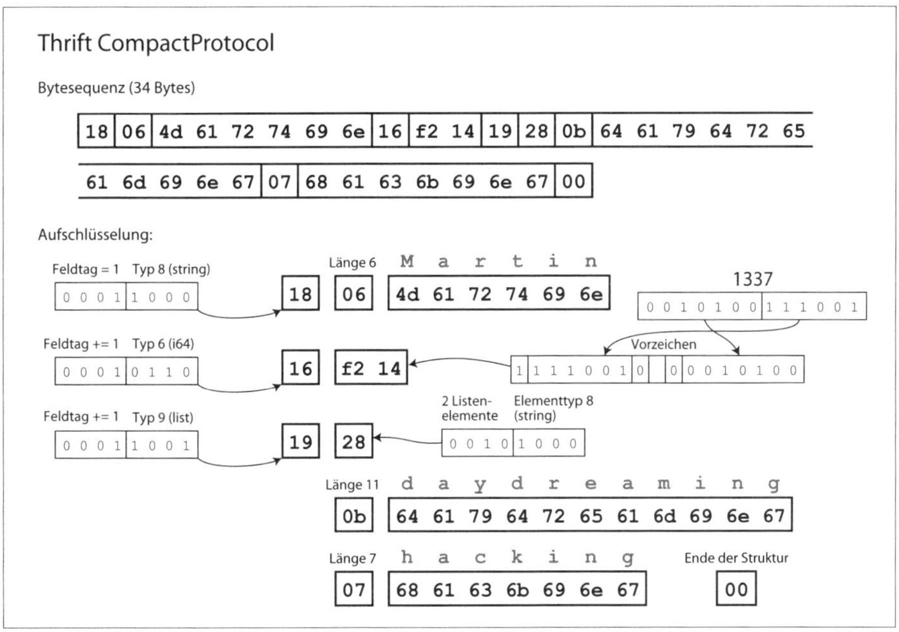

Abbildung 4-3: Beispieldatensatz, der mit CompactProtocol von Thrift codiert ist

Schließlich codiert Protocol Buffers (das nur ein binäres Format kennt) dieselben Daten wie in Abbildung 4-4 dargestellt. Die Bitpackung sieht ein wenig anders aus, doch sonst ist das Format dem CompactProtocol von Thrift sehr ähnlich. Bei Protocol Buffers passt derselbe Datensatz in 33 Bytes.

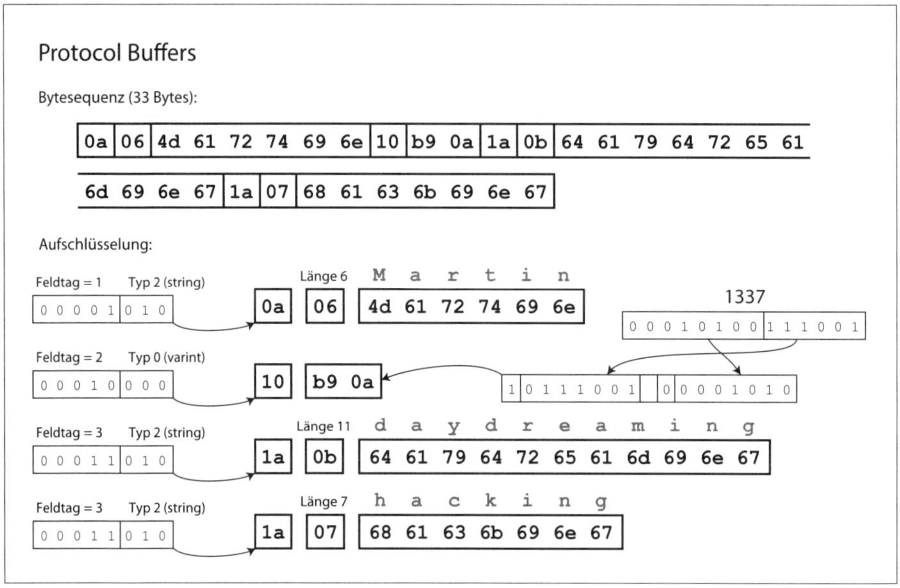

Abbildung 4-4: Beispieldatensatz, der mit Protocol Buffers codiert ist

Ein Detail ist noch anzumerken: In den weiter vorn gezeigten Schemas war jedes Feld entweder als `required` (erforderlich) oder `optional` markiert. Für die Codierung des Felds ist das aber nicht relevant (nichts in den binären Daten zeigt an, ob ein Feld erforderlich war). Der Unterschied ist einfach der, dass `required` eine Laufzeitprüfung erlaubt, die scheitert, wenn das Feld nicht gesetzt ist. Dies kann für die Fehlersuche nützlich sein.

Feldtags und Schemaevolution

Wie weiter oben erläutert, müssen sich Schemas im Lauf der Zeit zwangsläufig ändern. Wir nennen das *Schemaevolution*. Was machen Thrift und Protocol Buffers mit Schemaänderungen, um Abwärts- und Vorwärtskompatibilität zu bewahren?

Wie Sie den Beispielen entnehmen können, ist ein codierter Datensatz lediglich die Verkettung seiner codierten Felder. Jedes Feld wird durch seine Tagnummer gekennzeichnet (die Zahlen 1, 2, 3 in den Beispielschemas) und mit einem Datentyp (zum Beispiel String oder Integer) annotiert. Wenn ein Feldwert nicht festgelegt ist, wird er im codierten Datensatz einfach weggelassen. Hieraus können Sie ersehen, dass Feldtags für die Bedeutung der codierten Daten entscheidend sind. Den Namen eines Felds können Sie im Schema ändern, da die codierten Daten niemals auf die Feldnamen verweisen. Dagegen dürfen Sie das Tag eines Felds nicht ändern, denn das würde alle vorhandenen codierten Daten ungültig machen.

Dem Schema können Sie neue Felder hinzufügen, sofern Sie jedem Feld eine neue Tagnummer zuweisen. Versucht nun alter Code (der von den hinzugefügten neuen Tagnummern nichts weiß) die von neuem Code geschriebenen Daten zu lesen – einschließlich eines neuen Felds mit einer Tagnummer, die er nicht erkennt –, kann er dieses Feld einfach ignorieren. Anhand der Datentypannotation kann der Parser ermitteln, wie viele Bytes er überspringen muss. Dadurch bleibt Vorwärtskompatibilität gewahrt: Alter Code kann also Datensätze lesen, die von neuem Code geschrieben wurden.

Wie sieht es mit Abwärtskompatibilität aus? Solange jedes Feld eine eindeutige Tagnummer hat, kann neuer Code immer alte Daten lesen, weil die Tagnummern immer noch dieselbe Bedeutung haben. Die einzige Einschränkung ist, dass Sie ein neu hinzugefügtes Feld nicht zu einem erforderlichen Feld machen können. Würden Sie ein Feld hinzufügen und es als erforderlich festlegen, würde diese Überprüfung scheitern, wenn neuer Code Daten liest, die mit altem Code geschrieben wurden, weil der alte Code das von Ihnen neu hinzugefügte Feld nicht geschrieben hat. Um also Abwärtskompatibilität zu wahren, muss jedes Feld, das Sie nach der anfänglichen Bereitstellung des Schemas hinzufügen, optional sein oder einen Standardwert haben.

Ein Feld zu entfernen, ist wie das Hinzufügen eines Felds, wobei sich die Fragen der Abwärts- und Vorwärtskompatibilität umkehren. Das heißt, Sie können nur ein optionales Feld entfernen (ein erforderliches Feld kann nie entfernt werden) und Sie dürfen nie dieselbe Tagnummer erneut verwenden (weil es irgendwo noch geschriebene Daten geben kann, die die alte Tagnummer enthalten, und dieses Feld vom neuen Code ignoriert werden muss).

Datentypen und Schemaevolution

Ist es möglich, den Datentyp eines Felds zu ändern? Das kann zulässig sein (informieren Sie sich über Details in der Dokumentation), doch es besteht die Gefahr, dass Werte an Genauigkeit verlieren oder abgeschnitten werden. Nehmen wir zum Beispiel an, Sie ändern eine 32-Bit-Ganzzahl in eine 64-Bit-Ganzzahl. Neuer Code liest problemlos die Daten, die der alte Code geschrieben hat, weil der Parser die fehlenden Bits mit Nullen auffüllen kann. Wenn jedoch alter Code Daten liest, die neuer Code geschrieben hat, verwendet der alte Code trotzdem eine 32-Bit-Variable, um den Wert zu speichern. Wenn der decodierte 64-Bit-Wert nicht in 32 Bits passt, wird er abgeschnitten.

Protocol Buffers hat die Eigenheit, dass es keinen Listen- oder Array-Datentyp kennt. Stattdessen verwendet es eine `repeated`-Markierung für Felder (eine dritte Option neben `required` und `optional`). Wie Abbildung 4-4 zeigt, hält die Codierung eines wiederholten (`repeated`) Felds genau das, was sie verspricht: Das gleiche Feldtag erscheint einfach mehrmals im Datensatz. Dies hat den angenehmen Effekt, dass sich ein optionales (einwertiges) Feld zu einem wiederholten (mehrwertigen) Feld umwandeln lässt. Neuer Code, der alte Daten liest, sieht eine Liste mit null oder einem Element vor sich (je nachdem, ob das Feld vorhanden war), während alter Code, der neue Daten liest, nur das letzte Element der Liste sieht.

Bei Thrift gibt es einen dedizierten Listendatentyp, der mit dem Datentyp der Listenelemente parametrisiert wird. Dies ermöglicht zwar nicht die gleiche Evolution von einwertigen zu mehrwertigen Feldern wie bei Protocol Buffers, bietet dafür aber den Vorteil, verschachtelte Listen zu unterstützen.

Avro

Apache Avro [20] ist ein anderes Codierungsformat, das sich in interessanten Punkten von Protocol Buffers und Thrift unterscheidet. Es wurde 2009 als Teilprojekt von Hadoop gestartet, da sich Thrift für die Einsatzfälle von Hadoop als nicht geeignet erwiesen hatte [21].

Auch Avro verwendet ein Schema, um die Struktur der zu codierenden Daten zu spezifizieren. Es verfügt über zwei Schemasprachen: Die eine (Avro IDL) ist als Bearbeitungssprache für den Menschen vorgesehen, und die andere (die auf JSON basiert) ist als besser maschinenlesbare Sprache konzipiert.

Unser Beispielschema könnte in Avro IDL wie folgt aussehen:

```
record Person {
    string                userName;
    union { null, long } favoriteNumber = null;
    array<string>         interests;
}
```

Die äquivalente JSON-Darstellung dieses Schemas lautet:

```
{
    "type": "record",
    "name": "Person",
    "fields": [
        {"name": "userName",       "type": "string"},
        {"name": "favoriteNumber", "type": ["null", "long"], "default": null},
        {"name": "interests",      "type": {"type": "array", "items": "string"}}
    ]
}
```

Zunächst einmal ist festzustellen, dass es im Schema keine Tagnummern gibt. Wenn wir unseren Beispieldatensatz (Beispiel 4-1) mit diesem Schema codieren, ist die Binärcodierung mit Avro lediglich 32 Bytes lang – die kompakteste aller Codierungen, die Sie bisher kennengelernt haben. Die codierte Bytesequenz ist in Abbildung 4-5 aufgegliedert dargestellt.

Wie eine Analyse der Bytesequenz zeigt, gibt es nichts, um Felder oder deren Datentypen zu identifizieren. Die Codierung besteht einfach aus Werten, die miteinander verkettet sind. Ein String besteht aus einem Längenpräfix, gefolgt von UTF-8-Bytes, doch aus den codierten Daten geht nicht hervor, dass es sich um einen String handelt. Es könnte genauso gut eine Ganzzahl oder etwas vollkommen anderes sein. Eine Ganzzahl wird mit einer variablen Länge codiert (genau wie beim CompactProtocol von Thrift).

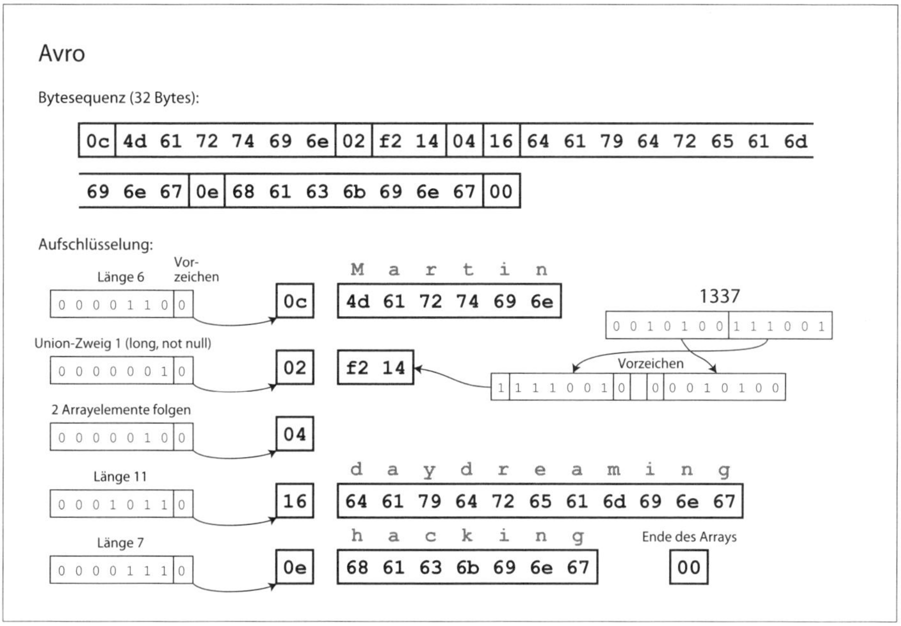

Abbildung 4-5: Beispieldatensatz, der mit Avro codiert wurde

Um die Binärdaten zu parsen, gehen Sie durch die Felder in der Reihenfolge, in der sie im Schema erscheinen, und entnehmen dem Schema den Datentyp für jedes Feld. Folglich lassen sich die Binärdaten nur dann korrekt decodieren, wenn der Code, der die Daten liest, *genau das gleiche Schema* verwendet wie der Code, der die Daten geschrieben hat. Jede Abweichung im Schema zwischen dem Leser und dem Schreiber würde falsch decodierte Daten bedeuten.

Wie unterstützt dann Avro eine Schemaevolution?

Das Schema des Schreibers und das Schema des Lesers

Wenn eine Anwendung bestimmte Daten mit Avro codieren möchte (in eine Datei oder Datenbank schreiben, über das Netzwerk senden usw.), codiert sie die Daten mit der Schemaversion, die ihr bekannt ist – zum Beispiel kann das Schema fester Bestandteil des Anwendungscodes sein. Dies wird als *Schema des Schreibers* bezeichnet.

Möchte eine Anwendung bestimmte Daten decodieren (aus einer Datei oder Datenbank lesen, über das Netzwerk empfangen usw.), geht sie davon aus, dass die

Daten in einem bestimmten Schema vorliegen, dem sogenannten *Schema des Lesers*. Das ist das Schema, auf das sich der Anwendungscode stützt – von diesem Schema kann der Code beim Erstellen der Anwendung generiert worden sein.

Der Schlüsselgedanke bei Avro ist, dass das Schema des Schreibers und das Schema des Lesers *nicht gleich sein müssen* – sie müssen nur kompatibel sein. Wenn Daten decodiert (gelesen) werden, löst die Avro-Bibliothek die Unterschiede auf, indem sie das Schema des Schreibers und das Schema des Lesers nebeneinander betrachtet und die Daten vom Schema des Schreibers in das Schema des Lesers übersetzt. Die Avro-Spezifikation [20] definiert genau, wie diese Auflösung funktioniert. Abbildung 4-6 veranschaulicht die Abläufe.

Zum Beispiel ist es kein Problem, wenn im Schema des Schreibers und im Schema des Lesers die Felder in einer anderen Reihenfolge erscheinen, weil die Schemaauflösung die Felder nach dem Namen abgleicht. Trifft der Code, der die Daten liest, auf ein Feld, das im Schema des Schreibers, aber nicht im Schema des Lesers erscheint, ignoriert er es. Wenn der Daten lesende Code ein bestimmtes Feld erwartet, das Schema des Schreibers aber kein Feld dieses Namens enthält, wird es mit einem Standardwert gefüllt, der im Schema des Lesers deklariert ist.

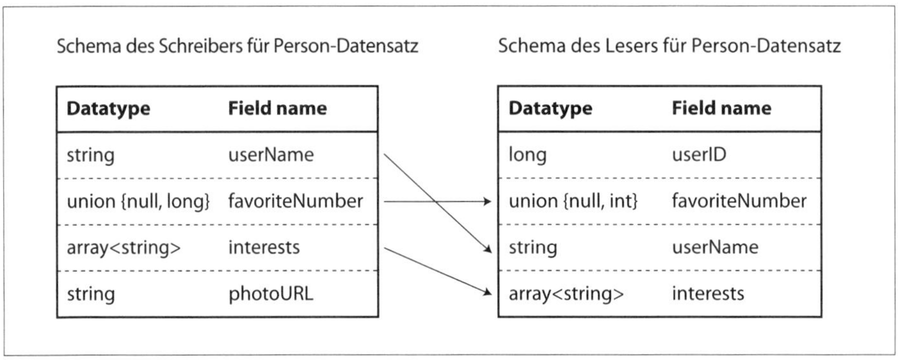

Abbildung 4-6: Ein Avro-Leser löst Unterschiede zwischen dem Schema des Schreibers und dem Schema des Lesers auf.

Regeln für Schemaevolution

Bei Avro bedeutet Vorwärtskompatibilität, dass Sie eine neue Version des Schemas als Schreiber und eine alte Version des Schemas als Leser haben können. Umgekehrt heißt Abwärtskompatibilität, dass Sie eine neue Version des Schemas als Leser und eine alte Version als Schreiber verarbeiten können.

Um die Kompatibilität zu wahren, sollten Sie nur Felder, die Standardwerte besitzen, hinzufügen oder entfernen. (Das Feld `favoriteNumber` in unserem Avro-Schema hat den Standardwert `null`.) Nehmen wir als Beispiel an, Sie fügen ein Feld mit einem Standardwert hinzu, sodass dieses neue Feld im neuen Schema existiert, aber nicht im alten. Wenn ein Leser, der das neue Schema verwendet, einen Datensatz liest, der mit dem alten Schema geschrieben wurde, setzt er den Standardwert für das fehlende Feld ein.

Würden Sie ein Feld hinzufügen, das keinen Standardwert besitzt, wären neue Leser nicht in der Lage, die von alten Schreibern geschriebenen Daten zu lesen. Damit würden Sie die Abwärtskompatibilität verletzen. Wenn Sie ein Feld entfernen würden, das keinen Standardwert hat, wären alte Leser nicht in der Lage, die von neuen Schreibern geschriebenen Daten zu lesen. Hiermit würden Sie also die Vorwärtskompatibilität verletzen.

In manchen Programmiersprachen ist `null` ein akzeptabler Standardwert für jede Variable, in Avro jedoch nicht: Wenn Sie den Wert `null` für ein Feld zulassen möchten, müssen Sie einen `union`-Typ bemühen. Zum Beispiel zeigt `union { null, long, string } field;` an, dass `field` eine Zahl oder ein String oder `null` sein kann. Den Wert `null` können Sie nur dann als Standardwert verwenden, wenn er einer der Union-Zweige ist.[4] Dies ist etwas umständlicher als für alle Variablen standardmäßig `null` zuzulassen, verringert aber die Gefahr von Fehlern, weil explizit ausgedrückt wird, was `null` sein darf und was nicht [22].

Somit kennt Avro auch keine Markierungen wie `optional` und `required`, die bei Protocol Buffers und Thrift vorhanden sind (dafür gibt es `union`-Typen und Standardwerte). Es ist möglich, den Datentyp eines Felds zu ändern, sofern Avro den Typ konvertieren kann. Auch der Name eines Felds lässt sich ändern, doch ist das etwas diffizil: Das Schema des Lesers kann Alias für Feldnamen enthalten, sodass es die Schemafeldnamen eines alten Schreibers mit den Alias abgleichen kann. Das Ändern eines Feldnamens ist also abwärtskompatibel, aber nicht vorwärtskompatibel. Analog dazu ist das Hinzufügen eines Zweigs zu einem Union-Typ abwärtskompatibel, aber nicht vorwärtskompatibel.

Doch was ist das Schema des Schreibers?

Bisher haben wir eine wichtige Frage vernachlässigt: Woher kennt der Leser das Schema des Schreibers, mit dem ein bestimmter Abschnitt der Daten codiert wurde? Wir können nicht einfach das gesamte Schema in jeden Datensatz einschließen, weil das Schema wahrscheinlich viel größer sein würde als die codierten Daten. Dies würde die Platzeinsparung durch die binäre Codierung ad absurdum führen.

Die Antwort hängt vom Kontext ab, in dem Avro verwendet wird. Hierzu einige Beispiele:

Große Datei mit vielen Datensätzen
: Avro wird häufig – insbesondere im Kontext von Hadoop – für das Speichern einer großen Datei mit Millionen von Datensätzen eingesetzt, die alle mit dem-

4 Um genau zu sein: Der Standardwert muss vom Typ des *ersten* Zweigs der Union sein, obwohl dies eine spezifische Beschränkung von Avro ist und kein allgemeines Merkmal von Union-Typen.

selben Schema codiert sind. (Auf derartige Situationen geht Kapitel 10 ein.) In diesem Fall kann der Schreiber dieser Datei einfach das Schema des Schreibers einmal am Anfang der Datei einbinden. Avro spezifiziert hierfür ein Dateiformat (Objektcontainerdateien).

Datenbank mit individuell geschriebenen Datensätzen
: In einer Datenbank können verschiedene Datensätze zu verschiedenen Zeitpunkten mit verschiedenen Schemas des Schreibers geschrieben werden – man kann nicht davon ausgehen, dass alle Datensätze nach demselben Schema aufgebaut sind. Am einfachsten ist es, jeden Datensatz am Anfang mit einer Versionsnummer zu versehen und eine Liste der Schemaversionen in der Datenbank zu führen. Ein Leser kann einen Datensatz abrufen, die Versionsnummer herausziehen und dann das Schema des Schreibers für diese Versionsnummer aus der Datenbank holen. Anhand dieses Schemas des Schreibers lässt sich dann der Rest des Datensatzes decodieren. (Zum Beispiel funktioniert Espresso [23] auf diese Weise.)

Datensätze über eine Netzwerkverbindung senden
: Wenn zwei Prozesse über eine bidirektionale Netzwerkverbindung kommunizieren, können sie die Schemaversion beim Verbindungsaufbau aushandeln und dann dieses Schema für die Dauer der Verbindung verwenden. So arbeitet auch das RPC-Protokoll von Avro (siehe Abschnitt »Datenfluss über Dienste: REST und RPC« auf Seite 140).

Eine Datenbank von Schemaversionen ist auf jeden Fall nützlich, da sie als Dokumentation dient und Ihnen erlaubt, die Schemakompatibilität zu überprüfen [24]. Als Versionsnummer können Sie eine einfache fortlaufende Ganzzahl oder einen Hashwert des Schemas verwenden.

Dynamisch generierte Schemas

Verglichen mit Protocol Buffers und Thrift hat Avro unter anderem den Vorteil, dass im Schema keine Tagnummern enthalten sind. Doch warum ist das wichtig? Wo liegt das Problem, eine Reihe von Zahlen im Schema mitzuführen?

Der Unterschied ist, dass Avro *dynamisch generierten* Schemas entgegenkommt. Nehmen wir zum Beispiel an, Sie möchten den Inhalt einer relationalen Datenbank in eine Datei ausgeben, und zwar in einem Binärformat, um die oben erwähnten Probleme mit Textformaten (JSON, CSV, SQL) zu vermeiden. Mit Avro können Sie ziemlich einfach ein Avro-Schema (in der weiter oben vorgestellten JSON-Darstellung) aus dem relationalen Schema erzeugen, den Datenbankinhalt mit diesem Schema codieren und somit alles in eine Avro-Objektcontainerdatei ausgeben [25]. Für jede Datenbanktabelle generieren Sie ein Datensatzschema, und jede Spalte wird zu einem Feld in diesem Datensatz. Der Spaltenname in der Datenbank wird auf den Feldnamen in Avro abgebildet.

Ändert sich nun das Datenbankschema (weil zum Beispiel einer Tabelle eine Spalte hinzugefügt und eine Spalte entfernt wurde), können Sie einfach ein neues

Avro-Schema aus dem aktualisierten Datenbankschema erzeugen und Daten im neuen Avro-Schema exportieren. Der Exportvorgang braucht sich um die Schemaänderung nicht zu kümmern – jedes Mal, wenn er ausgeführt wird, kann er einfach die Schemaumwandlung vornehmen. Jeder, der die neuen Datendateien liest, sieht, dass sich die Felder des Datensatzes geändert haben. Doch da die Felder durch den Namen identifiziert werden, kann das aktualisierte Schema des Schreibers trotzdem noch mit dem Schema des alten Lesers abgeglichen werden.

Wenn Sie dagegen Thrift oder Protocol Buffers für diesen Zweck heranziehen, müssten Sie die Feldtags wahrscheinlich manuell zuweisen: Jedes Mal, wenn sich das Datenbankschema ändert, müsste ein Administrator die Zuordnung der Datenbankspaltennamen zu den Feldtags manuell aktualisieren. (Dies ließe sich vielleicht automatisieren, doch der Schemagenerator müsste sehr genau darauf aufpassen, keine der früher verwendeten Feldtags zuzuweisen.) Diese Art von dynamisch generiertem Schema war einfach kein Entwurfsziel von Thrift oder Protocol Buffers, bei Avro aber schon.

Codeerzeugung und dynamisch typisierte Sprachen

Thrift und Protocol Buffers verlassen sich auf Codegenerierung: Nachdem ein Schema definiert worden ist, können Sie Code generieren, der dieses Schema in einer Programmiersprache Ihrer Wahl implementiert. Dies ist in statisch typisierten Sprachen wie Java, C++ oder C# nützlich, weil sich dann effiziente speicherinterne Strukturen für decodierte Daten verwenden lassen und eine Typprüfung und Autovervollständigung in IDEs möglich ist, wenn man Programme schreibt, die auf die Datenstrukturen zugreifen.

In dynamisch typisierten Programmiersprachen wie JavaScript, Ruby oder Python ergibt es wenig Sinn, Code zu generieren, weil es dort normalerweise keine Kompilierung mit Typprüfung gibt. Die Codegenerierung ist in diesen Sprachen oftmals verpönt, da dann ein zusätzlicher Kompilierungsschritt erforderlich wäre. Darüber hinaus ist im Falle eines dynamisch generierten Schemas (wie zum Beispiel eines Avro-Schemas, das aus einer Datenbanktabelle generiert wurde) die Codegenerierung ein unnötiges Hindernis, um an die Daten zu gelangen.

Avro bietet optional eine Codegenerierung für statisch typisierte Programmiersprachen, doch es kann genauso gut auch ohne Generierung verwendet werden. Wenn Sie eine Objektcontainerdatei haben (die das Schema des Schreibers einbettet), können Sie sie einfach mithilfe der Avro-Bibliothek öffnen und sich die Daten in der gleichen Weise wie eine JSON-Datei ansehen. Die Datei ist *selbstbeschreibend*, da sie alle notwendigen Metadaten enthält.

Diese Eigenschaft ist vor allem nützlich in Verbindung mit dynamisch typisierten Datenverarbeitungssprachen wie Apache Pig [26]. In Pig können Sie einfach einige Avro-Dateien öffnen, sie analysieren und abgeleitete Datensätze in Ausgabedateien im Avro-Format schreiben, ohne sich überhaupt über die Schemas Gedanken zu machen.

Die Vorzüge von Schemas

Wie wir gesehen haben, verwenden Protocol Buffers, Thrift und Avro ein Schema, um ein binäres Codierungsformat zu beschreiben. Ihre Schemasprachen sind wesentlich einfacher als XML Schema oder JSON Schema, die viel detailliertere Validierungsregeln unterstützen (zum Beispiel »der Stringwert dieses Felds muss diesem regulären Ausdruck entsprechen« oder »der Ganzzahlwert dieses Felds muss zwischen 0 und 100 liegen«) Da Protocol Buffers, Thrift und Avro einfacher zu implementieren und zu verwenden sind, unterstützen sie eine zunehmend breitere Palette von Programmiersprachen.

Diese Codierungen basieren auf Ideen, die keineswegs neu sind. Zum Beispiel haben sie viel gemein mit ASN.1, einer Schemadefinitionssprache, die erstmals 1984 standardisiert wurde [27]. Damit hat man verschiedene Netzwerkprotokolle definiert, und ihre Binärcodierung (DER) ist immer noch in Gebrauch, um beispielsweise SSL-Zertifikate (X.509) zu codieren [28]. ASN.1 unterstützt Schemaevolution mithilfe von Tagnummern, ähnlich wie Protocol Buffers und Thrift [29]. Allerdings ist sie auch sehr komplex und schlecht dokumentiert, sodass ASN.1 wahrscheinlich keine gute Wahl für neue Anwendungen ist.

Viele Datensysteme implementieren auch eine Art proprietärer Binärcodierung für ihre Daten. So haben die meisten relationalen Datenbanken ein Netzwerkprotokoll, über das Sie Abfragen an die Datenbank senden und Antworten zurückbekommen können. Diese Protokolle sind im Allgemeinen für eine bestimmte Datenbank spezifisch, und der Datenbankanbieter stellt einen Treiber bereit (zum Beispiel mit den APIs ODBC oder JDBC), der Antworten aus dem Netzwerkprotokoll der Datenbank in speicherinterne Datenstrukturen decodiert.

Wir stellen also fest, dass Textdatenformate wie JSON, XML und CSV zwar weitverbreitet sind, aber auch Binärcodierungen auf der Basis von Schemas eine durchaus sinnvolle Option sind. Zudem besitzen sie eine Reihe attraktiver Eigenschaften:

- Sie sind möglicherweise wesentlich kompakter als die verschiedenen »binäres JSON«-Varianten, da die codierten Daten keine Feldnamen enthalten müssen.
- Das Schema ist eine wertvolle Form der Dokumentation, und weil es für die Decodierung erforderlich ist, können Sie sicher sein, dass es aktuell ist (während eine manuell gepflegte Dokumentation leicht von der Realität abweichen kann).
- Mit einer Datenbank von Schemas haben Sie die Möglichkeit, die Vorwärts- und Abwärtskompatibilität von Schemaänderungen zu überprüfen, bevor die Änderung bekanntgegeben wird.
- Für Benutzer von statisch typisierten Programmiersprachen ist die Möglichkeit, Code aus dem Schema zu erzeugen, sinnvoll, da damit eine Typprüfung zur Kompilierzeit durchführbar ist.

Alles in allem ermöglicht die Schemaevolution die gleiche Art von Flexibilität wie schemalose/Schema-on-read-JSON-Datenbanken (siehe Abschnitt »Schemaflexibilität im Dokumentmodell« auf Seite 42) und bietet dabei gleichzeitig bessere Garantien für Ihre Daten und bessere Werkzeuge.

Datenflussmodi

Zu Beginn dieses Kapitel haben wir festgestellt, dass Sie Daten immer dann als Bytesequenz codieren müssen, wenn Sie sie an einen anderen Prozess senden möchten, mit dem Sie keinen Speicher teilen – beispielsweise wenn Sie Daten über das Netzwerk verschicken oder in eine Datei schreiben wollen. Wir haben dann eine breite Palette verschiedener Codierungen für diese Aufgabe besprochen.

Dabei ging es auch um Vorwärts- und Abwärtskompatibilität, die wichtig sind für Evolvierbarkeit (Änderungen erleichtern, indem Sie verschiedene Teile Ihres Systems unabhängig voneinander aktualisieren dürfen und nicht alles auf einmal ändern müssen). Kompatibilität ist eine Beziehung zwischen dem einen Prozess, der Daten codiert, und einem anderen Prozesse, der sie decodiert.

Das ist eine ziemlich abstrakte Idee – es gibt verschiedene Wege, auf denen Daten von einem Prozess zu einem anderen fließen können. Wer codiert die Daten und wer decodiert sie? Im Rest dieses Kapitels untersuchen wir die gängigsten Methoden, wie Daten zwischen Prozessen fließen:

- Über Datenbanken (siehe Abschnitt »Datenfluss über Datenbanken« auf Seite 137)
- Über Dienstaufrufe (siehe Abschnitt »Datenfluss über Dienste: REST und RPC« auf Seite 140)
- Über asynchronen Nachrichtenaustausch (siehe Abschnitt »Datenfluss beim Nachrichtenaustausch« auf Seite 146)

Datenfluss über Datenbanken

Der Prozess, der in die Datenbank schreibt, codiert die Daten, und der Prozess, der aus der Datenbank liest, decodiert sie. Wenn lediglich ein einzelner Prozess auf die Datenbank zugreift, ist der Leser einfach eine spätere Version desselben Prozesses – etwas in der Datenbank zu speichern, können Sie sich dann *wie eine Nachricht vorstellen, die Sie an Ihr zukünftiges Ich senden*.

Hier ist zweifellos Abwärtskompatibilität erforderlich, da andernfalls Ihr zukünftiges Ich nicht in der Lage wäre, die Nachricht zu decodieren, die Sie vorher geschrieben haben.

Im Allgemeinen greifen mehrere verschiedene Prozesse zur gleichen Zeit auf eine Datenbank zu. Diese Prozesse können mehrere verschiedene Anwendungen oder Dienste sein oder auch einfach mehrere Instanzen desselben Diensts (die aus

Gründen der Skalierbarkeit oder Fehlertoleranz parallel laufen). In jedem Fall ist es in einer Umgebung, in der sich die Anwendung ändert, wahrscheinlich, dass einige Prozesse, die auf die Datenbank zugreifen, neueren Code ausführen, und einige älteren Code – zum Beispiel weil eine neue Version gerade in einem Rolling Upgrade bereitgestellt wird, sodass manche Instanzen bereits aktualisiert wurden, andere aber noch nicht.

Das heißt, dass ein Wert in der Datenbank von einer *neueren* Codeversion geschrieben und später von einer *älteren* Codeversion, die immer noch läuft, gelesen werden kann. Deshalb sind Datenbanken oftmals auch auf Vorwärtskompatibilität angewiesen.

Allerdings gibt es einen zusätzlichen Haken. Angenommen, Sie fügen einem Datensatzschema ein Feld hinzu und der neuere Code schreibt einen Wert für dieses neue Feld in die Datenbank. Später liest eine ältere Codeversion (die das neue Feld nicht kennt) den Datensatz, aktualisiert ihn und schreibt ihn zurück. In dieser Situation sollte der alte Code das neue Feld unversehrt lassen, selbst wenn es sich nicht interpretieren lässt.

Die weiter oben besprochenen Codierungsformate unterstützen eine solche Bewahrung unbekannter Felder, doch manchmal müssen Sie auf Anwendungsebene vorsichtig sein, wie Abbildung 4-7 veranschaulicht. Wenn Sie zum Beispiel in der Anwendung einen Datenbankwert in Modellobjekte decodieren und später diese Modellobjekte erneut codieren, kann das unbekannte Feld in diesem Übersetzungsprozess verloren gehen. Es ist nicht schwer, dieses Problem zu lösen, man muss es sich nur bewusst machen.

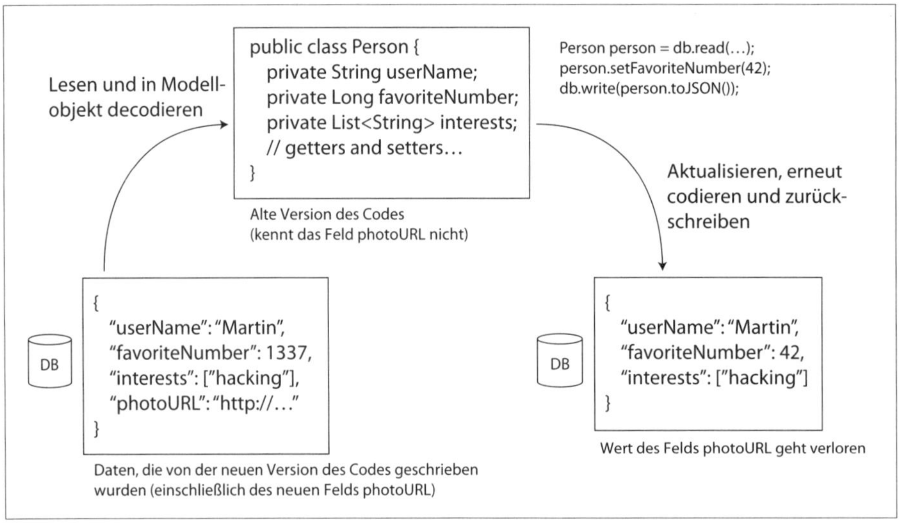

Abbildung 4-7: Aktualisiert eine ältere Version der Anwendung Daten, die von einer neueren Version der Anwendung geschrieben wurden, können Daten verloren gehen, wenn Sie nicht aufpassen.

Verschiedene Werte, die zu verschiedenen Zeitpunkten geschrieben wurden

Eine Datenbank erlaubt es im Allgemeinen, jeden Wert jederzeit zu aktualisieren. Das heißt, dass es innerhalb derselben Datenbank Werte gibt, die vor fünf Millisekunden geschrieben wurden, und andere Werte, die seit fünf Jahren dort stehen.

Wenn Sie eine neue Version Ihrer Anwendung (zumindest einer serverseitigen Anwendung) bereitstellen, können Sie die alte Version innerhalb weniger Minuten vollkommen durch die neue Version ersetzen. Für den Datenbankinhalt gilt das nicht: Die fünf Jahre alten Daten werden immer noch da sein, und zwar in der ursprünglichen Codierung, sofern Sie sie seitdem nicht neu geschrieben haben. Diese Beobachtung wird manchmal zusammengefasst zu *Daten überdauern Code*.

Es ist sicherlich möglich, Daten in ein neues Schema zu schreiben (zu *migrieren*), doch insbesondere bei großen Datenmengen ist das sehr aufwendig, sodass die meisten Datenbanken dies nach Möglichkeit vermeiden. Die meisten relationalen Datenbanken erlauben einfache Schemaänderungen wie zum Beispiel das Hinzufügen einer neuen Spalte mit dem Standardwert `null`, ohne vorhandene Daten neu schreiben zu müssen.[5] Wenn eine alte Zeile gelesen wird, füllt die Datenbank alle Spalten, die den codierten Daten von der Festplatte fehlen, mit `null`-Werten. Die Dokumentdatenbank Espresso von LinkedIn verwendet Avro zum Speichern und kann somit die Regeln zur Schemaevolution von Avro verwenden [23].

Durch Schemaevolution kann also die gesamte Datenbank so erscheinen, als wäre sie mit einem einzigen Schema codiert worden, selbst wenn die zugrunde liegende Speicherung Datensätze enthält, die mit verschiedenen historischen Versionen des Schemas codiert wurden.

Archivspeicher

Vielleicht erzeugen Sie von Zeit zu Zeit einen Snapshot Ihrer Datenbank, etwa für Sicherungszwecke oder für das Laden in ein Data-Warehouse (siehe Abschnitt »Data-Warehousing« auf Seite 98). In diesem Fall wird der Daten-Dump in der Regel mit dem neuesten Schema codiert, auch wenn die ursprüngliche Codierung in der Quelldatenbank eine Mischung von Schemaversionen aus verschiedenen Zeiträumen enthält. Da Sie die Daten ohnehin kopieren, können Sie genauso gut die Kopie der Daten einheitlich codieren.

Wenn der Daten-Dump in einem Zug geschrieben wird und danach unveränderlich ist, sind Dateiformate wie das Avro-Objektcontainerformat passend. Dies ist auch eine gute Gelegenheit, um die Daten in ein analysefreundliches spaltenorientiertes Format wie zum Beispiel Parquet (siehe Abschnitt »Spaltenkomprimierung« auf 105) zu codieren.

5 Außer bei MySQL, das oftmals eine komplette Tabelle neu schreibt, selbst wenn es streng genommen nicht notwendig ist, wie der Abschnitt »Schemaflexibilität im Dokumentmodell« auf Seite 42 erwähnt hat.

In Kapitel 10 gehen wir näher auf die Verwendung von Daten in Archivspeichern ein.

Datenfluss über Dienste: REST und RPC

Wenn Prozesse über ein Netzwerk kommunizieren müssen, gibt es verschiedene Methoden, diese Kommunikation einzurichten. Am häufigsten geschieht dies über zwei Rollen: *Clients* und *Server*. Die Server machen über das Netzwerk eine API zugänglich, und die Clients können sich mit den Servern verbinden, um Anfragen an diese API zu stellen. Die vom Server zugänglich gemachte API wird als *Dienst* (*Service*) bezeichnet.

Das Web funktioniert auf diese Weise: Clients (Webbrowser) stellen Anfragen an Webserver, wobei sie GET-Anfragen ausführen, um HTML, CSS, JavaScript, Bilder usw. herunterzuladen, und POST-Anfragen, um Daten an den Server zu übermitteln. Die API besteht aus einem standardisierten Satz von Protokollen und Datenformaten (HTTP, URLs, SSL/TLS, HTML usw.). Da sich Webbrowser, Webserver und Websiteautoren größtenteils an diese Standards halten, können Sie mit jedem Webbrowser auf jede Website zugreifen (zumindest in der Theorie!).

Webbrowser sind nicht der einzige Clienttyp. Zum Beispiel kann eine native App, die auf einem mobilen Gerät oder einem Desktopcomputer läuft, auch Netzwerkanfragen an einen Server stellen, und eine clientseitige JavaScript-Anwendung, die in einem Webbrowser läuft, kann per XMLHttpRequest zu einem HTTP-Client werden (eine als *Ajax* bekannte Technik [30]). In diesem Fall besteht die Antwort des Servers typischerweise nicht aus HTML, das für einen Menschen angezeigt wird, sondern aus Daten in einer Codierung, die für die weitere Verarbeitung durch den Code der clientseitigen Anwendung (wie zum Beispiel JSON) zweckmäßig ist. Obwohl HTTP als Transportprotokoll dienen kann, ist die API, die darauf aufsetzt, anwendungsspezifisch. Zudem müssen sich der Client und der Server über die Details dieser API einig sein.

Darüber hinaus kann ein Server selbst ein Client für einen anderen Dienst sein (zum Beispiel fungiert ein typischer Webappserver als Client für eine Datenbank). Oftmals gliedert man nach diesem Konzept eine große Anwendung in kleinere Dienste nach ihrem Funktionalitätsbereich, beispielsweise dass ein Dienst eine Anfrage an einen anderen stellt, wenn er eine bestimmte Funktionalität oder Daten von diesem anderen Dienst benötigt. Dieses Erstellen von Anwendungen hat man ursprünglich als *dienstorientierte Architektur* (Service-Oriented Architecture, SOA) bezeichnet, mittlerweile verfeinert und in das Architekturmuster *Microservices* umbenannt [31, 32].

In gewisser Hinsicht sind Dienste Datenbanken ähnlich: Typischerweise ermöglichen sie Clients, Daten zu übermitteln und abzufragen. Während aber Datenbanken beliebige Abfragen mit den Abfragesprachen ermöglichen, wie sie Kapitel 2 vorgestellt hat, machen Dienste eine anwendungsspezifische API zugänglich, die nur Eingaben und Ausgaben erlaubt, die von der Geschäftslogik (dem Anwendungscode) des Diensts vorbestimmt sind [33]. Diese Einschränkung bietet einen gewissen Grad der Kapselung: Dienste können mit fein abgestimmten Einschränkungen spezifizieren, was Clients tun dürfen und was nicht.

Ein wichtiges Designziel einer dienstorientierten oder auf Microservices aufgebauten Architektur ist es, die Anwendung leichter ändern und warten zu können, indem sich Dienste unabhängig voneinander bereitstellen und erweitern lassen. Zum Beispiel sollte jeder Dienst einem Team gehören, und dieses Team sollte in der Lage sein, neue Versionen des Diensts herauszubringen, ohne sie mit anderen Teams abstimmen zu müssen. Mit anderen Worten sollten wir davon ausgehen, dass alte und neue Versionen von Servern und Clients gleichzeitig laufen, und deshalb müssen die von Servern und Clients codierten Daten über verschiedene Versionen der Dienst-API kompatibel sein – genau das, worüber wir in diesem Kapitel gesprochen haben.

Webdienste

Wenn HTTP als zugrunde liegendes Protokoll für die Kommunikation mit dem Dienst verwendet wird, spricht man von einem *Webservice* (Webdienst). Vielleicht ist diese Bezeichnung nicht ganz zutreffend, weil Webservices nicht nur im Web, sondern auch in anderen Kontexten anzutreffen sind. Zum Beispiel:

1. Eine Clientanwendung, die auf dem Gerät eines Benutzers läuft (zum Beispiel eine native App auf einem mobilen Gerät oder eine JavaScript-Webapp, die Ajax verwendet) und Anfragen an einen Dienst über HTTP richtet. Diese Anfragen laufen typischerweise über das öffentliche Internet.
2. Ein Dienst, der Anfragen an einen anderen Dienst richtet, der zur selben Organisation gehört, sich oftmals innerhalb desselben Rechenzentrums befindet, als Teil einer dienstorientierten oder auf Microservices aufbauenden Architektur. (Software, die derartige Einsatzfälle unterstützt, wird auch *Middleware* genannt.)
3. Ein Dienst, der Anfragen an einen Dienst richtet, der zu einer anderen Organisation gehört, normalerweise über das Internet. Diese Methode dient dem Datenaustausch zwischen den Backendsystemen verschiedener Organisationen. In diese Kategorie fallen öffentliche APIs, die von Onlinediensten bereitgestellt werden, wie zum Beispiel Kreditkartenverarbeitungssysteme oder OAuth für gemeinsamen Zugriff auf Benutzerdaten.

Für Webservices gibt es zwei populäre Ansätze: REST und SOAP. Von der Philosophie her gesehen sind sie fast diametral entgegengesetzt und oftmals Gegenstand hitziger Debatten unter ihren jeweiligen Befürwortern.[6]

6 Sogar innerhalb der einzelnen Lager gibt es jede Menge Argumente. So provoziert HATEOAS (**H**ypermedia **A**s **T**he **E**ngine **O**f **A**pplication **S**tate) oftmals Diskussionen [35].

REST ist kein Protokoll, sondern eine Entwurfsphilosophie, die auf den Prinzipien von HTTP aufbaut [34, 35]. Im Vordergrund stehen einfache Datenformate, die Ressourcen über URLs identifizieren und HTTP-Features für Cache-Steuerung, Authentifizierung und Aushandlung des Inhaltstyps verwenden. Verglichen mit SOAP, erfreut sich REST zunehmender Beliebtheit, zumindest im Rahmen organisationsübergreifender Dienstintegration [36], und hat oftmals mit Microservices zu tun [31]. Eine API, die nach den Prinzipien von REST konzipiert ist, wird als *RESTful* bezeichnet.

Im Unterschied dazu ist SOAP ein XML-basiertes Protokoll, um Netzwerk-API-Anfragen auszuführen.[7] Obwohl es meistens über HTTP verwendet wird, soll es unabhängig von HTTP sein und möglichst ohne HTTP-Features auskommen. Stattdessen bringt es eine ausgedehnte und komplexe Vielfalt verwandter Standards mit (das als *WS-** bekannte *Webservices-Framework*), die verschiedene Features hinzufügen [37].

Die API eines SOAP-Webservice wird mit einer XML-basierten Sprache namens WSDL (Web Services Description Language) beschrieben. WSDL ermöglicht die Codeerzeugung, sodass ein Client auf einen Remotedienst über lokale Klassen und Methodenaufrufe zugreifen kann (die in XML-Nachrichten codiert und durch das Framework wieder decodiert werden). In statisch typisierten Programmiersprachen ist dies zwar nützlich, aber nicht in dynamisch typisierten (siehe Abschnitt »Codeerzeugung und dynamisch typisierte Sprachen« auf Seite 135).

Da WSDL nicht als Klartextsprache ausgelegt ist und SOAP-Nachrichten oftmals zu komplex sind, um sie von Hand zu konstruieren, verlassen sich die Benutzer von SOAP stark auf Tool-Unterstützung, Codeerzeugung und IDEs [38]. Für Benutzer von Programmiersprachen, die von SOAP-Anbietern nicht unterstützt werden, ist die Integration mit SOAP-Diensten schwierig.

Auch wenn SOAP und die verschiedenen Erweiterungen angeblich standardisiert sind, verursacht die Interoperabilität zwischen den Implementierungen der verschiedenen Anbieter oftmals Probleme [39]. Aus allen diesen Gründen wird SOAP zwar immer noch in vielen größeren Unternehmen verwendet, ist aber in den meisten kleineren Firmen in Ungnade gefallen.

RESTful APIs bevorzugen eher einfachere Ansätze, bei denen in der Regel auch weniger Codegenerierung und automatisierte Tools erforderlich sind. Mit einem Definitionsformat wie zum Beispiel OpenAPI, das auch als Swagger [40] bekannt ist, lassen sich RESTful APIs beschreiben und Dokumentation produzieren.

Die Probleme mit Remoteprozeduraufrufen (RPCs)

Webservices sind lediglich die neueste Inkarnation einer langen Reihe von Techniken, API-Anfragen über ein Netzwerk auszuführen. Viele dieser Techniken haben

7 Trotz der Ähnlichkeit der Akronyme ist SOAP kein Erfordernis für SOA. SOAP ist eine bestimmte Technologie, SOA dagegen ein allgemeines Konzept zum Aufbau von Systemen.

einen Hype erfahren, weisen aber ernsthafte Probleme auf. Enterprise JavaBeans (EJB) und RMI (Remote Method Invocation) von Java sind auf Java beschränkt. Das Distributed Component Object Model (DCOM) setzt Microsoft-Plattformen voraus. Die Common Object Request Broker Architecture (CORBA) ist äußerst komplex und bietet weder Abwärts- noch Vorwärtskompatibilität [41].

Alle diese Techniken beruhen auf dem *Remoteprozeduraufruf*-Konzept (Remote Procedure Call, RPC), das es schon seit den 1970er-Jahren gibt [42]. Das RPC-Modell versucht, eine Anfrage an einen entfernten Netzwerkdienst so aussehen zu lassen, als würden Sie in Ihrer Programmiersprache eine Funktion oder Methode innerhalb desselben Prozesses aufrufen (diese Abstraktion wird als *Ortstransparenz* bezeichnet). Obwohl RPC auf den ersten Blick komfortabel aussieht, ist der Ansatz grundlegend mangelhaft [43, 44]. Eine Netzwerkanfrage unterscheidet sich deutlich von einem lokalen Funktionsaufruf:

- Ein lokaler Funktionsaufruf ist vorhersagbar, und entweder verläuft er erfolgreich, oder er scheitert, was nur von Parametern abhängt, die unter Ihrer Kontrolle stehen. Eine Netzwerkanfrage ist nicht vorhersagbar: Die Anfrage oder Antwort kann aufgrund eines Netzwerkproblems verloren gehen, oder vielleicht ist der Remotecomputer langsam oder nicht verfügbar. Auf derartige Probleme haben Sie überhaupt keinen Einfluss. Da Netzwerkprobleme häufig vorkommen, müssen Sie darauf vorbereitet sein, zum Beispiel indem Sie eine gescheiterte Anfrage wiederholen.
- Ein lokaler Funktionsaufruf gibt entweder ein Ergebnis zurück, löst eine Ausnahme aus oder kehrt niemals zurück (weil er in eine Endlosschleife eintritt oder der Prozess abstürzt). Bei einer Netzwerkanfrage gibt es noch eine Möglichkeit: Sie kann infolge eines *Timeouts* ohne Ergebnis zurückkehren. In diesem Fall wissen Sie einfach nicht, was passiert ist: Wenn Sie keine Antwort vom Remotedienst erhalten, haben Sie keine Möglichkeit, herauszufinden, ob die Anfrage durchgekommen ist oder nicht. (Auf diesen Punkt gehen wir ausführlich in Kapitel 8 ein.)
- Wenn Sie eine gescheiterte Netzwerkanfrage erneut auslösen, ist es durchaus möglich, dass die vorherige Anfrage tatsächlich durchgekommen und nur die Antwort verloren gegangen ist. In diesem Fall verursacht die Wiederholung, dass die Aktion mehrere Male ausgeführt wird, sofern Sie keinen Mechanismus für Deduplizierung (*Idempotenz*) in das Protokoll eingebaut haben. Bei lokalen Funktionsaufrufen stellt sich dieses Problem gar nicht. (Kapitel 11 beschäftigt sich ausführlicher mit Idempotenz.)
- Jeder Aufruf einer lokalen Funktion benötigt ungefähr die gleiche Zeit für die Ausführung. Eine Netzwerkanfrage ist wesentlich langsamer als ein Funktionsaufruf, und ihre Latenz streut ebenso breit: Unter günstigen Umständen ist sie in weniger als einer Millisekunde erledigt, doch wenn das Netzwerk von Datenstau betroffen oder der Remotedienst überlastet ist, kann es viele Sekunden dauern, um genau die gleiche Aufgabe abzuschließen.

- Wenn Sie eine lokale Funktion aufrufen, können Sie ihr effizient Referenzen (Zeiger) auf Objekte im lokalen Arbeitsspeicher übergeben. Bei einer Netzwerkanfrage müssen alle diese Parameter in eine Bytefolge codiert werden, die sich über das Netzwerk übertragen lässt. Das ist leicht möglich, wenn es sich bei den Parametern um einfache Datentypen wie Zahlen oder Strings handelt, wird aber schnell problematisch bei größeren Objekten.
- Da der Client und der Dienst in verschiedenen Programmiersprachen implementiert sein können, muss das RPC-Framework Datentypen von einer Sprache in eine andere übersetzen. Das kann hässlich enden, denn nicht alle Sprachen haben die gleichen Typen – denken Sie nur an die Probleme von JavaScript mit Zahlen größer als 2^{53} (siehe Abschnitt »JSON, XML und binäre Varianten« auf Seite 122). In einem einzelnen Prozess, der in einer einzigen Sprache geschrieben ist, gibt es dieses Problem nicht.

Alle diese Faktoren bedeuten, dass es keinen Grund gibt, einen Remotedienst zu sehr wie ein lokales Objekt in Ihrer Programmiersprache aussehen zu lassen, weil es sich um etwas grundsätzlich anderes handelt. Die Attraktivität von REST liegt zum Teil darin, dass dieses Programmierparadigma nicht versucht, die Tatsache zu verbergen, dass es ein Protokoll ist (obwohl das Leute scheinbar nicht davon abhält, RPC-Bibliotheken auf REST aufzubauen).

Quo vadis RPC?

Trotz all dieser Probleme verschwindet RPC nicht. Auf allen in diesem Kapitel beschriebenen Codierungen hat man verschiedene RPC-Frameworks aufgebaut: Zum Beispiel bringen Thrift und Avro integrierte RPC-Unterstützung mit, gRPC ist eine RPC-Implementierung, die Protocol Buffers verwendet, Finagle setzt ebenfalls auf Thrift, und Rest.li verwendet JSON über HTTP.

Diese neue Generation von RPC-Frameworks berücksichtigt klarer die Tatsache, dass sich eine Remoteanfrage von einem lokalen Funktionsaufruf unterscheidet. Zum Beispiel kapseln Finagle und Rest.li mithilfe von *Futures* (*Promises*) asynchrone Aktionen, die scheitern können. Zudem vereinfachen Futures Situationen, in denen Sie Anfragen an mehrere Dienste parallel stellen und deren Ergebnisse kombinieren müssen [45]. Das Protokoll gRPC unterstützt Streams, bei denen ein Aufruf nicht nur aus einer Anfrage und einer Antwort besteht, sondern aus einer Reihe von Anfragen und Antworten über eine gewisse Zeitspanne [46].

Einige dieser Frameworks bieten auch eine Diensterkennung (Service Discovery) – ermöglichen also einem Client herauszufinden, bei welcher IP-Adresse und Portnummer ein bestimmter Dienst zu finden ist. Auf dieses Thema kommen wir in Abschnitt »Anfragen weiterleiten« auf Seite 227 zurück.

Spezialisierte RPC-Protokolle mit einem binären Codierungsformat erreichen mitunter eine bessere Performance als generische Methoden wie JSON über REST. Allerdings bietet eine RESTful API andere wichtige Vorteile: Sie eignet sich gut zum Experimentieren und Debuggen (man kann ohne jegliche Codegenerierung oder Softwareinstallation Anfragen an sie über einen Webbrowser oder das Befehlszeilentool `curl` auslösen), sie wird von allen gängigen Programmiersprachen und Plattformen unterstützt, und es steht ein riesiges Ökosystem von Tools zur Verfügung (Server, Caches, Lastenausgleicher, Proxys, Firewalls, Überwachung, Debugging Tools, Testtools usw.)

Aus diesen Gründen scheint REST der vorherrschende Stil für öffentliche APIs zu sein. Der Schwerpunkt von RPC-Frameworks liegt auf Anfragen zwischen Diensten, die zur selben Organisation gehören und sich typischerweise innerhalb desselben Rechenzentrums befinden.

Datencodierung und Evolution für RPC

Für die Evolvierbarkeit ist es wichtig, dass RPC-Clients und -Server unabhängig voneinander geändert und bereitgestellt werden können. Verglichen mit dem Datenfluss durch Datenbanken (wie im letzten Abschnitt beschrieben) können wir eine vereinfachende Annahme im Fall von Datenfluss durch Dienste treffen: Es ist vernünftig, anzunehmen, dass zuerst alle Server und danach alle Clients aktualisiert werden. Somit brauchen Sie nur Abwärtskompatibilität für Anfragen und Vorwärtskompatibilität für Antworten.

Die Eigenschaften von Abwärts- und Vorwärtskompatibilität eines RPC-Schemas werden von der jeweils verwendeten Codierung geerbt:

- Thrift, gRPC (Protocol Buffers) und Avro RPC lassen sich nach den Kompatibilitätsregeln des jeweiligen Codierungsformats evolvieren.
- In SOAP werden Anfragen und Antworten mit XML-Schemas spezifiziert. Diese lassen sich evolvieren, doch es gibt einige heikle Stolpersteine [47].
- RESTful APIs verwenden meistens JSON (ohne ein formal spezifiziertes Schema) für Antworten und JSON- oder URI-codierte/Formular-codierte Parameter für Anfragen. Das Hinzufügen optionaler Anfrageparameter und neuer Felder zu Antwortobjekten betrachtet man normalerweise als Änderungen, die Kompatibilität bewahren.

Dienstkompatibilität ist ein schwieriges Thema aufgrund der Tatsache, dass RPC oftmals für die Kommunikation über organisatorische Grenzen hinweg verwendet wird, sodass der Provider eines Diensts oftmals keine Kontrolle über seine Clients hat und sie nicht zu einem Upgrade zwingen kann. Somit muss Kompatibilität für einen langen Zeitraum aufrechterhalten werden, möglicherweise auf unbestimmte Zeit. Ist eine Änderung erforderlich, die die Kompatibilität verletzt, wird der Provider letzten Endes oftmals mehrere Versionen der Dienst-API nebeneinander verwalten.

Es gibt keine Übereinkunft darüber, wie die API-Versionsverwaltung funktionieren soll (d. h., wie ein Client anzeigen kann, welche Version der API er verwenden möchte [48]). Bei RESTful APIs verwendet man üblicherweise eine Versionsnummer in der URL oder im HTTP-Accept-Header. Bei Diensten, die einen bestimmten Client mit API-Schlüsseln identifizieren, kann man die von einem Client angeforderte API-Version auf dem Server speichern und für diese ausgewählte Version die Aktualisierung über eine separate Verwaltungsschnittstelle zulassen [49].

Datenfluss beim Nachrichtenaustausch

Wir haben uns die verschiedenen Methoden angesehen, wie codierte Daten von einem Prozess zu einem anderen fließen. Bisher ging es um REST und RPC (wobei ein Prozess eine Anfrage über das Netzwerk an einen anderen Prozess sendet und so schnell wie möglich eine Antwort erwartet) sowie Datenbanken (bei denen ein Prozess codierte Daten schreibt und ein anderer Prozess sie zu einem späteren Zeitpunkt liest).

In diesem letzten Abschnitt werfen wir einen kurzen Blick auf Systeme zum *asynchronen Nachrichtenaustausch*, die zwischen RPC und Datenbanken angesiedelt sind. Sie sind RPC in dem Sinne ähnlich, dass die Anfrage eines Clients (normalerweise als *Nachricht* bezeichnet) an einen anderen Prozess mit geringer Latenz zugestellt wird. Die Ähnlichkeit mit Datenbanken kommt daher, dass die Nachricht nicht über eine direkte Netzwerkverbindung gesendet wird, sondern über einen Vermittler geht, einen sogenannten *Nachrichtenbroker* (auch als *Nachrichtenwarteschlange* oder *nachrichtenorientierte Middleware* bezeichnet), der die Nachricht vorübergehend speichert.

Die Verwendung eines Nachrichtenbrokers hat mehrere Vorteile verglichen mit direktem RPC:

- Er kann als Puffer agieren, wenn der Empfänger nicht verfügbar oder überlastet ist. Somit verbessert er die Systemzuverlässigkeit.
- Er kann Nachrichten automatisch erneut an einen Prozess senden, der abgestürzt ist. Er verhindert damit, dass Nachrichten verloren gehen.
- Er vermeidet es, dass der Sender die IP-Adresse und Portnummer des Empfängers kennen muss (was vor allem in einer Cloudumgebung nützlich ist, wo virtuelle Computer oftmals hinzugefügt und entfernt werden).
- Er erlaubt es, eine Nachricht an mehrere Empfänger gleichzeitig zu senden.
- Er entkoppelt den Sender logisch vom Empfänger (der Sender veröffentlicht Nachrichten einfach und kümmert sich nicht darum, wer sie konsumiert).

Allerdings besteht der Unterschied zu RPC darin, dass die Kommunikation per Nachrichtenaustausch in der Regel nur in einer Richtung verläuft: Ein Sender erwartet normalerweise nicht, eine Antwort auf seine Nachrichten zu empfangen. Zwar kann ein Prozess eine Antwort senden, doch geschieht das in der Regel in einem eigenen Kanal. Dieses Kommunikationsmuster ist *asynchron*: Der Sender wartet nicht darauf, dass die Nachricht zugestellt wird, sondern sendet sie einfach und vergisst sie dann.

Nachrichtenbroker

In der Vergangenheit wurde die Landschaft der Nachrichtenbroker dominiert von kommerzieller Unternehmenssoftware von Firmen wie TIBCO, IBM WebSphere und webMethods. In jüngerer Zeit sind Open-Source-Implementierungen wie RabbitMQ, ActiveMQ, HornetQ, NATS und Apache Kafka populär geworden. In Kapitel 11 vergleichen wir sie ausführlicher.

Die genaue Zustellungssemantik variiert je nach Implementierung und Konfiguration, doch im Allgemeinen werden Nachrichtenbroker wie folgt verwendet: Der eine Prozess sendet eine Nachricht an eine benannte *Warteschlange* (engl. queue) oder an ein Anmelde-Versendesystem (*Topic*), und der Broker stellt sicher, dass die Nachricht an einen oder mehrere *Verbraucher* bzw. *Abonnenten* oder *Konsumenten* dieser Warteschlange oder des Topics zugestellt wird. Es kann viele Produzenten und viele Verbraucher desselben Topics geben.

Ein Topic bietet Datenfluss nur in einer Richtung. Ein Verbraucher kann aber selbst Nachrichten an ein anderes Topic veröffentlichen (sodass Sie sie miteinander verketten können, wie Kapitel 11 zeigt) oder an eine Antwort-Warteschlange, die vom Sender der ursprünglichen Nachricht konsumiert wird (was einen Anfrage-Antwort-Datenfluss ähnlich zu RPC ermöglicht).

Nachrichtenbroker setzten in der Regel kein bestimmtes Datenmodell voraus – eine Nachricht ist lediglich eine Bytefolge mit bestimmten Metadaten, sodass Sie jedes Codierungsformat verwenden können. Wenn die Codierung abwärts- und vorwärtskompatibel ist, haben Sie die größte Flexibilität, um Erzeuger und Verbraucher unabhängig voneinander zu ändern und sie in beliebiger Reihenfolge zu aktualisieren.

Wenn ein Verbraucher Nachrichten an ein anderes Topic erneut veröffentlicht, müssen Sie darauf achten, unbekannte Felder zu bewahren, um das weiter oben im Kontext von Datenbanken beschriebene Problem (Abbildung 4-7) zu verhindern.

Verteilte Aktorenframeworks

Das *Aktorenmodell* ist ein Programmiermodell für Nebenläufigkeit in einem einzelnen Prozess. Anstatt sich direkt mit Threads zu befassen (und den damit verbundenen Problemen wie Race Conditions, Sperren und Deadlocks), wird die Logik in *Aktoren* gekapselt. Jeder Aktor stellt typischerweise einen Client oder eine Entität dar, kann über einen bestimmten lokalen Zustand verfügen (der nicht mit einem anderen Aktor geteilt wird) und kommuniziert mit anderen Aktoren, indem asynchrone Nachrichten gesendet und empfangen werden. Die Nachrichtenzustellung ist nicht garantiert: In bestimmten Fehlerszenarien gehen Nachrichten verloren. Da jeder Aktor zeitgleich nur eine Nachricht verarbeitet, braucht er sich nicht um Threads zu kümmern, und das Framework kann jedem Aktor unabhängig von den anderen Rechenzeit zuweisen.

In *verteilten Aktorenframeworks* dient dieses Programmiermodell dazu, eine Anwendung über mehrere Rechner zu skalieren. Der gleiche Mechanismus zum Nachrichtenaustausch wird verwendet, unabhängig davon, ob sich Sender und Empfänger auf demselben oder auf verschiedenen Knoten befinden. Wenn sie auf verschiedenen Knoten untergebracht sind, wird die Nachricht transparent in eine Bytefolge codiert, über das Netzwerk gesendet und auf der anderen Seite decodiert.

Ortstransparenz funktioniert im Aktorenmodell besser als in RPC, weil das Aktorenmodell von vornherein annimmt, dass Nachrichten verloren gehen können, selbst innerhalb eines einzelnen Prozesses. Obwohl die Latenz über das Netzwerk wahrscheinlich höher als innerhalb desselben Prozesses ist, gibt es weniger grundlegende Diskrepanzen zwischen lokaler und remoter Kommunikation, wenn das Aktorenmodell verwendet wird.

Im Prinzip integriert ein verteiltes Aktorenframework einen Nachrichtenbroker und das Aktorenprogrammiermodell in einem einzelnen Framework. Wenn Sie jedoch Rolling Upgrades Ihrer Aktor-basierten Anwendung durchführen wollen, müssen Sie sich dennoch um Vorwärts- und Abwärtskompatibilität kümmern, da Nachrichten von einem Knoten, der die neue Version ausführt, an einen Knoten, der die alte Version ausführt, gesendet werden können und umgekehrt.

Drei populäre verteilte Aktorenframeworks gehen wie folgt mit Nachrichtencodierungen um:

- *Akka* greift standardmäßig auf die integrierte Serialisierung von Java zurück, die weder Vorwärts- noch Abwärtskompatibilität bietet. Allerdings können Sie sie durch etwas wie Protocol Buffers ersetzen und damit gleichzeitig die Möglichkeit für Rolling Upgrades schaffen [50].
- *Orleans* unterstützt Rolling-Upgrade-Bereitstellungen mit einem eigenen Versionierungsmechanismus. Dieser erlaubt es, neue Methoden für Aktoren zu definieren (d.h. neue Nachrichtentypen, die ein Aktor verarbeiten kann) und dabei Abwärtskompatibilität zu bewahren, sofern existierende Methoden nicht geändert werden [51, 52].
- In *Erlang OTP* ist es überraschend schwer, Änderungen an Datensatzschemas vorzunehmen (obwohl das System viele Features besitzt, die für hohe Verfügbarkeit ausgelegt sind); Rolling Upgrades sind möglich, müssen aber sorgfältig geplant werden [53]. Ein experimenteller neuer Datentyp `maps` (eine JSON-artige Struktur, die 2014 in Erlang R17 eingeführt wurde) könnte dies in Zukunft erleichtern [54].

Zusammenfassung

In diesem Kapitel haben wir mehrere Methoden beschrieben, um Datenstrukturen in Bytefolgen für die Netzwerkübertragung oder das Speichern auf Festplatte umzuwandeln. Wir haben auch gezeigt, wie die Details dieser Codierungen nicht nur ihre Effizienz beeinflussen, sondern vor allem auch die Architektur der Anwendungen und Ihre Möglichkeiten für deren Evolution.

Insbesondere müssen viele Dienste Rolling Upgrades unterstützen, bei denen eine neue Version eines Diensts nach und nach auf jeweils wenige Knoten bereitgestellt wird, anstatt sämtliche Knoten gleichzeitig zu aktualisieren. Durch Rolling Upgrades lassen sich neue Versionen eines Diensts veröffentlichen, ohne dass Stillstandszeiten auftreten (was häufige kleine Änderungen gegenüber seltenen großen begünstigt). Zudem werden Bereitstellungen weniger riskant (es wird dadurch ermöglicht, fehlerhafte Versionen zu erkennen und ihre Veröffentlichung rückgängig zu machen, bevor sie eine große Anzahl von Benutzern betreffen). Diese Eigenschaften sind von großem Vorteil für die *Evolvierbarkeit* – Änderungen an einer Anwendung lassen sich leicht durchführen.

Bei Rolling Upgrades oder aus verschiedenen anderen Gründen müssen wir davon ausgehen, dass verschiedene Knoten unterschiedliche Versionen unseres Anwendungscodes ausführen. Somit ist es wichtig, sämtliche Daten, die im System unterwegs sind, in einer Weise zu codieren, die Abwärtskompatibilität (neuer Code kann alte Daten lesen) und Vorwärtskompatibilität (alter Code kann neue Daten lesen) bietet.

Wir haben mehrere Formate der Datencodierung und ihre Kompatibilitätseigenschaften untersucht:

- Programmiersprachenspezifische Codierungen sind auf eine einzige Programmiersprache eingeschränkt und bieten oftmals weder Vorwärts- noch Abwärtskompatibilität.
- Textformate wie JSON, XML und CSV sind weitverbreitet, und ihre Kompatibilität hängt davon ab, wie Sie sie verwenden. Sie bringen optionale Schemasprachen mit, die manchmal hilfreich und manchmal hinderlich sind. Diese Formate sind bei Datentypen etwas unklar, sodass Sie etwa bei Zahlen und binären Strings genau aufpassen müssen.
- Binäre Formate, die von Schemas gesteuert werden, wie zum Beispiel Thrift, Protocol Buffers und Avro, ermöglichen eine kompakte, effiziente Codierung mit klar definierter Semantik für Vorwärts- und Abwärtskompatibilität. Die Schemas sind auch als Dokumentation und für Codegenerierung in statisch typisierten Sprachen nützlich. Allerdings haben diese Formate den Nachteil, dass sie erst decodiert werden müssen, bevor sie für den Menschen verständlich sind.

Wir haben auch mehrere Modi des Datenflusses erörtert und dabei verschiedene Szenarien veranschaulicht, in denen Datencodierungen wichtig sind:

- Datenbanken, wobei der Prozess, der in die Datenbank schreibt, die Daten codiert, und der Prozess, der aus der Datenbank liest, sie decodiert.

- RPC und REST APIs, wobei der Client eine Anfrage codiert, der Server die Anforderung decodiert, eine Antwort codiert, und der Client schließlich die Antwort decodiert.
- Asynchroner Nachrichtenaustausch (über Nachrichtenbroker oder Aktoren), wobei Knoten miteinander kommunizieren, indem sie sich Nachrichten schicken, die der Sender codiert und der Empfänger decodiert.

Schlussfolgernd lässt sich sagen, dass mit etwas Sorgfalt Abwärts- und Vorwärtskompatibilität sowie Rolling Upgrades durchaus realisierbar sind. Möge die Weiterentwicklung Ihrer Anwendung schnell vorankommen.

Literaturverzeichnis

[1] *Java Object Serialization Specification.* docs.oracle.com, 2010.

[2] *Ruby 2.2.0 API Documentation.* ruby-doc.org, Dezember 2014.

[3] *The Python 3.4.3 Standard Library Reference Manual.* docs.python.org, Februar 2015.

[4] *EsotericSoftware/kryo.* github.com, Oktober 2014.

[5] *CWE-502: Deserialization of Untrusted Data.* Common Weakness Enumeration, cwe.mitre.org, 30. Juli 2014.

[6] Steve Breen: *What Do WebLogic, WebSphere, JBoss, Jenkins, OpenNMS, and Your Application Have in Common? This Vulnerability.* foxglovesecurity.com, 6. November 2015.

[7] Patrick McKenzie: *What the Rails Security Issue Means for Your Startup.* kalzumeus.com, 31. Januar 2013.

[8] Eishay Smith: *jvm-serializers wiki.* github.com, November 2014.

[9] *XML Is a Poor Copy of S-Expressions.* c2.com wiki.

[10] Matt Harris: *Snowflake: An Update and Some Very Important Information.* E-Mail an Twitter Development Talk mailing list, 19. Oktober 2010.

[11] Shudi (Sandy) Gao, C. M. Sperberg-McQueen und Henry S. Thompson: *XML Schema 1.1.* W3C Recommendation, Mai 2001.

[12] Francis Galiegue, Kris Zyp und Gary Court: *JSON Schema.* IETF Internet-Draft, Februar 2013.

[13] Yakov Shafranovich: *RFC 4180: Common Format and MIME Type for Comma-Separated Values (CSV) Files.* October 2005.

[14] *MessagePack Specification.* msgpack.org.

[15] Mark Slee, Aditya Agarwal und Marc Kwiatkowski: Thrift: *Scalable Cross-Language Services Implementation.* Facebook technical report, April 2007.

[16] *Protocol Buffers Developer Guide.* Google, Inc., developers.google.com.

[17] Igor Anishchenko: *Thrift vs Protocol Buffers vs Avro – Biased Comparison.* slideshare.net, 17. September 2012.

[18] *A Matrix of the Features Each Individual Language Library Supports.* wiki.apache.org.

[19] Martin Kleppmann: *Schema Evolution in Avro, Protocol Buffers and Thrift.* martin.kleppmann.com, 5. Dezember 2012.

[20] *Apache Avro 1.7.7 Documentation.* avro.apache.org, Juli 2014.

[21] Doug Cutting, Chad Walters, Jim Kellerman, et al.: *[PROPOSAL] New Subproject: Avro.* E-Mail thread on hadoop-general mailing list, mail-archives.apache.org, April 2009.

[22] Tony Hoare: *Null References: The Billion Dollar Mistake*, auf der QCon London, März 2009.

[23] Aditya Auradkar und Tom Quiggle: *Introducing Espresso – LinkedIn's Hot New Distributed Document Store.* engineering.linkedin.com, 21. Januar 2015.

[24] Jay Kreps: *Putting Apache Kafka to Use: A Practical Guide to Building a Stream Data Platform (Part 2).* blog.confluent.io, 25. Februar 2015.

[25] Gwen Shapira: *The Problem of Managing Schemas.* radar.oreilly.com, 4. November 2014.

[26] *Apache Pig 0.14.0 Documentation.* pig.apache.org, November 2014.

[27] John Larmouth: *ASN.1 Complete.* Morgan Kaufmann, 1999. – ISBN 978-0-122-33435-1

[28] Russell Housley, Warwick Ford, Tim Polk und David Solo: *RFC 2459: Internet X.509 Public Key Infrastructure: Certificate and CRL Profile.* IETF Network Working Group, Standards Track, Januar 1999.

[29] Lev Walkin: *Question: Extensibility and Dropping Fields.* lionet.info, 21. September 2010.

[30] Jesse James Garrett: *Ajax: A New Approach to Web Applications.* adaptivepath.com, 18. Februar 2005.

[31] Sam Newman: *Building Microservices.* O'Reilly Media, 2015. – ISBN 978-1-491-95035-7

[32] Chris Richardson: *Microservices: Decomposing Applications for Deployability and Scalability.* infoq.com, 25. Mai 2014.

[33] Pat Helland: *Data on the Outside Versus Data on the Inside*, auf der 2. Biennial Conference on Innovative Data Systems Research (CIDR), Januar 2005.

[34] Roy Thomas Fielding: *Architectural Styles and the Design of Network-Based Software Architectures.* PhD Thesis, University of California, Irvine, 2000.

[35] Roy Thomas Fielding: *REST APIs Must Be Hypertext-Driven.* roy.gbiv.com, 20. Oktober 2008.

[36] *REST in Peace, SOAP*. royal.pingdom.com, 15. Oktober 2010.

[37] *Web Services Standards as of Q1 2007*. innoq.com, Februar 2007.

[38] Pete Lacey: *The S Stands for Simple*. harmful.cat-v.org, 15. November 2006.

[39] Stefan Tilkov: *Interview: Pete Lacey Criticizes Web Services*. infoq.com, 12. Dezember 2006.

[40] *OpenAPI Specification (fka Swagger RESTful API Documentation Specification) Version 2.0*. swagger.io, 8. September 2014.

[41] Michi Henning: *The Rise and Fall of CORBA*. ACM Queue, Bd. 4, Nr. 5, S. 28–34, Juni 2006. doi:10.1145/1142031.1142044

[42] Andrew D. Birrell und Bruce Jay Nelson: *Implementing Remote Procedure Calls*. ACM Transactions on Computer Systems (TOCS), Bd. 2, Nr. 1, S. 39–59, Februar 1984. doi:10.1145/2080.357392

[43] Jim Waldo, Geoff Wyant, Ann Wollrath und Sam Kendall: *A Note on Distributed Computing*. Sun Microsystems Laboratories, Inc., Technical Report TR-94-29, November 1994.

[44] Steve Vinoski: *Convenience over Correctness*. IEEE Internet Computing, Bd. 12, Nr. 4, S. 89–92, Juli 2008. doi:10.1109/MIC.2008.75

[45] Marius Eriksen: *Your Server as a Function*. im 7. Workshop on Programming Languages and Operating Systems (PLOS), November 2013. doi: 10.1145/2525528.2525538

[46] *grpc-common Documentation*. Google, Inc., github.com, Februar 2015.

[47] Aditya Narayan und Irina Singh: *Designing and Versioning Compatible Web Services*. ibm.com, 28. März 2007.

[48] Troy Hunt: *Your API Versioning Is Wrong, Which Is Why I Decided to Do It 3 Different Wrong Ways*. troyhunt.com, 10. Februar 2014.

[49] *API Upgrades*. Stripe, Inc., April 2015.

[50] Jonas Bonér: *Upgrade in an Akka Cluster*. E-Mail an akka-user mailing list, grokbase.com, 28. August 2013.

[51] Philip A. Bernstein, Sergey Bykov, Alan Geller, et al.: *Orleans: Distributed Virtual Actors for Programmability and Scalability*. Microsoft Research Technical Report MSR-TR-2014-41, März 2014.

[52] *Microsoft Project Orleans Documentation*. Microsoft Research, dotnet.github.io, 2015.

[53] David Mercer, Sean Hinde, Yinso Chen und Richard A O'Keefe: *beginner: Updating Data Structures*. E-Mail-Thread auf erlang-questions mailing list, erlang.com, 29. Oktober 2007.

[54] Fred Hebert: *Postscript: Maps*. learnyousomeerlang.com, 9. April 2014.

TEIL II
Verteilte Daten

Für eine erfolgreiche Technologie muss die Wirklichkeit Vorrang vor der Öffentlichkeitsarbeit haben, denn die Natur lässt sich nicht täuschen.

– **Richard Feynman**, *Rogers Commission Report (1986)*

Die in Teil I dieses Buchs diskutierten Aspekte von Datensystemen gelten, wenn die Daten auf einem einzelnen Computer gespeichert werden. In Teil II gehen wir nun eine Stufe nach oben und fragen: Was passiert, wenn mehrere Computer beim Speichern und Abrufen von Daten beteiligt sind?

Es gibt verschiedene Gründe, eine Datenbank auf mehrere Computer zu verteilen:

Skalierbarkeit
: Wird das Datenvolumen, die Lesebelastung oder die Schreibbelastung größer, als ein einzelner Computer bewältigen kann, lässt sich die Last möglicherweise auf mehrere Computer verteilen.

Fehlertoleranz/Hochverfügbarkeit
: Wenn Ihre Anwendung auch dann weiterhin funktionieren muss, wenn ein Computer (oder mehrere Computer oder das Netzwerk oder ein ganzes Rechenzentrum) ausfällt, können Sie mit mehreren Computern ein redundantes System aufbauen. Fällt ein Computer aus, kann ein anderer dessen Aufgaben übernehmen.

Latenz
: Wenn Ihre Benutzer global verteilt sind, brauchen Sie vielleicht Server an mehreren Standorten weltweit, sodass jeder Benutzer von einem Rechenzentrum in seiner geografischen Nähe bedient werden kann. Damit lässt sich vermeiden, dass Benutzer auf Netzwerkpakete warten müssen, die um die halbe Welt reisen.

Für höhere Belastung skalieren

Wenn Sie lediglich für eine höhere Belastung skalieren müssen, ist es am einfachsten, leistungsfähigere Computer anzuschaffen (oft auch als *vertikale Skalierung* (*scale up*) bezeichnet). Viele CPUs, viele RAM-Chips und viele Festplatten lassen sich unter einem Betriebssystem gemeinsam betreiben, und schnelle Zwischenverbindungen erlauben jeder CPU, auf jeden Teil des Arbeitsspeichers oder der Festplatte zuzugreifen. Bei einer derartigen *Shared-Memory-Architektur* (Architektur mit gemeinsam genutztem Speicher) können alle Komponenten als ein einziger Computer betrachtet werden [1].[1]

Bei einem Shared-Memory-Ansatz besteht das Problem darin, dass die Kosten schneller als linear wachsen: Ein Computer mit doppelt so vielen CPUs, doppelt so viel RAM und doppelt so viel Festplattenkapazität wie ein anderer Computer kostet in der Regel deutlich mehr als das Doppelte. Und aufgrund von Engpässen ist ein Computer der doppelten Größe häufig gar nicht in der Lage, die doppelte Belastung zu bewältigen.

Eine *Shared-Memory-Architektur* kann begrenzte Fehlertoleranz bieten – High-End-Computer besitzen Hot-Swappable-Komponenten (die sich im laufenden Betrieb ersetzen lassen, ohne die Computer auszuschalten, wie zum Beispiel Festplatten, Speichermodule und sogar CPUs) – doch bleibt eine solche Architektur zweifellos auf einen einzelnen geografischen Standort beschränkt.

Ein anderer Ansatz ist die *Shared-Disk-Architektur*, die mehrere Computer mit unabhängigen CPUs und Arbeitsspeichern verwendet, die Daten aber auf einem Festplattenarray speichert, das die Computer gemeinsam nutzen und das über ein schnelles Netzwerk verbunden ist.[2] Diese Architektur wird für bestimmte Data-Warehousing-Arbeitslasten eingesetzt, doch Konkurrenzsituationen und der Overhead von Sperrmechanismen schränken die Skalierbarkeit des Shared-Disk-Konzepts ein [2].

Shared-Nothing-Architekturen

Demgegenüber haben Shared-Nothing-Architekturen [3] (manchmal auch *horizontale Skalierung* oder *Scale-out* genannt) eine Menge an Popularität gewonnen. In diesem Ansatz wird jeder Computer oder jeder virtuelle Computer, der die Datenbanksoftware ausführt, als *Knoten* bezeichnet. Jeder Knoten läuft mit seinen CPUs, seinem RAM und seinen Festplatten unabhängig von anderen. Jegliche Koordinierung zwischen den Knoten geschieht auf der Softwareebene und läuft über ein konventionelles Netzwerk.

1 In einem großen Computer kann zwar jede CPU auf jeden Teil des Arbeitsspeichers zugreifen, doch befinden sich manche Speicherbänke näher an der einen CPU als an anderen (eine als NUMA – Non-Uniform Memory Access – bezeichnete Architektur). Um diese Architektur effizient zu nutzen, muss die Verarbeitung so untergliedert werden, dass jede CPU vor allem auf ihren lokalen Arbeitsspeicher zugreift – d.h., dass Partitionierung trotzdem erforderlich ist, selbst wenn alles anscheinend auf ein und demselben Computer läuft.

2 NAS (Network Attached Storage) oder SAN (Storage Area Network)

Da ein Shared-Nothing-System keine spezielle Hardware benötigt, können Sie beispielweise den Computer einsetzen, der das beste Preis-Leistungs-Verhältnis hat. Die Daten können Sie möglicherweise auf mehrere geografische Regionen verteilen, somit die Latenz für Benutzer verringern und gegebenenfalls den Totalausfall eines ganzen Rechenzentrums überstehen. Mit Cloud-Bereitstellungen von virtuellen Computern brauchen Sie nicht einmal in der Größenordnung von Google zu operieren: Selbst für kleinere Firmen ist jetzt eine auf mehrere Regionen verteilte Architektur praktikabel.

In diesem Teil des Buchs konzentrieren wir uns auf Shared-Nothing-Architekturen – nicht weil sie unbedingt die beste Wahl für jeden Einsatzfall sind, sondern vielmehr weil sie die meiste Sorgfalt von Ihnen, dem Anwendungsentwickler, verlangen. Wenn Ihre Daten über mehrere Knoten verteilt sind, müssen Sie sich der Einschränkungen und Kompromisse bewusst sein, die in einem derartigen verteilten System auftreten – die Datenbank ist nicht in der Lage, diese vor Ihnen zu verbergen.

Eine verteilte Shared-Nothing-Architektur hat zwar viele Vorteile, doch sie beinhaltet auch zusätzliche Komplexität für Anwendungen und schränkt manchmal die Ausdruckskraft der Datenmodelle ein, die Sie verwenden können. In manchen Fällen kann ein einfaches Programm, das in einem einzigen Thread läuft, deutlich besser abschneiden als ein Cluster mit über 100 CPU-Kernen [4]. Andererseits können Shared-Nothing-Systeme sehr leistungsfähig sein. Die nächsten Kapitel gehen ausführlich auf die Fragen ein, die im Zusammenhang mit verteilten Daten auftauchen.

Replikation vs. Partitionierung

Es gibt zwei gängige Methoden, Daten über mehrere Knoten zu verteilen:

Replikation
: Eine Kopie derselben Daten auf mehreren verschiedenen Knoten behalten, möglicherweise an verschiedenen Standorten. Replikation bietet Redundanz: Wenn einige Knoten nicht mehr verfügbar sind, können die Daten dennoch von den übrigen Knoten bereitgestellt werden. Zudem kann Replikation helfen, die Performance zu verbessern. Replikation ist Thema von Kapitel 5.

Partitionierung
: Eine große Datenbank in kleinere Teilmengen – sogenannte Partitionen – aufgliedern, sodass verschiedene Partitionen unterschiedlichen Knoten zugewiesen werden können (auch als *Sharding* – horizontale Fragmentierung – bezeichnet). Auf Partitionierung gehen wir in Kapitel 6 ein.

Diese Mechanismen sind zwar eigenständig, doch arbeiten sie oftmals Hand in Hand, wie Abbildung T-1 zeigt.

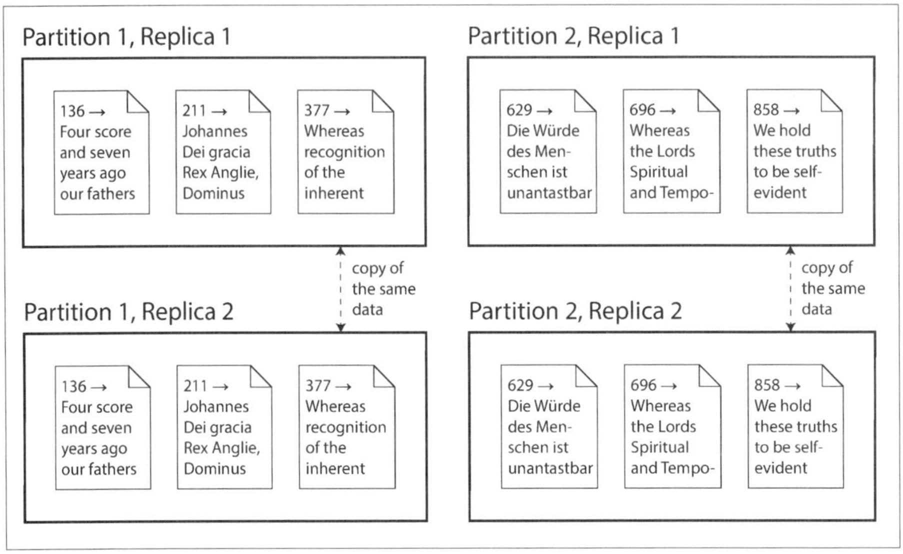

Abbildung T-1: Eine Datenbank, die in zwei Partitionen aufgeteilt ist und zwei Replikate pro Partition speichert

Mit dem Wissen über diese Konzepte können wir die schwierigen Kompromisse diskutieren, die Sie in einem verteilten System eingehen müssen. Mit *Transaktionen* befasst sich Kapitel 7, damit Sie verstehen, was in einem Datensystem alles schiefgehen kann und was sich dagegen unternehmen lässt. Diesen Teil des Buchs schließen wir in Kapitel 8 und Kapitel 9 mit einer Erörterung der prinzipiellen Beschränkungen von verteilten Systemen ab.

Später betrachten wir in Teil III dieses Buchs, wie Sie mehrere (möglicherweise verteilte) Datenspeicher in ein größeres System integrieren können, das die Anforderungen einer komplexen Anwendung erfüllt. Doch zunächst wollen wir über verteilte Daten sprechen.

Literaturverzeichnis

[1] Ulrich Drepper: *What Every Programmer Should Know About Memory.* akkadia.org, 21. November 2007.

[2] Ben Stopford: *Shared Nothing vs. Shared Disk Architectures: An Independent View.* benstopford.com, 24. November 2009.

[3] Michael Stonebraker: *The Case for Shared Nothing.* IEEE Database Engineering Bulletin, Bd. 9, Nr. 1, S. 4–9, März 1986.

[4] Frank McSherry, Michael Isard und Derek G. Murray: *Scalability! But at What COST?.* im 15. USENIX Workshop on Hot Topics in Operating Systems (HotOS), Mai 2015.

LOGISCHE KÜSTE
RethinkDB
MongoDB
MySQL
zu Konsistenz & Konsens (Kapitel 9)
WALD DER KONSISTENZ-MODELLE
Oracle
PostgreSQL
SQL Server
PHYSISCHE KÜSTE
SINGLE-LEADER-REPLIKATION
FAILOVER-GRUBE
SCHNELLSTRASSE DER REPLIKATIONSVERZÖGERUNG
KAUSALITÄTSBUCHT
ZINNEN DER KONFLIKTAUFLÖSUNG
Etherpad
Google Docs
MULTI-LEADER-REPLIKATION
CouchDB
Kalendersynchronisierung
QUORUM-HAFEN
CRDTs
Riak
LEADERLOSE REPLIKATION
ALLEE DER LETZTLICHEN KONSISTENZ
Voldemort
Cassandra
zur protokoll-strukturierten Speicherung (Kapitel 3)

KAPITEL 5

Replikation

Der wichtigste Unterschied zwischen einer Sache, die schiefgehen kann, und einer Sache, die keinesfalls schiefgehen kann, besteht darin, dass, wenn etwas doch schiefgeht, das keinesfalls schiefgehen kann, es sich keinesfalls beheben lässt.

– **Douglas Adams**, *Einmal Rupert und zurück* (*Mostly Harmless*, 1992)

Replikation heißt, eine Kopie derselben Daten auf mehreren Computern, die über ein Netzwerk miteinander verbunden sind, zu speichern. Wie in der Einführung zu Teil II erörtert, gibt es mehrere Gründe, warum man Daten repliziert:

- Um Daten geografisch nahe bei den Benutzern zu halten (und somit die Latenz von Zugriffen zu verringern)
- Um dem System zu ermöglichen weiterzuarbeiten, selbst wenn einige seiner Komponenten ausgefallen sind (und somit die Verfügbarkeit zu erhöhen)
- Um die Anzahl der Computer, die Leseabfragen bedienen können, zu erhöhen (und somit den Lesedurchsatz zu steigern)

In diesem Kapitel gehen wir davon aus, dass der Datenbestand so klein ist, dass jeder Computer eine Kopie der kompletten Datenmenge aufnehmen kann. In Kapitel 6 lockern wir diese Voraussetzung und befassen uns mit der *Partitionierung* (*horizontalen Fragmentierung*, engl. *Sharding*) von Datasets, die für einen einzelnen Computer zu groß sind. In späteren Kapiteln gehen wir auf verschiedene Arten von Fehlern ein, die in einem replizierten Datensystem vorkommen können, und wie man mit ihnen umgeht.

Wenn sich die replizierten Daten im Laufe der Zeit nicht ändern, ist Replikation einfach: Sie müssen lediglich die Daten einmal auf jeden Knoten kopieren und fertig. Die eigentliche Schwierigkeit der Replikation liegt im Umgang mit *Änderungen* an replizierten Daten, und genau darum geht es in diesem Kapitel. Wir diskutieren drei bekannte Algorithmen für die Replikation von Änderungen zwischen Knoten: *Single-Leader-*, *Multi-Leader-* und *leaderlose* Replikation. Nahezu alle verteilten Datenbanken verwenden einen dieser drei Ansätze. Alle haben ihre Vor- und Nachteile, die wir im Detail untersuchen werden.

Bei der Replikation sind viele Abwägungen zu betrachten: zum Beispiel, ob synchrone oder asynchrone Replikation verwendet wird und wie fehlerhafte Replikate zu behandeln sind. Oftmals sind dies Konfigurationsoptionen in Datenbanken, und obwohl die Details zwischen den Datenbanken variieren, sind die allgemeinen Prinzipien über viele verschiedene Implementierungen hinweg ähnlich. Die Konsequenzen derartiger Entscheidungen sehen wir uns in diesem Kapitel an.

Die Replikation von Datenbanken ist ein altes Theama – die Prinzipien haben sich nur wenig geändert, seit sie in den 1970er-Jahren untersucht wurden [1], weil die grundsätzlichen Einschränkungen der Netzwerke gleichgeblieben sind. Abseits der Forschung haben jedoch viele Entwickler lange Zeit angenommen, dass eine Datenbank aus nur einem Knoten besteht. Die Verwendung verteilter Datenbanken hat sich erst in jüngerer Zeit durchgesetzt. Da viele Anwendungsentwickler neu in diesem Bereich sind, hat es viele Missverständnisse bei Themen wie zum Beispiel *letztliche Konsistenz* (engl. *eventual consistency*) gegeben. In Abschnitt »Probleme mit der Replikationsverzögerung« auf Seite 170 gehen wir genauer auf letztliche Konsistenz ein und diskutieren Garantien wie *Read Your Writes* und *monotones Lesen*.

Leader und Follower

Jeder Knoten, der eine Kopie der Datenbank speichert, wird als *Replikat* bezeichnet. Bei mehreren Replikaten taucht unweigerlich eine Frage auf: Wie stellen wir sicher, dass alle Daten letztlich auf allen Replikaten landen?

Jedes Schreiben in die Datenbank muss von jedem Replikat verarbeitet werden; andernfalls würden die Replikate nicht mehr die gleichen Daten enthalten. Die häufigste Lösung hierfür heißt *leaderbasierte Replikation* (auch als *aktive/passive* oder *Master-Slave-Replikation* bezeichnet). Abbildung 5-1 veranschaulicht diese Art der Replikation, die wie folgt arbeitet:

1. Eines der Replikate wird als *Leader* (auch als *Master* oder *Primary*) designiert. Wenn Clients in die Datenbank schreiben wollen, müssen sie ihre Anfragen an den Leader senden, der zuerst die neuen Daten in seinen lokalen Speicher schreibt.
2. Die anderen Replikate heißen *Follower* (*Lesereplikate*, *Slaves*, *Secondaries* oder *Hot Standbys*).[1] Wenn der Leader neue Daten in seinen lokalen Speicher schreibt, sendet er die Datenänderung auch an alle seine Follower als Teil eines Replikationsprotokolls oder Änderungsstreams. Jeder Follower übernimmt das Protokoll vom Leader und aktualisiert seine lokale Kopie der Datenbank

1 Verschiedene Personen haben verschiedene Definitionen für *hot*, *warm* und *cold* Standby-Server. Zum Beispiel bezieht sich PostgreSQL mit *Hot Standby* auf ein Replikat, das Leseoperationen von Clients akzeptiert, während ein *Warm Standby* Änderungen vom Leader verarbeitet, aber keine Abfragen von Clients. Für die Themen in diesem Buch ist der Unterschied allerdings nicht wichtig.

entsprechend, indem er alle Schreiboperationen in derselben Reihenfolge anwendet, wie sie auf dem Leader verarbeitet wurden.

3. Wenn ein Client aus der Datenbank lesen möchte, kann er entweder den Leader oder einen der Follower abfragen. Schreibvorgänge werden allerdings nur vom Leader akzeptiert (die Follower sind aus dem Blickwinkel des Clients schreibgeschützt).

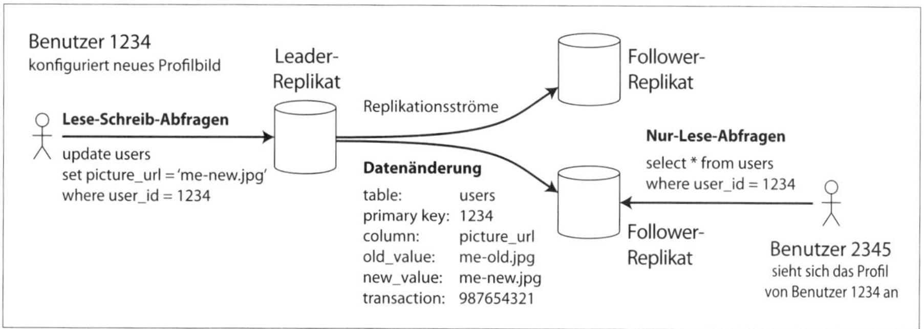

Abbildung 5-1: Leaderbasierte (Master-Slave-)Replikation

Dieser Modus der Replikation ist ein integriertes Feature vieler relationaler Datenbanken wie PostgreSQL (seit Version 9.0), MySQL, Oracle Data Guard [2] und AlwaysOn Availability Groups von SQL Server [3]. Er wird auch in manchen nichtrelationalen Datenbanken verwendet, einschließlich MongoDB, RethinkDB und Espresso [4]. Schließlich ist die leaderbasierte Replikation nicht auf Datenbanken beschränkt: Verteilte Nachrichtenbroker wie Kafka [5] und RabbitMQ [6] verwenden sie ebenfalls. Einige Netzwerkdateisysteme und replizierte Blockgeräte wie DRBD arbeiten ähnlich.

Synchrone und asynchrone Replikation

In einem replizierten System ist als wichtiges Detail zu klären, ob die Replikation *synchron* oder *asynchron* stattfindet. (In relationalen Datenbanken ist dies meistens eine konfigurierbare Option; andere Systeme sind für die eine oder die andere Version fest codiert.)

Stellen Sie sich vor, was bei der Replikation in Abbildung 5-1 passiert, wenn der Benutzer einer Website sein Profilbild aktualisiert. Der Client sendet zu einem bestimmten Zeitpunkt die Aktualisierungsanfrage an den Leader, und kurz darauf wird sie vom Leader empfangen. Später leitet der Leader die Datenänderung an die Follower weiter, und schließlich benachrichtigt der Leader den Client, dass die Aktualisierung erfolgreich war.

Abbildung 5-2 zeigt die Kommunikation zwischen verschiedenen Komponenten des Systems: Sie sehen den Client des Benutzers, den Leader und die beiden Follower. Die Zeitachse läuft von links nach rechts. Eine Anfrage- oder Antwortnachricht ist als dicker Pfeil dargestellt.

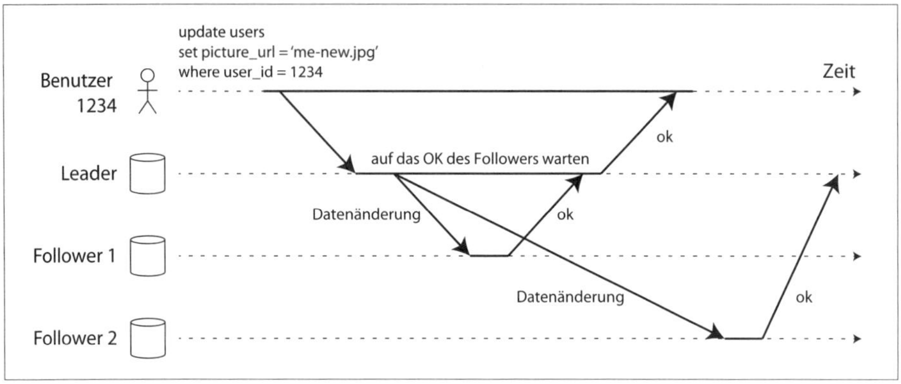

Abbildung 5-2: Leaderbasierte Replikation mit einem synchronen und einem asynchronen Follower

Im Beispiel von Abbildung 5-2 läuft die Replikation zu Follower 1 *synchron* ab: Der Leader wartet, bis Follower 1 bestätigt hat, dass er die Schreibanforderung erhalten hat, bevor er dem Benutzer den Erfolg meldet und bevor er die Schreiboperation für andere Clients sichtbar macht. Die Replikation zu Follower 2 ist *asynchron*: Der Leader sendet die Nachricht, wartet aber nicht auf eine Antwort vom Follower.

Das Diagramm zeigt, dass es eine erhebliche Verzögerung gibt, bevor Follower 2 die Nachricht verarbeitet. Normalerweise passiert Replikation recht schnell: Die meisten Datenbanksysteme wenden Änderungen an Followern in weniger als einer Sekunde an. Allerdings gibt es keine Garantie, wie lange es dauern könnte. Es gibt Situationen, wenn Follower um einige Minuten oder noch mehr hinter dem Leader zurückbleiben, beispielsweise wenn ein Follower mit der Wiederherstellung von einem Fehler beschäftigt ist, wenn das System nahe der maximalen Kapazität arbeitet oder wenn zwischen den Knoten Netzwerkprobleme auftreten.

Die synchrone Replikation hat den Vorteil, dass der Follower garantiert eine aktuelle Kopie der Daten besitzt, die mit dem Leader konsistent ist. Wenn der Leader plötzlich ausfällt, können wir sicher sein, dass die Daten immer noch auf dem Follower verfügbar sind. Nachteilig ist, dass die Schreibanforderung nicht verarbeitet werden kann, wenn der synchrone Follower nicht antwortet (weil er abgestürzt ist, eine Netzwerkstörung vorliegt oder er aus einem anderen Grund nicht reagiert). Der Leader muss alle Schreiboperationen blockieren und warten, bis das synchrone Replikat erneut verfügbar ist.

Deshalb ist es impraktikabel, dass alle Follower synchron arbeiten: Jeder einzelne Knotenausfall würde das gesamte System zum Stillstand bringen. Wenn Sie in einer Datenbank die synchrone Replikation aktivieren, heißt das in der Regel, dass *einer* der Follower synchron arbeitet und die anderen asynchron. Wenn der synchrone Follower nicht mehr verfügbar ist oder langsamer wird, geht einer der asynchronen Follower in den synchronen Modus über. Damit ist gewährleistet, dass Sie über eine aktuelle Kopie der Daten auf mindestens zwei Knoten verfügen: dem Leader und einem synchronen Follower. Diese Konfiguration wird auch als *semi-synchron* bezeichnet [7].

Oftmals wird leaderbasierte Replikation als gänzlich asynchron konfiguriert. Wenn in diesem Fall der Leader ausfällt und nicht wiederherstellbar ist, gehen alle Schreibvorgänge, die noch nicht auf Follower repliziert wurden, verloren. Folglich ist eine Schreiboperation nicht als dauerhaft garantiert, selbst wenn sie dem Client bestätigt wurde. Allerdings hat eine vollständig asynchrone Konfiguration den Vorteil, dass der Leader weiterhin Schreibvorgänge verarbeiten kann, auch wenn alle seine Follower zurückgeblieben sind.

Das Abschwächen der Dauerhaftigkeit mag wie ein schlechter Kompromiss klingen, doch ist die asynchrone Replikation nichtsdestotrotz weit verbreitet, insbesondere, wenn es viele Follower gibt oder wenn sie geografisch verteilt sind. Auf diesen Punkt kommen wir in Abschnitt »Probleme mit der Replikationsverzögerung« auf Seite 170 zurück.

Forschungen zur Replikation

Es kann zu einem ernsten Problem für asynchron replizierte Systeme werden, dass Daten verloren gehen, wenn der Leader ausfällt. Man forscht also ständig nach Replikationsmethoden, bei denen keine Daten verloren gehen, die aber dennoch gute Performance und Verfügbarkeit bieten. Zum Beispiel ist *Kettenreplikation* [8, 9] eine Variante der synchronen Replikation, die in einigen Systemen wie zum Beispiel Microsoft Azure Storage [10, 11] erfolgreich implementiert worden ist.

Es gibt eine starke Verbindung zwischen Konsistenz der Replikation und *Konsens* (mehrere Knoten dazu bringen, sich auf einen Wert zu einigen), und wir untersuchen diesen theoretischen Bereich ausführlicher in Kapitel 9. In diesem Kapitel konzentrieren wir uns auf die einfacheren Formen der Replikation, die in der Praxis am häufigsten in Datenbanken verwendet werden.

Neue Follower einrichten

Gelegentlich müssen Sie neue Follower einrichten – vielleicht, um die Anzahl der Replikate zu erhöhen oder um ausgefallene Knoten zu ersetzen. Wie stellen Sie sicher, dass der neue Follower über eine genaue Kopie der Daten vom Leader verfügt?

In der Regel genügt es nicht, die Datendateien von einem Knoten auf einen andern zu kopieren: Clients schreiben ständig in die Datenbank und die Daten sind ständig in Bewegung, sodass bei einer standardmäßigen Dateikopie verschiedene Teile der Datenbank zu verschiedenen Zeitpunkten zu sehen sein würden. Das Ergebnis ist wahrscheinlich nicht sinnvoll.

Man könnte die Dateien auf der Festplatte konsistent machen, indem man die Datenbank sperrt (für Schreiboperationen unverfügbar macht), doch würde das unserer angestrebten Hochverfügbarkeit zuwiderlaufen. Erfreulicherweise lässt sich ein Follower normalerweise ohne Stillstandzeiten einrichten. Das Vorgehen sieht prinzipiell wie folgt aus:

1. Einen Snapshot von der Datenbank des Leaders zu einem bestimmten Zeitpunkt erstellen – wenn möglich, ohne die gesamte Datenbank zu sperren. Die meisten Datenbanken beherrschen dieses Feature, da es auch für Sicherungen gebraucht wird. In manchen Fällen sind Tools von Drittanbietern wie zum Beispiel *innobackupex* für MySQL erforderlich [12].
2. Den Snapshot auf den neuen Follower-Knoten kopieren.
3. Der Follower verbindet sich mit dem Leader und fragt alle Datenänderungen ab, die sich seit dem Erfassen des Snapshots ereignet haben. Dazu ist es erforderlich, dass dem Snapshot eine genaue Position im Replikationsprotokoll des Leaders zugeordnet wird. Diese Position hat verschiedene Namen: PostgreSQL beispielsweise nennt sie die *Protokollsequenznummer* (log sequence number) und MySQL spricht von *Binärprotokoll-Koordinaten* (binary log coordinates).
4. Wenn der Follower den Rückstand der Datenänderungen seit dem Snapshot verarbeitet hat, sagen wir, dass er *aufgeholt* hat. Er kann damit fortfahren, Datenänderungen vom Leader zu verarbeiten, sobald diese auftreten.

Die praktischen Schritte zum Einrichten eines Followers unterscheiden sich stark von Datenbank zu Datenbank. In einigen Systemen läuft alles voll automatisiert ab, in anderen kann es sich um einen undurchsichtigen Workflow aus mehreren Schritten handeln, die ein Administrator manuell durchführen muss.

Knotenausfälle behandeln

Im System kann jeder beliebige Knoten ausfallen, vielleicht unerwartet aufgrund eines Hardwarefehlers, doch genauso wahrscheinlich aufgrund einer geplanten Wartung (zum Beispiel Neustarten eines Computers, um einen Sicherheitspatch für den Kernel zu installieren). Einzelne Knoten neu starten zu können, ohne dass das System insgesamt stillstehen muss, ist ein großer Vorteil für den Betrieb und die Wartung. Wir streben also an, das System als Ganzes trotz einzelner Knotenausfälle lauffähig und den Einfluss eines Knotenausfalls so klein wie möglich zu halten.

Wie erreichen Sie hohe Verfügbarkeit mit leaderbasierter Replikation?

Follower-Ausfall: Wiederherstellung durch Aufholen

Auf seiner lokalen Festplatte führt jeder Follower ein Protokoll der Datenänderungen, die er vom Leader empfangen hat. Wenn ein Follower abstürzt und neu gestartet wird oder wenn das Netzwerk zwischen dem Leader und dem Follower vorübergehend gestört ist, kann sich der Follower ziemlich leicht in einen konsistenten Zustand wiederherstellen: Aus seinem Protokoll kennt er die letzte Transaktion, die vor dem Ausfall verarbeitet wurde. Somit kann sich der Follower mit dem Leader verbinden und alle Datenänderungen anfordern, die in dem Zeitraum aufgetreten sind, als der Follower vom Leader getrennt war. Nachdem er diese Änderungen angewendet hat, hat er mit dem Leader aufgeholt und kann wie zuvor einen Stream von Datenänderungen empfangen.

Leader-Ausfall: Failover

Den Ausfall des Leaders zu behandeln, ist komplizierter: Einer der Follower muss zum neuen Leader befördert werden; Clients müssen umkonfiguriert werden, um ihre Schreiboperationen an den neuen Leader zu senden; und die anderen Follower müssen die Datenänderungen vom neuen Leader übernehmen. Dieser Prozess wird als *Failover* bezeichnet.

Failover kann manuell erfolgen (ein Administrator wird benachrichtigt, dass der Leader ausgefallen ist, und unternimmt die erforderlichen Schritte, um einen neuen Leader einzurichten) oder automatisch ablaufen. Ein automatischer Failover-Prozess besteht in der Regel aus den folgenden Schritten:

1. *Feststellen, dass der Leader ausgefallen ist.* Es gibt sehr viel, was schiefgehen kann: Abstürze, Stromausfälle, Netzwerkprobleme und mehr. Da es keine narrensichere Methode gibt, um festzustellen, was schiefgegangen ist, verwenden die meisten Systeme einfach einen Timeout: Knoten spielen sich gegenseitig Nachrichten zu, und wenn ein Knoten für eine bestimmte Zeitspanne – sagen wir 30 Sekunden – nicht antwortet, wird er für tot erklärt. (Das gilt nicht, wenn der Leader für eine geplante Wartung absichtlich heruntergefahren wird.)
2. *Einen neuen Leader auswählen.* Dies kann durch einen Auswahlprozess geschehen (wobei der Leader von einer Mehrheit der verbleibenden Replikate gewählt wird), oder ein zuvor gewählter *Controller-Knoten* könnte einen neuen Leader ernennen. Der beste Kandidat für die Leader-Rolle ist normalerweise das Replikat, das die meisten Datenänderungen vom alten Leader aktualisiert hat (um Datenverluste zu minimieren). Alle Knoten auf einen neuen Leader einzuschwören, ist ein Konsensusproblem, mit dem sich Kapitel 9 im Detail befasst.
3. *Das System neu konfigurieren, um den neuen Leader zu verwenden.* Clients müssen nun ihre Schreibanfragen an den neuen Leader senden (was wir in Kapitel 6 in Abschnitt »Anfragen weiterleiten« auf Seite 227 besprechen). Wenn der alte Leader zurückkommt, könnte er immer noch glauben, dass er der Leader ist, ohne zu wissen, dass die anderen Replikate ihn zum Rücktritt gezwungen haben. Das System muss gewährleisten, dass der alte Leader zu einem Follower wird und den neuen Leader anerkennt.

Beim Failover gibt es unzählige Dinge, die schiefgehen können:

- Bei asynchroner Replikation hat der neue Leader möglicherweise noch nicht sämtliche Schreiboperationen vom alten Leader empfangen, bevor er ausgefallen ist. Wenn sich der ehemalige Leader erneut mit dem Cluster verbindet, nachdem der neue Leader ausgewählt worden ist, was sollte mit diesen Schreiboperationen passieren? Der neue Leader kann in der Zwischenzeit kollidierende Schreibvorgänge empfangen haben. Die gängigste Lösung besteht darin, die noch nicht replizierten Schreibvorgänge des alten Leaders einfach zu verwerfen, was die Dauerhaftigkeitserwartungen der Clients verletzen kann.
- Schreibvorgänge zu verwerfen, ist besonders gefährlich, wenn andere Speichersysteme außerhalb der Datenbank mit dem Datenbankinhalt koordiniert werden müssen. Zum Beispiel wurde in einem Vorfall bei GitHub [13] ein veralteter MySQL-Follower zum Leader befördert. Die Datenbank hatte neuen Zeilen mit einem automatisch inkrementierten Zähler Primärschlüssel zugewiesen, doch weil der Zähler des neuen Leaders hinter dem des alten Leaders zurückgeblieben war, hatte sie einige Primärschlüssel wiederverwendet, die der alte Leader bereits zugewiesen hatte. Da diese Primärschlüssel auch in einer Redis-Datenbank verwendet wurden, hat die Wiederverwendung der Primärschlüssel zu Inkonsistenzen zwischen MySQL und Redis geführt. Dadurch konnten private Daten in die Hände der falschen Benutzer gelangen.
- In bestimmten Fehlerszenarios (siehe Kapitel 8) könnten zwei Knoten glauben, sie seien der Leader. Diese gefährliche Situation wird als *Split Brain* bezeichnet: Wenn beide Leader Schreibvorgänge akzeptieren und es keinen Prozess zur Konfliktauflösung gibt (siehe Abschnitt »Multi-Leader-Replikation« auf Seite 177), ist damit zu rechnen, dass Daten verloren gehen oder beschädigt werden. Als Sicherheitsmaßnahme verfügen manche Systeme über einen Mechanismus, der einen Knoten herunterfährt, wenn er zwei Leader erkennt.[2] Wenn aber dieser Mechanismus nicht sorgfältig abgestimmt ist, fahren am Ende vielleicht beide Knoten herunter [14].
- Was ist der richtige Timeout, bevor der Leader für tot erklärt wird? Ein längerer Timeout bedeutet eine längere Wartezeit bis zur Wiederherstellung, falls der Leader ausfällt. Wenn jedoch der Timeout zu kurz ist, könnten unnötige Failover stattfinden. Zum Beispiel könnte die Antwortzeit eines Knotens aufgrund einer temporären Belastungsspitze über den Timeout ansteigen, oder eine kurze Netzwerkstörung könnte verzögerte Pakete bedeuten. Wenn das System bereits mit hoher Belastung oder Netzwerkproblemen zu kämpfen hat, macht ein unnötiges Failover die Situation wahrscheinlich schlechter, nicht besser.

2 Dieser Ansatz wird *Abgrenzen* (fencing) oder nachdrücklicher *STONITH* (Shoot The Other Node in The Head, Schieß dem anderen Knoten in den Kopf) genannt. Auf Abgrenzen gehen wir ausführlich in Abschnitt »Der Leader und die Sperre« auf Seite 323 ein.

Für diese Probleme gibt es keine einfachen Lösungen. Deshalb ziehen es manche Betreiberteams vor, Failover manuell durchzuführen, selbst wenn die Software ein automatisches Failover unterstützt.

Diese Probleme – Knotenausfälle, unzuverlässige Netzwerke und Kompromisse um Konsistenz, Dauerhaftigkeit und Latenz von Replikaten – sind in der Tat fundamentale Probleme in verteilten Systemen. In Kapitel 8 und Kapitel 9 gehen wir ausführlicher darauf ein.

Implementierung von Replikationsprotokollen

Wie funktioniert die leaderbasierte Replikation hinter den Kulissen? In der Praxis verwendet man verschiedene Replikationsmethoden, die wir uns jetzt kurz ansehen.

Anweisungsbasierte Replikation

Im einfachsten Fall protokolliert der Leader jede Schreibanfrage (*Anweisung*), die er ausführt, und sendet dieses Anweisungsprotokoll an seine Follower. Bei einer relationalen Datenbank heißt das, dass jede `INSERT`-, `UPDATE`- oder `DELETE`-Anweisung an Follower weitergeleitet wird und jeder Follower diese SQL-Anweisung parst und ausführt, als hätte er sie von einem Client empfangen.

Obwohl dies vernünftig klingt, gibt es verschiedene Methoden, bei denen dieser Ansatz der Replikation versagt:

- Jede Anweisung, die eine nichtdeterministische Funktion aufruft – zum Beispiel `NOW()`, um das aktuelle Datum und die Uhrzeit abzurufen, oder `RAND()`, um eine Zufallszahl zu erhalten – generiert auf jedem Replikat wahrscheinlich einen anderen Wert.
- Wenn Anweisungen auf eine automatisch inkrementierte Spalte zugreifen oder wenn sie von den vorhandenen Daten in der Datenbank abhängen (zum Beispiel `UPDATE ... WHERE` *<eine_Bedingung>*), müssen sie auf jedem Replikat in genau der gleichen Reihenfolge ausgeführt werden. Andernfalls sind die Wirkungen eventuell unterschiedlich. Das kann einschränkend sein, wenn mehrere Transaktionen parallel ausgeführt werden.
- Anweisungen mit Seiteneffekten (zum Beispiel Trigger, gespeicherte Prozeduren, benutzerdefinierte Funktionen) können auf jedem Replikat zu unterschiedlichen Wirkungen führen, außer wenn die Wirkungen absolut deterministisch sind.

Diese Probleme lassen sich durchaus umgehen – zum Beispiel kann der Leader alle nichtdeterministischen Funktionsaufrufe durch einen festen Rückgabewert ersetzen, wenn die Anweisung protokolliert wird, sodass sämtliche Follower den gleichen Wert erhalten. Da es jedoch so viele Grenzfälle gibt, zieht man heute im Allgemeinen andere Replikationsmethoden vor.

Anweisungsbasierte Replikation wurde in MySQL vor Version 5.1 verwendet. Auch heute ist sie gelegentlich noch im Einsatz, denn sie ist ziemlich kompakt. MySQL schaltet aber jetzt standardmäßig zur zeilenbasierten Replikation um (mehr dazu gleich), sobald irgendeine nichtdeterministische Funktion in einer Anweisung vorkommt. VoltDB verwendet anweisungsbasierte Replikation, macht sie aber sicher durch die Forderung, dass Transaktionen deterministisch sein müssen [15].

Kopieren des Write-Ahead-Log (WAL)

Kapitel 3 hat erläutert, wie Storage-Engines Daten auf der Festplatte darstellen. Dabei haben wir festgestellt, dass praktisch jeder Schreibvorgang an ein Protokoll angefügt wird:

- Bei einer protokollstrukturierten Storage-Engine (siehe Abschnitt »SSTables und LSM-Bäume« auf Seite 80) ist dieses Protokoll der primäre Speicherort. Protokollsegmente werden im Hintergrund komprimiert und speicherbereinigt (Garbage Collection).
- Bei einem B-Baum (siehe Abschnitt »B-Bäume« auf Seite 85), der einzelne Blöcke überschreibt, wird jede Modifikation zuerst in ein Write-Ahead-Protokoll geschrieben, sodass der Index nach einem Absturz wieder in einen konsistenten Zustand gebracht werden kann.

In jedem Fall ist das Protokoll eine Bytefolge, an dessen Ende sämtliche Schreibvorgänge in der Datenbank angefügt werden. Mit genau demselben Protokoll können wir ein Replikat auf einem anderen Knoten erstellen: Der Leader schreibt es nicht nur auf die Festplatte, sondern sendet es auch über das Netzwerk an seine Follower. Wenn der Follower dieses Protokoll verarbeitet, erstellt er eine exakte Kopie der gleichen Datenstrukturen, wie sie auf dem Leader zu finden sind.

Diese Methode der Replikation wird unter anderem in PostgreSQL und Oracle verwendet [16]. Der Hauptnachteil ist, dass das Protokoll die Daten auf einem sehr niedrigen Niveau beschreibt: Ein WAL enthält Einzelheiten darüber, welche Bytes sich in welchen Festplattenblöcken geändert haben. Dadurch ist Replikation eng mit der Storage-Engine gekoppelt. Wenn die Datenbank ihr Speicherformat von einer Version zur nächsten ändert, ist es in der Regel nicht möglich, verschiedene Versionen der Datenbanksoftware auf dem Leader und den Followern auszuführen.

Das mag wie ein nebensächliches Implementierungsdetail aussehen, doch es kann einen großen Einfluss auf den Betrieb haben. Wenn das Replikationsprotokoll dem Follower erlaubt, eine neuere Softwareversion als der Leader zu verwenden, können Sie ein stillstandloses Upgrade der Datenbanksoftware ausführen, indem Sie zuerst die Follower aktualisieren und dann einen Failover durchzuführen, um einen der aktualisierten Knoten zum neuen Leader zu machen. Wenn das Replikationsprotokoll diese Versionsabweichung nicht zulässt, wie es oftmals beim Kopieren des WAL der Fall ist, sind bei derartigen Upgrades Stillstandzeiten erforderlich.

Logische (zeilenbasierte) Protokollreplikation

Als Alternative könnte man verschiedene Protokollformate für die Replikation und für die Storage-Engine verwenden, wodurch sich das Replikationsprotokoll von den Interna der Storage-Engine entkoppeln ließe. Diese Art des Replikationsprotokolls wird als *logisches Protokoll* bezeichnet, um es von der (*physischen*) Datendarstellung der Storage-Engine zu unterscheiden.

Ein logisches Protokoll für eine relationale Datenbank ist normalerweise eine Folge von Datensätzen, die Schreiboperationen in Datenbanktabellen mit einer Granularität auf Zeilenebene beschreiben:

- Für eine eingefügte Zeile enthält das Protokoll die neuen Werte aller Spalten.
- Für eine gelöschte Zeile enthält das Protokoll genügend Informationen, um die gelöschte Zeile eindeutig zu identifizieren. In der Regel ist das ein Primärschlüssel, doch wenn es für die Tabelle keinen Primärschlüssel gibt, müssen die alten Werte aller Spalten protokolliert werden.
- Für eine aktualisierte Zeile enthält das Protokoll genügend Informationen, um die aktualisierte Zeile eindeutig zu identifizieren, und die neuen Werte aller Spalten (oder zumindest die neuen Werte aller geänderten Spalten).

Eine Transaktion, die mehrere Zeilen modifiziert, erzeugt mehrere derartiger Protokolldatensätze. Daran schließt sich ein Datensatz an, der die Bestätigung der Transaktion anzeigt. Diesen Ansatz verwendet das Binärprotokoll von MySQL (wenn es für zeilenbasierte Replikation konfiguriert ist) [17].

Da ein logisches Protokoll von den Interna der Storage-Engine entkoppelt ist, lässt es sich einfacher abwärtskompatibel halten, sodass der Leader und der Follower verschiedene Versionen der Datenbanksoftware oder sogar verschiedene Storage-Engines ausführen können.

Ein logisches Protokollformat ist auch für externe Anwendungen leichter zu parsen. Dieser Aspekt erweist sich als nützlich, wenn Sie den Inhalt einer Datenbank an ein externes System senden möchten, beispielsweise ein Data-Warehouse, um offline Analysen auszuführen oder um benutzerdefinierte Indizes und Caches zu erstellen [18]. Auf diese *Erfassung geänderter Daten* genannte Technik kommen wir in Kapitel 11 zurück.

Triggerbasierte Replikation

Die bisher beschriebenen Konzepte für die Replikation werden durch das Datenbanksystem implementiert, ohne dass irgendwelcher Anwendungscode beteiligt wäre. In vielen Fällen ist es genau das, was Sie haben wollen – unter bestimmten Umständen ist jedoch mehr Flexibilität gefragt. Zum Beispiel, wenn Sie nur eine

Teilmenge der Daten replizieren möchten, von einer Art Datenbank in eine andere replizieren wollen oder wenn Sie Logik für die Konfliktauflösung brauchen (siehe Abschnitt »Schreibkonflikte behandeln« auf Seite 180), dann müssen Sie die Replikation nach oben in die Anwendungsschicht verschieben.

Manche Tools wie zum Beispiel Oracle GoldenGate [19] können Datenänderungen einer Anwendung zugänglich machen, indem sie das Datenbankprotokoll lesen. Alternativ dazu kann man Features nutzen, die in vielen relationalen Datenbanken vorhanden sind: *Trigger* und *gespeicherte Prozeduren*.

Mit einem Trigger können Sie benutzerdefinierten Anwendungscode registrieren, der automatisch ausgeführt wird, wenn eine Datenänderung (Schreibtransaktion) in einem Datenbanksystem auftritt. Der Trigger kann diese Änderung in einer separaten Tabelle protokollieren, aus der sie ein externer Prozess lesen kann. Der externe Prozess kann dann die eventuell erforderliche Anwendungslogik anwenden und die Datenänderung in ein anderes System replizieren. In dieser Weise arbeiten Databus für Oracle [20] und Bucardo für Postgres [21].

Bei triggerbasierter Replikation ist der Overhead in der Regel größer als bei anderen Replikationsmethoden. Zudem ist triggerbasierte Replikation fehleranfälliger und weist mehr Beschränkungen auf als die integrierte Replikation der Datenbank. Aufgrund ihrer Flexibilität kann sie jedoch dennoch nützlich sein.

Probleme mit der Replikationsverzögerung

Knotenausfälle tolerieren zu können, ist nur ein Grund, eine Replikation anzustreben. Wie bereits in der Einführung zu Teil II erwähnt, gehören auch Skalierbarkeit (mehr Anfragen verarbeiten, als ein einzelner Computer behandeln kann) und Latenz (Replikate geografisch näher bei den Benutzern platzieren) dazu.

Leaderbasierte Replikation verlangt, dass alle Schreibvorgänge einen einzelnen Knoten durchlaufen, Nur-Lese-Abfragen können dagegen zu jedem beliebigen Replikat gehen. Bei Arbeitslasten, die vorwiegend aus Lesevorgängen und nur zu einem kleinen Teil aus Schreibvorgängen bestehen (ein häufiges Muster im Web), gibt es eine attraktive Option: viele Follower erzeugen und die Leseanfragen über diese Follower verteilen. Das entlastet den Leader und ermöglicht es, Leseanfragen von nahe gelegenen Replikaten zu bedienen.

In dieser *Leseskalierungs*-Architektur können Sie die Kapazität für die Bedienung von Nur-Lese-Anfragen einfach dadurch erhöhen, dass Sie mehr Follower hinzufügen. Allerdings funktioniert dieser Ansatz nur bei asynchroner Replikation realistisch – würden Sie versuchen, alle Follower synchron zu replizieren, würde der Ausfall eines einzelnen Knotens oder ein Netzwerkausfall das gesamte System für Schreibvorgänge unzugänglich machen. Und je mehr Knoten Sie haben, desto wahrscheinlicher ist es, dass einer ausfällt, sodass eine vollständig synchrone Konfiguration sehr unzuverlässig wäre.

Leider kann eine Anwendung, die von einem *asynchronen* Follower liest, veraltete Informationen sehen, wenn der Follower zurückgefallen ist. Dies führt zu scheinbaren Inkonsistenzen in der Datenbank: Wenn Sie die gleiche Abfrage auf dem Leader und einem Follower gleichzeitig ausführen, erhalten Sie möglicherweise verschiedene Ergebnisse, weil nicht alle Schreibvorgänge im Follower reflektiert worden sind. Diese Inkonsistenz ist nur ein vorübergehender Zustand – wenn Sie das Schreiben in die Datenbank beenden und eine Weile warten, holen die Follower schließlich auf und werden konsistent mit dem Leader. Dieser Effekt wird deshalb als *letztliche Konsistenz* (eventual consistency) bezeichnet [22, 23].[3]

Der Begriff »letztlich« (eventual) ist bewusst vage gewählt: Im Allgemeinen gibt es keine Grenze, wie weit ein Replikat zurückfallen kann. Im Normalbetrieb kann die Verzögerung zwischen einem Schreibvorgang auf dem Leader und der Widerspiegelung auf einem Follower – die *Replikationsverzögerung* – nur den Bruchteil einer Sekunde betragen und in der Praxis nicht wahrnehmbar sein. Wenn jedoch das System am Rande seiner maximalen Kapazität arbeitet oder wenn es ein Problem im Netzwerk gibt, kann die Verzögerung leicht auf mehrere Sekunden oder sogar Minuten anwachsen.

Bei einer so großen Verzögerung sind die dadurch hervorgerufenen Inkonsistenzen nicht mehr nur theoretischer Natur, sondern ein reales Problem für Anwendungen. In diesem Abschnitt beleuchten wir drei Beispiele für Probleme, die bei Replikationsverzögerungen auftreten können, und skizzieren einige Ansätze, um sie zu lösen.

Die eigenen Schreiboperationen lesen

Viele Anwendungen erlauben es dem Benutzer, Daten zu übermitteln und sich dann anzusehen, was er übermittelt hat. Das kann ein Datensatz in einer Kundendatenbank sein, ein Kommentar in einem Diskussionsfaden oder etwas anderes in dieser Art. Wenn der Benutzer neue Daten übermittelt, müssen sie an den Leader gesendet werden, doch wenn der Benutzer die Daten anzeigen möchte, können sie von einem Follower gelesen werden. Dies ist besonders dann sinnvoll, wenn Daten häufig angezeigt, aber nur gelegentlich geschrieben werden.

Bei asynchroner Replikation gibt es ein Problem, das Abbildung 5-3 veranschaulicht: Wenn der Benutzer die Daten kurz nach einem Schreibvorgang anzeigt, haben die neuen Daten möglicherweise noch nicht das Replikat erreicht. Für den Benutzer sieht es so aus, als ob die von ihm übermittelten Daten verloren gegangen sind, sodass er verständlicherweise nicht gerade glücklich sein wird.

3 Der Begriff *eventual consistency* (letztliche Konsistenz) wurde von Douglas Terry et al. geprägt [24], von Werner Vogels bekannt gemacht [22] und ist zum Schlachtruf vieler NoSQL-Projekte geworden. Allerdings werden nicht nur NoSQL-Datenbanken letztlich konsistent: Follower in einer asynchron replizierten relationalen Datenbank haben die gleichen Eigenschaften.

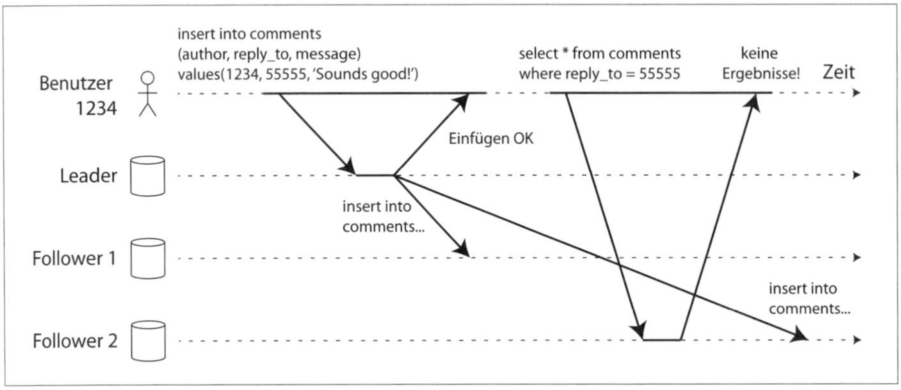

Abbildung 5-3: Ein Benutzer führt eine Schreiboperation aus, gefolgt von einer Leseoperation von einem veralteten Replikat. Um diese Anomalie zu verhindern, brauchen wir Read-After-Write-Konsistenz.

In dieser Situation brauchen wir *Read-After-Write-Konsistenz*, auch als *Read-Your-Writes-Konsistenz* bezeichnet [24]. Wenn der Benutzer die Seite neu lädt, garantiert diese Konsistenz, dass er immer alle Schreiboperationen sieht, die er selbst übermittelt hat. Es gibt aber keine Zusagen für andere Benutzer: Die Aktualisierungen anderer Benutzer sind möglicherweise erst später sichtbar. Allerdings kann sich der Benutzer gewiss sein, dass seine eigenen Eingaben korrekt gespeichert wurden.

Wie können wir nun Read-After-Write-Konsistenz in einem System mit leaderbasierter Replikation implementieren? Von den verschiedenen möglichen Techniken seien folgende erwähnt:

- Wenn Sie etwas lesen, was der Benutzer eventuell modifiziert hat, lesen Sie es vom Leader; andernfalls lesen Sie es von einem Follower. Das setzt eine Methode voraus, mit der Sie ermitteln können, ob Daten möglicherweise modifiziert worden sind, ohne sie tatsächlich abzufragen. Zum Beispiel sind Benutzerprofildaten in einem sozialen Netzwerk normalerweise nur vom Besitzer des Profils und von niemand anderem editierbar. Eine einfache Regel lautet daher: Lesen Sie das eigene Profil des Benutzers immer vom Leader und die Profile aller anderen Benutzer von einem Follower.
- Wenn die meisten Dinge in der Anwendung potenziell vom Benutzer bearbeitbar sind, wird dieser Ansatz nicht effektiv sein, da das meiste vom Leader gelesen werden müsste (was den Nutzen der Leseskalierung zunichtemacht). In diesem Fall können Sie gegebenenfalls anhand anderer Kriterien entscheiden, ob vom Leader zu lesen ist. Zum Beispiel könnten Sie die Zeit der letzten Aktualisierung verfolgen und noch bis zu einer Minute nach dem letzten Update alle Lesevorgänge vom Leader durchführen. Sie könnten auch die Replikationsverzögerung auf Followern überwachen und Abfragen auf jedem Follower verhindern, der mehr als eine Minute hinter dem Leader zurückliegt.

- Der Client kann sich den Zeitstempel seiner letzten Schreiboperation merken – dann kann das System sicherstellen, dass der Replikatserver, der alle Lesevorgänge für diesen Benutzer bedient, die Aktualisierungen mindestens bis zu diesem Zeitstempel widerspiegelt. Wenn ein Replikat nicht aktuell genug ist, lässt sich entweder der Lesevorgang von einem anderen Replikat behandeln, oder die Abfrage wartet, bis der Replikatserver aufgeholt hat. Der Zeitstempel könnte ein *logischer Zeitstempel* sein (etwas, was die Reihenfolge der Schreiboperationen kennzeichnet, etwa eine Protokollsequenznummer) oder die tatsächliche Systemzeit (wobei dann die Uhrensynchronisierung entscheidend wird; siehe Abschnitt »Unzuverlässige Uhren« auf Seite 307).
- Wenn Ihre Replikate über mehrere Rechenzentren verteilt werden (wegen der geografischen Nähe zu den Benutzern oder wegen der Verfügbarkeit), ist die Situation komplexer. Jede Anfrage, die der Leader bedienen muss, erfordert die Weiterleitung zum Rechenzentrum, das den Leader enthält.

Eine weitere Komplikation tritt auf, wenn derselbe Benutzer von mehreren Geräten aus auf Ihren Dienst zugreift, zum Beispiel von einem Desktopwebbrowser und von einer mobilen App. In diesem Fall ist *geräteübergreifende* Read-After-Write-Konsistenz gefragt: Wenn der Benutzer Informationen auf dem einen Gerät eingibt und sie sich dann auf einem anderen Gerät ansieht, sollte er dieselben Informationen sehen, die er eben eingegeben hat.

In diesem Fall sind zusätzliche Probleme zu betrachten:

- Schwieriger werden Ansätze, bei denen der Zeitstempel der letzten Aktualisierung des Benutzers erfasst werden muss, weil der Code, der auf dem einen Gerät läuft, nicht weiß, welche Aktualisierungen auf dem anderen Gerät passiert sind. Es ist erforderlich, diese Metadaten zu zentralisieren.
- Wenn Ihre Replikate über verschiedene Rechenzentren verteilt sind, gibt es keine Garantie, dass Verbindungen von verschiedenen Geräten zum selben Rechenzentrum geleitet werden. (Wenn zum Beispiel der Desktopcomputer des Benutzers die Heimbreitbandverbindung nutzt und sein Mobilgerät das mobile Datennetz, können die Netzwerkrouten der Geräte vollkommen verschieden sein.) Sind bei Ihrem Ansatz Leseoperationen vom Leader erforderlich, müssen Sie möglicherweise zuerst die Anfragen von allen Geräten eines Benutzers an dasselbe Rechenzentrum weiterleiten.

Monotones Lesen

In unserem zweiten Beispiel für eine Anomalie, die beim Lesen von asynchronen Followern auftreten kann, erscheint es einem Benutzer möglicherweise so, als ob sich Dinge *zeitlich rückwärts* bewegen.

Dies kann passieren, wenn ein Benutzer mehrere Leseoperationen auf verschiedenen Replikaten ausführt. Zum Beispiel zeigt Abbildung 5-4, dass Benutzer 2345 die gleiche Abfrage zweimal ausführt, zuerst auf einem Follower mit geringer Verzögerung, dann auf einem Follower mit einer größeren Verzögerung. (Dieses Szenario ist sehr wahrscheinlich, wenn der Benutzer eine Webseite aktualisiert und jede Anfrage an einen zufällig gewählten Server geleitet wird.) Die erste Abfrage gibt einen Kommentar zurück, der zuletzt von Benutzer 1234 hinzugefügt wurde, aber die zweite Abfrage gibt nichts zurück, weil der hinterherhinkende Follower diese Schreiboperation noch nicht aufgenommen hat. Effektiv sieht die zweite Abfrage das System im Zustand eines früheren Zeitpunkts als die erste Abfrage. Das wäre nicht weiter schlimm, wenn die erste Abfrage nichts zurückgegeben hätte, denn Benutzer 2345 würde wahrscheinlich nicht wissen, dass Benutzer 1234 kürzlich einen Kommentar hinzugefügt hat. Allerdings ist es sehr verwirrend für Benutzer 2345, wenn der Kommentar von Benutzer 1234 zunächst erscheint und dann wieder verschwindet.

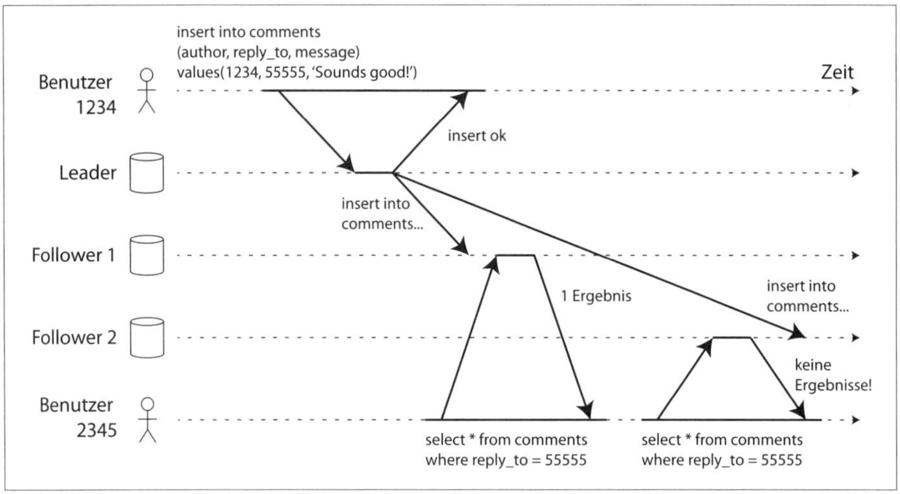

Abbildung 5-4: Ein Benutzer liest zuerst von einem aktuellen Replikat und dann von einem veralteten Replikat. Die Zeit scheint rückwärts zu laufen. Um diese Anomalie zu verhindern, ist monotones Lesen erforderlich.

Monotones Lesen [23] ist eine Garantie, dass eine derartige Anomalie nicht auftritt. Zwar ist die Garantie geringer als starke Konsistenz, aber immerhin noch stärker als letztliche Konsistenz. Wenn Sie Daten lesen, sehen Sie vielleicht einen alten Wert; monotones Lesen bedeutet nur, dass für einen Benutzer, der nacheinander mehrere Leseoperationen ausführt, die Zeit nicht rückwärts läuft – d.h., er wird keine älteren Daten lesen, nachdem er vorher neuere Daten gelesen hat.

Monotones Lesen lässt sich zum Beispiel erreichen, indem man sicherstellt, dass jeder Benutzer immer nur vom selben Replikat liest (wobei andere Benutzer von verschiedenen Replikaten lesen können). Zum Beispiel kann man das Replikat basierend auf einem Hashwert der Benutzer-ID statt zufällig auswählen. Wenn aber dieses Replikat ausfällt, müssen die Abfragen des Benutzers an einen anderen Replikatserver weitergeleitet werden.

Präfixkonsistenz

Unser drittes Beispiel für Anomalien bei Replikationsverzögerungen betrifft die Verletzung der Kausalität. Stellen Sie sich den folgenden kurzen Dialog zwischen Mr. Poons und Mrs. Cake vor:

Mr. Poons
: Wie weit können Sie in die Zukunft sehen, Mrs. Cake?

Mrs. Cake
: Normalerweise etwa zehn Sekunden, Mr. Poons.

Es besteht eine kausale Abhängigkeit zwischen zwei Sätzen: Mrs. Cake hat die Frage von Mr. Poons gehört und sie beantwortet.

Stellen Sie sich nun vor, eine dritte Person hört diese Konversation über Follower mit. Das, was Mrs. Cake gesagt hat, geht durch einen Follower mit geringer Verzögerung, die Äußerungen von Mr. Poons haben aber eine längere Replikationsverzögerung (siehe Abbildung 5-5). Dieser Beobachter würde Folgendes hören:

Mrs. Cake
: Normalerweise zehn Sekunden, Mr. Poons.

Mr. Poons
: Wie weit können Sie in die Zukunft sehen, Mrs. Cake?

Für den Beobachter sieht es so aus, als ob Mrs. Cake die Frage beantwortet, bevor Mr. Poons sie überhaupt gestellt hat. Solche übernatürlichen Kräfte sind zwar eindrucksvoll, aber sehr verwirrend [25].

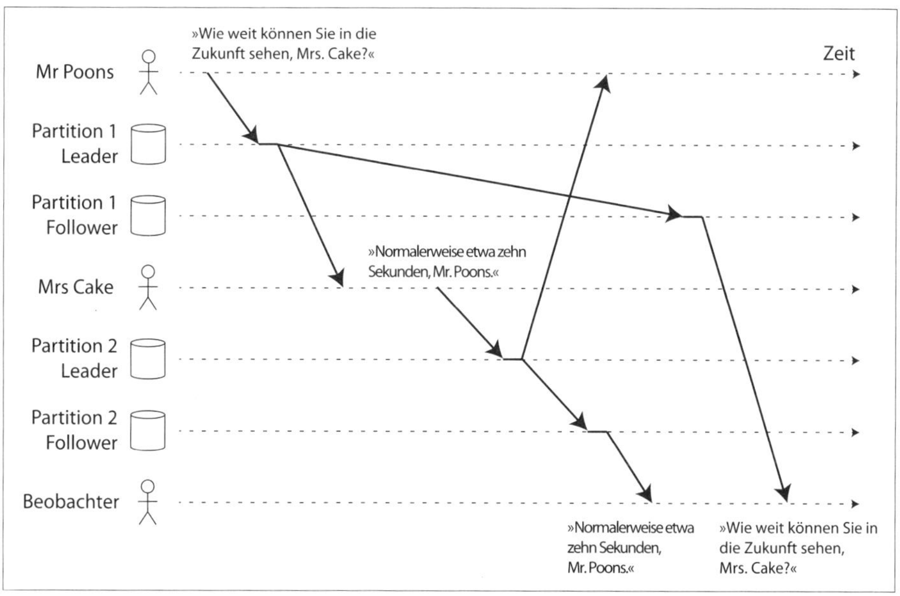

Abbildung 5-5: Wenn einige Partitionen langsamer als andere repliziert werden, sieht ein Beobachter möglicherweise die Antwort, bevor er die Frage sieht.

Um eine derartige Anomalie zu verhindern, ist eine weitere Garantie erforderlich: *Präfixkonsistenz* [23]. Diese Garantie besagt: Wenn eine Sequenz von Schreibvorgängen in einer bestimmten Reihenfolge stattfindet, werden diese Schreibvorgänge jedem, der sie liest, in derselben Reihenfolge erscheinen.

Dies ist ein besonderes Problem in partitionierten (horizontal fragmentierten) Datenbanken, womit wir uns in Kapitel 6 beschäftigen. Wenn die Datenbank Schreibvorgänge immer in derselben Reihenfolge anwendet, sehen Lesevorgänge immer ein konstantes Präfix, sodass diese Anomalie nicht passieren kann. In vielen verteilten Datenbanken arbeiten jedoch verschiedene Partitionen unabhängig voneinander, sodass es keine globale Reihenfolge von Schreibvorgängen gibt: Wenn ein Benutzer aus der Datenbank liest, sieht er möglicherweise einige Teile der Datenbank in einem älteren und manche Teile in einem neueren Zustand.

Um dem zu begegnen, könnte man sicherstellen, dass alle Schreibvorgänge, die kausal aufeinander bezogen sind, in dieselbe Partition geschrieben werden – doch in manchen Anwendungen lässt sich dies nicht effizient realisieren. Es gibt auch Algorithmen, die die kausalen Abhängigkeiten explizit verfolgen. Auf dieses Thema kommen wir in Abschnitt »Die Happens-Before-Beziehung und Gleichzeitigkeit« auf Seite 198 zurück.

Lösungen für Replikationsverzögerung

Wenn man mit einem System nach dem Modell »letztlich konsistent« arbeitet, sollte man auf jeden Fall darüber nachdenken, wie sich die Anwendung verhält, wenn die Replikationsverzögerung auf mehrere Minuten oder sogar Stunden anwächst. Ist die Antwort »kein Problem«, dann ist das großartig. Wenn sich aber eine schlechte Erfahrung für Benutzer ergibt, ist es wichtig, das System so zu konzipieren, dass es eine strengere Garantie bietet, beispielsweise Read-After-Write. Vorzugeben, dass Replikation synchron abläuft, wenn sie tatsächlich asynchron stattfindet, bedeutet langfristig, Probleme zu riskieren.

Wie bereits erwähnt, gibt es Möglichkeiten, wie eine Anwendung eine strengere Garantie als die zugrunde liegende Datenbank bieten kann – zum Beispiel, indem sie bestimmte Arten von Lesezugriffen auf den Leader durchführt. Allerdings ist es ziemlich kompliziert, sich mit derartigen Fragen im Anwendungscode auseinanderzusetzen. Schnell liegt man dabei falsch.

Besser wäre es, wenn sich Anwendungsentwickler nicht um die unterschwelligen Replikationsprobleme kümmern müssten und einfach ihren Datenbanken vertrauen könnten, dass sie »das Richtige tun«. Aus diesem Grund existieren *Transaktionen*: Eine Datenbank kann damit strengere Garantien geben, und die Anwendung lässt sich entsprechend einfacher gestalten.

Einzelknotentransaktionen gibt es schon längere Zeit. Beim Übergang zu verteilten (replizierten und partitionierten) Datenbanken haben viele Systeme Transaktionen aber aufgegeben mit der Begründung, dass Transaktionen in Bezug auf Performance und Verfügbarkeit zu teuer seien und dass letztliche Konsistenz in einem skalierbaren System unvermeidlich sei. In dieser Aussage steckt etwas Wahres, doch sie vereinfacht zu stark, und wir werden im Rest dieses Buchs eine differenziertere Sichtweise entwickeln. Auf das Thema Transaktionen kommen wir in den Kapiteln 7 und 9 zurück und wir diskutieren einige alternative Mechanismen in Teil III.

Multi-Leader-Replikation

In diesem Kapitel haben wir bisher nur Replikationsarchitekturen mit einem einzelnen Leader betrachtet. Neben diesem gebräuchlichen Ansatz gibt es aber auch interessante Alternativen.

Die leaderbasierte Replikation hat einen großen Nachteil: Es gibt nur einen Leader, und alle Schreibvorgänge müssen durch ihn laufen.[4] Wenn Sie sich aus irgendeinem Grund nicht mit dem Leader verbinden können, beispielsweise wegen einer Netzwerkstörung zwischen Ihnen und dem Leader, können Sie nicht in die Datenbank schreiben.

In einer natürlichen Erweiterung des leaderbasierten Replikationsmodells erlaubt man mehr als einem Knoten, Schreiboperationen entgegenzunehmen. Die Replikation läuft weiterhin in der gleichen Weise ab: Jeder Knoten, der einen Schreibvorgang verarbeitet, muss diese Datenänderung an alle anderen Knoten weiterleiten. Diese Konfiguration bezeichnen wir als *Multi-Leader-Replikation* (auch als *Master-Master-* oder *Aktiv-Aktiv-Replikation* bekannt). In diesem Setup fungiert jeder Leader gleichzeitig als Follower zu den anderen Leadern.

Einsatzfälle für Multi-Leader-Replikation

Es dürfte kaum sinnvoll sein, ein Multi-Leader-Setup in einem einzelnen Rechenzentrum zu realisieren, weil die Vorteile selten die zusätzliche Komplexität aufwiegen. Allerdings gibt es einige Situationen, in denen diese Konfiguration vernünftig ist.

Betrieb mit mehreren Rechenzentren

Nehmen Sie eine Datenbank mit Replikaten in mehreren Rechenzentren an (vielleicht, um den Ausfall eines ganzen Rechenzentrums tolerieren zu können oder um näher an den Benutzern zu sein). Bei einem normalen leaderbasierten Replika-

4 Wenn die Datenbank partitioniert ist (siehe Kapitel 6), besitzt jede Partition einen Leader. Zwar können verschiedene Partitionen ihre Leader auf verschiedenen Knoten untergebracht haben, aber jede Partition darf trotzdem nur einen Leader haben.

tionssetup muss sich der Leader in einem der Rechenzentren befinden, und sämtliche Schreibvorgänge müssen dieses Rechenzentrum durchlaufen.

In einer Multi-Leader-Konfiguration kann sich in *jedem* Rechenzentrum ein Leader befinden. Abbildung 5-6 zeigt, wie diese Architektur aussehen könnte. In jedem Rechenzentrum wird eine normale Leader-Follower-Replikation verwendet. Zwischen den Rechenzentren repliziert der Leader jedes Rechenzentrums seine Änderungen auf die Leader in anderen Rechenzentren.

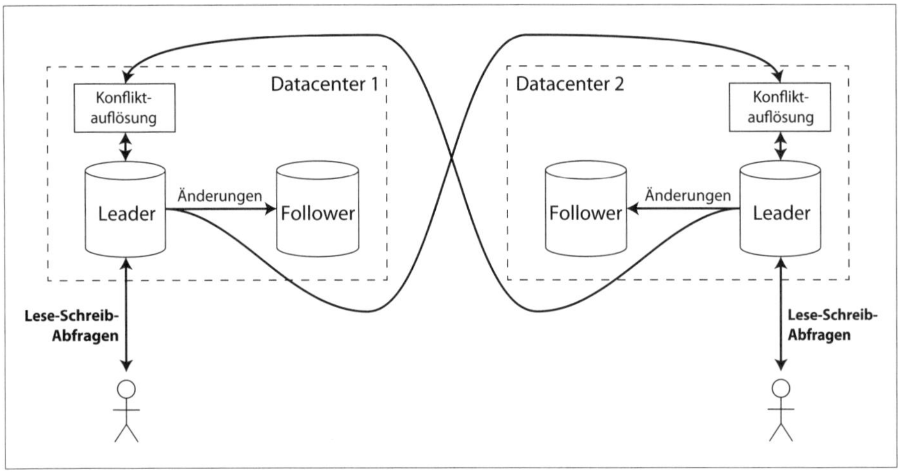

Abbildung 5-6: Multi-Leader-Replikation über mehrere Rechenzentren

Vergleichen wir nun, wie die Single-Leader- und Multi-Leader-Konfigurationen in einer Multi-Datacenter-Bereitstellung abschneiden:

Performance
: In einer Single-Leader-Konfiguration muss jeder Schreibvorgang über das Internet zum Rechenzentrum mit dem Leader gehen. Dies kann zu erheblichen Latenzzeiten beim Schreiben führen und von vornherein dem Zweck, mehrere Rechenzentren einzurichten, zuwiderlaufen. In einer Multi-Leader-Konfiguration kann das lokale Rechenzentrum jeden Schreibvorgang verarbeiten und asynchron zu den anderen Rechenzentren replizieren. Die Verzögerungen durch das Netzwerk zwischen den Datenzentren sind somit für den Benutzer nicht mehr sichtbar, und die wahrgenommene Performance kann besser sein.

Toleranz von Ausfällen von Rechenzentren
: Wenn in einer Single-Leader-Konfiguration das Rechenzentrum mit dem Leader ausfällt, lässt sich durch Failover ein Follower in einem anderen Rechenzentrum zum Leader befördern. In einer Multi-Leader-Konfiguration kann jedes Rechenzentrum weiterhin unabhängig von den anderen arbeiten, und die Replikation holt auf, wenn das ausgefallene Rechenzentrum wieder online ist.

Toleranz von Netzwerkproblemen

Der Verkehr zwischen den Rechenzentren läuft normalerweise über das öffentliche Internet, was weniger zuverlässig sein kann als das lokale Netzwerk innerhalb eines Rechenzentrums. Eine Single-Leader-Konfiguration ist sehr empfindlich gegenüber Problemen in dieser Verbindung zwischen den Rechenzentren, weil Schreibvorgänge über diese Verbindung synchron erfolgen. Eine Multi-Leader-Konfiguration mit asynchroner Replikation verkraftet Netzwerkprobleme normalerweise besser: Eine vorübergehende Netzwerkunterbrechung verhindert nicht, dass Schreibvorgänge verarbeitet werden.

Manche Datenbanken unterstützen Multi-Leader-Konfigurationen standardmäßig, doch oftmals wird dies auch mit externen Tools implementiert, wie zum Beispiel Tungsten Replicator für MySQL [26], BDR für PostgreSQL [27] und GoldenGate für Oracle [19].

Die Multi-Leader-Replikation bietet zwar Vorteile, hat aber auch einen großen Nachteil: Dieselben Daten können gleichzeitig in zwei verschiedenen Rechenzentren modifiziert werden, und diese Schreibkonflikte müssen aufgelöst werden (in Abbildung 5-6 als »Konfliktauflösung« gekennzeichnet). In Abschnitt »Schreibkonflikte behandeln« auf Seite 180 kommen wir auf dieses Thema zurück.

Da die Multi-Leader-Replikation in vielen Datenbanken ein eher nachgerüstetes Feature ist, gibt es oftmals heikle Stolperfallen bei der Konfiguration und überraschende Interaktionen mit anderen Datenbankfeatures. So können zum Beispiel automatisch inkrementierte Schlüssel, Trigger und Integritätseinschränkungen problematisch sein. Deshalb gilt Multi-Leader-Replikation oftmals als gefährliches Terrain, das man möglichst meiden sollte [28].

Clients mit Offlinebetrieb

Multi-Leader-Replikation ist auch in einer Situation geeignet, in der eine Anwendung ihre Arbeit fortsetzen muss, während sie vom Internet getrennt ist.

Nehmen Sie zum Beispiel die Kalender-Apps auf Ihrem Mobiltelefon, Ihrem Laptop und anderen Geräten. Hier müssen Sie in der Lage sein, Ihre Meetings zu sehen (Leseanfragen auszuführen) und neue Meetings einzutragen (Schreibanfragen auszuführen), und zwar jederzeit und unabhängig davon, ob Ihr Gerät momentan mit dem Internet verbunden ist. Wenn Sie im Offlinebetrieb Änderungen vornehmen, müssen diese mit einem Server und Ihren anderen Geräten synchronisiert werden, sobald das Gerät wieder online ist.

In diesem Fall verfügt jedes Gerät über eine lokale Datenbank, die als Leader agiert (Schreibanfragen akzeptiert), und es gibt einen asynchronen Multi-Leader-Replikationsprozess (Synchronisierung) zwischen den Replikaten Ihres Kalenders auf allen Ihren Geräten. Die Replikationsverzögerung kann Stunden oder sogar Tage betragen, je nachdem, wann der Internetzugriff verfügbar ist.

Aus architektonischer Sicht ist dieses Setup praktisch das Gleiche wie eine auf die Spitze getriebene Multi-Leader-Replikation zwischen Rechenzentren: Jedes Gerät ist ein »Rechenzentrum«, und die Netzwerkverbindung zwischen ihnen ist äußerst unzuverlässig. Wie die umfangreiche Geschichte unzuverlässiger Kalendersynchronisierungssoftware zeigt, ist es eine knifflige Angelegenheit, die Multi-Leader-Replikation ordnungsgemäß hinzubekommen.

Es gibt Tools, die Ihnen solche Multi-Leader-Konfigurationen erleichtern sollen. So ist zum Beispiel CouchDB für diese Betriebsweise ausgelegt [29].

Kollaboratives Bearbeiten

Anwendungen für das *kollaborative Bearbeiten in Echtzeit* ermöglichen es mehreren Personen, ein Dokument gleichzeitig zu bearbeiten. Zum Beispiel ist es mit Etherpad [30] und Google Docs [31] möglich, dass mehrere Leute gleichzeitig an einem Textdokument oder einer Tabellenkalkulation arbeiten können (im Kasten »Automatische Konfliktauflösung« auf Seite 184 wird dieser Algorithmus kurz beschrieben).

Normalerweise denken wir bei kollaborativem Bearbeiten nicht an ein Problem der Datenbankreplikation, doch es hat viel mit dem weiter oben erwähnten Anwendungsfall der Offlinebearbeitung gemein. Wenn ein Benutzer ein Dokument bearbeitet, werden die Änderungen augenblicklich auf dessen lokales Replikat (den Zustand des Dokuments im Webbrowser oder der Clientanwendung) angewandt und auf den Server und alle anderen Benutzer, die dasselbe Dokument bearbeiten, asynchron repliziert.

Wenn Sie garantieren wollen, dass keine Bearbeitungskonflikte auftreten, muss die Anwendung das Dokument sperren, bevor ein Benutzer es bearbeiten kann. Möchte ein anderer Benutzer dasselbe Dokument bearbeiten, muss er warten, bis der erste Benutzer seine Änderungen bestätigt und die Sperre aufgehoben hat. Dieses Kollaborationsmodell entspricht der Single-Leader-Replikation mit Transaktionen auf dem Leader.

Im Sinne einer zügigen Zusammenarbeit können Sie die Änderungseinheit jedoch sehr klein machen (zum Beispiel eine einzelne Tastenbetätigung) und Sperren vermeiden. Dieses Konzept ermöglicht es mehreren Benutzern, das Dokument gleichzeitig zu bearbeiten, bringt aber auch sämtliche Herausforderungen der Multi-Leader-Replikation mit sich, einschließlich der erforderlichen Konfliktauflösung [32].

Schreibkonflikte behandeln

Das größte Problem mit Multi-Leader-Replikation besteht darin, dass Schreibkonflikte auftreten können und folglich eine Konfliktauflösung erforderlich ist.

Betrachten Sie als Beispiel eine Wiki-Seite, die zwei Benutzer gleichzeitig bearbeiten (siehe Abbildung 5-7). Benutzer 1 ändert den Titel der Seite von A in B, und

Benutzer 2 ändert zur gleichen Zeit den Titel von A in C. Die Änderungen beider Benutzer werden erfolgreich auf ihre jeweiligen lokalen Leader angewendet. Wenn jedoch die Änderungen asynchron repliziert werden, wird ein Konflikt erkannt [33]. In einer Single-Leader-Datenbank tritt dieses Problem nicht auf.

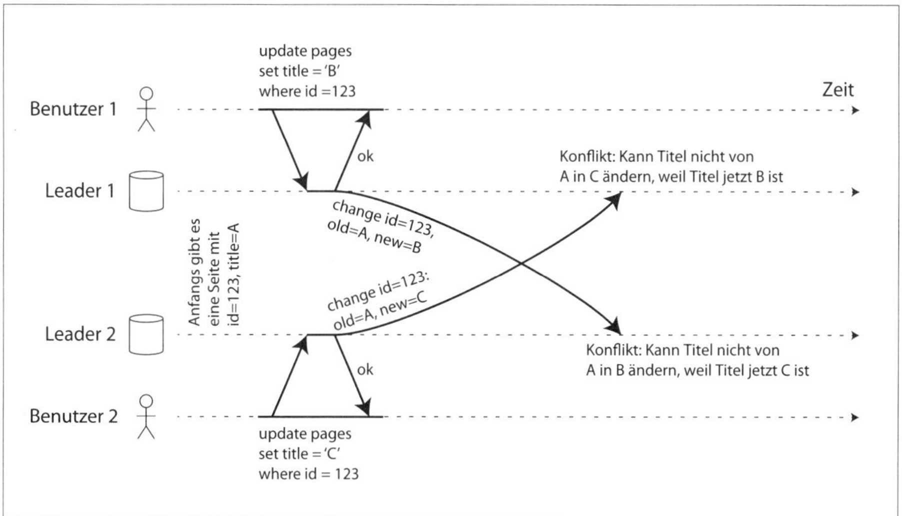

Abbildung 5-7: Ein Schreibkonflikt, verursacht von zwei Leadern, die gleichzeitig denselben Datensatz aktualisieren

Synchrone und asynchrone Konflikterkennung

In einer Single-Leader-Datenbank wird der zweite Schreibvorgang entweder blockieren und warten, bis der erste Schreibvorgang abgeschlossen ist, oder die zweite Schreibtransaktion abbrechen und damit den Benutzer zwingen, den Schreibvorgang zu wiederholen. In einem Multi-Leader-Setup sind dagegen beide Schreiboperationen erfolgreich, und der Konflikt wird asynchron erst zu einem späteren Zeitpunkt erkannt. Dann kann es aber zu spät sein, den Benutzer zur Konfliktauflösung aufzufordern.

Im Prinzip könnten Sie die Konflikterkennung synchron machen – d.h. darauf warten, bis der Schreibvorgang auf alle Replikate repliziert worden ist, bevor Sie den Benutzer darüber informieren, dass das Schreiben erfolgreich war. Bei dieser Methode verlieren Sie aber den Vorteil der Multi-Leader-Replikation: den Replikaten erlauben, Schreibvorgänge unabhängig voneinander zu akzeptieren. Wenn Sie eine synchrone Konflikterkennung anstreben, könnten Sie genauso gut mit Single-Leader-Replikation arbeiten.

Konfliktvermeidung

Die einfachste Strategie für den Umgang mit Konflikten besteht darin, sie zu vermeiden: Wenn die Anwendung sicherstellen kann, dass alle Schreibvorgänge für einen bestimmten Datensatz über denselben Leader laufen, können gar keine Konflikte auftreten. Da viele Implementierungen von Multi-Leader-Replikation ziemlich schlecht mit Konflikten zurechtkommen, wird ohnehin meistens empfohlen, Konflikte zu vermeiden [34].

Zum Beispiel lässt sich in einer Anwendung, in der ein Benutzer seine eigenen Daten bearbeiten kann, sicherstellen, dass Anfragen von einem bestimmten Benutzer immer zum selben Rechenzentrum gelangen und der Leader in diesem Rechenzentrum für das Lesen und Schreiben herangezogen wird. Verschiedene Benutzer können verschiedene »Heim«-Rechenzentren haben (vielleicht nach der geografischen Nähe zum Benutzer ausgewählt), doch aus Sicht eines jeden Benutzers handelt es sich im Wesentlichen um eine Single-Leader-Konfiguration.

Manchmal möchten Sie den designierten Leader für einen Datensatz ändern – etwa weil ein Rechenzentrum ausgefallen ist und Sie den Verkehr zu einem anderen Rechenzentrum umleiten müssen oder weil ein Benutzer zu einem anderen Standort umgezogen ist und sich nun näher an einem anderen Rechenzentrum befindet. In dieser Situation versagt die Konfliktvermeidung, und Sie müssen sich mit der Möglichkeit auseinandersetzen, dass gleichzeitige Schreibvorgänge auf verschiedenen Leadern stattfinden.

Die Konvergenz zu einem konsistenten Zustand

Eine Single-Leader-Datenbank wendet Schreibvorgänge in sequenzieller Reihenfolge an: Wenn mehrere Aktualisierungen für dasselbe Feld anstehen, bestimmt der letzte Schreibvorgang den endgültigen Wert des Felds.

In einer Multi-Leader-Konfiguration gibt es keine definierte Reihenfolge von Schreibvorgängen. Der endgültige Wert ist also nicht klar bestimmt. In Abbildung 5-7 wird bei Leader 1 zuerst der Titel in B und dann in C aktualisiert. Bei Leader 2 ist die Reihenfolge umgekehrt: Der Titel wird zuerst in C und dann in B geändert. Keine Reihenfolge ist »richtiger« als die andere.

Wenn jedes Replikat die Schreibvorgänge einfach in der Reihenfolge anwendet, in der sie eingetroffen sind, würde die Datenbank in einem inkonsistenten Zustand enden: Der endgültige Wert würde C bei Leader 1 und B bei Leader 2 sein. Das ist nicht akzeptabel – jedes Replikationssystem muss sicherstellen, dass die Daten letztlich in allen Replikaten gleich sind. Die Datenbank muss also den Konflikt *konvergent* auflösen, d.h., alle Replikate müssen die gleichen endgültigen Werte erreichen, wenn alle Änderungen repliziert worden sind.

Es gibt verschiedene Methoden, um die konvergente Konfliktauflösung zu erreichen:

- Jedem Schreibvorgang eine eindeutige ID zuweisen (zum Beispiel einen Zeitstempel, eine lange Zufallszahl, eine UUID oder einen Hashwert aus Schlüssel und Wert), den Schreibvorgang mit der höchsten ID als *Gewinner* auswählen und die anderen Schreibvorgänge verwerfen. Wird ein Zeitstempel verwendet, bezeichnet man diese Technik als *Last Write Wins* (LWW, letzter Schreibvorgang gewinnt). Dieser Ansatz ist zwar verbreitet, aber auch gefährlich anfällig für Datenverluste [35]. Auf LWW gehen wir ausführlich am Ende dieses Kapitels ein (in Abschnitt »Parallele Schreibvorgänge erkennen« auf Seite 196).

- Jedem Replikat eine eindeutige ID geben und Schreibvorgängen, die von einem Replikat mit höherer Nummer stammen, immer Vorrang gegenüber Schreibvorgängen einräumen, die von einem Replikat mit niedrigerer Nummer kommen. Dieser Ansatz kalkuliert auch Datenverluste ein.
- Die Werte irgendwie zusammenführen – zum Beispiel sie alphabetisch sortieren und dann verketten (in Abbildung 5-7 könnte der zusammengeführte Titel wie `"B/C"` lauten).
- Den Konflikt in einer expliziten Datenstruktur aufzeichnen, die alle Informationen bewahrt, und Anwendungscode schreiben, der den Konflikt zu einem späteren Zeitpunkt auflöst (eventuell mit einer Benutzeraufforderung).

Benutzerdefinierte Logik für die Konfliktauflösung

Da die am besten geeignete Methode für die Konfliktauflösung von der Anwendung abhängen kann, erlauben es Ihnen die meisten Multi-Leader-Replikationstools, Logik für die Konfliktauflösung mithilfe von Anwendungscode zu schreiben. Dieser Code kann beim Schreiben oder beim Lesen ausgeführt werden:

Beim Schreiben
: Sobald das Datenbanksystem einen Konflikt im Protokoll der replizierten Änderungen entdeckt, ruft es den Konflikthandler auf. Zum Beispiel erlaubt es Bucardo, für diesen Zweck ein Perl-Codefragment zu schreiben. Dieser Handler kann in der Regel keine Benutzeraufforderung realisieren – er läuft in einem Hintergrundprozess und muss schnell abgearbeitet sein.

Beim Lesen
: Wenn das System einen Konflikt erkennt, werden alle konfliktverursachenden Schreibvorgänge gespeichert. Beim nächsten Lesen der Daten werden diese verschiedenen Datenversionen an die Anwendung zurückgegeben. Die Anwendung kann den Benutzer zur Mitwirkung auffordern oder den Konflikt automatisch lösen und das Ergebnis zurück in die Datenbank schreiben. Zum Beispiel funktioniert CouchDB in dieser Weise.

Beachten Sie, dass Konfliktauflösung normalerweise auf der Ebene einer einzelnen Zeile oder eines Dokuments angewendet wird, nicht für eine ganze Transaktion [36]. Wenn also eine Transaktion mehrere verschiedene Schreiboperationen atomar ausführt (siehe Kapitel 7), wird jeder Schreibvorgang im Sinne der Konfliktauflösung weiterhin als separat betrachtet.

Automatische Konfliktauflösung

Die Regeln zur Konfliktauflösung können schnell kompliziert werden, und benutzerdefinierter Code kann fehleranfällig sein. Amazon ist ein häufig angeführtes Beispiel für überraschende Effekte wegen eines Handlers zur Konfliktauflösung: Eine Zeit lang bewahrte die Konfliktauflösungslogik Artikel im Einkaufswagen, die dem Einkaufswagen hinzugefügt wurden, aber keine Artikel, die aus dem Einkaufswagen entfernt wurden. Somit sahen Kunden manchmal Artikel in ihrem Einkaufswagen erneut auftauchen, obwohl sie sie vorher entfernt hatten [37].

Zur automatischen Auflösung von Konflikten, die durch gleichzeitige Datenänderungen entstehen, gibt es einige interessante Forschungen. Davon sind unter anderem folgende Forschungslinien erwähnenswert:

- *CRDTs* (Conflict-free replicated datatypes, konfliktfreie replizierte Datentypen) [32, 38] sind eine Familie von Datenstrukturen für Mengen, assoziative Datenfelder (Maps), geordnete Listen, Zähler usw., die sich gleichzeitig von mehreren Benutzern bearbeiten lassen und die Konflikte automatisch und sinnvoll auflösen. Einige CRDTs wurden in Riak 2.0 implementiert [39, 40].
- *Zusammenführbare persistente Datenstrukturen* (mergeable persistent data structures) [41] verfolgen den Verlauf explizit (ähnlich dem Versionskontrollsystem Git) und verwenden eine Drei-Wege-Merge-Funktion (während CRDTs mit Zwei-Wege-Zusammenführung arbeiten).
- *Operative Transformation* [42] ist der Konfliktauflösungsalgorithmus hinter Anwendungen für kollaboratives Bearbeiten wie zum Beispiel Etherpad [30] und Google Docs [31]. Konzipiert wurde der Algorithmus speziell für das gleichzeitige Bearbeiten einer sortierten Liste von Elementen, etwa die Liste der Zeichen, die ein Textdokument bilden.

Implementierungen dieser Algorithmen in Datenbanken sind noch jung, aber es ist wahrscheinlich, dass sie zukünftig in weitere replizierte Datensysteme integriert werden. Die automatische Konfliktauflösung könnte die Datensynchronisierung bei Multi-Leader-Replikation für Anwendungen erheblich vereinfachen.

Was ist ein Konflikt?

Manche Arten von Konflikten liegen auf der Hand. So haben im Beispiel von Abbildung 5-7 zwei Schreibvorgänge gleichzeitig dasselbe Feld im selben Datensatz geändert und es dabei auf zwei verschiedene Werte gesetzt. Zweifellos ist dies ein Konflikt.

Andere Konfliktarten sind möglicherweise nicht so offensichtlich. Nehmen Sie als Beispiel ein Buchungssystem für Besprechungsräume: Es verfolgt, welcher Raum von welcher Personengruppe zu welcher Zeit gebucht wird. Diese Anwendung muss sicherstellen, dass jeder Raum immer nur von einer Personengruppe gebucht wird (d.h., es darf keine sich überlappenden Buchungen für denselben Raum geben). In diesem Fall kann ein Konflikt entstehen, wenn zwei verschiedene Buchungen für denselben Raum und denselben Zeitpunkt angelegt werden. Selbst wenn die Anwendung die Verfügbarkeit überprüft, bevor sie einem Benutzer erlaubt, eine Buchung vorzunehmen, ist ein Konflikt möglich, wenn die beiden Buchungen auf zwei verschiedenen Leadern erfolgen.

Es gibt zwar keine schnelle Standardantwort, aber mit den Erläuterungen in den folgenden Kapiteln werden Sie dieses Problem bald umfassend verstehen. Kapitel 7 stellt weitere Beispiele für Konflikte vor, und in Kapitel 12 diskutieren wir skalierbare Ansätze, um Konflikte in einem replizierten System zu erkennen und aufzulösen.

Topologien für Multi-Leader-Replikation

Eine Replikationstopologie beschreibt die Kommunikationswege, über die Schreibvorgänge von einem Knoten zu einem anderen weitergeleitet werden. Wenn Sie wie im Beispiel von Abbildung 5-7 zwei Leader betreiben, gibt es nur eine plausible Topologie: Leader 1 muss alle seine Schreibvorgänge an Leader 2 senden und umgekehrt. Bei mehr als zwei Leadern sind verschiedene Topologien möglich. Abbildung 5-8 zeigt einige Beispiele.

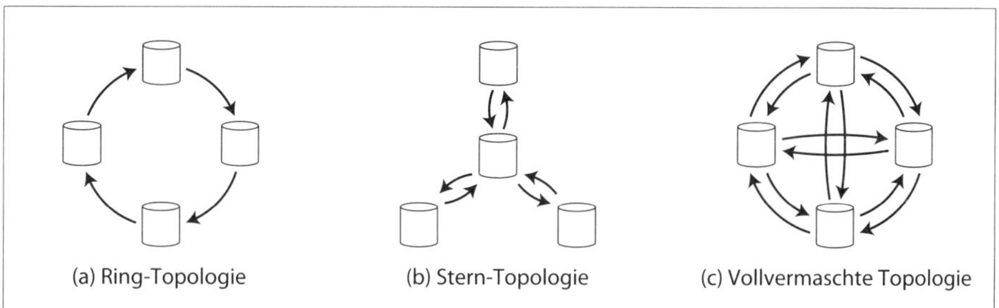

Abbildung 5-8: Drei Beispieltopologien, mit denen sich Multi-Leader-Replikation einrichten lässt

Die allgemeinste Topologie ist *vollvermascht* (Abbildung 5-8 [c]): Jeder Leader sendet seine Schreibvorgänge an jeden anderen Leader. Allerdings werden eingeschränktere Topologien ebenfalls verwendet: Zum Beispiel unterstützt MySQL standardmäßig nur eine zirkuläre Topologie [34], in der jeder Knoten Schreibvorgänge von dem einen Knoten empfängt und diese Schreibvorgänge (plus alle Schreibvorgänge von sich selbst) an einen der anderen Knoten weiterleitet. Eine weitere populäre Topologie hat die Form eines Sterns:[5] Ein designierter Wurzelknoten leitet Schreibvorgänge an alle anderen Knoten weiter. Die Sterntopologie lässt sich zu einem Baum verallgemeinern.

5 Nicht zu verwechseln mit einem *Sternschema* (siehe Abschnitt »Sterne und Schneeflocken: Schemas für die Analytik« auf Seite 101), das die Struktur eines Datenmodells beschreibt und nicht die Kommunikationstopologie zwischen Knoten.

In Ring- und Sterntopologien muss ein Schreibvorgang eventuell mehrere Knoten durchlaufen, bevor er alle Replikate erreicht. Demzufolge müssen Knoten die von anderen Knoten empfangenen Datenänderungen weiterleiten. Um unendliche Replikationsschleifen zu verhindern, erhält jeder Knoten einen eindeutigen Bezeichner, und im Replikationsprotokoll wird jeder Schreibvorgang mit dem Bezeichner aller Knoten markiert, die er durchlaufen hat [43]. Wenn ein Knoten eine Datenänderung empfängt, die mit seinem eigenen Bezeichner markiert ist, wird diese Datenänderung ignoriert, weil der Knoten weiß, dass sie bereits verarbeitet wurde.

Ring- und Sterntopologien haben das Problem, dass ein einziger ausgefallener Knoten den Fluss der Replikationsnachrichten zwischen anderen Knoten unterbrechen kann, wodurch sie nicht mehr kommunizieren können, bis der Knoten wieder repariert ist. Die Topologie ließe sich neu konfigurieren, um den ausgefallenen Knoten zu umgehen, doch in den meisten Bereitstellungen müsste eine derartige Neukonfiguration manuell erledigt werden. Die Fehlertoleranz einer Topologie, deren Verbindungen dichter sind (wie zum Beispiel vollvermascht), ist besser, weil Nachrichten über verschiedene Wege laufen können, sodass ein Single Point of Failure vermieden wird.

Andererseits können auch vollvermaschte Topologien Probleme machen. Insbesondere können manche Netzwerkverbindungen schneller als andere sein (zum Beispiel aufgrund von Netzwerküberlastung), sodass einige Replikationsnachrichten andere »überholen« können, wie Abbildung 5-9 veranschaulicht.

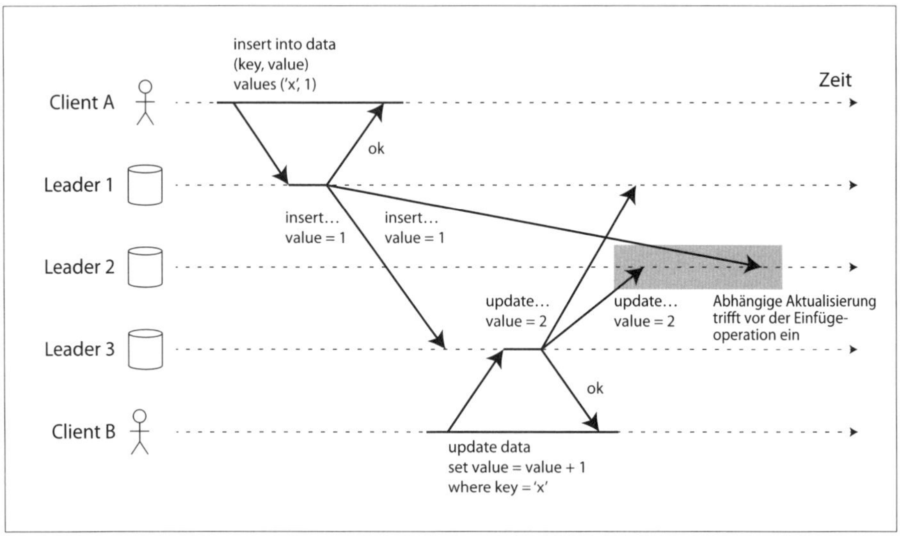

Abbildung 5-9: Bei Multi-Leader-Replikation können Schreibvorgänge an manchen Replikaten in der falschen Reihenfolge eintreffen.

In Abbildung 5-9 fügt Client A eine Zeile in eine Tabelle auf Leader 1 ein und Client B aktualisiert diese Zeile auf Leader 3. Allerdings kann Leader 2 die Schreibvorgänge in einer anderen Reihenfolge erhalten: Er kann zuerst die Aktualisierung bekommen (die aus seiner Perspektive eine Aktualisierung einer Zeile ist, die in der Datenbank nicht existiert) und erst später die entsprechende Einfügeoperation erhalten (die der Aktualisierung eigentlich vorausgehen sollte).

Dies ist ein Kausalitätsproblem ähnlich dem, das der Abschnitt »Präfixkonsistenz« auf Seite 175 vorgestellt hat: Die Aktualisierung hängt von der vorherigen Einfügeoperation ab, sodass wir sicherstellen müssen, dass alle Knoten zuerst das Einfügen und erst dann das Aktualisieren verarbeiten. Es genügt nicht, einfach jedem Schreibvorgang einen Zeitstempel zuzuweisen, weil man nicht darauf vertrauen kann, dass Uhren ausreichend synchronisiert sind, um die Ereignisse bei Leader 2 in die richtige Reihenfolge zu bringen (siehe Kapitel 8).

Um diese Ereignisse korrekt zu sortieren, bieten sich die sogenannten Versionsvektoren an, auf die wir später in diesem Kapitel eingehen (siehe Abschnitt »Parallele Schreibvorgänge erkennen« auf Seite 196). Allerdings sind Konflikterkennungstechniken in vielen Multi-Leader-Replikationssystemen nur schlecht implementiert. Zum Beispiel bietet BDR von PostgreSQL keine kausale Sortierung von Schreibvorgängen [27], und Tungsten Replicator für MySQL versucht nicht einmal, Konflikte aufzulösen [34].

Wenn Sie ein System mit Multi-Leader-Replikation verwenden, sollten Sie sich auf jeden Fall mit diesen Fragen beschäftigen, die Dokumentation sorgfältig lesen und Ihre Datenbank umfassend testen, um sicherzustellen, dass sie wirklich die Garantien bietet, die Sie vom System erwarten.

Replikation ohne Leader

Die bisher in diesem Kapitel besprochenen Replikationsansätze – Single-Leader- und Multi-Leader-Replikation – beruhen auf der Idee, dass ein Client eine Schreibanfrage an einen Knoten (den Leader) sendet und das Datenbanksystem sich darum kümmert, diese Schreiboperation auf die anderen Replikate zu kopieren. Ein Leader bestimmt die Reihenfolge, in der die Schreibvorgänge verarbeitet werden sollen, und Follower wenden die Schreiboperationen des Leaders in derselben Reihenfolge an.

Manche Datenspeichersysteme weichen von diesem Ansatz ab, indem sie das Konzept eines Leaders verwerfen und zulassen, dass alle Replikate die Schreiboperationen von Clients direkt anzunehmen. Einige der frühesten replizierten Datensysteme waren Leader-los [1, 44], doch die Idee ging in der Ära der Dominanz von relationalen Datenbanken meistens unter. Zu einer modischen Architektur wurde sie noch einmal, als Amazon sie für das hausinterne *Dynamo*-System verwendet hat [37].[6] Riak, Cassandra und Voldemort sind Open-Source-Datenspeicher mit Replikationsmodellen ohne Leader, die von Dynamo inspiriert sind, sodass man diese Art von Datenbank auch als *Dynamo-artig* bezeichnet.

In einigen Implementierungen ohne Leader sendet der Client seine Schreiboperationen direkt an mehrere Replikate, während dies in anderen Implementierungen ein Koordinatorknoten im Namen des Clients erledigt. Im Unterschied zu einer Leader-Datenbank erzwingt dieser Koordinator jedoch keine bestimmte Reihenfolge der Schreiboperationen. Wie wir noch sehen werden, hat dieser konzeptionelle Unterschied weitreichende Konsequenzen für die Art und Weise der Datenbanknutzung.

In die Datenbank schreiben, wenn ein Knoten ausgefallen ist

Nehmen Sie als Beispiel eine Datenbank mit drei Replikaten an, wobei eines der Replikate derzeit nicht verfügbar ist – vielleicht wird es gerade neu gestartet, um ein Systemupdate zu installieren. Wenn Sie in einer leaderbasierten Konfiguration weiterhin Schreibvorgänge verarbeiten möchten, müssen Sie gegebenenfalls ein Failover ausführen (siehe Abschnitt »Knotenausfälle behandeln« auf Seite 164).

Andererseits existiert in einer Konfiguration ohne Leader kein Failover. Abbildung 5-10 zeigt, was passiert: Der Client (Benutzer 1234) sendet den Schreibvorgang parallel an alle drei Replikate, und die beiden verfügbaren Replikate übernehmen den Schreibvorgang, nur beim nicht verfügbaren Replikat schlägt er fehl. Angenommen, es genügt, dass zwei von drei Replikaten den Schreibvorgang akzeptieren: Nachdem Benutzer 1234 zwei *ok*-Antworten empfangen hat, betrachten wir den Schreibvorgang als erfolgreich. Der Client ignoriert einfach die Tatsache, dass bei einem der drei Replikate der Schreibvorgang gescheitert ist.

Nehmen wir nun an, dass der nicht verfügbare Knoten in den Onlinezustand zurückgekehrt ist und Clients wieder von ihm lesen. Alle Schreibvorgänge, die während des Knotenstillstands stattgefunden haben, fehlen auf diesem Knoten. Wenn Sie also von diesem Knoten lesen, erhalten Sie möglicherweise *veraltete* Werte als Antworten.

Um dieses Problem zu lösen, sendet ein Client beim Lesen aus der Datenbank seine Anfrage nicht nur an ein Replikat: *Leseanfragen werden auch an mehrere Knoten parallel gesendet*. Der Client kann verschiedene Antworten von verschiedenen Knoten erhalten, d.h. den aktuellen Wert von dem einen Knoten und einen veralteten Wert von einem anderen. Anhand von Versionsnummern lässt sich ermitteln, welcher Wert neuer ist (siehe Abschnitt »Parallele Schreibvorgänge erkennen« auf Seite 196).

6 Dynamo ist für Benutzer außerhalb von Amazon nicht zugänglich. Verwirrenderweise bietet AWS ein gehostetes Datenbankprodukt namens *DynamoDB* an, das eine vollkommen andere Architektur verwendet: Es basiert auf Single-Leader-Replikation.

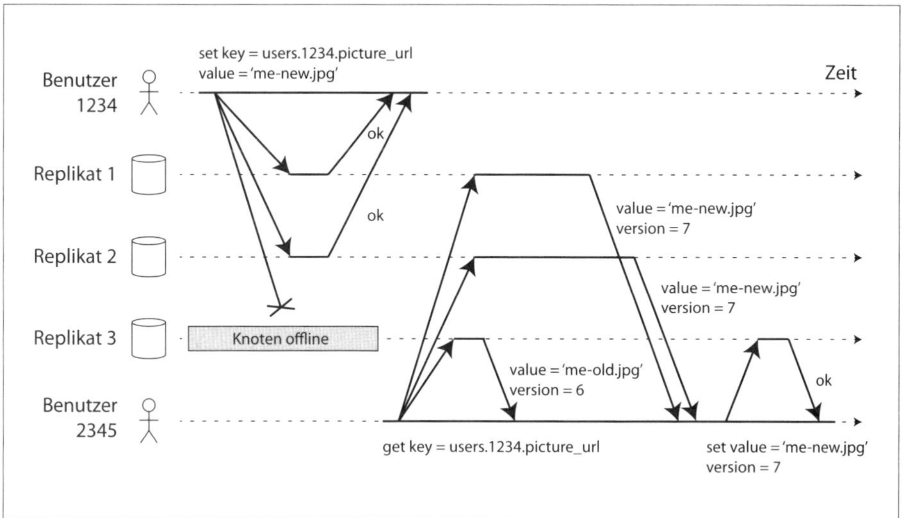

Abbildung 5-10: Schreibquorum, Lesequorum und Read-Repair nach einem Knotenausfall

Read-Repair und Anti-Entropie

Das Replikationssystem sollte sicherstellen, dass letztlich alle Daten auf jedes Replikat kopiert werden. Nachdem ein nicht verfügbarer Knoten wieder in den Onlinezustand zurückgekehrt ist, stellt sich die Frage, wie er die Schreibvorgänge nachholt, die er verpasst hat.

In Dynamo-artigen Datenspeichern werden hierfür häufig zwei Mechanismen verwendet:

Reparieren beim Lesen (Read-Repair)
: Wenn ein Client von mehreren Knoten parallel liest, kann er alle veralteten Antworten erkennen. Im Beispiel von Abbildung 5-10 erhält Benutzer 2345 einen Versionswert 6 von Replikat 3 und einen Versionswert 7 von den Replikaten 1 und 2. Der Client sieht, dass Replikat 3 einen veralteten Wert enthält, und schreibt den neueren Wert in dieses Replikat zurück. Dieser Ansatz ist gut geeignet für Werte, die häufig gelesen werden.

Anti-Entropy-Prozess
: Darüber hinaus läuft in einigen Datenspeichern ein Hintergrundprozess, der ständig nach Unterschieden in den Daten zwischen den Replikaten sucht und alle fehlenden Daten von einem Replikat in ein anders kopiert.

Nicht alle Systeme implementieren beide Mechanismen. Zum Beispiel kennt Voldemort derzeit keinen Anti-Entropie-Prozess. Ohne einen Anti-Entropie-Prozess können aber Werte, die selten gelesen werden, auf einigen Replikaten fehlen und haben demzufolge eine verringerte Dauerhaftigkeit, weil Read-Repair nur durchgeführt wird, wenn die Anwendung einen Wert liest.

Quoren zum Lesen und Schreiben

Im Beispiel von Abbildung 5-10 haben wir den Schreibvorgang als erfolgreich betrachtet, selbst wenn ihn nur zwei der drei Replikate verarbeitet haben. Wie sieht es aus, wenn nur eines von drei Replikaten den Schreibvorgang annimmt? Wie weit lässt sich dies treiben?

Wenn wir wissen, dass jeder erfolgreiche Schreibvorgang garantiert auf mindestens zwei von drei Replikaten vorhanden ist, heißt das, dass höchstens ein Replikat veraltet sein kann. Wenn wir also von mindestens zwei Replikaten lesen, können wir sicher sein, dass mindestens eines der beiden aktuell ist. Wenn das dritte Replikat ausgefallen ist oder nur langsam reagiert, können die Lesevorgänge trotzdem fortgesetzt werden und einen aktuellen Wert zurückgeben.

Um es allgemeiner auszudrücken: Wenn es n Replikate gibt, muss jeder Schreibvorgang durch w Knoten bestätigt werden, um als erfolgreich zu gelten, und wir müssen mindestens r Knoten für jede Leseoperation abfragen. (In unserem Beispiel sind $n = 3$, $w = 2$, $r = 2$.) Solange $w + r > n$ ist, erwarten wir beim Lesen, einen aktuellen Wert zu erhalten, weil mindestens einer der r Knoten, von denen wir lesen, aktuell sein muss. Lese- und Schreibvorgänge, die diesen r- und w-Werten entsprechen, werden als *Lesequorum* bzw. *Schreibquorum* bezeichnet [44].[7] Stellen Sie sich r und w als kleinste Anzahl der erforderlichen Stimmen vor, um Lese- oder Schreibvorgänge als gültig zu betrachten.

In Dynamo-artigen Datenbanken sind die Parameter n, w und r normalerweise konfigurierbar. Häufig wählt man für n eine ungerade Zahl (typischerweise 3 oder 5), setzt $w = r = (n + 1) / 2$ und rundet das Ergebnis auf. Die Zahlen können Sie aber an Ihre Verhältnisse anpassen. Zum Beispiel kann für eine Arbeitsbelastung mit wenigen Schreib- und vielen Leseoperationen die Einstellung $w = n$ und $r = 1$ günstiger sein. Zwar laufen dann Leseoperationen schneller ab, doch hat diese Einstellung den Nachteil, dass allein durch einen ausgefallenen Knoten sämtliche Schreibvorgänge der Datenbank scheitern.

> Der Cluster kann mehr als n Knoten umfassen, doch wird jeder gegebene Wert nur auf n Knoten gespeichert. Dadurch ist es möglich, den Datenbestand zu partitionieren und Datenbestände zu verarbeiten, die größer sind als auf einen Knoten passt. Auf die Partitionierung kommen wir in Kapitel 6 zurück.

Die Quorumbedingung $w + r > n$ erlaubt es dem System, nicht verfügbare Knoten wie folgt zu tolerieren:

7 Manchmal wird ein derartiges Quorum auch als *striktes Quorum* bezeichnet, im Unterschied zu *Sloppy Quoren* (mit denen sich Abschnitt »Sloppy Quoren und Hinted Handoff« auf Seite 194 beschäftigen).

- Bei $w < n$ können wir weiterhin Schreibvorgänge verarbeiten, wenn ein Knoten nicht verfügbar ist.
- Bei $r < n$ können wir weiterhin Lesevorgänge verarbeiten, wenn ein Knoten nicht verfügbar ist.
- Mit $n = 3$, $w = 2$, $r = 2$ können wir einen nicht verfügbaren Knoten tolerieren.
- Mit $n = 5$, $w = 3$, $r = 3$ können wir zwei nicht verfügbare Knoten tolerieren. Abbildung 5-11 stellt diesen Fall dar.
- Normalerweise werden Lese- und Schreibvorgänge immer an alle *n* Replikate parallel gesendet. Die Parameter *w* und *r* bestimmen, auf wie viele Knoten wir warten – d.h., wie viele der *n* Knoten einen Erfolg vermelden müssen, bevor wir den Lese- oder Schreibvorgang als erfolgreich betrachten.

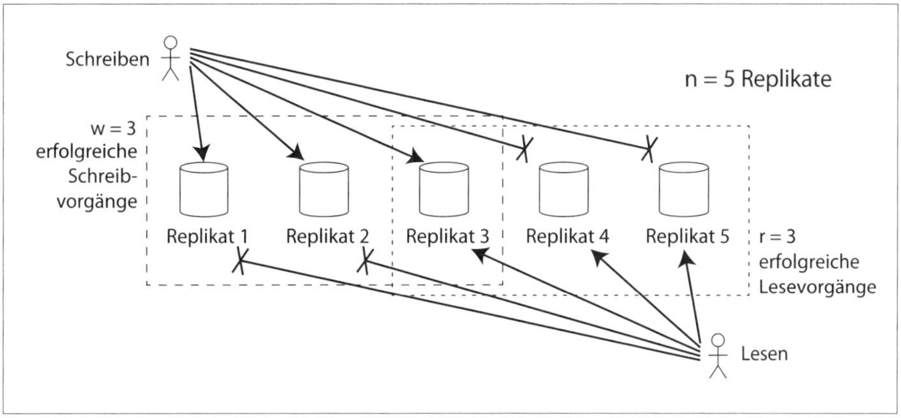

Abbildung 5-11: Wenn w + r > n ist, muss mindestens eines der Replikate, von denen Sie lesen, den neuesten erfolgreichen Schreibvorgang gesehen haben.

Wenn weniger als die erforderlichen *w* oder *r* Knoten verfügbar sind, geben Schreib- oder Lesevorgänge einen Fehler zurück. Ein Knoten kann aus vielen Gründen nicht zur Verfügung stehen: weil der Knoten außer Betrieb ist (abgestürzt, heruntergefahren), wegen eines Fehlers bei der Ausführung des Vorgangs (kann nicht schreiben, weil der Datenträger voll ist), aufgrund einer Netzwerkunterbrechung zwischen dem Client und dem Knoten oder aus einer ganzen Reihe von anderen Gründen. Wir kümmern uns nur darum, ob der Knoten eine erfolgreiche Antwort zurückgegeben hat, und brauchen nicht zwischen verschiedenen Arten von Fehlern zu unterscheiden.

Grenzen der Quorumkonsistenz

Wenn *n* Replikate existieren und Sie *w* und *r* so wählen, dass $w + r > n$ ist, können Sie im Allgemeinen erwarten, dass jeder Lesevorgang den zuletzt für einen Schlüssel geschriebenen Wert zurückliefert. Dies ist der Fall, weil die Menge der Knoten, auf die Sie geschrieben haben, und die Menge der Knoten, von denen Sie gelesen haben, überlappen müssen. Das heißt, unter den Knoten, die Sie lesen, muss sich mindestens ein Knoten mit dem neuesten Wert befinden (siehe Abbildung 5-11).

Oftmals wählt man *r* und *w* als Mehrheit (mehr als $n/2$) der Knoten, weil damit sichergestellt ist, dass $w + r > n$ und trotzdem noch bis zu $n/2$ (abgerundet) Knotenausfälle toleriert werden. Quoren sind aber nicht unbedingt Mehrheiten – es kommt nur darauf an, dass sich die Mengen der Knoten, die für Lese- und Schreiboperationen verwendet werden, in mindestens einem Knoten überlappen. Andere Quorumzuweisungen sind möglich, was eine gewisse Flexibilität bei der Gestaltung verteilter Algorithmen bietet [45].

Die Parameter *w* und *r* können Sie auch auf kleinere Werte setzen, sodass $w + r \leq n$ ist (d.h., die Quorumbedingung ist nicht erfüllt). In diesem Fall werden Lese- und Schreibvorgänge weiterhin an *n* Knoten gesendet, doch muss für eine erfolgreiche Operation die Anzahl der erfolgreichen Antworten kleiner sein.

Mit kleineren Werten für *w* und *r* ist es wahrscheinlicher, dass Sie veraltete Werte lesen, weil es wahrscheinlicher ist, dass Ihr Lesevorgang den Knoten mit dem neuesten Wert nicht erfasst. Das Gute an dieser Konfiguration ist, dass sie geringere Latenz und höhere Verfügbarkeit ermöglicht: Wenn bei einer Netzwerkstörung viele Replikate unerreichbar werden, ist die Wahrscheinlichkeit höher, dass Sie Lese- und Schreibvorgänge weiterhin verarbeiten können. Erst wenn die Anzahl der erreichbaren Replikate unter *w* oder *r* fällt, wird die Datenbank für Schreib- bzw. Lesevorgänge nicht mehr verfügbar.

Doch selbst mit $w + r > n$ gibt es höchstwahrscheinlich noch Grenzfälle, in denen veraltete Werte zurückgegeben werden. Diese Fälle hängen zwar von der Implementierung ab, aber es sind unter anderem folgende Szenarios denkbar:

- Wenn ein Sloppy Quorum verwendet wird (siehe Abschnitt »Sloppy Quoren und Hinted Handoff« auf Seite 194«), können die *w* Schreibvorgänge auf anderen Knoten als die *r* Lesevorgänge landen, sodass die Überlappung zwischen den *r* Knoten und den *w* Knoten nicht mehr garantiert ist [46].
- Wenn zwei Schreibvorgänge gleichzeitig auftreten, ist es nicht klar, welcher der beiden zuerst stattgefunden hat. In diesem Fall besteht die einzige sichere Lösung darin, die gleichzeitigen Schreibvorgänge zusammenzuführen (siehe Abschnitt »Schreibkonflikte behandeln« auf Seite 180). Wenn ein Gewinner anhand eines Zeitstempels ausgewählt wird (der letzte Schreibvorgang gewinnt), können Schreibvorgänge aufgrund von Zeitversatz verloren gehen [35]. Auf dieses Thema kommen wir in Abschnitt »Parallele Schreibvorgänge erkennen« auf Seite 196 zurück.
- Wenn ein Schreibvorgang parallel zu einem Lesevorgang stattfindet, kann der Schreibvorgang auf nur einigen der Replikate widergespiegelt werden. In diesem Fall ist es unbestimmt, ob der Lesevorgang den alten oder den neuen Wert zurückgibt.

- Wenn ein Schreibvorgang auf einigen Replikaten erfolgreich verlaufen, auf anderen aber gescheitert ist (weil zum Beispiel die Festplatten auf einigen Knoten voll sind) und insgesamt auf weniger als *w* Replikaten erfolgreich war, wird er auf den Replikaten, wo er erfolgreich verlaufen ist, nicht rückgängig gemacht. Wenn also ein Schreibvorgang als gescheitert gemeldet wird, können darauffolgende Lesevorgänge den Wert von diesem Schreibvorgang eventuell zurückgeben oder nicht [47].
- Wenn ein Knoten, der einen neuen Wert enthält, ausfällt und seine Daten von einem Replikat wiederhergestellt werden, das einen alten Wert enthält, kann die Anzahl der Replikate, die den neuen Wert speichern, unter *w* fallen, was die Quorumbedingung verletzt.
- Selbst wenn alles ordnungsgemäß läuft, gibt es Grenzfälle, in denen das Timing nicht ganz stimmt. Dazu mehr im Abschnitt »Linearisierbarkeit und Quoren« auf Seite 357.

Obwohl also Quoren scheinbar garantieren, dass ein Lesevorgang den zuletzt geschriebenen Wert zurückgibt, ist das in der Praxis nicht ganz so einfach. Dynamo-artige Datenbanken sind im Allgemeinen für Einsatzfälle optimiert, die Eventual Consistency tolerieren können. Mit den Parametern *w* und *r* können Sie die Wahrscheinlichkeit anpassen, dass veraltete Werte gelesen werden, doch es empfiehlt sich, sie nicht als absolute Garantien zu nehmen.

Insbesondere erhalten Sie üblicherweise nicht die Garantien, die Abschnitt »Probleme mit der Replikationsverzögerung« auf Seite 170 erörtert hat (Lesen Ihrer Schreibvorgänge, monotones Lesen oder konsistentes Präfixlesen), sodass die vorher erwähnten Anomalien in Anwendungen auftreten können. Strengere Garantien erfordern im Allgemeinen Transaktionen oder Konsens. Auf diese Themen kommen wir in den Kapiteln 7 und 9 zurück.

Alterung überwachen

Aus operativer Sicht ist es wichtig zu überwachen, ob Ihre Datenbanken aktuelle Ergebnisse zurückliefern. Selbst wenn Ihre Anwendung mit veralteten Lesevorgängen klarkommt, müssen Sie sich der Integrität Ihrer Replikation bewusst sein. Wenn sie deutlich zurückfällt, sollten Sie eine Warnung erhalten, damit Sie die Ursache (zum Beispiel ein Problem im Netzwerk oder ein überlasteter Knoten) ermitteln können.

Für leaderbasierte Replikation macht die Datenbank normalerweise Kennwerte über die Replikationsverzögerung zugänglich, die Sie in ein Überwachungssystem einspeisen können. Das ist möglich, weil Schreibvorgänge auf den Leader und die Follower in derselben Reihenfolge angewendet werden und jeder Knoten über eine Position im Replikationsprotokoll verfügt (die Anzahl der Schreibvorgänge, die er lokal angewendet hat). Wenn Sie die aktuelle Position eines Followers von der aktuellen Position des Leaders abziehen, bekommen Sie ein Maß für die Replikationsverzögerung.

Allerdings gibt es in Systemen mit Replikation ohne Leader keine feste Reihenfolge, in der Schreibvorgänge angewendet werden, was die Überwachung erschwert. Und wenn die Datenbank darüber hinaus nur Read-Repair (keine Anti-Entropie) verwendet, gibt es keine Obergrenze, wie alt ein Wert sein kann – wird ein Wert nur selten gelesen, kann der Wert von einem veralteten Replikat steinalt sein.

Es gab einige Forschungen zur Messung der Replikatenalterung in Datenbanken ohne Leader, die den erwarteten Prozentsatz von veralteten Leseergebnissen in Abhängigkeit von den Parametern *n*, *w* und *r* abschätzen wollten [48]. Leider ist dies noch keine gängige Praxis, doch es wäre zu begrüßen, die Messungen zur Alterung in den Satz der Standardmetriken für Datenbanken aufzunehmen. Die letztliche Konsistenz ist eine absichtlich unscharfe Garantie, doch für die Betriebsfähigkeit ist es wichtig, »letztlich« quantifizieren zu können.

Sloppy Quoren und Hinted Handoff

Datenbanken mit geeignet konfigurierten Quoren verkraften den Ausfall einzelner Knoten, ohne dass ein Failover notwendig wäre. Auch verlangsamte Antwortzeiten (zum Beispiel wegen Überlastung) einzelner Knoten können sie tolerieren, weil Anfragen nicht darauf warten müssen, dass alle *n* Knoten antworten – sie können bereits Erfolg melden, wenn *w* bzw. *r* Knoten geantwortet haben. Diese Eigenschaften machen Datenbanken mit Replikation ohne Leader attraktiv für Einsatzfälle, in denen es auf hohe Verfügbarkeit und niedrige Latenz ankommt und die gelegentliches Lesen veralteter Daten tolerieren können.

Allerdings sind Quoren (wie bisher beschrieben) nicht so fehlertolerant, wie sie sein könnten. Eine Netzwerkunterbrechung kann einen Client leicht von einer großen Anzahl von Datenbankknoten abschneiden. Obwohl diese Knoten weiterhin in Betrieb sind und sich andere Clients möglicherweise mit ihnen verbinden können, sind diese für einen Client, der von den Datenbankknoten abgeschnitten ist, quasi tot. In dieser Situation ist es wahrscheinlich, dass weniger als *w* oder *r* erreichbare Knoten verbleiben, woraufhin der Client kein Quorum mehr erreichen kann.

In einem großen Cluster (mit erheblich mehr als *n* Knoten) ist es wahrscheinlich, dass sich der Client mit *einigen* Datenbankknoten während der Netzwerkunterbrechung verbinden kann, nur nicht mit den Knoten, die erforderlich sind, um ein Quorum für einen bestimmten Wert zu versammeln. In diesem Fall sehen sich die Datenbankentwickler einem Kompromiss gegenüber:

- Ist es besser, Fehler auf alle Anfragen zurückzugeben, für die wir kein Quorum von *w* oder *r* Knoten erreichen können?

- Oder sollten wir Schreibvorgänge irgendwie akzeptieren und sie auf einige Knoten schreiben, die erreichbar sind, aber nicht zu den *n* Knoten gehören, auf denen der Wert normalerweise untergebracht ist?

Die zweite Variante ist als *Sloppy Quorum* (dt. »Schlampiges Quorum«) bekannt [37]: Schreib- und Lesevorgänge erfordern immer noch *w* und *r* erfolgreiche Antworten, aber diese können Knoten beinhalten, die nicht zu den designierten *n* »Heim«-Knoten für einen Wert gehören. Eine Analogie aus dem Alltag: Wenn Sie sich aus Ihrer Wohnung ausgesperrt haben, können Sie beim Nachbarn an die Tür klopfen und ihn fragen, ob Sie vorübergehend auf seiner Couch nächtigen können.

Nachdem die Netzwerkunterbrechung beseitigt ist, werden alle Schreibvorgänge, die ein Knoten vorübergehend im Namen eines anderen Knotens angenommen hat, an die jeweiligen »Heim«-Knoten gesendet. Dieser Vorgang heißt *Hinted Handoff* (etwa »Übergabe mit Vermerk«). (Nachdem Sie die Schlüssel für Ihre Wohnung wiedergefunden haben, bittet Ihr Nachbar Sie freundlich, seine Couch zu verlassen und nach Hause zu gehen.)

Sloppy Quoren sind vor allem nützlich, um die Schreibverfügbarkeit zu erhöhen: Solange beliebige *w* Knoten verfügbar sind, kann die Datenbank Schreibvorgänge akzeptieren. Allerdings heißt das, dass Sie selbst bei $w + r > n$ nicht sicher sein können, den neuesten Wert für einen Schlüssel zu lesen, weil der neueste Wert vorübergehend auf irgendeinem der Knoten außerhalb von *n* gelandet sein kann [47].

Somit ist ein Sloppy Quorum eigentlich überhaupt kein Quorum im herkömmlichen Sinn. Es ist lediglich eine Zusicherung der Dauerhaftigkeit, nämlich dass die Daten auf irgendwelchen *w* Knoten gespeichert wurden. Es gibt keine Garantie, dass ein Lesen von *r* Knoten diese Daten einschließt, bis das Hinted Handoff abgeschlossen ist. Sloppy Quoren sind in allen gebräuchlichen Dynamo-Implementierungen optional. In Riak sind sie standardmäßig aktiviert, in Cassandra und Voldemort dagegen standardmäßig deaktiviert [46, 49, 50].

Betrieb mit mehreren Rechenzentren

Wir haben gerade die Rechenzentren-übergreifende Replikation als Einsatzfall für Multi-Leader-Replikation besprochen (siehe Abschnitt »Multi-Leader-Replikation« auf Seite 177). Replikation ohne Leader ist ebenfalls für den Betrieb mit mehreren Rechenzentren geeignet, da sie vom Ansatz her konfliktverursachende parallele Schreibvorgänge, Netzwerkunterbrechungen und Latenzspitzen toleriert.

Cassandra und Voldemort implementieren ihre Unterstützung für mehrere Rechenzentren im normalen Modell ohne Leader: Die Anzahl der Replikate *n* schließt Knoten in allen Rechenzentren ein, und in der Konfiguration können Sie angeben, wie viele der *n* Replikate Sie in jedem Rechenzentrum haben wollen. Jeder Schreibvorgang von einem Client wird unabhängig vom Rechenzentrum an alle

Replikate gesendet. Da aber der Client normalerweise nur auf eine Bestätigung von einem Quorum der Knoten innerhalb seiner lokalen Rechenzentren wartet, merkt er nichts von den Verzögerungen und Unterbrechungen in den Verbindungen zwischen den Rechenzentren. Die Schreibvorgänge mit höherer Latenz zu anderen Rechenzentren werden oftmals so konfiguriert, dass sie asynchron stattfinden, obwohl die Konfiguration auch eine gewisse Flexibilität bietet [50, 51].

Riak hält die gesamte Kommunikation zwischen Clients und Datenbankknoten lokal zu einem Rechenzentrum, sodass *n* die Anzahl der Replikate innerhalb eines Rechenzentrums beschreibt. Die rechenzentrenübergreifende Replikation zwischen Datenbankclustern findet asynchron im Hintergrund statt, in einer Form, die der Multi-Leader-Replikation ähnelt [52].

Parallele Schreibvorgänge erkennen

Dynamo-artige Datenbanken erlauben es mehreren Clients, gleichzeitig in den gleichen Schlüssel zu schreiben. Das heißt, dass Konflikte selbst dann auftreten, wenn strenge Quoren verwendet werden. Die Situation ähnelt der Multi-Leader-Replikation (siehe Abschnitt »Schreibkonflikte behandeln« auf Seite 180), obwohl in Dynamo-artigen Datenbanken aufgrund von Read-Repair oder Hinted Handoff ebenfalls Konflikte auftreten können.

Das Problem besteht darin, dass Ereignisse aufgrund von variablen Netzwerkverzögerungen und partiellen Ausfällen möglicherweise in einer anderen Reihenfolge auf verschiedenen Knoten eintreffen. So zeigt das Beispiel in Abbildung 5-12 zwei Clients A und B, die gleichzeitig in einen Schlüssel X schreiben, und zwar in einer Datenbank, die auf drei Knoten verteilt ist:

- Knoten 1 empfängt den Schreibvorgang von A, empfängt aber aufgrund einer vorübergehenden Unterbrechung niemals den Schreibvorgang von B.
- Knoten 2 empfängt zuerst den Schreibvorgang von A und dann den Schreibvorgang von B.
- Knoten 3 empfängt zuerst den Schreibvorgang von B und dann den Schreibvorgang von A.

Würde jeder Knoten einfach den Wert für einen Schlüssel überschreiben, wenn er eine Schreibanfrage von einem Client erhält, würden die Knoten dauerhaft inkonsistent werden, wie die letzte *get*-Anfrage in Abbildung 5-12 zeigt: Knoten 2 nimmt B als endgültigen Wert von X an, während die anderen Knoten denken, dass der Wert A ist.

Um letztlich konsistent zu werden, sollten die Replikate auf denselben Wert hin konvergieren. Wie lässt sich das bewerkstelligen? Man könnte darauf hoffen, dass die replizierten Datenbanken dies automatisch behandeln, doch leider sind die meisten Implementierungen ziemlich schlecht darin: Wenn Sie Datenverluste vermeiden wollen, müssen Sie – der Anwendungsentwickler – eine ganze Menge über die Interna der Konfliktverarbeitung Ihrer Datenbank wissen.

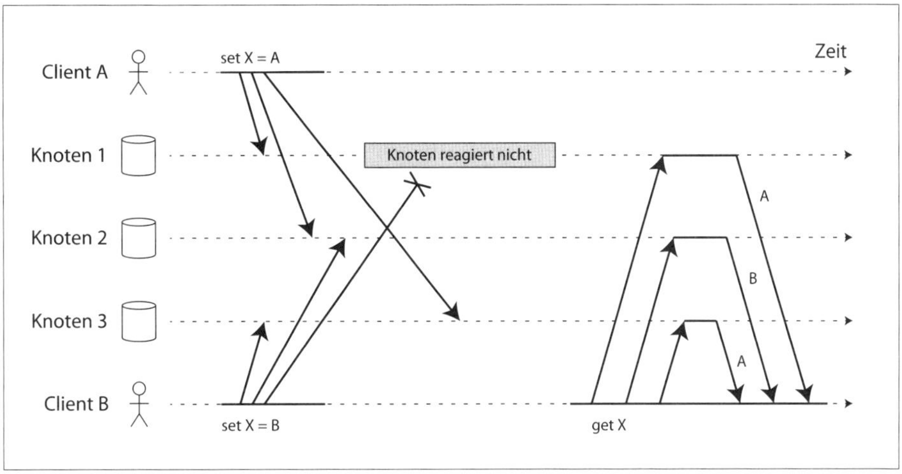

Abbildung 5-12: Paralleles Schreiben in einer Dynamo-artigen Datenbank: Es gibt keine klar definierte Reihenfolge.

Einige Techniken für die Konfliktauflösung haben wir in Abschnitt »Schreibkonflikte behandeln« auf Seite 180 gestreift. Bevor wir dieses Kapitel abschließen, wollen wir dieses Thema etwas vertiefen.

LWW – Der letzte Schreibvorgang gewinnt (Verwerfen gleichzeitiger Schreibvorgänge)

Um letztliche Konvergenz zu erreichen, kann man deklarieren, dass jedes Replikat nur den »neuesten« Wert speichern muss und für »ältere« Werte zulässt, dass sie überschrieben und verworfen werden. Sofern man dann eindeutig bestimmen kann, welcher Schreibvorgang »neuer« ist und jeder Schreibvorgang letztendlich auf jedes Replikat kopiert wird, werden die Replikate letztendlich zum selben Wert konvergieren.

Wie die Anführungszeichen um »neueste« anzeigen, ist diese Idee eigentlich ziemlich irreführend. Im Beispiel von Abbildung 5-12 wusste keiner der Clients vom anderen, wann er seine Schreibanfragen an die Datenbankknoten sendet, sodass nicht klar war, welche Anfrage zuerst stattgefunden hat. Praktisch ist es kaum sinnvoll zu sagen, dass eine davon »zuerst« aufgetreten ist: Wir sagen, dass die Schreibvorgänge *gleichzeitig* stattfinden, was bedeutet, dass ihre Reihenfolge nicht definiert ist.

Selbst wenn die Schreibvorgänge keine natürliche Reihenfolge haben, können wir ihnen eine beliebige Reihenfolge auferlegen. Zum Beispiel können wir jedem Schreibvorgang einen Zeitstempel anhängen, den größten Zeitstempel als den »neuesten« auswählen und alle Schreibvorgänge mit einem früheren Zeitstempel verwerfen. Dieser Konfliktauflösungsalgorithmus, der als LWW (Last Write Wins, letzter Schreibvorgang gewinnt) bezeichnet wird, ist die einzige unterstützte Konfliktauflösungsmethode in Cassandra [53] und ein optionales Feature in Riak [35].

LWW erreicht das Ziel der letztlichen Konvergenz, aber auf Kosten der Dauerhaftigkeit: Wenn es mehrere gleichzeitige Schreibvorgänge in den gleichen Schlüssel gibt, wird nur einer der Schreibvorgänge überleben, und die anderen werden stillschweigend verworfen, selbst wenn sie alle dem Client als erfolgreich gemeldet worden sind (weil sie auf *w* Replikate geschrieben wurden). Darüber hinaus kann LWW sogar Schreibvorgänge verwerfen, die nicht gleichzeitig stattfinden, wie wir in Abschnitt »Sich auf synchronisierte Uhren verlassen« auf Seite 311 erläutern werden.

Es gibt einige Situationen, wie zum Beispiel Caching, in denen verlorene Schreibvorgänge vielleicht akzeptabel sind. Wenn Datenverluste nicht zu tolerieren sind, ist LWW eine schlechte Wahl für die Konfliktauflösung.

Um eine Datenbank mit LWW sicher zu verwenden, muss man sicherstellen, dass ein Schlüssel nur einmal geschrieben und danach als unveränderlich behandelt wird. Somit lassen sich gleichzeitige Aktualisierungen desselben Schlüssels vermeiden. Zum Beispiel wird für den Einsatz von Cassandra empfohlen, eine UUID als Schlüssel zu verwenden, sodass jede Schreiboperation einen eindeutigen Schlüssel erhält [53].

Die Happens-Before-Beziehung und Gleichzeitigkeit

Wie entscheiden wir, ob zwei Operationen gleichzeitig stattfinden oder nicht? Zwei Beispiele sollen ein Gefühl dafür entwickeln:

- In Abbildung 5-9 geschehen die beiden Schreibvorgänge nicht gleichzeitig: Das Einfügen von A passiert vor dem Inkrementieren von B, weil der von B inkrementierte Wert der von A eingefügte Wert ist. Mit anderen Worten baut die Operation von B auf der Operation von A auf, sodass die Operation von B später stattgefunden haben muss. Wir sagen auch, dass B *kausal abhängig* von A ist.
- Andererseits finden die beiden Schreibvorgänge in Abbildung 5-12 gleichzeitig statt: Wenn jeder Client mit der Operation beginnt, weiß er nicht, dass ein anderer Client ebenfalls eine Operation auf demselben Schlüssel durchführt. Somit besteht keine kausale Abhängigkeit zwischen den Operationen.

Eine Operation A *passiert vor* (»happens before«) einer anderen Operation B, wenn B über A Bescheid weiß, von A abhängt oder in irgendeiner Form auf A aufbaut. Ob eine Operation vor einer anderen Operation stattfindet, bestimmt die Bedeutung von Gleichzeitigkeit. Tatsächlich können wir einfach sagen, dass zwei Operationen *gleichzeitig* ablaufen, wenn keine der beiden vor der anderen passiert (d.h. keine von der anderen weiß) [54].

Wenn Sie also zwei Operationen A und B haben, gibt es drei Möglichkeiten: Entweder A fand vor B oder B vor A statt oder A und B laufen gleichzeitig. Wir brauchen einen Algorithmus, der uns angibt, ob zwei Operationen gleichzeitig sind oder nicht. Wenn eine Operation vor einer anderen passiert, sollte die spätere Operation die frühere Operation überschreiben, doch wenn die Operationen gleichzeitig stattfinden, entsteht ein Konflikt, der aufgelöst werden muss.

Gleichzeitigkeit, Zeit und Relativität

Es mag so aussehen, als ob die beiden Operationen »gleichzeitig« zu nennen sind, weil sie »zur selben Zeit« auftreten – doch in der Tat ist es nicht wichtig, ob sie sich in der Zeit buchstäblich überlappen. Aufgrund von Problemen mit der Uhrzeit in verteilten Systemen ist es tatsächlich schwierig zu sagen, ob zwei Dinge zur genau gleichen Zeit passiert sind – eine Frage, der wir uns in Kapitel 8 ausführlicher zuwenden.

Für die Definition von Gleichzeitigkeit spielt die genaue Zeit keine Rolle: Wir nennen einfach zwei Operationen gleichzeitig, wenn sie beide nichts voneinander wissen, unabhängig von der physikalischen Zeit, zu der sie auftreten. Manchmal stellt man eine Verbindung zwischen diesem Prinzip und der speziellen Relativitätstheorie her [54], die die Idee eingeführt hat, dass sich Informationen nicht schneller als mit Lichtgeschwindigkeit ausbreiten können. Folglich können zwei Ereignisse, die in einem gewissen Abstand voneinander auftreten, einander keinesfalls beeinflussen, wenn die Zeit zwischen den Ereignissen kürzer ist als die Zeit, die das Licht benötigt, um die Entfernung zwischen ihnen zurückzulegen.

In Computersystemen können zwei Operationen gleichzeitig passieren, selbst wenn es die Lichtgeschwindigkeit im Prinzip erlauben würde, dass eine Operation die andere beeinflusst. Wenn zum Beispiel das Netzwerk zu dieser Zeit langsam oder unterbrochen war, können zwei Operationen zeitlich versetzt auftreten und trotzdem gleichzeitig sein, weil Netzwerkprobleme es verhindert haben, dass eine Operation von der anderen erfahren kann.

Die Happens-Before-Beziehung erfassen

Sehen wir uns einen Algorithmus an, der bestimmt, ob zwei Operationen gleichzeitig stattfinden oder ob die eine vor einer anderen passiert ist. Der Einfachheit halber beginnen wir mit einer Datenbank, die nur ein Replikat besitzt. Nachdem wir ausgetüftelt haben, wie sich dies auf einem einzigen Replikat bewerkstelligen lässt, können wir den Ansatz verallgemeinern auf eine Datenbank ohne Leader und mit mehreren Replikaten.

Abbildung 5-13 zeigt zwei Kunden, die gleichzeitig Artikel in denselben Einkaufswagen legen. (Falls Ihnen dieses Beispiel zu langweilig erscheint, stellen Sie sich stattdessen zwei Fluglotsen vor, die gleichzeitig in den von ihnen kontrollierten

Sektor Flugzeuge leiten.) Der Einkaufswagen ist zunächst leer. Zusammengenommen erzeugen die Kunden fünf Schreibvorgänge in die Datenbank.

1. Client 1 legt `milk` in den Einkaufswagen. Da dies der erste Schreibvorgang für diesen Schlüssel ist, speichert der Server ihn erfolgreich und weist ihm die Version 1 zu. Außerdem meldet der Server den Wert zusammen mit der Versionsnummer an den Client zurück.
2. Client 2 legt `eggs` in den Einkaufswagen, ohne zu wissen, dass Client 1 gleichzeitig `milk` hinzugefügt hatte (Client 2 nahm an, dass seine `eggs` der einzige Artikel im Einkaufswagen waren.) Der Server weist diesem Schreibvorgang die Version 2 zu und speichert `eggs` und `milk` als zwei getrennte Werte. Dann gibt er *beide* Werte zusammen mit der Versionsnummer 2 an den Client zurück.
3. Client 1, der vom Schreibvorgang von Client 2 nichts weiß, möchte `flour` in den Einkaufswagen legen, und nimmt daher an, dass der aktuelle Inhalt des Einkaufswagens `[milk, flour]` ist. Er sendet diesen Wert an den Server zusammen mit der Versionsnummer 1, die der Server zuvor dem Client 1 gegeben hat. Der Server kann anhand der Versionsnummer erkennen, dass der Schreibvorgang von `[milk, flour]` den vorherigen Wert von `[milk]` ersetzt, aber gleichzeitig mit `[eggs]` passiert. Somit weist der Server Version 3 an `[milk, flour]` zu, überschreibt den Wert `[milk]` der Version 1, behält aber den Wert `[eggs]` der Version 2 und gibt die beiden verbleibenden Werte an den Client zurück.
4. In der Zwischenzeit möchte Client 2 `ham` in den Einkaufswagen legen, ohne zu wissen, dass Client 1 gerade `flour` hinzugefügt hat. Client 2 hat in der letzten Antwort die beiden Werte `[milk]` und `[eggs]` vom Server empfangen. Er führt nun diese Werte zum neuen Wert `[eggs, milk, ham]` zusammen. Diesen Wert sendet er zusammen mit der vorherigen Versionsnummer 2 an den Server. Der Server erkennt, dass der Schreibvorgang den Wert `[eggs]` überschreibt, aber gleichzeitig mit `[milk, flour]` passiert, sodass die beiden Werte `[milk, flour]` mit Version 3 und `[eggs, milk, ham]` mit Version 4 verbleiben.
5. Schließlich möchte Client 1 noch `bacon` hinzufügen. Zuvor hat er `[milk, flour]` und `[eggs]` vom Server mit Version 3 empfangen. Er führt also diese beiden Werte zusammen, fügt `bacon` hinzu und sendet den endgültigen Wert `[milk, flour, eggs, bacon]` zusammen mit der Versionsnummer 3 an den Server. Das überschreibt `[milk, flour]` (Hinweis: `[eggs]` wurde bereits im letzten Schritt überschrieben), passiert aber gleichzeitig mit `[eggs, milk, ham]`, sodass der Server diese beiden gleichzeitigen Werte beibehält.

Der Datenfluss zwischen den Schreibvorgängen in Abbildung 5-13 ist in Abbildung 5-14 grafisch dargestellt. Die Pfeile geben an, welche Operation *vor* welcher anderen Operation *passiert* ist (»happened before«), und zwar in dem Sinne, dass die spätere Operation von der früheren *wusste* oder *davon abhing*. In diesem Beispiel sind die Clients niemals mit den Daten auf dem Server vollkommen auf dem neuesten Stand, da immer eine andere Operation gleichzeitig stattfindet. Letztlich aber werden alte Versionen des Werts überschrieben, und es gehen keine Schreibvorgänge verloren.

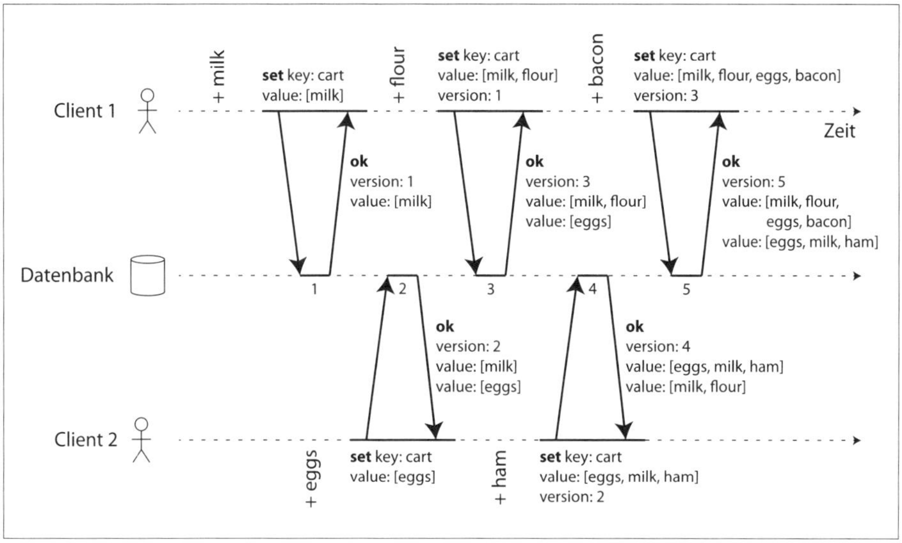

Abbildung 5-13: Erfassen kausaler Abhängigkeiten zwischen zwei Clients, die einen Einkaufswagen gleichzeitig bearbeiten

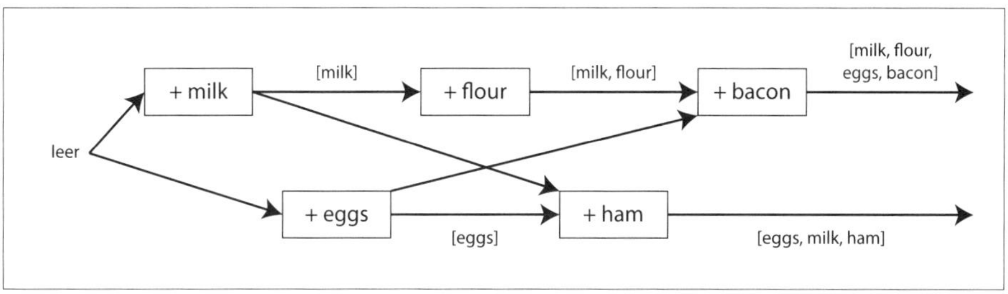

Abbildung 5-14: Graph der kausalen Abhängigkeiten in Abbildung 5-13

Der Server kann anhand der Versionsnummern bestimmen, ob zwei Operationen gleichzeitig stattfinden. Den Wert an sich muss er nicht interpretieren (was erlaubt, eine beliebige Datenstruktur als Wert zu verwenden). Der Algorithmus funktioniert folgendermaßen:

- Der Server verwaltet eine Versionsnummer für jeden Schlüssel, inkrementiert die Versionsnummer bei jedem Schreiben des Schlüssels und speichert die Versionsnummer zusammen mit dem geschriebenen Wert.
- Wenn ein Client einen Schlüssel liest, gibt der Server alle Werte, die noch nicht überschrieben worden sind, sowie die neueste Versionsnummer zurück. Ein Client muss einen Schlüssel lesen, bevor er schreiben kann.

- Wenn ein Client einen Schlüssel schreibt, muss er die Versionsnummer aus dem vorherigen Lesevorgang einschließen und alle Werte, die er beim vorherigen Lesen empfangen hat, zusammenführen. (Die Antwort auf eine Schreibabfrage kann wie ein Lesen, das alle aktuellen Werte zurückgibt, aussehen. Das erlaubt es uns, mehrere Schreibvorgänge wie im Beispiel mit dem Einkaufswagen zu verketten.)
- Wenn der Server einen Schreibvorgang mit einer bestimmten Versionsnummer empfängt, kann er alle Werte mit dieser oder einer kleineren Versionsnummer überschreiben (da er weiß, dass sie zum neuen Wert zusammengeführt wurden), doch er muss Werte mit einer höheren Versionsnummer behalten (weil diese Werte gleichzeitig mit dem eintreffenden Schreibvorgang geschrieben wurden).

Enthält ein Schreibvorgang die Versionsnummer von einem vorherigen Lesevorgang, sagt uns das, auf welchem vorherigen Zustand der Schreibvorgang basiert. Wenn Sie in einem Schreibvorgang keine Versionsnummer angeben, wird der Schreibvorgang als gleichzeitig mit allen anderen Schreibvorgängen interpretiert, was zur Folge hat, dass nichts überschrieben wird – der geschriebene Wert wird bei darauffolgenden Lesevorgängen einfach als einer der Werte zurückgegeben.

Gleichzeitig geschriebene Werte zusammenführen

Der soeben beschriebene Algorithmus stellt sicher, dass keine Daten stillschweigend unter den Tisch fallen. Leider verlangt er aber, dass die Clients etwas mehr Aufwand treiben: Wenn mehrere Schreibvorgänge gleichzeitig stattfinden, müssen Clients hinterher aufräumen, indem sie die gleichzeitig geschriebenen Werte zusammenführen. Riak nennt diese gleichzeitigen Werte *Zwillinge* (siblings).

Zwillingswerte zusammenzuführen ist im Wesentlichen das gleiche Problem wie die Konfliktauflösung bei Multi-Leader-Replikation, die wir weiter vorn besprochen haben (siehe Abschnitt »Schreibkonflikte behandeln« auf Seite 180). Ein einfacher Ansatz wählt einfach einen der Werte anhand einer Versionsnummer oder eines Zeitstempels (Last Write Wins) aus, doch das bedeutet, dass Daten verloren gehen. Also werden Sie zu einer intelligenteren Lösung in Anwendungscode greifen müssen.

Im Beispiel eines Einkaufswagens lassen sich Zwillingswerte sinnvoll zusammenführen, wenn man einfach die Vereinigungsmenge bildet. In Abbildung 5-14 sind `[milk, flour, eggs, bacon]` und `[eggs, milk, ham]` die beiden endgültigen Zwillinge. Zu beachten ist, dass `milk` und eggs in beiden Werten erscheinen, obwohl sie jeweils nur einmal geschrieben wurden. Der zusammengeführte Wert könnte dann `[milk, flour, eggs, bacon, ham]` ohne Duplikate lauten.

Wollen Sie den Kunden aber ermöglichen, Artikel aus den Einkaufswagen zu *entfernen* und nicht nur hinzuzufügen, dann würde die Vereinigungsmenge der Zwillinge nicht das richtige Ergebnis liefern: Wenn Sie die beiden Zwillingseinkaufswagen zusammenführen und ein Artikel nur aus einem von ihnen entfernt worden ist, wird der entfernte Artikel erneut in der Vereinigungsmenge der Zwillinge erscheinen [37]. Um dieses Problem zu vermeiden, kann ein Artikel nicht einfach aus der Datenbank gelöscht werden, wenn er entfernt wird. Stattdessen muss das System beim Zusammenführen von Zwillingen eine Markierung mit einer passenden Versionsnummer hinterlassen, um anzuzeigen, dass der Artikel entfernt worden ist. Eine derartige Löschmarkierung wird auch als *Tombstone* (Grabstein) bezeichnet. (In Abschnitt »Hash-Indizes« auf Seite 76 haben wir Tombstones bereits erwähnt.)

Da es ziemlich kompliziert und fehleranfällig ist, Zwillinge per Anwendungscode zusammenzuführen, arbeitet man an Datenstrukturen, die dieses Zusammenführen automatisch durchführen können, wie es im Kasten »Automatische Konfliktauflösung« auf Seite 184 erörtert hat. So verwendet zum Beispiel die Datentypunterstützung von Riak eine Familie von Datenstrukturen namens CRDTs [38, 39, 55], die Zwillinge automatisch auf sinnvolle Weise zusammenführt und dabei auch Löschungen bewahrt.

Versionsvektoren

Das in Abbildung 5-13 gezeigte Beispiel hat nur ein einziges Replikat verwendet. Wie ändert sich der Algorithmus, wenn es mehrere Replikate, aber keinen Leader gibt?

Das Beispiel in Abbildung 5-13 erfasst die Abhängigkeiten zwischen den Operationen mit einer einzelnen Versionsnummer, doch das genügt nicht, wenn mehrere Replikate parallele Schreibvorgänge akzeptieren. Stattdessen müssen wir eine Versionsnummer sowohl *pro Replikat* als auch pro Schlüssel verwenden. Jedes Replikat inkrementiert seine eigene Versionsnummer, wenn es eine Schreibanforderung verarbeitet, und verfolgt auch die Versionsnummern, die es von jedem der anderen Replikate gesehen hat. Diese Informationen zeigen an, welche Werte zu überschreiben und welche Werte als Zwillinge zu behalten sind. Die Auflistung der Versionsnummern von allen Replikaten ist ein sogenannter Versionsvektor [56]. Von dieser Idee sind einige Varianten in der Praxis zu finden, wobei aber die wahrscheinlich interessanteste der *dotted version vector* (Versionsvektor mit Pünktchen) [57] ist, der in Riak 2.0 verwendet wird [58, 59]. Wir ersparen uns hier die Details, seine Funktionsweise entspricht aber weitgehend der unseres Einkaufswagenbeispiels.

Wie die Versionsnummern in Abbildung 5-13 werden Versionsvektoren von den Replikaten der Datenbank an Clients gesendet, wenn Werte gelesen werden, und müssen an die Datenbank zurückgesendet werden, wenn ein Wert später geschrieben wird. (Riak codiert den Versionsvektor als String, der als *kausaler Kontext* bezeichnet wird.) Anhand des Versionsvektors kann die Datenbank zwischen überschriebenen und gleichzeitigen Werten unterscheiden.

Außerdem muss die Anwendung wie im Beispiel mit einem einzelnen Replikat gegebenenfalls Zwillinge zusammenführen. Die Versionsvektorstruktur stellt sicher, dass von einem Replikat gelesen und später in ein anderes Replikat zurückgeschrieben werden kann. Dabei können Zwillinge entstehen, es gehen aber keine Daten verloren, solange Zwillinge korrekt zusammengeführt werden.

> **Versionsvektoren und Vektoruhren**
> Ein *Versionsvektor* wird manchmal auch als *Vektoruhr* (vector clock) bezeichnet, obwohl sie nicht ganz gleich sind. Der Unterschied ist eher marginal – bitte informieren Sie sich über Details in den Quellen [57, 60, 61]. Kurz gesagt sind Versionsvektoren beim Zustandsvergleich von Replikaten die richtige Datenstruktur.

Zusammenfassung

Dieses Kapitel hat das Thema Replikation beleuchtet. Replikation kann mehreren Zwecken dienen:

Hochverfügbarkeit
: Das System betriebsfähig halten, selbst beim Ausfall eines Computers (oder mehrerer Computer oder sogar eines ganzen Rechenzentrums)

Offlinebetrieb
: Einer Anwendung ermöglichen, auch bei einer Netzwerkunterbrechung weiterzuarbeiten

Latenz
: Daten geografisch in der Nähe der Benutzer platzieren, damit Benutzer schneller mit ihnen interagieren können

Skalierbarkeit
: In der Lage sein, ein größeres Lesevolumen zu verarbeiten als mit einem einzelnen Computer möglich wäre, indem Lesevorgänge auf Replikaten durchgeführt werden

Obwohl das Ziel recht einfach ist – eine Kopie derselben Daten auf mehreren Computern zu verwalten –, erweist sich Replikation als bemerkenswert kniffliges Problem. So müssen Sie sich im Klaren darüber sein, was Gleichzeitigkeit bedeutet, was alles schiefgehen kann und wie Sie mit den Konsequenzen dieser Störungen umgehen. Zumindest müssen Sie sich mit unverfügbaren Knoten und Netzwerkunterbrechungen befassen (ganz zu schweigen von heimtückischeren Fehlerarten wie zum Beispiel Datenbeschädigung infolge von Softwarefehlern).

Wir haben drei gängige Ansätze für die Replikation diskutiert:

Single-Leader-Replikation
: Clients senden alle Schreibanfragen an einen einzelnen Knoten (den Leader), der einen Stream von Datenänderungsereignissen an die anderen Replikate (Follower) sendet. Leseanfragen lassen sich von jedem beliebigen Replikat

ausführen, jedoch können Lesevorgänge von Followern veraltete Werte liefern.

Multi-Leader-Replikation
: Clients senden jede Schreibanfrage an einen von mehreren Leader-Knoten, die Schreibvorgänge annehmen können. Die Leader senden sich untereinander und an alle Follower-Knoten Streams von Datenänderungsereignissen.

Replikation ohne Leader
: Clients senden jede Schreibanfrage an mehrere Knoten und lesen von mehreren Knoten parallel, um Knoten mit veralteten Daten zu erkennen und zu korrigieren.

Jeder Ansatz hat Vor- und Nachteile. Single-Leader-Replikation ist populär, weil sie leicht zu verstehen ist und man sich nicht um Konfliktauflösung kümmern muss. Multi-Leader-Replikation und Replikation ohne Leader können bei fehlerhaften Knoten, Netzwerkunterbrechungen und Latenzspitzen robuster sein. Allerdings sind sie schwerer zu verstehen und bieten nur sehr schwache Konvergenzgarantien.

Replikation kann synchron oder asynchron stattfinden, was sich tief greifend auf das Systemverhalten auswirkt, wenn eine Störung auftritt. Obwohl asynchrone Replikation schnell ist, wenn das System rund läuft, muss man auch planen, was bei zunehmender Replikationsverzögerung und ausfallenden Servern passiert. Wenn ein Leader ausfällt und Sie einen asynchron aktualisierten Follower zum neuen Leader befördern, können zuvor bestätigte Daten verloren gehen.

Wir haben einige seltsame Effekte beleuchtet, die sich aus der Replikationsverzögerung ergeben können, und wir haben einige Konsistenzmodelle erörtert, die hilfreich sind bei der Entscheidung, wie eine Anwendung sich bei Replikationsverzögerungen verhalten sollte:

Read-After-Write-Konsistenz
: Benutzer sollten immer die Daten sehen, die sie selbst übermittelt haben.

Monotones Lesen
: Nachdem Benutzer die Daten zu einem Zeitpunkt gesehen haben, sollten sie später nicht die Daten von einem früheren Zeitpunkt sehen können.

Präfixkonsistenz
: Benutzer sollten die Daten in einem Zustand sehen, der kausal sinnvoll ist: beispielsweise eine Frage und ihre Antwort in der richtigen Reihenfolge.

Schließlich haben wir Gleichzeitigkeitsfragen diskutiert, die Multi-Leader-Replikation und Replikation ohne Leader innewohnen: Weil solche Systeme erlauben, dass mehrere Schreibanfragen parallel stattfinden, können Konflikte auftreten. Wir haben einen Algorithmus untersucht, mit dem eine Datenbank bestimmen kann, ob eine Operation vor einer anderen stattgefunden hat oder ob die Operationen gleichzeitig aufgetreten sind. Des Weiteren sind wir kurz eingegangen auf

Methoden zur Konfliktauflösung, die es erlauben, gleichzeitig geschriebene Werte zusammenzuführen.

Im nächsten Kapitel sehen wir uns Daten an, die über mehrere Computer verteilt sind. Hierfür ist das Gegenstück der Replikation zuständig: Das Aufteilen eines großen Datenbestands in Partitionen.

Literaturverzeichnis

[1] Bruce G. Lindsay, Patricia Griffiths Selinger, C. Galtieri, et al.: *Notes on Distributed Databases.* IBM Research, Research Report RJ2571(33471), Juli 1979.

[2] *Oracle Active Data Guard Real-Time Data Protection and Availability.* Oracle White Paper, Juni 2013.

[3] *AlwaysOn Availability Groups.* in SQL Server Books Online, Microsoft, 2012.

[4] Lin Qiao, Kapil Surlaker, Shirshanka Das, et al.: *On Brewing Fresh Espresso: LinkedIn's Distributed Data Serving Platform*, auf der ACM International Conference on Management of Data (SIGMOD), Juni 2013.

[5] Jun Rao: *Intra-Cluster Replication for Apache Kafka*, auf der ApacheCon North America, Februar 2013.

[6] *Highly Available Queues.* in RabbitMQ Server Documentation, Pivotal Software, Inc., 2014.

[7] Yoshinori Matsunobu: *Semi-Synchronous Replication at Facebook.* yoshinorimatsunobu.blogspot.co.uk, 1. April 2014.

[8] Robbert van Renesse und Fred B. Schneider: *Chain Replication for Supporting High Throughput and Availability*, auf dem 6th USENIX Symposium on Operating System Design and Implementation (OSDI), Dezember 2004.

[9] Jeff Terrace und Michael J. Freedman: *Object Storage on CRAQ: High-Throughput Chain Replication for Read-Mostly Workloads*, auf der USENIX Annual Technical Conference (ATC), Juni 2009.

[10] Brad Calder, Ju Wang, Aaron Ogus, et al.: *Windows Azure Storage: A Highly Available Cloud Storage Service with Strong Consistency*, auf dem 23rd ACM Symposium on Operating Systems Principles (SOSP), Oktober 2011.

[11] Andrew Wang: *Windows Azure Storage.* umbrant.com, 4. Februar 2016.

[12] *Percona Xtrabackup – Documentation.* Percona LLC, 2014.

[13] Jesse Newland: *GitHub Availability This Week.* github.com, 14. September 2012.

[14] Mark Imbriaco: *Downtime Last Saturday.* github.com, 26. Dezember 2012.

[15] John Hugg: *'All in' with Determinism for Performance and Testing in Distributed Systems.* Strange Loop, September 2015.

[16] Amit Kapila: *WAL Internals of PostgreSQL*, auf der PostgreSQL Conference (PGCon), Mai 2012.

[17] *MySQL Internals Manual.* Oracle, 2014.

[18] Yogeshwer Sharma, Philippe Ajoux, Petchean Ang, et al.: *Wormhole: Reliable Pub-Sub to Support Geo-Replicated Internet Services*, auf dem 12. USENIX Symposium on Networked Systems Design and Implementation (NSDI), Mai 2015.

[19] *Oracle GoldenGate 12c: Real-Time Access to Real-Time Information.* Oracle White Paper, Oktober 2013.

[20] Shirshanka Das, Chavdar Botev, Kapil Surlaker, et al.: *All Aboard the Databus!*, auf dem ACM Symposium on Cloud Computing (SoCC), Oktober 2012.

[21] Greg Sabino Mullane: *Version 5 of Bucardo Database Replication System.* blog.endpoint.com, 23. Juni 2014.

[22] Werner Vogels: *Eventually Consistent.* ACM Queue, Bd. 6, Nr. 6, S. 14–19, Oktober 2008. doi:10.1145/1466443.1466448

[23] Douglas B. Terry: *Replicated Data Consistency Explained Through Baseball.* Microsoft Research, Technical Report MSR-TR-2011-137, Oktober 2011.

[24] Douglas B. Terry, Alan J. Demers, Karin Petersen, et al.: *Session Guarantees for Weakly Consistent Replicated Data*, auf der 3. International Conference on Parallel and Distributed Information Systems (PDIS), September 1994. doi:10.1109/PDIS. 1994.331722

[25] Terry Pratchett: *Reaper Man: A Discworld Novel.* Victor Gollancz, 1991. – ISBN 978-0-575-04979-6

[26] *Tungsten Replicator.* Continuent, Inc., 2014.

[27] *BDR 0.10.0 Documentation.* The PostgreSQL Global Development Group, bdr-project.org, 2015.

[28] Robert Hodges: *If You *Must* Deploy Multi-Master Replication, Read This First.* scale-out-blog.blogspot.co.uk, März 30, 2012.

[29] J. Chris Anderson, Jan Lehnardt und Noah Slater: *CouchDB: The Definitive Guide.* O'Reilly Media, 2010. – ISBN 978-0-596-15589-6

[30] AppJet, Inc.: *Etherpad and EasySync Technical Manual.* github.com, 26. März 2011.

[31] John Day-Richter: *What's Different About the New Google Docs: Making Collaboration Fast.* googledrive.blogspot.com, 23. September 2010.

[32] Martin Kleppmann und Alastair R. Beresford: *A Conflict-Free Replicated JSON Datatype.* arXiv:1608.03960, 13. August 2016.

[33] Frazer Clement: *Eventual Consistency – Detecting Conflicts.* messagepassing.blogspot.co.uk, 20. Oktober 2011.

[34] Robert Hodges: *State of the Art for MySQL Multi-Master Replication*, auf der Percona Live: MySQL Conference & Expo, April 2013.

[35] John Daily: *Clocks Are Bad, or, Welcome to the Wonderful World of Distributed Systems.* basho.com, 12. November 2013.

[36] Riley Berton: *Is Bi-Directional Replication (BDR) in Postgres Transactional?.* sdf.org, 4. Januar 2016.

[37] Giuseppe DeCandia, Deniz Hastorun, Madan Jampani, et al.: *Dynamo: Amazon's Highly Available Key-Value Store*, auf dem 21. ACM Symposium on Operating Systems Principles (SOSP), Oktober 2007.

[38] Marc Shapiro, Nuno Preguiça, Carlos Baquero und Marek Zawirski: *A Comprehensive Study of Convergent and Commutative Replicated Data Types.* INRIA Research Report no. 7506, Januar 2011.

[39] Sam Elliott: *CRDTs: An UPDATE (or Maybe Just a PUT)*, auf der RICON West, Oktober 2013.

[40] Russell Brown: *A Bluffers Guide to CRDTs in Riak.* gist.github.com, 28. Oktober 2013.

[41] Benjamin Farinier, Thomas Gazagnaire und Anil Madhavapeddy: *Mergeable Persistent Data Structures*, auf der 26. Journées Francophones des Langages Applicatifs (JFLA), Januar 2015.

[42] Chengzheng Sun und Clarence Ellis: *Operational Transformation in Real-Time Group Editors: Issues, Algorithms, and Achievements*, auf der ACM Conference on Computer Supported Cooperative Work (CSCW), November 1998.

[43] Lars Hofhansl: *HBASE-7709: Infinite Loop Possible in Master/Master Replication.* issues.apache.org, 29. Januar 2013.

[44] David K. Gifford: *Weighted Voting for Replicated Data*, auf dem 7. ACM Symposium on Operating Systems Principles (SOSP), Dezember 1979. doi: 10.1145/800215.806583

[45] Heidi Howard, Dahlia Malkhi und Alexander Spiegelman: *Flexible Paxos: Quorum Intersection Revisited.* arXiv:1608.06696, 24. August 2016.

[46] Joseph Blomstedt: *Re: Absolute Consistency.* E-Mail an riak-users mailing list, lists.basho.com, 11. Januar 2012.

[47] Joseph Blomstedt: *Bringing Consistency to Riak*, auf der RICON West, Oktober 2012.

[48] Peter Bailis, Shivaram Venkataraman, Michael J. Franklin, et al.: *Quantifying Eventual Consistency with PBS.* Communications of the ACM, Bd. 57, Nr. 8, S. 93–102, August 2014. doi:10.1145/2632792

[49] Jonathan Ellis: *Modern Hinted Handoff.* datastax.com, 11. Dezember 2012.

[50] *Project Voldemort Wiki.* github.com, 2013.

[51] *Apache Cassandra 2.0 Documentation.* DataStax, Inc., 2014.

[52] *Riak Enterprise: Multi-Datacenter Replication.* Technical whitepaper, Basho Technologies, Inc., September 2014.

[53] Jonathan Ellis: *Why Cassandra Doesn't Need Vector Clocks.* datastax.com, 2. September 2013.

[54] Leslie Lamport: *Time, Clocks, and the Ordering of Events in a Distributed System.* Communications of the ACM, Bd. 21, Nr. 7, S. 558–565, Juli 1978. doi:10.1145/359545.359563

[55] Joel Jacobson: *Riak 2.0: Data Types.* blog.joeljacobson.com, 23. März 2014.

[56] D. Stott Parker Jr., Gerald J. Popek, Gerard Rudisin, et al.: *Detection of Mutual Inconsistency in Distributed Systems.* IEEE Transactions on Software Engineering, Bd. 9, Nr. 3, S. 240–247, Mai 1983. doi:10.1109/TSE.1983.236733

[57] Nuno Preguiça, Carlos Baquero, Paulo Sérgio Almeida, et al.: *Dotted Version Vectors: Logical Clocks for Optimistic Replication.* arXiv:1011.5808, 26. November 2010.

[58] Sean Cribbs: *A Brief History of Time in Riak*, auf der RICON, Oktober 2014.

[59] Russell Brown: *Vector Clocks Revisited Part 2: Dotted Version Vectors.* basho.com, 10. November 2015.

[60] Carlos Baquero: *Version Vectors Are Not Vector Clocks.* haslab.wordpress.com, 8. Juli 2011.

[61] Reinhard Schwarz und Friedemann Mattern: *Detecting Causal Relationships in Distributed Computations: In Search of the Holy Grail.* Distributed Computing, Bd. 7, Nr. 3, S. 149–174, März 1994. doi:10.1007/BF02277859

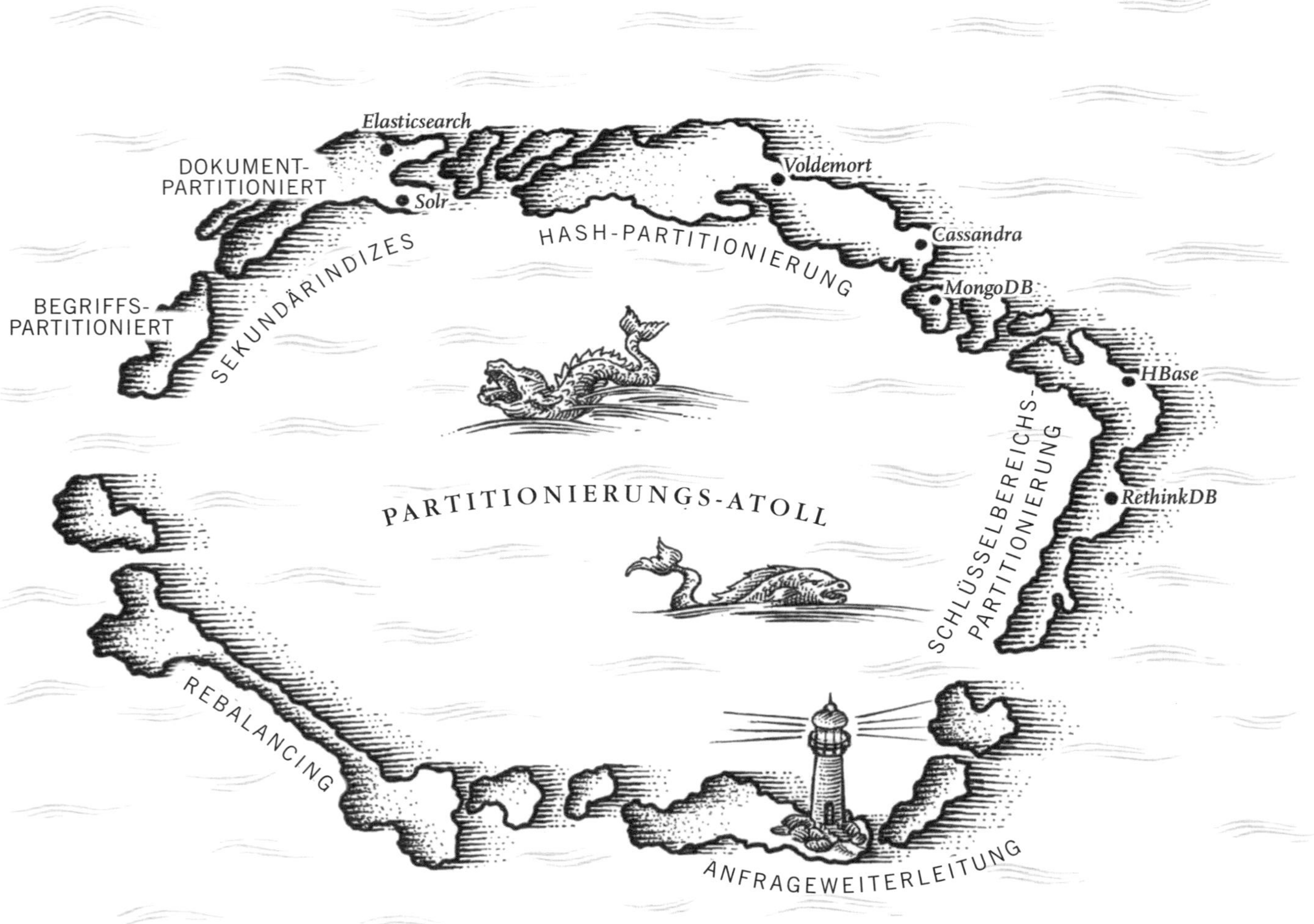
PARTITIONIERUNGS-ATOLL
Elasticsearch
DOKUMENT-
PARTITIONIERT
Solr
BEGRIFFS-
PARTITIONIERT
SEKUNDÄRINDIZES
HASH-PARTITIONIERUNG
Voldemort
Cassandra
MongoDB
HBase
RethinkDB
SCHLÜSSELBEREICHS-
PARTITIONIERUNG
REBALANCING
ANFRAGEWEITERLEITUNG

KAPITEL 6

Partitionierung

Es liegt auf der Hand, dass wir uns vom Sequenziellen lösen müssen und Computer nicht einschränken dürfen. Wir müssen Definitionen festlegen sowie Prioritäten und Beschreibungen der Daten vorsehen. Wir müssen Beziehungen formulieren, nicht Prozeduren.

– **Grace Murray Hopper**, *Management and the Computer of the Future* (1962)

In Kapitel 5 ging es um Replikation – d. h. das Speichern mehrerer Kopien derselben Daten auf verschiedenen Knoten. Bei sehr großen Datenmengen oder einem sehr hohen Abfragedurchsatz genügt dies nicht: Wir müssen die Daten in *Partitionen* aufteilen, auch *Sharding* oder (horizontale) *Fragmentierung* genannt.[1]

Begriffswirrwarr

Was wir hier *Partition* nennen, wird in MongoDB, Elasticsearch und SolrCloud als *Shard* bezeichnet, in HBase als *Region*, in Bigtable als *Tablet*, in Cassandra und Riak als *vnode* und in Couchbase als *vBucket*. Da aber *Partitionierung* der gängigste Begriff ist, bleiben wir dabei.

Normalerweise werden Partitionen in einer Weise definiert, dass jedes Datenelement (jeder Datensatz, jede Zeile oder jedes Dokument) zu genau einer Partition gehört. Dies lässt sich nach verschiedenen Methoden erreichen, die wir in diesem Kapitel ausführlich besprechen. Praktisch ist jede Partition eine kleine eigenständige Datenbank, auch wenn die Datenbank Operationen unterstützen kann, die gleichzeitig auf mehrere Partitionen zugreifen.

1 Unter Partitionierung ist im Rahmen dieses Kapitels eine Methode zu verstehen, eine große Datenbank in kleinere aufzuteilen. Es hat nichts mit *Netzwerkpartitionen* (Netsplits) zu tun, einer Unterbrechung zwischen Knoten im Netzwerk. Derartige Störungen erörtern wir in Kapitel 8.

Der Hauptgrund, Daten zu partitionieren, ist *Skalierbarkeit*. In einem Shared-Nothing-Cluster können verschiedene Partitionen auf verschiedenen Knoten untergebracht werden (siehe die Einführung zu Teil II für eine Definition von *Shared Nothing*). Somit lässt sich eine große Datenmenge auf viele Festplatten verteilen, und die Abfragebelastung kann auf viele Prozessoren verteilt werden.

Für Abfragen, die mit einer einzelnen Partition arbeiten, kann jeder Knoten unabhängig von anderen die Abfragen für seine eigene Partition ausführen, sodass sich der Abfragedurchsatz mit zusätzlichen Knoten skalieren lässt. Potenziell können große komplexe Abfragen über viele Knoten hinweg parallelisiert werden, obwohl dies deutlich schwieriger wird.

Partitionierte Datenbanken wurden in den 1980er-Jahren durch Produkte wie Teradata und Tandem NonStop SQL [1] auf den Weg gebracht und in jüngster Zeit durch NoSQL-Datenbanken und Hadoop-basierte Data-Warehouses wiederentdeckt. Einige Systeme sind für transaktionale Arbeitslasten ausgelegt, andere für Analyseaufgaben (siehe Abschnitt »Transaktionsverarbeitung oder Datenanalyse?« auf Seite 97): Zwar wirkt sich dieser Unterschied darauf aus, wie das System zu optimieren ist, doch die Grundlagen der Partitionierung gelten für beide Arten von Arbeitslasten.

In diesem Kapitel werfen wir zuerst einen Blick auf verschiedene Ansätze für die Partitionierung großer Datenmengen und beobachten, wie die Indizierung der Daten mit der Partitionierung zusammenwirkt. Anschließend sprechen wir über Neuabgleichen, was erforderlich ist, wenn Sie in Ihrem Cluster Knoten hinzufügen oder entfernen möchten. Schließlich geben wir einen Überblick, wie Datenbanken die Anfragen an die richtigen Partitionen weiterleiten und Abfragen ausführen.

Partitionierung und Replikation

Partitionierung kombiniert man normalerweise mit Replikation, damit Kopien jeder Partition auf mehreren Knoten gespeichert sind. Das bedeutet, dass zwar jeder Datensatz zu genau einer Partition gehört, er aber trotzdem zwecks Fehlertoleranz auf verschiedenen Knoten gespeichert sein kann.

Ein Knoten kann mehr als eine Partition speichern. In einem Leader-Follower-Replikationsmodell kann die Kombination von Partitionierung und Replikation zum Beispiel wie in Abbildung 6-1 aussehen. Jede Partition hat einen Leader, der einem bestimmten Knoten zugeordnet wird, und Followerreplikate auf anderen Knoten. Jeder Knoten kann der Leader für einige Partitionen und ein Follower für andere Partitionen sein.

Alles das, was Kapitel 5 über die Replikation von Datenbanken erläutert hat, gilt gleichermaßen für die Replikation von Partitionen. Die Wahl der Partitionierung ist weitgehend unabhängig von der Wahl des Replikationsalgorithmus, sodass wir der Einfachheit halber in diesem Kapitel die Replikation beiseitelassen.

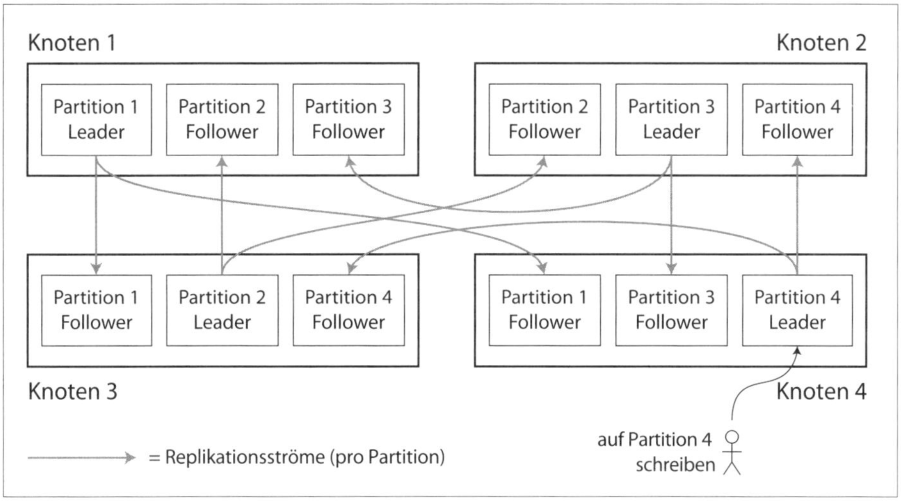

Abbildung 6-1: Replikation und Partitionierung kombiniert: Jeder Knoten fungiert als Leader für bestimmte Partitionen und als Follower für andere Partitionen.

Partitionierung von Schlüssel-Wert-Daten

Angenommen, Sie haben einen großen Datenbestand und möchten ihn partitionieren. Wie entscheiden Sie, welche Datensätze auf welchen Knoten zu speichern sind?

Bei der Partitionierung ist es unser Ziel, die Daten und die Abfragelast gleichmäßig über die Knoten zu verteilen. Wenn jeder Knoten einen gerechten Anteil übernimmt, dann sollten – theoretisch – 10 Knoten in der Lage sein, 10-mal mehr Daten und den 10-fachen Lese-Schreib-Durchsatz eines einzelnen Knotens zu bewältigen (wobei wir die Replikation erst einmal ignorieren).

Ist die Partitionierung ungerecht, sodass einige Partitionen mehr Daten oder Abfragen als andere erhalten, nennen wir sie *schief*. Durch Schiefe wird die Partitionierung weniger effektiv. Im Extremfall könnte eine einzige Partition die gesamte Last übernehmen müssen, sodass 9 von 10 Knoten im Leerlauf arbeiten und der einzige beschäftigte Knoten einen Engpass bildet. Eine Partition mit unverhältnismäßig hoher Belastung wird als *Hotspot* bezeichnet.

Hotspots lassen sich am einfachsten vermeiden, indem man die Datensätze den Knoten zufällig zuweist. Dabei werden die Daten ziemlich gleichmäßig über die Knoten verteilt. Allerdings hat das einen großen Nachteil: Wenn Sie ein bestimmtes Element lesen wollen, wissen Sie nicht, auf welchem Knoten es sich befindet, sodass Sie alle Knoten parallel abfragen müssen.

Aber es geht auch besser: Nehmen wir an, Sie haben ein einfaches Schlüssel-Wert-Datenmodell, in dem Sie auf einen Datensatz immer über seinen Primärschlüssel zugreifen. Zum Beispiel suchen Sie in einer herkömmlichen gedruckten Enzyklopädie einen Eintrag nach seinem Titel. Und da alle Einträge alphabetisch nach Titel sortiert sind, können Sie den gewünschten Eintrag schnell finden.

Partitionierung nach Schlüsselbereich

Eine Methode der Partitionierung weist jeder Partition einen zusammenhängenden Bereich von Schlüsseln (von einem bestimmten Minimum bis zu einem bestimmten Maximum) zu, wie bei den einzelnen Bänden einer gedruckten Enzyklopädie (siehe Abbildung 6-2). Wenn Sie die Grenzen zwischen den Bereichen kennen, können Sie leicht bestimmen, welche Partition einen gegebenen Schlüssel enthält. Wenn Sie auch wissen, welche Partition welchem Knoten zugeordnet ist, können Sie Ihre Anfrage direkt an den entsprechenden Knoten richten (oder im Fall der Enzyklopädie das jeweilige Buch aus dem Regal holen).

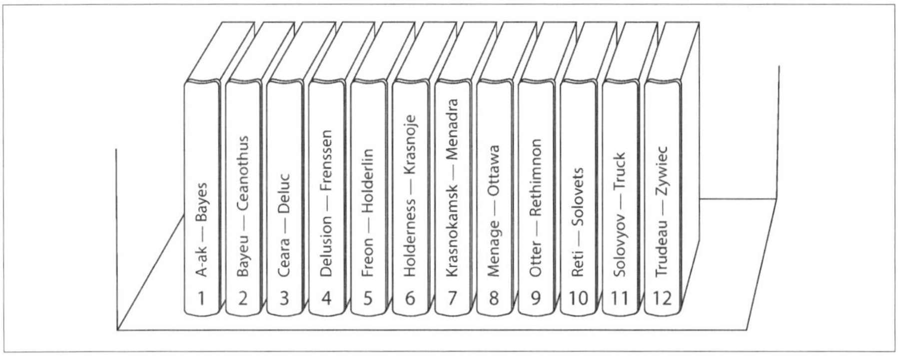

Abbildung 6-2: Eine gedruckte Enzyklopädie ist nach Schlüsselbereichen partitioniert.

Die Schlüsselbereiche haben nicht unbedingt die gleichen Abstände, weil Ihre Daten wahrscheinlich auch nicht gleich verteilt sind. In Abbildung 6-2 enthält zum Beispiel Band 1 Wörter, die mit A und B beginnen, während in Band 12 Wörter mit den Anfangsbuchstaben T, U, V, W, X, Y und Z versammelt sind. Wenn man einfach jedem Band zwei Buchstaben des Alphabets zuordnet, würden manche Bände viel größer als andere sein. Um die Daten gleichmäßig zu verteilen, müssen sich die Partitionsgrenzen den Daten anpassen.

Die Partitionsgrenzen könnte ein Administrator manuell auswählen, oder die Datenbank kann sie automatisch festlegen (mit der Auswahl von Partitionsgrenzen beschäftigt sich Abschnitt »Rebalancing – Partitionen gleichmäßig belasten« auf Seite 222 ausführlicher). Diese Partitionierungsstrategie ist in Bigtable, dessen Open-Source-Äquivalent HBase [2, 3] sowie RethinkDB und MongoDB vor Version 2.4 [4] realisiert.

Innerhalb jeder Partition können wir die Schlüssel sortiert halten (siehe Abschnitt »SSTables und LSM-Bäume« auf Seite 80). Das hat den Vorteil, dass Bereichssuchen einfach sind und Sie den Schlüssel als verketteten Index behandeln können, um mehrere verwandte Datensätze in einer Abfrage abrufen zu können (siehe Abschnitt »Mehrspaltige Indizes« auf Seite 93). Stellen Sie sich zum Beispiel eine Anwendung vor, die Daten aus einem Netzwerk von Sensoren speichert, wobei der Schlüssel der Zeitstempel der Messung ist (*Jahr-Monat-Tag-Stunde-Minute-Sekunde*). Bereichssuchen sind in diesem Fall sehr nützlich, weil Sie dadurch sehr leicht beispielsweise die Messwerte von einem bestimmten Monat abrufen können.

Allerdings hat die Partitionierung nach Schlüsselbereichen den Nachteil, dass bestimmte Zugriffsmuster zu Hotspots führen können. Wenn der Schlüssel ein Zeitstempel ist, dann entsprechen die Partitionen bestimmten Zeitabschnitten – zum Beispiel eine Partition pro Tag. Da wir aber die Daten von den Sensoren in die Datenbank übernehmen, wenn die Messungen stattfinden, landen alle Schreibvorgänge auf derselben Partition (derjenigen für heute), sodass diese Partition mit Schreibvorgängen überlastet werden kann, während andere im Leerlauf arbeiten [5].

Um dieses Problem in der Sensordatenbank zu vermeiden, müssen Sie etwas anderes als den Zeitstempel als erstes Element des Schlüssels nehmen. Zum Beispiel könnten Sie vor jeden Zeitstempel den Sensornamen setzen, damit die Partitionierung zuerst nach dem Sensornamen und dann nach der Zeit erfolgt. Geht man davon aus, dass gleichzeitig viele Sensoren aktiv sind, dürfte die Schreibbelastung letztlich gleichmäßiger über die Partitionen verteilt sein. Wenn Sie nun die Werte von mehreren Sensoren innerhalb eines Zeitbereichs abrufen wollen, müssen Sie für jeden Sensornamen eine eigene Bereichsabfrage ausführen.

Nach dem Hashwert des Schlüssels partitionieren

Um der Gefahr von Schiefe und Hotspots zu entgehen, bestimmen viele verteilte Datenbanken die Partition für einen gegebenen Schlüssel mit einer *Hashfunktion*.

Eine gute Hashfunktion macht aus schief verteilten Daten gleichförmig verteilte Daten. Als Beispiel nehmen wir eine 32-Bit-Hashfunktion, die einen String übernimmt. Wenn Sie die Funktion mit einem neuen String aufrufen, gibt sie eine scheinbar zufällig verteilte Zahl zwischen 0 und $2^{32} - 1$ zurück. Selbst wenn sich die Eingabestrings sehr ähneln, sind ihre Hashwerte über diesen Zahlenbereich gleichverteilt.

Für Partitionierungszwecke muss die Hashfunktion nicht einmal kryptografisch stark sein: Zum Beispiel verwendet MongoDB den Algorithmus MD5, Cassandra den Algorithmus Murmur3 und Voldemort den Algorithmus Fowler-Noll-Vo. Viele Programmiersprachen definieren von Haus aus einfache Hashfunktionen (da sie auch für Hashtabellen erforderlich sind), die aber für die Partitionierung nicht unbedingt infrage kommen: Zum Beispiel kann in `Object.hashCode()` von Java und `Object#hash` von Ruby der gleiche Schlüssel in verschiedenen Prozessen einen anderen Hashwert ergeben, und daher sind diese Funktionen für die Partitionierung ungeeignet [6].

Nachdem Sie über eine geeignete Hashfunktion für die Schlüssel verfügen, können Sie jeder Partition einen Bereich von Hashwerten (anstelle eines Bereichs von Schlüsselwerten) zuweisen, und jeder Schlüssel, dessen Hashwert in den Bereich einer Partition fällt, wird in dieser Partition gespeichert. Abbildung 6-3 veranschaulicht dies.

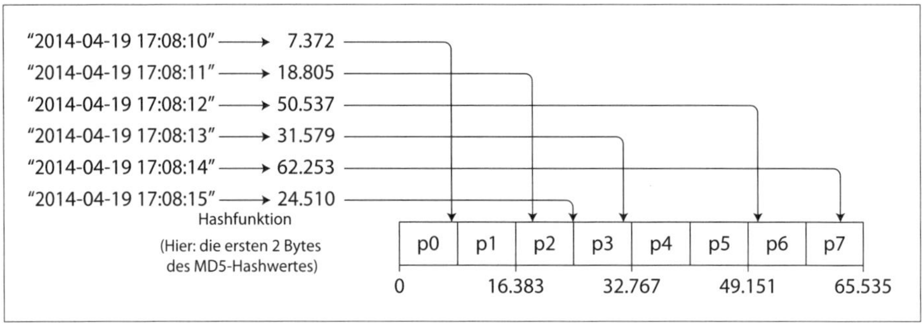

Abbildung 6-3: Nach dem Hashwert des Schlüssels partitionieren

Diese Technik verteilt die Schlüssel ziemlich gut auf die Partitionen. Die Abstände der Partitionsgrenzen können gleichgroß gewählt werden oder auch pseudozufällig (wobei man dann von *konsistentem Hashing* spricht).

Konsistentes Hashing

Konsistentes Hashing, wie von Karger et al. definiert [7], ist eine Methode, um die Belastung über ein internetweites System von Caches wie etwa einem Content Delivery Network (CDN) gleichmäßig zu verteilen. Mit zufällig gewählten Partitionsgrenzen vermeidet man eine sonst notwendige zentrale Kontrolle oder verteilte Entscheidungen. Beachten Sie, dass *konsistent* hier nichts zu tun hat mit Replikationskonsistenz (siehe Kapitel 5) oder ACID-Konsistenz (siehe Kapitel 7), sondern vielmehr einen bestimmten Ansatz für das Rebalancing (Neuabgleichen) beschreibt.

Wie der Abschnitt »Rebalancing – Partitionen gleichmäßig belasten« auf Seite 222 noch zeigt, funktioniert dieser spezielle Ansatz bei Datenbanken nicht sehr gut [8], sodass er in der Praxis selten anzutreffen ist (die Dokumentation einiger Datenbanken bezieht sich immer noch auf konsistentes Hashing, ist aber oftmals ungenau). Um diesem Begriffswirrwarr zu entgehen, sollten Sie den Begriff *konsistentes Hashing* vermeiden und stattdessen besser von *Hash-Partitionierung* sprechen.

Wenn wir den Hashwert des Schlüssels für die Partitionierung verwenden, verlieren wir aber leider eine vorteilhafte Eigenschaft der Partitionierung mit Schlüsselbereichen: die Fähigkeit, effiziente Bereichsabfragen durchzuführen. Schlüssel, die ursprünglich benachbart waren, sind nun über alle Partitionen verstreut, und ihre Sortierreihenfolge ist verloren gegangen. Haben Sie in MongoDB den Hash-basierten Sharding-Modus aktiviert, muss daher jede Bereichsabfrage an alle Partitionen gesendet werden [4]. Bereichsabfragen auf dem Primärschlüssel werden von Riak [9], Couchbase [10] oder Voldemort nicht unterstützt.

Cassandra erreicht einen Kompromiss zwischen den beiden Partitionierungsstrategien [11, 12, 13]. In Cassandra lässt sich eine Tabelle mit einem *zusammengesetzten Primärschlüssel* deklarieren, der aus mehreren Spalten besteht. Nur der erste Teil dieses Schlüssels geht in eine Hashfunktion ein, um die Partition zu bestimmen, während die anderen Spalten als verketteter Index für das Sortieren der Daten in SSTables von Cassandra dienen. Eine Abfrage kann demzufolge nicht nach einem Bereich von Werten innerhalb der ersten Spalte eines zusammengesetzten Schlüssels suchen, aber wenn sie einen festen Wert für die erste Spalte festlegt, kann sie eine effiziente Bereichssuche über die anderen Spalten des Schlüssels durchführen.

Der Ansatz mit verkettetem Index ermöglicht ein elegantes Datenmodell für *1:n*-Beziehungen. Beispielsweise kann ein Benutzer auf einer Social-Media-Website viele Aktualisierungen posten. Wenn der Primärschlüssel für Aktualisierungen als `(user_id, update_timestamp)` gewählt wird, können Sie effizient alle Aktualisierungen eines bestimmten Benutzers in einem bestimmten Zeitraum abrufen, sortiert nach Zeitstempel. Verschiedene Benutzer können auf verschiedenen Partitionen gespeichert werden, doch innerhalb jedes Benutzers werden die Aktualisierungen nach Zeitstempel geordnet auf einer einzigen Partition gespeichert.

Schiefe Arbeitslasten und Entlastung von Hotspots

Wie schon erläutert, lässt sich die Anzahl von Hotspots verringern, wenn man die Partition eines Schlüssels mit einer Hashfunktion bestimmt. Allerdings kann man sie nicht vollkommen vermeiden: Wenn sich im Extremfall alle Lese- und Schreibvorgänge auf denselben Schlüssel beziehen, werden letztlich trotzdem alle Anfragen auf dieselbe Partition weitergeleitet.

Eine derartige Arbeitsbelastung ist vielleicht ungewöhnlich, aber nicht unbekannt: Zum Beispiel kann ein prominenter Benutzer mit Millionen Followern auf einer Social-Media-Site einen Aktivitätssturm auslösen, wenn er irgendetwas tut [14]. Dieses Ereignis kann zu sehr vielen Schreibvorgängen auf denselben Schlüssel führen (wobei der Schlüssel wahrscheinlich die Benutzer-ID der Berühmtheit oder die ID der Aktion ist, die von den Besuchern der Site kommentiert wird). Einen Hashwert aus dem Schlüssel zu erzeugen, hilft nicht, da der Hashwert von zwei identischen IDs trotzdem gleich ist.

Derzeit sind die meisten Datensysteme nicht in der Lage, eine stark verzerrte Arbeitsbelastung automatisch zu kompensieren. Somit ist die Anwendung dafür verantwortlich, die Schiefe zu verringern. Wenn zum Beispiel ein Schlüssel als sehr heiß bekannt ist, besteht eine einfache Technik darin, eine Zufallszahl am Anfang oder am Ende des Schlüssels anzufügen. Schon eine zweistellige Dezimalzufallszahl würde die Schreibvorgänge eines Schlüssels gleichmäßig über 100 verschiedene Schlüssel aufteilen, sodass sich diese Schlüssel auf verschiedene Partitionen verteilen ließen.

Wenn Sie jedoch die Schreibanfragen über mehrere Schlüssel aufgeteilt haben, müssen alle Lesevorgänge nun zusätzliche Arbeit leisten, da sie die Daten von allen 100 Schlüsseln lesen und kombinieren müssen. Diese Technik verlangt auch zusätzliche Buchführung: Es ist nur sinnvoll, die Zufallszahl für die kleine Anzahl der Hot Keys anzufügen; für die große Mehrheit der Schlüssel mit geringem Durchsatz wäre dies unnötiger Overhead. Daher brauchen Sie eine Methode, um zu verfolgen, welche Schlüssel geteilt sind.

Vielleicht werden Datensysteme in Zukunft in der Lage sein, schiefe Arbeitsbelastungen automatisch zu erkennen und zu kompensieren. Bis dahin müssen Sie jedoch die Kompromisse für Ihre eigene Anwendung durchdenken.

Partitionierung und Sekundärindizes

Die bisher vorgestellten Ansätze zur Partitionierung stützen sich auf ein Schlüssel-Wert-Datenmodell. Wenn auf Datensätze nur über ihren Primärschlüssel zugegriffen wird, können wir die Partition aus diesem Schlüssel bestimmen und damit die Lese- und Schreibanfragen an die Partition weiterleiten, die für diesen Schlüssel zuständig ist.

Komplizierter wird die Situation, wenn Sekundärindizes beteiligt sind (siehe auch Abschnitt »Andere Indizierungsstrukturen« auf Seite 91). Ein Sekundärindex dient normalerweise nicht dazu, einen Datensatz eindeutig zu identifizieren, sondern ist vielmehr eine Methode, um nach Vorkommen eines bestimmten Werts zu suchen: Suche alle Aktionen des Benutzers 123, suche alle Artikel, die das Wort `hogwash` enthalten, suche alle Autos, deren Farbe `red` ist usw.

Sekundärindizes sind das A und O von relationalen Datenbanken und sie sind auch in Dokumentdatenbanken gebräuchlich. Viele Schlüssel-Wert-Datenbanken (wie zum Beispiel HBase und Voldemort) haben Sekundärindizes vermieden, weil sie die Implementierung verkomplizieren, doch manche Datenbanken (wie zum Beispiel Riak) gehen dazu über, Sekundärindizes anzubieten, weil sie für die Datenmodellierung so nützlich sind. Und schließlich sind Sekundärindizes der Daseinszweck für Suchserver wie zum Beispiel Solr und Elasticsearch.

Das Problem bei Sekundärindizes besteht darin, dass sie sich nicht sauber auf Partitionen abbilden lassen. Es gibt vor allem zwei Ansätze für die Partitionierung einer Datenbank mit Sekundärindizes: dokumentbasierte und begriffsbasierte Partitionierung.

Sekundärindizes nach Dokument partitionieren

Stellen Sie sich zum Beispiel vor, Sie betreiben eine Website für den Handel mit Gebrauchtwagen (siehe Abbildung 6-4). Jede Liste hat eine eindeutige ID – *Dokument-ID* genannt –, und Sie partitionieren die Datenbank nach der Dokument-ID (zum Beispiel IDs 0 bis 499 in Partition 0, IDs 500 bis 999 in Partition 1 usw.)

Die Benutzer sollen nach Gebrauchtwagen suchen und diese nach Farbe (`color`) und Marke (`make`) filtern können. Es ist also ein Sekundärindex auf `color` und `make` erforderlich (in einer Dokumentdatenbank wären diese Angaben Felder, in einer relationalen Datenbank Spalten). Wenn Sie den Index deklariert haben, kann die Datenbank das Indizieren automatisch vornehmen.[2] Wird zum Beispiel ein rotes Fahrzeug zur Datenbank hinzugefügt, nimmt es die Datenbankpartition automatisch in die Liste der Dokument-IDs für den Indexeintrag `color:red` auf.

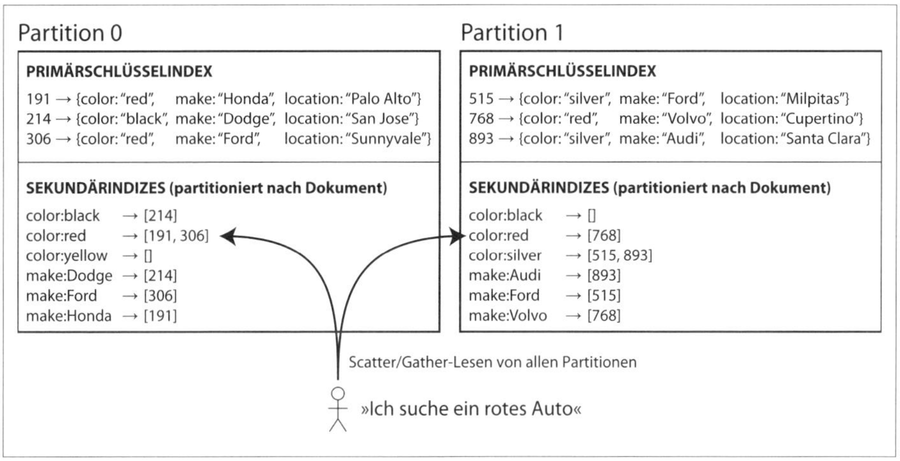

Abbildung 6-4: Sekundärindizes nach Dokument partitionieren

Bei diesem Indizierungsansatz ist jede Partition vollkommen separat: Jede Partition verwaltet ihre eigenen Sekundärindizes, die nur die Dokumente in dieser Partition abdecken. Es spielt keine Rolle, welche Daten in anderen Partitionen gespeichert sind. Wenn Sie in die Datenbank schreiben – um ein Dokument hinzuzufügen, zu entfernen oder zu aktualisieren –, brauchen Sie sich nur mit der Partition zu befassen, in der die Dokument-ID des zu schreibenden Dokuments enthalten ist. Deshalb wird ein dokumentpartitionierter Index auch als *lokaler In-*

2 Wenn Ihre Datenbank nur ein Schlüssel-Wert-Modell unterstützt, sind Sie vielleicht versucht, in eigener Regie einen sekundären Index zu erstellen, indem Sie per Anwendungscode eine Zuordnung von Werten zu Dokument-IDs erzeugen. Wenn Sie diesen Weg weiterverfolgen, müssen Sie sorgfältig darauf achten, dass Ihre Indizes mit den zugrunde liegenden Daten konsistent bleiben. Wettlaufsituationen (Race Conditions) und spontane Schreibfehler (wobei einige Änderungen gespeichert wurden, aber andere nicht) können sehr leicht dazu führen, dass die Daten nicht mehr synchronisiert sind – siehe Abschnitt »Die Notwendigkeit von Multiobjekttransaktionen« auf Seite 245.

dex bezeichnet (im Gegensatz zu einem *globalen Index*, den der nächste Abschnitt beschreibt).

Allerdings verlangt das Lesen aus einem dokumentpartitionierten Index Sorgfalt: Sofern Sie die Dokument-IDs nicht speziell bearbeitet haben, gibt es keinen Grund, warum sich alle Autos mit einer bestimmten Farbe oder einer bestimmten Marke in derselben Partition befinden sollten. In Abbildung 6-4 erscheinen rote Autos sowohl in Partition 0 als auch in Partition 1. Wenn Sie also nach roten Autos suchen möchten, müssen Sie die Abfrage an alle Partitionen senden und alle zurückerhaltenen Ergebnisse kombinieren.

Dieser Ansatz, eine partitionierte Datenbank abzufragen, wird auch als *Scatter/ Gather* (»ausstreuen und wieder versammeln«) bezeichnet. Leseabfragen auf Sekundärindizes können damit recht teuer sein. Selbst wenn Sie die Partitionen parallel abfragen, ist Scatter/Gather anfällig für Latenzausreißerverstärkung (siehe Kasten »Perzentile in der Praxis« auf Seite 17). Dennoch ist dieser Ansatz weit verbreitet: MongoDB, Riak [15], Cassandra [16], Elasticsearch [17], SolrCloud [18] und VoltDB [19] verwenden alle dokumentpartitionierte Sekundärindizes. Die meisten Datenbankanbieter empfehlen, die Partitionierung so zu strukturieren, dass Sekundärindexabfragen von einer einzelnen Partition bedient werden können. Allerdings ist das nicht immer möglich, insbesondere wenn Sie mehrere Sekundärindizes in einer einzigen Abfrage verwenden (etwa Autos nach Farbe und Marke gleichzeitig filtern).

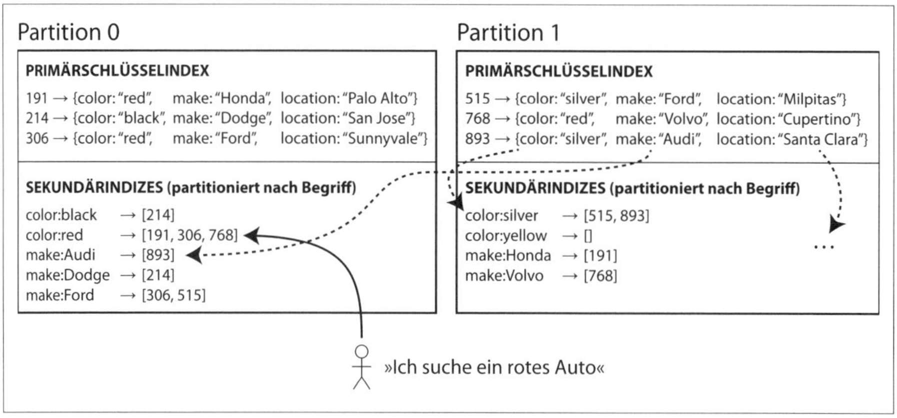

Abbildung 6-5: Partitionierung sekundärer Indizes nach Begriff

Sekundärindizes nach Begriff partitionieren

Anstatt jeder Partition ihren eigenen Sekundärindex (einen lokalen Index) zu spendieren, können wir einen globalen Index konstruieren, der die Daten in allen Partitionen abdeckt. Allerdings können wir diesen Index nicht einfach auf einem Knoten speichern, da er wahrscheinlich zu einem Engpass werden und den Zweck der Partitionierung zunichtemachen würde. Ein globaler Index muss ebenfalls partitioniert sein, kann aber anders als der Primärschlüsselindex partitioniert werden.

Abbildung 6-5 veranschaulicht, wie das aussehen könnte: Rote Autos von allen Partitionen erscheinen unter `color:red` im Index, wobei aber der Index so partitioniert ist, dass Farben, die mit den Buchstaben `a` bis `r` beginnen, in Partition 0 erscheinen und Farben, die mit `s` bis `z` beginnen, in Partition 1. Der Index auf der Marke des Autos ist ähnlich partitioniert (mit der Partitionsgrenze zwischen `f` und `h`).

Einen derartigen Index bezeichnen wir als *begriffspartitioniert*, weil der Begriff, nach dem wir suchen, die Partition des Index bestimmt. Ein Begriff wäre hier zum Beispiel `color:red`. Der Name *Begriff* geht auf Volltextindizes zurück (eine bestimmte Art von Sekundärindex), bei dem die Begriffe alle Wörter sind, die in einem Dokument vorkommen.

Wie bisher können wir den Index durch den Begriff selbst oder einen Hashwert des Begriffs partitionieren. Partitionierung nach dem Begriff selbst kann für Bereichssuchen nützlich sein (zum Beispiel auf einer numerischen Eigenschaft wie bei der Abfrage des Fahrzeugpreises), während die Partitionierung nach einem Hashwert des Begriffs eine gleichmäßigere Lastverteilung ergibt.

Ein globaler (begriffspartitionierter) Index hat gegenüber einem dokumentenpartitionierten Index den Vorteil, dass er Lesevorgänge effizienter macht: Anstatt über alle Partitionen per Scatter/Gather zu arbeiten, muss ein Client nur eine Anfrage an die Partition richten, die den gewünschten Begriff enthält. Nachteilig bei einem globalen Index ist aber, dass Schreibvorgänge langsamer und komplizierter sind, weil nun ein Schreibvorgang in ein einzelnes Dokument mehrere Partitionen des Index betreffen kann (jeder Begriff im Dokument könnte sich in einer anderen Partition auf einem anderen Knoten befinden).

Im Idealfall wäre der Index immer auf dem neuesten Stand und jedes Dokument, das in die Datenbank aufgenommen wird, würde sofort im Index widergespiegelt werden. In einem begriffspartitionierten Index würde das aber eine verteilte Transaktion über alle Partitionen, die von einem Schreibvorgang betroffen sind, erfordern, was nicht in allen Datenbanken unterstützt wird (siehe Kapitel 7 und 9).

In der Praxis finden Aktualisierungen von globalen Sekundärindizes oftmals asynchron statt (d.h., wenn Sie den Index kurz nach einem Schreibvorgang lesen, spiegelt der Index die eben vorgenommenen Änderungen möglicherweise noch nicht wider). Zum Beispiel gibt Amazon DynamoDB an, dass seine globalen Sekundärindizes unter normalen Umständen im Bruchteil einer Sekunde aktualisiert werden, aber mit längeren Laufzeitverzögerungen bei Störungen in der Infrastruktur zu rechnen ist [20].

Globale begriffspartitionierte Indizes finden sich auch in der Suchfunktion von Riak [21] und im Data-Warehouse von Oracle, bei dem Sie zwischen lokaler und globaler Indizierung wählen können [22]. Auf die Implementierung von begriffspartitionierten Sekundärindizes kommen wir in Kapitel 12 zurück.

Rebalancing – Partitionen gleichmäßig belasten

Im Lauf der Zeit ändert sich die Situation in einer Datenbank:

- Der Abfragedurchsatz nimmt zu, sodass Sie die Belastung mit zusätzlichen CPUs auffangen werden.
- Die Datenmenge nimmt zu, sodass Sie mehr Festplatten und mehr RAM brauchen, um die Daten zu speichern.
- Ein Computer fällt aus, und andere Computer müssen die Aufgaben des ausgefallenen Computers übernehmen.

Alle diese Änderungen verlangen danach, dass Daten und Anfragen von einem Knoten auf einen anderen verlagert werden. Die Verschiebung der Arbeitsbelastung von einem Knoten im Cluster auf einen anderen ist das sogenannte *Rebalancing* (Neuabgleichen oder Umschichtung).

Unabhängig davon, welcher Partitionierungsansatz verwendet wird, sollte Rebalancing üblicherweise einige Mindestanforderungen erfüllen:

- Nach dem Rebalancing sollte die Last (Datenspeicherung, Lese- und Schreibanforderungen) gerecht zwischen den Knoten im Cluster aufgeteilt sein.
- Während des Rebalancing sollte die Datenbank weiterhin Lese- und Schreibanfragen entgegennehmen.
- Nicht mehr Daten als notwendig sollten zwischen den Knoten verschoben werden, um den Vorgang schnell zu machen und die Belastung von Netzwerk und Festplatten-E/A zu minimieren.

Strategien für Rebalancing

Es gibt verschiedene Möglichkeiten, Partitionen zu Knoten zuzuweisen [23]. Die folgenden Abschnitte stellen sie kurz vor.

Wie man es nicht macht: hash mod N

Wie weiter oben (Abbildung 6-3) gezeigt, ist es beim Partitionieren mit dem Hashwert eines Schlüssels `key` am besten, die möglichen Hashwerte in Bereiche zu unterteilen und jeden Bereich einer Partition zuzuweisen (zum Beispiel `key` zu Partition 0 zuweisen, wenn $0 \leq \text{hash(key)} < b_0$ ist, zu Partition 1, wenn $b_0 \leq \text{hash(key)} < b_1$ ist usw.).

Vielleicht haben Sie sich gefragt, warum wir nicht einfach die Funktion `mod` verwenden (in vielen Programmiersprachen als Operator `%` realisiert). Zum Beispiel würde `hash(key) mod 10` eine Zahl zwischen 0 und 9 zurückgeben (schreibt man den Hashwert als Dezimalzahl, liefert `Hashwert mod 10` die letzte Ziffer). Wenn wir 10 Knoten haben, die von 0 bis 9 nummeriert sind, scheint das eine einfache Methode zu sein, jeden Schlüssel einem Knoten zuzuweisen.

Der *mod-N*-Ansatz hat das Problem, dass die meisten Schlüssel von einem Knoten auf einen anderen verschoben werden müssen, wenn sich die Anzahl der Knoten *N* ändert. Nehmen wir als Beispiel `hash(key) = 123456`. Gibt es anfangs 10 Knoten, landet dieser Schlüssel zunächst auf Knoten 6 (weil `123456 mod 10 = 6`). Wenn Sie den Cluster auf 11 Knoten erweitern, muss der Schlüssel zu Knoten 3 verschoben werden (weil `123456 mod 11 = 3`) und bei Erweiterung auf 12 Knoten zu Knoten 0 (`123456 mod 12 = 0`). Solche häufigen Verschiebungen machen das Rebalancing äußerst teuer.

Wir brauchen ein Verfahren, das die Daten nicht mehr als nötig herumschiebt.

Feste Anzahl an Partitionen

Erfreulicherweise gibt es eine ziemlich einfache Lösung: Man erstellt viel mehr Partitionen, als es Knoten gibt, und weist jedem Knoten mehrere Partitionen zu. Zum Beispiel lässt sich eine Datenbank, die auf einem Cluster von 10 Knoten läuft, anfangs in 1000 Partitionen aufteilen, sodass jedem Knoten ungefähr 100 Partitionen zugewiesen werden.

Wenn nun ein Knoten zum Cluster hinzukommt, kann der neue Knoten einige Partitionen von jedem vorhandenen Knoten »stehlen«, bis die Partitionen wieder gerecht verteilt sind. Abbildung 6-6 veranschaulicht diesen Vorgang. Wird ein Knoten aus dem Cluster entfernt, passiert das Gleiche umgekehrt.

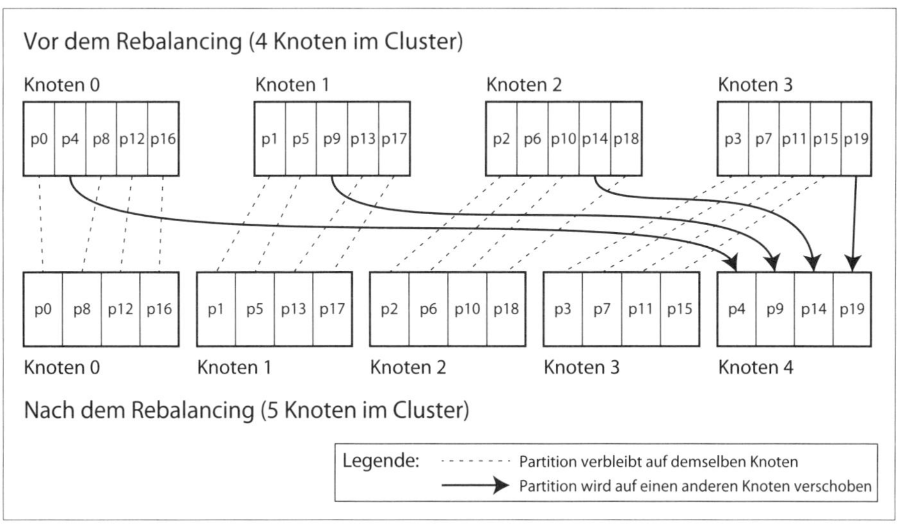

Abbildung 6-6: Einen neuen Knoten zu einem Datenbankcluster hinzufügen, bei dem jedem Knoten mehrere Partitionen zugeordnet sind

Zwischen den Knoten werden nur ganze Partitionen verschoben. Weder die Anzahl der Partitionen ändert sich, noch die Zuweisung der Schlüssel zu Partitionen. Einzig die Zuweisung der Partitionen zu Knoten ändert sich. Da diese Änderung der Zuweisung nicht unmittelbar geschieht – weil es einige Zeit dauert, um eine große Datenmenge über das Netzwerk zu übertragen –, finden alle Lese- und Schreibvorgänge mit der alten Zuweisung der Partitionen statt, während die Übertragung läuft.

Im Prinzip können Sie sogar unterschiedlich leistungsfähige Hardware in Ihrem Cluster berücksichtigen: Durch Zuweisen von mehr Partitionen an Knoten, die leistungsfähiger sind, können diese Knoten einen größeren Anteil der Last übernehmen.

Dieses Konzept des Rebalancing verwenden Riak [15], Elasticsearch [24], Couchbase [10] und Voldemort [25].

In dieser Konfiguration wird die Anzahl der Partitionen normalerweise beim Einrichten der Datenbank festgelegt und später nicht mehr geändert. Obwohl es prinzipiell möglich ist, Partitionen aufzuteilen und zusammenzuführen (siehe den nächsten Abschnitt), erweist sich eine feste Anzahl von Partitionen als operativ einfacher, und deshalb implementieren viele Datenbanken mit festen Partitionen kein Aufteilen von Partitionen. Da also die zu Anfang konfigurierte Anzahl von Partitionen die maximale Anzahl der Knoten, die Sie betreiben können, bestimmt, müssen Sie sie hoch genug wählen, um für zukünftiges Wachstum gerüstet zu sein. Es wäre aber auch kontraproduktiv, eine zu große Anzahl zu wählen, weil zu jeder Partition ein gewisser Overhead für die Verwaltung anfällt.

Die Auswahl der richtigen Anzahl von Partitionen ist schwierig, wenn die Gesamtgröße des Datenbestands stark variiert (wenn zum Beispiel eine anfangs kleine Datenbank mit der Zeit über alle Maßen wächst). Da jede Partition einen festen Anteil der gesamten Daten enthält, wächst die Größe jeder Partition proportional zur Gesamtmenge der Daten im Cluster. Wenn Partitionen sehr groß sind, werden das Rebalancing und die Wiederherstellung nach Knotenausfällen teuer. Bei zu kleinen Partitionen ist aber der Overhead unverhältnismäßig groß. Um die beste Leistung zu erreichen, sollte die Größe der Partitionen »gerade richtig« – weder zu groß noch zu klein – sein. Das ist aber nur schwer zu realisieren, wenn die Anzahl der Partitionen fest ist, die Größe des Datenbestands aber variiert.

Dynamische Partitionierung

Für Datenbanken, die Schlüsselbereichspartitionierung verwenden (siehe Abschnitt »Partitionierung nach Schlüsselbereich« auf Seite 214), wäre eine feste Anzahl von Partitionen mit festen Grenzen sehr unpraktisch: Wenn Sie die Grenzen falsch gewählt haben, könnten alle Daten in einer Partition landen und alle anderen Partitionen leer bleiben. Es wäre sehr mühsam, die Partitionsgrenzen manuell neu zu konfigurieren.

Aus diesem Grund erstellen schlüsselbereichspartitionierte Datenbanken wie HBase und RethinkDB die Partitionen dynamisch. Wenn eine Partition eine konfigurierte Größe überschreitet (in HBase ist die Standardgröße 10 GB), wird sie in zwei Partitionen geteilt, die jeweils ungefähr die Hälfte der Daten aufnehmen [26]. Wenn umgekehrt viele Daten gelöscht werden und eine Partition unter einen bestimmten Schwellenwert schrumpft, kann sie mit einer benachbarten Partition zusammengeführt werden. Dieser Vorgang ähnelt dem, was auf der obersten Ebene eines B-Baums passiert (siehe Abschnitt »B-Bäume« auf Seite 85).

Wie bei einer festen Anzahl von Partitionen ist jede Partition einem Knoten zugeordnet, und jeder Knoten kann mehrere Partitionen verwalten. Nachdem eine große Partition geteilt wurde, kann eine ihrer beiden Hälften auf einen anderen Knoten übertragen werden, um die Last auszugleichen. Im Fall von HBase erfolgt die Übertragung der Partitionsdateien über HDFS, das zugrunde liegende verteilte Dateisystem [3].

Dynamische Partitionierung hat unter anderem den Vorteil, dass sich die Anzahl der Partitionen an die Gesamtdatenmenge anpasst. Ist der Datenumfang gering, genügt eine kleine Anzahl von Partitionen, und der Overhead ist entsprechend klein. Bei einem sehr großen Datenbestand wird die Größe jeder einzelnen Partition auf ein konfigurierbares Maximum begrenzt [23].

Der Haken dabei ist aber, dass eine leere Datenbank mit einer einzigen Partition eingerichtet wird, weil *a priori* keine Informationen darüber vorliegen, wo die Partitionsgrenzen zu ziehen sind. Solange die Datenmenge klein ist – bis der Punkt erreicht ist, an dem die erste Partition geteilt wird –, muss ein einziger Knoten alle Schreibvorgänge verarbeiten, während die anderen Knoten im Leerlauf arbeiten. Um dieses Problem zu entschärfen, ist es in HBase und MongoDB möglich, für eine leere Datenbank eine anfängliche Gruppe von Partitionen zu konfigurieren (*Pre-Splitting* genannt). Bei Schlüsselbereichspartitionierung setzt Pre-Splitting voraus, dass Sie bereits wissen, wie die Schlüsselverteilung aussehen wird [4, 26].

Dynamische Partitionierung ist nicht nur geeignet für Schlüsselbereichs-partitionierte Daten, sondern kann gleichermaßen gut bei Hash-partitionierten Daten verwendet werden. MongoDB unterstützt seit Version 2.4 sowohl Schlüsselbereichs- als auch Hash-Partitionierung und teilt Partitionen in beiden Fällen dynamisch auf.

Proportional zu Knoten partitionieren

Bei dynamischer Partitionierung ist die Anzahl der Partitionen proportional zur Größe der Datenmenge, da die Vorgänge zum Teilen und Zusammenführen die Größe jeder Partition zwischen einem festen Minimum und Maximum halten. Andererseits ist bei einer festen Anzahl von Partitionen die Größe jeder Partition proportional zur Größe der Datenmenge. In beiden Fällen ist die Anzahl der Partitionen unabhängig von der Anzahl der Knoten. Bei einer von Cassandra und Ketama verwendeten dritten Option setzt man die Anzahl der Partitionen proportional zur Anzahl der Knoten – oder anders ausgedrückt, man erzeugt eine feste Anzahl von Partitionen *pro Knoten* [23, 27, 28]. In diesem Fall wächst die Größe jeder Partition proportional zur Größe der Datenmenge, während die Anzahl der Knoten unverändert bleibt. Wenn Sie aber die Anzahl der Knoten erhöhen, werden die Partitionen wieder kleiner. Da ein größeres Datenvolumen im Allgemeinen eine größere Anzahl von Knoten erfordert, hält dieser Ansatz auch die Größe jeder Partition relativ stabil.

Wenn ein neuer Knoten dem Cluster beitritt, wählt er zufällig eine feste Anzahl vorhandener Partitionen aus, um diese zu teilen, und übernimmt dann jeweils eine Hälfte dieser aufgeteilten Partitionen, während die jeweils anderen Hälften an ihrem Platz verbleiben. Die Randomisierung kann zu ungerechten Aufteilungen führen, aber bei Mittelung über eine größere Anzahl von Partitionen (in Cassandra standardmäßig 256 Partitionen pro Knoten) übernimmt der neue Knoten am Ende einen gerechten Anteil der Last von den vorhandenen Knoten. Cassandra 3.0 hat einen alternativen Rebalancing-Algorithmus eingeführt, der ungerechte Aufteilungen vermeidet [29].

Um Partitionsgrenzen zufällig auszuwählen, ist eine Partitionierung nach Hashwerten erforderlich (sodass sich die Grenzen aus dem Bereich der von der Hashfunktion erzeugten Zahlen auswählen lassen). Dieser Ansatz entspricht am ehesten der ursprünglichen Definition von konsistentem Hashing [7] (siehe Kasten »Konsistentes Hashing« auf Seite 216). Neuere Hashfunktionen können einen ähnlichen Effekt bei geringerem Metadatenoverhead erreichen [8].

Operationen: Automatisches oder manuelles Rebalancing

In Bezug auf das Rebalancing gibt es noch eine wichtige Frage, die wir bisher ausgeklammert haben: Erfolgt das Rebalancing automatisch oder manuell?

Zwischen vollautomatischem Rebalancing (bei dem das System automatisch ohne Mitwirkung eines Administrators entscheidet, wann Partitionen von einem Knoten zu einem anderen zu verschieben sind) und vollständig manuellem Rebalancing (wobei die Zuweisung von Partitionen zu Knoten explizit von einem Administrator konfiguriert wird und sich nur ändert, wenn der Administrator sie explizit neu konfiguriert) gibt es auch Zwischenstufen. So generieren Couchbase, Riak und Voldemort automatisch eine vorgeschlagene Partitionszuweisung, die aber ein Administrator bestätigen muss, bevor sie wirksam wird.

Vollautomatisches Rebalancing kann komfortabel sein, weil bei normaler Wartung weniger Arbeit anfällt. Es ist aber nicht immer vorhersehbar. Da Anfragen weiterzuleiten und große Datenmengen von einem Knoten zu einem anderen zu verschieben sind, ist Rebalancing eine teure Operation. Wenn dieser Vorgang nicht sorgfältig ausgeführt wird, kann er das Netzwerk oder die Knoten überlasten und die Performance von anderen Anfragen beeinträchtigen, während das Rebalancing läuft.

Eine derartige Automatisierung kann in Kombination mit automatischer Fehlererkennung gefährlich sein. Angenommen, ein Knoten ist überlastet und reagiert vorübergehend nur langsam auf Anfragen. Die anderen Knoten schließen daraus, dass der überlastete Knoten tot ist, und starten einen Rebalancing-Vorgang, um die Last vom »toten« Knoten wegzunehmen. Das bedeutet zusätzliche Belastung für den überlasteten Knoten, andere Knoten und das Netzwerk, was die Situation verschlimmert und möglicherweise zu einem kaskadierenden Ausfall führt.

Aus diesem Grund kann es von Vorteil sein, wenn ein Mensch das Rebalancing steuert. Es ist dann zwar langsamer als ein automatischer Ablauf, doch es lassen sich Überraschungen im Betrieb vermeiden.

Anfragen weiterleiten

Wir haben nun unseren Datenbestand über mehrere Knoten, die auf mehreren Computern laufen, partitioniert. Eine Frage bleibt aber noch offen: Wenn ein Client eine Anfrage stellen möchte, woher weiß er, mit welchem Knoten er sich verbinden soll? Wenn Partitionen umgeschichtet werden, ändert sich die Zuweisung der Partitionen zu Knoten. Jemand muss den Überblick über diese Änderungen behalten, um die Frage zu beantworten: Wenn ich den Schlüssel `"foo"` lesen oder schreiben möchte, mit welcher IP-Adresse und welcher Portnummer muss ich mich verbinden?

Dies gehört zu einem allgemeineren Problem, das *Service Discovery* (automatische Erkennung von Diensten) genannt wird und nicht auf Datenbanken beschränkt ist. Jede Softwarekomponente, die über ein Netzwerk zugänglich ist, hat dieses Problem, insbesondere wenn sie für hohe Verfügbarkeit konzipiert ist (in einer redundanten Konfiguration auf mehreren Computern läuft). Viele Firmen haben ihre eigenen hausinternen Service-Discovery-Tools geschrieben, und viele davon wurden als Open Source veröffentlicht [30].

Es gibt einige Ansätze zur Lösung dieses Problems (in Abbildung 6-7 veranschaulicht):

1. Man kann Clients erlauben, einen beliebigen Knoten zu kontaktieren (zum Beispiel über einen Round-Robin-Lastenausgleich). Wenn dieser Knoten zufällig die Partition besitzt, auf die sich die Anfrage bezieht, kann er die Anfrage direkt verarbeiten; andernfalls leitet er die Anfrage an den passenden Knoten weiter, empfängt die Antwort und übergibt sie an den Client.
2. Alle Anfragen von Clients können zuerst an eine Routing-Schicht gesendet werden. Diese bestimmt den Knoten, der jede Anfrage verarbeiten soll, und leitet sie entsprechend weiter. Diese Routing-Schicht verarbeitet Anfragen

nicht selbst; sie fungiert nur als Lastenausgleich, der auf Partitionen ausgerichtet ist.

3. Man kann Verlangen, dass Clients die Partitionierung und Zuweisung von Partitionen zu Knoten kennen. In diesem Fall kann sich ein Client direkt mit dem passenden Knoten verbinden, ohne dass ein Vermittler erforderlich ist.

In allen Fällen ist das Hauptproblem: Wie erfährt die Komponente, die die Routing-Entscheidung trifft (die einer der Knoten, die Routing-Schicht oder der Client sein kann), von den Änderungen bei der Zuweisung der Partitionen zu Knoten?

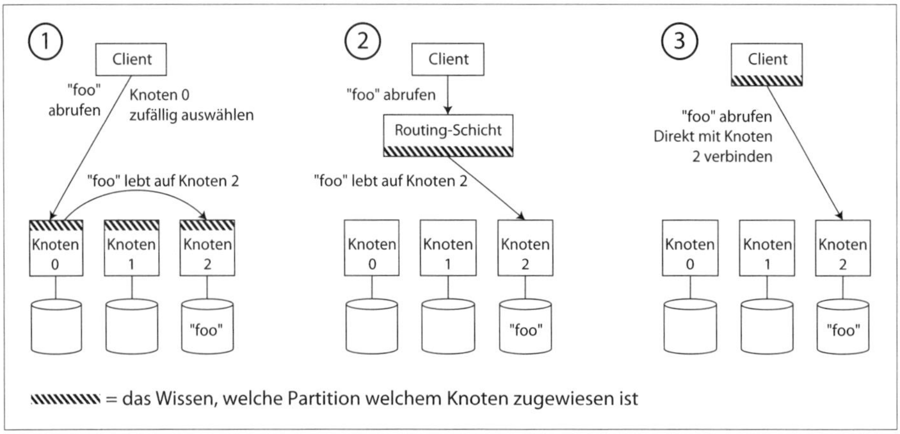

Abbildung 6-7: Drei verschiedene Methoden, um eine Anfrage an den richtigen Knoten zu leiten

Dies ist ein anspruchsvolles Problem, denn alle Teilnehmer müssen übereinkommen – andernfalls würden Anfragen an die falschen Knoten gesendet und nicht korrekt verarbeitet. Zwar gibt es Protokolle, um in einem verteilten System Konsens zu erreichen, doch ist es schwierig, sie korrekt zu implementieren (siehe Kapitel 9).

Viele verteilte Datensysteme stützen sich auf einen separaten Koordinationsdienst wie ZooKeeper, um diese Cluster-Metadaten zu verwalten, wie es Abbildung 6-8 zeigt. Jeder Knoten registriert sich selbst in ZooKeeper, und ZooKeeper verwaltet die verbindliche Zuordnung von Partitionen zu Knoten. Andere Akteure, wie zum Beispiel die Routing-Schicht oder der partitionsorientierte Client, können diese Informationen in ZooKeeper abonnieren. Wenn sich der Besitz einer Partition ändert oder ein Knoten hinzugefügt oder entfernt wird, benachrichtigt ZooKeeper die Routing-Schicht, sodass sie ihre Routing-Informationen auf dem neuesten Stand halten kann.

Zum Beispiel verwendet Espresso von LinkedIn für die Clusterverwaltung Helix [31] (was sich seinerseits auf ZooKeeper stützt) und implementiert eine Routing-Schicht wie Abbildung 6-8 zeigt. HBase, SolrCloud und Kafka nutzen ebenfalls ZooKeeper, um Partitionszuweisungen zu verfolgen. Die Architektur von MongoDB ist ähnlich, sie verlässt sich aber auf ihre eigene *Konfigurationsserver*-Implementierung und *mongos*-Daemons als Routing-Schicht.

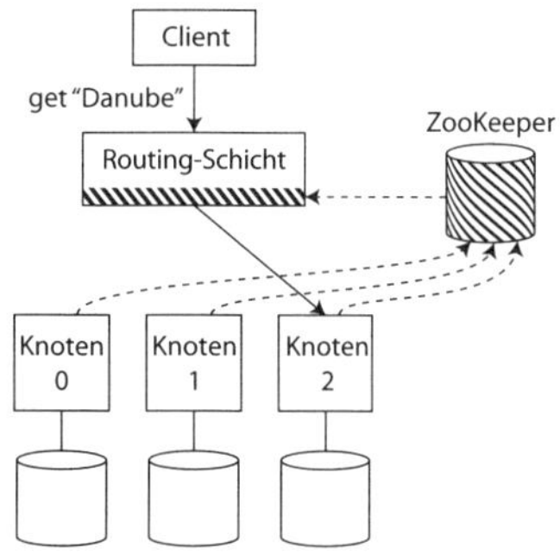

Schlüsselbereich	Partition	Knoten	IP-Adresse
A-ak — Bayes	partition 0	Knoten 0	10.20.30.100
Bayeu — Ceanothus	partition 1	Knoten 1	10.20.30.101
Ceara — Deluc	partition 2	Knoten 2	10.20.30.102
Delusion — Frenssen	partition 3	Knoten 0	10.20.30.100
Freon — Holderlin	partition 4	Knoten 1	10.20.30.101
Holderness — Krasnoje	partition 5	Knoten 2	10.20.30.102
Krasnokamsk — Menadra	partition 6	Knoten 0	10.20.30.100
Menage — Ottawa	partition 7	Knoten 1	10.20.30.101
Otter — Rethimnon	partition 8	Knoten 2	10.20.30.102
Reti — Solovets	partition 9	Knoten 0	10.20.30.100
Solovyov — Truck	partition 10	Knoten 1	10.20.30.101
Trudeau — Zywiec	partition 11	Knoten 2	10.20.30.102

\\\\\\\\\\ = das Wissen, welche Partition welchem Knoten zugewiesen ist

Abbildung 6-8: Verwaltung der Zuweisung von Partitionen zu Knoten mithilfe von ZooKeeper

Cassandra und Riak gehen einen anderen Weg: Sie verwenden ein *Gossip-basiertes Protokoll* zwischen den Knoten, um alle Änderungen des Clusterzustands zu verbreiten. Anfragen können an jeden beliebigen Knoten gesendet werden, und dieser Knoten leitet sie dann an den entsprechenden Knoten für die gewünschte Partition weiter (Ansatz 1 in Abbildung 6-7). Dieses Modell macht die Datenbankknoten komplexer, vermeidet aber die Abhängigkeit von einem externen Koordinationsdienst wie ZooKeeper.

Couchbase führt kein automatisches Rebalancing durch, was das Design vereinfacht. Normalerweise wird die Datenbank mit einer Routing-Schicht namens *moxi* konfiguriert, die von den Clusterknoten über Routing-Änderungen informiert wird [32].

Wenn eine Routing-Schicht vorhanden ist oder wenn Anfragen an einen zufälligen Knoten gesendet werden, müssen Clients immer noch die IP-Adressen der Knoten herausfinden, mit denen eine Verbindung hergestellt werden soll. Da sich diese nicht so schnell ändern wie die Zuweisung von Partitionen zu Knoten, genügt es oft, dies dem DNS zu überlassen.

Parallele Abfrageausführung

Bisher haben wir uns auf sehr einfache Abfragen konzentriert, die einen einzelnen Schlüssel lesen oder schreiben (plus Scatter/Gather-Abfragen im Fall von dokumentpartitionierten Sekundärindizes). Dies entspricht etwa dem Niveau des Zugriffs, das von den meisten verteilten NoSQL-Datenbanken unterstützt wird.

Allerdings sind die häufig für Analysen eingesetzten relationalen Datenbanken mit *massiver Parallelverarbeitung* (MPP) sehr viel anspruchsvoller in Bezug auf die von ihnen unterstützten Abfragetypen. Eine typische Data-Warehouse-Abfrage enthält mehrere Operationen zum Verknüpfen, Filtern, Gruppieren und Aggregieren. Der MPP-Abfrageoptimierer zerlegt diese komplexe Abfrage in eine Reihe von Ausführungsstufen und Partitionen, von denen sich viele parallel auf verschiedenen Knoten des Datenbankclusters ausführen lassen. Von einer solchen parallelen Ausführung profitieren insbesondere Abfragen, die große Teile des Datenbestands durchsuchen.

Die schnelle parallele Ausführung von Data-Warehouse-Abfragen ist ein Spezialthema und es erfährt angesichts der geschäftlichen Bedeutung der Analytik großes kommerzielles Interesse. Einige Techniken der parallelen Abfrageausführung werden in Kapitel 10 erörtert. Einen ausführlicheren Überblick über Techniken, die in parallelen Datenbanken gebräuchlich sind, finden Sie in der Literatur [1, 33].

Zusammenfassung

In diesem Kapitel haben wir verschiedene Methoden untersucht, um einen großen Datenbestand in kleinere Teilmengen zu partitionieren. Partitionierung ist notwendig, wenn die Daten einen solchen Umfang erreicht haben, dass es nicht mehr praktikabel ist, sie auf einem einzigen Computer zu speichern und zu verarbeiten.

Ziel der Partitionierung ist es, die Daten- und Abfragelast gleichmäßig auf mehrere Computer zu verteilen und dadurch Hotspots (Knoten mit unverhältnismäßig hoher Last) zu vermeiden. Dazu müssen Sie einen Partitionierungsalgorithmus auswählen, der für Ihre Daten geeignet ist, und die Partitionen neu zuordnen, wenn Knoten zum Cluster hinzugefügt oder aus ihm entfernt werden.

Für die Partitionierung haben wir zwei Hauptansätze diskutiert:

- *Schlüsselbereichspartitionierung*: Schlüssel werden in sortierter Reihenfolge gruppiert, und eine Partition umfasst alle Schlüssel von einem bestimmten Minimum bis zu einem bestimmten Maximum. Das Sortieren hat den Vorteil, dass effiziente Bereichsabfragen möglich sind, doch besteht die Gefahr für Hotspots, wenn die Anwendung oftmals auf Schlüssel zugreift, die in der sortierten Reihenfolge eng beieinanderliegen.

  Diese Methode wird in der Regel mit dynamischem Rebalancing eingesetzt, d.h., dass ein Bereich in zwei Teilbereiche aufgeteilt wird, wenn eine Partition zu groß wird.
- *Hash-Partitionierung*: Auf jeden Schlüssel wird eine Hashfunktion angewendet, und eine Partition umfasst einen Bereich von Hashwerten. Diese Methode zerstört die Reihenfolge der Schlüssel, macht dadurch Bereichsabfragen ineffizient, kann aber die Belastung gleichmäßiger aufteilen.

  Bei der Partitionierung nach Hashwerten ist es üblich, von vornherein eine feste Anzahl von Partitionen zu erzeugen, um jedem Knoten mehrere Partitionen zuzuweisen und ganze Partitionen von einem Knoten auf einen anderen zu verschieben, wenn Knoten hinzugefügt oder entfernt werden. Eine dynamische Partitionierung lässt sich ebenfalls realisieren.

Hybridansätze sind gleichermaßen möglich, zum Beispiel mit einem zusammengesetzten Schlüssel: Ein Teil des Schlüssels identifiziert die Partition, und ein anderer Teil legt die Sortierreihenfolge fest.

Des Weiteren haben wir das Zusammenspiel von Partitionierung und Sekundärindizes diskutiert. Ein Sekundärindex muss ebenfalls partitioniert werden, und dafür gibt es zwei Methoden:

- *Dokumentpartitionierte Indizes* (lokale Indizes): Die Sekundärindizes werden in derselben Partition wie der Primärschlüssel und der Wert gespeichert. Das heißt, dass beim Schreiben nur eine einzige Partition aktualisiert werden muss, während ein Lesevorgang des Sekundärindex ein Scatter/Gather über alle Partitionen erfordert.
- *Begriffspartitionierte Indizes* (globale Indizes): Die Sekundärindizes werden separat mithilfe der indizierten Werte partitioniert. Ein Eintrag im Sekundärindex kann Datensätze aus allen Partitionen des Primärschlüssels enthalten. Beim Schreiben eines Dokuments müssen mehrere Partitionen des Sekundärindex aktualisiert werden. Eine Leseanfrage lässt sich dagegen von einer einzelnen Partition bedienen.

Schließlich haben wir Techniken für das Routing von Abfragen auf die entsprechende Partition besprochen. Diese reichen vom einfachen partitionsorientierten Lastenausgleich bis zu ausgefeilten Engines für die parallele Ausführung von Abfragen.

Konzeptionell arbeitet jede Partition weitgehend unabhängig – gerade dadurch ist es möglich, eine partitionierte Datenbank auf mehrere Computer zu skalieren. Allerdings können Operationen, die auf mehrere Partitionen schreiben müssen, schwer zu überblicken sein: Was passiert zum Beispiel, wenn der Schreibvorgang auf die eine Partition erfolgreich verläuft, ein anderer aber scheitert? Dieser Frage wenden wir uns in den folgenden Kapiteln zu.

Literaturverzeichnis

[1] David J. DeWitt und Jim N. Gray: *Parallel Database Systems: The Future of High Performance Database Systems.* Communications of the ACM, Bd. 35, Nr. 6, S. 85–98, Juni 1992. doi:10.1145/129888.129894

[2] Lars George: *HBase vs. BigTable Comparison.* larsgeorge.com, November 2009.

[3] *The Apache HBase Reference Guide.* Apache Software Foundation, hbase.apache.org, 2014.

[4] MongoDB, Inc.: *New Hash-Based Sharding Feature in MongoDB 2.4.* blog.mongodb.org, 10. April 2013.

[5] Ikai Lan: *App Engine Datastore Tip: Monotonically Increasing Values Are Bad.* ikaisays.com, 25. Januar 2011.

[6] Martin Kleppmann: *Java's hashCode Is Not Safe for Distributed Systems.* martin.kleppmann.com, 18. Juni 2012.

[7] David Karger, Eric Lehman, Tom Leighton, et al.: *Consistent Hashing and Random Trees: Distributed Caching Protocols for Relieving Hot Spots on the World Wide Web.* 29. Annual ACM Symposium on Theory of Computing (STOC), S. 654–663, 1997. doi:10.1145/258533.258660

[8] John Lamping und Eric Veach: *A Fast, Minimal Memory, Consistent Hash Algorithm.* arxiv.org, Juni 2014.

[9] Eric Redmond: *A Little Riak Book.* Version 1.4.0, Basho Technologies, September 2013.

[10] *Couchbase 2.5 Administrator Guide.* Couchbase, Inc., 2014.

[11] Avinash Lakshman und Prashant Malik: *Cassandra – A Decentralized Structured Storage System.* 3. ACM SIGOPS International Workshop on Large Scale Distributed Systems and Middleware (LADIS), Oktober 2009.

[12] Jonathan Ellis: *Facebook's Cassandra Paper, Annotated and Compared to Apache Cassandra 2.0.* datastax.com, 12. September 2013.

[13] *Introduction to Cassandra Query Language.* DataStax, Inc., 2014.

[14] Samuel Axon: *3% of Twitter's Servers Dedicated to Justin Bieber.* mashable.com, 7. September 2010.

[15] *Riak 1.4.8 Docs.* Basho Technologies, Inc., 2014.

[16] Richard Low: *The Sweet Spot for Cassandra Secondary Indexing.* wentnet.com, 21. Oktober 2013.

[17] Zachary Tong: *Customizing Your Document Routing.* elasticsearch.org, Juni 3, 2013.

[18] *Apache Solr Reference Guide.* Apache Software Foundation, 2014.

[19] Andrew Pavlo: *H-Store Frequently Asked Questions.* hstore.cs.brown.edu, Oktober 2013.

[20] *Amazon DynamoDB Developer Guide.* Amazon Web Services, Inc., 2014.

[21] Rusty Klophaus: *Difference Between 2I and Search.* email to riak-users mailing list, lists.basho.com, Oktober 25, 2011.

[22] Donald K. Burleson: *Object Partitioning in Oracle.* dba-oracle.com, 8. November 2000.

[23] Eric Evans: *Rethinking Topology in Cassandra.* ApacheCon Europe, November 2012.

[24] Rafał Kuć: *Reroute API Explained.* elasticsearchserverbook.com, 30. September 2013.

[25] *Project Voldemort Documentation.* project-voldemort.com.

[26] Enis Soztutar: *Apache HBase Region Splitting and Merging.* hortonworks.com, 1. Februar 2013.

[27] Brandon Williams: *Virtual Nodes in Cassandra 1.2.* datastax.com, 4. Dezember 2012.

[28] Richard Jones: *libketama: Consistent Hashing Library for Memcached Clients.* metabrew.com, 10. April 2007.

[29] Branimir Lambov: *New Token Allocation Algorithm in Cassandra 3.0.* datastax.com, 28. Januar 2016.

[30] Jason Wilder: *Open-Source Service Discovery.* jasonwilder.com, Februar 2014.

[31] Kishore Gopalakrishna, Shi Lu, Zhen Zhang, et al.: *Untangling Cluster Management with Helix.* ACM Symposium on Cloud Computing (SoCC), Oktober 2012. doi:10.1145/2391229.2391248

[32] *Moxi 1.8 Manual.* Couchbase, Inc., 2014.

[33] Shivnath Babu und Herodotos Herodotou: *Massively Parallel Databases and MapReduce Systems.* Foundations and Trends in Databases, Bd. 5, Nr. 1, S. 1–104, November 2013. doi:10.1561/1900000036

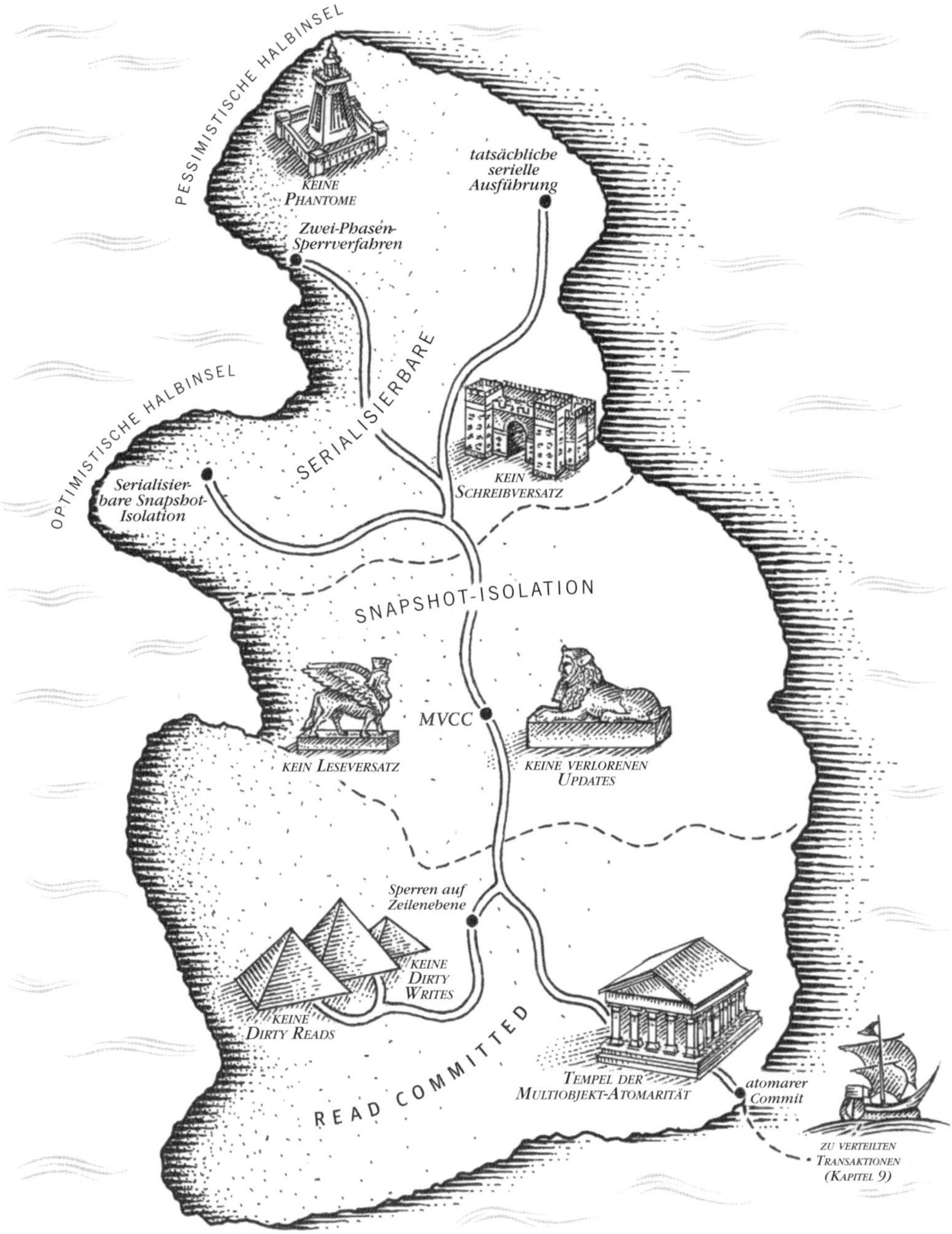
PESSIMISTISCHE HALBINSEL
KEINE PHANTOME
tatsächliche serielle Ausführung
Zwei-Phasen-Sperrverfahren
OPTIMISTISCHE HALBINSEL
SERIALISIERBARE
Serialisierbare Snapshot-Isolation
KEIN SCHREIBVERSATZ
SNAPSHOT-ISOLATION
MVCC
KEIN LESEVERSATZ
KEINE VERLORENEN UPDATES
Sperren auf Zeilenebene
KEINE DIRTY WRITES
KEINE DIRTY READS
READ COMMITTED
TEMPEL DER MULTIOBJEKT-ATOMARITÄT
atomarer Commit
ZU VERTEILTEN TRANSAKTIONEN (KAPITEL 9)

KAPITEL 7

Transaktionen

Einige Autoren haben behauptet, dass es zu teuer ist, einen generellen Zwei-Phasen-Commit zu unterstützen, weil dies Performance- oder Verfügbarkeitsprobleme mit sich bringt. Unserer Ansicht nach sollten sich Anwendungsprogrammierer besser mit Performanceproblemen aufgrund der übermäßigen Verwendung von Transaktionen befassen, sofern solche Engpässe entstehen, als immer um das Fehlen von Transaktionen herum zu codieren.

– **James Corbett et al.**, *Spanner: Google's Globally-Distributed Database* (2012)

In der harten Realität der Datensysteme kann vieles schiefgehen:

- Die Datenbanksoftware oder -hardware kann jederzeit ausfallen (auch mitten in einer Schreiboperation).
- Die Anwendung kann jederzeit abstürzen (auch mitten in einer Folge von Operationen).
- Störungen im Netzwerk können unerwartet die Anwendung von der Datenbank oder den einen Datenbankknoten von einem anderen abschneiden.
- Mehrere Clients können gleichzeitig in die Datenbank schreiben und dabei ihre Änderungen gegenseitig überschreiben.
- Ein Client kann Daten lesen, die keinen Sinn ergeben, weil sie nur teilweise aktualisiert wurden.
- Wettlaufsituationen zwischen Clients können überraschende Bugs hervorrufen.

Um zuverlässig zu sein, muss sich ein System mit diesen Fehlern auseinandersetzen und sicherstellen, dass sie keinen katastrophalen Ausfall des Gesamtsystems verursachen. Allerdings bedeutet die Implementierung von Fehlertoleranzmechanismen jede Menge Arbeit. Sie verlangt ein gründliches Durchdenken aller Dinge, die schiefgehen können, und viele Tests, um sicherzustellen, dass die Lösung tatsächlich funktioniert.

Seit Jahrzehnten sind *Transaktionen* der bevorzugte Mechanismus, um diese Probleme zu vereinfachen. Eine Transaktion ist eine Möglichkeit für eine Anwendung, mehrere Lese- und Schreibvorgänge zu einer logischen Einheit zusammenzufassen. Konzeptionell werden alle Lese- und Schreibvorgänge in einer Transaktion als eine Operation ausgeführt: Entweder gelingt die gesamte Transaktion (*Commit*) oder sie scheitert (*Abbruch*, *Rollback*). Wenn sie fehlschlägt, kann die Anwendung die gesamte Prozedur gefahrlos erneut versuchen. Mit Transaktionen wird die Fehlerbehandlung für eine Anwendung wesentlich einfacher, da sie sich nicht um einen Teilausfall kümmern muss, d.h. um den Fall, dass einige Operationen erfolgreich sind und andere fehlschlagen (aus welchen Gründen auch immer).

Wenn Sie jahrelang mit Transaktionen gearbeitet haben, mögen sie Ihnen wie selbstverständlich erscheinen, doch wir sollten sie nicht einfach als gegeben hinnehmen. Transaktionen sind kein Naturgesetz. Vielmehr wurden sie mit der Absicht geschaffen, das *Programmiermodell zu vereinfachen* für Anwendungen, die auf eine Datenbank zugreifen. Transaktionen ermöglichen es einer Anwendung, bestimmte potenzielle Fehlerszenarios und Parallelitätsprobleme außer Acht zu lassen, weil sich die Datenbank stattdessen darum kümmert (wir nennen das *Sicherheitsgarantien*).

Nicht jede Anwendung braucht Transaktionen, und manchmal ist es sogar von Vorteil, Transaktionsgarantien abzuschwächen oder sie ganz aufzugeben (zum Beispiel mit dem Ziel einer höheren Performance oder Verfügbarkeit). Manche Sicherheitseigenschaften lassen sich auch ohne Transaktionen erreichen.

Wie finden Sie nun heraus, ob Sie Transaktionen benötigen? Um diese Frage zu beantworten, müssen wir zunächst genau verstehen, welche Sicherheitsgarantien Transaktionen bieten können und welche Kosten damit verbunden sind. Obwohl Transaktionen auf den ersten Blick einfach erscheinen, kommen hierbei tatsächlich viele unterschwellige, aber wichtige Details ins Spiel.

In diesem Kapitel zeigen wir viele Beispiele von Dingen, die schiefgehen können, und untersuchen die Algorithmen, die in Datenbanken vor solchen Problemen schützen. Insbesondere vertiefen wir das Themengebiet der Parallelitätskontrolle. Dabei diskutieren wir verschiedene Arten von Wettlaufsituationen (Race Conditions) und auf welche Art und Weise Datenbanken Isolationsstufen wie zum Beispiel *Read Committed*, *Snapshot-Isolation* und *Serialisierbarkeit* implementieren.

Der Inhalt dieses Kapitels trifft sowohl auf Einzelknoten- als auch auf verteilte Datenbanken zu. Kapitel 8 konzentriert sich auf die besonderen Herausforderungen, die nur in verteilten Systemen auftreten.

Das schwammige Konzept einer Transaktion

Fast alle heutigen relationalen Datenbanken und einige nichtrelationale Datenbanken unterstützen Transaktionen. Die meisten davon folgen dem Stil, den IBM 1975 mit dem System R, der ersten SQL-Datenbank, eingeführt hat [1, 2, 3]. Obwohl sich einige Implementierungsdetails geändert haben, ist die Grundidee 40 Jahre lang praktisch gleich geblieben: Die Transaktionsunterstützung in MySQL, PostgreSQL, Oracle, SQL Server usw. ähnelt frappierend der von System R.

In den späten 2000ern gewannen nichtrelationale (NoSQL-)Datenbanken an Popularität. Sie zielten darauf ab, den relationalen Status quo zu verbessern, indem sie neue Datenmodelle (siehe Kapitel 2) anboten sowie Replikation (Kapitel 5) und Partitionierung (Kapitel 6) standardmäßig einschlossen. Transaktionen litten am meisten unter dieser Bewegung: Viele dieser neuen Generationen von Datenbanken haben Transaktionen ganz aufgegeben oder das Wort neu definiert, um einen viel schwächeren Satz von Garantien zu beschreiben, als man bisher darunter verstanden hat [4].

Mit dem Hype um diese neue Sorte von verteilten Datenbanken hat sich die landläufige Meinung herausgebildet, dass Transaktionen im Widerspruch zur Skalierbarkeit stehen und dass jedes große System Transaktionen aufgeben müsste, um gute Performance und hohe Verfügbarkeit aufrechtzuerhalten [5, 6]. Andererseits aber werden Transaktionsgarantien manchmal von Datenbankanbietern als wesentliche Anforderung für »ernsthafte Anwendungen« mit »wertvollen Daten« dargestellt. Beide Standpunkte sind reine Übertreibungen.

Die Wahrheit ist nicht so einfach: Wie bei jeder anderen technischen Entwurfsentscheidung sind auch bei Transaktionen Vorteile und Beschränkungen zu berücksichtigen. Um diese Abwägungen zu verstehen, gehen wir auf die Details ein, die Transaktionen bieten können – sowohl im normalen Betrieb als auch unter verschiedenen extremen (aber realistischen) Umständen.

Die Bedeutung von ACID

Die von Transaktionen gebotenen Sicherheitsgarantien werden oftmals mit dem bekannten Akronym ACID umschrieben, das für *Atomicity* (Atomarität, Abgeschlossenheit), *Consistency* (Konsistenz), *Isolation* (Isolation, Abgrenzung) und *Durability* (Dauerhaftigkeit) steht. Es wurde 1983 von Theo Härder und Andreas Reuter [7] geprägt, um eine präzise Terminologie für fehlertolerante Mechanismen in Datenbanken zu etablieren.

In der Praxis ist jedoch die Implementierung von ACID in der einen Datenbank nicht gleich der Implementierung in einer anderen. Wie wir zum Beispiel sehen werden, gibt es viele Unklarheiten über die Bedeutung von Isolation [8]. Im Großen und Ganzen ist das Konzept solide, doch der Teufel steckt im Detail. Wenn für ein System heutzutage behauptet wird, es sei »ACID-kompatibel«, ist unklar, welche Garantien Sie tatsächlich erwarten können. ACID ist leider vor allem zu einem Marketingbegriff geworden.

Systeme, die den ACID-Kriterien nicht entsprechen, werden auch BASE genannt, was für *Basically available* (grundsätzlich verfügbar), *Soft state* (»weicher« Zustand) und *Eventual consistency* (letztliche Konsistenz) steht [9]. Das ist sogar noch unschärfer als die Definition von ACID. Es scheint, dass die einzig sinnvolle Definition von BASE »nicht ACID« lautet – d. h., es kann fast alles bedeuten, was Sie wollen.

Befassen wir uns nun im Detail mit den Definitionen von Atomarität, Konsistenz, Isolation und Dauerhaftigkeit, da wir dadurch unsere Vorstellung von Transaktionen verfeinern können.

Atomarität (Abgeschlossenheit)

Im Allgemeinen bezieht sich *atomar* auf etwas, das sich nicht weiter in kleinere Teile zerlegen lässt. In verschiedenen Zweigen der Informatik hat das Wort ähnliche, aber leicht abweichende Bedeutungen. Wenn zum Beispiel in der Multithread-Programmierung ein Thread eine atomare Operation ausführt, heißt das, dass ein anderer Thread kein halbfertiges Ergebnis der Operation sehen kann. Das System kann sich nur in dem Zustand befinden, in dem es sich vor der Operation oder nach der Operation befunden hat, und nicht irgendwo dazwischen.

Im Unterschied dazu geht es im Kontext von ACID bei Atomarität nicht um Parallelität. Sie beschreibt nicht die Abläufe, wenn mehrere Prozesse gleichzeitig auf dieselben Daten zugreifen wollen – denn das deckt der Buchstabe *I* für Isolation ab (siehe Abschnitt »Isolation« auf Seite 240).

Vielmehr beschreibt ACID-Atomarität, was passiert, wenn ein Client mehrere Schreiboperationen ausführen möchte, aber ein Fehler auftritt, nachdem einige der Schreiboperationen verarbeitet wurden – zum Beispiel weil ein Prozess abstürzt, eine Netzwerkunterbrechung auftritt, ein Datenträger voll ist oder eine Integritätseinschränkung verletzt wird. Wenn die Schreibanfragen in einer atomaren Transaktion zusammengefasst sind und die Transaktion wegen eines Fehlers nicht abgeschlossen (committet) werden kann, wird die Transaktion abgebrochen und die Datenbank muss alle Schreibvorgänge, die sie bisher in dieser Transaktion ausgeführt hat, verwerfen oder rückgängig machen.

Ohne Atomarität lässt sich kaum in Erfahrung bringen, welche Änderungen wirksam geworden sind und welche nicht, wenn ein Fehler inmitten mehrerer Änderungen auftritt. Die Anwendung könnte es erneut versuchen, doch besteht dabei die Gefahr, dass die gleiche Änderung zweimal erfolgt, was zu doppelten oder falschen Daten führt. Atomarität vereinfacht dieses Problem: Wenn eine Transaktion abgebrochen wurde, kann die Anwendung sicher sein, dass sie nichts geändert hat. Somit ist es sicher, die ganze Transaktion zu wiederholen.

Die Fähigkeit, eine Transaktion im Fehlerfall abzubrechen und alle Schreibvorgänge dieser Transaktion verwerfen zu lassen, ist das bestimmende Merkmal der Atomarität im Sinne von ACID. Vielleicht wäre *Abbrechbarkeit* ein treffenderer Begriff als *Atomarität*, doch wir halten an *Atomarität* fest, da sich dieser Begriff eingebürgert hat.

Konsistenz

Das Wort Konsistenz wird furchtbar überstrapaziert:

- In Kapitel 5 haben wir uns mit *Replikationskonsistenz* und dem Problem der *letztlichen Konsistenz*, die in asynchron replizierten Systemen auftritt, auseinandergesetzt (siehe Abschnitt »Probleme mit der Replikationsverzögerung« auf Seite 170).
- Konsistentes Hashing ist ein Ansatz bei der Partitionierung, den einige Systeme für das Rebalancing verwenden (siehe im Kasten »Konsistentes Hashing« auf Seite 216).
- Im CAP-Theorem (siehe Kapitel 9) bezieht sich das Wort *Konsistenz* auf Linearisierbarkeit (siehe Abschnitt »Linearisierbarkeit« auf Seite 346).
- Im Kontext von ACID bezieht sich *Konsistenz* auf ein anwendungsspezifisches Konzept, nämlich darauf, dass sich die Datenbank in einem »guten Zustand« befindet.

Leider wird dasselbe Wort mit mindestens vier verschiedenen Bedeutungen belegt.

Der ACID-Konsistenz liegt die Idee zugrunde, dass Sie bestimmte Aussagen über Ihre Daten (*Invarianten*) haben, die immer wahr sein müssen – zum Beispiel müssen in einem Buchhaltungssystem Gutschriften und Belastungen über alle Konten hinweg immer ausgeglichen sein. Wenn eine Transaktion mit einer Datenbank beginnt, die entsprechend dieser Invarianten gültig ist, und alle Schreibvorgänge während der Transaktion die Gültigkeit bewahren, dann können Sie sicher sein, dass die Invarianten immer erfüllt sind.

Allerdings hängt diese Idee der Konsistenz davon ab, welche Auffassung von Invarianten in der Anwendung umgesetzt ist. Zudem ist die Anwendung dafür zuständig, ihre Transaktionen korrekt zu definieren, sodass sie Konsistenz bewahren. Die Datenbank kann dies nicht garantieren: Wenn Sie inkorrekte Daten schreiben, die Ihre Invarianten verletzen, kann die Datenbank Sie nicht davon abhalten. (Manche speziellen Arten von Invarianten lassen sich durch die Datenbank überprüfen, beispielsweise Fremdschlüssel- oder Eindeutigkeitseinschränkungen. Im Allgemeinen definiert aber die Anwendung, welche Daten gültig oder ungültig sind – die Datenbank speichert sie lediglich.)

Atomarität, Isolation und Dauerhaftigkeit sind Eigenschaften der Datenbank, während Konsistenz (im Sinne von ACID) eine Eigenschaft der Anwendung ist. Die Anwendung kann sich auf die Atomaritäts- und Isolationseigenschaften der Datenbank verlassen, um Konsistenz zu erreichen, doch dies liegt nicht bei der Datenbank allein. Der Buchstabe C gehört also nicht wirklich zu ACID.[1]

---

1 Joe Hellerstein hat angemerkt, dass das C in ACID im Paper von Härder und Reuter [7] »hineingeworfen wurde, damit das Akronym funktioniert« und dass man es damals nicht als wichtig angesehen hat.

Isolation

Auf die meisten Datenbanken greifen mehrere Clients gleichzeitig zu. Das ist kein Problem, wenn sie verschiedene Teile der Datenbank lesen und schreiben. Doch wenn sie auf dieselben Datenbankdatensätze zugreifen, kann es zu Parallelitätsproblemen kommen (Race Conditions).

Abbildung 7-1 zeigt ein einfaches Beispiel für ein derartiges Problem. Angenommen, zwei Clients inkrementieren gleichzeitig einen Zähler, der in einer Datenbank gespeichert ist. Jeder Client muss den aktuellen Wert lesen, 1 addieren und den neuen Wert zurückschreiben (unter der Annahme, dass die Datenbank keine integrierte Inkrementoperation besitzt). In Abbildung 7-1 sollte der Zähler von 42 auf 44 inkrementiert werden. Tatsächlich ist er wegen der Wettlaufsituation nur auf 43 gegangen.

Isolation im Sinne von ACID heißt, dass gleichzeitig ausgeführte Transaktionen voneinander isoliert sind: Sie können sich nicht gegenseitig stören. Die klassischen Datenbank-Lehrbücher formalisieren Isolation als *Serialisierbarkeit*, was bedeutet, dass jede Transaktion so tun kann, als sei sie die einzige Transaktion, die in der gesamten Datenbank läuft. Die Datenbank stellt sicher, dass das Ergebnis nach dem Commit der Transaktionen das gleiche ist, als wären die Transaktionen *seriell* (eine nach der anderen) ausgeführt worden, obwohl sie in Wirklichkeit vielleicht gleichzeitig gelaufen sind [10].

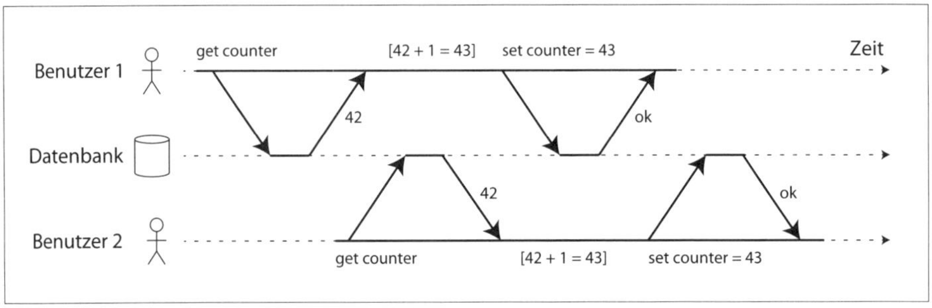

Abbildung 7-1: Eine Wettlaufsituation zwischen zwei Clients, die einen Zähler gleichzeitig inkrementieren

In der Praxis ist serialisierbare Isolation jedoch kaum gebräuchlich, weil sie mit einer Leistungseinbuße verbunden ist. Einige bekannte Datenbanken wie zum Beispiel Oracle 11g implementieren sie nicht einmal. In Oracle gibt es zwar eine Isolationsstufe namens »serializable«, doch tatsächlich implementiert sie eine sogenannte *Snapshot-Isolation*, die eine schwächere Garantie bietet als Serialisierbarkeit [8, 11]. Mit Snapshot-Isolation und anderen Formen der Isolation befasst sich Abschnitt »Schwache Isolationsstufen« auf Seite 248.

Replikation und Dauerhaftigkeit

Aus geschichtlicher Sicht bedeutet Dauerhaftigkeit das Schreiben auf ein Archivmagnetband. Später hat man es als Schreiben auf eine Festplatte oder SSD verstanden. Nach einem Bedeutungswandel in jüngster Zeit ist Replikation gemeint. Welche Umsetzung ist nun besser?

Die Wahrheit ist, dass nichts perfekt ist:

- Wenn Sie auf Festplatte schreiben und der Computer ausfällt, sind zwar Ihre Daten nicht verloren, aber nicht mehr zugänglich, bis Sie entweder den Computer repariert haben oder die Festplattendaten auf einen anderen Computer übertragen haben. Replizierte Systeme können verfügbar bleiben.
- Ein korrelierter Fehler – ein Stromausfall oder ein Bug, der jeden Knoten bei einer bestimmten Eingabe zum Absturz bringt – kann sämtliche Replikate auf einmal lahmlegen (siehe Abschnitt »Zuverlässigkeit« auf Seite 6), wodurch alle Daten verloren gehen, die nur im Arbeitsspeicher stehen. Demzufolge ist das Schreiben auf Festplatte immer noch relevant für speicherinterne Datenbanken.
- In einem asynchron replizierten System können die jüngsten Schreibvorgänge verloren gehen, wenn der Leader nicht mehr verfügbar wird (siehe Abschnitt »Knotenausfälle behandeln« auf Seite 164).
- Wenn die Stromzufuhr plötzlich gekappt wird, haben insbesondere SSDs gezeigt, dass sie manchmal die Garantien verletzen, die sie eigentlich bieten sollen: Selbst `fsync` funktioniert nicht hundertprozentig korrekt [12]. Die Firmware von Festplatten kann fehlerhaft sein, genau wie bei jeder anderen Art von Software [13, 14].
- Heikle Interaktionen zwischen der Storage-Engine und der Dateisystemimplementierung können zu Bugs führen, die schwer einzukreisen sind, und können nach einem Absturz Dateien auf einem Datenträger beschädigen [15, 16].
- Daten auf Festplatte können allmählich Schaden nehmen, ohne dass dies erkannt wird [17]. Und wenn die Daten eine Zeit lang beschädigt worden sind, können Replikate und neuere Sicherungen ebenfalls Schäden aufweisen. In diesem Fall müssen Sie versuchen, die Daten aus einem älteren Backup wiederherzustellen.
- Eine Studie zu SSDs hat festgestellt, dass sich bei 30 bis 80% der Laufwerke in den ersten vier Betriebsjahren mindestens ein Fehlerblock herausbildet [18]. Magnetische Festplatten haben eine geringere Rate von fehlerhaften Sektoren, aber eine höhere Rate von Komplettausfällen als SSDs.
- Wird eine SSD von der Stromversorgung getrennt, kann sie je nach Umgebungstemperatur bereits innerhalb weniger Wochen Daten verlieren [19].

In der Praxis gibt es nicht die eine Technik, die absolute Garantien bieten kann. Es sind lediglich verschiedene Techniken vorhanden, die Gefahren verringern. Dazu zählen Schreiben auf Festplatte, Replizieren auf Remotecomputer und Datensicherungen – und diese können und sollten zusammen verwendet werden. Wie immer empfiehlt es sich, irgendwelche theoretischen »Garantien« mit gesundem Menschenverstand zu bewerten.

Dauerhaftigkeit

Ein Datenbanksystem soll einen sicheren Ort bieten, wo sich Daten speichern lassen, ohne Angst haben zu müssen, sie zu verlieren. *Dauerhaftigkeit* ist das Versprechen, alle von einer Transaktion geschriebenen Daten nicht mehr zu vergessen, nachdem die Transaktion erfolgreich committet wurde, selbst wenn ein Hardwarefehler auftritt oder die Datenbank abstürzt.

In einer Datenbank mit einem einzigen Knoten bedeutet Dauerhaftigkeit, dass die Daten in einen nichtflüchtigen Speicher geschrieben worden sind, beispielsweise auf eine Festplatte oder eine SSD. Normalerweise gehört dazu auch ein Write-Ahead-Log oder eine ähnliche Einrichtung (siehe Abschnitt »B-Bäume zuverlässig machen« auf Seite 87), was eine Wiederherstellung ermöglicht, falls die Datenstrukturen auf dem Datenträger beschädigt wurden. In einer replizierten Datenbank bedeutet Dauerhaftigkeit, dass die Daten erfolgreich auf eine bestimmte Anzahl von Knoten kopiert wurden. Um eine Dauerhaftigkeitsgarantie zu gewähren, muss eine Datenbank warten, bis diese Schreibvorgänge oder Replikationen abgeschlossen sind, bevor eine Transaktion sie als erfolgreich committet meldet.

Wie in Abschnitt »Zuverlässigkeit« auf Seite 6 erörtert, gibt es keine perfekte Dauerhaftigkeit: Wenn alle Ihre Festplatten und alle Ihre Sicherungen zur selben Zeit zerstört werden, kann Ihre Datenbank offensichtlich nichts mehr für Ihre Rettung tun.

Einzelobjekt- und Multiobjektoperationen

Wie Sie inzwischen wissen, beschreibt ACID mit Atomarität und Isolation, was eine Datenbank tun sollte, wenn ein Client mehrere Schreibvorgänge innerhalb derselben Transaktion ausführt:

Atomarität
: Wenn ein Fehler mitten in einer Folge von Schreibvorgängen auftritt, sollte die Transaktion abgebrochen werden, und die bis zu diesem Punkt ausgeführten Schreibvorgänge sollten verworfen werden. Mit anderen Worten erspart es Ihnen die Datenbank, sich um teilweise geschriebene Daten kümmern zu müssen, indem sie eine Alles-oder-nichts-Garantie gibt.

Isolation
: Gleichzeitig laufende Transaktionen sollten sich nicht gegenseitig stören. Wenn zum Beispiel die eine Transaktion mehrere Schreibvorgänge ausführt, sollte eine andere Transaktion entweder alle diese Schreibvorgänge oder keinen davon sehen, jedoch nicht irgendeine Teilmenge.

Diese Definitionen gehen davon aus, dass Sie mehrere Objekte (Zeilen, Dokumente, Datensätze) auf einmal modifizieren wollen. Derartige *Multiobjekttransaktionen* sind oftmals notwendig, wenn mehrere Datenkomponenten synchron gehalten werden müssen. Abbildung 7-2 zeigt ein Beispiel aus einer E-Mail-Anwendung. So könnten

Sie mit der folgenden Abfrage die Anzahl der ungelesenen Nachrichten für einen Benutzer anzeigen:

```
SELECT COUNT(*) FROM emails WHERE recipient_id = 2 AND unread_flag = true
```

Allerdings werden Sie feststellen, dass diese Abfrage langsam ist, wenn es viele E-Mails gibt. Vielleicht entscheiden Sie sich daraufhin, die Anzahl der ungelesenen Nachrichten in einem eigenen Feld zu speichern (eine Art Denormalisierung). Wenn nun eine neue Nachricht eintrifft, müssen Sie auch den Ungelesen-Zähler inkrementieren, und wenn eine Nachricht als gelesen markiert ist, den Ungelesen-Zähler dekrementieren.

In Abbildung 7-2 erfährt Benutzer 2 eine Anomalie: Die Mailbox-Liste zeigt eine nicht gelesene Nachricht, doch der Zähler gibt null ungelesene Nachrichten an, weil das Inkrementieren des Zählers noch nicht passiert ist.[2] Isolation hätte dieses Problem verhindert, da sie sicherstellt, dass Benutzer 2 entweder sowohl die eingefügte E-Mail als auch den aktualisierten Zähler oder keines von beiden sieht, jedoch keinen inkonsistenten Zwischenschritt.

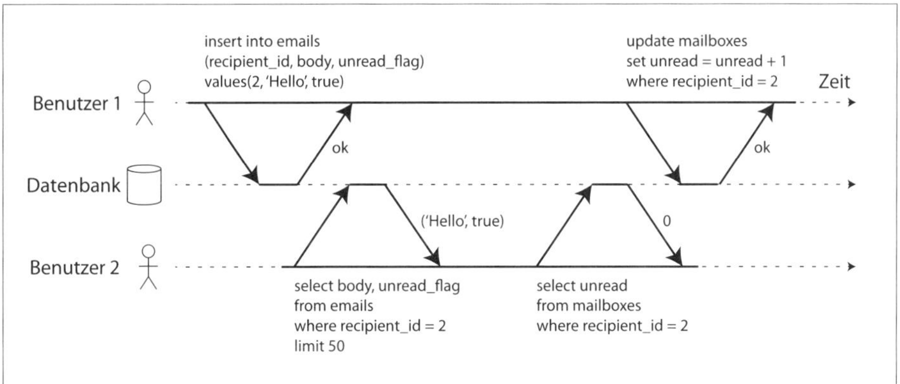

Abbildung 7-2: Verletzung der Isolation: Eine Transaktion liest die noch nicht committeten Schreibdaten einer anderen Transaktion (»Dirty Read«).

Abbildung 7-3 veranschaulicht, dass Atomarität erforderlich ist: Wenn ein Fehler irgendwo im Verlauf der Transaktion auftritt, sind der Inhalt des Postfachs und der Ungelesen-Zähler nicht mehr synchron. Wenn dagegen in einer atomaren Transaktion die Aktualisierung des Zählers scheitert, wird die Transaktion abgebrochen und das Einfügen der E-Mail rückgängig gemacht (Rollback).

Bei Mehrobjekttransaktionen muss sich ermitteln lassen, welche Lese- und Schreiboperationen zur selben Transaktion gehören. In relationalen Datenbanken geschieht dies in der Regel auf der Basis der TCP-Verbindung eines Clients zum Datenbankserver: Bei einer bestimmten Verbindung wird alles zwischen einer

2 Ein falscher Zählerstand in einer E-Mail-Anwendung ist wohl kein besonders kritisches Problem. Stellen Sie sich alternativ den Kontostand eines Kunden statt eines Zählers für nicht gelesene Nachrichten vor und eine Zahlungstransaktion anstelle einer E-Mail.

`BEGIN TRANSACTION`- und einer `COMMIT`-Anweisung als Teil derselben Transaktion betrachtet.[3]

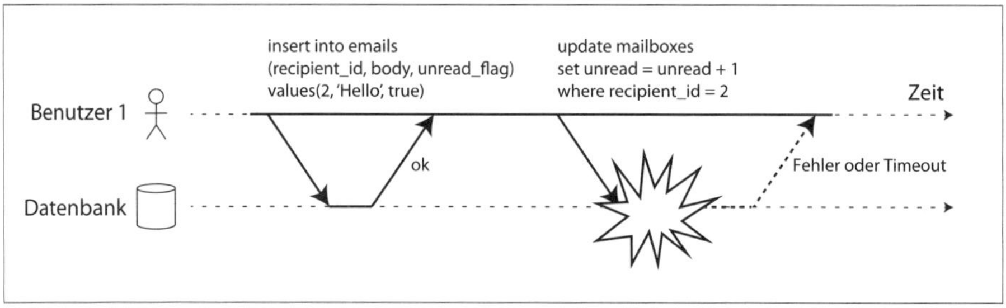

Abbildung 7-3: Atomarität gewährleistet beim Auftreten eines Fehlers, dass alle vorherigen Schreibvorgänge von dieser Transaktion rückgängig gemacht werden, um einen inkonsistenten Zustand zu vermeiden.

Andererseits bieten viele nichtrelationale Datenbanken keine derartige Methode, Operationen zu gruppieren. Selbst wenn es eine Multiobjekt-API gibt (zum Beispiel kann ein Schlüssel-Wert-Speicher eine *Mehrfach-Put*-Operation realisieren, die mehrere Schlüssel in einem einzigen Befehl aktualisiert), heißt das nicht unbedingt, dass sie Transaktionssemantik besitzt: Der Befehl kann für bestimmte Schlüssel erfolgreich sein und bei anderen scheitern, was die Datenbank in einem teilweise aktualisierten Zustand zurücklässt.

Einzelobjektschreibvorgänge

Atomarität und Isolation gelten auch, wenn ein einzelnes Objekt geändert wird. Stellen Sie sich zum Beispiel vor, Sie schreiben ein 20-KB-JSON-Dokument in eine Datenbank:

- Wenn die Netzwerkverbindung nach dem Senden der ersten 10 KB unterbrochen wird, speichert dann die Datenbank dieses nicht zu parsende 10-KB-Fragment von JSON?
- Wenn der Strom ausfällt, während die Datenbank gerade dabei ist, den vorherigen Wert auf der Festplatte zu überschreiben, bleibt dann ein Mischmasch von alten und neuen Werten zurück?
- Wenn ein anderer Client dieses Dokument liest, während der Schreibvorgang läuft, sieht er dann einen teilweise aktualisierten Wert?

---

3 Dies ist nicht ideal. Wenn die TCP-Verbindung unterbrochen wird, muss die Transaktion abgebrochen werden. Passiert die Unterbrechung, nachdem der Client ein Commit geschickt hat, aber noch bevor der Server bestätigt, dass das Commit erfolgt ist, weiß der Client nicht, ob die Transaktion bestätigt ist oder nicht. Um dieses Problem zu lösen, kann ein Transaktionsmanager Operationen mit einer eindeutigen Transaktions-ID, die nicht an eine bestimmte TCP-Verbindung gebunden ist, gruppieren. In Abschnitt »Das Ende-zu-Ende-Argument für Datenbanken« auf Seite 558 kommen wir auf dieses Thema zurück.

Diese Probleme wären unglaublich verwirrend, sodass Storage-Engines fast durchgängig darauf abzielen, Atomarität und Isolation auf der Ebene eines einzelnen Objekts (zum Beispiel eines Schlüssel-Wert-Paars) auf einem Knoten bereitzustellen. Implementiert werden kann Atomarität mithilfe eines Protokolls zur Wiederherstellung bei einem Absturz (siehe Abschnitt »B-Bäume zuverlässig machen« auf Seite 87) und Isolation mit einer Sperre auf jedem Objekt (sodass nur ein einziger Thread zu einem bestimmten Zeitpunkt auf ein Objekt zugreifen kann).

Manche Datenbanken bieten auch komplexere atomare Operationen,[4] beispielsweise eine Inkrementoperation, die einen Lesen-Ändern-Schreiben-Zyklus wie den in Abbildung 7-1 überflüssig macht. Ähnlich populär ist eine Vergleichen-und-Setzen-Operation, bei der ein Wert nur dann geschrieben werden darf, wenn ihn nicht gleichzeitig jemand anderes geändert hat (siehe Abschnitt »Vergleichen-und-Setzen« auf Seite 261).

Diese Einzelobjektoperationen sind nützlich, da sie verlorene Updates verhindern können, wenn mehrere Clients gleichzeitig auf dasselbe Objekt zugreifen (siehe Abschnitt »Verlorene Updates verhindern« auf Seite 258). Allerdings sind das keine Transaktionen in der üblichen Wortbedeutung. Für Marketingzwecke hat man Vergleichen-und-Setzen- und anderen Einzelobjektoperationen den Stempel »leichtgewichtige Transaktionen« oder sogar »ACID« aufgedrückt [20, 21, 22], doch diese Terminologie ist irreführend. Unter einer Transaktion versteht man in der Regel einen Mechanismus, der mehrere Operationen auf mehreren Objekten zu einer Ausführungseinheit zusammenfasst.

Die Notwendigkeit von Multiobjekttransaktionen

Viele verteilte Datenbanken haben Multiobjekttransaktionen aufgegeben, weil sie über Partitionen hinweg schwierig zu implementieren sind und sie in manchen Szenarios, wo es vor allem um hohe Verfügbarkeit oder Performance geht, im Wege stehen. Allerdings gibt es nichts, was Transaktionen in einer verteilten Datenbank grundsätzlich verhindern würde. In Kapitel 9 befassen wir uns mit Implementierungen verteilter Transaktionen.

Doch brauchen wir Multiobjekttransaktionen überhaupt? Wäre es möglich, irgendeine Anwendung ausschließlich mit einem Schlüssel-Wert-Datenmodell und Einzelobjektoperationen zu implementieren?

Es gibt einige Einsatzfälle, in denen für Einfügen, Aktualisieren und Löschen Einzelobjektoperationen genügen. In vielen anderen Fällen müssen jedoch Schreibvorgänge zu verschiedenen Objekten koordiniert werden:

- In einem relationalen Datenmodell enthält eine Zeile in der einen Tabelle oftmals einen Fremdschlüsselverweis auf eine Zeile in einer anderen Tabelle.

4 Genau genommen, verwendet der Begriff *atomares Inkrement* das Wort *atomar* im Sinne der Multithread-Programmierung. Im Kontext von ACID sollte man eigentlich von *isoliertem* oder *serialisierbarem Inkrement* sprechen. Doch es artet in Erbsenzählerei aus.

(Analog dazu hat ein Knoten in einem graphenorientierten Datenmodell Kanten zu anderen Knoten.) Mit Multiobjekttransaktionen können Sie sicherstellen, dass diese Verweise gültig bleiben: Wenn Sie mehrere Datensätze einfügen, die aufeinander verweisen, müssen die Fremdschlüssel richtig und aktuell sein. Andernfalls werden die Daten unsinnig.

- In einem Dokumentdatenmodell befinden sich die Felder, die zusammen aktualisiert werden müssen, oftmals innerhalb desselben Dokuments, das als ein einzelnes Objekt behandelt wird – beim Aktualisieren eines einzelnen Dokuments sind keine Multiobjekttransaktionen erforderlich. Allerdings ermutigen Dokumentdatenbanken, denen die Funktionalität für Verknüpfungen (Joins) fehlt, Anwendungsentwickler zur Denormalisierung (siehe Abschnitt »Heutige relationale Datenbanken vs. Dokumentdatenbanken« auf Seite 41). Wenn denormalisierte Informationen wie im Beispiel von Abbildung 7-2 aktualisiert werden müssen, ist es erforderlich, mehrere Dokumente in einem Zug zu aktualisieren. In dieser Situation sind Transaktionen sehr nützlich, um sicherzustellen, dass denormalisierte Daten mit den zugrunde liegenden Daten synchron bleiben.
- In Datenbanken mit Sekundärindizes (praktisch allen, mit Ausnahme reiner Schlüssel-Wert-Speicher) müssen die Indizes ebenfalls jedes Mal aktualisiert werden, wenn Sie einen Wert ändern. Diese Indizes sind aus dem Blickwinkel einer Transaktion verschiedene Datenbankobjekte: Zum Beispiel ist es ohne Transaktionsisolation möglich, dass ein Datensatz in einem Index erscheint, aber nicht in einem anderen, weil die Aktualisierung des Sekundärindex noch nicht stattgefunden hat.

Derartige Anwendungen lassen sich dennoch ohne Transaktionen implementieren. Allerdings wird die Fehlerbehandlung ohne Atomarität wesentlich komplizierter, und das Fehlen der Isolation kann Parallelitätsprobleme mit sich bringen. Mit diesem Thema beschäftigen wir uns in Abschnitt »Schwache Isolationsstufen« auf Seite 248. In Kapitel 12 geht es dann um alternative Ansätze.

Fehler und Abbrüche behandeln

Ein Schlüsselmerkmal einer Transaktion ist, dass sie sich abbrechen und gefahrlos erneut versuchen lässt, wenn ein Fehler aufgetreten ist. ACID-Datenbanken basieren auf dieser Philosophie: Wenn bei der Datenbank die Gefahr besteht, dass sie ihre Garantien von Atomarität, Isolation oder Dauerhaftigkeit verletzt, würde sie eher die Transaktion komplett aufgeben als ihr ein halbfertiges Ergebnis zugestehen.

Nicht alle Systeme folgen aber dieser Philosophie. Insbesondere Datenbanken mit Replikation ohne Leader (siehe Abschnitt »In die Datenbank schreiben, wenn ein Knoten ausgefallen ist« auf Seite 188) arbeiten vielmehr nach dem Prinzip »Best Effort« (Bemühung ohne feste Garantie), das sich wie folgt zusammenfassen lässt: »Die Datenbank tut, so viel sie kann, und wenn sie auf einen Fehler trifft, macht sie nichts rückgängig, was sie bereits getan hat.« Es liegt also bei der Anwendung, nach einem Fehler einen guten Zustand wiederherzustellen.

Fehler treten unweigerlich auf, aber viele Softwareentwickler nehmen lieber an, dass alles glattgeht, anstatt sich mit vielschichtiger Fehlerbehandlung zu befassen. Zum Beispiel versuchen die populären ORM[5]-Frameworks wie ActiveRecord von Rails und Django nicht, abgebrochene Transaktionen zu wiederholen – eine abgebrochene Transaktion resultiert normalerweise in einer Ausnahme, die den Stack nach oben wandert, sodass jede Benutzereingabe verworfen wird und der Benutzer eine Fehlermeldung bekommt. Das ist eigentlich eine Schande, denn der ganze Sinn und Zweck der Abbrüche besteht darin, sichere Wiederholungsversuche zu ermöglichen.

Obwohl es ein einfacher und effektiver Fehlerbehandlungsmechanismus ist, eine abgebrochene Transaktion erneut zu versuchen, ist diese Methode nicht perfekt:

- Verläuft die Transaktion tatsächlich erfolgreich, aber das Netzwerk fällt aus, während der Server versucht, dem Client die erfolgreiche Ausführung zu bestätigen (sodass der Client annimmt, dass die Transaktion gescheitert ist), bewirkt ein Wiederholungsversuch, dass die Transaktion zweimal ausgeführt wird – sofern Sie keinen zusätzlichen Deduplizierungsmechanismus auf Anwendungsebene eingerichtet haben.
- Tritt der Fehler wegen Überlastung auf, verschlimmert sich die Situation, anstatt sich zu entspannen, wenn die Transaktion erneut versucht wird. Um derartige Rückkopplungszyklen zu vermeiden, können Sie die Anzahl der Wiederholungsversuche beschränken, exponentielles Backoff verwenden und überlastbedingte Fehler in anderer Art und Weise behandeln als andere Fehler (falls möglich).
- Ein Wiederholungsversuch lohnt sich nur nach vorübergehenden Fehlern (zum Beispiel bei Deadlocks, Isolationsverletzungen, zeitweiligen Netzwerkunterbrechungen und Failover). Nach einem dauerhaften Fehler (zum Beispiel Verletzung einer Einschränkung) wäre ein erneuter Versuch sinnlos.
- Wenn die Transaktion auch Wirkungen außerhalb der Datenbank hervorruft, können diese Wirkungen selbst dann auftreten, wenn die Transaktion abgebrochen wird. Wenn Sie zum Beispiel eine E-Mail senden, werden Sie die E-Mail nicht jedes Mal senden wollen, wenn Sie die Transaktion erneut versuchen. Möchten Sie sicherstellen, dass mehrere verschiedene Systeme gemeinsam den Commit oder den Abbruch melden, kann ein Zwei-Phasen-Commit helfen (darauf kommen wir in Abschnitt »Atomarer Commit und Zwei-Phasen-Commit (2PC)« auf Seite 379 zu sprechen).
- Wenn der Clientprozess während des Wiederholungsversuchs abstürzt, gehen alle Daten verloren, die er in die Datenbank schreiben wollte.

5 ORM – Object-Relational Mapping, objektrelationale Abbildung

Schwache Isolationsstufen

Wenn zwei Transaktionen nicht auf dieselben Daten zugreifen, können sie gefahrlos parallel laufen, weil keine von der anderen abhängig ist. Parallelitätsprobleme (Race Conditions) spielen erst dann eine Rolle, wenn eine Transaktion die Daten liest, die eine andere Transaktion zur gleichen Zeit ändert, oder wenn zwei Transaktionen dieselben Daten gleichzeitig modifizieren.

Parallelitätsbugs sind schwer durch Testen zu finden, weil sie nur zutage treten, wenn Sie mit dem Timing Pech haben. Derartige Timingfehler treten in der Regel sehr selten auf und lassen sich kaum reproduzieren. Parallelität ist zudem ein schwer fassbares Thema, insbesondere in einer großen Anwendung, wo Sie nicht unbedingt wissen, welche anderen Codeteile auf die Datenbank zugreifen. Anwendungsentwicklung ist schon für Einbenutzersysteme schwierig, doch bei vielen Benutzern ist sie noch viel schwieriger, weil sich jedes Datenelement jederzeit unerwartet ändern könnte.

Aus diesem Grund haben die Entwickler von Datenbanken lange versucht, Parallelitätsprobleme vor dem Anwendungsentwickler zu verbergen, indem sie *Transaktionsisolation* anbieten. Theoretisch sollte Isolation Ihnen das Leben erleichtern, indem Sie vorgeben dürfen, dass keine Parallelität stattfindet: *Serialisierbare* Isolation bedeutet, die Datenbank garantiert, dass Transaktionen die gleiche Wirkung haben, als ob sie *seriell* (d.h. eine nach der anderen, ohne Parallelität) ausgeführt würden.

In der Praxis ist Isolation leider nicht so einfach. Serialisierbare Isolation geht zulasten der Performance, und für viele Datenbanken ist dieser Preis zu hoch [8]. Deshalb verwenden Systeme üblicherweise schwächere Isolationsstufen, die gegen *einige*, aber leider nicht alle Parallelitätsprobleme schützen. Diese Isolationsstufen sind viel schwerer zu verstehen und können zu subtilen Bugs führen, werden aber dennoch in der Praxis eingesetzt [23].

Parallelitätsbugs aufgrund von schwacher Transaktionsisolation sind nicht nur ein theoretisches Problem. Sie haben schon erhebliche finanzielle Verluste verursacht [24, 25], zu Ermittlungen durch Wirtschaftsprüfer geführt [26] und Kundendaten verfälscht [27]. Enthüllungen solcher Probleme werden gern mit »Verwenden Sie eine ACID-Datenbank, wenn Sie Finanzdaten verarbeiten!« kommentiert, doch das geht am Thema vorbei. Selbst viele populäre relationale Datenbanksysteme (die üblicherweise als »ACID« gelten) verwenden schwache Isolation, sodass sie diese Fehler nicht unbedingt verhindert hätten.

Anstatt sich blind auf Werkzeuge zu verlassen, müssen wir ein gutes Verständnis dafür entwickeln, welche Arten von Parallelitätsproblemen existieren und wie man sie verhindern kann. Dann können wir mit den uns zur Verfügung stehenden Tools zuverlässige und korrekte Anwendungen erstellen.

In diesem Abschnitt sehen wir uns mehrere schwache (nicht serialisierbare) Isolationsstufen an, die in der Praxis gebräuchlich sind, und erörtern im Detail, welche

Arten von Race Conditions auftreten können und welche nicht. Dann können Sie entscheiden, welche Ebene für Ihre Anwendung geeignet ist. Anschließend gehen wir ausführlich auf Serialisierbarkeit ein (siehe Abschnitt »Serialisierbarkeit« auf Seite 268). Die Isolationsstufen beschreiben wir informell anhand von Beispielen. Wenn Sie an strengen Definitionen und Analysen ihrer Eigenschaften interessiert sind, finden Sie sie in der wissenschaftlichen Literatur [28, 29, 30].

Read Committed

Die unterste Ebene der Transaktionsisolation ist *Read Committed.*[6] Auf dieser Ebene gibt es zwei Garantien:

1. Beim Lesen aus der Datenbank sehen Sie nur Daten, die committet wurden (keine *Dirty Reads*).
2. Beim Schreiben in die Datenbank überschreiben Sie nur Daten, die committet wurden (keine *Dirty Writes*).

Mit diesen beiden Garantien befassen wir uns nun im Detail.

Keine Dirty Reads

Stellen Sie sich eine Transaktion vor, die einige Daten in die Datenbank geschrieben hat, aber bislang weder committet noch abgebrochen wurde. Kann eine andere Transaktion die nicht committeten Daten sehen? Wenn ja, spricht man von einem *Dirty Read* (»schmutziger Lesevorgang«) [2].

Transaktionen, die auf der Isolationsstufe Read Committed laufen, müssen Dirty Reads verhindern. Das bedeutet, dass alle Schreibvorgänge einer Transaktion erst dann für andere sichtbar werden, wenn diese Transaktion committet wurde (und dann alle Schreibvorgänge auf einmal sichtbar werden). Abbildung 7-4 veranschaulicht dies. Benutzer 1 hat hier $x = 3$ gesetzt, die Operation *get x* von Benutzer 2 gibt aber den alten Wert zurück, solange Benutzer 1 noch nicht committet hat.

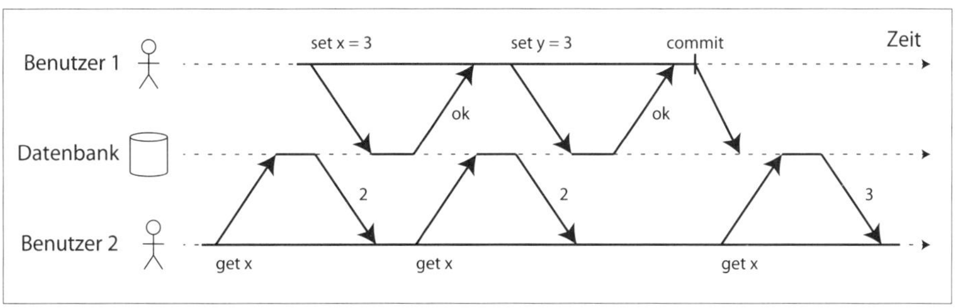

Abbildung 7-4: Keine Dirty Reads: Benutzer 2 sieht den neuen Wert für x erst, nachdem die Transaktion von Benutzer 1 committet hat.

6 Manche Datenbanken unterstützen eine noch schwächere Isolationsstufe namens *Read Uncommitted.* Sie verhindert Dirty Writes, aber keine Dirty Reads.

Es ist unter anderem aus folgenden Gründen nützlich, Dirty Reads zu verhindern:

- Wenn eine Transaktion mehrere Objekte aktualisieren muss, bedeutet ein Dirty Read, dass eine andere Transaktion einige der Aktualisierungen sehen kann, andere aber nicht. So sieht der Benutzer im Beispiel von Abbildung 7-2 die neue ungelesene E-Mail, aber nicht den aktualisierten Zähler. Dies ist ein Dirty Read der E-Mail. Für die Benutzer ist es verwirrend, die Datenbank in einem teilweise aktualisierten Zustand zu sehen. Zudem können dadurch andere Transaktionen falsche Entscheidungen treffen.
- Wird eine Transaktion abgebrochen, müssen alle bereits ausgeführten Schreiboperationen rückgängig gemacht werden (wie in Abbildung 7-3). Wenn die Datenbank Dirty Reads erlaubt, kann eine Transaktion Daten sehen, die später rückgängig gemacht werden – d.h., die tatsächlich niemals in die Datenbank übernommen werden. Denkt man über die Konsequenzen nach, stößt man schnell an logische Grenzen.

Keine Dirty Writes

Was passiert, wenn zwei Transaktionen gleichzeitig auf dasselbe Objekt in einer Datenbank zugreifen wollen? Wir wissen nicht, in welcher Reihenfolge die Schreiboperationen stattfinden, doch wir nehmen normalerweise an, dass der spätere Schreibvorgang die Daten des früheren Schreibvorgangs überschreibt.

Wie sieht es aber aus, wenn der frühere Schreibvorgang Teil einer Transaktion ist, die noch nicht committet hat, sodass der spätere Schreibvorgang einen nicht committeten Wert überschreibt? Diese Konstellation bezeichnet man als *Dirty Write* (»schmutziger Schreibvorgang«) [28]. Transaktionen, die auf der Isolationsstufe Read Committed laufen, müssen Dirty Writes verhindern. Das geschieht normalerweise dadurch, dass ein zweiter Schreibvorgang verzögert wird, bis die Transaktion des ersten Schreibvorgangs committet hat oder abgebrochen wurde.

Durch Unterbinden von Dirty Writes vermeidet diese Isolationsstufe einige Parallelitätsprobleme:

- Wenn Transaktionen mehrere Objekte aktualisieren, können Dirty Writes zu einem falschen Ergebnis führen. Zum Beispiel zeigt Abbildung 7-5 eine Website für Gebrauchtwagen, auf der Alice und Bob gleichzeitig dasselbe Auto kaufen wollen. Beim Kauf eines Autos sind zwei Schreibvorgänge in die Datenbank erforderlich: Zum einen ist der Eintrag des Autos auf der Website zu aktualisieren, um den Käufer widerzuspiegeln, zum anderen muss die Verkaufsrechnung an den Käufer geschickt werden. Im Fall von Abbildung 7-5 wird Bob der Zuschlag erteilt (weil er das gewinnende Update an der Tabelle `listings` ausführt), die Rechnung geht aber an Alice (weil sie das gewinnende Update an der Tabelle `invoices` ausführt). Die Isolationsstufe Read Committed verhindert solche peinlichen Vorfälle.

- Read Committed verhindert jedoch *nicht* die Wettlaufsituation zwischen zwei Zählerinkrementierungen in Abbildung 7-1. In diesem Fall findet der zweite Schreibvorgang statt, nachdem die erste Transaktion committet hat. Es handelt sich also nicht um einen Dirty Write. Zwar ist das Ergebnis trotzdem falsch, aber aus einem anderen Grund – in Abschnitt »Verlorene Updates verhindern« auf Seite 258 erläutern wir, wie sich solche Zählerinkrementierungen sicher ausführen lassen.

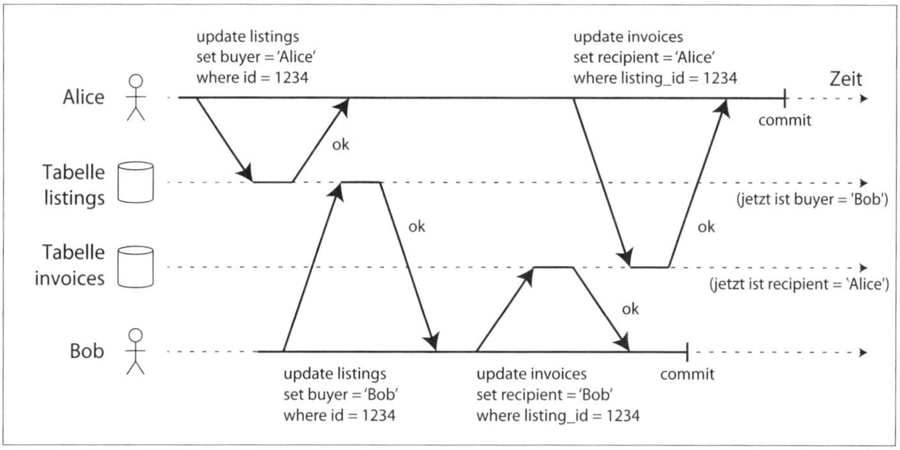

Abbildung 7-5: Bei Dirty Writes können sich kollidierende Schreibvorgänge von verschiedenen Transaktionen vermischen.

Read Committed implementieren

Read Committed ist eine sehr verbreitete Isolationsstufe. In Oracle 11g, PostgreSQL, SQL Server 2012, MemSQL und vielen anderen Datenbanken ist sie die Standardeinstellung [8].

Am häufigsten verhindern Datenbanken Dirty Writes mithilfe von Sperren auf Zeilenebene: Wenn eine Transaktion ein bestimmtes Objekt (Zeile oder Dokument) ändern möchte, muss sie zuerst eine Sperre für dieses Objekt anfordern. Dann muss sie die Sperre so lange halten, bis die Transaktion committet ist oder abgebrochen wird. Für ein gegebenes Objekt kann nur eine einzige Transaktion die Sperre halten. Wenn eine andere Transaktion auf dasselbe Objekt schreiben möchte, muss sie warten, bis die erste Transaktion committet ist oder abgebrochen wird. Dann erst kann sie die Sperre anfordern und fortfahren. Dieses Sperren geschieht automatisch bei Datenbanken im Read-Committed-Modus (oder stärkeren Isolationsstufen).

Wie lassen sich Dirty Reads verhindern? Zum einen könnte man dieselbe Sperre verwenden und von jeder Transaktion, die ein Objekt lesen möchte, verlangen, dass sie kurz die Sperre an sich bringt und nach dem Lesen sofort wieder freigibt. Damit wäre sichergestellt, dass kein Lesevorgang stattfinden kann, während ein

Objekt einen »schmutzigen«, nicht committeten Wert besitzt (weil in dieser Zeit die Sperre durch die Transaktion, die den Schreibvorgang ausführt, gehalten würde).

Allerdings funktioniert der Ansatz, Lesesperren anzufordern, in der Praxis nicht gut, weil eine lang laufende Transaktion viele andere Transaktionen zum Warten zwingt (selbst wenn die anderen Transaktionen nur lesen und nichts schreiben), bis die lang laufende Transaktion abgeschlossen ist. Das beeinträchtigt die Antwortzeit von nur lesenden Transaktionen und ist schlecht für den Betrieb: Eine Verlangsamung in einem Teil einer Anwendung kann einen Dominoeffekt in einem gänzlich anderen Teil der Anwendung anstoßen, weil auf die Freigabe der Sperren gewartet wird.

Aus diesem Grund verhindern die meisten Datenbanken[7] Dirty Reads nach dem Ansatz, den Abbildung 7-4 zeigt: Für jedes geschriebene Objekt merkt sich die Datenbank sowohl den alten committeten Wert als auch den neuen Wert, den die Transaktion gesetzt hat, die momentan die Schreibsperre hält. Während die Transaktion läuft, erhält jede andere Transaktion, die das Objekt liest, einfach den alten Wert. Erst wenn der neue Wert committet ist, gehen die Transaktionen dazu über, den neuen Wert zu lesen.

Snapshot-Isolation und Repeatable Read

Wenn Sie die Isolationsstufe Read Committed nur oberflächlich betrachten, könnte man Ihnen die Annahme verzeihen, dass alles das passiert, was eine Transaktion tun muss: Sie erlaubt Abbrüche (erforderlich für Atomarität), verhindert das Lesen unfertiger Transaktionsergebnisse und unterbindet das Vermischen paralleler Schreibvorgänge. Diese Features sind zwar tatsächlich nützlich und bieten viel stärkere Garantien, als Sie von einem System ohne Transaktionen bekommen können.

Allerdings gibt es unzählige Wege, auf denen Sie mit Parallelitätsbugs rechnen müssen, wenn Sie diese Isolationsstufe verwenden. Zum Beispiel veranschaulicht Abbildung 7-6 ein Problem, das bei Read Committed auftreten kann.

Angenommen, Alice habe 1.000 € Ersparnisse auf einer Bank, aufgeteilt auf zwei Konten zu je 500 €. Nun überweist eine Transaktion 100 € von einem ihrer Konten auf das andere. Wenn sie Pech hat und sich ihren Kontoauszug im selben Moment anzeigen lässt, in dem diese Transaktion verarbeitet wird, sieht sie vielleicht den einen Kontostand zu dem Zeitpunkt, bevor die eingehende Zahlung angekommen ist (mit einem Saldo von 500 €), und das andere Konto, nachdem die ausgehende Überweisung erfolgt ist (der neue Saldo ist 400 €). Für Alice sieht es nun so aus, als

7 Als dieses Buch entstanden ist, waren DB2 von IBM und SQL Server von Microsoft in der Konfiguration `read_committed_snapshot=off` die einzigen Mainstream-Datenbanken, die Sperren für die Verhinderung von Dirty Reads verwendet haben [23, 36].

ob sie insgesamt 900 € auf ihren Konten hat – scheinbar haben sich 100 € in Luft aufgelöst.

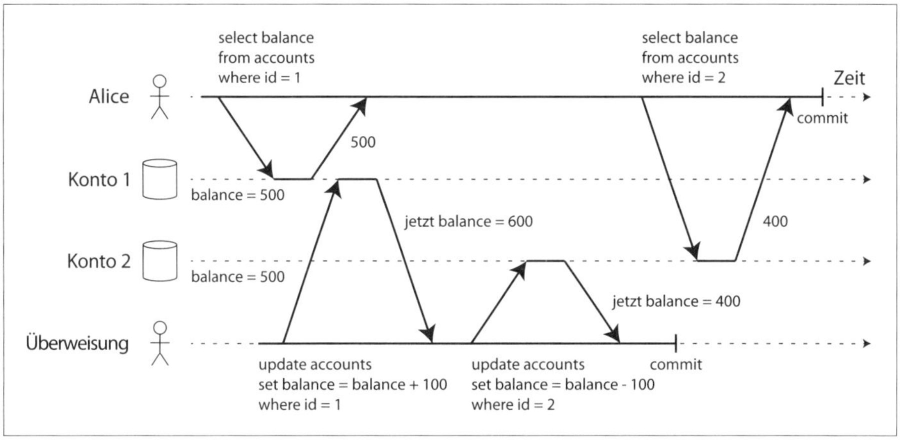

Abbildung 7-6: Leseversatz: Alice beobachtet die Datenbank in einem inkonsistenten Zustand.

Diese Anomalie wird als *Nonrepeatable Read* (nicht wiederholbares Lesen) oder *Read Skew* (Leseversatz) bezeichnet: Würde Alice den Saldo von Konto 1 noch einmal am Ende der Transaktion lesen, sähe sie einen anderen Wert (600 €) als in ihrer vorherigen Abfrage. Read Skew wird bei der Isolationsstufe Read Committed als akzeptabel angesehen: Die Kontostände, die Alice gesehen hat, waren tatsächlich bereits committet, als sie sie gelesen hat.

> Der Begriff *Skew* (Schiefe, Versatz) ist leider etwas überstrapaziert: Wir haben ihn weiter vorn im Sinne einer *nicht ausgeglichenen Arbeitsbelastung mit Hotspots* verwendet (siehe Abschnitt »Schiefe Arbeitslasten und Entlastung von Hotspots« auf Seite 217), während er hier eine zeitliche Anomalie meint.

Im Fall von Alice ist dies kein dauerhaftes Problem, weil sie höchstwahrscheinlich konsistente Kontostände zu sehen bekommt, wenn sie die Onlinebanking-Website ein paar Sekunden später erneut öffnet. Es gibt jedoch Situationen, in denen eine solche vorübergehende Inkonsistenz nicht tolerierbar ist:

Datensicherungen

Bei einer Datensicherung ist es erforderlich, die gesamte Datenbank zu kopieren, was bei einer großen Datenbank mehrere Stunden dauern kann. Während der Sicherungsvorgang läuft, finden weiterhin Schreibvorgänge in die Datenbank statt. Mit Leseversatz kann es passieren, dass letzten Endes einige Teile der Sicherung eine ältere Version der Daten und andere Teile eine neuere Version der Daten enthalten. Wenn Sie die Datenbank aus einer derartigen Sicherung wiederherstellen müssen, werden die Inkonsistenzen (wie zum Beispiel verschwindendes Geld) permanent.

Analytische Abfragen und Integritätsprüfungen
: Manchmal ist es in einer Abfrage erforderlich, große Teile der Datenbank zu durchsuchen. Derartige Abfragen sind in der Analytik üblich (siehe Abschnitt »Transaktionsverarbeitung oder Datenanalyse?« auf Seite 97) oder können Bestandteil einer periodischen Integritätsprüfung sein, ob alles in Ordnung ist (Überwachung auf Datenbeschädigung). Diese Abfragen dürften unsinnige Ergebnisse liefern, wenn sie verschiedene Teile der Datenbank zu verschiedenen Zeitpunkten beobachten.

Snapshot-Isolation [28] ist die gebräuchlichste Lösung für dieses Problem. Die Idee ist, dass jede Transaktion von einem *konsistenten Snapshot* der Datenbank liest – d.h., die Transaktion sieht alle Daten, die beim Start der Transaktion in der Datenbank committet waren. Selbst wenn eine andere Transaktion die Daten daraufhin ändert, sieht jede Transaktion nur die alten Daten von diesem konkreten Zeitpunkt.

Für lang laufende Nur-Lese-Abfragen wie zum Beispiel Sicherungen und Analysen ist die Snapshot-Isolation ein Segen. Es ist sehr schwer, die Aussage einer Abfrage zu ergründen, wenn sich die zugrunde liegenden Daten zur selben Zeit ändern, zu der die Abfrage ausgeführt wird. Wenn eine Transaktion einen konsistenten Snapshot der Datenbank sehen kann, der zu einem bestimmten Zeitpunkt eingefroren wurde, ist sie viel einfacher zu verstehen.

Snapshot-Isolation ist ein populäres Feature, das von PostgreSQL, MySQL mit der Storage-Engine InnoDB, Oracle, SQL Server und anderen unterstützt wird [23, 31, 32].

Snapshot-Isolation implementieren

Wie die Isolationsstufe Read Committed verwenden Implementierungen der Snapshot-Isolation in der Regel Schreibsperren, um Dirty Writes zu verhindern (siehe Abschnitt »Read Committed implementieren« auf Seite 251). Das heißt, eine Transaktion, die einen Schreibvorgang ausführt, kann den Fortschritt einer anderen Transaktion blockieren, die in dasselbe Objekt schreibt. Für Lesevorgänge sind jedoch keinerlei Sperren erforderlich. Unter dem Performance-Aspekt lautet eines der Schlüsselprinzipien der Snapshot-Isolation »*Leser blockieren niemals Schreiber, und Schreiber blockieren niemals Leser.*« So kann eine Datenbank lang laufende Leseabfragen auf einem konsistenten Snapshot bedienen und gleichzeitig Schreiboperationen normal verarbeiten, ohne dass es zwischen ihnen zu einem Sperrenkonflikt kommt.

Um Snapshot-Isolation zu implementieren, verwenden Datenbanken eine Verallgemeinerung des Mechanismus, wie ihn Abbildung 7-4 für das Verhindern von Dirty Reads gezeigt hat. Die Datenbank muss potenziell mehrere verschiedene committete Versionen eines Objekts vorhalten, weil verschiedene in Ausführung befindliche Transaktionen gegebenenfalls den Zustand der Datenbank zu verschiedenen Zeitpunkten sehen müssen. Da sie mehrere Versionen eines Objekts nebeneinander verwaltet, bezeichnet man diese Technik als *Multiversion Concurrency Control* (MVCC).

Müsste eine Datenbank nur die Isolationsstufe Read Committed bieten, aber keine Snapshot-Isolation, würde es genügen, zwei Versionen eines Objekts zu speichern: die committete Version und die überschriebene-aber-noch-nicht-committete Version. Allerdings verwenden Storage-Engines, die Snapshot-Isolation unterstützen, normalerweise ebenfalls MVCC für ihre Read-Committed-Isolationsstufe. In einem typischen Ansatz verwendet Read Committed einen separaten Snapshot für jede Abfrage, während Snapshot-Isolation denselben Snapshot für eine komplette Transaktion nutzt.

Abbildung 7-7 zeigt, wie MVCC-basierte Snapshot-Isolation in PostgreSQL implementiert wird [31] (andere Implementierungen sind ähnlich). Wenn eine Transaktion beginnt, erhält sie eine eindeutige, monoton steigende[8] Transaktions-ID (`txid`). Schreibt eine Transaktion etwas in die Datenbank, werden die geschriebenen Daten mit der Transaktions-ID des Schreibers markiert.

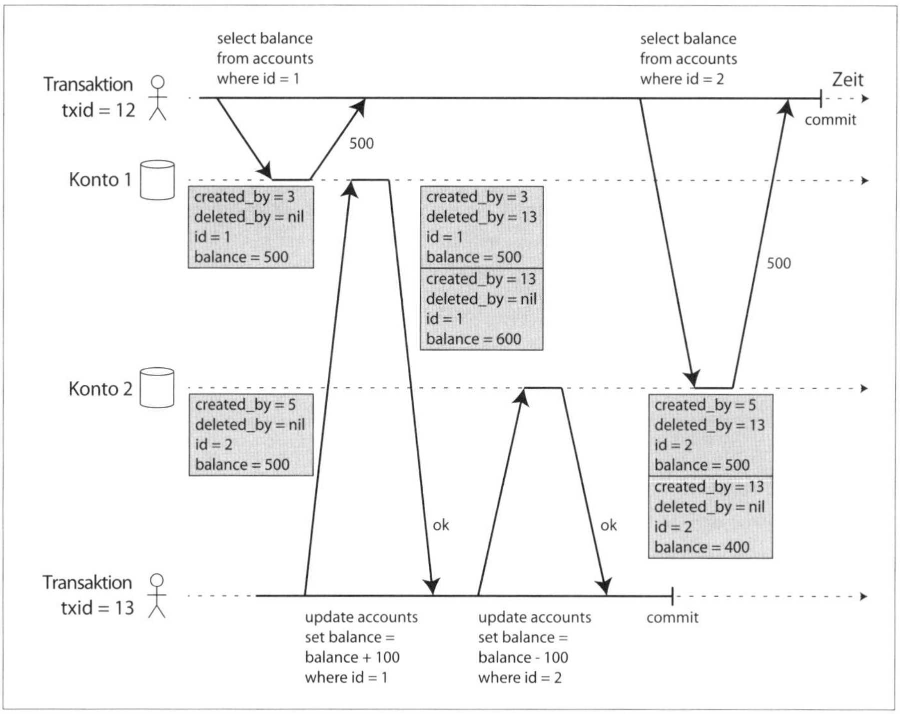

Abbildung 7-7: Snapshot-Isolation mit Multiversionsobjekten implementieren

8 Um genau zu sein: Transaktions-IDs sind 32-Bit-Ganzzahlen, sodass nach rund 4 Milliarden Transaktionen ein Überlauf stattfindet. Der Vacuum-Prozess von PostgreSQL führt eine Bereinigung durch, die sicherstellt, dass der Überlauf die Daten nicht beeinflusst.

Jede Zeile in einer Tabelle besitzt ein Feld `created_by`, das die ID der Transaktion enthält, die diese Zeile in die Tabelle eingefügt hat. Darüber gibt es in jeder Zeile ein Feld `deleted_by`, das anfangs leer ist. Wenn eine Transaktion eine Zeile löscht, verschwindet die Zeile noch nicht aus der Datenbank, sondern erhält eine Löschmarkierung. Dazu wird das Feld `deleted_by` auf die ID der Transaktion gesetzt, die das Löschen angefordert hat. Wenn zu einem späteren Zeitpunkt sicher ist, dass keine Transaktion mehr auf die gelöschten Daten zugreifen kann, entfernt ein Garbage-Collection-Prozess in der Datenbank alle Zeilen, die zum Löschen markiert sind, und gibt deren Speicherplatz frei.

Die Aktualisierung einer Zeile wird intern in ein Löschen und ein Erstellen übersetzt. So zieht Transaktion 13 im Beispiel von Abbildung 7-7 einen Betrag von 100 € von Konto 2 ab, was den Saldo von 500 € auf 400 € ändert. Die Tabelle `accounts` enthält nun tatsächlich zwei Zeilen für Konto 2: eine Zeile mit einem Saldo von 500 €, die Transaktion 13 zum Löschen markiert hat, und eine Zeile mit einem Saldo von 400 €, die Transaktion 13 erzeugt hat.

Sichtbarkeitsregeln für die Beobachtung eines konsistenten Snapshots

Wenn eine Transaktion aus der Datenbank liest, wird anhand der Transaktions-IDs entschieden, welche Objekte sie sehen kann und welche unsichtbar sind. Indem man die Sichtbarkeitsregeln sorgfältig definiert, kann die Datenbank einen konsistenten Snapshot der Datenbank für die Anwendung präsentieren. Das funktioniert folgendermaßen:

1. Am Anfang jeder Transaktion erstellt die Datenbank eine Liste aller anderen Transaktionen, die zu diesem Zeitpunkt gerade laufen (noch nicht committet oder abgebrochen wurden). Alle von diesen Transaktionen ausgeführten Schreibvorgänge werden ignoriert, selbst wenn die Transaktionen anschließend committen.
2. Alle Schreibvorgänge, die von abgebrochenen Transaktionen stammen, werden ignoriert.
3. Alle Schreibvorgänge, die von Transaktionen mit einer neueren ID stammen (d.h., die nach dem Start der aktuellen Transaktion gestartet wurden), werden ignoriert, unabhängig davon, ob diese Transaktionen committet haben.
4. Alle anderen Schreibvorgänge sind für Abfragen der Anwendung sichtbar.

Diese Regeln gelten sowohl für das Erstellen als auch das Löschen von Objekten. Wenn im Beispiel von Abbildung 7-7 Transaktion 12 von Konto 2 liest, sieht sie einen Saldo von 500 €, weil der Saldo 500 € von Transaktion 13 gelöscht wurde (entsprechend Regel 3 kann Transaktion 12 keine Löschoperation sehen, die von Transaktion 13 aus erfolgt) und das Erstellen des Saldos von 400 € ist noch nicht sichtbar (wegen derselben Regel).

Anders ausgedrückt ist ein Objekt sichtbar, wenn beide der folgenden Bedingungen wahr sind:

- Zu dem Zeitpunkt, zu dem die Transaktion des Lesers beginnt, hat die Transaktion, die das Objekt erzeugt hat, bereits committet.
- Entweder ist das Objekt nicht zum Löschen markiert, oder es ist markiert, und die Transaktion, die das Löschen angefordert hat, ist zu dem Zeitpunkt, zu dem die Transaktion des Lesers begonnen hat, noch nicht committet.

Eine lang laufende Transaktion kann einen Snapshot für lange Zeit verwenden, wobei sie Werte liest, die (aus dem Blickwinkel anderer Transaktionen) schon längst überschrieben oder gelöscht worden sind. Indem niemals Werte direkt aktualisiert werden, sondern stattdessen bei jeder Änderung eines Werts eine neue Version erstellt wird, kann die Datenbank einen konsistenten Snapshot sicherstellen, wobei nur ein kleiner Overhead anfällt.

Indizes und Snapshot-Isolation

Wie funktionieren Indizes in einer Multiversionsdatenbank? Eine Möglichkeit besteht darin, den Index einfach auf alle Versionen eines Objekts zeigen zu lassen und mit einer entsprechenden Indexabfrage alle Objektversionen herauszufiltern, die für die aktuelle Transaktion nicht sichtbar sind. Wenn die Garbage Collection alte Objektversionen entfernt, die für keine Transaktionen mehr sichtbar sind, können auch die entsprechenden Indexeinträge entfernt werden.

In der Praxis bestimmen viele Implementierungsdetails die Performance von MVCC. Zum Beispiel beherrscht PostgreSQL Optimierungen, um Indexaktualisierungen zu vermeiden, wenn verschiedene Versionen desselben Objekts auf dieselbe Seite passen [31].

Ein anderer Ansatz ist in CouchDB, Datomic und LMDB realisiert. Obwohl diese Datenbanksysteme auch mit B-Bäumen arbeiten (siehe Abschnitt »B-Bäume« auf 85), verwenden sie eine *Copy-on-Write*-Variante (»Kopieren-beim-Schreiben«), die keine Seiten des Baums überschreibt, wenn sie aktualisiert werden, sondern eine neue Kopie jeder modifizierten Seite erstellt. Die aktualisierte Seite wird an ein Protokoll angefügt. Übergeordnete Seiten bis zur Wurzel des Baums werden ebenfalls kopiert und aktualisiert, um auf die neuen Versionen ihrer untergeordneten Seiten zu verweisen. Alle Seiten, die nicht von einem Schreibvorgang betroffen sind, müssen nicht kopiert werden und bleiben unveränderlich [33, 34, 35].

Mit solchen B-Bäumen, die nur Anfügen erlauben, aber keine Seiten direkt überschreiben, erzeugt jede Schreibtransaktion (oder ein Transaktionsstapel) eine neue B-Baum-Wurzelseite. Jede Wurzel ist dann ein konsistenter Snapshot der Datenbank zu dem Zeitpunkt, zu dem der Snapshot entstanden ist. Es ist nicht notwendig, Objekte anhand der Transaktions-IDs herauszufiltern, weil nachfolgende Schreibvorgänge einen vorhandenen B-Baum nicht modifizieren können; sie können nur neue Baumwurzeln erzeugen. Allerdings erfordert dieser Ansatz auch einen Hintergrundprozess, der die Verdichtung und Garbage Collection übernimmt.

Repeatable Read und Namensverwirrung

Snapshot-Isolation ist eine nützliche Isolationsstufe, insbesondere für Transaktionen, die nur von der Datenbank lesen. Allerdings sind bei vielen Datenbanken, die diese Ebene implementieren, verschiedene Namen gebräuchlich. In Oracle spricht man von *serializable* und in PostgreSQL und MySQL heißt sie *Repeatable Read* [23].

Diese Namensverwirrung kommt dadurch zustande, dass der SQL-Standard kein Konzept von Snapshot-Isolation kennt, weil er auf der Definition der Isolationsstufen im System R aus dem Jahre 1975 basiert und Snapshot-Isolation damals noch nicht bekannt war. Stattdessen definiert der Standard Repeatable Read (wiederholbares Lesen), was der Snapshot-Isolation oberflächlich ähnelt. PostgreSQL und MySQL nennen ihre Snapshot-Isolationsstufe »Repeatable Read«, weil sie den Anforderungen des Standards entspricht und die Datenbanken somit Standardkompatibilität für sich beanspruchen können.

Leider ist die Definition der Isolationsstufen im SQL-Standard mangelhaft – sie ist mehrdeutig, ungenau und nicht so implementierungsunabhängig, wie ein Standard sein sollte [28]. Zwar implementieren mehrere Datenbanken Repeatable Read, doch gibt es große Unterschiede in den Garantien, die sie trotz ihrer angeblichen Standardisierung tatsächlich bieten [23]. In der wissenschaftlichen Literatur ist zwar eine formale Definition von Repeatable Read erschienen [29, 30], doch die meisten Implementierungen erfüllen diese formale Definition nicht. Und als Krönung bezieht sich DB2 von IBM mit »Repeatable Read« auf Serialisierbarkeit [8].

Daher weiß niemand genau, was Repeatable Read bedeutet.

Verlorene Updates verhindern

Bei den bisher besprochenen Isolationsstufen Read Committed und Snapshot ging es hauptsächlich darum, welche Daten eine nur lesende Transaktion sehen kann, wenn andere Transaktionen gleichzeitig Schreibzugriffe ausführen. Weitgehend ignoriert haben wir das Problem, wenn zwei Transaktionen gleichzeitig schreiben – wir sind nur auf Dirty Writes eingegangen (siehe Abschnitt »Keine Dirty Writes« auf Seite 250), eine bestimmte Art von Schreiben-Schreiben-Konflikt, die auftreten kann.

Es gibt mehrere andere interessante Arten von Konflikten, die zwischen gleichzeitig schreibenden Transaktionen auftreten können. Am bekanntesten ist das Problem der *verlorenen Updates*, das in Abbildung 7-1 mit dem Beispiel von zwei gleichzeitigen Zählerinkrementierungen zu sehen ist.

Das Problem der verlorenen Updates kann auftreten, wenn eine Anwendung einen Wert aus der Datenbank liest, ihn ändert und den modifizierten Wert zurückschreibt (ein *Lesen-Ändern-Schreiben-Zyklus*). Wenn zwei Transaktionen dies gleichzeitig tun, kann eine der Modifikationen verloren gehen, weil der zweite Schreibvorgang die erste Änderung nicht beinhaltet. Dieses Muster tritt in verschiedenen Szenarios auf:

- Einen Zähler inkrementieren oder einen Kontostand aktualisieren (wobei der aktuelle Wert gelesen, der neue Wert berechnet und der aktualisierte Wert zurückgeschrieben werden muss).
- Eine lokale Änderung an einem komplexen Wert vornehmen, zum Beispiel ein Element in eine Liste innerhalb eines JSON-Dokuments hinzufügen (wobei das Dokument geparst, die Änderung vorgenommen und das modifizierte Dokument zurückgeschrieben werden muss).
- Zwei Benutzer bearbeiten gleichzeitig eine Wiki-Seite, und um seine Änderungen zu speichern, schickt jeder Benutzer den gesamten Seiteninhalt an den Server. Dabei wird der Seiteninhalt überschrieben, der momentan in der Datenbank enthalten ist.

Da dieses Problem so häufig vorkommt, gibt es eine Vielzahl von Lösungen.

Atomare Schreiboperationen

Viele Datenbanken bieten atomare Aktualisierungsoperationen, sodass man im Anwendungscode auf Lesen-Ändern-Schreiben-Zyklen verzichten kann. Normalerweise sind solche Operationen die beste Lösung, wenn sich Ihr Code in Form dieser Operationen ausdrücken lässt. Zum Beispiel ist die folgende Anweisung in den meisten relationalen Datenbanken sicher für parallele Ausführung:

```
UPDATE counters SET value = value + 1 WHERE key = 'foo';
```

Analog dazu bieten Dokumentdatenbanken wie zum Beispiel MongoDB atomare Operationen, um lokale Änderungen an einem Teil eines JSON-Dokuments vorzunehmen, und Redis bietet atomare Operationen, um Datenstrukturen wie zum Beispiel Prioritätswarteschlangen zu ändern. Nicht alle Schreibvorgänge lassen sich in Form von atomaren Operationen ausdrücken – so sind bei Aktualisierungen an einer Wiki-Seite alle möglichen Operationen zur Bearbeitung von Text involviert[9] –, doch dort, wo sich atomare Operationen verwenden lassen, sind sie normalerweise die beste Wahl.

Um atomare Operationen zu implementieren, setzt man in der Regel eine exklusive Sperre auf das Objekt, wenn es gelesen wird, sodass keine andere Transaktion es lesen kann, bis die Aktualisierung angewandt wurde. Diese Technik wird auch als *Cursorstabilität* bezeichnet [36, 37]. Eine weitere Möglichkeit besteht darin, die Ausführung aller atomaren Operationen in einem einzigen Thread zu erzwingen. Leider ist es bei ORM-Frameworks leicht, versehentlich Code zu schreiben, der

9 Es ist möglich, wenn auch ziemlich kompliziert, die Bearbeitung eines Dokuments als Stream von atomaren Mutationen auszudrücken. Einige Hinweise hierzu finden Sie im Kasten »Automatische Konfliktauflösung« auf Seite 184.

unsichere Lesen-Ändern-Schreiben-Zyklen ausführt, anstatt die datenbankeigenen atomaren Operationen zu verwenden [38]. Das ist kein Problem, wenn Sie dies bewusst tun, doch hier liegt eine potenzielle Quelle für subtile Bugs, die bei Tests schwer aufzuspüren sind.

Explizites Sperren

Sollten die integrierten atomaren Operationen der Datenbank nicht die erforderliche Funktionalität bieten, lassen sich verlorene Updates auch verhindern, wenn die Anwendung die zu aktualisierenden Objekte explizit sperrt. Dann kann die Anwendung einen Lesen-Ändern-Schreiben-Zyklus ausführen, und wenn eine andere Transaktion gleichzeitig dasselbe Objekt lesen will, wird sie gezwungen zu warten, bis der erste Lesen-Ändern-Schreiben-Zyklus abgeschlossen ist.

Nehmen Sie als Beispiel ein Multiplayerspiel, in dem mehrere Spieler gleichzeitig dieselbe Figur bewegen können. In diesem Fall genügt eine atomare Operation möglicherweise nicht, weil die Anwendung auch sicherstellen muss, dass der Zug eines Spielers den Spielregeln entspricht. Hierzu ist Logik erforderlich, die Sie nicht sinnvoll als Datenbankabfrage implementieren können. Stattdessen müssen Sie mit einer Sperre verhindern, dass zwei Spieler gleichzeitig dieselbe Figur bewegen, wie es Abbildung 7-1 veranschaulicht.

Beispiel 7-1: Zeilen explizit sperren, um verlorene Updates zu verhindern

```
BEGIN TRANSACTION;

SELECT * FROM figures
  WHERE name = 'robot' AND game_id = 222
  FOR UPDATE; ❶

-- Prüfen, ob Zug gültig ist, dann die Position der Figur, die
-- das vorherige SELECT zurückgegeben hat, aktualisieren.
UPDATE figures SET position = 'c4' WHERE id = 1234;

COMMIT;
```

❶ Die Klausel `FOR UPDATE` weist darauf hin, dass die Datenbank eine Sperre auf alle Zeilen legen soll, die von dieser Abfrage zurückgegeben werden.

Das funktioniert zwar, doch um es richtig zu machen, müssen Sie Ihre Anwendungslogik sorgfältig konzipieren. Man vergisst leicht, im Code eine notwendige Sperre hinzuzufügen, und schon hat man für eine Race Condition gesorgt.

Verlorene Updates automatisch erkennen

Atomare Operationen und Sperren verhindern verlorene Updates, indem sie die sequenzielle Ausführung von Lesen-Ändern-Schreiben-Zyklen erzwingen. Als Alternative könnte man sie parallel laufen lassen und – wenn der Transaktionsmananger ein verlorenes Update erkennt – die Transaktion abbrechen und sie zwingen, ihren Lesen-Ändern-Schreiben-Zyklus erneut zu versuchen.

Dieser Ansatz hat auch den Vorteil, dass Datenbanken diese Überprüfung in Verbindung mit Snapshot-Isolation effizient ausführen können. Tatsächlich erkennen die Isolationsstufen *Repeatable Read* von PostgreSQL, *serializable* von Oracle und *Snapshot* von SQL Server automatisch, wenn ein verlorenes Update aufgetreten ist, und brechen die verursachende Transaktion ab. Dagegen erkennt Repeatable Read des Subsystems InnoDB von MySQL keine verlorenen Updates [23]. Einige Autoren [28, 30] definieren, dass die Isolationsstufe einer Datenbank verlorene Updates verhindern muss, um als Snapshot-Isolation zu gelten. Gemäß dieser Definition bietet MySQL also keine Snapshot-Isolation.

Das Erkennen verlorener Updates ist ein großartiges Feature, da der Anwendungscode keine spezielle Datenbankfunktionen verwenden muss. Selbst wenn Sie vergessen, eine Sperre zu setzen oder eine atomare Operation zu verwenden und somit einen Bug programmiert haben, das Erkennen verlorener Updates geschieht automatisch und ist daher weniger fehleranfällig.

Vergleichen-und-Setzen

In Datenbanken, die keine Transaktionen bieten, finden Sie gelegentlich eine atomare Vergleichen-und-Setzen-Operation (weiter oben erwähnt in Abschnitt »Einzelobjektschreibvorgänge« auf Seite 244). Diese Operation soll verlorene Updates vermeiden, indem eine Aktualisierung nur dann stattfinden darf, wenn sich der Wert seit dem letzten Lesen nicht geändert hat. Stimmt der aktuelle Wert nicht mit dem vorher gelesenen Wert überein, hat die Aktualisierung keine Wirkung, und der Lesen-Ändern-Schreiben-Zyklus muss erneut versucht werden.

Um zum Beispiel zu verhindern, dass zwei Benutzer gleichzeitig dieselbe Wiki-Seite aktualisieren, könnten Sie die folgenden Anweisungen ausprobieren und erwarten, dass die Aktualisierung nur dann stattfindet, wenn der Inhalt der Seite unverändert geblieben ist, seit der Benutzer mit der Bearbeitung begonnen hat:

```
-- Ob diese Anweisungen sicher sind, hängt von der Datenbankimplementierung ab:
UPDATE wiki_pages SET content = 'new content'
  WHERE id = 1234 AND content = 'old content';
```

Wenn sich der Inhalt (`content`) geändert hat und nicht mehr mit dem alten Inhalt `'old content'` übereinstimmt, hat diese `UPDATE`-Anweisung keine Wirkung. Folglich müssen Sie überprüfen, ob das Update wirksam wurde, und es gegebenenfalls erneut versuchen. Wenn jedoch die Datenbank erlaubt, dass die `WHERE`-Klausel von einem alten Snapshot liest, lassen sich mit dieser Anweisung verlorene Updates möglicherweise nicht verhindern, weil die Bedingung `true` sein kann, obwohl ein anderer paralleler Schreibvorgang stattfindet. Vergewissern Sie sich, ob die Vergleichen-und-Setzen-Operation Ihrer Datenbank sicher ist, bevor Sie sich darauf verlassen.

Konfliktauflösung und Replikation

In replizierten Datenbanken (siehe Kapitel 5) nimmt das Verhindern von verlorenen Updates eine andere Dimension an: Da es Kopien der Daten auf mehreren Knoten gibt und die Daten potenziell auf mehreren Knoten gleichzeitig modifiziert werden können, sind einige zusätzliche Schritte erforderlich, um verlorene Updates zu verhindern.

Sperren und Vergleichen-und-Setzen-Operationen gehen davon aus, dass es nur eine einzige aktuelle Kopie der Daten gibt. Da aber Datenbanken mit Multi-Leader- oder leaderloser Replikation normalerweise mehrere gleichzeitige Schreibvorgänge erlauben und sie asynchron replizieren, können sie nicht garantieren, dass es nur eine einzige aktuelle Kopie der Daten gibt. Folglich lassen sich Techniken, die auf Sperren oder Vergleichen-und-Setzen basieren, nicht in diesem Kontext anwenden. (In Abschnitt »Linearisierbarkeit« auf Seite 346 kommen wir noch einmal ausführlich auf dieses Problem zurück.)

Wie in Abschnitt »Mitgliedschafts- und Koordinationsdienste« auf Seite 397 beschrieben, ist es stattdessen bei solchen replizierten Datenbanken üblich, mehrere parallele Schreibvorgänge zuzulassen, um mehrere kollidierende Versionen eines Werts (sogenannte Zwillinge) zu erzeugen und mit Anwendungscode oder speziellen Datenstrukturen diese Versionen nachträglich aufzulösen und zusammenzuführen.

Atomare Operationen können in einem replizierten Umfeld durchaus funktionieren, insbesondere wenn sie kommutativ sind (d.h., man kann sie in einer anderen Reihenfolge auf verschiedenen Replikaten anwenden und bekommt trotzdem das gleiche Ergebnis). Kommutative Operationen sind zum Beispiel das Inkrementieren eines Zählers oder das Hinzufügen eines Elements zu einer Menge. Das ist die Idee hinter den Datentypen von Riak 2.0, die verlorene Updates über Replikate hinweg verhindern. Wenn ein Wert von verschiedenen Clients gleichzeitig aktualisiert wird, führt Riak automatisch die Aktualisierungen in einer Weise zusammen, dass keine Updates verloren gehen [39].

Andererseits ist die LWW-Konfliktauflösungsmethode (Last Write Wins) anfällig für verlorene Updates, wie Abschnitt »LWW – Der letzte Schreibvorgang gewinnt (Verwerfen gleichzeitiger Schreibvorgänge)« auf Seite 197 beschrieben hat. Leider ist LWW der Standard in vielen replizierten Datenbanken.

Schreibversatz und Phantome

In den vorherigen Abschnitten haben wir Dirty Writes und verlorene Updates gesehen. Diese beiden Arten von Race Conditions können auftreten, wenn verschiedene Transaktionen gleichzeitig in dieselben Objekte schreiben wollen. Um die Daten nicht zu beschädigen, müssen solche Wettlaufsituationen verhindert werden – entweder automatisch durch die Datenbank oder durch manuelle Sicherheitsmaßnahmen wie zum Beispiel Sperren oder atomare Schreiboperationen.

Allerdings ist das noch nicht das Ende der Liste von potenziellen Race Conditions, die zwischen gleichzeitigen Schreibvorgängen auftreten können. In diesem Abschnitt lernen Sie einige subtilere Beispiele von Konflikten kennen.

Stellen Sie sich für den Anfang das folgende Beispiel vor: Sie schreiben eine Anwendung für Ärzte, die deren Bereitschaftsdienste in einem Krankenhaus verwaltet. Das Krankenhaus versucht in der Regel, mehrere Ärzte gleichzeitig auf Abruf zu haben, aber es muss unbedingt mindestens ein Arzt bereit sein. Ärzte können ihre Schichten abgeben (zum Beispiel wenn sie selbst krank sind), vorausgesetzt, dass mindestens ein Kollege in dieser Schicht auf Abruf bleibt [40, 41].

Alice und Bob sollen die beiden Bereitschaftsärzte für eine bestimmte Schicht sein. Beide fühlen sich unwohl und beschließen deshalb, den Dienst abzugeben. Leider klicken sie nahezu gleichzeitig auf die Schaltfläche für die Dienstabmeldung. Abbildung 7-8 zeigt, was als Nächstes passiert.

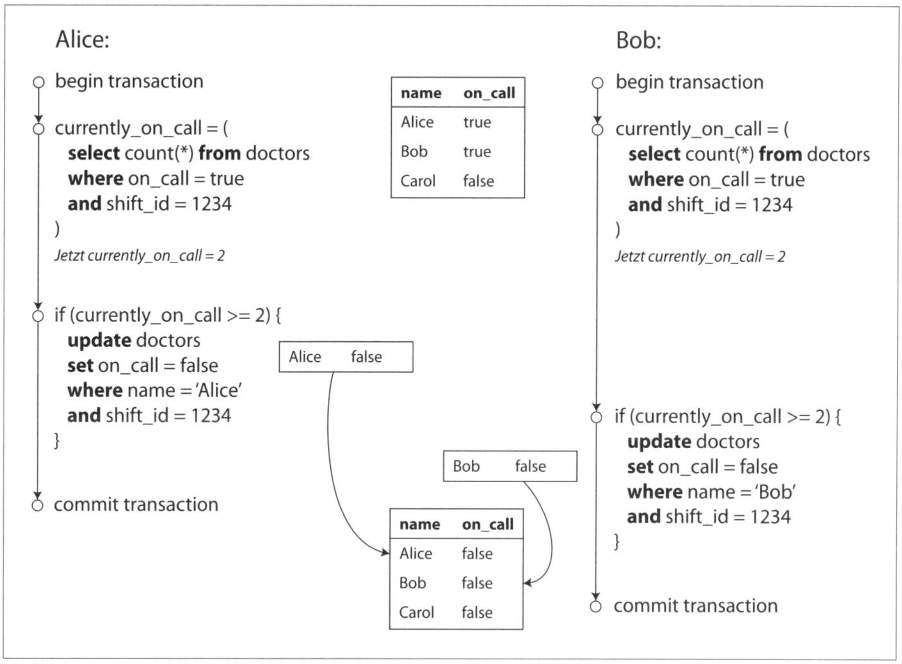

Abbildung 7-8: Beispiel für einen Schreibversatz, der einen Anwendungsfehler verursacht

In jeder Transaktion überprüft Ihre Anwendung zuerst, ob es zwei oder mehr Ärzte gibt, die momentan Bereitschaft haben. Trifft das zu, geht sie davon aus, dass es sicher ist, wenn ein Arzt seinen Bereitschaftsdienst abmeldet. Da die Datenbank Snapshot-Isolation verwendet, geben beide Prüfungen 2 zurück, und somit fahren beide Transaktionen mit dem nächsten Schritt fort. Alice aktualisiert ihren eigenen Datensatz, um sich selbst vom Bereitschaftsdienst abzumelden, und Bob aktualisiert seinen Datensatz gleichermaßen. Beide Transaktionen committen, und jetzt steht kein Bereitschaftsarzt mehr zur Verfügung. Die Forderung, mindestens einen Arzt in Bereitschaft zu haben, wurde verletzt.

Schreibversatz unter der Lupe

Diese Anomalie nennt man *Schreibversatz* (write skew) [28]. Es handelt sich weder um ein Dirty Write noch ein verlorenes Update, weil die beiden Transaktionen zwei verschiedene Objekte aktualisieren (die Bereitschaftsdatensätze von Alice bzw. Bob). Nicht so offensichtlich ist, dass hier ein Konflikt aufgetreten ist, doch es handelt sich zweifellos um eine Race Condition: Wären die beiden Transaktionen nacheinander ausgeführt worden, hätte der zweite Arzt keine Zustimmung erhalten, sich vom Bereitschaftsdienst abzumelden. Das anomale Verhalten war nur möglich, weil die Transaktionen gleichzeitig gelaufen sind.

Den Schreibversatz können Sie sich als eine Verallgemeinerung des Problems verlorener Updates vorstellen. Schreibversatz kann auftreten, wenn zwei Transaktionen dieselben Objekte lesen und dann einige dieser Objekte aktualisieren (verschiedene Transaktionen können verschiedene Objekte aktualisieren). Wenn als Sonderfall verschiedene Transaktionen dasselbe Objekt aktualisieren, ernten Sie (abhängig vom Timing) eine Dirty-Write- oder Lost-Update-Anomalie.

Wie bereits erläutert, gibt es verschiedene Methoden, verlorene Updates zu verhindern. Beim Schreibversatz sind unsere Möglichkeiten eher beschränkt:

- Atomare Einzelobjektoperationen helfen nicht weiter, da mehrere Objekte beteiligt sind.
- Die automatische Erkennung von verlorenen Updates, die Sie in einigen Implementierungen von Snapshot-Isolation finden, helfen leider ebenso wenig weiter: Schreibversatz wird in den Isolationsstufen Repeatable Read von PostgreSQL, Repeatable Read im Subsystem InnoDB von MySQL, serializable von Oracle oder Snapshot-Isolation von SQL Server nicht automatisch erkannt [23]. Um Schreibversatz automatisch zu verhindern, ist echte serialisierbare Isolation notwendig (siehe Abschnitt »Serialisierbarkeit« auf Seite 268).
- Bei einigen Datenbanken können Sie Einschränkungen konfigurieren, die die Datenbank dann erzwingt (zum Beispiel Eindeutigkeit, Fremdschlüsseleinschränkungen oder Beschränkungen auf einen bestimmten Wert). Um jedoch festzulegen, dass mindestens ein Arzt in Bereitschaft sein muss, würden Sie eine Einschränkung brauchen, die sich auf mehrere Objekte bezieht. Die meisten Datenbanken unterstützen derartige Einschränkungen nicht von Haus aus, doch gegebenenfalls lassen sie sich – je nach Datenbank – mit Triggern oder materialisierten Sichten implementieren [42].
- Wenn die Isolationsstufe serialisierbar nicht infrage kommt, ist es in diesem Fall die wahrscheinlich zweitbeste Option, die Zeilen, von der die Transaktion abhängt, explizit zu sperren. Im Beispiel mit den Bereitschaftsärzten könnten Sie etwa folgende Anweisungen schreiben:

```
BEGIN TRANSACTION;

SELECT * FROM doctors
  WHERE on_call = true
  AND shift_id = 1234 FOR UPDATE; ❶

UPDATE doctors
  SET on_call = false
  WHERE name = 'Alice'
  AND shift_id = 1234;

COMMIT;
```

❶ Wie zuvor weist `FOR UPDATE` die Datenbank an, alle Zeilen zu sperren, die von dieser Abfrage zurückgegeben werden.

Weitere Beispiele für Schreibversatz

Schreibversatz erscheint auf den ersten Blick wie ein esoterisches Problem, doch nachdem Sie es bewusst wahrgenommen haben, werden Sie wahrscheinlich noch mehr Situationen bemerken, in denen es auftreten kann. Hier einige weitere Beispiele:

Buchungssystem für Besprechungsräume
: Nehmen wir an, Sie möchten sicherstellen, dass derselbe Besprechungsraum nicht gleichzeitig zweimal gebucht wird [43]. Wenn jemand eine Buchung vornimmt, prüfen Sie zunächst auf kollidierende Buchungen (d.h. Buchungen für denselben Raum mit überlappenden Zeitbereichen), und wenn keine gefunden werden, legen Sie die Besprechung an (siehe Beispiel 7-2).[10]

Beispiel 7-2: Ein Buchungssystem für Besprechungsräume versucht, Doppelbuchungen zu vermeiden (unter Snapshot-Isolation nicht sicher).

```
BEGIN TRANSACTION;

-- Prüfen auf vorhandene Buchungen, die sich im Zeitraum 12:00 bis 13:00
-- überlappen
SELECT COUNT(*) FROM bookings
  WHERE room_id = 123 AND
    end_time > '2015-01-01 12:00' AND start_time < '2015-01-01 13:00';

-- Wenn die vorherige Abfrage null zurückgegeben hat:
INSERT INTO bookings
  (room_id, start_time, end_time, user_id)
  VALUES (123, '2015-01-01 12:00', '2015-01-01 13:00', 666);

COMMIT;
```

10 In PostgreSQL können Sie dies eleganter mit Bereichstypen lösen, die aber in anderen Datenbanken nicht durchgängig unterstützt werden.

Leider verhindert Snapshot-Isolation nicht, dass ein anderer Benutzer gleichzeitig eine kollidierende Besprechung einträgt. Um zu garantieren, dass keine Planungskonflikte auftreten, brauchen Sie wieder serialisierbare Isolation.

Multiplayerspiel
: In Abbildung 7-1 verhindern wir verlorene Updates mit einer Sperre (stellen also sicher, dass zwei Spieler dieselbe Figur nicht gleichzeitig bewegen können). Allerdings verhindert die Sperre nicht, dass Spieler zwei verschiedene Figuren auf dieselbe Position auf dem Brett ziehen oder eventuell irgendeinen anderen Zug machen, der die Spielregeln verletzt. Je nach Art der Regel, die Sie durchsetzen wollen, können Sie möglicherweise eine eindeutige Einschränkung verwenden. Andernfalls ist die Datenbank anfällig für Schreibversatz.

Einen Benutzernamen anfordern
: Auf einer Website, für die jeder Benutzer einen eindeutigen Benutzernamen hat, könnten zwei Benutzer gleichzeitig versuchen, Konten mit dem gleichen Benutzernamen einzurichten. Nun ließe sich mit einer Transaktion prüfen, ob ein bereits vorhandener Name gewählt wurde, und falls nicht, ein Konto mit diesem Namen anlegen. Allerdings ist das wie im vorherigen Beispiel unter Snapshot-Isolation nicht sicher. Erfreulicherweise ist hier eine Eindeutigkeitseinschränkung eine einfache Lösung (die zweite Transaktion, die den Benutzernamen registrieren will, wird aufgrund der verletzten Einschränkung abgebrochen).

Doppelausgaben verhindern
: Ein Dienst, der es Benutzern erlaubt, Geld oder Punkte auszugeben, muss überprüfen, ob ein Benutzer nicht mehr ausgibt, als er besitzt. Man könnte dies implementieren, indem man einen vorläufigen Ausgabenposten in das Konto eines Benutzers einfügt, alle Posten des Kontos auflistet und berechnet, ob die Summe positiv ist [44]. Bei Schreibversatz könnte es aber passieren, dass zwei Ausgabenposten gleichzeitig eingefügt werden, die zusammen einen negativen Saldo ergeben, aber keine Transaktion die andere bemerkt.

Phantome, die Schreibversatz verursachen

Alle diese Beispiele entsprechen einem ähnlichen Muster:

1. Eine `SELECT`-Abfrage prüft, ob eine bestimmte Anforderung erfüllt ist, indem nach Zeilen gesucht wird, die einer Suchbedingung entsprechen (es gibt mindestens zwei Ärzte in Bereitschaft, es gibt keine Buchungen für diesen Raum zu diesem Zeitpunkt, die Position auf dem Brett wird noch nicht von einer anderen Figur eingenommen, der Benutzername ist noch nicht vergeben, es ist noch genügend Geld auf dem Konto).
2. Abhängig vom Ergebnis der ersten Abfrage entscheidet der Anwendungscode, wie es weitergeht (vielleicht mit der Operation fortfahren oder einen Fehler an den Benutzer melden und abbrechen).

3. Wenn die Anwendung entscheidet, fortzufahren, führt sie eine Schreiboperation (`INSERT`, `UPDATE` oder `DELETE`) in der Datenbank aus und committet die Transaktion.

   Die Wirkung dieser Schreiboperation ändert die Voraussetzung für die Entscheidung in Schritt 2. Mit anderen Worten: Wenn Sie die `SELECT`-Abfrage von Schritt 1 nach dem Committen der Schreiboperation wiederholen, würden Sie ein anderes Ergebnis erhalten, weil der Schreibvorgang die Zeilen geändert hat, die der Suchbedingung entsprechen (jetzt ist ein Arzt weniger in Bereitschaft, der Besprechungsraum ist nun für diesen Zeitpunkt gebucht, die Position auf dem Brett wurde nun von der gezogenen Figur eingenommen, der Benutzername ist nun vergeben, es ist jetzt weniger Geld auf dem Konto vorhanden).

Die Schritte können in einer anderen Reihenfolge auftreten. Zum Beispiel könnten Sie zuerst die Schreiboperation ausführen, dann die `SELECT`-Abfrage auslösen und schließlich auf Basis des Abfrageergebnisses entscheiden, ob abgebrochen oder committet wird.

Im Bereitschaftsarztbeispiel war die Zeile, die in Schritt 3 modifiziert wurde, eine der Zeilen, die in Schritt 1 zurückgegeben worden ist, sodass wir die Transaktion sicher machen und Schreibversatz verhindern können, indem wir die Zeilen in Schritt 1 sperren (`SELECT FOR UPDATE`). Die anderen vier Beispiele unterscheiden sich aber davon: Sie prüfen auf das Fehlen von Zeilen, die bestimmten Suchbedingungen entsprechen, und die Schreiboperation fügt eine Zeile ein, die derselben Bedingung entspricht. Wenn die Abfrage in Schritt 1 keine Zeilen zurückgibt, hat `SELECT FOR UPDATE` nichts, worauf die Anweisung eine Sperre legen könnte.

Dieser Effekt, bei dem ein Schreibvorgang in der einen Transaktion das Ergebnis einer Suchabfrage in einer anderen Transaktion ändert, wird als *Phantom* bezeichnet [3]. Snapshot-Isolation vermeidet Phantome in Nur-Lese-Abfragen, doch in Lesen-Schreiben-Transaktionen wie in den besprochenen Beispielen können Phantome zu besonders kniffligen Fällen von Schreibversatz führen.

Konflikte materialisieren

Das Problem der Phantome besteht darin, dass es kein Objekt gibt, dem wir die Sperren zuweisen können. Vielleicht ließe sich ein Sperrenobjekt künstlich in die Datenbank einführen?

So könnten wir im Beispiel der Besprechungsraumbuchung eine Tabelle von Zeitscheiben und Räumen anlegen. Jede Zeile in dieser Tabelle entspricht einem bestimmten Raum für einen bestimmten Zeitraum (sagen wir 15 Minuten). Nun erzeugen Sie im Voraus (zum Beispiel für die nächsten sechs Monate) Zeilen für alle möglichen Kombinationen von Räumen und Zeitscheiben.

Eine Transaktion, die eine Buchung erstellen will, kann nun die Zeilen, die dem gewünschten Raum und der Zeitdauer entsprechen, in der Tabelle sperren (`SELECT`

`FOR UPDATE`). Nachdem sie die Sperren in ihren Besitz gebracht hat, kann sie auf überlappende Buchungen prüfen und wie zuvor eine neue Buchung einfügen. Die Zusatztabelle dient nicht dazu, Informationen über die Buchung zu speichern – es handelt sich lediglich um eine Auflistung von Sperren, die verhindern, dass Buchungen für denselben Raum und denselben Zeitbereich gleichzeitig geändert werden.

Dieser Ansatz heißt *Konflikte materialisieren*, weil er ein Phantom übernimmt und es in einen Sperrenkonflikt auf einem konkreten Satz von Zeilen umwandelt, die in der Datenbank existieren [11]. Leider ist es ziemlich schwierig und fehleranfällig, herauszufinden, wie Konflikte zu materialisieren sind, und es ist unschön, einen Steuermechanismus für Parallelität in das Datenmodell der Anwendung eindringen zu lassen. Aus diesen Gründen sollten materialisierende Konflikte als letztes Mittel betrachtet werden, wenn keine Alternative möglich ist. Die Isolationsstufe `serializable` (*serialisierbar*) ist in den meisten Fällen vorzuziehen.

Serialisierbarkeit

Dieses Kapitel hat mehrere Beispiele von Transaktionen vorgestellt, die anfällig für Race Conditions sind. Einige Race Conditions lassen sich durch die Isolationsstufen Read Committed und Snapshot-Isolation verhindern, andere jedoch nicht. Dabei haben wir einige besonders knifflige Beispiele mit Schreibversatz und Phantomen kennengelernt. Die Situation sieht traurig aus:

- Isolationsstufen sind nicht leicht zu verstehen und werden in verschiedenen Datenbanken inkonsistent implementiert (zum Beispiel variiert die Bedeutung von »Repeatable Read« erheblich).
- An Ihrem Anwendungscode können Sie nur schwer erkennen, ob Sie ihn auf einer bestimmten Isolationsstufe sicher ausführen können – insbesondere in einer großen Anwendung, bei der Sie vielleicht nicht alles übersehen, was gleichzeitig passieren kann.
- Es gibt keine guten Tools, mit denen sich Wettlaufsituationen erkennen lassen. Prinzipiell kann zwar eine statische Analyse helfen [26], doch haben Forschungstechniken bislang noch keinen Weg in die Praxis gefunden. Das Testen auf Parallelitätsprobleme ist schwierig, da sie normalerweise nichtdeterministisch sind – Probleme treten nur auf, wenn man Pech mit dem Timing hat.

Das ist kein neues Problem – schon seit den 1970er-Jahren wurden zunächst schwache Isolationsstufen eingeführt [2]. Die Antwort der Forscher ist die ganze Zeit über einfach geblieben: Verwenden Sie eine *serialisierbare* Isolation!

Die serialisierbare Isolation gilt in der Regel als stärkste Isolationsstufe. Sie garantiert, dass das Endergebnis trotz parallel ausgeführter Transaktionen das gleiche ist, als ob sie nacheinander ausgeführt worden wären, seriell, ohne jede Parallelität. Verhalten sich die Transaktionen korrekt, wenn sie einzeln ausgeführt werden, garantiert die Datenbank, dass die Transaktionen auch korrekt bleiben, wenn sie parallel laufen – mit anderen Worten verhindert die Datenbank alle möglichen Race Conditions.

Doch wenn serialisierbare Isolation so viel besser ist als das Durcheinander der schwachen Isolationsstufen, warum verwendet sie dann nicht jeder? Um diese Frage zu beantworten, müssen wir uns die Möglichkeiten ansehen, wie sich Serialisierbarkeit implementieren lässt und wie leistungsfähig sie ist. Die meisten Datenbanken, die heute Serialisierbarkeit bieten, verwenden eine von drei Techniken, die wir im weiteren Verlauf dieses Kapitels untersuchen werden.

- Transaktionen buchstäblich in serieller Reihenfolge ausführen (siehe Abschnitt »Tatsächliche serielle Ausführung« auf Seite 269)
- Zwei-Phasen-Sperrverfahren (siehe Abschnitt »Zwei-Phasen-Sperrverfahren (2PL)« auf Seite 274), das jahrzehntelang die einzige brauchbare Option war
- Optimistische Steuerungstechniken für Parallelität wie zum Beispiel serialisierbare Snapshot-Isolation (siehe Abschnitt »Serialisierbare Snapshot-Isolation (SSI)« auf Seite 278)

Diese Techniken diskutieren wir zunächst vor allem im Kontext von Einzelknoten-Datenbanken. In Kapitel 9 untersuchen wir, wie sie sich zu Transaktionen verallgemeinern lassen, wenn mehrere Knoten in einem verteilten System beteiligt sind.

Tatsächliche serielle Ausführung

Parallelitätsprobleme lassen sich am einfachsten vermeiden, wenn man Parallelität vollkommen beseitigt – indem man nur eine Transaktion zu einem Zeitpunkt ausführt, in serieller Reihenfolge auf einem einzelnen Thread. Damit umgehen wir das Problem, Konflikte zwischen Transaktionen erkennen und verhindern zu müssen: Die resultierende Isolation ist per Definition serialisierbar.

Obwohl dies eine naheliegende Idee zu sein scheint, haben Datenbankdesigner erst vor Kurzem – etwa 2007 – entschieden, dass eine Single-Thread-Schleife zur Ausführung von Transaktionen praktikabel ist [45]. Hat man in den letzten 30 Jahren Multithread-Parallelität als wesentlich angesehen, um gute Performance zu erreichen. Was hat sich geändert, um singlethreaded Ausführung zu ermöglichen?

Zwei Entwicklungen haben zu diesem Umdenken geführt:

- Arbeitsspeicher (RAM) ist inzwischen so billig geworden, dass es in vielen Anwendungsfällen praktikabel ist, den gesamten aktiven Datenbestand im Speicher zu halten (siehe Abschnitt »Alles im Arbeitsspeicher halten« auf Seite 95). Wenn sich alle Daten, auf die eine Transaktion zugreifen muss, im Arbeitsspeicher befinden, laufen Transaktionen wesentlich schneller, als wenn sie darauf warten müssen, dass Daten von der Festplatte geladen werden.

- Datenbankentwickler haben erkannt, dass OLTP-Transaktionen normalerweise kurz sind und nur eine geringe Anzahl von Lese- und Schreiboperationen ausführen (siehe Abschnitt »Transaktionsverarbeitung oder Datenanalyse?« auf Seite 97). Im Unterschied dazu haben lang laufende analytische Abfragen typischerweise die Eigenschaft, dass sie nur Daten lesen und nichts schreiben, weshalb sie auf einem konsistenten Snapshot (bei Snapshot-Isolation) außerhalb der seriellen Ausführungsschleife ausgeführt werden können.

Der Ansatz, Transaktionen seriell auszuführen, ist in VoltDB/H-Store, Redis und Datomic implementiert [46, 47, 48]. Ein System, das für Ausführung auf einem einzelnen Thread konzipiert ist, schneidet leistungsmäßig manchmal besser ab als ein System, das Parallelität unterstützt, weil es den Koordinationsaufwand der Sperren vermeiden kann. Allerdings ist der Durchsatz eines solchen Systems auf den Durchsatz beschränkt, den ein einzelner CPU-Kern ermöglicht. Um das meiste aus diesem einzelnen Thread herauszuholen, müssen Transaktionen anders als in ihrer herkömmlichen Form strukturiert werden.

Transaktionen in gespeicherten Prozeduren kapseln

In der Anfangszeit der Datenbanken zielte man darauf ab, dass eine Datenbanktransaktion einen kompletten Durchlauf einer Benutzeraktivität umfassen könnte. So ist die Buchung eines Flugtickets ein mehrstufiger Vorgang (Fluglinien, Tarife und verfügbare Plätze suchen; eine Reiseroute auswählen; Plätze für jeden der Flüge auf der Reiseroute buchen; Passagierdaten eingeben; Zahlungen ausführen). Datenbankentwickler waren der Ansicht, es wäre eine saubere Lösung, diesen gesamten Ablauf in einer Transaktion unterzubringen, sodass er sich atomar committen ließe.

Leider sind Menschen sehr langsam darin, sich zu entscheiden und zu reagieren. Wenn eine Datenbanktransaktion auf eine Benutzereingabe wartet, muss die Datenbank eine möglicherweise riesige Anzahl von gleichzeitigen Transaktionen unterstützen, wovon der größte Teil im Leerlauf arbeitet. Da die meisten Datenbanken dies nicht effizient realisieren können, halten fast alle OLTP-Anwendungen die Transaktionen kurz, indem sie interaktives Warten auf einen Benutzer innerhalb einer Transaktion vermeiden. Im Web bedeutet das, dass eine Transaktion innerhalb derselben HTTP-Anfrage committet wird – eine Transaktion erstreckt sich normalerweise nicht über mehrere Anfragen. Eine neue HTTP-Anfrage startet eine neue Transaktion.

Obwohl der Mensch aus dem kritischen Pfad herausgenommen wurde, sind Transaktionen weiterhin in einem interaktiven Client-Server-Stil ausgeführt worden, eine Anweisung nach der anderen. Eine Anwendung führt eine Abfrage aus, liest das Ergebnis, führt eventuell – abhängig vom Ergebnis der ersten Abfrage – eine weitere Abfrage aus usw. Die Abfragen und Ergebnisse werden zwischen dem Anwendungscode (der auf dem einen Computer läuft) und dem Datenbankserver (auf einem anderen Computer) hin- und hergeschickt.

In diesem interaktiven Transaktionsstil verbraucht die Netzwerkkommunikation zwischen der Anwendung und der Datenbank sehr viel Zeit. Würden Sie Parallelität in der Datenbank verbieten und nur eine Transaktion auf einmal verarbeiten, ginge der Durchsatz drastisch zurück, weil die Datenbank die meiste Zeit darauf warten würde, dass die Anwendung die nächste Abfrage für die aktuelle Transaktion auslöst. In einer derartigen Datenbank ist es notwendig, mehrere Transaktionen gleichzeitig zu verarbeiten, um eine akzeptable Performance zu erzielen.

Aus diesem Grund lassen Systeme mit serieller Transaktionsverarbeitung in einem einzelnen Thread keine interaktiven Transaktionen mit mehreren Anweisungen zu. Stattdessen muss die Anwendung den gesamten Transaktionscode – als gespeicherte Prozedur – vorab an die Datenbank übermitteln. Abbildung 7-9 veranschaulicht die Unterschiede zwischen diesen Ansätzen. Vorausgesetzt, dass alle von einer Transaktion benötigten Daten im Arbeitsspeicher stehen, kann die gespeicherte Prozedur sehr schnell ausgeführt werden, ohne auf das Netzwerk oder die Festplatten-E/A warten zu müssen.

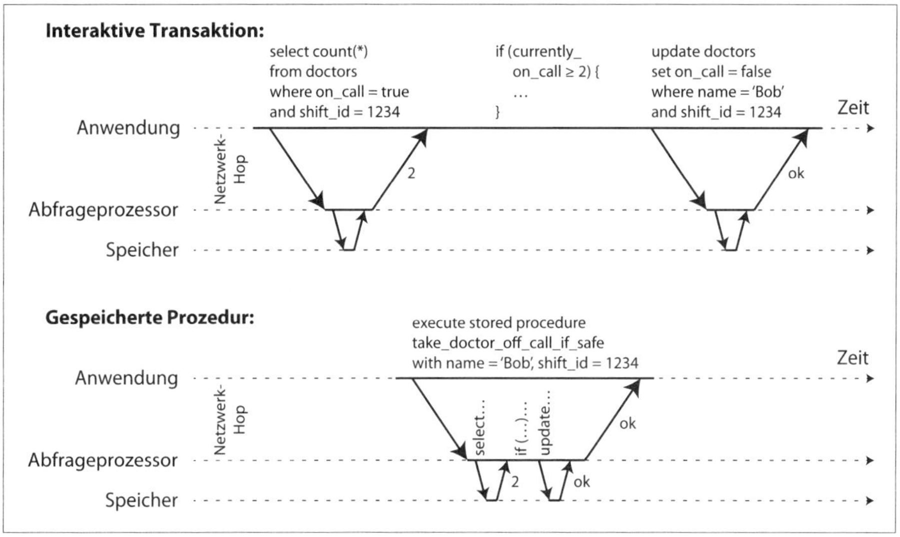

Abbildung 7-9: Der Unterschied zwischen einer interaktiven Transaktion und einer gespeicherten Prozedur (mit der Beispieltransaktion von Abbildung 7-8)

Vor- und Nachteile von gespeicherten Prozeduren

Gespeicherte Prozeduren (Stored Procedures) gibt es schon seit einiger Zeit in relationalen Datenbanken. Seit 1999 sind sie Bestandteil des SQL-Standards (SQL/PSM). Aus verschiedenen Gründen eilt ihnen aber ein schlechter Ruf voraus:

- Jeder Datenbankanbieter definiert seine eigene Sprache für gespeicherte Prozeduren (bei Oracle ist es PL/SQL, in SQL Server heißt sie T-SQL, PostgreSQL verwendet PL/pgSQL usw.). Diese Sprachen haben mit Entwicklungen in Allzweckprogrammiersprachen nicht Schritt gehalten, sodass sie aus heutiger

Sicht recht hässlich und archaisch aussehen. Zudem fehlt ihnen das Ökosystem der Bibliotheken, die bei den meisten Programmiersprachen üblich sind.

- Code, der in einer Datenbank läuft, ist schwierig zu verwalten: Verglichen mit einem Anwendungsserver lässt er sich schwerer debuggen, ist umständlicher in der Versionskontrolle zu pflegen und bereitzustellen, schwieriger zu testen und schwer in ein Erfassungssystem zur Überwachung von Kennwerten zu integrieren.
- Bei einer Datenbank kommt es oftmals wesentlich mehr auf die Performance an als bei einem Anwendungsserver, weil eine einzelne Datenbankinstanz oftmals von vielen Anwendungsservern gemeinsam genutzt wird. Eine schlecht geschriebene gespeicherte Prozedur (die zum Beispiel viel Arbeitsspeicher oder CPU-Zeit beansprucht) in einer Datenbank kann viel mehr Probleme bereiten als ähnlicher schlecht geschriebener Code in einem Anwendungsserver.

Diese Probleme können aber überwunden werden. Moderne Implementierungen von gespeicherten Prozeduren haben PL/SQL aufgegeben und verwenden stattdessen vorhandene Allzweckprogrammiersprachen: VoltDB verwendet Java oder Groovy, bei Datomic sind es Java oder Clojure, und Redis greift auf Lua zurück.

Mit gespeicherten Prozeduren und speicherinternen Daten wird die Ausführung aller Transaktionen in einem einzelnen Thread machbar. Da sie nicht auf Ein-/Ausgaben warten müssen und ohne den Koordinationsaufwand anderer Mechanismen zur Parallelitätssteuerung auskommen, erzielen sie auch auf einem einzelnen Thread einen recht guten Durchsatz.

VoltDB verwendet gespeicherte Prozeduren auch für die Replikation: Anstatt die Schreiboperationen einer Transaktion von einem Knoten auf einen anderen zu kopieren, führt sie die gleiche gespeicherte Prozedur auf jedem Replikat aus. Daher verlangt VoltDB, dass gespeicherte Prozeduren *deterministisch* sind (d.h. das gleiche Ergebnis liefern, wenn sie auf verschiedenen Knoten ausgeführt werden). Wenn eine Transaktion beispielsweise die aktuelle Uhrzeit benötigt, muss sie diese über spezielle deterministische APIs abrufen.

Partitionierung

Wenn man alle Transaktionen seriell ausführt, lässt sich die Parallelität viel einfacher steuern. Allerdings wird der Transaktionsdurchsatz der Datenbank auf die Geschwindigkeit eines einzelnen CPU-Kerns auf einem einzelnen Computer begrenzt. Bei Snapshot-Isolation können nur lesende Transaktionen überall ausgeführt werden, für Anwendungen mit einem hohen Schreibdurchsatz kann aber die Transaktionsverarbeitung auf einem einzelnen Thread zu einem ernsthaften Engpass werden.

Um auf mehrere CPU-Kerne und mehrere Knoten zu skalieren, können Sie Ihre Daten möglicherweise partitionieren (siehe Kapitel 6), was in VoltDB unterstützt wird. Wenn Sie einen Weg finden, Ihren Datenbestand so zu partitionieren, dass jede Transaktion nur Daten innerhalb einer Partition lesen und schreiben muss, dann lässt sich jeder Partition ein eigener Thread zur Transaktionsverarbeitung zuweisen, der unabhängig von den anderen läuft. In diesem Fall können Sie jedem CPU-Kern seine eigene Partition zuteilen, wodurch sich der Transaktionsdurchsatz linear mit der Anzahl der CPU-Kerne skalieren lässt [47].

Allerdings muss die Datenbank jede Transaktion, die auf mehrere Partitionen zugreifen muss, über alle betroffenen Partitionen koordinieren. Die gespeicherte Prozedur muss im Gleichschritt über alle Partitionen ausgeführt werden, um Serialisierbarkeit über das gesamte System sicherzustellen.

Da partitionsübergreifende Transaktionen zusätzlichen Koordinationsaufwand erfordern, sind sie weitaus langsamer als Einzelpartitionstransaktionen. VoltDB gibt einen Durchsatz von 1.000 partitionsübergreifenden Schreibvorgängen pro Sekunde an, was Größenordnungen unterhalb des Durchsatzes bei einzelnen Partitionen liegt und sich auch nicht durch zusätzliche Computer erhöhen lässt [49]. Ob sich Transaktionen auf einer einzelnen Partition ausführen lassen, hängt stark von der Struktur der Daten ab, mit denen die Anwendung arbeitet. Einfache Schlüssel-Wert-Daten lassen sich oftmals sehr leicht partitionieren, doch Daten mit mehreren Sekundärindizes verlangen höchstwahrscheinlich eine Unmenge von partitionsübergreifender Koordinierung (siehe Abschnitt »Partitionierung und Sekundärindizes« auf Seite 218).

Serielle Ausführung – Zusammenfassung

Die serielle Ausführung von Transaktionen ist zu einer praktikablen Methode geworden, serialisierbare Isolation innerhalb bestimmter Einschränkungen zu erreichen:

- Jede Transaktion muss klein und schnell sein, da allein eine langsame Transaktion genügt, um die gesamte Transaktionsverarbeitung zum Stillstand zu bringen.
- Die Methode ist auf Anwendungsfälle beschränkt, bei denen die aktive Datenmenge in den Arbeitsspeicher passt. Selten angesprochene Daten ließen sich eventuell auf Festplatte verschieben, doch wenn eine singlethreaded Transaktion sie benötigt, würde das System sehr langsam werden.[11]
- Der Schreibdurchsatz muss ausreichend niedrig sein, um mit einem einzelnen CPU-Kern auszukommen. Andernfalls müssen Transaktionen so partitioniert werden, dass keine partitionsübergreifende Koordinierung erforderlich ist.
- Partitionsübergreifende Transaktionen sind möglich, doch der Umfang ihrer Nutzung ist ziemlich beschränkt.

---

11 Wenn eine Transaktion auf Daten zugreifen muss, die sich nicht im Arbeitsspeicher befinden, ist es am besten, die Transaktion abzubrechen und die Daten asynchron in den Arbeitsspeicher abzurufen, während andere Transaktionen verarbeitet werden. Nachdem die Daten geladen sind, startet man die Transaktion neu. Dieser Ansatz wird als *Anti-Caching* bezeichnet, wie es bereits in Abschnitt »Alles im Arbeitsspeicher halten« auf Seite 95 erwähnt wurde.

Zwei-Phasen-Sperrverfahren (2PL)

Rund 30 Jahre lang gab es nur einen gebräuchlichen Algorithmus für Serialisierbarkeit in Datenbanken: das *Zwei-Phasen-Sperrverfahren* (two-phase locking, 2PL).[12]

> **2PL ist nicht 2PC**
>
> Auch wenn Zwei-Phasen-Sperrverfahren (2PL) ähnlich wie Zwei-Phasen-Commit (2PC) klingt, handelt es sich um vollkommen unterschiedliche Dinge. Mit 2PC beschäftigt sich Kapitel 9.

Wir haben bereits gesehen, dass Sperren oftmals verwendet werden, um Dirty Writes zu verhindern (siehe Abschnitt »Keine Dirty Writes« auf Seite 250): Wenn zwei Transaktionen gleichzeitig versuchen, auf dasselbe Objekt zu schreiben, stellt die Sperre sicher, dass der zweite Schreiber warten muss, bis der erste seine Transaktion beendet (abgebrochen oder committet) hat, bevor er fortfahren kann.

Das Zwei-Phasen-Sperrverfahren ist ähnlich, stellt aber strengere Anforderungen an die Sperren. Mehrere Transaktionen dürfen gleichzeitig dasselbe Objekt lesen, solange niemand darauf schreibt. Doch sobald jemand ein Objekt schreiben (ändern oder löschen) will, ist exklusiver Zugriff erforderlich:

- Wenn Transaktion A ein Objekt gelesen hat und Transaktion B auf dieses Objekt schreiben will, muss B warten, bis A committet oder abbricht, bevor sie fortfahren kann. (Das stellt sicher, dass B das Objekt nicht unerwartet hinter dem Rücken von A ändern kann.)
- Wenn Transaktion A ein Objekt geschrieben hat und Transaktion B dieses Objekt lesen will, muss B warten, bis A committet oder abbricht, bevor B fortfahren kann. (Unter 2PL ist das Lesen einer alten Version des Objekts wie in Abbildung 7-1nicht akzeptabel.)

In 2PL blockieren Schreiber nicht einfach andere Schreiber, sondern sie blockieren auch Leser und umgekehrt. Das Mantra der Snapshot-Isolation lautet: Leser blockieren niemals Schreiber, und Schreiber blockieren niemals Leser (siehe Abschnitt »Snapshot-Isolation implementieren« auf Seite 254), was diesen entscheidenden Unterschied zwischen Snapshot-Isolation und Zwei-Phasen-Sperrverfahren zum Ausdruck bringt. Da 2PL andererseits Serialisierbarkeit bietet, schützt das Verfahren gegen alle weiter vorn erläuterten Race Conditions, einschließlich verlorener Updates und Schreibversatz.

12 Manchmal auch als *striktes Zwei-Phasen-Sperrverfahren* (strong strict two-phase locking, SS2PL) bezeichnet, um das Verfahren von anderen 2PL-Varianten zu unterscheiden.

Zwei-Phasen-Sperrverfahren implementieren

Das Zwei-Phasen-Sperrverfahren wird von der Isolationsstufe *serializable* in MySQL (InnoDB) und SQL Server sowie in der Isolationsstufe *Repeatable Read* in DB2 [23, 36] verwendet.

Um Leser und Schreiber zu sperren, wird auf jedes Objekt in der Datenbank eine Sperre gelegt. Die Sperre kann sich entweder im *gemeinsamen Modus* (Lesesperre) oder im *exklusiven Modus* (Schreibsperre) befinden. Verwendet wird die Sperre wie folgt:

- Wenn eine Transaktion ein Objekt lesen will, muss sie zuerst die Sperre im gemeinsamen Modus anfordern. Mehrere Transaktionen dürfen die Sperre im gemeinsamen Modus gleichzeitig halten, doch wenn eine andere Transaktion bereits eine exklusive Sperre auf das Objekt gelegt hat, müssen diese Transaktionen warten.
- Wenn eine Transaktion in ein Objekt schreiben möchte, muss sie zuerst die Sperre im exklusiven Modus anfordern. Keine andere Transaktion kann die Sperre zur selben Zeit halten (weder im gemeinsamen noch im exklusiven Modus). Wenn also irgendeine Sperre auf dem Objekt liegt, muss die Transaktion warten.
- Wenn eine Transaktion ein Objekt zuerst liest und dann schreibt, kann sie ihre gemeinsame Sperre zu einer exklusiven Sperre hochstufen. Die Hochstufung funktioniert genauso, als würde die exklusive Sperre direkt angefordert.
- Nachdem eine Transaktion die Sperre an sich gebracht hat, muss sie die Sperre bis zum Ende der Transaktion (Commit oder Abbruch) halten. Daher kommt auch der Name »Zwei-Phasen-Sperrverfahren«: In der ersten Phase (während die Transaktion läuft) wird die Sperre angefordert, und in der zweiten Phase (am Ende der Transaktion) werden alle Sperren freigegeben.

Da so viele Sperren verwendet werden, kann es ziemlich leicht passieren, dass Transaktion A steckenbleibt und auf die Freigabe der Sperre durch Transaktion B wartet und umgekehrt. Diese Situation wird als *Deadlock* bezeichnet. Die Datenbank erkennt automatisch Deadlocks zwischen Transaktionen und bricht eine von ihnen ab, damit die anderen fortfahren können. Die Anwendung muss die abgebrochene Transaktion dann erneut versuchen.

Performance des Zwei-Phasen-Sperrverfahrens

Der große Nachteil des Zwei-Phasen-Sperrverfahrens und der Grund, warum es nicht von jedermann seit den 1970er-Jahren verwendet wurde, ist die Performance: Transaktionsdurchsatz und Reaktionszeiten von Abfragen sind beim Zwei-Phasen-Sperrverfahren signifikant schlechter als bei einer schwachen Isolation.

Das hängt zum Teil mit dem Overhead zusammen, um alle diese Sperren anzufordern und freizugeben, vor allem aber mit verringerter Parallelität. Wenn zwei gleichzeitige Transaktionen etwas versuchen, was in irgendeiner Weise in einer Race Condition resultieren kann, dann muss konzeptionell die eine Transaktion darauf warten, dass die andere abgeschlossen ist.

Traditionelle relationale Datenbanken schränken die Dauer einer Transaktion nicht ein, weil sie für interaktive Anwendungen ausgelegt sind, die auf Benutzereingaben warten. Wenn also eine Transaktion auf eine andere warten muss, gibt es keine Grenze, wie lange sie möglicherweise warten muss. Selbst wenn Sie gewährleisten, dass alle Ihre Transaktionen kurz sind, kann sich eine Warteschlange bilden, wenn mehrere Transaktionen auf den Zugriff auf dasselbe Objekt warten. Folglich muss eine Transaktion gegebenenfalls auf den Abschluss mehrerer anderer Transaktionen warten, bevor sie irgendetwas ausrichten kann.

Aus diesem Grund können Datenbanken, die mit dem Zwei-Phasen-Sperrverfahren laufen, ziemlich unstabile Antwortzeiten haben. Zudem können sie bei hohen Perzentilen (siehe Abschnitt »Performance beschreiben« auf Seite 14) sehr langsam sein, wenn die Arbeitslast von Konkurrenz (contention) geprägt ist. Es genügt eine einzige langsame Transaktion oder eine Transaktion, die auf sehr viele Daten zugreift und viele Sperren anfordert, um das übrige System zum Stillstand zu bringen. Diese Instabilität ist problematisch, wenn ein robuster Betrieb gefordert wird.

Obwohl Deadlocks auf der sperrenbasierten Read-Committed-Isolationsstufe passieren können, treten sie unter der serialisierbaren 2PL-Isolation viel häufiger auf (abhängig von den Zugriffsmustern Ihrer Transaktion). Dies kann ein zusätzliches Performanceproblem sein: Wenn eine Transaktion aufgrund eines Deadlocks abgebrochen und wiederholt wird, muss sie ihre gesamte Arbeit noch einmal ausführen. Kommen Deadlocks häufig vor, bedeutet das eine erhebliche Verschwendung von Ressourcen.

Prädikatsperren

In der vorherigen Beschreibung von Sperren haben wir ein subtiles aber wichtiges Detail übergangen. Im Abschnitt »Phantome, die Schreibversatz verursachen« auf Seite 266 haben wir das Problem der *Phantome* erläutert – d. h., eine Transaktion ändert die Ergebnisse der Suchabfrage einer anderen Transaktion. Eine Datenbank mit serialisierbarer Isolation muss Phantome verhindern.

Im Beispiel für die Besprechungsraumbuchung bedeutet das: Wenn eine Transaktion nach vorhandenen Buchungen für einen Raum innerhalb eines bestimmten Zeitfensters gesucht hat (siehe Beispiel 7-2), darf eine andere Transaktion nicht gleichzeitig eine andere Buchung für denselben Raum und Zeitbereich einfügen oder aktualisieren. (Es ist in Ordnung, gleichzeitig Buchungen für andere Räume einzufügen oder für denselben Raum zu einem anderen Zeitbereich, der die geplante Buchung nicht beeinflusst.)

Wie implementieren wir dies? Konzeptionell brauchen wir eine *Prädikatssperre* [3]. Sie funktioniert ähnlich wie die weiter vorn beschriebene gemeinsame/exklusive Sperre, doch anstatt zu einem bestimmten Objekt zu gehören (zum Beispiel zu einer Zeile in einer Tabelle), gehört sie zu allen Objekten, die eine bestimmte Suchbedingung erfüllen, wie zum Beispiel:

```
SELECT * FROM bookings
  WHERE room_id = 123 AND
    end_time   > '2018-01-01 12:00' AND
    start_time < '2018-01-01 13:00';
```

Eine Prädikatssperre schränkt den Zugriff wie folgt ein:

- Wenn Transaktion A Objekte lesen will, die einer bestimmten Bedingung (wie in dieser `SELECT`-Abfrage) genügen, muss sie eine Prädikatssperre im gemeinsamen Modus für die Bedingungen der Abfrage anfordern. Wenn eine andere Transaktion B gleichzeitig eine exklusive Sperre auf eines der Objekte gelegt hat, die diesen Bedingungen entsprechen, muss A warten, bis B ihre Sperre freigibt, bevor A ihre Abfrage ausführen darf.
- Wenn Transaktion A ein Objekt einfügen, aktualisieren oder löschen will, muss sie zuerst überprüfen, ob entweder der alte oder der neue Wert einer vorhandenen Prädikatssperre entspricht. Wenn Transaktion B eine entsprechende Prädikatssperre hält, dann muss A warten, bis B committet oder abgebrochen hat, bevor A fortfahren kann.

Der Kerngedanke ist hier, dass sich eine Prädikatssperre selbst auf Objekte anwenden lässt, die noch nicht in der Datenbank existieren, aber später hinzugefügt werden könnten (Phantome). Wenn das Zwei-Phasen-Sperrverfahren auch Prädikatssperren einschließt, verhindert die Datenbank sämtliche Formen von Schreibversatz und anderen Race Conditions, und somit wird ihre Isolation serialisierbar.

Indexbereichssperren

Leider schneiden Prädikatssperren leistungsmäßig schlecht ab: Wenn es viele Sperren durch aktive Transaktionen gibt, ist die Prüfung auf übereinstimmende Sperren zeitaufwendig. Deshalb implementieren die meisten Datenbanken mit 2PL tatsächlich *Indexbereichssperren* (auch als *Sperrung des nächsten Schlüssels* bezeichnet), eine vereinfachte Annäherung zu Prädikatssperren [41, 50].

Es ist ungefährlich, ein Prädikat zu vereinfachen, indem man den Übereinstimmungsbereich auf eine größere Menge von Objekten ausdehnt. Wenn Sie zum Beispiel eine Prädikatssperre für Buchungen von Raum 123 zwischen 12:00 und 13:00 Uhr eingerichtet haben, können Sie sie annähern, indem Sie Buchungen von Raum 123 für die gesamte Zeit sperren oder sämtliche Räume (und nicht nur Raum 123) zwischen 12:00 und 13:00 Uhr sperren. Das ist ungefährlich, weil jeder Schreibvorgang, der dem ursprünglichen Prädikat entspricht, auf jeden Fall auch den Approximationen entspricht.

In der Besprechungsraumdatenbank werden Sie wahrscheinlich einen Index für die Spalte `room_id` und/oder Indizes auf die Spalten `start_time` und `end_time` einrichten (da sonst die obige Abfrage bei einer großen Datenbank sehr langsam wäre).

- Angenommen, ein Index ist für `room_id` eingerichtet, und die Datenbank verwendet diesen Index, um vorhandene Buchungen für Raum 123 zu suchen. Jetzt kann die Datenbank einfach eine gemeinsame Sperre auf diesen Indexeintrag legen und damit anzeigen, dass eine Transaktion nach Buchungen für Raum 123 gesucht hat.
- Wenn die Datenbank andererseits einen zeitbasierten Index verwendet, um vorhandene Buchungen zu suchen, kann sie eine gemeinsame Sperre auf einen Bereich von Werten in diesem Index legen und damit anzeigen, dass eine Transaktion nach Buchungen gesucht hat, die in den Zeitraum von 12:00 bis 13:00 am 1. Januar 2018 hineinreichen.

In beiden Fällen wird eine Annäherung der Suchbedingung mit einem der Indizes verbunden. Wenn nun eine andere Transaktion eine Buchung für denselben Raum und/oder einen überlappenden Zeitraum einfügen, aktualisieren oder löschen will, muss sie den gleichen Teil des Index aktualisieren. Dabei trifft sie auf die gemeinsame Sperre und muss warten, bis die Sperre freigegeben wird.

Dies bietet einen wirksamen Schutz gegen Phantome und Schreibversatz. Indexbereichssperren sind nicht so präzise wie Prädikatssperren sein würden (sie sperren möglicherweise einen größeren Bereich von Objekten, als es streng genommen notwendig wäre, um Serialisierbarkeit aufrechtzuerhalten), doch da sie einen wesentlich geringeren Overhead haben, stellen sie einen guten Kompromiss dar.

Gibt es keinen geeigneten Index, dem sich eine Bereichssperre zuordnen lässt, kann die Datenbank auf eine gemeinsame Sperre für die gesamte Tabelle zurückgreifen. Das ist zwar nicht gut für die Performance, da alle anderen Transaktionen, die in die Tabelle schreiben, gestoppt werden, aber es ist eine sichere Fallback-Position.

Serialisierbare Snapshot-Isolation (SSI)

Dieses Kapitel hat ein düsteres Bild der Parallelitätskontrolle in Datenbanken gezeichnet. Einerseits haben wir Implementierungen der Serialisierbarkeit, die leistungsmäßig schlecht abschneiden (Zwei-Phasen-Sperrverfahren) oder sich nicht gut skalieren lassen (serielle Ausführung). Andererseits gibt es schwache Isolationsstufen, die zwar eine gute Performance bieten, aber anfällig für verschiedene Race Conditions sind (verlorene Updates, Schreibversatz, Phantome usw.). Stehen sich serialisierbare Isolation und gute Performance grundsätzlich unvereinbar gegenüber?

Vielleicht doch nicht: Ein Algorithmus namens *serialisierbare Snapshot-Isolation* (SSI) sieht verheißungsvoll aus. Er bietet volle Serialisierbarkeit, weist aber nur geringe Leistungseinbußen verglichen mit Snapshot-Isolation auf. SSI ist relativ neu:

Der Algorithmus wurde erstmals 2008 beschrieben [40] und ist Gegenstand der Doktorarbeit von Michael Cahill [51].

Heute wird SSI sowohl in Einzelknoten-Datenbanken verwendet (die serialisierbare Isolationsstufe in PostgreSQL seit Version 9.1 [41]) als auch in verteilten Datenbanken (FoundationDB verwendet einen ähnlichen Algorithmus). Da SSI im Vergleich zu anderen Mechanismen der Parallelitätssteuerung noch so jung ist, muss sich ihre Performance erst noch in der Praxis beweisen, doch immerhin hat sie das Potenzial, schnell genug zu sein, um in Zukunft zum neuen Standard zu avancieren.

Pessimistische und optimistische Parallelitätssteuerung

Das Zwei-Phasen-Sperrverfahren ist ein sogenannter *pessimistischer* Steuerungsmechanismus für Parallelität, der auf folgendem Prinzip basiert: Wenn irgendetwas schiefgehen könnte (wie es eine Sperre anzeigt, die von einer anderen Transaktion gehalten wird), ist es besser, zu warten, bis die Situation wieder sicher ist, bevor man irgendetwas tut. Es verhält sich wie ein *gegenseitiger Ausschluss*, mit dem man Datenstrukturen in der Multithread-Programmierung schützt.

Die serielle Ausführung ist in gewisser Weise extrem pessimistisch: Praktisch ist sie gleichbedeutend damit, dass jede Transaktion eine exklusive Sperre auf die gesamte Datenbank (oder eine Partition der Datenbank) für die Dauer der Transaktion legt. Den Pessimismus kompensieren wir, indem wir jede Transaktion sehr schnell ausführen, sodass sie die »Sperre« nur für eine kurze Zeit halten muss.

Demgegenüber ist die serialisierbare Snapshot-Isolation eine *optimistische* Parallelitätssteuerung. In diesem Kontext ist mit optimistisch gemeint: Anstatt zu blockieren, wenn etwas potenziell Gefährliches passiert, fahren Transaktionen trotzdem fort in der Hoffnung, dass letztlich alles gut ausgeht. Wenn eine Transaktion committen will, prüft die Datenbank, ob irgendetwas Schlimmes passiert ist (d.h., ob die Isolation verletzt wurde). Falls das zutrifft, wird die Transaktion abgebrochen und muss erneut ausgeführt werden. Nur Transaktionen, die serialisiert laufen, dürfen committen.

Optimistische Parallelitätssteuerung ist eine alte Idee [52], und ihre Vor- und Nachteile sind seit Langem diskutiert worden [53]. Diese Methode zeigt eine schlechte Leistung, wenn die Konkurrenz hoch ist (viele Transaktionen auf dieselben Objekte zugreifen wollen), da dies zu einem hohen Anteil von Transaktionen führt, die abgebrochen werden müssen. Wenn das System bereits nahe an seinem maximalen Durchsatz angekommen ist, kann die zusätzliche Transaktionslast von erneut ausgeführten Transaktionen die Leistung noch weiter verschlechtern.

Wenn jedoch genügend Reserven vorhanden sind und wenn die Konkurrenz zwischen Transaktionen nicht zu hoch ist, schneiden optimistische Parallelitätssteuerungen tendenziell besser als pessimistische Varianten ab. Die Konkurrenz kann mit kommutativen atomaren Operationen reduziert werden: Wenn zum Beispiel mehrere Transaktionen gleichzeitig einen Zähler inkrementieren wollten, spielt es keine Rolle, in welcher Reihenfolge die Inkrementierungen angewendet werden (solange der Zähler in derselben Transaktion nicht auch gelesen wird), sodass sich die parallelen Inkrementierungen alle konfliktfrei anwenden lassen.

Wie der Name schon vermuten lässt, basiert SSI auf Snapshot-Isolation – d.h., alle Leseoperationen innerhalb einer Transaktion erfolgen von einem konsistenten Snapshot der Datenbank (siehe Abschnitt »Snapshot-Isolation und Repeatable Read« auf Seite 252). Dies ist der Hauptunterschied zu früheren optimistischen Parallelitätssteuerungen. Auf Snapshot-Isolation aufsetzend fügt SSI einen Algorithmus hinzu, um Serialisierungskonflikte zwischen Schreibvorgängen zu erkennen und um zu bestimmen, welche Transaktionen abzubrechen sind.

Entscheidungen, die auf einer veralteten Prämisse basieren

Als es weiter vorn über Schreibversatz in Snapshot-Isolation ging (siehe Abschnitt »Schreibversatz und Phantome« auf Seite 262), haben wir ein wiederkehrendes Muster beobachtet: Eine Transaktion liest einige Daten aus der Datenbank, untersucht das Ergebnis der Abfrage und entscheidet anhand des gesehenen Ergebnisses, welche Aktion (Schreiben in die Datenbank) auszuführen ist. Bei Snapshot-Isolation kann aber das Ergebnis aus der ursprünglichen Abfrage nicht mehr aktuell sein zu dem Zeitpunkt, zu dem die Transaktion committet, weil sich die Daten in der Zwischenzeit geändert haben könnten.

Anders ausgedrückt unternimmt die Transaktion eine Aktion basierend auf einer *Prämisse* (einer Tatsache, die zu Beginn der Transaktion wahr gewesen ist, zum Beispiel »Derzeit haben zwei Ärzte Bereitschaft«). Wenn die Transaktion später einen Commit ausführen will, können sich die ursprünglichen Daten geändert haben – die Prämisse ist eventuell nicht mehr gültig.

Wenn die Anwendung eine Abfrage ausführt (zum Beispiel »Wie viele Ärzte haben derzeit Bereitschaft?«), weiß die Datenbank nicht, wie die Anwendungslogik das Ergebnis dieser Abfrage verarbeitet. Um auf der sicheren Seite zu liegen, muss die Datenbank annehmen, dass jede Änderung des Abfrageergebnisses (der Prämisse) bedeutet, dass Schreibvorgänge in dieser Transaktion ungültig sein können. Mit anderen Worten kann es eine kausale Abhängigkeit zwischen den Abfragen und den Schreibvorgängen in der Transaktion geben. Um serialisierbare Isolation zu realisieren, muss die Datenbank Situationen erkennen, in denen eine Transaktion von einer veralteten Prämisse ausgegangen sein könnte, und in diesem Fall die Transaktion abbrechen.

Woher weiß die Datenbank, ob sich das Ergebnis einer Abfrage geändert haben könnte? Hier sind zwei Fälle zu betrachten:

- Erkennen von Lesezugriffen auf eine veraltete MVCC-Objektversion (nicht committeter Schreibvorgang vor dem Lesen aufgetreten)
- Erkennen von Schreibzugriffen, die vorherige Lesevorgänge beeinflussen (das Schreiben findet nach dem Lesen statt)

Veraltete MVCC-Leseoperationen erkennen

Wie Sie inzwischen wissen, wird Snapshot-Isolation normalerweise durch MVCC (Multiversion Concurrency Control, siehe Abschnitt »Snapshot-Isolation implementieren« auf Seite 254) implementiert. Wenn eine Transaktion in einer MVCC-Datenbank von einem konsistenten Snapshot liest, ignoriert sie Schreiboperationen anderer Transaktionen, die zum Zeitpunkt der Snapshot-Aufnahme noch nicht committet haben. In Abbildung 7-10 sieht Transaktion 43 den Status `on_call = true` für Alice, weil Transaktion 42 (die den Bereitschaftsstatus von Alice modifiziert hat) noch nicht committet ist. Zu dem Zeitpunkt aber, zu dem Transaktion 43 committen will, hat Transaktion 42 bereits committet. Das heißt, dass die Schreiboperation, die beim Lesen des konsistenten Snapshots ignoriert wurde, jetzt wirksam geworden ist und die Prämisse der Transaktion 43 nicht mehr wahr ist.

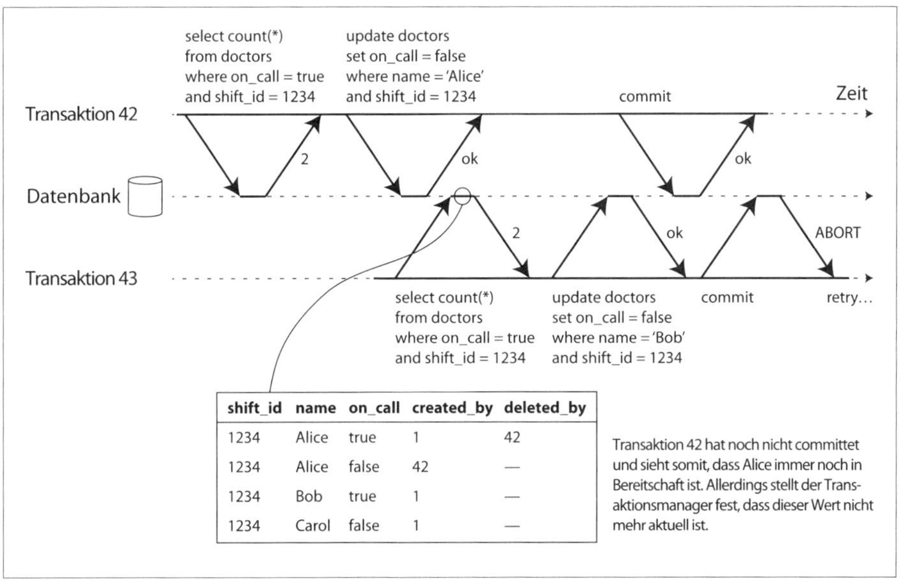

Abbildung 7-10: Erkennen, wenn eine Transaktion veraltete Werte von einem MVCC-Snapshot liest

Um diese Anomalie zu verhindern, muss die Datenbank verfolgen, wann eine Transaktion die Schreibvorgänge einer anderen Transaktion aufgrund der MVCC-Sichtbarkeitsregeln ignoriert. Wenn die Transaktion committen will, prüft die Datenbank, ob jetzt irgendwelche der ignorierten Schreibvorgänge committet worden sind. Ist das der Fall, muss die Transaktion abgebrochen werden.

Warum bis zum Committing warten? Warum nicht Transaktion 43 sofort abbrechen, wenn das Lesen veralteter Daten erkannt wird? Wenn Transaktion 43 nur lesen und nichts schreiben würde, müsste sie nicht abgebrochen werden, weil es keine Gefahr für einen Schreibversatz gibt. Wenn dann Transaktion 43 ihre Leseoperation startet, weiß die Datenbank noch nicht, ob diese Transaktion später noch eine Schreiboperation durchführen will. Außerdem kann Transaktion 42 immer noch abgebrochen werden oder weiterhin nicht committet sein, wenn Transaktion 43 committet ist. Am Ende stellt sich vielleicht heraus, dass überhaupt keine veralteten Daten gelesen wurden. Indem SSI unnötige Abbrüche vermeidet, bewahrt sie die Unterstützung der Snapshot-Isolation für lang laufende Lesevorgänge aus einem konsistenten Snapshot.

Schreiboperationen erkennen, die vorherige Leseoperationen beeinflussen

Als zweiter Fall ist zu betrachten, was passiert, wenn eine andere Transaktion die Daten modifiziert, nachdem sie sie gelesen hat. Abbildung 7-11 veranschaulicht diesen Fall.

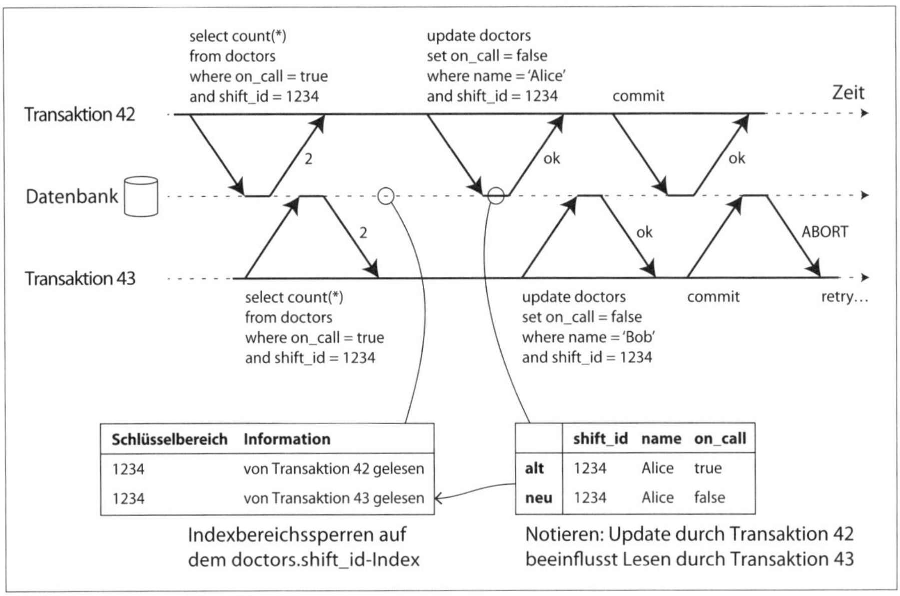

Abbildung 7-11: In serialisierbarer Snapshot-Isolation erkennen, wenn eine Transaktion die von einer anderen Transaktion gelesenen Daten modifiziert

Im Kontext des Zwei-Phasen-Sperrverfahrens haben wir uns mit Indexbereichssperren beschäftigt (siehe Abschnitt »Indexbereichssperren« auf Seite 277). Damit kann die Datenbank den Zugriff auf alle Zeilen sperren, die einer Suchabfrage wie zum Beispiel `WHERE shift_id = 1234` entsprechen. Hier können wir eine ähnliche Technik verwenden, die sich nur darin unterscheidet, dass SSI-Sperren keine anderen Transaktionen blockieren.

In Abbildung 7-11 suchen die beiden Transaktionen 42 und 43 nach Bereitschaftsärzten für die Schicht 1234. Wenn auf `shift_id` ein Index eingerichtet ist, kann die Datenbank über den Indexeintrag 1234 die Tatsache festhalten, dass die Transaktionen 42 und 43 diese Daten lesen. (Gibt es keinen Index, lassen sich diese Informationen auf der Tabellenebene verfolgen.) Diese Informationen sind nur vorübergehend interessant: Nachdem eine Transaktion abgeschlossen ist (committet oder abgebrochen) und alle gleichzeitigen Transaktionen abgeschlossen sind, kann die Datenbank getrost vergessen, welche Daten gelesen wurden.

Wenn eine Transaktion in die Datenbank schreibt, muss sie in den Indizes nach allen anderen Transaktionen suchen, die die betroffenen Daten zuletzt kürzlich gelesen haben. Dieser Vorgang ähnelt dem Anfordern einer Schreibsperre auf den betroffenen Schlüsselbereich, doch anstatt zu blockieren, bis die Leser committet haben, fungiert die Sperre als Stolperdraht: Sie benachrichtigt einfach die Transaktionen, dass die von ihnen gelesenen Daten eventuell nicht mehr aktuell sind.

In Abbildung 7-11 benachrichtigt Transaktion 43 die Transaktion 42, dass ihre vorher gelesenen Daten veraltet sind, und umgekehrt. Transaktion 42 ist als Erste mit dem Commit an der Reihe, und sie ist erfolgreich: Obwohl sich der Schreibvorgang von Transaktion 43 auf Transaktion 42 auswirkt, hat Transaktion 43 noch nicht committet, sodass das Schreiben noch nicht wirksam geworden ist. Wenn jedoch Transaktion 43 committen will, ist der kollidierende Schreibvorgang von Transaktion 42 bereits committet, sodass Transaktion 43 abgebrochen werden muss.

Performance von serialisierbarer Snapshot-Isolation

Wie gut ein Algorithmus in der Praxis funktioniert, wird von vielen technischen Details beeinflusst. Eine Abwägung ist zum Beispiel zu treffen für die Granularität, mit der die Lese- und Schreiboperationen verfolgt werden. Wenn die Datenbank die Aktivität jeder Transaktion bis in die letzte Einzelheit verfolgt, kann sie zwar sehr genau ermitteln, welche Transaktionen abgebrochen werden müssen, doch kann der Verwaltungsaufwand dann deutlich spürbar werden. Eine weniger detailreiche Nachverfolgung ist schneller, kann aber dazu führen, dass mehr Transaktionen als unbedingt notwendig abgebrochen werden.

In manchen Fällen ist es in Ordnung, wenn eine Transaktion Informationen liest, die eine andere Transaktion überschrieben hat: Je nachdem, was sonst noch passiert ist, erweist sich manchmal das Ergebnis der Ausführung trotzdem noch als serialisierbar. PostgreSQL verwendet diese Theorie, um die Anzahl der unnötigen Abbrüche zu verringern [11, 41].

Gegenüber dem Zwei-Phasen-Sperrverfahren hat die serialisierbare Snapshot-Isolation den großen Vorteil, dass eine Transaktion nicht blockiert werden muss, um auf Sperren zu warten, die eine andere Transaktion hält. Wie unter Snapshot-Isolation blockieren Schreiber keine Leser und umgekehrt. Durch dieses Entwurfsprinzip ist die Abfragelatenz viel besser vorherzusagen und variiert weniger. Insbesondere können Nur-Lese-Abfragen auf einem konsistenten Snapshot laufen, ohne dass Sperren erforderlich sind, was für Lasten mit starkem Leseaufkommen sehr attraktiv ist.

Verglichen mit der seriellen Ausführung ist die serialisierbare Snapshot-Isolation nicht auf den Durchsatz eines einzelnen CPU-Kerns beschränkt: FoundationDB verteilt die Erkennung von Serialisierungskonflikten auf mehrere Computer und ermöglicht so die Skalierung auf einen sehr hohen Durchsatz. Auch wenn Daten über mehrere Computer partitioniert werden können, sind Transaktionen in der Lage, Daten in mehreren Partitionen zu lesen und zu schreiben und dabei serialisierbare Isolation zu gewährleisten [54].

Die Abbruchrate beeinflusst die Gesamtperformance von SSI erheblich. Zum Beispiel wird eine Transaktion, die Daten über einen langen Zeitraum liest und schreibt, höchstwahrscheinlich in Konflikte geraten und abgebrochen werden. Deshalb verlangt SSI, dass Lese-Schreib-Transaktionen relativ kurz sind (lang laufende Transaktionen, die nur lesen, können in Ordnung sein). Allerdings ist SSI wahrscheinlich weniger empfindlich gegenüber langsamen Transaktionen als das Zwei-Phasen-Sperrverfahren oder serielle Ausführung.

Zusammenfassung

Transaktionen sind eine Abstraktionsebene, die einer Anwendung ermöglichen, anzunehmen, dass bestimmte Parallelitätsprobleme und bestimmte Arten von Hardware- und Softwarefehlern nicht existieren. Eine große Klasse von Fehlern wird nun auf einen einfachen Transaktionsabbruch reduziert, und die Anwendung muss es lediglich noch einmal versuchen.

In diesem Kapitel haben Sie viele Beispiele für Probleme gesehen, die sich mit Transaktionen verhindern lassen. Nicht alle Anwendungen sind anfällig für diese Probleme: Eine Anwendung mit sehr einfachen Zugriffsmustern, wie zum Beispiel Lesen und Schreiben nur eines einzelnen Datensatzes, kommt wahrscheinlich ohne Transaktionen aus. Bei komplexeren Zugriffsmustern können Transaktionen jedoch die Anzahl der potenziellen Fehlerfälle, mit denen Sie sich befassen müssen, erheblich reduzieren.

Ohne Transaktionen bedeuten verschiedene Fehlerszenarios (Prozessabstürze, Netzwerkunterbrechungen, Stromausfälle, volle Datenträger, unerwartete Parallelität usw.), dass Daten auf verschiedene Arten inkonsistent werden können. Zum Beispiel kann bei denormalisierten Daten leicht die Synchronisation mit den Quelldaten verloren gehen. Ohne Transaktionen wird es ziemlich schwierig, die Wirkungen zu überblicken, die komplexe Interaktionszugriffe auf die Datenbank haben können.

Dieses Kapitel ist ausführlich auf das Thema der Parallelitätssteuerung eingegangen. Wir haben mehrere gebräuchliche Isolationsstufen erörtert, insbesondere *Read Committed*, *Snapshot-Isolation* (manchmal auch *Repeatable Read* genannt) und *serialisierbar*. Diese Isolationsstufen haben wir anhand verschiedener Beispiele von Race Conditions charakterisiert:

Dirty Reads

Ein Client liest die geschriebenen Daten eines anderen Clients, bevor sie committet sind. Die Isolationsstufe *Read Committed* und stärkere Ebenen verhindern Dirty Reads.

Dirty Writes

Ein Client überschreibt Daten, die ein anderer Client geschrieben, aber noch nicht committet hat. Fast alle Transaktionsimplementierungen verhindern Dirty Writes.

Leseversatz (Nonrepeatable Reads)

Ein Client sieht verschiedene Teile der Datenbank zu verschiedenen Zeitpunkten. Das Problem wird am häufigsten mittels Snapshot-Isolation verhindert, die es einer Transaktion ermöglicht, von einer konsistenten »Momentaufnahme« zu einem bestimmten Zeitpunkt zu lesen. Snapshot-Isolation wird normalerweise mit MVCC (Multiversion Concurrency Control) implementiert.

Verlorene Updates

Zwei Clients führen gleichzeitig einen Lesen-Ändern-Schreiben-Zyklus aus. Der eine überschreibt die geschriebenen Daten des anderen, ohne dessen Änderungen einzubinden, sodass Daten verloren gehen. Einige Implementierungen der Snapshot-Isolation verhindern diese Anomalie automatisch, während andere eine manuelle Sperre (`SELECT FOR UPDATE`) erfordern.

Schreibversatz

Eine Transaktion liest etwas, trifft eine Entscheidung basierend auf dem gesehenen Wert und schreibt die Entscheidung in die Datenbank. Zum Zeitpunkt, zu dem geschrieben wird, ist jedoch die Prämisse der Entscheidung nicht mehr gültig. Diese Anomalie lässt sich nur mit serialisierbarer Isolation verhindern.

Phantomlesen

Eine Transaktion liest Objekte, die einer bestimmten Suchbedingung genügen. Ein anderer Client führt eine Schreiboperation aus, die die Ergebnisse dieser Suche beeinflusst. Snapshot-Isolation verhindert einfache Phantomlesevorgänge, doch Phantome im Kontext von Schreibversatz verlangen eine spezielle Behandlung, beispielsweise Indexbereichssperren.

Schwache Isolationsstufen schützen gegen einige dieser Anomalien, überlassen es aber dem Anwendungsentwickler, andere Anomalien manuell zu behandeln (zum Beispiel mit expliziten Sperren). Gegen alle diese Probleme schützt nur serialisierbare Isolation. Wir haben drei verschiedene Ansätze vorgestellt, um serialisierbare Transaktionen zu implementieren:

Transaktionen buchstäblich in serieller Reihenfolge ausführen

Wenn Sie jede Transaktion so gestalten können, dass sie schnell ausgeführt wird und der Transaktionsdurchsatz gering genug ist, um mit einem einzelnen CPU-Kern auszukommen, ist dies eine einfache und effektive Option.

Zwei-Phasen-Sperrverfahren
: Seit Jahrzehnten ist dies die Standardmethode, um Serialisierbarkeit zu implementieren. Viele Anwendungen verzichten jedoch aufgrund ihrer Performanceeigenschaften darauf, sie einzusetzen.

Serialisierbare Snapshot-Isolation (SSI)
: SSI ist ein ziemlich neuer Algorithmus, der die meisten Nachteile der vorherigen Ansätze vermeidet. Er verwendet einen optimistischen Ansatz, der es Transaktionen ermöglicht, zu laufen, ohne auf Sperren zu warten. Wenn eine Transaktion committen will, wird sie überprüft und abgebrochen, falls die Ausführung nicht serialisierbar war.

Den Beispielen in diesem Kapitel liegt ein relationales Datenmodell zugrunde. Wie aber in Abschnitt »Die Notwendigkeit von Multiobjekttransaktionen« auf Seite 245 erläutert hat, sind Transaktionen unabhängig vom verwendeten Datenmodell ein wertvolles Datenbankfeature.

In diesem Kapitel haben wir Ideen und Algorithmen vor allem im Kontext einer Datenbank untersucht, die auf einem einzelnen Computer läuft. Transaktionen in verteilten Datenbanken bedeuten eine ganze Reihe neuer schwieriger Herausforderungen, mit denen wir uns in den nächsten beiden Kapiteln beschäftigen werden.

Literaturverzeichnis

[1] Donald D. Chamberlin, Morton M. Astrahan, Michael W. Blasgen, et al.: *A History and Evaluation of System R.* Communications of the ACM, Bd. 24, Nr. 10, S. 632–646, Oktober 1981. doi:10.1145/358769.358784

[2] Jim N. Gray, Raymond A. Lorie, Gianfranco R. Putzolu und Irving L. Traiger: *Granularity of Locks and Degrees of Consistency in a Shared Data Base.* in Modelling in Data Base Management Systems: Proceedings of the IFIP Working Conference on Modelling in Data Base Management Systems, Hrsg. G. M. Nijssen, S. 364–394, Elsevier/North Holland Publishing, 1976. Auch in Readings in Database Systems, 4. Ausgabe, Hrsg. Joseph M. Hellerstein und Michael Stonebraker, MIT Press, 2005. – ISBN 978-0-262-69314-1

[3] Kapali P. Eswaran, Jim N. Gray, Raymond A. Lorie und Irving L. Traiger: *The Notions of Consistency and Predicate Locks in a Database System.* Communications of the ACM, Bd. 19, Nr. 11, S. 624–633, November 1976.

[4] *ACID Transactions Are Incredibly Helpful.* FoundationDB, LLC, 2013.

[5] John D. Cook: *ACID Versus BASE for Database Transactions.* johndcook.com, 6. Juli 2009.

[6] Gavin Clarke: *NoSQL's CAP Theorem Busters: We Don't Drop ACID.* theregister.co.uk, 22. November 2012.

[7] Theo Härder und Andreas Reuter: *Principles of Transaction-Oriented Database Recovery.* ACM Computing Surveys, Bd. 15, Nr. 4, S. 287–317, Dezember 1983. doi:10.1145/289.291

[8] Peter Bailis, Alan Fekete, Ali Ghodsi, et al.: *HAT, not CAP: Towards Highly Available Transactions*, auf dem 14. USENIX Workshop on Hot Topics in Operating Systems (HotOS), Mai 2013.

[9] Armando Fox, Steven D. Gribble, Yatin Chawathe, et al.: *Cluster-Based Scalable Network Services*, auf dem 16. ACM Symposium on Operating Systems Principles (SOSP), Oktober 1997.

[10] Philip A. Bernstein, Vassos Hadzilacos und Nathan Goodman: *Concurrency Control and Recovery in Database Systems.* Addison-Wesley, 1987. – ISBN 978-0-201-10715-9, online verfügbar unter research.microsoft.com.

[11] Alan Fekete, Dimitrios Liarokapis, Elizabeth O'Neil, et al.: *Making Snapshot Isolation Serializable.* ACM Transactions on Database Systems, Bd. 30, Nr. 2, S. 492–528, Juni 2005. doi:10.1145/1071610.1071615

[12] Mai Zheng, Joseph Tucek, Feng Qin und Mark Lillibridge: *Understanding the Robustness of SSDs Under Power Fault*, auf der 11. USENIX Conference on File and Storage Technologies (FAST), Februar 2013.

[13] Laurie Denness: *SSDs: A Gift and a Curse.* laur.ie, 2. Juni 2015.

[14] Adam Surak: *When Solid State Drives Are Not That Solid.* blog.algolia.com, 15. Juni 2015.

[15] Thanumalayan Sankaranarayana Pillai, Vijay Chidambaram, Ramnatthan Alagappan, et al.: *All File Systems Are Not Created Equal: On the Complexity of Crafting Crash-Consistent Applications*, auf dem 11. USENIX Symposium on Operating Systems Design and Implementation (OSDI), Oktober 2014.

[16] Chris Siebenmann: *Unix's File Durability Problem.* utcc.utoronto.ca, 14. April 2016.

[17] Lakshmi N. Bairavasundaram, Garth R. Goodson, Bianca Schroeder, et al.: *An Analysis of Data Corruption in the Storage Stack*, auf der 6. USENIX Conference on File and Storage Technologies (FAST), Februar 2008.

[18] Bianca Schroeder, Raghav Lagisetty und Arif Merchant: *Flash Reliability in Production: The Expected and the Unexpected*, auf der 14. USENIX Conference on File and Storage Technologies (FAST), Februar 2016.

[19] Don Allison: *SSD Storage – Ignorance of Technology Is No Excuse.* blog.korelogic.com, 24. März 2015.

[20] Dave Scherer: *Those Are Not Transactions (Cassandra 2.0).* blog.foundationdb.com, 6. September 2013.

[21] Kyle Kingsbury: *Call Me Maybe: Cassandra.* aphyr.com, 24. September 2013.

[22] *ACID Support in Aerospike*. Aerospike, Inc., Juni 2014.

[23] Martin Kleppmann: *Hermitage: Testing the 'I' in ACID*. martin.kleppmann.com, 25. November 2014.

[24] Tristan D'Agosta: *BTC Stolen from Poloniex*. bitcointalk.org, 4. März 2014.

[25] bitcointhief2: *How I Stole Roughly 100 BTC from an Exchange and How I Could Have Stolen More!*. reddit.com, 2. Februar 2014.

[26] Sudhir Jorwekar, Alan Fekete, Krithi Ramamritham und S. Sudarshan: *Automating the Detection of Snapshot Isolation Anomalies*, auf der 33. International Conference on Very Large Data Bases (VLDB), September 2007.

[27] Michael Melanson: *Transactions: The Limits of Isolation*. michaelmelanson.net, 20. März 2014.

[28] Hal Berenson, Philip A. Bernstein, Jim N. Gray, et al.: *A Critique of ANSI SQL Isolation Levels*, auf der ACM International Conference on Management of Data (SIGMOD), Mai 1995.

[29] Atul Adya: *Weak Consistency: A Generalized Theory and Optimistic Implementations for Distributed Transactions*. PhD Thesis, Massachusetts Institute of Technology, März 1999.

[30] Peter Bailis, Aaron Davidson, Alan Fekete, et al.: *Highly Available Transactions: Virtues and Limitations (Extended Version)*, auf der 40. International Conference on Very Large Data Bases (VLDB), September 2014.

[31] Bruce Momjian: *MVCC Unmasked*. momjian.us, Juli 2014.

[32] Annamalai Gurusami: *Repeatable Read Isolation Level in InnoDB – How Consistent Read View Works*. blogs.oracle.com, 15. Januar 2013.

[33] Nikita Prokopov: *Unofficial Guide to Datomic Internals*. tonsky.me, 6. Mai 2014.

[34] Baron Schwartz: *Immutability, MVCC und Garbage Collection*. xaprb.com, 28. Dezember 2013.

[35] J. Chris Anderson, Jan Lehnardt und Noah Slater: *CouchDB: The Definitive Guide*. O'Reilly Media, 2010. – ISBN 978-0-596-15589-6

[36] Rikdeb Mukherjee: *Isolation in DB2 (Repeatable Read, Read Stability, Cursor Stability, Uncommitted Read) with Examples*. mframes.blogspot.co.uk, 4. Juli 2013.

[37] Steve Hilker: *Cursor Stability (CS) – IBM DB2 Community*. toadworld.com, 14. März 2013.

[38] Nate Wiger: *An Atomic Rant*. nateware.com, 18. Februar 2010.

[39] Joel Jacobson: *Riak 2.0: Data Types*. blog.joeljacobson.com, 23. März 2014.

[40] Michael J. Cahill, Uwe Röhm und Alan Fekete: *Serializable Isolation for Snapshot Databases*, auf der ACM International Conference on Management of Data (SIGMOD), Juni 2008. doi:10.1145/1376616.1376690

[41] Dan R. K. Ports und Kevin Grittner: *Serializable Snapshot Isolation in PostgreSQL*, auf der 38. International Conference on Very Large Databases (VLDB), August 2012.

[42] Tony Andrews: *Enforcing Complex Constraints in Oracle*. tonyandrews.blogspot.co.uk, 15. Oktober 2004.

[43] Douglas B. Terry, Marvin M. Theimer, Karin Petersen, et al.: *Managing Update Conflicts in Bayou, a Weakly Connected Replicated Storage System*, auf dem 15. ACM Symposium on Operating Systems Principles (SOSP), Dezember 1995. doi:10.1145/224056.224070

[44] Gary Fredericks: *Postgres Serializability Bug*. github.com, September 2015.

[45] Michael Stonebraker, Samuel Madden, Daniel J. Abadi, et al.: *The End of an Architectural Era (It's Time for a Complete Rewrite)*, auf der 33. International Conference on Very Large Data Bases (VLDB), September 2007.

[46] John Hugg: *H-Store/VoltDB Architecture vs. CEP Systems and Newer Streaming Architectures*, auf der Data @Scale Boston, November 2014.

[47] Robert Kallman, Hideaki Kimura, Jonathan Natkins, et al.: *H-Store: A High-Performance, Distributed Main Memory Transaction Processing System*. Proceedings of the VLDB Endowment, Bd. 1, Nr. 2, S. 1496–1499, August 2008.

[48] Rich Hickey: *The Architecture of Datomic*. infoq.com, 2. November 2012.

[49] John Hugg: *Debunking Myths About the VoltDB In-Memory Database*. voltdb.com, 12. Mai 2014.

[50] Joseph M. Hellerstein, Michael Stonebraker und James Hamilton: *Architecture of a Database System*. Foundations and Trends in Databases, Bd. 1, Nr. 2, S. 141–259, November 2007. doi:10.1561/1900000002

[51] Michael J. Cahill: *Serializable Isolation for Snapshot Databases*. PhD Thesis, University of Sydney, Juli 2009.

[52] D. Z. Badal: *Correctness of Concurrency Control and Implications in Distributed Databases*, auf der 3. International IEEE Computer Software and Applications Conference (COMPSAC), November 1979.

[53] Rakesh Agrawal, Michael J. Carey und Miron Livny: *Concurrency Control Performance Modeling: Alternatives and Implications*. ACM Transactions on Database Systems (TODS), Bd. 12, Nr. 4, S. 609–654, Dezember 1987. doi:10.1145/32204.32220

[54] Dave Rosenthal: *Databases at 14.4MHz*. blog.foundationdb.com, 10. Dezember 2014.

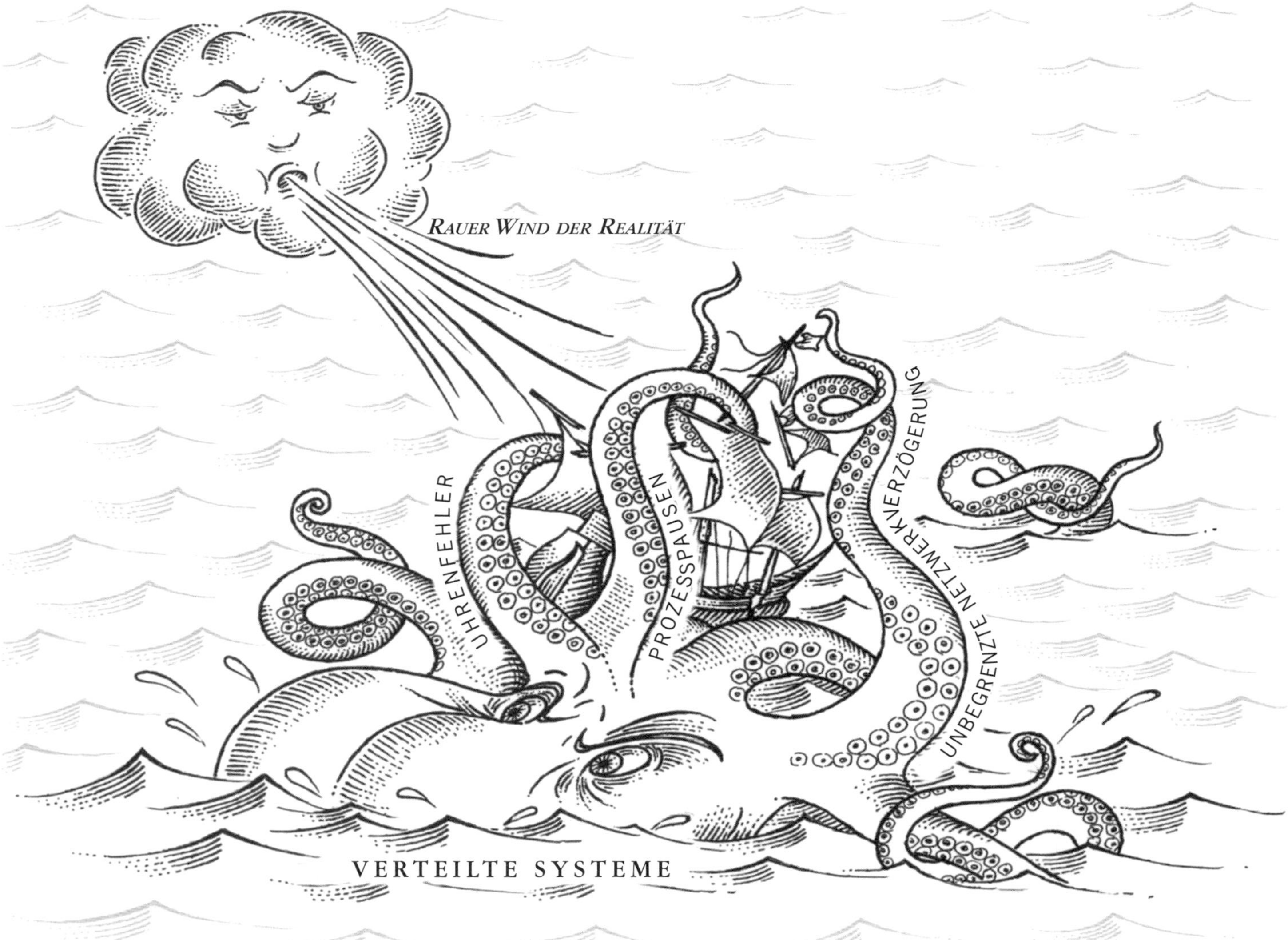
Rauer Wind der Realität
Uhrenfehler
Prozesspausen
Unbegrenzte Netzwerkverzögerung
Verteilte Systeme

KAPITEL 8

Die Probleme mit verteilten Systemen

Hey I just met you
The network's laggy
But here's my data
So store it maybe

– **Kyle Kingsbury**, *Carly Rae Jepsen and the Perils of Network Partitions* (2013)
[Anspielung auf den Text des Popsongs *Call Me Maybe*]

Ein wiederkehrendes Thema in den letzten Kapiteln war, wie Systeme mit Fehlern umgehen. Zum Beispiel haben wir Replikat-Failover (Abschnitt »Knotenausfälle behandeln« auf Seite 164), Replikationsverzögerung (Abschnitt »Probleme mit der Replikationsverzögerung« auf Seite 170) und Parallelitätssteuerung für Transaktionen (Abschnitt »Schwache Isolationsstufen« auf Seite 248) untersucht. Je besser wir die Grenzfälle verstehen, die in realen Systemen auftreten können, desto besser bekommen wir sie in den Griff.

Doch obwohl wir viel über Fehler gesprochen haben, sind die letzten Kapitel immer noch zu optimistisch gewesen. Die Wirklichkeit sieht viel schlimmer aus. Wir werden nun unseren Pessimismus steigern und annehmen, dass alles, was schiefgehen *kann*, auch schiefgehen *wird*.[1] (Erfahrene Systemoperatoren werden Ihnen bestätigen, dass das eine vernünftige Annahme ist. Wenn Sie nett fragen, erzählen sie Ihnen vielleicht ein paar beängstigende Geschichten, während sie ihre Wunden aus vergangenen Schlachten lecken.)

Mit verteilten Systemen zu arbeiten, unterscheidet sich grundlegend davon, Software für einen einzelnen Computer zu schreiben – und der Hauptunterschied besteht darin, dass es jede Menge neuer und aufregender Möglichkeiten gibt, wie Sachen schiefgehen können [1, 2]. In diesem Kapitel bekommen Sie einen Vorgeschmack auf die Probleme, die in der Praxis auftauchen, und ein Verständnis für die Dinge, auf die wir uns verlassen bzw. nicht verlassen können.

1 Mit einer Ausnahme: Wir nehmen an, dass Fehler *nichtbyzantinisch* sind (siehe Abschnitt »Byzantinische Fehler« auf Seite 326).

Letztlich ist es unsere Aufgabe als Ingenieure, Systeme zu bauen, die ihre Arbeit tun (d.h. Garantien erfüllen, die die Benutzer erwarten), und das trotz allem, was schiefläuft. In Kapitel 9 sehen wir uns einige Beispiele für Algorithmen an, die derartige Garantien in einem verteilten System bieten können. Doch in diesem Kapitel geht es zuerst darum, zu verstehen, welchen Herausforderungen wir uns gegenübersehen.

Dieses Kapitel ist ein gründlich pessimistischer und deprimierender Überblick über Dinge, die in einem verteilten System schiefgehen können. Wir betrachten Probleme mit Netzwerken (Abschnitt »Unzuverlässige Netzwerke« auf Seite 296), gehen auf Uhren- und Timingfragen ein (Abschnitt »Unzuverlässige Uhren« auf Seite 307) und diskutieren, inwieweit sie sich vermeiden lassen. Weil die Konsequenzen aller dieser Probleme verwirrend sind, untersuchen wir, wie wir den Zustand eines verteilten Systems gedanklich erfassen können und wie wir die Dinge erörtern können, die passiert sind (Abschnitt »Wissen, Wahrheit und Lügen« auf Seite 321).

Fehler und Teilausfälle

Wenn Sie ein Programm für einen einzelnen Computer schreiben, verhält es sich normalerweise ziemlich vorhersagbar: Entweder es funktioniert oder nicht. Fehlerhafte Software kann den Anschein erwecken, dass der Computer manchmal »einen schlechten Tag hat« (ein Problem, das sich oftmals durch einen Neustart beheben lässt), doch ist das meistens nur eine Folge von schlecht geschriebener Software.

Es gibt keinen prinzipiellen Grund, warum Software auf einem einzelnen Computer unzuverlässig sein sollte: Wenn die Hardware korrekt arbeitet, produziert die gleiche Operation immer das gleiche Ergebnis (sie ist *deterministisch*). Gibt es ein Hardwareproblem (zum Beispiel fehlerhafte RAM-Chips oder einen losen Steckverbinder), zieht das in der Regel einen kompletten Systemausfall nach sich (zum Beispiel Kernel panic, »Blue screen of death«, kein Systemstart). Ein einzelner Computer mit guter Software ist in der Regel entweder voll funktionsfähig oder völlig kaputt, aber nicht irgendetwas dazwischen.

Dies ist eine bewusste Entscheidung bei der Konstruktion von Computern: Wenn ein interner Fehler auftritt, bevorzugen wir einen Computer, der vollkommen abstürzt, anstatt ein falsches Ergebnis zurückzugeben, weil es schwierig und verwirrend ist, mit falschen Ergebnissen umzugehen. Deshalb verbergen Computer die unscharfe physikalische Realität, auf der sie aufgebaut sind, und präsentieren ein idealisiertes Systemmodell, das mit mathematischer Perfektion arbeitet. Eine CPU-Anweisung macht immer dasselbe; wenn Sie Daten in den Speicher oder auf Festplatte schreiben, bleiben diese Daten erhalten und werden nicht zufällig beschädigt. Dieses Entwurfsziel der immer korrekten Berechnung reicht bis zum allerersten digitalen Computer zurück [3].

Wenn Sie Software schreiben, die auf mehreren Computern, die über ein Netzwerk verbunden sind, laufen soll, sieht die Lage grundlegend anders aus. In verteilten Systemen arbeiten wir nicht mehr in einem idealisierten Systemmodell – wir haben keine andere Wahl, als uns der chaotischen Realität der physischen Welt zu stellen. Und in der physischen Welt kann eine bemerkenswert breite Palette von Dingen schiefgehen, wie es diese Anekdote zeigt [4]:

> *In meiner begrenzten Erfahrung habe ich mich mit langlebigen Netzwerkpartitionen in einem einzelnen Rechenzentrum, Ausfällen von Stromverteilereinheiten, Switch-Ausfällen, zufälligen Stromausfällen ganzer Racks, Backbone-Ausfällen ganzer Rechenzentren, Stromausfällen ganzer Rechenzentren und einem unterzuckerten Fahrer beschäftigt, der seinen Ford Pickup in der Klimaanlage eines Rechenzentrums geschrottet hat. Und ich bin nicht mal ein Ops-Typ.*
>
> – Coda Hale

In einem verteilten System kann es durchaus sein, dass einige Teile des Systems auf unvorhersehbare Weise ausgefallen sind, selbst wenn andere Teile des Systems noch ordnungsgemäß funktionieren. Dies wird als *Teilausfall* bezeichnet. Die Schwierigkeit besteht darin, dass Teilausfälle nichtdeterministisch sind: Wenn Sie etwas ausführen wollen, bei dem mehrere Knoten und das Netzwerk beteiligt sind, kann der Vorgang manchmal funktionieren und manchmal unvorhersehbar scheitern. Wie wir noch sehen werden, *wissen* Sie vielleicht nicht einmal, ob ein Vorgang erfolgreich war oder nicht, weil die Zeit, die eine Nachricht im Netzwerk unterwegs ist, ebenfalls nichtdeterministisch ist!

Diese Unbestimmtheit und die Möglichkeit für Teilausfälle sind der Grund, warum es so schwierig ist, mit verteilten Systemen zu arbeiten [5].

Cloud-Computing und Supercomputing

Es gibt ein ganzes Spektrum von Philosophien, wie man große Computersysteme aufbaut:

- An einem Ende der Skala befindet sich der Bereich der *Hochleistungsrechner*. Supercomputer mit Tausenden CPUs werden typischerweise für rechenintensive wissenschaftliche Analyseaufgaben eingesetzt, beispielsweise für die Wettervorhersage oder in der Molekulardynamik (Simulation der Bewegung von Atomen und Molekülen).
- Das andere Extrem ist *Cloud-Computing*, das zwar nicht genau definiert ist [6], oftmals aber mit mandantenfähigen Rechenzentren (wo die Ressourcen auf viele verschiedene Kunden aufgeteilt werden), handelsüblichen Computern (sogenannten Commodity-Computern), die über ein IP-Netzwerk (meist Ethernet) verbunden sind, flexibler/bedarfsgerechter Ressourcenzuweisung und nach Nutzungsumfang abgerechneter Gebühren assoziiert wird.

- Die herkömmlichen Rechenzentren von Unternehmen liegen irgendwo zwischen diesen Extremen.

Ein zuverlässiges System aus unzuverlässigen Komponenten aufbauen

Vielleicht taucht bei Ihnen die Frage auf, ob dies überhaupt sinnvoll ist – intuitiv mag es so aussehen, als ob ein System nur so zuverlässig sein kann wie seine am wenigsten zuverlässige Komponente (sein *schwächstes Glied*). Dies ist nicht der Fall: Tatsächlich ist es eine alte Idee in der Rechentechnik, ein zuverlässigeres System aus einer weniger zuverlässigen zugrunde liegenden Basis zu konstruieren [11]. Zum Beispiel:

- Fehlerkorrekturcodes erlauben es, digitale Daten über einen Kommunikationskanal, der gelegentlich – zum Beispiel durch Funkstörungen in einem Drahtlosnetzwerk – einige Bits verfälscht, genau zu übertragen [12].
- IP (das Internetprotokoll) ist unzuverlässig: Es kann Pakete fallen lassen, verzögern, verdoppeln oder umordnen. TCP (das Transmission Control Protocol) bietet eine zuverlässigere Transportschicht, die auf IP aufsetzt: Sie stellt sicher, dass fehlende Pakete erneut übertragen, Duplikate eliminiert und Pakete in der Reihenfolge, in der sie gesendet wurden, wieder zusammengesetzt werden.

Obwohl das System zuverlässiger sein kann als seine zugrunde liegenden Teile, gibt es immer eine Grenze, in welchem Maße zuverlässiger es sein kann. Beispielsweise lässt sich mit Fehlerkorrekturcodes eine geringe Anzahl von Einzelbitfehlern korrigieren, doch wenn das Signal zu stark gestört ist, gibt es eine prinzipbedingte Schranke, wie viele Daten Sie über den Kommunikationskanal noch übertragen können [13]. TCP kann Paketverluste, Duplizierung und Umordnung vor Ihnen verbergen, aber keinesfalls auf magische Weise Verzögerungen im Netzwerk beseitigen.

Obwohl das zuverlässigere System auf höherer Ebene keine Perfektion bietet, ist es trotzdem nützlich, weil es sich um einige der kniffligen Fehler auf niederer Ebene kümmert, sodass die noch verbleibenden Fehler normalerweise einfacher zu fassen und zu beheben sind. Mit diesem Thema beschäftigt sich Abschnitt »Das Ende-zu-Ende-Argument« auf Seite 562.

Zu diesen Philosophien gehören auch sehr unterschiedliche Ansätze zum Umgang mit Fehlern. In einem Supercomputer setzt ein Job typischerweise von Zeit zu Zeit Prüfpunkte, in denen der Zustand seiner Berechnungen dauerhaft gespeichert wird. Fällt ein Knoten aus, ist es durchaus üblich, den gesamten Cluster einfach zu stoppen. Nachdem der fehlerhafte Knoten repariert ist, wird die Berechnung vom letzten Prüfpunkt aus neu gestartet [7, 8]. Somit ist ein Supercomputer eher ein Einzelknotencomputer als ein verteiltes System: Teilausfälle eskaliert er zu einem

Totalausfall – wenn irgendein Teil des Systems ausfällt, lässt man einfach alles abstürzen (wie eine Kernel panic auf einem Einzelcomputer).

In diesem Buch konzentrieren wir uns auf Systeme zur Implementierung von Internetdiensten, die sich gewöhnlich stark von Supercomputern unterscheiden:

- Viele internetbezogene Anwendungen sind *online* und müssen jederzeit als Dienst mit geringer Latenz für Benutzer zur Verfügung stehen. Es ist nicht akzeptabel, den Dienst unverfügbar zu machen – zum Beispiel den Cluster für Reparaturzwecke anzuhalten. Im Unterschied dazu können Offlinejobs (Stapelaufträge) wie zum Beispiel Wettersimulationen mit relativ geringen Auswirkungen angehalten und neu gestartet werden.
- Supercomputer bestehen typischerweise aus spezialisierter Hardware, wobei jeder Knoten recht zuverlässig ist und Knoten über freigegebenen Speicher und RDMA (Remote Direct Memory Access) miteinander kommunizieren. Dagegen werden Knoten für Cloud-Dienste aus handelsüblichen Computern aufgebaut, die aufgrund des Degressionsgewinns (bei Massenproduktion) eine äquivalente Leistung bei geringeren Kosten bieten, aber auch höhere Ausfallraten aufweisen.
- Die Netzwerke großer Rechenzentren basieren oftmals auf IP und Ethernet in Clos-Topologien, um hohe *Bisektionsbandbreite* zu bieten [9]. Supercomputer verwenden dagegen spezialisierte Netzwerktopologien, wie zum Beispiel mehrdimensionale Maschen und Tori [10], die bessere Performance für die Arbeitslasten von Hochleistungsrechnern bei bekannten Kommunikationsmustern bieten.
- Je größer ein System wird, desto wahrscheinlicher ist es, dass eine seiner Komponenten kaputtgeht. Mit der Zeit werden defekte Komponenten repariert und andere Komponenten fallen aus, doch in einem System mit Tausenden Knoten ist es vernünftig, anzunehmen, dass immer irgendetwas defekt ist [7]. Besteht die Fehlerbehandlungsstrategie darin, einfach aufzugeben, kann ein großes System am Ende einen Großteil der Zeit mit der Wiederherstellung aus Fehlerzuständen verbringen, anstatt nützliche Arbeit zu leisten [8].
- Kann das System ausgefallene Knoten tolerieren und trotzdem als Ganzes weiterarbeiten, ist dies ein sehr nützliches Feature für Betrieb und Wartung: Sie können ein rollierendes Upgrade (siehe Kapitel 4) durchführen, wobei Sie immer nur jeweils einen Knoten neu starten, während der Dienst den Benutzern weiterhin ohne Unterbrechung zur Verfügung steht. Wenn in Cloud-Umgebungen ein virtueller Computer schlechte Performance aufweist, können Sie ihn einfach beenden und einen neuen anfordern (in der Hoffnung, dass der neue schneller sein wird).
- In einer geografisch verteilten Bereitstellung (um die Daten geografisch nahe am Benutzer zu halten und damit die Latenz zu verringern) läuft die Kommunikation höchstwahrscheinlich über das Internet, das im Vergleich zu lokalen

Netzen langsam und unzuverlässig ist. Supercomputer gehen im Allgemeinen davon aus, dass alle ihre Knoten eng beieinanderliegen.

Wenn wir verteilte Systeme effektiv nutzen wollen, müssen wir die Möglichkeit eines Teilausfalls einkalkulieren und Fehlertoleranzmechanismen in die Software einbauen. Mit anderen Worten müssen wir ein zuverlässiges System aus unzuverlässigen Komponenten erstellen. (Wie in Abschnitt »Zuverlässigkeit« auf Seite 6 erläutert, gibt es keine perfekte Zuverlässigkeit, und daher müssen wir die Grenzen dessen verstehen, was wir realistisch zusagen können.)

Selbst in kleineren Systemen, die nur aus wenigen Knoten bestehen, ist es wichtig, sich Gedanken über Teilausfälle zu machen. In einem kleinen System ist es ziemlich wahrscheinlich, dass die meisten Komponenten die meiste Zeit korrekt funktionieren. Allerdings ist früher oder später mit einem defekten Teil des Systems zu rechnen, und die Software muss damit irgendwie umgehen können. Die Fehlerbehandlung muss Teil des Softwareentwurfs sein, und Sie (als Betreiber der Software) müssen wissen, welches Verhalten von der Software im Fehlerfall zu erwarten ist.

Es wäre unklug, anzunehmen, dass Fehler selten sind, und einfach auf das Beste zu hoffen. Wichtig ist, ein breites Spektrum von möglichen Fehlern – selbst ziemlich unwahrscheinlichen – zu betrachten und in einer Testumgebung derartige Situationen künstlich zu provozieren, um sich ein Bild von den Auswirkungen machen zu können. In verteilten Systemen zahlen sich Misstrauen, Pessimismus und Paranoia letztlich aus.

Unzuverlässige Netzwerke

Wie in der Einführung zu Teil II erwähnt, sind die verteilten Systeme, die in diesem Buch im Mittelpunkt stehen, *Shared-Nothing-Systeme* – d.h. eine Gruppe von Computern, die über ein Netzwerk verbunden sind. Das Netzwerk ist der einzige Weg, über den diese Computer kommunizieren können – wir setzen voraus, dass jeder Computer über einen eigenen Arbeitsspeicher und eine eigene Festplatte verfügt und ein Computer weder auf den Speicher noch auf die Festplatte eines anderen Computers zugreifen kann (außer per Anfragen an einen Dienst über das Netzwerk).

Die Shared-Nothing-Architektur ist nicht die einzige Möglichkeit, Systeme zu erstellen, doch sie ist aus mehreren Gründen zum vorherrschenden Ansatz für das Erstellen von Internetdiensten geworden: Sie ist vergleichsweise günstig, weil sie keine spezielle Hardware erfordert, sie kann auf standardisierte Cloud-Computing-Dienste zurückgreifen und sie kann durch Redundanz über mehrere geografisch verteilte Rechenzentren hinweg eine hohe Zuverlässigkeit erreichen.

Das Internet und die meisten internen Netzwerke in Rechenzentren (oftmals Ethernet) sind *asynchrone Paketnetzwerke*. In einem solchen Netzwerk kann ein

Knoten eine Nachricht (ein Paket) an einen anderen Knoten senden, doch das Netzwerk gibt weder Garantien, wann es ankommt, noch, ob es überhaupt ankommt. Wenn Sie eine Anfrage senden und eine Antwort erwarten, können viele Dinge schiefgehen (von denen Abbildung 8-1 einige zeigt):

1. Die Anfrage kann verloren gegangen sein (vielleicht weil jemand ein Netzwerkkabel herausgezogen hat).
2. Die Anfrage kann in einer Warteschlange warten und wird später zugestellt (weil vielleicht das Netzwerk oder Empfänger überlastet ist).
3. Der Remoteknoten kann ausgefallen sein (weil er vielleicht abgestürzt ist oder abgeschaltet wurde).
4. Der Remoteknoten kann vorübergehend nicht antworten (weil vielleicht gerade eine längere Garbage-Collectiobn-Pause stattfindet; siehe Abschnitt »Prozesspausen« auf Seite 316), doch er wird später wieder antworten.
5. Der Remoteknoten kann die Anfrage verarbeitet haben, doch die Antwort ist im Netzwerk verloren gegangen (weil vielleicht ein Netzwerk-Switch falsch konfiguriert ist).
6. Der Remoteknoten kann die Anfrage verarbeitet haben, doch die Antwort ist verzögert worden und wird später zugestellt (weil vielleicht das Netzwerk oder der Computer überlastet ist).

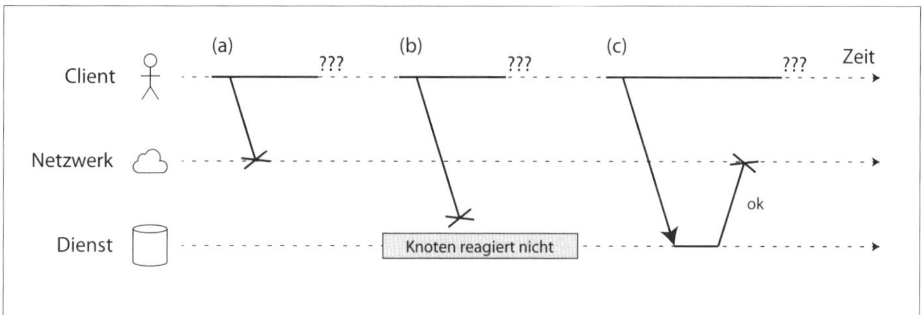

Abbildung 8-1: Wenn Sie eine Anfrage senden und keine Antwort erhalten, lässt sich nicht unterscheiden, ob (a) die Anfrage verloren ging, (b) der Remoteknoten ausgefallen ist oder (c) die Antwort verloren gegangen ist.

Der Sender kann nicht einmal feststellen, ob das Paket zugestellt wurde: Die einzige Möglichkeit besteht darin, dass der Empfänger eine Antwortnachricht schickt, die ihrerseits verloren gehen oder verzögert werden kann. Diese Probleme sind in einem asynchronen Netzwerk nicht zu unterscheiden: Das Einzige, was Sie wissen, ist, dass Sie noch keine Antwort erhalten haben. Wenn Sie eine Anfrage an einen anderen Knoten senden und keine Antwort erhalten, ist es *unmöglich* zu sagen, warum.

Die übliche Methode, dieses Problem zu lösen, ist ein *Timeout*: Nach einer gewissen Zeit gibt man das Warten auf und nimmt an, dass die Antwort nicht mehr eintreffen wird. Wenn jedoch ein Timeout auftritt, wissen Sie immer noch nicht, ob der Remoteknoten Ihre Anfrage bekommen hat oder nicht (und wenn die Anfrage immer noch irgendwo in einer Warteschlange hängt, kann sie trotzdem noch dem Empfänger zugestellt werden, selbst wenn der Sender sie aufgegeben hat).

Netzwerkfehler in der Praxis

Seit Jahrzehnten bauen wir Computernetze auf – man könnte hoffen, dass wir inzwischen herausgefunden haben, wie man sie zuverlässig macht. Es sieht aber ganz so aus, als ob uns dies noch nicht gelungen ist.

Es gibt systematische Studien und viele anekdotische Belege, die zeigen, dass Netzwerkprobleme überraschend häufig vorkommen können, selbst in kontrollierten Umgebungen wie einem Rechenzentrum, das von einem einzigen Unternehmen genutzt wird [14]. Laut einer Studie in einem mittelgroßen Rechenzentrum sind 12 Netzwerkfehler pro Monat aufgetreten, von denen die Hälfte die Verbindung zu einzelnen Computern getrennt hat und die Hälfte die Verbindung zu einem ganzen Rack [15]. Eine andere Studie hat die Fehlerraten von Komponenten wie Top-of-Rack-Switches, Aggregation-Switches und Lastenausgleichern gemessen [16]. Es hat sich gezeigt, dass zusätzliche Netzwerkgeräte die Fehlerrate nicht in dem Maße wie erhofft reduzieren, da sie nicht gegen menschliche Fehler schützen (zum Beispiel falsch konfigurierte Switches), was eine der Hauptursachen für Ausfälle ist.

Öffentliche Cloud-Dienste wie EC2 sind berüchtigt für häufige kurzzeitige Netzwerkstörungen [14], und gut verwaltete private Netzwerke in Rechenzentren können stabilere Umgebungen sein. Dennoch ist niemand gegen Netzwerkprobleme gefeit: Zum Beispiel könnte ein Problem im Verlauf eines Softwareupgrades für einen Switch eine Neukonfiguration der Netzwerktopologie auslösen, während dieser die Netzwerkpakete für mehr als eine Minute verzögert werden könnten [17]. Haie können in Seekabel beißen und sie beschädigen [18]. Überraschende Fehler sind auch bei einer Netzwerkkarte aufgetreten, die manchmal alle eingehenden Pakete fallen lässt, aber ausgehende Pakete erfolgreich versendet [19]: Nur weil eine Netzwerkverbindung in die eine Richtung funktioniert, garantiert das nicht, dass sie auch in der entgegengesetzten Richtung arbeitet.

Netzwerkpartitionen

Wenn ein Teil des Netzwerks aufgrund eines Netzwerkfehlers vom Rest abgeschnitten wird, spricht man auch von einer *Netzwerkpartition* oder *Netzteilung*. In diesem Buch bleiben wir aber bei dem allgemeineren Begriff *Netzwerkfehler*, um Verwechslungen mit Partitionen (Shards) eines Speichersystems zu vermeiden, mit denen sich Kapitel 6 beschäftigt hat.

Auch wenn Netzwerkfehler in Ihrer Umgebung selten sind, bedeutet schon die Tatsache, dass Fehler auftreten *können*, dass Ihre Software in der Lage sein muss, mit ihnen umzugehen. Jede Kommunikation, die über ein Netzwerk stattfindet, kann fehlschlagen – das ist eine unumstößliche Tatsache.

Wenn die Behandlung von Netzwerkfehlern weder definiert noch getestet wird, kann alles Mögliche passieren: Zum Beispiel könnte der Cluster in einen Deadlock geraten und dauerhaft für Anfragen unverfügbar werden, selbst nachdem das Netzwerk wiederhergestellt ist [20], oder es könnten sogar alle Ihre Daten gelöscht werden [21]. Wenn man Software in eine unvorhergesehene Situation bringt, verhält sie sich mitunter unvorhersagbar.

Die Behandlung von Netzwerkfehlern bedeutet nicht unbedingt, sie zu tolerieren: Wenn Ihr Netzwerk normalerweise recht zuverlässig arbeitet, ist es durchaus akzeptabel, den Benutzern lediglich eine Fehlermeldung anzuzeigen, sollten doch einmal Probleme im Netzwerk auftauchen. Allerdings müssen Sie wissen, wie Ihre Software auf Netzwerkprobleme reagiert, und sicherstellen, dass sich das System wieder erholen kann, nachdem die Probleme vorbei sind. Es kann sinnvoll sein, absichtlich Netzwerkprobleme zu provozieren und die Reaktion des Systems darauf zu testen (das ist die Idee hinter Chaos Monkey; siehe Abschnitt »Zuverlässigkeit« auf Seite 6).

Fehler erkennen

Viele Systeme müssen ausgefallene Knoten automatisch erkennen. Zum Beispiel:

- Ein Lastenausgleicher darf keine Anfragen mehr an einen toten Knoten senden (d.h., er muss ihn aus der Rotation herausnehmen).
- Wenn in einer verteilten Datenbank mit Einzel-Leader-Replikation der Leader ausfällt, muss einer der Follower zum neuen Leader heraufgestuft werden (siehe Abschnitt »Knotenausfälle behandeln« auf Seite 164).

Leider lässt sich wegen der Unsicherheit in Bezug auf das Netzwerk schwer erkennen, ob ein Knoten funktioniert oder nicht. Unter bestimmten Umständen bekommen Sie vielleicht eine Rückmeldung, aus der hervorgeht, dass etwas nicht funktioniert:

- Wenn Sie den Computer erreichen können, auf dem der Knoten laufen sollte, aber kein Prozess auf dem Zielport lauscht (zum Beispiel weil der Prozess abgestürzt ist), wird das Betriebssystem behilflich sein und TCP-Verbindungen schließen oder abweisen, indem es ein `RST`- oder `FIN`-Paket in der Antwort sendet. Wenn jedoch der Knoten während der Verarbeitung Ihrer Anfrage abgestürzt ist, können Sie vielleicht nicht mehr in Erfahrung bringen, wie viele Daten der Remoteknoten tatsächlich bis dahin verarbeitet hat [22].
- Wenn ein Knotenprozess abgestürzt ist (oder von einem Administrator beendet wurde), das Betriebssystem des Knotens aber weiterhin läuft, kann ein

Skript andere Knoten über den Absturz benachrichtigen, sodass diese anderen Knoten schnell übernehmen können, ohne auf einen Timeout warten zu müssen. Zum Beispiel bedient sich HBase dieser Methode [23].

- Wenn Sie Zugriff auf die Verwaltungsoberfläche der Netzwerk-Switches in Ihrem Rechenzentrum haben, können Sie die Switches abfragen, um Verbindungsfehler auf Hardware-Ebene zu ermitteln (zum Beispiel, wenn der Remotecomputer ausgeschaltet ist). Diese Option scheidet natürlich aus, wenn Sie über das Internet verbunden sind, sich in einem gemeinsam genutzten Rechenzentrum ohne Zugriff auf die Switches selbst befinden oder die Verwaltungsoberfläche aufgrund eines Netzwerkproblems nicht erreichen können.
- Wenn ein Router weiß, dass die IP-Adresse des Ziels nicht erreichbar ist, kann er Ihnen dies mit dem ICMP-Pakettyp *Destination Unreachable* zurückmelden. Allerdings besitzt auch der Router keine magische Fehlererkennung – er unterliegt den gleichen Beschränkungen wie andere Teilnehmer des Netzwerks.

Schnelles Feedback über den Ausfall eines Remoteknotens ist zwar nützlich, doch verlassen können Sie sich nicht darauf. Selbst wenn TCP bestätigt, dass ein Paket zugestellt worden ist, kann die Anwendung abgestürzt sein, bevor sie es verarbeitet hat. Möchten Sie sicher sein, dass eine Anfrage erfolgreich war, brauchen Sie eine positive Antwort von der Anwendung selbst [24].

Wenn umgekehrt etwas schiefgegangen ist, erhalten Sie vielleicht eine Fehlermeldung auf irgendeiner Stackebene, doch im Allgemeinen müssen Sie davon ausgehen, überhaupt keine Antwort zu bekommen. Die Anfrage können Sie mehrmals wiederholen (TCP führt Wiederholungen transparent durch, doch Sie können auch mehrere Versuche auf Anwendungsebene starten), auf den Ablauf des Timeouts warten und schließlich den Knoten als tot deklarieren, wenn Sie innerhalb des Timeouts keine Antwort bekommen.

Timeouts und unbeschränkte Verzögerungen

Wenn ein Timeout die einzige sichere Möglichkeit ist, einen Fehler zu erkennen, wie lange sollte dann der Timeout sein? Leider gibt es hier keine einfache Antwort.

Wenn der Timeout lang ist, muss man entsprechend lange warten, bis ein Knoten für tot erklärt wird (und während dieser Zeit müssen Benutzer eventuell ebenfalls warten oder sich mit Fehlermeldungen abfinden). Ein kurzer Timeout fördert Fehler schneller zutage, birgt aber ein höheres Risiko, einen Knoten fälschlicherweise für tot zu erklären, wenn er eigentlich nur vorübergehend langsam geworden ist (zum Beispiel infolge einer Lastspitze auf dem Knoten oder im Netzwerk).

Einen Knoten vorzeitig für tot zu erklären, ist problematisch: Wenn der Knoten tatsächlich noch funktioniert und sich gerade mitten in einer Aktion befindet (zum Beispiel dem Versenden einer E-Mail) und ein anderer Knoten seine Aufgaben übernimmt, kann die Aktion am Ende vielleicht zweimal ausgeführt werden. Auf dieses Problem gehen wir ausführlicher in Abschnitt »Wissen, Wahrheit und Lügen« auf Seite 321 sowie in den Kapiteln 9 und 11 ein.

Wird ein Knoten für tot erklärt, müssen seine Zuständigkeiten auf andere Knoten übertragen werden, was die anderen Knoten und das Netzwerk zusätzlich belastet. Wenn das System bereits mit hoher Last zu kämpfen hat, verschlimmert sich das Problem noch, wenn ein Knoten vorzeitig für tot erklärt wird. Insbesondere könnte es passieren, dass der Knoten tatsächlich nicht tot war, sondern infolge einer Überlastung nur zu langsam reagiert hat. Wird jetzt seine Arbeitslast auf andere Knoten übertragen, kann sich der Ausfall kaskadenartig fortsetzen (im Extremfall erklären sich alle Knoten gegenseitig für tot, und nichts funktioniert mehr).

Stellen Sie sich ein fiktives System vor mit einem Netzwerk, das eine maximale Verzögerung für Pakete garantiert – jedes Paket wird entweder innerhalb einer Zeit d zugestellt, oder es ist verloren, doch die Zustellung dauert nie länger als d. Darüber hinaus sei angenommen, Sie können garantieren, dass ein nicht ausgefallener Knoten eine Anfrage immer innerhalb einer Zeit r verarbeitet. In diesem Fall könnten Sie garantieren, dass die Antwort auf jede erfolgreiche Anfrage innerhalb einer Zeit von $2d + r$ eintrifft, und wenn Sie innerhalb dieser Zeit keine Antwort erhalten, wissen Sie, dass entweder das Netzwerk oder der Remoteknoten nicht funktioniert. Träfe das zu, käme $2d + r$ als vernünftiger Timeout infrage.

Leider haben die meisten Systeme, mit denen wir arbeiten, keine dieser Garantien: Asynchrone Netzwerke haben unbeschränkte Verzögerungen (d.h., sie versuchen, die Pakete so schnell wie möglich zuzustellen, doch es gibt keine Obergrenze für die Zeit, die das Paket bis zum Eintreffen braucht), und die meisten Serverimplementierungen können nicht garantieren, dass sie Anfragen innerhalb einer Maximalzeit verarbeiten können (siehe Abschnitt »Garantien für Reaktionszeiten« auf Seite 319). Für die Fehlererkennung genügt es nicht, dass das System die meiste Zeit schnell ist: Wenn Sie den Timeout auf einen niedrigen Wert gesetzt haben, reichen einige vorübergehende Spitzen in Roundtrip-Zeiten, um das System aus dem Gleichgewicht zu bringen.

Netzwerkstaus und Warteschlangen

Beim Autofahren variieren die Fahrzeiten auf dem Straßennetz primär aufgrund von Verkehrsstaus. Ebenso ist die Varianz von Paketverzögerungen hauptsächlich auf Warteschlangen zurückzuführen [25]:

- Wenn verschiedene Knoten gleichzeitig versuchen, Pakete an dasselbe Ziel zu senden, muss der Netzwerk-Switch sie in eine Warteschlange stellen und nacheinander in die Zielnetzwerkverbindung einspeisen (wie Abbildung 8-2 zeigt). Bei einer stark belasteten Netzwerkverbindung muss ein Paket gegebenenfalls eine Weile warten, bis es einen Slot bekommt (als *Netzwerkstau* bezeichnet). Wenn es so viele eingehende Daten gibt, dass sich die Switch-

Warteschlange füllt, wird das Paket verworfen, woraufhin es erneut gesendet werden muss – selbst wenn das Netzwerk ordnungsgemäß funktioniert.

- Wenn ein Paket den Zielcomputer erreicht und alle CPU-Kerne momentan ausgelastet sind, stellt das Betriebssystem die eingehende Anfrage in eine Warteschlange, bis die Anwendung bereit ist, sie zu verarbeiten. Je nach Belastung des Computers kann dies beliebig lange dauern.
- In virtualisierten Umgebungen pausiert ein laufendes Betriebssystem oftmals für mehrere Millisekunden, während ein anderer virtueller Computer einen CPU-Kern verwendet. In dieser Zeit kann der virtuelle Computer keinerlei Daten aus dem Netzwerk konsumieren, weshalb der Monitor der virtuellen Maschine (VMM) die einlaufenden Daten in eine Warteschlange stellt (puffert) [26], wodurch sich die Varianz der Netzwerkverzögerungen weiter erhöht.
- TCP führt eine *Flusskontrolle* durch (auch *Stauvermeidung* oder *Gegendruck* genannt), bei der ein Knoten seine eigene Senderate begrenzt, um eine Netzwerkverbindung oder den empfangenden Knoten nicht zu überlasten [27]. Das bedeutet zusätzliche Warteschlangen beim Sender, bevor die Daten überhaupt ins Netzwerk gelangen.

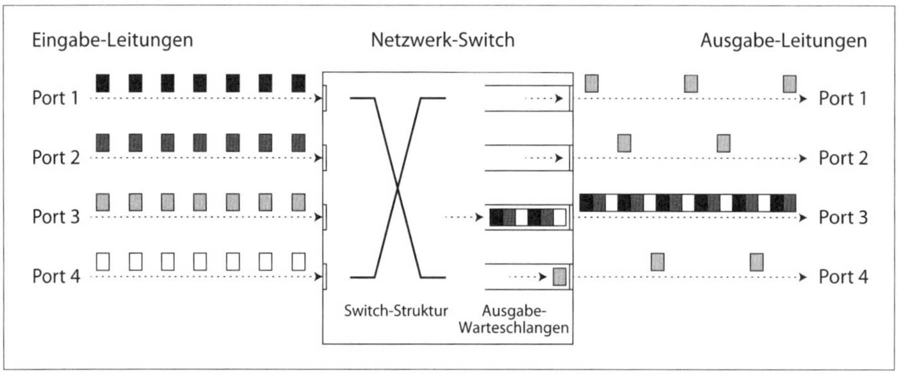

Abbildung 8-2: Wenn mehrere Computer Netzwerkverkehr an dasselbe Ziel senden, kann sich dessen Switch-Warteschlange füllen. Hier versuchen die Ports 1, 2 und 4, Pakete an Port 3 zu senden.

Außerdem betrachtet TCP ein Paket als verloren, wenn es innerhalb einer bestimmten Zeitspanne (die sich aus beobachteten Roundtrip-Zeiten ableitet) nicht bestätigt wird, und verlorene Pakete werden automatisch erneut übertragen. Obwohl die Anwendung den Paketverlust und die Neuübertragung nicht sieht, bemerkt sie die entstandene Verzögerung (warten, bis der Timeout abgelaufen ist, und dann warten, dass das erneut übertragene Paket bestätigt wird).

Alle diese Faktoren tragen zur Varianz der Netzwerkverzögerungen bei. Der Bereich von Warteschlangenverzögerungen ist besonders breit, wenn ein System nahe seiner maximalen Kapazität arbeitet: Ein System mit viel Reservekapazität kann die Warteschlangen leicht leeren, während sich in einem stark beanspruchten System lange Warteschlangen sehr schnell aufbauen können.

> ### TCP und UDP
>
> Einige latenzempfindliche Anwendungen wie zum Beispiel Videokonferenzen und VoIP (Voice over IP) verwenden UDP statt TCP. Es ist ein Kompromiss zwischen Zuverlässigkeit und Varianz der Verzögerungen: Da UDP keine Flusskontrolle durchführt und verlorene Pakete nicht erneut überträgt, fallen bei diesem Protokoll einige der Gründe für variable Netzwerkverzögerungen weg (obwohl es immer noch anfällig für Switch-Warteschlangen und Zeitplanverzögerungen ist).
>
> UDP ist eine gute Wahl in Situationen, in denen verzögerte Daten wertlos sind. Zum Beispiel gibt es in einem VoIP-Telefongespräch wahrscheinlich nicht genügend Zeit, um ein verlorenes Paket erneut zu übertragen, bevor seine Daten über den Lautsprecher wiedergegeben werden sollen. In diesem Fall macht es keinen Sinn, das Paket erneut zu übertragen – die Anwendung muss stattdessen den Zeitraum des fehlenden Pakets mit Stille füllen (was eine kurze Tonunterbrechung ergibt) und im Stream fortfahren. Der Wiederholungsversuch findet stattdessen auf der menschlichen Ebene statt. (»Könnten Sie das bitte wiederholen? Der Ton war für einen Moment weg.«)

In öffentlichen Clouds und mandantenfähigen Rechenzentren werden Ressourcen von vielen Kunden gemeinsam genutzt. Das betrifft auch die Netzwerkverbindungen und Switches und (bei Ausführung auf virtuellen Computern) sogar die Netzwerkadapter und die CPUs. Batch-Arbeitslasten wie zum Beispiel bei MapReduce (siehe Kapitel 10) können Netzwerkverbindungen leicht voll auslasten. Da Sie keine Kontrolle oder Kenntnisse über die Nutzung der gemeinsamen Ressourcen durch andere Kunden haben, können Netzwerkverzögerungen äußerst variabel sein, wenn jemand in Ihrer Nähe (ein sogenannter *noisy neighbor* [etwa: störender Nachbar]) jede Menge Ressourcen beansprucht [28, 29].

In derartigen Umgebungen können Sie Timeouts nur experimentell festlegen: Messen Sie die Verteilung der Roundtrip-Zeiten im Netzwerk über einen ausgedehnten Zeitraum und über viele Computer hinweg, um die zu erwartende Varianz der Verzögerungen zu bestimmen. Unter Berücksichtigung der Eigenschaften Ihrer Anwendung können Sie dann einen geeigneten Kompromiss zwischen Verzögerungen durch Fehlererkennung und dem Risiko vorzeitiger Timeouts wählen.

Anstatt fest konfigurierte konstante Timeouts zu verwenden, können Systeme die Antwortzeiten und deren Varianz (Jitter) fortwährend messen und automatisch die Timeouts anhand der zeitlichen Verteilung der beobachteten Antwortzeiten anpassen. Das lässt sich mit einem Phi Accrual-Fehlerdetektor [30] bewerkstelligen, der zum Beispiel in Akka und Cassandra [31] verwendet wird. Die Timeouts für TCP-Neuübertragung funktionieren ähnlich [27].

Synchrone und asynchrone Netzwerke

Verteilte Systeme wären viel einfacher, wenn wir uns darauf verlassen könnten, dass das Netzwerk die Pakete mit einer festen maximalen Verzögerung zustellt und keine Pakete verwirft. Warum können wir dies nicht auf der Hardwareebene lösen und das Netzwerk so zuverlässig machen, dass die Software sich nicht darum kümmern muss?

Für die Beantwortung dieser Frage ist es interessant, die Netzwerke von Rechenzentren mit den herkömmlichen Telefonfestnetzanschlüssen (kein Mobilfunk, kein VoIP) zu vergleichen, die äußerst zuverlässig sind: Verzögerte Audio-Frames und unterbrochene Anrufe kommen sehr selten vor. Ein Telefongespräch setzt eine konstant niedrige Ende-zu-Ende-Latenz und genügend Bandbreite voraus, um die Audio-Samples der Stimme zu übertragen. Wäre es nicht schön, eine ähnliche Zuverlässigkeit und Vorhersagbarkeit in Computernetzen zu haben?

Wenn Sie einen Anruf über das Telefonnetz tätigen, wird eine *geschaltete Verbindung* aufgebaut: Eine feste, garantierte Bandbreite wird für den Anruf über die gesamte Strecke zwischen zwei Teilnehmern zugewiesen. Diese Verbindung bleibt bis zum Ende des Anrufs bestehen [32]. Zum Beispiel läuft ein ISDN-Netzwerk mit einer festen Rate von 4.000 Frames pro Sekunde. Wenn ein Anruf eingerichtet ist, bekommt er innerhalb jedes Frames (in jeder Richtung) 16 Bits zugeordnet. Somit ist jede Seite für die Dauer des Anrufs garantiert in der Lage, alle 250 Mikrosekunden genau 16 Bits Audiodaten zu senden [33, 34].

Ein Netzwerk mit solchen geschalteten Verbindungen wird *leitungsvermittelt* genannt, im Gegensatz zur Paketvermittlung, auf der das Internet basiert. Ein leitungsvermitteltes Netzwerk arbeitet *synchron*: Selbst wenn Daten über mehrere Router laufen, leidet es nicht an Warteschlangenbildung, weil die 16 Bits Übertragungsraum für den Anruf bereits im nächsten Abschnitt (Hop) des Netzwerks reserviert sind. Und weil es keine Warteschlangen gibt, steht die maximale Ende-zu-Ende-Latenz des Netzwerks fest. Wir nennen das eine *begrenzte Verzögerung*.

Lassen sich Netzwerkverzögerungen nicht einfach vorhersagbar machen?

Einer geschalteten Verbindung ist eine feste Bandbreite zugeordnet, die während der Dauer der Verbindung niemand anderes verwenden kann. Damit unterscheidet sie sich stark von einer TCP-Verbindung, deren Pakete opportunistisch die Netzwerkbandbreite nutzen, die gerade verfügbar ist. Sie können dem TCP-Protokoll einen Datenblock von beliebiger Größe reichen (zum Beispiel eine E-Mail oder eine Webseite) und das Protokoll versucht, die Daten in kürzestmöglicher Zeit zu übertragen. Wenn eine TCP-Verbindung im Leerlauf arbeitet, beansprucht sie auch keine Bandbreite.[2]

2 Mit Ausnahme vielleicht von Keepalive-Paketen, falls Keepalive (zur Aufrechterhaltung der Verbindung) für TCP aktiviert ist.

Wären Netzwerke in Rechenzentren und das Internet leitungsvermittelte Netzwerke, ließe sich eine garantierte maximale Roundtrip-Zeit festlegen, während eine Verbindung aufgebaut wird. Doch das ist nicht der Fall. Ethernet und IP sind paketorientierte Protokolle. Paketvermittelte Netzwerke leiden an Warteschlangenbildung und unbeschränkten Verzögerungen im Netzwerk. Die im Internet verwendeten Protokolle kennen das Konzept einer geschalteten Verbindung nicht.

Weshalb setzen die Netzwerke von Rechenzentren und das Internet auf Paketvermittlung? Weil sie für *stoßweisen Verkehr* optimiert sind. Eine geschaltete Verbindung ist für einen Audio- oder Videoanruf geeignet, der eine relativ konstante Anzahl von Bits pro Sekunde für die Dauer des Anrufs benötigt. Wenn man andererseits eine Webseite anfordert, eine E-Mail sendet oder eine Datei überträgt, besteht kein bestimmter, fester Bandbreitenbedarf – die Übertragung soll nur möglichst schnell abgeschlossen sein.

Wenn Sie eine Datei über eine geschaltete Verbindung übertragen wollen, müssen Sie sich für eine Bandbreitenreservierung entscheiden. Setzen Sie diese zu tief an, läuft die Übertragung unnötig langsam und lässt Netzwerkkapazität ungenutzt. Gehen Sie von einer zu hohen Bandbreite aus, lässt sich die Verbindung nicht einrichten (weil das Netzwerk keine Verbindung zulässt, wenn es die Bandbreite nicht garantieren kann). Die Nutzung von geschalteten Verbindungen für stoßweise Datenübertragungen verschwendet daher Netzwerkkapazität und macht Übertragungen unnötig langsam. Im Unterschied dazu passt TCP die Datenübertragungsrate dynamisch an die verfügbare Netzwerkkapazität an.

Man hat versucht, mit hybriden Netzwerken sowohl Leitungsvermittlung als auch Paketvermittlung zu unterstützen, beispielsweise mit ATM.[3] InfiniBand weist einige Ähnlichkeiten auf [35]: Es implementiert Ende-zu-Ende-Flusskontrolle auf der Verbindungsschicht, wodurch weniger Warteschlangen im Netzwerk erforderlich sind, obwohl es trotzdem noch unter Verzögerungen aufgrund von Verbindungsüberlastung leiden kann [36]. Mit geschickter Nutzung von *Dienstgüte* (Quality of Service, QoS, d.h. Priorisierung und Planung von Paketen) und *Zugangskontrolle* (Begrenzung der Senderate) ist es möglich, Leitungsvermittlung in Paketnetzwerken nachzubilden oder statistisch begrenzte Verzögerungen zu realisieren [25, 32].

3 ATM (*Asynchronous Transfer Mode*) war in den 1980er-Jahren ein Konkurrent zu Ethernet [32], hat aber außerhalb der Kern-Switches in Telefonnetzen kaum Akzeptanz gefunden. Trotz gleicher Akronyme hat dieses Protokoll nichts mit Geldautomaten zu tun, die im Englischen als Automated Teller Machine bezeichnet werden. Vielleicht basiert in irgendeinem Paralleluniversum das Internet auf etwas wie ATM – in diesem Universum werden Internetvideoanrufe wahrscheinlich viel zuverlässiger sein als in unserem, weil sie nicht an verworfenen und verzögerten Paketen leiden.

Latenz und Ressourcennutzung

Generell kann man sich variable Verzögerungen als Folge der dynamischen Ressourcenpartitionierung vorstellen.

Nehmen wir zum Beispiel eine Leitung an, die bis zu 10.000 Gespräche gleichzeitig übertragen kann. Jede Verbindung, die über diese Leitung geschaltet wird, belegt einen dieser Gesprächskanäle. Somit können Sie sich die Leitung als Ressource vorstellen, die von bis zu 10.000 gleichzeitigen Teilnehmern[4] genutzt werden kann. Die Ressource ist *statisch* aufgeteilt: Selbst wenn Sie im Moment der einzige Anrufer auf der Leitung sind und alle anderen 9.999 Kanäle ungenutzt bleiben, wird Ihrer Verbindung immer noch der gleiche feste Anteil der Bandbreite zugewiesen, als wenn die Leitung voll ausgelastet wäre.

Im Gegensatz dazu teilt das Internet die Netzwerkbandbereite *dynamisch* zu. Die Sender schieben und drängeln einander, um ihre Pakete so schnell wie möglich über die Leitung zu bekommen, und die Netzwerk-Switches entscheiden von einem Moment zum nächsten, welches Paket gesendet werden soll (d. h. die Bandbreitenzuweisung). Dieser Ansatz hat den Nachteil, dass Warteschlangen erforderlich sind, aber den Vorteil, dass die Auslastung der Leitung maximiert wird. Da die Leitungskosten fix sind, wird jedes Byte, das Sie über die Leitung senden, umso billiger, je besser die Leitung ausgelastet ist.

Eine ähnliche Situation ergibt sich bei CPUs: Wenn Sie die einzelnen CPU-Kerne dynamisch mehreren Threads zuteilen, muss manchmal der eine Thread in der Warteschlange des Betriebssystems warten, während ein anderer Thread läuft, was dazu führt, dass ein Thread variable Wartezeiten in Kauf nehmen muss. Allerdings ist die Hardwareauslastung auf diese Weise besser, als wenn Sie jedem Thread eine statische Anzahl von CPU-Zyklen zuweisen (siehe Abschnitt »Garantien für Reaktionszeiten« auf Seite 319). Eine bessere Hardwareauslastung ist auch eine starke Motivation für den Einsatz virtueller Computer.

Latenzgarantien sind in bestimmten Umgebungen erreichbar, wenn Ressourcen statisch partitioniert werden (zum Beispiel mit dedizierter Hardware und exklusiven Bandbreitenzuweisungen). Allerdings geht das auf Kosten verringerter Auslastung – mit anderen Worten ist diese Methode teurer. Auf der anderen Seite bietet Mandantenfähigkeit mit dynamischer Ressourcenpartitionierung eine bessere Auslastung, ist also billiger, hat aber den Nachteil variabler Verzögerungen.

In Netzwerken sind variable Verzögerungen also kein Naturgesetz, sondern einfach das Ergebnis eines Kosten-Nutzen-Kompromisses.

Allerdings ist eine derartige Servicequalität in mandantenfähigen Rechenzentren und öffentlichen Clouds bzw. bei der Kommunikation über das Internet derzeit

4 Genau genommen wären es 20.000 Teilnehmer, weil ja auf jeder Seite der Verbindung ein Teilnehmer sitzt. Nehmen Sie einfach an, dass es in jeder Gesprächsrichtung 10.000 Teilnehmer gibt. [Anm. d. Übers.]

nicht möglich.[5] Die momentan bereitgestellte Technologie erlaubt es uns nicht, Garantien über Verzögerungen oder Zuverlässigkeit des Netzwerks zu geben: Wir müssen davon ausgehen, dass Netzwerküberlastungen, Warteschlangenbildung und unbegrenzte Verzögerungen auftreten. Folglich gibt es keinen »richtigen« Wert für Timeouts – sie müssen experimentell bestimmt werden.

Unzuverlässige Uhren

Uhren und Zeitangaben sind für viele Anwendungen wichtig, da sie oftmals den zeitlichen Verlauf der Vorgänge berücksichtigen müssen, um Fragen wie die folgenden zu beantworten:

1. Ist der Timeout für diese Anfrage abgelaufen?
2. Was ist das 99. Perzentil der Antwortzeit dieses Diensts?
3. Wie viele Abfragen pro Sekunde hat dieser Dienst in den letzten fünf Minuten durchschnittlich verarbeitet?
4. Wie viel Zeit hat der Benutzer auf unserer Site zugebracht?
5. Wann wurde dieser Artikel veröffentlicht?
6. Zu welchem Zeitpunkt (Datum und Uhrzeit) sollte die Erinnerungs-E-Mail gesendet werden?
7. Wann verfällt dieser Cacheeintrag?
8. Welchen Zeitstempel hat diese Fehlermeldung in der Protokolldatei?

Die Fragen 1 bis 4 geben *Zeitdauern* an (zum Beispiel das Zeitintervall zwischen einer gesendeten Anfrage und einer empfangenen Antwort), während die Beispiele 5 bis 8 *Zeitpunkte* beschreiben (Ereignisse, die an einem bestimmten Datum zu einer bestimmten Uhrzeit auftreten).

In einem verteilten System ist die Zeit eine knifflige Angelegenheit, weil die Kommunikation nicht sofort stattfindet: Es dauert eine gewisse Zeit, bis eine Nachricht über das Netzwerk von einem Computer zu einem anderen gelangt. Eine Nachricht wird immer später empfangen als gesendet. Doch aufgrund von variablen Verzögerungen im Netzwerk wissen wir nicht, wie viel später. Dadurch ist es manchmal schwierig, die Reihenfolge zu bestimmen, in der die Ereignisse auftreten, wenn mehrere Computer beteiligt sind.

Außerdem verfügt jeder Computer im Netzwerk über seine eigene Uhr, die auf einem echten Hardwaregerät basiert: normalerweise einem Quarzoszillator. Derartige Geräte sind nicht vollkommen genau, sodass jeder Computer in seiner eige-

5 Peering-Vereinbarungen zwischen Internet Service Providern und die Einrichtung von Routen über das Border Gateway Protocol (BGP) ähneln eher der Leitungsvermittlung als IP selbst. Auf dieser Ebene ist es möglich, dedizierte Bandbreite zu kaufen. Das Internet-Routing funktioniert allerdings auf der Ebene von Netzwerken, nicht von einzelnen Verbindungen zwischen Hosts, und auf einer wesentlich längeren Zeitskala.

nen Zeit lebt, die zudem geringfügig langsamer oder schneller abläuft als bei anderen Computern. Die Uhren lassen sich bis zu einem gewissen Grad synchronisieren: Der gebräuchlichste Mechanismus ist Network Time Protocol (NTP), mit dem es möglich ist, die Systemuhr des Computers auf die Zeit zu justieren, die eine Gruppe von Zeitservern übermittelt [37]. Die Server ihrerseits beziehen ihre Zeit von einer genaueren Zeitquelle, beispielsweise einem GPS-Empfänger.

Monotone Uhren und Echtzeituhren

Moderne Computer verfügen über mindestens zwei verschiedene Arten von Uhren: eine *Echtzeituhr* und eine *monotone Uhr*. Obwohl beide die Zeit messen, ist es wichtig, die beiden zu unterscheiden, da sie unterschiedliche Aufgaben haben.

Echtzeituhren

Eine Echtzeituhr tut das, was man intuitiv von einer Uhr erwartet: Sie gibt die aktuelle Uhrzeit und das Datum entsprechend einem Kalender zurück. Zum Beispiel liefert die Funktion `clock_gettime(CLOCK_REALTIME)` unter Linux[6] und `System.currentTimeMillis()` in Java die Anzahl der Sekunden (oder Millisekunden) seit Beginn der *Epoche*: Mitternacht UTC am 1. Januar 1970 nach dem gregorianischen Kalender, ohne Schaltsekunden mitzuzählen. Manche Systeme verwenden andere Daten als Referenzpunkte.

Echtzeituhren werden normalerweise mit NTP synchronisiert. Das bedeutet, dass der Zeitstempel auf dem einen Computer (im Idealfall) dem Zeitstempel auf einem anderen Computer entspricht. Allerdings gibt es bei Echtzeituhren auch verschiedene Besonderheiten, wie der nächste Abschnitt beschreibt. Insbesondere kann es sein, dass die lokale Uhr zwangsweise zurückgesetzt wird und scheinbar zu einem früheren Zeitpunkt zurückzuspringen scheint, wenn die Abweichung vom NTP-Server zu groß ist. Diese Sprünge sowie die Tatsache, dass sie Schaltsekunden oftmals ignorieren, machen Echtzeituhren ungeeignet, um die verstrichene Zeit zu messen [38].

Ein Relikt aus früheren Zeiten bei Echtzeituhren ist eine recht grobkörnige Auflösung, zum Beispiel 10-ms-Schritte in älteren Windows-Systemen [39]. Auf neueren Systemen ist dies weniger problematisch.

Monotone Uhren

Eine monotone Uhr eignet sich zur Messung einer Zeitdauer (Zeitintervall), wie zum Beispiel eines Timeouts oder der Antwortzeit eines Diensts: Zum Beispiel sind `clock_gettime(CLOCK_MONOTONIC)` unter Linux und `System.nanoTime()` in Java monotone Uhren. Charakteristisch für eine monotone Uhr ist, dass sie monoton

6 Die Bezeichnung *Echtzeit* (engl. real-time) hat hier nichts mit Echtzeitbetriebssystemen zu tun, wie Abschnitt »Garantien für Reaktionszeiten« auf Seite 319 erläutert.

steigende Werte liefert (während eine Echtzeituhr auch einen Zeitsprung rückwärts machen kann).

Sie können jederzeit den Wert der monotonen Uhr abfragen, etwas tun und zu einem späteren Zeitpunkt die Uhr erneut abfragen. Die *Differenz* zwischen den beiden Werten gibt an, wie viel Zeit zwischen den beiden Abfragezeitpunkten verstrichen ist. Der *absolute* Wert der Uhr ist allerdings uninteressant: Er kann die Anzahl der Nanosekunden seit dem Start des Computers angeben oder sich auf einen ähnlich willkürlichen Startzeitpunkt beziehen. Insbesondere ergibt es keinen Sinn, die Werte monotoner Uhren von zwei verschiedenen Computern zu vergleichen, weil sie nicht dasselbe bedeuten.

Auf einem Server mit mehreren CPU-Sockeln kann jeder CPU ein eigener Timer zugeordnet sein, der nicht unbedingt mit den anderen CPUs synchronisiert wird. Betriebssysteme kompensieren solche Diskrepanzen und versuchen, Anwendungsthreads eine monotone Sicht der Uhr zu präsentieren, selbst wenn die Threads über verschiedene CPUs hinweg ausgeführt werden. Es ist jedoch empfehlenswert, diese Garantie der Monotonie mit Vorsicht zu genießen [40].

NTP kann die Frequenz anpassen, mit der die monotone Uhr läuft (als *Nachführen* der Uhr bezeichnet), wenn das Protokoll erkennt, dass die lokale Quarzuhr gegenüber dem NTP-Server vor- oder nachgeht. Standardmäßig ermöglicht es NTP, die Frequenz um bis zu 0,05 % zu erhöhen oder zu verringern, doch NTP kann die monotone Uhr nicht dazu veranlassen, vorwärts oder rückwärts zu springen. Die Auflösung monotoner Uhren ist normalerweise recht gut: Auf den meisten Systemen können sie Zeitintervalle im Bereich von Mikrosekunden oder weniger messen.

In einem verteilten System lässt sich die verstrichene Zeit (zum Beispiel Timeouts) ohne Weiteres mit einer monotonen Uhr messen, weil das keine Synchronisierung der Uhren verschiedener Knoten voraussetzt und die Ergebnisse unempfindlich für geringe Ungenauigkeiten der Messung sind.

Uhrensynchronisierung und Genauigkeit

Monotone Uhren brauchen keine Synchronisierung, doch Echtzeituhren müssen entsprechend einem NTP-Server oder einer anderen externen Zeitquelle gestellt werden, um sie sinnvoll einsetzen zu können. Leider sind unsere Methoden, um einer Uhr die korrekte Zeit beizubringen, nicht einmal annähernd so zuverlässig oder genau, wie Sie vielleicht hoffen – Hardwareuhren und NTP können launische Zeitgenossen sein. Um nur ein paar Beispiele zu nennen:

- Die Quarzuhr in einem Computer ist nicht sehr genau: Sie *driftet* (läuft schneller oder langsamer, als sie sollte). Die Uhrendrift variiert mit der Temperatur des Computers. Google nimmt für seine Server eine Uhrendrift von 200 ppm (Parts per Million) an [41], was 6 ms Drift entspricht für eine Uhr, die alle 30 Sekunden mit einem Server synchronisiert wird, oder 17 Sekunden Drift für eine Uhr, die einmal am Tag synchronisiert wird. Das begrenzt die bestmögliche Genauigkeit, die sich erreichen lässt, selbst wenn alles richtig funktioniert.

- Wenn sich die Uhr eines Computers zu stark von der eines NTP-Servers unterscheidet, kann die Synchronisierung verweigert werden, oder die lokale Uhr wird zwangsweise zurückgesetzt [37]. Für alle Anwendungen, die die Zeit vor und nach diesem Reset beobachten, scheint die Zeit plötzlich rückwärts oder vorwärts zu springen.
- Wird ein Knoten versehentlich durch eine Firewall von NTP-Servern abgeschnitten, kann die falsche Konfiguration eine ganze Zeit unbemerkt bleiben. Glaubt man den Anekdoten, sind solche Fälle gar nicht so praxisfremd.
- NTP-Synchronisierung kann nur so gut sein wie die Netzwerkverzögerung. Es gibt also eine Genauigkeitsgrenze, wenn Sie in einem überlasteten Netzwerk mit variablen Paketverzögerungen arbeiten. Ein Experiment hat gezeigt, dass sich bei Synchronisierung über das Internet ein minimaler Fehler von 35 ms erreichen lässt [42], wobei gelegentliche Spitzen in der Netzwerkverzögerung zu Fehlern von etwa einer Sekunde führen. Je nach Konfiguration können große Netzwerkverzögerungen bewirken, dass der NTP-Client ganz aufgibt.
- Einige NTP-Server sind auch falsch konfiguriert und liefern eine Zeit, die um mehrere Stunden von der Realität abweicht [43, 44]. NTP-Clients sind recht robust, weil sie mehrere Server abfragen und Ausreißer ignorieren. Dennoch ist es etwas beunruhigend, für die Korrektheit Ihrer Systeme auf eine Zeit zu setzen, die Ihnen ein Fremder im Internet mitgeteilt hat.
- Aufgrund von Schaltsekunden kann eine Minute auch 59 oder 61 Sekunden lang sein, was in Systemen, die nicht auf Schaltsekunden ausgelegt sind, Abläufe durcheinanderbringen kann, die auf zeitlichen Annahmen beruhen [45]. Die Tatsache, dass Schaltsekunden viele große Systeme zum Absturz gebracht haben [38, 46] zeigt, wie leicht sich falsche Annahmen über Uhren in ein System einschleichen können. Am besten lassen sich Schaltsekunden verarbeiten, wenn man NTP-Server zum »Lügen« animiert, indem man die Anpassung an die Schaltsekunde allmählich im Verlauf eines Tags vornimmt (als *Smearing* [Verwischen] bezeichnet) [47, 48], obwohl das tatsächliche Verhalten von NTP-Servern in der Praxis variiert [49].
- In virtuellen Computern wird die Hardwareuhr virtualisiert, was zusätzliche Herausforderungen für Anwendungen mit sich bringt, die eine genaue Zeitmessung benötigen [50]. Wenn virtuelle Computer einen CPU-Kern gemeinsam verwenden, hält jeder virtuelle Computer für einige zehn Millisekunden an, während ein anderer virtueller Computer ausgeführt wird. Aus Sicht einer Anwendung manifestiert sich diese Pause darin, dass die Uhr plötzlich vorwärts springt [26].
- Wenn Sie Software auf Geräten ausführen, über die Sie keine vollständige Kontrolle haben (zum Beispiel mobile oder eingebettete Geräte), können Sie

der Hardwareuhr des Geräts wahrscheinlich überhaupt nicht vertrauen. Manche Benutzer setzen ihre Hardwareuhr absichtlich auf falsche Werte für Datum und Uhrzeit, um zum Beispiel Zeitbegrenzungen in Spielen zu umgehen. Letztlich kann die Uhr auf eine Zeit irgendwo in der Vergangenheit oder Zukunft gesetzt sein.

Eine sehr gute Uhrengenauigkeit können Sie erreichen, wenn Sie sich ausreichend darum bemühen und erhebliche Ressourcen investieren. So verlangt beispielsweise die MiFID-II-Richtlinie der Europäischen Union zur Harmonisierung der Finanzmärkte, dass alle Teilnehmer am Hochfrequenzhandel ihre Uhren mit maximal 100 Mikrosekunden Abweichung zu UTC synchronisieren, um Marktanomalien wie zum Beispiel »Flash Crashes« untersuchen und Marktmanipulationen erkennen zu können [51].

Eine derartige Genauigkeit ist mit GPS-Empfängern, dem Precision Time Protocol (PTP) [52] und sorgfältiger Bereitstellung und Überwachung zu erzielen. Allerdings sind erheblicher Aufwand und Sachverstand erforderlich, und es gibt unzählige Möglichkeiten, wie die Uhrensynchronisation schiefgehen kann. Wenn Ihr NTP-Dämon falsch konfiguriert ist oder eine Firewall den NTP-Verkehr blockiert, kann der Uhrenfehler aufgrund der Drift schnell groß werden.

Sich auf synchronisierte Uhren verlassen

Es sieht zwar so aus, als ob Uhren einfach und leicht anzuwenden sind, doch sie bieten überraschend viele Fallstricke: Ein Tag hat nicht immer genau 86.400 Sekunden, Echtzeituhren können Zeitsprünge rückwärts machen, und die Zeit auf einem Knoten kann von der auf einem anderen Knoten erheblich abweichen.

Weiter vorn in diesem Kapitel haben wir erläutert, wie Netzwerke Pakete verwerfen und beliebig verzögern. Selbst wenn Netzwerke die meiste Zeit über ordnungsgemäß arbeiten, muss die Software konzeptionell dafür ausgelegt sein, dass das Netzwerk gelegentlich fehlerhaft ist, und die Software muss mit solchen Fehlern ordnungsgemäß umgehen können. Das Gleiche gilt für Uhren: Obwohl sie die meiste Zeit fehlerfrei arbeiten, muss robuste Software auf inkorrekte Zeitwerte vorbereitet sein.

Zum Teil hängt das Problem damit zusammen, dass falsch gehende Uhren leicht unbemerkt bleiben. Wenn die CPU eines Computers defekt oder das Netzwerk falsch konfiguriert ist, funktioniert die jeweilige Komponente höchstwahrscheinlich überhaupt nicht mehr, sodass sich der Ausfall schnell bemerkbar macht und beheben lässt. Ist andererseits seine Quarzuhr defekt oder sein NTP-Client falsch konfiguriert, läuft alles anscheinend gut weiter, auch wenn die Uhr allmählich immer weiter von der Realität wegdriftet. Falls sich eine Softwarekomponente auf eine genau gehende Uhr stützt, wird eher ein stillschweigender und unauffälliger Datenverlust auftreten als ein dramatischer Absturz [53, 54].

Wenn Sie also Software einsetzen, die synchronisierte Uhren benötigt, ist es wichtig, dass Sie auch die Zeitabweichungen zwischen allen Computern sorgfältig überwachen. Jeder Knoten, dessen Uhr zu weit von den anderen wegdriftet, sollte als tot erklärt und aus dem Cluster entfernt werden. Es solche Überwachung stellt sicher, dass Sie defekte Uhren rechtzeitig bemerken, bevor sie zu viel Schaden anrichten können.

Zeitstempel zum Ordnen von Ereignissen

Betrachten wir eine bestimmte Situation, in der es zwar verlockend, aber auch gefährlich ist, sich auf Uhren zu verlassen: Ereignisse über mehrere Knoten zeitlich zu ordnen. Wenn zum Beispiel zwei Clients in eine verteilte Datenbank schreiben, stellt sich die Frage: Wer war zuerst da? Welcher Schreibvorgang ist der neuere?

Abbildung 8-3 zeigt eine gefährliche Verwendung von Echtzeituhren in einer Datenbank mit Multi-Leader-Replikation (das Beispiel ähnelt dem in Abbildung 5-9). Client A schreibt `x = 1` auf Knoten 1. Die Daten werden auf Knoten 3 repliziert. Client B inkrementiert `x` auf Knoten 3 (nun ist `x = 2`), und schließlich werden beide Schreiboperationen auf Knoten 2 repliziert.

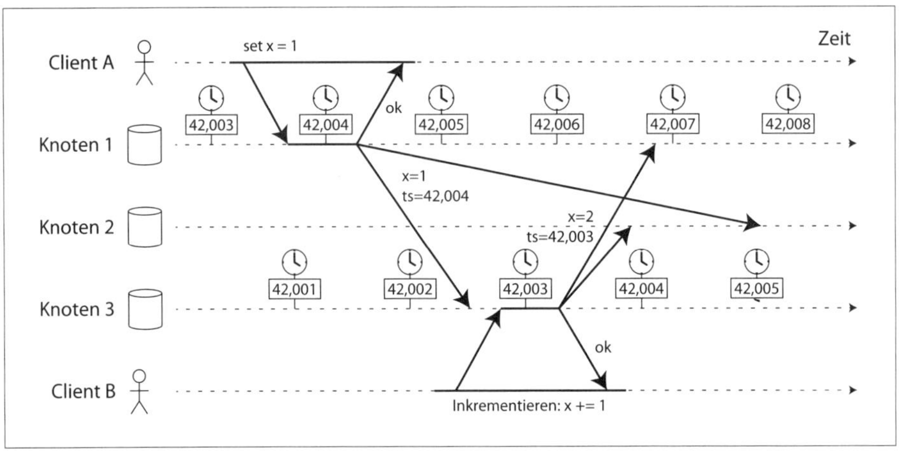

Abbildung 8-3: Der Schreibvorgang von Client B findet kausal später als der Schreibvorgang von Client A statt, aber der Schreibvorgang von B hat einen früheren Zeitstempel.

Wird im Beispiel von Abbildung 8-3 ein Schreibvorgang auf andere Knoten repliziert, erhält er einen Zeitstempel entsprechend der Echtzeituhr auf dem Knoten, auf dem er ursprünglich gelandet ist. Die Uhrensynchronisation ist in diesem Beispiel sehr gut: Der Versatz zwischen Knoten 1 und Knoten 3 beträgt weniger als 3 ms, was wahrscheinlich besser ist, als man in der Praxis erwarten kann.

Dennoch gelingt es mit den Zeitstempeln in Abbildung 8-3 nicht, die Ereignisse korrekt zu ordnen: Der Schreibvorgang `x = 1` hat einen Zeitstempel von 42,004 Sekunden, der Schreibvorgang `x = 2` aber einen Zeitstempel von 42,003 Sekunden, obwohl `x = 2` eindeutig später stattgefunden hat. Wenn Knoten 2 diese beiden Ereignisse empfängt, schließt er falsch, dass `x = 1` der neuere Wert ist, und verwirft den Schreibvorgang `x = 2`. Praktisch geht die Inkrementoperation von Client B verloren.

Diese Strategie zur Konfliktauflösung wird als *Last Write Wins* (LWW, der letzte Schreibvorgang gewinnt) bezeichnet und ist sowohl bei Multi-Leader-Replikation als auch leaderlosen Datenbanken wie Cassandra [53] und Riak [54] gebräuchlich (siehe Abschnitt »LWW – Der letzte Schreibvorgang gewinnt (Verwerfen gleichzeitiger Schreibvorgänge)« auf Seite 197). Einige Implementierungen generieren Zeitstempel auf dem Client statt auf dem Server, was aber an den grundlegenden Problemen mit LWW nichts ändert:

- Datenbankschreibvorgänge können auf mysteriöse Weise verschwinden: Ein Knoten mit einer nachlaufenden Uhr ist nicht in der Lage, Werte zu überschreiben, die vorher von einem Knoten mit einer schnellen Uhr geschrieben wurden, bis der zeitliche Versatz der Uhren zwischen den Knoten verstrichen ist [54, 55]. Dieses Szenario kann dazu führen, dass beliebige Datenmengen stillschweigend verworfen werden, ohne dass die Anwendung irgendeine Fehlermeldung erhält.
- LWW kann nicht unterscheiden zwischen Schreibvorgängen, die in schneller Folge sequenziell erfolgt sind (in Abbildung 8-3 tritt die Inkrementierung durch Client B eindeutig nach dem Schreibvorgang von Client A auf), und Schreibvorgängen, die wirklich parallel stattgefunden haben (kein Schreiber hatte Kenntnis vom anderen). Um Verletzungen der Kausalität zu verhindern, sind zusätzliche Mechanismen zur Verfolgung der Kausalität erforderlich (siehe Abschnitt »Parallele Schreibvorgänge erkennen« auf Seite 196).
- Es ist möglich, dass zwei Knoten unabhängig voneinander Schreibvorgänge mit dem gleichen Zeitstempel generieren, insbesondere wenn die Auflösung der Uhr nur im Millisekundenbereich liegt. Um derartige Konflikte aufzulösen, ist ein zusätzlicher Tiebreak-Wert erforderlich (der einfach eine große Zufallszahl sein kann), doch kann auch dieser Ansatz zur Verletzung der Kausalität führen [53].

Es mag zwar verlockend sein, Konflikte aufzulösen, indem man den »neuesten« Wert behält und andere verwirft, doch man muss sich auch bewusst machen, dass die Definition von »neuester« von einer lokalen Echtzeituhr abhängig ist, die durchaus falsch gehen kann. Selbst mit streng NTP-synchronisierten Uhren könnten Sie ein Paket mit Zeitstempel 100 ms (entsprechend der Uhr beim Sender) abschicken und es mit dem Zeitstempel 99 ms empfangen (entsprechend der Uhr des Empfängers) – so scheint es, als sei das Paket angekommen, bevor es versendet wurde, was aber unmöglich ist.

Könnte man die NTP-Synchronisierung genau genug machen, dass solche falschen Einordnungen nicht auftreten können? Wahrscheinlich nicht, denn die Synchronisierungsgenauigkeit von NTP ist an sich durch die Roundtrip-Zeit des Netzwerks beschränkt. Dazu kommen noch andere Fehlerquellen wie zum Beispiel die Quarzdrift. Für eine korrekte Ordnung müsste die Quelle der Uhrzeit erheblich genauer sein als das Messobjekt (nämlich die Netzwerkverzögerung).

Sogenannte *logische Uhren* [56, 57], die auf dem Inkrementieren eines Zählers basieren statt auf einem schwingenden Quarzkristall, sind eine sicherere Alternative für die Einordnung von Ereignissen (siehe Abschnitt »Parallele Schreibvorgänge erkennen« auf Seite 196). Logische Uhren messen weder die Tageszeit noch die Anzahl der verstrichenen Sekunden, sondern nur die relative Ordnung von Ereignissen (ob eines der Ereignisse vor oder nach einem anderen eingetreten ist). Im Unterschied dazu bezeichnet man Echtzeituhren und monotone Uhren, die die tatsächlich verstrichene Zeit messen, auch als physische Uhren. Der Abschnitt »Ordnungsgarantien« auf Seite 362 geht ausführlicher auf Reihenfolgenprobleme ein.

Das Konfidenzintervall bei Uhrendaten

Die Echtzeituhr eines Computers können Sie möglicherweise mit einer Auflösung von Mikrosekunden oder sogar Nanosekunden lesen. Doch selbst, wenn Sie eine so feinkörnige Messung bekommen können, heißt das nicht, dass der Wert tatsächlich mit einer solchen Genauigkeit richtig ist. Tatsächlich ist er es meistens nicht – wie weiter oben erwähnt, kann die Drift in einer ungenauen Quarzuhr durchaus mehrere Millisekunden betragen, selbst wenn Sie sie jede Minute mit einem NTP-Server im lokalen Netzwerk synchronisieren. Mit einem NTP-Server, der über das öffentliche Internet zugänglich ist, lässt sich wahrscheinlich eine bestmögliche Genauigkeit von einigen zehn Millisekunden erreichen. Der Fehler kann auch leicht kurzzeitig über 100 ms ansteigen, wenn das Netzwerk überlastet ist [57].

Somit macht es keinen Sinn, den von einer Uhr abgefragten Wert als Zeitpunkt aufzufassen – es handelt sich vielmehr um einen ganzen Bereich von Zeiten, die innerhalb eines *Konfidenzintervalls* (Vertrauensintervalls) liegen: Zum Beispiel kann ein System zu 95% sicher sein, dass die aktuelle Zeit zwischen 10,3 und 10,5 Sekunden nach der Minute liegt, doch genauer kann es die Zeit nicht in Erfahrung bringen [58]. Wenn wir die Zeit nur mit einer Genauigkeit von ± 100 ms kennen, sind die Mikrosekunden im Zeitstempel praktisch bedeutungslos.

Die Unsicherheitsgrenze lässt sich anhand der Zeitquelle berechnen. Wenn an Ihren Computer ein GPS-Empfänger oder eine Atomuhr direkt angeschlossen ist, gibt der Hersteller den zu erwartenden Fehlerbereich an. Beziehen Sie die Zeit von einem Server, hängt die Unsicherheit von der erwarteten Quarzdrift seit der letzten Synchronisierung mit dem Server ab. Dazu kommen noch die Unsicherheit des NTP-Servers und die Roundtrip-Zeit des Netzwerks bis zum Server (in erster Näherung und unter der Voraussetzung, dass Sie dem Server vertrauen). Leider geben die meisten Systeme diese Unsicherheit nicht bekannt: Wenn Sie zum Beispiel `clock_gettime()` aufrufen, sagt der Rückgabewert nichts über den zu erwartenden

Fehler des Zeitstempels aus, sodass Sie nicht wissen, ob sein Konfidenzintervall fünf Millisekunden oder fünf Jahre beträgt.

Eine interessante Ausnahme ist die *TrueTime*-API von Google in Spanner [41], die explizit das Konfidenzintervall auf der lokalen Uhr meldet. Wenn Sie die API nach der aktuellen Zeit abfragen, erhalten Sie zwei Werte zurück: `[earliest, latest]`, die den *frühestmöglichen* und den *spätestmöglichen* Zeitstempel angeben. Basierend auf den Unsicherheitsberechnungen weiß die Uhr, dass die tatsächliche Zeit irgendwo innerhalb des Intervalls liegt. Die Breite des Intervalls hängt unter anderem davon ab, wann die lokale Quarzuhr das letzte Mal mit einer genaueren Uhr synchronisiert wurde.

Synchronisierte Uhren für globale Snapshots

Der Abschnitt »Snapshot-Isolation und Repeatable Read« auf Seite 252 hat sich mit Snapshot-Isolation befasst, die ein sehr nützliches Feature ist in Datenbanken, die sowohl kleine, schnelle Lese-Schreib-Transaktionen als auch lang laufende Nur-Lese-Transaktionen (zum Beispiel für Sicherungen oder Analysen) unterstützen müssen. Nur-Lese-Transaktionen können damit die Datenbank in einem konsistenten Zustand zu einem bestimmten Zeitpunkt sehen, ohne Sperren setzen zu müssen und Lese-Schreib-Transaktionen zu stören.

Die gebräuchlichste Implementierung der Snapshot-Isolation erfordert eine monoton zunehmende Transaktions-ID. Wenn ein Schreibvorgang später als der Snapshot erfolgt (d.h. der Schreibzugriff eine größere Transaktions-ID als der Snapshot hat), ist dieser Schreibvorgang für die Snapshot-Transaktion unsichtbar. In einer Einzelknoten-Datenbank genügt ein einfacher Zähler, um Transaktions-IDs zu generieren.

Wenn jedoch eine Datenbank auf viele Computer verteilt ist, möglicherweise in mehreren Rechenzentren, ist es schwierig, eine monoton wachsende Transaktions-ID (über alle Partitionen) zu erzeugen, weil dies koordiniert werden muss. Die Transaktions-ID muss Kausalität widerspiegeln: Wenn Transaktion B einen Wert liest, den eine Transaktion A geschrieben hat, muss B eine höhere Transaktions-ID haben als A – andernfalls wäre der Snapshot nicht konsistent. Bei sehr vielen kleinen, schnellen Transaktionen wird das Erzeugen von Transaktions-IDs in einem verteilten System zu einem unvertretbaren Engpass.[7]

Können wir die Zeitstempel von synchronisierten Echtzeituhren als Transaktions-IDs verwenden? Wenn wir die Synchronisierung gut genug hinbekommen könnten, würden sie die richtigen Eigenschaften haben: Spätere Transaktionen haben

---

7 Es gibt Generatoren für verteilte Sequenznummern, wie zum Beispiel Snowflake von Twitter, die *annähernd* monoton wachsende eindeutige IDs skalierbar erzeugen (indem sie beispielsweise Blöcke des ID-Raums an verschiedene Knoten zuweisen). Allerdings können sie in der Regel keine kausal konsistente Ordnung garantieren, weil die Zeitskala, auf der die Blöcke der IDs zugewiesen werden, länger ist als die Zeitskala von Datenbanklese- und -schreibvorgängen. Siehe auch Abschnitt »Ordnung und Kausalität« auf Seite 363.

einen höheren Zeitstempel. Das Problem ist natürlich die Unsicherheit bezüglich der Uhrengenauigkeit.

Spanner implementiert auf diese Weise Snapshot-Isolation über Rechenzentren hinweg [59, 60]. Es verwendet das von der TrueTime-API gemeldete Konfidenzintervall und basiert auf der folgenden Beobachtung: Wenn es zwei Konfidenzintervalle gibt, die jeweils aus einem frühestmöglichen und spätestmöglichen Zeitstempel bestehen ($A = [A_{\text{frühest}}, A_{\text{spätest}}]$ und $B = [B_{\text{frühest}}, B_{\text{spätest}}]$), und sich diese beiden Intervalle nicht überlappen (d.h. $A_{\text{frühest}} < A_{\text{spätest}} < B_{\text{frühest}} < B_{\text{spätest}}$), dann ist B definitiv nach A passiert – daran besteht kein Zweifel. Nur wenn sich die Intervalle überlappen, ist nicht gesichert, in welcher Reihenfolge A und B aufgetreten sind.

Um zu gewährleisten, dass Transaktionszeitstempel Kausalität widerspiegeln, wartet Spanner absichtlich für die Dauer des Konfidenzintervalls ab, bevor eine Lese-Schreib-Transaktion committet wird. Damit sichert Spanner ab, dass jede Transaktion, die die Daten lesen kann, zu einem ausreichend späteren Zeitpunkt stattfindet, sodass sich deren Konfidenzintervalle nicht überlappen. Damit die Wartezeit möglichst kurz ausfällt, muss Spanner die Unsicherheit der Uhr so gering wie möglich halten. Für diesen Zweck stellt Google in jedem Rechenzentrum einen GPS-Empfänger oder eine Atomuhr bereit, sodass sich die Uhren innerhalb von 7 ms synchronisieren lassen [41].

Die Uhrensynchronisierung für verteilte Transaktionssemantik zu verwenden, ist ein Bereich aktiver Forschung [57, 61, 62]. Diese Ideen sind zwar interessant, doch sie wurden noch nicht in Mainstream-Datenbanken außerhalb von Google umgesetzt.

Prozesspausen

Wir kommen nun zu einem anderen Beispiel, das Uhren in einem verteilten System auf gefährliche Weise verwendet. Angenommen, Sie haben eine Datenbank mit einem einzelnen Leader pro Partition. Nur der Leader darf Schreibzugriffe akzeptieren. Woher weiß ein Knoten, dass er immer noch Leader ist (d.h., dass er nicht von anderen für tot erklärt wurde) und dass er Schreibzugriffe sicher annehmen darf?

Eine Möglichkeit besteht darin, dass der Leader von den anderen Knoten eine *Lease* (wörtlich: »Mietvertrag«) erhält, was einer Sperre mit einem Timeout ähnelt [63]. Nur jeweils ein Knoten kann die Lease halten – wenn also ein Knoten eine Lease erhält, weiß er, dass er für eine gewisse Zeit der Leader ist, bis die Lease abläuft. Um Leader zu bleiben, muss der Knoten die Lease regelmäßig erneuern, bevor sie abläuft. Wenn der Knoten abstürzt, erneuert er die Lease nicht mehr, sodass ein anderer Knoten die Leader-Rolle übernehmen kann, wenn die Lease abgelaufen ist.

Die Schleife zur Anfrageverarbeitung können Sie sich wie folgt vorstellen:

```
while (true) {
  request = getIncomingRequest();

  // Sicherstellen, dass für die Lease immer mindestens 10 Sekunden bleiben
  if (lease.expiryTimeMillis - System.currentTimeMillis() < 10000) {
    lease = lease.renew();
  }

  if (lease.isValid()) {
    process(request);
  }
}
```

Was stimmt mit diesem Code nicht? Erstens verlässt er sich auf synchronisierte Uhren: Die Ablaufzeit der Lease wird von einem anderen Computer gesetzt (wo der Ablauf zum Beispiel als aktuelle Zeit plus 30 Sekunden berechnet werden kann) und wird mit der lokalen Systemuhr verglichen. Wenn die Uhren um mehr als einige Sekunden voneinander abweichen, führt dieser Code zu seltsamen Effekten.

Zweitens gibt es noch ein Problem, selbst wenn wir das Protokoll ändern, um nur die lokale monotone Uhr zu verwenden: Der Code geht davon aus, dass sehr wenig Zeit vergeht zwischen der Überprüfung der Zeit (`System.currentTimeMillis()`) und der Verarbeitung der Anfrage (`process(request)`). Normalerweise läuft dieser Code sehr schnell, sodass der Puffer von 10 Sekunden mehr als ausreichend bemessen ist, um sicherzustellen, dass die Lease nicht mitten in der Verarbeitung einer Abfrage abläuft.

Wie sieht es aber aus, wenn das Programm eine unerwartete Pause einlegen muss? Stellen Sie sich zum Beispiel vor, der Thread hält für 15 Sekunden um die Zeile `lease.isValid()` herum an, bevor er schließlich fortfährt. In diesem Fall ist es wahrscheinlich, dass die Lease abgelaufen ist, bevor die Anfrage verarbeitet wird, und ein anderer Knoten bereits die Rolle des Leaders übernommen hat. Da der Thread allerdings keine Möglichkeit hat, zu erkennen, dass er so lange pausiert hat, wird dieser Code bis zum nächsten Durchlauf der Schleife auch nichts davon mitbekommen, dass die Lease abgelaufen ist – mittlerweile hat er vielleicht etwas Unsicheres getan, indem er die Anfrage verarbeitet hat.

Ist es vermessen anzunehmen, dass ein Thread so lange pausieren muss? Leider nicht. Dafür gibt es verschiedene Gründe:

- In den Laufzeit-Umgebungen vieler Programmiersprachen (wie zum Beispiel der Java Virtual Machine) ist ein *Garbage Collector* (GC) am Werk, der gelegentlich alle laufenden Threads anhält. Diese *»Halte-die-Welt-an«-GC-Pausen* können durchaus mehrere Minuten dauern [64]! Selbst sogenannte »parallele« Garbage Collectoren wie der CMS der HotSpot-JVM können nicht vollständig parallel mit dem Anwendungscode laufen – sogar sie müssen die Welt von

Zeit zu Zeit anhalten [65]. Obwohl sich die Pausen oftmals verringern lassen, indem man die Allozierungsmuster anpasst oder die GC-Einstellungen optimiert [66], müssen wir vom ungünstigsten Fall ausgehen, wenn wir robuste Garantien bieten wollen.

- In virtualisierten Umgebungen lässt sich ein virtueller Computer *suspendieren* (alle Prozesse vorübergehend anhalten und den Speicherinhalt auf Festplatte sichern) und wieder *fortsetzen* (den Speicherinhalt wiederherstellen und mit der Ausführung fortfahren). Diese Pause kann jederzeit in der Ausführung eines Prozesses auftreten und beliebig lange dauern. Manchmal wird dieses Feature für die Live-Migration virtueller Computer von einem Host auf einen anderen ohne Neustart genutzt, wobei die Dauer der Pause von der Rate abhängt, mit der Prozesse in den Arbeitsspeicher schreiben [67].
- Bei Endgeräten wie zum Beispiel Laptops kann die Ausführung auch willkürlich suspendiert und fortgesetzt werden, etwa wenn der Benutzer den Laptop zuklappt.
- Wenn das Betriebssystem Kontextwechsel zu einem anderen Thread ausführt oder wenn der Hypervisor zu einem anderen virtuellen Computer umschaltet (bei Ausführung in einem virtuellen Computer), kann der momentan laufende Thread an einer beliebigen Stelle im Code angehalten werden. Bei einem virtuellen Computer bezeichnet man die Zeit, die die CPU für andere virtuelle Computer arbeitet, als *steal time* (wörtlich: »gestohlene Zeit«). Hat der Computer eine große Last zu bewältigen – d.h., es gibt eine lange Warteschlange von Threads, die auf ihre Ausführung warten –, kann es einige Zeit dauern, bevor der angehaltene Thread endlich weiterläuft.
- Wenn die Anwendung einen synchronen Plattenzugriff ausführt, muss ein Thread gegebenenfalls warten, bis eine langsame Festplatten-E/A-Operation abgeschlossen ist [68]. In vielen Sprachen kann der Festplattenzugriff überraschend stattfinden, selbst wenn der Code den Dateizugriff nicht explizit erwähnt – so lädt zum Beispiel der Classloader von Java Klassendateien, wenn sie das erste Mal verwendet werden, was während der Programmausführung jederzeit passieren kann. E/A-Pausen und GC-Pausen können sich sogar »verschwören«, um ihre Verzögerungen zusammenzuführen [69]. Wenn es sich bei der Festplatte tatsächlich um ein Netzwerkdateisystem oder Netzwerkblockgerät (wie zum Beispiel EBS von Amazon) handelt, ist die E/A-Latenz darüber hinaus abhängig von der Varianz der Netzwerkverzögerungen [29].
- Ist das Betriebssystem so konfiguriert, dass es *Auslagerungsdateien* (*Paging*) erlaubt, kann ein einfacher Arbeitsspeicherzugriff in einem Seitenfehler resultieren, der das Laden einer Seite von der Festplatte in den Arbeitsspeicher nach sich zieht. Der entsprechende Thread wird angehalten, während diese langsame E/A-Operation stattfindet. Bei hohem Speicherdruck kann es wiederum erforderlich sein, eine andere Seite auf die Festplatte auszulagern. In Extremfällen verbringt das Betriebssystem die meiste Zeit damit, Seiten von der Festplatte zu holen und Seiten auszulagern, während die eigentliche Arbeit auf

der Strecke bleibt (als *Thrashing* [Seitenflattern] bezeichnet). Um dieses Problem zu vermeiden, ist Paging auf Servercomputern oftmals deaktiviert (wenn Sie lieber einen Prozess beenden möchten, um Speicher freizugeben, als Thrashing zu riskieren).

- Ein UNIX-Prozess kann mit dem Signal `SIGSTOP` angehalten werden, indem man zum Beispiel in einer Shell die Tastenkombination *Strg+ Z* drückt. Dieses Signal hält den Prozess unmittelbar davon ab, weitere CPU-Zyklen zu erhalten, bis er mit `SIGCONT` fortgesetzt wird. Dann läuft der Thread ab der Stelle weiter, wo er aufgehört hat. Auch wenn Ihre Umgebung `SIGSTOP` normalerweise nicht verwendet, ist es vorstellbar, dass beispielsweise ein Wartungsingenieur das Signal versehentlich sendet.

In allen diesen Situationen lässt sich der laufende Thread jederzeit unterbrechen (*präemptiv*) und irgendwann später wieder fortsetzen, ohne dass der Thread es überhaupt bemerkt. Das Problem ähnelt der Aufgabe, multithreaded Code auf einem einzelnen Computer threadsicher zu machen: Über das Timing kann man nichts annehmen, weil beliebige Kontextwechsel und Parallelität auftreten können.

Wenn wir Multithreading-Code für einen einzelnen Computer schreiben, können wir auf recht gute Tools zurückgreifen, um den Code threadsicher zu machen: Mutexe, Semaphoren, atomare Zähler, sperrenfreie Datenstrukturen, blockierende Warteschlangen usw. Leider lassen sich diese Tools nicht direkt auf verteilte Systeme übertragen, weil ein verteiltes System keinen gemeinsamen Speicher hat, sondern nur Nachrichten, die über ein unzuverlässiges Netzwerk gesendet werden.

In einem verteilten System muss ein Knoten annehmen, dass seine Ausführung jederzeit für eine längere Zeit angehalten werden kann, selbst in der Mitte einer Funktion. Während der Pause bewegt sich der Rest der Welt weiter und kann den angehaltenen Knoten sogar für tot erklären, weil er nicht reagiert. Schließlich kann der angehaltene Knoten weiterlaufen, ohne überhaupt zu bemerken, dass er geschlafen hat, bis er irgendwann später seine Uhr überprüft.

Garantien für Reaktionszeiten

Wie bereits erläutert, können Threads und Prozesse in vielen Programmiersprachen und Betriebssystemen für eine unbeschränkte Zeit angehalten werden. Die Ursachen für das Pausieren können aber mit genügend hohen Anstrengungen beseitigt werden.

Manche Software läuft in Umgebungen, in denen ernsthafter Schaden entstehen kann, wenn innerhalb einer bestimmten Zeit keine Reaktion erfolgt: Computer, die Flugzeuge, Raketen, Roboter, Autos und andere physische Objekte steuern, müssen schnell und vorhersagbar auf Sensoreingaben reagieren. In diesen Systemen gibt es eine festgelegte *Deadline*, bis zu der die Software reagieren muss. Wenn sie die Deadline nicht einhält, kann dies den Ausfall des gesamten Systems nach sich ziehen. Das sind die sogenannten *harten Echtzeitsysteme*.

Ist Echtzeit wirklich echt?

In eingebetteten Systemen bedeutet *Echtzeit*, dass ein System sorgfältig entworfen und getestet wurde, um festgelegte Timing-Garantien unter allen Umständen zu einzuhalten. Diese Bedeutung steht im Gegensatz zur vagen Verwendung des Begriffs *Echtzeit/Realtime* im Web, wo er Systeme beschreibt, in denen Server Daten im Push-Verfahren an Clients senden, und die Stream-Verarbeitung ohne harte Antwortzeitbeschränkungen durchführen (siehe Kapitel 11).

Wenn zum Beispiel die Sensoren an Bord Ihres Autos erkennen, dass Sie eben inmitten eines Unfalls sind, wollen Sie höchstwahrscheinlich nicht, dass der Airbag aufgrund einer ungelegenen GC-Pause im Airbag-Auslösesystem verzögert auslöst.

Um in einem System Echtzeitgarantien geben zu können, ist Unterstützung von allen Ebenen des Softwarestacks erforderlich:

- ein *Echtzeit-Betriebssystem* (Real-Time Operating System, RTOS), mit dem sich Prozesse mit einer garantierten Zuordnung von CPU-Zeit in festgelegten Intervallen planen lassen,
- Bibliotheksfunktionen müssen ihre Worst-Case-Ausführungszeiten dokumentieren,
- die dynamische Speicherallozierung muss eingeschränkt oder ganz deaktiviert werden (es gibt Echtzeit-GCs, doch die Anwendung muss trotzdem sicherstellen, dass sie dem GC nicht zu viel Arbeit aufbürdet), und
- es sind sehr viele Tests und Messungen erforderlich, um sicherzustellen, dass die Garantien eingehalten werden.

All dies erfordert einen hohen Mehraufwand und schränkt das Spektrum der verwendbaren Programmiersprachen, Bibliotheken und Tools ein (da die meisten Sprachen und Tools keine Echtzeitgarantien bieten). Deshalb ist die Entwicklung von Echtzeitsystemen sehr teuer, und sie werden vorrangig in sicherheitskritischen eingebetteten Geräten eingesetzt. Darüber hinaus ist »Echtzeit« nicht gleichbedeutend mit »Hochleistung« – tatsächlich können Echtzeitsysteme einen geringeren Durchsatz haben, weil sie zeitnahe Antworten gegenüber allem anderen priorisieren müssen (siehe auch im Kasten »Latenz und Ressourcennutzung« auf Seite 306).

Für die meisten serverseitigen Datenverarbeitungssysteme sind Echtzeitgarantien einfach nicht wirtschaftlich oder angemessen. Folglich müssen diese Systeme unter den Pausen und der Instabilität der Uhr leiden, die ein Betrieb in einer Nicht-Echtzeitumgebung mit sich bringt.

Den Einfluss der Garbage Collection begrenzen

Die negativen Wirkungen der Prozesspausen lassen sich abschwächen, ohne auf teure Echtzeit-Planungsgarantien zurückgreifen zu müssen. Die Laufzeitumgebungen der Programmiersprachen sind in gewissem Rahmen flexibel, was die Planung der Garbage Collection angeht, weil sie die Rate der Objektzuordnung und den verbleibenden freien Speicherplatz über die Zeit verfolgen können.

Eine neue Idee ist es, GC-Pausen wie kurze geplante Ausfälle eines Knotens zu behandeln und die anderen Knoten die Anfragen von Clients verarbeiten zu lassen, während der eine Knoten seine Garbage Collection durchführt. Wenn die Laufzeitumgebung in der Lage ist, die Anwendung zu warnen, dass ein Knoten bald eine GC-Pause benötigt, kann die Anwendung aufhören, neue Anfragen an diesen Knoten zu senden. Die Anwendung wartet nun, bis die ausstehenden Anfragen fertig bearbeitet sind, und führt dann die Garbage Collection durch, während keine weiteren Anfragen laufen. Dieser Trick verbirgt GC-Pausen vor den Clients und reduziert die hohen Perzentile der Reaktionszeiten [70, 71]. Einige Finanzhandelssysteme, die für Latenzen empfindlich sind, verwenden diesen Ansatz [72].

Eine Variante dieser Idee ist es, den Garbage Collector nur für kurzlebige Objekte (die schnell einzusammeln sind) zu verwenden und Prozesse periodisch neu zu starten, bevor sie genügend langlebige Objekte angesammelt haben, um eine vollständige Garbage Collection von langlebigen Objekten zu verlangen [65, 73]. Dabei kann jeweils ein Knoten neu gestartet werden. Vor dem geplanten Neustart lässt sich der Verkehr vom Knoten wegschieben, wie es bei einem Rolling Upgrade (siehe Kapitel 4) geschieht.

Diese Maßnahmen können die Pausen durch Garbage Collection zwar nicht vollständig eliminieren, aber sie können ihren Einfluss auf die Anwendung sinnvoll verringern.

Wissen, Wahrheit und Lügen

Bisher haben wir in diesem Kapitel untersucht, wie sich verteilte Systeme von Programmen unterscheiden, die auf einem einzelnen Computer laufen: Es gibt keinen gemeinsamen Speicher, nur Nachrichtenaustausch über ein unzuverlässiges Netzwerk mit variablen Verzögerungen, und die Systeme können Teilausfälle, unzuverlässige Uhren und Verarbeitungspausen erleiden.

Die Folgen dieser Probleme sind zutiefst verwirrend, wenn Sie mit verteilten Systemen nicht vertraut sind. Ein Knoten im Netzwerk kann nichts sicher *wissen* – er kann nur Annahmen treffen auf der Grundlage der Nachrichten, die er über das Netzwerk empfängt (oder nicht empfängt). Den Zustand eines anderen Knotens (welche Daten er gespeichert hat, ob er ordnungsgemäß funktioniert usw.) kann ein Knoten nur herausfinden, indem er Nachrichten mit dem anderen Knoten austauscht. Antwortet ein anderer Knoten nicht, gibt es auch keine Möglichkeit, dessen Zustand festzustellen, weil sich Probleme im Netzwerk und Probleme auf einem Knoten nicht zuverlässig unterscheiden lassen. Diskussionen über solche Systeme grenzen ans Philosophische: Was wissen wir darüber, was in unserem System wahr oder falsch ist? Wie sicher können wir uns dieses Wissens sein, wenn die Mechanismen zur Wahrnehmung und Messung unzuverlässig sind? Sollten sich Softwaresysteme an die Gesetze halten, die wir von der physikalischen Welt erwarten, wie zum Beispiel Ursache und Wirkung?

Zum Glück brauchen wir gar nicht so weit zu gehen und den Sinn des Lebens zu ergründen. In einem verteilten System können wir Annahmen über das Verhalten (das *Systemmodell*) treffen und das eigentliche System so gestalten, dass es diesen Annahmen entspricht. Für Algorithmen lässt sich nachweisen, dass sie innerhalb eines bestimmten Systemmodells korrekt funktionieren. Zuverlässiges Verhalten ist also erreichbar, selbst wenn das zugrunde liegende Systemmodell nur sehr wenige Garantien bietet.

Doch obwohl es möglich ist, Software in einem unzuverlässigen Systemmodell ordnungsgemäß laufen zu lassen, ist das nicht ganz einfach. Im weiteren Verlauf dieses Kapitels untersuchen wir die Vorstellungen von Wissen und Wahrheit in verteilten Systemen. Dann können wir uns besser damit auseinandersetzen, welche Annahmen wir treffen können und welche Garantien wir bieten wollen. In Kapitel 9 geht es dann um Algorithmen für verteilte Systeme, die bestimmte Garantien unter bestimmten Annahmen bieten.

Die Wahrheit wird von der Mehrheit definiert

Stellen Sie sich ein Netzwerk mit einem asymmetrischen Fehler vor: Ein Knoten ist in der Lage, alle an ihn gesendeten Nachrichten zu empfangen, doch alle von diesem Knoten ausgehenden Nachrichten werden fallengelassen oder verzögert [19]. Zwar funktioniert dieser Knoten einwandfrei und empfängt auch Anfragen von anderen Knoten, doch können die anderen Knoten seine Antworten nicht hören. Nach einem Timeout erklären die anderen Knoten ihn für tot, weil sie vom Knoten nichts mehr gehört haben. Die Situation entfaltet sich zu einem Albtraum: Der halbgetrennte Knoten wird auf den Friedhof geschleppt, er wehrt sich aber und schreit: »Ich bin nicht tot!« – doch da niemand sein Geschrei hören kann, wird die Begräbnisprozession mit stoischer Entschlossenheit fortgeführt.

In einem etwas weniger albtraumhaften Szenario bemerkt der halbgetrennte Knoten vielleicht, dass seine gesendete Nachricht von anderen Knoten nicht quittiert wird, und erkennt somit, dass im Netzwerk ein Fehler vorliegen muss. Nichtsdestotrotz wird der Knoten von den anderen Knoten für tot erklärt, und der halbgetrennte Knoten kann nichts dagegen tun.

Stellen Sie sich nun in einem dritten Szenario einen Knoten vor, der eine lange »Halte-die-Welt-an-GC-Pause« erlebt. Alle Threads des Knotens hat der GC präemptiv für eine Minute angehalten. Folglich werden keine Anfragen verarbeitet und keine Antworten gesendet. Die anderen Knoten warten, versuchen es erneut, werden immer ungeduldiger, erklären den Knoten schließlich für tot und laden ihn auf den Leichenwagen. Mittlerweile ist der GC fertig, und die Threads des

Knotens laufen weiter, als wäre nichts passiert. Die anderen Knoten sind überrascht, als der vermeintlich tote Knoten plötzlich kerngesund seinen Kopf aus dem Sarg hebt und fröhlich mit den Umstehenden plaudert. Zunächst merkt der vom GC übernommene Knoten nicht einmal, dass eine ganze Minute vergangen ist und dass er für tot erklärt wurde – aus seiner Sicht ist kaum Zeit vergangen, seit er das letzte Mal mit den anderen Knoten gesprochen hat.

Die Moral dieser Geschichten ist, dass ein Knoten nicht unbedingt seinem eigenen Urteil über eine Situation trauen kann. Ein verteiltes System kann sich nicht ausschließlich auf einen einzelnen Knoten verlassen, weil ein Knoten jederzeit ausfallen kann und das System dann möglicherweise steckenbleibt und sich nicht wiederherstellen kann. Stattdessen setzen viele verteilte Algorithmen auf ein Quorum, d.h. ein Votum unter den Knoten (siehe Abschnitt »Quoren zum Lesen und Schreiben« auf Seite 190): Entscheidungen erfordern eine Mindestanzahl an Stimmen von mehreren Knoten, um die Abhängigkeit von einem bestimmten Knoten zu verringern.

Dazu gehören auch Entscheidungen, Knoten für tot zu erklären. Wenn ein Quorum von Knoten einen anderen Knoten für tot erklärt, dann muss er als tot betrachtet werden, selbst wenn sich dieser Knoten immer noch sehr lebendig fühlt. Der einzelne Knoten muss sich an die Quorum-Entscheidung halten und zurücktreten.

Am häufigsten ist das Quorum eine absolute Mehrheit von mehr als der Hälfte der Knoten (obwohl auch andere Arten von Quoren möglich sind). Ein Mehrheitsquorum erlaubt es dem System, weiterzuarbeiten, wenn einzelne Knoten ausgefallen sind (bei drei Knoten lässt sich ein Fehler tolerieren, bei fünf Knoten zwei Fehler). Allerdings ist dieses Weiterarbeiten trotzdem sicher, weil nur eine Mehrheit im System möglich ist – es kann nicht gleichzeitig zwei Mehrheiten mit widersprüchlichen Entscheidungen geben. Wie sich Quoren verwenden lassen, erläutern wir ausführlich in Kapitel 9, wenn es um *Konsensalgorithmen* geht.

Der Leader und die Sperre

Häufig verlangt ein System, dass von mehreren Dingen nur ein Exemplar vorhanden ist. Zum Beispiel:

- Nur ein Knoten darf als Leader für eine Datenbankpartition fungieren, um Split Brain zu vermeiden (siehe Abschnitt »Knotenausfälle behandeln« auf Seite 164).
- Nur eine Transaktion oder ein Client darf die Sperre für eine bestimmte Ressource oder ein Objekt halten, um gleichzeitiges Schreiben und damit eine Beschädigung der Daten zu verhindern.
- Nur ein Benutzer darf sich unter einem bestimmten Benutzernamen registrieren, weil ein Benutzername einen Benutzer eindeutig identifizieren muss.

Um dies in einem verteilten System zu implementieren, ist Sorgfalt vonnöten: Selbst wenn ein Knoten glaubt, dass er »der Auserwählte« ist (der Leader der Partition, der Halter der Sperre, der Anfragehandler des Benutzers, der den Benutzernamen erfolgreich ausgewählt hat), bedeutet das nicht unbedingt, dass ein Quorum von Knoten zustimmt! Ein Knoten kann früher der Leader gewesen sein, doch wenn die anderen Knoten ihn mittlerweile für tot erklärt haben (zum Beispiel infolge einer Netzwerkunterbrechung oder GC-Pause), ist er möglicherweise bereits degradiert, und ein anderer Leader kann gewählt worden sein.

Wenn ein Knoten weiterhin als der gewählte Knoten fungiert, obwohl die Mehrheit der Knoten ihn für tot erklärt hat, kann dies zu Problemen führen in einem System, das nicht sorgfältig konzipiert ist. Ein derartiger Knoten könnte in seiner selbsternannten Funktion an andere Knoten Nachrichten senden, und wenn andere Knoten daran glauben, kann das System als Ganzes etwas Falsches tun.

Als Beispiel zeigt Abbildung 8-4 einen Fehler aufgrund einer falschen Implementierung von Sperren, durch den Daten beschädigt werden. (Der Bug ist nicht theoretisch: HBase hatte einmal dieses Problem [74, 75].) Angenommen, Sie wollen sicherstellen, dass jeweils nur ein Client auf einmal in eine Datei in einem Speicherdienst schreiben kann, denn wenn mehrere Clients gleichzeitig in dieselbe Datei schreiben würden, könnte die Datei beschädigt werden. Sie versuchen dies zu implementieren, indem Sie von einem Client verlangen, dass er eine Lease von einem Sperrendienst bezieht, bevor er auf die Datei zugreift.

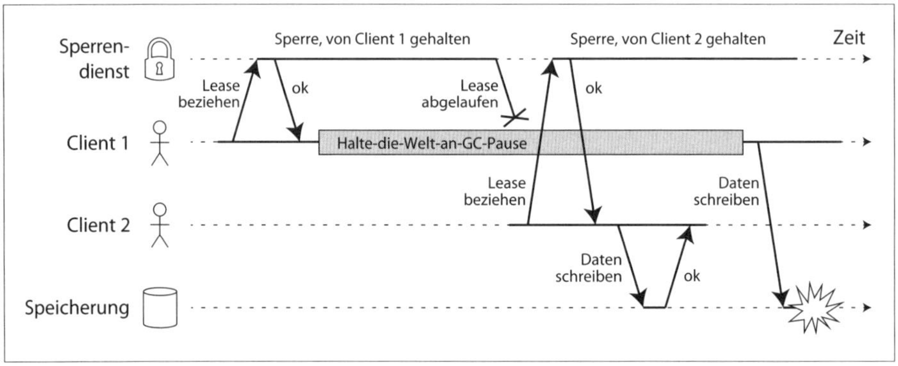

Abbildung 8-4: Falsche Implementierung einer verteilten Sperre: Client 1 glaubt, dass er immer noch eine gültige Lease besitzt, obwohl diese abgelaufen ist, und beschädigt somit eine Datei im Speicherdienst.

Das Problem ist ein Beispiel für das, was wir in Abschnitt »Prozesspausen« auf Seite 316 erörtert haben: Wenn der Client, der die Lease hält, zu lange pausiert, läuft die Lease ab. Ein anderer Client kann eine Lease für dieselbe Datei beziehen und in die Datei schreiben. Wenn dann der angehaltene Client in seiner Ausführung fortfährt, glaubt er (fälschlicherweise), dass er immer noch eine gültige Lease besitzt, und fährt fort, in die Datei zu schreiben. Im Ergebnis kollidieren die Schreibvorgänge der Clients, und die Datei wird beschädigt.

Fencing Token

Wenn man den Zugriff auf eine Ressource mit einer Sperre oder Lease schützt, wie zum Beispiel beim Dateizugriff in Abbildung 8-4, muss man sicherstellen, dass ein Knoten, der fälschlicherweise glaubt, der »Auserwählte« zu sein, den Rest des Systems nicht stören kann. Abbildung 8-5 zeigt eine relativ einfache Technik, die dieses Ziel erreicht und als *Fencing* (Abgrenzung) bezeichnet wird.

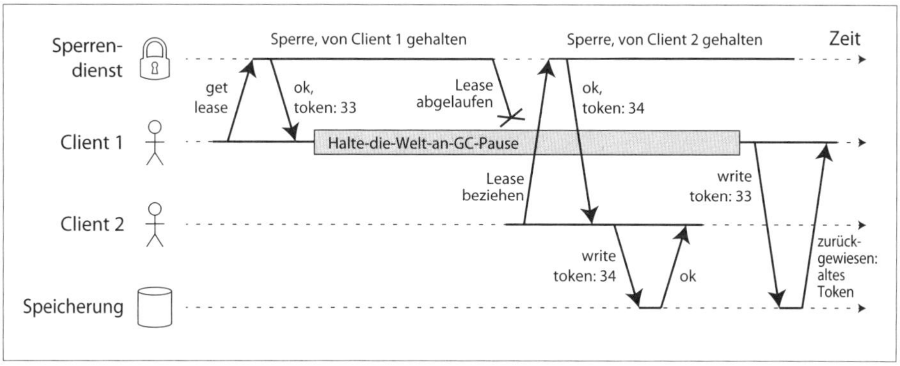

Abbildung 8-5: Der Zugriff auf einen Speicherdienst wird sicher gemacht, indem Schreibvorgänge nur in der Reihenfolge zunehmender Fencing Token zugelassen werden

Wir nehmen an, dass der Sperrserver jedes Mal, wenn er eine Sperre oder Lease zuteilt, auch ein Fencing Token zurückgibt. Das ist eine Zahl, die bei jeder Vergabe einer Sperre größer wird (zum Beispiel wird sie durch den Sperrdienst inkrementiert). Dann können wir fordern, dass ein Client jedes Mal, wenn er eine Schreibanfrage an den Speicherdienst sendet, sein aktuelles Fencing Token einfügen muss.

In Abbildung 8-5 erwirbt Client 1 die Lease mit einem Token von 33, tritt dann aber in eine lange Pause ein, und die Lease läuft ab. Client 2 erwirbt die Lease mit einem Token von 34 (die Zahl wird immer größer) und sendet dann seine Anfrage zusammen mit dem Token 34 an die Ressource (hier: den Speicherdienst). Später erwacht Client 1 wieder zum Leben und sendet seinen Schreibvorgang zusammen mit dem Token 33 an die Ressource. Der Speicherdienst erinnert sich jedoch, dass er bereits einen Schreibvorgang mit einem höheren Token (34) verarbeitet hat, und weist somit die Anforderung mit Token 33 ab.

Wenn ZooKeeper als Sperrdienst verwendet wird, bietet sich die Transaktions-ID `zxid` oder die Knotenversion `cversion` als Fencing Token an. Da diese Werte garantiert monoton wachsen, besitzen sie die erforderlichen Eigenschaften [74].

Dieser Mechanismus setzt voraus, dass die Ressource selbst die aktive Rolle übernimmt, die Token zu überprüfen und alle Schreibvorgänge mit einem älteren Token als dem bereits verarbeiteten zurückzuweisen – es genügt nicht, sich darauf zu verlassen, dass die Clients ihren Sperrstatus selbst überprüfen. Für Ressourcen, die Fencing Token nicht explizit unterstützen, können Sie eventuell ein solches

Feature trotzdem implementieren (zum Beispiel könnten Sie im Fall eines Dateispeicherdiensts das Fencing Token in den Dateinamen einbinden). Es ist aber in jedem Fall nötig, durch eine Prüfung zu unterbinden, dass Anfragen außerhalb des Sperrenschutzes bearbeitet werden.

Ein Token auf der Serverseite zu überprüfen, mag wie ein Nachteil erscheinen, doch es ist wohl eine gute Sache: Es ist unklug, wenn ein Dienst annimmt, dass sich seine Clients immer wohl verhalten, denn die Betreiber der Clients sind oftmals Personen mit gänzlich anderen Prioritäten als die Personen, die den Dienst betreiben [76]. Deshalb sollte sich jeder Dienst mit eigenen Mitteln vor Clients schützen, die den Dienst (versehentlich) missbrauchen.

Byzantinische Fehler

Fencing Token können einen Knoten, der *irrtümlich* falsch agiert (weil er zum Beispiel noch nicht herausgefunden hat, dass seine Lease abgelaufen ist), erkennen und blockieren. Wenn jedoch der Knoten bewusst die Garantien des Systems untergraben wollte, ginge das ganz leicht, indem er Nachrichten mit gefälschtem Fencing Token sendet.

In diesem Buch gehen wir davon aus, dass Knoten zwar unzuverlässig aber trotzdem ehrlich sind: Zwar können sie langsam oder gar nicht reagieren (aufgrund eines Fehlers) und ihr Zustand kann veraltet sein (wegen einer GC-Pause oder Netzwerkverzögerungen), doch wir nehmen an, dass ein Knoten die »Wahrheit« sagt, wenn er reagiert: Nach bestem Wissen und Gewissen spielt er nach den Regeln des Protokolls.

Probleme bei verteilten Systemen werden viel schwieriger, wenn die Gefahr besteht, dass Knoten »lügen« (willkürlich fehlerhafte oder beschädigte Antworten senden) – wenn zum Beispiel ein Knoten behauptet, eine bestimmte Nachricht erhalten zu haben, obwohl dies tatsächlich nicht der Fall war. Ein solches Verhalten ist als *byzantinischer Fehler* bekannt, und das Problem, einen Konsens in dieser nicht vertrauenswürdigen Umgebung zu erreichen, wird als *Problem der byzantinischen Generäle* bezeichnet [77].

Ein System ist *byzantinisch fehlertolerant*, wenn es weiterhin korrekt funktioniert, selbst wenn einige Knoten fehlerhaft arbeiten und sich nicht an das Protokoll halten oder wenn böswillige Angreifer das Netzwerk stören. Dieser Umstand ist unter bestimmen Bedingungen relevant. Zum Beispiel:

- In Umgebungen der Luft- und Raumfahrt kann Strahlung die Daten im Arbeitsspeicher oder in CPU-Registern beschädigen, was dazu führt, dass ein Knoten in unvorhersehbarer Weise auf andere Knoten reagiert. Da ein Systemausfall sehr teuer wäre (wenn beispielsweise ein Flugzeug abstürzt und alle Passagiere zu Schaden kommen oder eine Rakete mit der Internationalen Raumstation kollidiert), müssen Flugleitsysteme byzantinische Fehler tolerieren [81, 82].

- In einem System mit mehreren teilnehmenden Organisationen können einige Teilnehmer versuchen, andere zu belügen oder zu hintergehen. Unter solchen Umständen kann ein Knoten den Nachrichten eines anderen Knotens nicht einfach vertrauen, da sie mit böswilliger Absicht gesendet werden können. So lassen sich Peer-to-Peer-Netzwerke wie Bitcoin und andere Blockchain-Systeme als Methode ansehen, um Parteien, die sich gegenseitig misstrauen, zu einer Einigung zu bewegen, ob eine Transaktion stattgefunden hat oder nicht, ohne sich auf eine zentrale Autorität zu verlassen [83].

Das Problem der byzantinischen Generäle

Das Problem der byzantinischen Generäle ist eine Verallgemeinerung des sogenannten *Problems der zwei Generäle* [78], das eine Situation beschreibt, in der sich zwei Armeegeneräle auf einen Schlachtplan einigen müssen. Da sie ihr Lager an zwei verschiedenen Orten aufgeschlagen haben, können sie nur per Boten kommunizieren, und die Boten werden manchmal aufgehalten oder verschwinden ganz (wie Pakete in einem Netzwerk). In Kapitel 9 werden wir uns mit diesem Konsensproblem befassen.

In der byzantinischen Version des Problems gibt es *n* Generäle, die übereinkommen müssen, und ihr Unterfangen wird durch die Tatsache behindert, dass es in ihrer Mitte einige Verräter gibt. Die meisten der Generäle sind loyal und schicken folglich wahrheitsgemäße Botschaften, doch die Verräter können versuchen, die anderen zu täuschen und zu verwirren, indem sie gefälschte oder unwahre Botschaften schicken (und dabei versuchen, unentdeckt zu bleiben). Es ist nicht im Voraus bekannt, wer die Verräter sind.

Byzantion (heute Byzanz genannt) war eine antike griechische Stadt, die später Konstantinopel hieß und sich auf dem Gebiet des heutigen Istanbul in der Türkei befand. Es gibt keinen historischen Beweis dafür, dass die Generäle von Byzanz anfälliger für Intrigen und Verschwörungen waren als Generäle in anderen Gegenden. Vielmehr wird der Begriff *»byzantine«* im Englischen als *übermäßig kompliziert*, *bürokratisch*, *hinterhältig* verstanden – eine Bedeutung, die der Begriff in der Politik schon lange hatte, bevor er im Zusammenhang mit Computern verwendet wurde [79]. Lamport wollte eine Nationalität wählen, die keine Leser beleidigt, und ihm wurde gesagt, dass *Das Problem der albanischen Generäle* keine so gute Idee sei [80].

Allerdings können wir bei Systemen, wie wir sie in diesem Buch besprechen, in der Regel sicher davon ausgehen, dass es keine byzantinischen Fehler gibt. In Ihrem Rechenzentrum kontrolliert Ihre Organisation alle Knoten (sodass sie hoffentlich vertrauenswürdig sind), und die Strahlungswerte sind ausreichend gering, dass Speicherbeschädigungen kein nennenswertes Problem darstellen. Protokolle, die Systeme byzantinisch-fehlertolerant machen, sind ziemlich kompliziert [84], und fehlertolerante eingebettete Systeme verlassen sich auf Unterstützung durch die

Hardware-Ebene [81]. In den meisten serverseitigen Datensystemen ist die Bereitstellung von byzantinisch-fehlertoleranten Lösungen aufgrund der hohen Kosten nicht praktikabel.

Webanwendungen müssen mit willkürlichem und böswilligem Verhalten von Clients rechnen, die unter der Kontrolle des Endbenutzers stehen, wie zum Beispiel Webbrowser. Deshalb sind Eingabevalidierung, Datenbereinigung und die korrekte Verwendung von Maskierungszeichen (engl. *escaping*) so wichtig: um beispielsweise SQL-Injektion und standortübergreifendes Skripting (engl. *Cross-Site-Scripting*, XSS) zu verhindern. Allerdings verwenden wir hier normalerweise keine byzantinisch-fehlertoleranten Protokolle, sondern machen den Server einfach zur Autorität, die entscheidet, welches Clientverhalten erlaubt ist und welches nicht. In Peer-to-Peer-Netzwerken, in denen es keine solche zentrale Autorität gibt, ist byzantinische Fehlertoleranz relevanter.

Ein Fehler in der Software könnte als byzantinischer Fehler angesehen werden, doch wenn Sie dieselbe Software auf allen Knoten bereitstellen, rettet Sie auch ein byzantinischer fehlertoleranter Algorithmus nicht. Die meisten byzantinischen fehlertoleranten Algorithmen verlangen, dass mehr als eine Zweidrittelmehrheit der Knoten korrekt funktioniert (d.h. also, dass bei vier Knoten höchstens ein Knoten ausfallen darf). Um diesen Ansatz gegen Softwarefehler zu nutzen, müssten Sie vier unabhängige Implementierungen der gleichen Software haben und hoffen, dass ein Bug in nur einer der vier Implementierungen auftritt.

Ebenso wäre es attraktiv, wenn ein Protokoll uns vor Schwachstellen, Sicherheitsgefährdungen und bösartigen Angriffen schützen könnte. Leider ist auch das nicht realistisch: Wenn ein Angreifer in einen Knoten eindringen kann, dann kann er bei den meisten Systemen auf alle Knoten zugreifen, weil sie wahrscheinlich dieselbe Software ausführen. Somit sind herkömmliche Mechanismen (Authentifizierung, Zugriffskontrolle, Verschlüsselung, Firewalls usw.) weiterhin die wichtigsten Schutzmaßnahmen gegen Angreifer.

Abgeschwächte Formen des Lügens

Obwohl wir annehmen, dass Knoten im Allgemeinen ehrlich sind, kann es sich doch lohnen, Software mit Schutzmechanismen gegen abgeschwächte Formen des »Lügens« zu schützen – zum Beispiel gegen ungültige Nachrichten aufgrund von Hardwareproblemen, Softwarefehlern und Fehlkonfigurationen. Solche Schutzmechanismen ergeben keine volle byzantinische Fehlertoleranz, da sie einem entschlossenen Gegner nicht standhalten würden. Dennoch sind sie einfache und pragmatische Schritte zu mehr Zuverlässigkeit. Zum Beispiel:

- Netzwerkpakete können manchmal durch Hardwareprobleme oder Bugs in Betriebssystemen, Treibern, Routern usw. beschädigt werden. Normalerweise lassen sich beschädigte Pakete durch die Prüfsummenmechanismen der Protokolle TCP und UDP aufspüren, doch manchmal entziehen sie sich der Erkennung [85, 86, 87]. Einfache Maßnahmen wie zum Beispiel Prüfsummen im Protokoll auf Anwendungsebene schützen in der Regel ausreichend gegen solche Beschädigungen.

- Eine öffentlich zugängliche Anwendung muss alle Benutzereingaben sorgfältig bereinigen, zum Beispiel prüfen, ob ein Wert in einem vernünftigen Bereich liegt, und die Größe von Strings begrenzen, um einen DoS-(Denial-of-Service-)Angriff durch große Speicherzuweisungen zu verhindern. Ein interner Dienst hinter einer Firewall kommt möglicherweise mit weniger strengen Eingabeprüfungen aus, doch auch hier empfiehlt sich eine grundlegende Plausibilitätsprüfung der Werte (zum Beispiel im Protokoll-Parsing [85]).
- NTP-Clients können mit mehreren Serveradressen konfiguriert werden. Bei der Synchronisierung kontaktiert der Client alle diese Server, schätzt ihre Fehler ab und prüft, ob sich die meisten Server über einen bestimmten Zeitbereich einig sind. Solange die meisten Server ordnungsgemäß arbeiten, wird ein falsch konfigurierter NTP-Server, der eine falsche Zeit meldet, als Ausreißer erkannt und aus der Synchronisierung ausgeschlossen [37]. NTP ist robuster, wenn mehrere Server einbezogen werden, statt nur einen einzigen Server zu verwenden.

Systemmodell und Realität

Viele Algorithmen sind entwickelt worden, um die Probleme verteilter Systeme zu lösen – zum Beispiel untersuchen wir in Kapitel 9 Lösungen für das Konsensproblem. Um nützlich zu sein, müssen diese Algorithmen verschiedene Fehler verteilter Systeme tolerieren, die wir in diesem Kapitel besprochen haben.

Algorithmen müssen so geschrieben werden, dass sie nicht zu stark von den Details der zugrunde liegenden Hardware- und Softwarekonfiguration abhängig sind. Dies wiederum setzt voraus, dass wir die Fehlerarten, die wir in einem System erwarten, irgendwie formalisieren. Dazu definieren wir ein *Systemmodell*, das als Abstraktion beschreibt, wovon ein Algorithmus ausgehen kann.

In Bezug auf zeitliche Annahmen sind drei Systemmodelle gebräuchlich:

Synchrones Modell
: Das synchrone Modell geht von einer begrenzten Netzwerkverzögerung, begrenzten Prozesspausen und begrenzten Uhrenfehlern aus. Das bedeutet weder exakt synchronisierte Uhren noch null Netzwerkverzögerung, sondern lediglich, dass Sie wissen, dass Netzwerkverzögerung, Pausen und Uhrendrift niemals eine feste obere Grenze überschreiten werden [88]. Das synchrone Modell ist kein realistisches Modell der meisten praktischen Systeme, weil (wie in diesem Kapitel erläutert) unbegrenzte Verzögerungen und Pausen auftreten.

Teilsynchrones Modell
: Partielle Synchronität bedeutet, dass sich ein System die meiste Zeit wie ein synchrones System verhält, manchmal aber die Grenzen für Netzwerkverzöge-

rung, Prozesspausen und Uhrendrift überschreitet [88]. Dies ist ein realistisches Modell vieler Systeme: Netzwerke und Prozesse verhalten sich ordnungsgemäß – andernfalls könnten wir nie etwas erreichen –, doch wir müssen damit rechnen, dass zeitliche Annahmen gelegentlich zerschlagen werden. In diesem Fall können Netzwerkverzögerungen, Pausen und Uhrendrift beliebig groß werden.

Asynchrones Modell
: In diesem Modell darf ein Algorithmus keine zeitlichen Annahmen treffen – tatsächlich besitzt er nicht einmal eine Uhr (und kann daher auch keine Timeouts verwenden). Einige Algorithmen lassen sich für das asynchrone Modell entwerfen, doch es ist sehr restriktiv.

Neben Timing-Problemen müssen wir auch Knotenausfälle berücksichtigen. Die drei häufigsten Systemmodelle für Knoten sind:

Crash-Stopp-Fehler
: Im Crash-Stopp-Modell kann ein Algorithmus davon ausgehen, dass ein Knoten nur auf eine Art und Weise ausfallen kann, nämlich durch Absturz. Das heißt, dass der Knoten plötzlich nicht mehr reagiert und danach für immer verschwunden ist – er kommt nie mehr zurück.

Crash-Wiederherstellungs-Fehler
: Wir gehen davon aus, dass Knoten jederzeit abstürzen und nach einer unbekannten Zeit vielleicht wieder reagieren können. Das Crash-Wiederherstellungs-Modell nimmt an, dass Knoten einen stabilen Speicher (d. h. nichtflüchtigen Plattenspeicher) besitzen, der gegen Abstürze gesichert ist, während der Arbeitsspeicherzustand als verloren angenommen wird.

Byzantinische (willkürliche) Fehler
: Knoten können absolut alles tun, unter anderem auch versuchen, andere Knoten auszutricksen und zu täuschen, wie im letzten Abschnitt beschrieben.

Für die Modellierung realer Systeme ist das teilsynchrone Modell mit Crash-Wiederherstellungs-Fehlern im Allgemeinen das sinnvollste Modell. Doch wie kommen verteilte Algorithmen mit diesem Modell klar?

Korrektheit eines Algorithmus

Um zu definieren, was es bedeutet, dass ein Algorithmus *korrekt* ist, können wir seine *Eigenschaften* beschreiben. Zum Beispiel hat die Ausgabe eines Sortieralgorithmus die Eigenschaft, dass für zwei eindeutig unterscheidbare Elemente der Ausgabeliste das Element weiter links kleiner ist als das Element weiter rechts. Das ist einfach eine formale Definition dessen, was es bedeutet, dass eine Liste sortiert ist.

Ebenso können wir die Eigenschaften, die ein verteilter Algorithmus haben soll, aufschreiben, um zu definieren, was es bedeutet, korrekt zu sein. Wenn wir beispielsweise Fencing Token für eine Sperre erzeugen (siehe Abschnitt »Fencing Token« auf Seite 325), können wir verlangen, dass der Algorithmus über die folgenden Eigenschaften verfügt:

Eindeutigkeit
: Keine zwei Anfragen nach einem Fencing Token geben den gleichen Wert zurück.

Monotone Folge
: Wenn Anfrage x das Token t_x zurückgegeben hat und Anfrage y das Token t_y, und wenn x abgeschlossen ist, bevor y begonnen hat, dann ist $t_x < t_y$.

Verfügbarkeit
: Ein Knoten, der ein Fencing Token anfordert und nicht abstürzt, empfängt schließlich eine Antwort.

Ein Algorithmus ist in einem Systemmodell korrekt, wenn er seine Eigenschaften in allen angenommenen Situationen, die in diesem Systemmodell auftreten können, immer erfüllt. Doch wie ist das zu verstehen? Wenn alle Knoten abstürzen oder sämtliche Netzwerkverzögerungen plötzlich unendlich lang werden, kann kein Algorithmus etwas ausrichten.

Sicherheit und Lebendigkeit

Die Situation lässt sich besser verdeutlichen, wenn man zwischen zwei verschiedenen Arten von Eigenschaften unterscheidet: *Sicherheit* (safety) und *Lebendigkeit* (liveness). Im eben angegebenen Beispiel sind *Eindeutigkeit* und *monotone Folge* Sicherheitseigenschaften, *Verfügbarkeit* aber eine Lebendigkeitseigenschaft.

Was unterscheidet die beiden Eigenschaftsarten? Ein Fingerzeig ist, dass Lebendigkeitseigenschaften oftmals das Wort »schließlich« oder »letztlich« in ihrer Definition enthalten. (Und ja, Sie haben es erraten – *letztliche Konsistenz* ist eine Lebendigkeitseigenschaft [89].)

Sicherheit wird oftmals zwanglos definiert als *nichts Schlechtes passiert* und Lebendigkeit als *schließlich passiert etwas Gutes*. Allerdings sollte man nicht zu viel aus diesen formlosen Definitionen herauslesen, weil die Bedeutung von gut und schlecht subjektiv gefärbt ist. Die eigentlichen Definitionen von Sicherheit und Lebendigkeit sind mathematisch exakt formuliert [90]:

- Wenn eine Sicherheitseigenschaft verletzt wird, können wir auf einen bestimmten Zeitpunkt verweisen, zu dem sie verletzt wurde (wenn zum Beispiel die Eindeutigkeitseigenschaft verletzt wurde, können wir die konkrete Operation identifizieren, in der ein doppeltes Fencing Token zurückgegeben wurde). Nachdem eine Sicherheitseigenschaft verletzt worden ist, lässt sich die Verletzung nicht rückgängig machen – der Schaden ist bereits entstanden.
- Eine Lebendigkeitseigenschaft funktioniert umgekehrt: Sie kann zu einem bestimmten Zeitpunkt nicht gelten (zum Beispiel kann ein Knoten eine Anfrage gesendet, aber noch keine Antwort empfangen haben), doch es

besteht immer die Hoffnung, dass sie in der Zukunft erfüllt werden kann (nämlich beim Empfangen einer Antwort).

Zwischen Sicherheits- und Lebendigkeitseigenschaften zu unterscheiden, hilft uns, mit schwierigen Systemmodellen klarzukommen. Bei verteilten Algorithmen wird in der Regel gefordert, dass Sicherheitseigenschaften immer gelten, in allen möglichen Situationen eines Systemmodells [88]. Das heißt, selbst wenn alle Knoten abstürzen oder das gesamte Netzwerk ausfällt, muss der Algorithmus nichtsdestotrotz sicherstellen, dass er kein falsches Ergebnis zurückgibt (d.h., dass die Sicherheitseigenschaften erfüllt bleiben).

Bei Lebendigkeitseigenschaften dürfen wir aber Vorbehalte äußern: Zum Beispiel könnten wir sagen, dass eine Anfrage eine Antwort nur empfangen muss, wenn die Mehrheit der Knoten nicht abgestürzt ist, und nur, wenn das Netzwerk schließlich nach einem Ausfall wiederhergestellt ist. Die Definition des teilsynchronen Modells verlangt, dass das System letztlich in einen synchronen Zustand zurückkehrt – d.h. jede Netzwerkunterbrechung höchstens eine begrenzte Zeit dauert und dann repariert ist.

Systemmodelle auf die reale Welt abbilden

Sicherheits- und Lebendigkeitseigenschaften sowie Systemmodelle sind sehr nützlich, um logisch über die Richtigkeit eines verteilten Algorithmus urteilen zu können. Wenn man jedoch einen Algorithmus in der Praxis umsetzt, schlagen die chaotischen Tatsachen der Realität zurück, und es wird deutlich, dass das Systemmodell eine vereinfachte Abstraktion der Realität ist.

Zum Beispiel gehen Algorithmen im Crash-Wiederherstellungs-Modell im Allgemeinen davon aus, dass Daten im stabilen Speicher Abstürze überleben. Was passiert aber, wenn die Daten auf der Festplatte beschädigt werden oder die Daten aufgrund eines Hardwarefehlers oder einer Falschkonfiguration gelöscht werden [91]? Was passiert, wenn ein Server einen Bug in der Firmware enthält und beim Neustart seine Festplatten nicht erkennt, obwohl die Laufwerke ordnungsgemäß am Server angeschlossen sind [92]?

Quorum-Algorithmen (siehe Abschnitt »Quoren zum Lesen und Schreiben« auf Seite 190) stützen sich darauf, dass ein Knoten, der vorgibt, Daten gespeichert zu haben, diese auch tatsächlich dauerhaft verwahrt. Wenn ein Knoten an »Gedächtnisschwund« leidet und zuvor gespeicherte Daten vergisst, wird damit die Quorum-Bedingung verletzt und folglich die Korrektheit des Algorithmus. Vielleicht ist ein neues Systemmodell erforderlich, in dem wir annehmen, dass stabile Speicherung Abstürze meistens übersteht, manchmal aber auch Daten verloren gehen können. Aber dieses Modell ist dann schwieriger in formalen Analysen zu verwenden.

Die theoretische Beschreibung eines Algorithmus kann erklären, dass bestimmte Dinge einfach nicht passieren – und in nichtbyzantinischen Systemen müssen wir einige Annahmen über Fehler treffen, die passieren können und nicht passieren können. Allerdings muss eine reale Implementierung gegebenenfalls trotzdem Code enthalten, um diese Fälle zu behandeln, in denen etwas passiert, was als unmöglich angenommen wurde, selbst wenn diese Behandlung auf `printf("Ich möchte nicht in deiner Haut stecken")` und `exit(666)` hinausläuft – d.h. einen menschlichen Operator das Chaos aufräumen lässt [93]. (Dies ist wohl der Unterschied zwischen Informatik und Softwaretechnik.)

Das heißt nicht, dass theoretische, abstrakte Systemmodelle wertlos sind – ganz im Gegenteil. Sie sind unglaublich hilfreich, um die Komplexität realer Systeme auf eine überschaubare Menge von Fehlern zu reduzieren, die wir gedanklich erfassen können, damit wir das Problem verstehen und versuchen können, es systematisch zu lösen. Wir können beweisen, dass Algorithmen richtig sind, indem wir zeigen, dass ihre Eigenschaften in einem bestimmten Systemmodell immer gelten.

Auch wenn bewiesen wurde, dass ein Algorithmus richtig ist, heißt das nicht, dass sich seine Implementierung auf einem realen System unbedingt immer korrekt verhält. Doch es ist ein brauchbarer erster Schritt, weil die theoretische Analyse in einem Algorithmus Probleme aufdecken kann, die in einem realen System lange Zeit verborgen bleiben können und die sich erst dann zeigen, wenn ungewöhnliche Umstände Ihre Annahmen (zum Beispiel über das Timing) zunichtemachen. Theoretische Analysen und empirisches Testen sind gleichermaßen wichtig.

Zusammenfassung

In diesem Kapitel haben wir eine breite Palette von Problemen diskutiert, die in verteilten Systemen auftreten können, unter anderem folgende:

- Wenn Sie ein Paket über das Netzwerk senden, kann es verloren gehen oder beliebig verzögert werden. Ebenso kann die Antwort verloren gehen oder verzögert eintreffen. Wenn Sie also keine Antwort bekommen, wissen Sie nicht, ob die Nachricht überhaupt durchgekommen ist.
- Die Uhr eines Knotens kann gegenüber den anderen Knoten erheblich abweichen (trotz Ihrer Bemühungen, NTP einzurichten) und auch plötzlich in der Zeit vorwärts oder rückwärts springen. Es ist gefährlich, sich auf eine solche Zeit zu verlassen, weil Sie höchstwahrscheinlich kein brauchbares Maß für das Konfidenzintervall Ihrer Uhr haben.
- Ein Prozess kann jederzeit während seiner Ausführung für eine erhebliche Zeitspanne pausieren (vielleicht wegen eines Halte-die-Welt-an-Garbage-Collectors), von anderen Knoten für tot erklärt werden und dann wieder zum Leben erweckt werden, ohne zu merken, dass er angehalten wurde.

Die Tatsache, dass solche *Teilausfälle* auftreten können, ist das bestimmende Merkmal verteilter Systeme. Wenn die Software versucht, etwas mit anderen Knoten gemeinsam zu tun, besteht die Möglichkeit, dass der Vorgang gelegentlich scheitert, zufällig langsam wird oder überhaupt nicht reagiert (und schließlich nach einem Timeout abbricht). In verteilten Systemen versuchen wir, Toleranz gegenüber Teilausfällen in die Software zu integrieren, sodass das System als Ganzes auch dann weiter funktionieren kann, wenn einige seiner Bestandteile defekt sind.

Um Fehler tolerieren zu können, muss man sie im ersten Schritt erst einmal *erkennen*, doch selbst das ist schwierig. Da die meisten Systeme keinen genauen Mechanismus besitzen, um den Ausfall eines Knotens zu erkennen, verlassen sich die meisten verteilten Algorithmen auf Timeouts, um festzustellen, ob ein Remoteknoten noch verfügbar ist. Anhand von Timeouts lässt sich jedoch nicht zwischen Netzwerk- und Knotenausfällen unterscheiden. Zudem bewirken variable Netzwerkverzögerungen manchmal, dass von einem Knoten fälschlicherweise vermutet wird, er sei abgestürzt. Darüber hinaus kann ein Knoten manchmal in einen degradierten Zustand geraten: Zum Beispiel könnte ein Gigabit-Netzwerk aufgrund eines Treiberfehlers plötzlich auf einen Durchsatz von 1 Kbit/s fallen [94]. Der Umgang mit einem solchen Knoten, der »lahmt«, aber nicht tot ist, kann noch schwieriger sein als der mit einem sauber ausgefallenen Knoten.

Nachdem ein Fehler erkannt wurde, ist es auch nicht einfach, ein System dem Fehler gegenüber tolerant zu machen: Es gibt keine globale Variable, keinen gemeinsamen Speicher, kein gemeinsames Wissen oder irgendeinen anderen gemeinsamen Zustand zwischen den Computern. Knoten können sich nicht einmal auf die aktuelle Uhrzeit einigen, geschweige denn auf etwas Tiefgründigeres. Informationen können von einem Knoten zu einem anderen Knoten nur gelangen, indem sie über das unzuverlässige Netzwerk gesendet werden. Da ein einzelner Knoten allein keine wichtigen Entscheidungen treffen kann, brauchen wir Protokolle, die Hilfe von anderen Knoten einholen und versuchen, ein Quorum zustande zu bringen, um sich zu einigen.

Wenn Sie es gewohnt sind, Software in der idealisierten mathematischen Perfektion eines einzelnen Computers zu schreiben, bei dem die gleiche Operation deterministisch immer das gleiche Ergebnis zurückgibt, kann es schockierend sein, wenn Sie dann zur chaotischen physikalischen Realität von verteilten Systemen wechseln. Umgekehrt betrachten Ingenieure von verteilten Systemen ein Problem oftmals als trivial, wenn es sich auf einem einzelnen Computer lösen lässt [5], und tatsächlich kann ein einzelner Computer heutzutage eine Menge bewerkstelligen [95]. Wenn Sie es vermeiden können, die Büchse der Pandora zu öffnen, und einfach möglichst alles auf einem einzelnen Computer halten, lohnt sich das im Allgemeinen.

Wie aber in der Einführung zu Teil II erwähnt wird, ist Skalierbarkeit nicht der einzige Grund, um ein verteiltes System einzusetzen. Fehlertoleranz und geringe Latenz (indem die Daten geografisch nahe zu den Benutzern untergebracht werden) sind gleichermaßen wichtige Ziele, die sich mit einem einzelnen Knoten nicht realisieren lassen.

In diesem Kapitel haben wir auch einige Randgebiete gestreift, um zu untersuchen, ob die Unzuverlässigkeit von Netzwerken, Uhren und Prozessen ein unvermeidliches Naturgesetz ist. Wie wir gesehen haben, ist das nicht der Fall: Es ist möglich, strenge Garantien für Echtzeitantworten und begrenzte Verzögerungen in Netzwerken zu geben, was aber sehr teuer ist und zu einer geringeren Auslastung der Hardwareressourcen führt. Die meisten nicht sicherheitskritischen Systeme setzen auf billig und unzuverlässig statt auf teuer und zuverlässig.

Wir haben auch das Thema Supercomputer angerissen, die auf zuverlässige Komponenten setzen und deshalb komplett heruntergefahren und neu gestartet werden müssen, wenn dennoch eine Komponente ausfällt. Im Unterschied dazu können verteilte Systeme prinzipiell ewig laufen, ohne auf der Dienstebene unterbrochen zu werden, weil sämtliche Störungen und Wartungsaufgaben – zumindest theoretisch – auf der Knotenebene abgewickelt werden können. (Falls in der Praxis eine falsche Konfigurationsänderung auf alle Knoten übertragen wird, zwingt das auch ein verteiltes System in die Knie.)

Dieses Kapitel hat Probleme in den Mittelpunkt gestellt und uns einen düsteren Ausblick gegeben. Im nächsten Kapitel gehen wir zu Lösungen über und stellen Algorithmen vor, die darauf ausgelegt sind, die Probleme in verteilten Systemen in den Griff zu bekommen.

Literaturverzeichnis

[1] Mark Cavage: *There's Just No Getting Around It: You're Building a Distributed System.* ACM Queue, Bd. 11, Nr. 4, S. 80-89, April 2013. doi:10.1145/2466486.2482856

[2] Jay Kreps: *Getting Real About Distributed System Reliability.* blog.empathybox.com, 19. März 2012.

[3] Sydney Padua: *The Thrilling Adventures of Lovelace and Babbage: The (Mostly) True Story of the First Computer.* Particular Books, April 2015. – ISBN 978-0-141-98151-2

[4] Coda Hale: *You Can't Sacrifice Partition Tolerance.* codahale.com, 7. Oktober 2010.

[5] Jeff Hodges: *Notes on Distributed Systems for Young Bloods.* somethingsimilar.com, 14. Januar 2013.

[6] Antonio Regalado: *Who Coined 'Cloud Computing'?.* technologyreview.com, 31. Oktober 2011.

[7] Luiz André Barroso, Jimmy Clidaras und Urs Hölzle: *The Datacenter as a Computer: An Introduction to the Design of Warehouse-Scale Machines, Second Edition.* Synthesis Lectures on Computer Architecture, Bd. 8, Nr. 3, Morgan & Clay-

pool Publishers, Juli 2013. doi:10.2200/S00516ED2V01Y201306CAC024, – ISBN 978-1-627-05010-4

[8] David Fiala, Frank Mueller, Christian Engelmann, et al.: *Detection and Correction of Silent Data Corruption for Large-Scale High-Performance Computing*. International Conference for High Performance Computing, Networking, Storage and Analysis (SC12), November 2012.

[9] Arjun Singh, Joon Ong, Amit Agarwal, et al.: *Jupiter Rising: A Decade of Clos Topologies and Centralized Control in Google's Datacenter Network*. Annual Conference of the ACM Special Interest Group on Data Communication (SIGCOMM), August 2015. doi:10.1145/2785956.2787508

[10] Glenn K. Lockwood: *Hadoop's Uncomfortable Fit in HPC*. glennklockwood.blogspot.co.uk, 16. Mai 2014.

[11] John von Neumann: *Probabilistic Logics and the Synthesis of Reliable Organisms from Unreliable Components*. in Automata Studies (AM-34), herausgegeben von Claude E. Shannon und John McCarthy, Princeton University Press, 1956. – ISBN 978-0-691-07916-5

[12] Richard W. Hamming: *The Art of Doing Science and Engineering*. Taylor & Francis, 1997. – ISBN 978-9-056-99500-3

[13] Claude E. Shannon: *A Mathematical Theory of Communication*. The Bell System Technical Journal, Bd. 27, Nr. 3, S. 379–423 und 623–656, Juli 1948.

[14] Peter Bailis und Kyle Kingsbury: *The Network Is Reliable*. ACM Queue, Bd. 12, Nr. 7, S. 48-55, Juli 2014. doi:10.1145/2639988.2639988

[15] Joshua B. Leners, Trinabh Gupta, Marcos K. Aguilera und Michael Walfish: *Taming Uncertainty in Distributed Systems with Help from the Network*. 10. European Conference on Computer Systems (EuroSys), April 2015. doi:10.1145/2741948.2741976

[16] Phillipa Gill, Navendu Jain und Nachiappan Nagappan: *Understanding Network Failures in Data Centers: Measurement, Analysis, and Implications*. ACM SIGCOMM Conference, August 2011. doi:10.1145/2018436.2018477

[17] Mark Imbriaco: *Downtime Last Saturday*. github.com, 26. Dezember 2012.

[18] Will Oremus: *The Global Internet Is Being Attacked by Sharks, Google Confirms*. slate.com, 15. August 2014.

[19] Marc A. Donges: *Re: bnx2 cards Intermittantly Going Offline*. Message to Linux netdev mailing list, spinics.net, 13. September 2012.

[20] Kyle Kingsbury: *Call Me Maybe: Elasticsearch*. aphyr.com, 15. Juni 2014.

[21] Salvatore Sanfilippo: *A Few Arguments About Redis Sentinel Properties and Fail Scenarios*. antirez.com, 21. Oktober 2014.

[22] Bert Hubert: *The Ultimate SO_LINGER Page, or: Why Is My TCP Not Reliable.* blog.netherlabs.nl, 18. Januar 2009.

[23] Nicolas Liochon: *CAP: If All You Have Is a Timeout, Everything Looks Like a Partition.* blog.thislongrun.com, 25. Mai 2015.

[24] Jerome H. Saltzer, David P. Reed und David D. Clark: *End-To-End Arguments in System Design.* ACM Transactions on Computer Systems, Bd. 2, Nr. 4, S. 277–288, November 1984. doi:10.1145/357401.357402

[25] Matthew P. Grosvenor, Malte Schwarzkopf, Ionel Gog, et al.: *Queues Don't Matter When You Can JUMP Them!.* 12. USENIX Symposium on Networked Systems Design and Implementation (NSDI), Mai 2015.

[26] Guohui Wang und T. S. Eugene Ng: *The Impact of Virtualization on Network Performance of Amazon EC2 Data Center.* 29. IEEE International Conference on Computer Communications (INFOCOM), März 2010. doi:10.1109/INFCOM. 2010.5461931

[27] Van Jacobson: *Congestion Avoidance and Control.* ACM Symposium on Communications Architectures and Protocols (SIGCOMM), August 1988. doi:10.1145/52324.52356

[28] Brandon Philips: *etcd: Distributed Locking and Service Discovery.* Strange Loop, September 2014.

[29] Steve Newman: *A Systematic Look at EC2 I/O.* blog.scalyr.com, 16. Oktober 2012.

[30] Naohiro Hayashibara, Xavier Défago, Rami Yared und Takuya Katayama: *The φ Accrual Failure Detector.* Japan Advanced Institute of Science and Technology, School of Information Science, Technical Report IS-RR-2004-010, Mai 2004.

[31] Jeffrey Wang: *Phi Accrual Failure Detector.* ternarysearch.blogspot.co.uk, 11. August 2013.

[32] Srinivasan Keshav: *An Engineering Approach to Computer Networking: ATM Networks, the Internet, and the Telephone Network.* Addison-Wesley Professional, Mai 1997. – ISBN 978-0-201-63442-6

[33] Cisco: *Integrated Services Digital Network.* docwiki.cisco.com.

[34] Othmar Kyas: *ATM Networks.* International Thomson Publishing, 1995. – ISBN 978-1-850-32128-6

[35] *InfiniBand FAQ.* Mellanox Technologies, 22. Dezember 2014.

[36] Jose Renato Santos, Yoshio Turner und G. (John) Janakiraman: *End-to-End Congestion Control for InfiniBand.* 22. Annual Joint Conference of the IEEE Computer and Communications Societies (INFOCOM), April 2003. Eben-

falls veröffentlicht von HP Laboratories Palo Alto, Tech Report HPL-2002-359. doi:10.1109/INFCOM. 2003.1208949

[37] Ulrich Windl, David Dalton, Marc Martinec und Dale R. Worley: *The NTP FAQ and HOWTO.* ntp.org, November 2006.

[38] John Graham-Cumming: *How and why the leap second affected Cloudflare DNS.* blog.cloudflare.com, 1. Januar 2017.

[39] David Holmes: *Inside the Hotspot VM: Clocks, Timers and Scheduling Events – Part I – Windows.* blogs.oracle.com, 2. Oktober 2006.

[40] Steve Loughran: *Time on Multi-Core, Multi-Socket Servers.* steveloughran.blogspot.co.uk, 17. September 2015.

[41] James C. Corbett, Jeffrey Dean, Michael Epstein, et al.: *Spanner: Google's Globally-Distributed Database.* 10. USENIX Symposium on Operating System Design and Implementation (OSDI), Oktober 2012.

[42] M. Caporaloni und R. Ambrosini: *How Closely Can a Personal Computer Clock Track the UTC Timescale Via the Internet?.* European Journal of Physics, Bd. 23, Nr. 4, S. L17–L21, Juni 2012. doi:10.1088/0143-0807/23/4/103

[43] Nelson Minar: *A Survey of the NTP Network.* alumni.media.mit.edu, Dezember 1999.

[44] Viliam Holub: *Synchronizing Clocks in a Cassandra Cluster Pt. 1 – The Problem.* blog.logentries.com, 14. März 2014.

[45] Poul-Henning Kamp: *The One-Second War (What Time Will You Die?).* ACM Queue, Bd. 9, Nr. 4, S. 44–48, April 2011. doi:10.1145/1966989.1967009

[46] Nelson Minar: *Leap Second Crashes Half the Internet.* somebits.com, 3. Juli 2012.

[47] Christopher Pascoe: *Time, Technology and Leaping Seconds.* googleblog.blogspot.co.uk, 15. September 2011.

[48] Mingxue Zhao und Jeff Barr: *Look Before You Leap – The Coming Leap Second and AWS.* aws.amazon.com, 18. Mai 2015.

[49] Darryl Veitch und Kanthaiah Vijayalayan: *Network Timing and the 2015 Leap Second.* 17. International Conference on Passive and Active Measurement (PAM), April 2016. doi:10.1007/978-3-319-30505-9_29

[50] *Timekeeping in VMware Virtual Machines.* Information Guide, VMware, Inc., Dezember 2011.

[51] *MiFID II / MiFIR: Regulatory Technical and Implementing Standards – Annex I (Draft).* European Securities and Markets Authority, Report ESMA/2015/1464, September 2015.

[52] Luke Bigum: *Solving MiFID II Clock Synchronisation With Minimum Spend (Part 1).* lmax.com, 27. November 2015.

[53] Kyle Kingsbury: *Call Me Maybe: Cassandra.* aphyr.com, 24. September 2013.

[54] John Daily: *Clocks Are Bad, or, Welcome to the Wonderful World of Distributed Systems.* basho.com, 12. November 2013.

[55] Kyle Kingsbury: *The Trouble with Timestamps.* aphyr.com, 12. Oktober 2013.

[56] Leslie Lamport: *Time, Clocks, and the Ordering of Events in a Distributed System.* Communications of the ACM, Bd. 21, Nr. 7, S. 558–565, Juli 1978. doi:10.1145/359545.359563

[57] Sandeep Kulkarni, Murat Demirbas, Deepak Madeppa, et al.: *Logical Physical Clocks and Consistent Snapshots in Globally Distributed Databases.* State University of New York at Buffalo, Computer Science and Engineering Technical Report 2014-04, Mai 2014.

[58] Justin Sheehy: *There Is No Now: Problems With Simultaneity in Distributed Systems.* ACM Queue, Bd. 13, Nr. 3, S. 36–41, März 2015. doi:10.1145/2733108

[59] Murat Demirbas: *Spanner: Google's Globally-Distributed Database.* muratbuffalo.blogspot.co.uk, 4. Juli 2013.

[60] Dahlia Malkhi und Jean-Philippe Martin: *Spanner's Concurrency Control.* ACM SIGACT News, Bd. 44, Nr. 3, S. 73–77, September 2013. doi:10.1145/2527748.2527767

[61] Manuel Bravo, Nuno Diegues, Jingna Zeng, et al.: *On the Use of Clocks to Enforce Consistency in the Cloud.* IEEE Data Engineering Bulletin, Bd. 38, Nr. 1, S. 18–31, März 2015.

[62] Spencer Kimball: *Living Without Atomic Clocks.* cockroachlabs.com, 17. Februar 2016.

[63] Cary G. Gray und David R. Cheriton: *Leases: An Efficient Fault-Tolerant Mechanism for Distributed File Cache Consistency.* 12. ACM Symposium on Operating Systems Principles (SOSP), Dezember 1989. doi:10.1145/74850.74870

[64] Todd Lipcon: *Avoiding Full GCs in Apache HBase with MemStore-Local Allocation Buffers: Part 1.* blog.cloudera.com, 24. Februar 2011.

[65] Martin Thompson: *Java Garbage Collection Distilled.* mechanicalsympathy.blogspot.co.uk, 16. Juli 2013.

[66] Alexey Ragozin: *How to Tame Java GC Pauses? Surviving 16GiB Heap and Greater.* java.dzone.com, 28. Juni 2011.

[67] Christopher Clark, Keir Fraser, Steven Hand, et al.: *Live Migration of Virtual Machines.* 2. USENIX Symposium on Symposium on Networked Systems Design & Implementation (NSDI), Mai 2005.

[68] Mike Shaver: *fsyncers and Curveballs.* shaver.off.net, 25. Mai 2008.

[69] Zhenyun Zhuang und Cuong Tran: *Eliminating Large JVM GC Pauses Caused by Background IO Traffic.* engineering.linkedin.com, 10. Februar 2016.

[70] David Terei und Amit Levy: *Blade: A Data Center Garbage Collector.* arXiv: 1504.02578, 13. April 2015.

[71] Martin Maas, Tim Harris, Krste Asanović und John Kubiatowicz: *Trash Day: Coordinating Garbage Collection in Distributed Systems.* 15. USENIX Workshop on Hot Topics in Operating Systems (HotOS), Mai 2015.

[72] *Predictable Low Latency.* Cinnober Financial Technology AB, cinnober.com, 24. November 2013.

[73] Martin Fowler: *The LMAX Architecture.* martinfowler.com, 12. Juli 2011.

[74] Flavio P. Junqueira und Benjamin Reed: *ZooKeeper: Distributed Process Coordination.* O'Reilly Media, 2013. – ISBN 978-1-449-36130-3

[75] Enis Söztutar: *HBase and HDFS: Understanding Filesystem Usage in HBase.* HBaseCon, Juni 2013.

[76] Caitie McCaffrey: *Clients Are Jerks: AKA How Halo 4 DoSed the Services at Launch & How We Survived.* caitiem.com, 23. Juni 2015.

[77] Leslie Lamport, Robert Shostak und Marshall Pease: *The Byzantine Generals Problem.* ACM Transactions on Programming Languages and Systems (TOPLAS), Bd. 4, Nr. 3, S. 382–401, Juli 1982. doi:10.1145/357172.357176

[78] Jim N. Gray: *Notes on Data Base Operating Systems.* in Operating Systems: An Advanced Course, Lecture Notes in Computer Science, Bd. 60, herausgegeben von R. Bayer, R. M. Graham und G. Seegmüller, S. 393–481, Springer-Verlag, 1978. – ISBN 978-3-540-08755-7

[79] Brian Palmer: *How Complicated Was the Byzantine Empire?.* slate.com, 20. Oktober 2011.

[80] Leslie Lamport: *My Writings.* research.microsoft.com, 16. Dezember 2014. Diese Seite lässt sich finden, indem im Web nach dem 23 Zeichen langen String gesucht wird, der sich nach Entfernen der Bindestriche aus dem String allla-mport-spubso-ntheweb ergibt.

[81] John Rushby: *Bus Architectures for Safety-Critical Embedded Systems.* 1. International Workshop on Embedded Software (EMSOFT), Oktober 2001.

[82] Jake Edge: *ELC: SpaceX Lessons Learned.* lwn.net, 6. März 2013.

[83] Andrew Miller und Joseph J. LaViola, Jr.: *Anonymous Byzantine Consensus from Moderately-Hard Puzzles: A Model for Bitcoin.* University of Central Florida, Technical Report CS-TR-14-01, April 2014.

[84] James Mickens: *The Saddest Moment.* USENIX; login: logout, Mai 2013.

[85] Evan Gilman: *The Discovery of Apache ZooKeeper's Poison Packet.* pagerduty.com, 7. Mai 2015.

[86] Jonathan Stone und Craig Partridge: *When the CRC and TCP Checksum Disagree.* ACM Conference on Applications, Technologies, Architectures, and Protocols for Computer Communication (SIGCOMM), August 2000. doi:10.1145/347059.347561

[87] Evan Jones: *How Both TCP and Ethernet Checksums Fail.* evanjones.ca, 5. Oktober 2015.

[88] Cynthia Dwork, Nancy Lynch und Larry Stockmeyer: *Consensus in the Presence of Partial Synchrony.* Journal of the ACM, Bd. 35, Nr. 2, S. 288–323, April 1988. doi:10.1145/42282.42283

[89] Peter Bailis und Ali Ghodsi: *Eventual Consistency Today: Limitations, Extensions, and Beyond.* ACM Queue, Bd. 11, Nr. 3, S. 55-63, März 2013. doi:10.1145/2460276.2462076

[90] Bowen Alpern und Fred B. Schneider: *Defining Liveness.* Information Processing Letters, Bd. 21, Nr. 4, S. 181–185, Oktober 1985. doi:10.1016/0020-0190(85)90056-0

[91] Flavio P. Junqueira: *Dude, Where's My Metadata?.* fpj.me, 28. Mai 2015.

[92] Scott Sanders: *Januar 28th Incident Report.* github.com, 3. Februar 2016.

[93] Jay Kreps: *A Few Notes on Kafka and Jepsen.* blog.empathybox.com, 25. September 2013.

[94] Thanh Do, Mingzhe Hao, Tanakorn Leesatapornwongsa, et al.: *Limplock: Understanding the Impact of Limpware on Scale-out Cloud Systems.* 4. ACM Symposium on Cloud Computing (SoCC), Oktober 2013. doi:10.1145/2523616.2523627

[95] Frank McSherry, Michael Isard und Derek G. Murray: *Scalability! But at What COST?.* 15. USENIX Workshop on Hot Topics in Operating Systems (HotOS), Mai 2015.

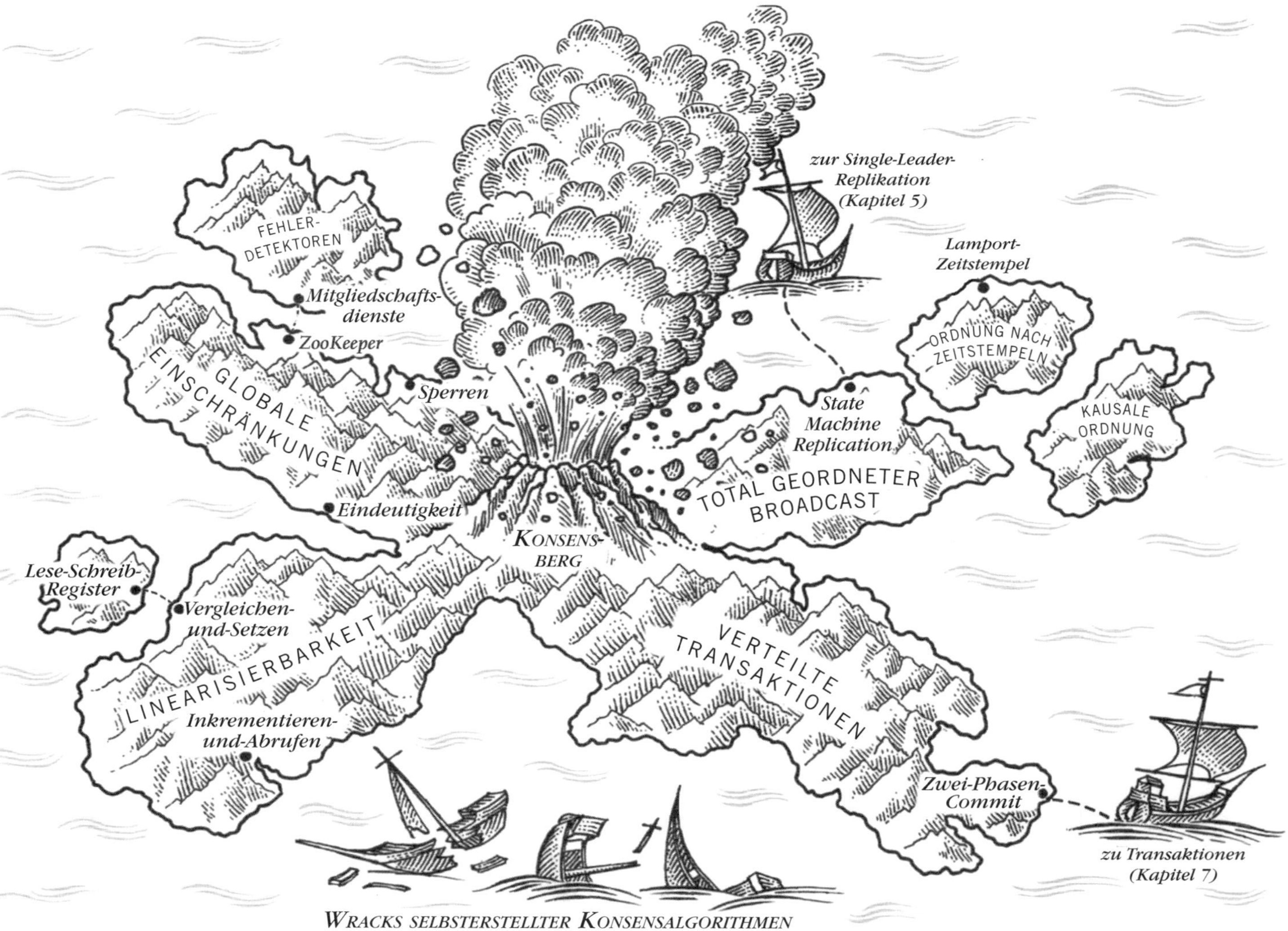
FEHLER-
DETEKTOREN
Mitgliedschafts-
dienste
ZooKeeper
GLOBALE
EINSCHRÄNKUNGEN
Sperren
Eindeutigkeit
zur Single-Leader-
Replikation
(Kapitel 5)
Lamport-
Zeitstempel
ORDNUNG NACH
ZEITSTEMPELN
KAUSALE
ORDNUNG
State
Machine
Replication
TOTAL GEORDNETER
BROADCAST
KONSENS-
BERG
Lese-Schreib-
Register
Vergleichen-
und-Setzen
LINEARISIERBARKEIT
Inkrementieren-
und-Abrufen
VERTEILTE
TRANSAKTIONEN
Zwei-Phasen-
Commit
zu Transaktionen
(Kapitel 7)
WRACKS SELBSTERSTELLTER KONSENSALGORITHMEN

KAPITEL 9

Konsistenz und Konsens

Ist es besser, lebendig zu sein und falsch zu liegen oder recht zu haben und tot zu sein?

– **Jay Kreps**, *A Few Notes on Kafka and Jepsen* (2013)

In verteilten Systemen kann vieles schiefgehen, wie Kapitel 8 erläutert hat. Derartige Fehler lassen sich am einfachsten in den Griff bekommen, wenn man den ganzen Dienst fehlschlagen lässt und dem Benutzer eine Fehlermeldung anzeigt. Sollte diese Lösung nicht akzeptabel sein, müssen wir Wege finden, um Fehler zu tolerieren – d. h., das ordnungsgemäße Funktionieren des Diensts weiterhin aufrechterhalten, selbst wenn eine interne Komponente fehlerhaft ist.

In diesem Kapitel sprechen wir über Beispiele für Algorithmen und Protokolle, die für fehlertolerante verteilte Systeme wichtig sind. Wir gehen davon aus, dass alle in Kapitel 8 beschriebenen Probleme auftreten können: Pakete gehen im Netzwerk verloren, werden umgeordnet, dupliziert oder willkürlich verzögert, Uhren gehen bestenfalls annähernd genau, und Knoten können jederzeit pausieren (zum Beispiel aufgrund der Garbage Collection) oder abstürzen.

Fehlertolerante Systeme lassen sich am besten aufbauen, wenn man universelle Abstraktionen mit nützlichen Garantien sucht, sie einmal implementiert und dann die Anwendungen dazu bringt, sich auf diese Garantien zu verlassen. Das ist der gleiche Ansatz, wie wir ihn bei Transaktionen in Kapitel 7 verwendet haben: Mithilfe einer Transaktion kann die Anwendung vorgeben, dass es keine Abstürze gibt (Atomarität), dass niemand sonst gleichzeitig auf die Datenbank zugreift (Isolation) und dass Speichergeräte absolut zuverlässig sind (Dauerhaftigkeit). Obgleich Abstürze, Race Conditions und Festplattenausfälle auftreten, verbirgt die Transaktionsabstraktion diese Probleme, sodass sich die Anwendung nicht darum kümmern muss.

Diesen Weg werden wir nun fortsetzen und nach Abstraktionen suchen, die es einer Anwendung erlauben, einige Probleme bei verteilten Systemen zu ignorieren. So ist *Konsens* eine der wichtigsten Abstraktionen für verteilte Systeme – d. h. alle Knoten dazu bewegen, sich auf etwas zu einigen. Wie wir in diesem Kapitel sehen werden, ist es ein überraschend kniffliges Problem, trotz Netzwerkfehlern und Prozessausfällen zuverlässig einen Konsens zu erreichen.

Sobald Sie eine Konsensimplementierung haben, können Sie sie für verschiedene Zwecke verwenden. Nehmen wir als Beispiel eine Datenbank mit Single-Leader-Replikation an. Wenn der Leader ausfällt und Sie einen Failover auf einen anderen Knoten vornehmen müssen, können die verbleibenden Datenbankknoten dem Konsens entsprechend einen neuen Leader wählen. Wie der Abschnitt »Knotenausfälle behandeln« auf Seite 164 gezeigt hat, ist es wichtig, dass es immer nur einen Leader gibt und dass alle Knoten übereinkommen, wer der Leader ist. Wenn zwei verschiedene Knoten jeweils glauben, dass sie der Leader sind, haben wir es mit einer als *Split Brain* bezeichneten Situation zu tun, die oftmals zu Datenverlust führt. Korrekte Konsensimplementierungen helfen, derartige Probleme zu vermeiden.

Später in diesem Kapitel sehen wir uns im Abschnitt »Verteilte Transaktionen und Konsens« auf Seite 377 Algorithmen an, um Konsens- und verwandte Probleme zu lösen. Doch zuerst müssen wir das Spektrum der Garantien und Abstraktionen erkunden, die in einem verteilten System bereitgestellt werden können.

Wir müssen wissen, was in welchem Rahmen getan werden kann oder nicht: In manchen Situationen kann das System Ausfälle tolerieren und weiterarbeiten, in anderen Situationen ist das nicht möglich. Die Grenzen dessen, was möglich ist und was nicht, sind eingehend untersucht worden, und zwar sowohl in theoretischen Beweisen als auch in praktischen Umsetzungen. In diesem Kapitel erhalten Sie einen Überblick über diese fundamentalen Grenzen.

Da sich Forscher auf dem Gebiet der verteilten Systeme schon seit Jahrzehnten mit diesen Themen beschäftigen, gibt es hierzu auch jede Menge Material – wir werden aber nur die Grundlagen behandeln können. In diesem Buch haben wir nicht genügend Platz, um auf die formalen Modelle und Beweise im Detail einzugehen, sodass wir bei informellen Einsichten bleiben werden. Im Literaturverzeichnis finden Sie zahlreiche Quellen, die sich ausführlich mit diesen Themen befassen.

Konsistenzgarantien

In Abschnitt »Probleme mit der Replikationsverzögerung« auf Seite 170 haben wir uns einige Timing-Probleme angesehen, die in einer replizierten Datenbank auftreten. Wenn Sie zwei Datenbankknoten zum selben Zeitpunkt betrachten, sehen Sie wahrscheinlich verschiedene Daten auf den beiden Knoten, weil Schreibanfragen auf verschiedenen Knoten zu unterschiedlichen Zeitpunkten ankommen. Diese Inkonsistenzen treten unabhängig davon auf, welche Replikationsmethode die Datenbank verwendet (Single-Leader, Multi-Leader oder leaderlose Replikation).

Die meisten replizierten Datenbanken bieten zumindest *letztliche Konsistenz*: Wenn Sie nicht mehr in die Datenbank schreiben und eine unbestimmte Zeit warten, dann werden letztlich alle Leseanfragen den gleichen Wert zurückgeben [1]. Mit anderen Worten ist Inkonsistenz temporär und löst sich schließlich von selbst auf (vorausgesetzt, dass eventuelle Fehler im Netzwerk ebenfalls letztlich repariert werden). Ein besserer Name für letztliche Konsistenz wäre *Konvergenz*, da wir erwarten, dass alle Replikate schließlich zum gleichen Wert konvergieren [2].

Allerdings ist dies eine sehr schwache Garantie – sie sagt nichts darüber aus, wann die Replikate konvergieren werden. Bis zum Zeitpunkt der Konvergenz könnten Leseanfragen alles Mögliche oder auch nichts zurückgeben [1]. Wenn Sie zum Beispiel einen Wert schreiben und sofort wieder lesen, gibt es keine Garantie, dass Sie den eben geschriebenen Wert sehen, weil die Leseanfrage an ein anderes Replikat weitergeleitet worden sein kann (siehe Abschnitt »Die eigenen Schreiboperationen lesen« auf Seite 171).

Letztliche Konsistenz ist für Anwendungsentwickler schwierig zu benutzen, weil sie sich vom Verhalten der Variablen in einem normalen Programm mit einem einzigen Thread erheblich unterscheidet. Wenn Sie einer Variablen einen Wert zuweisen und die Variable gleich darauf wieder lesen, dürfen Sie nicht erwarten, den alten Wert zurückzubekommen oder dass das Lesen fehlschlägt. Oberflächlich sieht eine Datenbank wie eine Variable aus, die Sie lesen und schreiben können, tatsächlich aber ist ihre Semantik viel komplexer [3].

Wenn Sie mit einer Datenbank arbeiten, die nur schwache Garantien bietet, müssen Sie ständig auf ihre Beschränkungen achten und dürfen nicht versehentlich zu viel voraussetzen. Bugs sind oftmals subtil und durch Testen schwer zu finden, weil die Anwendung die meiste Zeit über ordnungsgemäß arbeitet. Die Grenzfälle der letztlichen Konsistenz treten erst bei einem Fehler im System (zum Beispiel einer Netzwerkunterbrechung) oder bei massiver Parallelität zutage.

In diesem Kapitel untersuchen wir strengere Konsistenzmodelle, die Datensysteme gegebenenfalls zur Verfügung stellen. Allerdings bekommen wir nichts geschenkt: Systeme mit stärkeren Garantien haben möglicherweise eine schlechtere Performance oder sind weniger fehlertolerant als Systeme mit schwächeren Garantien. Dennoch können stärkere Garantien attraktiv sein, weil es leichter ist, korrekt mit ihnen umzugehen. Nachdem Sie verschiedene Konsistenzmodelle kennengelernt haben, können Sie viel besser entscheiden, welches Ihren Ansprüchen am besten gerecht wird.

Es gibt eine gewisse Ähnlichkeit zwischen verteilten Konsistenzmodellen und der Hierarchie von Transaktionsisolationsstufen, die wir weiter vorn besprochen haben [4, 5] (siehe Abschnitt »Schwache Isolationsstufen« auf Seite 248). Doch obwohl es Überschneidungen gibt, geht es größtenteils um unabhängige Belange: Transaktionsisolation soll Race Conditions aufgrund von parallel ausgeführten Transaktionen vermeiden, während verteilte Konsistenz vor allem damit zu tun hat, den Zustand der Replikate angesichts von Verzögerungen und Ausfällen zu koordinieren.

Dieses Kapitel deckt ein breites Themenspektrum ab, doch die einzelnen Bereiche sind tatsächlich eng miteinander verknüpft:

- Zuerst sehen wir uns eines der stärksten Konsistenzmodelle an, das in der Praxis gebräuchlich ist, und untersuchen seine Vor- und Nachteile: *Linearisierbarkeit*.
- Anschließend gehen wir auf die Frage der Ordnung von Ereignissen in einem verteilten System ein (Abschnitt »Ordnungsgarantien« auf Seite 362), und zwar speziell in Bezug auf Kausalität und Totalordnung.
- Im dritten Abschnitt (Abschnitt »Verteilte Transaktionen und Konsens« auf Seite 377) untersuchen wir, wie sich eine verteilte Transaktion atomar committen lässt, was uns schließlich zu Lösungen des Konsensproblems führt.

Linearisierbarkeit

Wenn Sie in einer Datenbank mit letztlicher Konsistenz zwei verschiedenen Replikaten zur selben Zeit die gleiche Frage stellen, erhalten Sie möglicherweise zwei verschiedene Antworten. Das ist verwirrend. Wäre es nicht viel einfacher, wenn die Datenbank die Illusion vermitteln könnte, dass es nur ein Replikat (d.h. nur eine Kopie der Daten) gibt? Dann hätte jeder Client dieselbe Sicht auf die Daten, und Sie müssten sich keine Gedanken um die Replikationsverzögerung machen.

Diese Idee liegt der *Linearisierbarkeit* zugrunde [6] (auch *atomare Konsistenz* [7], *starke Konsistenz*, *sofortige Konsistenz* oder *externe Konsistenz* [8] genannt). Im Rest dieses Abschnitts untersuchen wir die Definition von Linearisierbarkeit, die allerdings nicht trivial ist. Die Grundidee ist aber, ein System so erscheinen zu lassen, als ob es nur eine Kopie der Daten gäbe und alle Operationen darauf atomar wären. Selbst wenn es in Wahrheit mehrere Replikate gibt, braucht sich die Anwendung mit dieser Garantie nicht um sie zu kümmern.

Sobald ein Client einen Schreibvorgang erfolgreich abgeschlossen hat, müssen in einem linearisierbaren System alle Clients, die aus der Datenbank lesen, den soeben geschriebenen Wert lesen können. Hält man die Illusion einer einzelnen Kopie aufrecht, garantiert man gewissermaßen, dass der gelesene Wert der neueste (aktuelle) Wert ist und nicht aus einem veralteten Cache oder Replikat stammt. Mit anderen Worten ist Linearisierbarkeit eine *Garantie für Aktualität*. Diesen Gedanken wollen wir an einem Beispiel für ein System veranschaulichen, das nicht linearisierbar ist.

Abbildung 9-1 zeigt ein Beispiel für eine nicht linearisierbare Sport-Website [9]. Alice und Bob sitzen im selben Raum und verfolgen auf ihren Smartphones das Endspiel der FIFA Fußballweltmeisterschaft 2014. Unmittelbar, nachdem das Endergebnis bekannt gegeben wurde, aktualisiert Alice die Seite, sieht den bekannt gegebenen Gewinner und erzählt Bob begeistert davon. Bob lädt ungläubig die Seite auf seinem Smartphone neu, doch seine Anfrage geht an ein Datenbankreplikat, das verzögert ist, und so zeigt sein Smartphone, dass das Spiel immer noch läuft.

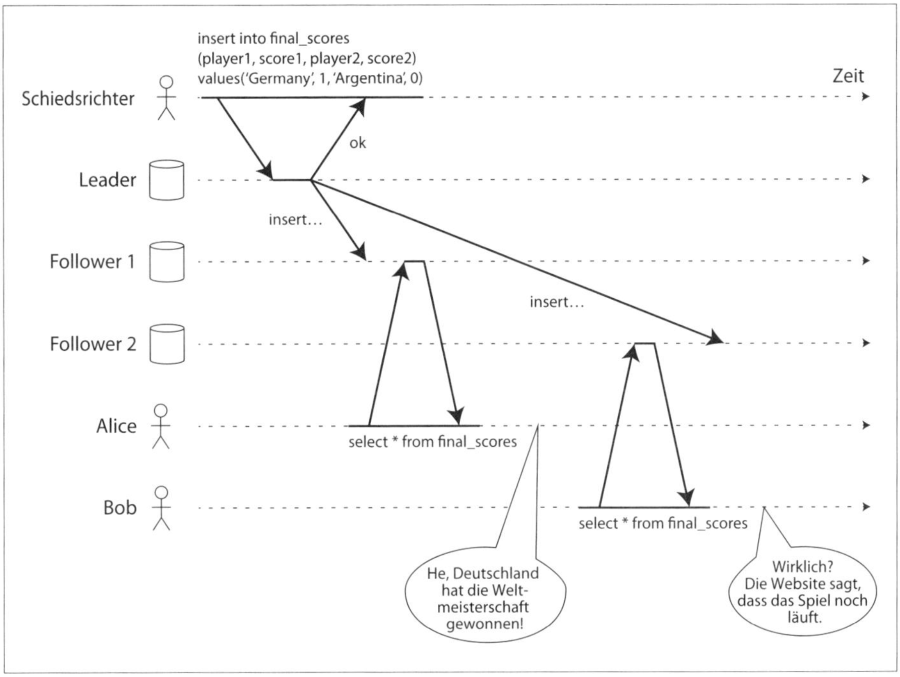

Abbildung 9-1: Dieses System ist nicht linearisierbar, was Fußballfans zum Verzweifeln bringt.

Wenn Alice und Bob die Seite gleichzeitig neu geladen hätten, wäre es weniger überraschend gewesen, die zwei verschiedenen Abfrageergebnisse zu bekommen, da sie nicht genau wüssten, wann der Server ihre jeweiligen Anfragen verarbeitet hat. Bob weiß jedoch, dass er die Schaltfläche zum Aktualisieren gedrückt (und damit die Abfrage eingeleitet) hat, *nachdem* er Alice das Endergebnis hat rufen hören. Demzufolge erwartet er, dass sein Abfrageergebnis mindestens so aktuell ist wie das von Alice. Die Tatsache, dass seine Abfrage ein veraltetes Ergebnis geliefert hat, ist eine Verletzung der Linearisierbarkeit.

Was macht ein System linearisierbar?

Die Grundidee der Linearisierbarkeit ist einfach: ein System so aussehen zu lassen, als gäbe es nur eine einzige Kopie der Daten. Allerdings ist eine gewisse Sorgfalt erforderlich, um ganz konkret zu sagen, was sie tatsächlich bedeutet. Um Linearisierbarkeit besser zu verstehen, schauen wir uns weitere Beispiele an.

Abbildung 9-2 zeigt drei Clients, die gleichzeitig dasselbe Objekt x in einer linearisierbaren Datenbank lesen und schreiben. In der Literatur verteilter Systeme wird x als Register bezeichnet – praktisch könnte es zum Beispiel einer der Schlüssel in einem Schlüssel-Wert-Speicher sein oder ein Dokument in einer Dokumentdatenbank.

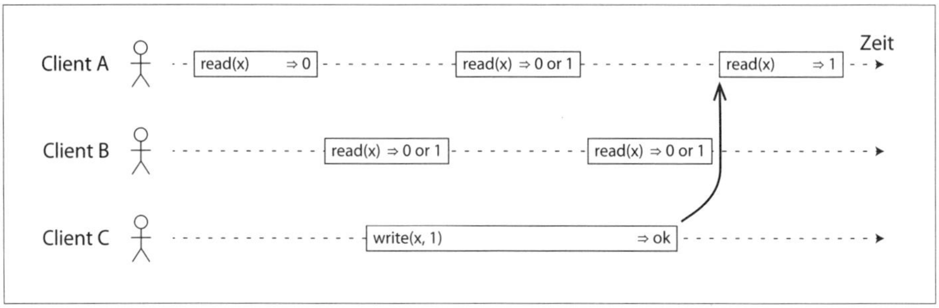

Abbildung 9-2: Wenn eine Leseabfrage gleichzeitig mit einer Schreibanfrage stattfindet, kann sie entweder den alten oder den neuen Wert zurückgeben.

Der Einfachheit halber zeigt Abbildung 9-2 nur die Anfragen aus Sicht des Clients und nicht die Interna der Datenbank. Jeder Balken ist eine Anfrage, die ein Client ausgeführt hat, wobei der Start des Balkens den Zeitpunkt bezeichnet, zu dem die Anfrage gesendet wurde, und das Ende eines Balkens ist der Zeitpunkt, zu dem der Client die Antwort empfangen hat. Aufgrund von variablen Netzwerkverzögerungen weiß ein Client nicht genau, wann die Datenbank seine Anfrage verarbeitet hat – er weiß nur, dass es irgendwann zwischen dem Senden der Anfrage und dem Empfangen der Antwort passiert sein muss.[1]

In diesem Beispiel sind für das Register zwei Arten von Operationen definiert:

- `read(x) ⇒ v` bedeutet, dass der Client den Wert von Register `x` lesen möchte und die Datenbank den Wert `v` zurückgegeben hat.
- `write(x, v) ⇒ r` bedeutet, dass der Client das Register `x` auf den Wert `v` setzen möchte und die Datenbank die Antwort `r` zurückgegeben hat (die *ok* oder *error* lauten könnte).

In Abbildung 9-2 hat `x` den Anfangswert 0, und Client C führt eine Schreibanfrage aus, um das Register auf 1 zu setzen. Während das passiert, fragen die Clients A und B wiederholt die Datenbank ab, um den neuesten Wert zu lesen. Wie lauten die möglichen Antworten, die A und B für ihre Leseanfragen bekommen?

- Die erste Leseoperation von Client A ist abgeschlossen, bevor das Schreiben beginnt, sie muss also definitiv den alten Wert 0 zurückgeben.
- Die letzte Leseoperation von Client A beginnt, nachdem das Schreiben abgeschlossen ist, muss also definitiv den neuen Wert 1 zurückgeben, wenn die

1 Ein subtiles Detail dieses Diagramms ist, dass es eine globale Uhr annimmt, die durch die horizontale Achse repräsentiert wird. Auch wenn reale Systeme normalerweise keine genauen Uhren haben (siehe Abschnitt »Unzuverlässige Uhren« auf Seite 307), ist diese Annahme in Ordnung: Für die Analyse eines verteilten Algorithmus können wir so tun, als ob eine genaue globale Uhr existiert, solange der Algorithmus nicht darauf zugreifen kann [47]. Stattdessen kann der Algorithmus nur eine verstümmelte Annäherung der Echtzeit sehen, wie sie ein Quarzoszillator und NTP erzeugen.

Datenbank linearisierbar ist: Wir wissen, dass der Schreibvorgang irgendwann zwischen Beginn und Ende der Schreibanfrage und der Lesevorgang irgendwann zwischen Beginn und Ende der Leseanfrage verarbeitet worden sein muss. Wenn das Lesen begonnen hat, nachdem das Schreiben abgeschlossen ist, dann muss der Lesevorgang nach dem Schreibvorgang verarbeitet worden sein, und deshalb muss er den neuen Wert sehen, der geschrieben wurde.

- Alle Leseoperationen, die sich zeitlich mit der Schreiboperation überschneiden, können entweder 0 oder 1 zurückgeben, weil wir nicht wissen, ob die Schreibanfrage zu dem Zeitpunkt, zu dem die Leseoperation verarbeitet wird, wirksam geworden ist oder nicht. Diese Operationen laufen *parallel* zum Schreibvorgang ab.

Allerdings genügt das noch nicht, um Linearisierbarkeit vollständig zu beschreiben: Wenn Lesevorgänge, die parallel zu einem Schreibvorgang laufen, entweder den alten oder den neuen Wert zurückgeben können, könnten Leser mehrmals ein Hin- und Herkippen zwischen dem alten Wert und dem neuen Wert beobachten, während der Schreibvorgang andauert. Das ist nicht das, was wir von einem System erwarten, das eine »einzelne Kopie der Daten« nachbildet.[2]

Um ein System linearisierbar zu machen, müssen wir eine weitere Einschränkung hinzufügen (siehe Abbildung 9-3).

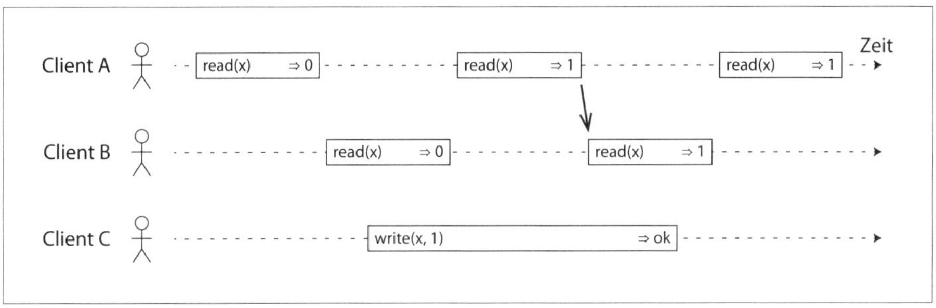

Abbildung 9-3: Nachdem irgendein Lesevorgang den neuen Wert zurückgegeben hat, müssen alle folgenden Lesevorgänge (auf demselben oder anderen Clients) ebenfalls den neuen Wert zurückgeben.

In einem linearisierbaren System stellen wir uns vor, dass es einen Zeitpunkt (zwischen Beginn und Ende der Schreiboperation) geben muss, an dem der Wert von x atomar von 0 auf 1 wechselt. Wenn also der Lesevorgang eines Clients den neuen Wert 1 zurückgibt, müssen alle darauffolgenden Lesevorgänge ebenfalls den neuen Wert zurückgeben, selbst wenn die Schreiboperation noch nicht abgeschlossen ist.

2 Ein Register, in dem Lesevorgänge entweder den alten oder neuen Wert zurückgeben können, wenn sie parallel mit einem Schreibvorgang ablaufen, ist als *reguläres Register* bekannt [7, 25].

Diese zeitliche Abhängigkeit ist in Abbildung 9-3 mit einem Pfeil gekennzeichnet. Client A ist der erste, der den neuen Wert (1) liest. Kurz nachdem der Lesevorgang von A seine Antwort erhält, beginnt B einen neuen Lesevorgang. Da der Lesevorgang von B streng nach dem Lesevorgang von A erfolgt, muss er ebenfalls 1 zurückgeben, obwohl der Schreibvorgang von C immer noch andauert. (Das ist die gleiche Situation wie bei Alice und Bob in Abbildung 9-1: Nachdem Alice den neuen Wert gelesen hat, erwartet Bob, ebenfalls den neuen Wert zu lesen.)

Diese zeitliche Darstellung können wir weiter verfeinern, indem wir für jede Operation visualisieren, dass sie zu einem bestimmten Zeitpunkt atomar wirksam wird. Abbildung 9-4 zeigt ein komplexeres Beispiel [10].

In dieser Abbildung fügen wir einen dritten Operationstyp neben Lesen und Schreiben hinzu:

- `cas(x, v`$_{old}$`, v`$_{new}$`)` ⇒ `r` bedeutet, dass der Client eine atomare Vergleichen-und-Setzen-Operation angefordert hat (engl. »compare-and-set«, siehe Abschnitt »Vergleichen-und-Setzen« auf Seite 261). Wenn der aktuelle Wert des Registers `x` gleich `v`$_{old}$ ist, sollte er atomar auf `v`$_{new}$ gesetzt werden. Wenn `x` ≠ `v`$_{old}$ ist, dann sollte die Operation das Register unverändert lassen und einen Fehler zurückgeben. Die Datenbank gibt die Antwort `r` zurück (mit dem Wert `ok` oder `error`).

In Abbildung 9-4 ist jede Operation mit einer senkrechten Linie (im Balken für jede Operation) markiert, um den Zeitpunkt zu kennzeichnen, zu dem wir annehmen, dass die Operation ausgeführt wurde. Diese Markierungen werden in sequenzieller Reihenfolge verbunden, und das Ergebnis muss eine gültige Folge von Lese- und Schreibvorgängen für ein Register sein (jeder Lesevorgang muss den Wert zurückgeben, den der jüngste Schreibvorgang gesetzt hat).

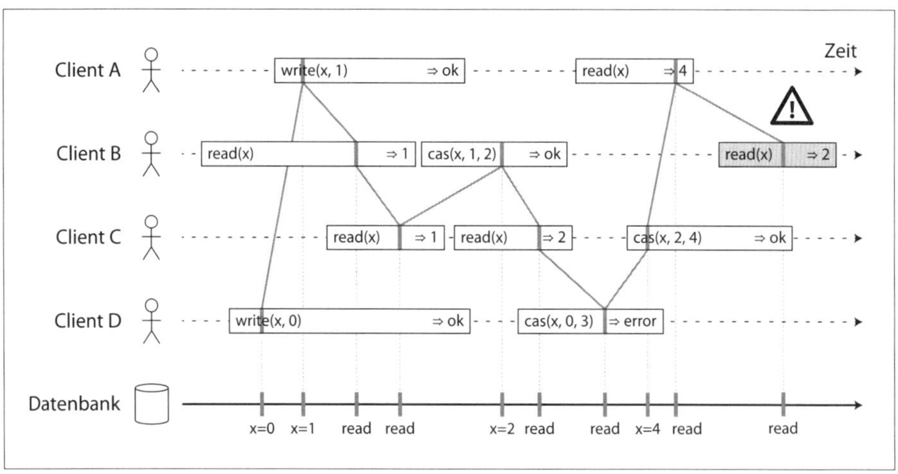

Abbildung 9-4: Visualisierung der Zeitpunkte, zu denen die Lese- und Schreibvorgänge anscheinend wirksam geworden sind. Die letzte Leseanfrage durch B ist nicht linearisierbar.

Linearisierbarkeit verlangt, dass die Verbindungslinien der Operationsmarkierungen immer zeitlich vorwärts (von links nach rechts) verlaufen, niemals rückwärts. Diese Forderung stellt die weiter vorn erwähnte Aktualitätsgarantie sicher: Sobald ein neuer Wert geschrieben oder gelesen worden ist, sehen alle darauffolgenden Leseanfragen den geschriebenen Wert, bis er erneut überschrieben wird.

In Abbildung 9-4 sind einige interessante Details hervorzuheben:

- Zuerst sendet Client B eine Anfrage, um x zu lesen. Dann sendet Client D eine Anfrage, um x auf 0 zu setzen. Und anschließend sendet A eine Anfrage, um x auf 1 zu setzen. Dennoch ist der Wert, den die Leseanfrage von B zurückgibt, 1 (der von A geschriebene Wert). Das ist in Ordnung: Es bedeutet, dass die Datenbank zuerst die Schreibanfrage von D verarbeitet hat, dann die Schreiboperation von A und schließlich den Lesevorgang von B. Obwohl dies nicht die Reihenfolge ist, in der die Anfragen gesendet wurden, ist es eine akzeptable Reihenfolge, weil die drei Anfragen parallel laufen. Vielleicht wurde die Anfrage von B im Netzwerk etwas verzögert, sodass sie die Datenbank erst nach den beiden Schreibvorgängen erreicht hat.
- Der Lesevorgang von Client B hat 1 zurückgegeben, bevor Client A seine Antwort von der Datenbank mit der Mitteilung erhalten hat, dass der Schreibvorgang des Werts 1 erfolgreich war. Dies ist ebenfalls in Ordnung: Es bedeutet nicht, dass der Wert gelesen wurde, bevor er geschrieben wurde, sondern dass die ok-Antwort von der Datenbank an Client A im Netzwerk etwas verzögert wurde.
- Dieses Modell setzt keinerlei Transaktionsisolation voraus: Ein anderer Client kann einen Wert jederzeit ändern. Zum Beispiel liest C zuerst 1 und dann 2, weil B den Wert zwischen den beiden Lesevorgängen geändert hat. Mit einer atomaren Vergleichen-und-Setzen-(cas-)Operation lässt sich überprüfen, ob der Wert nicht gleichzeitig von einem anderen Client geändert wurde: Die cas-Anfragen von B und C sind erfolgreich, doch die cas-Anfrage von D scheitert (wenn die Datenbank sie verarbeitet, ist der Wert von x nicht mehr 0).
- Die letzte Leseanfrage von Client B (in einem grau unterlegten Kasten) ist nicht linearisierbar. Die Operation läuft parallel zum cas-Schreibvorgang von C, der x von 2 auf 4 aktualisiert. Ohne weitere Anfragen wäre es in Ordnung, dass der Lesevorgang von B den Wert 2 zurückgibt. Allerdings hat Client A bereits den neuen Wert 4 gelesen, bevor der Lesevorgang von B begonnen hat, sodass B keinen älteren Wert als A lesen darf. Auch hier ist es die gleiche Situation wie mit Alice und Bob in Abbildung 9-1.

Das ist die Intuition hinter der Linearisierbarkeit; die formale Definition [6] beschreibt sie genauer. Es ist möglich (wenn auch rechentechnisch aufwendig), zu testen, ob das Verhalten eines Systems linearisierbar ist. Dazu zeichnet man die Zeitpunkte aller Anfragen und Antworten auf und überprüft, ob sie sich in eine gültige sequenzielle Reihenfolge bringen lassen [11].

Linearisierbarkeit vs. Serialisierbarkeit

Linearisierbarkeit wird leicht mit Serialisierbarkeit (siehe Abschnitt »Serialisierbarkeit« auf Seite 268) verwechselt, da beide Begriffe etwas wie »lässt sich in sequenzieller Reihenfolge anordnen« zu bedeuten scheinen. Allerdings verkörpern sie zwei ganz unterschiedliche Garantien, die man unbedingt auseinanderhalten muss:

Serialisierbarkeit:
: Serialisierbarkeit ist eine Isolationseigenschaft von Transaktionen, wobei jede Transaktion mehrere Objekte (Zeilen, Dokumente, Datensätze) lesen und schreiben kann – siehe Abschnitt »Einzelobjekt- und Multiobjektoperationen« auf Seite 242. Sie garantiert, dass sich Transaktionen so verhalten, als wären sie in *irgendeiner* seriellen Reihenfolge ausgeführt worden (wobei die nächste Transaktion erst startet, nachdem die vorherige Transaktion abgeschlossen ist). Die serielle Reihenfolge kann sich durchaus von der Reihenfolge unterscheiden, in der die Transaktionen tatsächlich ausgeführt wurden [12].

Linearisierbarkeit
: Linearisierbarkeit ist eine Aktualitätsgarantie für Lese- und Schreibvorgänge eines Registers (eines *einzelnen Objekts*). Da Operationen nicht zu Transaktionen gruppiert werden, lassen sich Probleme wie zum Beispiel Schreibversatz nicht verhindern (siehe Abschnitt »Schreibversatz und Phantome« auf Seite 262), sofern Sie nicht zusätzliche Maßnahmen ergreifen wie zum Beispiel Konflikte zu materialisieren (siehe »Konflikte materialisieren« auf Seite 267).

Eine Datenbank kann sowohl Serialisierbarkeit als auch Linearisierbarkeit bereitstellen – eine Kombination, die als *strenge Serialisierbarkeit* oder *starke Ein-Kopie-Serialisierbarkeit* (*starke 1SR*) [4, 13] bezeichnet wird. Implementierungen der Serialisierbarkeit, die auf Zwei-Phasen-Sperren (siehe Abschnitt »Zwei-Phasen-Sperrverfahren (2PL)« auf Seite 274) oder auf tatsächlich serieller Ausführung (siehe Abschnitt »Tatsächliche serielle Ausführung« auf Seite 269) basieren, sind normalerweise linearisierbar.

Die serialisierbare Snapshot-Isolation (siehe Abschnitt »Serialisierbare Snapshot-Isolation (SSI)« auf Seite 278) ist jedoch nicht serialisierbar: Absichtlich führt sie Lesevorgänge von einem konsistenten Snapshot aus, um Sperrenkonkurrenz zwischen Lesern und Schreibern zu vermeiden. Ein konsistenter Snapshot hat insbesondere den Sinn, dass er keine Schreibdaten enthält, die neuer sind als der Snapshot. Somit sind Lesevorgänge vom Snapshot nicht linearisierbar.

Auf Linearisierbarkeit setzen

Unter welchen Umständen ist Linearisierbarkeit sinnvoll? Die Endergebnisse einer Sportveranstaltung anzusehen, ist vielleicht ein zu triviales Beispiel: Ein Ergebnis, das wenige Sekunden veraltet ist, wird in dieser Situation keinen wirklichen Schaden anrichten. Allerdings gibt es einige Bereiche, in denen Linearisierbarkeit eine wichtige Voraussetzung ist, damit ein System korrekt funktioniert.

Sperren und Leader-Auswahl

Ein System mit Single-Leader-Replikation muss sicherstellen, dass es tatsächlich nur einen einzigen Leader und nicht mehrere gibt (Split Brain). Einen Leader kann man zum Beispiel mithilfe einer Sperre auswählen: Jeder Knoten versucht, beim Hochfahren die Sperre an sich zu bringen, und der Knoten, dem das gelingt, wird zum Leader [14]. Unabhängig davon, wie diese Sperre implementiert ist, muss sie linearisierbar sein: Alle Knoten müssen übereinkommen, welcher Knoten die Sperre besitzt, andernfalls ist sie nutzlos.

Koordinierungsdienste wie Apache ZooKeeper [15] und etcd [16] werden oftmals verwendet, um verteilte Sperren und Leader-Auswahl zu implementieren. Sie verwenden Konsensalgorithmen, um linearisierbare Operationen fehlertolerant zu implementieren (auf solche Algorithmen gehen wir später in diesem Kapitel in Abschnitt »Fehlertoleranter Konsens« auf Seite 391 ein).[3] Es gibt trotzdem noch viele subtile Details, um Sperren und Leader-Auswahl korrekt zu implementieren (nehmen Sie zum Beispiel das Fencing-Problem in Abschnitt »Der Leader und die Sperre« auf Seite 323), und Bibliotheken wie Apache Curator [17] helfen, indem sie auf ZooKeeper aufsetzend Rezepte auf höherem Niveau bereitstellen. Ein linearisierbarer Speicherdienst ist jedoch die Grundlage für diese Koordinierungsaufgaben.

Manche verteilte Datenbanken wie zum Beispiel Oracle Real Application Clusters (RAC) [18] arbeiten auch mit verteilten Sperren auf einer wesentlich feiner untergliederten Ebene. RAC verwendet eine Sperre pro Plattenseite, wobei mehrere Knoten gemeinsam auf dasselbe Plattenspeichersystem zugreifen. Da diese linearisierbaren Sperren auf dem kritischen Pfad der Transaktionsausführung liegen, haben RAC-Bereitstellungen normalerweise ein dediziertes Cluster-Verbindungsnetzwerk für die Kommunikation zwischen Datenbankknoten.

Einschränkungen und Eindeutigkeitsgarantien

Eindeutigkeitseinschränkungen sind in Datenbanken üblich: Zum Beispiel muss ein Benutzername oder eine E-Mail-Adresse einen Benutzer eindeutig identifizieren, und in einem Dateispeicherdienst darf es keine zwei Dateien mit derselben Kombination von Pfad- und Dateinamen geben. Wollen Sie diese Einschränkung durchsetzen, wenn die Daten geschrieben werden, brauchen Sie Linearisierbarkeit. (Wenn also zwei Personen gleichzeitig versuchen, einen Benutzer oder eine Datei mit demselben Namen anzulegen, soll eine von ihnen eine Fehlermeldung zurückbekommen.)

3 Streng genommen bieten ZooKeeper und etcd linearisierbare Schreibvorgänge. Lesevorgänge können aber veraltet sein, da sie standardmäßig von jedem beliebigen der Replikate bedient werden können. Optional können Sie einen linearisierbaren Lesevorgang anfordern: etcd bezeichnet dies als *Quorum Read* [16], und in ZooKeeper müssen Sie vor der Leseanfrage `sync()` aufrufen [15]; siehe Abschnitt »Linearisierbaren Speicher mithilfe von total geordnetem Broadcast implementieren« auf Seite 374.

Tatsächlich ähnelt diese Situation einer Sperre: Wenn sich ein Benutzer für Ihren Dienst registriert, können Sie sich das so vorstellen, dass er eine »Sperre« für den gewählten Benutzernamen anfordert. Die Operation ähnelt also sehr stark einem atomaren Vergleichen-und-Setzen, wobei der Benutzername auf die ID des Benutzers, der ihn angefordert hat, gesetzt wird, sofern dieser Benutzername nicht bereits vergeben ist.

Ähnliche Probleme treten auf, wenn Sie sicherstellen wollen, dass der Kontostand nie negativ wird oder dass Sie nicht mehr Artikel verkaufen, als Sie auf Lager haben, oder dass zwei Personen nicht gleichzeitig denselben Platz auf einem Flug oder in einem Theater buchen. Diese Einschränkungen setzen alle einen einzigen aktuellen Wert voraus (Kontostand, Lagerbestand, Sitzplatzbelegung), über den sich alle Knoten einig sind.

In praktischen Anwendungen ist es manchmal akzeptabel, solche Einschränkungen locker zu behandeln (wenn zum Beispiel ein Flug überbucht ist, können Sie Kunden auf einen anderen Flug umbuchen und ihnen eine Entschädigung für die Unannehmlichkeiten bieten). In derartigen Fällen ist Linearisierbarkeit nicht unbedingt erforderlich. Wir beschäftigen uns mit solchen locker interpretierten Einschränkungen in Abschnitt »Zeitnähe und Integrität« auf Seite 567.

Eine harte Eindeutigkeitseinschränkung, wie sie typischerweise in relationalen Datenbanken vorkommt, erfordert jedoch Linearisierbarkeit. Andere Arten von Einschränkungen, wie etwa Fremdschlüssel- oder Attributeinschränkungen, können ohne Linearisierbarkeit implementiert werden [19].

Kanalübergreifende Timing-Abhängigkeiten

Beachten Sie ein Detail in Abbildung 9-1: Hätte Alice den Punktestand nicht hinausposaunt, hätte Bob gar nicht gewusst, dass das Ergebnis seiner Abfrage veraltet war. Er würde sicherlich die Seite einige Sekunden später aktualisieren und schließlich das Endergebnis sehen. Die Verletzung der Linearisierbarkeit ist nur bemerkt worden, weil es einen zusätzlichen Kommunikationskanal im System gegeben hat (die Stimme von Alice an das Ohr von Bob).

Ähnliche Situationen können in Computersystemen auftreten. Nehmen wir als Beispiel eine Website an, auf die Benutzer Fotos hochladen können und bei der ein Hintergrundprozess die Größe der Fotos anpasst, um die Auflösung zu verringern und damit den Download zu beschleunigen (Thumbnails). Abbildung 9-5 zeigt die Architektur und den Datenfluss dieses Systems.

Die Komponente für die Bildgrößenänderung muss explizit angewiesen werden, einen Größenänderungsauftrag auszuführen. Diese Anweisung wird vom Webserver an die Größenänderungskomponente über eine Nachrichtenwarteschlange gesendet (siehe Kapitel 11). Der Webserver platziert aber nicht das gesamte Foto in der Warteschlange, da die meisten Message Broker nur für kleine Nachrichten ausgelegt sind und ein Foto mehrere Megabyte groß sein kann. Stattdessen wird das Foto zuerst in einen Datenspeicherdienst geschrieben, und sobald der Schreibvorgang abgeschlossen ist, wird die Anweisung an das Größenänderungsmodul in die Warteschlange gestellt.

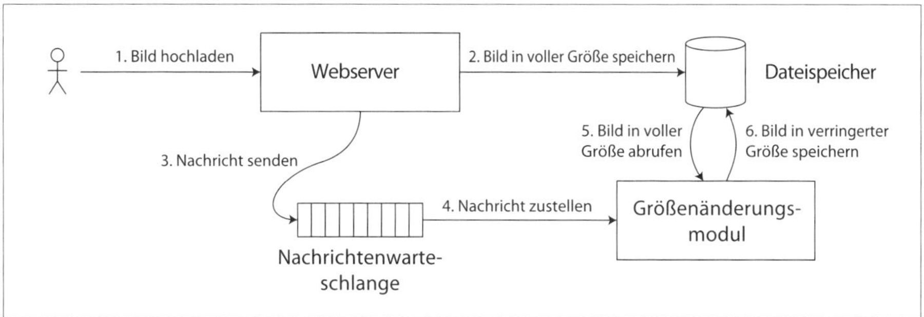

Abbildung 9-5: Der Webserver und das Größenänderungsmodul kommunizieren sowohl über den Dateispeicher als auch eine Nachrichtenwarteschlange, wodurch Race Conditions entstehen können.

Wenn der Dateispeicherdienst linearisierbar ist, sollte das System problemlos arbeiten. Ist er nicht linearisierbar, besteht die Gefahr einer Wettlaufsituation: Die Nachrichtenwarteschlange (Schritte 3 und 4 in Abbildung 9-5) ist eventuell schneller als die interne Replikation innerhalb des Speicherdiensts. Wenn in diesem Fall das Größenänderungsmodul das Bild abruft (Schritt 5), sieht es möglicherweise eine alte Version des Bilds oder gar nichts. Sollte das Größenänderungsmodell eine alte Version des Bilds verarbeiten, werden die Bilder in voller und verringerter Größe im Dateispeicher dauerhaft inkonsistent.

Dieses Problem entsteht, weil es zwei verschiedene Kommunikationskanäle zwischen dem Webserver und dem Größenänderungsmodul gibt: den Dateispeicher und die Nachrichtenwarteschlange. Ohne die Aktualitätsgarantie der Linearisierbarkeit sind Wettlaufsituationen zwischen diesen beiden Kanälen möglich. Diese Situation entspricht der in Abbildung 9-1, wo es ebenfalls eine Wettlaufsituation zwischen zwei Kommunikationskanälen gab: die Datenbankreplikation und den direkten Sprachkanal zwischen dem Mund von Alice und dem Ohr von Bob.

Linearisierbarkeit ist nicht die einzige Möglichkeit, diese Wettlaufsituation zu vermeiden, aber am einfachsten zu verstehen. Wenn der zusätzliche Kommunikationskanal Ihrer Kontrolle unterliegt (wie bei der Nachrichtenwarteschlange, aber nicht im Fall von Alice und Bob), können Sie alternative Ansätze verwenden ähnlich denen, die wir in Abschnitt »Die eigenen Schreiboperationen lesen« auf Seite 171 beschrieben haben, allerdings auf Kosten zusätzlicher Komplexität.

Linearisierbare Systeme implementieren

Nachdem Sie nun einige Beispiele kennengelernt haben, in denen Linearisierbarkeit sinnvoll ist, wollen wir überlegen, wie sich ein System implementieren lässt, das linearisierbare Semantik bietet.

Da Linearisierbarkeit im Wesentlichen bedeutet, »sich so zu verhalten, als gäbe es nur eine einzige Kopie der Daten und alle Operationen darauf sind atomar«, wäre es am einfachsten, wirklich nur eine einzige Kopie der Daten zu verwenden. Allerdings wäre dieser Ansatz nicht in der Lage, Fehler zu tolerieren: Wenn der Knoten, der die einzige Kopie der Daten speichert, ausfällt, wären die Daten verloren oder zumindest nicht zugänglich, bis der Knoten wiederhergestellt wird.

Um ein System fehlertolerant zu machen, wird am häufigsten Replikation verwendet. Sehen wir uns noch einmal die Replikationsmethoden von Kapitel 5 im Hinblick darauf an, ob sie linearisierbar sind:

Single-Leader-Replikation (potenziell linearisierbar)
: In einem System mit Single-Leader-Replikation (siehe Abschnitt »Leader und Follower« auf Seite 160) liegt auf dem Leader die primäre Kopie der Daten, die für Schreibvorgänge verwendet werden, und die Follower verwalten Sicherungskopien der Daten auf anderen Knoten. Wenn Sie Lesevorgänge vom Leader oder von synchron aktualisierten Followern ausführen lassen, haben sie das Potenzial, linearisierbar zu sein.[4] Allerdings ist nicht jede Single-Leader-Datenbank tatsächlich linearisierbar, und zwar entweder vom Konzept her (zum Beispiel weil sie Snapshot-Isolation verwendet) oder aufgrund von Parallelitätsfehlern [10].

  Wenn Sie den Leader für Lesevorgänge nutzen, gehen Sie davon aus, dass Sie sicher wissen, wer der Leader ist. Wie der Abschnitt »Die Wahrheit wird von der Mehrheit definiert« auf Seite 322 erläutert hat, kann ein Knoten durchaus glauben, dass er der Leader ist, obwohl er es tatsächlich nicht ist – und wenn der im Irrglauben befindliche Leader weiterhin Anfragen bedient, verletzt er wahrscheinlich die Linearisierbarkeit [20]. Bei asynchroner Replikation können durch Failover sogar committete Schreibvorgänge verloren gehen (siehe Abschnitt »Knotenausfälle behandeln« auf Seite 164), was sowohl Dauerhaftigkeit als Linearisierbarkeit verletzt.

Konsensalgorithmen (linearisierbar)
: Einige Konsensalgorithmen, mit denen wir uns später in diesem Kapitel beschäftigen, ähneln der Single-Leader-Replikation. Allerdings enthalten Konsensprotokolle Maßnahmen, um Split Brain und veraltete Replikate zu verhindern. Dank dieser Details können Konsensalgorithmen einen linearisierbaren Speicher sicher implementieren. So arbeiten zum Beispiel ZooKeeper [21] und etcd [22].

Multi-Leader-Replikation (nicht linearisierbar)
: Systeme mit Multi-Leader-Replikation sind im Allgemeinen nicht linearisierbar, weil sie Schreibvorgänge gleichzeitig auf mehreren Knoten verarbeiten und

4 Partitionierung (Sharding) einer Single-Leader-Datenbank mit einem separaten Leader pro Partition wirkt sich nicht auf die Linearisierbarkeit aus, da es sich nur um eine Einzelobjektgarantie handelt. Partitionsübergreifende Transaktionen sind eine andere Angelegenheit (siehe Abschnitt »Verteilte Transaktionen und Konsens« auf Seite 377).

sie asynchron auf andere Knoten replizieren. Deshalb können sie kollidierende Schreibvorgänge erzeugen, die eine Auflösung erfordern (siehe Abschnitt »Schreibkonflikte behandeln« auf Seite 180). Derartige Konflikte sind eine Folge der Tatsache, dass es nicht nur eine einzige Kopie der Daten gibt.

Leaderlose Replikation (wahrscheinlich nicht linearisierbar)

Bei Systemen mit leaderloser Replikation (Dynamo-artig; siehe Abschnitt »Replikation ohne Leader« auf Seite 187) wird manchmal behauptet, man könnte »starke Konsistenz« erreichen, wenn man als Quorum für Schreib- und Lesevorgänge die Bedingung ($w + r > n$) fordert. Abhängig von der genauen Konfiguration der Quoren und je nachdem, wie Sie starke Konsistenz definieren, ist dies nicht ganz richtig.

Die Konfliktauflösungsmethoden »Last Write Wins«, die auf Echtzeituhren basieren (zum Beispiel in Cassandra; siehe Abschnitt »Sich auf synchronisierte Uhren verlassen« auf Seite 311), sind mit ziemlicher Sicherheit nicht linearisierbar, weil sich für Uhrzeitstempel aufgrund von Zeitversatz nicht garantieren lässt, dass sie mit der tatsächlichen Ereignisreihenfolge konsistent sind. Sloppy Quoren (Abschnitt »Sloppy Quoren und Hinted Handoff« auf Seite 194) machen ebenfalls jede Chance auf Linearisierbarkeit zunichte. Selbst bei strengen Quoren ist nicht linearisierbares Verhalten möglich, wie der nächste Abschnitt zeigt.

Linearisierbarkeit und Quoren

Intuitiv scheint es, als ob strenge Quorum-Lese- und Schreibvorgänge in einem Dynamo-artigen Modell linearisierbar sein sollten. Wenn wir jedoch mit variablen Netzwerkverzögerungen rechnen müssen, können Wettlaufsituationen auftreten, wie Abbildung 9-6 zeigt.

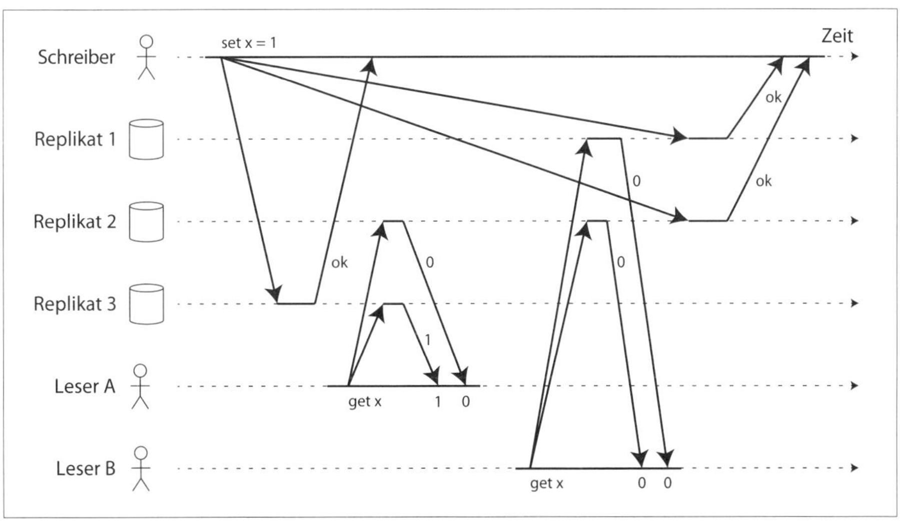

Abbildung 9-6: Eine nicht linearisierbare Ausführung trotz Verwendung eines strengen Quorums

In Abbildung 9-6 hat x den Anfangswert 0, und ein Client (der Schreiber) aktualisiert x auf 1, indem er die Schreibanfrage an alle drei Replikate sendet ($n = 3$, $w = 3$). Gleichzeitig liest Client A von einem Quorum von zwei Knoten ($r = 2$) und sieht den neuen Wert 1 auf einem der anderen Knoten. Ebenfalls parallel zur Schreibanfrage liest Client B von einem anderen Quorum von Knoten und erhält von beiden den alten Wert 0 zurück.

Die Quorum-Bedingung ist erfüllt ($w + r > n$), doch diese Ausführung ist dennoch nicht linearisierbar. Die Anfrage von B beginnt, nachdem die Anfrage von A abgeschlossen ist, doch B gibt den alten Wert zurück, während A den neuen Wert liefert. (Wieder einmal entspricht dies der Situation von Alice und Bob in Abbildung 9-1.)

Interessanterweise ist es möglich, Dynamo-artige Quoren auf Kosten verringerter Leistung linearisierbar zu machen: Ein Leser muss Read Repair (siehe Abschnitt »Read-Repair und Anti-Entropie« auf Seite 189) synchron ausführen, bevor er die Ergebnisse an die Anwendung zurückgibt [23], und ein Schreiber muss den neuesten Zustand eines Quorums von Knoten lesen, bevor er seine Schreibanfragen sendet [24, 25]. Allerdings führt Riak wegen der Leistungseinbuße kein synchrones Read Repair aus [26]. Cassandra wartet, bis Read Repair für Quorum-Lesevorgänge abgeschlossen ist [27], büßt aber infolge seiner LWW-Konfliktauflösung seine Linearisierbarkeit ein, wenn mehrere parallele Schreibvorgänge auf denselben Schlüssel stattfinden.

Darüber hinaus können nur linearisierbare Lese- und Schreiboperationen in dieser Weise implementiert werden; bei einer linearisierbaren Vergleichen-und-Setzen-Operation ist das nicht möglich, weil sie einen Konsensalgorithmus voraussetzt [28].

Alles in allem sollten Sie am besten davon ausgehen, dass ein leaderloses System mit Dynamo-artiger Replikation keine Linearisierbarkeit bietet.

Die Kosten der Linearisierbarkeit

Da manche Replikationsmethoden Linearisierbarkeit bieten können und andere nicht, ist es interessant, die Vor- und Nachteile der Linearisierbarkeit genauer zu untersuchen.

In Kapitel 5 haben wir bereits einige Anwendungsfälle für verschiedene Replikationsmethoden vorgestellt. Zum Beispiel wurde gezeigt, dass Multi-Leader-Replikation oftmals eine gute Wahl für Multi-Datacenter-Replikation ist (siehe Abschnitt »Einsatzfälle für Multi-Leader-Replikation« auf Seite 177). Abbildung 9-7 zeigt ein Beispiel für eine derartige Bereitstellung.

Was passiert bei einer Netzwerkunterbrechung zwischen den beiden Rechenzentren? Nehmen wir an, dass die Netzwerke innerhalb der Rechenzentren funktionsfähig sind und Clients die Rechenzentren erreichen, die Rechenzentren sich aber untereinander nicht verbinden können.

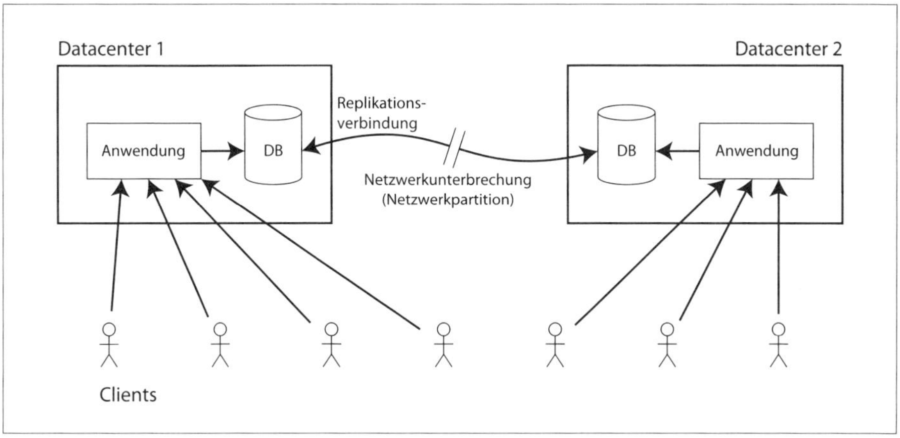

Abbildung 9-7: Eine Netzwerkunterbrechung, die zu einer Entscheidung zwischen Linearisierbarkeit und Verfügbarkeit zwingt

Mit einer Multi-Leader-Datenbank kann jedes Rechenzentrum normal weiterarbeiten: Da Schreibvorgänge von einem Rechenzentrum asynchron auf das andere repliziert werden, gelangen die Schreibanfragen einfach in eine Warteschlange und werden ausgetauscht, wenn die Netzwerkverbindung wiederhergestellt ist.

Wird andererseits Single-Leader-Replikation verwendet, muss sich der Leader in einem der Rechenzentren befinden. Alle Schreibvorgänge und alle linearisierbaren Lesevorgänge müssen an den Leader gesendet werden – folglich müssen diese Lese- und Schreibanfragen für alle Clients, die mit einem Follower-Rechenzentrum verbunden sind, synchron über das Netzwerk zum Leader-Rechenzentrum gesendet werden.

Wenn das Netzwerk in einem Single-Leader-Setup zwischen den Rechenzentren unterbrochen wird, können Clients, die mit dem Follower-Rechenzentrum verbunden sind, den Leader nicht kontaktieren und folglich weder Schreibvorgänge noch irgendwelche linearisierbaren Lesevorgänge in der Datenbank ausführen. Zwar können sie noch vom Follower lesen, doch die Daten sind möglicherweise veraltet (nicht linearisierbar). Wenn die Anwendung linearisierbare Lese- und Schreiboperationen erfordert, führt die Netzwerkunterbrechung dazu, dass die Anwendung in den Rechenzentren, die den Leader nicht kontaktieren können, nicht mehr verfügbar ist.

Dies ist kein Problem, wenn sich Clients direkt mit dem Leader-Rechenzentrum verbinden können, da die Anwendung dort weiterhin normal funktioniert. Die Clients aber, die nur ein Follower-Rechenzentrum erreichen können, müssen einen Ausfall hinnehmen, bis die Netzwerkverbindung repariert ist.

Das CAP-Theorem

Dieses Problem ist nicht nur eine Konsequenz der Single-Leader- und Multi-Leader-Replikation: Jede linearisierbare Datenbank hat dieses Problem, egal wie sie implementiert ist. Der Kompromiss sieht folgendermaßen aus:[5]

- Wenn Ihre Anwendung Linearisierbarkeit *erfordert* und einige Replikate von den anderen Replikaten aufgrund eines Netzwerkproblems getrennt sind, können einige Replikate keine Anfragen verarbeiten, während sie getrennt sind: Sie müssen warten, bis das Netzwerkproblem behoben ist, oder einen Fehler zurückgeben (wobei sie aber in beiden Fällen nicht verfügbar sind).
- Wenn Ihre Anwendung Linearisierbarkeit *nicht erfordert*, lässt sie sich so einrichten, dass jedes Replikat Anfragen unabhängig verarbeiten kann, selbst wenn es von anderen Replikaten getrennt ist (zum Beispiel Multi-Leader). In diesem Fall kann die Anwendung trotz eines Netzwerkproblems verfügbar bleiben, doch ihr Verhalten ist nicht linearisierbar.

Folglich können Anwendungen, die keine Linearisierbarkeit benötigen, toleranter gegenüber Netzwerkproblemen sein. Diese Erkenntnis ist gemeinhin als *CAP-Theorem* bekannt [29, 30, 31, 32]. Der Name stammt von Eric Brewer aus dem Jahr 2000, obwohl der Kompromiss den Entwicklern verteilter Datenbanken bereits seit den 1970er-Jahren bekannt ist [33, 34, 35, 36].

Ursprünglich wurde CAP als Faustregel ohne genaue Definitionen mit dem Ziel formuliert, eine Diskussion über Kompromisse in Datenbanken einzuleiten. Damals stand bei vielen verteilten Datenbanken im Mittelpunkt, linearisierbare Semantik auf einem Cluster von Computern mit gemeinsamem Speicher bereitzustellen [18], und CAP spornte Datenbanktechniker an, ein breiteres Entwurfsspektrum von verteilten Shared-Nothing-Systemen zu untersuchen, die für die Implementierung von Webservices im großen Maßstab besser geeignet waren [37]. CAP verdient Anerkennung für diesen Kulturwandel – davon zeugt die Explosion von neuen Datenbanktechnologien seit Mitte der 2000er-Jahre (bekannt als NoSQL).

Das CAP-Theorem hat in seiner formalen Definition [30] einen sehr engen Gültigkeitsbereich: Es betrachtet nur ein Konsistenzmodell (nämlich Linearisierbarkeit) und eine Fehlerart (Netzwerkpartitionen,[6] d.h. Knoten, die zwar aktiv sind, aber nicht miteinander kommunizieren können). Es sagt nichts aus über Netzwerkverzögerungen, ausgefallene Knoten oder andere Kompromisse. Obwohl CAP histo-

5 Diese beiden Optionen sind auch als CP (konsistent, aber nicht verfügbar während Netzwerkpartitionen) bzw. AP (verfügbar, aber nicht konsistent während Netzwerkpartitionen) bekannt. Da aber dieses Klassifizierungsschema mehrere Mängel hat [9], sollte man besser darauf verzichten.

6 Wie in Abschnitt »Netzwerkfehler in der Praxis« auf Seite 298 erläutert, bezeichnet der Begriff *Partitionierung* in diesem Buch die Zerlegung einer großen Datenmenge in kleinere Einheiten (*Sharding*; siehe Kapitel 6). Im Gegensatz dazu ist eine Netzwerkpartition eine besondere Netzwerkfehlerart, die wir normalerweise nicht getrennt von anderen Fehlerarten betrachten. Da jedoch das P in CAP erscheint, können wir die Verwechslung in diesem Fall nicht vermeiden.

risch einflussreich gewesen ist, hat das Theorem kaum noch einen praktischen Wert für den Entwurf von Systemen [9, 40]. Es gibt noch viel mehr interessante Unmöglichkeitsergebnisse in verteilten Systemen [41], und CAP wurde inzwischen durch genauere Ergebnisse [2, 42] überholt, sodass es heute vor allem von historischem Interesse ist.

Das CAP-Theorem ist nicht hilfreich

CAP wird manchmal als *Consistency, Availability, Partition tolerance: pick 2 out of 3* (Konsistenz, Verfügbarkeit, Partitionstoleranz: wähle 2 von 3) präsentiert, was in dieser Form irreführend ist [32], weil Netzwerkpartitionen (Netzwerkunterbrechungen) eine Art Fehler sind, also nicht etwas, bei dem Sie eine Wahl hätten: Fehler passieren, ob Sie wollen oder nicht [38].

Solange das Netzwerk korrekt funktioniert, kann ein System sowohl Konsistenz (Linearisierbarkeit) als auch Gesamtverfügbarkeit bieten. Tritt ein Netzwerkfehler auf, müssen Sie sich entweder für Linearisierbarkeit oder Gesamtverfügbarkeit entscheiden. Eine bessere Formulierung für CAP wäre also *Consistent or Available when Partitioned* (konsistent oder verfügbar, wenn partitioniert) [39]. Ein zuverlässigeres Netzwerk muss diese Entscheidung seltener treffen, doch irgendwann ist die Wahl unausweichlich.

In Diskussionen über CAP gibt es mehrere widersprüchliche Definitionen des Begriffs *Verfügbarkeit*, und die Formalisierung als Theorem [30] entspricht nicht seiner üblichen Bedeutung [40]. Viele sogenannte »hochverfügbare« (fehlertolerante) Systeme entsprechen tatsächlich nicht der eigenartigen CAP-Definition von Verfügbarkeit. Da es insgesamt viele Missverständnisse und Verwirrungen in Bezug auf CAP gibt und uns das Theorem nicht hilft, Systeme besser zu verstehen, sollte man CAP am besten vergessen.

Linearisierbarkeit und Netzwerkverzögerungen

Obwohl Linearisierbarkeit eine nützliche Garantie ist, sind in der Praxis überraschend wenige Systeme tatsächlich linearisierbar. Zum Beispiel ist selbst RAM in einer modernen Multi-Core-CPU nicht linearisierbar [43]: Wenn ein Thread, der auf dem einen CPU-Kern läuft, in eine Speicheradresse schreibt, und ein Thread auf einem anderen CPU-Kern kurz danach von derselben Adresse liest, ist nicht garantiert, dass er den Wert liest, den der erste Thread geschrieben hat (außer wenn eine *Speicherbarriere* [44] verwendet wird).

Der Grund für dieses Verhalten ist, dass jeder CPU-Kern seinen eigenen Speichercache und Speicherpuffer besitzt. Der Speicherzugriff geht standardmäßig zuerst zum Cache, und alle Änderungen werden asynchron in den Hauptspeicher geschrieben. Da der Zugriff auf die Daten im Cache wesentlich schneller ist als der Zugriff auf den Hauptspeicher [45], ist dieses Feature auf modernen CPUs entscheidend für gute Performance. Allerdings gibt es nun mehrere Kopien der Daten (eine im Hauptspeicher und möglicherweise mehrere in verschiedenen Caches), und weil diese Kopien asynchron aktualisiert werden, geht die Linearisierbarkeit verloren.

Warum sollte man diesen Kompromiss eingehen? Es macht keinen Sinn, das CAP-Theorem heranzuziehen, um das Multi-Core-Speicherkonsistenzmodell zu rechtfertigen: Innerhalb ein und desselben Computers gehen wir in der Regel von zuverlässiger Kommunikation aus, und wir erwarten nicht, dass ein CPU-Kern normal weiterarbeiten kann, wenn er vom übrigen Computer getrennt wird. Der Grund für den Verlust der Linearisierbarkeit ist die *Performance*, nicht die Fehlertoleranz.

Das Gleiche gilt für viele verteilte Datenbanken, die keine Garantien für Linearisierbarkeit bieten: Das geschieht in erster Linie, um die Performance zu erhöhen, und weniger, um Fehlertoleranz zu erreichen [46]. Linearisierbarkeit wirkt bremsend – und das gilt jederzeit, nicht nur während eines Netzwerkfehlers.

Könnten wir nicht vielleicht eine effizientere Implementierung von linearisierbarer Speicherung finden? Die Antwort ist scheinbar Nein: Attiya und Welch [47] haben nachgewiesen, dass die Antwortzeit für linearisierbare Lese- und Schreibanfragen mindestens proportional zur Unbestimmtheit der Verzögerungen im Netzwerk ist. In einem Netzwerk mit stark variierenden Verzögerungen wie bei den meisten Computernetzen (siehe Abschnitt »Timeouts und unbeschränkte Verzögerungen« auf Seite 300) wird die Antwortzeit von linearisierbaren Lese- und Schreibvorgängen zwangsläufig hoch sein. Es existiert kein schnellerer Algorithmus für Linearisierbarkeit, doch schwächere Konsistenzmodelle können viel schneller sein, sodass dieser Kompromiss für latenzempfindliche Systeme wichtig ist. In Kapitel 12 befassen wir uns mit einigen Ansätzen, die Linearisierbarkeit vermeiden, ohne Korrektheit zu opfern.

Ordnungsgarantien

Weiter vorn haben wir gesagt, dass sich ein linearisierbares Register so verhält, als gäbe es nur eine einzige Kopie der Daten, und dass jede Operation scheinbar zu einem bestimmten Zeitpunkt atomar wirksam wird. Diese Definition impliziert, dass Operationen in einer definierten Reihenfolge ausgeführt werden. Die Anordnung haben wir in Abbildung 9-4 veranschaulicht, indem wir die Operationen in der Reihenfolge verbunden haben, in der sie scheinbar ausgeführt worden sind.

Ordnung und Reihenfolge sind wiederkehrende Themen in diesem Buch. Das legt nahe, dass sie wichtige Grundideen sein könnten. Wir wollen kurz einige der anderen Themen wiederholen, in denen wir Ordnung diskutiert haben:

- In Kapitel 5 haben wir gesehen, dass der Leader in der Single-Leader-Replikation vor allem die Aufgabe hat, die Reihenfolge der Schreiboperationen im

Replikationsprotokoll zu bestimmen – d.h. die Reihenfolge, in der Follower diese Schreibvorgänge anwenden. Wenn es mehr als nur einen einzigen Leader gibt, können Konflikte aufgrund paralleler Operationen auftreten (siehe Abschnitt »Schreibkonflikte behandeln« auf Seite 180).

- Die in Kapitel 7 behandelte Serialisierbarkeit soll sicherstellen, dass sich Transaktionen so verhalten, als würden sie in einer sequenziellen Reihenfolge ausgeführt. Das lässt sich erreichen, indem man Transaktionen buchstäblich in dieser seriellen Reihenfolge ausführt oder parallele Ausführung zulässt und dabei Serialisierungskonflikte verhindert (durch Sperren oder Abbrechen).
- Kapitel 8 hat gezeigt, wie die Verwendung von Zeitstempeln und Uhren in verteilten Systemen (siehe Abschnitt »Sich auf synchronisierte Uhren verlassen« auf Seite 311) ein weiterer Versuch ist, Ordnung in eine ungeordnete Welt zu bringen, um beispielsweise zu bestimmen, welcher von zwei Schreibvorgängen später stattgefunden hat.

Interessanterweise gibt es tiefgehende Verbindungen zwischen Reihenfolge, Linearisierbarkeit und Konsens. Obwohl dieses Konzept etwas theoretischer und abstrakter als der Rest dieses Buchs ist, lässt sich damit besser erläutern, was Systeme tun können und was nicht. Die nächsten Abschnitte werden sich mit diesem Thema auseinandersetzen.

Ordnung und Kausalität

Es gibt mehrere Gründe, warum Ordnung immer wieder auftaucht, und einer der Gründe ist, dass sie die *Kausalität* bewahren hilft. Im Verlauf dieses Buchs haben wir bereits mehrere Beispiele gesehen, wo Kausalität wichtig war:

- Der Abschnitt »Präfixkonsistenz« auf Seite 175 (Abbildung 5-5) hat ein Beispiel vorgestellt, bei dem der Beobachter einer Konversation zuerst die Antwort auf eine Frage gesehen hat und dann die zu beantwortende Frage. Das ist verwirrend, weil es unsere Intuition in Bezug auf Ursache und Wirkung verletzt: Wenn eine Frage beantwortet wird, dann muss zweifellos die Frage zuerst dagewesen sein, weil die Person, die die Antwort gibt, die Frage gesehen haben muss (vorausgesetzt, dass sie keine übersinnlichen Kräfte besitzt und nicht in die Zukunft sehen kann). Wir sagen, dass eine *kausale Abhängigkeit* zwischen der Frage und der Antwort besteht.
- Ein ähnliches Muster zeigt sich in Abbildung 5-9, wo es um die Replikation zwischen drei Leadern ging und wir bemerkt haben, dass manche Schreibvorgänge andere aufgrund von Netzwerkverzögerungen »überholen« könnten. Aus dem Blickwinkel eines der Replikate würde es so aussehen, als gäbe es ein Update für eine Zeile, die nicht existiert. Hier bedeutet Kausalität, dass eine Zeile zuerst angelegt werden muss, bevor sie sich aktualisieren lässt.
- In Abschnitt »Parallele Schreibvorgänge erkennen« auf Seite 196 haben wir festgestellt, dass es bei zwei Operationen A und B drei Möglichkeiten gibt:

Entweder A findet vor B statt, B passiert vor A, oder A und B laufen parallel. Diese *Happened-Before*-Beziehung ist ein anderer Ausdruck von Kausalität: Wenn A vor B stattgefunden hat, heißt das, B könnte von A gewusst haben, auf A aufgebaut haben oder von A abhängig sein. Wenn A und B parallel laufen, gibt es keine kausale Verknüpfung zwischen ihnen. Mit anderen Worten: Wir sind sicher, dass keine Operation von der anderen wusste.

- Im Rahmen der Snapshot-Isolation für Transaktionen (Abschnitt »Snapshot-Isolation und Repeatable Read« auf Seite 252) haben wir festgestellt, dass eine Transaktion von einem konsistenten Snapshot liest. Doch was bedeutet »konsistent« in diesem Zusammenhang? Es bedeutet *konsistent mit der Kausalität*: Wenn der Snapshot eine Antwort enthält, muss er auch die beantwortete Frage enthalten [48]. Die Betrachtung der gesamten Datenbank zu einem bestimmten Zeitpunkt macht sie kausal konsistent: Sichtbar sind die Wirkungen aller Operationen, die kausal vor diesem Zeitpunkt stattgefunden haben, jedoch keine Operationen, die kausal danach passiert sind. Leseversatz (nicht wiederholbare Lesevorgänge, wie in Abbildung 7-6 veranschaulicht) bedeutet, Daten in einem Zustand lesen, der die Kausalität verletzt.
- Unsere Beispiele für Schreibversatz zwischen Transaktionen (siehe Abschnitt »Schreibversatz und Phantome« auf Seite 262) haben ebenfalls kausale Abhängigkeiten gezeigt: In Abbildung 7-8 durfte Alice den Bereitschaftsdienst abgeben, weil die Transaktion davon ausgegangen ist, dass Bob noch auf Abruf war, und umgekehrt. In diesem Fall ist die Aktion, den Bereitschaftsdienst abzugeben, kausal abhängig von der Beobachtung, wer derzeit auf Abruf ist. Serialisierbare Snapshot-Isolation (siehe Abschnitt »Serialisierbare Snapshot-Isolation (SSI)« auf Seite 278) erkennt Schreibversatz, indem die kausalen Abhängigkeiten zwischen Transaktionen verfolgt werden.
- Im Beispiel von Alice und Bob, die Fußball schauen (Abbildung 9-1), wird die Kausalität verletzt, weil Bob ein veraltetes Ergebnis vom Server bekam, nachdem er Alice das Ergebnis hat rufen hören: Der Ausruf von Alice hängt kausal von der Mitteilung des Spielstands ab, sodass Bob ebenfalls den Spielstand sehen müsste, nachdem er Alice gehört hat. Das gleiche Muster erscheint erneut in Abschnitt »Kanalübergreifende Timing-Abhängigkeiten« auf Seite 354 in Verkleidung eines Bildgrößenänderungsdiensts.

Kausalität legt Ereignissen eine Ordnung auf: Ursache kommt vor Wirkung; eine Nachricht wird gesendet, bevor diese Nachricht empfangen wird; die Frage kommt vor der Antwort. Und wie im richtigen Leben führt eins zum anderen: Ein Knoten liest einige Daten und schreibt dann etwas als Ergebnis, ein anderer Knoten liest die geschriebenen Daten und schreibt seinerseits etwas usw. Diese Ketten von kausal abhängigen Operationen definieren die kausale Ordnung im System – d.h., was wovor passiert ist.

Wenn ein System der kausalen Ordnung gehorcht, sagen wir, dass es *kausal konsistent* ist. Zum Beispiel bietet Snapshot-Isolation kausale Konsistenz: Wenn Sie aus der Datenbank lesen und einige Daten sehen, müssen Sie auch in der Lage sein, alle Daten zu sehen, die ihnen kausal vorausgehen (vorausgesetzt, dass sie mittlerweile nicht gelöscht worden sind).

Die kausale Ordnung ist keine totale Ordnung

Eine *totale Ordnung* erlaubt es, zwei beliebige Elemente zu vergleichen. Für zwei Elemente können Sie also immer sagen, welches größer und welches kleiner ist. Zum Beispiel sind die natürlichen Zahlen total geordnet: Wenn ich Ihnen zwei Zahlen gebe, sagen wir 5 und 13, können Sie mir sagen, dass 13 größer ist als 5.

Mathematische Mengen sind jedoch nicht total geordnet: Ist *{a, b}* größer als *{b, c}*? Man kann sie wirklich nicht vergleichen, weil keine eine Teilmenge der anderen ist. Wir sagen, sie sind *unvergleichbar*, und demzufolge sind mathematische Mengen *partiell geordnet*: In manchen Fällen ist die eine Menge größer als eine andere (wenn die eine Menge alle Elemente einer anderen enthält), doch in anderen Fällen sind sie unvergleichbar.

Der Unterschied zwischen einer totalen Ordnung und einer partiellen Ordnung spiegelt sich in verschiedenen Datenbankkonsistenzmodellen wider:

Linearisierbarkeit
: In einem linearisierbaren System haben wir eine totale Ordnung von Operationen: Wenn sich das System so verhält, als gäbe es nur eine einzige Kopie der Daten, und jede Operation ist atomar, heißt das, dass wir für zwei beliebige Operationen immer sagen können, welche zuerst stattgefunden hat. Diese totale Ordnung wird in Abbildung 9-4 als Zeitachse dargestellt.

Kausalität
: Wir haben gesagt, dass zwei Operationen parallel laufen, wenn keine von beiden vor der anderen stattgefunden hat (siehe Abschnitt »Die Happens-Before-Beziehung und Gleichzeitigkeit« auf Seite 198). Anders ausgedrückt sind zwei Ereignisse geordnet, wenn sie kausal zusammenhängen (das eine hat vor dem anderen stattgefunden), doch sie sind unvergleichbar, wenn sie parallel laufen. Kausalität definiert also eine partielle Ordnung, keine totale Ordnung: Manche Operationen sind in Bezug auf andere geordnet, doch manche sind unvergleichbar.

Entsprechend dieser Definition gibt es also keine parallelen Operationen in einem linearisierbaren Datenspeicher: Es muss eine einzige Zeitachse geben, entlang der alle Operationen total geordnet sind. Es können durchaus mehrere Anfragen auf ihre Verarbeitung warten, doch der Datenspeicher stellt sicher, dass jede Anfrage atomar zu einem einzigen Zeitpunkt verarbeitet wird, und zwar auf einer einzigen Kopie der Daten, entlang einer einzelnen Zeitachse und ohne jegliche Parallelität.

Parallelität würde bedeuten, dass sich die Zeitachse verzweigt und wieder zusammenkommt – und in diesem Fall sind Operationen auf verschiedenen Zweigen unvergleichbar (d. h. parallel). Dieses Phänomen haben wir bereits in Kapitel 5 kennengelernt: So zeigt das Beispiel in Abbildung 5-14 keine lineare Totalordnung, sondern ein Durcheinander von verschiedenen Operationen, die gleichzeitig ablaufen. Die Pfeile in diesem Diagramm weisen auf kausale Abhängigkeiten hin – die partielle Ordnung von Operationen.

Bei verteilten Versionskontrollsystemen wie zum Beispiel Git ähneln die Versionsverläufe stark dem Graphen der kausalen Abhängigkeiten. Oftmals findet ein Commit in gerader Linie nach einem anderen statt, doch manchmal bilden sich Verzweigungen (wenn mehrere Personen gleichzeitig an einem Projekt arbeiten), und es kommt zu Zusammenführungen (engl. *merge*), wenn diese gleichzeitig erzeugten Commits zusammengefasst werden.

Liniearisierbarkeit ist stärker als kausale Konsistenz

Welche Beziehung besteht nun zwischen der kausalen Ordnung und Linearisierbarkeit? Linearisierbarkeit *impliziert* Kausalität: Jedes System, das linearisierbar ist, wird Kausalität korrekt bewahren [7]. Insbesondere gewährleistet Linearisierbarkeit bei mehreren Kommunikationskanälen in einem System (wie zum Beispiel die Nachrichtenwarteschlange und der Dateispeicherdienst in Abbildung 9-5), dass Kausalität automatisch bewahrt wird, ohne dass das System etwas Besonderes unternehmen muss (etwa Zeitstempel zwischen verschiedenen Komponenten übergeben).

Weil Linearisierbarkeit Kausalität sicherstellt, sind linearisierbare Systeme einfach zu verstehen und attraktiv. Wie aber der Abschnitt »Die Kosten der Linearisierbarkeit« auf Seite 358 erläutert hat, kann die Performance und Verfügbarkeit darunter leiden, wenn ein System linearisierbar gemacht wird, insbesondere wenn das System erhebliche Netzwerkverzögerungen aufweist (wenn es beispielsweise geografisch verteilt ist). Deshalb haben einige verteilte Datensysteme auf Linearisierbarkeit verzichtet, was zwar eine bessere Performance ermöglicht, aber den Umgang mit ihnen erschwert.

Es ist aber auch ein Mittelweg möglich. Linearisierbarkeit ist nicht die einzige Methode, um Kausalität zu bewahren – es gibt auch andere Möglichkeiten. Ein System kann kausal konsistent sein, ohne den Leistungsverlust zu erleiden, wenn es linearisierbar gemacht wird (insbesondere gilt das CAP-Theorem nicht). Tatsächlich ist die kausale Konsistenz das stärkste mögliche Konsistenzmodell, das auch bei Netzwerkverzögerungen nicht langsamer wird und bei Netzwerkausfällen verfügbar bleibt [2, 42].

Systeme, die scheinbar Linearisierbarkeit erfordern, benötigen tatsächlich in vielen Fällen nur eine kausale Konsistenz, die sich effizienter implementieren lässt. Basierend auf dieser Beobachtung untersuchen Forscher neue Arten von Datenbanken, die Kausalität bewahren, mit ähnlichen Performance- und Verfügbarkeitseigenschaften wie denen von letztlich konsistenten Systemen [49, 50, 51].

Da diese Forschungen noch recht jung sind, haben die Ergebnisse bisher nur in geringem Maße Eingang in Produktionssysteme gefunden, und es sind noch einige Herausforderungen zu bewältigen [52, 53]. Allerdings ist die Richtung für zukünftige Systeme vielversprechend.

Kausale Abhängigkeiten erfassen

Wir werden hier nicht auf alle Detailfragen eingehen, wie nicht linearisierbare Systeme kausale Konsistenz bewahren können, sondern nur kurz einige der wichtigsten Ideen beleuchten.

Um die Kausalität zu erhalten, müssen Sie wissen, welche Operation *vor* welcher anderen Operation *stattgefunden hat*. Dies ist eine partielle Ordnung: Parallele Operationen können in beliebiger Reihenfolge verarbeitet werden, doch wenn eine Operation vor einer anderen stattgefunden hat, müssen sie auf jedem Replikat in dieser Reihenfolge verarbeitet werden. Wenn also ein Replikat eine Operation verarbeitet, muss es sicherstellen, dass alle kausal vorhergehenden Operationen (alle Operationen, die vorher stattgefunden haben) bereits verarbeitet worden sind; wenn irgendeine vorhergehende Operation fehlt, muss die spätere Operation warten, bis die vorhergehende Operation verarbeitet ist.

Um kausale Abhängigkeiten zu ermitteln, brauchen wir eine Möglichkeit, um das »Wissen« eines Knotens im System zu beschreiben. Hat ein Knoten bereits den Wert X gesehen, als er den Schreibvorgang Y ausgelöst hat, dann können X und Y kausal zusammenhängen. Die Analyse verwendet solche Fragen, die Sie in einer strafrechtlichen Untersuchung von Betrugsvorwürfen erwarten würden: Wusste der CEO zu dem Zeitpunkt, als er die Entscheidung Y getroffen hat, von X?

Die Techniken zur Bestimmung, welche Operation vor welcher anderen Operation stattgefunden hat, ähneln denen, die Abschnitt »Parallele Schreibvorgänge erkennen« auf Seite 196 beschrieben hat. Dieser Abschnitt hat die Kausalität in einer leaderlosen Datenbank erörtert, wo wir gleichzeitige Schreibvorgänge in denselben Schlüssel erkennen müssen, um verlorene Updates zu verhindern. Kausale Konsistenz geht noch weiter: Sie muss kausale Abhängigkeiten über die gesamte Datenbank verfolgen, nicht nur für einen einzelnen Schlüssel. Hierfür lassen sich Versionsvektoren verallgemeinern [54].

Um die kausale Ordnung zu ermitteln, muss die Datenbank wissen, welche Version der Daten die Anwendung gelesen hat. Deshalb wird im Beispiel von Abbildung 5-13 die Versionsnummer der vorherigen Operation bei einem Schreibvorgang an die Datenbank zurückgegeben. Eine ähnliche Idee zeigt sich in der Konflikterkennung von SSI, wie Abschnitt »Serialisierbare Snapshot-Isolation (SSI)« auf Seite 278 beschrieben hat: Wenn eine Transaktion committen will, prüft die Datenbank, ob die Version der gelesenen Daten immer noch aktuell ist. Hierfür verfolgt die Datenbank, welche Daten von welcher Transaktion gelesen wurden.

Ordnung nach Sequenznummern

Obwohl Kausalität ein wichtiges theoretisches Konzept ist, wird es in der Praxis nicht immer machbar sein, sämtliche kausalen Abhängigkeiten zu verfolgen. In vielen Anwendungen lesen Clients sehr viele Daten, bevor sie etwas schreiben, und dann ist es nicht klar, ob der Schreibvorgang von allen oder nur von einigen dieser vorherigen Leseoperationen kausal abhängig ist. Es würde einen riesigen Overhead verursachen, wollte man sämtliche gelesenen Daten explizit nachverfolgen.

Es gibt jedoch eine bessere Möglichkeit: Wir können Ereignisse mithilfe von *Sequenznummern* oder *Zeitstempeln* ordnen. Ein Zeitstempel muss nicht einmal von einer Echtzeituhr (oder einer physischen Uhr, die mit vielen Problemen behaftet ist, wie in Abschnitt »Unzuverlässige Uhren« auf Seite 307 erläutert) stammen. Er kann stattdessen von einer *logischen Uhr* kommen, d.h. von einem Algorithmus, der eine Zahlenfolge generiert, um Operationen zu identifizieren. In der Regel geschieht das mithilfe von Zählern, die bei jeder Operation inkrementiert werden.

Solche Sequenznummern oder Zeitstempel sind kompakt (nur wenige Bytes groß) und bieten eine *totale Ordnung*: Jede Operation hat eine eindeutige Sequenznummer, und Sie können immer zwei Sequenznummern vergleichen, um festzustellen, welche größer ist (d.h., welche Operation später stattgefunden hat).

Insbesondere können wir Sequenznummern in einer totalen Ordnung erzeugen, die *kausal konsistent* ist:[7] Wenn A kausal vor B stattgefunden hat, versprechen wir, dass A in der totalen Ordnung vor B auftritt (A besitzt eine niedrigere Sequenznummer als B). Gleichzeitige Operationen können beliebig geordnet sein. Eine derartige Totalordnung erfasst alle Kausalitätsinformationen, erzwingt aber auch mehr Ordnung, als es die Kausalität unbedingt erfordert.

In einer Datenbank mit Single-Leader-Replikation (siehe Abschnitt »Leader und Follower« auf Seite 160) definiert das Replikationsprotokoll eine Totalordnung von Schreiboperationen, die kausal konsistent ist. Für jede Operation kann der Leader einfach den Zähler inkrementieren und somit jeder Operation im Replikationsprotokoll eine monoton wachsende Sequenznummer zuweisen. Wenn ein Follower die Schreibvorgänge in der Reihenfolge ausführt, in der sie im Replikationsprotokoll erscheinen, ist der Zustand des Followers immer kausal konsistent (selbst wenn er hinter dem Leader zurückbleibt).

7 Eine totale Ordnung, die kausal *inkonsistent* ist, lässt sich leicht erzeugen, ist aber nicht sehr nützlich. Beispielsweise können Sie für jede Operation eine zufällige UUID generieren und UUIDs lexikografisch vergleichen, um die totale Ordnung von Operationen zu definieren. Zwar ist dies eine gültige Totalordnung, doch die zufälligen UUIDs verraten Ihnen nichts darüber, welche Operation tatsächlich zuerst stattgefunden hat oder ob die Operationen gleichzeitig abgelaufen sind.

Nichtkausale Sequenznummerngeneratoren

Wenn es nicht nur einen einzelnen Leader gibt (weil Sie vielleicht eine Multi-Leader- oder leaderlose Datenbank betreiben oder weil die Datenbank partitioniert ist), liegt es nicht gleich auf der Hand, wie Sequenznummern für Operationen zu generieren sind. In der Praxis sind verschiedene Methoden gebräuchlich:

- Die Knoten können jeweils unabhängige Sequenznummern erzeugen, indem Knoten disjunkte Mengen von Nummern zugewiesen werden. So ist es beispielsweise bei zwei Knoten möglich, dass der eine Knoten nur ungerade Zahlen und der andere nur gerade Zahlen erzeugt. Ganz allgemein könnten Sie einige Bits in der binären Darstellung der Sequenznummer für einen eindeutigen Knotenbezeichner reservieren. Damit wäre sichergestellt, dass zwei verschiedene Knoten niemals die gleiche Sequenznummer erzeugen können.
- Jeder Operation können Sie einen Zeitstempel von einer Echtzeituhr (physischen Uhr) zuweisen [55]. Zwar liefern solche Zeitstempel keine sequenzielle Folge, doch bei genügend hoher Auflösung können sie für eine Totalordnung der Operationen ausreichen. Diese Tatsache wird in der Konfliktauflösungsmethode Last Write Wins genutzt (siehe Abschnitt »Sich auf synchronisierte Uhren verlassen« auf Seite 311).
- Sie können Blöcke von Sequenznummern vorab reservieren. Zum Beispiel könnte Knoten A den Sequenznummernblock von 1 bis 1.000 beanspruchen und Knoten B den Block von 1.001 bis 2.000. Dann kann jeder Knoten aus seinem Block Sequenznummern unabhängig zuweisen und einen neuen Block allozieren, wenn sein Sequenznummernvorrat zur Neige geht.

Diese drei Optionen schneiden leistungsmäßig besser ab und sind skalierbarer, als wenn man alle Operationen durch einen einzigen Leader treibt, der einen Zähler inkrementiert. Sie generieren eine eindeutige, annähernd wachsende Sequenznummer für jede Operation. Allerdings haben sie alle ein Problem: Die von ihnen generierten Sequenznummern sind *nicht kausal konsistent*. Die Kausalitätsprobleme treten auf, weil diese Sequenznummerngeneratoren die Ordnung der Operationen über verschiedene Knoten nicht korrekt erfassen:

- Jeder Knoten kann eine andere Anzahl von Operationen je Sekunde verarbeiten. Wenn also der eine Knoten gerade Zahlen generiert und der andere ungerade Zahlen, hinkt der Zähler für die geraden Zahlen möglicherweise dem Zähler für die ungeraden Zahlen hinterher, oder umgekehrt. Wenn Sie eine ungerade Operation und eine gerade Operation haben, lässt sich nicht genau sagen, welche kausal zuerst stattgefunden hat.
- Zeitstempel von physischen Uhren sind mit Uhrendrift und Zeitversatz behaftet, was sie kausal inkonsistent machen kann. So zeigt zum Beispiel Abbildung

8-3 ein Szenario, in dem einer Operation, die kausal später stattgefunden hat, tatsächlich ein kleinerer Zeitstempel zugewiesen wurde.[8]

- Bei Zuweisung eines Blocks kann die eine Operation eine Sequenznummer im Bereich von 1.001 bis 2.000 erhalten und eine kausal spätere Operation eine Nummer im Bereich von 1 bis 1.000. Auch hier ist die Sequenznummer kausal inkonsistent.

Lamport-Zeitstempel

Obwohl die eben beschriebenen drei Sequenznummerngeneratoren kausal inkonsistent sind, gibt es tatsächlich eine einfache Methode, um *kausal konsistente* Sequenznummern zu erzeugen. Leslie Lamport hat 1978 den nach ihm benannten *Lamport-Zeitstempel* vorgeschlagen [56], und zwar in einem der heute meist zitierten Papers auf dem Gebiet der verteilten Systeme.

Abbildung 9-8 zeigt die Verwendung von Lamport-Zeitstempeln. Jedem Knoten ist ein eindeutiger Bezeichner zugeordnet, und jeder Knoten verfolgt die Anzahl der von ihm verarbeiteten Operationen. Der Lamport-Zeitstempel ist dann einfach ein Paar aus (*Zähler*, *Knoten-ID*). Manchmal können zwar zwei Knoten den gleichen Zählerwert haben, doch die in den Zeitstempel eingebundene Knoten-ID macht jeden Zeitstempel eindeutig.

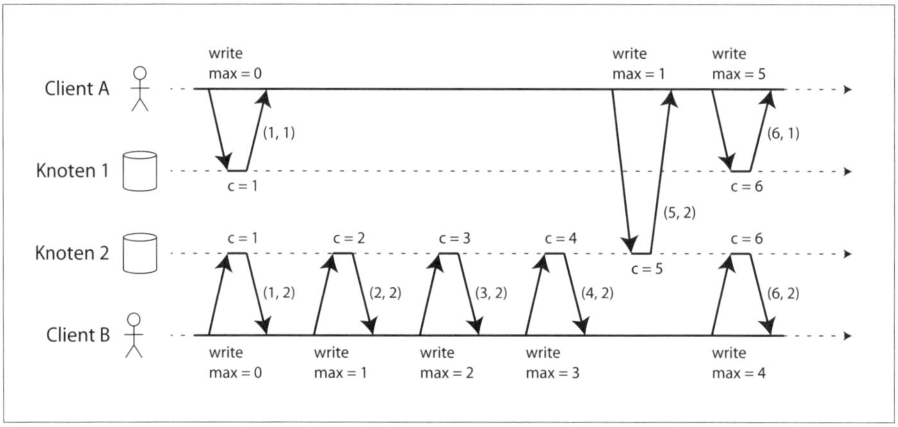

Abbildung 9-8: Lamport-Zeitstempel bieten eine kausal konsistente Totalordnung.

Ein Lamport-Zeitstempel hat keine Beziehung zu einer physischen Echtzeituhr, bietet aber totale Ordnung: Bei zwei Zeitstempeln ist derjenige mit dem größeren Zählerwert der größere Zeitstempel; sind die Zählerwerte gleich, ist derjenige mit

8 Es ist möglich, die Zeitstempel physischer Uhren kausal konsistent zu machen: Im Abschnitt »Synchronisierte Uhren für globale Snapshots« auf Seite 315 ging es auch um die Datenbank Spanner von Google, die die zu erwartende Uhrendrift schätzt und ein Unbestimmtheitsintervall wartet, bevor sie eine Schreiboperation committet. Diese Methode stellt sicher, dass eine kausal spätere Transaktion einen größeren Zeitstempel bekommt. Allerdings können die meisten Uhren die erforderliche Unbestimmtheitsmetrik nicht bereitstellen.

der größeren Knoten-ID der größere Zeitstempel. Diese Beschreibung entspricht im Wesentlichen den im letzten Abschnitt beschriebenen Gerade-Ungerade-Zählern. Die Grundidee der Lamport-Zeitstempel, die sie kausal konsistent macht, ist folgende: Jeder Knoten und jeder Client verfolgt den *maximalen* Zählerwert, den er bisher gesehen hat, und schließt diesen Maximalwert in jede Anfrage ein. Wenn ein Knoten eine Anfrage oder Antwort mit einem maximalen Zählerwert größer als der eigene Zählerwert empfängt, erhöht er sofort seinen eigenen Zähler auf dieses Maximum.

Abbildung 9-8 zeigt diese Situation, in der Client A den Zählerwert 5 von Knoten 2 empfängt und dann diesen Maximalwert 5 an Knoten 1 sendet. Zu diesem Zeitpunkt hatte der Zähler auf Knoten 1 nur den Wert 1, wurde aber sofort auf 5 weitergesetzt, sodass die nächste Operation einen inkrementierten Zählerwert von 6 bekam.

Solange der maximale Zählerwert mit jeder Operation weitergegeben wird, stellt dieser Ansatz sicher, dass die Ordnung von den Lamport-Zeitstempeln kausal konsistent ist, weil jede kausale Abhängigkeit den Zeitstempel erhöht.

Lamport-Zeitstempel werden manchmal mit Versionsvektoren verwechselt, die wir in Abschnitt »Parallele Schreibvorgänge erkennen« auf Seite 196 kennengelernt haben. Obwohl sie einige Ähnlichkeiten besitzen, haben sie einen anderen Zweck: Versionsvektoren können unterscheiden, ob zwei Operationen gleichzeitig abliefen oder ob eine kausal abhängig von der anderen ist, während Lamport-Zeitstempel immer eine Totalordnung erzwingen. Aus der Totalordnung der Lamport-Zeitstempel lässt sich nicht erkennen, ob zwei Operationen gleichzeitig liefen oder ob sie kausal voneinander abhängig sind. Lamport-Zeitstempel haben gegenüber Versionsvektoren hingegen den Vorteil, dass sie kompakter sind.

Ordnung nach Zeitstempeln genügt nicht

Obwohl Lamport-Zeitstempel eine Totalordnung von Operationen definieren, die kausal konsistent ist, genügen sie nicht, um viele gängige Probleme in verteilten Systemen zu lösen.

Nehmen Sie zum Beispiel ein System, das gewährleisten muss, dass ein Benutzername eindeutig ein Benutzerkonto identifiziert. Wenn zwei Benutzer parallel versuchen, ein Konto mit dem gleichen Benutzernamen anzulegen, sollte einer der beiden erfolgreich sein und der andere scheitern. (Dieses Problem haben wir weiter vorn in Abschnitt »Der Leader und die Sperre« auf Seite 323 angerissen.)

Auf den ersten Blick sieht es so aus, als ob eine totale Ordnung von Operationen (zum Beispiel die Verwendung von Lamport-Zeitstempeln) genügen sollte, um dieses Problem zu lösen: Wenn zwei Konten mit dem gleichen Benutzernamen erstellt werden, greift man dasjenige mit dem kleineren Zeitstempel als Gewinner heraus (den Benutzer, der den Benutzernamen zuerst beansprucht hat) und lässt das mit dem größeren Zeitstempel fehlschlagen. Da Zeitstempel total geordnet sind, ist dieser Vergleich immer gültig.

Dieser Ansatz funktioniert, um den Gewinner nachträglich zu ermitteln: Nachdem Sie alle Operationen zum Erstellen von Benutzernamen im System gesammelt haben, können Sie deren Zeitstempel vergleichen. Allerdings genügt dieser Ansatz nicht, wenn ein Knoten gerade eine Anforderung von einem Benutzer zum Anlegen eines Benutzernamens erhalten hat und sich *sofort* entscheiden muss, ob die Anfrage erfolgreich sein soll oder nicht. Zu diesem Zeitpunkt weiß der Knoten nicht, ob ein anderer Knoten gleichzeitig ein Konto mit dem gleichen Benutzernamen erstellt und welchen Zeitstempel dieser andere Knoten der Operation zuweist.

Um sicherzugehen, dass kein anderer Knoten gleichzeitig ein Konto mit dem gleichen Benutzernamen und einem kleineren Zeitstempel erstellt, müssten Sie bei *allen* anderen Knoten anfragen, um herauszufinden, welche Zeitstempel dort erzeugt worden sind [56]. Wenn einer der anderen Knoten ausgefallen oder wegen eines Netzwerkproblems nicht erreichbar ist, würde dieses System zum Stillstand kommen. Das ist nicht die Art von fehlertolerantem System, die wir brauchen.

Das Problem bei diesem Ansatz ist, dass die Totalordnung der Operationen erst dann entsteht, nachdem Sie sämtliche Operationen gesammelt haben. Wenn ein anderer Knoten einige Operationen generiert hat, Sie diese aber noch nicht kennen, können Sie die endgültige Ordnung der Operationen nicht konstruieren: Die unbekannten Operationen vom anderen Knoten müssen gegebenenfalls an verschiedenen Positionen in die Totalordnung eingefügt werden.

Fazit: Um etwas wie eine Eindeutigkeitseinschränkung für Benutzernamen zu implementieren, reicht es nicht aus, eine Totalordnung von Operationen zu haben – Sie müssen auch wissen, wann diese Ordnung fertig aufgestellt ist, sodass sie sich nicht mehr ändern kann. Wenn eine Operation einen Benutzernamen erstellt und Sie sicher sind, dass kein anderer Knoten einen Anspruch auf den gleichen Benutzernamen vor Ihrer Operation in der Totalordnung einschieben kann, dürfen Sie die Operation gefahrlos als erfolgreich deklarieren.

Wie Sie feststellen, wann Ihre Totalordnung finalisiert ist, wird im Thema *total geordneter Broadcast* erörtert.

Total geordneter Broadcast

Wenn Ihr Programm auf nur einem einzigen CPU-Kern läuft, lässt sich eine Totalordnung der Operationen ganz leicht definieren: Sie ist einfach die Reihenfolge, in der die CPU die Operationen ausführt. In einem verteilten System ist es dagegen schwierig, alle Knoten dazu zu bringen, sich auf die gleiche Totalordnung der Operationen zu einigen. Im letzten Abschnitt haben wir die Ordnung nach Zeitstempeln oder Sequenznummern erläutert, dabei aber festgestellt, dass diese Methode nicht so leistungsfähig ist wie Single-Leader-Replikation (wenn Sie eine Eindeutigkeitseinschränkung per Zeitstempelreihenfolge implementieren, können Sie keine Fehler tolerieren, weil Sie bei allen Knoten nach der neuesten Sequenznummer anfragen müssen).

Wie bereits erwähnt, bestimmt Single-Leader-Replikation eine Totalordnung von Operationen, indem sie einen Knoten als den Leader auswählt und alle Operationen sequenziell zu einem einzelnen CPU-Kern auf dem Leader leitet. Die Herausforderung besteht dann darin, das System zu skalieren, wenn der Durchsatz größer ist, als ein einzelner Leader verarbeiten kann, und auch den Failover zu realisieren, wenn der Leader ausfällt (siehe Abschnitt »Knotenausfälle behandeln« auf Seite 164). In der Literatur zu verteilten Systemen ist dieses Problem als *total geordneter Broadcast* oder *atomarer Broadcast* bekannt [25, 57, 58].[9]

> **Gültigkeitsbereich der Reihenfolgegarantie**
> Partitionierte Datenbanken mit einem einzelnen Leader je Partition verwalten Ordnung oftmals nur pro Partition. Demzufolge können sie keine Konsistenzgarantien (zum Beispiel konsistente Snapshots, Fremdschlüsselreferenzen) über Partitionen hinweg bieten. Eine totale Ordnung über alle Partitionen zu erstellen, ist möglich, erfordert aber zusätzliche Koordinierung [59].

Total geordneter Broadcast wird normalerweise beschrieben als Protokoll für den Nachrichtenaustausch zwischen Knoten. Salopp gesagt, müssen immer zwei Sicherheitseigenschaften erfüllt sein:

Zuverlässige Zustellung
: Es gehen keine Nachrichten verloren: Wird eine Nachricht an einen Knoten geliefert, wird sie an alle Knoten geliefert.

Total geordnete Zustellung
: Nachrichten werden an jeden Knoten in der gleichen Reihenfolge geliefert.

Ein korrekter Algorithmus für total geordneten Broadcast muss sicherstellen, dass die Zuverlässigkeits- und die Ordnungseigenschaften immer erfüllt sind, selbst wenn ein Knoten oder das Netzwerk fehlerhaft ist. Natürlich werden Nachrichten nicht zugestellt, während das Netzwerk unterbrochen ist, doch ein Algorithmus kann wiederholt versuchen, die Nachrichten zu senden, sodass diese durchkommen, wenn das Netzwerk schließlich repariert ist (und dann müssen sie trotzdem in der korrekten Reihenfolge zugestellt werden).

9 Der Begriff *atomarer Broadcast* ist zwar etabliert, aber sehr verwirrend, weil er mit anderen Verwendungen des Worts *atomar* nicht vereinbar ist: Er hat nichts mit Atomarität in ACID-Transaktionen zu tun und ist nur indirekt mit atomaren Operationen (im Sinne von Multithread-Programmierung) oder atomaren Registern (linearisierbare Speicherung) verbunden. Ein anderes Synonym ist der Begriff *total geordneter Multicast*.

Total geordneten Broadcast verwenden

Konsensdienste wie zum Beispiel ZooKeeper und etcd implementieren tatsächlich total geordneten Broadcast. Diese Tatsache weist darauf hin, dass es einen starken Zusammenhang zwischen total geordnetem Broadcast und Konsens gibt, den wir später in diesem Kapitel untersuchen werden.

Total geordneter Broadcast ist genau das, was Sie für Datenbankreplikation benötigen: Wenn jede Nachricht einen Schreibvorgang in die Datenbank darstellt und jedes Replikat die gleichen Schreibvorgänge in der gleichen Reihenfolge verarbeitet, bleiben die Replikate untereinander konsistent (abgesehen von einer vorübergehenden Replikationsverzögerung). Auf dieses Prinzip, das als *State Machine Replication* (Zustandsmaschinenreplikation) bekannt ist [60], kommen wir in Kapitel 11 zurück.

Analog dazu lassen sich serialisierbare Transaktionen mit total geordnetem Broadcast implementieren: Wenn jede Nachricht eine deterministische Transaktion darstellt, die als gespeicherte Prozedur ausgeführt werden soll, und wenn jeder Knoten diese Nachrichten in der gleichen Reihenfolge verarbeitet, dann werden die Partitionen und Replikate der Datenbank untereinander konsistent gehalten [61] (siehe Abschnitt »Tatsächliche serielle Ausführung« auf Seite 269).

Ein wichtiger Aspekt von total geordnetem Broadcast ist, dass die Reihenfolge zu dem Zeitpunkt, zu dem die Nachrichten zugestellt werden, fixiert ist: Ein Knoten darf eine Nachricht nicht rückwirkend an einer früheren Position in der Ordnung einfügen, wenn darauffolgende Nachrichten bereits zugestellt wurden. Diese Tatsache macht total geordneten Broadcast strenger als Zeitstempelordnung.

Total geordneten Broadcast kann man auch als Methode betrachten, ein Protokoll zu erstellen (wie in einem Replikationsprotokoll, Transaktionsprotokoll oder Write-Ahead-Protokoll): Die Zustellung einer Nachricht ist wie das Anfügen an das Protokoll. Da sämtliche Knoten die gleichen Nachrichten in der gleichen Reihenfolge zustellen müssen, können alle Knoten das Protokoll lesen und dieselbe Sequenz der Nachrichten sehen.

Total geordneter Broadcast ist ebenfalls nützlich, um einen Sperrdienst zu implementieren, der Fencing-Token bereitstellt (siehe Abschnitt »Fencing Token« auf Seite 325). Jede Anforderung, die Sperre zu erwerben, wird als Nachricht an das Protokoll angefügt, und alle Nachrichten werden sequenziell nummeriert in der Reihenfolge, in der sie im Protokoll erscheinen. Die Sequenznummer kann dann als Fencing-Token dienen, da sie monoton wächst. In ZooKeeper wird diese Sequenznummer `zxid` genannt [15].

Linearisierbaren Speicher mithilfe von total geordnetem Broadcast implementieren

Wie Abbildung 9-4 zeigt, gibt es in einem linearisierbaren System eine totale Ordnung von Operationen. Heißt das, dass Linearisierbarkeit das Gleiche ist wie total geordneter Broadcast? Nicht ganz, doch es gibt enge Verknüpfungen zwischen beiden.[10]

Total geordneter Broadcast arbeitet asynchron: Nachrichten werden garantiert in einer festen Reihenfolge zugestellt, doch es gibt keine Garantie, *wann* eine Nachricht zugestellt wird (sodass ein Empfänger hinter den anderen zurückbleiben kann). Demgegenüber ist Linearisierbarkeit eine Aktualitätsgarantie: Eine Leseanfrage sieht garantiert den zuletzt geschriebenen Wert.

Auf total geordnetem Broadcast können Sie jedoch linearisierbare Speicherung aufbauen. So können Sie zum Beispiel sicherstellen, dass Benutzernamen Benutzerkonten eindeutig identifizieren.

Stellen Sie sich vor, dass Sie für jeden möglichen Benutzernamen ein linearisierbares Register mit einer atomaren Vergleichen-und-Setzen-Operation einrichten können. Der Anfangswert jedes Registers ist null (was darauf hinweist, dass der Benutzername noch nicht registriert wurde). Möchte ein Benutzer einen Benutzernamen anlegen, führen Sie eine Vergleichen-und-Setzen-Operation auf dem Register für diesen Benutzernamen aus und setzen es auf die Benutzerkonto-ID, unter der Bedingung, dass der vorherige Registerwert null ist. Wenn mehrere Benutzer parallel versuchen, den gleichen Benutzernamen anzufordern, wird nur eine der Vergleichen-und-Setzen-Operationen erfolgreich sein, weil die anderen (aufgrund der Linearisierbarkeit) einen Wert ungleich null sehen werden.

Eine solche linearisierbare Vergleichen-und-Setzen-Operation können Sie wie folgt mit total geordnetem Broadcast als Protokoll im Anfügemodus implementieren [62, 63]:

1. Fügen Sie an das Protokoll eine Nachricht an mit dem Benutzernamen, den Sie beanspruchen möchten. Diese Nachricht wird als Anfrage aufgefasst.
2. Lesen Sie das Protokoll und warten Sie, bis die angefügte Nachricht an Sie zurückgeschickt wird.[11]
3. Prüfen Sie alle Nachrichten, die den gewünschten Benutzernamen beanspruchen. Wenn die erste Nachricht für Ihren gewünschten Benutzernamen Ihre eigene Nachricht ist, haben Sie gewonnen: Sie können Ihren Anspruch auf den Benutzernamen committen (indem Sie vielleicht eine weitere Nachricht

10 Formal betrachtet ist ein linearisierbares Lese-Schreib-Register ein »einfacheres« Problem. Total geordneter Broadcast ist äquivalent zum Konsens [67], der im asynchronen Crash-Stopp-Modell keine deterministische Lösung hat [68], während ein linearisierbares Lese-Schreib-Register im gleichen Systemmodell *doch* implementiert werden kann [23, 24, 25]. Die Unterstützung von atomaren Operationen wie zum Beispiel Vergleichen-und-Setzen oder Inkrementieren-und-Abrufen in einem Register macht es jedoch äquivalent zum Konsensproblem [28]. Somit sind die Probleme des Konsens und eines linearisierbaren Registers eng miteinander verwandt.

11 Wenn Sie nicht warten, sondern den Schreibvorgang sofort bestätigen, nachdem er in die Warteschlange eingereiht wurde, erhalten Sie etwas Ähnliches wie im Speicherkonsistenzmodell der Multicore-x86-Prozessoren [43]. Dieses Modell ist weder linearisierbar noch sequenziell konsistent.

an das Protokoll anfügen) und ihn dem Client bestätigen. Stammt die erste Nachricht für den gewünschten Benutzernamen von einem anderen Benutzer, brechen Sie die Operation ab.

Wenn mehrere parallele Schreiboperationen stattfinden, sind sich die Knoten darüber einig, welche Operation zuerst an der Reihe war, weil die Protokolleinträge an alle Knoten in der gleichen Reihenfolge zugestellt werden. Wählt man den ersten der kollidierenden Schreibvorgänge als Gewinner aus und bricht die späteren ab, ist sichergestellt, dass alle Knoten übereinstimmen, ob ein Schreibvorgang committet oder abgebrochen wurde. Ein ähnlicher Ansatz kann verwendet werden, um serialisierbare Multiobjekt-Transaktionen auf einem Protokoll aufbauend zu implementieren [62].

Dieses Verfahren gewährleistet zwar linearisierbare Schreibzugriffe, aber keine linearisierbaren Lesezugriffe – wenn Sie aus einem Speicher lesen, der asynchron aus dem Protokoll aktualisiert wird, können die Daten veraltet sein. (Um genau zu sein: Das hier beschriebene Verfahren bietet mit sequenzieller Konsistenz [47, 64], manchmal auch als *Timeline-Konsistenz* bezeichnet [65, 66], eine etwas schwächere Garantie als Linearisierbarkeit.) Um Leseanfragen linearisierbar zu machen, gibt es mehrere Optionen:

- Lesevorgänge können Sie über das Protokoll sequenzieren, indem Sie eine Nachricht anfügen, das Protokoll lesen und das eigentliche Lesen durchführen, wenn die Nachricht an Sie zurückgeliefert wird. Die Position der Nachricht im Protokoll definiert somit den Zeitpunkt, zu dem der Lesevorgang stattfindet. (Quorum-Lesevorgänge in etcd funktionieren in etwa genauso [16].)
- Wenn das Protokoll es Ihnen erlaubt, die Position der letzten Protokollnachricht linearisierbar abzurufen, können Sie diese Position abfragen, warten, bis Ihnen alle Einträge bis zu dieser Position zugestellt werden, und dann den Lesevorgang durchführen. (Dies ist die Idee hinter der Operation `sync()` von ZooKeeper [15].)
- Den Lesevorgang können Sie von einem Replikat ausführen, das bei Schreibvorgängen synchron aktualisiert wird und somit mit Sicherheit auf dem neuesten Stand ist. (Diese Technik wird in der Kettenreplikation verwendet [63]; siehe auch im Kasten »Forschungen zur Replikation« auf Seite 163.)

Total geordneten Broadcast mit linearisierbarem Speicher implementieren

Der letzte Abschnitt hat gezeigt, wie sich eine linearisierbare Vergleichen-und-Setzen-Operation aus total geordnetem Broadcast erstellen lässt. Umgekehrt können wir auch von einem linearisierbaren Speicherdienst ausgehen und zeigen, wie man daraus total geordneten Broadcast erzeugt.

Bei der einfachsten Methode nimmt man ein linearisierbares Register an, das eine Ganzzahl speichert und eine atomare Inkrementieren-und-Abrufen-Operation unterstützt [28]. Alternativ wäre auch eine atomare Vergleichen-und-Setzen-Operation geeignet.

Der Algorithmus ist einfach: Für jede Nachricht, die Sie über total geordneten Broadcast versenden möchten, inkrementieren und holen Sie die linearisierbare Ganzzahl und weisen dann den Wert, den Sie vom Register bekommen, der Nachricht als Sequenznummer zu. Nun können Sie die Nachricht an alle Knoten senden (wobei Sie verlorene Nachrichten erneut senden), und die Empfänger stellen die Nachrichten fortlaufend nach Sequenznummer geordnet zu.

Im Unterschied zu Lamport-Zeitstempeln bilden die Zahlen, die Sie vom Inkrementieren des linearisierbaren Registers erhalten, eine lückenlose Zahlenfolge. Wenn also ein Knoten Nachricht 4 geliefert hat und eine eingehende Nachricht mit einer Sequenznummer 6 empfängt, weiß er, dass er auf Nachricht 5 warten muss, bevor er Nachricht 6 zustellen kann. Bei Lamport-Zeitstempeln ist das nicht so – praktisch ist das der wesentliche Unterschied zwischen total geordnetem Broadcast und Zeitstempelordnung.

Wie schwer kann es sein, eine linearisierbare Ganzzahl mit einer atomaren Inkrementieren-und-Abrufen-Operation zu erstellen? Wie immer wäre alles ganz leicht, wenn nie etwas schiefginge: Man könnte die Zahl einfach in einer Variablen auf einem Knoten speichern. Das Problem zeigt sich aber dann, wenn die Netzwerkverbindungen zu diesem Knoten unterbrochen werden, oder darin, wie der Wert sich wiederherstellen lässt, nachdem der Knoten ausgefallen ist [59]. Generell gilt: Wenn Sie nur gründlich genug über linearisierbare Sequenznummerngeneratoren nachdenken, landen Sie zwangsläufig bei einem Konsensalgorithmus.

Das ist kein Zufall: Es lässt sich beweisen, dass ein linearisierbares Vergleichen-und-Setzen-Register (oder Inkrementieren-und-Abrufen-Register) und total geordneter Broadcast mit Konsens äquivalent sind [28, 67]. Wenn Sie also in der Lage sind, eines dieser Probleme zu lösen, können Sie es in eine Lösung für die anderen Probleme überführen. Das ist eine tief greifende und überraschende Erkenntnis!

Kommen wir nun endlich zum Konsensproblem, mit dem sich der Rest dieses Kapitels beschäftigt.

Verteilte Transaktionen und Konsens

Konsens ist eines der wichtigsten und grundlegendsten Probleme in verteilten Systemen. Oberflächlich gesehen, scheint es einfach zu sein: Grob gesagt besteht das Ziel einfach darin, *mehrere Knoten dazu zu bringen, sich auf etwas zu einigen*. Das sollte doch nicht so schwer sein, oder? Leider sind schon viele fehlerhafte Systeme in dem Irrglauben gebaut worden, dass dieses Problem leicht zu lösen ist.

Obwohl Konsens sehr wichtig ist, erscheint der Abschnitt darüber erst spät im Buch, weil das Thema recht heikel ist. Und um die Feinheiten richtig einzuordnen, sind einige Vorkenntnisse erforderlich. Selbst in der akademischen Forschung hat sich das Verständnis des Konsens nur allmählich im Laufe der Jahrzehnte herauskristallisiert und war dabei von vielen Missverständnissen begleitet. Nachdem wir nun Replikation (Kapitel 5), Transaktionen (Kapitel 7), Systemmodelle (Kapitel 8), Linearisierbarkeit und total geordneten Broadcast (dieses Kapitel) behandelt haben, sind wir gerüstet, das Konsensproblem anzugehen.

Es gibt eine Reihe von Situationen, in denen es wichtig ist, dass sich Knoten einigen. Zum Beispiel:

Leaderauswahl
: In einer Datenbank mit Single-Leader-Replikation müssen sich alle Knoten darauf einigen, wer der Leader ist. Diese Führungsposition kann angefochten werden, wenn einige Knoten aufgrund eines Netzwerkfehlers nicht mit anderen kommunizieren können. In diesem Fall ist ein Konsens wichtig, um einen schlechten Failover zu vermeiden, der zu einer Split-Brain-Situation führt, in der zwei Knoten jeweils glauben, der Leader zu sein (siehe Abschnitt »Knotenausfälle behandeln« auf Seite 164). Wenn es zwei Leader gäbe, würden sie beide Schreibvorgänge akzeptieren und ihre Daten würden voneinander abweichen, was zu Inkonsistenz und Datenverlust führen würde.

Atomarer Commit
: Unterstützt eine Datenbank Transaktionen, die sich über mehrere Knoten oder Partitionen erstrecken, kann eine Transaktion auf einigen Knoten scheitern, aber auf anderen Knoten erfolgreich verlaufen. Wenn wir die Atomarität von Transaktionen (im Sinne von ACID; siehe Abschnitt »Atomarität (Abgeschlossenheit)« auf Seite 238) beibehalten wollen, müssen wir alle Knoten dazu bringen, sich über das Ergebnis der Transaktion zu einigen: Entweder brechen alle Knoten die Transaktion ab (falls etwas schiefgeht), oder die Transaktion wird von allen Knoten committet (falls nichts schiefgeht). Dieser Fall von Konsens ist das sogenannte *atomare Commit*-Problem.[12]

In diesem Abschnitt werden wir zunächst das Problem des atomaren Commits genauer untersuchen. Insbesondere erläutern wir den Zwei-Phasen-Commit-(2PC-)Algorithmus, der die gängigste Methode ist, um atomaren Commit zu implementieren, und in verschiedenen Datenbanken, Messaging-Systemen und Anwendungsservern implementiert ist. Es zeigt sich, dass 2PC eine Art Konsensalgorithmus ist – allerdings kein sehr guter [70, 71].

Aufbauend auf den Kenntnissen zum 2PC kommen wir dann zu besseren Konsensalgorithmen, wie sie beispielsweise in ZooKeeper (Zab) und etcd (Raft) verwendet werden.

---

12 Atomarer Commit wird etwas anders formalisiert als Konsens: Eine atomare Transaktion kann nur dann committet werden, wenn *alle* Teilnehmer dem Commit zustimmen, und muss abgebrochen werden, wenn irgendein Teilnehmer abbrechen muss. Im Gegensatz dazu darf Konsens als Ergebnis einen *beliebigen* Wert wählen, der von einem der Teilnehmer vorgeschlagen wurde. Allerdings sind atomarer Commit und Konsens aufeinander reduzierbar [70, 71]. Schwieriger als Konsens ist ein *nichtblockierender* atomarer Commit zu realisieren – siehe Abschnitt »Drei-Phasen-Commit« auf Seite 385.

Die Unmöglichkeit des Konsens

Vielleicht haben Sie schon vom FLP-Theorem gehört [68] – benannt nach den Autoren Fischer, Lynch und Paterson –, das beweist, dass kein Algorithmus immer in der Lage ist, Konsens zu erreichen, wenn ein Knoten ausfallen könnte. Da wir in einem verteilten System davon ausgehen müssen, dass Knoten abstürzen können, ist ein zuverlässiger Konsens unmöglich. Dennoch diskutieren wir in diesem Zusammenhang über Algorithmen, die einen Konsens erzielen sollen. Was ist hier los?

Ganz einfach: Das FLP-Theorem gilt im asynchronen Modell (siehe Abschnitt »Systemmodell und Realität« auf Seite 329), einem sehr restriktiven Modell, das einen deterministischen Algorithmus voraussetzt, der keine Uhren oder Timeouts verwenden kann. Falls aber der Algorithmus Timeouts oder andere Methoden verwenden darf, um vermutete abgestürzte Knoten zu identifizieren (selbst wenn die Vermutung manchmal falsch ist), wird das Konsensproblem lösbar [67]. Es genügt sogar, dem Algorithmus die Verwendung von Zufallszahlen zu erlauben, um den Unmöglichkeitsbeweis zu umgehen [69].

Somit ist zwar das FLP-Theorem über die Unmöglichkeit des Konsenses von großer theoretischer Bedeutung, doch können verteilte Systeme in der Praxis normalerweise Konsens erreichen.

Atomarer Commit und Zwei-Phasen-Commit (2PC)

Kapitel 7 hat erläutert, dass Transaktionsatomarität eine einfache Semantik bieten soll für solche Fälle, bei denen während mehrerer Schreibvorgänge etwas schiefgeht. Das Ergebnis einer Transaktion ist entweder ein erfolgreicher *Commit*, woraufhin alle Schreibvorgänge der Transaktion dauerhaft übernommen werden, oder ein *Abbruch*, bei dem alle Schreibvorgänge der Transaktion rückgängig gemacht bzw. verworfen werden.

Atomarität verhindert, dass fehlgeschlagene Transaktionen die Datenbank mit halbfertigen Ergebnissen und einem halb aktualisierten Zustand verunreinigen. Das ist vor allem wichtig bei Multi-Objekt-Transaktionen (siehe Abschnitt »Einzelobjekt- und Multiobjektoperationen« auf Seite 242) und Datenbanken, die Sekundärindizes verwalten. Jeder Sekundärindex ist eine von den Primärdaten getrennte Datenstruktur – wenn Sie also einige Daten modifizieren, muss auch der Sekundärindex diese Änderung widerspiegeln. Atomarität stellt sicher, dass der Sekundärindex mit den Primärdaten konsistent bleibt (würde der Index inkonsistent mit den Primärdaten werden, wäre er nicht sehr nützlich).

Vom Einzel-Knoten- zu verteiltem atomaren Commit

Bei Transaktionen, die auf einem einzelnen Datenbankknoten ausgeführt werden, wird Atomarität normalerweise durch die Storage-Engine implementiert. Wenn der Client den Datenbankknoten auffordert, die Transaktion zu bestätigen, macht die Datenbank die Schreibvorgänge der Transaktion dauerhaft (typischerweise in einem Write-Ahead-Protokoll; siehe Abschnitt »B-Bäume zuverlässig machen« auf Seite 87) und fügt einen Commit-Datensatz an das Protokoll auf der Festplatte an. Stürzt die Datenbank mitten in diesem Vorgang ab, wird die Transaktion aus dem Protokoll wiederhergestellt, wenn der Knoten neu startet: Wenn der Commit-Datensatz vor dem Absturz erfolgreich auf die Festplatte geschrieben wurde, gilt die Transaktion als committet; andernfalls werden alle Schreibvorgänge aus dieser Transaktion rückgängig gemacht (Rollback).

Somit hängt das Commitment von Transaktionen auf einem einzelnen Knoten maßgeblich von der *Reihenfolge* ab, in der die Daten dauerhaft auf Festplatte geschrieben werden: Zuerst die Daten, dann der Commit-Datensatz [72]. Der kritische Moment für die Entscheidung, ob die Transaktion committet oder abbricht, ist der Moment, in dem die Festplatte den Commit-Datensatz fertig geschrieben hat: Vor diesem Zeitpunkt ist es immer noch möglich, abzubrechen (infolge eines Absturzes), doch nach diesem Zeitpunkt wird die Transaktion committet (selbst wenn die Datenbank abstürzt). Somit ist es ein einziges Gerät (der Controller des jeweiligen Festplattenlaufwerks, das an einen bestimmten Knoten angeschlossen ist), das den Commit atomar macht.

Wie sieht es aber aus, wenn mehrere Knoten an einer Transaktion beteiligt sind? Vielleicht haben Sie eine Multi-Objekt-Transaktion in einer partitionierten Datenbank oder einen begriffspartitionierten Sekundärindex (in dem sich der Indexeintrag auf einem anderen Knoten als die Primärdaten befinden kann; siehe Abschnitt »Partitionierung und Sekundärindizes« auf Seite 218). Die meisten verteilten NoSQL-Datenbanken unterstützen derartige verteilte Transaktionen nicht, aber verschiedene geclusterte relationale Systeme unterstützen sie (siehe Abschnitt »Verteilte Transaktionen in der Praxis« auf Seite 386).

In diesen Fällen genügt es nicht, einfach eine Commit-Anfrage an alle Knoten zu senden und die Transaktion auf den einzelnen Knoten unabhängig voneinander zu committen. Dabei könnte es nämlich leicht passieren, dass der Commit auf manchen Knoten erfolgreich ist und auf anderen Knoten fehlschlägt, was die Atomaritätsgarantie verletzen würde:

- Einige Knoten können eine Einschränkungsverletzung oder einen Konflikt erkennen, was einen Abbruch notwendig macht, während andere Knoten erfolgreich committen können.
- Einige der Commit-Anfragen können im Netzwerk verloren gehen und schließlich aufgrund eines Timeouts abgebrochen werden, während andere Commit-Anfragen durchkommen.
- Einige Knoten können abstürzen, bevor der Commit-Datensatz vollständig geschrieben ist, und daher nach ihrem Neustart die Transaktion abbrechen, während andere erfolgreich committen.

Wenn einige Knoten die Transaktion committen, andere aber abbrechen, werden die Knoten untereinander inkonsistent (wie in Abbildung 7-3). Und sobald eine Transaktion auf einem Knoten bestätigt wurde, kann sie nicht wieder zurückgezogen werden, wenn sich später herausstellt, dass ein anderer Knoten sie abgebrochen hat. Deshalb darf ein Knoten erst dann committen, wenn sicher ist, dass alle anderen Knoten in der Transaktion ebenfalls committen.

Der Commit einer Transaktion muss unwiderruflich sein – Sie dürfen Ihre Meinung nicht ändern und eine Transaktion rückwirkend abbrechen, nachdem sie committet worden ist. Der Grund für diese Regel ist, dass Daten, sobald sie bestätigt wurden, für andere Transaktionen sichtbar werden und folglich andere Clients sich auf diese Daten verlassen. Dieses Prinzip ist die Grundlage für die Isolationsstufe *Read Committed*, wie in Abschnitt »Read Committed« auf Seite 249 beschrieben. Wenn eine Transaktion nach dem Commit abgebrochen werden dürfte, würden alle Transaktionen, die die bestätigten Daten lesen, auf Daten basieren, die rückwirkend als nicht existent deklariert wurden – somit müssten sie ebenfalls rückgängig gemacht werden.

(Es ist möglich, dass die Auswirkungen einer committeten Transaktion später durch eine andere, *kompensierende Transaktion* rückgängig gemacht werden [73, 74]. Allerdings ist dies aus dem Blickwinkel der Datenbank eine separate Transaktion, und somit sind alle transaktionsübergreifenden Korrektheitsanforderungen das Problem der Anwendung.)

Einführung in Zwei-Phasen-Commit

Zwei-Phasen-Commit (2PC) ist ein Algorithmus, um den atomaren Commit einer Transaktion über mehrere Knoten hinweg zu erreichen – d.h., um sicherzustellen, dass entweder alle Knoten committen oder alle Knoten abbrechen. Er ist ein klassischer Algorithmus in verteilten Datenbanken [13, 35, 75]. Zwei-Phasen-Commit wird intern in manchen Datenbanken verwendet und auch für Anwendungen zugänglich gemacht in Form von *XA-Transaktionen* [76, 77] (die zum Beispiel durch die Java Transaction API unterstützt werden) oder via WS-AtomicTransaction für SOAP-Webservices [78, 79].

Abbildung 9-9 veranschaulicht den prinzipiellen Ablauf von 2PC. Statt einer einzelnen Commit-Anfrage wie bei einer Einzelknoten-Transaktion wird der Commit-oder-Abbruch-Prozess beim Zwei-Phasen-Commit in zwei Phasen aufgeteilt (daher der Name).

> **2PC und 2PL nicht verwechseln!**
> Zwei-Phasen-*Commit* (2PC) und Zwei-Phasen-*Sperren* (siehe Abschnitt »Zwei-Phasen-Sperrverfahren (2PL)« auf Seite 274) sind zwei völlig verschiedene Dinge. 2PC realisiert atomaren Commit in einer verteilten Datenbank, während 2PL für serialisierbare Isolation zuständig ist. Um Verwechslungen zu vermeiden, sollte man sie sich als vollkommen separate Konzepte vorstellen und die bedauerliche Ähnlichkeit der Namen ignorieren.

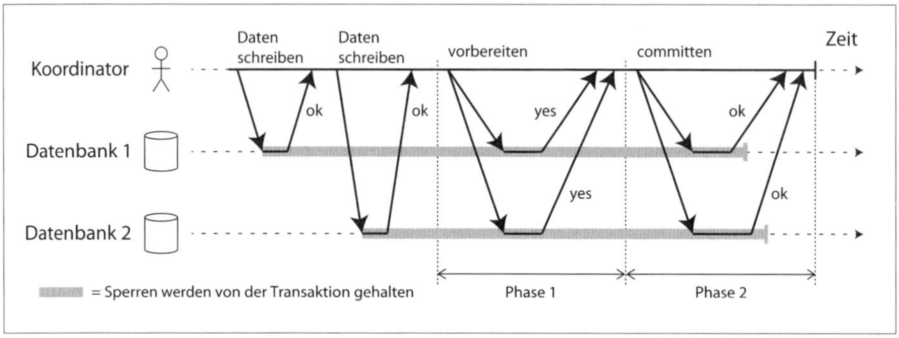

Abbildung 9-9: Eine erfolgreiche Ausführung des Zwei-Phasen-Commits (2PC)

2PC verwendet eine neue Komponente, die in Einzelknoten-Transaktionen normalerweise nicht erscheint: einen *Koordinator* (auch als *Transaktionsmanager* bezeichnet). Der Koordinator wird oftmals als Bibliothek im selben Anwendungsprozess, der die Transaktion anfordert, implementiert (zum Beispiel in einen Java-EE-Container eingebettet), doch er kann auch als separater Prozess oder Dienst laufen. Beispiele für derartige Koordinatoren sind Narayana, JOTM, BTM und MSDTC.

Eine 2PC-Transaktion beginnt wie üblich mit dem Lesen und Schreiben von Daten auf mehreren Datenbankknoten. Diese Datenbankknoten bezeichnen wir als *Teilnehmer* an der Transaktion. Wenn die Anwendung bereit ist zum Commit, beginnt der Koordinator Phase 1: Er sendet an jeden Knoten eine *Vorbereiten*-Anfrage, auf die der jeweilige Knoten antwortet, ob er in der Lage ist, einen Commit durchzuführen. Der Koordinator verfolgt dann die Antworten von den Teilnehmern:

- Wenn alle Teilnehmer mit »Ja« antworten und damit anzeigen, dass sie für einen Commit bereit sind, sendet der Koordinator in Phase 2 eine *Commit*-Anfrage, und der Commit findet tatsächlich statt.
- Antwortet einer der Teilnehmer mit »Nein«, sendet der Koordinator in Phase 2 an alle Knoten eine *Abbrechen*-Anfrage.

Dieser Vorgang ähnelt einer traditionellen Hochzeitszeremonie in westlichen Kulturen: Der Pfarrer fragt die Braut und den Bräutigam einzeln, ob sie einander heiraten wollen, und erhält in der Regel von beiden die Antwort »Ja, ich will«. Nachdem der Pfarrer von beiden die Zustimmung bekommen hat, erklärt der Pfarrer das Paar zu Mann und Frau: Die Transaktion wird bestätigt und die glückliche Tatsache wird allen Anwesenden kundgetan. Wenn Braut oder Bräutigam nicht »Ja« sagen, wird die Zeremonie abgebrochen [73].

Ein System von Versprechen

Aus dieser kurzen Beschreibung geht vielleicht nicht klar hervor, warum Zwei-Phasen-Commit die Atomarität gewährleistet, Ein-Phasen-Commit über mehrere

Knoten jedoch nicht. Sicherlich können die Vorbereiten- und Commit-Anfragen im Zwei-Phasen-Fall ebenso leicht verloren gehen. Wodurch zeichnet sich 2PC also aus?

Um die Funktionsweise zu verstehen, müssen wir den Ablauf etwas detaillierter aufschlüsseln:

1. Wenn die Anwendung eine verteilte Transaktion starten möchte, fordert sie vom Koordinator eine Transaktions-ID an. Diese Transaktions-ID ist global eindeutig.
2. Die Anwendung beginnt auf jedem der Teilnehmer eine Einzelknoten-Transaktion und hängt die global eindeutige Transaktions-ID an die Einzelknoten-Transaktion an. Alle Lese- und Schreibvorgänge werden in einer dieser Einzelknotentransaktionen ausgeführt. Wenn in dieser Phase irgendetwas schiefgeht (zum Beispiel ein Knoten abstürzt oder eine Anfrage wegen Timeout abgebrochen wird), kann der Koordinator oder jeder der Teilnehmer abbrechen.
3. Wenn die Anwendung bereit ist, zu committen, sendet der Koordinator an alle Teilnehmer eine Vorbereiten-Anfrage, die mit der globalen Transaktions-ID markiert ist. Sollte eine dieser Anfragen fehlschlagen oder wegen Timeout abgebrochen werden, sendet der Koordinator an alle Teilnehmer eine Abbrechen-Anfrage für diese Transaktions-ID.
4. Empfängt ein Teilnehmer die Vorbereiten-Anfrage, stellt er sicher, dass er die Transaktion unter allen Umständen committen kann. Das beinhaltet das Schreiben aller Transaktionsdaten auf die Festplatte (ein Absturz, ein Stromausfall oder mangelnder Festplattenplatz ist keine akzeptable Entschuldigung dafür, den Commit später abzulehnen) und das Prüfen auf alle Konflikte oder Einschränkungsverletzungen. Mit der Antwort »Ja« an den Koordinator verspricht der Knoten, die Transaktion auf Anforderung hin ohne Fehler zu committen. Mit anderen Worten verzichtet der Teilnehmer auf das Recht zum Abbrechen der Transaktion, ohne sie aber tatsächlich zu committen.
5. Wenn der Koordinator Antworten auf alle Vorbereiten-Anfragen empfangen hat, trifft er eine endgültige Entscheidung darüber, ob die Transaktion committet oder abgebrochen wird (wobei ein Commit nur dann erfolgt, wenn alle Teilnehmer mit »Ja« gestimmt haben). Der Koordinator muss diese Entscheidung in sein Transaktionsprotokoll auf der Festplatte schreiben, damit er weiß, wie er sich entschieden hat, falls er später abstürzt. Das ist der sogenannte *Commit-Punkt*.
6. Nachdem der Koordinator seine Entscheidung auf die Festplatte geschrieben hat, sendet er die Commit- oder Abbrechen-Anfrage an alle Teilnehmer. Falls diese Anfrage fehlschlägt oder wegen Timeout abgebrochen wird, muss der Koordinator die Abfrage ewig wiederholen, bis sie erfolgreich ist. Es gibt nun kein Zurück mehr: Ist die Entscheidung auf einen Commit gefallen, muss diese Entscheidung durchgesetzt werden, egal wie viele Wiederholungsversu-

che es erfordert. Sollte ein Teilnehmer in der Zwischenzeit abgestürzt sein, wird die Transaktion committet, sobald er wiederhergestellt ist – denn weil der Teilnehmer mit »Ja« gestimmt hat, darf er den Commit ja nicht mehr ablehnen.

Das Protokoll enthält also zwei entscheidende Momente, nach denen es kein Zurück gibt: Wenn ein Teilnehmer mit »Ja« stimmt, verspricht er, dass er später definitiv zu einem Commit in der Lage ist (obwohl sich der Koordinator trotzdem noch für einen Abbruch entscheiden kann), und sobald sich der Koordinator entschieden hat, ist diese Entscheidung unwiderruflich. Diese Versprechen stellen die Atomarität von 2PC sicher. (Atomarer Einzelknoten-Commit fasst diese beiden Ereignisse zu einem zusammen: Schreiben des Commit-Datensatzes in das Transaktionsprotokoll.)

Kommen wir zurück zur Heiratsanalogie. Bevor Sie sagen: »Ich will«, haben Sie und Ihr/e Bräutigam/Braut die Freiheit, die Transaktion abzubrechen, indem Sie »Auf keinen Fall!« (oder etwas in diesem Sinne) sagen. Nachdem Sie aber »Ich will« gesagt haben, können Sie diese Aussage nicht mehr zurückziehen. Sollten Sie ohnmächtig werden, nachdem Sie »Ich will« gesagt haben, und den Pfarrer nicht mehr die Worte »Damit sind Sie Mann und Frau« sprechen hören, ändert das nichts an der Tatsache, dass die Transaktion committet wurde. Wenn Sie später das Bewusstsein wiedererlangen, können Sie herausfinden, ob Sie verheiratet sind oder nicht, indem Sie den Pfarrer nach dem Status Ihrer globalen Transaktions-ID fragen. Oder Sie können die nächste Wiederholung der Commit-Anfrage durch den Pfarrer abwarten (da die Wiederholungsversuche während Ihrer Bewusstlosigkeit fortgesetzt wurden).

Koordinatorausfall

Wir haben erörtert, was passiert, wenn einer der Teilnehmer oder das Netzwerk während eines Zwei-Phasen-Commits ausfällt: Wenn eine der Vorbereiten-Anfragen fehlschlägt oder wegen eines Timeouts abgebrochen wird, bricht der Koordinator die Transaktion ab; scheitert eine der Commit- oder Abbrechen-Anfragen, versucht der Koordinator unbeschränkt lange, sie zu wiederholen.

Wenn der Koordinator ausfällt, bevor er die Vorbereiten-Anfragen gesendet hat, kann ein Teilnehmer die Transaktion sicher abbrechen. Doch sobald der Teilnehmer eine Vorbereiten-Anfrage erhalten und mit »Ja« gestimmt hat, kann er nicht mehr einseitig abbrechen – er muss warten, bis er vom Koordinator erfährt, ob die Transaktion committet oder abgebrochen wurde. Wenn der Koordinator zu diesem Zeitpunkt abstürzt oder das Netzwerk ausfällt, kann der Teilnehmer nichts weiter tun, als zu warten. Die Transaktion eines Teilnehmers in diesem Zustand wird *im Zweifel* oder *unklar* genannt.

Abbildung 9-10 veranschaulicht diese Situation. In diesem konkreten Beispiel hat sich der Koordinator eigentlich für einen Commit entschieden, und Datenbank 2 hat die Commit-Anfrage empfangen. Allerdings ist der Koordinator abgestürzt, bevor er die Commit-Anforderung an Datenbank 1 senden konnte. Somit weiß Datenbank 1 nicht, ob die Transaktion zu committen oder abzubrechen ist. Selbst ein Timeout hilft hier nicht weiter: Wenn Datenbank 1 einseitig nach einem Timeout abbricht, ist sie letztlich inkonsistent mit Datenbank 2, die committet hat. Ebenso gefährlich ist es, einseitig zu committen, weil ein anderer Teilnehmer abgebrochen haben könnte.

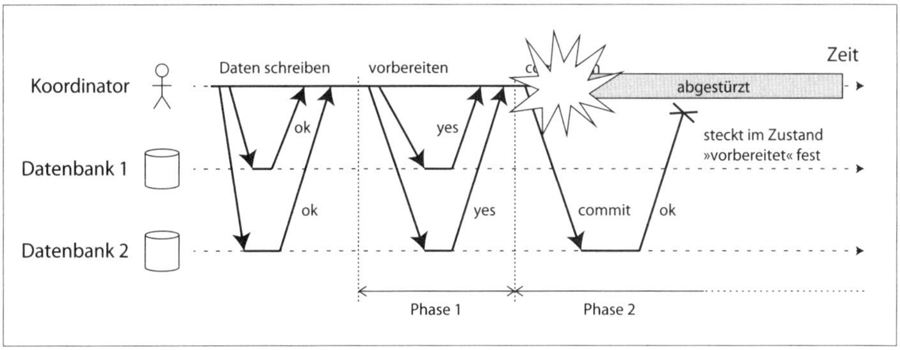

Abbildung 9-10: Der Koordinator stürzt ab, nachdem die Teilnehmer mit »Ja« gestimmt haben. Datenbank 1 weiß nicht, ob sie committen oder abbrechen soll.

Um in Erfahrung zu bringen, ob die Transaktion zu committen oder abzubrechen ist, hat der Teilnehmer nur eine Möglichkeit: nämlich Kommunikation mit dem Koordinator. Prinzipiell könnten die Teilnehmer untereinander kommunizieren, um herauszufinden, wie jeder Teilnehmer gestimmt hat, und zu einer Einigung kommen, doch ein solcher Ablauf gehört nicht zum Zwei-Phasen-Commit-Protokoll.

Das Zwei-Phasen-Commit-Protokoll kann nur vollendet werden, indem es auf die Wiederherstellung des Koordinators wartet. Deshalb muss der Koordinator seine Commit- oder Abbrechen-Entscheidung in das Transaktionsprotokoll auf der Festplatte schreiben, bevor er die Commit- oder Abbrechen-Anfragen an die Teilnehmer sendet: Wenn der Koordinator wiederhergestellt ist, liest er sein Transaktionsprotokoll, um den Zustand aller unklaren Transaktionen zu ermitteln. Alle Transaktionen, für die kein Commit-Datensatz im Protokoll des Koordinators existiert, werden abgebrochen. Somit läuft der Commit-Punkt von 2PC auf ein reguläres atomares Einzelknoten-Commit auf dem Koordinator hinaus.

Drei-Phasen-Commit

Zwei-Phasen-Commit gilt als *blockierendes* atomares Commit-Protokoll aufgrund der Tatsache, dass 2PC beim Ausfall des Koordinators gegebenenfalls lange auf die Wiederherstellung warten muss. Theoretisch ist es möglich, ein atomares Commit-Protokoll *nichtblockierend* zu machen, damit es nicht hängenbleibt, wenn ein Knoten ausfällt. Allerdings ist das in der Praxis nicht so leicht hinzubekommen.

Als Alternative zu 2PC wurde ein als *Drei-Phasen-Commit* (3PC) bezeichneter Algorithmus vorgeschlagen [13, 80]. Allerdings setzt 3PC ein Netzwerk mit begrenzter Verzögerung und Knoten mit begrenzter Reaktionszeit voraus; in den meisten praktischen Systemen mit unbegrenzter Netzwerkverzögerung und Prozesspausen (siehe Kapitel 8) kann es keine Atomarität garantieren.

Im Allgemeinen erfordert ein atomarer nichtblockierender Commit einen *perfekten Ausfalldetektor* [67, 71] – d.h. einen zuverlässigen Mechanismus, um zu erkennen, ob ein Knoten abgestürzt ist oder nicht. In einem Netzwerk mit unbegrenzter Verzögerung ist ein Timeout kein zuverlässiger Ausfalldetektor, weil eine Anfrage möglicherweise aufgrund eines Netzwerkproblems abgebrochen wird, auch wenn kein Knoten abgestürzt ist. Deshalb setzt man 2PC trotz des bekannten Problems mit einem Koordinatorausfall weiterhin ein.

Verteilte Transaktionen in der Praxis

Verteilte Transaktionen haben einen fragwürdigen Ruf, insbesondere solche, die mit Zwei-Phasen-Commit implementiert sind. Einerseits gesteht man ihnen zu, dass sie eine wichtige Sicherheitsgarantie bieten, die sich anderweitig nur schwer erreichen lässt. Andererseits werden sie dafür kritisiert, dass sie operative Probleme verursachen, die Leistung herabsetzen und mehr versprechen, als sie liefern können [81, 82, 83, 84]. Viele Cloud-Dienste implementieren absichtlich keine verteilten Transaktionen wegen der operativen Probleme, die sie hervorrufen können [85, 86].

Einige Implementierungen von verteilten Transaktionen bringen erhebliche Leistungseinbußen mit sich – zum Beispiel werden verteilte Transaktionen in MySQL als zehnmal langsamer als Einzelknoten-Transaktionen beschrieben [87]. Es ist daher nicht verwunderlich, dass Datenbankbetreiber davon abraten, sie zu verwenden. Ein großer Teil der Performancekosten für den Zwei-Phasen-Commit ist auf die zusätzlichen Festplattenzugriffe (`fsync`), die für die Wiederherstellung nach Abstürzen notwendig sind [88], und die zusätzlichen Netzwerk-Roundtrips zurückzuführen.

Anstatt aber verteilte Transaktionen vollkommen abzulehnen, sollten wir sie eingehender untersuchen, denn es gibt wichtige Lehren aus ihnen zu ziehen. Zunächst einmal sollten wir präzisieren, was wir mit »verteilten Transaktionen« meinen. Es gibt zwei gänzlich unterschiedliche Arten von verteilten Transaktionen, die wir unterscheiden sollten:

Datenbankinterne verteilte Transaktionen
: Manche verteilte Datenbanken (d.h. Datenbanken, die in ihrer Standardkonfiguration Replikation und Partitionierung verwenden) unterstützen interne Transaktionen zwischen den Knoten dieser Datenbank. Zum Beispiel verfügen VoltDB und die NDB-Storage-Engine von MySQL Cluster über eine der-

artige interne Transaktionsunterstützung. In diesem Fall führen alle Knoten, die an der Transaktion beteiligt sind, die gleiche Datenbanksoftware aus.

Heterogene verteilte Transaktionen
: In einer heterogenen Transaktion sind die Teilnehmer zwei oder mehr verschiedene Technologien: zum Beispiel zwei Datenbanken von verschiedenen Anbietern oder sogar Nicht-Datenbanksysteme wie etwa Nachrichtenbroker. Eine verteilte Transaktion über diese Systeme hinweg muss atomaren Commit gewährleisten, selbst wenn die Systeme hinter den Kulissen vollkommen unterschiedlich sind.

Da datenbankinterne Transaktionen mit keinem anderen System kompatibel sein müssen, können sie ein beliebiges Protokoll verwenden und technologiespezifische Optimierungen vornehmen. Deshalb funktionieren datenbankinterne Transaktionen oftmals recht gut. Andererseits sind Transaktionen, die sich über heterogene Technologien erstrecken, eine wesentlich größere Herausforderung.

Nachrichten genau einmal verarbeiten

Mittels heterogener verteilter Transaktionen lassen sich verschiedenartige Systeme in mächtiger Weise kombinieren. Zum Beispiel kann eine Nachricht aus einer Nachrichtenwarteschlange nur dann als verarbeitet quittiert werden, wenn die Datenbanktransaktion zur Verarbeitung der Nachricht erfolgreich committet wurde. Implementiert wird dies mit einem atomaren Commit der Nachrichtenquittierung und der Datenbankschreibvorgänge in einer einzigen Transaktion. Bei Unterstützung verteilter Transaktionen ist dies möglich, selbst wenn der Nachrichtenbroker und die Datenbank zwei nicht miteinander verwandte Technologien sind, die auf verschiedenen Computern laufen.

Wenn entweder die Nachrichtenzustellung oder die Datenbanktransaktion scheitert, werden beide abgebrochen, und der Nachrichtenbroker kann die Nachricht später gefahrlos erneut zustellen. Indem wir also die Nachricht und die Wirkungen ihrer Verarbeitung atomar committen, können wir sicherstellen, dass die Nachricht *effektiv* genau einmal verarbeitet wird, selbst wenn dafür einige Wiederholungsversuche nötig sind. Der Abbruch verwirft alle Wirkungen der partiell abgeschlossenen Transaktion.

Eine solche verteilte Transaktion ist allerdings nur möglich, wenn alle von der Transaktion betroffenen Systeme das gleiche atomare Commit-Protokoll verwenden. Angenommen, eine Wirkung vom Verarbeiten einer Nachricht ist das Senden einer E-Mail und der E-Mail-Server unterstützt keinen Zwei-Phasen-Commit: Dann kann es passieren, dass die E-Mail zweimal oder mehrere Male gesendet wird, wenn die Nachrichtenverarbeitung fehlschlägt und wiederholt wird. Doch wenn beim Abbruch der Transaktion alle Wirkungen der Nachrichtenverarbeitung zurückgesetzt werden, lässt sich der Verarbeitungsschritt problemlos wiederholen, als ob nichts geschehen wäre.

Auf das Thema der genau einmaligen Nachrichtenverarbeitung kommen wir in Kapitel 11 zurück. Doch zuerst sehen wir uns das atomare Commit-Protokoll an, das solche heterogenen verteilten Transaktionen erlaubt.

XA-Transaktionen

X/Open XA (kurz für *eXtended Architecture*) ist ein Standard für die Implementierung des Zwei-Phasen-Commit-Protokolls über heterogene Technologien [76, 77]. Er wurde 1991 eingeführt und weitgehend implementiert: XA wird von vielen herkömmlichen relationalen Datenbanken (einschließlich PostgreSQL, MySQL, DB2, SQL Server und Oracle) und Nachrichten-Brokern (einschließlich ActiveMQ, HornetQ, MSMQ und IBM MQ) unterstützt.

XA ist kein Netzwerkprotokoll – es ist lediglich eine C-API zur Anbindung an einen Transaktionskoordinator. Auch in anderen Sprachen existieren Bindungen für diese API. So werden in der Welt der Java-EE-Anwendungen XA-Transaktionen mit der Java Transaction API (JTA) implementiert, die wiederum von vielen Treibern für Datenbanken unterstützt wird, die JDBC (Java Database Connectivity) verwenden, und Treibern für Nachrichtenbroker, die JMS-APIs (Java Message Service-APIs) verwenden.

XA geht davon aus, dass Ihre Anwendung mit den teilnehmenden Datenbanken oder Messaging-Diensten über einen Netzwerktreiber oder eine Clientbibliothek kommuniziert. Wenn der Treiber XA unterstützt, ruft er die XA-API auf, um herauszufinden, ob eine Operation Teil einer verteilten Transaktion sein sollte – und wenn ja, sendet sie die erforderlichen Informationen an den Datenbankenserver. Der Treiber macht auch Callbacks zugänglich, über die der Koordinator den Teilnehmer zum Vorbereiten, Committen oder Abbrechen auffordern kann.

Der Transaktionskoordinator implementiert die XA-API. Der Standard spezifiziert nicht, wie sie implementiert werden sollte, aber in der Praxis ist der Koordinator oftmals eine Bibliothek, die im gleichen Prozess geladen wird wie die Anwendung, die die Transaktion auslöst (kein separater Dienst). Der Koordinator verfolgt die Teilnehmer einer Transaktion, sammelt die Antworten der Teilnehmer, nachdem er sie zum Vorbereiten aufgefordert hat (per Callback in den Treiber), und verwendet ein Protokoll auf der lokalen Festplatte, um die Commit-/Abbrechen-Entscheidung für jede Transaktion festzuhalten.

Wenn der Prozess der Anwendung oder der Computer, auf dem die Anwendung läuft, abstürzt, ereilt den Koordinator das gleiche Schicksal. Alle Teilnehmer mit vorbereiteten, aber nicht committeten Transaktionen bleiben dann im Status *unklar* stecken. Da das Protokoll des Koordinators auf der lokalen Festplatte des Anwendungsservers liegt, muss dieser Server neu gestartet werden, und die Koordinatorbibliothek muss das Protokoll lesen, um das Commit-/Abbrechen-Ergebnis jeder Transaktion wiederherzustellen. Erst dann kann der Koordinator über die XA-Callbacks des Datenbanktreibers die Teilnehmer auffordern, die Transaktion zu committen bzw. abzubrechen. Der Datenbankserver kann den Koordinator nicht direkt kontaktieren, da die gesamte Kommunikation über seine Clientbibliothek laufen muss.

Sperren halten im unklaren Zustand

Weshalb machen wir uns so viele Gedanken über eine Transaktion, die in einem unklaren Status steckenbleibt? Kann das übrige System nicht einfach mit seiner Arbeit fortfahren und die unklare Transaktion ignorieren, die schließlich sowieso bereinigt wird?

Das Problem hängt mit Sperren zusammen. Wie Abschnitt »Read Committed« auf Seite 249 erläutert hat, legen Datenbanktransaktionen üblicherweise eine exklusive Sperre auf Zeilenebene auf alle Zeilen, die sie modifizieren, um Dirty Writes zu verhindern. Wenn Sie außerdem serialisierbare Isolation wünschen, müsste eine Datenbank mit Zwei-Phasen-Commit auch eine gemeinsame Sperre auf alle von der Transaktion gelesenen Zeilen legen (siehe Abschnitt »Zwei-Phasen-Sperrverfahren (2PL)« auf Seite 274).

Die Datenbank kann diese Sperren erst freigeben, wenn die Transaktion committet oder abbricht (in Abbildung 9-9 als schattierter Bereich dargestellt). Wird also Zwei-Phasen-Commit verwendet, muss eine Transaktion die Sperren während der gesamten Zeit, die sie im Status *unklar* ist, halten. Stürzt der Koordinator ab und braucht 20 Minuten, um erneut zu starten, werden diese Sperren für 20 Minuten gehalten. Falls das Protokoll des Koordinators aus irgendeinem Grund verloren geht, bleiben diese Sperren ewig bestehen – oder zumindest, bis ein Administrator die Situation manuell klärt.

Während diese Sperren aktiv sind, kann keine andere Transaktion diese Zeilen ändern. Je nach Datenbank werden eventuell auch andere Transaktionen blockiert, wenn sie diese Zeilen lesen wollen. Folglich können andere Transaktionen nicht einfach weitermachen – wenn sie auf dieselben Daten zugreifen wollen, werden sie blockiert. Das führt möglicherweise dazu, dass große Teile Ihrer Anwendung nicht mehr verfügbar sind, bis die unklare Transaktion aufgelöst ist.

Wiederherstellung nach Koordinatorausfall

Wenn der Koordinator abstürzt und neu gestartet wird, sollte er (theoretisch) seinen Zustand aus dem Protokoll sauber wiederherstellen und alle unklaren Transaktionen auflösen. In der Praxis kann es aber manchmal zu *verwaisten* unklaren Transaktionen kommen [89, 90] – d.h. Transaktionen, bei denen der Koordinator aus welchen Gründen auch immer über das Ergebnis nicht entscheiden kann (zum Beispiel weil das Transaktionsprotokoll aufgrund eines Softwarefehlers verlorengegangen ist oder beschädigt wurde). Da sich diese Transaktionen nicht automatisch auflösen lassen, bleiben sie ewig in der Datenbank, halten gegebenenfalls Sperren und blockieren andere Transaktionen.

Dieses Problem beseitigen Sie auch nicht, wenn Sie die Datenbankserver neu starten, da eine korrekte Implementierung von 2PC die Sperren einer unklaren Transaktion sogar über Neustarts hinweg bewahren muss (da sonst die Atomaritätsgarantie verletzt würde). Es ist eine verfahrene Situation.

Der einzige Ausweg ist, dass ein Administrator eingreift und entscheidet, ob die Transaktionen zu committen oder zurückzusetzen sind. Der Administrator muss für die Teilnehmer jeder unklaren Transaktion feststellen, ob irgendein Teilnehmer bereits committet oder abgebrochen hat, und dann das gleiche Ergebnis auf die anderen Teilnehmer anwenden. Die Auflösung des Problems erfordert möglicherweise einen hohen manuellen Aufwand und muss höchstwahrscheinlich unter hohem Stress und Zeitdruck während eines schwerwiegenden Produktionsausfalls erfolgen (weshalb sonst sollte sich der Koordinator in einem so schlechten Zustand befinden?).

Viele XA-Implementierungen realisieren mit sogenannten *heuristischen Entscheidungen* einen Notausstieg: Ein Teilnehmer darf ohne eine definitive Entscheidung des Koordinators einseitig entscheiden, ob eine unklare Transaktion abzubrechen oder zu committen ist [76, 77, 91]. Um es deutlich zu machen: *Heuristik* ist hier ein Euphemismus für einen *möglichen Bruch der Atomarität*, da die heuristische Entscheidung das System von Versprechungen im Zwei-Phasen-Commit verletzt. Somit sind heuristische Entscheidungen nicht für den regulären Einsatz gedacht, sondern nur, um aus katastrophalen Situationen herauszukommen.

Beschränkungen verteilter Transaktionen

XA-Transaktionen lösen das wirkliche und wichtige Problem, mehrere Teilnehmerdatensysteme miteinander konsistent zu halten. Doch wie wir gesehen haben, bringen sie auch erhebliche Probleme für den Betrieb mit. Insbesondere muss man erkennen, dass der Transaktionskoordinator selbst eine Art Datenbank ist (die Commit- oder Abbruchentscheidung für jede Transaktion speichert) und sie deshalb ebenso viel Sorgfalt verdient wie jede andere wichtige Datenbank:

- Wenn der Koordinator nicht repliziert wird, sondern nur auf einem einzigen Computer läuft, ist er ein Single Point of Failure für das gesamte System (da sein Ausfall bewirkt, dass andere Anwendungsserver durch Sperren blockiert werden, die von unklaren Transaktionen gehalten werden). Überraschenderweise sind viele Koordinatorimplementierungen standardmäßig nicht hochverfügbar oder sie unterstützen Replikation nur rudimentär.
- Viele serverseitige Anwendungen werden in einem zustandslosen Modell entwickelt (wie von HTTP bevorzugt), wobei alle dauerhaften Zustände in einer Datenbank gespeichert werden. Das hat den Vorteil, dass Anwendungsserver nach Belieben hinzugefügt oder entfernt werden können. Wenn jedoch der Koordinator Teil des Anwendungsservers ist, ändert sich das Wesen der

Bereitstellung. Plötzlich wird das Protokoll des Koordinators zu einem entscheidenden Bestandteil des dauerhaften Systemszustands – so wichtig wie die Datenbanken selbst, da die Koordinatorprotokolle erforderlich sind, um unklare Transaktionen nach einem Absturz wiederherzustellen. Derartige Anwendungsserver sind nicht mehr zustandslos.

- Da XA kompatibel mit einem breiten Spektrum von Datensystemen sein muss, verkörpert es zwangsläufig einen kleinsten gemeinsamen Nenner. Zum Beispiel kann es keine Deadlocks zwischen verschiedenen Systemen erkennen (da hierzu ein standardisiertes Protokoll für Systeme erforderlich wäre, um Informationen zu Sperren auszutauschen, auf die jede Transaktion wartet) und es funktioniert nicht mit SSI (siehe Abschnitt »Serialisierbare Snapshot-Isolation (SSI)« auf Seite 278), da dies ein Protokoll zur Identifizierung von Konflikten über verschiedene Systeme hinweg erfordern würde.
- Für datenbankinterne verteilte Transaktionen (kein XA) sind die Einschränkungen nicht so stark – zum Beispiel ist eine verteilte Version von SSI möglich. Allerdings bleibt das Problem, dass alle Teilnehmer reagieren müssen, damit 2PC eine Transaktion erfolgreich committen kann. Wenn also *irgendein* Teil des Systems defekt ist, schlägt die Transaktion ebenfalls fehl. Verteilte Transaktionen haben folglich die Tendenz, *Ausfälle zu verstärken*, was unserem Ziel zuwiderläuft, fehlertolerante Systeme zu erstellen.

Heißt das nun, dass wir alle Hoffnung aufgeben sollten, mehrere Systeme miteinander konsistent zu halten? Nicht ganz – es gibt alternative Methoden, mit denen sich das Gleiche erreichen lässt, ohne sich mit heterogenen verteilten Transaktionen auseinandersetzen zu müssen. Darauf kommen wir in den Kapiteln 11 und 12 zurück. Doch zuerst schließen wir das Thema Konsens ab.

Fehlertoleranter Konsens

Grob gesagt bedeutet Konsens, mehrere Knoten dazu zu bringen, sich auf etwas zu einigen. Wenn zum Beispiel mehrere Personen gleichzeitig versuchen, den letzten Platz in einem Flugzeug oder denselben Platz in einem Theater zu buchen oder ein Konto mit dem gleichen Benutzernamen zu registrieren, ließe sich mit einem Konsensalgorithmus ermitteln, welche dieser sich widersprechenden Operationen gewinnen sollte.

Das Konsensproblem wird normalerweise wie folgt formalisiert: Ein oder mehrere Knoten können Werte *vorschlagen*, und der Konsensalgorithmus entscheidet über einen dieser Werte. Wenn im Beispiel der Platzreservierung mehrere Kunden gleichzeitig versuchen, den letzten Platz zu buchen, kann jeder Knoten, der eine Kundenanfrage verarbeitet, die ID des von ihm bedienten Kunden vorschlagen, und die Entscheidung gibt an, welcher dieser Kunden den Sitzplatz erhalten hat.

In diesem Formalismus muss ein Konsensalgorithmus den folgenden Eigenschaften genügen [25]:[13]

Einigung
: Keine zwei Knoten entscheiden unterschiedlich.

Integrität
: Kein Knoten entscheidet zweimal.

Validität
: Wenn sich ein Knoten für den Wert *v* entscheidet, dann wurde *v* von irgendeinem Knoten vorgeschlagen.

Terminierung
: Jeder Knoten, der nicht abstürzt, entscheidet sich letztendlich für einen Wert.

Die Eigenschaften *Einigung* und *Integrität* definieren den Kerngedanken des Konsenses: Jeder entscheidet über das gleiche Ergebnis, und wenn man sich einmal entschieden hat, kann man seine Meinung nicht mehr ändern. Die Eigenschaft *Validität* soll vor allem triviale Lösungen ausschließen: Zum Beispiel könnte sich ein Algorithmus immer für `null` entscheiden, unabhängig davon, was vorgeschlagen wurde; dieser Algorithmus würde zwar die Eigenschaften *Einigung* und *Integrität* erfüllen, nicht aber die Eigenschaft *Validität*.

Sollte Fehlertoleranz keine Rolle spielen, ist es leicht, die ersten drei Eigenschaften zu erfüllen: Man kann einfach einen Knoten als den »Diktator« fest codieren und diesen Knoten alle Entscheidungen treffen lassen. Wenn jedoch dieser eine Knoten ausfällt, kann das System keinerlei Entscheidungen mehr treffen. Das ist praktisch das, was wir beim Zwei-Phasen-Commit gesehen haben: Fällt der Koordinator aus, können unklare Teilnehmer nicht entscheiden, ob die Transaktion zu committen oder abzubrechen ist.

Die Eigenschaft *Terminierung* formalisiert die Idee der Fehlertoleranz. Praktisch sagt sie aus, dass ein Konsensalgorithmus nicht einfach tatenlos ewig warten kann – mit anderen Worten, er muss Fortschritte machen. Selbst wenn irgendwelche Knoten ausfallen, müssen die anderen Knoten trotzdem zu einer Entscheidung gelangen. (*Terminierung* ist eine Lebendigkeitseigenschaft, während die anderen drei Sicherheitseigenschaften sind – siehe Abschnitt »Sicherheit und Lebendigkeit« auf Seite 331.)

Das Systemmodell des Konsenses nimmt an, dass ein Knoten, wenn er »abstürzt«, plötzlich verschwindet und niemals wieder zurückkommt. (Stellen Sie sich statt eines Softwarecrashs ein Erdbeben vor, bei dem das Rechenzentrum mit Ihrem Knoten durch einen Erdrutsch zerstört wird. Sie müssen davon ausgehen, dass Ihr Knoten unter 10 Meter Schlamm begraben ist und niemals wieder online sein

---

13 Diese spezielle Variante des Konsenses wird als *einheitlicher Konsens* bezeichnet, der dem regulären Konsens in asynchronen Systemen mit unzuverlässigen Ausfalldetektoren äquivalent ist [71]. Die wissenschaftliche Literatur verweist normalerweise auf *Prozesse* und nicht auf *Knoten*, doch wir verwenden hier einheitlich wie im übrigen Buch den Begriff *Knoten*.

wird.) In diesem Systemmodell ist kein Algorithmus, der auf die Wiederherstellung eines Knotens warten muss, in der Lage, die Eigenschaft *Terminierung* zu erfüllen. Insbesondere erfüllt 2PC nicht die Anforderungen für Terminierung.

Wenn *alle* Knoten abstürzen und keiner mehr läuft, dann ist es natürlich für keinen Algorithmus möglich, irgendetwas zu entscheiden. Die Anzahl der Ausfälle, die ein Algorithmus tolerieren kann, ist nach oben begrenzt: Tatsächlich lässt sich beweisen, dass jeder Konsensalgorithmus für die korrekte Funktion mindestens eine Mehrheit von Knoten benötigt, um die Terminierung zu gewährleisten [67]. Diese Mehrheit kann dann ein Quorum bilden (siehe Abschnitt »Quoren zum Lesen und Schreiben« auf Seite 190).

Somit unterliegt die Eigenschaft *Terminierung* der Annahme, dass weniger als die Hälfte der Knoten abgestürzt oder nicht erreichbar ist. Allerdings stellen die meisten Konsensimplementierungen sicher, dass die Sicherheitseigenschaften – Einigung, Integrität und Validität – immer eingehalten werden, selbst wenn eine Mehrheit der Knoten ausfällt oder ein schwerwiegendes Netzwerkproblem besteht [92]. Somit kann ein umfangreicher Ausfall das System daran hindern, Anfragen zu bearbeiten, doch er kann das Konsenssystem nicht beschädigen, indem es zu ungültigen Entscheidungen veranlasst wird.

Die meisten Konsensalgorithmen gehen davon aus, dass es keine byzantinischen Fehler gibt, wie Abschnitt »Byzantinische Fehler« auf Seite 326 erläutert hat. Wenn sich also ein Knoten nicht ordnungsgemäß an das Protokoll hält (wenn er beispielsweise widersprüchliche Nachrichten an verschiedene Knoten sendet), kann er die Sicherheitseigenschaften des Protokolls verletzen. Der Konsens lässt sich auch robust gegenüber byzantinischen Fehlern machen, solange weniger als ein Drittel der Knoten byzantinisch fehlerhaft ist [25, 93]. Allerdings würde es den Rahmen dieses Buchs sprengen, im Detail auf solche Algorithmen einzugehen.

Konsensalgorithmen und total geordneter Broadcast

Die bekanntesten fehlertoleranten Konsensalgorithmen sind Viewstamped Replication (VSR) [94, 95], Paxos [96, 97, 98, 99], Raft [22, 100, 101] und Zab [15, 21, 102]. Diese Algorithmen ähneln sich zwar zum Teil, doch sie sind nicht gleich [103]. In diesem Buch gehen wir nicht auf sämtliche Details der verschiedenen Algorithmen ein: Es genügt, einige der gemeinsamen High-Level-Ideen zu kennen, es sei denn, Sie implementieren ein Konsenssystem in eigener Regie (was wahrscheinlich nicht empfehlenswert ist – es ist ziemlich schwer [98, 104]).

Die meisten dieser Algorithmen verwenden eigentlich nicht direkt das hier beschriebene formale Modell (das einen einzelnen Wert vorschlägt und darüber entscheidet, wobei die Eigenschaften Einigung, Integrität, Validität und Terminierung zu erfüllen sind). Stattdessen entscheiden sie über eine *Sequenz* von Werten, wodurch sie zu *total geordneten Broadcast*-Algorithmen werden, wie weiter vorn in diesem Kapitel beschrieben (siehe Abschnitt »Total geordneter Broadcast« auf Seite 372).

Denken Sie daran, dass total geordneter Broadcast voraussetzt, dass Nachrichten genau einmal, in derselben Reihenfolge und an alle Knoten zugestellt werden. Man kann sich das auch so vorstellen, dass mehrere Konsensrunden durchgeführt werden: In jeder Runde schlagen Knoten die Nachricht vor, die sie als Nächstes senden wollen, und entscheiden dann über die nächste Nachricht, die in der Totalordnung zugestellt werden soll [67].

Somit ist total geordneter Broadcast äquivalent mit wiederholten Konsensrunden (bei denen jede Konsensentscheidung einer Nachrichtenzustellung entspricht):

- Aufgrund der Konsenseigenschaft *Einigung* entscheiden alle Knoten, die gleichen Nachrichten in der gleichen Reihenfolge zuzustellen.
- Aufgrund der Eigenschaft *Integrität* werden Nachrichten nicht dupliziert.
- Aufgrund der Eigenschaft *Validität* werden Nachrichten weder beschädigt noch aus der Luft gegriffen.
- Aufgrund der Eigenschaft *Terminierung* gehen Nachrichten nicht verloren.

Viewstamped Replication, Raft und Zab implementieren total geordneten Broadcast, weil dies effizienter ist als wiederholte Konsensrunden mit jeweils nur einem Wert. Bei Paxos heißt diese Optimierung Multi-Paxos.

Single-Leader-Replikation und Konsens

In Kapitel 5 haben wir uns mit Single-Leader-Replikation beschäftigt (siehe Abschnitt »Leader und Follower« auf Seite 160), die alle Schreiboperationen auf dem Leader übernimmt und sie auf die Follower in der gleichen Reihenfolge anwendet, sodass die Replikate auf dem neuesten Stand bleiben. Ist das im Grunde genommen nicht ein total geordneter Broadcast? Wie kommt es dann, dass wir uns in Kapitel 5 keine Gedanken um einen Konsens machen mussten?

Die Antwort läuft darauf hinaus, wie der Leader gewählt wird. Wenn das Betreiberteam den Leader manuell auswählt und konfiguriert, haben Sie gewissermaßen einen »Konsensalgorithmus« der diktatorischen Sorte: Nur ein Knoten darf Schreibanfragen entgegennehmen (d.h. Entscheidungen über die Reihenfolge der Schreibanfragen im Replikationsprotokoll treffen). Und wenn dieser Knoten ausfällt, steht das System nicht mehr für Schreibvorgänge zur Verfügung, bis die Betreiber manuell einen anderen Knoten als Leader konfiguriert haben. Ein derartiges System kann in der Praxis gut funktionieren, doch es erfüllt nicht die Konsenseigenschaft *Terminierung*, weil menschlicher Eingriff notwendig ist, um Fortschritt zu gewährleisten.

Einige Datenbanken wählen den Leader automatisch aus und stufen beim Failover automatisch einen Follower zum neuen Leader hoch, wenn der alte Leader ausfällt (siehe Abschnitt »Knotenausfälle behandeln« auf Seite 164). Das bringt uns dem fehlertoleranten total geordneten Broadcast und somit der Lösung des Konsensproblems näher.

Es gibt jedoch ein Problem. Weiter vorn haben wir uns mit dem Split-Brain-Zustand beschäftigt und gesagt, dass sich alle Knoten darauf einigen müssen, wer der Leader ist – andernfalls könnten zwei verschiedene Knoten sich selbst als Leader betrachten und dadurch die Datenbank in einen inkonsistenten Zustand bringen. Wir brauchen also einen Konsens, um einen Leader zu wählen. Doch wenn die hier beschriebenen Konsensalgorithmen tatsächlich total geordnete Broadcast-Algorithmen sind, total geordneter Broadcast einer Single-Leader-Replikation ähnelt und Single-Leader-Replikation einen Leader erfordert, dann ...

Es scheint so, als ob wir zuerst einen Leader brauchen, um einen Leader auswählen zu können. Um das Konsensproblem zu lösen, müssen wir zuerst das Konsensproblem lösen. Wie entkommen wir dieser Zwickmühle?

Epochennummerierung und Quoren

Alle bisher vorgestellten Konsensprotokolle verwenden intern einen Leader in der einen oder anderen Form, doch sie garantieren nicht, dass der Leader eindeutig ist. Stattdessen können sie eine schwächere Garantie liefern: Die Protokolle definieren eine Epochennummer (in Paxos als *Ballot Number*, in Viewstamped Replication als *View Number* und in Raft als *Term Number* bezeichnet) und garantieren, dass innerhalb jeder Epoche der Leader eindeutig ist.

Immer wenn der aktuelle Leader für tot gehalten wird, startet eine Abstimmung unter den Knoten, um einen neuen Leader zu wählen. Diese Wahl bekommt eine inkrementierte Epochennummer zugewiesen, und somit sind Epochennummern total geordnet und monoton wachsend. Tritt ein Konflikt zwischen zwei verschiedenen Leadern in zwei verschiedenen Epochen auf (vielleicht weil der vorherige Leader eigentlich gar nicht tot war), setzt sich der Leader mit der höheren Epochennummer durch.

Bevor ein Leader irgendetwas entscheiden darf, muss er zuerst prüfen, ob es keinen anderen Leader mit einer höheren Epochennummer gibt, der eine widersprüchliche Entscheidung treffen könnte. Wie erfährt nun ein Leader, dass er nicht von einem anderen Knoten verdrängt wurde? Wie Abschnitt »Die Wahrheit wird von der Mehrheit definiert« auf Seite 322 erläutert hat, kann ein Knoten nicht unbedingt seinem eigenen Urteil vertrauen – nur weil ein Knoten glaubt, dass er der Leader ist, bedeutet das nicht zwangsläufig, dass die anderen Knoten ihn als ihren Leader anerkennen.

Stattdessen muss er Stimmen von einem *Quorum* von Knoten sammeln (siehe Abschnitt »Quoren zum Lesen und Schreiben« auf Seite 190). Für jede Entscheidung, die ein Leader treffen möchte, muss er den vorgeschlagenen Wert an die anderen Knoten senden und darauf warten, dass ein Quorum von Knoten zugunsten des Vorschlags antwortet. Das Quorum besteht in der Regel, aber nicht immer, aus einer Mehrheit von Knoten [105]. Ein Knoten stimmt nur dann für einen Vorschlag, wenn ihm kein anderer Leader mit einer höheren Epoche bekannt ist.

Wir haben also zwei Abstimmungsrunden: eine, um einen Leader zu wählen, und eine zweite, um für den Vorschlag eines Leaders zu stimmen. Die wichtigste Erkenntnis ist, dass sich die Quoren für diese beiden Abstimmungen überschneiden müssen: Wenn eine Abstimmung über einen Vorschlag erfolgreich ist, muss mindestens einer der Knoten, die dafür gestimmt haben, auch an der letzten Wahl des Leaders teilgenommen haben [105]. Ergibt also die Abstimmung über einen Vorschlag keine Epoche mit einer höheren Nummer, kann der aktuelle Leader daraus schließen, dass keine Leaderwahl mit einer höheren Epochennummer stattgefunden hat. Dann darf er sicher sein, immer noch die Führung innezuhaben, und kann daher problemlos über den vorgeschlagenen Wert entscheiden.

Dieser Abstimmungsvorgang ähnelt oberflächlich gesehen einem Zwei-Phasen-Commit. Die größten Unterschiede bestehen darin, dass beim 2PC der Koordinator nicht gewählt wird und dass fehlertolerante Konsensalgorithmen lediglich die Stimmen von einer Mehrheit der Knoten erfordern, während 2PC eine »Ja«-Stimme von *jedem* Teilnehmer verlangt. Darüber hinaus definieren Konsensalgorithmen einen Wiederherstellungsprozess, durch den Knoten in einen konsistenten Zustand gebracht werden können, nachdem ein neuer Leader gewählt ist. Damit ist gewährleistet, dass die Sicherheitseigenschaften immer erfüllt sind. Diese Unterschiede sind der Schlüssel zur Korrektheit und Fehlertoleranz eines Konsensalgorithmus.

Beschränkungen des Konsens

Konsensalgorithmen sind ein großer Durchbruch für verteilte Systeme: Sie bringen konkrete Sicherheitseigenschaften (Einigung, Integrität und Validität) in Systeme, in denen alles andere unsicher ist, und sie bleiben trotzdem fehlertolerant (in der Lage, Fortschritte zu machen, solange eine Mehrheit der Knoten funktionsfähig und erreichbar ist). Sie bieten total geordneten Broadcast und können demzufolge auch linearisierbare atomare Operationen fehlertolerant implementieren (siehe Abschnitt »Linearisierbaren Speicher mithilfe von total geordnetem Broadcast implementieren« auf Seite 374).

Nichtsdestotrotz werden sie nicht überall eingesetzt, weil solche Vorteile nicht umsonst zu haben sind.

Der Vorgang, durch den Knoten über Vorschläge abstimmen, bevor sie entschieden werden, ist eine Art synchrone Replikation. Wie Abschnitt »Synchrone und asynchrone Replikation« auf Seite 161 erläutert hat, werden Datenbanken oftmals für asynchrone Replikation konfiguriert. In dieser Konfiguration können bestätigte Daten beim Failover potenziell verloren gehen – doch viele gehen zugunsten einer besseren Leistung lieber dieses Risiko ein.

Konsenssysteme erfordern immer eine strenge Mehrheit, um betriebsfähig zu sein. Es sind also mindestens drei Knoten erforderlich, um einen Ausfall zu verkraften (die verbleibenden zwei der drei Knoten bilden eine Mehrheit). Wenn ein Netzwerkausfall einige Knoten von den übrigen abschneidet, kann nur der mehrheitliche Teil des Netzwerks einen Fortschritt erzielen, und der Rest wird blockiert (siehe auch Abschnitt »Die Kosten der Linearisierbarkeit« auf Seite 358).

Die meisten Konsensalgorithmen gehen von einem festen Satz von Knoten aus, die an der Abstimmung teilnehmen. Folglich können Sie nicht einfach Knoten im Cluster hinzufügen oder entfernen. Algorithmuserweiterungen für *dynamische Mitgliedschaft* erlauben es zwar, dass sich der Satz der Knoten im Cluster mit der Zeit ändert, doch sind bei derartigen Algorithmen noch viele Fragen offen im Unterschied zu Algorithmen mit statischer Mitgliedschaft.

Konsenssysteme stützen sich in der Regel auf Timeouts, um ausgefallene Knoten zu erkennen. In Umgebungen mit stark variierenden Netzwerkverzögerungen, insbesondere in geografisch verteilten Systemen, kommt es oft vor, dass ein Knoten aufgrund eines vorübergehenden Netzwerkproblems fälschlicherweise glaubt, dass der Leader ausgefallen ist. Obwohl dieser Fehler die Sicherheitseigenschaften nicht verletzt, resultieren häufige Leaderwahlen in einer entsetzlichen Leistung, weil das System letztlich mehr Zeit damit verbringt, neue Leader zu wählen, als nützliche Arbeit zu leisten.

Manchmal sind Konsensalgorithmen besonders anfällig für Netzwerkprobleme. Zum Beispiel wurden für Raft unangenehme Grenzfälle nachgewiesen [106]: Wenn das gesamte Netzwerk korrekt arbeitet und nur eine bestimmte Netzwerkverbindung ständig unzuverlässig ist, kann Raft in Situationen geraten, in denen die Rolle des Leaders kontinuierlich zwischen zwei Knoten hin- und herwechselt oder der aktuelle Leader ständig zum Rücktritt gezwungen wird, was zur Folge hat, dass das System unterm Strich niemals Fortschritte erzielt. Andere Konsensalgorithmen haben ähnliche Probleme, und die Entwicklung von Algorithmen, die gegenüber unzuverlässigen Netzwerken robuster sind, ist immer noch ein offenes Forschungsproblem.

Mitgliedschafts- und Koordinationsdienste

Projekte wie ZooKeeper oder etcd werden oft als »verteilte Schlüssel-Wert-Speicher« oder »Koordinierungs- und Konfigurationsdienste« beschrieben. Die API eines solchen Diensts ähnelt stark der einer Datenbank: Man kann den Wert für einen gegebenen Schlüssel lesen und schreiben und über die Schlüssel iterieren. Wenn sie also im Grunde genommen Datenbanken sind, warum unternimmt man dann all diese Anstrengungen, um für sie einen Konsensalgorithmus zu implementieren? Was unterscheidet sie von irgendeiner anderen Datenbank?

Um dies zu verstehen, sollten wir kurz untersuchen, wie ein Dienst wie ZooKeeper verwendet wird. Als Anwendungsentwickler werden Sie ZooKeeper kaum direkt einsetzen, weil es als universelle Datenbank eigentlich nicht gut geeignet ist. Vielmehr werden Sie indirekt über irgendein anderes Projekt damit arbeiten: Zum Beispiel stützen sich HBase, Hadoop YARN, OpenStack Nova und Kafka auf ZooKeeper, das im Hintergrund läuft. Welchen Nutzen ziehen diese Projekte daraus?

ZooKeeper und etcd sind für kleine Datenmengen, die vollständig in den Arbeitsspeicher passen, ausgelegt (auch wenn sie zwecks der Dauerhaftigkeit trotzdem auf die Festplatte schreiben) – Sie werden also kaum alle Ihre Anwendungsdaten hier speichern wollen. Diese kleine Datenmenge wird mit einem fehlertoleranten total geordneten Broadcast-Algorithmus auf alle Knoten repliziert. Wie bereits erwähnt, ist total geordneter Broadcast genau das, was Sie für die Datenbankreplikation benötigen: Wenn jede Nachricht einen Schreibvorgang in die Datenbank darstellt, werden die Replikate untereinander konsistent gehalten, indem die gleichen Schreibvorgänge in der gleichen Reihenfolge angewendet werden.

ZooKeeper ist dem Sperrendienst Chubby von Google nachempfunden [14, 98], implementiert aber nicht nur total geordneten Broadcast (und folglich Konsens), sondern auch eine Reihe interessanter anderer Features, die beim Aufbau verteilter Systeme besonders hilfreich sind:

Linearisierbare atomare Operationen
: Mit einer atomaren Vergleichen-und-Setzen-Operation können Sie eine Sperre implementieren: Wenn mehrere Knoten gleichzeitig versuchen, die gleiche Operation auszuführen, wird nur eine von ihnen erfolgreich sein. Das Konsensprotokoll garantiert, dass die Operation atomar und linearisierbar ist, selbst wenn ein Knoten ausfällt oder das Netzwerk an irgendeiner Stelle unterbrochen wird. Eine verteilte Sperre wird normalerweise als *Lease* implementiert. Da diese eine Verfallszeit hat, nach der die Sperre abläuft, wird die Sperre letztlich auch dann freigegeben, wenn der Client ausfällt (siehe Abschnitt »Prozesspausen« auf Seite 316).

Totale Ordnung von Operationen
: Wie Abschnitt »Der Leader und die Sperre« auf Seite 323 erläutert hat, brauchen Sie ein Fencing-Token, um zu verhindern, dass Clients bei einer Prozesspause miteinander in Konflikt geraten, wenn eine Ressource durch eine Sperre oder Lease geschützt ist. Das Fencing-Token ist eine Nummer, die bei jeder Anforderung einer Sperre monoton wächst. ZooKeeper realisiert dies, indem es alle Operationen total ordnet und jeder Operation eine monoton wachsende Transaktions-ID (`zxid`) und Versionsnummer (`cversion`) zuteilt [15].

Fehlererkennung
: Clients halten eine langlebige Sitzung auf ZooKeeper-Servern aufrecht, wobei Client und Server regelmäßig Heartbeats austauschen und damit prüfen, ob der andere Knoten noch am Leben ist. Selbst wenn die Verbindung vorüberge-

hend unterbrochen wird oder ein ZooKeeper-Knoten ausfällt, bleibt die Sitzung aktiv. Wenn aber die Heartbeats für einen Zeitraum ausbleiben, der länger als der Sitzungs-Timeout ist, erklärt ZooKeeper die Sitzung für tot. Alle von einer Sitzung gehaltenen Sperren lassen sich so konfigurieren, dass sie automatisch beim Timeout der Sitzung freigegeben werden (bei ZooKeeper als *flüchtige Knoten* (ephemeral nodes) bezeichnet).

Änderungsbenachrichtigungen
: Ein Client kann nicht nur Sperren und Werte lesen, die ein anderer Client erzeugt hat, sondern sie auch auf Änderungen überwachen. So kann ein Client herausfinden, wann ein anderer Client dem Cluster beitritt (basierend auf dem Wert, den er in ZooKeeper schreibt) oder wann ein anderer Client ausfällt (weil der Timeout seiner Sitzung überschritten ist oder seine flüchtigen Knoten verschwinden). Durch das Abonnieren von Benachrichtigungen vermeidet ein Client, dass er häufig nachfragen muss, ob Änderungen vorliegen.

Von diesen Features ist Konsens wirklich nur für linearisierbare atomare Operationen erforderlich. Allerdings ist es die Kombination dieser Features, die Systeme wie ZooKeeper für verteilte Koordinierung so nützlich machen.

Den Knoten Arbeit zuordnen

Das ZooKeeper/Chubby-Modell funktioniert zum Beispiel gut, wenn es mehrere Instanzen eines Prozesses oder Diensts gibt und eine davon als Leader ausgewählt werden muss. Wenn der Leader ausfällt, sollte einer der anderen Knoten seine Aufgaben übernehmen. Das ist zweifellos nützlich für Single-Leader-Datenbanken, aber auch für Job-Scheduler und ähnliche zustandsbehaftete Systeme.

Ein weiteres Beispiel: Angenommen, Sie müssen für eine partitionierte Ressource (Datenbank, Nachrichtenstreams, Dateispeicher, verteiltes Aktorensystem usw.) entscheiden, welche Partition welchem Knoten zuzuweisen ist. Wenn dem Cluster neue Knoten beitreten, müssen einige der Partitionen von vorhandenen Knoten auf die neuen Knoten verschoben werden, um die Last erneut auszugleichen (siehe Abschnitt »Rebalancing – Partitionen gleichmäßig belasten« auf Seite 222). Wenn Knoten entfernt werden oder ausfallen, müssen andere Knoten die Arbeit der fehlenden Knoten übernehmen.

Derartige Aufgaben lassen sich durch sorgfältigen Einsatz von atomaren Operationen, flüchtigen Knoten und Benachrichtigungen in ZooKeeper realisieren. Richtig ausgeführt, ist die Anwendung bei diesem Ansatz in der Lage, sich bei Ausfällen ohne menschlichen Eingriff automatisch wiederherzustellen. Es ist allerdings nicht einfach, selbst angesichts solcher Bibliotheken wie Apache Curator [17], die auf der ZooKeeper-Client-API aufsetzend Tools auf höherer Ebene bereitstellen. Doch diese Variante ist immer noch wesentlich besser, als zu versuchen, die erforderlichen Konsensalgorithmen von Grund auf neu implementieren zu wollen – was eine schlechte Erfolgsbilanz aufweist [107].

Eine Anwendung läuft vielleicht zunächst nur auf einem einzigen Knoten, könnte aber mit der Zeit wachsen und sich schließlich auf Tausende von Knoten ausdehnen. Es wäre absolut ineffizient, eine Mehrheitsabstimmung mit so vielen Knoten durchführen zu wollen. Stattdessen läuft ZooKeeper auf einer festen Anzahl von Knoten (üblicherweise drei oder fünf) und führt die Mehrheitsabstimmung unter diesen Knoten durch, unterstützt dabei aber eine möglicherweise sehr große Anzahl von Clients. Somit bietet ZooKeeper eine Methode, um einen Teil der Koordinierungsarbeit von Knoten (Konsens, Ordnung der Operationen und Fehlererkennung) auf einen externen Dienst auszulagern.

Normalerweise wird ZooKeeper für eine Art von Daten verwendet, die sich recht langsam ändert: Die Daten stellen Informationen dar wie zum Beispiel »der Knoten, der auf IP-Adresse 10.1.1.23 läuft, ist der Leader für Partition 7«, und solche Zuweisungen ändern sich normalerweise in einem Zeitraum von Minuten oder Stunden. ZooKeeper ist nicht dafür vorgesehen, den Laufzeitzustand der Anwendung zu speichern, der sich Tausende oder sogar Millionen Mal pro Sekunde ändern kann. Wenn der Anwendungszustand von einem Knoten auf einen anderen repliziert werden muss, kann man auf andere Tools (wie zum Beispiel Apache BookKeeper [108]) zurückgreifen.

Service-Discovery

ZooKeeper, etcd und Consul werden oftmals für die *Service-Discovery* (das Auffinden von Diensten in einem Netzwerk) herangezogen – d.h., um herauszufinden, mit welcher IP-Adresse Sie sich verbinden müssen, um einen bestimmten Dienst zu erreichen. In Cloud-Datacenter-Umgebungen, in denen virtuelle Computer ständig kommen und gehen, sind die IP-Adressen der gewünschten Dienste oftmals nicht im Voraus bekannt. Stattdessen können Sie Ihre Dienste so konfigurieren, dass sie beim Starten ihre Netzwerkendpunkte in einer Service-Datenbank registrieren, wo andere Dienste sie dann finden können.

Allerdings ist es eher zweifelhaft, ob Service-Discovery tatsächlich Konsens erfordert. DNS ist die herkömmliche Methode, die IP-Adresse für einen Dienstnamen nachzuschlagen, und dieses System verwendet mehrere Zwischenspeicherebenen, um gute Performance und Verfügbarkeit zu erreichen. Lesevorgänge von DNS sind absolut nicht linearisierbar, und es gilt normalerweise nicht als problematisch, wenn die Ergebnisse aus einer DNS-Abfrage etwas veraltet sind [109]. Wichtiger ist, dass DNS zuverlässig verfügbar und robust gegenüber Netzwerkunterbrechungen ist.

Konsens ist zwar für Service-Discovery nicht erforderlich, wohl aber für die Wahl eines Leaders. Wenn also Ihr Konsenssystem bereits weiß, wer der Leader ist, kann es sinnvoll sein, diese Informationen weiterzuverwenden, um anderen Diensten bei der Ermittlung des Leaders zu helfen. Zu diesem Zweck unterstützen manche Konsenssysteme Cache-Replikate, die Nur-Lesen-Anfragen verarbeiten können. Diese Replikate empfangen asynchron das Protokoll aller Entscheidungen des Konsensalgorithmus, nehmen aber nicht aktiv an der Abstimmung teil. Somit sind sie in der Lage, Leseanfragen zu bedienen, die nicht linearisierbar sein müssen.

Mitgliedschaftsdienste

ZooKeeper und Konsorten kann man als Teil einer langen Geschichte von Forschungen zu *Mitgliedschaftsdiensten* sehen, die auf die 1980er-Jahre zurückgehen und wichtig für den Aufbau hochverfügbarer Systeme gewesen sind, zum Beispiel für die Flugsicherung [110].

Ein Mitgliedschaftsdienst kann bestimmen, welche Knoten derzeit aktive und lebendige Mitglieder eines Clusters sind. Wie Kapitel 8 gezeigt hat, ist es aufgrund unbegrenzter Netzwerkverzögerungen nicht möglich, zuverlässig zu erkennen, ob ein anderer Knoten ausgefallen ist. Wenn Sie jedoch Fehlererkennung mit Konsens koppeln, können sich die Knoten darüber einigen, welche Knoten als lebendig betrachtet werden sollen und welche nicht.

Es kann immer noch vorkommen, dass ein Knoten per Konsens fälschlicherweise für tot erklärt wird, obwohl er tatsächlich lebt. Dennoch ist es für ein System sehr nützlich, eine Einigung darüber zu erzielen, welche Knoten die aktuelle Mitgliedschaft bilden. Zum Beispiel könnte die Wahl eines Leaders bedeuten, dass einfach das Mitglied mit der kleinsten Nummer unter den aktuellen Mitgliedern ausgewählt wird. Allerdings funktioniert dieser Ansatz nicht, wenn verschiedene Knoten abweichende Meinungen darüber haben, wer die aktuellen Mitglieder sind.

Zusammenfassung

In diesem Kapitel haben wir Konsens und Konsistenz aus verschiedenen Blickwinkeln betrachtet. Wir sind ausführlich auf Linearisierbarkeit eingegangen, ein beliebtes Konsistenzmodell: Ihr Ziel ist es, replizierte Daten so erscheinen zu lassen, als gäbe es nur ein einziges Replikat, und alle darauf ausgeführten Operationen atomar zu machen. Linearisierbarkeit ist zwar attraktiv, weil sie einfach zu verstehen ist – eine Datenbank verhält sich dann wie eine Variable in einem Programm mit einem einzigen Thread –, hat aber den Nachteil, dass sie langsam ist, insbesondere in Umgebungen mit großen Netzwerkverzögerungen.

Des Weiteren ging es um Kausalität, die den Ereignissen in einem System eine Ordnung verleiht (was passierte wovor, basierend auf Ursache und Wirkung). Im Gegensatz zur Linearisierbarkeit, die sämtliche Operationen in eine einzelne, total geordnete Zeitachse stellt, bringt uns Kausalität ein schwächeres Konsistenzmodell: Manche Dinge können gleichzeitig stattfinden, sodass der Versionsverlauf einer Zeitachse mit Verzweigungen und Zusammenführungen ähnelt. Kausale Konsistenz kommt ohne den Koordinationsaufwand der Linearisierbarkeit aus und ist viel weniger empfindlich gegenüber Netzwerkproblemen.

Doch auch wenn wir die kausale Reihenfolge erfassen (zum Beispiel mithilfe von Lamport-Zeitstempeln), haben wir gesehen, dass sich einige Dinge nicht auf diese Weise implementieren lassen: Im Beispiel soll in Abschnitt »Ordnung nach Zeitstempeln genügt nicht« auf Seite 371 sichergestellt werden, dass ein Benutzername eindeutig ist und gleichzeitige Registrierungen für den gleichen Benutzernamen abgewiesen werden. Wenn der eine Knoten eine Registrierung akzeptiert, muss er irgendwie in Erfahrung bringen, dass ein anderer Knoten nicht parallel den gleichen Benutzernamen registrieren will. Dieses Problem hat uns zum *Konsens* geführt.

Wir haben gesehen, dass das Erreichen des Konsenses bedeutet, etwas so zu entscheiden, dass sich alle Knoten darauf einigen, was entschieden wurde, und dass die Entscheidung unwiderruflich ist. Bei genauerem Hinsehen zeigt sich, dass sich viele unterschiedliche Probleme tatsächlich auf den Konsens reduzieren lassen und dass sie einander gleichwertig sind (in dem Sinne, dass man die Lösung für eines der Probleme leicht in eine Lösung für eines der anderen Probleme überführen kann). Zu solchen äquivalenten Problemen gehören unter anderem:

Linearisierbare Vergleichen-und-Setzen-Register
: Das Register muss atomar *entscheiden*, ob es seinen Wert setzt, und zwar abhängig davon, ob sein aktueller Wert gleich dem in der Operation angegebenen Parameter ist.

Atomarer Commit einer Transaktion
: Eine Datenbank muss *entscheiden*, ob eine verteilte Transaktion zu committen oder abzubrechen ist.

Total geordneter Broadcast
: Das Nachrichtensystem muss über die Reihenfolge *entscheiden*, in der die Nachrichten zuzustellen sind.

Sperren und Leases
: Wenn mehrere Clients eine Sperre oder Lease in ihren Besitz bringen wollen, *entscheidet* die Sperre, wer sie erfolgreich erworben hat.

Mitgliedschafts-/Koordinierungsdienst
: Für eine gegebene Fehlererkennung (zum Beispiel Timeouts) muss das System *entscheiden*, welche Knoten lebendig sind und welche als tot betrachtet werden sollten, weil ihre Sitzungen abgelaufen sind.

Eindeutigkeitseinschränkungen
: Wenn mehrere Transaktionen gleichzeitig versuchen, kollidierende Datensätze mit dem gleichen Schlüssel zu erzeugen, muss die Einschränkung *entscheiden*, welche zugelassen wird und welche mit einer Einschränkungsverletzung fehlschlagen soll.

Alle diese Probleme sind einfach zu lösen, wenn nur ein einziger Knoten vorhanden ist oder wenn Sie bereit sind, die Entscheidungsfunktionen einem einzelnen Knoten zuzuordnen. Genau das passiert in einer Single-Leader-Datenbank: Die gesamte Entscheidungsgewalt wird dem Leader übertragen, weshalb solche Datenbanken in der Lage sind, linearisierbare Operationen, Eindeutigkeitseinschränkungen, ein total geordnetes Replikationsprotokoll und vieles mehr bereitzustellen.

Wenn jedoch dieser einzelne Leader ausfällt oder er durch eine Netzwerkunterbrechung nicht mehr erreichbar ist, kann ein solches System keinerlei Fortschritt mehr erzielen. Es gibt drei Methoden, mit dieser Situation umzugehen:

1. Darauf warten, dass der Leader wiederhergestellt wird, und akzeptieren, dass das System in der Zwischenzeit blockiert ist. Viele XA-/JTA-Transaktionskoordinatoren wählen diese Methode. Allerdings löst dieser Ansatz nicht vollständig das Konsensproblem, weil er die Terminierungseigenschaft nicht erfüllt: Lässt sich der Leader nicht wiederherstellen, kann das System ewig blockiert bleiben.
2. Einen manuellen Failover ausführen, d.h., durch menschliches Eingreifen einen neuen Leaderknoten zu wählen und das System damit neu zu konfigurieren. Diesen Ansatz verfolgen viele relationale Datenbanken. Es ist eine Art Konsens durch »höhere Gewalt« – der menschliche Operator trifft die Entscheidung außerhalb des Computersystems. Die Geschwindigkeit des Failovers ist durch die Handlungsgeschwindigkeit des Menschen begrenzt, die im Allgemeinen geringer als die von Computern ist.
3. Einen Algorithmus verwenden, der automatisch einen neuen Leader auswählt. Dieser Ansatz erfordert einen Konsensalgorithmus, und es empfiehlt sich, einen bewährten Algorithmus zu verwenden, der auch bei ungünstigen Netzwerkbedingungen korrekt funktioniert [107].

Obwohl eine Single-Leader-Datenbank Linearisierbarkeit bieten kann, ohne bei jedem Schreibvorgang einen Konsensalgorithmus auszuführen, ist dennoch ein Konsens erforderlich, um ihre Führungsrolle zu erhalten und um den Leader wechseln zu können. Einen Leader zu haben, heißt also in gewissem Sinne nur, das Problem hinauszuzögern: Konsens ist trotzdem erforderlich, nur an einer anderen Stelle und seltener. Erfreulicherweise existieren fehlertolerante Algorithmen und Systeme für einen Konsens und wir haben sie in diesem Kapitel kurz diskutiert.

Tools wie ZooKeeper spielen eine wichtige Rolle, um Konsens, Fehlererkennung und Mitgliedschaft an einen externen Dienst auszulagern, auf den Anwendungen zurückgreifen können. Das ist zwar nicht ganz einfach, aber immerhin viel besser, als eigene Algorithmen entwickeln zu wollen, die allen in Kapitel 8 erörterten Problemen standhalten. Wenn Sie sich dabei ertappen, eines dieser Dinge zu programmieren, die sich auf Konsens reduzieren lassen, und es fehlertolerant sein soll, sollten Sie ZooKeeper ins Auge fassen.

Dennoch ist nicht in jedem System unbedingt Konsens erforderlich: Zum Beispiel verwenden leaderlose und Multi-Leader-Replikation in der Regel keinen globalen Konsens. Die Konflikte in diesen Systemen (siehe Abschnitt »Schreibkonflikte behandeln« auf Seite 180) treten auf, weil es keinen Konsens über verschiedene Leader hinweg gibt. Doch das kann durchaus in Ordnung sein: Vielleicht müssen wir einfach ohne Linearisierbarkeit auskommen und lernen, besser mit Daten umzugehen, deren Versionsverläufe Verzweigungen und Zusammenführungen aufweisen.

Dieses Kapitel hat sich auf einen großen Bereich der Forschung über die Theorie verteilter Systeme bezogen. Obwohl die theoretischen Arbeiten und Beweise nicht immer einfach zu verstehen sind und manchmal unrealistische Annahmen treffen, sind sie unglaublich wertvoll, um praktische Arbeiten auf diesem Gebiet zu informieren: Sie helfen uns bei Überlegungen, was machbar ist und was nicht, und sie helfen uns, Mängel in verteilten Systemen zu finden, die oftmals unerwartet und verwunderlich sein können. Wenn es Ihre Zeit erlaubt, lohnt es sich, den Literaturhinweisen zu folgen.

Damit kommen zum Ende von Teil II dieses Buchs, in dem wir Replikation (Kapitel 5), Partitionierung (Kapitel 6), Transaktionen (Kapitel 7), Ausfallmodell verteilter Systeme (Kapitel 8) und schließlich Konsistenz und Konsens (Kapitel 9) behandelt haben. Nachdem wir nun ein solides theoretisches Fundament gelegt haben, wenden wir uns in Teil III noch einmal praktischeren Systemen zu und erörtern, wie sich aus heterogenen Bausteinen leistungsfähige Anwendungen aufbauen lassen.

Literaturverzeichnis

[1] Peter Bailis und Ali Ghodsi: *Eventual Consistency Today: Limitations, Extensions, and Beyond.* ACM Queue, Bd. 11, Nr. 3, S. 55–63, März 2013. doi:10.1145/2460276.2462076

[2] Prince Mahajan, Lorenzo Alvisi und Mike Dahlin: *Consistency, Availability, and Convergence.* University of Texas at Austin, Department of Computer Science, Tech Report UTCS TR-11-22, Mai 2011.

[3] Alex Scotti: *Adventures in Building Your Own Database.* All Your Base, November 2015.

[4] Peter Bailis, Aaron Davidson, Alan Fekete, et al.: *Highly Available Transactions: Virtues and Limitations.* 40. International Conference on Very Large Data Bases (VLDB), September 2014. Erweiterte Version veröffentlicht als Vorabdruck arXiv:1302.0309 [cs.DB].

[5] Paolo Viotti und Marko Vukolić: *Consistency in Non-Transactional Distributed Storage Systems.* arXiv:1512.00168, 12. April 2016.

[6] Maurice P. Herlihy und Jeannette M. Wing: *Linearizability: A Correctness Condition for Concurrent Objects.* ACM Transactions on Programming Languages and Systems (TOPLAS), Bd. 12, Nr. 3, S. 463–492, Juli 1990. doi:10.1145/78969.78972

[7] Leslie Lamport: *On interprocess communication*. Distributed Computing, Bd. 1, Nr. 2, S. 77–101, Juni 1986. doi:10.1007/BF01786228

[8] David K. Gifford: *Information Storage in a Decentralized Computer System*. Xerox Palo Alto Research Centers, CSL-81-8, Juni 1981.

[9] Martin Kleppmann: *Please Stop Calling Databases CP or AP*. martin.kleppmann.com, 11. Mai 2015.

[10] Kyle Kingsbury: *Call Me Maybe: MongoDB Stale Reads*. aphyr.com, 20. April 2015.

[11] Kyle Kingsbury: *Computational Techniques in Knossos*. aphyr.com, 17. Mai 2014.

[12] Peter Bailis: *Linearizability Versus Serializability*. bailis.org, 24. September 2014.

[13] Philip A. Bernstein, Vassos Hadzilacos und Nathan Goodman: *Concurrency Control and Recovery in Database Systems*. Addison-Wesley, 1987. – ISBN 978-0-201-10715-9, online verfügbar unter research.microsoft.com.

[14] Mike Burrows: *The Chubby Lock Service for Loosely-Coupled Distributed Systems*. 7. USENIX Symposium on Operating System Design and Implementation (OSDI), November 2006.

[15] Flavio P. Junqueira und Benjamin Reed: ZooKeeper: *Distributed Process Coordination*. O'Reilly Media, 2013. – ISBN 978-1-449-36130-3

[16] *etcd 2.0.12 Documentation*. CoreOS, Inc., 2015.

[17] *Apache Curator*. Apache Software Foundation, curator.apache.org, 2015.

[18] Morali Vallath: *Oracle 10g RAC Grid, Services & Clustering*. Elsevier Digital Press, 2006. – ISBN 978-1-555-58321-7

[19] Peter Bailis, Alan Fekete, Michael J Franklin, et al.: *Coordination-Avoiding Database Systems*. Proceedings of the VLDB Endowment, Bd. 8, Nr. 3, S. 185–196, November 2014.

[20] Kyle Kingsbury: *Call Me Maybe: etcd and Consul*. aphyr.com, 9. Juni 2014.

[21] Flavio P. Junqueira, Benjamin C. Reed und Marco Serafini: *Zab: High- Performance Broadcast for Primary-Backup Systems*. 41. IEEE International Conference on Dependable Systems and Networks (DSN), Juni 2011. doi:10.1109/DSN.2011.5958223

[22] Diego Ongaro und John K. Ousterhout: *In Search of an Understandable Consensus Algorithm (Extended Version)*. USENIX Annual Technical Conference (ATC), Juni 2014.

[23] Hagit Attiya, Amotz Bar-Noy und Danny Dolev: *Sharing Memory Robustly in Message-Passing Systems.* Journal of the ACM, Bd. 42, Nr. 1, S. 124–142, Januar 1995. doi:10.1145/200836.200869

[24] Nancy Lynch und Alex Shvartsman: *Robust Emulation of Shared Memory Using Dynamic Quorum-Acknowledged Broadcasts.* 27. Annual International Symposium on Fault-Tolerant Computing (FTCS), Juni 1997. doi:10.1109/FTCS. 1997.614100

[25] Christian Cachin, Rachid Guerraoui und Luís Rodrigues: *Introduction to Reliable and Secure Distributed Programming.* 2. Ausgabe. Springer, 2011. – ISBN 978-3-642-15259-7, doi:10.1007/978-3-642-15260-3

[26] Sam Elliott, Mark Allen und Martin Kleppmann: *personal communication.* Thread auf twitter.com, 15. Oktober 2015.

[27] Niklas Ekström, Mikhail Panchenko und Jonathan Ellis: *Possible Issue with Read Repair?.* E-Mail-Thread auf der Mailingliste cassandra-dev, Oktober 2012.

[28] Maurice P. Herlihy: *Wait-Free Synchronization.* ACM Transactions on Programming Languages and Systems (TOPLAS), Bd. 13, Nr. 1, S. 124–149, Januar 1991. doi:10.1145/114005.102808

[29] Armando Fox und Eric A. Brewer: *Harvest, Yield, and Scalable Tolerant Systems.* 7. Workshop on Hot Topics in Operating Systems (HotOS), März 1999. doi:10.1109/HOTOS.1999.798396

[30] Seth Gilbert und Nancy Lynch: *Brewer's Conjecture and the Feasibility of Consistent, Available, Partition-Tolerant Web Services.* ACM SIGACT News, Bd. 33, Nr. 2, S. 51–59, Juni 2002. doi:10.1145/564585.564601

[31] Seth Gilbert und Nancy Lynch: *Perspectives on the CAP Theorem.* IEEE Computer Magazine, Bd. 45, Nr. 2, S. 30–36, Februar 2012. doi:10.1109/MC. 2011.389

[32] Eric A. Brewer: *CAP Twelve Years Later: How the 'Rules' Have Changed.* IEEE Computer Magazine, Bd. 45, Nr. 2, S. 23–29, Februar 2012. doi:10.1109/MC.2012.37

[33] Susan B. Davidson, Hector Garcia-Molina und Dale Skeen: *Consistency in Partitioned Networks.* ACM Computing Surveys, Bd. 17, Nr. 3, S. 341–370, September 1985. doi:10.1145/5505.5508

[34] Paul R. Johnson und Robert H. Thomas: *RFC 677: The Maintenance of Duplicate Databases.* Network Working Group, 27. Januar 1975.

[35] Bruce G. Lindsay, Patricia Griffiths Selinger, C. Galtieri, et al.: *Notes on Distributed Databases.* IBM Research, Research Report RJ2571(33471), Juli 1979.

[36] Michael J. Fischer und Alan Michael: *Sacrificing Serializability to Attain High Availability of Data in an Unreliable Network.* 1. ACM Symposium on Principles of Database Systems (PODS), März 1982. doi:10.1145/588111.588124

[37] Eric A. Brewer: *NoSQL: Past, Present, Future.* QCon San Francisco, November 2012.

[38] Henry Robinson: *CAP Confusion: Problems with 'Partition Tolerance'.* blog.cloudera.com, 26. April 2010.

[39] Adrian Cockcroft: *Migrating to Microservices.* QCon London, März 2014.

[40] Martin Kleppmann: *A Critique of the CAP Theorem.* arXiv:1509.05393, 17. September 2015.

[41] Nancy A. Lynch: *A Hundred Impossibility Proofs for Distributed Computing.* 8. ACM Symposium on Principles of Distributed Computing (PODC), August 1989. doi:10.1145/72981.72982

[42] Hagit Attiya, Faith Ellen und Adam Morrison: *Limitations of Highly-Available Eventually-Consistent Data Stores.* ACM Symposium on Principles of Distributed Computing (PODC), Juli 2015. doi:10.1145/2767386.2767419

[43] Peter Sewell, Susmit Sarkar, Scott Owens, et al.: *x86-TSO: A Rigorous and Usable Programmer's Model for x86 Multiprocessors.* Communications of the ACM, Bd. 53, Nr. 7, S. 89–97, Juli 2010. doi:10.1145/1785414.1785443

[44] Martin Thompson: *Memory Barriers/Fences.* mechanicalsympathy.blogspot.co.uk, 24. Juli 2011.

[45] Ulrich Drepper: *What Every Programmer Should Know About Memory.* akkadia.org, 21. November 2007.

[46] Daniel J. Abadi: *Consistency Tradeoffs in Modern Distributed Database System Design.* IEEE Computer Magazine, Bd. 45, Nr. 2, S. 37–42, Februar 2012. doi:10.1109/MC.2012.33

[47] Hagit Attiya und Jennifer L. Welch: *Sequential Consistency Versus Linearizability.* ACM Transactions on Computer Systems (TOCS), Bd. 12, Nr. 2, S. 91–122, Mai 1994. doi:10.1145/176575.176576

[48] Mustaque Ahamad, Gil Neiger, James E. Burns, et al.: *Causal Memory: Definitions, Implementation, and Programming.* Distributed Computing, Bd. 9, Nr. 1, S. 37–49, März 1995. doi:10.1007/BF01784241

[49] Wyatt Lloyd, Michael J. Freedman, Michael Kaminsky und David G. Andersen: *Stronger Semantics for Low-Latency Geo-Replicated Storage.* 10. USENIX Symposium on Networked Systems Design and Implementation (NSDI), April 2013.

[50] Marek Zawirski, Annette Bieniusa, Valter Balegas, et al.: *SwiftCloud: Fault-Tolerant Geo-Replication Integrated All the Way to the Client Machine.* INRIA Research Report 8347, August 2013.

[51] Peter Bailis, Ali Ghodsi, Joseph M Hellerstein und Ion Stoica: *Bolt-on Causal Consistency.* ACM International Conference on Management of Data (SIGMOD), Juni 2013.

[52] Philippe Ajoux, Nathan Bronson, Sanjeev Kumar, et al.: *Challenges to Adopting Stronger Consistency at Scale.* 15. USENIX Workshop on Hot Topics in Operating Systems (HotOS), Mai 2015.

[53] Peter Bailis: *Causality Is Expensive (and What to Do About It).* bailis.org, 5. Februar 2014.

[54] Ricardo Gonçalves, Paulo Sérgio Almeida, Carlos Baquero und Victor Fonte: *Concise Server-Wide Causality Management for Eventually Consistent Data Stores.* 15. IFIP International Conference on Distributed Applications and Interoperable Systems (DAIS), Juni 2015. doi:10.1007/978-3-319-19129-4_6

[55] Rob Conery: *A Better ID Generator for PostgreSQL.* rob.conery.io, 29. Mai 2014.

[56] Leslie Lamport: *Time, Clocks, and the Ordering of Events in a Distributed System.* Communications of the ACM, Bd. 21, Nr. 7, S. 558–565, Juli 1978. doi:10.1145/359545.359563

[57] Xavier Défago, André Schiper und Péter Urbán: *Total Order Broadcast and Multicast Algorithms: Taxonomy and Survey.* ACM Computing Surveys, Bd. 36, Nr. 4, S. 372–421, Dezember 2004. doi:10.1145/1041680.1041682

[58] Hagit Attiya und Jennifer Welch: *Distributed Computing: Fundamentals, Simulations and Advanced Topics.* 2. Ausgabe. John Wiley & Sons, 2004. – ISBN 978-0-471-45324-6, doi:10.1002/0471478210

[59] Mahesh Balakrishnan, Dahlia Malkhi, Vijayan Prabhakaran, et al.: *CORFU: A Shared Log Design for Flash Clusters.* 9. USENIX Symposium on Networked Systems Design and Implementation (NSDI), April 2012.

[60] Fred B. Schneider: *Implementing Fault-Tolerant Services Using the State Machine Approach: A Tutorial.* ACM Computing Surveys, Bd. 22, Nr. 4, S. 299–319, Dezember 1990.

[61] Alexander Thomson, Thaddeus Diamond, Shu-Chun Weng, et al.: *Calvin: Fast Distributed Transactions for Partitioned Database Systems.* ACM International Conference on Management of Data (SIGMOD), Mai 2012.

[62] Mahesh Balakrishnan, Dahlia Malkhi, Ted Wobber, et al.: *Tango: Distributed Data Structures over a Shared Log.* 24. ACM Symposium on Operating Systems Principles (SOSP), November 2013. doi:10.1145/2517349.2522732

[63] Robbert van Renesse und Fred B. Schneider: *Chain Replication for Supporting High Throughput and Availability*. 6. USENIX Symposium on Operating System Design and Implementation (OSDI), Dezember 2004.

[64] Leslie Lamport: *How to Make a Multiprocessor Computer That Correctly Executes Multiprocess Programs*. IEEE Transactions on Computers, Bd. 28, Nr. 9, S. 690–691, September 1979. doi:10.1109/TC.1979.1675439

[65] Enis Söztutar, Devaraj Das und Carter Shanklin: *Apache HBase High Availability at the Next Level*. hortonworks.com, 22. Januar 2015.

[66] Brian F Cooper, Raghu Ramakrishnan, Utkarsh Srivastava, et al.: *PNUTS: Yahoo!'s Hosted Data Serving Platform*. 34. International Conference on Very Large Data Bases (VLDB), August 2008. doi:10.14778/1454159.1454167

[67] Tushar Deepak Chandra und Sam Toueg: *Unreliable Failure Detectors for Reliable Distributed Systems*. Journal of the ACM, Bd. 43, Nr. 2, S. 225–267, März 1996. doi:10.1145/226643.226647

[68] Michael J. Fischer, Nancy Lynch und Michael S. Paterson: *Impossibility of Distributed Consensus with One Faulty Process*. Journal of the ACM, Bd. 32, Nr. 2, S. 374–382, April 1985. doi:10.1145/3149.214121

[69] Michael Ben-Or: *Another Advantage of Free Choice: Completely Asynchronous Agreement Protocols*. 2. ACM Symposium on Principles of Distributed Computing (PODC), August 1983. doi:10.1145/800221.806707

[70] Jim N. Gray und Leslie Lamport: *Consensus on Transaction Commit*. ACM Transactions on Database Systems (TODS), Bd. 31, Nr. 1, S. 133–160, März 2006. doi:10.1145/1132863.1132867

[71] Rachid Guerraoui: *Revisiting the Relationship Between Non-Blocking Atomic Commitment and Consensus*. 9. International Workshop on Distributed Algorithms (WDAG), September 1995. doi:10.1007/BFb0022140

[72] Thanumalayan Sankaranarayana Pillai, Vijay Chidambaram, Ramnatthan Alagappan, et al.: *All File Systems Are Not Created Equal: On the Complexity of Crafting Crash-Consistent Applications*. 11. USENIX Symposium on Operating Systems Design and Implementation (OSDI), Oktober 2014.

[73] Jim Gray: *The Transaction Concept: Virtues and Limitations*. 7. International Conference on Very Large Data Bases (VLDB), September 1981.

[74] Hector Garcia-Molina und Kenneth Salem: *Sagas*. ACM International Conference on Management of Data (SIGMOD), Mai 1987. doi:10.1145/38713.38742

[75] C. Mohan, Bruce G. Lindsay und Ron Obermarck: *Transaction Management in the R* Distributed Database Management System*. ACM Transactions on Database Systems, Bd. 11, Nr. 4, S. 378–396, Dezember 1986. doi:10.1145/7239.7266

[76] *Distributed Transaction Processing: The XA Specification.* X/Open Company Ltd., Technical Standard XO/CAE/91/300, Dezember 1991. – ISBN 978-1-872-63024-3

[77] Mike Spille: *XA Exposed, Part II.* jroller.com, 3. April 2004.

[78] Ivan Silva Neto und Francisco Reverbel: *Lessons Learned from Implementing WS-Coordination and WS-AtomicTransaction.* 7. IEEE/ACIS International Conference on Computer and Information Science (ICIS), Mai 2008. doi:10.1109/ ICIS.2008.75

[79] James E. Johnson, David E. Langworthy, Leslie Lamport und Friedrich H. Vogt: *Formal Specification of a Web Services Protocol.* 1. International Workshop on Web Services and Formal Methods (WS-FM), Februar 2004. doi:10.1016/j.entcs. 2004.02.022

[80] Dale Skeen: *Nonblocking Commit Protocols.* ACM International Conference on Management of Data (SIGMOD), April 1981. doi:10.1145/582318.582339

[81] Gregor Hohpe: *Your Coffee Shop Doesn't Use Two-Phase Commit.* IEEE Software, Bd. 22, Nr. 2, S. 64–66, März 2005. doi:10.1109/MS.2005.52

[82] Pat Helland: *Life Beyond Distributed Transactions: An Apostate's Opinion.* 3. Biennial Conference on Innovative Data Systems Research (CIDR), Januar 2007.

[83] Jonathan Oliver: *My Beef with MSDTC and Two-Phase Commits.* blog.jonathanoliver.com, 4. April 2011.

[84] Oren Eini (Ahende Rahien): *The Fallacy of Distributed Transactions.* ayende.com, 17. Juli 2014.

[85] Clemens Vasters: *Transactions in Windows Azure (with Service Bus) – An Email Discussion.* vasters.com, 30. Juli 2012.

[86] *Understanding Transactionality in Azure.* NServiceBus Documentation, Particular Software, 2015.

[87] Randy Wigginton, Ryan Lowe, Marcos Albe und Fernando Ipar: *Distributed Transactions in MySQL.* MySQL Conference and Expo, April 2013.

[88] Mike Spille: *XA Exposed, Part I.* jroller.com, 3. April 2004.

[89] Ajmer Dhariwal: *Orphaned MSDTC Transactions (-2 spids).* eraofdata.com, 12. Dezember 2008.

[90] Paul Randal: *Real World Story of DBCC PAGE Saving the Day.* sqlskills.com, 19. Juni 2013.

[91] *in-doubt xact resolution Server Configuration Option.* SQL Server 2016 documentation, Microsoft, Inc., 2016.

[92] Cynthia Dwork, Nancy Lynch und Larry Stockmeyer: *Consensus in the Presence of Partial Synchrony.* Journal of the ACM, Bd. 35, Nr. 2, S. 288–323, April 1988. doi:10.1145/42282.42283

[93] Miguel Castro und Barbara H. Liskov: *Practical Byzantine Fault Tolerance and Proactive Recovery.* ACM Transactions on Computer Systems, Bd. 20, Nr. 4, S. 396–461, November 2002. doi:10.1145/571637.571640

[94] Brian M. Oki und Barbara H. Liskov: *Viewstamped Replication: A New Primary Copy Method to Support Highly-Available Distributed Systems.* 7. ACM Symposium on Principles of Distributed Computing (PODC), August 1988. doi:10.1145/62546.62549

[95] Barbara H. Liskov und James Cowling: *Viewstamped Replication Revisited.* Massachusetts Institute of Technology, Tech Report MIT-CSAIL-TR-2012-021, Juli 2012.

[96] Leslie Lamport: *The Part-Time Parliament.* ACM Transactions on Computer Systems, Bd. 16, Nr. 2, S. 133–169, Mai 1998. doi:10.1145/279227.279229

[97] Leslie Lamport: *Paxos Made Simple.* ACM SIGACT News, Bd. 32, Nr. 4, S. 51–58, Dezember 2001.

[98] Tushar Deepak Chandra, Robert Griesemer und Joshua Redstone: *Paxos Made Live – An Engineering Perspective.* 26. ACM Symposium on Principles of Distributed Computing (PODC), Juni 2007.

[99] Robbert van Renesse: *Paxos Made Moderately Complex.* cs.cornell.edu, März 2011.

[100] Diego Ongaro: *Consensus: Bridging Theory and Practice.* PhD Thesis, Stanford University, August 2014.

[101] Heidi Howard, Malte Schwarzkopf, Anil Madhavapeddy und Jon Crowcroft: *Raft Refloated: Do We Have Consensus?.* ACM SIGOPS Operating Systems Review, Bd. 49, Nr. 1, S. 12–21, Januar 2015. doi:10.1145/2723872.2723876

[102] André Medeiros: *ZooKeeper's Atomic Broadcast Protocol: Theory and Practice.* Aalto University School of Science, 20. März 2012.

[103] Robbert van Renesse, Nicolas Schiper und Fred B. Schneider: *Vive La Différence: Paxos vs. Viewstamped Replication vs. Zab.* IEEE Transactions on Dependable and Secure Computing, Bd. 12, Nr. 4, S. 472–484, September 2014. doi:10.1109/TDSC.2014.2355848

[104] Will Portnoy: *Lessons Learned from Implementing Paxos.* blog.willportnoy.com, 14. Juni 2012.

[105] Heidi Howard, Dahlia Malkhi und Alexander Spiegelman: *Flexible Paxos: Quorum Intersection Revisited.* arXiv:1608.06696, 24. August 2016.

[106] Heidi Howard und Jon Crowcroft: *Coracle: Evaluating Consensus at the Internet Edge.* Annual Conference of the ACM Special Interest Group on Data Communication (SIGCOMM), August 2015. doi:10.1145/2829988.2790010

[107] Kyle Kingsbury: *Call Me Maybe: Elasticsearch 1.5.0.* aphyr.com, 27. April 2015.

[108] Ivan Kelly: *BookKeeper Tutorial.* github.com, Oktober 2014.

[109] Camille Fournier: *Consensus Systems for the Skeptical Architect.* Craft Conference, Budapest, Hungary, April 2015.

[110] Kenneth P. Birman: *A History of the Virtual Synchrony Replication Model.* in Replication: Theory and Practice, Springer LNCS Bd. 5959, Kapitel 6, S. 91–120, 2010. – ISBN 978-3-642-11293-5, doi:10.1007/978-3-642-11294-2_6

TEIL III

Abgeleitete Daten

In den Teilen I und II dieses Buchs haben wir von Grund auf alle wichtigen Überlegungen zusammengetragen, die in eine verteilte Datenbank einfließen, vom Layout der Daten auf der Festplatte bis hin zu den Grenzen der verteilten Konsistenz im Angesicht von Fehlern. Allerdings sind diese Erörterungen davon ausgegangen, dass es nur eine Datenbank in der Anwendung gibt.

Praktische Datensysteme sind oftmals komplexer. In einer großen Anwendung sind Daten häufig auf viele verschiedene Arten zu verarbeiten, und es gibt keine Datenbank, die alle diese unterschiedlichen Anforderungen gleichzeitig erfüllen kann. Deshalb greifen Anwendungen vielfach auf eine Kombination von mehreren verschiedenen Datenspeichern, Indizes, Caches, Analysesystemen usw. zurück und implementieren Mechanismen, um Daten von einem Speicher in einen anderen zu übertragen.

In diesem letzten Teil des Buchs untersuchen wir Fragen in Bezug auf die Integration mehrerer verschiedener Datensysteme – möglicherweise mit unterschiedlichen Datenmodellen und optimiert für verschiedene Zugriffsmuster – zu einer kohärenten Anwendungsarchitektur. Dieser Aspekt des Systemaufbaus wird oftmals übersehen von Anbietern, die behaupten, dass ihr Produkt alle Ihre Anforderungen erfüllen kann. In der Praxis ist die Integration unterschiedlicher Systeme eine der wichtigsten Aufgaben, die in einer nichttrivialen Anwendung zu erledigen sind.

Primäre und abgeleitete Daten

Ganz allgemein gesehen lassen sich Systeme, die Daten speichern und verarbeiten, in zwei große Kategorien einteilen:

Primäre Datensysteme

Ein primäres Datensystem, auch als *Quelle der Wahrheit* bezeichnet, speichert die maßgebliche Version Ihrer Daten. Wenn neue Daten eintreffen, zum Beispiel als Benutzereingabe, werden diese zuerst hier geschrieben. Jeder Fakt wird genau einmal dargestellt (die Darstellung ist typischerweise *normalisiert*). Bei irgendwelchen Diskrepanzen zwischen einem anderen System und dem primären System ist der Wert des primären Systems (per Definition) der richtige.

Abgeleitete Datensysteme
: Daten in einem abgeleiteten System entstehen dadurch, dass vorhandene Daten von einem anderen System übernommen und in irgendeiner Form transformiert oder verarbeitet werden. Wenn abgeleitete Daten verloren gehen, lassen sie sich aus der Originalquelle wiederherstellen. Ein klassisches Beispiel ist ein Cache: Daten können aus dem Cache bedient werden, wenn sie dort vorhanden sind, doch wenn der Cache die benötigten Daten nicht enthält, können Sie immer noch auf die zugrunde liegende Datenbank zurückgreifen. Denormalisierte Werte, Indizes und materialisierte Sichten fallen ebenfalls in diese Kategorie. In Empfehlungssystemen werden häufig vorausschauende Zusammenfassungsdaten aus Nutzungsprotokollen abgeleitet.

Technisch gesehen sind abgeleitete Daten *redundant* in dem Sinne, dass sie vorhandene Informationen duplizieren. Allerdings sind solche Daten oftmals wichtig, um eine gute Performance bei Leseabfragen zu erreichen. Gewöhnlich sind diese Daten *denormalisiert*. Aus einer einzigen Quelle können Sie mehrere verschiedene Datasets ableiten, sodass Sie sich die Daten aus verschiedenen »Blickwinkeln« ansehen können.

Nicht alle Systeme unterscheiden in ihrer Architektur klar zwischen primären und abgeleiteten Daten. Diese Unterscheidung ist jedoch hilfreich, weil sie den Datenfluss durch das System verdeutlicht: Dabei wird klar, welche Teile des Systems welche Eingaben und welche Ausgaben haben und wie sie voneinander abhängen.

Die meisten Datenbanken, Storage-Engines und Abfragesprachen sind von Haus aus weder ein primäres noch ein abgeleitetes System. Eine Datenbank ist lediglich ein Werkzeug: Wie Sie es verwenden, liegt bei Ihnen. Die Unterscheidung zwischen primärem und abgeleitetem Datensystem hängt nicht vom Werkzeug ab, sondern davon, wie Sie es in Ihrer Anwendung einsetzen.

Wenn Sie genau wissen, welche Daten von welchen anderen Daten abgeleitet sind, können Sie Klarheit in eine sonst verwirrende Systemarchitektur bringen. Dieser Punkt ist das verbindende Thema in diesem Teil des Buchs.

Überblick über die Kapitel

Als Erstes untersuchen wir in Kapitel 10 stapelorientierte Datenflusssysteme wie zum Beispiel MapReduce und zeigen, wie sich mit ihren Tools und Prinzipien große Datensysteme aufbauen lassen. In Kapitel 11 wenden wir diese Ideen auf Datenstreams an, mit denen sich die gleichen Aufgaben bei geringeren Verzögerungen durchführen lassen. Zum Abschluss thematisiere wir in Kapitel 12 Ideen, wie sich mit diesen Tools in Zukunft zuverlässige, skalierbare und wartbare Anwendungen aufbauen lassen.

MEER DER ABGELEITETEN DATEN
Mahout
DELTA DES MASCHINELLEN LERNENS
zur Stream-Verarbeitung (Kapitel 11)
Terrapin
Voldemort
EMPFEHLUNGS-SYSTEME
Flink
zum Königreich der Analytik (Kapitel 3) und Datenintegration (Kapitel 12)
Spark
DATENFLUSS-SYSTEME
FLUSS DER BATCH-AUSGABEN
Hive
Tez
MPP-DATENBANKEN
Impala
GraphX
VERARBEITUNG
SUCHINDIZES
VERTEILTE DATEISYSTEME
ITERATIVE
Giraph
Solr
MapReduce-Workflows
ETL-HAFEN
VERARBEITUNG AUF EINZELNEN KNOTEN
GraphChi
Unix-Tools

KAPITEL 10

Stapelverarbeitung

Ein System kann nicht erfolgreich sein, wenn es zu stark von einer einzelnen Person beeinflusst wird. Sobald das anfängliche Design vollständig und ausreichend robust ist, beginnt der eigentliche Test, wenn Menschen mit vielen unterschiedlichen Perspektiven ihre eigenen Experimente durchführen.

– **Donald Knuth**

In den ersten beiden Teilen dieses Buchs haben wir viel über *Anfragen* und *Abfragen* sowie die entsprechenden *Antworten* oder *Ergebnisse* gesprochen. Diese Art der Datenverarbeitung ist in vielen modernen Datensystemen üblich: Man fragt nach etwas oder sendet eine Anweisung, und später gibt das System (hoffentlich) eine Antwort zurück. Datenbanken, Caches, Suchindizes, Webserver und viele andere Systeme funktionieren auf diese Weise.

Derartige *Onlinesysteme* – sei es ein Webbrowser, der eine Seite anfordert, oder ein Dienst, der eine Remote-API aufruft – nehmen im Allgemeinen an, dass die Anfrage von einem menschlichen Benutzer ausgelöst wird und dass der Benutzer auf die Antwort wartet. Damit er aber nicht zu lange warten muss, schenken wir der Antwortzeit dieser Systeme viel Beachtung (siehe Abschnitt »Performance beschreiben« auf Seite 14).

Das Web und eine wachsende Anzahl von HTTP-/REST-basierten APIs haben den Anfrage-Antwort-Stil der Interaktion so etabliert, dass man ihn leicht als selbstverständlich ansehen kann. Doch wir sollten nicht vergessen, dass es auch andere Methoden gibt, Systeme aufzubauen, und dass andere Ansätze auch ihre Vorzüge haben. Wir unterscheiden hier drei verschiedene Arten von Systemen:

Dienste (Onlinesysteme)
: Ein *Dienst* wartet auf eine Anfrage oder eine Anweisung von einem Client. Nachdem er eine solche empfangen hat, versucht der Dienst, sie so schnell wie möglich zu verarbeiten, und sendet eine Antwort zurück. Die Antwortzeit ist normalerweise das primäre Maß für die Leistung eines Diensts, und auch seine Verfügbarkeit ist ebenfalls sehr wichtig (wenn der Client den Dienst

nicht erreichen kann, bekommt der Benutzer wahrscheinlich eine Fehlermeldung zu sehen).

Stapelverarbeitungssysteme (Offlinesysteme)
: Ein Stapelverarbeitungssystem (Batch-Verarbeitungssystem) übernimmt eine große Menge an Eingabedaten, verarbeitet sie als Job und produziert einige Ausgabedaten. Jobs dauern oft eine Weile (von wenigen Minuten bis zu mehreren Tagen), sodass ein Benutzer normalerweise nicht auf die Fertigstellung des Jobs wartet. Stattdessen werden Jobs häufig für eine periodische Ausführung (zum Beispiel einmal täglich) geplant. Das primäre Performancemaß eines Stapeljobs ist üblicherweise der Durchsatz (die benötigte Zeit, um eine Eingabedatenmenge einer bestimmten Größe zu verarbeiten). Auf Stapelverarbeitung gehen wird später in diesem Kapitel ein.

Stream-Verarbeitungssysteme (zeitnahe Systeme)
: Stream-Verarbeitung liegt irgendwo zwischen Online- und Offline-/Stapelverarbeitung (sodass man auch von *zeitnaher Verarbeitung* spricht). Ein Stream-Prozessor übernimmt genau wie ein Stapelverarbeitungssystem Eingaben und produziert Ausgaben (anstatt auf Anfragen zu antworten). Ein Stream-Job wird aber schon aktiv, kurz nachdem die Ereignisse eingetreten sind, während ein Stapeljob einen festen Satz von Eingabedaten bearbeitet. Aufgrund dieses Unterschieds ist die Latenz von Stream-Verarbeitungssystemen geringer als die von äquivalenten Stapelverarbeitungssystemen. Da Stream-Verarbeitung auf Stapelverarbeitung aufbaut, kommen wir in Kapitel 11 darauf zurück.

Wie dieses Kapitel zeigt, ist Stapelverarbeitung ein wichtiger Baustein in unserem Bestreben, zuverlässige, skalierbare und wartbare Anwendungen zu erstellen. Beispielsweise wurde MapReduce, ein 2004 veröffentlichter Stapelverarbeitungsalgorithmus [1], (vielleicht zu euphorisch) »der Algorithmus, der Google so massiv skalierbar macht« genannt [2]. Er wurde anschließend in verschiedenen Open-Source-Datensystemen implementiert, darunter Hadoop, CouchDB und MongoDB.

MapReduce ist, verglichen mit den Parallelverarbeitungssystemen, die viele Jahre zuvor für Data-Warehouses entwickelt wurden [3, 4], ein ziemlich systemnahes Programmiermodell, aber es war ein großer Schritt vorwärts hinsichtlich des Verarbeitungsumfangs, der sich auf handelsüblicher Hardware realisieren ließ. Auch wenn die Bedeutung von MapReduce mittlerweile zurückgeht [5], sollten Sie sich dennoch damit auseinandersetzen, weil Sie hierbei ein klares Bild davon bekommen, warum und wie Stapelverarbeitung sinnvoll ist.

In der Tat ist die Stapelverarbeitung eine sehr alte Form der Datenverarbeitung. Lange bevor programmierbare Digitalrechner erfunden wurden, haben Lochkarten-Tabelliermaschinen – wie zum Beispiel die Hollerith-Maschinen für die US-Volkszählung von 1890 [6] – eine halbmechanisierte Form der Stapelverarbeitung implementiert, um Zusammenfassungsstatistiken aus großen Eingabemengen zu berechnen. Und MapReduce hat eine sehr große Ähnlichkeit mit den elektromechanischen IBM-Kartensortiermaschinen, die in den 1940er- und 1950er-Jahren für die Verarbeitung von Geschäftsdaten weit verbreitet waren [7]. Wie üblich neigt Geschichte dazu, sich zu wiederholen.

In diesem Kapitel sehen wir uns MapReduce und mehrere andere Stapelverarbeitungsalgorithmen und -frameworks an und erläutern, wie sie in modernen Datensystemen eingesetzt werden. Doch zuvor werfen wir einen Blick auf die Datenverarbeitung mit standardmäßigen Unix-Tools. Selbst wenn Sie bereits mit ihnen vertraut sind, lohnt sich eine Erinnerung an die Unix-Philosophie, weil sich die Ideen und Erkenntnisse von Unix auf große, heterogene verteilte Datensysteme übertragen lassen.

Stapelverarbeitung mit Unix-Tools

Beginnen wir mit einem einfachen Beispiel. Nehmen Sie einen Webserver an, der jedes Mal eine Zeile an eine Protokolldatei anfügt, wenn er eine Anfrage bedient. So könnte bei Verwendung des standardmäßigen Zugriffsprotokollformats von nginx eine Protokollzeile wie folgt aussehen:

```
216.58.210.78 - - [27/Feb/2015:17:55:11 +0000] "GET /css/typography.css HTTP/1.1"
200 3377 "http://martin.kleppmann.com/" "Mozilla/5.0 (Macintosh; Intel Mac OS X
10_9_5) AppleWebKit/537.36 (KHTML, like Gecko) Chrome/40.0.2214.115
Safari/537.36"
```

(Tatsächlich ist das alles eine einzige Zeile, die hier aber zwecks besserer Lesbarkeit auf mehrere Zeilen aufgeteilt wurde.) Diese Zeile enthält eine Menge an Informationen. Um sie zu interpretieren, müssen Sie sich die Definition des Protokollformats ansehen, die folgendermaßen lautet:

```
$remote_addr - $remote_user [$time_local] "$request"
$status $body_bytes_sent "$http_referer" "$http_user_agent"
```

Somit gibt diese eine Zeile des Protokolls an, dass der Server am 27. Februar 2015 um 17:11:11 UTC von der Client-IP-Adresse 216.58.210.78 eine Anfrage nach der Datei */css/typography.css* empfangen hat. Der Benutzer wurde nicht authentifiziert, und daher wurde `$remote_user` auf einen Bindestrich (`-`) gesetzt. Der Antwortstatus lautete 200 (d.h., die Anfrage war erfolgreich), und die Antwort hatte eine Größe von 3.377 Bytes. Der Webbrowser war Chrome 40, und er hat die Datei geladen, weil sie auf der Webseite mit der URL *http://martin.kleppmann.com/* referenziert wurde.

Einfache Protokollanalyse

Verschiedene Tools können anhand dieser Protokolldateien ansprechende Berichte über den Verkehr auf Ihrer Website erzeugen, doch zu Übungszwecken wollen wir hier einen eigenen Bericht mithilfe der grundlegenden Unix-Tools zusammenbasteln. Nehmen wir als Beispiel an, Sie möchten die fünf beliebtesten

Seiten auf Ihrer Website ermitteln. In einer Unix-Shell können Sie das folgendermaßen bewerkstelligen:[1]

```
cat /var/log/nginx/access.log | ❶
  awk '{print $7}' | ❷
  sort             | ❸
  uniq -c          | ❹
  sort -r -n       | ❺
  head -n 5  ❻
```

❶ Die Protokolldatei lesen.

❷ Jede Zeile durch Leerzeichen in Felder aufteilen und nur das jeweils siebente Feld von jeder Zeile ausgeben, das die angefragte URL enthält. In unserer Beispielzeile lautet die Anfrage-URL */css/typography.css*.

❸ Die Liste der angefragten URLs alphabetisch sortieren. Wenn eine URL *n*-Mal angefragt wurde, dann enthält die Datei nach dem Sortieren die gleiche URL *n*-Mal wiederholt in einer Zeile.

❹ Der Befehl `uniq` filtert wiederholte Zeilen in seiner Eingabe aus, indem er zwei benachbarte Zeilen auf Gleichheit testet. Mit der Option `-c` gibt der Befehl einen Zähler aus: Für jede eindeutige URL gibt er an, wie oft diese URL in der Eingabe vorkommt.

❺ Der zweite `sort`-Befehl sortiert numerisch (`-n`) nach der Zahl am Beginn jeder Zeile, die angibt, wie oft die URL angefragt wurde. Dann gibt er die Ergebnisse in umgekehrter (`-r`) Reihenfolge zurück, d.h. mit der größten Zahl zuerst.

❻ Schließlich gibt `head` nur die ersten fünf Zeilen (`-n 5`) der Eingabe aus und verwirft den Rest. Die Ausgabe dieser Befehlsfolge sieht etwa folgendermaßen aus:

```
4189 /favicon.ico
3631 /2013/05/24/improving-security-of-ssh-private-keys.html
2124 /2012/12/05/schema-evolution-in-avro-protocol-buffers-thrift.html
1369 /
 915 /css/typography.css
```

Obwohl die obige Befehlszeile etwas undurchsichtig erscheinen mag, wenn Sie mit Unix-Tools nicht vertraut sind, ist sie unglaublich leistungsfähig. Sie verarbeitet Gigabytes von Protokolldateien in Sekundenschnelle, und Sie können die Analyse ganz leicht an Ihre Bedürfnisse anpassen. Wenn Sie zum Beispiel CSS-Dateien aus dem Bericht auslassen möchten, ändern Sie das `awk`-Argument in `'$7 !~ /\.css$/ {print $7}'`. Möchten Sie die häufigsten IP-Adressen statt der häufigsten Seiten zählen, ändern Sie das `awk`-Argument in `'{print $1}'` usw.

1 Manche Entwickler weisen gern darauf hin, dass `cat` hier unnötig ist, da die Eingabedatei direkt als Argument an `awk` übergeben werden könnte. Allerdings ist die lineare Pipelinestruktur offensichtlicher, wenn sie in der angegebenen Form geschrieben wird.

Es würde über den Rahmen dieses Buchs hinausgehen, die Unix-Tools im Detail zu erläutern, doch es ist auf jeden Fall von Vorteil, wenn Sie damit umgehen können. Überraschend viele Datenanalysen lassen sich in wenigen Minuten mit einer Kombination von `awk`, `sed`, `grep`, `sort`, `uniq` und `xargs` durchführen, die zudem leistungsmäßig überraschend gut abschneiden [8].

Befehlskette vs. benutzerdefiniertes Programm

Anstelle der Kette aus Unix-Befehlen könnten Sie ein einfaches Programm mit der gleichen Funktionalität schreiben. Es könnte zum Beispiel in Ruby wie folgt aussehen:

```
counts = Hash.new(0) ❶

File.open('/var/log/nginx/access.log') do |file|
  file.each do |line|
    url = line.split[6] ❷
    counts[url] += 1 ❸
  end
end

top5 = counts.map{|url, count| [count, url] }.sort.reverse[0...5] ❹
top5.each{|count, url| puts "#{count} #{url}" } ❺
```

❶ `counts` ist eine Hashtabelle, die einen Zähler für Anzahlen der jeweils vorkommenden URL führt. Ein Zähler hat den Standardwert null.

❷ Von jeder Zeile des Protokolls nehmen wir die URL, die im siebenten durch Whitespace-Zeichen getrennten Feld enthalten ist (als Arrayindex ist hier 6 angegeben, weil Arrayindizes in Ruby nullbasiert sind).

❸ Den Zähler für jede URL in der aktuellen Zeile des Protokolls inkrementieren.

❹ Den Inhalt der Hashtabelle nach dem Zählerwert absteigend sortieren und die obersten fünf Einträge übernehmen.

❺ Diese obersten fünf Einträge ausgeben.

Dieses Programm ist nicht so kompakt wie die Kette der Unix-Pipes, doch immer noch einigermaßen verständlich. Welche der beiden Varianten Sie vorziehen, ist zum Teil auch eine Geschmacksfrage. Allerdings gibt es neben den sichtbaren syntaktischen Unterschieden einen großen Unterschied im Ausführungsfluss, der zutage tritt, wenn Sie diese Analyse auf einer großen Datei ausführen.

Sortieren vs. speicherinterne Aggregation

Das Ruby-Skript führt eine speicherinterne Hashtabelle der URLs, wobei jede URL auf die Anzahl abgebildet wird, wie oft die jeweilige URL vorgekommen ist. Das Beispiel mit der Unix-Pipeline benötigt keine derartige Hashtabelle, sondern stützt sich stattdessen auf das Sortieren einer Liste von URLs, in der mehrere Vorkommen der gleichen URL einfach wiederholt werden.

Welcher Ansatz ist besser? Das hängt davon ab, wie viele verschiedene URLs vorkommen. Bei den meisten kleineren bis mittleren Websites passen wahrscheinlich alle eindeutigen URLs und die Zähler für jede URL in (sagen wir) 1 GB Arbeitsspeicher. In diesem Beispiel hängt der *Arbeitssatz* des Jobs (engl. »working set«: die Größe des Arbeitsspeichers, auf den der Job wahlfreien Zugriff benötigt) nur von der Anzahl der eindeutigen URLs ab: Selbst wenn es eine Million Protokolleinträge für eine einzelne URL gibt, ist in der Hashtabelle trotzdem nur Platz für eine URL plus die Größe des Zählers erforderlich. Ist dieser Arbeitssatz genügend klein, funktioniert eine speicherinterne Hashtabelle – auch auf einem Laptop.

Wenn andererseits der Arbeitssatz des Jobs größer als der verfügbare Arbeitsspeicher ist, hat der Sortieransatz den Vorteil, dass er Plattenspeicher effizient nutzen kann. Es ist das gleiche Prinzip wie in Abschnitt »SSTables und LSM-Bäume« auf Seite 80 beschrieben: Datenblöcke lassen sich im Arbeitsspeicher sortieren und als Segmentdateien auf die Festplatte schreiben; anschließend werden mehrere Segmente zu einer größeren sortierten Datei zusammengeführt. Mergesort hat sequenzielle Zugriffsmuster, die auf Festplatten gut funktionieren. (Denken Sie daran, dass die Optimierung für sequenzielle Ein-/Ausgabe ein wiederkehrendes Thema in Kapitel 3 war. Das gleiche Muster taucht hier wieder auf.)

Das Hilfsprogramm `sort` in GNU Coreutils (Linux) verarbeitet Datenmengen, die größer als der verfügbare Arbeitsspeicher sind, indem es sie automatisch auf die Festplatte auslagert, und parallelisiert das Sortieren automatisch über mehrere CPU-Kerne [9]. Das heißt, dass sich die einfache Kette der Unix-Befehle, die wir weiter vorn gezeigt haben, leicht auf große Datenbestände skalieren lässt, ohne dass der Arbeitsspeicher knapp wird. Der Flaschenhals ist höchstwahrscheinlich die Geschwindigkeit, mit der sich die Eingabedatei von der Festplatte lesen lässt.

Die Unix-Philosophie

Es ist kein Zufall, dass wir in der Lage waren, eine Protokolldatei ganz einfach mit einer Kette von Befehlen zu analysieren, wie das vorherige Beispiel gezeigt hat: Das war in der Tat eines der Entwurfsprinzipien von Unix, und es bleibt auch heute noch erstaunlich relevant. Sehen wir uns dieses Prinzip etwas genauer an, damit wir uns einige Ideen von Unix ausleihen können [10].

Doug McIlroy, der Erfinder der Unix-Pipes, hat sie erstmals 1964 so beschrieben [11]: »Wir sollten Methoden haben, um Programme wie mit einem Gartenschlauch verbinden zu können – ein anderes Segment einzuschrauben, wenn es notwendig ist, um Daten auf andere Weise umzuformen. Das ist auch die Methode der Ein-/Ausgabe.« Die Rohrleitungsanalogie blieb hängen, und die Idee, Programme mit Röhren (pipes) zu verbinden, wurde Teil dessen, was heute als *Unix-Philosophie* bekannt ist – eine Reihe von Entwurfsprinzipien, die bei den Entwicklern und Benutzern von Unix populär wurden. Die Philosophie wurde 1978 wie folgt beschrieben [12, 13]:

1. Jedes Programm soll genau eine Sache richtig gut machen. Um eine neue Aufgabe zu erledigen, erstellen Sie ein neues Programm, anstatt alte Programme mit neuen »Features« zu verkomplizieren.
2. Die Ausgabe jedes Programms soll sich als Eingabe für ein anderes, noch unbekanntes Programm eignen. Überladen Sie die Ausgabe nicht mit irrelevanten Informationen. Vermeiden Sie zwingend spaltenförmige oder binäre Eingabeformate. Bestehen Sie nicht auf interaktiver Eingabe.
3. Entwerfen und erstellen Sie Software – auch Betriebssysteme – so, dass sie sich frühzeitig ausprobieren lassen, idealerweise innerhalb von Wochen. Zögern Sie nicht, ungeeignete Teile zu verwerfen und neu zu erstellen.
4. Verwenden Sie vorzugsweise Tools statt unqualifizierter Hilfskräfte, um eine Programmieraufgabe zu erleichtern, selbst wenn Sie den Umweg gehen müssen, die Tools zu erstellen. Rechnen Sie auch damit, einige dieser Tools zu verwerfen, nachdem Sie sie eingesetzt haben.

Dieser Ansatz – Automatisierung, schnelle Prototypenentwicklung, inkrementelle Iteration, Experimentierfreudigkeit und Aufteilung großer Projekte in überschaubare Blöcke – klingt bemerkenswert nach den heutigen Agile- und DevOps-Bewegungen. In vier Jahrzehnten hat sich da überraschend wenig verändert.

Das `sort`-Tool ist ein hervorragendes Beispiel für ein Programm, das genau eine Sache gut macht. Es ist wohl eine bessere Sortierimplementierung als in den Standardbibliotheken der meisten Programmiersprachen (die nichts auf die Festplatte auslagern und nicht mit mehreren Threads arbeiten, selbst wenn das vorteilhaft wäre). Und dennoch ist `sort` für sich allein kaum brauchbar. Seine volle Leistung entfaltet es erst in Kombination mit den anderen Unix-Tools wie zum Beispiel `uniq`.

In einer Unix-Shell wie `bash` lassen sich diese kleinen Programme leicht zu überraschend leistungsfähigen Datenverarbeitungsjobs *zusammensetzen*. Auch wenn viele dieser Programme von verschiedenen Personengruppen geschrieben wurden, lassen sie sich auf flexible Weise miteinander verknüpfen. Was tut Unix, um diese Kombinierbarkeit zu ermöglichen?

Eine einheitliche Schnittstelle

Wenn Sie erwarten, dass die Ausgabe des einen Programms zur Eingabe eines anderen Programms wird, heißt das, dass diese Programme das gleiche Datenformat – mit anderen Worten eine kompatible Schnittstelle – verwenden müssen. Wollen Sie die Ausgabe eines *beliebigen* Programms mit der Eingabe eines *beliebigen* Programms verbinden, müssen *alle* Programme die gleiche Ein-/Ausgabe-Schnittstelle verwenden.

Unter Unix ist diese Schnittstelle eine Datei (oder genauer gesagt, ein Dateideskriptor). Eine Datei ist einfach eine geordnete Folge von Bytes. Da das so eine einfache Schnittstelle ist, können viele verschiedene Dinge über dieselbe Schnittstelle dargestellt werden: eine Datei im Dateisystem im engeren Sinne, ein Kommunikationskanal zu einem anderen Prozess (Unix-Socket, `stdin`, `stdout`), ein Gerätetreiber (beispielsweise `/dev/audio` oder `/dev/lp0`), ein Socket, der eine TCP-Verbindung darstellt, usw. Es ist leicht, dies für selbstverständlich hinzunehmen, doch eigentlich ist es ziemlich bemerkenswert, dass diese sehr verschiedenen Dinge gemeinsam eine einheitliche Schnittstelle verwenden können, sodass sie sich problemlos zusammenstecken lassen.[2]

Per Konvention behandeln viele (wenn auch nicht alle) Unix-Programme diese Bytefolgen als ASCII-Text. Unser Beispiel zur Protokollanalyse hat diese Eigenschaft genutzt: `awk`, `sort`, `uniq` und `head` verarbeiten ihre Eingabedatei als Liste von Datensätzen, die durch das Zeichen `\n` (neue Zeile, ASCII `0x0A`) getrennt sind. Das Trennzeichen `\n` ist willkürlich gewählt worden – vermutlich wäre das ASCII-Datensatztrennzeichen `0x1E` eine bessere Wahl gewesen, da es für diesen Zweck vorgesehen ist [14] –, doch da alle Programme standardmäßig das gleiche Datensatztrennzeichen verwenden, können sie auch problemlos zusammenarbeiten.

Das Parsen jedes Datensatzes (d.h. einer Eingabezeile) ist unbestimmter. Unix-Tools teilen eine Zeile üblicherweise durch Leerzeichen oder Tabulatorzeichen in Felder auf, verwenden aber manchmal auch kommagetrennte (CSV, comma-separated value), Pipe-getrennte und andere Codierungen. Selbst bei einem relativ einfachen Tool wie `xargs` lässt sich mit einem halben Dutzend Befehlszeilenoptionen festlegen, wie seine Eingabe geparst werden soll.

Die einheitliche Schnittstelle per ASCII-Text funktioniert meistens, ist aber nicht unbedingt schön: Unser Beispiel zur Protokollanalyse hat mit `{print $7}` eine nicht gerade auf Anhieb verständliche Codierung verwendet, um die URL herauszuziehen. Besser geeignet wäre eine Formulierung wie `{print $request_url}` oder etwas in dieser Art. Wir kommen später noch auf diesen Gedanken zurück.

Obwohl sie nicht perfekt ist, stellt die einheitliche Schnittstelle von Unix selbst nach Jahrzehnten immer noch etwas Bemerkenswertes dar. Nicht viele Softwareprodukte wirken so gut zusammen wie die Unix-Tools: Den Inhalt Ihres E-Mail-Kontos und den Verlauf Ihres Onlineshops können Sie nicht so einfach über eine Pipe durch ein benutzerdefiniertes Analysetool in eine Tabellenkalkulation schreiben und die Ergebnisse in einem sozialen Netzwerk oder einem Wiki posten.

2 Ein weiteres Beispiel für eine einheitliche Schnittstelle ist mit URLs und HTTP gegeben, den Grundlagen des Webs. Eine URL identifiziert eine bestimmte Sache (Ressource) auf einer Website, und Sie können zu jeder beliebigen URL von irgendeiner anderen Website verlinken. Ein Benutzer mit einem Webbrowser kann somit nahtlos zwischen Websites springen, indem er Links folgt, selbst wenn die Server von völlig voneinander unabhängigen Organisationen betrieben werden. Dieses Prinzip scheint heute selbstverständlich zu sein, doch war diese Erkenntnis letztlich der Schlüssel dafür, dass das Web eine so erfolgreiche Entwicklung genommen hat. Ältere Systeme waren nicht so einheitlich: Beispielsweise hatte im Zeitalter der Bulletin-Board-Systeme (BBS) jedes System seine eigene Telefonnummer und Konfiguration der Übertragungsparameter (unter anderem Baudrate). Ein Verweis von einem BBS zu einem anderen hätte in Form einer Telefonnummer und der Modemeinstellungen erfolgen müssen; der Benutzer hätte auflegen (die Verbindung trennen), das andere BBS anwählen und dann dort manuell die gesuchten Informationen herausfinden müssen. Es war nicht möglich, auf Inhalte in einem anderen BBS direkt zu verlinken.

Heute ist es eher die Ausnahme als die Regel, dass Programme so reibungslos zusammenarbeiten wie die Unix-Tools.

Sogar bei Datenbanken mit dem *gleichen Datenmodell* ist es oftmals nicht einfach, die Daten aus der einen Datenbank in die andere Datenbank zu übertragen. Diese mangelnde Integration führt zu einer Balkanisierung der Daten.

Trennung von Logik und Verdrahtung

Ein weiteres charakteristisches Merkmal der Unix-Tools ist ihre Verwendung der Standardeingabe (`stdin`) und Standardausgabe (`stdout`). Wenn Sie ein Programm ausführen und nichts weiter angeben, kommt die Standardeingabe von der Tastatur, und die Standardausgabe geht an den Bildschirm. Allerdings können Sie die Eingabe auch von einer Datei übernehmen und/oder die Ausgabe in eine Datei umleiten. Pipes erlauben es, die `stdout` des einen Prozesses mit der `stdin` eines anderen Prozesses zu verbinden (mit einem kleinen speicherinternen Puffer und ohne den gesamten Zwischendatenstrom auf die Festplatte zu schreiben).

Ein Programm kann trotzdem noch Dateien direkt lesen und schreiben, wenn das erforderlich ist. Am besten funktioniert der Unix-Ansatz aber, wenn sich ein Programm nicht um konkrete Dateipfade kümmert und stattdessen einfach `stdin` und `stdout` verwendet. Ein Shell-Benutzer hat damit die Möglichkeit, die Eingabe und Ausgabe in jeder gewünschten Weise zu verdrahten; woher die Eingabe kommt und wohin die Ausgabe geht, weiß das Programm nicht und es kümmert sich auch gar nicht darum. (Man könnte sagen, dass dies eine Form der *losen Kopplung*, *späten Bindung* [15] oder *Umkehrung der Steuerung* (Inversion of Control) [16] ist.) Die Trennung der Ein-/Ausgabeverdrahtung von der Programmlogik erleichtert es, kleine Tools zu größeren Systemen zusammenzustellen.

Sie können sogar Ihre eigenen Programme schreiben und sie mit den Tools des Betriebssystems kombinieren. Dabei muss Ihr Programm lediglich die Eingabe von `stdin` lesen und die Ausgabe nach `stdout` schreiben, und schon kann es an Datenverarbeitungspipelines teilnehmen. Für das Beispiel zur Protokollanalyse könnten Sie ein Tool schreiben, das Benutzer-Agenten-Strings in sinnvollere Browser-Bezeichner übersetzt, oder ein Tool, das IP-Adressen in Ländercodes übersetzt, und es dann einfach in die Pipeline einstecken. Dem Programm `sort` ist es vollkommen egal, ob es mit einem anderen Teil des Betriebssystems oder mit einem von Ihnen geschriebenen Programm kommuniziert.

Es gibt aber Grenzen, was man mit `stdin` und `stdout` anstellen kann. Programme, die mehrere Eingaben oder Ausgaben benötigen, sind zwar möglich, aber schwierig. Die Ausgabe eines Programms können Sie nicht per Pipe in eine Netzwerkverbindung einspeisen [17, 18].[3] Wenn ein Programm Dateien zum Lesen und Schrei-

---

3 Außer mit einem separaten Tool, wie zum Beispiel `netcat` oder `curl`. Zu Beginn hat Unix alles als Dateien dargestellt, doch die BSD-Sockets-API ist von dieser Konvention abgewichen [17]. Die als Forschungsprojekte entwickelten Betriebssysteme *Plan 9* und *Inferno* sind konsistenter in ihrer Verwendung von Dateien: Eine TCP-Verbindung stellen sie als Datei in `/net/tcp` dar. [18].

ben direkt öffnet, ein anderes Programm als Subprozess startet oder eine Netzwerkverbindung öffnet, dann wird diese Ein-/Ausgabe durch das Programm selbst verdrahtet. Zwar kann es trotzdem konfigurierbar sein (zum Beispiel über Befehlszeilenoptionen), doch die Flexibilität der Verdrahtung von Eingaben und Ausgaben in einer Shell ist eingeschränkt.

Transparenz und Experimentierfreude

Der Erfolg der Unix-Tools stammt zum Teil daher, dass man mit ihnen ziemlich einfach sehen kann, was vor sich geht:

- Die Eingabedateien für Unix-Befehle werden normalerweise als unveränderlich behandelt. Das heißt, Sie können einen Befehl so oft ausführen, wie Sie wollen, und verschiedene Befehlszeilenoptionen ausprobieren, ohne die Eingabedateien zu beschädigen.
- Die Pipeline können Sie an jedem beliebigen Punkt beenden, die Ausgabe an `less` weiterleiten und sich ansehen, ob das Ergebnis die erwartete Form hat. Diese Fähigkeit zur Inspektion ist für das Debuggen prädestiniert.
- Die Ausgabe einer Pipeline-Stufe können Sie in eine Datei schreiben und diese Datei als Eingabe für die nächste Stufe verwenden. Dadurch ist es möglich, die spätere Stufe neu zu starten, ohne erneut die gesamte Pipeline auszuführen.

Obwohl die Unix-Tools verglichen mit dem Abfrageoptimierer einer relationalen Datenbank ziemlich schlicht und bescheiden daherkommen, sind sie weiterhin erstaunlich nützlich, insbesondere für Experimente.

Die größte Einschränkung der Unix-Tools ist jedoch, dass sie nur auf einem einzelnen Computer laufen – und hier kommen Tools wie Hadoop ins Spiel.

MapReduce und verteilte Dateisysteme

MapReduce ähnelt den Unix-Tools, doch verteilt über möglicherweise Tausende von Computern. Wie die Unix-Tools ist es ein ziemlich stumpfes, brachiales, aber überraschend effektives Werkzeug. Ein einzelner MapReduce-Job ist mit einem einzelnen Unix-Prozess vergleichbar: Er übernimmt eine oder mehrere Eingaben und produziert eine oder mehrere Ausgaben.

Wie bei den meisten Unix-Tools ändert ein MapReduce-Job normalerweise die Eingabe nicht und zeigt auch keine Wirkungen außer dem Erzeugen der Ausgabe. Die Ausgabedateien werden einmalig in sequenzieller Reihenfolge geschrieben (wobei kein vorhandener Teil einer Datei geändert wird, sobald er geschrieben wurde).

Während die Unix-Tools `stdin` und `stdout` als Eingabe und Ausgabe verwenden, lesen und schreiben MapReduce-Jobs Dateien in einem verteilten Dateisystem. In der MapReduce-Implementierung von Hadoop heißt dieses Dateisystem HDFS

(Hadoop Distributed File System), eine Open-Source-Reimplementierung des Google-Dateisystems GFS (Google File System) [19].

Neben HDFS gibt es verschiedene andere verteilte Dateisysteme wie zum Beispiel GlusterFS und das Quantcast File System (QFS) [20]. Objekt-Speicherdienste wie Amazon S3, Azure Blob Storage und OpenStack Swift [21] sind in vielerlei Hinsicht ähnlich.[4] In diesem Kapitel verwenden wir meistens HDFS als ständiges Beispiel, wobei aber die Prinzipien für jedes verteilte Dateisystem gelten.

HDFS basiert auf dem Shared-Nothing-Prinzip (siehe die Einführung zu Teil II), im Unterschied zum Shared-Disk-Ansatz der *NAS-(Network-Attached-Storage-)* und *SAN-(Storage-Area-Network-)*Architekturen. Shared-Disk-Speicherung wird durch ein zentralisiertes Speichergerät implementiert, oftmals mithilfe von spezialisierter Hardware und Netzwerkinfrastruktur wie zum Beispiel Fibre Channel. Im Gegensatz dazu erfordert der Shared-Nothing-Ansatz keine spezielle Hardware, sondern nur Computer, die durch ein konventionelles Datacenter-Netzwerk verbunden sind.

HDFS besteht aus einem Dämon-Prozess, der auf jedem Computer läuft. Der Dämon gibt einen Netzwerkdienst frei, der anderen Knoten den Zugriff auf Dateien ermöglicht, die auf diesem Computer gespeichert sind (vorausgesetzt, dass an jeden Universalcomputer in einem Rechenzentrum einige Festplatten angeschlossen sind). Ein zentraler Server namens *NameNode* verfolgt, welche Dateiblöcke auf welchem Computer gespeichert sind. Somit erzeugt HDFS konzeptionell ein großes Dateisystem, das den Platz auf allen Festplatten aller Computer, die den Dämon ausführen, nutzen kann.

Um Computer- und Festplattenfehler zu tolerieren, werden Dateiblöcke auf mehrere Computer repliziert. Replikation kann einfach mehrere Kopien der gleichen Daten auf mehreren Computern bedeuten (wie in Kapitel 5) oder einen *Erasure-Coding*-Ansatz wie zum Beispiel Reed-Solomon-Codes, womit es möglich ist, verlorene Daten mit geringerem Speicheroverhead als bei vollständiger Replikation wiederherzustellen [20, 22]. Diese Techniken ähneln den RAID-Systemen, die Redundanz über mehrere Festplatten bieten, die an denselben Computer angeschlossen sind. Der Unterschied besteht darin, dass Dateizugriff und Replikation in einem verteilten Dateisystem über ein konventionelles Datacenter-Netzwerk ohne spezielle Hardware erfolgen.

HDFS ist gut skalierbar: Bei Drucklegung des Buchs liefen die größten HDFS-Bereitstellungen auf Zehntausenden Computern mit einer Speicherkapazität von Hunderten Petabyte [23]. Solche Größenordnungen sind machbar geworden, weil

4 Ein Unterschied besteht darin, dass sich mit HDFS Datenverarbeitungsaufgaben auf dem Computer ausführen lassen, der eine bestimmte Datei speichert, während Objektspeicher normalerweise Speichern und Verarbeiten von Daten getrennt halten. Das Lesen von einer lokalen Festplatte ist für die Leistung vorteilhaft, wenn die Netzwerkbandbreite einen Engpass darstellt. Beachten Sie aber, dass bei Verwendung von Erasure Coding der Lokalitätsvorteil verloren geht, weil die Daten von mehreren Computern kombiniert werden müssen, um die ursprüngliche Datei wiederherzustellen [20].

die Kosten für die Datenspeicherung und den Zugriff auf HDFS mit handelsüblicher Hardware und Open-Source-Software wesentlich geringer sind als die Kosten für eine äquivalente Kapazität auf einem dedizierten Speichergerät [24].

MapReduce-Jobausführung

MapReduce ist ein Programmier-Framework, mit dem Sie Code schreiben können, um große Datenbestände in einem verteilten Dateisystem wie HDFS zu verarbeiten. Um dies zu verstehen, ist es am einfachsten, noch einmal auf das Beispiel für die Webserver-Protokollanalyse in Abschnitt »Einfache Protokollanalyse« auf Seite 419 zurückzukommen. Das Muster der Datenverarbeitung in MapReduce ist diesem Beispiel sehr ähnlich:

1. Eine Reihe von Eingabedateien wird gelesen und in Datensätze aufgeteilt. Im Beispiel des Webserverprotokolls umfasst jeder Datensatz eine Zeile im Protokoll (d. h., `\n` ist das Datensatztrennzeichen).
2. Die Map-Funktion wird aufgerufen, um einen Schlüssel und einen Wert aus jedem Eingabedatensatz zu extrahieren. Im vorherigen Beispiel lautet die Map-Funktion `awk '{print $7}'`: Sie extrahiert die URL (`$7`) als Schlüssel und lässt den Wert leer.
3. Alle Schlüssel-Wert-Paare werden nach dem Schlüssel sortiert. Im vorherigen Beispiel geschieht dies mit dem ersten `sort`-Befehl.
4. Die Reduce-Funktion wird aufgerufen, um über die sortierten Schlüssel-Wert-Paare zu iterieren. Wenn derselbe Schlüssel mehrfach vorkommt, stehen diese Schlüssel als benachbarte Einträge in der Liste, sodass sich die dazugehörenden Werte leicht zusammenfassen lassen, ohne viele Statusinformationen im Speicher mitführen zu müssen. Das vorherige Beispiel implementiert die Reduce-Funktion mit dem Befehl `uniq -c`, der die Anzahl der benachbarten Datensätze mit demselben Schlüssel zählt.

Diese vier Schritte lassen sich durch einen MapReduce-Job ausführen. In den Schritten 2 (map) und 4 (reduce) schreiben Sie Ihren benutzerdefinierten Datenverarbeitungscode. Schritt 1 (Dateien in Datensätze aufteilen) wird durch den Parser für das Eingabeformat realisiert. Schritt 3 (der `sort`-Schritt) ist in MapReduce implizit enthalten – Sie müssen ihn nicht selbst schreiben, weil die Ausgabe der Map-Funktion immer sortiert wird, bevor sie zur Reduzierfunktion gelangt.

Um einen MapReduce-Job zu erstellen, müssen Sie zwei Callback-Funktionen implementieren: den Mapper und den Reducer. Diese Funktionen verhalten sich folgendermaßen (siehe auch Abschnitt »MapReduce-Abfragen« auf Seite 49):

Mapper

Der Mapper wird einmal für jeden Eingabedatensatz aufgerufen. Er hat die Aufgabe, den Schlüssel und den Wert aus dem Eingabedatensatz zu extrahieren. Für jede Eingabe kann er beliebig viele Schlüssel-Wert-Paare (auch kein

Schlüssel-Wert-Paar) erzeugen. Der Mapper speichert von einem Eingabedatensatz zum nächsten keinerlei Status und behandelt somit jeden Datensatz unabhängig von den anderen.

Reducer
: Das MapReduce-Framework übernimmt die von den Mappern erzeugten Schlüssel-Wert-Paare, sammelt alle Werte, die zum selben Schlüssel gehören, und ruft den Reducer mit einem Iterator über dieser Sammlung von Werten auf. Der Reducer kann Ausgabedatensätze erzeugen (zum Beispiel mit der Anzahl, wie oft dieselbe URL vorkommt).

Das Beispiel mit dem Webserverprotokoll hat in Schritt 5 einen zweiten `sort`-Befehl ausgeführt, der die URLs nach der Anzahl der Anfragen sortiert hat. Wenn Sie in MapReduce eine zweite Sortierstufe benötigen, schreiben Sie einen zweiten MapReduce-Job und verwenden die Ausgabe des ersten Jobs als Eingabe für den zweiten Job. So gesehen hat der Mapper die Aufgabe, die Daten vorzubereiten, indem er sie in eine Form bringt, die für das Sortieren geeignet ist, und der Reducer hat die sortierten Daten zu verarbeiten.

Verteilte Ausführung von MapReduce

Der Hauptunterschied zu Pipelines von Unix-Befehlen besteht darin, dass MapReduce eine Datenverarbeitung über viele Computer hinweg parallelisieren kann, ohne dass Sie explizit Code für die Parallelverarbeitung schreiben müssen. Der Mapper und der Reducer verarbeiten jeweils einen Datensatz; da sie nicht wissen müssen, wo ihre Eingabe herkommt und ihre Ausgabe hingeht, kann das Framework die komplexe Verschiebung von Daten zwischen Computern bewältigen.

Zwar lassen sich auch die standardmäßigen Unix-Tools als Mapper und Reducer in verteilten Jobs verwenden [25], häufiger aber werden sie als Funktionen in einer konventionellen Programmiersprache implementiert. In Hadoop MapReduce sind Mapper und Reducer jeweils als Java-Klasse ausgeführt, die eine bestimmte Schnittstelle implementiert. In MongoDB und CouchDB sind Mapper und Reducer JavaScript-Funktionen (siehe Abschnitt »MapReduce-Abfragen« auf Seite 49).

Abbildung 10-1 zeigt den Datenfluss in einem Hadoop-MapReduce-Job. Seine Parallelisierung basiert auf Partitionierung (siehe Kapitel 6): Die Eingabe eines Jobs ist normalerweise ein Verzeichnis in HDFS, und jede Datei oder jeder Dateiblock innerhalb des Eingabeverzeichnisses wird als separate Partition betrachtet, die sich durch einen separaten Map-Task verarbeiten lässt (in Abbildung 10-1 als *m 1*, *m 2* und *m 3* markiert).

Jede Eingabedatei ist typischerweise Hunderte Megabyte groß. Der MapReduce-Scheduler (in der Zeichnung nicht dargestellt) versucht, jeden Mapper auf einem der Computer auszuführen, der ein Replikat der Eingabedatei speichert, vorausgesetzt dass der Computer über genügend freien RAM und CPU-Ressourcen verfügt, um den Map-Task auszuführen [26]. Dieses Prinzip ist als *Berechnung zu den Daten bringen* bekannt [27]: Es spart das Kopieren der Eingabedatei über das Netzwerk, verringert die Netzwerkbelastung und erhöht die Lokalität.

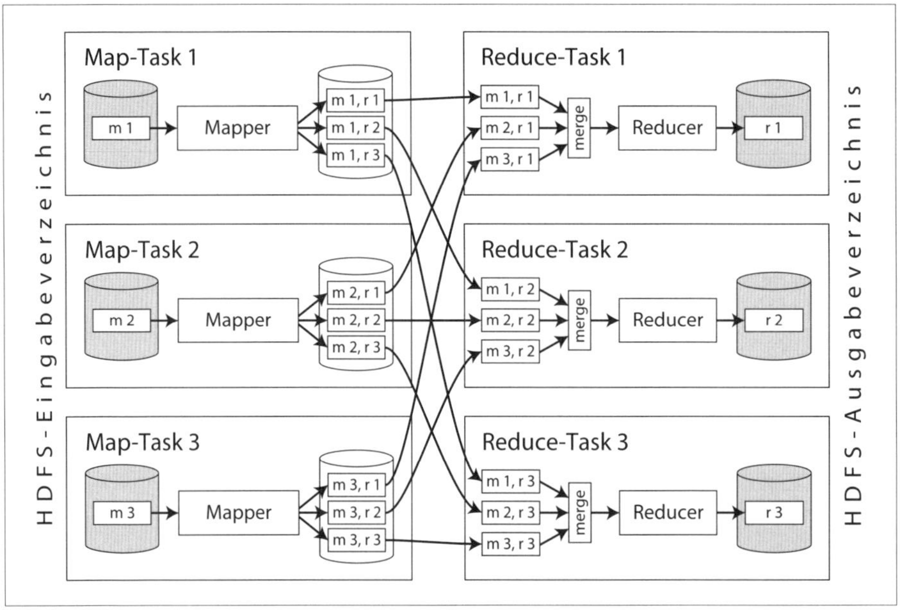

Abbildung 10-1: Ein MapReduce-Job mit drei Mappern und drei Reducern

In den meisten Fällen ist der Anwendungscode, der im Map-Task laufen soll, noch nicht auf dem Computer vorhanden, dem die Ausführung zugeordnet ist. Das MapReduce-Framework kopiert also zuerst den Code (zum Beispiel JAR-Dateien bei einem Java-Programm) auf die entsprechenden Computer. Dann startet es den Map-Task, liest die Eingabedatei und übergibt jeweils einen Datensatz an die Mapper-Callbackfunktion. Die Ausgabe des Mappers besteht aus Schlüssel-Wert-Paaren.

Die Reduce-Seite der Berechnung wird ebenfalls partitioniert. Während sich die Anzahl der Map-Tasks aus der Anzahl der Eingabedateiblöcke ergibt, wird die Anzahl der Reduce-Tasks vom Job-Autor konfiguriert (und kann von der Anzahl der Map-Tasks abweichen). Um sicherzustellen, dass alle Schlüssel-Wert-Paare mit demselben Schlüssel beim selben Reducer landen, bestimmt das Framework mit einem Hashwert des Schlüssels, welcher Reduce-Task ein bestimmtes Schlüssel-Wert-Paar empfangen soll (siehe Abschnitt »Nach dem Hashwert des Schlüssels partitionieren« aus Seite 215).

Die Schlüssel-Wert-Paare müssen sortiert sein, doch ist die Datenmenge wahrscheinlich zu groß, um sie mit einem konventionellen Sortieralgorithmus auf einem einzelnen Computer zu sortieren. Stattdessen wird in Stufen sortiert. Zuerst partitioniert jeder Map-Task seine Ausgabe nach Reducer, basierend auf dem Hashwert des

Schlüssels. Jede dieser Partitionen wird in eine sortierte Datei auf der lokalen Festplatte des Mappers geschrieben. Dabei kommt eine ähnliche Technik zur Anwendung, wie sie Abschnitt »SSTables und LSM-Bäume« auf Seite 80 beschrieben hat.

Sobald ein Mapper seine Eingabedatei gelesen und seine sortierten Ausgabedateien vollständig geschrieben hat, benachrichtigt der MapReduce-Scheduler die Reducer, dass sie die Ausgabedateien von diesem Mapper abrufen können. Die Reducer verbinden sich mit jedem Mapper und laden die Dateien der sortierten Schlüssel-Wert-Paare für ihre Partition herunter. Das Partitionieren durch den Reducer, das Sortieren und das Kopieren der Datenpartitionen von Mappern zu Reducern wird als *Shuffle* (Mischen) [26] bezeichnet (ein verwirrender Begriff – im Gegensatz zum Mischen eines Spielkartenstapels gibt es bei MapReduce keine Zufälligkeit).

Der Reduce-Task übernimmt die Dateien von den Mappern und führt sie zusammen, wobei die Sortierreihenfolge bewahrt wird. Wenn also verschiedene Mapper Datensätze mit demselben Schlüssel erzeugt haben, werden sie in der zusammengeführten Reducer-Eingabe benachbart sein.

Der Reducer wird mit einem Schlüssel und einem Iterator aufgerufen, der alle Datensätze mit demselben Schlüssel (die in manchen Fällen nicht alle in den Arbeitsspeicher passen) sequenziell liest. Der Reducer kann diese Datensätze mit beliebiger Logik verarbeiten und beliebig viele Ausgabedatensätze generieren. Diese Ausgabedatensätze werden in eine Datei des verteilten Dateisystems geschrieben (normalerweise eine Kopie auf der lokalen Festplatte des Computers, der den Reducer ausführt, mit Replikaten auf anderen Computern).

MapReduce-Workflows

Das Spektrum der Probleme, die Sie mit einem einzelnen MapReduce-Job lösen können, ist begrenzt. Wie das Beispiel zur Protokollanalyse gezeigt hat, konnte ein einzelner MapReduce-Job die Anzahl der Seitenaufrufe pro URL bestimmen, nicht aber die beliebtesten URLs, da dies eine zweite Sortierrunde erfordert.

Daher ist es üblich, MapReduce-Jobs zu Workflows zu verketten, sodass die Ausgabe des einen Jobs zur Eingabe des nächsten Jobs wird. Da das Hadoop-MapReduce-Framework keine besondere Unterstützung für Workflows mitbringt, erfolgt diese Verkettung implizit nach dem Verzeichnisnamen: Der erste Job muss so konfiguriert sein, dass er seine Ausgabe in ein festgelegtes Verzeichnis in HDFS schreibt, und der zweite Job muss so konfiguriert sein, dass er denselben Verzeichnisnamen zum Lesen seiner Eingabe verwendet. Aus Sicht des MapReduce-Frameworks sind das zwei unabhängige Jobs.

Verkettete MapReduce-Jobs ähneln daher weniger den Pipelines von Unix-Befehlen (die die Ausgabe des einen Prozesses direkt als Eingabe eines anderen Prozesses übergeben und dabei nur einen kleinen speicherinternen Puffer verwenden), sondern eher einer Sequenz von Befehlen, bei dem die Ausgabe jedes Befehls in eine temporäre Datei geschrieben wird und der nächste Befehl aus der temporären Datei liest. Dieses Konzept hat Vor- und Nachteile, auf die wir in Abschnitt »Zwischenzustände materialisieren« auf Seite 451 eingehen.

Die Ausgabe eines Stapeljobs gilt nur dann als gültig, wenn der Job erfolgreich abgeschlossen wurde (MapReduce verwirft die partielle Ausgabe eines fehlgeschlagenen Jobs). Demzufolge kann ein Job in einem Workflow erst dann starten, wenn die vorherigen Jobs – d.h. die Jobs, die seine Eingabeverzeichnisse erzeugen – erfolgreich abgeschlossen wurden. Um diese Abhängigkeiten zwischen Job-Ausführungen in den Griff zu bekommen, wurden verschiedene Workflow-Scheduler für Hadoop entwickelt, unter anderem Oozie, Azkaban, Luigi, Airflow und Pinball [28].

Diese Scheduler besitzen auch Verwaltungsfeatures, die speziell bei einer großen Sammlung von Stapeljobs nützlich sind. Beim Aufbau von Empfehlungssystemen sind Workflows aus 50 bis 100 MapReduce-Jobs durchaus üblich [29], und in einer großen Organisation können viele verschiedene Teams verschiedene Jobs ausführen, die ihre Ausgaben untereinander lesen. Die Hilfe von Tools ist nötig, um derartig komplexe Datenströme zu verwalten.

Verschiedene Tools auf höherer Ebene für Hadoop wie zum Beispiel Pig [30], Hive [31], Cascading [32], Crunch [33] und FlumeJava [34] richten ebenfalls Workflows für mehrere MapReduce-Stufen ein, die automatisch entsprechend verdrahtet werden.

Reduce-seitige Verknüpfungen und Gruppierungen

In Kapitel 2 haben wir Verknüpfungen (Joins) im Zusammenhang mit Datenmodellen und Abfragesprachen besprochen, sind aber noch nicht darauf eingegangen, wie sie eigentlich implementiert werden. Diesen Faden nehmen wir jetzt wieder auf.

In vielen Datenbeständen ist es üblich, dass ein Datensatz eine Zuordnung zu einem anderen Datensatz enthält: ein *Fremdschlüssel* in einem relationalen Modell, ein *Dokumentverweis* in einem Dokumentmodell oder eine *Kante* in einem Graphenmodell. Eine Verknüpfung ist immer dann notwendig, wenn Code auf Datensätze auf beiden Seiten dieses Verweises zugreifen muss (sowohl auf den Datensatz, der den Verweis enthält, als auch auf den Datensatz, der referenziert wird). Wie Kapitel 2 erläutert hat, ist es durch Denormalisierung möglich, die Anzahl notwendiger Verknüpfungen zu verringern, aber nicht gänzlich auf null zu drücken.[5]

5 Die Verknüpfungen, um die es in diesem Buch geht, sind im Allgemeinen *Gleichheitsverknüpfungen* (*Equi-Joins*). Bei diesem gebräuchlichsten Typ ist ein Datensatz mit anderen Datensätzen verknüpft, die *einen identischen Wert* in einem bestimmten Feld aufweisen (beispielsweise eine ID). Manche Datenbanken unterstützen noch allgemeinere Formen von Verknüpfungen, bei denen man zum Beispiel den Kleiner-als-Operator anstelle eines Gleichheitsoperators verwenden kann. Allerdings reicht der Platz in diesem Buch nicht aus, um ausführlich auf solche Verknüpfung einzugehen.

Betrifft eine Abfrage in einer Datenbank nur eine kleine Anzahl von Datensätzen, verwendet die Datenbank in der Regel einen Index, um die Datensätze von Interesse schnell aufzusuchen (siehe Kapitel 3). Enthält die Abfrage Verknüpfungen, sind gegebenenfalls mehrere Indexsuchen erforderlich. MapReduce kennt jedoch kein Konzept eines Index – zumindest nicht im üblichen Sinne.

Wenn ein MapReduce-Job einen Satz von Dateien als Eingabe erhält, liest er den gesamten Inhalt all dieser Dateien. In einer Datenbank nennt man diesen Vorgang einen *Full Table Scan* (Durchsuchen der gesamten Tabelle). Möchten Sie nur wenige Datensätze lesen, ist so ein vollständiger Tabellenscan verglichen mit einer Indexsuche sündhaft teuer. Dagegen ist es in analytischen Abfragen (siehe Abschnitt »Transaktionsverarbeitung oder Datenanalyse?« auf Seite 97) üblich, Aggregate über einer großen Anzahl von Datensätzen zu berechnen. In diesem Fall kann es durchaus sinnvoll sein, die gesamten Eingabedateien zu lesen, insbesondere wenn Sie die Verarbeitung über mehrere Computer hinweg parallelisieren können.

Wenn wir über Verknüpfungen im Zusammenhang mit Stapelverarbeitung sprechen, meinen wir damit, alle Vorkommen einer Zuordnung innerhalb einer Datenmenge aufzulösen. Zum Beispiel gehen wir davon aus, dass ein Job die Daten für sämtliche Benutzer gleichzeitig verarbeitet und nicht einfach nach den Daten für einen bestimmten Benutzer sucht (was mit einem Index wesentlich effizienter zu bewerkstelligen wäre).

Beispiel: Analyse der Aktivitätsereignisse von Benutzern

Abbildung 10-2 veranschaulicht ein typisches Beispiel für eine Verknüpfung in einem Stapeljob. Auf der linken Seite ist ein Ereignisprotokoll, das die Dinge beschreibt, die angemeldete Benutzer auf einer Website unternommen haben (sogenannte *Aktivitätsereignisse* oder *Clickstream-Daten*), und rechts eine Datenbank von Benutzern dargestellt. Dieses Beispiel können Sie sich als Teil eines Sternschemas vorstellen (siehe Abschnitt »Sterne und Schneeflocken: Schemas für die Analytik« auf Seite 101): Das Protokoll der Ereignisse ist die Faktentabelle, und die Benutzerdatenbank ist eine der Dimensionen.

Eine Analyse könnte die Benutzeraktivitäten mit Informationen zum Benutzerprofil korrelieren: Wenn zum Beispiel ein Profil das Alter oder das Geburtsdatum des Benutzers enthält, könnte das System ermitteln, welche Seiten bei welchen Altersgruppen am beliebtesten sind. Allerdings enthalten die Aktivitätsereignisse nur die Benutzer-ID und nicht die vollständigen Benutzerprofilinformationen. Es wäre höchstwahrscheinlich zu verschwenderisch, diese Profilinformationen in jedes einzelne Aktivitätsereignis einzubetten. Deshalb müssen die Aktivitätsereignisse mit der Benutzerprofildatenbank verknüpft werden.

Die einfachste Implementierung dieser Verknüpfung wäre es, die Aktivitätsereignisse einzeln durchzugehen und die Benutzerdatenbank (auf einem anderen Server) für jede gefundene Benutzer-ID abzufragen. Das ist zwar möglich, würde aber höchstwahrscheinlich eine schlechte Performance zeigen: Der Verarbeitungsdurchsatz würde durch die Roundtrip-Zeit zum Datenbankserver begrenzt, die Effektivität eines lokalen Caches hinge sehr stark von der Verteilung der Daten ab, und die Datenbank könnte leicht überfordert sein, wenn eine große Anzahl von Abfragen parallel ausgeführt wird [35].

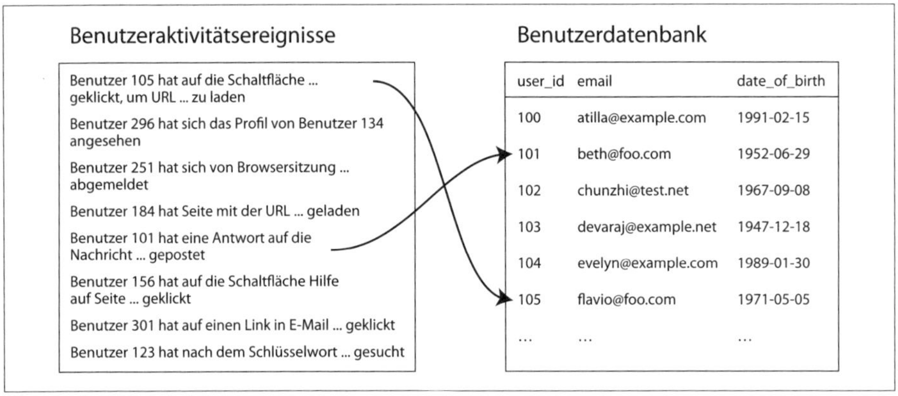

Abbildung 10-2: Eine Verknüpfung zwischen einem Protokoll von Benutzeraktivitätsereignissen und einer Datenbank von Benutzerprofilen

Um in einem Stapelprozess einen guten Durchsatz zu erreichen, muss die Verarbeitung (so weit wie möglich) auf dem lokalen Computer erfolgen. Es dauert zu lange, für jeden Datensatz, der zu bearbeiten ist, wahlfreie Zugriffe über das Netzwerk auszuführen. Darüber hinaus würde das Abfragen einer entfernten Datenbank bedeuten, dass der Stapeljob nicht deterministisch wird, weil sich die Daten in der Datenbank ändern könnten, während der Job läuft.

Ein besserer Ansatz wäre es also, eine Kopie der Benutzerdatenbank (zum Beispiel aus einer Datenbanksicherung mittels ETL-Prozess extrahiert – siehe Abschnitt »Data-Warehousing« auf Seite 98) in dasselbe verteilte Dateisystem wie das Protokoll der Benutzeraktivitätsereignisse zu übernehmen. Dann hätten Sie die Benutzerdatenbank in einem Satz der Dateien im HDFS, das Aktivitätsprotokoll in einem anderen Satz von Dateien und mit MapReduce können Sie alle relevanten Datensätze an derselben Stelle zusammenbringen und effizient verarbeiten.

Sort-Merge-Joins

Wie Sie wissen, hat der Mapper die Aufgabe, einen Schlüssel und einen Wert aus jedem Eingabedatensatz zu extrahieren. Im Beispiel von Abbildung 10-2 wäre dieser Schlüssel die Benutzer-ID: Der eine Satz von Map-Funktionen würde über die Aktivitätsereignisse iterieren (dabei die Benutzer-ID als Schlüssel und das Aktivitätsereignis als Wert herausziehen); während ein anderer Satz von Map-Funktionen über die Benutzerdatenbank geht (und dabei die Benutzer-ID als Schlüssel und das Geburtsdatum als Wert herauszieht). Abbildung 10-3 veranschaulicht diesen Vorgang.

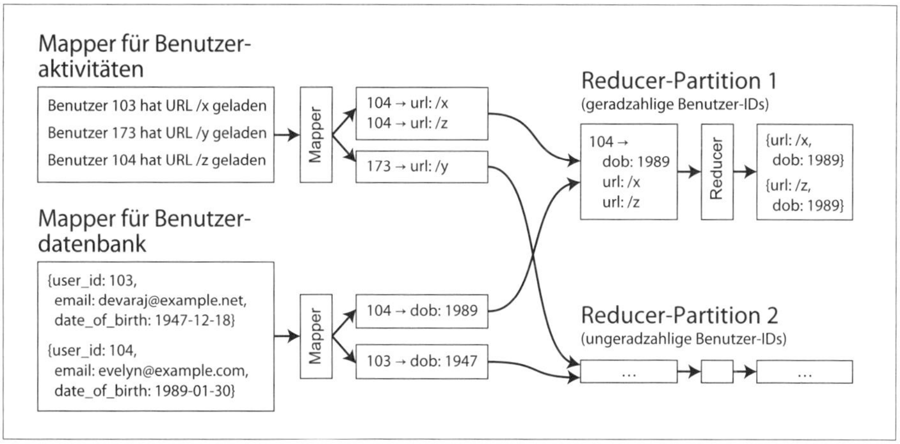

Abbildung 10-3: Ein Sort-Merge-Join mit der Benutzer-ID auf der Reduce-Seite. Wenn die Eingabedatenmengen in mehrere Dateien partitioniert sind, könnte jede mit mehreren Mappern parallel verarbeitet werden.

Wenn das MapReduce-Framework die Mapper-Ausgabe nach dem Schlüssel partitioniert und dann die Schlüssel-Wert-Paare sortiert, bewirkt dies, dass alle Aktivitätsereignisse und der Benutzerdatensatz mit derselben Benutzer-ID in der Reducer-Eingabe nebeneinanderliegen. Der MapReduce-Job kann sogar die Sortierung so einrichten, dass der Reducer immer zuerst den Datensatz aus der Benutzerdatenbank sieht, gefolgt von den Aktivitätsereignissen in Zeitstempelreihenfolge – diese Technik ist als *Sekundärsortieren* bekannt [26].

Der Reducer kann dann leicht die eigentliche Verknüpfungslogik ausführen: Die Reduce-Funktion wird einmal für jede Benutzer-ID aufgerufen, und dank der Sekundärsortierung wird als erster Wert der Datensatz mit dem Geburtsdatum aus der Benutzerdatenbank erwartet. Der Reducer speichert das Geburtsdatum in einer lokalen Variablen und iteriert dann über die Aktivitätsereignisse mit derselben Benutzer-ID. Dabei gibt er Paare *besuchte-Url* und *Alter-des-Besuchers-in-Jahren* aus. Darauffolgende MapReduce-Jobs könnten dann die Verteilung der Besucheralter für jede URL berechnen und nach Altersgruppe kategorisieren.

Da die Reduce-Funktion alle Datensätze für eine bestimmte Benutzer-ID in einem Zug verarbeitet, muss immer nur jeweils ein Benutzerdatensatz im Arbeitsspeicher stehen, und es sind niemals irgendwelche Anfragen über das Netzwerk auszuführen. Dieser Algorithmus ist als *Sort-Merge-Join* bekannt, da die Mapper-Ausgabe nach dem Schlüssel sortiert wird und die Reducer dann die sortierten Listen der Datensätze von beiden Seiten der Verknüpfung zusammenführen.

Zusammengehörende Daten an einem Ort zusammenführen

In einem Sort-Merge-Join gewährleisten die Mapper und der Sortiervorgang, dass alle erforderlichen Daten für eine bestimmte Benutzer-ID an einem Ort zusammengebracht werden, um die Verknüpfung auszuführen: ein einzelner Aufruf des Reducers. Nachdem alle erforderlichen Daten im Voraus aufgereiht wurden, genügt für den Reducer ein recht einfaches Stück Code, das die Datensätze mit hohem Durchsatz und geringem Speicherbedarf auf einem einzigen Thread wie am Fließband abarbeiten kann.

Diese Architektur kann man so betrachten, dass Mapper an die Reducer sozusagen »Nachrichten senden«. Wenn ein Mapper ein Schlüssel-Wert-Paar ausgibt, fungiert der Schlüssel wie die Zieladresse, an die der Wert zugestellt werden soll. Obwohl der Schlüssel nur ein beliebiger String ist (keine tatsächliche Netzwerkadresse wie IP-Adresse und Portnummer), verhält er sich wie eine Adresse: Alle Schlüssel-Wert-Paare mit demselben Schlüssel werden an dasselbe Ziel geliefert (ein Aufruf des Reducers).

Die Verwendung des MapReduce-Programmiermodells hat die rechentechnischen Aspekte der physischen Netzwerkkommunikation (die Daten zum richtigen Computer bringen) von der Anwendungslogik (Verarbeitung der Daten, nachdem sie verfügbar sind) getrennt. Diese Trennung steht im Gegensatz zur typischen Verwendung von Datenbanken, bei der eine Anfrage zum Abrufen von Daten aus einer Datenbank oftmals tief in einem Stück des Anwendungscodes stattfindet [36]. Da MapReduce die gesamte Netzwerkkommunikation übernimmt, schirmt es auch den Anwendungscode davor ab, sich um partielle Ausfälle kümmern zu müssen, beispielsweise den Absturz eines anderen Knotens: MapReduce versucht transparent, fehlgeschlagene Aufgaben zu wiederholen, ohne die Anwendungslogik zu beeinflussen.

GROUP BY

Neben Verknüpfungen ist die Gruppierung von Datensätzen nach einem Schlüssel (wie in der GROUP BY-Klausel in SQL) eine weitere häufige Anwendung des Musters »zusammengehörende Daten an denselben Ort bringen«. Alle Datensätze mit dem gleichen Schlüssel bilden eine Gruppe, und im nächsten Schritt führt man oftmals eine Aggregation innerhalb jeder Gruppe aus – zum Beispiel:

- Anzahl der Datensätze in jeder Gruppe zählen (wie in unserem Beispiel die Anzahl der Seitenaufrufe, was man in SQL mit der Aggregatfunktion `COUNT(*)` ausdrücken würde)
- Summieren der Werte in einem bestimmten Feld (`SUM(Feldname)` in SQL)
- Auswählen der obersten *k* Datensätze entsprechend einer festgelegten Rangfunktion (`TOP(k)` in SQL)

Mit MapReduce lässt sich eine derartige Gruppierungsoperation am einfachsten realisieren, wenn man die Mapper so einrichtet, dass die von ihnen erzeugten Schlüssel-Wert-Paare den gewünschten Gruppierungsschlüssel verwenden. Das Partitionieren und Sortieren bringt dann alle Datensätze mit dem gleichen Schlüssel im selben Reducer zusammen. Daher sehen Gruppieren und Verknüpfen recht ähnlich aus, wenn sie auf MapReduce aufsetzend implementiert werden.

Häufig nutzt man das Gruppieren auch, um alle Aktivitätsereignisse für eine bestimmte Benutzersitzung zusammenzustellen und die Folge der Aktionen herauszufinden, die der Benutzer unternommen hat – ein Prozess namens *Sessionization* [37]. Zum Beispiel ließe sich mit einer derartigen Analyse herausarbeiten, ob Benutzer, denen Sie eine neue Version Ihrer Website präsentiert haben, eher zu einem Kauf bereit sind, als Benutzer, die nur die alte Version kennen (A/B-Test), oder berechnen, ob sich eine bestimmte Marketingaktivität lohnt.

Wenn mehrere Webserver Ihre Benutzeranfragen entgegennehmen, sind die Aktivitätsereignisse für einen bestimmten Benutzer höchstwahrscheinlich über mehrere Protokolldateien auf verschiedenen Servern verstreut. Sessionization können Sie mit einem Sitzungscookie, der Benutzer-ID oder einer ähnlichen Kennung als Gruppierungsschlüssel implementieren und alle Aktivitätsereignisse für einen bestimmten Benutzer an einem Ort zusammenbringen, während die Ereignisse verschiedener Benutzer über verschiedene Partitionen verteilt werden.

Mit Schiefe umgehen

Das Muster »alle Datensätze mit dem gleichen Schlüssel an denselben Ort bringen« versagt, wenn einem einzelnen Schlüssel eine sehr große Datenmenge zuzuordnen ist. Zum Beispiel könnten die meisten Benutzer in einem sozialen Netzwerk mit einigen Hundert Personen verbunden sein, doch bei einer kleinen Anzahl von Prominenten sind viele Millionen Follower möglich. Solche unverhältnismäßig aktiven Datensätze werden als *Linchpin-Objekte* (deutsch »Achsnagel«, etwa »Dreh- und Angelpunkt«) [38] oder *Hotkeys* bezeichnet.

Wenn man alle Aktivitäten in Bezug auf einen Prominenten (zum Beispiel Antworten auf etwas, was er oder sie gepostet hat) in einem einzelnen Reducer sammelt, kann das zu einer erheblichen *Schiefe* führen (engl. *skew*, auch als *Hotspots* bezeichnet) – d.h., ein Reducer muss erheblich mehr Datensätze verarbeiten als andere (siehe Abschnitt »Schiefe Arbeitslasten und Entlastung von Hotspots« auf Seite 217). Da ein MapReduce-Job nur dann abgeschlossen ist, wenn alle seine Mapper und Reducer beendet sind, müssen alle nachfolgenden Jobs warten, bis der langsamste Reducer fertig ist, bevor sie starten können.

Wenn die Eingabe einer Verknüpfung Hotkeys enthält, gibt es einige Algorithmen, mit denen sich diese Schiefe kompensieren lässt. Zum Beispiel stellt die Methode `skewed join` in Pig zuerst mit einem Abtastjob fest, welche Schlüssel besonders oft vorkommen [39]. Während der Ausführung der eigentlichen Verknüpfung senden die Mapper alle Datensätze, die sich auf einen Hotkey beziehen, zu einem von mehreren Reducern, die zufällig ausgewählt werden (im Gegensatz zum konventionellen MapReduce, das einen Reducer deterministisch basierend auf einem Hashwert des Schlüssels auswählt). Für die andere Eingabe zur Verknüpfung müssen die Datensätze, die zum Hotkey gehören, auf *alle* Reducer, die diesen Schlüssel verarbeiten, repliziert werden [40].

Diese Technik verteilt die Behandlung des Hotkeys auf mehrere Reducer, sodass sich diese Arbeit besser parallelisieren lässt. Allerdings muss die andere Eingabe zur Verknüpfung auf mehrere Reducer repliziert werden, was zusätzliche Kosten verursacht. Die Methode `sharded join` in Crunch arbeitet ähnlich, anstatt aber einen Abtastjob zu verwenden, verlangt sie, die Hotkeys explizit zu spezifizieren. Zudem ist diese Technik sehr ähnlich derjenigen, die wir in Abschnitt »Schiefe Arbeitslasten und Entlastung von Hotspots« auf Seite 217 vorgestellt haben, wobei Hotspots in einer partitionierten Datenbank durch Randomisierung entschärft werden.

Hive folgt einem alternativen Ansatz für die Optimierung von Verknüpfungen mit Schiefe. Er verlangt, dass Hotkeys explizit in den Tabellen-Metadaten spezifiziert werden, und speichert Datensätze, die sich auf diese Schlüssel beziehen, in separaten Dateien vom Rest getrennt. Eine Verknüpfung auf dieser Tabelle wird mit einer Map-seitigen Verknüpfung (siehe den nächsten Abschnitt) für die Hotkeys ausgeführt.

Wenn Sie Datensätze nach einem Hotkey gruppieren und aggregieren, können Sie die Gruppierung in zwei Stufen durchführen. Die erste MapReduce-Stufe sendet Datensätze an einen zufälligen Reducer, sodass jeder Reducer die Gruppierung auf einer Teilmenge der Datensätze für den Hotkey durchführt und einen kompakteren aggregierten Wert pro Schlüssel ausgibt. Der zweite MapReduce-Job fasst dann die Werte von allen Reducern der ersten Stufe zu einem einzigen Wert pro Schlüssel zusammen.

Map-seitige Verknüpfungen

Die im letzten Abschnitt beschriebenen Verknüpfungsalgorithmen führen die eigentliche Verknüpfungslogik in den Reducern aus und werden deshalb als *Reduce-seitige Verknüpfungen* bezeichnet. Die Mapper übernehmen die Rolle, die Eingabedaten aufzubereiten: Schlüssel und Wert aus jedem Eingabedatensatz extrahieren, die Schlüssel-Wert-Paare einer Reducer-Partition zuweisen und nach Schlüssel sortieren.

Der Reduce-seitige Ansatz hat den Vorteil, dass Sie keine Annahmen über die Eingabedaten treffen müssen: Unabhängig von deren Eigenschaften und Struktur können Mapper die Daten für Verknüpfungen vorbereiten. Der Nachteil ist aber, dass das ganze Sortieren, Kopieren auf die Reducer und Zusammenführen von Reducer-Eingaben ziemlich teuer sein kann. Abhängig von den verfügbaren Speicherpuffern werden Daten gegebenenfalls mehrmals auf die Festplatte geschrieben, wenn sie die Stufen von MapReduce passieren [37].

Wenn Sie dagegen bestimmte Annahmen über Ihre Eingabedaten treffen können, lassen sich Verknüpfungen mit einer sogenannten *Map-seitigen Verknüpfung* eventuell beschleunigen. Dieser Ansatz verwendet einen zugeschnittenen MapReduce-Job, in dem es weder Reducer noch Sortieren gibt. Stattdessen liest jeder Mapper einfach einen Eingabedateiblock aus dem verteilten Dateisystem und schreibt eine Ausgabedatei in das Dateisystem – das ist alles.

Broadcast-Hash-Joins

Am einfachsten kann man eine Map-seitige Verknüpfung durchführen, wenn eine große Datenmenge mit einer kleinen Datenmenge verknüpft wird. Insbesondere muss die kleine Datenmenge klein genug sein, dass sie sich ganz in den Arbeitsspeicher jedes Mappers laden lässt.

Stellen Sie sich zum Beispiel im Fall von Abbildung 10-2 vor, dass die Benutzerdatenbank vollkommen in den Arbeitsspeicher passt. Wenn in diesem Fall ein Mapper startet, kann er zuerst die Benutzerdatenbank aus dem verteilten Dateisystem in eine speicherinterne Hashtabelle lesen. Sobald dies erfolgt ist, kann der Mapper die Benutzeraktivitätsereignisse sequenziell abarbeiten und einfach die Benutzer-ID für jedes Ereignis in der Hashtabelle nachschlagen.[6]

Es kann aber trotzdem mehrere Map-Tasks geben: Einen für jeden Dateiblock der großen Eingabe an die Verknüpfung (im Beispiel von Abbildung 10-2 stellen die Aktivitätsereignisse die große Eingabe dar). Jeder dieser Mapper lädt die kleine Eingabe komplett in den Arbeitsspeicher.

Dieser einfache, doch effektive Algorithmus wird als *Broadcast-Hash-Join* bezeichnet: Das Wort »Broadcast« (»Ausstrahlung«) spiegelt die Tatsache wider, dass jeder Mapper für eine Partition der großen Eingabe die Gesamtheit der kleinen Eingabe liest (sodass die kleine Eingabe praktisch zu allen Partitionen der großen Eingabe »ausgestrahlt« wird), und das Wort *Hash* weist auf die Verwendung einer Hashtabelle hin. Diese Verknüpfungsmethode wird von Pig (unter dem Namen »Replicated Join«), Hive (»MapJoin«), Cascading und Crunch unterstützt. Außerdem wird sie in Abfragemodulen von Data-Warehouses wie zum Beispiel Impala [41] verwendet.

Anstatt die kleine Verknüpfungseingabe in eine speicherinterne Hashtabelle zu laden, kann alternativ die kleine Verknüpfungseingabe in einem schreibgeschützten Index auf der lokalen Festplatte gespeichert werden [42]. Die häufig verwendeten Teile dieses Index verbleiben im Seitencache des Betriebssystems, sodass dieser Ansatz wahlfreie Nachschlagevorgänge fast so schnell wie bei einer speicherinternen Hashtabelle bieten kann, ohne aber zu fordern, dass die Datenmenge in den Arbeitsspeicher passt.

---

6 Dieses Beispiel geht davon aus, dass es genau einen Eintrag für jeden Schlüssel in der Hashtabelle gibt, was bei einer Benutzerdatenbank wahrscheinlich zutrifft (eine Benutzer-ID kennzeichnet einen Benutzer eindeutig). Im Allgemeinen kann die Hashtabelle mehrere Einträge für den gleichen Schlüssel enthalten, und der Verknüpfungsoperator gibt alle Übereinstimmungen für einen Schlüssel aus.

Partitionierte Hash-Joins

Wenn die Eingaben zur Map-seitigen Verknüpfung in der gleichen Weise partitioniert werden, kann die Methode mit Hash-Verknüpfung auf jede Partition unabhängig angewendet werden. Im Fall von Abbildung 10-2 könnten Sie es für die Aktivitätsereignisse und die Benutzerdatenbank so einrichten, dass sie jeweils anhand der letzten Dezimalziffer der Benutzer-ID partitioniert werden (sodass es zehn Partitionen auf beiden Seiten gibt). Zum Beispiel lädt Mapper 3 zuerst alle Benutzer mit einer ID, die auf 3 endet, in eine Hashtabelle und verarbeitet dann sämtliche Aktivitätsereignisse für jeden Benutzer, dessen ID auf 3 endet.

Wenn die Partitionierung korrekt ausgeführt wurde, können Sie sicher sein, dass sich alle Datensätze, die Sie verknüpfen möchten, in der gleich nummerierten Partition befinden. Somit genügt es für jeden Mapper, nur eine Partition von jeder der Eingabedatenmengen zu lesen. Dies hat den Vorteil, dass jeder Mapper eine kleinere Datenmenge in seine Hashtabelle laden kann.

Dieser Ansatz funktioniert nur, wenn beide Eingaben der Verknüpfung die gleiche Anzahl von Partitionen haben, wobei die Datensätze den Partitionen nach demselben Schlüssel und derselben Hashfunktion zugewiesen wurden. Wenn die Eingaben vorab durch MapReduce-Jobs generiert werden, die diese Gruppierung bereits durchführen, kann dies eine vernünftige Annahme sein.

Partitionierte Hash-Verknüpfungen sind in Hive als *bucketed map joins* bekannt [37].

Map-seitige Merge-Joins

Eine andere Variante einer Map-seitigen Verknüpfung ist anwendbar, wenn die Eingabedatenmengen nicht nur in der gleichen Weise partitioniert, sondern auch nach demselben Schlüssel *sortiert* sind. In diesem Fall spielt es keine Rolle, ob die Eingaben klein genug sind, um in den Arbeitsspeicher zu passen, weil ein Mapper die gleiche Merge-Operation ausführen kann, die normalerweise ein Reducer übernimmt: Beide Eingabedateien werden sequenziell in der Reihenfolge aufsteigender Schlüssel gelesen, und Datensätze mit demselben Schlüssel werden einander zugeordnet.

Wenn eine Map-seitige Merge-Verknüpfung möglich ist, bedeutet das wahrscheinlich, dass vorherige MapReduce-Jobs die Eingabedatenmengen von vornherein in diese partitionierte und sortierte Form gebracht haben. Prinzipiell hätte sich diese Verknüpfung also in der Reduce-Stufe des vorherigen Jobs abwickeln lassen. Allerdings kann es trotzdem sinnvoll sein, die Merge-Verknüpfung in einem separaten Job durchzuführen, der nur aus Mappern besteht, zum Beispiel wenn die partitionierten und sortierten Datenmengen auch für andere Zwecke neben dieser speziellen Verknüpfung benötigt werden.

MapReduce-Workflows mit Map-seitigen Verknüpfungen

Wenn nachgelagerte Jobs die Ausgabe einer MapReduce-Verknüpfung konsumieren, wird die Struktur der Ausgabe davon beeinflusst, ob eine Map-seitige oder eine Reduce-seitige Verknüpfung gewählt wird. Die Ausgabe einer Reduce-seitigen Verknüpfung ist nach dem Verknüpfungsschlüssel partitioniert und sortiert, während die Ausgabe einer Map-seitigen Verknüpfung in der gleichen Weise wie die große Eingabe partitioniert und sortiert ist (da für jeden Dateiblock der großen Eingabe der Verknüpfung ein Map-Task gestartet wird, unabhängig davon, ob eine partitionierte oder Broadcast-Verknüpfung verwendet wird).

Wie bereits erwähnt, treffen Map-seitige Verknüpfungen auch mehr Annahmen über die Größe, die Sortierung und die Partitionierung ihrer Eingabedatenmengen. Informationen über das physische Layout der Datenmengen im verteilten Dateisystem sind wichtig, wenn man Verknüpfungsstrategien optimieren will: Es genügt nicht, nur das Kodierungsformat und den Namen des Verzeichnisses, in dem die Daten gespeichert sind, zu kennen, man muss auch wissen, wie viele Partitionen vorhanden sind und nach welchen Schlüsseln die Daten partitioniert und sortiert sind.

Im Hadoop-Ökosystem werden solche Metadaten über die Partitionierung der Datenmengen oftmals in HCatalog und im Hive-Metaspeicher verwaltet [37].

Die Ausgabe von Stapel-Workflows

Wir haben viel über die verschiedenen Algorithmen zur Implementierung von Workflows mit MapReduce-Jobs gesprochen, aber eine wichtige Frage vernachlässigt: Was ist das Ergebnis der ganzen Verarbeitung, nachdem sie einmal abgeschlossen ist? Warum führen wir überhaupt alle diese Jobs aus?

Bei Datenbankabfragen unterscheiden wir zwischen Transaktionsverarbeitung (OLTP) und Analyseaufgaben (siehe Abschnitt »Transaktionsverarbeitung oder Datenanalyse?« auf Seite 97). Wir haben gesehen, dass OLTP-Abfragen im Allgemeinen eine kleine Anzahl von Datensätzen mithilfe von Indizes nach einem Schlüssel durchsuchen, um sie einem Benutzer zu präsentieren (zum Beispiel auf einer Webseite). Analytische Abfragen durchsuchen dagegen eine große Anzahl von Datensätzen, wobei sie gruppieren und aggregieren. Die Ausgabe hat oftmals die Form eines Berichts: Ein Diagramm zeigt die Änderung einer Kennziffer über der Zeit, die Top-Ten-Artikel entsprechend einer Rangfolge oder die Aufteilung einer Menge in Teilkategorien. Der Konsument eines solchen Berichts ist oftmals Analyst oder ein Manager, der geschäftliche Entscheidungen treffen muss.

Wo kann man Stapelverarbeitung einordnen? Es handelt sich weder um Transaktionsverarbeitung noch um Analytik. Sie liegt näher an der Analytik, da ein Stapeljob in der Regel große Teile einer Eingabedatenmenge sequenziell verarbeitet. Allerdings ist ein Workflow von MapReduce-Jobs nicht das Gleiche wie eine SQL-Abfrage, die für analytische Zwecke verwendet wird (siehe Abschnitt »Hadoop im Vergleich mit verteilten Datenbanken« auf Seite 446). Die Ausgabe eines Stapelprozesses ist oftmals kein Bericht, sondern eine andersgeartete Struktur.

Suchindizes aufbauen

Google hat ursprünglich mit MapReduce die Indizes für seine Suchmaschine aufgebaut, nämlich implementiert als Workflow von fünf bis zehn MapReduce-Jobs [1]. Obwohl Google später davon abgerückt ist, MapReduce für diesen Zweck einzusetzen [43], hilft es für das Verständnis von MapReduce, wenn man die Aufgabe betrachtet, einen Suchindex aufzubauen. (Auch heute ist Hadoop MapReduce weiterhin eine gute Methode, um Indizes für Lucene/Solr zu erstellen [44].)

Der Abschnitt »Volltextsuche und Fuzzy-Indizes« auf Seite 94 hat kurz gezeigt, wie ein Volltextsuchindex wie zum Beispiel Lucene funktioniert: Es handelt sich um eine Datei (das Begriffswörterbuch), in der man effizient nach einem bestimmten Schlüsselwort suchen kann und die Liste aller Dokument-IDs findet, die dieses Schlüsselwort enthalten (die *Postingsliste*). Dies ist eine sehr vereinfachte Sicht auf einen Suchindex – in Wirklichkeit sind verschiedene zusätzliche Daten erforderlich, um die Suchergebnisse nach Relevanz zu sortieren, Rechtschreibfehler zu korrigieren, Synonyme aufzulösen usw. –, doch das Prinzip ist gültig.

Wenn Sie eine Volltextsuche über eine feste Menge von Dokumenten durchführen müssen, ist ein Stapelprozess eine sehr effektive Methode, um die Indizes aufzubauen: Die Mapper partitionieren die Menge der Dokumente bei Bedarf, jeder Reducer baut den Index für seine Partition auf, und die Indexdateien werden in das verteilte Dateisystem geschrieben. Der Aufbau solcher dokumentpartitionierten Indizes (siehe Abschnitt »Sekundärindizes nach Dokument partitionieren« auf Seite 219) lässt sich sehr gut parallelisieren. Da das Abfragen eines Suchindex nach Schlüsselwort eine Nur-Lese-Operation ist, bleiben diese Indexdateien unveränderlich, nachdem sie erstellt wurden.

Wenn sich die indizierte Menge der Dokumente ändert, könnte man regelmäßig den gesamten Indizierungsvorgang für sämtliche Dokumente durchführen und – sobald dies geschehen ist – die vorherigen Indexdateien en gros durch die neuen Indexdateien ersetzen. Dieser Ansatz kann sehr rechenintensiv sein, wenn sich nur eine kleine Anzahl von Dokumenten geändert hat, doch er hat den Vorteil, dass der Indizierungsprozess leicht zu überblicken ist: Dokumente rein, Indizes raus.

Alternativ dazu ist es möglich, Indizes inkrementell zu erstellen. Wie Kapitel 3 erläutert hat, schreibt Lucene neue Segmentdateien, wobei asynchron im Hintergrund Segmentdateien zusammengeführt und verdichtet werden, wenn Sie Dokumente in einem Index hinzufügen, entfernen oder aktualisieren wollen. Mehr über diese inkrementelle Verarbeitung erfahren Sie in Kapitel 11.

Schlüssel-Wert-Speicher als Ausgabe von Stapelprozessen

Suchindizes sind nur ein Beispiel für die möglichen Ausgaben eines Stapelverarbeitungsworkflows. Die Stapelverarbeitung bietet sich häufig auch an, um Systeme für maschinelles Lernen aufzubauen, beispielsweise Klassifizierer (zum Beispiel Spamfilter, Anomalieerkennung, Bilderkennung) und Empfehlungssysteme (zum Beispiel Personen, die Sie vielleicht kennen, Produkte, an denen Sie interessiert sein könnten, oder verwandte Suchen [29]).

Die Ausgabe dieser Stapelverarbeitungsjobs ist oftmals eine Art Datenbank – zum Beispiel eine Datenbank, die sich nach Benutzer-ID abfragen lässt, um vorgeschlagene Freunde für diesen Benutzer zu finden, oder eine Datenbank, die sich nach Produkt-ID abfragen lässt, um eine Liste einschlägiger Produkte zu bekommen [45].

Diese Datenbanken müssen von der Webanwendung abgefragt werden, die die Benutzeranfragen bearbeitet. Diese ist normalerweise von der Hadoop-Infrastruktur getrennt. Wie gelangt also die Ausgabe vom Stapelprozess zurück in eine Datenbank, wo die Webanwendung sie abfragen kann?

Es liegt nahe, die Clientbibliothek für Ihre bevorzugte Datenbank direkt in einem Mapper oder Reducer zu verwenden und vom Stapeljob unmittelbar auf den Datenbankserver zu schreiben, und zwar einen Datensatz nach dem anderen. Das wird funktionieren (sofern Ihre Firewallregeln den direkten Zugriff von Ihrer Hadoop-Umgebung auf Ihre Produktionsdatenbanken erlauben), doch aus mehreren Gründen ist dies keine gute Idee:

- Wie bereits weiter vorn im Zusammenhang mit Verknüpfungen erläutert, sind Netzwerkanfragen für jeden einzelnen Datensatz um Größenordnungen langsamer im Vergleich zum Durchsatz bei einem Stapelverarbeitungs-Task. Selbst wenn die Clientbibliothek mehrere Datensätze in einem einzigen Schreibvorgang zusammenfasst, dürfte die Performance eher schlecht ausfallen.
- MapReduce-Jobs führen oftmals viele Tasks parallel aus. Wenn alle Mapper oder Reducer gleichzeitig in dieselbe Ausgabedatenbank schreiben, und zwar mit einer Rate, wie man sie von einem Stapelverarbeitungsprozess erwartet, kann diese Datenbank leicht überfordert werden, und ihre Performance für Abfragen leidet sicherlich ebenso darunter. Dies kann wiederum zu Problemen beim Betrieb von anderen Teilen des Systems führen [35].
- Normalerweise bietet MapReduce eine saubere Alles-oder-nichts-Garantie für die Jobausgabe: Wenn ein Job erfolgreich endet, ist das Ergebnis die Ausgabe, als ob jeder Task genau einmal ausgeführt wurde, selbst wenn in Wirklichkeit einige Tasks fehlgeschlagen sind und ihre Ausführung erneut versucht werden musste. Schlägt andererseits der gesamte Job fehl, wird keine Ausgabe erzeugt. Wenn jedoch aus einem Job heraus in ein externes System geschrieben wird, entstehen extern sichtbare Wirkungen, die sich auf diese Weise nicht verbergen lassen. Somit müssen Sie sich auch um die Ergebnisse von teilweise abgeschlossenen Jobs kümmern, die für andere Systeme sichtbar sind, sowie um

die Komplexitäten von Hadoop-Features wie Task-Ausführungsversuche und spekulativer Ausführung.

Eine wesentlich bessere Lösung ist es, eine brandneue Datenbank *innerhalb* des Batch-Jobs zu erstellen und sie als Dateien in das Ausgabeverzeichnis im verteilten Datensystem zu schreiben, genau wie für die Suchindizes im letzten Abschnitt beschrieben. Diese Datendateien sind dann unveränderlich, sobald sie geschrieben wurden, und können als Massenvorgang in Server geladen werden, die Nur-Lesen-Abfragen beantworten. Verschiedene Schlüssel-Wert-Speicher unterstützen das Erstellen von Datenbankdateien in MapReduce-Jobs, darunter Voldemort [46], Terrapin [47], ElephantDB [48] und das Massenladen (Bulk Loading) von HBase [49].

Das Erstellen dieser Datenbankdateien ist eine gute Anwendung von MapReduce: Wenn Sie mit einem Mapper einen Schlüssel extrahieren und dann nach diesem Schlüssel sortieren, haben Sie bereits einen Großteil der erforderlichen Arbeit getan, um einen Index aufzubauen. Da die meisten dieser Schlüssel-Wert-Speicher schreibgeschützt sind (ein Batch-Job kann diese Dateien einmalig schreiben, dann sind sie unveränderbar), hat man es mit recht einfachen Datenstrukturen zu tun. Zum Beispiel setzen sie kein WAL (Write-Ahead-Log) voraus (siehe Abschnitt »B-Bäume zuverlässig machen« auf Seite 87).

Beim Laden von Daten in Voldemort bedient der Server weiterhin Anfragen mit den alten Datendateien, während die neuen Datendateien vom verteilten Dateisystem auf die lokale Festplatte des Servers kopiert werden. Sobald das Kopieren abgeschlossen ist, schaltet der Server atomar auf die Abfrage der neuen Dateien um. Geht in diesem Prozess irgendetwas schief, kann er leicht wieder zu den alten Dateien zurückkehren, da sie ja immer noch vorhanden und unveränderbar sind [46].

Philosophie der Ausgaben von Batch-Prozessen

Die Unix-Philosophie, die wir weiter vorn in diesem Kapitel diskutiert haben (Abschnitt »Die Unix-Philosophie« auf Seite 422) fördert das Experimentieren, da sie den Datenfluss sehr deutlich macht: Ein Programm liest seine Eingabe und schreibt seine Ausgabe. Die Eingabe bleibt dabei unverändert, jegliche vorherige Ausgabe wird durch die neue Ausgabe ersetzt, und es gibt keine anderen Wirkungen. Das heißt, dass Sie einen Befehl beliebig oft ausführen, optimieren oder debuggen können, ohne den Zustand Ihres Systems durcheinanderzubringen.

Der Umgang mit der Ausgabe von MapReduce-Jobs folgt der gleichen Philosophie. Indem die Eingaben als unveränderlich behandelt und externe Wirkungen (wie zum Beispiel in externe Datenbanken schreiben) vermieden werden, erreichen Batch-Jobs nicht nur eine gute Performance, sondern lassen sich auch wesentlich einfacher pflegen:

- Wenn Sie einen Fehler in den Code einbauen und damit eine falsche oder beschädigte Ausgabe erzeugen, können Sie einfach zu einer vorherigen Version des Codes zurückgehen und den Job erneut ausführen – die Ausgabe wird wieder korrekt sein. Oder noch einfacher: Sie können die alte Ausgabe in einem anderen Verzeichnis aufbewahren und einfach zu dieser Ausgabe zurückwechseln. Datenbanken mit Lese-Schreib-Transaktionen besitzen diese Eigenschaft nicht: Wenn Sie fehlerhaften Code verteilen, der falsche Daten in die Datenbank schreibt, können Sie den Code zwar rückgängig machen, doch werden dabei keinerlei Korrekturen an den Daten in der Datenbank vorgenommen. (In der Lage zu sein, die Wirkungen von fehlerhaftem Code rückgängig zu machen, wird manchmal *menschliche Fehlertoleranz* genannt [50].)

- Da das Zurücksetzen so einfach ist, kann die Featureentwicklung schneller ablaufen als in einer Umgebung, in der Fehler zu irreversiblen Schäden führen können. Dieses Prinzip, irreversible Vorgänge zu minimieren, kommt der agilen Softwareentwicklung zugute [51].
- Wenn ein Map- oder Reduce-Task fehlschlägt, führt das MapReduce-Framework automatisch den Task erneut mit der gleichen Eingabe aus. Geht das Versagen auf einen Fehler im Code zurück, wird der Task weiterhin abstürzen und der Job schließlich nach einigen Versuchen ganz abgebrochen. Schlägt der Task aber wegen eines vorübergehenden Problems fehl, wird der Fehler toleriert. Diese automatische Wiederholung ist nur sicher, weil die Eingaben unveränderlich sind und das MapReduce-Framework Ausgaben von fehlgeschlagenen Tasks verwirft.
- Der gleiche Satz von Dateien kann als Eingabe für mehrere verschiedene Jobs verwendet werden, unter anderem Überwachungsaufgaben, Kennziffernberechnungen und Auswertungen, ob die Ausgabe eines Jobs die erwarteten Eigenschaften besitzt (indem man beispielsweise die Ausgabe des Jobs mit der Ausgabe von vorherigen Ausführungen vergleicht und die Abweichungen misst).
- Wie die Unix-Tools trennen MapReduce-Jobs die Logik von der Verdrahtung (Konfiguration der Eingabe- und Ausgabeverzeichnisse), was eine Trennung der Belange bietet und die potenzielle Wiederverwendung von Code ermöglicht: Das eine Team kann sich auf die Implementierung eines Jobs konzentrieren, der eine Sache gut erledigt, während andere Teams entscheiden können, wo und wann dieser Job ausgeführt wird.

In diesen Bereichen scheinen die Entwurfsprinzipien, die für Unix gut funktioniert haben, auch für Hadoop gut zu funktionieren – doch Unix und Hadoop unterscheiden sich in mancher Hinsicht. Da zum Beispiel die meisten Unix-Tools Textdateien ohne bestimmtes Schema voraussetzen, müssen sie sich um das Parsen der Eingabedaten kümmern (so hat unser Protokollanalysebeispiel zu Beginn des Kapitels die URL mit `{print $7}` herausgezogen). In Hadoop wurden einige dieser geringwertigen syntaktischen Konvertierungen durch Dateiformate mit mehr Struktur eliminiert: Avro (siehe Abschnitt »Avro« auf Seite 130) und Parquet (siehe Abschnitt »Spaltenorientierte Speicherung« auf Seite 95) werden häufig verwendet, da sie effiziente schemabasierte Kodierung bieten und die Weiterentwicklung ihrer Schemas im Laufe der Zeit zulassen (siehe Kapitel 4).

Hadoop im Vergleich mit verteilten Datenbanken

Wie Sie gesehen haben, ist Hadoop so etwas wie eine verteilte Version von Unix, wobei HDFS das Dateisystem liefert und MapReduce eine eigenwillige Implementierung eines Unix-Prozesses verkörpert (der kurioserweise immer das sort-Hilfsprogramm zwischen der Map-Phase und der Reduce-Phase ausführt). Mittlerweile wissen Sie auch, wie Sie verschiedene Verknüpfungs- und Gruppierungsoperationen auf diesen elementaren Operationen implementieren können.

Als das MapReduce-Paper [1] veröffentlicht wurde, war es – in gewissem Sinne – gar nicht so neu. Alle in den letzten Abschnitten besprochenen Verarbeitungs- und parallelen Verknüpfungsalgorithmen waren bereits mehr als ein Jahrzehnt zuvor in sogenannten *MPP-Datenbanken (Massive Parallel Processing)* umgesetzt worden [3, 40]. So waren zum Beispiel die Gamma-Datenbankmaschine, Teradata und Tandem NonStop SQL Vorreiter in diesem Bereich [52].

Der größte Unterschied ist, dass sich MPP-Datenbanken auf die parallele Ausführung von analytischen SQL-Abfragen auf einem Computercluster konzentrieren, während die Kombination aus MapReduce und einem verteilten Dateisystem [19] eher so etwas wie ein universelles Betriebssystem bereitstellt, das beliebige Programme ausführen kann.

Vielfalt der Speicherungsformen

Bei Datenbanken müssen Sie die Daten entsprechend einem bestimmten Modell strukturieren (zum Beispiel relationale Daten oder Dokumente), während Dateien in einem verteilten Dateisystem lediglich Bytefolgen sind, die sich mit jedem beliebigen Datenmodell und beliebiger Codierung schreiben lassen. Das können Sammlungen von Datenbankdatensätzen sein, genauso gut aber auch Text, Bilder, Videos, Sensormesswerte, dünn besetzte Matrizen, Merkmalsvektoren, Genomsequenzen oder irgendwelche anderen Daten.

Offen gesagt hat Hadoop die Möglichkeit geschaffen, Daten wahllos in HDFS zu speichern und erst später zu entscheiden, wie diese Daten weiterzuverarbeiten sind [53]. Demgegenüber ist es bei MPP-Datenbanken erforderlich, vorab sorgfältig die Daten und Abfragemuster zu modellieren, bevor Daten in das proprietäre Speicherformat der Datenbank importiert werden.

Aus dem Blickwinkel eines Puristen mag es so aussehen, als wären diese sorgfältige Modellierung und der Import wünschenswert, weil das bedeutet, dass Benutzer der Datenbank mit qualitativ besseren Daten arbeiten können. Allerdings scheint es in der Praxis so zu sein, dass es oftmals wertvoller ist, die Daten einfach schnell verfügbar zu machen – selbst wenn es in einem eigenwilligen, schwer zu verwendenden, rohen Datenformat geschieht –, als sich im Vorfeld für das ideale Datenmodell zu entscheiden [54].

Die Idee ähnelt einem Data-Warehouse (siehe Abschnitt »Data-Warehousing« auf Seite 98): Es ist bereits wertvoll, einfach die Daten von verschiedenen Teilen einer großen Organisation zusammenzuführen, weil sich damit Verknüpfungen zwischen Datenmengen bilden lassen, die vorher strikt getrennt waren. Der von einer MPP-Datenbank geforderte sorgfältige Schemaentwurf bremst diese zentralisierte Datensammlung aus. Die Datenerfassung geht schneller, wenn man die Daten in ihrer Rohform speichert und sich erst später um den Schemaentwurf kümmert (ein Konzept, das auch als »Data Lake« oder »Enterprise Data Hub« bekannt ist [55]).

Diese »Datensammelwut« verlagert die Aufgabe, die Daten zu interpretieren: Anstatt den Erzeuger der Datenmenge in die Pflicht zu nehmen, die Daten in einem standardisierten Format abzuliefern, wird die Interpretation der Daten zum Problem des Konsumenten (der Ansatz *Schema-beim-Lesen* [56]; siehe Abschnitt »Schemaflexibilität im Dokumentmodell« auf Seite 42). Dies kann ein Vorteil sein, wenn der Erzeuger und die Konsumenten verschiedene Teams mit verschiedenen Prioritäten sind. Es gibt vielleicht nicht einmal ein ideales Datenmodell, sondern vielmehr verschiedene Sichten auf die Daten, die für verschiedene Zwecke geeignet sind. Die Daten einfach in ihrer rohen Form im Speicher abzulegen, ermöglicht mehrere solcher Transformationen. Dieser Ansatz hat den Titel »Sushi-Prinzip« bekommen: »Rohdaten sind besser«. [57]

Deshalb hat man mit Hadoop oftmals ETL-Prozesse implementiert (siehe Abschnitt »Data-Warehousing« auf Seite 98): Daten von Transaktionsverarbeitungssystemen werden in Rohform in ein verteiltes Dateisystem übernommen. Dann schreibt man MapReduce-Jobs, um die Daten zu bereinigen, sie in ein relationales Format zu bringen und sie in ein MPP-Data-Warehouse für Analysezwecke zu importieren. Zwar findet Datenmodellierung immer noch statt, doch als separater Schritt, der von der Datenerfassung entkoppelt ist. Diese Entkopplung ist möglich, weil ein verteiltes Dateisystem beliebig codierte Daten unterstützt.

Vielfalt der Verarbeitungsmodelle

MPP-Datenbanken sind monolithische, eng integrierte Softwarekomponenten, die sich um das Speicherlayout auf der Festplatte, die Abfrageplanung, das Scheduling und die Ausführung kümmern. Da sich diese Komponenten alle auf die spezifischen Bedürfnisse der Datenbank abstimmen und optimieren lassen, kann das System als Ganzes eine sehr gute Performance bei solchen Abfragetypen erreichen, für die es konzipiert ist. Darüber hinaus ermöglicht die SQL-Abfragesprache ausdrucksstarke Abfragen und elegante Semantik, ohne dass man dafür Code schreiben muss. Somit können grafische Tools auf die Datenbank zugreifen, wie sie bei Business-Analysten gebräuchlich sind (wie zum Beispiel Tableau).

Andererseits lassen sich nicht alle Verarbeitungsarten sinnvoll als SQL-Abfragen ausdrücken. Wenn Sie zum Beispiel Systeme für maschinelles Lernen und Empfehlungssysteme aufbauen, Indizes zur Volltextsuche mit Kategorisierung nach Relevanz modellieren oder Bildanalysen durchführen, werden Sie höchstwahrscheinlich ein allgemeineres Modell der Datenverarbeitung benötigen. Diese Verarbeitungsarten sind oftmals sehr spezifisch für eine bestimmte Anwendung (zum Beispiel Feature Engineering für maschinelles Lernen, Modelle natürlicher Sprache für maschinelle Übersetzung, Risikoabschätzungsfunktionen für die Betrugserkennung), sodass Sie dafür zwangsläufig Code schreiben und nicht nur Abfragen formulieren müssen.

MapReduce hat Softwareingenieuren die Möglichkeit gegeben, ihren eigenen Code problemlos über großen Datenmengen auszuführen. Wenn Sie über HDFS und MapReduce verfügen, *können* Sie darauf aufsetzend eine SQL-Abfrageausführungsmaschine aufbauen, und tatsächlich ist dies im Hive-Projekt realisiert worden [31]. Allerdings sind auch andere Formen von Batch-Prozessen denkbar, die sich von Haus aus nicht als SQL-Abfrage ausdrücken lassen.

Da man später festgestellt hat, dass MapReduce bei manchen Verarbeitungsarten zu einschränkend ist und leistungsmäßig zu schlecht abschneidet, wurden verschiedene andere Verarbeitungsmodelle entwickelt, die auf Hadoop aufsetzen (einige davon lernen Sie in Abschnitt »Jenseits von MapReduce« auf Seite 450 kennen). Zwei Verarbeitungsmodelle, SQL und MapReduce, waren nicht genug: Noch mehr unterschiedliche Modelle waren gefragt! Und wegen der Offenheit der Hadoop-Plattform war es machbar, eine ganze Palette von Ansätzen zu realisieren, die in den Grenzen einer monolithischen MPP-Datenbank nicht möglich gewesen wären [58].

Entscheidend ist, dass diese verschiedenen Verarbeitungsmodelle alle auf einem gemeinsamen Computercluster ausgeführt werden und dabei auf dieselben Dateien im verteilten Dateisystem zugreifen können. Beim Hadoop-Ansatz ist es nicht notwendig, Daten in verschiedene spezialisierte Systeme für unterschiedliche Verarbeitungsarten zu importieren: Das System ist genügend flexibel, um einen breit gefächerten Satz von Arbeitslasten innerhalb desselben Clusters zu unterstützen. Wenn man die Daten nicht herumschieben muss, ist es wesentlich einfacher, Nutzen aus den Daten zu erlangen, und auch viel leichter, mit neuen Verarbeitungsmodellen zu experimentieren.

Das Hadoop-Ökosystem umfasst sowohl OLTP-Datenbanken mit wahlfreiem Zugriff wie zum Beispiel HBase (siehe Abschnitt »SSTables und LSM-Bäume« auf Seite 80) als auch MPP-artige analytische Datenbanken wie Impala [41]. Weder HBase noch Impala verwenden MapReduce, doch beide nutzen HDFS zur Datenspeicherung. Sie verkörpern sehr unterschiedliche Ansätze, um auf Daten zuzugreifen und sie zu verarbeiten, doch sie können trotzdem nebeneinander existieren und in dasselbe System integriert werden.

Für häufige Ausfälle konzipierte Systeme

Wenn man MapReduce mit MPP-Datenbanken vergleicht, fallen zwei weitere Unterschiede im Entwurfskonzept auf: die Behandlung von Fehlern und die Verwendung von Arbeitsspeicher und Festplatte. Batch-Prozesse sind weniger empfindlich bei Fehlern als Onlinesysteme, weil sie die Benutzer nicht unmittelbar beeinflussen, wenn sie ausfallen, und sie immer wieder erneut ausgeführt werden können.

Wenn ein Knoten abstürzt, während eine Abfrage ausgeführt wird, brechen die meisten MPP-Datenbanken die gesamte Abfrage ab und lassen entweder den Benutzer die Abfrage erneut auslösen oder führen sie selbst automatisch noch einmal aus [3]. Da Abfragen normalerweise für wenige Sekunden oder höchstens einige Minuten laufen, ist diese Art der Fehlerbehandlung akzeptabel, denn die Kosten für einen Wiederholungsversuch sind nicht allzu hoch. MPP-Datenbanken behalten vorzugsweise so viele Daten wie möglich im Arbeitsspeicher (zum Beispiel indem sie Hash-Verknüpfungen verwenden), um die Kosten für das Lesen von der Festplatte zu vermeiden.

Im Gegensatz dazu kann MapReduce den Ausfall eines Map- oder Reduce-Tasks tolerieren, ohne den Job als Ganzes zu beeinflussen, indem die Arbeit mit der Granularität eines einzelnen Tasks wiederholt wird. Darüber hinaus schreibt MapReduce die Daten frühzeitig auf die Festplatte. Das hängt zum Teil mit der Fehlertoleranz zusammen und zum Teil mit der Annahme, dass die Datenmenge ohnehin zu groß sein wird, um in den Arbeitsspeicher zu passen.

Der MapReduce-Ansatz ist vorzugsweise für größere Jobs geeignet: Jobs, die so viele Daten verarbeiten und so lange laufen, dass sie wahrscheinlich mindestens einen Task-Ausfall erleben werden. In diesem Fall wäre es verschwenderisch, den gesamten Job aufgrund eines einzelnen Task-Fehlers erneut auszuführen. Wenn die Wiederherstellung mit der Granularität eines einzelnen Tasks ermöglicht wird, kann das zu höheren Overheads und schlechterer Performance bei fehlerfreier Ausführung führen; dennoch kann dies aber ein vernünftiger Kompromiss sein, wenn die Fehlerrate genügend hoch liegt.

Aber wie realistisch sind diese Annahmen? In den meisten Clustern treten zwar Computerausfälle auf, doch sie sind nicht sehr häufig – wahrscheinlich selten genug, dass die meisten Jobs nicht von einem Computerausfall betroffen sind. Lohnt es sich wirklich, wegen der Fehlertoleranz einen erheblichen Overhead in Kauf zu nehmen?

Um die Gründe für den sparsamen Einsatz von Arbeitsspeicher und die Wiederherstellung auf Task-Ebene von MapReduce zu verstehen, ist ein Blick auf die Umgebung hilfreich, für die MapReduce ursprünglich entwickelt wurde. In den Rechenzentren von Google laufen Online-Produktionsdienste und Offline-Batch-Jobs auf denselben Computern. Jeder Task verfügt über eine Ressourcenzuordnung (CPU-Kerne, RAM, Festplattenplatz usw.), die mithilfe von Containern durchgesetzt wird. Zudem bekommt jeder Task eine Priorität zugewiesen. Wenn ein Task mit höherer Priorität mehr Ressourcen benötigt, können Tasks mit niedrigerer Priorität auf demselben Computer beendet werden, um Ressourcen freizubekommen. Die Priorität bestimmt auch die Preisgestaltung der Computerressourcen: Teams müssen für die von ihnen verwendeten Ressourcen bezahlen, und Prozesse mit höherer Priorität kosten mehr [59].

Diese Architektur lässt es zu, nicht für die Produktion vorgesehenen (niedrig priorisierten) Tasks mehr Computerressourcen zuzuweisen, als wirklich vorhanden sind, weil das System weiß, dass es die Ressourcen bei Bedarf zurückfordern kann. Diese Überbelegung von Ressourcen erlaubt wiederum eine bessere Nutzung von Computern und eine größere Effizienz verglichen mit Systemen, die Produktions- und Nichtproduktionsaufgaben strikt trennen. Da aber die Priorität von MapReduce-Jobs gering ist, laufen sie Gefahr, jederzeit unterbrochen zu werden, weil ein Prozess mit höherer Priorität ihre Ressourcen benötigt. Praktisch ist es so, dass Batch-Jobs »die Krümel unter dem Tisch aufpicken«, d.h. die übriggebliebenen Ressourcen verwenden, nachdem sich Prozesse mit höherer Priorität das genommen haben, was sie brauchen.

Bei Google hat ein MapReduce-Task, der eine Stunde läuft, ein Risiko von etwa 5%, dass er beendet wird, um Platz für einen Prozess mit höherer Priorität zu schaffen. Diese Rate ist mehr als eine Größenordnung höher als die Ausfallrate aufgrund von Hardwareproblemen, Neustarts von Computern oder anderen Gründen [59]. Wenn ein Job 100 Tasks umfasst, die für jeweils 10 Minuten laufen, ist das Risiko bei dieser Präemptionsrate größer als 50%, dass mindestens ein Task abgebrochen wird, bevor er fertiggestellt ist.

Aus diesem Grund ist MapReduce dafür ausgelegt, häufige unerwartete Task-Abbrüche zu verkraften: Das hat nichts damit zu tun, dass die Hardware besonders unzuverlässig wäre, sondern damit, dass die Freiheit, Prozesse beliebig terminieren zu können, eine bessere Ressourcennutzung in einem Computercluster ermöglicht.

Unter den Schedulern für Open-Source-Cluster ist Präemption weniger verbreitet. Der CapacityScheduler von YARN unterstützt Präemption für den Ausgleich der Ressourcenzuordnung verschiedener Warteschlangen [58], doch eine allgemeine Prioritätspräemption wird derzeit weder in YARN, noch in Mesos oder Kubernetes unterstützt [60]. In einer Umgebung, in der Tasks nicht so oft abgebrochen werden, sind die Entwurfsentscheidungen von MapReduce weniger sinnvoll. Im nächsten Abschnitt sehen wir uns einige Alternativen zu MapReduce an, die andere Entwurfsentscheidungen treffen.

Jenseits von MapReduce

Obwohl MapReduce in den späten 2000er-Jahren sehr populär geworden ist und einen großen Hype für sich verbuchen kann, ist es nur eines von vielen möglichen

Programmiermodellen für verteilte Systeme. Je nach Umfang der Daten, der Datenstruktur und je nachdem, auf welche Art diese Daten verarbeitet werden, können andere Tools besser geeignet sein, um eine Berechnung auszudrücken.

Dennoch haben wir in diesem Kapitel viel Zeit auf MapReduce verwendet, denn es ist ein nützliches Lernbeispiel, weil es eine ziemlich klare und einfache Abstraktion ist, die auf einem verteilten Dateisystem aufbaut. Das heißt, *einfach* in dem Sinne, dass man verstehen kann, was es tut, und nicht in dem Sinne, dass es einfach zu verwenden ist. Ganz im Gegenteil: Die Implementierung eines komplexen Verarbeitungsjobs allein mit MapReduce-APIs ist eigentlich ziemlich schwer und umständlich – zum Beispiel müsste man alle Verknüpfungsalgorithmen von Grund auf neu implementieren [37].

Da es recht schwierig ist, MapReduce direkt zu verwenden, wurden verschiedene höhere Programmiermodelle als Abstraktion auf MapReduce aufsetzend geschaffen (unter anderem Pig, Hive, Cascading, Crunch). Wenn Sie verstehen, wie MapReduce arbeitet, werden Sie sich schnell mit diesen Modellen vertraut machen. Zudem lassen sich durch ihre höheren Konstrukte viele der gängigen Batch-Verarbeitungsaufgaben deutlich einfacher implementieren.

Es gibt jedoch auch Probleme mit dem MapReduce-Ausführungsmodell selbst, die sich nicht einfach durch eine zusätzliche Abstraktionsebene beseitigen lassen und die sich bei manchen Verarbeitungsarten mit schlechter Performance manifestieren. Einerseits ist MapReduce sehr robust: Man kann damit fast beliebig große Datenmengen auf einem unzuverlässigen mandantenfähigen System mit häufigen Task-Abbrüchen verarbeiten, und es wird den Job trotzdem (wenn auch langsam) erledigen. Andererseits gibt es allerdings auch Tools, die bei bestimmten Arten von Jobs manchmal um einige Größenordnungen schneller sind.

Im weiteren Verlauf dieses Kapitels sehen wir uns einige dieser Alternativen für die Batch-Verarbeitung an. In Kapitel 11 kommen wir dann zur Stream-Verarbeitung, die man als weitere Methode betrachten kann, die Batch-Verarbeitung zu beschleunigen.

Zwischenzustände materialisieren

Wie weiter vorn erwähnt, ist jeder MapReduce-Job unabhängig von jedem anderen Job. Die Hauptkontaktpunkte eines Jobs mit dem Rest der Welt sind seine Eingabe- und Ausgabeverzeichnisse im verteilten Dateisystem. Wenn Sie die Ausgabe des einen Jobs zur Eingabe eines zweiten Jobs machen wollen, müssen Sie das Eingabeverzeichnis des zweiten Jobs so konfigurieren, dass es gleich dem Ausgabeverzeichnis des ersten Jobs ist, und ein externer Workflow-Scheduler darf den zweiten Job erst starten, wenn der erste Job fertiggestellt ist.

Dieser Ansatz ist zum Beispiel sinnvoll, wenn die Ausgabe vom ersten Job eine Datenmenge ist, die Sie in Ihrer Organisation für ein breites Publikum veröffentlichen wollen. In diesem Fall müssen Sie in der Lage sein, mit einem Namen auf die Datenmenge zu verweisen und sie als Eingabe für mehrere verschiedene Jobs wiederzuverwenden (einschließlich der Jobs, die andere Teams entwickelt haben). Die Veröffentlichung von Daten an einem bekannten Speicherort in einem verteilten Dateisystem ermöglicht eine lose Kopplung, sodass die Jobs nicht wissen müssen, wer ihre Eingaben produziert oder ihre Ausgabe konsumiert (siehe Abschnitt »Trennung von Logik und Verdrahtung« auf Seite 425).

In vielen Fällen wissen Sie aber, dass die Ausgabe des einen Jobs immer nur als Eingabe für einen anderen Job dient, den dasselbe Team verwaltet. In diesem Fall sind die Dateien im verteilten Dateisystem lediglich ein *Zwischenzustand*: ein Mittel, um Daten von einem Job an den nächsten zu übergeben. In den komplexen Workflows zum Aufbau von Empfehlungssystemen, die aus 50 oder 100 MapReduce-Jobs bestehen [29], gibt es viele solcher Zwischenzustände.

Den Vorgang, diesen Zwischenzustand in Dateien zu schreiben, nennt man *Materialisierung*. (Dieser Begriff taucht bereits in Abschnitt »Aggregation: Datenwürfel und materialisierte Sichten« auf Seite 109 im Zusammenhang mit materialisierten Sichten auf. Er bedeutet, das Ergebnis einer Operation frühzeitig zu berechnen und zu speichern, anstatt es erst bei Bedarf zu berechnen.)

Im Gegensatz dazu hat das Protokollanalysebeispiel zu Beginn des Kapitels die Ausgabe des einen Befehls mit der Eingabe eines anderen über Unix-Pipes verbunden. Pipes materialisieren den Zwischenzustand nicht vollständig, sondern senden die Ausgabe eines Befehls als *Stream* inkrementell zur Eingabe des nächsten Befehls, wobei nur ein kleiner speicherinterner Puffer verwendet wird.

Die Herangehensweise von MapReduce, den Zwischenzustand vollständig zu materialisieren, hat im Vergleich zu Unix-Pipes Nachteile:

- Ein MapReduce-Job kann nur starten, wenn alle Tasks in den vorherigen Jobs (die seine Eingaben generieren) abgeschlossen sind, während Prozesse, die über eine Unix-Pipe verbunden sind, gleichzeitig starten und die Ausgabe konsumieren, sobald sie erzeugt wurde. Schiefe oder variierende Last auf verschiedenen Computern bedeutet, dass ein Job oftmals einige Nachzügler-Tasks hat, die wesentlich länger als andere bis zum Abschluss brauchen. Wenn gewartet werden muss, bis die Tasks aller vorherigen Jobs fertiggestellt sind, bremst das die Ausführung des Workflows als Ganzes.
- Mapper sind oftmals redundant: Sie lesen einfach dieselbe Datei wieder ein, die ein Reducer gerade geschrieben hat, und bereiten sie für die nächste Stufe der Partitionierung und Sortierung vor. In vielen Fällen könnte der Mappercode Teil des vorherigen Reducers sein: Würde die Ausgabe des Reducers in der gleichen Weise wie die Mapper-Ausgabe partitioniert und sortiert, ließen sich die Reducer direkt miteinander verketten, ohne zwischengeschobene Mapper-Stufen.

- Den Zwischenzustand in einem verteilten Dateisystem zu speichern, bedeutet, dass diese Dateien auf mehrere Knoten repliziert werden, was oftmals für solche temporären Dateien überflüssig ist.

Datenfluss-Engines

Um diese Probleme mit MapReduce zu beseitigen, wurden mehrere neue Ausführungs-Engines für verteilte Batch-Berechnungen entwickelt. Die bekanntesten sind Spark [61, 62], Tez [63, 64] und Flink [65, 66]. Es gibt zwar mehrere Unterschiede in ihrer Gestaltung, doch sie haben eines gemeinsam: Sie behandeln einen gesamten Workflow als einen Job, anstatt ihn in unabhängige Teiljobs zu zerlegen.

Da sie den Datenfluss durch mehrere Verarbeitungsstufen explizit modellieren, bezeichnet man diese Systeme als *Datenfluss-Engines*. Wie MapReduce rufen sie wiederholt eine benutzerdefinierte Funktion auf, um einen Datensatz nach dem anderen in einem einzelnen Thread zu verarbeiten. Sie parallelisieren die Arbeit, indem sie Eingaben partitionieren, und sie kopieren die Ausgabe einer Funktion über das Netzwerk, um zur Eingabe einer anderen Funktion zu werden.

Im Gegensatz zu MapReduce müssen diese Funktionen nicht die strengen Rollen abwechselnder Map- und Reduce-Funktionen übernehmen, sondern können stattdessen flexibler zusammengestellt werden. Diese Funktionen nennen wir *Operatoren*, und die Datenfluss-Engine bietet verschiedene Möglichkeiten, die Ausgabe des einen Operators mit der Eingabe eines anderen zu verbinden:

- Datensätze lassen sich nach Schlüssel neu partitionieren und sortieren, wie es in der Shuffle-Stufe von MapReduce geschieht (siehe Abschnitt »Verteilte Ausführung von MapReduce« auf Seite 429). Dieses Feature ermöglicht Sort-Merge-Joins und Gruppieren genau wie in MapReduce.
- Eine andere Möglichkeit besteht darin, mehrere Eingaben zu übernehmen und sie in der gleichen Weise zu partitionieren, aber das Sortieren zu überspringen. Dadurch ist der Aufwand bei partitionierten Hash-Joins geringer, wo es auf die Partitionierung von Datensätzen ankommt, die Reihenfolge aber irrelevant ist, weil durch das Erstellen der Hashtabelle ohnehin eine quasi zufällige Reihenfolge entsteht.
- Bei Broadcast-Hash-Joins kann dieselbe Ausgabe eines Operators an alle Partitionen des Join-Operators gesendet werden.

Diese Art der Verarbeitungs-Engine basiert auf Forschungssystemen wie Dryad [67] und Nephele [68] und bietet mehrere Vorteile gegenüber dem MapReduce-Modell:

- Aufwendige Vorgänge wie zum Beispiel das Sortieren müssen nur dort durchgeführt werden, wo sie tatsächlich erforderlich sind, und nicht immer standardmäßig zwischen jeder Map- und Reduce-Stufe.

- Es gibt keine unnötigen Map-Tasks, da sich der Code eines Mappers oftmals in den vorherigen Reduce-Operator einbinden lässt (weil ein Mapper die Partitionierung einer Datenmenge nicht verändert).
- Da alle Joins und Datenabhängigkeiten in einem Workflow explizit deklariert werden, hat der Scheduler einen Überblick, welche Daten wo erforderlich sind, und kann somit Lokalitätsoptimierungen vornehmen. Zum Beispiel kann er versuchen, den Task, der einige Ausgabedaten konsumiert, auf demselben Computer zu platzieren wie den Task, der sie produziert. Somit lassen sich die Daten über einen gemeinsamen Puffer im Arbeitsspeicher austauschen, anstatt sie über das Netzwerk kopieren zu müssen.
- In der Regel genügt es, wenn der Zwischenzustand zwischen den Operatoren im Arbeitsspeicher gehalten oder auf die lokale Festplatte geschrieben wird. Das bedeutet weniger Ein-/Ausgaben als beim Schreiben in das HDFS (wo die Daten auf mehrere Computer repliziert und auf jedem Replikat auf die Festplatte geschrieben werden müssen). MapReduce nutzt diese Optimierung bereits für die Mapper-Ausgabe, aber Datenfluss-Engines verallgemeinern das Konzept auf alle Zwischenzustände.
- Operatoren können mit der Ausführung beginnen, sobald ihre Eingabe bereit ist. Es ist nicht erforderlich, auf den Abschluss der gesamten vorherigen Stufe zu warten, bevor die nächste beginnt.
- Vorhandene JVM-(Java-Virtual-Machine-)Prozesse können wiederverwendet werden, um neue Operatoren auszuführen. Dadurch verringert sich der Overhead bei Startvorgängen im Vergleich zu MapReduce (das für jeden Task eine neue JVM startet).

Mit Datenfluss-Engines können Sie die gleichen Berechnungen wie MapReduce-Workflows implementieren, und aufgrund der hier beschriebenen Optimierungen laufen sie in der Regel auch erheblich schneller. Da Operatoren eine Verallgemeinerung der Map- und Reduce-Funktionen sind, kann der gleiche Verarbeitungscode auf Datenfluss-Engines laufen: Workflows, die in Pig, Hive oder Cascading implementiert sind, lassen sich mit einer einfachen Konfigurationsänderung von MapReduce auf Tez oder Spark umstellen, ohne Code ändern zu müssen [64].

Tez ist eine recht schlanke Bibliothek, die sich auf den YARN-Shuffle-Dienst für das eigentliche Kopieren der Daten zwischen Knoten stützt [58], während es sich bei Spark und Flink um große Frameworks handelt, die eine eigene Netzwerkkommunikationsschicht, Scheduler und benutzerorientierte APIs umfassen. Auf diese höheren APIs kommen wir in Kürze zu sprechen.

Fehlertoleranz

Die vollständige Materialisierung des Zwischenzustands in ein verteiltes Dateisystem hat den Vorteil, dass die Daten dauerhaft sind, was Fehlertoleranz in MapReduce ziemlich einfach macht: Wenn ein Task fehlschlägt, kann er einfach auf einem anderen Computer neu gestartet werden und die gleiche Eingabe erneut aus dem Dateisystem lesen.

Spark, Flink und Tez schreiben keinen Zustand in HDFS und verfolgen ein anderes Konzept, um Fehler zu tolerieren: Wenn ein Computer ausfällt und der Zwischenzustand auf diesem Computer verloren geht, wird er aus anderen Daten, die noch verfügbar sind, neu berechnet (falls möglich aus einem vorherigen Zwischenzustand oder sonst aus den originalen Eingabedaten, die normalerweise im HDFS gespeichert sind).

Damit sich der Zustand neu berechnen lässt, muss das Framework verfolgen, wie ein bestimmtes Datenelement berechnet wurde – welche Eingabepartition es verwendet und welche Operatoren auf das Element angewendet wurden. Spark verwendet die RDD[7]-Abstraktion, um die Herkunft der Daten zu verfolgen [61], während Flink Prüfpunkte für den Operatorzustand anlegt, um die Ausführung eines Operators, der in einen Fehlerzustand geraten ist, wieder aufnehmen zu können [66].

Bei der Neuberechnung von Daten ist es wichtig zu wissen, ob die Berechnung *deterministisch* ist: Produzieren die Operatoren für die gleichen Eingabedaten die gleiche Ausgabe? Diese Frage spielt eine Rolle, wenn einige der verlorenen Daten bereits an nachgelagerte Operatoren gesendet worden sind. Wenn der Operator neu gestartet wird und die neu berechneten Daten nicht die gleichen wie die ursprünglich verlorenen Daten sind, können nachgelagerte Operatoren schwerlich die Widersprüche zwischen den alten und neuen Daten auflösen. Die Lösung im Fall von nichtdeterministischen Operatoren besteht normalerweise darin, die nachgelagerten Operatoren ebenfalls abzubrechen und sie mit neuen Daten erneut auszuführen.

Um solche kaskadierenden Fehler zu vermeiden, ist es besser, Operatoren deterministisch zu machen. Beachten Sie aber, dass sich leicht ein nichtdeterministisches Verhalten einschleicht: Zum Beispiel garantieren viele Programmiersprachen keine bestimmte Reihenfolge, wenn sie über die Elemente einer Hashtabelle iterieren, viele probabilistische und statistische Algorithmen setzen explizit auf Zufallszahlen und jede Verwendung der Systemuhr oder externer Datenquellen ist nichtdeterministisch. Solche Ursachen für Nichtdeterminismus müssen beseitigt werden, um eine zuverlässige Wiederherstellung bei Ausfällen zu ermöglichen. Das kann beispielsweise dadurch geschehen, dass man pseudozufällige Zahlen mit einem festen Startwert erzeugt.

Die Wiederherstellung aus Fehlerzuständen durch Neuberechnung von Daten ist nicht immer die richtige Antwort: Wenn die Menge der Zwischendaten wesentlich kleiner ist als die Menge der Quelldaten oder wenn die Berechnung viel CPU-Zeit

7 RDD = Resilient Distributed Dataset, etwa: fehlertolerante verteilte Datenmenge

beansprucht, ist es wahrscheinlich billiger, die Zwischendaten zu materialisieren, als sie neu zu berechnen.

Diskussion zur Materialisierung

Bei der weiter vorn beschriebenen Unix-Analogie haben wir gesehen, dass es bei MapReduce so aussieht, dass die Ausgabe jedes Befehls in eine temporäre Datei geschrieben wird, während Datenfluss-Engines mehr an Unix-Pipes erinnern. Insbesondere baut Flink auf dem Konzept einer Pipelineausführung auf: Die Ausgabe eines Operators wird inkrementell an andere Operatoren weitergegeben, die nicht darauf warten, bis die Eingabe vollständig ist, bevor sie sie verarbeiten.

Eine Sortieroperation muss zwangsläufig die gesamte Eingabe konsumieren, bevor sie irgendeine Ausgabe erzeugen kann. Denn es ist möglich, dass der allerletzte Eingabedatensatz derjenige mit dem kleinsten Schlüssel ist und somit der allererste auszugebende Datensatz sein muss. Jeder Operator, der eine Sortierung benötigt, muss demzufolge den Zustand zumindest vorübergehend akkumulieren. Viele andere Teile eines Workflows können jedoch in Form einer Pipeline ausgeführt werden.

Wenn der Job abgeschlossen ist, muss seine Ausgabe dauerhaft an einem bestimmten Ort gespeichert werden, sodass Benutzer sie finden und verwenden können – höchstwahrscheinlich wird sie wieder in das verteilte Dateisystem geschrieben. Wird also eine Datenfluss-Engine verwendet, sind materialisierte Datenmengen im HDFS in der Regel immer noch die Eingaben und die letzten Ausgaben eines Jobs. Wie bei MapReduce sind die Eingaben unveränderlich, und die Ausgabe wird vollständig ersetzt. Im Gegensatz zu MapReduce brauchen Sie nun aber nicht mehr sämtliche Zwischenzustände in das Dateisystem zu schreiben.

Graphen und iterative Verarbeitung

Der Abschnitt »Graphen-ähnliche Datenmodelle« auf Seite 52 hat beschrieben, wie man Daten mithilfe von Graphen modelliert und die Kanten und Knoten in einem Graphen mit Graphabfragesprachen traversiert. Die Erläuterungen in Kapitel 2 haben sich auf OLTP-artige Einsatzfälle konzentriert: Abfragen schnell ausführen, um eine kleine Anzahl von Knoten zu finden, die bestimmten Kriterien entsprechen.

Es ist auch interessant, Graphen im Zusammenhang mit der Batch-Verarbeitung zu betrachten, wo das Ziel darin besteht, eine Art Offlineverarbeitung oder -analyse auf einem ganzen Graphen durchzuführen. Dies ist oftmals notwendig in Anwendungen für maschinelles Lernen wie zum Beispiel Empfehlungs-Engines oder Klassifizierungssystemen. Einer der bekanntesten Algorithmen zur Graphenanalyse ist PageRank [69], der die Beliebtheit einer Webseite daraus ermittelt, welche anderen Webseiten auf diese Seite verlinken. Er ist Bestandteil der Formel, mit der Suchmaschinen die Reihenfolge bestimmen, in der sie ihre Ergebnisse präsentieren.

> Datenfluss-Engines wie Spark, Flink und Tez (siehe Abschnitt »Zwischenzustände materialisieren« auf Seite 451) ordnen die Operatoren eines Jobs typischerweise in einem gerichteten azyklischen Graphen (Directed Acyclic Graph, DAG) an. Das ist nicht das Gleiche wie Graphenverarbeitung: In Datenfluss-Engines ist der Datenfluss von einem Operator zu einem anderen als Graph strukturiert, während die Daten selbst typischerweise aus relationalen Tupeln bestehen. Bei der Graphenverarbeitung haben die Daten selbst die Form eines Graphen. Eine weitere unglückliche Namensverwirrung!

Viele Graphenalgorithmen traversieren jeweils eine Kante, die einen Knoten mit einem benachbarten Knoten verbindet, um bestimmte Informationen weiterzuleiten. Das wiederholt sich, bis eine Bedingung erfüllt ist – bis es zum Beispiel keine weiteren Kanten mehr gibt, denen gefolgt werden kann, oder bis eine Metrik konvergiert. Das Beispiel in Abbildung 2-6 hat eine Liste aller Orte in Nordamerika erzeugt, die in einer Datenbank enthalten sind, indem es wiederholt den Kanten folgt, die anzeigen, welcher Ort in welchem anderen Ort liegt (ein derartiger Algorithmus wird *transitiver Abschluss* genannt).

Es ist zwar möglich, einen Graphen in einem verteilten Dateisystem zu speichern (in Dateien, die Listen von Knoten und Kanten enthalten), doch lässt sich das Konzept von »wiederholen bis fertig« in reinem MapReduce nicht ausdrücken, da es nur einen einzelnen Durchlauf über die Daten durchführt. Diese Art von Algorithmus wird daher oftmals in einem *iterativen* Stil implementiert:

1. Ein externer Scheduler startet einen Batch-Prozess, um einen Schritt des Algorithmus zu berechnen.
2. Wenn der Batch-Prozess abgeschlossen ist, prüft der Scheduler, ob der iterative Algorithmus fertig ist (basierend auf der Abschlussbedingung – wenn es beispielsweise keine Kanten mehr gibt, denen zu folgen wäre, oder die Änderung einer Metrik verglichen mit der letzten Iteration unter einem bestimmten Schwellenwert liegt).
3. Wenn der Algorithmus noch nicht fertig ist, geht der Scheduler zurück zu Schritt 1 und führt eine weitere Runde des Batch-Prozesses aus.

Dieser Ansatz funktioniert, doch ist es oftmals sehr ineffizient, ihn mit MapReduce zu implementieren, weil MapReduce das iterative Wesen des Algorithmus nicht berücksichtigt: Es wird immer die gesamte Eingabedatenmenge gelesen und eine vollständig neue Ausgabedatenmenge erzeugt, selbst wenn sich nur ein kleiner Teil des Graphen gegenüber der letzten Iteration geändert hat.

Das Pregel-Verarbeitungsmodell

Als Optimierung für die Stapelverarbeitung von Graphen hat sich das *Bulk-Synchronous-Parallel*-(BSP-)Modell der Berechnung [70] durchgesetzt. Unter anderem wird es von Apache Giraph [37], der GraphX API von Spark und der Gelly API von Flink [71] implementiert. Es ist auch als *Pregel*-Modell bekannt, nach einer von Google veröffentlichten Schrift zum Graph-Analyse-System Pregel [72].

Wie bereits erwähnt ist es in MapReduce konzeptionell so, dass Mapper an einen bestimmten Aufruf des Reducers »eine Nachricht senden«, weil das Framework sämtliche Mapper-Ausgaben mit dem gleichen Schlüssel sammelt. Pregel liegt eine ähnliche Idee zugrunde: Ein Knoten kann an einen anderen Knoten »eine Nachricht senden«, und typischerweise werden diese Nachrichten entlang der Kanten eines Graphen gesendet.

In jeder Iteration wird für jeden Knoten eine Funktion aufgerufen, der alle an diesen Knoten gesendeten Nachrichten übergeben werden – fast so wie bei einem Aufruf des Reducers. Der Unterschied zu MapReduce besteht darin, dass im Pregel-Modell ein Knoten seinen Zustand im Arbeitsspeicher von einer Iteration zur nächsten speichert, sodass die Funktion nur die neu eingehenden Nachrichten verarbeiten muss. Wenn in irgendeinem Teil des Graphen keine Nachrichten gesendet werden, fällt auch keine Arbeit an.

Vergleichen lässt sich dies mit dem Aktorenmodell (siehe Abschnitt »Verteilte Aktorenframeworks« auf Seite 147), wenn man sich jeden Knoten als Aktor vorstellt. Der Unterschied ist, dass Knotenzustand und Nachrichten zwischen den Knoten fehlertolerant und dauerhaft sind und dass die Kommunikation in festen Runden abläuft: Bei jeder Iteration liefert das Framework alle Nachrichten, die in der vorherigen Iteration gesendet wurden. Aktoren besitzen normalerweise keine solche Timing-Garantie.

Fehlertoleranz

Die Tatsache, dass Knoten nur per Nachrichtenübergabe kommunizieren (und einander nicht direkt abfragen) können, trägt dazu bei, die Performance von Pregel-Jobs zu verbessern, da sich Nachrichten im Stapel verarbeiten lassen und weniger Wartezeiten bei der Kommunikation entstehen. Nur zwischen Iterationen treten Wartezeiten auf: Da das Pregel-Modell garantiert, dass alle in einer Iteration gesendeten Nachrichten in der nächsten Iteration zugestellt werden, muss die vorherige Iteration vollständig fertiggestellt sein, und alle ihre Nachrichten müssen über das Netzwerk kopiert werden, bevor die nächste Iteration beginnen kann.

Selbst wenn das zugrunde liegende Netzwerk Nachrichten verliert, dupliziert oder beliebig verzögert (siehe Abschnitt »Unzuverlässige Netzwerke« auf Seite 296), garantieren die Pregel-Implementierungen, dass Nachrichten in der folgenden Iteration an ihrem Zielknoten genau einmal verarbeitet werden. Wie MapReduce führt das Framework nach Fehlern eine transparente Wiederherstellung von Daten durch, um das Programmiermodell für Algorithmen zu vereinfachen, die auf Pregel aufsetzen.

Um diese Fehlertoleranz zu erreichen, wird der Zustand aller Knoten periodisch am Ende einer Iteration durch Prüfpunkte erfasst – d.h., ihr vollständiger Zustand wird in einen dauerhaften Speicher geschrieben. Fällt ein Knoten aus und geht sein speicherinterner Zustand verloren, ist es am einfachsten, die gesamte Graphenberechnung auf den letzten Prüfpunkt zurückzusetzen und die Berechnung ab diesem Punkt erneut zu starten. Wenn der Algorithmus deterministisch ist und Nachrichten protokolliert werden, ist es auch möglich, nur die verloren gegangene Partition selektiv wiederherzustellen (wie wir es weiter vorn für Datenfluss-Engines beschrieben haben) [72].

Parallele Ausführung

Ein Knoten muss nicht wissen, auf welchem physischen Computer er ausgeführt wird: Wenn er Nachrichten an andere Knoten sendet, richtet er sie einfach an eine Knoten-ID. Es ist Aufgabe des Frameworks, den Graphen zu partitionieren – d.h. zu entscheiden, welcher Knoten auf welchem Computer läuft und wie Nachrichten über das Netzwerk weiterzuleiten sind, sodass sie an der richtigen Stelle landen.

Da das Programmiermodell jeweils nur einen Knoten behandelt (manchmal auch »Denken wie ein Knoten« genannt), kann das Framework den Graphen beliebig partitionieren. Im Idealfall partitioniert es ihn so, dass Knoten auf demselben Computer gemeinsam untergebracht werden, wenn sie viel kommunizieren müssen. Allerdings ist es schwierig, eine solche optimierte Partitionierung zu finden – in der Praxis wird der Graph oftmals einfach nach einer willkürlich zugewiesenen Knoten-ID partitioniert, ohne zu versuchen, zusammengehörende Knoten zu gruppieren.

Folglich haben Graphalgorithmen häufig einen großen Overhead wegen der computerübergreifenden Kommunikation, und der Zwischenzustand (Nachrichten, die zwischen Knoten gesendet werden) ist oft größer als der ursprüngliche Graph. Der Overhead beim Senden von Nachrichten über das Netzwerk kann Algorithmen für verteilte Graphen erheblich verlangsamen.

Wenn also Ihr Graph in den Arbeitsspeicher auf einem Einzelcomputer passt, ist es sehr wahrscheinlich, dass ein Einzelcomputer-Algorithmus (vielleicht sogar mit einem einzigen Thread) einem verteilten Batch-Prozess überlegen ist [73, 74]. Selbst wenn der Graph größer als der Arbeitsspeicher ist, kann er auf die Festplatten eines einzelnen Computers passen. Einzelcomputerverarbeitung mit einem Framework wie GraphChi ist eine brauchbare Option [75]. Wenn der Graph für einen einzelnen Computer zu groß ist, kommt man um einen verteilten Ansatz wie Pregel nicht herum; die effiziente Parallelisierung von Graphalgorithmen ist weiterhin ein aktuelles Forschungsthema [76].

Höhere APIs und Sprachen

Im Laufe der Jahre, seit MapReduce populär geworden ist, sind die Ausführungs-Engines für verteiltes Batch-Processing gereift. Mittlerweile ist die Infrastruktur robust genug, um viele Petabyte Daten auf Clustern von über 10.000 Computern zu speichern und zu verarbeiten. Da das Problem der physisch ablaufenden Batch-Prozesse in dieser Größenordnung mehr oder weniger als gelöst gilt, hat sich die Aufmerksamkeit anderen Bereichen zugewandt: Verbesserung des Programmiermodells, Verbesserung der Effizienz der Verarbeitung und Erweiterung des Problemspektrums, das diese Technologien lösen können.

Wie bereits erwähnt, wurden höhere Programmiersprachen und APIs wie Hive, Pig, Cascading und Crunch beliebt, weil das manuelle Programmieren von MapReduce-Jobs recht mühsam ist. Als Tez erschien, hatten diese Hochsprachen den zusätzlichen Vorteil, dass man zur neuen Datenfluss-Ausführungs-Engine wechseln konnte, ohne den Job-Code neu schreiben zu müssen. Spark und Flink bringen auch ihre eigenen höheren Datenfluss-APIs mit, vielfach inspiriert von FlumeJava [34].

Diese Datenfluss-APIs verwenden im Allgemeinen relational orientierte Bausteine, um eine Berechnung auszudrücken: Datenmengen über den Wert eines Felds verknüpfen, Tupel nach Schlüssel gruppieren, nach einer Bedingung filtern und Tupel mit Zähl-, Summen- oder anderen Funktionen aggregieren. Intern werden diese Operationen mit verschiedenen Verknüpfungs- und Gruppierungsalgorithmen implementiert, die Sie bereits weiter vorn in diesem Kapitel kennengelernt haben.

Diese höheren Schnittstellen bieten nicht nur den Vorteil, mit weniger Code auszukommen, man kann sie auch interaktiv nutzen, indem man Analysecode inkrementell in einer Shell schreibt. Diesen Code kann man mehrfach mit kleinen Änderungen ausführen, um zu beobachten, wie er sich verhält. Dieser Entwicklungsstil ist hilfreich, wenn man eine Datenmenge erkundet und mit Ansätzen experimentiert, um die Daten zu verarbeiten. Er erinnert auch an die Unix-Philosophie, die wir in Abschnitt »Die Unix-Philosophie« auf Seite 422 erläutert haben.

Diese höheren Schnittstellen tragen darüber hinaus nicht nur dazu bei, dass die Betreiber das System produktiver nutzen können, sondern sie verbessern auch die Effizienz der Jobausführung auf Maschinenebene.

Der Übergang zu deklarativen Abfragesprachen

Verknüpfungen als relationale Operatoren zu spezifizieren, anstatt den Code auszuformulieren, der die Verknüpfung ausführt, hat unter anderem den Vorteil, dass das Framework die Eigenschaften der Verknüpfungseingaben analysieren und automatisch entscheiden kann, welche der oben genannten Verknüpfungsalgorithmen für die jeweilige Aufgabe am besten geeignet ist. Hive, Spark und Flink verfügen über kostenbasierte Optimierer, die dies beherrschen und sogar die Reihenfolge der Verknüpfungen ändern können, um die Größe der Zwischenzustände zu minimieren [66, 77, 78, 79].

Die Wahl des Verknüpfungsalgorithmus kann einen großen Unterschied in der Performance eines Batch-Jobs ausmachen, und es ist schön, wenn man alle die verschiedenen Verknüpfungsalgorithmen, die wir in diesem Kapitel besprochen haben, nicht verstehen und sich einprägen muss. Das ist möglich, wenn Verknüpfungen *deklarativ* spezifiziert werden: Die Anwendung gibt lediglich an, welche Verknüpfungen erforderlich sind, und der Abfrageoptimierer entscheidet, wie sie am besten ausgeführt werden können. Auf diesen Gedanken sind wir bereits in Abschnitt »Abfragesprachen für Daten« auf Seite 45 gestoßen.

In anderer Hinsicht unterscheiden sich MapReduce und seine Datenfluss-Nachfolger jedoch deutlich vom vollständig deklarativen Abfragemodell von SQL. MapReduce basiert auf dem Konzept von Callback-Funktionen: Für jeden Datensatz oder jede Gruppe von Datensätzen wird eine benutzerdefinierte Funktion (der Mapper oder Reducer) aufgerufen, und diese Funktion kann dann beliebigen Code ausführen, der über die Ausgabe entscheidet. Dieser Ansatz hat den Vorteil, dass Sie auf ein großes Ökosystem vorhandener Bibliotheken zurückgreifen können, um Aufgaben wie Parsing, Analyse natürlicher Sprache, Bildanalyse und Ausführung von numerischen oder statistischen Algorithmen zu lösen.

Die Freiheit, ganz leicht beliebigen Code ausführen zu können, hat lange die Batch-Verarbeitungssysteme des MapReduce-Erbes von MPP-Datenbanken unterschieden (siehe Abschnitt »Hadoop im Vergleich mit verteilten Datenbanken« auf Seite 446). Obwohl Datenbanken die Möglichkeit bieten, benutzerdefinierte Funktionen zu schreiben, sind sie oftmals recht umständlich und nicht gut integriert in die Paketmanager und Abhängigkeitsverwaltungssysteme, die in den meisten Programmiersprachen weit verbreitet sind (wie zum Beispiel Maven für Java, npm für JavaScript und Rubygems für Ruby).

Allerdings haben die Entwickler von Datenfluss-Engines festgestellt, dass es auch Vorteile gibt, mehr deklarative Features in Bereiche neben Verknüpfungen einzubinden. Wenn zum Beispiel eine Callback-Funktion nur eine einfache Filterbedingung enthält oder sie lediglich einige Felder aus einem Datensatz auswählt, fällt der CPU-Overhead für den Aufruf der Funktion auf jedem Datensatz erheblich ins Gewicht. Drückt man derartig einfache Filter- und Zuordnungsoperationen deklarativ aus, kann der Abfrageoptimierer von spaltenorientierten Speicherlayouts profitieren (siehe Abschnitt »Spaltenorientierte Speicherung« auf Seite 103) und nur die benötigten Spalten von der Festplatte lesen. Hive, Spark DataFrames und Impala verwenden auch vektorisierte Ausführung (siehe Abschnitt »Speicherbandbreite und vektorisierte Verarbeitung« auf Seite 106): iterieren über Daten in einer engen inneren Schleife, die CPU-Cache-freundlich ist, und vermeiden von Funktionsaufrufen. Spark generiert JVM-Bytecode [79], und Impala verwendet LLVM, um nativen Code für diese inneren Schleifen zu generieren [41].

Durch Einbinden deklarativer Aspekte in ihre höheren APIs und mit Abfrageoptimierern, die davon während der Ausführung profitieren können, sehen Batch-Processing-Frameworks immer mehr wie MPP-Datenbanken aus (und können eine vergleichbare Performance erreichen). Gleichzeitig behalten sie ihren Flexibilitätsvorteil aufgrund der Erweiterbarkeit, beliebigen Code ausführen und Daten in beliebigen Formaten lesen und schreiben zu können.

Spezialisierung für verschiedene Bereiche

Während die Erweiterbarkeit, beliebigen Code ausführen zu können, nützlich ist, gibt es auch zahlreiche Fälle, bei denen standardmäßige Verarbeitungsmuster ständig wiederkehren. Deshalb lohnt es sich, wiederverwendbare Implementierungen der gemeinsamen Bausteine verfügbar zu haben. Traditionell haben MPP-Datenbanken die Ansprüche der Business-Intelligence-Analysten und des Berichtswesens erfüllt, aber dies ist nur einer unter vielen Bereichen, in denen Batch-Processing verwendet wird.

Ein weiterer Bereich mit zunehmender Bedeutung sind statistische und numerische Algorithmen, die für Anwendungen des maschinellen Lernens erforderlich sind, beispielsweise für Klassifizierungs- und Empfehlungssysteme. Wiederverwendbare Implementierungen sind auf dem Vormarsch: Zum Beispiel implementiert Mahout verschiedene Algorithmen für das maschinelle Lernen aufsetzend auf MapReduce, Spark und Flink, während MADlib eine ähnliche Funktionalität innerhalb einer relationalen MPP-Datenbank (Apache HAWQ) realisiert [54].

Nützlich sind auch räumliche Algorithmen: Zum Beispiel sucht der Algorithmus *k-nächste Nachbarn* [80] nach Elementen, die in einem mehrdimensionalen Raum einem gegebenen Element nahe sind – eine Art von Ähnlichkeitssuche. Die Suche nach Näherungen ist auch wichtig für Algorithmen zur Genomanalyse, die ähnliche, aber nicht identische Strings finden müssen [81].

Batch-Processing-Engines werden für die verteilte Ausführung von Algorithmen aus einem zunehmend breiten Einsatzspektrum verwendet. Da Stapelverarbeitungssysteme integrierte Funktionalität und höhere deklarative Operatoren erhalten und da MPP-Datenbanken besser programmierbar und flexibler werden, sehen sich beide immer ähnlicher: Letztlich sind es eben alles nur Systeme, um Daten zu speichern und zu verarbeiten.

Zusammenfassung

Dieses Kapitel hat sich um das Thema Stapelverarbeitung (Batch-Processing) gedreht. Zu Beginn haben Sie Unix-Tools wie `awk`, `grep` und `sort` kennengelernt und erfahren, wie die Entwurfsphilosophie dieser Tools weitergetragen wird in MapReduce und neuere Datenfluss-Engines. Zu diesen Entwurfsprinzipien gehört unter anderem, dass Eingaben unveränderlich sind, Ausgaben so gestaltet sein sollten, dass sie sich als Eingabe für ein anderes (noch unbekanntes) Programm eignen, und komplexe Probleme dadurch gelöst werden, dass man kleine Tools, die jeweils »eine Sache gut erledigen«, kombiniert.

In der Unix-Welt dienen Dateien und Pipes als einheitliche Schnittstelle, um ein Programm mit einem anderen kombinieren zu können. In MapReduce bildet das verteilte Dateisystem diese Schnittstelle. Wir haben gesehen, dass Datenfluss-Engines ihre eigenen Pipe-artigen Datentransportmechanismen hinzufügen, um die Materialisierung von Zwischenzuständen im verteilten Dateisystem zu vermeiden, wobei aber die anfängliche Eingabe und die endgültige Ausgabe eines Jobs üblicherweise trotzdem Dateien im HDFS sind.

Frameworks für verteilte Batch-Verarbeitung müssen vor allem folgende zwei Probleme lösen:

Partitionierung
: In MapReduce werden Mapper entsprechend der Eingabedateiblöcke partitioniert. Die Ausgabe der Mapper wird neu partitioniert, sortiert und zu einer konfigurierbaren Anzahl von Reducer-Partitionen zusammengeführt. Dieser Vorgang soll alle zusammengehörenden Daten – zum Beispiel alle Datensätze mit dem gleichen Schlüssel – an einem Ort zusammenbringen.

  Datenfluss-Engines, die Nachfolger von MapReduce, vermeiden möglichst das Sortieren, außer wenn es wirklich erforderlich ist, verfolgen sonst aber einen ähnlichen Ansatz zur Partitionierung.

Fehlertoleranz
: MapReduce schreibt häufig auf die Festplatte, wodurch sich einzelne fehlgeschlagene Tasks leicht wiederherstellen lassen, ohne den gesamten Job neu starten zu müssen. Allerdings verlangsamt dies die Ausführung im fehlerfreien Fall. Datenfluss-Engines führen weniger Materialisierung von Zwischenzuständen durch und halten mehr Daten im Arbeitsspeicher. Folglich müssen sie mehr Daten neu berechnen, wenn ein Knoten ausfällt. Deterministische Operatoren verringern den Umfang der neu zu berechnenden Daten.

Für MapReduce haben wir mehrere Verknüpfungsalgorithmen (Join-Algorithmen) besprochen, von denen die meisten auch intern in MPP-Datenbanken und Datenfluss-Engines verwendet werden. Zudem zeigen sie sehr gut, wie partitionierte Algorithmen funktionieren:

Sort-Merge-Joins
: Jede zu verknüpfende Eingabe durchläuft einen Mapper, der den Verknüpfungsschlüssel herauszieht. Durch Partitionieren, Sortieren und Zusammenführen gelangen am Ende alle Datensätze mit dem gleichen Schlüssel zum selben Aufruf des Reducers. Diese Funktion kann dann die verknüpften Datensätze ausgeben.

Broadcast-Hash-Joins
: Eine der beiden zu verknüpfenden Eingaben ist klein, sodass sie nicht partitioniert wird und sich vollständig in eine Hashtabelle laden lässt. Somit können

Sie für jede Partition der großen zu verknüpfenden Eingabe einen Mapper starten, die Hashtabelle für die kleine Eingabe in jeden Mapper laden und dann die große Eingabe datensatzweise durchsuchen, während Sie die Hashtabelle nach jedem Datensatz abfragen.

Partitionierte Hash-Joins
: Wenn die beiden zu verknüpfenden Eingaben in der gleichen Weise partitioniert werden (mit dem gleichen Schlüssel, derselben Hashfunktion und derselben Anzahl von Partitionen), lässt sich der Ansatz mit Hashtabellen für jede Partition unabhängig verwenden.

Verteilte Batch-Processing-Engines haben ein bewusst eingeschränktes Programmiermodell: Callback-Funktionen (wie zum Beispiel Mapper und Reducer) gelten als zustandslos und erzeugen neben ihrer designierten Ausgabe keine extern sichtbaren Wirkungen. Durch diese Einschränkung kann das Framework einige der schweren Probleme verteilter Systeme hinter seiner Abstraktion verbergen: Bei Abstürzen und Netzwerkproblemen können Tasks sicher erneut ausgeführt werden, und die Ausgabe von fehlgeschlagenen Tasks wird verworfen. Wenn mehrere Tasks für eine Partition erfolgreich sind, schafft es tatsächlich nur einer von ihnen, die Ausgabe sichtbar zu machen.

Dank des Frameworks braucht sich Ihr Code in einem Stapelverarbeitungsjob nicht um die Implementierung von Fehlertoleranzmechanismen zu kümmern: Das Framework kann garantieren, dass die endgültige Ausgabe eines Jobs genau wie eine fehlerfreie Ausführung aussieht, selbst wenn in Wahrheit verschiedene Tasks vielleicht doch neu gestartet werden mussten. Diese zuverlässige Semantik ist wesentlich strenger als das, was Sie üblicherweise in Onlineservices vorfinden, die Benutzeranfragen behandeln, und als Wirkung einer Anfrageverarbeitung in Datenbanken schreiben.

Ein Stapelverarbeitungsjob zeichnet sich dadurch aus, dass er einige Eingabedaten liest und einige Ausgabedaten erzeugt, ohne die Eingabe zu modifizieren – mit anderen Worten leitet er die Ausgabe von der Eingabe ab. Entscheidend ist, dass die Eingabedaten *begrenzt* sind: Sie besitzen eine bekannte feste Größe (zum Beispiel bestehen sie aus einem Satz von Protokolldateien für einen bestimmten Zeitpunkt oder einem Schnappschuss mit dem Inhalt einer Datenbank). Da die Daten begrenzt sind, weiß ein Job, wenn er die gesamte Eingabe gelesen hat. Somit wird ein Job schließlich abgeschlossen, wenn er fertig ist.

Im nächsten Kapitel kommen wir zur Stream-Verarbeitung, bei der die Eingabe *unbegrenzt* ist – d.h., Sie haben zwar trotzdem einen Job, doch sind dessen Eingabe niemals enden wollende Datenströme. In diesem Fall ist ein Job niemals abgeschlossen, da jederzeit weitere Arbeiten anstehen können. Wir werden sehen, dass Stream- und Batch-Verarbeitung in mancher Hinsicht ähnlich sind, doch die Annahme von unbegrenzten Streams wirkt sich stark darauf aus, wie wir Systeme erstellen.

Literaturverzeichnis

[1] Jeffrey Dean und Sanjay Ghemawat: *MapReduce: Simplified Data Processing on Large Clusters.* 6. USENIX Symposium on Operating System Design and Implementation (OSDI), Dezember 2004.

[2] Joel Spolsky: *The Perils of JavaSchools.* joelonsoftware.com, 25. Dezember 2005.

[3] Shivnath Babu und Herodotos Herodotou: *Massively Parallel Databases and MapReduce Systems.* Foundations and Trends in Databases, Bd. 5, Nr. 1, S. 1–104, November 2013. doi:10.1561/1900000036

[4] David J. DeWitt und Michael Stonebraker: *MapReduce: A Major Step Backwards.* ursprünglich veröffentlicht unter databasecolumn.vertica.com, Januar 17, 2008.

[5] Henry Robinson: *The Elephant Was a Trojan Horse: On the Death of Map- Reduce at Google.* the-paper-trail.org, 25. Juni 2014.

[6] *The Hollerith Machine.* United States Census Bureau, census.gov.

[7] *IBM 82, 83, and 84 Sorters Reference Manual.* Edition A24-1034-1, International Business Machines Corporation, Juli 1962.

[8] Adam Drake: *Command-Line Tools Can Be 235x Faster than Your Hadoop Cluster.* aadrake.com, 25. Januar 2014.

[9] *GNU Coreutils 8.23 Documentation.* Free Software Foundation, Inc., 2014.

[10] Martin Kleppmann: *Kafka, Samza, and the Unix Philosophy of Distributed Data.* martin.kleppmann.com, 5. August 2015.

[11] Doug McIlroy: Internal Bell Labs memo, Oktober 1964. Zitiert bei: Dennis M. Richie: *Advice from Doug McIlroy.* cm.bell-labs.com.

[12] M. D. McIlroy, E. N. Pinson und B. A. Tague: *UNIX Time-Sharing System: Foreword.* The Bell System Technical Journal, Bd. 57, Nr. 6, S. 1899–1904, Juli 1978.

[13] Eric S. Raymond: *The Art of UNIX Programming.* Addison-Wesley, 2003. – ISBN 978-0-13-142901-7

[14] Ronald Duncan: *Text File Formats – ASCII Delimited Text – Not CSV or TAB Delimited Text.* ronaldduncan.wordpress.com, 31. Oktober 2009.

[15] Alan Kay: *Is 'Software Engineering' an Oxymoron?.* tinlizzie.org.

[16] Martin Fowler: *InversionOfControl.* martinfowler.com, 26. Juni 2005.

[17] Daniel J. Bernstein: *Two File Descriptors for Sockets.* cr.yp.to.

[18] Rob Pike und Dennis M. Ritchie: *The Styx Architecture for Distributed Systems.* Bell Labs Technical Journal, Bd. 4, Nr. 2, S. 146–152, April 1999.

[19] Sanjay Ghemawat, Howard Gobioff und Shun-Tak Leung: *The Google File System.* 19. ACM Symposium on Operating Systems Principles (SOSP), Oktober 2003. doi:10.1145/945445.945450

[20] Michael Ovsiannikov, Silvius Rus, Damian Reeves, et al.: *The Quantcast File System.* Proceedings of the VLDB Endowment, Bd. 6, Nr. 11, S. 1092–1101, August 2013. doi:10.14778/2536222.2536234

[21] *OpenStack Swift 2.6.1 Developer Documentation.* OpenStack Foundation, docs.openstack.org, März 2016.

[22] Zhe Zhang, Andrew Wang, Kai Zheng, et al.: *Introduction to HDFS Erasure Coding in Apache Hadoop.* blog.cloudera.com, 23. September 2015.

[23] Peter Cnudde: *Hadoop Turns 10.* yahoohadoop.tumblr.com, 5. Februar 2016.

[24] Eric Baldeschwieler: *Thinking About the HDFS vs. Other Storage Technologies.* hortonworks.com, 25. Juli 2012.

[25] Brendan Gregg: *Manta: Unix Meets Map Reduce.* dtrace.org, 25. Juni 2013.

[26] Tom White: *Hadoop: The Definitive Guide, 4th edition.* O'Reilly Media, 2015. – ISBN 978-1-491-90163-2

[27] Jim N. Gray: *Distributed Computing Economics.* Microsoft Research Tech Report MSR-TR-2003-24, März 2003.

[28] Márton Trencséni: *Luigi vs Airflow vs Pinball.* bytepawn.com, 6. Februar 2016.

[29] Roshan Sumbaly, Jay Kreps und Sam Shah: *The 'Big Data' Ecosystem at LinkedIn.* ACM International Conference on Management of Data (SIGMOD), Juli 2013. doi:10.1145/2463676.2463707

[30] Alan F. Gates, Olga Natkovich, Shubham Chopra, et al.: *Building a High-Level Dataflow System on Top of Map-Reduce: The Pig Experience.* 35. International Conference on Very Large Data Bases (VLDB), August 2009.

[31] Ashish Thusoo, Joydeep Sen Sarma, Namit Jain, et al.: *Hive – A Petabyte Scale Data Warehouse Using Hadoop.* 26. IEEE International Conference on Data Engineering (ICDE), März 2010. doi:10.1109/ICDE.2010.5447738

[32] *Cascading 3.0 User Guide.* Concurrent, Inc., docs.cascading.org, Januar 2016.

[33] *Apache Crunch User Guide.* Apache Software Foundation, crunch.apache.org.

[34] Craig Chambers, Ashish Raniwala, Frances Perry, et al.: *FlumeJava: Easy, Efficient Data-Parallel Pipelines.* 31. ACM SIGPLAN Conference on Programming Language Design and Implementation (PLDI), Juni 2010. doi: 10.1145/1806596.1806638

[35] Jay Kreps: *Why Local State is a Fundamental Primitive in Stream Processing.* oreilly.com, 31. Juli 2014.

[36] Martin Kleppmann: *Rethinking Caching in Web Apps.* martin.kleppmann.com, 1. Oktober 2012.

[37] Mark Grover, Ted Malaska, Jonathan Seidman und Gwen Shapira: *Hadoop Application Architectures.* O'Reilly Media, 2015. – ISBN 978-1-491-90004-8

[38] Philippe Ajoux, Nathan Bronson, Sanjeev Kumar, et al.: *Challenges to Adopting Stronger Consistency at Scale.* 15. USENIX Workshop on Hot Topics in Operating Systems (HotOS), Mai 2015.

[39] Sriranjan Manjunath: *Skewed Join.* wiki.apache.org, 2009.

[40] David J. DeWitt, Jeffrey F. Naughton, Donovan A. Schneider und S. Seshadri: *Practical Skew Handling in Parallel Joins.* 18. International Conference on Very Large Data Bases (VLDB), August 1992.

[41] Marcel Kornacker, Alexander Behm, Victor Bittorf, et al.: *Impala: A Modern, Open-Source SQL Engine for Hadoop.* 7. Biennial Conference on Innovative Data Systems Research (CIDR), Januar 2015.

[42] Matthieu Monsch: *Open-Sourcing PalDB, a Lightweight Companion for Storing Side Data.* engineering.linkedin.com, 26. Oktober 2015.

[43] Daniel Peng und Frank Dabek: *Large-Scale Incremental Processing Using Distributed Transactions and Notifications.* 9. USENIX conference on Operating Systems Design and Implementation (OSDI), Oktober 2010.

[44] *Cloudera Search User Guide.* Cloudera, Inc., September 2015.

[45] Lili Wu, Sam Shah, Sean Choi, et al.: *The Browsemaps: Collaborative Filtering at LinkedIn.* 6. Workshop on Recommender Systems and the Social Web (RSWeb), Oktober 2014.

[46] Roshan Sumbaly, Jay Kreps, Lei Gao, et al.: *Serving Large-Scale Batch Computed Data with Project Voldemort.* 10. USENIX Conference on File and Storage Technologies (FAST), Februar 2012.

[47] Varun Sharma: *Open-Sourcing Terrapin: A Serving System for Batch Generated Data.* engineering.pinterest.com, 14. September 2015.

[48] Nathan Marz: *ElephantDB.* slideshare.net, 30. Mai 2011.

[49] Jean-Daniel (JD) Cryans: *How-to: Use HBase Bulk Loading, and Why.* blog.cloudera.com, 27. September 2013.

[50] Nathan Marz: *How to Beat the CAP Theorem.* nathanmarz.com, 13. Oktober 2011.

[51] Molly Bartlett Dishman und Martin Fowler: *Agile Architecture.* O'Reilly Software Architecture Conference, März 2015.

[52] David J. DeWitt und Jim N. Gray: *Parallel Database Systems: The Future of High Performance Database Systems.* Communications of the ACM, Bd. 35, Nr. 6, S. 85–98, Juni 1992. doi:10.1145/129888.129894

[53] Jay Kreps: *But the multi-tenancy thing is actually really really hard.* tweetstorm, twitter.com, 31. Oktober 2014.

[54] Jeffrey Cohen, Brian Dolan, Mark Dunlap, et al.: *MAD Skills: New Analysis Practices for Big Data.* Proceedings of the VLDB Endowment, Bd. 2, Nr. 2, S. 1481–1492, August 2009. doi:10.14778/1687553.1687576

[55] Ignacio Terrizzano, Peter Schwarz, Mary Roth und John E. Colino: *Data Wrangling: The Challenging Journey from the Wild to the Lake.* 7. Biennial Conference on Innovative Data Systems Research (CIDR), Januar 2015.

[56] Paige Roberts: *To Schema on Read or to Schema on Write, That Is the Hadoop Data Lake Question.* adaptivesystemsinc.com, 2. Juli 2015.

[57] Bobby Johnson und Joseph Adler: *The Sushi Principle: Raw Data Is Better.* Strata+Hadoop World, Februar 2015.

[58] Vinod Kumar Vavilapalli, Arun C. Murthy, Chris Douglas, et al.: *Apache Hadoop YARN: Yet Another Resource Negotiator.* 4. ACM Symposium on Cloud Computing (SoCC), Oktober 2013. doi:10.1145/2523616.2523633

[59] Abhishek Verma, Luis Pedrosa, Madhukar Korupolu, et al.: *Large-Scale Cluster Management at Google with Borg.* 10. European Conference on Computer Systems (EuroSys), April 2015. doi:10.1145/2741948.2741964

[60] Malte Schwarzkopf: *The Evolution of Cluster Scheduler Architectures.* firmament.io, 9. März 2016.

[61] Matei Zaharia, Mosharaf Chowdhury, Tathagata Das, et al.: *Resilient Distributed Datasets: A Fault-Tolerant Abstraction for In-Memory Cluster Computing.* 9. USENIX Symposium on Networked Systems Design and Implementation (NSDI), April 2012.

[62] Holden Karau, Andy Konwinski, Patrick Wendell und Matei Zaharia: *Learning Spark.* O'Reilly Media, 2015. – ISBN 978-1-449-35904-1

[63] Bikas Saha und Hitesh Shah: *Apache Tez: Accelerating Hadoop Query Processing.* Hadoop Summit, Juni 2014.

[64] Bikas Saha, Hitesh Shah, Siddharth Seth, et al.: *Apache Tez: A Unifying Framework for Modeling and Building Data Processing Applications.* ACM International Conference on Management of Data (SIGMOD), Juni 2015. doi: 10.1145/2723372.2742790

[65] Kostas Tzoumas: *Apache Flink: API, Runtime, and Project Roadmap.* slideshare.net, 14. Januar 2015.

[66] Alexander Alexandrov, Rico Bergmann, Stephan Ewen, et al.: *The Stratosphere Platform for Big Data Analytics.* The VLDB Journal, Bd. 23, Nr. 6, S. 939–964, Mai 2014. doi:10.1007/s00778-014-0357-y

[67] Michael Isard, Mihai Budiu, Yuan Yu, et al.: *Dryad: Distributed Data-Parallel Programs from Sequential Building Blocks.* European Conference on Computer Systems (EuroSys), März 2007. doi:10.1145/1272996.1273005

[68] Daniel Warneke und Odej Kao: *Nephele: Efficient Parallel Data Processing in the Cloud.* 2. Workshop on Many-Task Computing on Grids and Supercomputers (MTAGS), November 2009. doi:10.1145/1646468.1646476

[69] Lawrence Page, Sergey Brin, Rajeev Motwani und Terry Winograd: *The PageRank Citation Ranking: Bringing Order to the Web.* Stanford InfoLab Technical Report 422, 1999.

[70] Leslie G. Valiant: *A Bridging Model for Parallel Computation.* Communications of the ACM, Bd. 33, Nr. 8, S. 103–111, August 1990. doi:10.1145/79173.79181

[71] Stephan Ewen, Kostas Tzoumas, Moritz Kaufmann und Volker Markl: *Spinning Fast Iterative Data Flows.* Proceedings of the VLDB Endowment, Bd. 5, Nr. 11, S. 1268–1279, Juli 2012. doi:10.14778/2350229.2350245

[72] Grzegorz Malewicz, Matthew H. Austern, Aart J. C. Bik, et al.: *Pregel: A System for Large-Scale Graph Processing.* ACM International Conference on Management of Data (SIGMOD), Juni 2010. doi:10.1145/1807167.1807184

[73] Frank McSherry, Michael Isard und Derek G. Murray: *Scalability! But at What COST?.* 15. USENIX Workshop on Hot Topics in Operating Systems (HotOS), Mai 2015.

[74] Ionel Gog, Malte Schwarzkopf, Natacha Crooks, et al.: *Musketeer: All for One, One for All in Data Processing Systems.* 10. European Conference on Computer Systems (EuroSys), April 2015. doi:10.1145/2741948.2741968

[75] Aapo Kyrola, Guy Blelloch und Carlos Guestrin: *GraphChi: Large-Scale Graph Computation on Just a PC.* 10. USENIX Symposium on Operating Systems Design and Implementation (OSDI), Oktober 2012.

[76] Andrew Lenharth, Donald Nguyen und Keshav Pingali: *Parallel Graph Analytics.* Communications of the ACM, Bd. 59, Nr. 5, S. 78–87, Mai 2016. doi:10.1145/2901919

[77] Fabian Hüske: *Peeking into Apache Flink's Engine Room.* flink.apache.org, 13. März 2015.

[78] Mostafa Mokhtar: *Hive 0.14 Cost Based Optimizer (CBO) Technical Overview.* hortonworks.com, 2. März 2015.

[79] Michael Armbrust, Reynold S Xin, Cheng Lian, et al.: *Spark SQL: Relational Data Processing in Spark.* ACM International Conference on Management of Data (SIGMOD), Juni 2015. doi:10.1145/2723372.2742797

[80] Daniel Blazevski: *Planting Quadtrees for Apache Flink.* insightdataengineering.com, 25. März 2016.

[81] Tom White: *Genome Analysis Toolkit: Now Using Apache Spark for Data Processing.* blog.cloudera.com, 6. April 2016.

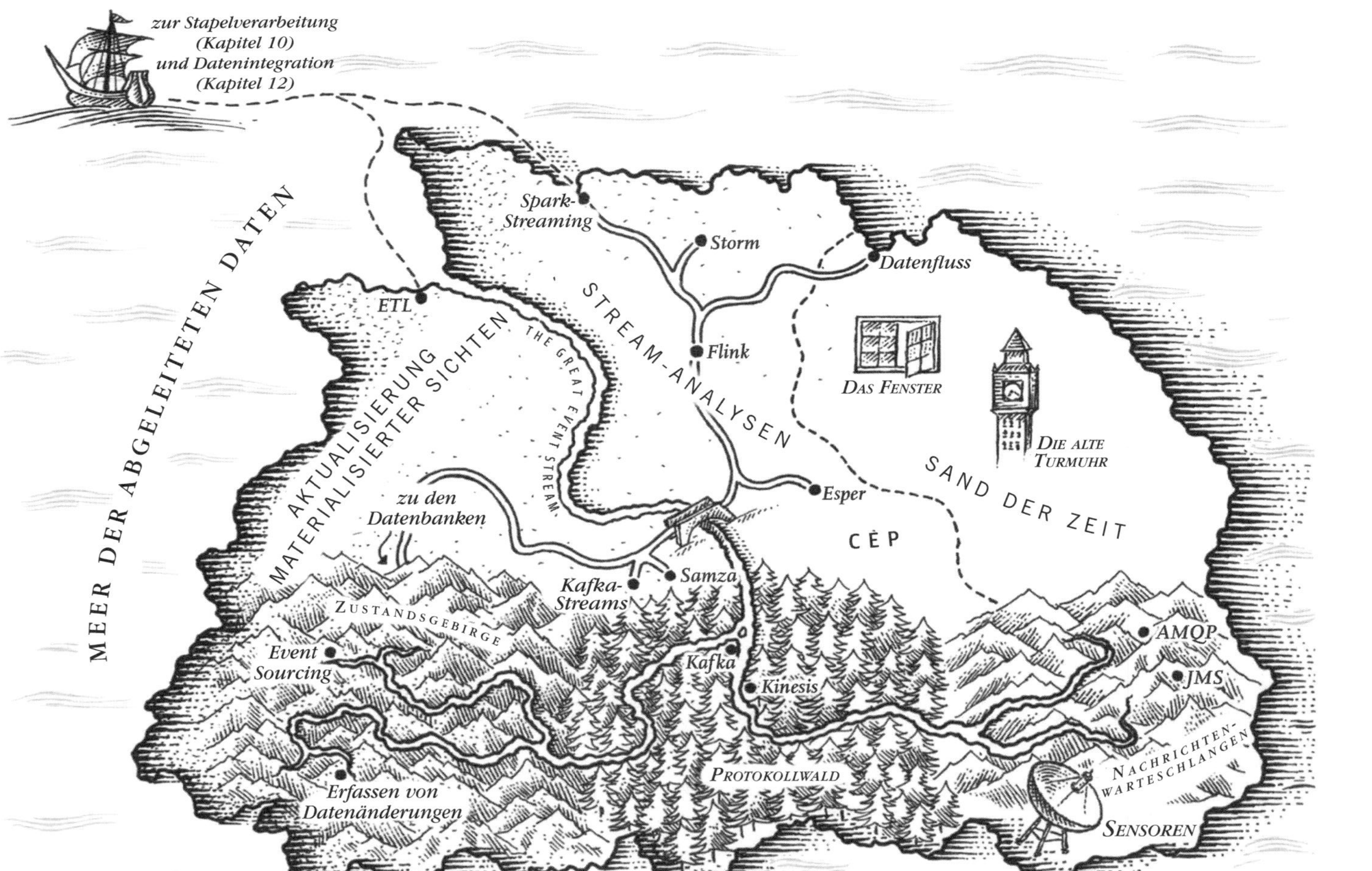
zur Stapelverarbeitung
(Kapitel 10)
und Datenintegration
(Kapitel 12)
MEER DER ABGELEITETEN DATEN
Spark-
Streaming
Storm
Datenfluss
ETL
Flink
STREAM-ANALYSEN
AKTUALISIERUNG
MATERIALISIERTER SICHTEN
THE GREAT EVENT STREAM
Das Fenster
Die alte
Turmuhr
SAND DER ZEIT
Esper
zu den
Datenbanken
CEP
Kafka-
Streams
Samza
Zustandsgebirge
AMQP
Event
Sourcing
Kafka
Kinesis
JMS
Nachrichten-
warteschlangen
Protokollwald
Erfassen von
Datenänderungen
Sensoren

KAPITEL 11

Stream-Verarbeitung

Ein komplexes System, das funktioniert, wird ausnahmslos aus einem einfachen funktionierenden System hervorgegangen sein. Die umgekehrte Feststellung scheint auch zuzutreffen: Ein komplexes System, das von Grund auf neu entwickelt wurde, funktioniert nie und kann nicht zum Funktionieren gebracht werden.

– **John Gall**, *Systemantics* (1975)

In Kapitel 10 ging es um Stapelverarbeitung – Techniken, die einen Satz von Dateien als Eingabe lesen und einen neuen Satz von Ausgabedateien erzeugen. Die Ausgabe ist eine Form von abgeleiteten Daten, d.h. eine Datenmenge, die sich bei Bedarf wiederherstellen lässt, wenn man den Stapelverarbeitungsprozess erneut ausführt. Es wurde auch gezeigt, wie sich nach diesem einfachen und doch leistungsfähigen Konzept Suchindizes, Empfehlungssysteme, Analysen und mehr realisieren lassen.

Allerdings hat sich das gesamte Kapitel 10 hindurch eine große Annahme gehalten, nämlich dass die Eingabe begrenzt – d.h. von einer bekannten endlichen Größe – ist und dass der Stapelprozess weiß, wann er seine Eingabe fertig gelesen hat. Zum Beispiel muss der Sortiervorgang, der in MapReduce eine zentrale Rolle spielt, seine gesamte Eingabe lesen, bevor er eine Ausgabe erzeugen kann: Schließlich könnte es sein, dass der allerletzte Eingabedatensatz derjenige mit dem kleinsten Schlüssel ist und demzufolge als erster Datensatz ausgegeben werden muss. Es kommt also nicht infrage, die Ausgabe früh zu beginnen.

In der Praxis sind viele Daten allerdings unbegrenzt, weil sie allmählich im Laufe der Zeit eintreffen: Ihre Benutzer haben gestern und heute Daten erzeugt, und morgen werden sie weitere Daten produzieren. Sofern Sie Ihr Geschäft nicht aufgeben, endet dieser Vorgang nie, und somit ist die Datenmenge in keiner sinnvollen Weise jemals »vollständig« [1]. Batch-Prozessoren müssen also die Daten künstlich in Blöcke von fester Dauer aufteilen: zum Beispiel die Daten eines Tags am Ende eines jeden Tags verarbeiten oder die Daten einer Stunde am Ende jeder Stunde.

Bei täglichen Batch-Prozessen ergibt sich aber das Problem, dass sich Änderungen in der Eingabe erst einen Tag später in der Ausgabe widerspiegeln, was für viele ungeduldige Benutzer zu langsam ist. Um die Verzögerung zu verringern, kann man die Daten häufiger verarbeiten – etwa am Ende jeder Sekunde die Daten der abgelaufenen Sekunde auswerten – oder die Verarbeitung sogar kontinuierlich durchführen, indem man die festen Zeitscheiben ganz aufgibt und einfach jedes Ereignis verarbeitet, wenn es auftritt. Dieser Gedanke liegt der *Stream-Verarbeitung* zugrunde.

Im Allgemeinen bezieht sich »Stream« auf einen Datenstrom, der allmählich mit der Zeit verfügbar gemacht wird. Das Konzept taucht an vielen Stellen auf: in der Standardeingabe (`stdin`) und Standardausgabe (`stdout`) von Unix, in Programmiersprachen (Lazy Lists) [2], Dateisystem-APIs (wie zum Beispiel `FileInputStream` von Java), TCP-Verbindungen, Übertragung von Audio und Video über das Internet usw.

In diesem Kapitel betrachten wir *Ereignisströme* als Datenverwaltungsmechanismus: die unbegrenzten, inkrementell verarbeiteten Gegenstücke zu den Batch-Daten, mit denen sich das letzte Kapitel befasst hat. Zuerst erläutern wir, wie Streams dargestellt, gespeichert und über ein Netzwerk übertragen werden. In Abschnitt »Datenbanken und Streams« auf Seite 485 untersuchen wir die Beziehung zwischen Streams und Datenbanken. Schließlich beschäftigt sich Abschnitt »Streams verarbeiten« auf Seite 499 mit Ansätzen und Tools für die kontinuierliche Verarbeitung dieser Streams sowie mit Methoden, wie sie beim Erstellen von Anwendungen eingesetzt werden können.

Ereignisströme übertragen

In der Stapelverarbeitung sind die Eingaben und Ausgaben eines Jobs Dateien (eventuell in einem verteilten Dateisystem). Wie sieht das Äquivalent beim Streamen aus?

Besteht die Eingabe aus einer Datei (einer Sequenz von Bytes), ist es üblich, im ersten Verarbeitungsschritt die Eingabe zu parsen, um sie in eine Folge von Datensätzen zu zerlegen. Im Streaming-Kontext spricht man eher von einem *Ereignis* als von einem Datensatz, doch im Wesentlichen ist es das Gleiche: ein kleines, eigenständiges, unveränderliches Objekt, das die Details von etwas enthält, das zu einem bestimmten Zeitpunkt passiert ist. Ein Ereignis enthält normalerweise einen Zeitstempel, der angibt, wann es gemäß einer Echtzeituhr aufgetreten ist (siehe Abschnitt »Monotone Uhren und Echtzeituhren« auf Seite 308).

Zum Beispiel könnte es sich beim Ereignis um die Aktion eines Benutzers handeln, der zum Beispiel eine Seite angesehen oder einen Kauf getätigt hat. Es könnte auch von einem Gerät stammen, beispielsweise als periodische Messung von einem Temperatursensor oder als Kennziffer der CPU-Auslastung. Im Beispiel von Abschnitt »Einfache Protokollanalyse« auf Seite 419 steht jede Zeile des Webserverprotokolls für ein Ereignis.

Ein Ereignis kann als Textstring oder JSON codiert sein, vielleicht auch in einem binären Format, wie in Kapitel 4 beschrieben. Mit dieser Codierung ist es möglich, ein Ereignis zu speichern, indem man es zum Beispiel an eine Datei anhängt, in eine relationale Tabelle einfügt oder in eine Dokumentdatenbank schreibt. Außerdem können Sie das Ereignis über das Netzwerk zu einem anderen Knoten übertragen, um es zu verarbeiten.

Bei der Stapelverarbeitung wird eine Datei einmal geschrieben und dann möglicherweise von mehreren Jobs gelesen. Analog dazu wird (in der Streaming-Terminologie) ein Ereignis einmalig von einem *Produzenten* (auch als *Publisher* oder *Sender* bezeichnet) erzeugt und dann potenziell von mehreren *Konsumenten* (*Abonnenten* oder *Empfängern*) verarbeitet [3]. In einem Dateisystem kennzeichnet ein Dateiname eine Gruppe von zusammengehörigen Datensätzen, in einem Streaming-System werden zusammengehörende Ereignisse in einem *Thema* (*Topic*) oder *Stream* zusammengefasst.

Im Prinzip genügt eine Datei oder Datenbank, um Produzenten und Konsumenten zu verbinden: Ein Produzent schreibt jedes Ereignis, das er erzeugt, in den Datenspeicher, und jeder Konsument fragt den Datenspeicher periodisch nach Ereignissen ab, die seit der letzten Ausführung erschienen sind. Dies ist im Wesentlichen das, was ein Batch-Prozess tut, wenn er die Daten eines Tags am Ende eines jeden Tags verarbeitet.

Wenn man aber zu einer kontinuierlichen Verarbeitung mit geringen Verzögerungen übergeht, wird das ständige Abfragen (Polling) teuer, falls der Datenspeicher für eine derartige Nutzung nicht ausgelegt ist. Je häufiger Sie abfragen, desto geringer ist der Prozentsatz der Anfragen, die neue Ereignisse zurückgeben, und umso größer ist der Overhead. Stattdessen ist es besser, die Konsumenten zu benachrichtigen, wenn neue Ereignisse auftreten.

Datenbanken haben einen derartigen Benachrichtigungsmechanismus traditionell nicht sehr gut unterstützt. Relationale Datenbanken verfügen zwar häufig über *Trigger*, die auf eine Änderung reagieren können (wenn zum Beispiel eine Zeile in eine Tabelle eingefügt wird); allerdings sind sie recht begrenzt in ihren Aktionsmöglichkeiten und ein eher nachgerüsteter Aspekt von Datenbanken [4, 5]. Stattdessen wurden spezialisierte Tools für die Zustellung von Ereignisbenachrichtigungen entwickelt.

Nachrichtensysteme

Um Konsumenten über neue Ereignisse zu benachrichtigen, verwendet man üblicherweise ein *Nachrichtensystem*: Ein Produzent sendet eine Nachricht, die das Ereignis enthält und dann an die Konsumenten weitergeleitet wird. Diese Systeme haben wir bereits in Abschnitt »Datenfluss beim Nachrichtenaustausch« auf Seite 146 gestreift und gehen jetzt ausführlicher darauf ein.

Mit einem direkten Kommunikationskanal à la Unix-Pipe oder TCP-Verbindung zwischen Produzent und Konsument ließe sich recht einfach ein Nachrichtensystem implementieren. Die meisten Nachrichtensysteme bauen auf diesem Basismodell auf, erweitern es aber. Insbesondere verbinden Unix-Pipes und TCP genau einen Sender mit einem Empfänger, während ein Nachrichtensystem es mehreren Produzentenknoten erlaubt, Nachrichten an dasselbe Thema zu senden, und mehreren Konsumentenknoten erlaubt, Nachrichten in einem Thema zu empfangen.

Innerhalb dieses *Publish/Subscribe*-Modells (Veröffentlichen/Abonnieren) verfolgen verschiedene Systeme eine breite Palette von Ansätzen, und die eine richtige Antwort gibt es nicht. Um die Systeme zu unterscheiden, ist es vor allem hilfreich, die beiden folgenden Fragen zu beantworten:

1. *Was passiert, wenn die Produzenten Nachrichten schneller senden, als die Konsumenten sie verarbeiten können?* Im Großen und Ganzen gibt es drei Optionen: Das System kann Nachrichten fallenlassen, Nachrichten in einer Warteschlange puffern oder *Gegendruck* anwenden (auch als *Flusskontrolle* bezeichnet; d.h. den Produzenten daran hindern, weitere Nachrichten zu senden). Gegendruck ist zum Beispiel bei Unix-Pipes und TCP gebräuchlich: Wenn ein kleiner Puffer fester Größe gefüllt ist, wird der Sender blockiert, bis der Empfänger Daten aus dem Puffer entnimmt (siehe Abschnitt »Netzwerkstaus und Warteschlangen« auf Seite 301).

   Wenn Nachrichten in einer Warteschlange gepuffert werden, muss man wissen, was bei wachsender Warteschlange passiert. Stürzt das System ab, wenn die Warteschlange nicht mehr in den Arbeitsspeicher passt, oder schreibt sie die Nachrichten auf die Festplatte? Wie wirkt sich im zweiten Fall der Festplattenzugriff auf die Performance des Nachrichtensystems aus [6]?
2. *Was passiert, wenn Knoten abstürzen oder temporär offline gehen – gehen Nachrichten verloren?* Wie bei Datenbanken kann Dauerhaftigkeit eine Kombination aus Schreiben auf Platte und/oder Replikation erfordern (siehe den Kasten »Replikation und Dauerhaftigkeit« auf Seite 241), was mit Kosten verbunden ist. Ist es zumutbar, dass gelegentlich Nachrichten verloren gehen, können Sie mit derselben Hardware wahrscheinlich einen höheren Durchsatz und eine geringere Latenz herausholen.

Ob ein Nachrichtenverlust akzeptabel ist, hängt größtenteils von der Anwendung ab. Zum Beispiel ist bei periodisch übertragenen Sensordaten und Messwerten ein gelegentlich fehlender Datenpunkt vielleicht nicht wichtig, da ein aktualisierter Wert ohnehin kurze Zeit später gesendet wird. Sollte jedoch eine große Anzahl von Nachrichten verloren gehen, ist nicht sofort erkennbar, dass die Messungen falsch sind [7]. Wenn Sie andererseits Ereignisse zählen, ist es wichtiger, dass sie zuverlässig bereitgestellt werden, da jede verlorene Nachricht falsche Zählwerte bedeutet.

In Kapitel 10 haben wir eine schöne Eigenschaft der Stapelverarbeitungssysteme untersucht: Sie bieten eine starke Zuverlässigkeitsgarantie, weil fehlgeschlagene Tasks automatisch neu gestartet und partielle Ausgaben von fehlgeschlagenen Tasks automatisch verworfen werden. Damit sieht die Ausgabe genauso aus, als wäre kein Fehler aufgetreten – das Programmiermodell lässt sich dadurch vereinfachen. Später in diesem Kapitel untersuchen wir, wie man ähnliche Garantien in einem Streaming-Kontext bieten kann.

Nachrichten von den Produzenten zu den Konsumenten direkt übermitteln

Eine Reihe von Nachrichtensystemen arbeitet mit direkter Netzwerkkommunikation zwischen Produzenten und Konsumenten, ohne über Zwischenknoten zu gehen:

- UDP-Multicast wird in der Finanzwirtschaft für Streams wie zum Beispiel Börsenfeeds verwendet, bei denen geringe Latenzzeiten wichtig sind [8]. Obwohl UDP an sich unzuverlässig ist, können Protokolle auf Anwendungsebene verlorene Pakete wiederherstellen (der Produzent muss sich die gesendeten Pakete merken, damit er sie auf Anforderung erneut senden kann).
- Brokerlose Messaging-Bibliotheken wie ZeroMQ [9] und nanomsg folgen einem ähnlichen Ansatz, wobei sie Publish/Subscribe-Messaging über TCP oder IP-Multicast implementieren.
- StatsD [10] und Brubeck [7] verwenden unzuverlässiges UDP-Messaging, um Messwerte von allen Computern im Netzwerk zu sammeln und sie zu überwachen. (Im StatsD-Protokoll sind Zählermesswerte nur richtig, wenn alle Nachrichten empfangen werden; bei Verwendung von UDP sind die Messwerte bestenfalls näherungsweise korrekt [11]. Siehe auch im Kasten »TCP und UDP« auf Seite 303.)
- Wenn der Konsument einen Dienst im Netzwerk verfügbar macht, können Produzenten eine direkte HTTP- oder RPC-Anfrage ausführen (siehe Abschnitt »Datenfluss über Dienste: REST und RPC« auf Seite 140), um Nachrichten an den Konsumenten zu senden. Diese Idee liegt Webhooks [12] zugrunde, einem Muster, in dem eine Callback-URL eines Diensts bei einem anderen Dienst registriert ist und dieser eine Anfrage an diese URL richtet, wenn ein Ereignis auftritt.

Obwohl diese direkten Nachrichtensysteme in den Situationen gut funktionieren, für die sie konzipiert sind, setzen sie im Allgemeinen voraus, dass der Anwendungscode einen möglichen Nachrichtenverlust berücksichtigt. Die Fehler, die sie tolerieren können, sind recht begrenzt: Selbst wenn die Protokolle Pakete, die im Netzwerk verloren gegangen sind, erkennen und erneut übertragen, gehen sie in der Regel davon aus, dass Produzenten und Konsumenten ständig online sind.

Wenn ein Konsument offline ist, verpasst er möglicherweise Nachrichten, die an ihn gesendet wurden, während er unerreichbar ist. Manche Protokolle erlauben es dem Produzenten, fehlgeschlagene Nachrichtenzustellungen erneut zu versuchen. Dieser Ansatz kann aber versagen, wenn der Produzent abstürzt und den Inhalt des Nachrichtenpuffers verliert, der für die Wiederherstellung vorgesehen war.

Nachrichtenbroker

Eine weitverbreitete Alternative ist das Senden von Nachrichten über einen *Nachrichtenbroker* (auch als *Nachrichtenwarteschlange* bekannt), der praktisch eine Art Datenbank darstellt, die für die Verarbeitung von Nachrichtenstreams optimiert ist [13]. Er läuft als Server, mit dem sich die Produzenten und Konsumenten als Clients verbinden. Produzenten schreiben Nachrichten an den Broker, und Konsumenten empfangen sie, indem sie sie vom Broker lesen.

Durch die Zentralisierung der Daten im Broker können diese Systeme viel leichter mit Clients umgehen, die nicht ständig präsent sind (d.h. sich verbinden, getrennt werden oder abstürzen), und mit der Frage der Dauerhaftigkeit muss sich stattdessen der Broker befassen. Manche Nachrichtenbroker halten die Nachrichten lediglich im Arbeitsspeicher, während andere (je nach Konfiguration) sie auf die Festplatte schreiben, damit sie bei einem Brokerabsturz nicht verloren gehen. Bei langsamen Konsumenten erlauben sie im Allgemeinen unbegrenzte Warteschlangen (im Gegensatz zum Fallenlassen von Nachrichten oder Gegendruck), obwohl diese Wahl ebenfalls von der Konfiguration abhängen kann.

Eine Folge der Warteschlange ist auch, dass Konsumenten im Allgemeinen *asynchron* arbeiten: Wenn ein Produzent eine Nachricht sendet, wartet er normalerweise nur auf die Bestätigung, dass der Broker die Nachricht gepuffert hat, und nicht mehr darauf, dass die Konsumenten die Nachricht verarbeiten. Die Konsumenten erhalten die Nachrichten zu einem unbestimmten späteren Zeitpunkt zugestellt – meistens in Sekundenbruchteilen, doch manchmal auch erheblich später, wenn es einen Warteschlangenstau gibt.

Nachrichtenbroker im Vergleich zu Datenbanken

Manche Nachrichtenbroker können sogar an Zwei-Phasen-Commit-Protokollen mittels XA oder JTA teilnehmen (siehe Abschnitt »Verteilte Transaktionen in der Praxis« auf Seite 386). Durch diese Eigenschaft sind sie Datenbanken im Wesen ziemlich ähnlich, obwohl es immer noch wichtige praktische Unterschiede zwischen Nachrichtenbrokern und Datenbanken gibt:

- Datenbanken behalten Daten üblicherweise so lange, bis sie explizit gelöscht werden, während Nachrichtenbroker eine Nachricht automatisch löschen, wenn sie erfolgreich ihren Konsumenten zugestellt wurde. Für die Langzeitspeicherung von Daten sind derartige Nachrichtenbroker nicht geeignet.
- Da Nachrichtenbroker die Nachrichten schnell löschen, nehmen die meisten Broker an, dass ihr Arbeitssatz ziemlich klein ist – d.h. die Warteschlangen

kurz sind. Wenn der Broker viele Nachrichten puffern muss, weil die Konsumenten langsam sind (und Nachrichten gegebenenfalls auf die Festplatte auslagert, wenn sie nicht mehr in den Arbeitsspeicher passen), dauert die Verarbeitung jeder einzelnen Nachricht länger, und der Gesamtdurchsatz kann zurückgehen [6].

- Datenbanken unterstützen oftmals Sekundärindizes und verschiedene Methoden, um Daten zu suchen, während es Nachrichtenbroker oft ermöglichen, eine Teilmenge von Themen zu abonnieren, die einem bestimmten Muster entsprechen. Die Mechanismen sind unterschiedlich, doch beide sind prinzipiell Methoden, mit denen ein Client den für ihn relevanten Teil der Daten auswählen kann.
- Beim Abfragen einer Datenbank basiert das Ergebnis typischerweise auf einem Snapshot der Daten, der zu einem bestimmten Zeitpunkt erstellt wurde. Schreibt ein anderer Client später etwas in die Datenbank, was das Abfrageergebnis ändert, merkt der erste Client nicht, dass sein vorheriges Ergebnis jetzt veraltet ist (sofern er nicht die Abfrage wiederholt oder die Datenbank auf Änderungen abfragt). Demgegenüber unterstützen Nachrichtenbroker zwar keine willkürlichen Abfragen, doch sie benachrichtigen Clients, wenn sich Daten ändern (d. h., wenn neue Nachrichten verfügbar werden).

Dies ist die herkömmliche Sichtweise von Nachrichtenbrokern, die in Standards wie JMS [14] und AMQP [15] gekapselt und in Software wie RabbitMQ, ActiveMQ, HornetQ, Qpid, TIBCO Enterprise Message Service, IBM MQ, Azure Service Bus und Google Cloud Pub/Sub [16] implementiert ist.

Mehrere Konsumenten

Wenn mehrere Konsumenten Nachrichten im selben Thema lesen, werden vor allem zwei Messaging-Muster verwendet, wie sie Abbildung 11-1 veranschaulicht:

Lastenausgleich
: Jede Nachricht wird *einem* der Konsumenten zugestellt, sodass sich die Konsumenten die Verarbeitungslast der Nachrichten im Thema aufteilen können. Der Broker kann den Konsumenten die Nachrichten beliebig zuweisen. Dieses Muster ist nützlich, wenn die Verarbeitung der Nachrichten aufwendig ist und Sie in der Lage sein wollen, die Verarbeitung mit zusätzlichen Konsumenten zu parallelisieren. (In AMQP können Sie Lastenausgleich implementieren, indem Sie mehrere Clients von derselben Warteschlange konsumieren lassen. In JMS wird dies als *Shared Subscription* bezeichnet.)

Fan-out (Auffächern)
: Jede Nachricht wird *allen* Konsumenten zugestellt. Mit Fan-out ist es möglich, mehreren unabhängigen Konsumenten jeweils die gleichen Nachrichten zuzustellen, ohne dass sie einander beeinflussen – das Streaming-Äquivalent zu mehreren verschiedenen Batch-Jobs, die dieselbe Eingabedatei lesen. (Die-

ses Feature wird durch Themen-Abonnements in JMS und *Exchange Bindings* in AMQP bereitgestellt.)

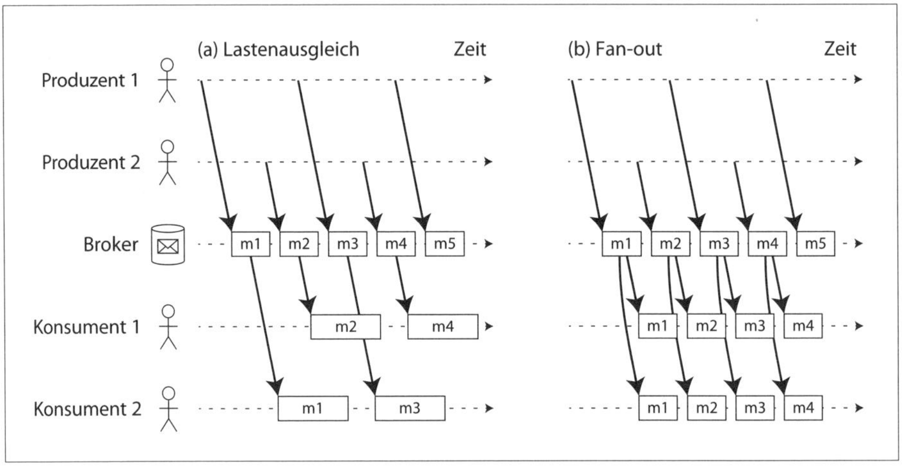

Abbildung 11-1: (a) Lastenausgleich: die Arbeit beim Konsumieren eines Themas unter den Konsumenten aufteilen; (b) Fan-out: jede Nachricht an mehrere Konsumenten verteilen.

Diese beiden Muster lassen sich kombinieren: Zum Beispiel können zwei getrennte Gruppen von Konsumenten jeweils ein Thema abonnieren, sodass jede Gruppe insgesamt alle Nachrichten empfängt, aber innerhalb jeder Gruppe nur einer der Knoten jede Nachricht erhält.

Bestätigungen und erneute Zustellung

Da Konsumenten jederzeit abstürzen können, ist es denkbar, dass ein Broker eine Nachricht an einen Konsumenten schickt, der Konsument sie aber niemals oder nur partiell verarbeitet, bevor er abstürzt. Um sicherzustellen, dass die Nachricht nicht verloren geht, verwenden Nachrichtenbroker *Bestätigungen*: Ein Client muss explizit dem Broker mitteilen, wann er eine Nachricht fertig verarbeitet hat, sodass der Broker sie aus der Warteschlange entfernen kann.

Wird die Verbindung zu einem Client geschlossen oder wegen eines Timeouts abgebrochen, ohne dass der Broker eine Bestätigung erhält, nimmt er an, dass die Nachricht noch nicht verarbeitet ist. Er stellt sie deshalb noch einmal einem anderen Konsumenten zu. (Es kann auch vorkommen, dass die Nachricht tatsächlich vollständig verarbeitet wurde, doch die Bestätigung im Netzwerk verloren gegangen ist. Die Behandlung dieses Falls erfordert ein atomares Commit-Protokoll, wie Abschnitt »Verteilte Transaktionen in der Praxis« auf Seite 386 beschrieben hat).

In Kombination mit dem Lastenausgleich hat dieses erneute Zustellen eine interessante Wirkung auf die Reihenfolge der Nachrichten. Im Beispiel von Abbildung 11-2 verarbeiten die Konsumenten die Nachrichten generell in der Reihenfolge, in der sie von den Produzenten gesendet wurden. Allerdings stürzt Konsument 2 ab, während er Nachricht *m3* verarbeitet. Zur selben Zeit verarbeitet Konsument 1 Nachricht *m4*. Die nicht bestätigte Nachricht *m3* wird anschließend erneut an Konsument 1 gesendet mit dem Ergebnis, dass Konsument 1 die Nachrichten in der Reihenfolge *m4*, *m3*, *m5* verarbeitet. Somit werden *m3* und *m4* nicht in derselben Reihenfolge zugestellt, wie sie von Produzent 1 gesendet wurden.

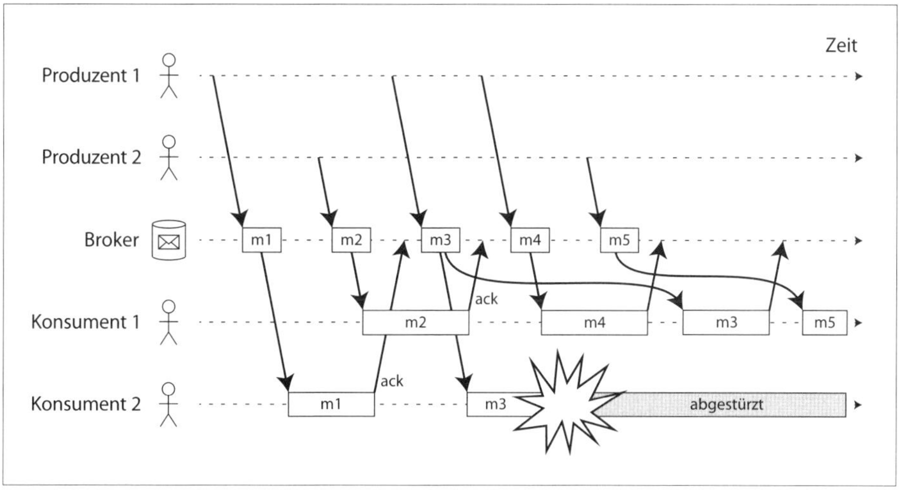

Abbildung 11-2: Konsument 2 stürzt ab, während er m3 verarbeitet, sodass die Nachricht später noch einmal an Konsument 1 gesendet wird.

Selbst wenn der Nachrichtenbroker anderweitig versucht, die Reihenfolge der Nachrichten zu bewahren (wie von den Standards JMS und AMQP gefordert), führt die Kombination von Lastenausgleich und Neuzustellung unweigerlich dazu, dass Nachrichten umgeordnet werden. Dieses Problem können Sie mit einer eigenen Warteschlange pro Konsument vermeiden (d.h, auf das Lastenausgleichsfeature verzichten). Die Neuanordnung von Nachrichten ist kein Problem, wenn Nachrichten vollkommen unabhängig voneinander sind, doch sie kann wichtig sein, wenn kausale Abhängigkeiten zwischen Nachrichten bestehen, wie dieses Kapitel später noch zeigen wird.

Partitionierte Protokolle

Ein Paket über ein Netzwerk oder eine Anfrage an einen Netzwerkdienst zu senden, ist normalerweise ein transienter Vorgang, der keine permanente Spur hinterlässt. Es ist zwar möglich, die Operation dauerhaft aufzuzeichnen (mittels Paketerfassung und Protokollierung), doch normalerweise denken wir nicht in dieser Richtung. Selbst Nachrichtenbroker, die Nachrichten dauerhaft auf die Festplatte schreiben, löschen sie schnell wieder, nachdem sie an den Konsumenten zugestellt wurden. Und zwar deshalb, weil ihnen eine transiente Messaging-Denkweise zugrunde liegt.

Datenbanken und Dateisysteme schlagen den umgekehrten Weg ein: Alles, was in eine Datenbank oder Datei geschrieben wird, gilt normalerweise als dauerhaft aufgezeichnet, zumindest so lange, bis sich jemand dafür entscheidet, die Daten explizit wieder zu löschen.

Dieser Unterschied in der Denkweise hat einen großen Einfluss darauf, wie abgeleitete Daten erzeugt werden. Wie Kapitel 10 erläutert hat, haben Batch-Prozesse die wichtige Eigenschaft, dass man sie wiederholt ausführen und mit den Verarbeitungsschritten experimentieren kann, ohne Gefahr zu laufen, die Eingabe zu beschädigen (da die Eingabe nur gelesen wird). Beim AMQP/JMS-orientierten Messaging ist das nicht der Fall: Das Empfangen einer Nachricht ist destruktiv, wenn auf die Bestätigung hin die Nachricht vom Broker gelöscht wird. Deshalb können Sie denselben Konsumenten nicht erneut ausführen und das gleiche Ergebnis erwarten.

Wenn Sie einem Nachrichtensystem einen neuen Konsumenten hinzufügen, empfängt er Nachrichten erst dann, wenn er registriert ist. Alle vorherigen Nachrichten sind bereits verflossen und lassen sich nicht mehr wiederherstellen. Demgegenüber können Sie beim Ansatz mit Dateien und Datenbanken jederzeit einen neuen Client hinzufügen, und er kann Daten lesen, die irgendwann in der Vergangenheit geschrieben wurden (sofern die Anwendung sie nicht explizit überschrieben oder gelöscht hat).

Warum können wir nicht ein Hybrid zusammenstellen, welches das Datenbankenkonzept der dauerhaften Speicherung mit der geringen Latenzzeit von Nachrichtensystemen kombiniert? Genau das ist die Idee hinter den *protokollbasierten Nachrichtenbrokern*.

Nachrichten mit Protokollen speichern

Ein Protokoll ist einfach eine Datei auf der Festplatte mit einer Folge von Datensätzen, die ausschließlich am Ende angefügt werden. Protokolle haben wir bereits im Zusammenhang mit protokollstrukturierten Storage-Engines und Write-Ahead-Logs in Kapitel 3 und im Kontext der Replikation in Kapitel 5 besprochen.

Mit der gleichen Struktur lässt sich ein Nachrichtenbroker implementieren: Ein Produzent sendet eine Nachricht, indem er sie an das Ende des Protokolls anhängt, und ein Konsument empfängt Nachrichten, indem er das Protokoll sequenziell liest. Erreicht ein Konsument das Ende des Protokolls, wartet er auf eine Benachrichtigung, dass eine neue Nachricht angefügt wurde. So arbeitet im Wesentlichen das Unix-Tool `tail -f`, das eine Datei auf das Anhängen von Daten überwacht.

Um einen höheren Durchsatz zu erreichen, als er mit einer einzelnen Festplatte möglich ist, lässt sich das Protokoll *partitionieren* (im Sinne von Kapitel 6). Verschiedene Partitionen können dann auf verschiedenen Computern gehostet werden, sodass jede Partition ein eigenes Protokoll darstellt, das sich unabhängig von anderen Partitionen lesen und schreiben lässt. Dann kann man ein Thema definieren als Gruppe von Partitionen, deren Nachrichten alle vom gleichen Typ sind. Abbildung 11-3 veranschaulicht diesen Ansatz.

In jeder Partition weist der Broker jeder Nachricht eine monoton wachsende Sequenznummer (einen *Offset*) zu (in Abbildung 11-3 sind die Zahlen in den Kästchen Nachrichten-Offsets). Eine derartige Sequenznummer ist zweckmäßig, weil Daten an eine Partition nur am Ende angefügt werden können, sodass die Nachrichten innerhalb einer Partition total geordnet sind. Über verschiedene Partitionen hinweg gibt es keine Reihenfolgegarantie.

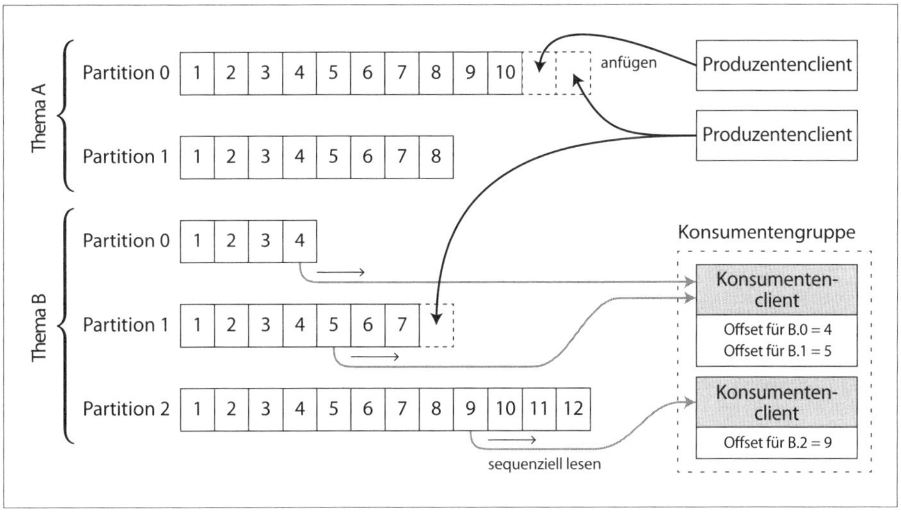

Abbildung 11-3: Produzenten senden Nachrichten, indem sie sie an eine Themen-Partitionsdatei anhängen, und Konsumenten lesen diese Dateien sequenziell.

Apache Kafka [17, 18], Amazon Kinesis Streams [19] und DistributedLog von Twitter [20, 21] sind protokollbasierte Nachrichtenbroker, die auf diese Weise arbeiten. Google Cloud Pub/Sub ist architektonisch ähnlich, macht aber eine JMS-orientierte API und keine Protokollabstraktion verfügbar [16]. Obwohl diese Nachrichtenbroker alle Nachrichten auf die Festplatte schreiben, erreichen sie einen Durchsatz von Millionen Nachrichten pro Sekunde, indem sie über mehrere Computer hinweg partitionieren, und Fehlertoleranz, indem sie Nachrichten replizieren [22, 23].

Protokolle im Vergleich zu herkömmlichem Messaging

Der protokollbasierte Ansatz unterstützt trivialerweise Fan-out-Messaging, weil mehrere Konsumenten das Protokoll unabhängig voneinander lesen können, ohne sich gegenseitig zu beeinflussen – das Lesen einer Nachricht löscht sie nicht aus dem Protokoll. Um einen Lastenausgleich über eine Gruppe von Konsumenten zu erreichen, kann der Broker ganze Partitionen an Knoten in der

Konsumentengruppe zuweisen, anstatt einzelne Nachrichten an Konsumentenclients zu verteilen.

Jeder Client konsumiert dann *alle* Nachrichten in den ihm zugewiesenen Partitionen. Ist einem Konsumenten eine Protokollpartition zuwiesen worden, liest er normalerweise die Nachrichten in der Partition sequenziell, und zwar ganz einfach in einem einzelnen Thread. Dieser grobkörnige Ansatz zum Lastenausgleich hat einige Nachteile:

- Die Anzahl der Knoten, die sich das Konsumieren eines Themas teilen, kann höchstens die Anzahl der Protokollpartitionen in diesem Thema sein, weil Nachrichten innerhalb derselben Partition an denselben Knoten geliefert werden.[1]
- Wenn eine einzelne Nachricht langsam verarbeitet wird, hält sie die Verarbeitung nachfolgender Nachrichten in dieser Partition auf (eine Form von Head-of-Line-Blocking; siehe Abschnitt »Performance beschreiben« auf Seite 14).

Wenn also die Verarbeitung von Nachrichten aufwendig ist und Sie die Verarbeitung nachrichtenweise parallelisieren möchten, die Reihenfolge aber nicht so wichtig ist, kommt vorzugsweise der JMS/AMQP-orientierte Nachrichtenbroker zum Einsatz. Dagegen funktioniert in Situationen mit hohem Nachrichtendurchsatz, in denen jede Nachricht schnell zu verarbeiten ist und die Reihenfolge wichtig ist, der protokollbasierte Ansatz sehr gut.

Konsumenten-Offsets

Wird eine Partition sequenziell konsumiert, lässt sich leicht erkennen, welche Nachrichten verarbeitet worden sind: Alle Nachrichten mit einem Offset, der kleiner als der aktuelle Offset des Konsumenten ist, sind bereits verarbeitet worden, und alle Nachrichten mit einem größeren Offset wurden noch nicht gesichtet. So muss der Broker die Bestätigungen nicht für jede einzelne Nachricht verfolgen, sondern nur die Offsets der Konsumenten regelmäßig aufzeichnen. Der verringerte Verwaltungsaufwand und die Möglichkeiten zur Stapelverarbeitung und zum Pipelining in diesem Ansatz tragen dazu bei, den Durchsatz protokollbasierter Systeme zu erhöhen.

Dieser Offset ähnelt in der Tat sehr der Protokollsequenznummer, die in der Single-Leader-Datenbankreplikation gebräuchlich ist und die wir in Abschnitt »Neue Follower einrichten« auf Seite 163 erörtert haben. Bei der Datenbankreplikation erlaubt es die Protokollsequenznummer einem Follower, sich erneut mit ei-

1 Es ist möglich, einen Lastenausgleich für zwei Konsumenten einer einzigen Partition zu erstellen, indem sie beide den vollständigen Satz der Nachrichten lesen, doch einer von ihnen nur die Nachrichten mit geradezahligen Offsets betrachtet, während sich der andere mit den ungeradezahligen Offsets befasst. Alternativ ließe sich die Nachrichtenverarbeitung über einen Thread-Pool verteilen, doch verkompliziert dieser Ansatz die Verwaltung der Konsumenten-Offsets. Im Allgemeinen ist die Verarbeitung einer Partition auf einem einzigen Thread vorzuziehen. Die Parallelität lässt sich durch Verwendung mehrerer Partitionen erhöhen.

nem Leader zu verbinden, nachdem seine Verbindung getrennt wurde, und die Replikation wieder aufzunehmen, ohne irgendwelche Schreibvorgänge zu überspringen. Genau das gleiche Prinzip wird hier verwendet: Der Nachrichtenbroker verhält sich wie eine Leader-Datenbank und der Konsument wie ein Follower.

Wenn ein Konsumentenknoten ausfällt, werden einem anderen Knoten in der Konsumentengruppe die Partitionen des ausgefallenen Konsumenten zugewiesen, und er konsumiert daraufhin die Nachrichten ab dem zuletzt aufgezeichneten Offset. Hat der Konsument darauffolgende Nachrichten verarbeitet, aber noch nicht deren Offset aufgezeichnet, werden diese Nachrichten beim Neustart ein zweites Mal verarbeitet. Später in diesem Kapitel lernen Sie Methoden kennen, um dieses Problem in den Griff zu bekommen.

Nutzung von Festplattenplatz

Wenn Sie immer nur an das Protokoll anfügen, wird Ihnen schließlich der Festplattenplatz ausgehen. Um Speicherplatz zurückzugewinnen, teilt man das Protokoll in Segmente und von Zeit zu Zeit werden alte Segmente gelöscht oder in einen Archivspeicher verschoben. (Später kommen wir noch zu einer eleganteren Methode, Festplattenplatz freizugeben.)

Wenn also ein langsamer Konsument mit der Rate der Nachrichten nicht mithalten kann und so weit zurückfällt, dass sein Konsumenten-Offset auf ein gelöschtes Segment zeigt, verpasst er einige der Nachrichten. Praktisch implementiert das Protokoll einen Speicher begrenzter Größe, der alte Nachrichten verwirft, wenn er voll wird – einen sogenannten *Ringspeicher*. Da sich dieser Speicher auf der Festplatte befindet, kann er ziemlich groß sein.

Stellen wir eine Überschlagsrechnung an. Bei Drucklegung des Buchs hat eine typische Festplatte eine Kapazität von 6 TB und einen sequenziellen Schreibdurchsatz von 150 MB/s. Wenn Sie Nachrichten mit der schnellstmöglichen Rate schreiben, dauert es ungefähr 11 Stunden, bis das Laufwerk vollgeschrieben ist. Die Festplatte kann also Nachrichten für 11 Stunden puffern, bevor die alten Nachrichten wieder überschrieben werden. Die Rate bleibt gleich, selbst wenn Sie viele Festplatten und Computer einsetzen. In der Praxis nutzen Bereitstellungen nur selten die volle Schreibbandbreite der Festplatte, sodass das Protokoll typischerweise einen Puffer mit Nachrichten für mehrere Tage oder sogar Wochen aufnehmen kann.

Unabhängig davon, wie lange Sie Nachrichten aufbewahren, bleibt der Durchsatz eines Protokolls mehr oder weniger konstant, da jede Nachricht ohnehin auf die Festplatte geschrieben wird [18]. Dieses Verhalten steht im Gegensatz zu Nachrichtensystemen, die Nachrichten standardmäßig im Arbeitsspeicher halten und nur auf die Festplatte schreiben, wenn die Warteschlange zu stark anwächst: Solche Systeme sind schnell, wenn die Warteschlangen kurz sind, und werden viel langsamer, wenn das Schreiben auf Festplatte beginnt. Bei solchen Systemen hängt der Durchsatz also vom Umfang des gespeicherten Verlaufs ab.

Wenn Konsumenten nicht mit Produzenten mithalten können

Zu Beginn des Abschnitts »Nachrichtensysteme« auf Seite 473 haben wir drei Wahlmöglichkeiten diskutiert, was zu tun ist, wenn ein Konsument nicht mit der Rate mithalten kann, mit der Produzenten Nachrichten senden: Nachrichten fallenlassen, puffern oder Gegendruck anwenden. In dieser Taxonomie ist der protokollbasierte Ansatz eine Form der Pufferung mit einem großen Puffer, der aber eine feste Größe hat (begrenzt durch den verfügbaren Festplattenplatz).

Wenn ein Konsument so weit zurückfällt, dass die von ihm angeforderten Nachrichten älter sind als die auf der Festplatte gespeicherten, kann er diese Nachrichten nicht lesen. Praktisch lässt der Broker damit ältere Nachrichten fallen, die weiter zurückreichen, als es die Größe des Puffers zulässt. Man kann überwachen, wie weit ein Konsument hinter den Kopf des Protokolls zurückgefallen ist, und einen Alarm auslösen, wenn er deutlich zurückfällt. Da der Puffer groß ist, hat ein menschlicher Operator genügend Zeit, den langsamen Konsumenten wieder in Ordnung zu bringen und ihn aufholen zu lassen, bevor er fehlende Nachrichten verarbeiten will.

Selbst wenn ein Konsument zu weit zurückfällt und Nachrichten verpasst, betrifft das nur diesen Konsumenten; der Dienst für andere Konsumenten wird nicht gestört. Diese Tatsache ist ein großer Vorteil für den Betrieb: Man kann experimentell ein Produktionsprotokoll für Entwicklungs-, Test- oder Debugging-Zwecke konsumieren, ohne sich groß um Störungen von Produktionsdiensten Gedanken machen zu müssen. Wenn ein Konsument heruntergefahren wird oder abstürzt, konsumiert er keine Ressourcen mehr – das Einzige, was bleibt, ist sein Konsumenten-Offset.

Dieses Verhalten steht auch im Gegensatz zu herkömmlichen Nachrichtenbrokern, bei denen Sie sorgfältig alle Warteschlangen löschen müssen, deren Konsumenten heruntergefahren wurden – andernfalls sammeln sie unnötig weiter alle Nachrichten und nehmen den noch aktiven Konsumenten den Speicher weg.

Alte Nachrichten wiedergeben

Wie bereits erwähnt, ist bei AMQP- und JMS-orientierten Nachrichtenbrokern das Verarbeiten und Bestätigen von Nachrichten eine destruktive Operation, da sie bewirkt, dass Nachrichten auf dem Broker gelöscht werden. Andererseits ist in einem protokollbasierten Nachrichtenbroker das Konsumieren der Nachrichten eher wie das Lesen aus einer Datei: Es ist ein schreibgeschützter Vorgang, der das Protokoll nicht ändert.

Neben etwaiger Ausgabe, die vom Konsumenten produziert wird, besteht die einzige Wirkung der Verarbeitung darin, dass sich der Konsumenten-Offset vorwärtsbewegt. Da aber der Offset unter der Kontrolle des Konsumenten steht, lässt er sich bei Bedarf leicht manipulieren: Zum Beispiel können Sie eine Kopie eines Konsumenten mit den gestrigen Offsets starten und die Ausgabe an einen anderen

Ort schreiben, um die Nachrichten des letzten Tags neu zu verarbeiten. Sie können dies beliebig oft wiederholen und dabei den Verarbeitungscode variieren.

Durch diesen Aspekt ähneln protokollbasierte Nachrichtenbroker mehr den Batch-Prozessen des letzten Kapitels, bei denen abgeleitete Daten durch einen wiederholbaren Transformationsprozess von den Eingabedaten klar getrennt sind. Dadurch können Sie mehr experimentieren und haben es mit der Wiederherstellung von Fehlern leichter. So steht Ihnen ein gutes Tool zur Verfügung, um Datenflüsse innerhalb einer Organisation zu integrieren [24].

Datenbanken und Streams

Wir haben einige Vergleiche zwischen Nachrichtenbrokern und Datenbanken gezogen. Obwohl sie traditionell als eigene Werkzeugkategorien gelten, haben wir gesehen, dass protokollbasierte Nachrichtenbroker erfolgreich Ideen von Datenbanken aufgegriffen und sie auf Messaging angewendet haben. Das geht auch umgekehrt: Ideen aus Messaging und Streams können übernommen und auf Datenbanken angewendet werden.

Wir haben vorhin festgestellt, dass ein Ereignis ein Datensatz ist, der angibt, was zu einem bestimmten Zeitpunkt passiert ist. Das, was passiert ist, kann eine Benutzeraktion sein (zum Beispiel die Eingabe einer Suchabfrage) oder eine Sensormessung, doch auch ein *Schreibvorgang in eine Datenbank*. Die Tatsache, dass etwas in eine Datenbank geschrieben wird, ist ein Ereignis, das sich erfassen, speichern und verarbeiten lässt. Diese Beobachtung legt nahe, dass die Verbindung zwischen Datenbanken und Streams tiefer geht als nur bis zur physischen Speicherung von Protokollen auf der Festplatte – sie ist etwas Grundsätzliches.

Tatsächlich ist ein Replikationsprotokoll (siehe Abschnitt »Implementierung von Replikationsprotokollen« auf Seite 167) ein Stream von Datenbank-Schreibereignissen, die der Leader produziert, während er Transaktionen verarbeitet. Die Follower wenden diesen Stream von Schreiboperationen auf ihre eigene Kopie der Datenbank an und verfügen somit letztlich über eine genaue Kopie der gleichen Daten. Die Ereignisse im Replikationsprotokoll beschreiben die aufgetretenen Datenänderungen.

Außerdem sind wir im Abschnitt »Total geordneter Broadcast« auf Seite 372 auf das Prinzip *State Machine Replication* (Zustandsmaschinenreplikation) eingegangen, das besagt: Wenn jedes Ereignis einen Schreibvorgang in die Datenbank darstellt und jedes Replikat die gleichen Ereignisse in der gleichen Reihenfolge verarbeitet, werden die Replikate letztlich alle den gleichen Endzustand aufweisen. (Wir nehmen dabei an, dass die Verarbeitung eines Ereignisses *deterministisch* ist.) Es ist einfach ein weiterer Fall von Ereignisströmen!

In diesem Abschnitt sehen wir uns zunächst ein Problem an, das in heterogenen Datensystemen auftaucht, und untersuchen dann, wie man es löst, indem man die Ideen von Ereignisströmen in Datenbanken aufgreift.

Systeme synchron halten

Wie wir in diesem Buch gesehen haben, gibt es kein einziges System, das alle Anforderungen an das Speichern, das Abfragen und die Verarbeitung von Daten erfüllen kann. In der Praxis müssen die meisten nichttrivialen Anwendungen mehrere verschiedene Technologien kombinieren, um ihren Anforderungen gerecht zu werden: beispielsweise eine OLTP-Datenbank, um Benutzeranfragen zu bedienen, ein Cache, um gängige Anfragen zu beschleunigen, ein Volltextindex, um Suchanfragen zu behandeln, und ein Data-Warehouse für Analysen. Jedes dieser Systeme hat seine eigene Kopie der Daten, gespeichert in der eigenen Darstellung, die speziell für seine Zwecke optimiert ist.

Da dieselben oder verwandte Daten an mehreren Stellen vorkommen, müssen sie miteinander synchron gehalten werden: Wenn ein Element in der Datenbank aktualisiert wird; muss es auch im Cache, in den Suchindizes und im Data-Warehouse aktualisiert werden. Bei Data-Warehouses wird diese Synchronisierung normalerweise durch ETL-Prozesse durchgeführt (siehe Abschnitt »Data-Warehousing« auf Seite 98), die oft eine vollständige Kopie der Datenbank übernehmen, sie transformieren und durch Massenoperationen in das Data-Warehouse laden – mit anderen Worten, ein Stapelprozess. Ebenso haben wir in Abschnitt »Die Ausgabe von Stapel-Workflows« auf Seite 441 gesehen, wie Suchindizes, Empfehlungssysteme und andere abgeleitete Datensysteme mithilfe von Batch-Prozessen erstellt werden können.

Wenn periodische vollständige Datenbank-Dumps zu langsam sind, verwendet man manchmal als Alternative *doppelte Schreiboperationen* (*Dual Writes*), in denen der Anwendungscode explizit in jedes der Systeme schreibt, wenn sich die Daten ändern: Zum Beispiel wird zuerst in die Datenbank geschrieben, dann der Suchindex aktualisiert, dann werden die Cache-Einträge ungültig gemacht (oder diese Schreibvorgänge können sogar parallel ausgeführt werden).

Allerdings haben doppelte Schreiboperationen einige ernste Probleme, von denen eines eine Wettlaufsituation ist (siehe Abbildung 11-4). In diesem Beispiel möchten zwei Clients gleichzeitig ein Element X aktualisieren: Client 1 möchte den Wert auf A setzen, und Client 2 möchte ihn auf B setzen. Beide Clients schreiben zuerst den neuen Wert in die Datenbank und dann in den Suchindex. Wegen des unglücklichen Timings sind die Anforderungen verschränkt: Die Datenbank sieht zuerst den Schreibvorgang von Client 1, der den Wert auf A setzt, und dann den Schreibvorgang von Client 2, der den Wert auf B setzt, sodass der endgültige Wert in der Datenbank B lautet. Der Suchindex sieht zuerst den Schreibvorgang von Client 2, dann von Client 1, sodass der endgültige Wert im Suchindex A ist. Die beiden Systeme sind nun permanent miteinander inkonsistent, obwohl kein Fehler aufgetreten ist.

Wenn es keinen zusätzlichen Mechanismus gibt, der Gleichzeitigkeit erkennt, wie zum Beispiel Versionsvektoren (siehe Abschnitt »Parallele Schreibvorgänge erkennen« auf Seite 196), werden Sie nicht einmal bemerken, dass gleichzeitige Schreibvorgänge aufgetreten sind – der eine Wert wird einfach einen anderen Wert stillschweigend überschreiben.

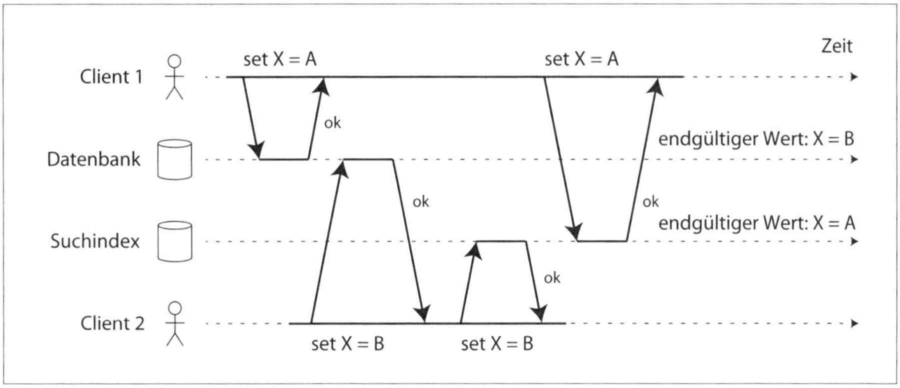

Abbildung 11-4: In der Datenbank wird X zuerst auf A und dann auf B gesetzt, während die Schreibvorgänge im Suchindex in der umgekehrten Reihenfolge ankommen.

Bei doppelten Schreibvorgängen tritt zudem das Problem auf, dass einer der Schreibvorgänge fehlschlagen kann, während der andere erfolgreich ist. Dies ist eher ein Problem der Fehlertoleranz und nicht der Gleichzeitigkeit, aber es bewirkt auch, dass die beiden Systeme miteinander inkonsistent werden. Will man sicherstellen, dass entweder beide erfolgreich sind oder beide scheitern, ist das ein Fall für das atomare Commit-Problem, dessen Lösung teuer ist (siehe Abschnitt »Atomarer Commit und Zwei-Phasen-Commit (2PC)« auf Seite 379).

Wenn Sie lediglich eine replizierte Datenbank mit einem einzelnen Leader haben, bestimmt dieser Leader die Reihenfolge der Schreibvorgänge, sodass der State Machine Replication-Ansatz zwischen den Replikaten der Datenbank funktioniert. Im Beispiel von Abbildung 11-4 gibt es jedoch keinen einzelnen Leader: Die Datenbank kann einen Leader haben, und der Suchindex kann einen Leader haben. Da aber keiner dem anderen folgt, können Konflikte auftreten (siehe Abschnitt »Multi-Leader-Replikation« auf Seite 177).

Besser wäre es, wenn wirklich nur ein Leader – zum Beispiel die Datenbank – vorhanden wäre und wir den Suchindex als Follower der Datenbank einrichten könnten. Doch ist dies in der Praxis möglich?

Erfassen von Datenänderungen

Das Problem mit den Replikationsprotokollen der meisten Datenbanken besteht darin, dass man sie lange Zeit als internes Implementierungsdetail der Datenbank und nicht als öffentliche API betrachtet hat. Clients sollen mit der Datenbank über ihr Datenmodell und ihre Abfragesprache kommunizieren und weder die Replikationsprotokolle parsen noch Daten aus ihnen extrahieren.

Jahrzehntelang hat es in vielen Datenbanken einfach keine dokumentierte Methode gegeben, an das Protokoll der in die Datenbank geschriebenen Änderungen heranzukommen. Deshalb war es schwierig, alle in einer Datenbank vorgenommenen Änderungen in eine andere Speichertechnologie – wie zum Beispiel Suchindex, Cache oder Data-Warehouse – zu replizieren.

In jüngerer Zeit wächst das Interesse am *Erfassen von Datenänderungen* (*Change Data Capture, CDC*). Dieser Prozess beobachtet alle Datenänderungen, die in die Datenbank geschrieben werden, und extrahiert sie in einer Form, in der sie sich auf andere Systeme replizieren lassen. CDC ist vor allem interessant, wenn Änderungen unmittelbar beim Schreiben als Stream zugänglich gemacht werden sollen.

Zum Beispiel können Sie die Änderungen in einer Datenbank erfassen und die gleichen Änderungen kontinuierlich auf einen Suchindex anwenden. Wenn das Änderungsprotokoll in der gleichen Reihenfolge angewendet wird, werden die Daten im Suchindex mit den Daten in der Datenbank übereinstimmen. Der Suchindex und alle anderen abgeleiteten Datensysteme sind lediglich Konsumenten des Änderungsstreams, wie Abbildung 11-5 zeigt.

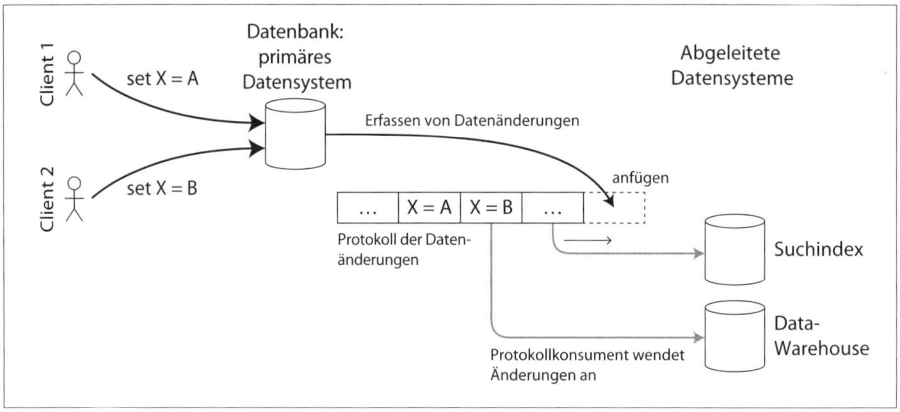

Abbildung 11-5: Daten werden in der Reihenfolge, in der sie in die eine Datenbank geschrieben wurden, übernommen und die Änderungen werden in der gleichen Reihenfolge auf andere Systeme angewendet.

Erfassen der Datenänderungen implementieren

Die Protokollkonsumenten können wir als *abgeleitete Datensysteme* bezeichnen, wie es die Einführung zu Teil III beschrieben hat: Die im Suchindex und im Data-Warehouse gespeicherten Daten sind lediglich verschiedene Sichten auf die Daten im primären Datensystem. Der Mechanismus zum Erfassen von Datenänderungen stellt sicher, dass sich alle Datenänderungen im primären System auch in den abgeleiteten Datensystemen widerspiegeln, sodass die abgeleiteten Systeme über eine genaue Kopie der Daten verfügen.

Praktisch macht das Erfassen von Datenänderungen eine Datenbank (diejenige, von der die Änderungen erfasst werden) zum Leader und die anderen zu Followern. Ein protokollbasierter Nachrichtenbroker bietet sich an, um die Änderungsereignisse von der Quelldatenbank zu den abgeleiteten Systemen zu transportieren, da er die Reihenfolge der Nachrichten bewahrt (das Problem der Neuanordnung wie in Abbildung 11-2 vermeidet).

Die Erfassung der Datenänderungen lässt sich mit Datenbanktriggern implementieren (siehe Abschnitt »Triggerbasierte Replikation« auf Seite 169). Hierfür registriert man Trigger, die alle Änderungen an Datentabellen beobachten und entsprechende Einträge in eine Änderungsprotokolltabelle hinzufügen. Allerdings sind Trigger recht anfällig und haben erhebliche Performance-Kosten. Robuster kann es sein, das Replikationsprotokoll zu analysieren, obwohl auch dies von Herausforderungen begleitet ist, etwa wie mit Schemaänderungen umzugehen ist.

Im großen Stil wird dieses Konzept bei Databus von LinkedIn [25], Wormhole von Facebook [26] und Sherpa von Yahoo! [27] angewendet. Bottled Water implementiert CDC für PostgreSQL mittels einer API, die das Write-Ahead-Protokoll decodiert [28], Maxwell und Debezium realisieren etwas Ähnliches für MySQL, indem sie das Binärprotokoll (binlog) analysieren [29, 30, 31], Mongoriver liest das MongoDB-Oplog [32, 33], und GoldenGate bietet ähnliche Funktionalität für Oracle [34, 35]. Das Kafka Connect-Framework bietet weitere Konnektoren zur Änderungserfassung für diverse Datenbanken.

Das Erfassen von Datenänderungen erfolgt normalerweise wie bei Nachrichtenbrokern asynchron: Das System der primären Datenbank wartet nicht darauf, dass die Änderung auf die Konsumenten angewendet wird, bevor es sie committet. Dieses Design hat den operativen Vorteil, dass das primäre System nicht zu sehr beeinflusst wird, wenn ein langsamer Konsument hinzukommt. Nachteilig ist jedoch, dass alle Probleme der Replikationsverzögerung zutreffen (siehe Abschnitt »Probleme mit der Replikationsverzögerung« auf Seite 170).

Anfänglicher Snapshot

Wenn Ihnen das Protokoll sämtlicher Änderungen, die jemals an einer Datenbank vorgenommen wurden, zur Verfügung steht, können Sie den gesamten Zustand der Datenbank rekonstruieren, indem Sie das Protokoll erneut ablaufen lassen. Allerdings dürfte es in vielen Fällen zu viel Festplattenplatz beanspruchen, alle Änderungen für immer zu behalten, und auch die Wiedergabe des Protokolls würde zu lange dauern. Das Protokoll muss also abgeschnitten werden.

Um zum Beispiel einen neuen Volltextindex aufzubauen, ist eine vollständige Kopie der gesamten Datenbank erforderlich – es genügt nicht, nur ein Protokoll mit den letzten Änderungen anzuwenden, da Einträge fehlen könnten, die nicht in letzter Zeit aktualisiert wurden. Wenn Sie also nicht über den gesamten Protokollverlauf verfügen, müssen Sie mit einem konsistenten Snapshot beginnen, wie in Abschnitt »Neue Follower einrichten« auf Seite 163 beschrieben.

Der Snapshot der Datenbank muss einer bekannten Position oder einem bekannten Offset im Änderungsprotokoll entsprechen, damit Sie wissen, ab welchem Punkt die Änderungen anzuwenden sind, nachdem der Snapshot verarbeitet worden ist. Einige CDC-Tools integrieren diese Snapshot-Funktionalität, während andere sie als manuelle Operation belassen.

Protokollkomprimierung

Wenn Sie den Protokollverlauf nur begrenzt speichern können, müssen Sie den Snapshot-Prozess jedes Mal durchlaufen, wenn Sie ein neues abgeleitetes Datensystem hinzufügen wollen. Eine *Protokollkomprimierung* bietet aber eine gute Alternative.

Auf die Protokollkomprimierung sind wir bereits in Abschnitt »Hash-Indizes« auf Seite 76 im Zusammenhang mit protokollstrukturierten Storage-Engines eingegangen (ein Beispiel ist in Abbildung 3-2 zu sehen). Das Prinzip ist einfach: Die Storage-Engine sucht periodisch nach Protokolldatensätzen mit dem gleichen Schlüssel, verwirft alle Duplikate und behält nur das aktuellste Update für jeden Schlüssel. Dieser Komprimierungs- und Zusammenführungsprozess läuft im Hintergrund ab.

In einer protokollstrukturierten Storage-Engine zeigt ein Update mit dem speziellen Wert null (einem *Grabstein*) an, dass ein Schlüssel gelöscht wurde und bei einer Protokollkomprimierung zu entfernen ist. Doch solange ein Schlüssel weder überschrieben noch gelöscht wurde, verbleibt er auf unbestimmte Zeit im Protokoll. Der erforderliche Festplattenplatz für ein derart komprimiertes Protokoll hängt nur vom aktuellen Inhalt der Datenbank ab, nicht von der Anzahl der Schreibvorgänge, die jemals in der Datenbank stattgefunden haben. Wenn derselbe Schlüssel häufig überschrieben wird, beseitigt die Komprimierung letztlich die vorherigen Werte, und nur der neueste Wert bleibt erhalten.

Das gleiche Konzept funktioniert im Zusammenhang mit protokollbasierten Nachrichtenbrokern und der Erfassung von Datenänderungen. Wenn das CDC-System so eingerichtet ist, dass jede Änderung mit einem Primärschlüssel versehen ist und jedes Update für einen Schlüssel den vorherigen Wert für diesen Schlüssel ersetzt, genügt es, nur den neuesten Schreibvorgang für einen bestimmten Schlüssel zu behalten.

Wenn Sie nun ein abgeleitetes Datensystem (beispielsweise einen Suchindex) neu aufbauen möchten, können Sie mit einem neuen Konsumenten bei Offset 0 des Themas mit dem komprimierten Protokoll beginnen und sequenziell alle Nachrichten im Protokoll durchsuchen. Das Protokoll enthält garantiert den neuesten Wert für jeden Schlüssel in der Datenbank (und vielleicht noch einige ältere Werte) – das heißt, Sie können damit eine vollständige Kopie des Datenbankinhalts erhalten, ohne einen weiteren Snapshot der CDC-Quelldatenbank aufnehmen zu müssen.

Apache Kafka unterstützt diese Protokollkomprimierung. Wie dieses Kapitel später noch zeigt, ist es damit möglich, den Nachrichtenbroker für dauerhafte Speicherung und nicht nur für transientes Messaging einzusetzen.

API-Unterstützung für Änderungsströme

Datenbanken unterstützen Änderungsströme zunehmend als offizielle Schnittstelle, anstatt auf die typischen nachgerüsteten und durch Reverse Engineering entwickelten CDC-Bestrebungen zu setzen. Zum Beispiel können Abfragen in RethinkDB Benachrichtigungen abonnieren, wenn sich die Ergebnisse einer Abfrage ändern [36]. Firebase [37] und CouchDB [38] bieten Datensynchronisierung basierend auf einem Änderungsprotokoll, das auch Anwendungen verfügbar gemacht wird, und Meteor verwendet das MongoDB-Oplog, um Datenänderungen zu abonnieren und die Benutzeroberfläche zu aktualisieren [39].

VoltDB ermöglicht es Transaktionen, Daten kontinuierlich von einer Datenbank in Form eines Streams zu exportieren [40]. Die Datenbank stellt einen Ausgabestrom im relationalen Datenmodell als Tabelle dar, in die Transaktionen Tupel einfügen können, die sich aber nicht abfragen lässt. Der Stream besteht dann aus dem Protokoll der Tupel, die bestätigte Transaktionen in diese spezielle Tabelle geschrieben haben, und zwar in der Reihenfolge, in der sie committet wurden. Externe Konsumenten können dieses Protokoll asynchron konsumieren und damit abgeleitete Datensysteme aktualisieren.

Bei Kafka Connect [41] geht es darum, Tools zum Erfassen von Datenänderungen für eine breite Palette von Datensystemen mit Kafka zu integrieren. Nachdem sich der Strom der Änderungsereignisse in Kafka befindet, kann er verwendet werden, um abgeleitete Datensysteme wie zum Beispiel Suchindizes zu aktualisieren und die Ereignisse auch in Stream-Verarbeitungssysteme einzuspeisen, wie sie später in diesem Kapitel zur Sprache kommen.

Event Sourcing

Es gibt einige Parallelen zwischen den hier erörterten Ideen und dem *Event Sourcing* (»Ereignisse als Quelle verwenden«), einer Technik, die in der Domain-Driven-Design-(DDD-)Community entwickelt wurde [42, 43, 44]. Wir gehen kurz auf Event Sourcing ein, weil es einige nützliche und relevante Ideen für Streaming-Systeme einbindet.

Ähnlich wie beim Erfassen von Datenänderungen speichert man beim Event Sourcing-Ansatz alle Änderungen am Anwendungszustand als Protokoll von Änderungsereignissen. Der größte Unterschied besteht darin, dass Event Sourcing die Idee auf einer anderen Abstraktionsebene anwendet:

- Beim Erfassen von Datenänderungen verwendet die Anwendung die Datenbank variabel, d.h., sie aktualisiert und löscht Datensätze bei Bedarf. Das Änderungsprotokoll wird aus der Datenbank auf einer niedrigen Ebene extrahiert (zum Beispiel durch Parsen des Replikationsprotokolls). Dadurch ist sichergestellt, dass die Reihenfolge der aus der Datenbank extrahierten Schreibvorgänge der Reihenfolge entspricht, in der sie tatsächlich geschrieben wurden, was die in Abbildung 11-4 dargestellte Wettlaufsituation vermeidet. Die Anwendung, die in die Datenbank schreibt, muss nicht wissen, dass CDC stattfindet.

- Beim Event Sourcing wird die Anwendungslogik explizit auf Basis der unveränderlichen Ereignisse aufgebaut, die in ein Ereignisprotokoll geschrieben werden. In diesem Fall kann nur am Ende des Ereignisspeichers angefügt werden, und Updates oder Löschungen werden verhindert oder verboten. Konzeptionell sollen Ereignisse Dinge widerspiegeln, die auf der Anwendungsebene passiert sind, und keine systemnahen Zustandsänderungen.

Event Sourcing ist eine leistungsfähige Technik zur Datenmodellierung: Aus Sicht der Anwendung ist es sinnvoller, die Aktionen des Benutzers als unveränderliche Ereignisse aufzuzeichnen, anstatt die Wirkungen dieser Aktionen in einer veränderlichen Datenbank zu speichern. Event Sourcing erleichtert die Entwicklung von Anwendungen im Laufe der Zeit, hilft beim Debuggen, weil man besser nachvollziehen kann, warum etwas passiert ist, und schützt gegen Anwendungsfehler (siehe Abschnitt »Vorteile unveränderlicher Ereignisse« auf Seite 496).

Zum Beispiel drückt das Speichern des Ereignisses »Kursteilnehmer storniert Einschreibung« klar die Absicht einer einzelnen Aktion auf neutrale Weise aus, während die Wirkungen von »ein Eintrag wurde aus der Einschreibungstabelle gelöscht, und ein Stornierungsgrund wurde der Tabelle für Teilnehmerfeedbacks hinzugefügt« jede Menge Annahmen über die Art und Weise enthalten, wie die Daten später verwendet werden sollen. Wird ein neues Anwendungsfeature eingeführt – zum Beispiel »der Platz wird der nächsten Person auf der Warteliste angeboten« –, erlaubt es das Event-Sourcing-Konzept, dass die neue Wirkung leicht vom vorhandenen Ereignis abgekoppelt werden kann.

Event Sourcing ähnelt dem Chronik-Datenmodell [45], und es gibt auch Ähnlichkeiten zwischen einem Ereignisprotokoll und der Faktentabelle, die Sie in einem Sternschema finden (siehe Abschnitt »Sterne und Schneeflocken: Schemas für die Analytik« auf Seite 101).

Spezialisierte Datenbanken wie zum Beispiel Event Store [46] sind für Anwendungen entwickelt worden, die Event Sourcing verwenden, doch im Allgemeinen ist der Ansatz unabhängig von einem bestimmten Tool. Eine konventionelle Datenbank oder ein protokollbasierter Nachrichtenbroker kann ebenfalls verwendet werden, um Anwendungen in diesem Stil zu erstellen.

Den aktuellen Zustand aus dem Ereignisprotokoll ableiten

Ein Ereignisprotokoll allein ist nicht sehr nützlich, weil Benutzer in der Regel erwarten, den aktuellen Zustand eines Systems zu sehen und nicht den Verlauf von

Änderungen. Zum Beispiel erwarten die Benutzer einer Shopping-Website, den aktuellen Inhalt ihres Einkaufswagens zu sehen und nicht eine Liste im Anfügemodus mit allen Änderungen, die sie jemals an ihrem Einkaufswagen vorgenommen haben.

Daher müssen Anwendungen, die Event Sourcing verwenden, das Ereignisprotokoll (das die Daten repräsentiert, die in das System *geschrieben* wurden) übernehmen und in einen Anwendungszustand transformieren, der sich als Darstellung für den Benutzer eignet (die Art und Weise, wie Daten aus dem System *gelesen* werden [47]). Diese Transformation kann beliebige Logik verwenden, sollte aber deterministisch sein, damit Sie sie erneut ausführen und den gleichen Anwendungszustand aus dem Ereignisprotokoll ableiten können.

Wie bei der Erfassung von Datenänderungen können Sie durch Abspielen des Ereignisprotokolls den aktuellen Zustand des Systems rekonstruieren. Allerdings ist die Protokollkomprimierung in anderer Weise zu behandeln:

- Ein CDC-Ereignis für das Update eines Datensatzes enthält in der Regel die gesamte neue Version des Datensatzes, sodass der aktuelle Wert für einen Primärschlüssel vollständig durch das neueste Ereignis für diesen Primärschlüssel bestimmt wird und die Protokollkomprimierung vorherige Ereignisse für denselben Schlüssel verwerfen kann.
- Dagegen werden beim Event Sourcing Ereignisse auf einer höheren Ebene modelliert: Ein Ereignis drückt typischerweise die Absicht einer Benutzeraktion aus und nicht die Mechanik der Zustandsaktualisierung, die als Ergebnis der Aktion aufgetreten ist. In diesem Fall überschreiben jüngere Ereignisse typischerweise keine vorherigen Ereignisse, sodass Sie den vollständigen Verlauf der Ereignisse benötigen, um den Endzustand zu rekonstruieren. Protokollkomprimierung ist nicht in der gleichen Weise möglich.

Anwendungen, die Event Sourcing verwenden, verfügen in der Regel über einen Mechanismus, um Snapshots des aktuellen Zustands zu speichern, den sie aus dem Ereignisprotokoll ableiten, sodass sie nicht noch einmal das vollständige Protokoll verarbeiten müssen. Allerdings ist dies nur eine Performanceoptimierung, um Lesevorgänge und die Wiederherstellung bei Abstürzen zu beschleunigen. Das Ziel besteht darin, dass das System alle Rohereignisse unbegrenzt lange speichert und das vollständige Ereignisprotokoll bei Bedarf erneut verarbeiten kann. Diese Annahme wird in Abschnitt »Einschränkungen der Unveränderlichkeit« auf Seite 498 erörtert.

Befehle und Ereignisse

Bei der Event-Sourcing-Philosophie ist genau zu unterscheiden zwischen *Ereignissen* und *Befehlen* [48]. Wenn eine Anfrage von einem Benutzer erstmals eintrifft, ist sie zunächst ein Befehl: Zu diesem Zeitpunkt kann sie noch fehlschlagen, weil beispielsweise eine Integritätsbedingung verletzt wird. Die Anwendung muss zuerst validieren, dass sie den Befehl ausführen kann. Wenn die Validierung erfolgreich verläuft und der Befehl akzeptiert wird, wird er zum Ereignis, das dauerhaft und unveränderlich ist.

Wenn zum Beispiel ein Benutzer versucht, einen bestimmten Benutzernamen zu registrieren, einen Platz im Flugzeug oder im Theater zu reservieren, muss die Anwendung überprüfen, ob der Benutzername oder der Platz nicht bereits vergeben ist. (Dieses Beispiel haben wir bereits in Abschnitt »Fehlertoleranter Konsens« auf Seite 391 diskutiert.) Wenn diese Überprüfung erfolgreich war, kann die Anwendung ein Ereignis generieren und damit anzeigen, dass ein bestimmter Benutzername mit einer bestimmten Benutzer-ID registriert oder ein bestimmter Platz für einen bestimmten Kunden reserviert ist.

Zu dem Zeitpunkt, zu dem das Ereignis generiert wird, wird es zu einer *Tatsache*. Selbst wenn sich der Kunde später dafür entscheidet, die Reservierung zu ändern oder zu stornieren, bleibt die Tatsache bestehen, dass der Benutzer früher eine Reservierung für einen bestimmten Platz hatte. Die Änderung oder Stornierung ist ein separates Ereignis, das später hinzugefügt wird.

Ein Konsument des Ereignisstroms darf ein Ereignis nicht zurückweisen: Wenn der Konsument das Ereignis sieht, ist es bereits ein unveränderlicher Teil des Protokolls, und andere Konsumenten können es bereits gesehen haben. Folglich muss jede Validierung eines Befehls synchron stattfinden, bevor er zu einem Ereignis wird – beispielsweise mithilfe einer serialisierbaren Transaktion, die den Befehl atomar validiert und das Ereignis veröffentlicht.

Alternativ ließe sich die Benutzeranfrage zum Reservieren eines Platzes in zwei Ereignisse aufteilen: zuerst eine vorläufige Reservierung und dann eine separate Bestätigung, nachdem die Reservierung validiert wurde (wie unter Abschnitt »Total geordneten Broadcast mit linearisierbarem Speicher implementieren« auf Seite 376 beschrieben). Durch diese Aufteilung kann die Validierung in einem asynchronen Prozess stattfinden.

Zustand, Streams und Unveränderlichkeit

In Kapitel 10 haben wir gesehen, dass die Stapelverarbeitung von der Unveränderlichkeit ihrer Eingabedateien profitiert, sodass man experimentelle Verarbeitungsjobs auf vorhandenen Eingabedateien ausführen kann, ohne befürchten zu müssen, diese zu beschädigen. Dieses Prinzip der Unveränderlichkeit ist es auch, was Event Sourcing und die Erfassung von Datenänderungen so leistungsfähig macht.

Normalerweise gehen wir bei Datenbanken davon aus, dass sie den aktuellen Zustand der Anwendung speichern – diese Darstellung ist für Lesevorgänge optimiert und üblicherweise am komfortabelsten, um Abfragen zu bedienen. Da es in der Natur des Zustands liegt, dass er sich ändert, unterstützen Datenbanken auch das Aktualisieren und Löschen von Daten sowie das Einfügen. Doch wie passt das mit Unveränderlichkeit zusammen?

Wann immer sich ein Zustand ändert, ist dieser Zustand das Ergebnis der Ereignisse, die sich im Laufe der Zeit verändert haben. Zum Beispiel ist Ihre Liste der aktuell verfügbaren Plätze das Ergebnis von Reservierungen, die Sie verarbeitet haben, der aktuelle Kontostand ist das Ergebnis von Gutschriften und Belastungen auf dem Konto, und das Diagramm der Reaktionszeiten für Ihren Webserver ist eine Aggregation der einzelnen Reaktionszeiten aller aufgetretenen Webanfragen.

Unabhängig davon, wie sich der Zustand ändert, gibt es immer eine Sequenz von Ereignissen, die diese Änderungen verursacht haben. Selbst wenn eine Aktion später wieder rückgängig gemacht wird, bleibt die Tatsache bestehen, dass diese Ereignisse aufgetreten sind. Im Kern geht es darum, dass sich ein veränderbarer Zustand und ein Protokoll, an das unveränderliche Ereignisse angefügt werden, nicht widersprechen: Sie sind zwei Seiten derselben Medaille. Das Protokoll aller Änderungen, das Changelog, repräsentiert die Entwicklung des Zustands über die Zeit.

Wenn Sie in Mathematik versiert sind, könnte man vielleicht annähernd sagen, dass Sie den Anwendungszustand bekommen, wenn Sie einen Ereignisstrom über die Zeit integrieren, und einen Änderungsstrom, wenn Sie den Zustand nach der Zeit differenzieren (siehe Abbildung 11-6) [49, 50, 51]. Diese Analogie hat Grenzen (zum Beispiel scheint die zweite Ableitung des Zustands nicht sinnvoll zu sein), aber sie ist ein brauchbarer Ausgangspunkt, um Überlegungen zu Daten anzustellen.

$$zustand(jetzt) = \int_{t=0}^{jetzt} stream(t)\,\mathrm{d}t \qquad stream(t) = \frac{\mathrm{d}\,zustand(t)}{\mathrm{d}t}$$

Abbildung 11-6: Die Beziehung zwischen dem aktuellen Anwendungszustand und einem Ereignisstrom

Wenn Sie das Änderungsprotokoll dauerhaft speichern, hat das lediglich die Wirkung, den Zustand reproduzierbar zu machen. Und wenn Sie das Ereignisprotokoll als Ihr primäres Datensystem und jeden veränderlichen Zustand als davon abgeleitet betrachten, ist es einfacher, Überlegungen zum Fluss der Daten durch ein System anzustellen. Pat Helland drückt das so aus [52]:

> Transaktionsprotokolle zeichnen alle Änderungen auf, die an der Datenbank vorgenommen wurden. Sehr schnelle Anfügungen sind die einzige Möglichkeit, das Protokoll zu ändern. Aus dieser Perspektive besteht der Inhalt der Datenbank aus einem Caching der neuesten Datensätze in den Protokollen. Die Wahrheit ist das Protokoll. Die Datenbank ist ein Zwischenspeicher einer Teilmenge des Protokolls. Diese zwischengespeicherte Teilmenge ist nun gerade der neueste Wert jedes Datensatzes und Indexwertes aus dem Protokoll.

Die in Abschnitt »Protokollkomprimierung« auf Seite 490 erläuterte Protokollkomprimierung ist eine Methode, um den Unterschied zwischen Protokoll und Datenbankzustand zu überbrücken: Hier wird nur die neueste Version jedes Datensatzes beibehalten, und überschriebene Versionen werden verworfen.

Vorteile unveränderlicher Ereignisse

Unveränderlichkeit in Datenbanken ist eine alte Idee. Zum Beispiel haben Buchhalter seit Jahrhunderten in der Finanzbuchhaltung auf Unveränderlichkeit gesetzt. Wenn eine Transaktion stattfindet, wird sie in ein *Hauptbuch* nach dem letzten Eintrag angefügt. Das ist praktisch ein Ereignisprotokoll, das Geld, Waren oder Dienstleistungen beschreibt, die den Besitzer gewechselt haben. Die Kontostände wie etwa Gewinn und Verlust oder die Bilanz werden aus den Transaktionen im Hauptbuch abgeleitet, indem man sie aufsummiert [53].

Wenn ein Fehler gemacht wird, löscht oder ändert der Buchhalter nicht die falsche Transaktion im Hauptbuch – vielmehr fügt er eine weitere Transaktion hinzu, die den Fehler ausgleicht, zum Beispiel eine falsch erhobene Gebühr zurückerstattet. Die falsche Transaktion bleibt für immer im Hauptbuch, weil sie aus Revisionsgründen wichtig sein kann. Wurden bereits falsche Zahlen veröffentlicht, die aus dem fehlerhaften Hauptbuch abgeleitet wurden, dann enthalten die Zahlen für die nächste Abrechnungsperiode eine Korrektur. Dieser Vorgang ist in der Buchhaltung völlig normal [54].

Obwohl eine derartige Nachvollziehbarkeit besonders wichtig ist in Finanzsystemen, ist sie auch für viele andere Systeme nutzbringend, die keinen so strengen Vorschriften unterliegen. Haben Sie versehentlich fehlerhaften Code verteilt, der fehlerhafte Daten in eine Datenbank schreibt, dann ist – wie Abschnitt »Philosophie der Ausgaben von Batch-Prozessen« auf Seite 444 beschreibt – die Wiederherstellung wesentlich schwerer, wenn der Code in der Lage ist, Daten destruktiv zu überschreiben. Mit einem Protokoll, an das unveränderliche Ereignisse angefügt werden, ist es wesentlich einfacher, zu diagnostizieren, was passiert ist, und das Problem zu beheben.

Zudem erfassen unveränderliche Ereignisse mehr Informationen als nur den aktuellen Zustand. Zum Beispiel kann ein Kunde auf einer Shopping-Website einen Artikel in seinen Einkaufswagen legen und dann wieder herausnehmen. Obwohl das zweite Ereignis vom Gesichtspunkt der Auftragsabwicklung das erste Ereignis annulliert, kann es für Analysezwecke nützlich sein, zu wissen, dass der Kunde einen bestimmten Artikel ins Auge gefasst, sich dann aber dagegen entschieden hat. Möglicherweise kauft er ihn später doch noch oder hat vielleicht einen Ersatz gefunden. In einem Ereignisprotokoll bleiben solche Informationen erhalten, während sie in einer Datenbank, die Artikel löscht, wenn sie aus dem Einkaufswagen entfernt werden, verloren wären [42].

Mehrere Ansichten aus demselben Ereignisprotokoll ableiten

Durch Abgrenzen des veränderlichen Status vom unveränderlichen Ereignisprotokoll können Sie außerdem mehrere verschiedene leseorientierte Darstellungen vom selben Ereignisprotokoll ableiten. Das funktioniert genauso wie bei mehreren Konsumenten eines Streams (Abbildung 11-5): Zum Beispiel bezieht die analytische Datenbank Druid, diesem Ansatz folgend, ihre Eingabedaten direkt aus

Kafka [55], Pistachio ist ein verteilter Schlüssel-Wert-Speicher, der Kafka als Commit-Protokoll nutzt [56], und Kafka-Connect-Senken können Daten von Kafka in verschiedene Datenbanken und Indizes exportieren [41]. Für viele andere Speicher- und Indizierungssysteme, wie zum Beispiel Suchserver, wäre es sinnvoll, in ähnlicher Weise die Eingabedaten aus einem verteilten Protokoll zu übernehmen (siehe Abschnitt »Systeme synchron halten« auf Seite 486).

Mit einem expliziten Übersetzungsschritt von einem Ereignisprotokoll in eine Datenbank haben Sie es einfacher, Ihre Anwendung im Laufe der Zeit weiterzuentwickeln: Wenn Sie ein neues Feature einführen möchten, das Ihre vorhandenen Daten in neuer Form präsentieren soll, können Sie anhand des Ereignisprotokolls eine separate leseorientierte Sicht für das neue Feature aufbauen und neben den vorhandenen Systemen her betreiben, ohne sie modifizieren zu müssen. Alte und neue Systeme nebeneinander zu betreiben, ist oftmals einfacher, als eine komplizierte Schemamigration in einem bestehenden System durchzuführen. Sobald das alte System nicht mehr erforderlich ist, können Sie es einfach herunterfahren und seine Ressourcen wieder freigeben [47, 57].

Daten zu speichern, ist normalerweise recht unkompliziert, wenn man sich nicht darum kümmern muss, wie man wieder darauf zugreifen und sie abfragen kann. Die komplexen Details von Schemadesign, Indizierung und Storage-Engines sind zu einem großen Teil darauf zurückzuführen, dass bestimmte Abfrage- und Zugriffsmuster unterstützt werden sollen (siehe Kapitel 3). Um flexibler zu sein, empfiehlt es sich deshalb, das Format, in dem die Daten geschrieben werden, von dem Format, in dem sie gelesen werden, zu trennen und mehrere verschiedene Lesesichten zuzulassen. Diese Idee wird auch als *Command-Query-Responsibility-Segregation* (CQRS, etwa: »Trennung der Zuständigkeiten für Befehle und Abfragen«) bezeichnet [42, 58, 59].

Der herkömmliche Ansatz beim Datenbank- und Schemaentwurf basiert auf dem Trugschluss, dass die Daten im selben Format geschrieben werden müssen, in dem sie abgefragt werden. Debatten über Normalisierung und Denormalisierung (siehe Abschnitt »n:1- und n:n-Beziehungen« auf Seite 35) werden weitgehend irrelevant, wenn man Daten aus einem für das Schreiben optimierten Ereignisprotokoll in einen für das Lesen optimierten Anwendungszustand übersetzen kann: Es ist durchaus sinnvoll, Daten in den leseoptimierten Sichten zu denormalisieren, da der Übersetzungsvorgang einen Mechanismus liefert, um sie mit dem Ereignisprotokoll konsistent zu halten.

Der Abschnitt »Lasten beschreiben« auf Seite 11 hat sich mit den Home-Timelines von Twitter beschäftigt, einem Cache von kürzlich geschriebenen Tweets von Personen, denen ein bestimmter Benutzer folgt (wie eine Mailbox). Dies ist ein weiteres Beispiel für einen leseoptimierten Zustand: Home-Timelines sind stark denormalisiert, da Ihre Tweets in allen Timelines der Personen, die Ihnen folgen, dupliziert werden. Der Fan-out-Dienst hält aber diesen duplizierten Zustand synchron mit neuen Tweets und neuen Follower-Beziehungen, wodurch die Duplizierung überschaubar bleibt.

Parallelitätssteuerung

Event Sourcing und Erfassung von Datenänderungen haben vor allem den Nachteil, dass die Konsumenten des Ereignisprotokolls normalerweise asynchron arbeiten. Es besteht also die Möglichkeit, dass ein Benutzer in das Protokoll schreibt, dann aus einer vom Protokoll abgeleiteten Sicht liest und feststellt, dass der Schreibvorgang in der Leseansicht noch nicht widergespiegelt wird. Mit diesem Problem und möglichen Lösungen hat sich Abschnitt »Die eigenen Schreiboperationen lesen« auf Seite 171 beschäftigt.

Eine Lösung wäre es, die Aktualisierungen der Leseansicht synchron mit dem Anfügen des Ereignisses an das Protokoll durchzuführen. Dies erfordert aber eine Transaktion, um die Schreibvorgänge in einer atomaren Einheit zusammenzufassen. Deshalb müssen Sie entweder das Ereignisprotokoll und die Leseansicht im selben Speichersystem halten oder eine verteilte Transaktion über die verschiedenen Systeme bemühen. Alternativ können Sie auf den Ansatz zurückgreifen, den Abschnitt »Total geordneten Broadcast mit linearisierbarem Speicher implementieren« auf Seite 376 beschreibt.

Andererseits vereinfacht das Ableiten des aktuellen Zustands aus einem Ereignisprotokoll auch einige Aspekte der Parallelitätssteuerung. Die Notwendigkeit von Multiobjekt-Transaktionen (siehe Abschnitt »Einzelobjekt- und Multiobjektoperationen« auf Seite 242) stammt größtenteils daher, dass eine einzelne Benutzeraktion erfordert, Daten an mehreren Stellen zu ändern. Beim Event Sourcing können Sie ein Ereignis als eigenständige, in sich geschlossene Beschreibung einer Benutzeraktion gestalten. Die Benutzeraktion benötigt dann nur einen einzelnen Schreibvorgang an einer Stelle – nämlich das Anfügen des Ereignisses an das Protokoll –, was leicht atomar zu machen ist.

Wenn das Ereignisprotokoll und der Anwendungszustand in der gleichen Weise partitioniert werden (um zum Beispiel ein Ereignis für einen Kunden in Partition 3 zu verarbeiten, ist nur Partition 3 des Anwendungszustands zu aktualisieren), dann benötigt ein einfacher Protokollkonsument mit einem einzigen Thread keine Parallelitätssteuerung für Schreibvorgänge – konstruktionsbedingt verarbeitet er jeweils nur ein einzelnes Ereignis auf einmal (siehe auch Abschnitt »Tatsächliche serielle Ausführung« auf Seite 269). Das Protokoll entfernt den Nichtdeterminismus der Parallelität, indem es eine serielle Reihenfolge der Ereignisse in einer Partition definiert [24]. Wenn ein Ereignis mehrere Zustandspartitionen streift, ist etwas mehr Arbeit erforderlich, worauf wir in Kapitel 12 eingehen.

Einschränkungen der Unveränderlichkeit

Viele Systeme, die kein Event-Sourcing-Modell verwenden, setzen trotzdem auf Unveränderlichkeit: Verschiedene Datenbanken verwenden intern unveränderliche Datenstrukturen oder Multiversionsdaten, um Snapshots zu bestimmten Zeitpunkten zu unterstützen (siehe Abschnitt »Indizes und Snapshot-Isolation« auf

Seite 257). Versionskontrollsysteme wie Git, Mercurial und Fossil verlassen sich ebenfalls auf unveränderliche Daten, um den Versionsverlauf von Dateien zu bewahren.

Inwieweit ist es machbar, einen unveränderlichen Verlauf aller Veränderungen für immer zu bewahren? Das hängt vom Umfang der Bewegungen in der Datenmenge ab. Manche Arbeitslasten fügen vorwiegend Daten hinzu und aktualisieren oder löschen sie eher selten; diese lassen sich leicht unveränderbar machen. Andere Arbeitslasten zeichnen sich durch eine hohe Rate von Aktualisierungen und Löschungen auf einer vergleichsweise kleinen Datenmenge aus; in diesen Fällen kann der unveränderliche Verlauf eine unzumutbare Größe annehmen. Die Fragmentierung kann zu einem Problem werden, und die Performance der Komprimierung und Garbage Collection wird entscheidend für die Betriebssicherheit [60, 61].

Neben Performancegründen kann es auch Situationen geben, in denen Sie trotz aller Unveränderlichkeit aus administrativen oder rechtlichen Gründen Daten löschen müssen. So verlangen Datenschutzgesetze wie zum Beispiel die EU-Datenschutz-Grundverordnung (DSGVO), dass die persönlichen Daten eines Benutzers auf Anfrage gelöscht und fehlerhafte Informationen entfernt werden müssen oder dass ein versehentliches Durchsickern von vertraulichen Informationen eingedämmt werden muss.

Unter diesen Umständen genügt es nicht, einfach ein weiteres Ereignis an das Protokoll anzuhängen und anzuzeigen, dass die vorherigen Daten als gelöscht zu betrachten sind – eigentlich möchten Sie die Geschichte (den Verlauf) neu schreiben und so tun, als ob die Daten von vornherein nie geschrieben worden sind. Zum Beispiel nennt Datomic dieses Feature *Excision* (»herausschneiden«) [62] und das Versionskontrollsystem Fossil verfügt mit *Shunning* (»abweisen«) über ein ähnliches Konzept [63].

Daten wirklich zu löschen, ist überraschend schwer [64], da Kopien an vielen Stellen überdauern können: Zum Beispiel schreiben Storage-Engines, Dateisysteme und SSDs oftmals an einen neuen Speicherort, anstatt Daten direkt zu überschreiben [52], und Datensicherungen sind oftmals absichtlich unveränderlich, damit sie nicht versehentlich gelöscht oder beschädigt werden. Beim Löschen geht es eher darum, »das Abrufen der Daten zu erschweren«, als es »unmöglich zu machen, die Daten abzurufen«. Trotzdem muss man es manchmal versuchen, wie der Abschnitt »Gesetzgebung und Selbstkontrolle« auf Seite 589 zeigt.

Streams verarbeiten

Bisher haben wir in diesem Kapitel darüber gesprochen, woher die Streams kommen (Benutzeraktivitätsereignisse, Sensoren und Schreibvorgänge in Datenbanken) und wie die Streams transportiert werden (über direktes Messaging, via Nachrichtenbroker und in Ereignisprotokollen).

Bleibt noch zu klären, was Sie mit dem Stream anstellen können, sobald Sie ihn empfangen haben – nämlich ihn verarbeiten. Im Großen und Ganzen gibt es drei Möglichkeiten:

1. Sie können die Daten in den Ereignissen übernehmen und in eine Datenbank, einen Cache, einen Suchindex oder in ein ähnliches System schreiben. Von da aus können andere Clients sie abfragen. Wie Abbildung 11-5 zeigt, ist dies eine gute Methode, um eine Datenbank mit Änderungen in anderen Teilen des Systems zu synchronisieren – insbesondere wenn der Datenstromkonsument der einzige Client ist, der in die Datenbank schreibt. Das Schreiben in ein Speichersystem ist das Streaming-Äquivalent dessen, was wir in Abschnitt »Die Ausgabe von Stapel-Workflows« auf Seite 441 erläutert haben.
2. Die Ereignisse können Sie Benutzern in bestimmter Weise weiterleiten, beispielsweise durch Senden von E-Mail-Benachrichtigungen bzw. Push-Benachrichtigungen oder durch Streamen der Ereignisse in ein Echtzeit-Dashboard, wo sie visualisiert werden. In diesem Fall ist der Mensch der Endverbraucher des Streams.
3. Sie können einen oder mehrere Eingabeströme verarbeiten, um einen oder mehrere Ausgabeströme zu erzeugen. Streams können eine Pipeline durchlaufen, die aus mehreren derartigen Verarbeitungsstufen besteht, bevor sie schließlich an einer Ausgabe ankommen (Option 1 oder 2).

Im weiteren Verlauf dieses Kapitels werden wir uns Option 3 zuwenden: Streams verarbeiten, um andere, abgeleitete Streams zu produzieren. Ein Codeblock, der solche Streams verarbeitet, wird als *Operator* oder *Job* bezeichnet. Diese Konstrukte sind eng verwandt mit den Unix-Prozessen und MapReduce-Jobs, die wir in Kapitel 10 besprochen haben, und das Muster des Datenflusses ist ähnlich: Ein Stream-Prozessor konsumiert Eingabeströme im Nur-Lese-Modus und schreibt seine Ausgabe im Nur-Anfügen-Modus an einen anderen Ort.

Die Muster für Partitionierung und Parallelisierung in Stream-Prozessoren sind ebenfalls denen in MapReduce und den Datenfluss-Engines (siehe Kapitel 10) so ähnlich, dass wir diese Themen hier nicht wiederholen. Grundlegende Operationen auf einzelnen Datensätzen, wie zum Beispiel Transformieren und Filtern von Datensätzen, laufen ebenfalls gleich ab.

Der entscheidende Unterschied zu Batch-Jobs ist, dass ein Datenstrom niemals endet. Dieser Unterschied hat viele Auswirkungen: Da es (wie zu Beginn dieses Kapitels erwähnt) nicht sinnvoll ist, eine unbegrenzte Datenmenge zu sortieren, können auch Sort-Merge-Joins (siehe Abschnitt »Reduce-seitige Verknüpfungen und Gruppierungen« auf Seite 432) nicht verwendet werden. Auch die Fehlertoleranzmechanismen müssen sich ändern: Bei einem Batch-Job, der einige Minuten läuft, kann ein fehlgeschlagener Task einfach von vorn gestartet werden, doch bei einem Stream-Job, der mehrere Jahre läuft, ist der Neustart von Anfang an nach einem Absturz wahrscheinlich keine praktikable Option.

Anwendungen der Stream-Verarbeitung

Die Stream-Verarbeitung wird schon seit Langem für Überwachungszwecke eingesetzt, um einen Alarm auszulösen, wenn bestimmte Dinge passieren. Zum Beispiel:

- Betrugserkennungssysteme müssen feststellen, ob sich das Nutzungsmuster einer Kreditkarte unerwartet geändert hat, und die Karte sperren, wenn sie vermutlich gestohlen wurde.
- Handelssysteme müssen Preisänderungen in einem Finanzmarkt untersuchen und Geschäfte nach festgelegten Regeln ausführen.
- Fertigungssysteme müssen die Zustände von Maschinen in einer Fabrik überwachen und bei einer Fehlfunktion das Problem schnell identifizieren.
- Militärische und nachrichtendienstliche Systeme müssen die Aktivitäten eines potenziellen Angreifers verfolgen und Alarm auslösen, wenn es Anzeichen für einen Angriff gibt.

Solche Anwendungen erfordern recht anspruchsvolle Mustervergleiche und Korrelationsbestimmungen. Allerdings haben sich im Laufe der Zeit auch andere Anwendungen der Stream-Verarbeitung herausgebildet. In diesem Abschnitt sehen wir uns einige dieser Anwendungen an, vergleichen sie und stellen sie gegenüber.

Komplexe Ereignisverarbeitung

Verarbeitung komplexer Ereignisse (*Complex Event Processing, CEP*) ist ein in den 1990er-Jahren entwickelter Ansatz, um Ereignisströme zu analysieren. Er ist speziell auf solche Anwendungen ausgerichtet, die nach bestimmten Ereignismustern suchen müssen [65, 66]. So wie es ein regulärer Ausdruck erlaubt, nach bestimmten Zeichenmustern in einem String zu suchen, können Sie mit CEP Regeln spezifizieren, um nach bestimmten Ereignismustern in einem Stream zu suchen.

CEP-Systeme verwenden oftmals eine höhere deklarative Abfragesprache wie SQL oder eine grafische Benutzeroberfläche, um die zu erkennenden Ereignismuster zu beschreiben. Diese Abfragen werden an eine Verarbeitungsengine weitergeleitet, die die Eingabeströme konsumiert und intern mit einem endlichen Automaten die erforderlichen Mustervergleiche durchführt. Wenn sie eine Übereinstimmung findet, gibt die Engine ein *komplexes Ereignis* (daher der Name) mit den Details des erkannten Ereignismusters aus [67].

In diesen Systemen ist die Beziehung zwischen Abfragen und Daten im Vergleich zu normalen Datenbanken umgekehrt. Eine Datenbank speichert normalerweise Daten persistent und behandelt Abfragen als transient: Wenn eine Abfrage eintrifft, sucht die Datenbank nach Daten, die der Abfrage entsprechen, und vergisst dann die Abfrage, wenn sie fertig abgearbeitet ist. CEP-Engines kehren diese Rollen um: Abfragen werden langfristig gespeichert, und Ereignisse von Eingabeströmen fließen kontinuierlich an ihnen vorbei, um nach einer Abfrage zu suchen, die einem Ereignismuster entspricht [68].

Zu den Implementierungen von CEP gehören Esper [69], IBM InfoSphere Streams [70], Apama, TIBCO StreamBase und SQLstream. Verteilte Stream-Prozessoren wie Samza erhalten ebenfalls SQL-Unterstützung für deklarative Abfragen auf Streams [71].

Stream-Analysen

Die Stream-Verarbeitung wird auch zur *Analyse* von Streams genutzt. Die Grenze zwischen CEP und Stream-Analyse verläuft unscharf. Grob gesagt, sucht man in der Analytik weniger nach speziellen Ereignissequenzen, sondern ist mehr an Aggregationen und statistischen Kennziffern über einer großen Anzahl von Ereignissen interessiert. Zum Beispiel:

- Die Rate eines bestimmten Ereignistyps messen (wie oft er pro Zeitintervall auftritt)
- Den gleitenden Mittelwert eines Werts über einem bestimmten Zeitraum berechnen
- Die aktuellen Statistikdaten mit den vorherigen Zeitintervallen vergleichen (um zum Beispiel Trends zu erkennen oder bei Kennwerten zu warnen, die im Vergleich zum selben Zeitpunkt der letzten Woche ungewöhnlich hoch oder niedrig sind)

Solche Statistiken werden in der Regel über festen Zeitintervallen berechnet. Beispielsweise können Sie danach fragen, wie groß die durchschnittliche Anzahl von Abfragen pro Sekunde an einen Dienst in den letzten 5 Minuten und wie groß das 99. Perzentil der Antwortzeit in diesem Zeitraum war. Die Mittelwertbildung über einigen Minuten glättet irrelevante Schwankungen von einer Sekunde zur nächsten und liefert dennoch ein zeitnahes Bild aller Änderungen im Verkehrsmuster. Das Zeitintervall, über dem Sie aggregieren, wird als *Fenster* bezeichnet. Der Abschnitt »Überlegungen zur Zeit« auf Seite 505 beschäftigt sich näher mit der Fenstertechnik.

Stream-Analysesysteme verwenden manchmal probabilistische Algorithmen, wie zum Beispiel Bloomfilter (die in Abschnitt »Performanceoptimierungen« auf Seite 84 erwähnt wurden) für die Mitgliedschaft in Mengen, HyperLogLog [72] für Kardinalitätsschätzungen und verschiedene Perzentil-Schätzalgorithmen (siehe Kasten »Perzentile in der Praxis« auf Seite 17). Probabilistische Algorithmen erzeugen Näherungsergebnisse, doch sie haben den Vorteil, beträchtlich weniger Speicher im Stream-Prozessor zu beanspruchen als exakte Algorithmen. Aufgrund der Verwendung von Näherungsalgorithmen hört man gelegentlich die Meinung, dass Stream-Verarbeitungssysteme immer verlustbehaftet und ungenau sind. Das stimmt aber nicht: Es gibt bei Stream-Verarbeitung nichts, was von Haus aus approximativ ist, und probabilistische Algorithmen sind lediglich eine Optimierung [73].

Viele Frameworks zur verteilten Stream-Verarbeitung aus dem Open-Source-Bereich sind mit Blick auf die Analytik konzipiert worden: Beispiele dafür sind

Apache Storm, Spark Streaming, Flink, Concord, Samza und Kafka Streams [74]. Zu den gehosteten Diensten gehören Google Cloud Dataflow und Azure Stream Analytics.

Materialisierte Sichten verwalten

Wie Abschnitt »Datenbanken und Streams« auf Seite 485 gezeigt hat, kann man einen Strom von Änderungen an einer Datenbank verwenden, um abgeleitete Datensysteme wie zum Beispiel Caches, Suchindizes und Data-Warehouses mit einer Quelldatenbank auf dem neuesten Stand zu halten. Wir können diese Beispiele als Spezialfälle der Verwaltung von materialisierten Sichten betrachten (siehe Abschnitt »Aggregation: Datenwürfel und materialisierte Sichten« auf Seite 109): Ableiten einer alternativen Sicht auf eine bestimmte Datenmenge, sodass Sie sie effizient abfragen können, und Aktualisieren dieser Sicht, sobald sich die zugrunde liegenden Daten ändern [50].

In ähnlicher Weise wird im Event Sourcing der Anwendungszustand verwaltet, indem ein Anwendungsprotokoll von Ereignissen angewendet wird; hier ist der Anwendungszustand ebenfalls eine Art materialisierte Sicht. Im Unterschied zu Szenarios für die Stream-Analyse genügt es normalerweise nicht, nur Ereignisse innerhalb eines bestimmten Zeitfensters zu betrachten: Um die materialisierte Sicht zu erstellen, sind möglicherweise alle Ereignisse über einen beliebigen Zeitraum erforderlich, abgesehen von veralteten Ereignissen, die durch Protokollkomprimierung verworfen werden können (siehe Abschnitt »Protokollkomprimierung« auf Seite 490). Praktisch brauchen Sie ein Fenster, das sich bis zum Anfang der Zeit erstreckt.

Prinzipiell könnte man jeden Stream-Prozessor verwenden, um materialisierte Sichten zu verwalten. Allerdings läuft die Notwendigkeit, Ereignisse für immer beizubehalten, den Annahmen mancher analyseorientierter Frameworks zuwider, die meistens auf Fenstern einer begrenzten Dauer arbeiten. Samza und Kafka Streams unterstützen eine solche Nutzung und bauen auf der Unterstützung von Kafka für die Protokollkomprimierung auf [75].

Suche in Streams

Mit CEP kann man nach Mustern suchen, die aus mehreren Ereignissen bestehen. Manchmal muss man aber auch nach einzelnen Ereignissen basierend auf komplexen Kriterien suchen, wie zum Beispiel bei Volltextsuchabfragen.

So abonnieren Medienbeobachtungsdienste Feeds von Nachrichtenartikeln und Sendungen bei Medienkanälen und suchen nach allen Nachrichten, die Firmen, Produkte oder andere interessierende Themen enthalten. Dazu wird vorab eine Suchabfrage formuliert und dann der Nachrichtenstrom kontinuierlich mit dieser Abfrage verglichen. Ähnliche Features existieren auf manchen Websites: Zum Beispiel können sich Benutzer von Immobilien-Websites benachrichtigen lassen, wenn eine neue Immobilie, die ihren Suchkriterien entspricht, auf dem Markt erscheint. Die Percolator-Funktion von Elasticsearch [76] ist eine Möglichkeit, um eine derartige Stream-Suche zu implementieren.

Konventionelle Suchmaschinen indizieren zuerst die Dokumente und führen dann Abfragen über den Index aus. Im Unterschied dazu stellt die Stream-Suche die Verarbeitung auf den Kopf: Die Abfragen werden gespeichert, und die Dokumente passieren wie in CEP die Abfragen. Im einfachsten Fall können Sie jedes Dokument gegen jede Abfrage testen. Allerdings kann dieses Verfahren recht langsam werden, wenn Sie eine große Anzahl von Abfragen haben. Um den Prozess zu optimieren, ist es möglich, sowohl die Abfragen als auch die Dokumente zu indizieren und somit die Menge der potenziell zutreffenden Abfragen einzugrenzen [77].

Nachrichtenübergabe und RPC

In Abschnitt »Datenfluss beim Nachrichtenaustausch« auf Seite 146 haben wir Nachrichtenübertragungssysteme als Alternative zu RPC diskutiert – d.h. als Mechanismus für Kommunikationsdienste, wie sie zum Beispiel im Aktorenmodell verwendet werden. Obwohl diese Systeme ebenfalls auf Nachrichten und Ereignissen basieren, betrachten wir sie normalerweise nicht als Stream-Prozessoren:

- Aktor-Frameworks sind in erster Linie ein Mechanismus, um Parallelität und verteilte Ausführung von kommunizierenden Modulen zu verwalten, während Stream-Verarbeitung vorrangig eine Datenverwaltungstechnik ist.
- Die Kommunikation zwischen Aktoren ist oftmals nur kurzlebig und 1 : 1, während Ereignisprotokolle dauerhaft und für mehrere Abonnenten geeignet sind.
- Aktoren können zwar in beliebiger Weise kommunizieren (einschließlich zyklischer Anfrage-Antwort-Muster), aber Stream-Prozessoren werden normalerweise in azyklischen Pipelines eingerichtet, bei denen jeder Stream die Ausgabe eines bestimmten Jobs ist und von einem genau definierten Satz von Eingabeströmen abgeleitet wird.

Abgesehen davon gibt es gewisse Überschneidungen zwischen RPC-artigen Systemen und Stream-Verarbeitung. Zum Beispiel verfügt Apache Storm über ein Feature namens *distributed RPCs* (verteilte Remote Procedure Calls), das es ermöglicht, Benutzeranfragen an eine Reihe von Knoten zu vergeben, die auch Ereignisströme verarbeiten. Diese Abfragen werden dann mit Ereignissen aus den Eingabeströmen verzahnt. Die Ergebnisse lassen sich aggregieren und an den Benutzer zurücksenden [78]. (Siehe auch Abschnitt »Datenverarbeitung über mehrere Partitionen« auf Seite 556.)

Es ist auch möglich, Streams mit Aktor-Frameworks zu verarbeiten. Viele solcher Frameworks garantieren aber keine Nachrichtenzustellung bei Abstürzen, sodass die Verarbeitung nicht fehlertolerant ist, sofern Sie keine zusätzliche Wiederholungslogik implementieren.

Überlegungen zur Zeit

Stream-Prozessoren müssen sich oftmals mit der Zeit auseinandersetzen, vor allem, wenn sie für Analysezwecke eingesetzt werden, die häufig mit Zeitfenstern wie zum Beispiel »der Mittelwert über die letzten fünf Minuten« arbeiten. Es mag so aussehen, dass die Bedeutung von »die letzten fünf Minuten« eindeutig und klar ist, doch ist die Vorstellung davon leider überraschend heikel.

In einem Batch-Prozess arbeiten die Tasks schnell eine große Sammlung von historischen Ereignissen ab. Wenn irgendeine Aufschlüsselung nach der Zeit erforderlich ist, muss sich der Batch-Prozess den Zeitstempel ansehen, der in jedem Ereignis eingebettet ist. Es macht keinen Sinn, die Systemuhr des Computers, der den Batch-Prozess ausführt, heranzuziehen, weil die Zeit, zu der der Prozess läuft, nichts mit der Zeit zu tun hat, zu der die Ereignisse tatsächlich aufgetreten sind.

Ein Batch-Prozess kann Ereignisse in den Verlaufsdaten für ein Jahr innerhalb weniger Minuten lesen; in den meisten Fällen interessiert auf der Zeitachse das Jahr des Verlaufs und nicht die wenigen Minuten der Verarbeitung. Darüber hinaus erlauben es die Zeitstempel in den Ereignissen, dass die Verarbeitung deterministisch ist: Führt man denselben Prozess noch einmal auf der gleichen Eingabe aus, ist das Ergebnis identisch (siehe Abschnitt »Fehlertoleranz« auf Seite 454).

Andererseits verwenden viele Frameworks zur Stream-Verarbeitung die lokale Systemuhr auf dem Verarbeitungscomputer (die *Verarbeitungszeit*), um die Einteilung der Ereignisse in Fenster zu bestimmen [79]. Dieser Ansatz ist einfach und sinnvoll, wenn die Verzögerung zwischen Ereigniserzeugung und Ereignisverarbeitung vernachlässigbar kurz ist. Allerdings scheitert dieses Verfahren, wenn die Verarbeitungsverzögerung signifikant ist – d.h., wenn die Verarbeitung merklich später erfolgt, als das Ereignis tatsächlich aufgetreten ist.

Ereigniszeit vs. Verarbeitungszeit

Es gibt viele Gründe, wodurch die Verarbeitung verzögert werden kann: Warteschlangen, Netzwerkfehler (siehe Abschnitt »Unzuverlässige Netzwerke« auf Seite 296), ein Performance-Problem, das zu Überlastung im Nachrichtenbroker oder Prozessor führt, ein Neustart des Stream-Konsumenten oder die erneute Verarbeitung zurückliegender Ereignisse (siehe Abschnitt »Alte Nachrichten wiedergeben« auf Seite 484) während der Wiederherstellung nach einem Fehler oder nach Behebung eines Bugs im Code.

Darüber hinaus können Nachrichtenverzögerungen auch zu einer unvorhersehbaren Reihenfolge der Nachrichten führen. Nehmen wir zum Beispiel an, ein Benutzer führt eine Webanfrage aus (die von Webserver A behandelt wird) und dann eine zweite Anfrage (die von Server B behandelt wird). A und B lösen Ereignisse aus, die die von ihnen behandelten Ereignisse beschreiben, doch das Ereignis von B erreicht den Nachrichtenbroker vor dem Ereignis von A. Stream-Prozessoren sehen nun zuerst das B-Ereignis und dann das A-Ereignis, obwohl sie tatsächlich in umgekehrter Reihenfolge aufgetreten sind.

Eine Analogie gefällig? Betrachten Sie die Star-Wars-Filme: Episode IV wurde 1977 veröffentlicht, Episode V 1980 und Episode VI 1983, gefolgt von den Episoden I, II und III in den Jahren 1999, 2002 und 2005 sowie Episoden VII und VIII in 2015 und 2017 [80].[2] Wenn Sie die Filme in der Reihenfolge, in der sie erschienen sind, gesehen haben, ist die Reihenfolge, in der Sie die Filme verarbeitet haben, nicht konsistent mit der Reihenfolge ihrer Erzählung. (Die Nummer der Episode ist mit dem Ereigniszeitstempel vergleichbar, und das Datum, an dem Sie den Film gesehen haben, entspricht der Verarbeitungszeit.) Als Menschen kommen wir mit solchen Unstetigkeiten durchaus klar, doch die Algorithmen zur Stream-Verarbeitung müssen speziell für solche Zeit- und Reihenfolgenprobleme geschrieben werden.

Verwechslungen von Ereigniszeit und Verarbeitungszeit führen zu fehlerhaften Daten. Angenommen, ein Stream-Prozessor misst die Rate von Anfragen (zählt die Anzahl der Anfragen pro Sekunde). Wenn Sie den Stream-Prozessor neu bereitstellen, kann er für eine Minute heruntergefahren werden und dann die ausstehenden Ereignisse verarbeiten, sobald er neu gestartet ist. Wenn Sie die Rate anhand der Verarbeitungszeit messen, sieht es so aus, als gäbe es eine plötzliche anomale Spitze von Anfragen, obwohl die wirkliche Rate der Anfragen konstant gewesen ist (siehe Abbildung 11-7).

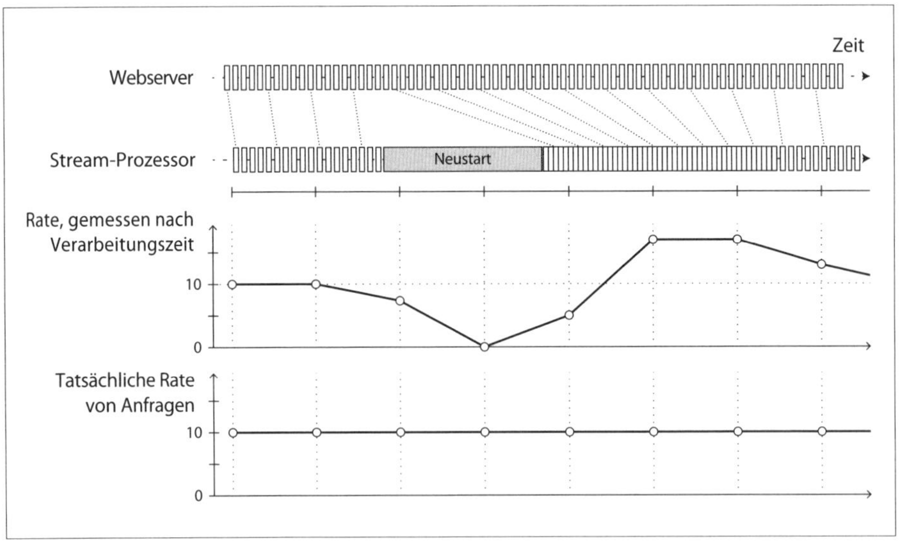

Abbildung 11-7: Die Einteilung in Fenster nach Verarbeitungszeit führt zu Artefakten infolge von Variationen in der Verarbeitungsgeschwindigkeit.

2 Vielen Dank an Kostas Kloudas von der Flink-Community für diese Analogie.

Wissen, wann man fertig ist

Bei der Definition von Fenstern in Bezug auf die Ereigniszeit ist es problematisch, dass man niemals sicher sein kann, wann man alle Ereignisse für ein bestimmtes Fenster empfangen hat oder ob mit weiteren Ereignissen zu rechnen ist.

Nehmen wir beispielsweise an, Sie gruppieren Ereignisse in Ein-Minuten-Fenster, um die Anfragen pro Minute zählen zu können. Nun haben Sie eine Anzahl von Ereignissen mit Zeitstempeln gezählt, die in die 37. Minute der Stunde fallen, die Zeit ist weitergelaufen, und die meisten eintreffenden Ereignisse fallen nun zwischen die 38. und 39. Minute der Stunde. Wann erklären Sie, dass Sie das Fenster für die 37. Minute beendet haben, und geben diesen Zählerwert aus?

Sie können auf einen Timeout warten und ein Fenster als fertig deklarieren, wenn Sie für eine Zeit lang keine neuen Ereignisse für dieses Fenster gesehen haben. Allerdings es kann trotzdem noch passieren, dass manche Ereignisse irgendwo auf einem anderen Computer noch gepuffert und durch eine Netzwerkunterbrechung verzögert wurden. Sie müssen mit solchen *Nachzüglern* umgehen können, die eintreffen, nachdem das Fenster bereits als fertig deklariert wurde. Im Großen und Ganzen haben Sie zwei Möglichkeiten [1]:

1. Die Nachzüglerereignisse ignorieren, da sie unter normalen Umständen wahrscheinlich nur einen kleinen Prozentsatz der Ereignisse ausmachen. Die Anzahl der ignorierten Ereignisse können Sie als Metrik verfolgen und eine Warnung ausgeben, wenn die ignorierten Ereignisse signifikant zunehmen.
2. Eine *Korrektur* veröffentlichen, d.h. einen aktualisierten Wert für das Fenster mit Nachzüglern. Gegebenenfalls müssen Sie auch die vorherige Ausgabe zurückziehen.

In manchen Fällen ist es möglich, mit einer speziellen Nachricht anzuzeigen: »Ab jetzt gibt es keine Nachrichten mehr, die einen Zeitstempel früher als *t* tragen«. Konsumenten können dies nutzen, um Fenster zu triggern [81]. Wenn jedoch mehrere Produzenten auf verschiedenen Computern Ereignisse generieren, die jeweils ihren eigenen minimalen Zeitstempel-Schwellenwert haben, müssen die Konsumenten jeden Produzenten einzeln verfolgen. In diesem Fall ist es komplizierter, Produzenten hinzuzufügen und zu entfernen.

Wessen Uhr verwenden Sie überhaupt?

Noch schwieriger ist es, Zeitstempel zu Ereignissen zuzuordnen, wenn Ereignisse an mehreren Stellen im System gepuffert werden können. Denken Sie beispielsweise an eine mobile Anwendung, die Ereignisse für Nutzungskennziffern an einen Server meldet. Die Anwendung lässt sich auch nutzen, während das Gerät offline ist. In diesem Fall puffert sie die Ereignisse lokal auf dem Gerät und sendet sie an einen Server, sobald wieder eine Internetverbindung verfügbar ist (was Stunden oder sogar Tage später sein kann). Für alle Konsumenten dieses Streams sehen die Ereignisse wie extrem verzögerte Nachzügler aus.

In diesem Zusammenhang sollte der Zeitstempel in den Ereignissen wirklich den Zeitpunkt angeben, zu dem die Benutzerinteraktion stattgefunden hat, und zwar entsprechend der lokalen Uhr des mobilen Geräts. Allerdings ist die Uhr in einem vom Benutzer gesteuerten Gerät oftmals nicht vertrauenswürdig, da sie versehentlich oder absichtlich auf die falsche Zeit eingestellt sein kann (siehe Abschnitt »Uhrensynchronisierung und Genauigkeit« auf Seite 309). Die Zeit, zu der der Server das Ereignis empfangen hat (entsprechend der Uhr des Servers), ist zwar eher als genau anzunehmen, da der Server unter Ihrer Kontrolle ist, aber weniger aussagekräftig, was die Beschreibung der Benutzerinteraktion angeht.

Um die Abweichung von Geräteuhren zu korrigieren, kann man eine Methode verwenden, die drei Zeitstempel protokolliert [82]:

- Die Zeit, zu der das Ereignis entsprechend der Geräteuhr aufgetreten ist.
- Die Zeit, zu der das Ereignis entsprechend der Geräteuhr an den Server gesendet wurde.
- Die Zeit, zu der der Server entsprechend der Serveruhr das Ereignis empfangen hat.

Wenn Sie den zweiten Zeitstempelwert vom dritten subtrahieren, können Sie die Abweichung zwischen der Geräteuhr und der Serveruhr abschätzen (vorausgesetzt, dass die Netzwerkverzögerung gegenüber der erforderlichen Zeitstempelgenauigkeit zu vernachlässigen ist). Dann können Sie diese Abweichung mit dem Zeitstempel des Ereignisses verrechnen und so die wahre Zeit abschätzen, zu der das Ereignis tatsächlich aufgetreten ist (vorausgesetzt, dass sich die Geräteuhrenabweichung zwischen dem Zeitpunkt, zu dem das Ereignis aufgetreten ist, und dem Zeitpunkt, zu dem es an den Server gesendet wurde, nicht geändert hat).

Dieses Problem ist nicht auf Stream-Verarbeitung beschränkt – die Batch-Verarbeitung leidet an genau den gleichen Problemen in Bezug auf zeitliche Abwägungen. Die Zeitabläufe treten in einem Streaming-Kontext nur deutlicher hervor.

Fenstertypen

Wenn Sie einmal wissen, wie der Zeitstempel eines Ereignisses ermittelt werden soll, müssen Sie als Nächstes entscheiden, wie Fenster über Zeiträume definiert werden sollen. Das Fenster lässt sich dann für Aggregationen verwenden, um beispielsweise Ereignisse zu zählen oder den Mittelwert der Werte innerhalb des Fensters zu berechnen. Es sind mehrere Fenstertypen gebräuchlich [79, 83]:

Rollierendes Fenster

Ein rollierendes Fenster (tumbling window) hat eine feste Länge, und jedes Ereignis gehört zu genau einem Fenster. Zum Beispiel werden bei einem rollierenden Fenster von 1 Minute alle Ereignisse mit Zeitstempeln zwischen 10:03:00 und 10:03:59 in einem Fenster gruppiert, Ereignisse zwischen 10:04:00 und 10:04:59 im nächsten Fenster usw. Ein rollierendes 1-Minuten-

Fenster können Sie implementieren, wenn Sie jeden Ereigniszeitstempel auf die nächste Minute abrunden und so das zugehörige Fenster ermitteln.

Springendes Fenster
: Ein springendes Fenster (hopping window) hat ebenfalls eine feste Länge, lässt aber überlappende Fenster zu, um eine gewisse Glättung zu erreichen. Zum Beispiel würde ein 5-Minuten-Fenster mit einer Sprunggröße (hop size) von 1 Minute die Ereignisse zwischen 10:03:00 und 10:07:59 enthalten, das nächste Fenster die Ereignisse zwischen 10:04:00 und 10:08:59 überdecken usw. Um dieses springende Fenster zu implementieren, berechnen Sie zuerst 1-minütige rollierende Fenster und aggregieren dann über mehrere benachbarte Fenster.

Gleitendes Fenster
: Ein gleitendes Fenster (sliding window) enthält alle Ereignisse, die innerhalb eines bestimmten Intervalls auftreten. Zum Beispiel würde ein gleitendes 5-Minuten-Fenster Ereignisse um 10:03:39 und 10:08:12 abdecken, weil sie weniger als 5 Minuten auseinander liegen (bei rollierenden und springenden 5-Minuten-Fenstern würden diese beiden Ereignisse nicht im selben Fenster liegen, da sie feste Grenzen verwenden). Ein gleitendes Fenster lässt sich mit einem Puffer implementieren, in dem man Ereignisse zeitlich sortiert hält und alte Ereignisse entfernt, wenn sie in Bezug auf das Fenster abgelaufen sind.

Sitzungsfenster
: Im Gegensatz zu anderen Fenstertypen hat ein Sitzungsfenster (session window) keine feste Dauer. Entsprechend seiner Definition fasst es alle Ereignisse desselben Benutzers, die zeitlich eng beieinanderliegen, zusammen und das Fenster endet, wenn der Benutzer für eine gewisse Zeit inaktiv gewesen ist (wenn zum Beispiel für 30 Minuten keine Ereignisse aufgetreten sind). Sessionierung ist eine übliche Anforderung für Website-Analysen (siehe Abschnitt »GROUP BY« auf Seite 436).

Stream-Joins

In Kapitel 10 haben wir beschrieben, wie Batch-Jobs Datenmengen nach Schlüssel verknüpfen können und wie derartige Joins einen wichtigen Teil von Datenpipelines bilden. Da die Stream-Verarbeitung Datenpipelines zu inkrementeller Verarbeitung von unbegrenzten Datenmengen verallgemeinert, gibt es genau die gleiche Forderung nach Joins auf Streams.

Allerdings macht die Tatsache, dass neue Ereignisse jederzeit in einem Stream erscheinen können, Joins in Streams zu einer komplizierteren Angelegenheit als in Batch-Jobs. Um die Situation besser zu verstehen, wollen wir drei verschiedene Typen von Joins unterscheiden: *Stream-Stream-Joins*, *Stream-Tabellen-Joins* und *Tabellen-Tabellen-Joins* [84]. In den folgenden Abschnitten stellen wir sie anhand von Beispielen vor.

Stream-Stream-Join (Fenster-Join)

Angenommen, Sie haben eine Suchfunktion auf Ihrer Website und möchten aktuelle Trends bei durchsuchten URLs erkennen. Immer wenn jemand eine Suchabfrage eingibt, protokollieren Sie ein Ereignis, das die Abfrage und die zurückgegebenen Ergebnisse enthält. Wenn jemand auf eines der Suchergebnisse klickt, protokollieren Sie ein weiteres Ereignis, das den Klick aufzeichnet. Um die *Click-Through-Rate* (auch *Klickrate*) für jede URL in den Suchergebnissen zu berechnen, müssen Sie die Ereignisse für die Suchaktion und die Klickaktion zusammenbringen. Und diese sind über die gleiche Sitzungs-ID miteinander verbunden. Ähnliche Analysen benötigt man auch in Werbesystemen [85].

Der Klick kann nie kommen, wenn der Benutzer seine Suche abbricht, und selbst wenn er kommt, kann die Zeit zwischen der Suche und dem Klick stark variieren: In vielen Fällen dauert es ein paar Sekunden, doch es könnten auch Tage oder Wochen vergehen (wenn ein Benutzer eine Suche ausführt, diesen Browser-Tab vergisst, irgendwann später aber zum Tab zurückkehrt und auf ein Ergebnis klickt). Aufgrund der variablen Netzwerkverzögerungen kann das Klickereignis sogar vor dem Suchereignis eintreffen. Für den Join können Sie ein passendes Fenster auswählen – beispielsweise einen Klick mit einer Suche verknüpfen, wenn sie höchstens eine Stunde auseinander liegen.

Wenn Sie die Suchdetails in das Klickereignis einbetten, ist das nicht gleichbedeutend damit, die Ereignisse zu verknüpfen: Denn dann würden Sie nur über die Fälle informiert, in denen der Benutzer ein Suchergebnis angeklickt hat, und nicht über die Suchvorgänge, bei denen der Benutzer keine Ergebnisse angeklickt hat. Um die Suchqualität zu messen, brauchen Sie genaue Click-Through-Raten, für die Sie sowohl die Suchereignisse als auch die Klickereignisse heranziehen müssen.

Um einen derartigen Join zu implementieren, muss ein Stream-Prozessor einen *Zustand* verwalten: zum Beispiel alle Ereignisse, die in der letzten Stunde aufgetreten sind, indiziert nach Sitzungs-ID. Wenn ein Suchereignis oder Klickereignis auftritt, wird es zu dem passenden Index hinzugefügt, und der Stream-Prozessor überprüft auch den anderen Index, ob bereits ein anderes Ereignis für dieselbe Sitzungs-ID angekommen ist. Gibt es ein übereinstimmendes Ereignis, erzeugen Sie ein Ereignis, aus dem hervorgeht, welches Suchergebnis angeklickt wurde. Läuft das Suchergebnis ab, ohne dass Sie ein übereinstimmendes Klickereignis ausmachen können, geben Sie ein Ereignis aus, das besagt, welche Suchergebnisse nicht angeklickt wurden.

Stream-Tabellen-Join (Stream-Anreicherung)

Der Abschnitt »Beispiel: Analyse der Aktivitätsereignisse von Benutzern« auf Seite 433 (Abbildung 10-2) hat ein Beispiel für einen Batch-Job gezeigt, der zwei Datenmengen verknüpft: Eine Menge von Benutzeraktivitätsereignissen und eine Datenbank mit Benutzerprofilen. Es ist üblich, die Benutzeraktivitätsereignisse als Stream aufzufassen und in einem Stream-Prozessor die gleiche Verknüpfung kontinuierlich durchzuführen: Die Eingabe ist ein Stream von Aktivitätsereignissen, die eine Benutzer-ID enthalten, und die Ausgabe ist ein Stream von Aktivitätsereignissen, in denen die Benutzer-ID mit Profilinformationen über den Benutzer ergänzt wurde. Bei diesem Vorgang spricht man auch von einer *Anreicherung* der Aktivitätsereignisse mit Informationen aus der Datenbank.

Um diesen Join zu realisieren, muss der Stream-Prozess jeweils ein Aktivitätsereignis betrachten, die Benutzer-ID des Ereignisses in der Datenbank nachschlagen und die Profilinformationen zum Aktivitätsereignis hinzufügen. Die Datenbanksuche ließe sich zwar durch Abfragen einer Datenbank auf einem anderen Server implementieren, doch wie der Abschnitt »Beispiel: Analyse der Aktivitätsereignisse von Benutzern« auf Seite 433 erläutert hat, sind solche Remoteabfragen höchstwahrscheinlich langsam und können sogar die Datenbank überlasten [75].

Ein anderer Ansatz lädt eine Kopie der Datenbank in den Stream-Prozessor, sodass sie sich lokal ohne einen Netzwerk-Roundtrip abfragen lässt. Diese Technik ähnelt den Hash-Joins, die wir in Abschnitt »Map-seitige Verknüpfungen« auf Seite 438 besprochen haben: Die lokale Kopie der Datenbank kann ein Index auf der lokalen Festplatte sein oder auch eine speicherinterne Hashtabelle, wenn sie ausreichend klein ist.

Ein Batch-Job verwendet als Eingabe einen Snapshot der Datenbank zu einem bestimmten Zeitpunkt, während dagegen ein Stream-Prozessor lange läuft und sich der Inhalt der Datenbank wahrscheinlich mit der Zeit ändert, sodass die lokale Kopie der Datenbank im Stream-Prozessor auf dem neuesten Stand gehalten werden muss. Dieses Problem lässt sich durch Erfassen von Datenänderungen lösen: Der Stream-Prozessor kann ein Änderungsprotokoll der Benutzerprofildatenbank sowie einen Stream von Aktivitätsereignissen abonnieren. Wird ein Profil erstellt oder modifiziert, aktualisiert der Stream-Prozessor seine lokale Kopie davon. Somit erhalten wir eine Verknüpfung zwischen zwei Streams: den Aktivitätsereignissen und den Profilaktualisierungen.

Ein Stream-Tabellen-Join ist einem Stream-Stream-Join eigentlich sehr ähnlich. Der größte Unterschied besteht darin, dass die Verknüpfung für den Stream des Tabellenänderungsprotokolls ein Fenster verwendet, das zurück bis zum »Anbeginn der Zeit« reicht (ein konzeptionell unendliches Fenster), wobei neuere Versionen von Datensätzen ältere überschreiben. Für die Stream-Eingabe muss die Verknüpfung möglicherweise überhaupt kein Fenster verwalten.

Tabellen-Tabellen-Join (Aktualisierung materialisierter Sichten)

Betrachten Sie das Beispiel mit der Twitter-Timeline, das wir in Abschnitt »Lasten beschreiben« auf Seite 11 beschrieben haben. Dort haben wir festgestellt, dass es zu aufwendig ist, wenn ein Benutzer seine Home-Timeline ansehen möchte, über alle Personen, denen der Benutzer folgt, zu iterieren, ihre neuesten Tweets zu suchen und sie zusammenzuführen.

Stattdessen streben wir einen Timeline-Cache an: eine Art »Posteingang« pro Benutzer, in den Tweets beim Senden geschrieben werden, sodass das Lesen der Timeline mit einer einzigen Abfrage auskommt. Für die Materialisierung und Verwaltung dieses Caches ist die folgende Ereignisverarbeitung erforderlich:

- Wenn Benutzer *u* einen neuen Tweet sendet, wird er der Timeline jedes Benutzers hinzugefügt, der *u* folgt.
- Wenn ein Benutzer einen Tweet löscht, wird er aus den Timelines aller Benutzer entfernt.
- Wenn Benutzer *u1* anfängt, Benutzer *u2* zu folgen, werden die neuesten Tweets von *u2* zur Timeline von *u1* hinzugefügt.
- Wenn Benutzer *u1* aufhört, Benutzer *u2* zu folgen, werden die Tweets von *u2* aus der Timeline von *u1* entfernt.

Um diese Cache-Verwaltung in einem Stream-Prozessor zu implementieren, brauchen Sie Ereignisströme für Tweets (sendende und löschende Ereignisse) und für Follower-Beziehungen (folgend und nicht mehr folgend). Der Stream-Prozess muss eine Datenbank mit einem Satz von Followern für jeden Benutzer verwalten, damit er weiß, welche Timelines aktualisiert werden müssen, wenn ein neuer Tweet eintrifft [86].

Diesen Stream-Prozess kann man auch so betrachten, dass er eine materialisierte Sicht für eine Abfrage verwaltet, die zwei Tabellen (`tweets` und `follows`) miteinander verknüpft, etwa wie folgt:

```
SELECT follows.follower_id AS timeline_id,
  array_agg(tweets.* ORDER BY tweets.timestamp DESC)
FROM tweets
JOIN follows ON follows.followee_id = tweets.sender_id
GROUP BY follows.follower_id
```

Die Verknüpfung der Streams entspricht direkt der Verknüpfung der Tabellen in dieser Abfrage. Die Timelines sind praktisch ein Cache für das Ergebnis dieser Abfrage, der jedes Mal aktualisiert wird, wenn sich die zugrunde liegenden Tabellen ändern.[3]

Zeitabhängigkeit von Verknüpfungen

Die drei hier beschriebenen Join-Typen (Stream-Stream, Stream-Tabelle und Tabelle-Tabelle) haben viel gemeinsam: Alle erfordern, dass der Stream-Prozessor einen Zustand (Suche- und Klickereignisse, Benutzerprofile oder Follower-Liste) ba-

3 Wenn Sie einen Stream als Ableitung einer Tabelle betrachten (wie in Abbildung 11-6) und eine Verknüpfung als Produkt zweier Tabellen $u \cdot v$, geschieht etwas Interessantes: Der Stream der Änderungen an der materialisierten Verknüpfung folgt der Produktregel $(u \cdot v)' = u'v + uv'$. Mit anderen Worten: Jede Änderung von Tweets wird mit den aktuellen Followern verknüpft, und jede Änderung der Follower wird mit den aktuellen Tweets verknüpft [49, 50].

sierend auf einer Join-Eingabe verwaltet und diesen Zustand beim Eintreffen von Nachrichten aus der anderen Join-Eingabe abfragt.

Wichtig ist die Reihenfolge der Ereignisse, gemäß denen der Zustand aktualisiert wird (es spielt eine Rolle, ob Sie zuerst folgen und dann nicht mehr folgen oder umgekehrt). In einem partitionierten Protokoll wird die Reihenfolge der Ereignisse innerhalb einer einzelnen Partition bewahrt, doch es gibt typischerweise keine Reihenfolgegarantie über verschiedene Streams oder Partitionen hinweg.

Das wirft eine Frage auf: In welcher Reihenfolge werden Ereignisse verarbeitet, die in verschiedenen Streams zufällig zur nahezu gleichen Zeit stattfinden? Wenn im Beispiel der Stream-Tabellen-Verknüpfung ein Benutzer sein Profil aktualisiert, welche Aktivitätsereignisse werden mit dem alten Profil verknüpft (vor dem Profilupdate verarbeitet) und welche werden mit dem neuen Profil verknüpft (nach dem Profilupdate verarbeitet)? Anders ausgedrückt: Wenn sich der Zustand im Laufe der Zeit ändert und Sie die Verknüpfung mit einem Zustand einrichten, welchen Zeitpunkt wählen Sie dann für die Verknüpfung aus [45]?

Eine solche Zeitabhängigkeit kann an vielen Stellen auftreten. Wenn Sie zum Beispiel Waren verkaufen, müssen Sie die Rechnungen mit dem richtigen Steuersatz ausstellen, der vom Land oder Staat, der Art des Produkts und dem Verkaufsdatum abhängt (da sich Steuersätze von Zeit zu Zeit ändern). Wenn Sie Verkäufe mit einer Tabelle von Steuersätzen verknüpfen, werden Sie diese wahrscheinlich auch mit dem Steuersatz zum Verkaufszeitpunkt verknüpfen, der vom aktuellen Steuersatz abweichen kann, wenn Sie Verlaufsdaten erneut verarbeiten.

Wenn die Reihenfolge der Ereignisse über Streams hinweg unbestimmt ist, wird die Verknüpfung nichtdeterministisch [87]. Es ist also nicht möglich, denselben Job auf derselben Eingabe auszuführen und unbedingt das gleiche Ergebnis zu erhalten: Die Ereignisse in den Eingabeströmen können in anderer Weise verschränkt sein, wenn Sie den Job erneut ausführen.

In Data-Warehouses ist dieses Problem als *Slowly Changing Dimensions* (SCD, sich langsam verändernde Dimensionen) bekannt und wird oftmals mit einem eindeutigen Bezeichner für eine bestimmte Version des verknüpften Datensatzes beseitigt: Zum Beispiel bekommt der Steuersatz bei jeder Änderung eine neue Kennung, und in die Rechnung geht die Kennung für den Steuersatz zum Zeitpunkt des Verkaufs ein [88, 89]. Diese Änderung macht die Verknüpfung deterministisch, hat aber zur Folge, dass keine Protokollkomprimierung möglich ist, da alle Versionen der Datensätze in der Tabelle beibehalten werden müssen.

Fehlertoleranz

Der letzte Abschnitt dieses Kapitels erläutert, wie Stream-Prozessoren mit Fehlern umgehen. Kapitel 10 hat gezeigt, dass Frameworks zur Stapelverarbeitung recht leicht Fehler tolerieren können: Wenn ein Task in einem MapReduce-Job fehlschlägt, kann er einfach auf einem anderen Computer neu gestartet werden, und die Ausgabe des fehlgeschlagenen Tasks wird verworfen. Diese transparente Wiederholung ist möglich, weil Eingabedateien unveränderlich sind, jeder Task seine Ausgabe in eine separate Datei im HDFS schreibt und die Ausgabe erst dann sichtbar gemacht wird, wenn ein Task erfolgreich abgeschlossen wurde.

Insbesondere stellt der Batch-Ansatz zur Fehlertoleranz sicher, dass die Ausgabe des Batch-Jobs genau die gleiche ist, als wäre nichts schiefgelaufen, selbst wenn einige Tasks tatsächlich gescheitert sind. Es sieht so aus, als ob jeder Eingabedatensatz genau einmal verarbeitet wird – Datensätze werden weder übersprungen noch zweimal verarbeitet. Obwohl das Neustarten von Tasks bedeutet, dass Datensätze tatsächlich mehrmals verarbeitet werden, ist der sichtbare Effekt in der Ausgabe so, als ob sie nur einmal verarbeitet worden wären. Dieses Prinzip ist als *exactly-once semantics* (Genau-einmal-Semantik) bekannt, obwohl *effectively-once* (effektiv-einmal) ein aussagekräftiger Begriff wäre [90].

Das gleiche Problem der Fehlertoleranz tritt bei der Stream-Verarbeitung auf, lässt sich aber weniger einfach behandeln: Es kommt nicht infrage, zu warten, bis ein Task fertiggestellt ist, bevor seine Ausgabe sichtbar gemacht wird, da ein Stream unendlich ist und daher seine Verarbeitung nie beendet sein kann.

Microbatching und Checkpointing

Eine Lösung besteht darin, den Datenstrom in kleine Blöcke zu zerlegen und jeden Block wie einen Miniatur-Batch-Prozess zu behandeln. Dieser Ansatz wird *Microbatching* genannt und im Spark-Streaming-System verwendet [91]. Die Stapelgröße liegt typischerweise bei etwa einer Sekunde, was das Ergebnis eines Performancekompromisses ist: Kleinere Stapel bedingen einen größeren Overhead für Planung und Koordinierung, während größere Stapel eine längere Verzögerung bedeuten, bevor die Ergebnisse des Stream-Prozessors sichtbar werden.

Microbatching bietet auch implizit ein rollierendes Fenster, das gleich der Stapelgröße ist (wobei die Fenster nach Verarbeitungszeit, nicht nach Ereignis-Zeitstempeln bestimmt werden); alle Jobs, die größere Fenster erfordern, müssen explizit den Zustand von einem Microbatch auf den nächsten übertragen.

Ein abweichender Ansatz, den Apache Flink verwendet, generiert periodisch rollierende Kontrollpunkte (Checkpoints) des Zustands und schreibt sie in einen dauerhaften Speicher [92, 93]. Wenn ein Stream-Operator fehlschlägt, kann er von seinem letzten Kontrollpunkt aus neu starten und alle Ausgaben verwerfen, die zwischen dem letzten Kontrollpunkt und dem Absturz erzeugt wurden. Die Kontrollpunkte werden durch Barrieren im Nachrichtenstrom ausgelöst, ähnlich den Grenzen zwischen Microbatches, ohne aber eine bestimmte Fenstergröße zu erzwingen.

Innerhalb der Grenzen des Frameworks für die Stream-Verarbeitung bieten Microbatching- und Checkpointing-Ansätze die gleiche exactly-once-Semantik wie die Stapelverarbeitung. Sobald jedoch die Ausgabe den Stream-Prozessor verlässt (zum Beispiel durch Schreiben in eine Datenbank, Senden von Nachrichten an einen externen Nachrichtenbroker oder Senden von E-Mails), ist das Framework nicht mehr in der Lage, die Ausgabe eines gescheiterten Batch-Jobs zu verwerfen. In diesem Fall führt der Neustart eines gescheiterten Tasks dazu, dass die externe Wirkung zweimal auftritt, und Microbatching oder Checkpointing allein genügen nicht, um dieses Problem zu verhindern.

Noch einmal: Atomarer Commit

Um bei Fehlern den Anschein der genau einmaligen Verarbeitung zu erwecken, müssen wir sicherstellen, dass alle Ausgaben und Wirkungen der Verarbeitung eines Ereignisses nur genau dann wirksam werden, wenn die Verarbeitung erfolgreich ist. Zu diesen Wirkungen gehören alle an nachgelagerte Operatoren oder externe Nachrichtensysteme gesendeten Nachrichten (einschließlich E-Mail- oder Push-Benachrichtigungen), alle Schreibvorgänge in Datenbanken, alle Änderungen am Operatorzustand und jede Bestätigung von Eingabenachrichten (einschließlich der Vorwärtsverschiebung des Konsumenten-Offsets in einem protokollbasierten Nachrichtenbroker).

Diese Vorgänge müssen alle entweder atomar geschehen, oder keiner von ihnen darf stattfinden, doch sie sollten immer miteinander synchronisiert bleiben. Wenn Ihnen dieser Ansatz bekannt vorkommt, dann deshalb, weil wir ihn in Abschnitt »Nachrichten genau einmal verarbeiten« auf Seite 387 im Kontext der verteilten Transaktionen und des Zwei-Phasen-Commits besprochen haben.

In Kapitel 9 haben wir die Probleme in den herkömmlichen Implementierungen von verteilten Transaktionen (wie zum Beispiel XA) diskutiert. Allerdings ist es in eingeschränkteren Umgebungen möglich, eine solche atomare Commit-Einrichtung effizient zu implementieren. Dieser Ansatz ist in Google Cloud Dataflow [81, 92], VoltDB [94] und Apache Kafka zu finden [95, 96]. Im Gegensatz zu XA versuchen diese Implementierungen nicht, Transaktionen über heterogene Technologien hinweg bereitzustellen. Stattdessen halten sie die Transaktionen intern, indem sie sowohl Zustandsänderungen als auch das Messaging im Framework für die Stream-Verarbeitung verwalten. Der Overhead des Transaktionsprotokolls kann sich durch Verarbeitung mehrerer Eingabenachrichten innerhalb einer einzelnen Transaktion amortisieren.

Idempotenz

Unser Ziel ist es, die partiellen Ausgaben fehlgeschlagener Tasks zu verwerfen, damit sie sich gefahrlos ohne doppelte Wirkung wiederholen lassen. Ein Weg zu diesem Ziel sind verteilte Transaktionen, ein anderer ist es, sich auf *Idempotenz* zu verlassen [97].

Eine idempotente Operation ist eine Operation, die mehrmals ausgeführt die gleiche Wirkung hat, als ob man sie nur einmal ausführt. Wenn man zum Beispiel einen Schlüssel in einem Schlüssel-Wert-Speicher auf einen festen Wert setzt, ist das eine idempotente Operation (wenn man den Wert noch einmal schreibt, wird der alte Wert lediglich durch einen identischen Wert überschrieben), wohingegen das Inkrementieren eines Zählers nicht idempotent ist (wenn man die Inkrementoperation erneut ausführt, wird der Wert insgesamt zweimal inkrementiert).

Selbst wenn eine Operation von Haus aus nicht idempotent ist, kann man sie mit ein paar zusätzlichen Metadaten idempotent machen. Werden zum Beispiel Nachrichten von Kafka konsumiert, hat jede Nachricht einen persistenten, monoton wachsenden Offset. Wenn Sie einen Wert in eine externe Datenbank schreiben, können Sie den Offset der Nachricht, die den letzten Schreibvorgang ausgelöst hat, in den Wert einbinden. Somit können Sie erkennen, ob ein Update bereits angewendet worden ist, und vermeiden, dass dasselbe Update noch einmal angewendet wird.

Der Umgang mit dem Zustand in Trident von Apache Storm beruht auf einer ähnlichen Idee [78]. Das Vertrauen auf Idempotenz impliziert mehrere Annahmen: Der Neustart eines fehlgeschlagenen Tasks muss dieselben Nachrichten in derselben Reihenfolge wiedergeben (ein protokollbasierter Nachrichtenbroker beherrscht das), die Verarbeitung muss deterministisch sein, und kein anderer Knoten darf gleichzeitig denselben Wert aktualisieren [98, 99].

Beim Failover von einem Verarbeitungsknoten zu einem anderen kann Fencing erforderlich sein (siehe Abschnitt »Der Leader und die Sperre« auf Seite 323), um Störungen von einem Knoten zu vermeiden, der als tot gilt, tatsächlich aber lebt. Trotz all dieser Vorbehalte sind idempotente Operationen eine effektive Möglichkeit, um mit geringem Overhead eine exactly-once-Semantik zu erreichen.

Den Zustand nach einem Ausfall wiederherstellen

Jeder Stream-Prozess, der einen Zustand benötigt – zum Beispiel alle Aggregationen mit Fenstergruppierung (wie Zähler, Durchschnitte und Histogramme) und alle Tabellen und Indizes, die für Joins verwendet werden –, muss sicherstellen, dass dieser Zustand nach einem Ausfall wiederhergestellt werden kann.

Eine Möglichkeit besteht darin, den Zustand in einer Datenbank auf einem anderen Knoten zu speichern und sie zu replizieren. Allerdings ist es recht zeitaufwendig, für jede einzelne Nachricht einen anderen Server abfragen zu müssen, wie Abschnitt »Stream-Tabellen-Join (Stream-Anreicherung)« auf Seite 510 erläutert hat. Alternativ kann man den Zustand lokal im Stream-Prozessor speichern und ihn periodisch replizieren. Wenn dann der Stream-Prozessor nach einem Ausfall wiederhergestellt wird, kann der neue Task den replizierten Zustand lesen und mit der Verarbeitung ohne Datenverlust fortfahren.

Zum Beispiel erfasst Flink periodisch Snapshots des Operatorzustands und schreibt sie in einen dauerhaften Speicher wie zum Beispiel HDFS [92, 93]; Samza und Kafka Streams replizieren Zustandsänderungen, indem sie sie an ein dediziertes Kafka-Thema mit Protokollkomprimierung senden, ähnlich dem Erfassen von Datenänderungen [84, 100]. VoltDB repliziert den Zustand, indem jede Eingabenachricht redundant auf mehreren Knoten verarbeitet wird (siehe Abschnitt »Tatsächliche serielle Ausführung« auf Seite 269).

In manchen Fällen ist es nicht einmal notwendig, den Zustand zu replizieren, weil er sich aus den Eingabeströmen rekonstruieren lässt. Besteht der Zustand zum Beispiel aus Aggregationen über einem recht schmalen Fenster, dürfte es schnell genug gehen, einfach die Eingabeereignisse, die diesem Fenster entsprechen, erneut wiederzugeben. Ist der Zustand ein lokales Replikat einer Datenbank, die durch Erfassen von Datenänderungen verwaltet wird, kann die Datenbank ebenfalls aus dem protokollkomprimierten Änderungsdatenstrom rekonstruiert werden (siehe Abschnitt »Protokollkomprimierung« auf Seite 490).

Allerdings hängen alle diese Kompromisse von den Leistungseigenschaften der zugrunde liegenden Infrastruktur ab: In manchen Systemen können die Netzwerkverzögerungen geringer als die Festplattenzugriffslatenz und die Netzwerkbandbreite vergleichbar mit der Festplattenbandbreite sein. Es gibt keinen universell idealen Kompromiss für alle Situationen. Zudem können sich die Vorzüge eines lokalen Zustands gegenüber einem Zustand auf einem anderen Knoten verschieben, wenn sich Speicher- und Netzwerktechniken weiterentwickeln.

Zusammenfassung

Dieses Kapitel hat erläutert, was Ereignisströme sind, welchem Zweck sie dienen und wie man sie verarbeitet. In gewisser Weise ähnelt die Stream-Verarbeitung weitgehend der Batch-Verarbeitung, mit der sich Kapitel 10 befasst hat, wird aber kontinuierlich auf unbegrenzten (niemals endenden) Streams ausgeführt statt auf einer Eingabe fester Größe. Unter diesem Blickwinkel dienen Nachrichtenbroker und Ereignisprotokolle als Streaming-Äquivalent eines Dateisystems.

Unter anderem haben wir zwei Typen von Nachrichtenbrokern verglichen:

AMQP-/JMS-orientierte Nachrichtenbroker
: Der Broker weist den Konsumenten einzelne Nachrichten zu, und die Konsumenten quittieren einzelne Nachrichten, wenn sie erfolgreich verarbeitet wurden. Nachrichten werden vom Broker gelöscht, sobald sie bestätigt wurden. Dieser Ansatz ist als asynchrone Form von RPC geeignet (siehe auch Abschnitt »Datenfluss beim Nachrichtenaustausch« auf Seite 146), zum Beispiel in einer Task-Warteschlange, wo die genaue Reihenfolge der Nachrichtenverarbeitung keine Rolle spielt und wo es nicht erforderlich ist, zurückzugehen und alte Nachrichten noch einmal zu lesen, nachdem sie verarbeitet wurden.

Protokollbasierte Nachrichtenbroker
: Der Broker weist alle Nachrichten in einer Partition demselben Konsumentenknoten zu und liefert die Nachrichten immer in der gleichen Reihenfolge.

Parallelität wird durch Partitionierung erreicht, und Konsumenten protokollieren ihren Fortschritt, indem sie den Offset der letzten Nachricht, die sie verarbeitet haben, als Prüfpunkt speichern. Der Broker speichert Nachrichten auf der Festplatte, sodass es möglich ist, bei Bedarf zurückzuspringen und alte Nachrichten erneut zu lesen.

Der protokollbasierte Ansatz hat Ähnlichkeiten mit den Replikationsprotokollen in Datenbanken (siehe Kapitel 5) und protokollstrukturierten Storage-Engines (siehe Kapitel 3). Wir haben gesehen, dass dieser Ansatz besonders geeignet ist für Stream-Verarbeitungssysteme, die Eingabeströme konsumieren und einen abgeleiteten Zustand oder abgeleitete Ausgabeströme erzeugen.

In Bezug auf die Herkunft der Streams haben wir mehrere Möglichkeiten angesprochen: Ereignisse von Benutzeraktivitäten, Sensoren, die periodische Messwerte liefern, und Datenfeeds (zum Beispiel Marktdaten im Finanzwesen) werden naturgemäß als Streams dargestellt. Des Weiteren haben wir gesehen, dass es auch sinnvoll sein kann, das Schreiben in eine Datenbank als Stream aufzufassen: Wir können das Änderungsprotokoll erfassen – d.h. den Verlauf aller Änderungen, die an einer Datenbank vorgenommen wurden –, und zwar entweder implizit über das Erfassen von Datenänderungen oder explizit durch Event Sourcing. Mittels Protokollkomprimierung kann der Stream die vollständige Kopie eines Datenbankinhalts bewahren.

Die Darstellung von Datenbanken als Streams eröffnet mächtige Möglichkeiten für die Systemintegration. Abgeleitete Datensysteme wie zum Beispiel Suchindizes, Caches und Analysesysteme können Sie kontinuierlich auf dem neuesten Stand halten, indem Sie das Protokoll der Änderungen konsumieren und auf die abgeleiteten Systeme anwenden. Sie können sogar neue Sichten auf vorhandene Daten erstellen, indem Sie von Grund auf neu beginnen und das Protokoll der Änderungen vom »Anbeginn der Zeit« bis zum aktuellen Stand konsumieren.

Die Werkzeuge, um den Zustand in Form von Streams zu verwalten und Nachrichten wiederzugeben, sind auch maßgebend für die Techniken, die Stream-Joins und Fehlertoleranz in verschiedenen Frameworks zur Stream-Verarbeitung ermöglichen. Wir haben mehrere Zwecke der Stream-Verarbeitung diskutiert, unter anderem die Suche nach Ereignismustern (CEP), das Berechnen von Aggregationen mit Fenstergruppierung (Stream-Analyse) und das Aktualisieren abgeleiteter Datensysteme (materialisierte Sichten).

Dann sind wir darauf eingegangen, wie schwierig es ist, Überlegungen in Bezug auf die Zeit in einem Stream-Prozessor anzustellen. Dazu gehören auch die Unterscheidung zwischen Verarbeitungszeit und Ereignis-Zeitstempeln und das Problem, mit Nachzüglerereignissen umzugehen, die erst nach dem vermeintlichen Ende eines Fensters eintreffen.

Wir haben drei Arten von Joins unterschieden, die in Stream-Prozessen vorkommen können:

Stream-Stream-Joins
Beide Eingabeströme bestehen aus Aktivitätsereignissen, und der Join-Operator sucht nach verwandten Ereignissen, die innerhalb eines Zeitfensters auftreten. Zum Beispiel kann er zwei Aktionen desselben Benutzers in einem Abstand von 30 Minuten vergleichen. Die beiden Join-Eingaben können tatsächlich derselbe Stream sein (bei einem *Self-Join*), wenn Sie verwandte Ereignisse innerhalb dieses einen Streams finden möchten.

Stream-Tabellen-Joins
Der eine Eingabestrom besteht aus Aktivitätsereignissen, der andere ist ein Datenbank-Änderungsprotokoll. Das Änderungsprotokoll aktualisiert eine lokale Kopie der Datenbank. Für jedes Aktivitätsereignis fragt der Join-Operator die Datenbank ab und gibt ein erweitertes Aktivitätsereignis aus.

Tabellen-Tabellen-Joins
Beide Eingabeströme sind Datenbank-Änderungsprotokolle. In diesem Fall wird jede Änderung auf der einen Seite mit dem neuesten Zustand der anderen Seite verknüpft. Das Ergebnis ist ein Strom von Änderungen an der materialisierten Sicht der Verknüpfung zwischen den beiden Tabellen.

Schließlich haben wir Techniken diskutiert, mit denen sich Fehlertoleranz und exactly-once-Semantik in einem Stream-Prozessor erreichen lassen. Wie bei der Stapelverarbeitung müssen wir die partiellen Ausgaben aller fehlgeschlagenen Tasks verwerfen. Da jedoch ein Stream-Prozess längere Zeit läuft und eine kontinuierliche Ausgabe erzeugt, können wir nicht einfach die gesamte Ausgabe verwerfen. Stattdessen bietet sich ein feinkörnigerer Wiederherstellungsmechanismus an, der auf Microbatching, Checkpointing, Transaktionen oder idempotenten Schreibvorgängen basiert.

Literaturverzeichnis

[1] Tyler Akidau, Robert Bradshaw, Craig Chambers, et al.: *The Dataflow Model: A Practical Approach to Balancing Correctness, Latency, and Cost in Massive-Scale, Unbounded, Out-of-Order Data Processing.* Proceedings of the VLDB Endowment, Bd. 8, Nr. 12, S. 1792–1803, August 2015. doi:10.14778/2824032.2824076

[2] Harold Abelson, Gerald Jay Sussman und Julie Sussman: *Structure and Interpretation of Computer Programs, 2nd edition.* MIT Press, 1996. – ISBN 978-0-262-51087-5, online verfügbar unter mitpress.mit.edu.

[3] Patrick Th. Eugster, Pascal A. Felber, Rachid Guerraoui und Anne-Marie Kermarrec: *The Many Faces of Publish/Subscribe.* ACM Computing Surveys, Bd. 35, Nr. 2, S. 114–131, Juni 2003. doi:10.1145/857076.857078

[4] Joseph M. Hellerstein und Michael Stonebraker: *Readings in Database Systems, 4th edition.* MIT Press, 2005. – ISBN 978-0-262-69314-1, online verfügbar unter redbook.cs.berkeley.edu.

[5] Don Carney, Uğur Çetintemel, Mitch Cherniack, et al.: *Monitoring Streams – A New Class of Data Management Applications*. 28. International Conference on Very Large Data Bases (VLDB), August 2002.

[6] Matthew Sackman: *Pushing Back*. lshift.net, 5. Mai 2016.

[7] Vicent Martí: *Brubeck, a statsd-Compatible Metrics Aggregator*. githubengineering.com, 15. Juni 2015.

[8] Seth Lowenberger: *MoldUDP64 Protocol Specification V 1.00*. nasdaqtrader.com, Juli 2009.

[9] Pieter Hintjens: *ZeroMQ – The Guide*. O'Reilly Media, 2013. – ISBN 978-1-449-33404-8

[10] Ian Malpass: *Measure Anything, Measure Everything*. codeascraft.com, 15. Februar 2011.

[11] Dieter Plaetinck: *25 Graphite, Grafana and statsd Gotchas*. blog.raintank.io, 3. März 2016.

[12] Jeff Lindsay: *Web Hooks to Revolutionize the Web*. progrium.com, 3. Mai 2007.

[13] Jim N. Gray: *Queues Are Databases*. Microsoft Research Technical Report MSR-TR-95-56, Dezember 1995.

[14] Mark Hapner, Rich Burridge, Rahul Sharma, et al.: *JSR-343 Java Message Service (JMS) 2.0 Specification*. jms-spec.java.net, März 2013.

[15] Sanjay Aiyagari, Matthew Arrott, Mark Atwell, et al.: *AMQP: Advanced Message Queuing Protocol Specification*. Version 0-9-1, November 2008.

[16] *Google Cloud Pub/Sub: A Google-Scale Messaging Service*. cloud.google.com, 2016.

[17] *Apache Kafka 0.9 Documentation*. kafka.apache.org, November 2015.

[18] Jay Kreps, Neha Narkhede und Jun Rao: *Kafka: A Distributed Messaging System for Log Processing*. 6. International Workshop on Networking Meets Databases (NetDB), Juni 2011.

[19] *Amazon Kinesis Streams Developer Guide*. docs.aws.amazon.com, April 2016.

[20] Leigh Stewart and Sijie Guo: *Building DistributedLog: Twitter's High- Performance Replicated Log Service*. blog.twitter.com, 16. September 2015.

[21] *DistributedLog Documentation*. Twitter, Inc., distributedlog.io, Mai 2016.

[22] Jay Kreps: *Benchmarking Apache Kafka: 2 Million Writes Per Second (On Three Cheap Machines)*. engineering.linkedin.com, 27. April 2014.

[23] Kartik Paramasivam: *How We're Improving and Advancing Kafka at LinkedIn*. engineering.linkedin.com, 2. September 2015.

[24] Jay Kreps: *The Log: What Every Software Engineer Should Know About Real-Time Data's Unifying Abstraction.* engineering.linkedin.com, 16. Dezember 2013.

[25] Shirshanka Das, Chavdar Botev, Kapil Surlaker, et al.: *All Aboard the Databus!*. 3. ACM Symposium on Cloud Computing (SoCC), Oktober 2012.

[26] Yogeshwer Sharma, Philippe Ajoux, Petchean Ang, et al.: *Wormhole: Reliable Pub-Sub to Support Geo-Replicated Internet Services.* 12. USENIX Symposium on Networked Systems Design and Implementation (NSDI), Mai 2015.

[27] P. P. S. Narayan: *Sherpa Update.* developer.yahoo.com, 8. Juni 2010.

[28] Martin Kleppmann: *Bottled Water: Real-Time Integration of PostgreSQL and Kafka.* martin.kleppmann.com, 23. April 2015.

[29] Ben Osheroff: *Introducing Maxwell, a mysql-to-kafka Binlog Processor.* developer.zendesk.com, 20. August 2015.

[30] Randall Hauch: *Debezium 0.2.1 Released.* debezium.io, 10. Juni 2016.

[31] Prem Santosh Udaya Shankar: *Streaming MySQL Tables in Real-Time to Kafka.* engineeringblog.yelp.com, 1. August 2016.

[32] *Mongoriver.* Stripe, Inc., github.com, September 2014.

[33] Dan Harvey: *Change Data Capture with Mongo + Kafka.* Hadoop Users Group UK, August 2015.

[34] *Oracle GoldenGate 12c: Real-Time Access to Real-Time Information.* Oracle White Paper, März 2015.

[35] *Oracle GoldenGate Fundamentals: How Oracle GoldenGate Works.* Oracle Corporation, youtube.com, November 2012.

[36] Slava Akhmechet: *Advancing the Realtime Web.* rethinkdb.com, 27. Januar 2015.

[37] *Firebase Realtime Database Documentation.* Google, Inc., firebase.google.com, Mai 2016.

[38] *Apache CouchDB 1.6 Documentation.* docs.couchdb.org, 2014.

[39] Matt DeBergalis: *Meteor 0.7.0: Scalable Database Queries Using MongoDB Oplog Instead of Poll-and-Diff.* info.meteor.com, 17. Dezember 2013.

[40] *Chapter 15. Importing and Exporting Live Data.* VoltDB 6.4 User Manual, docs.voltdb.com, Juni 2016.

[41] Neha Narkhede: *Announcing Kafka Connect: Building Large-Scale Low-Latency Data Pipelines.* confluent.io, 18. Februar 2016.

[42] Greg Young: *CQRS and Event Sourcing.* Code on the Beach, August 2014.

[43] Martin Fowler: *Event Sourcing.* martinfowler.com, 12. Dezember 2005.

[44] Vaughn Vernon: *Implementing Domain-Driven Design.* Addison-Wesley Professional, 2013. – ISBN 978-0-321-83457-7

[45] H. V. Jagadish, Inderpal Singh Mumick und Abraham Silberschatz: *View Maintenance Issues for the Chronicle Data Model.* 14. ACM SIGACT-SIGMOD-SIGART Symposium on Principles of Database Systems (PODS), Mai 1995. doi:10.1145/212433.220201

[46] *Event Store 3.5.0 Documentation.* Event Store LLP, docs.geteventstore.com, Februar 2016.

[47] Martin Kleppmann: *Making Sense of Stream Processing.* Report, O'Reilly Media, Mai 2016.

[48] Sander Mak: *Event-Sourced Architectures with Akka.* JavaOne, September 2014.

[49] Julian Hyde: *personal communication*, Juni 2016.

[50] Ashish Gupta und Inderpal Singh Mumick: *Materialized Views: Techniques, Implementations, and Applications.* MIT Press, 1999. – ISBN 978-0-262-57122-7

[51] Timothy Griffin und Leonid Libkin: *Incremental Maintenance of Views with Duplicates.* ACM International Conference on Management of Data (SIGMOD), Mai 1995. doi:10.1145/223784.223849

[52] Pat Helland: *Immutability Changes Everything.* 7. Biennial Conference on Innovative Data Systems Research (CIDR), Januar 2015.

[53] Martin Kleppmann: *Accounting for Computer Scientists.* martin.kleppmann.com, 7. März 2011.

[54] Pat Helland: *Accountants Don't Use Erasers.* blogs.msdn.com, 14. Juni 2007.

[55] Fangjin Yang: *Dogfooding with Druid, Samza, and Kafka: Metametrics at Metamarkets.* metamarkets.com, 3. Juni 2015.

[56] Gavin Li, Jianqiu Lv und Hang Qi: *Pistachio: Co-Locate the Data and Compute for Fastest Cloud Compute.* yahoohadoop.tumblr.com, 13. April 2015.

[57] Kartik Paramasivam: *Stream Processing Hard Problems – Part 1: Killing Lambda.* engineering.linkedin.com, 27. Juni 2016.

[58] Martin Fowler: *CQRS.* martinfowler.com, 14. Juli 2011.

[59] Greg Young: *CQRS Documents.* cqrs.files.wordpress.com, November 2010.

[60] Baron Schwartz: *Immutability, MVCC, and Garbage Collection.* xaprb.com, 28. Dezember 2013.

[61] Daniel Eloff, Slava Akhmechet, Jay Kreps, et al.: *Re: Turning the Database Inside-out with Apache Samza.* Hacker News discussion, news.ycombinator.com, 4. März 2015.

[62] *Datomic Development Resources: Excision.* Cognitect, Inc., docs.datomic.com.

[63] *Fossil Documentation: Deleting Content from Fossil.* fossil-scm.org, 2016.

[64] Jay Kreps: *The irony of distributed systems is that data loss is really easy but deleting data is surprisingly hard.* twitter.com, 30. März 2015.

[65] David C. Luckham: *What's the Difference Between ESP and CEP?.* complexevents.com, 1. August 2006.

[66] Srinath Perera: *How Is Stream Processing and Complex Event Processing (CEP) Different?.* quora.com, 3. Dezember 2015.

[67] Arvind Arasu, Shivnath Babu und Jennifer Widom: *The CQL Continuous Query Language: Semantic Foundations and Query Execution.* The VLDB Journal, Bd. 15, Nr. 2, S. 121–142, Juni 2006. doi:10.1007/s00778-004-0147-z

[68] Julian Hyde: *Data in Flight: How Streaming SQL Technology Can Help Solve the Web 2.0 Data Crunch.* ACM Queue, Bd. 7, Nr. 11, Dezember 2009. doi:10.1145/1661785.1667562

[69] *Esper Reference, Version 5.4.0.* EsperTech, Inc., espertech.com, April 2016.

[70] Zubair Nabi, Eric Bouillet, Andrew Bainbridge und Chris Thomas: *Of Streams and Storms.* IBM technical report, developer.ibm.com, April 2014.

[71] Milinda Pathirage, Julian Hyde, Yi Pan und Beth Plale: *SamzaSQL: Scalable Fast Data Management with Streaming SQL.* IEEE International Workshop on High-Performance Big Data Computing (HPBDC), Mai 2016. doi:10.1109/IPDPSW. 2016.141

[72] Philippe Flajolet, Éric Fusy, Olivier Gandouet und Frédéric Meunier: *HyperLog Log: The Analysis of a Near-Optimal Cardinality Estimation Algorithm.* Conference on Analysis of Algorithms (AofA), Juni 2007.

[73] Jay Kreps: *Questioning the Lambda Architecture.* oreilly.com, 2. Juli 2014.

[74] Ian Hellström: *An Overview of Apache Streaming Technologies.* databaseline.wordpress.com, 12. März 2016.

[75] Jay Kreps: *Why Local State Is a Fundamental Primitive in Stream Processing.* oreilly.com, 31. Juli 2014.

[76] Shay Banon: *Percolator.* elastic.co, 8. Februar 2011.

[77] Alan Woodward und Martin Kleppmann: *Real-Time Full-Text Search with Luwak and Samza.* martin.kleppmann.com, 13. April 2015.

[78] *Apache Storm 1.0.1 Documentation.* storm.apache.org, Mai 2016.

[79] Tyler Akidau: *The World Beyond Batch: Streaming 102.* oreilly.com, 20. Januar 2016.

[80] Stephan Ewen: *Streaming Analytics with Apache Flink.* Kafka Summit, April 2016.

[81] Tyler Akidau, Alex Balikov, Kaya Bekiroğlu, et al.: *MillWheel: Fault-Tolerant Stream Processing at Internet Scale.* 39. International Conference on Very Large Data Bases (VLDB), August 2013.

[82] Alex Dean: *Improving Snowplow's Understanding of Time.* snowplowanalytics.com, 15. September 2015.

[83] *Windowing (Azure Stream Analytics).* Microsoft Azure Reference, msdn.microsoft.com, April 2016.

[84] *State Management.* Apache Samza 0.10 Documentation, samza.apache.org, Dezember 2015.

[85] Rajagopal Ananthanarayanan, Venkatesh Basker, Sumit Das, et al.: *Photon: Fault-Tolerant and Scalable Joining of Continuous Data Streams.* ACM International Conference on Management of Data (SIGMOD), Juni 2013. doi:10.1145/2463676.2465272

[86] Martin Kleppmann: *Samza Newsfeed Demo.* github.com, September 2014.

[87] Ben Kirwin: *Doing the Impossible: Exactly-Once Messaging Patterns in Kafka.* ben.kirw.in, 28. November 2014.

[88] Pat Helland: *Data on the Outside Versus Data on the Inside.* 2. Biennial Conference on Innovative Data Systems Research (CIDR), Januar 2005.

[89] Ralph Kimball und Margy Ross: *The Data Warehouse Toolkit: The Definitive Guide to Dimensional Modeling, 3rd edition.* John Wiley & Sons, 2013. – ISBN 978-1-118-53080-1

[90] Viktor Klang: *I'm coining the phrase 'effectively-once' for message processing with at-least-once + idempotent operations.* twitter.com, 20. Oktober 2016.

[91] Matei Zaharia, Tathagata Das, Haoyuan Li, et al.: *Discretized Streams: An Efficient and Fault-Tolerant Model for Stream Processing on Large Clusters.* 4. USENIX Conference in Hot Topics in Cloud Computing (HotCloud), Juni 2012.

[92] Kostas Tzoumas, Stephan Ewen und Robert Metzger: *High-Throughput, Low-Latency, and Exactly-Once Stream Processing with Apache Flink.* data-artisans.com, 5. August 2015.

[93] Paris Carbone, Gyula Fóra, Stephan Ewen, et al.: *Lightweight Asynchronous Snapshots for Distributed Dataflows.* arXiv:1506.08603 [cs.DC], 29. Juni 2015.

[94] Ryan Betts und John Hugg: *Fast Data: Smart and at Scale.* Report, O'Reilly Media, Oktober 2015.

[95] Flavio Junqueira: *Making Sense of Exactly-Once Semantics.* Strata+Hadoop World London, Juni 2016.

[96] Jason Gustafson, Flavio Junqueira, Apurva Mehta, Sriram Subramanian und Guozhang Wang: *KIP-98 – Exactly Once Delivery and Transactional Messaging.* cwiki.apache.org, November 2016.

[97] Pat Helland: *Idempotence Is Not a Medical Condition.* Communications of the ACM, Bd. 55, Nr. 5, S. 56, Mai 2012. doi:10.1145/2160718.2160734

[98] Jay Kreps: *Re: Trying to Achieve Deterministic Behavior on Recovery/Rewind.* email to samza-dev mailing list, 9. September 2014.

[99] E. N. (Mootaz) Elnozahy, Lorenzo Alvisi, Yi-Min Wang und David B. Johnson: *A Survey of Rollback-Recovery Protocols in Message-Passing Systems.* ACM Computing Surveys, Bd. 34, Nr. 3, S. 375–408, September 2002. doi:10.1145/568522.568525

[100]Adam Warski: *Kafka Streams – How Does It Fit the Stream Processing Landscape?.* softwaremill.com, 1. Juni 2016.

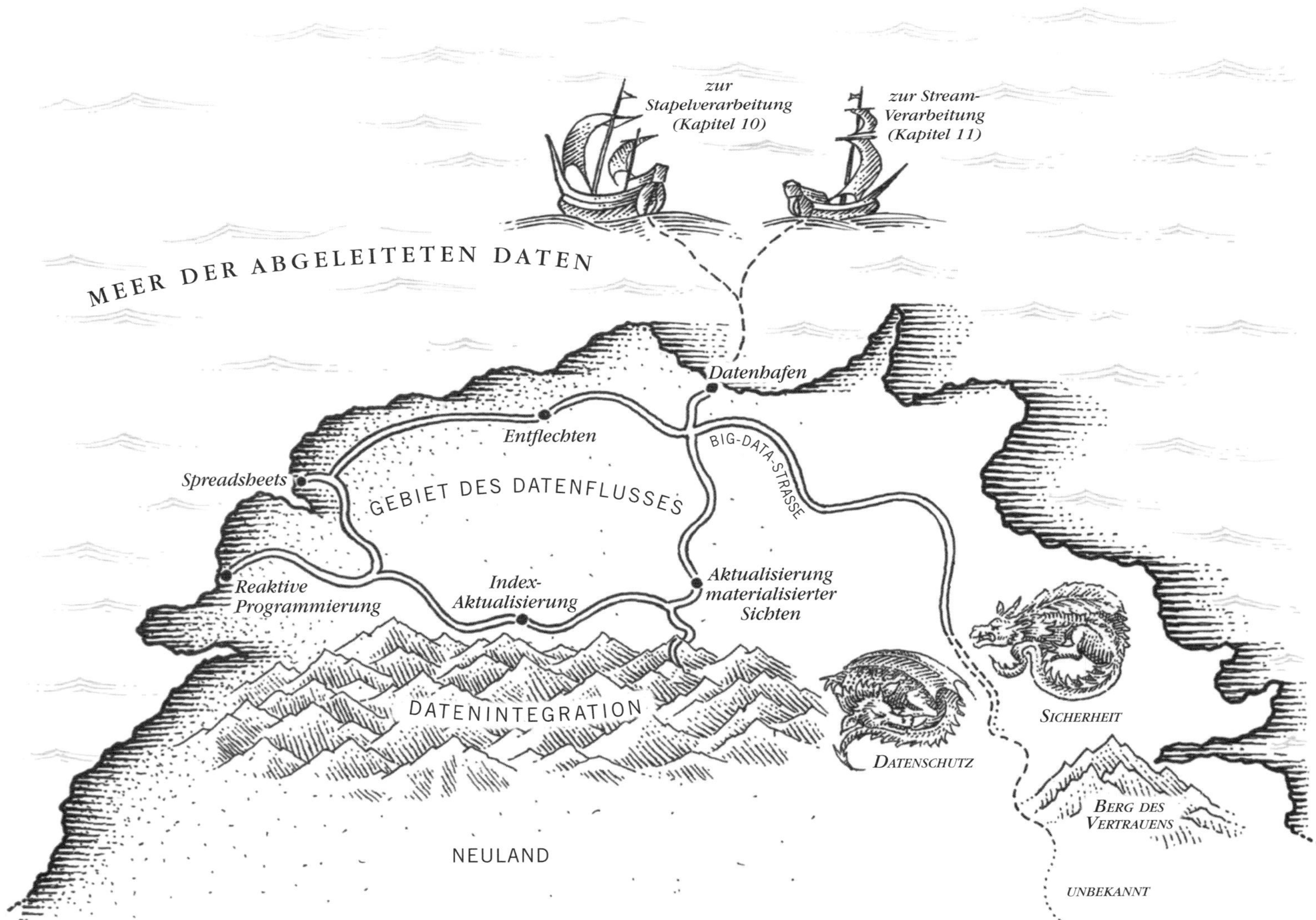
zur Stapelverarbeitung (Kapitel 10)
zur Stream-Verarbeitung (Kapitel 11)
MEER DER ABGELEITETEN DATEN
Datenhafen
Entflechten
BIG-DATA-STRASSE
Spreadsheets
GEBIET DES DATENFLUSSES
Reaktive Programmierung
Index-Aktualisierung
Aktualisierung materialisierter Sichten
DATENINTEGRATION
DATENSCHUTZ
SICHERHEIT
BERG DES VERTRAUENS
NEULAND
UNBEKANNT

KAPITEL 12

Die Zukunft von Datensystemen

Wenn eine Sache hinsichtlich ihres Zwecks zu etwas anderem bestimmt ist, kann ihr letzter Zweck nicht darin bestehen, ihr Sein zu bewahren. Daher beabsichtigt ein Kapitän letzten Endes nicht, das ihm anvertraute Schiff zu erhalten, da ein Schiff zu einem anderen Zweck bestimmt ist, nämlich zur Schifffahrt.

(Oft zitiert als: Wenn es das höchste Ziel eines Kapitäns wäre, sein Schiff zu erhalten, würde er für immer damit im Hafen bleiben.)

– **Thomas von Aquin**, *Summa Theologica* (1265–1274)

Bisher ging es in diesem Buch vor allem darum, die Dinge so zu beschreiben, wie sie heute *sind*. In diesem letzten Kapitel verlagern wir unsere Perspektive in die Zukunft und diskutieren, wie Dinge *sein sollten*: Ich werde einige Ideen und Ansätze vorschlagen, die meiner Ansicht nach die Art und Weise, wie wir Anwendungen entwickeln und erstellen, grundlegend verbessern können.

Meinungen und Spekulationen über die Zukunft sind natürlich subjektiv, und so schreibe ich in diesem Kapitel in der ersten Person, wenn ich meine persönlichen Ansichten zum Ausdruck bringe. Gerne dürfen Sie diese ablehnen und sich Ihre eigene Meinung bilden, doch ich hoffe, dass die Ideen in diesem Kapitel zumindest als Ausgangspunkt für eine produktive Diskussion taugen und Klarheit in die oftmals verwirrenden Konzepte bringen.

Das Ziel dieses Buchs wurde in Kapitel 1 umrissen: zu erläutern, wie man Anwendungen und Systeme erstellt, die *zuverlässig*, *skalierbar* und *wartbar* sind. Diese Themen haben sich durch alle Kapitel gezogen: So ging es zum Beispiel um viele fehlertolerante Algorithmen, die die Zuverlässigkeit verbessern, die Partitionierung, um die Skalierbarkeit zu erhöhen, und Mechanismen für Evolution und Abstraktion, die eine bessere Wartbarkeit erlauben. In diesem Kapitel bringen wir alle diese Ideen zusammen und skizzieren davon ausgehend ein Bild für die Zukunft. Wir wollen herausfinden, wie man Anwendungen entwickelt, die besser sind als die heutigen – robust, korrekt, ausbaufähig und letztlich nutzbringend für die Menschheit.

Datenintegration

Wie dieses Buch mehrfach gezeigt hat, gibt es für jedes Problem mehrere Lösungen, die alle ihre Vorteile, Nachteile und Kompromisse haben. Zum Beispiel haben wir bei Storage-Engines in Kapitel 3 protokollstrukturierte Speicherung, B-Bäume und spaltenorientierte Speicherung gesehen. Im Zusammenhang mit Replikation in Kapitel 5 haben wir Single-Leader, Multi-Leader und leaderlose Ansätze vorgestellt.

Wenn Sie ein Problem der Art »Ich möchte einige Daten speichern und sie mir später wieder ansehen« haben, gibt es nicht die eine richtige Lösung, sondern viele verschiedene Ansätze, die jeweils unter verschiedenen Umständen passend sind. Eine Softwareimplementierung muss sich typischerweise auf einen bestimmten Ansatz spezialisieren. Es ist schwer genug, einen einzigen Codepfad robust und leistungsfähig hinzubekommen – wenn man versucht, alles in ein Stück Software hineinzuquetschen, ist eine schlechte Implementierung fast garantiert.

Somit hängt die Wahl des am besten geeigneten Softwaretools ebenfalls von den Umständen ab. Jede Softwarekomponente, selbst eine sogenannte »Allzweck«- oder »Universal«-Datenbank, ist für ein bestimmtes Nutzungsmuster ausgelegt.

Angesichts dieser Fülle von Alternativen muss man zunächst einmal die Zuordnung zwischen den Softwareprodukten und den Umständen, in denen sie gut passen, herausarbeiten. Verständlicherweise sagen Anbieter Ihnen nur zögerlich, für welche Art von Arbeitslasten ihre Software schlecht geeignet ist. Doch hoffentlich haben die vorherigen Kapitel Sie in die Lage versetzt, die richtigen Fragen zu stellen, um zwischen den Zeilen lesen und die Kompromisse besser verstehen zu können.

Doch selbst wenn Sie genau wissen, welche Tools unter welchen Umständen zu verwenden sind, gibt es noch eine Herausforderung: In komplexen Anwendungen werden Daten oft auf unterschiedliche Weise genutzt. Es ist unwahrscheinlich, dass es eine Software gibt, die für *all* die verschiedenen Umstände geeignet ist, in denen Daten verwendet werden, sodass Sie unweigerlich mehrere verschiedene Softwarekomponenten zusammenflicken müssen, um die gewünschte Funktionalität Ihrer Anwendung zu erhalten.

Spezialisierte Tools durch Ableiten von Daten kombinieren

Beispielsweise ist es üblich, eine OLTP-Datenbank mit einem Volltextsuchindex zu integrieren, um Abfragen nach beliebigen Schlüsselwörtern zu ermöglichen. Obwohl manche Datenbanken (wie zum Beispiel PostgreSQL) eine Volltextindizierung mitbringen, die für einfache Anwendungen genügen kann [1], erfordern anspruchsvollere Suchfunktionen fachspezifische Tools zum Abrufen von Informationen. Umgekehrt eignen sich Suchindizes im Allgemeinen nicht sehr gut als dauerhaftes primäres Datensystem, und so müssen viele Anwendungen zwei verschiedene Tools kombinieren, um allen Anforderungen gerecht zu werden.

In Abschnitt »Systeme synchron halten« auf Seite 486 haben wir die Integration von Datensystemen angesprochen. Mit zunehmender Anzahl verschiedener Datendarstellungen wird das Integrationsproblem schwieriger. Neben der Datenbank und dem Suchindex müssen Sie möglicherweise Kopien der Daten in Analysesystemen (Data-Warehouses oder Batch- und Stream-Verarbeitungssystemen) behalten, Caches oder denormalisierte Versionen von Objekten, die von den ursprünglichen Daten abgeleitet wurden, verwalten, die Daten durch maschinelle Lern-, Klassifizierungs-, Ranking- oder Empfehlungssysteme weiterverarbeiten oder Benachrichtigungen basierend auf Datenänderungen senden.

Überraschend oft höre ich von Softwaretechnikern Aussagen wie: »Meiner Erfahrung nach brauchen 99% der Leute nur X« oder »... kein X« (X für die verschiedenen Technologien). Ich denke, dass solche Aussagen mehr über die Erfahrung des Sprechers offenbaren als über den tatsächlichen Nutzen einer bestimmten Technologie. Das Spektrum der verschiedenen Dinge, die Sie mit Daten anstellen könnten, ist unglaublich breit. Was der eine als obskures und sinnloses Feature betrachtet, kann für jemand anderen eine zentrale Forderung sein. Die Notwendigkeit der Datenintegration zeigt sich oftmals erst, wenn Sie von höherer Warte aus die Datenflüsse über eine ganze Organisation hinweg betrachten.

Überlegungen zu Datenflüssen

Wenn es notwendig ist, Kopien derselben Daten in mehreren Speichersystemen zu verwalten, um verschiedenen Zugriffsmustern gerecht zu werden, müssen Sie die Eingaben und Ausgaben sehr klar spezifizieren: Wohin werden die Daten zuerst geschrieben, und welche Darstellungen werden von welchen Quellen abgleitet? Wie bekommen Sie die Daten in den richtigen Formaten an die richtigen Stellen?

Zum Beispiel können Sie es so einrichten, dass die Daten zuerst in ein primäres Datenbanksystem geschrieben werden, das die Änderungen erfasst, die in dieser Datenbank erfolgt sind (siehe Abschnitt »Erfassen von Datenänderungen« auf Seite 487), und dann diese Änderungen auf den Suchindex in der gleichen Reihenfolge anwendet. Wenn das Erfassen von Datenänderungen (Change Data Capture, CDC) die einzige Methode ist, um den Index zu aktualisieren, können Sie sicher sein, dass der Index vollständig aus dem primären Datensystem abgeleitet wird und demzufolge mit ihm konsistent ist (von Bugs in der Software abgesehen). Das Schreiben in die Datenbank ist die einzige Möglichkeit, dem System neue Eingaben zuzuführen.

Erlaubt man der Anwendung, direkt sowohl in den Suchindex als auch in die Datenbank zu schreiben, entsteht das in Abbildung 11-4 dargestellte Problem, dass zwei Clients gleichzeitig kollidierende Schreibvorgänge ausführen und die beiden Speichersysteme sie in unterschiedlicher Reihenfolge verarbeiten. In diesem Fall ist weder die Datenbank noch der Suchindex »verantwortlich« dafür, die Reihenfolge der Schreibvorgänge zu bestimmen. Somit können sie widersprüchliche Entscheidungen treffen und dauerhaft inkonsistent zueinander werden.

Wenn es Ihnen möglich ist, sämtliche Benutzereingaben durch ein einzelnes System zu leiten, das über eine Reihenfolge für alle Schreibvorgänge entscheidet, wird es wesentlich einfacher, andere Darstellungen von den Daten abzuleiten, indem die Schreibvorgänge in derselben Reihenfolge verarbeitet werden. Dies ist eine Anwendung des Zustandsmaschinenreplikation-Ansatzes, den Abschnitt »Total geordneter Broadcast« auf Seite 372 beschrieben hat. Ob Sie das Erfassen von Datenänderungen oder ein Event-Sourcing-Protokoll verwenden, ist weniger wichtig als nur das Prinzip der Entscheidung über eine Gesamtreihenfolge.

Die Aktualisierung eines abgeleiteten Datensystems, das auf einem Ereignisprotokoll basiert, lässt sich oftmals deterministisch und idempotent machen (siehe Abschnitt »Idempotenz« auf Seite 515), was die Wiederherstellung nach Fehlern erleichtert.

Abgeleitete Daten vs. verteilte Transaktionen

Beim klassischen Ansatz, verschiedene Datensysteme miteinander konsistent zu halten, sind verteilte Transaktionen im Spiel, wie Abschnitt »Atomarer Commit und Zwei-Phasen-Commit (2PC)« auf Seite 379 erläutert hat. Wie schneidet der Ansatz, abgeleitete Datensysteme zu verwenden, im Vergleich zu verteilten Transaktionen ab?

Auf einer abstrakten Ebene erreichen sie ein ähnliches Ziel mit unterschiedlichen Mitteln. Verteilte Transaktionen entscheiden über die Reihenfolge von Schreibvorgängen, indem sie Sperren für wechselseitigen Ausschluss verwenden (siehe Abschnitt »Zwei-Phasen-Sperrverfahren (2PL)« auf Seite 274), während CDC und Event Sourcing die Reihenfolge anhand eines Protokolls bestimmen. Verteilte Transaktionen stellen mit atomaren Commits sicher, dass Änderungen genau einmal wirken, während protokollbasierte Systeme oftmals auf deterministischen Wiederholungen und Idempotenz basieren.

Der größte Unterschied besteht darin, dass Transaktionssysteme normalerweise Linearisierbarkeit bieten (siehe Abschnitt »Linearisierbarkeit« auf Seite 346), was nützliche Garantien wie zum Beispiel das Lesen der eigenen Schreiboperationen impliziert (siehe Abschnitt »Die eigenen Schreiboperationen lesen« auf Seite 171). Im Gegensatz dazu werden abgeleitete Datensysteme oftmals asynchron aktualisiert und bieten daher nicht standardmäßig die gleichen Timing-Garantien.

In begrenzten Umgebungen, die bereitwillig die Kosten verteilter Transaktionen übernehmen, sind sie bereits erfolgreich verwendet worden. Allerdings denke ich, dass XA eine schlechte Fehlertoleranz und ungünstige Leistungseigenschaften aufweist (siehe Abschnitt »Verteilte Transaktionen in der Praxis« auf Seite 386), was die Nützlichkeit dieses Ansatzes stark einschränkt. Meiner Ansicht nach wäre es zwar möglich, ein besseres Protokoll für verteilte Transaktionen zu schaffen, doch es dürfte sehr schwer sein, das Protokoll auf breiter Front zu etablieren und in vorhandene Tools zu integrieren. Es ist ziemlich unwahrscheinlich, dass dies bald geschieht.

Da die breite Unterstützung für ein gutes Protokoll für verteilte Transaktionen fehlt, glaube ich, dass protokollbasierte abgeleitete Daten am besten geeignet sind, um verschiedene Datensysteme zu integrieren. Allerdings sind Garantien wie das Lesen der eigenen Schreiboperationen nützlich und ich denke nicht, dass es produktiv ist, jedem zu erzählen »Letztliche Konsistenz ist unvermeidlich – reißen Sie sich zusammen und lernen Sie, mit ihr umzugehen« (zumindest nicht ohne gute Anleitung, *wie* man damit klarkommen kann).

In Abschnitt »Auf der Suche nach Korrektheit« auf Seite 557 erörtern wir einige Ansätze, um stärkere Garantien, aufsetzend auf asynchron abgeleiteten Systemen, zu implementieren, und arbeiten auf einen Mittelweg zwischen verteilten Transaktionen und asynchronen protokollbasierten Systemen hin.

Die Grenzen der Totalordnung

Bei genügend kleinen Systemen ist es durchaus machbar, ein total geordnetes Ereignisprotokoll zu konstruieren (das beweist die Popularität von Datenbanken mit Single-Leader-Replikation, die genau so ein Protokoll aufbauen). Wenn jedoch die Systeme in Richtung größerer und komplexerer Arbeitslasten skaliert werden, zeichnen sich Grenzen ab:

- In den meisten Fällen erfordert das Erstellen eines vollständig geordneten Protokolls, dass alle Ereignisse über einen *einzigen Leader-Knoten* laufen, der über die Reihenfolge entscheidet. Wenn der Durchsatz der Ereignisse größer ist als ein einzelner Computer behandeln kann, müssen Sie das Protokoll über mehrere Computer partitionieren (siehe Abschnitt »Partitionierte Protokolle« auf Seite 479). Die Reihenfolge der Ereignisse auf zwei verschiedenen Partitionen ist dann mehrdeutig.
- Wenn die Server über mehrere *geografisch auseinander liegende* Rechenzentren verteilt sind, damit Sie zum Beispiel den Ausfall eines ganzen Rechenzentrums verkraften können, betreiben Sie normalerweise in jedem Rechenzentrum einen separaten Leader, da wegen der Netzwerkverzögerungen eine synchrone rechenzentrenübergreifende Koordination ineffizient ist (siehe Abschnitt »Einsatzfälle für Multi-Leader-Replikation« auf Seite 177). Dies impliziert eine undefinierte Reihenfolge von Ereignissen, die aus zwei verschiedenen Rechenzentren stammen.
- Werden Anwendungen als Microservices bereitgestellt (siehe Abschnitt »Datenfluss über Dienste: REST und RPC« auf Seite 140), ist es üblich, jeden Dienst und seinen dauerhaften Zustand als unabhängige Einheit bereitzustellen, ohne dass die Dienste einen dauerhaften Zustand gemeinsam verwenden.

Wenn zwei Ereignisse aus verschiedenen Diensten stammen, ist für diese Ereignisse keine Reihenfolge definiert.

- Manche Anwendungen verwalten einen clientseitigen Zustand, der unmittelbar bei Benutzereingabe aktualisiert wird (ohne auf die Bestätigung von einem Server zu warten), und arbeiten sogar offline weiter (siehe Abschnitt »Clients mit Offlinebetrieb« auf Seite 179). Bei derartigen Anwendungen ist es sehr wahrscheinlich, dass Clients und Server die Ereignisse in unterschiedlichen Reihenfolgen sehen.

Formell bezeichnet man die Entscheidung über eine Gesamtreihenfolge von Ereignissen als *total geordneten Broadcast*, was mit Konsens gleichzusetzen ist (siehe Abschnitt »Konsensalgorithmen und total geordneter Broadcast« auf Seite 393). Die meisten Konsensalgorithmen sind für Situationen konzipiert, in denen der Durchsatz eines einzelnen Knotens genügt, um den gesamten Ereignisstrom zu verarbeiten. Zudem bieten diese Algorithmen keinen Mechanismus, damit sich mehrere Knoten die Arbeit zur Anordnung der Ereignisse teilen können. Es ist immer noch ein offenes Forschungsproblem, Konsensalgorithmen zu entwerfen, die sich über den Durchsatz eines einzelnen Knotens hinaus skalieren lassen und auch in geografisch verteilten Umgebungen gut funktionieren.

Ereignisse ordnen, um Kausalität zu erfassen

Wenn es zwischen den Ereignissen keinen kausalen Zusammenhang gibt, ist das Fehlen einer Totalordnung kein großes Problem, da gleichzeitige Ereignisse beliebig angeordnet werden können. Einige andere Fälle sind einfach zu handhaben: Gibt es beispielsweise mehrere Updates für dasselbe Objekt, lassen sie sich total ordnen, indem alle Updates für eine bestimmte Objekt-ID zur selben Protokollpartition geleitet werden. Allerdings entstehen kausale Abhängigkeiten manchmal auch auf subtilere Art und Weise (siehe auch Abschnitt »Ordnung und Kausalität« auf Seite 363).

Nehmen Sie als Beispiel ein soziales Netzwerk und zwei Benutzer, die in einer Beziehung waren, sich aber gerade getrennt haben. Der eine Benutzer entfernt den anderen als Freund und sendet dann eine Nachricht an die verbleibenden Freunde, in der er/sie sich über seinen/ihren Ex-Partner beschwert. Der Benutzer geht davon aus, dass sein Ex-Partner die unhöfliche Nachricht nicht sieht, da sie abgeschickt wurde, nachdem der Freundschaftsstatus widerrufen wurde.

In einem System, das den Freundschaftsstatus an einem Ort und die Nachrichten an einem anderen Ort speichert, kann aber diese Reihenfolgeabhängigkeit zwischen dem Ereignis *Freundschaft entziehen* und dem Ereignis *Nachricht senden* verloren gehen. Wird die kausale Abhängigkeit nicht erfasst, kann ein Dienst, der Benachrichtigungen über neue Nachrichten sendet, das Ereignis *Nachricht senden* vor dem Ereignis *Freundschaft entziehen* verarbeiten und somit fälschlicherweise eine Benachrichtigung auch an den Ex-Partner verschicken.

In diesem Beispiel stellen die Benachrichtigungen effektiv eine Verknüpfung zwischen der Nachrichten- und der Freundschaftsliste dar, sodass sie auch mit den weiter vorn diskutierten Timing-Problemen von Verknüpfungen zu tun haben (siehe Abschnitt »Zeitabhängigkeit von Verknüpfungen« auf Seite 512). Leider scheint es für dieses Problem keine einfache Antwort zu geben [2, 3]. Ansatzpunkte sind unter anderem:

- Logische Zeitstempel können eine Totalordnung ohne Koordination ermöglichen (siehe Abschnitt »Ordnung nach Sequenznummern« auf Seite 368), was sie eventuell in den Fällen hilfreich macht, in denen total geordneter Broadcast nicht realisierbar ist. Allerdings verlangen sie trotzdem noch, dass Empfänger Ereignisse behandeln können, die nicht in der richtigen Reihenfolge ankommen, und sie erfordern, dass zusätzliche Metadaten weitergegeben werden.
- Wenn Sie ein Ereignis protokollieren können, um den Systemzustand aufzuzeichnen, den der Benutzer gesehen hat, bevor er eine Entscheidung trifft, und dieses Ereignis mit einem eindeutigen Bezeichner versehen, dann kann jedes spätere Ereignis diesen Ereignisbezeichner referenzieren, um die kausale Abhängigkeit aufzuzeichnen [4]. Auf diese Idee kommen wir in Abschnitt »Lesevorgänge sind ebenfalls Ereignisse« auf Seite 555 zurück.
- Konfliktauflösungsalgorithmen (siehe Abschnitt »Konfliktvermeidung« auf Seite 181) helfen bei der Verarbeitung von Ereignissen, die in einer unerwarteten Reihenfolge geliefert werden. Sie sind nützlich, um den Zustand zu verwalten, doch sie helfen nicht, wenn Aktionen externe Wirkungen haben (wie zum Beispiel eine Benachrichtigung an einen Benutzer zu senden).

Vielleicht entstehen im Laufe der Zeit Muster für die Anwendungsentwicklung, die es erlauben, kausale Abhängigkeiten effizient zu erfassen und den abgeleiteten Zustand korrekt zu verwalten, ohne alle Ereignisse durch den Flaschenhals eines total geordneten Broadcasts pressen zu müssen.

Batch- und Stream-Verarbeitung

Meiner Ansicht nach soll Datenintegration sicherstellen, dass die Daten in der richtigen Form an den richtigen Stellen landen. Dazu ist es notwendig, Eingaben zu konsumieren, zu transformieren, zu verknüpfen, zu filtern, zu aggregieren, Modelle zu trainieren, auszuwerten und schließlich in die passenden Ausgaben zu schreiben. Batch- und Stream-Prozessoren sind die Tools, um dieses Ziel zu erreichen.

Die Ausgaben der Batch- und Stream-Prozesse sind abgeleitete Datenmengen wie zum Beispiel Indizes, materialisierte Sichten, Empfehlungen für Benutzer, zusammenfassende Kennziffern usw. (siehe Abschnitt »Die Ausgabe von Stapel-Workflows« auf Seite 441 und Abschnitt »Anwendungen der Stream-Verarbeitung« auf Seite 501).

Wie die Kapitel 10 und Kapitel 11 gezeigt haben, gibt es bei Batch- und Stream-Verarbeitung viele gemeinsame Prinzipien. Der grundlegende Unterschied besteht darin, dass Stream-Prozessoren auf unbegrenzten Datenmengen arbeiten, während die Eingaben bei der Batch-Verarbeitung bekannte, feste Größen haben. Zudem unterscheiden sich die Verarbeitungs-Engines in vielen Details der Implementierung, wobei sich diese Unterschiede aber zunehmend verwischen.

Spark setzt die Stream-Verarbeitung auf einer Batch-Processing-Engine auf, indem der Stream in *Microbatches* zerlegt wird, während sich Apache Flink für die Batch-Verarbeitung auf eine Stream-Processing-Engine stützt [5]. Prinzipiell lässt sich die eine Verarbeitungsart aufsetzend auf der anderen simulieren, obwohl die Performanceeigenschaften variieren: Zum Beispiel kann Microbatching bei springenden oder gleitenden Fenstern schlecht abschneiden [6].

Verwaltung von abgeleitetem Zustand

Das Wesen der Stapelverarbeitung ist stark funktional (selbst wenn der Code nicht in einer funktionalen Programmiersprache geschrieben ist): Sie fördert deterministische, reine Funktionen, deren Ausgaben nur von den Eingaben abhängen und die keine anderen Wirkungen als die expliziten Ausgaben erzeugen, wobei die Eingaben als unveränderlich behandelt werden und bei den Ausgaben nur am Ende angefügt werden darf. Ähnlich verhält es sich mit der Stream-Verarbeitung, die aber die Operatoren dahingehend erweitert, dass ein verwalteter, fehlertoleranter Zustand möglich ist (siehe Abschnitt »Den Zustand nach einem Ausfall wiederherstellen« auf Seite 516).

Das Prinzip der deterministischen Funktionen mit klar definierten Eingaben und Ausgaben ist nicht nur gut für die Fehlertoleranz (siehe Abschnitt »Idempotenz« auf Seite 515), sondern erleichtert es auch, Überlegungen zu den Datenflüssen in einer Organisation anzustellen [7]. Unabhängig davon, ob es sich bei den abgeleiteten Daten um einen Suchindex, ein statistisches Modell oder einen Cache handelt, ist es hilfreich, in Form von Datenpipelines zu denken, die eine Sache von einer anderen ableiten, Zustandsänderungen in einem System durch funktionalen Anwendungscode zu leiten und die Wirkungen auf abgeleitete Systeme anwenden.

Abgeleitete Datensysteme könnten prinzipiell synchron gehalten werden, genau wie eine relationale Datenbank Sekundärindizes synchron aktualisiert, d.h. innerhalb derselben Transaktion als Schreiboperationen in die indizierte Tabelle. Allerdings ist es die Asynchronität, die auf Ereignisprotokollen basierende Systeme robust macht: Sie ermöglicht es, einen Fehler in einem Teil des Systems lokal einzudämmen. Verteilte Transaktionen brechen dagegen ab, wenn einer der Teilnehmer ausfällt, und verstärken somit die Fehler, indem sie sich auf das restliche System ausbreiten lassen (siehe Abschnitt »Beschränkungen verteilter Transaktionen« auf Seite 390).

Der Abschnitt »Partitionierung und Sekundärindizes« auf Seite 218 hat gezeigt, dass Sekundärindizes oftmals Partitionsgrenzen überschreiten. Ein partitioniertes System mit Sekundärindizes muss entweder Schreiboperationen an mehrere Partitionen senden (wenn der Index begriffspartitioniert ist) oder Leseoperationen an alle Partitionen senden (wenn der Index dokumentenpartitioniert ist). Eine derartige partitionsübergreifende Kommunikation ist ebenfalls am zuverlässigsten und skalierbarsten, wenn der Index asynchron verwaltet wird [8] (siehe auch Abschnitt »Datenverarbeitung über mehrere Partitionen« auf Seite 556).

Aufarbeitung von Daten für die Weiterentwicklung der Anwendung

Bei der Aktualisierung von abgeleiteten Daten sind sowohl Batch- als auch Stream-Verarbeitung nützlich. Per Stream-Verarbeitung lassen sich Änderungen in der Eingabe mit geringer Verzögerung in abgeleiteten Sichten widerspiegeln, während es die Stapelverarbeitung ermöglicht, große Mengen an gesammelten Vergangenheitsdaten erneut zu verarbeiten, um neue Sichten von einer vorhandenen Datenmenge abzuleiten.

Die Aufarbeitung vorhandener Daten ist ein gutes Mittel, um ein System zu warten und weiterzuentwickeln, neue Features hinzuzufügen und geänderten Anforderungen zu entsprechen (siehe Kapitel 4). Ohne Aufarbeitung ist die Schemaevolution auf einfache Änderungen beschränkt, wie zum Beispiel das Hinzufügen eines neuen optionalen Felds zu einem Datensatz oder das Hinzufügen eines neuen Datensatztyps. Dies ist sowohl in einem Schema-beim-Schreiben- als auch in einem Schema-beim-Lesen-Kontext der Fall (siehe Abschnitt »Schemaflexibilität im Dokumentmodell« auf Seite 42). Andererseits ist es mit Aufarbeitung der Daten möglich, eine Datenmenge in ein vollkommen anderes Modell umzustrukturieren, um neuen Anforderungen besser gerecht zu werden.

Abgeleitete Sichten erlauben eine *allmähliche* Entwicklung. Wenn Sie eine Datenmenge umstrukturieren wollen, brauchen Sie die Migration nicht als plötzlichen Wechsel durchzuführen. Stattdessen können Sie das alte Schema und das neue Schema nebeneinander als zwei unabhängige abgeleitete Sichten auf dieselben zugrunde liegenden Daten pflegen. Dann können Sie eine kleine Anzahl von Benutzern auf die neue Sicht umleiten, um ihre Performance zu testen und Bugs zu finden, während die meisten Benutzer weiterhin auf die alte Sicht geleitet werden. Nach und nach können Sie den Anteil der Benutzer, die auf die neue Sicht zugreifen, erhöhen und schließlich die alte Sicht löschen [10].

Das Schöne an einer derartigen Migration ist, dass jede Phase des Vorgangs leicht umkehrbar ist, wenn etwas schiefgeht: Es steht immer ein funktionsfähiges System zur Verfügung, auf das Sie zurückgreifen können. Indem Sie das Risiko von irreversiblen Schäden verringern, können Sie die Weiterentwicklung zuversichtlicher vorantreiben und somit schneller damit vorgehen, Ihr System zu verbessern [11].

Schemamigrationen auf Schienen

Großangelegte »Schemamigrationen« treten auch in Systemen auf, die mit dem Computer gar nichts zu tun haben. Zum Beispiel gab es in den frühen Tagen des Eisenbahnbaus im England des 19. Jahrhunderts verschiedene konkurrierende Standards für die Spurweite (den Abstand zwischen den beiden Schienen). Züge, die für eine Spurweite gebaut wurden, konnten nicht auf Gleisen einer anderen Spurweite fahren, was die möglichen Verbindungen im Eisenbahnnetz einschränkte [9].

Nachdem man sich 1846 endlich auf eine einzige Normalspur geeinigt hatte, mussten die Gleise der anderen Spurweiten umgebaut werden – doch wie geht das, ohne die Strecke für Monate oder Jahre stillzulegen? Die Lösung besteht darin, die Strecke durch eine zusätzliche dritte Schiene auf Zweispur oder Mischspur umzubauen. Dieser Umbau kann schließlich schrittweise erfolgen. Ist er abgeschlossen, können auf der Strecke Züge beider Spurweiten auf zwei der drei Schienen fahren. Nachdem der gesamte Fuhrpark auf Normalspur umgerüstet ist, kann schließlich die Schiene für die nicht mehr dem Standard entsprechende Spurweite entfernt werden.

Diese »Aufarbeitung« der bestehenden Gleise und die Möglichkeit, alte und neue Versionen nebeneinander zu betreiben, erlauben einen allmählichen Wechsel der Spurweite über mehrere Jahre hinweg. Dennoch ist es ein kostspieliges Unterfangen, weshalb auch heute noch Sonderspurweiten existieren. Zum Beispiel verwendet das BART-System in der San Francisco Bay Area eine andere Spurweite als im größten Teil der USA verwendet wird.

Die Lambda-Architektur

Wenn Sie per Stapelverarbeitung Daten aus der Vergangenheit wiederaufbereiten und per Stream-Verarbeitung die neuesten Updates verarbeiten, wie kombinieren Sie dann diese beiden Verfahren? Die *Lambda-Architektur* [12] ist in diesem Bereich ein Ansatz, der viel Aufmerksamkeit erregt hat.

Die Lambda-Architektur beruht im Kern auf der Idee, dass eingehende Daten aufgezeichnet werden sollten, indem unveränderliche Ereignisse an eine ständig wachsende Datenmenge angefügt werden, ähnlich dem Event Sourcing (siehe Abschnitt »Event Sourcing« auf Seite 491). Von diesen Ereignissen werden für Leseabfragen optimierte Sichten abgeleitet. Die Lambda-Architektur besteht darin, zwei verschiedene Systeme parallel zu betreiben: ein Stapelverarbeitungssystem wie zum Beispiel Hadoop MapReduce und ein separates Stream-Verarbeitungssystem wie zum Beispiel Storm.

Beim Lambda-Ansatz konsumiert der Stream-Prozessor die Ereignisse und erzeugt schnell ein näherungsweises Update der Sicht; später verarbeitet der Batch-Prozessor *dieselbe* Ereignismenge und produziert eine korrigierte Version der abgeleiteten Sicht. Diesem Design liegt die Überlegung zugrunde, dass die Batch-Verarbeitung einfacher und somit weniger anfällig für Fehler ist, während man bei Stream-Prozessoren davon ausgeht, dass sie weniger zuverlässig sind und sich schwerer fehlertolerant machen lassen (siehe Abschnitt »Fehlertoleranz« auf Seite 513). Darüber hinaus kann der Stream-Prozess auf schnelle Näherungsalgorithmen zurückgreifen, während der Batch-Prozess mit langsameren, aber exakten Algorithmen arbeitet.

Die Lambda-Architektur hatte einen positiven Einfluss auf den Entwurf von Datensystemen, und zwar insbesondere durch die Popularisierung des Prinzips, Sichten von Streams aus unveränderlichen Ereignissen abzuleiten und Ereignisse bei Bedarf neu zu verarbeiten. Allerdings denke ich, dass die Lambda-Architektur auch eine Reihe praktischer Probleme aufweist:

- Dafür sorgen zu müssen, dass die gleiche Logik sowohl in einem Framework für Stapelverarbeitung als auch in einem Framework für Stream-Verarbeitung läuft, bedeutet einen erheblichen Mehraufwand. Obwohl Bibliotheken wie Summingbird [13] eine Abstraktion für Berechnungen bieten, die sich entweder in einem Batch- oder in einem Streaming-Kontext ausführen lassen, ist es aus operativer Sicht recht kompliziert, zwei verschiedene Systeme debuggen, optimieren und warten zu müssen [14].
- Da die Stream-Pipeline und die Batch-Pipeline getrennte Ausgaben liefern, müssen sie zusammengeführt werden, um auf Benutzeranfragen zu antworten. Dieses Zusammenführen ist recht einfach, wenn die Berechnung eine simple Aggregation über ein rollierendes Fenster ist, doch es wird deutlich schwieriger, wenn die Sicht über komplexere Operationen wie zum Beispiel Joins und Sessionization abgeleitet wird oder wenn die Ausgabe keine Zeitreihe ist.
- Obwohl es großartig ist, den gesamten historischen Datenbestand wiederaufbereiten zu können, ist dies bei großen Datenmengen teuer, wenn es häufig geschieht. Daher muss die Batch-Pipeline oftmals so eingerichtet werden, dass sie inkrementelle Batches verarbeitet (zum Beispiel die Daten einer Stunde am Ende jeder Stunde), anstatt alles neu zu verarbeiten. Dies wirft die Probleme auf, die der Abschnitt »Überlegungen zur Zeit« auf 505 beschrieben hat, beispielsweise den Umgang mit Nachzüglern und mit Fenstern, die über Batch-Grenzen hinweg reichen. Die inkrementelle Verarbeitung einer Batch-Berechnung erhöht die Komplexität, sodass sie der Streaming-Schicht ähnlicher wird, was dem Ziel zuwiderläuft, die Batch-Schicht so einfach wie möglich zu halten.

Vereinheitlichung von Batch- und Stream-Verarbeitung

Neuere Systeme ermöglichen es, die Vorzüge der Lambda-Architektur ohne ihre Nachteile zu nutzen, indem sowohl Batch-Berechnungen (Aufbereitung von Vergangenheitsdaten) als auch Stream-Berechnungen (Verarbeitung von Ereignissen, sobald sie eintreffen) im selben System implementiert werden können [15].

Die Vereinheitlichung von Batch- und Stream-Verarbeitung in einem System erfordert die folgenden Features, die zunehmend weitere Verbreitung finden:

- Die Fähigkeit, vergangene Ereignisse über dieselbe Verarbeitungsmaschine wiederzugeben, die den Stream der aktuellen Ereignisse behandelt. Zum Beispiel haben protokollbasierte Nachrichtenbroker die Fähigkeit, existierende Nachrichten wiederzugeben (siehe Abschnitt »Datenbanken und Streams« auf Seite 485), und manche Stream-Prozessoren können Eingaben aus einem verteilten Dateisystem wie HDFS lesen.
- Exactly-once-Semantik für Stream-Prozessoren – d.h. sicherstellen, dass die Ausgabe die gleiche ist, als ob keine Fehler aufgetreten wären, selbst wenn tatsächlich Fehler aufgetreten sind (siehe Abschnitt »Fehlertoleranz« auf Seite 513). Wie bei der Stapelverarbeitung ist es auch hier erforderlich, die partielle Ausgabe von fehlgeschlagenen Tasks zu verwerfen.
- Tools, um Ereignisse nach Ereigniszeit in Fenster zu gruppieren (nicht nach Verarbeitungszeit), da die Verarbeitungszeit bedeutungslos ist, wenn vergangene Ereignisse aufgearbeitet werden (siehe Abschnitt »Überlegungen zur Zeit« auf Seite 505). Zum Beispiel bietet Apache Beam eine API, um derartige Berechnungen auszudrücken, die dann mit Apache Flink oder Google Cloud Dataflow ausgeführt werden können.

Die Entflechtung von Datenbanken

Auf der abstraktesten Ebene führen Datenbanken, Hadoop und Betriebssysteme die gleichen Funktionen aus: Sie speichern bestimmte Daten und ermöglichen es, diese Daten zu verarbeiten und abzufragen [16]. Eine Datenbank speichert Daten in Datensätzen eines bestimmten Datenmodells (Zeilen in Tabellen, Dokumente, Kanten in einem Graphen usw.), während das Dateisystem eines Betriebssystems Daten in Dateien speichert – im Kern aber sind beide Systeme zur »Informationsverwaltung« [17]. Wie Kapitel 10 gezeigt hat, ähnelt das Hadoop-Ökosystem einer verteilten Version von Unix.

Natürlich gibt es viele praktische Unterschiede. Zum Beispiel kommen viele Dateisysteme nicht gut mit einem Verzeichnis zurecht, das 10 Millionen kleine Dateien enthält, während eine Datenbank mit 10 Millionen kleinen Datensätzen vollkommen normal und unspektakulär ist. Dennoch lohnt es sich, die Ähnlichkeiten und Unterschiede zwischen Betriebssystemen und Datenbanken zu untersuchen.

Unix und relationale Datenbanken sind das Problem der Informationsverwaltung mit sehr unterschiedlichen Philosophien angegangen. Ziel von Unix war es, dem Programmierer eine logische, aber ziemlich systemnahe Hardwareabstraktion zu bieten, während relationale Datenbanken dem Anwendungsprogrammierer eine höhere Abstraktion geben sollten, die die Komplexitäten der Datenstrukturen auf der Festplatte, Parallelität, Wiederherstellung nach Abstürzen usw. verbirgt. Für

Unix hat man Pipes und Dateien entwickelt, die aus einfachen Sequenzen von Bytes bestehen, während im Feld der Datenbanken SQL und Transaktionen entwickelt wurden.

Welcher Ansatz ist letztendlich besser? Selbstverständlich kommt es darauf an, was Sie wollen. Unix ist in dem Sinne »einfacher«, weil es ein ziemlich dünner Wrapper um die Hardwareressourcen ist. Relationale Datenbanken sind »einfacher« in dem Sinne, dass man mit einer kurzen, deklarativen Abfrage eine leistungsfähige Infrastruktur (Abfrageoptimierung, Indizes, Verknüpfungsmethoden, Parallelitätssteuerung, Replikation usw.) in Anspruch nehmen kann, ohne dass der Autor der Abfrage die Implementierungsdetails verstehen muss.

Die Spannung zwischen diesen Philosophien hält seit Jahrzehnten an (sowohl Unix als auch das relationale Modell sind in den frühen 1970er-Jahren entstanden) und sie ist immer noch nicht aufgelöst. Zum Beispiel würde ich die NoSQL-Bewegung interpretieren als Wunsch, das Unix-artige Konzept der systemnahen Abstraktionen auf den Bereich der verteilten OLTP-Datenspeicherung anzuwenden.

In diesem Abschnitt versuche ich, die beiden Philosophien unter einen Hut zu bringen in der Hoffnung, dass wir das Beste aus beiden Welten zusammenfügen können.

Zusammenstellung verschiedener Datenspeichertechniken

Das ganze Buch hindurch haben wir verschiedene Features von Datenbanken und ihre Funktionsweise erläutert, und zwar unter anderem:

- Sekundärindizes, die eine effiziente Suche nach Datensätzen basierend auf dem Wert eines Felds ermöglichen (siehe Abschnitt »Andere Indizierungsstrukturen« auf Seite 91)
- Materialisierte Sichten, die eine Art vorab berechneter Cache von Abfrageergebnissen sind (siehe Abschnitt »Aggregation: Datenwürfel und materialisierte Sichten« auf Seite 109)
- Replikationsprotokolle, die Kopien der Daten auf anderen Knoten auf dem neuesten Stand halten (siehe Abschnitt »Implementierung von Replikationsprotokollen« auf Seite 167)
- Volltextsuchindizes, die eine Schlüsselwortsuche in Textdokumenten ermöglichen (siehe Abschnitt »Volltextsuche und Fuzzy-Indizes« auf Seite 94) und die in einigen relationale Datenbanken integriert sind [1]

Die Kapitel 10 und Kapitel 11 haben sich mit ähnlichen Themen befasst. Dort ging es um den Aufbau von Volltextsuchindizes (siehe Abschnitt »Die Ausgabe von Stapel-Workflows« auf Seite 441), die Pflege materialisierter Sichten (siehe Abschnitt »Materialisierte Sichten verwalten« auf Seite 503) und die Replikation von Änderungen aus einer Datenbank in abgeleitete Datensysteme (siehe Abschnitt »Erfassen von Datenänderungen« auf Seite 487).

Offenbar gibt es Parallelen zwischen den Features, die in Datenbanken integriert sind, und den abgeleiteten Datensystemen, die mit Batch- und Stream-Prozessoren erstellt werden.

Erstellung eines Index

Überlegen Sie einmal, was passiert, wenn Sie in einer relationalen Datenbank `CREATE INDEX` ausführen, um einen neuen Index zu erstellen. Die Datenbank muss einen konsistenten Snapshot einer Tabelle abarbeiten, alle zu indizierenden Feldwerte herausgreifen, diese sortieren und den Index ausgeben. Dann muss sie die unerledigten Schreibvorgänge verarbeiten, die seit der Aufnahme des konsistenten Snapshots stattgefunden haben (vorausgesetzt, die Tabelle wurde während der Erstellung des Index nicht gesperrt, sodass Schreiboperationen weiterhin fortfahren konnten). Nachdem das geschehen ist, muss die Datenbank den Index immer wieder auf den neuesten Stand bringen, wenn eine Transaktion in die Tabelle schreibt.

Dieser Vorgang ähnelt verblüffenderweise dem Einrichten eines neuen Follower-Replikats (siehe Abschnitt »Neue Follower einrichten« auf Seite 163) und auch dem Startvorgang beim Erfassen von Datenänderungen in einem Streaming-System (siehe Abschnitt »Anfänglicher Snapshot« auf Seite 489).

Wenn Sie `CREATE INDEX` ausführen, verarbeitet die Datenbank praktisch die gesamte Datenmenge erneut (wie in Abschnitt »Aufarbeitung von Daten für die Weiterentwicklung der Anwendung« auf Seite 535 beschrieben) und leitet den Index als neue Sicht auf den vorhandenen Daten ab. Die vorhandenen Daten können ein Snapshot des Zustands sein statt ein Protokoll aller Änderungen, die jemals stattgefunden haben, doch sind die beiden eng miteinander verwandt (siehe Abschnitt »Zustand, Streams und Unveränderlichkeit« auf Seite 494).

Die allumfassende Metadatenbank

Vor diesem Hintergrund denke ich, dass der Datenfluss in einer ganzen Organisation nunmehr wie eine riesige Datenbank aussieht [7]. Wann immer ein Batch-, Stream- oder ETL-Prozess Daten von einem Ort und in einem bestimmten Format an einen anderen Ort in einem anderen Format transportiert, fungiert er wie das Datenbanksubsystem, das die Indizes oder materialisierten Sichten auf dem neuesten Stand hält.

So gesehen erscheinen Batch- und Stream-Prozessoren wie aufwendige Implementierungen von Triggern, gespeicherten Prozeduren und Aktualisierungsroutinen für materialisierte Sichten. Die abgeleiteten Datensysteme, die sie aktualisieren, sind mit verschiedenen Indextypen vergleichbar. Zum Beispiel kann eine relationale Datenbank B-Baum-Indizes, Hash-Indizes, räumliche Indizes (siehe Abschnitt »Mehrspaltige Indizes« auf Seite 93) und andere Arten von Indizes unterstützen. In der sich abzeichnenden Architektur abgeleiteter Datensysteme werden diese Instrumente nicht als Features eines einzelnen integrierten Datenbankprodukts implementiert, sondern als verschiedene Softwarekomponenten bereitgestellt, die auf verschiedenen Computern laufen und von verschiedenen Teams verwaltet werden.

Wohin werden uns diese Entwicklungen in der Zukunft bringen? Geht man davon aus, dass es kein einheitliches Datenmodell oder Speicherformat gibt, das für alle Zugriffsmuster geeignet ist, spekuliere ich darauf, dass es zwei Wege gibt, auf denen sich verschiedene Speicher- und Verarbeitungstools dennoch zu einem integrierten System zusammensetzen lassen:

Föderierte Datenbanken: Lesezugriffe vereinheitlichen

Es ist möglich, eine einheitliche Abfrageschnittstelle für ein breites Spektrum von zugrunde liegenden Storage-Engines und Verarbeitungsmethoden bereitzustellen – ein Ansatz, den man als *föderierte Datenbank* oder *Polystore* kennt [18, 19]. Zum Beispiel passt das Feature *Foreign Data Wrapper* (für den Zugriff auf externe Datenquellen) von PostgreSQL zu diesem Muster [20]. Anwendungen, die ein spezialisiertes Datenmodell oder Abfrageinterface benötigen, können trotzdem direkt auf die zugrunde liegenden Storage-Engines zugreifen. Benutzer, die Daten von unterschiedlichen Orten zusammenfassen wollen, können dies leicht über die föderierte Schnittstelle tun.

Eine föderierte Abfrageschnittstelle folgt der relationalen Tradition eines einzelnen integrierten Systems mit einer höheren Abfragesprache und eleganter Semantik, jedoch einer komplizierten Implementierung.

Entflechtete Datenbanken: Schreibvorgänge vereinheitlichen

Während Föderation für Nur-Lese-Abfragen über verschiedene Systeme gedacht ist, schneidet sie bei der Synchronisierung von Schreibvorgängen über diese Systeme hinweg schlecht ab. Wir haben gesagt, dass innerhalb einer einzelnen Datenbank das Erstellen eines konsistenten Index ein integriertes Feature ist. Wenn wir mehrere Speichersysteme zusammensetzen, müssen wir genauso sicherstellen, dass alle Datenänderungen an den richtigen Orten landen, selbst angesichts von Fehlern. Wenn wir es einfacher machen, Speichersysteme zuverlässig miteinander koppeln zu können (zum Beispiel über das Erfassen von Datenänderungen und Ereignisprotokolle), ist das wie ein *Entflechten* der Features für die Indexverwaltung einer Datenbank in einer solchen Weise, dass sich Schreibvorgänge über unterschiedliche Technologien hinweg synchronisieren lassen [7, 21].

Der Entflechtungsansatz folgt der Unix-Tradition der kleinen Tools, die genau eine Sache gut erledigen [22], die über eine einheitliche systemnahe API (Pipes) kommunizieren und die sich in einer höheren Sprache (der Shell) zusammenstellen lassen [16].

Realisierung der Entflechtung

Föderation und Entflechtung sind zwei Seiten derselben Medaille: ein zuverlässiges, skalierbares und wartbares System aus verschiedenartigen Komponenten zusammensetzen. Bei der föderierten Nur-Lese-Abfrage ist es erforderlich, ein Datenmodell auf ein anderes abzubilden, was zwar einige Überlegungen erfordert, letztlich aber ein recht überschaubares Problem darstellt. Da es meiner Ansicht nach die schwierigere technische Herausforderung ist, die Schreibvorgänge auf mehrere Speichersysteme synchron zu halten, werde ich mich darauf konzentrieren.

Der herkömmliche Ansatz, Schreibvorgänge zu synchronisieren, erfordert verteilte Transaktionen über heterogenen Speichersystemen [18], was ich für die falsche Lösung halte (siehe Abschnitt »Abgeleitete Daten vs. verteilte Transaktionen« auf Seite 530). Transaktionen innerhalb eines einzelnen Speicher- oder Stream-Verarbeitungssystems sind zwar machbar, doch wenn Daten die Grenzen zwischen verschiedenen Technologien überqueren, ist meiner Meinung nach ein asynchrones Ereignisprotokoll mit idempotenten Schreibvorgängen ein viel robusterer und praktischerer Ansatz.

Beispielsweise verwendet man verteilte Transaktionen innerhalb bestimmter Stream-Prozessoren, um die Semantik »genau einmal« zu erreichen (siehe Abschnitt »Noch einmal: Atomarer Commit« auf Seite 515). Und das kann recht gut funktionieren. Wenn eine Transaktion jedoch Systeme einbinden muss, die von verschiedenen Personengruppen stammen (zum Beispiel wenn Daten von einem Stream-Prozessor in einen verteilten Schlüssel-Wert-Speicher oder Suchindex geschrieben werden), ist die Integration erheblich schwerer, weil ein standardisiertes Transaktionsprotokoll fehlt. Ein geordnetes Ereignisprotokoll mit idempotenten Konsumenten (siehe Abschnitt »Idempotenz« auf Seite 515) ist eine wesentlich einfachere Abstraktion und somit über heterogene Systeme viel einfacher zu implementieren [7]. Der große Vorteil der protokollbasierten Integration ist eine *lose Kopplung* zwischen den verschiedenen Komponenten, die sich selbst in zweierlei Hinsicht manifestiert:

1. Auf der Systemebene machen asynchrone Ereignisströme das Gesamtsystem robuster gegenüber Ausfällen oder Leistungseinbußen einzelner Komponenten. Wenn ein Konsument nur noch langsam arbeitet oder ausfällt, kann das Ereignisprotokoll Nachrichten puffern (siehe Abschnitt »Nutzung von Festplattenplatz« auf Seite 483), während der Produzent und alle anderen Konsumenten unbeeinflusst weiterarbeiten können. Der fehlerhafte Konsument kann aufholen, wenn er repariert ist. Somit verpasst er keinerlei Daten, und der Fehler ist eingedämmt. Dagegen führt die synchrone Interaktion von verteilten Transaktionen eher dazu, dass lokale Fehler zu großräumigen Ausfällen eskalieren (siehe Abschnitt »Beschränkungen verteilter Transaktionen« auf Seite 390).
2. Auf menschlicher Ebene ermöglicht die Entflechtung von Datensystemen, dass sich verschiedene Softwarekomponenten und Dienste unabhängig voneinander von verschiedenen Teams entwickeln, verbessern und warten lassen. Durch Spezialisierung kann sich jedes Team darauf konzentrieren, eine Sache

gut zu erledigen und klar definierte Schnittstellen zu den Systemen anderer Teams zu realisieren. Ereignisprotokolle bieten eine Schnittstelle, die genügend leistungsfähig ist, um ziemlich strenge Konsistenzeigenschaften zu erfassen (aufgrund der Dauerhaftigkeit und Reihenfolge der Ereignisse), aber auch ausreichend allgemein, um sie auf jede Art von Daten anwenden zu können.

Entflochtene Systeme vs. integrierte Systeme

Wenn Entflechten tatsächlich den Weg in die Zukunft weist, wird es Datenbanken in ihrer aktuellen Form nicht ersetzen – sie werden trotzdem nach wie vor benötigt. Datenbanken sind weiterhin erforderlich, um den Zustand in Stream-Prozessoren zu verwalten und um Abfragen für die Ausgabe der Batch- und Stream-Prozessoren zu bedienen (siehe Abschnitt »Die Ausgabe von Stapel-Workflows« auf Seite 441 und Abschnitt »Streams verarbeiten« auf Seite 499). Spezialisierte Abfragemodule werden weiterhin wichtig sein für bestimmte Arbeitslasten: Zum Beispiel sind die Abfragemodule in MPP-Data-Warehouses für explorative analytische Abfragen optimiert und kommen mit derartigen Arbeitslasten sehr gut zurecht (siehe Abschnitt »Hadoop im Vergleich mit verteilten Datenbanken« auf Seite 446).

Die Komplexität, mehrere verschiedene Infrastrukturkomponenten zu betreiben, kann ein Problem sein: Da jede Softwarekomponente eine Lernkurve, Konfigurationsprobleme und betriebliche Eigenheiten besitzt, ist es von Vorteil, möglichst wenige bewegliche Bestandteile bereitstellen zu müssen. Ein einzelnes integriertes Softwareprodukt kann auch in der Lage sein, eine bessere und vorhersagbare Leistung für die Arten von Arbeitslasten zu erzielen, für die es entwickelt wurde, im Vergleich zu einem System, das aus mehreren Tools besteht, die Sie per Anwendungscode zusammengesetzt haben [23]. Im Vorwort habe ich bereits gesagt: Ein System zu erstellen für eine Skalierung, die Sie noch nicht brauchen, ist unnützer Aufwand und kann Sie in ein unflexibles Design zwängen. Praktisch ist es eine Form der vorzeitigen Optimierung.

Ziel der Entflechtung ist es nicht, mit einzelnen Datenbanken hinsichtlich der Performance für bestimmte Arbeitslasten zu konkurrieren. Vielmehr soll es Ihnen möglich sein, verschiedene Datenbanken zu kombinieren, um eine gute Performance für ein wesentlich breiteres Spektrum von Arbeitslasten zu erreichen, als es mit einem einzigen Softwareprodukt möglich ist. Es geht um Breite und nicht um Tiefe – in der gleichen Weise wie bei der Vielfalt der Speicher- und Verarbeitungsmodelle, die wir in Abschnitt »Hadoop im Vergleich mit verteilten Datenbanken« auf Seite 446 diskutiert haben.

Wenn es also eine Technologie gibt, die alles vereint, was Sie brauchen, fahren Sie wahrscheinlich am besten, einfach dieses Produkt zu verwenden, anstatt zu versuchen, es in eigener Regie aus systemnaheren Komponenten neu zu implementieren. Die Vorteile der Entflechtung und Zusammenstellung treten erst dann zutage, wenn es keine Software gibt, die alle Ihre Anforderungen erfüllt.

Was fehlt noch?

Die Werkzeuge für das Zusammenstellen von Datensystemen werden besser, doch ich denke, dass noch ein wesentlicher Teil fehlt: Für die entflochtene Datenbank haben wir noch kein Äquivalent der Unix-Shell (d.h. eine höhere Sprache für das Zusammenstellen von Speicher- und Verarbeitungssystemen in einfacher und deklarativer Art und Weise).

Zum Beispiel würde ich es begrüßen, wenn wir analog zu den Unix-Pipes einfach `mysql | elasticsearch` deklarieren könnten [22]. Das wäre das entflochtene Äquivalent zu `CREATE INDEX`: Es würde alle Dokumente in einer MySQL-Datenbank übernehmen und sie in einem Elasticsearch-Cluster indizieren. Dann würde es kontinuierlich alle Änderungen, die an der Datenbank erfolgen, erfassen und sie automatisch auf den Suchindex anwenden, ohne dass wir eigenen Anwendungscode schreiben müssten. Diese Art der Integration sollte mit nahezu jedem Speicher- oder Indexsystem möglich sein.

Es wäre auch großartig, Caches einfacher vorherberechnen und aktualisieren zu können. Wenn Sie daran denken, dass eine materialisierte Sicht im Wesentlichen ein vorausberechneter Cache ist, können Sie einen Cache sicherlich auch erstellen, indem Sie materialisierte Sichten für komplexe Abfragen deklarativ spezifizieren, und zwar einschließlich rekursiver Abfragen auf Graphen (siehe Abschnitt »Graphen-ähnliche Datenmodelle« auf Seite 52) und Anwendungslogik. Auf diesem Gebiet gibt es interessante Forschungen in einem frühen Stadium, wie zum Beispiel *differenzieller Datenfluss* [24, 25], und ich hoffe, dass diese Ideen ihren Weg in Produktionssysteme finden werden.

Anwendungen datenflussorientiert entwickeln

Die Entflechtung von Datenbanken durch Zusammenstellen spezialisierter Speicher- und Verarbeitungssysteme mit Anwendungscode wird auch als »database inside-out«-Ansatz (»umgekrempelte Datenbank«) genannt [26], nach dem Titel eines Konferenzvortrags, den ich 2014 gehalten habe [27]. Es wäre jedoch zu vollmundig, von einer »neuen Architektur« zu sprechen. Ich sehe es mehr als Entwurfsmuster, einen Ausgangspunkt für Diskussionen, und wir geben ihm einfach deshalb einen Namen, damit wir besser darüber reden können.

Diese Ideen stammen nicht von mir; sie sind einfach eine Verschmelzung von Ideen anderer Menschen, von denen wir meiner Ansicht nach lernen sollten. Insbesondere gibt es viele Überschneidungen mit *Datenflusssprachen* wie Oz [28] und Juttle [29], *funktionalen reaktiven Programmiersprachen* (FRP-Sprachen) wie Elm [30, 31] und *Logik-Programmiersprachen* wie Bloom [32]. Der Begriff *Entflechtung* (engl. unbundling) wurde in diesem Kontext von Jay Kreps vorgeschlagen [7].

Sogar Tabellenkalkulationen besitzen Features für die Datenflussprogrammierung, die den meisten gängigen Programmiersprachen meilenweit voraus sind [33]. In einer Tabellenkalkulation können Sie eine Formel in eine Zelle schreiben (die zum Beispiel die Summe der Zellen in einer anderen Spalte bildet), und sobald sich irgendeine Eingabe in diese Formel ändert, berechnet die Formel das Ergebnis automatisch neu. Das ist genau das, was wir auf Datensystemebene haben wollen: Wenn sich ein Datensatz in einer Datenbank ändert, sollen alle Indizes für diesen Datensatz und alle zwischengespeicherten Ansichten oder Aggregationen, die vom Datensatz abhängen, automatisch aktualisiert werden. Dabei sollten Sie sich nicht um die technischen Details dieser Aktualisierung kümmern müssen, sondern sich einfach darauf verlassen können, dass sie korrekt funktioniert.

Ich denke also, dass die meisten Datensysteme immer noch etwas von den Features lernen können, die bereits 1979 Bestandteil von VisiCalc gewesen sind [34]. Heutige Datensysteme unterscheiden sich von Tabellenkalkulationen dadurch, dass sie fehlertolerant und skalierbar sein sowie Daten dauerhaft speichern müssen. Außerdem müssen sie unterschiedliche Technologien, die von verschiedenen Personengruppen im Laufe der Zeit geschrieben wurden, integrieren und vorhandene Bibliotheken und Dienste wiederverwenden können: Es ist unrealistisch, zu erwarten, dass sich die gesamte Software allein mit einer bestimmten Sprache, einem Framework oder Tool entwickeln lässt.

In diesem Abschnitt werde ich genauer auf diese Ideen eingehen und einige Methoden erläutern, wie sich Anwendungen rund um die Ideen der entflochtenen Datenbanken und des Datenflusses erstellen lassen.

Anwendungscode als Ableitungsfunktion

Wenn eine Datenmenge von einer anderen abgeleitet wird, durchläuft sie eine Art Transformationsfunktion. Zum Beispiel:

- Ein Sekundärindex ist eine Art abgeleitete Datenmenge mit einer einfachen Transformationsfunktion: Für jede Zeile oder jedes Dokument in der Basistabelle wählt sie die Werte aus den zu indizierenden Spalten oder Feldern aus und sortiert nach diesen Werten (einen B-Baum- oder SSTable-Index vorausgesetzt, die nach Schlüssel sortiert werden, wie Kapitel 3 erläutert hat).
- Ein Volltextsuchindex wird erstellt, indem verschiedene Verarbeitungsfunktionen natürlicher Sprache angewendet werden, wie zum Beispiel Spracherkennung, Worttrennung, Stammformreduktion oder Lemmatisierung, Rechtschreibkorrektur und Synonymerkennung, gefolgt vom Aufbau einer Datenstruktur für effiziente Suche (zum Beispiel ein invertierter Index).
- In einem System für maschinelles Lernen können wir das Modell als von den Trainingsdaten abgeleitet betrachten, indem wir verschiedene Funktionen zur Merkmalsextraktion und statistischen Analyse anwenden. Wendet man das Modell auf neue Eingabedaten an, wird die Ausgabe des Modells von der Eingabe und dem Modell (und damit indirekt von den Trainingsdaten) abgeleitet.
- Ein Cache enthält oftmals eine Aggregation von Daten in der Form, in der sie in einer Benutzeroberfläche angezeigt werden. Um den Cache zu füllen, muss

man also wissen, welche Felder in der Benutzeroberfläche referenziert werden. Bei Änderungen der Benutzeroberfläche ist es eventuell erforderlich, die Definition zu aktualisieren, wie der Cache zu füllen ist, und den Cache neu aufzubauen.

Die Ableitungsfunktion für einen Sekundärindex ist so häufig erforderlich, dass sie in vielen Datenbanken als Kernfeature eingebaut ist. Um sie aufzurufen, führen Sie einfach die Anweisung `CREATE INDEX` aus. Zur Volltextindizierung können grundlegende linguistische Funktionen für gängige Sprachen in eine Datenbank eingebaut sein, doch die anspruchsvolleren Funktionen erfordern oftmals domänenspezifisches Tuning. Beim maschinellen Lernen ist das Feature Engineering bekanntlich anwendungsspezifisch und muss oftmals detaillierte Kenntnisse über die Benutzerinteraktion und die Bereitstellung einer Anwendung einschließen [35].

Wenn die Funktion, die eine abgeleitete Datenmenge erzeugt, keine standardmäßige Nullachtfünfzehn-Funktion ist, wie das Erstellen eines Sekundärindex, ist benutzerdefinierter Code erforderlich, um die anwendungsspezifischen Aspekte zu behandeln. Und dieser benutzerdefinierte Code ist es, über den viele Datenbanken stolpern. Obwohl relationale Datenbanken häufig Trigger, gespeicherte Prozeduren und benutzerdefinierte Funktionen unterstützen, mit denen sich Anwendungscode innerhalb der Datenbank ausführen lässt, sind diese Features eher nachgerüstete Aspekte im Datenbankdesign (siehe Abschnitt »Ereignisströme übertragen« auf Seite 472).

Trennung von Anwendungscode und Zustand

Theoretisch könnten Datenbanken Bereitstellungsumgebungen für beliebigen Anwendungscode sein, so wie ein Betriebssystem. Die Praxis hat jedoch gezeigt, dass sie für diesen Zweck wenig geeignet sind. Sie passen nicht gut zu den Anforderungen der modernen Anwendungsentwicklung, wie zum Beispiel Abhängigkeits- und Paketverwaltung, Versionskontrolle, rollenden Upgrades, Evolvierbarkeit, Überwachung, Visualisierung von Kenndaten, Aufrufen von Netzwerkdiensten und Integration mit externen Systemen.

Andererseits sind Bereitstellungs- und Clusterverwaltungstools wie zum Beispiel Mesos, YARN, Docker, Kubernetes und andere speziell auf die Ausführung von Anwendungscode zugeschnitten. Indem sie sich darauf konzentrieren, eine Sache gut zu machen, sind sie einer Datenbank überlegen, die die Ausführung von benutzerdefinierten Funktionen als eines ihrer vielen Features bietet.

Meiner Ansicht nach ist es sinnvoll, wenn einige Teile eines Systems auf dauerhafte Speicherung und andere Teile auf die Ausführung von Anwendungscode spezialisiert sind. Die beiden können schließlich zusammenwirken und trotzdem unabhängig bleiben.

Die meisten Webanwendungen werden heute als zustandslose Dienste bereitgestellt, in denen eine Benutzeranfrage an einen beliebigen Anwendungsserver weitergeleitet werden kann und der Server alles über die Anfrage vergisst, nachdem er die Antwort gesendet hat. Diese Art der Bereitstellung ist komfortabel, da sich Server bei Bedarf hinzufügen und entfernen lassen. Allerdings muss der Zustand irgendwohin verlegt werden: typischerweise in eine Datenbank. Der Trend geht dahin, die zustandslose Anwendungslogik von der Zustandsverwaltung (Datenbank) zu trennen: Weder bringen wir Anwendungslogik in die Datenbank, noch bringen wir den persistenten Zustand in die Anwendung [36]. In der Community der funktionalen Programmierung kursiert der Witz: »We believe in the separation of Church and state.« [37][1]

In diesem typischen Webanwendungsmodell fungiert die Datenbank als eine Art veränderliche gemeinsame Variable, auf die synchron über das Netzwerk zugegriffen werden kann. Die Anwendung kann die Variable lesen und aktualisieren, und die Datenbank stellt sicher, dass die Variable dauerhaft gespeichert und mit Gleichzeitigkeitskontrolle und Fehlertoleranz ausgestattet wird.

In den meisten Programmiersprachen können Sie allerdings keine Änderungen in einer veränderlichen Variablen abonnieren – es bleibt Ihnen nichts anderes übrig, als sie periodisch zu lesen. Im Gegensatz zu einer Tabellenkalkulation werden die Leser der Variablen nicht benachrichtigt, wenn sich der Wert der Variablen ändert. (Zwar können Sie solche Benachrichtigungen in Ihrem eigenen Code implementieren – was als Beobachter-Entwurfsmuster bekannt ist –, doch in den meisten Sprachen ist dieses Muster von Haus aus nicht als Feature integriert.)

Datenbanken haben diese passive Herangehensweise an veränderliche Daten geerbt: Wenn Sie herausfinden möchten, ob sich der Inhalt der Datenbank geändert hat, können Sie das oftmals nur durch periodisches Wiederholen der Abfrage herausfinden (engl. *polling*). Das Abonnieren von Änderungen bildet sich gerade erst als Feature heraus (siehe Abschnitt »API-Unterstützung für Änderungsströme« auf Seite 491).

Datenfluss: Zusammenspiel von Zustandsänderungen und Anwendungscode

Wenn man über Anwendungen in Bezug auf den Datenfluss nachdenkt, geht es auch darum, die Beziehung zwischen Anwendungscode und Zustandsverwaltung neu auszuhandeln. Anstatt eine Datenbank als passive Variable zu betrachten, die von der Anwendung manipuliert wird, denken wir vielmehr nach über das Wechselspiel von Zustand, Zustandsänderungen und Code, der sie verarbeitet. Der An-

1 Ein Witz wird selten besser, wenn man ihn erklären muss. Ich möchte aber nicht, dass sich jemand ausgeschlossen fühlt. Im einen Sinne handelt der Satz vom philosophisch-politischen Prinzip der »Trennung von Staat und Religion«. Doppeldeutig bedeutet »state« aber auch »Zustand«, und *Church* ist ein Verweis auf den Mathematiker Alonzo Church, von dem der Lambda-Kalkül stammt, eine frühe Form der Rechentechnik, die die Basis für die meisten funktionalen Programmiersprachen bildet. Der Lambda-Kalkül hat keinen veränderbaren Zustand (d.h. keine Variablen, die überschrieben werden können), sodass man sagen könnte, dass der veränderbare *Zustand* von der Arbeit von Church *getrennt* ist.

wendungscode reagiert auf Zustandsänderungen an der einen Stelle, indem er Zustandsänderungen an einer anderen Stelle auslöst.

Diesen Gedankengang kennen Sie bereits aus Abschnitt »Datenbanken und Streams« auf Seite 485, wo wir das Änderungsprotokoll einer Datenbank als Ereignisstrom, den wir abonnieren können, behandelt haben. Systeme, die über Nachrichten kommunizieren, wie zum Beispiel Aktoren (siehe Abschnitt »Datenfluss beim Nachrichtenaustausch« auf Seite 146), besitzen ebenfalls dieses Konzept, auf Ereignisse zu reagieren. Bereits in den 1980er-Jahren hat das *Tuple-Spaces*-Modell untersucht, wie sich verteilte Berechnungen in Form von Prozessen, die Zustandsänderungen beobachten und darauf reagieren, ausdrücken lassen [38, 39].

Wie bereits erwähnt passieren ähnliche Dinge innerhalb einer Datenbank, wenn ein Trigger aufgrund einer Datenänderung ausgelöst wird oder wenn ein Sekundärindex aktualisiert wird, um eine Änderung in der zu indizierenden Tabelle widerzuspiegeln. Das Entflechten der Datenbank bedeutet, diese Idee aufzugreifen und auf das Erstellen von abgeleiteten Datenmengen außerhalb der primären Datenbank anzuwenden: Caches, Volltextsuchindizes, maschinelles Lernen oder Analysesysteme. Für diesen Zweck können wir Stream-Verarbeitungs- und Nachrichtensysteme nutzen.

Beachten Sie auf jeden Fall, dass die Verwaltung abgeleiteter Daten nicht das Gleiche ist wie asynchrone Job-Ausführung, für die Nachrichtensysteme traditionell ausgelegt sind (siehe Abschnitt »Protokolle im Vergleich zu herkömmlichem Messaging« auf Seite 481):

- Bei der Verwaltung abgeleiteter Daten ist oftmals die Reihenfolge der Zustandsänderungen wichtig (wenn mehrere Sichten von einem Ereignisprotokoll abgeleitet werden, müssen sie die Ereignisse in derselben Reihenfolge verarbeiten, damit sie miteinander konsistent bleiben). Wie Abschnitt »Bestätigungen und erneute Zustellung« auf Seite 478 erläutert hat, besitzen viele Nachrichtenbroker diese Eigenschaft nicht, wenn sie nicht quittierte Nachrichten erneut zustellen. Doppelte Schreibvorgänge sind ebenfalls ausgeschlossen (siehe Abschnitt »Systeme synchron halten« auf Seite 486).
- Fehlertoleranz ist für abgeleitete Daten unentbehrlich: Geht nur eine einzige Nachricht verloren, führt das dazu, dass die abgeleitete Datenmenge permanent mit ihrer Datenquelle unstimmig wird. Sowohl die Nachrichtenzustellung als auch die Aktualisierungen der abgeleiteten Zustände müssen zuverlässig sein. Zum Beispiel verwalten viele Aktorensysteme standardmäßig den Aktorzustand und die Nachrichten im Arbeitsspeicher; diese Informationen gehen verloren, wenn der Computer, auf dem der Aktor läuft, abstürzt. Solche Aktorensysteme sind für die Aktualisierung abgeleiteter Daten also ungeeignet.

Stabile Nachrichtenordnung und fehlertolerante Nachrichtenverarbeitung sind zwar ziemlich strenge Forderungen, doch sind sie wesentlich effizienter realisierbar und betriebssicherer als verteilte Transaktionen. Moderne Stream-Prozessoren bieten skalierbare Implementierungen dieser Reihenfolge- und Zuverlässigkeitsgarantien, und sie ermöglichen es, den Anwendungscode als Stream-Operator auszuführen.

Dieser Anwendungscode kann beliebige Verarbeitungsfunktionen übernehmen, die integrierte Ableitungsfunktionen in Datenbanken im Allgemeinen nicht bieten. So wie sich Unix-Tools durch Pipes verketten lassen, können auch Stream-Operatoren zu großen Systemen rund um den Datenfluss zusammengestellt werden. Jeder Operator übernimmt Zustandsänderungsströme als Eingabe und produziert andere Zustandsänderungsströme als Ausgabe.

Stream-Prozessoren und Dienste

In der modernen Anwendungsentwicklung zerlegt man die Funktionalität in eine Reihe von *Diensten*, die über synchrone Netzwerkanfragen wie zum Beispiel REST-APIs kommunizieren (siehe Abschnitt »Datenfluss über Dienste: REST und RPC« auf Seite 140). Der Vorteil einer solchen dienstorientierten Architektur gegenüber einer einzelnen monolithischen Anwendung liegt vor allem in der organisatorischen Skalierbarkeit durch lose Kopplung: Verschiedene Teams können an verschiedenen Diensten arbeiten, was den Koordinationsaufwand zwischen den Teams verringert (sofern die Dienste unabhängig voneinander bereitgestellt und aktualisiert werden können).

Das Zusammenstellen von Stream-Operatoren in Datenflusssystemen ähnelt in vielen Eigenschaften dem Microservices-Ansatz [40]. Allerdings sind die zugrunde liegenden Kommunikationsmechanismen sehr unterschiedlich: unidirektionale, asynchrone Nachrichtenströme statt synchroner Anfrage/Antwort-Interaktionen.

Abgesehen von den Vorteilen, die der Abschnitt »Datenfluss beim Nachrichtenaustausch« auf Seite 146 aufgelistet hat, wie zum Beispiel besserer Fehlertoleranz, können Datenflusssysteme auch eine bessere Performance erzielen. Angenommen, ein Kunde kauft einen Artikel, der in der einen Währung ausgepreist ist, aber in einer anderen Währung bezahlt wird. Um die Währungsumrechnung durchführen zu können, müssen Sie den aktuellen Wechselkurs kennen. Diese Operation ließe sich auf zwei Arten implementieren [40, 41]:

1. Beim Microservices-Ansatz würde der Code, der den Kauf verarbeitet, wahrscheinlich einen Wechselkursdienst oder eine Datenbank abfragen, um den aktuellen Kurs für eine bestimmte Währung abzurufen.
2. Beim Datenflussansatz würde der Code, der Käufe verarbeitet, vorab einen Stream von Wechselkursaktualisierungen abonnieren und den aktuellen Wechselkurs bei jeder Änderung in einer lokalen Datenbank aufzeichnen. Wenn dann der Kauf abzuwickeln ist, muss der Code nur noch die lokale Datenbank abfragen.

Der zweite Ansatz ersetzt eine synchrone Netzwerkanfrage an einen anderen Dienst durch eine Abfrage an eine lokale Datenbank (die sich auf demselben Computer und sogar im selben Prozess befinden kann).[2] Der Datenfluss-Ansatz ist nicht nur schneller, sondern auch robuster gegenüber dem Ausfall eines anderen Diensts. Die schnellste und zuverlässigste Netzwerkanfrage ist überhaupt keine Netzwerkanfrage! Statt RPC haben wir nun eine Stream-Verknüpfung zwischen Kaufereignissen und Wechselkursaktualisierungsereignissen (siehe Abschnitt »Stream-Tabellen-Join (Stream-Anreicherung)« auf Seite 510).

Die Verknüpfung ist zeitabhängig: Wenn die Kaufereignisse zu einem späteren Zeitpunkt erneut verarbeitet werden, dürfte sich der Wechselkurs geändert haben. Möchten Sie die ursprüngliche Ausgabe rekonstruieren, brauchen Sie den Wechselkurs zum Zeitpunkt des ursprünglichen Kaufs. Unabhängig davon, ob Sie einen Dienst abfragen oder einen Strom von Wechselkursaktualisierungen abonnieren, müssen Sie diese Zeitabhängigkeit in den Griff bekommen (siehe Abschnitt »Zeitabhängigkeit von Verknüpfungen« auf Seite 512).

Den Änderungsstrom zu abonnieren, anstatt den aktuellen Zustand nach Bedarf abzufragen, bringt uns dem Berechnungsmodell einer Tabellenkalkulation näher: Wenn sich ein Datenelement ändert, können alle abgeleiteten Daten, die von ihm abhängen, unverzüglich aktualisiert werden. Zwar bleiben viele Fragen offen, zum Beispiel zu Themen wie zeitabhängige Verknüpfungen, doch ich glaube, dass das Erstellen von Anwendungen um Datenflusskonzepte herum eine sehr vielversprechende Entwicklungsrichtung ist.

Abgeleitete Zustände beobachten

Auf abstrakter Ebene bekommen Sie mit den im letzten Abschnitt besprochenen Datenflusssystemen einen Prozess, um abgeleitete Datenmengen (wie zum Beispiel Suchindizes, materialisierte Sichten und Vorhersagemodelle) zu erstellen und sie auf dem neuesten Stand zu halten. Diesen Prozess wollen wir als *Schreibpfad* bezeichnen: Wenn ein Datenelement in das System geschrieben wird, kann es mehrere Stufen der Batch- und Stream-Verarbeitung durchlaufen. Schließlich wird jede abgeleitete Datenmenge aktualisiert, um die geschriebenen Daten einzubinden. Abbildung 12-1 zeigt ein Beispiel für die Aktualisierung eines Suchindex.

Doch wieso erstellen Sie die abgeleitete Datenmenge überhaupt? Höchstwahrscheinlich, weil Sie sie später abfragen möchten. Dies ist dann der *Lesepfad*: Wenn Sie eine Benutzeranfrage bedienen, lesen Sie von der abgeleiteten Datenmenge, führen vielleicht einige weitere Verarbeitungsschritte auf den Ergebnissen aus und konstruieren die Antwort für den Benutzer.

2 Beim Microservices-Ansatz könnten Sie die synchrone Netzwerkanfrage vermeiden, indem Sie den Wechselkurs lokal im Dienst, der den Kauf verarbeitet, zwischenspeichern. Um jedoch diesen Cache aktuell zu halten, müssten Sie periodisch auf aktualisierte Wechselkurse abfragen oder einen Stream von Änderungen abonnieren – und genau das ist es, was beim Datenfluss-Ansatz passiert.

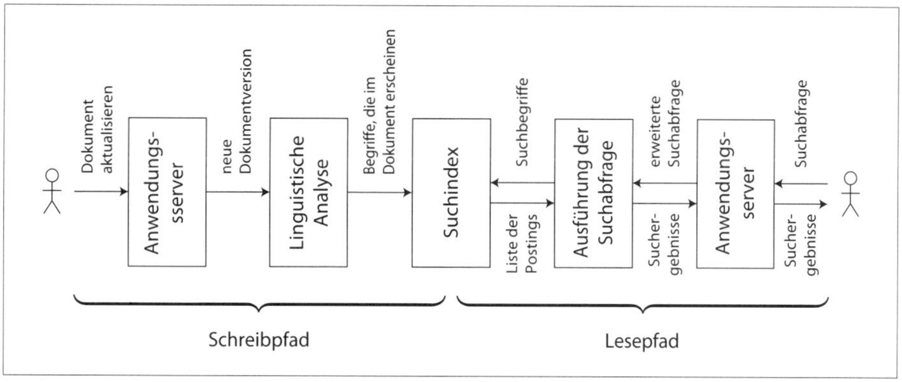

Abbildung 12-1: In einem Suchindex treffen Schreibvorgänge (Dokumentaktualisierungen) auf Lesevorgänge (Abfragen).

Zusammengenommen umfassen der Schreibpfad und der Lesepfad den gesamten Weg der Daten von dem Punkt an, wo sie erfasst werden, bis zu dem Punkt, wo sie konsumiert werden (wahrscheinlich durch eine andere Person). Der Schreibpfad ist der Teil des Wegs, der vorherberechnet ist – d.h. der frühestmöglich ausgeführt wird, sobald die Daten eintreffen, unabhängig davon, ob jemand angefragt hat, sie zu sehen. Der Lesepfad macht den Teil des Wegs aus, der nur dann zurückgelegt wird, wenn jemand nach den Daten gefragt hat. Wenn Sie mit funktionalen Programmiersprachen vertraut sind, haben Sie sicherlich bemerkt, dass der Schreibpfad der frühestmöglichen (engl. *eager*) Auswertung ähnelt und der Lesepfad der spätestmöglichen (engl. *lazy*) Auswertung.

Die abgeleitete Datenmenge ist der Ort, wo sich der Schreibpfad und der Lesepfad treffen, wie Abbildung 12-1 zeigt. Sie stellt einen Kompromiss dar zwischen der Arbeit, die zur Schreibzeit erledigt wird, und der Arbeit, die zur Lesezeit getan werden muss.

Materialisierte Sichten und Caching

Ein Volltextsuchindex ist ein gutes Beispiel: Der Schreibpfad aktualisiert den Index, und der Lesepfad durchsucht den Index nach Schlüsselwörtern. Sowohl bei den Lese- als auch bei den Schreibvorgängen fällt Arbeit an. Schreibvorgänge müssen die Indexeinträge für sämtliche Begriffe aktualisieren, die im Dokument erscheinen. Lesevorgänge müssen nach den einzelnen Wörtern in der Abfrage suchen. Dabei werden die Suchwörter mit boolescher Logik verknüpft, um Dokumente zu finden, die *alle* Wörter in der Abfrage enthalten (`AND`-Operator) oder ein *beliebiges* Synonym der angegebenen Wörter (`OR`-Operator).

Wenn Sie keinen Index hätten, müsste eine Suchabfrage alle Dokumente durchsuchen (wie `grep`), was bei einer großen Anzahl von Dokumenten sehr aufwendig wäre. Kein Index bedeutet weniger Arbeit im Schreibpfad (es ist kein Index zu aktualisieren), aber viel mehr Arbeit im Lesepfad.

Andererseits ist es vorstellbar, die Suchergebnisse für alle möglichen Abfragen im Voraus zu berechnen. In diesem Fall fällt weniger Arbeit im Lesepfad an: keine boolesche Logik, sondern nur die Ergebnisse für die Abfrage suchen und sie zurückgeben. Allerdings wäre die Arbeit im Schreibpfad erheblich aufwendiger: Die Menge der möglichen Suchabfragen, die gestellt werden könnten, ist unendlich, und somit würde die Vorausberechnung aller möglichen Suchergebnisse unendlich viel Zeit und Speicherplatz erfordern. Das würde also nicht gut funktionieren.[3]

Eine andere Möglichkeit wäre es, die Suchergebnisse nur für eine feste Menge der häufigsten Abfragen vorauszuberechnen, sodass sich diese schnell bedienen lassen, ohne den Index zu bemühen. Die seltenen Abfragen können weiterhin aus dem Index bedient werden. Im Allgemeinen spricht man hier von einem *Cache* der häufigsten Abfragen, obwohl auch die Bezeichnung *materialisierte Sicht* passend wäre, da der Inhalt aktualisiert werden müsste, wenn neue Dokumente erscheinen, die in die Ergebnisse aus der Gruppe der häufigsten Abfragen eingebunden werden sollen.

An diesem Beispiel können wir sehen, dass ein Index nicht die einzige mögliche Grenze zwischen dem Schreib- und dem Lesepfad ist. So kann man häufige Suchergebnisse zwischenspeichern (Caching), und bei einer kleinen Anzahl von Dokumenten kommt auch ein grep-artiges Durchsuchen ohne Index infrage. So gesehen ist die Rolle von Caches, Indizes und materialisierten Sichten einfach: Sie verschieben die Grenze zwischen dem Lesepfad und dem Schreibpfad. Damit ist es uns möglich, mehr Arbeit im Schreibpfad zu leisten, indem wir Ergebnisse im Voraus berechnen, um den Aufwand im Lesepfad zu verringern.

Die Verschiebung der Grenze zwischen der im Schreibpfad und der im Lesepfad ausgeführten Arbeit ist tatsächlich das Thema des Twitter-Beispiels zu Beginn dieses Buchs in Abschnitt »Lasten beschreiben« auf Seite 11. In diesem Beispiel haben wir auch gesehen, wie sich die Grenze zwischen Schreibpfad und Lesepfad für Prominente anders ziehen lässt als für normale Benutzer. Nach 550 Seiten schließt sich der Kreis!

Zustandsbehaftete, offlinefähige Clients

Ich finde die Idee einer Grenze zwischen Schreib- und Lesepfaden deshalb interessant, weil wir eine Verschiebung dieser Grenze diskutieren und erläutern können, was diese Verschiebung in der Praxis bedeutet. Sehen wir uns die Idee in einem anderen Kontext an.

Die große Popularität von Webanwendungen in den beiden letzten Jahrzehnten hat uns zu bestimmten Annahmen über die Anwendungsentwicklung geführt, die

3 Weniger scherzhaft gesagt: Die Menge der eindeutig unterscheidbaren Suchanfragen mit nicht leeren Suchergebnissen ist endlich, wenn man von einem endlichen Korpus ausgeht. Allerdings würde sie exponentiell mit der Anzahl der Begriffe im Korpus zunehmen, was immer noch sehr ungünstig ist.

man leicht als selbstverständlich ansehen kann. Insbesondere ist das Client/Server-Modell – in dem Clients weitgehend zustandslos sind und Server die Autorität über die Daten besitzen – so gebräuchlich, dass man fast vergisst, dass es noch etwas anderes gibt. Die Technik entwickelt sich aber weiter, und ich halte es für wichtig, den Status quo von Zeit zu Zeit infrage zu stellen.

Traditionell waren Webbrowser zustandslose Clients, die eigentlich nur dann nützlich sind, wenn Sie über eine Internetverbindung verfügen (offline könnten Sie praktisch nur auf einer Seite, die Sie zuvor im Onlinezustand geladen haben, auf- und abscrollen, und sonst war sehr wenig möglich). Neuerdings haben aber »Einzelseiten«-JavaScript-Webanwendungen viele zustandsbehaftete Funktionen hinzugewonnen, einschließlich clientseitiger Interaktion mit der Benutzeroberfläche und persistenter lokaler Speicherung von Daten im Webbrowser. Mobile Anwendungen können ebenfalls viele Daten lokal auf dem Gerät speichern und kommen für die meisten Benutzerinteraktionen ohne Roundtrip zum Server aus.

Diese sich ändernden Fähigkeiten haben zu einem neuerlichen Interesse an Anwendungen geführt, bei denen der *Offline*betrieb im Vordergrund steht, die also möglichst viel auf dem eigenen Gerät bewerkstelligen können, und zwar mit einer lokalen Datenbank und ohne erforderliche Internetverbindung. Die Synchronisierung mit entfernten Servern erfolgt im Hintergrund, wenn eine Netzwerkverbindung verfügbar ist [42]. Da mobilen Geräten oftmals nur langsame und unzuverlässige Mobilfunk-Internetverbindungen zur Verfügung stehen, ist es für die Benutzer vorteilhaft, wenn ihre Benutzeroberfläche nicht auf synchrone Netzwerkanfragen warten muss und wenn Anwendungen größtenteils offline arbeiten (siehe Abschnitt »Clients mit Offlinebetrieb« auf Seite 179).

Wenn wir von der Annahme ausgehen, dass zustandslose Clients mit einer zentralen Datenbank kommunizieren, und einen Anwendungszustand annehmen, der auf den Geräten von Endbenutzern verwaltet wird, eröffnet sich eine Welt neuer Möglichkeiten. Insbesondere können wir uns den Zustand auf dem Gerät als *Cache des Zustands auf dem Server* vorstellen. Die Pixel auf dem Bildschirm repräsentieren eine materialisierte Sicht auf Modellobjekte in der Clientanwendung; die Modellobjekte sind ein lokales Replikat des Zustands in einem entfernten Rechenzentrum [27].

Zustandsänderungen auf Clients übertragen

Wenn Sie in einer typischen Webanwendung die Seite in einen Webbrowser laden und sich die Daten anschließend auf dem Server ändern, erfährt der Browser erst von den Änderungen, wenn Sie die Seite neu laden. Der Browser liest die Daten nur zu einem Zeitpunkt, unter der Annahme, dass die Webseite statisch ist – der Browser abonniert keine Aktualisierungen vom Server. Somit ist der Zustand im Browser ein veralteter Cache, der nur dann aktualisiert wird, wenn Sie Änderungen explizit abfragen. (HTTP-basierte Feed-Abonnement-Protokolle wie RSS sind lediglich eine einfache Form des *Polling*, d.h. eine zyklisch wiederholte Abfrage nach Aktualisierungen.)

Neuere Protokolle gehen über das einfache Anfrage/Antwort-Muster von HTTP hinaus: Vom Server gesendete Ereignisse (die EventSource-API) und WebSockets stellen Kommunikationskanäle bereit, über die ein Webbrowser eine TCP-Verbindung zu einem Server offenhalten kann, und der Server kann Nachrichten aktiv zum Browser schicken, solange die Verbindung besteht. Der Server hat dadurch die Gelegenheit, den Endbenutzerclient über alle Änderungen am Zustand, die er lokal gespeichert hat, aktiv zu informieren, wodurch die Alterung des clientseitigen Zustands nicht mehr so stark ist.

In Bezug auf unser Modell vom Schreib- und Lesepfad bedeutet das aktive Senden von Zustandsänderungen bis an die Clientgeräte, dass sich der Schreibpfad bis zum Endbenutzer verlängert. Wenn ein Client initialisiert wird, benötigt er trotzdem noch einen Lesepfad, um seinen anfänglichen Zustand zu erhalten, doch danach könnte er sich auf einen Strom von Zustandsänderungen verlassen, die der Server sendet. Die Konzepte, die wir im Zusammenhang mit Stream-Verarbeitung und Messaging erörtert haben, sind nicht darauf beschränkt, in einem Rechenzentrum ausgeführt zu werden: Wir können die Ideen weiterführen und sie bis hin zu den Endgeräten des Benutzers erweitern [43].

Die Geräte werden einige Zeit offline sein und können während dieser Zeit keine Benachrichtigungen über Zustandsänderungen vom Server erhalten. Doch wir haben dieses Problem bereits gelöst: In Abschnitt »Konsumenten-Offsets« auf Seite 482 haben wir erläutert, wie sich ein Konsument eines protokollbasierten Nachrichtenbrokers erneut verbinden kann, nachdem er ausgefallen ist oder seine Verbindung getrennt wurde, und dabei sicherstellen kann, dass er keine Nachrichten verpasst, die während der vorübergehenden Verbindungstrennung angekommen sind. Die gleiche Technik funktioniert auch für einzelne Benutzer, wobei jedes Gerät ein kleiner Abonnent eines kleinen Ereignisstroms ist.

Ereignisströme von einem Ende bis zum anderen

Neuere Tools zur Entwicklung von zustandsbehafteten Clients und Benutzeroberflächen, wie zum Beispiel die Sprache Elm [30] und die Werkzeugsammlung aus React, Flux und Redux von Facebook [44], verwalten bereits einen internen clientseitigen Zustand, indem sie Ereignisströme abonnieren, die Benutzereingaben oder Serverantworten darstellen und die ähnlich wie beim Event Sourcing strukturiert sind (siehe Abschnitt »Event Sourcing« auf Seite 491).

Es wäre nur konsequent, dieses Programmiermodell dahingehend zu erweitern, dass ein Server Zustandsänderungsereignisse in diese clientseitige Ereignispipeline einspeisen kann. So können Zustandsänderungen über einen Schreibpfad fließen, der von einem Ende bis zum anderen reicht: von der Interaktion auf dem einen Gerät, die eine Zustandsänderung auslöst, über Ereignisprotokolle und über mehrere abgeleitete Datensysteme und Stream-Prozessoren bis hin zur Benutzeroberfläche einer Person, die den Zustand auf einem anderen Gerät beobachtet. Diese Zustandsänderungen können mit einer relativ geringen Verzögerung – beispielsweise unter einer Sekunde – von Ende zu Ende übertragen werden.

Manche Anwendungen wie zum Beispiel Instant-Messaging-Programme und Onlinespiele besitzen bereits eine »Echtzeit«-Architektur (im Sinne von Interaktionen mit geringer Verzögerung, nicht im Sinne von Abschnitt »Garantien für Reaktionszeiten« auf Seite 319). Doch warum erstellen wir nicht alle Anwendungen auf diese Weise?

Die Herausforderung besteht darin, dass die Annahme von zustandslosen Clients und Anfrage/Antwort-Interaktionen sehr tief in unseren Datenbanken, Bibliotheken, Frameworks und Protokollen verwurzelt ist. Viele Datenspeicher unterstützen Lese- und Schreiboperationen, wobei eine Anfrage genau eine Antwort zurückgibt, aber nur wenige bieten die Möglichkeit, Änderungen zu abonnieren – d.h. eine Anfrage, die mit der Zeit einen Strom von Antworten zurückgibt (siehe Abschnitt »API-Unterstützung für Änderungsströme« auf Seite 491).

Um den Schreibpfad bis zum Endbenutzer zu erweitern, müssten wir die Art und Weise, wie wir viele dieser Systeme erstellen, grundlegend überdenken: Weggehen von der Anfrage/Antwort-Interaktion hin zu einem Veröffentlichen/Abonnieren-(Publish/Subscribe-)Datenfluss [27]. Meiner Ansicht nach sind die Vorteile einer schneller reagierenden Benutzeroberfläche und bessere Offlineunterstützung die Mühe wert. Wenn Sie Datensysteme entwerfen, behalten Sie hoffentlich die Option im Hinterkopf, Änderungen zu abonnieren und nicht nur den aktuellen Zustand abzufragen.

Lesevorgänge sind ebenfalls Ereignisse

Wenn ein Stream-Prozessor abgeleitete Daten in einen Speicher (Datenbank, Cache oder Index) schreibt und wenn Benutzeranfragen diesen Speicher abfragen, fungiert dieser Speicher als Grenze zwischen dem Schreibpfad und dem Lesepfad. Der Speicher erlaubt Leseabfragen mit wahlfreiem Zugriff auf die Daten, wozu sonst das gesamte Ereignisprotokoll durchsucht werden müsste.

In vielen Fällen ist der Datenspeicher vom Streaming-System getrennt. Denken Sie aber daran, dass Stream-Prozessoren auch Zustand verwalten müssen, um Aggregationen und Verknüpfungen durchzuführen (siehe Abschnitt »Stream-Joins« auf Seite 509). Dieser Zustand ist normalerweise im Stream-Prozessor verborgen, doch manche Frameworks erlauben es auch externen Clients, den Zustand abzufragen [45], wodurch der Stream-Prozessor selbst zu einer Art einfacher Datenbank wird.

Ich möchte diesen Gedanken weiterführen. Wie bereits erläutert, gehen die Schreiboperationen in den Speicher durch ein Ereignisprotokoll, während Lesevorgänge transiente Netzwerkanfragen sind, die direkt zu den Knoten gehen, die die abzufragenden Daten speichern. Dies ist ein vernünftiges Design, aber nicht das einzig mögliche. Es ist auch denkbar, Leseanforderungen als Ereignisströme darzustellen, und sowohl die Leseereignisse als auch die Schreibereignisse durch einen Stream-Prozessor zu senden; der Prozessor reagiert auf Leseereignisse, indem er das Ergebnis des Lesevorgangs an einen Ausgabestrom sendet [46].

Wenn sowohl die Schreib- als auch die Leseoperationen als Ereignisse dargestellt und an denselben Stream-Operator zur Behandlung weitergeleitet werden, führen wir praktisch einen Stream-Tabellen-Join zwischen dem Stream von Leseabfragen und der Datenbank aus. Die Leseereignisse müssen an die Datenbankpartition gesendet werden, die die Daten speichert (siehe Abschnitt »Anfragen weiterleiten« auf Seite 227), genau wie Batch- und Stream-Prozessoren beim Verknüpfen die Eingaben auf die gleiche Weise mit dem gleichen Schlüssel partitionieren müssen (siehe Abschnitt »Reduce-seitige Verknüpfungen und Gruppierungen« auf Seite 432).

Zwischen dem Bedienen von Anfragen und dem Ausführen von Verknüpfungen besteht eine grundlegende Korrespondenz [47]. Eine einmalige Leseanfrage leitet die Anfrage einfach über den Verknüpfungsoperator weiter und vergisst sie dann sofort; eine Abonnementanfrage ist eine persistente Verknüpfung mit vergangenen und zukünftigen Ereignissen auf der anderen Seite der Verknüpfung.

Die Aufzeichnung eines Protokolls von Leseereignissen hat potenziell auch Vorteile in Bezug auf das Verfolgen von kausalen Abhängigkeiten und der Datenherkunft in einem System: Anhand des Protokolls können Sie rekonstruieren, was der Benutzer gesehen hat, bevor er eine bestimmte Entscheidung getroffen hat. Zum Beispiel ist es in einem Onlineshop wahrscheinlich, dass die angezeigten Daten für das voraussichtliche Lieferdatum und den aktuellen Lagerbestand einen Kunden bei seiner Kaufentscheidung für einen bestimmten Artikel beeinflussen [4]. Um diese Verbindung zu analysieren, müssen Sie das Ergebnis der Benutzerabfrage nach Lieferdatum und Lagerbestand aufzeichnen.

Indem man Leseereignisse in einen dauerhaften Speicher schreibt, kann man die kausalen Abhängigkeiten besser verfolgen (siehe Abschnitt »Ereignisse ordnen, um Kausalität zu erfassen« auf Seite 532), doch bringt das zusätzliche Speicher- und E/A-Kosten mit sich. Es gehört immer noch zu den offenen Problemen in der Forschung, derartige Systeme zu optimieren, um den Overhead zu verringern [2]. Doch wenn Sie bereits Leseanfragen für operative Zwecke als Nebeneffekt der Abfrageverarbeitung protokollieren, brauchen Sie nur wenig zu ändern, um das Protokoll stattdessen zur Quelle der Anfragen zu machen.

Datenverarbeitung über mehrere Partitionen

Bei Abfragen, die nur eine einzelne Partition einbeziehen, ist der Aufwand, Abfragen über einen Datenstrom zu senden und einen Strom von Antworten zu sammeln, vielleicht übertrieben. Allerdings eröffnet diese Idee die Möglichkeit der verteilten Ausführung von komplexen Abfragen, die Daten von mehreren Partitionen zusammenfassen müssen, wobei die Ausführung von der Infrastruktur für Nachrichten-Routing, Partitionierung und Verknüpfungen profitieren kann, die bereits von den Stream-Prozessoren bereitgestellt wird.

Das Apache Storm-Feature *distributed RPCs* (verteilte RPCs) unterstützt dieses Nutzungsmuster (siehe Abschnitt »Nachrichtenübergabe und RPC« auf Seite 504). Zum Beispiel wurde es verwendet, um die Anzahl der Personen zu berechnen, die eine URL auf Twitter gesehen haben – d.h. die Vereinigungsmenge der Follower-Mengen all derjenigen, die diese URL getwittert haben [48]. Ist die Menge der Twitter-Benutzer partitioniert, fließen in diese Berechnung die Ergebnisse von vielen Partitionen ein.

Ein weiteres Beispiel für dieses Muster ist in der Betrugsprävention zu finden: Um das Risiko zu beurteilen, ob ein bestimmtes Kaufereignis betrügerisch ist, können Sie die Reputationswerte des Benutzers (zum Beispiel IP-Adresse, E-Mail-Adresse und Lieferadresse) überprüfen. Da jede dieser Reputationsdatenbanken selbst partitioniert ist, erfordert das Sammeln von Bewertungsziffern für ein bestimmtes Kaufereignis eine Folge von Verknüpfungen mit unterschiedlich partitionierten Datenmengen [49].

Die internen Graphen für die Abfrageausführung in MPP-Datenbanken besitzen ähnliche Eigenschaften (siehe Abschnitt »Hadoop im Vergleich mit verteilten Datenbanken« auf Seite 446). Wenn Sie eine derartige Verknüpfung über mehrere Partitionen ausführen müssen, ist es wahrscheinlich einfacher, eine Datenbank zu verwenden, die dieses Feature bietet, als es mit einem Stream-Prozessor zu implementieren. Wenn Sie allerdings Abfragen als Streams behandeln, haben Sie die Möglichkeit, umfangreiche Anwendungen zu implementieren, die an die Grenzen herkömmlicher Standardlösungen stoßen.

Auf der Suche nach Korrektheit

Mit zustandslosen Diensten, die nur Daten lesen, ist es kein großes Problem, wenn etwas schiefgeht: Man kann den Fehler beseitigen, den Dienst neu starten, und alles läuft wieder normal. Bei zustandsbehafteten Systemen wie zum Beispiel Datenbanken ist das nicht so einfach: Da sie so konzipiert sind, sich Dinge (nahezu) für immer zu merken, können die Auswirkungen auch ewig anhalten, falls etwas schiefgeht – sie verlangen also nach sorgfältigeren Überlegungen [50].

Wir wollen Anwendungen entwickeln, die zuverlässig und *korrekt* sind (d.h. Programme, deren Semantik genau definiert ist und gut verstanden wird, selbst angesichts verschiedener Fehler). Seit ungefähr vier Jahrzehnten waren die Transaktionseigenschaften Atomarität, Isolation und Dauerhaftigkeit (Kapitel 7) die am weitesten verbreiteten Mittel, um korrekte Anwendungen zu erstellen. Allerdings sind diese Fundamente schwächer, als es zunächst scheinen mag: Davon zeugt beispielsweise die Verwirrung um die schwachen Isolationsstufen (siehe Abschnitt »Schwache Isolationsstufen« auf Seite 248).

In manchen Bereichen gibt man Transaktionen vollständig auf und ersetzt sie durch Modelle, die bessere Performance und Skalierbarkeit bieten, aber eine wesentlich unübersichtlichere Semantik haben (siehe zum Beispiel Abschnitt »Replikation ohne Leader« auf Seite 187). Über *Konsistenz* wird zwar häufig gesprochen, doch ist sie nur schlecht definiert (siehe Abschnitt »Konsistenz« auf Seite 239 und Kapitel 9). Manche Leute behaupten, dass wir »schwache Konsistenz« um besserer Verfügbarkeit willen akzeptieren sollten, ohne eine klare Vorstellung davon zu haben, was das in der Praxis eigentlich bedeutet.

Für ein so wichtiges Thema sind unser Verständnis und unsere technischen Verfahren überraschend unzuverlässig. Zum Beispiel ist es sehr schwierig festzustellen, ob es sicher ist, eine bestimmte Anwendung auf einer bestimmten Transaktionsisolationsstufe oder Replikationskonfiguration auszuführen [51, 52]. Oftmals scheinen einfache Lösungen korrekt zu funktionieren, wenn die Parallelität gering ist und es keine Fehler gibt, es sich aber unter schwierigeren Umständen herausstellt, dass sie viele unterschwellige Bugs enthalten.

Zum Beispiel haben die Jepsen-Experimente von Kyle Kingsbury [53] die starken Diskrepanzen zwischen den von manchen Produkten angepriesenen Sicherheitsgarantien und ihrem tatsächlichen Verhalten unter Netzwerkproblemen und Abstürzen aufgezeigt. Selbst wenn Infrastrukturprodukte wie Datenbanken frei von Problemen wären, müsste der Anwendungscode trotzdem die von ihnen bereitgestellten Features korrekt verwenden – eine fehleranfällige Angelegenheit, wenn die Konfiguration schwer zu verstehen ist (was bei schwachen Isolationsstufen, Quorum-Konfigurationen usw. der Fall ist).

Wenn es Ihre Anwendung tolerieren kann, dass Daten gelegentlich in unvorhersehbarer Weise beschädigt werden oder verloren gehen, haben Sie es ein ganzes Stück leichter und brauchen nur die Daumen zu drücken und auf das Beste zu hoffen. Wenn Sie andererseits stärkere Zusicherungen der Korrektheit benötigen, kommen Serialisierbarkeit und atomarer Commit als etablierte Verfahren infrage, die allerdings ihren Preis haben: Normalerweise funktionieren sie nur in einem einzelnen Rechenzentrum (was geografisch verteilte Architekturen ausschließt), und sie schränken die erreichbaren Skalierungs- und Fehlertoleranzeigenschaften ein.

Der traditionelle Transaktionsaktionsansatz verschwindet zwar nicht, aber ich glaube auch, dass er nicht die ultimative Lösung ist, um Anwendungen korrekt und fehlerresistent zu machen. In diesem Abschnitt schlage ich einige Denkansätze zur Korrektheit im Kontext von Datenflussarchitekturen vor.

Das Ende-zu-Ende-Argument für Datenbanken

Nur weil eine Anwendung ein Datensystem nutzt, das vergleichsweise starke Sicherheitseigenschaften bietet, wie zum Beispiel serialisierbare Transaktionen, heißt das nicht, dass die Anwendung garantiert frei von Datenverlust oder -beschädigung ist. Wenn zum Beispiel ein Bug in einer Anwendung bewirkt, dass die Anwendung falsche Daten schreibt oder sogar Daten aus einer Datenbank löscht, helfen Ihnen serialisierbare Transaktionen auch nicht weiter.

Dieses Beispiel mag vielleicht albern erscheinen, aber es lohnt sich, es ernst zu nehmen: Bugs in Anwendungen sind unvermeidbar, und Menschen machen Fehler. Ich habe anhand dieses Beispiels in Abschnitt »Zustand, Streams und Unveränderlichkeit« auf Seite 494 für Daten argumentiert, die unveränderbar sind und sich nur am Ende anfügen lassen, weil die Wiederherstellung bei solchen Fehlern einfacher ist, wenn man dem fehlerhaften Code die Möglichkeit entzieht, gute Daten zu zerstören.

Unveränderlichkeit ist zwar nützlich, aber kein Allheilmittel. Wie das folgende Beispiel zeigt, können auch Datenbeschädigungen auftreten, die nicht so offensichtlich sind.

Eine Operation genau einmal ausführen

Im Abschnitt »Fehlertoleranz« auf Seite 513 haben wir ein Konzept namens *exactly-once-* oder *effectively-once*-Semantik (genau-einmal-/effektiv-einmal-Semantik) vorgestellt. Wenn etwas schiefgeht, während eine Nachricht verarbeitet wird, können Sie entweder aufgeben (die Nachricht löschen – d.h. Datenverlust in Kauf nehmen) oder es noch einmal versuchen. Wenn Sie es noch einmal versuchen, besteht die Gefahr, dass die Ausführung tatsächlich schon beim ersten Mal erfolgreich gewesen ist, Sie aber den Erfolg nicht registriert haben und somit die Nachricht am Ende zweimal verarbeitet wird.

Zweimaliges Verarbeiten ist eine Form von Datenbeschädigung: Es ist nicht wünschenswert, den Kunden zweimal für denselben Dienst zur Kasse zu bitten (ihm also zu viel zu berechnen) oder einen Zähler zweimal zu inkrementieren (eine Kennziffer zu hoch zu bewerten). In diesem Zusammenhang bedeutet *exactly-once*, die Berechnung so anzuordnen, dass die endgültige Wirkung identisch ist, als ob keine Fehler aufgetreten wären, selbst wenn die Operation aufgrund eines Fehlers wiederholt wurde. Wir haben bereits einige Ansätze vorgestellt, um dieses Ziel zu erreichen.

Einer der wirksamsten Ansätze ist es, die Operation idempotent zu machen (siehe Abschnitt »Idempotenz« auf Seite 515), d.h., sicherzustellen, dass sie die gleiche Wirkung hat, unabhängig davon, ob sie einmal oder mehrmals ausgeführt wird. Allerdings ist es nicht ganz einfach, eine Operation, die von Haus aus nicht idempotent ist, idempotent zu machen: Möglicherweise müssen Sie zusätzliche Metadaten verwalten (wie zum Beispiel die Menge der Operations-IDs, die einen Wert aktualisiert haben) und Fencing sicherstellen, wenn ein Failover von einem Knoten auf einen anderen stattfindet (siehe Abschnitt »Der Leader und die Sperre« auf Seite 323).

Duplikate unterdrücken

Das gleiche Muster, Duplikate unterdrücken zu müssen, kommt neben der Datenstromverarbeitung an vielen anderen Stellen vor. Zum Beispiel verwendet TCP Sequenznummern auf Paketen, um sie beim Empfänger in die richtige Reihenfolge bringen zu können und um festzustellen, ob Pakete im Netzwerk verloren gegangen oder dupliziert worden sind. Der TCP-Stack veranlasst die erneute Übertragung verlorener Pakete und entfernt Duplikate, bevor er die Daten an die Anwendung übergibt. Allerdings funktioniert diese Duplikatunterdrückung nur im Kontext einer einzelnen TCP-Verbindung. Nehmen Sie einmal an, die TCP-Verbindung ist die Verbindung eines Clients mit einer Datenbank und es wird momentan die Transaktion in Beispiel 12-1 ausgeführt. In vielen Datenbanken ist eine Transaktion an eine Clientverbindung gebunden (wenn der Client mehrere Abfragen sendet, weiß die Datenbank, dass sie alle zur selben Transaktion gehören, weil sie über dieselbe TCP-Verbindung gesendet werden). Sollte der Client von einer Netzwerkunterbrechung oder einem Verbindungs-Timeout betroffen sein, nachdem `COMMIT` gesendet wurde, aber noch bevor die Rückmeldung vom Datenbankserver eingetroffen ist, weiß er nicht, ob die Transaktion committet oder abgebrochen wurde (siehe Abbildung 8-1).

Beispiel 12-1: Eine nicht idempotente Geldüberweisung von einem Konto auf ein anderes

```
BEGIN TRANSACTION;
UPDATE accounts SET balance = balance + 11.00 WHERE account_id = 1234;
UPDATE accounts SET balance = balance - 11.00 WHERE account_id = 4321;
COMMIT;
```

Der Client kann sich nun wieder mit der Datenbank verbinden und die Transaktion erneut versuchen, doch ist sie jetzt nicht mehr im Gültigkeitsbereich der TCP-Duplikatunterdrückung. Da die Transaktion in Beispiel 12-1 nicht idempotent ist, könnte es passieren, dass $22 statt der gewünschten $11 überwiesen werden. Obwohl Beispiel 12-1 ein Standardbeispiel für Transaktionsatomarität zeigt, ist es eigentlich nicht korrekt, und reale Banken arbeiten auch nicht auf diese Weise [3].

Zwei-Phasen-Commit-Protokolle (siehe Abschnitt »Atomarer Commit und Zwei-Phasen-Commit (2PC)« auf Seite 379) durchbrechen die 1:1-Zuordnung zwischen einer TCP-Verbindung und einer Transaktion, da sie einem Transaktionskoordinator ermöglichen müssen, die Verbindung zu einer Datenbank nach einem Netzwerkfehler wiederherzustellen, und ihr sagen, ob eine unklare Transaktion zu committen oder abzubrechen ist. Genügt das, um sicherzustellen, dass die Transaktion nur einmal ausgeführt wird? Leider nicht. Selbst wenn wir doppelte Transaktionen zwischen dem Datenbank-Client und -Server unterdrücken können, müssen wir uns trotzdem noch um das Netzwerk zwischen dem Gerät des Endbenutzers und dem Anwendungsserver kümmern. Ist zum Beispiel der Endbenutzer-Client ein Webbrowser, verwendet er wahrscheinlich eine HTTP-POST-Anfrage, um eine Anweisung an den Server zu senden. Vielleicht befindet sich der Benutzer in einem Gebiet mit schlechter Mobilfunkversorgung und kann die POST-Anfrage zwar noch absetzen, doch das Signal wird dann zu schwach, bevor er die Antwort vom Server empfangen kann.

In diesem Fall bekommt der Benutzer vielleicht eine Fehlermeldung zu sehen und versucht, die Anfrage manuell erneut abzusetzen. Webbrowser warnen: »Sind Sie sicher, dass Sie dieses Formular erneut senden möchten?« – und der Benutzer sagt Ja, weil die Operation stattfinden soll. (Das Muster Post/Redirect/Get [54] vermeidet diese Warnung im normalen Betrieb, hilft aber nicht bei einem Timeout der POST-Anfrage.) Aus Sicht des Webservers ist die Wiederholung eine separate Anfrage und aus Sicht der Datenbank eine eigene Transaktion. Die üblichen Mechanismen der Deduplizierung helfen nicht weiter.

Eindeutige Identifizierung von Anfragen

Um eine Anfrage idempotent zu machen, selbst wenn sie mehrere Netzwerkknoten und Dienste durchläuft, genügt es nicht, sich einfach auf den Transaktionsmechanismus einer Datenbank zu verlassen – Sie müssen den Fluss der Anfrage von einem Ende bis zum anderen berücksichtigen.

Zum Beispiel könnten Sie einen eindeutigen Bezeichner für eine Anfrage erzeugen (etwa eine UUID) und ihn in der Clientanwendung als verstecktes Formularfeld einbinden oder einen Hashwert aller relevanten Formularfelder berechnen, um die Anfrage-ID abzuleiten [3]. Wenn der Webbrowser die POST-Anfrage zweimal sendet, haben die beiden Anfragen die gleiche Anfrage-ID. Dann können Sie diese Anfrage-ID bis hin zur Datenbank weitergeben und überprüfen, ob Sie immer nur eine Anfrage mit einer bestimmten ID ausführen, wie es Beispiel 12-2 zeigt.

Beispiel 12-2: Doppelte Anfragen mithilfe einer eindeutigen ID unterdrücken

```
ALTER TABLE requests ADD UNIQUE (request_id);

BEGIN TRANSACTION;

INSERT INTO requests
  (request_id, from_account, to_account, amount)
  VALUES('0286FDB8-D7E1-423F-B40B-792B3608036C', 4321, 1234, 11.00);

UPDATE accounts SET balance = balance + 11.00 WHERE account_id = 1234;
UPDATE accounts SET balance = balance - 11.00 WHERE account_id = 4321;

COMMIT;
```

Beispiel 12-2 stützt sich auf eine Eindeutigkeitsbeschränkung auf der Spalte `request_id`. Wenn eine Transaktion versucht, eine bereits vorhandene ID einzufügen, schlägt die `INSERT`-Anweisung fehl, und die Transaktion wird abgebrochen, sodass sie nicht zweimal wirksam werden kann. Relationale Datenbanken können eine Eindeutigkeitseinschränkung im Allgemeinen korrekt aufrechterhalten, selbst bei schwachen Isolationsstufen (während ein Überprüfen-dann-Einfügen auf Anwendungsebene bei nicht serialisierbarer Isolation fehlschlagen kann, wie Abschnitt »Schreibversatz und Phantome« auf Seite 262 erläutert hat).

Neben der Unterdrückung doppelter Anfragen fungiert die Anfragentabelle in Beispiel 12-2 als eine Art Ereignisprotokoll, das in Richtung Event Sourcing weist (siehe Abschnitt »Event Sourcing« auf Seite 491). Die Aktualisierungen der Kontostände müssen eigentlich nicht unbedingt in derselben Transaktion wie das Einfügen des Ereignisses stattfinden, da sie redundant sind und in einem nachgelagerten Konsumenten vom Anfrageereignis abgeleitet werden können – sofern das Ereignis genau einmal verarbeitet wird, was sich wiederum über die Anfrage-ID durchsetzen lässt.

Das Ende-zu-Ende-Argument

Dieses Szenario der Unterdrückung doppelter Transaktionen ist nur ein Beispiel eines allgemeineren Prinzips namens *Ende-zu-Ende-Argument*, das 1984 von Saltzer, Reed und Clark formuliert worden ist [55]:

> Die betreffende Funktion kann nur mit dem Wissen und der Hilfe der Anwendung, die an den Endpunkten des Kommunikationssystems steht, vollständig und korrekt implementiert werden. Daher ist es nicht möglich, diese betreffende Funktion als Feature des Kommunikationssystems selbst bereitzustellen. (Manchmal kann eine unvollständige Version der Funktion, die vom Kommunikationssystem bereitgestellt wird, zur Leistungsverbesserung nützlich sein.)

Die *betreffende Funktion* in unserem Beispiel war die Duplikatunterdrückung. Wir haben gesehen, dass TCP doppelte Pakete auf der TCP-Verbindungsebene unterdrückt und manche Stream-Prozessoren eine sogenannte exactly-once-Semantik auf der Ebene der Nachrichtenverarbeitung realisieren. Allerdings ist das nicht genug, um einen Benutzer davon abzuhalten, eine doppelte Anfrage zu senden, wenn die erste nach Timeout abgebrochen wurde. TCP, Datenbanktransaktionen und Stream-Prozessoren allein können diese Duplikate nicht vollständig ausmerzen. Um das Problem zu lösen, ist eine Ende-zu-Ende-Konzeption erforderlich: eine Transaktions-ID, die die ganze Strecke vom Endbenutzerclient bis zur Datenbank übertragen wird.

Das Ende-zu-Ende Argument gilt auch für die Überprüfung der Datenintegrität: Anhand von Prüfsummen, die Bestandteil von Ethernet, TCP und TLS sind, lassen sich Beschädigungen von Paketen im Netzwerk erkennen, aber keine Beschädigungen aufgrund von Bugs in der Software auf der Sende- und Empfangsseite der Netzwerkverbindung oder Beschädigungen auf den Festplatten, auf denen die Daten gespeichert sind. Wenn Sie alle möglichen Quellen der Datenbeschädigung erfassen wollen, brauchen Sie auch Ende-zu-Ende-Prüfsummen.

Ein ähnliches Argument gilt für die Verschlüsselung [55]: Das Kennwort in Ihrem WLAN-Heimnetz schützt Sie vor Personen, die Ihren WLAN-Verkehr ausspionieren, aber nicht vor Angreifern anderswo im Internet; TLS/SSL zwischen Ihrem Client und dem Server schützt gegen Netzwerkangreifer, aber nicht vor Gefährdungen des Servers. Nur Ende-zu-Ende-Verschlüsselung und -Authentifizierung können vor allen diesen Dingen schützen.

Obwohl die systemnahen Features (TCP-Duplikatunterdrückung, Ethernet-Prüfsummen, WLAN-Verschlüsselung) die gewünschten Ende-zu-Ende-Features an sich nicht bieten können, sind sie trotzdem nützlich, da sie die Wahrscheinlichkeit von Problemen auf den höheren Ebenen verringern. Zum Beispiel würden HTTP-Anfragen oftmals verstümmelt, wenn wir nicht TCP hätten, das die Pakete wieder in die richtige Reihenfolge bringt. Wir müssen nur daran denken, dass die systemnahen Zuverlässigkeitsfeatures allein nicht ausreichen, um Ende-zu-Ende-Korrektheit zu gewährleisten.

Anwendung der Ende-zu-Ende-Denkweise in Datensystemen

Damit komme ich auf meine ursprüngliche These zurück: Nur weil eine Anwendung ein Datensystem verwendet, das vergleichsweise starke Sicherheitseigenschaften bietet, wie zum Beispiel serialisierbare Transaktionen, heißt das nicht, dass die Anwendung garantiert frei von Datenverlust oder -beschädigung ist. Die Anwendung selbst muss ebenfalls Ende-zu-Ende-Maßnahmen ergreifen, beispielsweise Duplikatunterdrückung.

Das ist bedauerlich, weil es sehr schwer ist, Fehlertoleranzmechanismen richtig zu realisieren. Systemnahe Zuverlässigkeitsmechanismen, wie sie beispielsweise in TCP vorhanden sind, funktionieren gut, und somit treten Fehler auf höheren Ebenen nur relativ selten auf. Es wäre wirklich schön, die übrige Fehlertoleranzmaschinerie in einer Abstraktion zu kapseln, damit sich der Anwendungscode nicht darum kümmern muss – doch ich fürchte, dass wir die richtige Abstraktion noch nicht gefunden haben.

Transaktionen gelten seit Langem als gute Abstraktion, und ich bin überzeugt davon, dass sie nützlich sind. Wie in der Einführung zu Kapitel 7 erwähnt, widmen sie sich einem breiten Spektrum möglicher Probleme (gleichzeitige Schreibvorgänge, Einschränkungsverletzungen, Abstürze, Netzwerkunterbrechungen, Festplattenfehler) und brechen sie auf zwei mögliche Ergebnisse herunter: Commit oder Abbruch. Das ist eine enorme Vereinfachung des Programmiermodells, doch ich fürchte, dass dies noch nicht genug ist.

Transaktionen sind teuer, insbesondere wenn es sich um heterogene Speichersysteme handelt (siehe Abschnitt »Verteilte Transaktionen in der Praxis« auf Seite 386). Wenn wir verteilte Transaktionen ablehnen, weil sie zu teuer sind, müssen wir letztlich Fehlertoleranzmechanismen im Anwendungscode neu implementieren. Wie zahlreiche Beispiele das ganze Buch hindurch gezeigt haben, sind Überlegungen in Bezug auf Parallelität und teilweises Versagen schwierig anzustellen und oft nicht intuitiv. Ich vermute deshalb, dass die meisten Mechanismen auf Anwendungsebene nicht korrekt funktionieren. Die Folge sind verlorene oder beschädigte Daten.

Meiner Meinung nach lohnt es sich deshalb, fehlertolerante Abstraktionen zu untersuchen, mit denen sich anwendungsspezifische Ende-zu-Ende-Korrektheitseigenschaften umsetzen lassen, die aber auch eine gute Performance und gute Betriebseigenschaften in einer großangelegten verteilten Umgebung ermöglichen.

Durchsetzung von Einschränkungen

Kommen wir nun zum Thema Korrektheit im Zusammenhang mit den Ideen um die Entflechtung von Datenbanken (Abschnitt »Die Entflechtung von Datenbanken « auf Seite 538). Wir haben gesehen, dass sich Ende-zu-Ende-Duplikatunterdrückung mit einer Anfrage-ID erreichen lässt, die auf der gesamten Strecke vom Client bis zur Datenbank, die den Schreibvorgang aufzeichnet, weitergegeben wird. Wie sieht es mit anderen Arten von Einschränkungen aus?

Insbesondere wollen wir uns auf Eindeutigkeitseinschränkungen konzentrieren – wie die, auf die wir in Beispiel 12-2 gesetzt haben. Der Abschnitt »Auf Linearisierbarkeit setzen« auf Seite 352 hat weitere Beispiele von Anwendungsfeatures gezeigt, bei denen Eindeutigkeit erzwungen werden muss: Ein Benutzername oder eine E-Mail-Adresse muss einen Benutzer eindeutig identifizieren, ein Dateispeicherdienst kann nicht mehrere Dateien mit dem gleichen Namen verwalten, und zwei Personen können nicht denselben Platz auf einem Flug oder in einem Theater buchen.

Andere Arten von Einschränkungen sind sehr ähnlich: beispielsweise sicherzustellen, dass ein Kontostand nie negativ wird, dass Sie nicht mehr Artikel verkaufen, als Sie auf Lager haben, oder dass ein Besprechungsraum nicht mehrfach zur gleichen Zeit gebucht wird. Techniken, die Eindeutigkeit erzwingen, können oftmals auch für derartige Einschränkungen herangezogen werden.

Eindeutigkeitseinschränkungen erfordern Konsens

In Kapitel 9 haben wir gesehen, dass in einer verteilten Umgebung Konsens erforderlich ist, um eine Eindeutigkeitseinschränkung durchzusetzen: Wenn es mehrere gleichzeitige Anfragen mit dem gleichen Wert gibt, muss das System irgendwie entscheiden, welche der widersprüchlichen Operationen akzeptiert wird, und die anderen als Verletzungen der Einschränkung zurückweisen.

Bei der gebräuchlichsten Methode, diesen Konsens zu erreichen, macht man einen einzelnen Knoten zum Leader und überträgt ihm die Aufgabe, alle Entscheidungen zu treffen. Das funktioniert gut, solange es Sie nicht stört, alle Anfragen über einen einzelnen Knoten zu leiten (selbst wenn sich der Client auf der anderen Seite der Welt befindet), und solange dieser Knoten nicht ausfällt. Wenn Sie den Ausfall des Leaders tolerieren müssen, sind Sie wieder beim Konsensproblem gelandet (siehe Abschnitt »Single-Leader-Replikation und Konsens« auf Seite 394).

Eindeutigkeitsüberprüfungen lassen sich basierend auf dem Wert, der eindeutig sein muss, horizontal skalieren. Wenn Sie zum Beispiel die Eindeutigkeit nach Anfrage-ID wie in Beispiel 12-2 durchsetzen müssen, können Sie sicherstellen, dass alle Anfragen mit der gleichen Anfrage-ID zur selben Partition weitergeleitet werden (siehe Kapitel 6). Müssen Benutzernamen eindeutig sein, können Sie nach einem Hashwert des Benutzernamens partitionieren.

Eine asynchrone Multi-Master-Replikation scheidet allerdings aus, weil es vorkommen kann, dass verschiedene Master gleichzeitig widersprüchliche Schreibvorgänge akzeptieren und somit die Werte nicht mehr eindeutig sind (siehe Abschnitt »Konsistenzgarantien« auf Seite 344). Wenn Sie Schreibvorgänge, die die Einschränkung verletzen könnten, sofort zurückweisen möchten, kommen Sie ohne synchrone Koordinierung nicht aus [56].

Eindeutigkeit im protokollbasierten Messaging

Ein Protokoll stellt sicher, dass alle Konsumenten die Nachrichten in der gleichen Reihenfolge sehen – eine Garantie, die formal als *total geordneter Broadcast* bezeichnet wird und mit Konsens äquivalent ist (siehe Abschnitt »Total geordneter Broadcast« auf Seite 372). Beim Ansatz mit entflochtenen Datenbanken und protokollbasiertem Messaging können wir einen sehr ähnlichen Ansatz verwenden, um Eindeutigkeitseinschränkungen durchzusetzen.

Ein Stream-Prozessor konsumiert alle Nachrichten in einer Protokollpartition sequenziell in einem einzelnen Thread (siehe Abschnitt »Protokolle im Vergleich zu herkömmlichem Messaging« auf Seite 481). Wenn also das Protokoll nach den Werten, die eindeutig sein müssen, partitioniert ist, kann ein Stream-Prozessor eindeutig und deterministisch entscheiden, welche von mehreren widersprüchlichen Anfragen zuerst im Protokoll erschienen ist. Zum Beispiel sieht der Algorithmus wie folgt aus, wenn mehrere Benutzer versuchen, den gleichen Benutzernamen zu registrieren [57]:

1. Jede Anfrage nach einem Benutzernamen wird als Nachricht kodiert und an eine Partition angefügt, die sich aus dem Hashwert des Benutzernamens ergibt.
2. Ein Stream-Prozessor liest sequenziell die Anfragen im Protokoll und verfolgt mit einer lokalen Datenbank, welche Benutzernamen vergeben sind. Für jede Anfrage nach einem verfügbaren Benutzernamen verzeichnet er den Namen als vergeben und sendet eine Erfolgsmeldung an einen Ausgabestrom. Für jede Anfrage nach einem bereits vergebenen Benutzernamen sendet er eine Ablehnungsmeldung an einen Ausgabestrom.
3. Der Client, der den Benutzernamen angefragt hat, beobachtet den Ausgabestrom und wartet auf eine Erfolgs- oder Ablehnungsmeldung, die seiner Anfrage entspricht.

Im Wesentlichen ist dieser Algorithmus der gleiche wie in Abschnitt »Linearisierbaren Speicher mithilfe von total geordnetem Broadcast implementieren« auf Seite 374 beschrieben. Er lässt sich leicht auf einen hohen Anfragedurchsatz skalieren, indem die Anzahl der Partitionen erhöht wird, da sich jede Partition unabhängig von den anderen verarbeiten lässt.

Der Ansatz funktioniert nicht nur für Eindeutigkeitseinschränkungen, sondern auch für viele andere Arten von Einschränkungen. Prinzipiell werden dabei alle Schreibvorgänge, die zu Konflikten führen können, auf dieselbe Partition geleitet und sequenziell verarbeitet. Wie Abschnitt »Was ist ein Konflikt?« auf Seite 184 und Abschnitt »Schreibversatz und Phantome« auf Seite 262 erläutert haben, kann die Definition eines Konflikts von der Anwendung abhängen, wobei aber der Stream-Prozessor eine Anfrage mit beliebiger Logik validieren kann. Diese Idee ähnelt dem Ansatz, den das replizierte Speichersystem Bayou in den 1990er-Jahren auf den Weg gebracht hat [58].

Anfrageverarbeitung mit mehreren Partitionen

Interessanter wird es, wenn mehrere Partitionen beteiligt sind und sicherzustellen ist, dass eine Operation atomar ausgeführt wird, wenn gleichzeitig Einschränkungen zu erfüllen sind. In Beispiel 12-2 gibt es potenziell drei Partitionen: diejenige, die die Anfrage-ID enthält, diejenige, die das Konto des Zahlungsempfängers enthält, und diejenige, die das Konto des Zahlungspflichtigen enthält. Es gibt keinen Grund, warum diese drei Dinge auf derselben Partition liegen sollten, da sie alle unabhängig voneinander sind.

Im traditionellen Ansatz für Datenbanken würde die Ausführung dieser Transaktion einen atomaren Commit über alle drei Partitionen hinweg erfordern, was sie praktisch zu einer totalen Ordnung in Bezug auf alle anderen Transaktionen auf einer dieser Partitionen zwingt. Da es nun eine partitionsübergreifende Koordination gibt, können verschiedene Partitionen nicht mehr unabhängig voneinander verarbeitet werden, worunter der Durchsatz höchstwahrscheinlich leidet.

Allerdings zeigt sich, dass eine gleichwertige Korrektheit mit partitionierten Protokollen und ohne einen atomaren Commit erreicht werden kann:

1. Die Anfrage zur Geldüberweisung von Konto A auf Konto B wird vom Client mit einer eindeutigen Anfrage-ID versehen und, basierend auf dieser Anfrage-ID, an eine Protokollpartition angefügt.
2. Ein Stream-Prozessor liest das Protokoll der Anfragen. Für jede Anfragenachricht sendet er zwei Nachrichten an Ausgabeströme: eine Belastungsanweisung an das Einzahlungskonto A (partitioniert durch A) und eine Gutschriftanweisung an das Empfängerkonto B (partitioniert durch B). In diesen gesendeten Nachrichten ist die ursprüngliche Anfrage-ID enthalten.
3. Weitere Prozessoren konsumieren die Ströme von Einzahlungs- und Auszahlungsanweisungen, entfernen Duplikate anhand der Anfrage-ID und wenden die Änderungen auf die Kontensalden an.

Die Schritte 1 und 2 sind notwendig, denn wenn der Client die Einzahlungs- und Auszahlungsanweisungen direkt senden würde, wäre ein atomarer Commit über diese beiden Partitionen hinweg erforderlich, um sicherzustellen, dass entweder beide Anweisungen oder keine ausgeführt werden. Um ohne verteilte Transaktion auszukommen, protokollieren wir zuerst die Anfrage als Einzelnachricht dauerhaft und leiten dann die Einzahlungs- und Auszahlungsanweisungen von dieser ersten Nachricht ab. Einzelobjekt-Schreibvorgänge sind in fast allen Datensystemen atomar (siehe Abschnitt »Einzelobjektschreibvorgänge« auf Seite 244), sodass die Anfrage im Protokoll entweder erscheint oder nicht, ohne dass ein atomarer Commit über mehrere Partitionen hinweg erforderlich ist.

Wenn der Stream-Prozessor in Schritt 2 abstürzt, setzt er die Verarbeitung ab seinem letzten Prüfpunkt wieder fort. Dabei überspringt er keine Anfragenachrichten, kann aber Anfragen mehrmals verarbeiten und doppelte Einzahlungs- und Auszahlungsanweisungen produzieren. Da dies aber deterministisch geschieht, produziert er lediglich die gleichen Anweisungen erneut, und die Prozessoren in Schritt 3 können die Duplikate anhand der Ende-zu-Ende-Anfrage-ID leicht entfernen.

Wenn Sie sicherstellen wollen, dass das Auftraggeberkonto durch diese Überweisung nicht überzogen wird, können Sie mit einem zusätzlichen Stream-Prozessor (partitioniert nach Kontonummer des Auftraggebers) die Kontostände verwalten und Transaktionen validieren. Nur gültige Transaktionen werden dann in Schritt 1 in das Anfrageprotokoll geschrieben.

Indem wir die Multi-Partitions-Transaktion in zwei unterschiedlich partitionierte Stufen aufteilen und die Ende-zu-Ende-Anfrage-ID verwenden, erhalten wir die gleiche Korrektheitseigenschaft (jede Anfrage wird genau einmal angewendet, sowohl auf das Einzahlungs- als auch das Auszahlungskonto) selbst bei Fehlern und ohne Verwendung eines atomaren Commit-Protokolls. Die Idee, mehrere unterschiedlich partitionierte Stufen zu verwenden, ähnelt dem, was Abschnitt »Datenverarbeitung über mehrere Partitionen« auf Seite 556 beschrieben hat (siehe auch Abschnitt »Einschränkungen der Unveränderlichkeit« auf Seite 498).

Zeitnähe und Integrität

Transaktionen haben die komfortable Eigenschaft, dass sie typischerweise linearisierbar sind (siehe Abschnitt »Linearisierbarkeit« auf Seite 346): Das heißt, ein Schreiber wartet, bis eine Transaktion committet ist, und danach sind seine Schreibvorgänge für alle Leser sofort sichtbar.

Dies ist nicht der Fall, wenn eine Operation über mehrere Stufen von Stream-Prozessoren entflechtet wird: Konsumenten eines Protokolls sind konzeptionell asynchron, sodass ein Sender nicht wartet, bis seine Nachricht von den Konsumenten verarbeitet wurde. Allerdings kann ein Client durchaus darauf warten, dass eine Nachricht in einem Ausgabestrom erscheint, so wie wir in Abschnitt »Eindeutigkeit im protokollbasierten Messaging« auf Seite 565 geprüft haben, ob eine Eindeutigkeitseinschränkung erfüllt wurde.

In diesem Beispiel hängt die Korrektheit der Eindeutigkeitsprüfung nicht davon ab, ob der Sender der Nachricht auf das Ergebnis wartet. Das Warten hat nur den Zweck, den Sender synchron darüber zu informieren, ob die Eindeutigkeitsprüfung erfolgreich war oder nicht. Diese Benachrichtigung lässt sich aber von den Wirkungen durch die Verarbeitung der Nachricht entkoppeln. Generell denke ich, dass der Begriff *Konsistenz* zwei verschiedene Anforderungen verschmilzt, die es sich getrennt zu betrachten lohnt:

Zeitnähe

Zeitnähe bedeutet, sicherstellen, dass Benutzer das System in einem aktuellen Zustand beobachten. Wir haben bereits gesehen, dass ein Benutzer das System in einem inkonsistenten Zustand beobachten kann, wenn er aus einer veralteten Kopie der Daten liest (siehe Abschnitt »Probleme mit der Replikationsverzögerung« auf Seite 170). Allerdings ist diese Inkonsistenz nur temporär und wird schließlich aufgelöst, indem man einfach wartet und es erneut versucht.

Das CAP-Theorem (siehe Abschnitt »Die Kosten der Linearisierbarkeit« auf Seite 358) verwendet Konsistenz im Sinne von Linearisierbarkeit, was eine strenge Methode ist, Zeitnähe zu erreichen. Schwächere zeitnahe Eigenschaften wie Lesen-nach-Schreiben-Konsistenz (siehe Abschnitt »Die eigenen Schreiboperationen lesen« auf Seite 171) können ebenfalls nützlich sein.

Integrität

Integrität bedeutet Abwesenheit von Beschädigungen; d.h. keine Datenverluste und keine widersprüchlichen oder falschen Daten. Speziell wenn eine abgeleitete Datenmenge als Sicht auf einige zugrunde liegenden Daten verwaltet wird (siehe Abschnitt »Den aktuellen Zustand aus dem Ereignisprotokoll ableiten« auf Seite 492), muss die Ableitung korrekt sein. Zum Beispiel muss ein Datenbankindex den Inhalt der Datenbank korrekt widerspiegeln – ein Index, in dem einige Datensätze fehlen, ist nicht sehr nützlich.

Wenn die Integrität verletzt wird, bleibt die Inkonsistenz dauerhaft: In den meisten Fällen genügt es nicht, abzuwarten und es erneut zu versuchen, um Datenbankbeschädigungen zu beheben. Stattdessen ist eine explizite Überprüfung und Reparatur notwendig. Im Zusammenhang mit ACID-Transaktionen (siehe Abschnitt »Die Bedeutung von ACID« auf Seite 237) versteht man unter Konsistenz üblicherweise eine Art anwendungsspezifische Vorstellung von Integrität. Atomarität und Dauerhaftigkeit sind wichtige Tools, um Integrität zu erhalten.

Kurz gesagt: Verletzungen der Zeitnähe sind »letztliche Konsistenz«, während Verletzungen der Integrität »ewige Inkonsistenz« sind.

Ich behaupte, dass Integrität in den meisten Anwendungen wichtiger ist als Zeitnähe. Verletzungen der Zeitnähe können ärgerlich und verwirrend sein, aber Verletzungen der Integrität sind möglicherweise katastrophal.

Zum Beispiel ist es nicht verwunderlich, wenn auf Ihrer Kreditkartenabrechnung eine Transaktion, die Sie in den letzten 24 Stunden getätigt haben, noch nicht erscheint – es ist normal, dass diese Systeme eine gewisse Verzögerung haben. Wir wissen, dass Banken Transaktionen asynchron abstimmen und abwickeln, wobei Zeitnähe hierbei nur eine untergeordnete Rolle spielt [3]. Allerdings wäre es sehr schlecht, wenn der Saldo auf dem Kontoauszug nicht gleich der Summe der Transaktionen zuzüglich des vorherigen Kontoauszugssaldos wäre (ein Fehler in der Addition), oder wenn eine Transaktion zwar Ihr Konto belastet, aber nicht an den Händler ausgezahlt hat (Geld verschwindet). Solche Probleme wären Verletzungen der Integrität des Systems.

Korrektheit von Datenflusssystemen

ACID-Transaktionen garantieren in der Regel sowohl Zeitnähe (zum Beispiel Linearisierbarkeit) als auch Integrität (zum Beispiel atomaren Commit). Wenn Sie also die Anwendungskorrektheit unter dem Aspekt der ACID-Transaktionen betrachten, ist die Unterscheidung zwischen Zeitnähe und Integrität ziemlich unbedeutend.

Andererseits besitzen die ereignisbasierten Datenflusssysteme, die wir in diesem Kapitel besprochen haben, die interessante Eigenschaft, dass sie Zeitnähe und Integrität entkoppeln. Werden Ereignisströme asynchron verarbeitet, gibt es keine Garantie für Zeitnähe, außer wenn Sie explizit Konsumenten erstellen, die auf das Eintreffen einer Nachricht warten, bevor sie zurückkehren. Integrität ist aber in der Tat für Streaming-Systeme von zentraler Bedeutung.

Die *exactly-once-* oder *effectively-once*-Semantik (siehe Abschnitt »Fehlertoleranz« auf Seite 513) ist ein Mechanismus zur Wahrung der Integrität. Wenn ein Ereignis verloren geht oder ein Ereignis zweimal wirksam wird, kann die Integrität eines Datensystems verletzt werden. Somit sind fehlertolerante Nachrichtenzustellung und Duplikatunterdrückung (zum Beispiel idempotente Operationen) wichtig, um die Integrität eines Datensystems angesichts von Fehlern aufrechtzuerhalten.

Wie der letzte Abschnitt gezeigt hat, können zuverlässige Stream-Verarbeitungssysteme die Integrität bewahren, ohne verteilte Transaktionen und ein atomares Commit-Protokoll zu erfordern. Potenziell erreichen sie also eine vergleichbare Korrektheit bei viel besserer Performance und betrieblicher Stabilität. Wir haben diese Integrität durch eine Kombination von Mechanismen erreicht:

- Den Inhalt der Schreiboperation stellen wir als eine einzelne Nachricht dar, die sich leicht atomar schreiben lässt – ein Ansatz, der sehr gut zum Event Sourcing passt (siehe Abschnitt »Event Sourcing« auf Seite 491).
- Alle anderen Zustandsaktualisierungen werden von dieser einzelnen Nachricht mithilfe deterministischer Funktionen abgeleitet, ähnlich wie bei gespeicherten Prozeduren (siehe Abschnitt »Tatsächliche serielle Ausführung« auf Seite 269 und Abschnitt »Anwendungscode als Ableitungsfunktion« auf Seite 545).

- Eine vom Client generierte Anfrage-ID wird über alle diese Verarbeitungsstufen weitergegeben, was Ende-zu-Ende-Duplikatunterdrückung und Idempotenz ermöglicht.
- Nachrichten verbleiben unveränderbar, und wir ermöglichen es, abgeleitete Daten von Zeit zu Zeit erneut zu verarbeiten, was die Behebung von Fehlern erleichtert (siehe Abschnitt »Vorteile unveränderlicher Ereignisse« auf Seite 496).

Diese Kombination der Mechanismen erscheint mir vielversprechend, um in Zukunft fehlertolerante Anwendungen zu erstellen.

Frei interpretierte Einschränkungen

Wie bereits erwähnt, ist ein Konsens erforderlich, um eine Eindeutigkeitseinschränkung durchzusetzen, was in der Regel dadurch implementiert wird, dass man alle Ereignisse in einer bestimmten Partition über einen einzelnen Knoten leitet. Diese Beschränkung ist unvermeidlich, wenn wir die traditionelle Form der Eindeutigkeitseinschränkung haben wollen, und die Stream-Verarbeitung kann sie nicht vermeiden.

Allerdings sollte man auch erkennen, dass viele reale Anwendungen tatsächlich mit wesentlich schwächeren Vorstellungen von Eindeutigkeit auskommen können:

- Wenn zwei Personen gleichzeitig den gleichen Benutzernamen registrieren oder denselben Platz buchen, können Sie einer von ihnen eine Nachricht senden, um sich zu entschuldigen und sie zu bitten, einen anderen Namen bzw. Platz zu wählen. Eine derartige Vorgehensweise, um einen Fehler zu korrigieren, wird als *kompensierende Transaktion* bezeichnet [59, 60].
- Wenn Kunden mehr Artikel bestellen, als Sie auf Lager haben, können Sie mehr Artikel beim Lieferanten ordern, sich bei den Kunden für die Verzögerung entschuldigen und ihnen einen Rabatt anbieten. Praktisch müssten Sie das Gleiche tun, wenn etwa ein Gabelstapler über einige der Artikel im Lager gefahren ist, sodass der Lagerbestand nun geringer ist als angenommen [61]. Da also der Entschuldigungsablauf sowieso bereits Teil Ihrer Geschäftsprozesse sein muss, um mit Gabelstaplervorfällen umzugehen, könnte es überflüssig sein, eine linearisierbare Einschränkung auf die Anzahl der Artikel auf Lager zu fordern.
- Auch viele Fluggesellschaften überbuchen ihre Flugzeuge in der Erwartung, dass einige Passagiere ihren Flug verpassen, und viele Hotels überbuchen ihre Zimmer in der Erwartung, dass einige Gäste absagen. In diesen Fällen wird die Einschränkung »eine Person pro Platz« aus geschäftlichen Gründen bewusst verletzt, und es laufen Kompensationsprozesse an (Rückerstattungen, Upgrades, Bereitstellung eines kostenlosen Zimmers in einem Nachbarhotel), um Situationen zu behandeln, in denen die Nachfrage das Angebot übersteigt. Selbst wenn es keine Überbuchungen gäbe, wären Entschuldigungs- und Ent-

schädigungsverfahren erforderlich, um mit ausgefallenen Flügen durch schlechtes Wetter oder Streiks klarzukommen – der Umgang mit solchen Problemen ist Geschäftsalltag [3].

- Wenn jemand mehr Geld abhebt, als er auf seinem Konto hat, kann die Bank ihn mit einer Überziehungsgebühr belasten und auffordern, den geschuldeten Betrag zurückzuzahlen. Die Bank kann ihr Risiko begrenzen, indem sie den Gesamtbetrag aller Abhebungen pro Tag deckelt.

In vielen Geschäftsfeldern ist es eigentlich akzeptabel, eine Einschränkung vorübergehend zu verletzten und sie später durch eine Entschuldigung zu korrigieren. Der Preis der Entschuldigung (in Form finanzieller Verluste oder Rufschädigung) variiert, ist aber oft vergleichsweise gering: Eine gesendete E-Mail lässt sich zwar nicht zurückholen, doch Sie können eine Folge-E-Mail mit einer Korrektur schreiben. Haben Sie eine Kreditkarte versehentlich zweimal belastet, können Sie den einen Betrag zurückerstatten, die eventuell noch anfallenden Gebühren übernehmen und sich vielleicht eine Kundenbeschwerde einhandeln. Nachdem ein Geldautomat Geld ausgezahlt hat, können Sie es sich nicht direkt zurückholen, obwohl Sie prinzipiell ein Inkassounternehmen beauftragen könnten, wenn das Konto überzogen wurde und der Kunde das Geld nicht zurückzahlt.

Ob die Kosten der Entschuldigung akzeptabel sind, ist eine geschäftliche Entscheidung. Sind sie akzeptabel, ist das herkömmliche Modell, das alle Einschränkungen überprüft, bevor die Daten geschrieben werden, unnötig restriktiv und eine linearisierbare Einschränkung nicht notwendig. Es kann durchaus zweckmäßig sein, einen Schreibvorgang optimistisch auszuführen und Einschränkung nachträglich zu überprüfen. Dann können Sie trotzdem noch sicherstellen, dass die Validierung stattfindet, bevor etwas ausgelöst wird, dessen Rückgängigmachen zu teuer wäre. Doch das bedeutet nicht, dass Sie die Validierung durchführen müssen, bevor Sie die Daten überhaupt schreiben.

Diese Anwendungen *erfordern* Integrität: Zweifellos möchten Sie nicht, dass Sie eine Reservierung verlieren oder Geld aufgrund von nicht übereinstimmenden Kreditoren- und Debitorenkonten verschwindet. Aber sie erfordern *keine* Zeitnähe in Bezug auf die Durchsetzung der Einschränkung: Wenn Sie mehr Artikel verkauft haben, als Ihr Lager hergibt, können Sie das Problem nachträglich mit einer Entschuldigung aus der Welt schaffen. Dies ist vergleichbar mit den Ansätzen zur Konfliktauflösung, die wir in Abschnitt »Schreibkonflikte behandeln« auf Seite 180 beschrieben haben.

Datensysteme, die ohne Koordinierung auskommen

Wir haben jetzt zwei interessante Beobachtungen gemacht:

1. Datenflusssysteme können Integritätsgarantien für abgeleitete Daten ohne atomaren Commit, Linearisierbarkeit oder synchrone partitionsübergreifende Koordination aufrechterhalten.

2. Obwohl strenge Eindeutigkeitseinschränkungen Zeitnähe und Koordination erfordern, kommen viele Anwendungen mit lockeren Einschränkungen zurecht, die vorübergehend verletzt und später behoben werden können, solange die Integrität durchgehend bewahrt wird.

Insgesamt bedeuten diese Beobachtungen, dass Datenflusssysteme die Datenverwaltungsdienste für viele Anwendungen ohne erforderliche Koordination bereitstellen und dennoch starke Integritätsgarantien geben können. Solche Koordinierung vermeidenden Datensysteme sind sehr reizvoll: Sie können eine bessere Performance und Fehlertoleranz erreichen als Systeme, die eine synchrone Koordinierung durchführen müssen [56].

Zum Beispiel könnte ein solches System über mehrere Rechenzentren verteilt in einer Multi-Leader-Konfiguration arbeiten und asynchron zwischen Regionen replizieren. Jedes Rechenzentrum kann unabhängig von den anderen weiterarbeiten, weil keine synchrone überregionale Koordination erforderlich ist. Ein derartiges System hätte schwache Garantien für Zeitnähe – es könnte ohne Koordination nicht linearisierbar sein –, doch es kann trotzdem stärkere Integritätsgarantien bieten.

In diesem Zusammenhang sind serialisierbare Transaktionen dennoch nützlich, um den abgeleiteten Zustand zu verwalten, doch sie können in einem kleinen Gültigkeitsbereich ausgeführt werden, wo sie gut funktionieren [8]. Heterogene Transaktionen wie zum Beispiel XA-Transaktionen (siehe Abschnitt »Verteilte Transaktionen in der Praxis« auf Seite 386) sind nicht erforderlich. Synchrone Koordination kann trotzdem dort eingeführt werden, wo sie notwendig ist (um zum Beispiel strenge Einschränkungen vor einer Operation durchzusetzen, bei der eine Wiederherstellung nicht möglich ist), aber es ist nicht erforderlich, der gesamten Anwendung Kosten für die Koordination aufzubürden, wenn nur ein kleiner Teil einer Anwendung auf Koordination angewiesen ist [43].

Koordination und Einschränkungen kann man auch auf folgende Art und Weise betrachten: Sie verringern die Anzahl der Entschuldigungen, die Sie aufgrund von Inkonsistenzen abgeben müssen, verringern aber möglicherweise auch die Performance und Verfügbarkeit Ihres Systems und erhöhen somit potenziell die Anzahl der Entschuldigungen, die Sie infolge von Ausfällen machen müssen. Die Anzahl der Entschuldigungen können Sie nicht auf null drücken, doch Sie können versuchen, den besten Kompromiss für Ihre Ansprüche zu finden – den optimalen Punkt, wo es weder zu viele Inkonsistenzen noch zu viele Verfügbarkeitsprobleme gibt.

Vertrauen ist gut, Kontrolle ist besser

Bei allen Diskussionen zu Korrektheit, Integrität und Fehlertoleranz sind wir von der Annahme ausgegangen, dass bestimmte Dinge schiefgehen können, andere aber nicht. Wir nennen diese Annahmen unser *Systemmodell* (siehe Abschnitt

»Systemmodelle auf die reale Welt abbilden« auf Seite 332): Zum Beispiel sollten wir einkalkulieren, dass Prozesse abstürzen, Maschinen plötzlich stromlos sind und das Netzwerk Nachrichten beliebig verzögert oder fallen lässt. Doch wir könnten auch annehmen, dass die auf die Festplatte geschriebenen Daten nach `fsync` nicht verloren gehen, dass Daten im Arbeitsspeicher nicht beschädigt werden und dass der Multiplikationsbefehl unserer CPU immer das richtige Ergebnis zurückgibt.

Diese Annahmen sind durchaus vernünftig, da sie meistens wahr sind und es schwierig wäre, irgendetwas zu unternehmen, wenn man sich ständig Sorgen machen müsste, dass Computer fehlerhaft arbeiten. Traditionell gehen Systemmodelle mit einem binären Ansatz gegen Fehler an: Wir nehmen an, dass einige Dinge passieren können und andere Dinge niemals passieren können. In Wirklichkeit ist es aber eher eine Frage von Wahrscheinlichkeiten: Manche Dinge sind wahrscheinlicher, andere weniger wahrscheinlich. Die Frage ist, ob Verletzungen unserer Annahmen so häufig vorkommen, dass wir ihnen in der Praxis begegnen.

Wir haben gesehen, dass Daten beschädigt werden können, während sie unangetastet auf den Festplatten liegen (siehe Kasten »Replikation und Dauerhaftigkeit« auf Seite 241), und Datenbeschädigung im Netzwerk manchmal die TCP-Prüfsummen umgehen kann (siehe Abschnitt »Abgeschwächte Formen des Lügens« auf Seite 328). Ist das nicht etwas, dem wir mehr Aufmerksamkeit schenken sollten?

In der Vergangenheit habe ich an einer Anwendung gearbeitet, die Absturzberichte von Clients gesammelt hat. Einige der Berichte, die wir erhalten haben, ließen sich nur durch zufällig gekippte Bits (Bit-Flips) im Arbeitsspeicher dieser Geräte erklären. Es scheint unwahrscheinlich, doch wenn Sie genügend Geräte haben, die Ihre Software ausführen, passieren sogar ganz unwahrscheinliche Dinge. Abgesehen von zufälliger Speicherverfälschung aufgrund von Hardwarefehlern oder Strahlung können bestimmte pathologische Speicherzugriffsmuster Bits sogar in fehlerfreiem RAM kippen [62] – ein Effekt, mit dem sich Sicherheitsmechanismen in Betriebssystemen knacken lassen [63] (diese Technik ist als *Rowhammer* bekannt). Genau betrachtet ist die Hardware nicht die perfekte Abstraktion, wie es auf den ersten Blick scheinen mag.

Um es ins rechte Licht zu rücken: Zufällige Bit-Flips kommen in moderner Hardware immer noch sehr selten vor [64]. Ich möchte nur darauf hinweisen, dass sie nicht jenseits des Möglichen liegen und deshalb eine gewisse Aufmerksamkeit verdienen.

Integrität angesichts von Softwarefehlern aufrechterhalten

Neben derartigen Hardwareproblemen besteht immer das Risiko von Softwarefehlern, die nicht durch systemnahe Prüfsummen im Netzwerk, Arbeitsspeicher oder Dateisystem abgefangen werden. Selbst weit verbreitete Datenbanksoftware weist

Bugs auf: Ich habe persönlich Fälle gesehen, in denen MySQL eine Eindeutigkeitseinschränkung nicht korrekt aufrechterhalten konnte [65] und die serialisierbare Isolationsstufe von PostgreSQL Schreibversatzanomalien gezeigt hat [66], obwohl MySQL und PostgreSQL robuste und angesehene Datenbanken sind, die seit vielen Jahren im rauen Praxiseinsatz von vielen Menschen getestet wurden. In weniger ausgereifter Software dürfte die Situation wesentlich schlimmer aussehen.

Trotz erheblicher Bemühungen um sorgfältiges Design, Testen und Überprüfen schleichen sich noch Fehler ein. Obwohl sie selten sind und letztlich auch gefunden und beseitigt werden, gibt es noch einen Zeitraum, in dem derartige Bugs Daten beschädigen können.

Was den Anwendungscode betrifft, müssen wir von viel mehr Fehlern ausgehen, da an den meisten Anwendungen im Vergleich zu Datenbankcode nicht einmal annähernd so viele Überprüfungen und Tests vorgenommen werden. Sogar die Features, die Datenbanken für die Bewahrung der Integrität anbieten, wie zum Beispiel Fremdschlüssel- oder Eindeutigkeitseinschränkungen, werden von vielen Anwendungen nicht einmal korrekt genutzt [36].

Konsistenz im Sinne von ACID (siehe Abschnitt »Konsistenz« auf Seite 239) beruht auf der Idee, dass die Datenbank anfangs einen konsistenten Zustand hat und eine Transaktion sie von einem konsistenten Zustand in einen anderen konsistenten Zustand überführt. Folglich erwarten wir, dass sich die Datenbank immer in einem konsistenten Zustand befindet. Diese Vorstellung ist aber nur sinnvoll, wenn Sie von einer fehlerfreien Transaktion ausgehen. Wenn die Anwendung die Datenbank in irgendeiner Form falsch verwendet, zum Beispiel unsicher mit einer schwachen Isolationsstufe, kann die Integrität der Datenbank nicht garantiert werden.

Traue nicht blind jedem Versprechen

Da sowohl Hardware als auch Software nicht immer dem Ideal entsprechen, das wir uns wünschen, sieht es so aus, als ob Datenbeschädigung früher oder später unvermeidlich ist. Somit sollten wir zumindest wissen, wie sich feststellen lässt, ob Daten beschädigt sind, damit wir sie in Ordnung bringen und die Fehlerquelle aufspüren können. Die Überprüfung der Integrität von Daten wird als *Auditing* bezeichnet.

Wie Abschnitt »Vorteile unveränderlicher Ereignisse« auf Seite 496 erläutert hat, ist Auditing nicht nur für Finanzanwendungen geeignet. Allerdings ist die Überprüfbarkeit gerade im Finanzbereich äußerst wichtig, weil jeder weiß, dass Fehler passieren, und allen klar ist, dass Probleme erkannt und beseitigt werden müssen.

In ähnlicher Weise kalkulieren ausgereifte Systeme zunehmend die Möglichkeit ein, dass unwahrscheinliche Dinge schiefgehen können. Zum Beispiel vertrauen großangelegte Speichersysteme wie HDFS und Amazon S3 den Festplatten nicht vollständig: Sie führen Hintergrundprozesse aus, die kontinuierlich Dateien zurücklesen, mit anderen Replikaten vergleichen und Dateien von einer Festplatte auf eine andere verschieben, um die Gefahr einer stillschweigenden Beschädigung zu entschärfen [67].

Wenn Sie sicher sein wollen, dass Ihre Daten immer noch vorhanden sind, müssen Sie sie tatsächlich lesen und überprüfen. Die meiste Zeit sind die Daten noch da, doch wenn nicht, werden Sie es zweifellos lieber heute als morgen herausfinden wollen. Aus dem gleichen Grund sollten Sie auch von Zeit zu Zeit versuchen, Ihre Datensicherungen wiederherzustellen – andernfalls erfahren Sie vielleicht erst, dass Ihre Datensicherung defekt ist, wenn es zu spät ist und Sie bereits Daten verloren haben. Vertrauen Sie nicht blind darauf, dass alles funktioniert.

Eine Kultur der Kontrolle

Systeme wie HDFS und S3 müssen nach wie vor davon ausgehen, dass Festplatten die meiste Zeit korrekt arbeiten – was eine sinnvolle Annahme ist, aber nicht das Gleiche wie anzunehmen, dass sie *immer* korrekt arbeiten. Allerdings haben nicht viele Systeme zurzeit diese Art von »Vertrauen ist gut, Kontrolle ist besser«-Ansatz, sich ständig selbst zu überwachen. Viele nehmen Korrektheitsgarantien als absolut an und treffen keine Vorkehrungen für die Möglichkeit seltener Datenbeschädigungen. Ich hoffe, dass es in Zukunft mehr *selbstüberprüfende* oder *selbstüberwachende* Systeme gibt, die kontinuierlich ihre eigene Integrität überprüfen, anstatt sich auf blindes Vertrauen zu verlassen [68].

Ich befürchte, dass uns die Kultur der ACID-Datenbanken dazu gebracht hat, Anwendungen auf der Basis von blindem Vertrauen in die Technik (wie zum Beispiel einen Transaktionsmechanismus) zu entwickeln und dabei jede Art von Überprüfbarkeit zu vernachlässigen. Da die Technik, der wir vertraut haben, die meiste Zeit über gut funktioniert hat, wurde die Investition in Überwachungsmechanismen nicht als lohnend betrachtet.

Doch dann hat sich die Datenbanklandschaft geändert. Schwächere Konsistenzgarantien sind im Zeichen von NoSQL zur Norm geworden, und weniger ausgereifte Speichertechnologien sind auf dem Vormarsch. Und da die Auditing-Mechanismen noch nicht entwickelt waren, haben wir Anwendungen weiterhin auf Basis des blinden Vertrauens entwickelt, selbst wenn dieser Ansatz inzwischen gefährlicher geworden ist. Lassen Sie uns einen Moment darüber nachdenken, wie man Anwendungen im Hinblick auf Auditing-Möglichkeiten entwerfen kann.

Entwerfen im Hinblick auf Auditing-Möglichkeiten

Wenn eine Transaktion mehrere Objekte in einer Datenbank verändert, lässt sich nachträglich kaum erkennen, was diese Transaktion bedeutet. Selbst wenn Sie die Transaktionsprotokolle erfassen (siehe Abschnitt »Reduce-seitige Verknüpfungen und Gruppierungen« auf Seite 432), geben die Einfügungen, Aktualisierungen und Löschungen in verschiedenen Tabellen nicht unbedingt ein klares Bild davon, *warum* diese Mutationen durchgeführt wurden. Der Aufruf der Anwendungslogik, die über diese Mutationen entschieden hat, ist flüchtig und lässt sich nicht reproduzieren.

Im Gegensatz dazu können ereignisbasierte Systeme eine bessere Überprüfbarkeit bieten. Beim Event-Sourcing-Ansatz wird die Benutzereingabe in das System als einzelnes unveränderliches Ereignis dargestellt, und alle resultierenden Zustandsaktualisierungen werden von diesem Ereignis abgeleitet. Die Ableitung kann deterministisch und wiederholbar gemacht werden, sodass die Ausführung desselben Ereignisprotokolls über dieselbe Version des Ableitungscodes in den gleichen Zustandsänderungen resultiert.

Kann man einen Datenfluss explizit angeben (siehe Abschnitt »Philosophie der Ausgaben von Batch-Prozessen« auf Seite 444), wird die *Herkunft* von Daten viel klarer. Damit gestaltet sich die Integritätsprüfung wesentlich einfacher. Für das Ereignisprotokoll können wir mit Hashwerten prüfen, ob der Ereignisspeicher nicht beschädigt wurde. Für alle abgeleiteten Zustände können wir die Batch- und Stream-Prozessoren, die die Zustände aus dem Ereignisprotokoll abgeleitet haben, erneut ausführen und feststellen, ob wir das gleiche Ergebnis erhalten, oder sogar eine redundante Ableitung parallel ausführen.

Ein deterministischer und klar definierter Datenfluss erleichtert es auch, die Ausführung eines Systems zu debuggen und nachzuverfolgen, um zu ermitteln, warum etwas getan wurde [4, 69]. Wenn etwas Unerwartetes passiert ist, sind diagnostische Funktionen wertvoll, um die genauen Umstände rekonstruieren zu können, die zu dem unerwarteten Ereignis geführt haben – eine Art Zeitreise-Debugging-Fähigkeit.

Noch einmal: Das Ende-zu-Ende-Argument

Wenn wir nicht vollständig darauf vertrauen können, dass jede einzelne Komponente des Systems frei von Beschädigungen ist – dass alle Hardware- und Softwareelemente fehlerfrei sind –, müssen wir mindestens periodisch die Integrität unserer Daten überprüfen. Findet keine Überprüfung statt, stellen wir eine Beschädigung erst dann fest, wenn es zu spät ist und vielleicht schon Schäden entstanden sind. Dann wird es viel schwieriger und teurer, das Problem aufzuspüren.

Die Überprüfung der Integrität von Datensystemen erfolgt am besten nach der Ende-zu-Ende-Methode (siehe Abschnitt »Das Ende-zu-Ende-Argument für Datenbanken« auf Seite 558): Je mehr Systeme wir in eine Integritätsprüfung einbeziehen können, desto unwahrscheinlicher wird es, dass Beschädigungen in irgendeiner Stufe des Vorgangs unbemerkt bleiben. Wenn wir überprüfen können, ob eine ganze abgeleitete Datenpipeline von Ende zu Ende korrekt ist, werden sämtliche Festplatten, Netzwerke, Dienste und Algorithmen auf diesem Pfad implizit in den Test einbezogen.

Kontinuierliche Ende-zu-Ende-Integritätsprüfungen bieten Ihnen mehr Vertrauen in die Korrektheit Ihrer Systeme, was Ihnen zudem ein zügigeres Arbeiten ermöglicht [70]. Wie automatisiertes Testen erhöht Auditing die Chancen, dass Bugs schneller gefunden werden können, und verringert somit die Gefahr, dass eine Änderung am System oder eine neue Speichertechnik Schäden verursacht. Wenn Sie sich nicht scheuen, Änderungen vorzunehmen, wird sich das positiv auf die Entwicklung Ihrer Anwendungen auswirken, gerade bei geänderten Anforderungen.

Tools für prüffähige Datensysteme

Gegenwärtig ist die Prüffähigkeit bei vielen Datensystemen noch kein Thema mit hoher Priorität. Einige Anwendungen implementieren ihre eigenen Auditing-Mechanismen, indem sie zum Beispiel alle Änderungen in einer separaten Audit-Tabelle protokollieren, dennoch ist es immer noch schwierig, die Integrität des Audit-Protokolls und des Datenbankzustands zu garantieren. Ein Transaktionsprotokoll lässt sich manipulationssicher machen, indem man es regelmäßig mit einem Hardwaresicherheitsmodul signiert, doch garantiert das nicht, dass die richtigen Transaktionen überhaupt in das Protokoll aufgenommen wurden.

Es wäre interessant, mit kryptografischen Tools die Integrität eines Systems in einer Form zu beweisen, die für eine breite Palette von Hardware- und Softwareproblemen und sogar gegenüber potenziell böswilligen Aktionen robust ist. Kryptowährungen, Blockchains und Distributed-Ledger-Technologien (auch als dezentral geführte Hauptbücher bzw. Kontobücher bezeichnet) wie zum Beispiel Bitcoin, Ethereum, Ripple, Stellar und verschiedene andere [71, 72, 73] sind entstanden, um dieses Gebiet zu erkunden.

Ich bin nicht befugt, die Vorzüge dieser Technologien als Währungen oder Mechanismen für den Abschluss von Verträgen zu kommentieren. Aus der Perspektive eines Datensystems enthalten sie aber einige interessante Ideen. Im Wesentlichen handelt es sich um verteilte Datenbanken mit einem Datenmodell und einem Transaktionsmechanismus, in denen verschiedene Replikate von sich einander nicht vertrauenden Organisationen gehostet werden können. Die Replikate überprüfen sich ständig gegenseitig auf ihre Integrität und vereinbaren anhand eines Konsensprotokolls, welche Transaktionen ausgeführt werden sollen.

Ich bin etwas skeptisch, was die Toleranzaspekte in Bezug auf byzantinische Fehler dieser Technologien angeht (siehe Abschnitt »Byzantinische Fehler« auf Seite 326) und ich finde die Technik des *Proof-of-Work* (zum Beispiel Bitcoin-Mining) außerordentlich verschwenderisch. Der Transaktionsdurchsatz von Bitcoin ist ziemlich gering, wenn auch aus politischen und wirtschaftlichen Gründen mehr als aus technischen Gründen. Die Aspekte der Integritätsprüfung sind allerdings interessant.

Kryptografisches Auditing und Integritätsprüfung stützen sich oftmals auf *Hash-Bäume* (Merkle trees) [74]. Mit diesen Bäumen aus Hashwerten lässt sich unter anderem effizient beweisen, dass ein Datensatz in einer bestimmten Datenmenge erscheint. Abseits vom Hype der Kryptowährungen ist *Certificate Transparency* eine Sicherheitstechnik, die sich auf Hash-Bäume stützt, um die Gültigkeit von TLS-/SSL-Zertifikaten zu überprüfen [75, 76].

Ich könnte mir vorstellen, dass Integritätsprüfungs- und Auditing-Algorithmen, wie die der Certificate Transparency und der Distributed-Ledger-Technologien, im Allgemeinen immer mehr Einzug in Datensysteme finden werden. Etwas Arbeit wird notwendig sein, um sie genauso skalierbar zu machen wie Systeme ohne kryptografisches Auditing und um die Performanceeinbußen möglichst gering zu halten. Doch ich denke, dass man diesen interessanten Bereich zukünftig im Auge behalten sollte.

Das Richtige tun

Im letzten Abschnitt dieses Buchs möchte ich einen Schritt zurückgehen. Das ganze Buch hindurch haben wir ein breites Spektrum verschiedener Architekturen für Datensysteme untersucht, ihre Vor- und Nachteile bewertet und Techniken erkundet, mit denen sich zuverlässige, skalierbare und wartbare Anwendungen erstellen lassen. Allerdings haben wir einen wichtigen und fundamentalen Teil der Diskussion ausgelassen, den ich nun nachholen möchte.

Jedes System wird für einen bestimmten Zweck erstellt; jede Aktion, die wir unternehmen, hat sowohl beabsichtigte als auch unbeabsichtigte Folgen. Der Zweck mag zum Beispiel einfach sein, Geld zu verdienen, doch die Folgen für die Welt können weit über diesen ursprünglichen Zweck hinausreichen. Wir, die Ingenieure, die diese Systeme erstellen, sind auch verantwortlich dafür, diese Konsequenzen sorgfältig zu bedenken und bewusst zu entscheiden, in welcher Welt wir leben wollen.

Wir sprechen über Daten als abstrakte Sache, doch sollten Sie daran denken, dass es bei vielen Datenmengen auch um Menschen geht: ihr Verhalten, ihre Interessen, ihre Identität. Wir müssen derartige Daten mit Menschlichkeit und Respekt behandeln. Benutzer sind auch Menschen, und die Menschenwürde steht über allem.

In der Softwareentwicklung sind zunehmend wichtige ethische Entscheidungen zu treffen. Es gibt zwar Richtlinien, die Softwareingenieuren helfen sollen, sich in diesen Fragen zurechtzufinden, wie zum Beispiel der Software Engineering Code of Ethics and Professional Practice der ACM [77], doch sie werden in der Praxis selten diskutiert, angewendet und durchgesetzt. Im Ergebnis nehmen Ingenieure und Produktmanager manchmal eine sehr unbekümmerte Haltung zum Datenschutz und möglichen negativen Konsequenzen ihrer Produkte ein [78, 79, 80].

Eine Technologie ist an sich weder gut noch schlecht – es kommt darauf an, wie sie eingesetzt wird und wie sie sich auf die Menschen auswirkt. Das gilt für ein Softwaresystem wie zum Beispiel eine Suchmaschine genauso wie für eine Waffe wie zum Beispiel ein Gewehr. Ich denke, es reicht nicht aus, wenn sich Softwareingenieure ausschließlich auf die Technik konzentrieren und dabei ihre Folgen ignorieren: Wir haben immer auch ethische Verantwortung zu tragen. Überlegungen zur Ethik sind schwierig anzustellen, aber sie sind zu wichtig, als dass man sie ignorieren könnte.

Prädiktive Analytik

Die prädiktive Analytik ist ein wichtiger Teil des »Big Data«-Hypes. Die Verwendung der Datenanalyse, um das Wetter oder die Ausbreitung von Krankheiten vorherzusagen, ist eine Sache [81]; eine andere ist es, vorherzusagen, ob ein Verurteilter wahrscheinlich wieder straffällig wird, ob ein Kreditnehmer in Verzug gerät oder ob ein Versicherungskunde wahrscheinlich teure Forderungen stellt. Letztgenannte Analysen haben einen direkten Einfluss auf das Leben einzelner Menschen.

Natürlich wollen Zahlungsnetzwerke betrügerische Transaktionen verhindern, Banken wollen faule Kredite vermeiden, Fluggesellschaften wollen Entführungen unterbinden, und Firmen möchten keine ineffektiven oder unzuverlässigen Mitarbeiter einstellen. Aus ihrer Sicht sind die Kosten für eine entgangene Geschäftsmöglichkeit gering, die Kosten eines faulen Kredits oder eines problematischen Mitarbeiters aber viel höher. Somit ist es für Unternehmen selbstverständlich, vorsichtig zu sein. Im Zweifelsfall sind sie besser dran, Nein zu sagen.

Allerdings kann mit zunehmender Verbreitung der algorithmischen Entscheidungsfindung jemand, der durch einen Algorithmus (richtigerweise oder fälschlicherweise) als riskant eingestuft wurde, eine große Anzahl dieser »Nein«-Entscheidungen erleiden. Systematisch von Arbeitsplätzen, Flugreisen, Versicherungsschutz, Mieten von Immobilien, Finanzdienstleistungen und anderen wichtigen Aspekten der Gesellschaft ausgeschlossen zu werden, bedeutet eine so große Beschränkung der Freiheit des Einzelnen, dass sie als »algorithmisches Gefängnis« bezeichnet worden ist [82]. In Ländern, die die Menschenrechte achten, geht das Strafrechtssystem von der Unschuldsvermutung aus, bis eine Schuld bewiesen ist. Im Gegensatz dazu können automatisierte Systeme systematisch und willkürlich eine Person von der Teilnahme am gesellschaftlichen Leben ausschließen, ohne einen Beweis der Schuld vorzulegen und nur mit geringer Chance auf Berufung.

Vorurteile und Diskriminierung

Entscheidungen, die ein Algorithmus trifft, sind nicht unbedingt besser oder schlechter als die eines Menschen. Wahrscheinlich hat jeder Mensch Vorurteile, selbst wenn er ihnen aktiv entgegenzuwirken versucht. Diskriminierende Praktiken können kulturell zur Norm werden. Es besteht Hoffnung, dass Entscheidungen, die anhand von Daten und nicht von subjektiven und instinktiven Bewertungen getroffen werden, gerechter ausfallen und Menschen, die im herkömmlichen System oftmals übersehen werden, bessere Chancen einräumen [83].

Wenn wir prädiktive Analysesysteme entwickeln, automatisieren wir nicht nur die Entscheidung eines Menschen, indem wir mithilfe von Software Regeln für Ja und Nein festlegen, wir überlassen es sogar den Regeln, sich selbst aus den Daten abzuleiten. Die von diesen Systemen gelernten Muster sind allerdings undurchsichtig: Selbst wenn es eine Korrelation in den Daten gibt, wissen wir vielleicht nicht, warum. Gibt es eine systematische Verzerrung in der Eingabe eines Algorithmus, wird das System diese Verzerrung höchstwahrscheinlich lernen und in seiner Ausgabe verstärkt präsentieren [84].

In vielen Ländern verbieten Antidiskriminierungsgesetze, Menschen abhängig von geschützten Wesensmerkmalen wie ethnischer Zugehörigkeit, Alter, Geschlecht, sexueller Orientierung, Behinderung oder Glauben unterschiedlich zu behandeln. Andere Merkmale in den Daten einer Person können zwar analysiert werden, doch was passiert, wenn sie mit geschützten Wesensmerkmalen korrelieren? Zum Beispiel ist in rassisch getrennten Wohnvierteln die Postleitzahl einer Person oder sogar ihre IP-Adresse ein starker Prädiktor der Rasse. So ausgedrückt, scheint es lächerlich zu glauben, dass ein Algorithmus irgendwie voreingenommene Daten als Eingabe nehmen und daraus eine gerechte und unparteiische Ausgabe erzeugen könnte [85]. Dennoch scheint dieser Glaube oft bei den Befürwortern datengetriebener Entscheidungsfindung verankert zu sein, eine Haltung, die satirisch als »maschinelles Lernen ist wie Geldwäsche für Vorurteile« dargestellt wurde [86].

Prädiktive Analysesysteme extrapolieren einfach aus der Vergangenheit; ist die Vergangenheit diskriminierend, kodifizieren sie diese Diskriminierung. Wenn wir eine bessere Zukunft haben wollen als die Vergangenheit, ist moralische Vorstellungskraft gefragt – und das ist etwas, was nur Menschen leisten können [87]. Daten und Modelle sollten unsere Werkzeuge sein, nicht unsere Lehrmeister.

Verantwortung und Verantwortlichkeit

Automatisierte Entscheidungsfindung wirft die Frage nach Verantwortung und Verantwortlichkeit auf [87]. Wenn ein Mensch einen Fehler macht, kann er zur Verantwortung gezogen werden, und die von der Entscheidung betroffene Person kann Beschwerde einlegen. Algorithmen machen ebenfalls Fehler, doch wer ist verantwortlich, wenn sie falsch liegen [88]? Wenn ein selbstfahrendes Auto einen Unfall verursacht, wer ist verantwortlich? Wenn ein Algorithmus zur automatischen Kreditwürdigkeitsprüfung (Kredit-Scoring) systematisch Menschen einer bestimmten Rasse oder Religion diskriminiert, gibt es dann einen Regressanspruch? Wenn eine Entscheidung durch Ihr maschinelles Lernsystem gerichtlich überprüft wird, können Sie dem Richter erklären, wie der Algorithmus seine Entscheidung getroffen hat?

Kreditratingagenturen sind ein klassisches Beispiel für das Sammeln von Daten, um Entscheidungen über Menschen zu treffen. Eine schlechte Bonität macht das Leben schwierig, doch zumindest basiert die Bonität normalerweise auf relevanten Fakten über den tatsächlichen Verlauf von Krediten einer Person, und alle Fehler in den Aufzeichnungen können korrigiert werden (obwohl die Agenturen dies in der Regel nicht gerade einfach machen). Scoring-Algorithmen, die auf maschinellem Lernen basieren, verwenden allerdings in der Regel ein viel breiteres Spektrum an Eingaben. Da sie aber viel undurchsichtiger arbeiten, ist es schwerer zu verstehen, wie eine bestimmte Entscheidung zustande gekommen ist und ob jemand ungerecht oder diskriminierend behandelt wird [89].

Ein Kredit-Score fasst zusammen: »Wie haben Sie sich in der Vergangenheit verhalten?«, während prädiktive Analytik normalerweise auf Basis von »Wer ist Ihnen ähnlich, und wie haben sich Menschen wie Sie in der Vergangenheit verhalten?« arbeitet. Parallelen zum Verhalten anderer Menschen ziehen, heißt, sie zu stereotypieren, zum Beispiel basierend darauf, wo sie wohnen (ein enger Vertreter von Rasse und sozioökonomischer Klasse). Was ist mit Menschen, die in die falsche Schublade gesteckt werden? Und wenn eine Entscheidung aufgrund fehlerhafter Daten erfolgt ist, sind Regressforderungen nahezu unmöglich [87].

Da viele Daten statistischen Charakter haben, können einzelne Fälle durchaus falsch liegen, selbst wenn die Wahrscheinlichkeitsverteilung der Gesamtheit korrekt ist. Wenn zum Beispiel die durchschnittliche Lebenserwartung in Ihrem Land 80 Jahre beträgt, müssen Sie nicht damit rechnen, an Ihrem 80. Geburtstag zu sterben. Aus dem Durchschnitt und der Wahrscheinlichkeitsverteilung können Sie kaum etwas darüber aussagen, wie alt eine bestimmte Person tatsächlich wird. Ebenso ist die Ausgabe eines Vorhersagesystems probabilistisch und kann im Einzelfall durchaus falsch sein.

Der blinde Glaube an die Überlegenheit von Daten bei der Entscheidungsfindung ist nicht nur wahnhaft, sondern ausgesprochen gefährlich. Da sich die datengesteuerte Entscheidungsfindung immer mehr verbreitet, müssen wir herausfinden, wie sich Algorithmen haftbar und transparent gestalten lassen, wie man Verstärkungen vorhandener Verzerrungen vermeidet und wie wir korrigierend eingreifen können, wenn sie unvermeidliche Fehler machen.

Wir müssen auch herausfinden, wie sich verhindern lässt, dass Daten verwendet werden, um Menschen zu schaden, und stattdessen ihr positives Potenzial erkennen. Zum Beispiel kann die Analytik finanzielle und soziale Charakteristika im Leben von Menschen aufdecken. Einerseits könnte diese Macht genutzt werden, um Hilfe und Unterstützung auf die Menschen zu konzentrieren, die sie am dringendsten brauchen. Andererseits wird sie manchmal von rücksichtslosen Unternehmen genutzt, um wehrlose Menschen zu identifizieren und ihnen riskante Produkte zu verkaufen, beispielsweise teure Kredite und wertlose Hochschulabschlüsse [87, 90].

Rückkopplungsschleifen

Selbst bei prädiktiven Anwendungen, die weniger unmittelbar weitreichende Auswirkungen auf die Menschen haben, wie zum Beispiel Empfehlungssystemen, gibt es schwierige Fragen, denen wir uns stellen müssen. Wenn Dienste immer besser voraussagen können, welche Inhalte Benutzer sehen wollen, zeigen sie ihnen am Ende vielleicht nur noch Meinungen, mit denen sie übereinstimmen, was zu Filterblasen führt, in denen sich Stereotypen, Fehlinformationen und Polarisierungen ausbreiten können. Wir sehen bereits, dass sich Filterblasen in sozialen Medien auf Wahlkämpfe auswirken [91].

Wenn prädiktive Analytik das Leben der Menschen beeinflusst, entstehen durch selbstverstärkende Rückkopplungsschleifen besonders bösartige Probleme. Betrachten Sie zum Beispiel den Fall von Arbeitgebern, die potenzielle Mitarbeiter bei der Einstellung anhand von Kredit-Scores bewerten. Zwar können Sie ein guter Arbeiter mit einem guten Kredit-Score sein, doch plötzlich geraten Sie in finanzielle Schwierigkeiten aufgrund eines Unglücks, auf das Sie keinen Einfluss hatten. Wenn Sie Rechnungen nicht zahlen, leidet Ihr Kredit-Score, und die Chancen auf eine neue Arbeit sinken. Arbeitslosigkeit treibt Sie in die Armut, was die Bewertungszahl weiter verschlechtert und es noch schwieriger macht, Arbeit zu finden [87]. Es ist eine Abwärtsspirale infolge von toxischen Annahmen, die hinter einer Tarnung aus mathematischer Exaktheit und Daten versteckt sind.

Wir können nicht immer vorhersagen, wann solche Rückkopplungsschleifen auftreten. Viele Konsequenzen lassen sich aber vorhersagen, wenn man über das gesamte System nachdenkt (nicht nur über die computerisierten Teile, sondern auch über die Menschen, die mit ihm interagieren) – ein Ansatz, der als *Systemdenken* bekannt ist [92]. Wir können versuchen zu verstehen, wie ein Datenanalysesystem auf unterschiedliche Verhaltensweisen, Strukturen oder Eigenschaften reagiert. Verfestigt und verstärkt das System vorhandene Unterschiede zwischen den Menschen (indem es zum Beispiel die Reichen reicher und Armen ärmer macht) oder versucht es, Ungerechtigkeiten zu bekämpfen? Und selbst bei den besten Absichten müssen wir uns vor unbeabsichtigten Folgen in Acht nehmen.

Datenschutz und Nachverfolgung

Neben den Problemen der prädiktiven Analytik – d.h. die Verwendung der Daten, um automatisierte Entscheidungen über Menschen zu treffen – gibt es ethische Probleme mit dem Sammeln der Daten an sich. Welche Beziehung besteht zwischen den Organisationen, die Daten sammeln, und den Personen, deren Daten gesammelt werden?

Wenn ein System nur Daten speichert, die ein Benutzer explizit eingegeben hat, weil er sie vom System in bestimmter Weise speichern und verarbeiten lassen will, führt das System einen Dienst für den Benutzer aus: Der Benutzer ist der Kunde. Doch wenn die Aktivitäten eines Benutzers als Nebeneffekt anderer Dinge, die er unternimmt, verfolgt und protokolliert werden, ist die Beziehung weniger klar. Der Dienst tut nicht mehr nur das, was der Benutzer ihm sagt, sondern er nimmt eigene Interessen wahr, die mit den Interessen des Benutzers kollidieren können.

Die Verfolgung von Verhaltensdaten ist zunehmend wichtiger geworden für benutzerorientierte Funktionen vieler Onlinedienste: Die Nachverfolgung (engl. Tracking), welche Suchergebnisse angeklickt wurden, hilft, das Ranking von Suchergebnissen zu verbessern; die Empfehlung »Personen, denen X gefallen hat, haben auch Y gekauft« hilft Benutzern, interessante und nützliche Dinge zu entdecken; mit A/B-Tests und Benutzerflussanalysen lässt sich feststellen, wie eine Benutzeroberfläche verbessert werden könnte. Diese Funktionen erfordern ein gewisses Maß an Nachverfolgung des Benutzerverhaltens, und die Benutzer profitieren davon.

Doch je nach Geschäftsmodell eines Unternehmens hört die Nachverfolgung dort oftmals noch nicht auf. Wenn der Dienst durch Werbung finanziert wird, sind die Inserenten die eigentlichen Kunden, und die Interessen der Benutzer rangieren erst an zweiter Stelle. Die Nachverfolgungsdaten werden detaillierter, die Reichweite von Analysen nimmt zu, und Daten werden lange aufbewahrt, um detaillierte Profile jeder Person für Marketingzwecke zu erstellen.

Nun sieht die Beziehung zwischen dem Unternehmen und dem Benutzer, dessen Daten gesammelt werden, ganz anders aus. Der Benutzer erhält einen kostenlosen Dienst und wird dazu überredet, sich so viel wie möglich damit zu beschäftigen. Die Nachverfolgung des Benutzers zielt nicht in erster Linie auf diese Person ab, sondern vielmehr auf die Bedürfnisse der Werbetreibenden, die den Dienst finanzieren. Meiner Meinung nach lässt sich diese Beziehung mit einem Wort beschreiben, das eher unheimliche Assoziationen weckt: *Überwachung*.

Überwachung

Versuchen Sie als Gedankenexperiment, das Wort *Daten* durch *Überwachung* zu ersetzen, und beobachten Sie, ob gängige Formulierungen immer noch so gut klingen [93]. Wie wäre es damit: »In unserer überwachungsorientierten Organisation sammeln wir Echtzeit-Überwachungs-Streams und speichern sie in unserem Überwachungs-Warehouse. Unsere Überwachungswissenschaftler verwenden fortschrittliche Analyse- und Überwachungsverarbeitung, um neue Erkenntnisse zu gewinnen.«

Dieses Gedankenexperiment ist ungewöhnlich polemisch für dieses Buch, *Überwachungsintensive Anwendungen designen*, doch ich denke, dass starke Worte notwendig sind, um diesen Punkt zu unterstreichen. In unseren Versuchen, Software »die Welt fressen« zu lassen [94], haben wir die größte Massenüberwachungsinfrastruktur geschaffen, die die Welt je gesehen hat. Auf dem Weg zu einem Internet der Dinge nähern wir uns schnell einer Welt, in der jeder bewohnte Raum mindestens ein Mikrofon mit Internetzugang enthält, und zwar in Form von Smartphones, Smart-TVs, sprachgesteuerten Assistenzgeräten, Babymonitoren und sogar Kinderspielzeug, das cloudbasierte Spracherkennung verwendet. Viele dieser Geräte weisen eine erschreckende Sicherheitsbilanz auf [95].

Selbst für die totalitärsten und repressivsten Regimes wäre es ein Traum, ein Mikrofon in jeden Raum zu stellen und jede Person zu zwingen, ständig ein Gerät mit sich herumzutragen, das ihren Standort und ihre Bewegungen verfolgt. Doch offenkundig stürzen wir uns freiwillig, ja sogar enthusiastisch, in diese Welt der totalen Überwachung. Der Unterschied besteht lediglich darin, dass die Daten von Unternehmen und nicht von staatlichen Stellen gesammelt werden [96].

Nicht jede Datenerhebung qualifiziert sich als Überwachung, doch wenn wir sie daraufhin untersuchen, können wir unsere Beziehung zum Datensammler besser verstehen. Warum sind wir scheinbar glücklich damit, die Überwachung durch Unternehmen zu akzeptieren? Vielleicht denken Sie, dass Sie nichts zu verbergen haben – mit anderen Worten stehen Sie völlig im Einklang mit bestehenden Machtstrukturen, gehören keiner marginalisierten Minderheit an und brauchen keine Angst vor Verfolgung zu haben [97]. Nicht jeder hat so viel Glück. Oder vielleicht hängt es damit zusammen, dass der Zweck harmlos erscheint – es geht nicht um offenen Zwang und Konformität, sondern lediglich um bessere Empfehlungen und personalisiertes Marketing. Zusammen mit der Diskussion über prädiktive Analytik aus dem letzten Abschnitt scheint diese Unterscheidung allerdings weniger klar zu sein.

Wir sehen bereits Autoversicherungsprämien, die an Tracking-Geräte in Autos gekoppelt sind, und Krankenversicherungen, deren Beiträge davon abhängen, ob die jeweilige Person ein Fitness-Tracking-Gerät trägt. Wenn Überwachung verwendet wird, um Dinge festzustellen, die über wichtige Aspekte des Lebens bestimmen, wie zum Beispiel Versicherungsschutz oder Beschäftigung, sieht das Ganze schon nicht mehr so harmlos aus. Darüber hinaus kann Datenanalyse überraschend private und vertrauliche Dinge aufdecken: Zum Beispiel lässt sich über den Bewegungssensor in einer Smartwatch oder einem Fitness-Tracker mit ziemlich guter Genauigkeit herausfinden, was Sie auf der Tastatur eingeben (zum Beispiel Kennwörter) [98]. Und die Analyse-Algorithmen werden immer nur noch besser.

Einwilligung und Wahlfreiheit

Wir können vielleicht behaupten, dass Benutzer freiwillig einen Dienst nutzen, der ihre Aktivitäten verfolgt, und sie den Nutzungsbedingungen und der Datenschutzerklärung zugestimmt haben, sodass sie mit einer Datenerhebung einverstanden sind. Wir könnten sogar behaupten, dass Benutzer im Gegenzug für die von ihnen gelieferten Daten einen wertvollen Dienst erhalten und dass Nachverfolgung notwendig ist, um den Dienst bereitstellen zu können. Zweifellos sind soziale Netzwerke, Suchmaschinen und verschiedene andere kostenlose Onlinedienste für die Benutzer wertvoll – das Ganze hat aber einen Haken.

Benutzer wissen nur wenig darüber, welche Daten sie in unsere Datenbanken einspeisen oder wie diese gespeichert und verarbeitet werden – und die meisten Datenschutzerklärungen verschleiern mehr als aufzuklären. Ohne ein Verständnis, was mit seinen Daten passiert, kann der Benutzer keine sinnvolle Einwilligung geben. Oftmals sagen die Daten des einen Benutzers auch etwas über andere Personen aus, die den Dienst nicht verwenden und die keinerlei Bedingungen zugestimmt haben. Die abgeleiteten Datenmengen, um die es in diesem Teil des Buchs geht – in denen Daten aus der gesamten Benutzerbasis mit der Verfolgung des Benutzerverhaltens und externen Datenquellen kombiniert werden –, sind genau solche Daten, die sich einem wirklichen Verständnis des Benutzers nicht erschließen können.

Darüber hinaus werden Daten von Benutzern über einen einseitigen Prozess extrahiert, nicht über eine Beziehung mit echter Gegenseitigkeit und ohne gerechten Gegenwert. Es gibt keinen Dialog, keine Option, über die Benutzer aushandeln könnten, wie viele Daten sie bereitstellen und welchen Dienst sie im Gegenzug bekommen: Die Beziehung zwischen dem Dienst und dem Benutzer ist sehr asymmetrisch und einseitig. Die Bedingungen werden vom Dienst festgelegt, nicht vom Benutzer [99].

Für einen Benutzer, der mit der Überwachung nicht einverstanden ist, besteht die einzig wirkliche Alternative darin, den Dienst einfach nicht zu verwenden. Aber auch diese Wahl ist nicht frei: Wenn ein Dienst so beliebt ist, dass er »von den meisten Menschen als wesentlich für eine grundlegende soziale Teilhabe betrachtet wird« [99], kann man nicht wirklich erwarten, dass Menschen sich von diesem Dienst zurückziehen – die Nutzung des Diensts ist *de facto* obligatorisch. Zum Beispiel ist es in den meisten westlichen sozialen Communitys zur Norm geworden, ein Smartphone mit sich zu führen, Facebook für soziale Kontakte zu verwenden und mit Google nach Informationen zu suchen. Gerade wenn ein Dienst Netzwerkeffekte mit sich bringt, entstehen den Menschen, die ihn bewusst *nicht* nutzen wollen, soziale Kosten.

Einen Dienst wegen der Nachverfolgung der Benutzer nicht mehr zu verwenden, ist nur eine Option für die geringe Anzahl von Personen, die privilegiert genug sind, um über die Zeit und das Wissen zu verfügen, seine Datenschutzerklärung zu verstehen, und die es sich leisten können, auf die soziale Teilhabe oder beruflichen Gelegenheiten zu verzichten, die sich möglicherweise ergeben hätten, wenn sie am Dienst teilgenommen hätten. Für Menschen in einer weniger privilegierten Position gibt es keine bedeutsame Wahlfreiheit: Die Überwachung wird unausweichlich.

Privatsphäre und Datenverwendung

Manchmal wird behauptet, dass das »Privatleben tot sei«, weil einige Nutzer bereit sind, alle möglichen – manchmal alltäglichen und manchmal sehr persönlichen – Dinge über ihr Leben in sozialen Medien zu posten. Diese Behauptung ist jedoch falsch und beruht auf einem Missverständnis des Wortes *privat* im Sinne von Privatsphäre (engl. privacy).

Die eigene Privatsphäre zu schützen, bedeutet nicht, alles geheim zu halten, sondern frei wählen zu können, welche Dinge man wem offenlegt, was man öffentlich macht und was man geheim hält. Das Recht auf Privatsphäre ist also ein Entscheidungsrecht: Es ermöglicht jeder Person zu entscheiden, wo sie im Spektrum zwischen Geheimhaltung und Transparenz in jeder Situation sein möchte [99]. Es ist ein wichtiger Aspekt der Freiheit und Autonomie eines Menschen.

Wenn Daten von Menschen mittels einer Überwachungsinfrastruktur extrahiert werden, wird das Recht auf Privatsphäre nicht unbedingt ausgehöhlt, sondern an den Datensammler übertragen. Unternehmen, die Daten erheben, sagen im Wesentlichen: »Vertrauen Sie uns, dass wir mit Ihren Daten das Richtige tun.« Anders ausgedrückt: Das Recht zu entscheiden, was offengelegt wird und was geheim zu halten ist, wird vom Einzelnen auf das Unternehmen übertragen.

Die Unternehmen entscheiden ihrerseits, einen Großteil des Ergebnisses dieser Überwachung geheim zu halten, denn es zu enthüllen, würde als unheimlich wahrgenommen und ihrem Geschäftsmodell schaden (das darauf baut, mehr über Menschen zu wissen als andere Unternehmen). Vertrauliche Informationen über Benutzer werden nur indirekt preisgegeben, zum Beispiel in Form von Tools für zielgerichtete Werbung für spezifische Personengruppen (zum Beispiel solche, die an einer bestimmten Krankheit leiden).

Selbst wenn sich konkrete Benutzer nicht persönlich aus der Gesamtheit der Personen, an die sich eine bestimmte Werbung richtet, wiedererkennen lassen, haben sie ihre Handlungsfähigkeit und Freiheit über die Offenlegung vertraulicher Informationen – beispielsweise ob sie an einer bestimmten Krankheit leiden – verloren. Nicht der Benutzer entscheidet anhand seiner persönlichen Präferenzen, was wem offengelegt wird – es ist das Unternehmen, das diese Entscheidungen trifft, mit dem Ziel, seinen Gewinn zu maximieren.

Viele Unternehmen möchten nicht als unheimlich *wahrgenommen* werden – sie wollen die Frage vermeiden, wie tief ihr Datensammeln tatsächlich in die Privatsphäre eingreift, und sich stattdessen darauf konzentrieren, die Benutzerwahrnehmungen zu steuern. Und selbst diese Wahrnehmungen werden oftmals schlecht gehandhabt: Zum Beispiel kann etwas faktisch korrekt sein, doch wenn das schmerzliche Empfindungen auslöst, möchte der Benutzer vielleicht nicht daran erinnert werden [100]. Bei jeder Art von Daten sollten wir einkalkulieren, dass sie möglicherweise falsch, unerwünscht oder in gewisser Weise unangebracht sind, und wir müssen Mechanismen schaffen, um mit solchen Fehlern umzugehen. Ob etwas »unerwünscht« oder »unangebracht« ist, unterliegt natürlich dem menschlichen Urteilsvermögen; Algorithmen sind derartige Vorstellungen nicht bewusst, außer wenn wir sie explizit so programmieren, dass sie menschliche Bedürfnisse respektieren. Als Ingenieure dieser Systeme müssen wir bescheiden sein und solche Schwächen akzeptieren und einplanen.

Datenschutzeinstellungen, über die der Benutzer eines Onlinediensts kontrollieren kann, welche Aspekte seiner Daten andere Benutzer sehen dürfen, sind der Ausgangspunkt, um dem Benutzer eine gewisse Kontrolle zurückzugeben. Der Dienst hat jedoch unabhängig von der Einstellung uneingeschränkten Zugriff auf die Daten und kann sie unter Beachtung der Datenschutzrichtlinien in jeder Weise frei verwenden. Selbst wenn der Dienst verspricht, die Daten nicht an Dritte zu verkaufen, gewährt er sich selbst in der Regel uneingeschränkte Rechte, um die Daten intern zu verarbeiten und zu analysieren. Das geht oftmals weit über das hinaus, was für den Benutzer offen erkennbar ist.

Diese Art der groß angelegten Übertragung von Persönlichkeitsrechten von Einzelpersonen auf Unternehmen ist historisch beispiellos [99]. Überwachung hat es schon immer gegeben, aber sie war in der Vergangenheit teuer und manuell, nicht skalierbar und automatisiert. Vertrauliche Verhältnisse hat es ebenfalls schon immer gegeben, zum Beispiel zwischen einem Patienten und seinem Arzt oder zwischen einem Angeklagten und seinem Anwalt – aber in diesen Fällen wurde die Verwendung der Daten streng nach ethischen, rechtlichen und behördlichen Vorgaben geregelt. Internetdienste haben es viel einfacher gemacht, riesige Mengen von vertraulichen Informationen ohne reelle Einwilligung anzuhäufen und sie in großem Umfang zu nutzen, ohne dass Benutzer verstehen, was mit ihren privaten Daten geschieht.

Daten als Vermögen und Macht

Da Verhaltensdaten ein Nebenprodukt der Benutzerinteraktion mit einem Dienst sind, spricht man auch von »Datenabgasen« – was suggeriert, dass die Daten wertloser Abfall sind. So gesehen kann die Verhaltens- und Vorhersageanalytik als eine Form des Recyclings betrachtet werden, die aus den Daten, die sonst weggeworfen worden wären, einen Wert generiert.

Richtiger wäre es, die Sache andersherum zu betrachten, und zwar von einem wirtschaftlichen Standpunkt aus: Wenn sich ein Dienst über zielgerichtete Werbung finanziert, dann sind Verhaltensdaten über Menschen das wertvollste Wirtschaftsgut des Diensts. In diesem Fall ist die Anwendung, mit der der Benutzer interagiert, lediglich ein Mittel, um Benutzer dazu zu verführen, immer mehr persönliche Informationen in die Überwachungsinfrastruktur einzuspeisen [99]. Die wunderbare menschliche Kreativität und die sozialen Beziehungen, die oft in Onlinediensten zum Ausdruck kommen, werden von der Datenextraktionsmaschinerie rücksichtslos ausgebeutet.

Die Behauptung, dass persönliche Daten ein wertvolles Gut sind, wird durch die Existenz von Datenbrokern gestützt, einer dubiosen Branche, die im Verborgenen arbeitet und private Daten über Menschen vorrangig für Marketing-Zwecke kauft, aggregiert, analysiert, ableitet und weiterverkauft [90]. Start-ups werden nach ihren Benutzerzahlen bewertet, nach »Augenpaaren« – d.h. nach ihren Überwachungsmöglichkeiten.

Da die Daten wertvoll sind, möchten viele sie auch haben. Natürlich gehören Unternehmen dazu – weswegen sie die Daten von vornherein sammeln. Doch auch

Regierungen möchten sie bekommen: durch geheime Absprachen, staatlichen Zwang oder einfach durch Diebstahl [101]. Wenn ein Unternehmen in Konkurs geht, gehören die personenbezogenen Daten zu den Vermögenswerten, die verkauft werden sollen. Darüber hinaus ist es schwer, Daten vor unbefugtem Zugriff zu schützen, sodass Verstöße beunruhigend oft vorkommen [102].

Diese Beobachtungen haben Kritiker zu der Aussage veranlasst, dass Daten nicht einfach ein Gut sind, sondern ein »giftiges Gut« [101] oder zumindest »Gefahrenstoffe« [103]. Selbst wenn wir glauben, wir könnten den Missbrauch von Daten verhindern, müssen wir bei jeder Datenerhebung die Vorteile gegenüber dem Risiko abwägen, dass die Daten in die falschen Hände geraten: Kriminelle oder feindliche ausländische Nachrichtendienste können in Computersysteme eindringen, Daten können an Insider durchsickern, das Unternehmen kann in die Hände einer skrupellosen Verwaltung fallen, die unsere Werte nicht teilt, oder das Land kann von einem Regime übernommen werden, das keine Bedenken hat, uns zur Übergabe der Daten zu zwingen.

Bei der Datenerhebung müssen wir nicht nur das aktuelle politische Umfeld berücksichtigen, sondern auch alle möglichen zukünftigen Regierungen. Es gibt keine Garantie, dass jede künftig gewählte Regierung die Menschenrechte und bürgerlichen Freiheiten respektiert, sodass »es schlecht für die gesellschaftliche Gesundheitspflege ist, Technologien zu installieren, die eines Tages einen Polizeistaat fördern könnten« [104].

Wie heißt es doch so treffend? »Wissen ist Macht.« Und weiter: »Andere unter die Lupe zu nehmen ohne selbst einer Kontrolle ausgesetzt zu sein, ist eine der wichtigsten Formen von Macht« [105]. Aus diesem Grund sind totalitäre Regierungen auf Überwachung fixiert: Sie gibt ihnen die Macht, die Bevölkerung zu kontrollieren. Obwohl die heutigen Technologiefirmen nicht offen nach politischer Macht streben, geben ihnen die Daten und das Wissen, dass sie angesammelt haben, nichtsdestotrotz eine Menge Macht über unser Leben, wobei ein großer Teil davon heimlich geschieht, außerhalb der öffentlichen Wahrnehmung [106].

Erinnerungen an die industrielle Revolution

Daten sind das bestimmende Merkmal des Informationszeitalters. Internet, Datenspeicherung, Verarbeitung und softwaregesteuerte Automatisierung üben einen großen Einfluss auf die globale Wirtschaft und die menschliche Gesellschaft aus. Da sich unser alltägliches Leben und die soziale Organisation im letzten Jahrzehnt geändert haben und sich in den kommenden Jahrzehnten wahrscheinlich nochmals radikal verändern werden, kommen uns Vergleiche mit der industriellen Revolution in den Sinn [87, 96].

Die industrielle Revolution ist durch große technologische und landwirtschaftliche Fortschritte zustande gekommen und hat auf lange Sicht ein nachhaltiges Wirtschaftswachstum und erheblich verbesserte Lebensstandards gebracht. Doch sie wurde auch von großen Problemen begleitet: Die Verschmutzung der Luft (durch Rauch und chemische Prozesse) und des Wassers (von industriellem und menschlichem Abwasser) war entsetzlich. Fabrikbesitzer lebten in Prunk, während die städtischen Arbeiter oftmals in sehr ärmlichen Behausungen wohnten und viele Stunden täglich unter harten Bedingungen arbeiteten. Kinderarbeit war üblich, einschließlich gefährlicher und schlecht bezahlter Arbeit im Bergbau.

Schutzmaßnahmen wie zum Beispiel Umweltschutzvorschriften, Sicherheitsprotokolle für Arbeitsplätze, Verbot von Kinderarbeit und Gesundheitskontrollen für Lebensmittel ließen lange auf sich warten. Zweifellos stiegen die Geschäftskosten, als Fabriken nicht mehr ihre Abfallstoffe in Flüsse leiten, kontaminierte Lebensmittel verkaufen oder Arbeiter ausbeuten durften. Doch die Gesellschaft als Ganzes hat enorm von diesen Vorschriften profitiert und nur wenige von uns würden sich in die Zeit davor zurückwünschen [87].

Genau wie die industrielle Revolution eine dunkle Seite hatte, die zu bewältigen war, ist unser Übergang in das Informationszeitalter von großen Problemen gekennzeichnet, denen wir uns stellen und die wir lösen müssen. Ich glaube, dass das Sammeln und die Verwendung von Daten eines dieser Probleme ist. Mit den Worten von Bruce Schneier [96]:

> Daten sind das Verschmutzungsproblem des Informationszeitalters und der Datenschutz ist die umweltpolitische Herausforderung. Fast alle Computer produzieren Informationen. Diese Daten setzen sich fest, quellen auf. Wie wir damit umgehen – wie wir sie eindämmen und wie wir sie entsorgen –, ist für die Gesundheit unserer Informationswirtschaft von zentraler Bedeutung. So wie wir heute auf die ersten Jahrzehnte des Industriezeitalters zurückblicken und uns fragen, wie unsere Vorfahren die Verschmutzung ignorieren konnten in ihrem Drang, eine industrielle Welt zu schaffen, werden unsere Enkel auf uns während dieser frühen Jahrzehnte des Informationszeitalters zurückblicken und uns danach beurteilen, wie wir die Herausforderung gemeistert haben, die das Sammeln und den Missbrauch von Daten betrifft.
>
> Wir sollten versuchen, sie stolz auf uns zu machen.

Gesetzgebung und Selbstkontrolle

Datenschutzgesetze können dazu beitragen, die Rechte des Einzelnen zu wahren. Zum Beispiel schreibt die europäische Datenschutzrichtlinie von 1995 vor, dass »personenbezogene Daten für festgelegte eindeutige und rechtmäßige Zwecke erhoben und nicht in einer mit diesen Zweckbestimmungen nicht zu vereinbarenden Weise weiterverarbeitet werden« und dass die Daten »den Zwecken entsprechen, für die sie erhoben und/oder weiterverarbeitet werden, dafür erheblich sind und nicht darüber hinausgehen« [107].

Allerdings ist es fraglich, ob diese Gesetzgebung im heutigen Internet-Kontext effektiv ist [108]. Diese Regeln stehen in direktem Widerspruch zur Philosophie von Big Data, die darin besteht, die Datenerhebung zu maximieren, Daten mit anderen Datenmengen zu kombinieren, zu experimentieren und zu erkunden, um neue Erkenntnisse zu gewinnen. Mit Erkundung ist gemeint, die Daten für unvorhergesehene Zwecke zu verwenden, die das Gegenteil der »festgelegten eindeutigen und rechtmäßigen Zwecke« sind, für die der Benutzer seine Einwilligung gegeben hat (wenn wir überhaupt von Einwilligung sprechen können [109]). Aktualisierte Vorschriften werden derzeit entwickelt [89].

Firmen, die viele Daten über Menschen sammeln, lehnen Regulierung als Belastung und Innovationshemmnis ab. Dieser Widerstand ist bis zu einem gewissen Grad gerechtfertigt. Zum Beispiel bestehen bei der Weitergabe von medizinischen Daten klare Risiken für die Privatsphäre, doch es gibt auch potenzielle Chancen: Wie viele Todesfälle könnten verhindert werden, wenn sich anhand von Datenanalysen bessere Diagnosen oder bessere Behandlungen erreichen ließen [110]? Eine Überregulierung kann derartige Durchbrüche verhindern. Es ist schwierig, solche potenziellen Chancen mit den Risiken abzuwägen [105].

Grundsätzlich denke ich, dass wir einen Kulturwandel in der technischen Industrie in Bezug auf personenbezogene Daten brauchen. Wir sollten aufhören, Benutzer als Kenngrößen zu betrachten, die optimiert werden müssen, und daran denken, dass es um Menschen geht, die Respekt, Würde und Handlungsfreiheit verdienen. Wir sollten unsere Datenerhebungs- und Verarbeitungspraktiken selbst kontrollieren, um das Vertrauen der Menschen, die von unserer Software abhängen, aufzubauen und zu erhalten [111]. Und wir sollten es auf uns nehmen, die Endbenutzer über die Verwendung ihrer Daten aufzuklären, anstatt sie im Dunkeln zu lassen.

Wir sollten jedem Einzelnen ermöglichen, seine Privatsphäre – d.h. seine Kontrolle über die eigenen Daten – zu wahren und ihm diese Kontrolle nicht durch Überwachung zu stehlen. Unser individuelles Recht auf Kontrolle unserer Daten ist wie die natürliche Umgebung eines Nationalparks: Wenn wir sie nicht explizit schützen und pflegen, wird sie zerstört. Es läuft auf die Allmendeproblematik hinaus, und wir alle werden deswegen schlechter dran sein. Eine allgegenwärtige Überwachung ist nicht unausweichlich – wir sind immer noch in der Lage, sie aufzuhalten.

Wie genau wir das erreichen können, ist eine offene Frage. Zunächst einmal sollten wir die Daten nicht ewig aufbewahren, sondern eliminieren, sobald sie nicht mehr gebraucht werden [111, 112]. Das Bereinigen von Daten verstößt gegen das Prinzip der Unveränderlichkeit (siehe Abschnitt »Einschränkungen der Unveränderlichkeit« auf Seite 498), doch dieses Problem lässt sich lösen. Einen vielversprechenden Ansatz sehe ich darin, die Zugriffskontrolle über kryptografische Protokolle zu erzwingen und nicht nur durch programmierte Regeln [113, 114]. Insgesamt werden Veränderungen in der Kultur und den Einstellungen notwendig sein.

Zusammenfassung

In diesem Kapitel haben wir neue Ansätze zum Entwurf von Datensystemen diskutiert, und ich habe meine persönlichen Meinungen und Spekulationen über die

Zukunft eingebracht. Zunächst ging es um die Beobachtung, dass es nicht das eine Tool gibt, das effizient alle möglichen Einsatzfälle bedienen kann, und somit Anwendungen zwangsläufig mehrere verschiedene Softwarekomponenten zusammenstellen müssen, um ihre Ziele zu erreichen. Wir haben erörtert, wie sich dieses Problem der *Datenintegration* mithilfe von Stapelverarbeitung und Ereignisströmen lösen lässt, mittels derer Daten zwischen verschiedenen Systemen fließen können.

In diesem Ansatz werden bestimmte Systeme als primäre Systeme ausgewiesen und andere Daten von ihnen über Transformationen abgleitet. Auf diese Weise können wir Indizes, materialisierte Sichten, Modelle für maschinelles Lernen, statistische Zusammenfassungen und vieles mehr verwalten. Indem diese Ableitungen und Transformationen asynchron erfolgen und lose gekoppelt werden, vermeidet man, dass sich ein Problem in einem Bereich auf andere Teile des Systems ausbreitet. Dadurch erhöhen sich Robustheit und Fehlertoleranz des Gesamtsystems.

Drückt man den Datenfluss als Transformationen von einer Datenmenge in eine andere aus, vereinfacht das die Anwendungsentwicklung: Wenn Sie einen der Verarbeitungsschritte ändern möchten, zum Beispiel die Struktur eines Index oder Cache, können Sie einfach den neuen Transformationscode noch einmal für die gesamte Eingabedatenmenge ausführen, um die Ausgabe neu abzuleiten. Wenn etwas schiefgeht, können Sie den Code korrigieren und die Daten erneut verarbeiten, um den Fehler zu beheben.

Diese Vorgänge sind sehr ähnlich zu dem, was Datenbanken bereits intern vollführen. Wir können also die Idee der Datenflussanwendungen als *Entflechten* der Komponenten einer Datenbank ausdrücken und eine Anwendung erstellen, indem wir diese lose gekoppelten Komponenten zusammenstellen.

Ein abgeleiteter Zustand lässt sich aktualisieren, indem die Änderungen in den zugrunde liegenden Daten beobachtet werden. Darüber hinaus kann der abgeleitete Zustand selbst von nachgelagerten Konsumenten weiter beobachtet werden. Diesen Datenfluss können wir bis zum Endbenutzergerät weiterführen, das die Daten anzeigt, und somit Benutzeroberflächen aufbauen, die dynamisch aktualisierbar sind, um Datenänderungen widerzuspiegeln, und offline weiterarbeiten können.

Als Nächstes haben wir erläutert, wie man sicherstellen kann, dass die gesamte Verarbeitung auch bei Fehlern korrekt bleibt. Es wurde gezeigt, dass starke Integritätsgarantien skalierbar mit asynchroner Ereignisverarbeitung implementiert werden können, indem man Operationen mithilfe von Ende-zu-Ende-Anfragen-IDs idempotent macht und Einschränkungen asynchron überprüft. Clients können entweder warten, bis die Prüfung abgeschlossen ist, oder fortfahren, ohne zu warten, dafür aber das Risiko eingehen, sich bei einer Einschränkungsverletzung entschuldigen zu müssen. Dieser Ansatz ist wesentlich skalierbarer und robuster als der herkömmlich Ansatz, der verteilte Transaktionen verwendet. Zudem passt er zu dem Stil, wie viele Geschäftsprozesse in der Praxis arbeiten.

Indem man Anwendungen rund um den Datenfluss strukturiert und Einschränkungen asynchron überprüft, kann man Koordination weitgehend vermeiden und Systeme schaffen, die Integrität erhalten und trotzdem eine gute Performance zeigen. Das gilt selbst in geografisch verteilten Szenarios und bei Anwesenheit von Fehlern. Wir haben dann auch über Auditing gesprochen, d.h. über Methoden, mit denen sich die Integrität der Daten verifizieren und Beschädigungen entdecken lassen.

Schließlich haben wir einen Schritt zurück getan und einige ethische Aspekte von datenintensiven Anwendungen untersucht. Wie Sie gesehen haben, können Daten für gute Zwecke genutzt werden, doch es lassen sich damit auch erhebliche Schäden anrichten: Sie bestimmen Entscheidungen, die das Leben von Menschen ernsthaft beeinflussen und die schwer anzufechten sind, Diskriminierung und Ausbeutung fördern, Überwachung normalisieren und vertrauliche Informationen offenlegen. Außerdem gehen wir das Risiko von Datenschutzverletzungen ein und stellen gegebenenfalls fest, dass eine gut gemeinte Verwendung von Daten unbeabsichtigte Folgen haben kann.

Da Software und Daten einen so großen Einfluss auf die Welt haben, müssen wir Ingenieure immer daran denken, dass wir eine Verantwortung tragen, auf die Art von Welt hinzuarbeiten, in der wir leben wollen: eine Welt, die Menschen mit Menschlichkeit und Respekt behandelt. Ich hoffe, dass wir gemeinsam auf dieses Ziel hinarbeiten können.

Literaturverzeichnis

[1] Rachid Belaid: *Postgres Full-Text Search is Good Enough!*. rachbelaid.com, 13. Juli 2015.

[2] Philippe Ajoux, Nathan Bronson, Sanjeev Kumar, et al.: *Challenges to Adopting Stronger Consistency at Scale.* 15. USENIX Workshop on Hot Topics in Operating Systems (HotOS), Mai 2015.

[3] Pat Helland und Dave Campbell: *Building on Quicksand.* 4. Biennial Conference on Innovative Data Systems Research (CIDR), Januar 2009.

[4] Jessica Kerr: *Provenance and Causality in Distributed Systems.* blog.jessitron.com, 25. September 2016.

[5] Kostas Tzoumas: *Batch Is a Special Case of Streaming.* data-artisans.com, 15. September 2015.

[6] Shinji Kim und Robert Blafford: *Stream Windowing Performance Analysis: Concord and Spark Streaming.* concord.io, 6. Juli 2016.

[7] Jay Kreps: *The Log: What Every Software Engineer Should Know About Real-Time Data's Unifying Abstraction.* engineering.linkedin.com, 16. Dezember 2013.

[8] Pat Helland: *Life Beyond Distributed Transactions: An Apostate's Opinion.* 3. Biennial Conference on Innovative Data Systems Research (CIDR), Januar 2007.

[9] *Great Western Railway (1835–1948).* Network Rail Virtual Archive, networkrail.co.uk.

[10] Jacqueline Xu: *Online Migrations at Scale.* stripe.com, 2. Februar 2017.

[11] Molly Bartlett Dishman und Martin Fowler: *Agile Architecture.* O'Reilly Software Architecture Conference, März 2015.

[12] Nathan Marz und James Warren: Big Data: *Principles and Best Practices of Scalable Real-Time Data Systems.* Manning, 2015. – ISBN 978-1-617-29034-3

[13] Oscar Boykin, Sam Ritchie, Ian O'Connell und Jimmy Lin: *Summingbird: A Framework for Integrating Batch and Online MapReduce Computations.* 40. International Conference on Very Large Data Bases (VLDB), September 2014.

[14] Jay Kreps: *Questioning the Lambda Architecture.* oreilly.com, 2. Juli 2014.

[15] Raul Castro Fernandez, Peter Pietzuch, Jay Kreps, et al.: *Liquid: Unifying Nearline and Offline Big Data Integration.* 7. Biennial Conference on Innovative Data Systems Research (CIDR), Januar 2015.

[16] Dennis M. Ritchie und Ken Thompson: *The UNIX Time-Sharing System.* Communications of the ACM, Bd. 17, Nr. 7, S. 365–375, Juli 1974. doi:10.1145/361011.361061

[17] Eric A. Brewer und Joseph M. Hellerstein: *CS262a: Advanced Topics in Computer Systems.* Vorlesungsskript, University of California, Berkeley, cs.berkeley.edu, August 2011.

[18] Michael Stonebraker: *The Case for Polystores.* wp.sigmod.org, 13. Juli 2015.

[19] Jennie Duggan, Aaron J. Elmore, Michael Stonebraker, et al.: *The BigDAWG Polystore System.* ACM SIGMOD Record, Bd. 44, Nr. 2, S. 11–16, Juni 2015. doi:10.1145/2814710.2814713

[20] Patrycja Dybka: *Foreign Data Wrappers for PostgreSQL.* vertabelo.com, März 24, 2015.

[21] David B. Lomet, Alan Fekete, Gerhard Weikum und Mike Zwilling: *Unbundling Transaction Services in the Cloud.* 4. Biennial Conference on Innovative Data Systems Research (CIDR), Januar 2009.

[22] Martin Kleppmann und Jay Kreps: *Kafka, Samza and the Unix Philosophy of Distributed Data.* IEEE Data Engineering Bulletin, Bd. 38, Nr. 4, S. 4–14, Dezember 2015.

[23] John Hugg: *Winning Now and in the Future: Where VoltDB Shines.* voltdb.com, 23. März 2016.

[24] Frank McSherry, Derek G. Murray, Rebecca Isaacs und Michael Isard: *Differential Dataflow*. 6. Biennial Conference on Innovative Data Systems Research (CIDR), Januar 2013.

[25] Derek G Murray, Frank McSherry, Rebecca Isaacs, et al.: *Naiad: A Timely Dataflow System*. 24. ACM Symposium on Operating Systems Principles (SOSP), S. 439–455, November 2013. doi:10.1145/2517349.2522738

[26] Gwen Shapira: *We have a bunch of customers who are implementing 'database inside-out' concept and they all ask 'is anyone else doing it? are we crazy?'*. twitter.com, 28. Juli 2016.

[27] Martin Kleppmann: *Turning the Database Inside-out with Apache Samza*. Strange Loop, September 2014.

[28] Peter Van Roy und Seif Haridi: *Concepts, Techniques, and Models of Computer Programming*. MIT Press, 2004. – ISBN 978-0-262-22069-9

[29] *Juttle Documentation*. juttle.github.io, 2016.

[30] Evan Czaplicki und Stephen Chong: *Asynchronous Functional Reactive Programming for GUIs*. 34. ACM SIGPLAN Conference on Programming Language Design and Implementation (PLDI), Juni 2013. doi:10.1145/2491956.2462161

[31] Engineer Bainomugisha, Andoni Lombide Carreton, Tom van Cutsem, Stijn Mostinckx und Wolfgang de Meuter: *A Survey on Reactive Programming*. ACM Computing Surveys, Bd. 45, Nr. 4, S. 1–34, August 2013. doi:10.1145/2501654.2501666

[32] Peter Alvaro, Neil Conway, Joseph M. Hellerstein und William R. Marczak: *Consistency Analysis in Bloom: A CALM and Collected Approach*. 5. Biennial Conference on Innovative Data Systems Research (CIDR), Januar 2011.

[33] Felienne Hermans: *Spreadsheets Are Code*. Code Mesh, November 2015.

[34] Dan Bricklin und Bob Frankston: *VisiCalc: Information from Its Creators*. danbricklin.com.

[35] D. Sculley, Gary Holt, Daniel Golovin, et al.: *Machine Learning: The High- Interest Credit Card of Technical Debt*. NIPS Workshop on Software Engineering for Machine Learning (SE4ML), Dezember 2014.

[36] Peter Bailis, Alan Fekete, Michael J Franklin, et al.: *Feral Concurrency Control: An Empirical Investigation of Modern Application Integrity*. ACM International Conference on Management of Data (SIGMOD), Juni 2015. doi: 10.1145/2723372.2737784

[37] Guy Steele: *Re: Need for Macros (Was Re: Icon)*. E-Mail an ll1-discuss mailing list, people.csail.mit.edu, 24. Dezember 2001.

[38] David Gelernter: *Generative Communication in Linda*. ACM Transactions on Programming Languages and Systems (TOPLAS), Bd. 7, Nr. 1, S. 80–112, Januar 1985. doi:10.1145/2363.2433

[39] Patrick Th. Eugster, Pascal A. Felber, Rachid Guerraoui und Anne-Marie Kermarrec: *The Many Faces of Publish/Subscribe*. ACM Computing Surveys, Bd. 35, Nr. 2, S. 114–131, Juni 2003. doi:10.1145/857076.857078

[40] Ben Stopford: *Microservices in a Streaming World*. QCon London, März 2016.

[41] Christian Posta: *Why Microservices Should Be Event Driven: Autonomy vs Authority*. blog.christianposta.com, 27. Mai 2016.

[42] Alex Feyerke: *Say Hello to Offline First*. hood.ie, 5. November 2013.

[43] Sebastian Burckhardt, Daan Leijen, Jonathan Protzenko und Manuel Fähndrich: *Global Sequence Protocol: A Robust Abstraction for Replicated Shared State*. 29. European Conference on Object-Oriented Programming (ECOOP), Juli 2015. doi:10.4230/LIPIcs.ECOOP.2015.568

[44] Mark Soper: *Clearing Up React Data Management Confusion with Flux, Redux, and Relay*. medium.com, 3. Dezember 2015.

[45] Eno Thereska, Damian Guy, Michael Noll und Neha Narkhede: *Unifying Stream Processing and Interactive Queries in Apache Kafka*. confluent.io, 26. Oktober 2016.

[46] Frank McSherry: *Dataflow as Database*. github.com, 17. Juli 2016.

[47] Peter Alvaro: *I See What You Mean*. Strange Loop, September 2015.

[48] Nathan Marz: *Trident: A High-Level Abstraction for Realtime Computation*. blog.twitter.com, 2. August 2012.

[49] Edi Bice: *Low Latency Web Scale Fraud Prevention with Apache Samza, Kafka and Friends*. Merchant Risk Council MRC Vegas Conference, März 2016.

[50] Charity Majors: *The Accidental DBA*. charity.wtf, 2. Oktober 2016.

[51] Arthur J. Bernstein, Philip M. Lewis und Shiyong Lu: *Semantic Conditions for Correctness at Different Isolation Levels*. 16. International Conference on Data Engineering (ICDE), Februar 2000. doi:10.1109/ICDE.2000.839387

[52] Sudhir Jorwekar, Alan Fekete, Krithi Ramamritham und S. Sudarshan: *Automating the Detection of Snapshot Isolation Anomalies*. 33. International Conference on Very Large Data Bases (VLDB), September 2007.

[53] Kyle Kingsbury: *Jepsen blog post series*. aphyr.com, 2013–2016.

[54] Michael Jouravlev: *Redirect After Post*. theserverside.com, 1. August 2004.

[55] Jerome H. Saltzer, David P. Reed und David D. Clark: *End-to-End Arguments in System Design*. ACM Transactions on Computer Systems, Bd. 2, Nr. 4, S. 277–288, November 1984. doi:10.1145/357401.357402

[56] Peter Bailis, Alan Fekete, Michael J. Franklin, et al.: *Coordination-Avoiding Database Systems.* Proceedings of the VLDB Endowment, Bd. 8, Nr. 3, S. 185–196, November 2014.

[57] Alex Yarmula: *Strong Consistency in Manhattan.* blog.twitter.com, 17. März 2016.

[58] Douglas B Terry, Marvin M Theimer, Karin Petersen, et al.: *Managing Update Conflicts in Bayou, a Weakly Connected Replicated Storage System.* 15. ACM Symposium on Operating Systems Principles (SOSP), S. 172–182, Dezember 1995. doi:10.1145/224056.224070

[59] Jim Gray: *The Transaction Concept: Virtues and Limitations.* 7. International Conference on Very Large Data Bases (VLDB), September 1981.

[60] Hector Garcia-Molina und Kenneth Salem: *Sagas.* ACM International Conference on Management of Data (SIGMOD), Mai 1987. doi:10.1145/38713.38742

[61] Pat Helland: *Memories, Guesses, and Apologies.* blogs.msdn.com, 15. Mai 2007.

[62] Yoongu Kim, Ross Daly, Jeremie Kim, et al.: *Flipping Bits in Memory Without Accessing Them: An Experimental Study of DRAM Disturbance Errors.* 41. Annual International Symposium on Computer Architecture (ISCA), Juni 2014. doi:10.1145/2678373.2665726

[63] Mark Seaborn und Thomas Dullien: *Exploiting the DRAM Rowhammer Bug to Gain Kernel Privileges.* googleprojectzero.blogspot.co.uk, 9. März 2015.

[64] Jim N. Gray und Catharine van Ingen: *Empirical Measurements of Disk Failure Rates and Error Rates.* Microsoft Research, MSR-TR-2005-166, Dezember 2005.

[65] Annamalai Gurusami und Daniel Price: *Bug #73170: Duplicates in Unique Secondary Index Because of Fix of Bug#68021.* bugs.mysql.com, Juli 2014.

[66] Gary Fredericks: *Postgres Serializability Bug.* github.com, September 2015.

[67] Xiao Chen: *HDFS DataNode Scanners and Disk Checker Explained.* blog.cloudera.com, Dezember 20, 2016.

[68] Jay Kreps: *Getting Real About Distributed System Reliability.* blog.empathybox.com, 19. März 2012.

[69] Martin Fowler: *The LMAX Architecture.* martinfowler.com, 12. Juli 2011.

[70] Sam Stokes: *Move Fast with Confidence.* blog.samstokes.co.uk, 11. Juli 2016.

[71] *Sawtooth Lake Documentation.* Intel Corporation, intelledger.github.io, 2016.

[72] Richard Gendal Brown: *Introducing R3 Corda™: A Distributed Ledger Designed for Financial Services.* gendal.me, 5. April 2016.

[73] Trent McConaghy, Rodolphe Marques, Andreas Müller, et al.: *BigchainDB: A Scalable Blockchain Database.* bigchaindb.com, 8. Juni 2016.

[74] Ralph C. Merkle: *A Digital Signature Based on a Conventional Encryption Function.* CRYPTO '87, August 1987. doi:10.1007/3-540-48184-2_32

[75] Ben Laurie: *Certificate Transparency.* ACM Queue, Bd. 12, Nr. 8, S. 10–19, August 2014. doi:10.1145/2668152.2668154

[76] Mark D. Ryan: *Enhanced Certificate Transparency and End-to-End Encrypted Mail.* Network and Distributed System Security Symposium (NDSS), Februar 2014. doi:10.14722/ndss.2014.23379

[77] *Software Engineering Code of Ethics and Professional Practice.* Association for Computing Machinery, acm.org, 1999.

[78] François Chollet: *Software development is starting to involve important ethical choices.* twitter.com, 30. Oktober 2016.

[79] Igor Perisic: *Making Hard Choices: The Quest for Ethics in Machine Learning.* engineering.linkedin.com, November 2016.

[80] John Naughton: *Algorithm Writers Need a Code of Conduct.* theguardian.com, 6. Dezember 2015.

[81] Logan Kugler: *What Happens When Big Data Blunders?.* Communications of the ACM, Bd. 59, Nr. 6, S. 15–16, Juni 2016. doi:10.1145/2911975

[82] Bill Davidow: *Welcome to Algorithmic Prison.* theatlantic.com, 20. Februar 2014.

[83] Don Peck: *They're Watching You at Work.* theatlantic.com, Dezember 2013.

[84] Leigh Alexander: *Is an Algorithm Any Less Racist Than a Human?.* theguardian.com, 3. August 2016.

[85] Jesse Emspak: *How a Machine Learns Prejudice.* scientificamerican.com, 29. Dezember 2016.

[86] Maciej Cegłowski: *The Moral Economy of Tech.* idlewords.com, Juni 2016.

[87] Cathy O'Neil: *Weapons of Math Destruction: How Big Data Increases Inequality and Threatens Democracy.* Crown Publishing, 2016. – ISBN 978-0-553-41881-1

[88] Julia Angwin: *Make Algorithms Accountable.* nytimes.com, 1. August 2016.

[89] Bryce Goodman und Seth Flaxman: *European Union Regulations on Algorithmic Decision-Making and a 'Right to Explanation'.* arXiv:1606.08813, 31. August 2016.

[90] *A Review of the Data Broker Industry: Collection, Use, and Sale of Consumer Data for Marketing Purposes.* Staff Report, United States Senate Committee on Commerce, Science, and Transportation, commerce.senate.gov, Dezember 2013.

[91] Olivia Solon: *Facebook's Failure: Did Fake News and Polarized Politics Get Trump Elected?*. theguardian.com, 10. November 2016.

[92] Donella H. Meadows und Diana Wright: *Thinking in Systems: A Primer*. Chelsea Green Publishing, 2008. – ISBN 978-1-603-58055-7

[93] Daniel J. Bernstein: *Listening to a 'big data'/'data science' talk*. twitter.com, 12. Mai 2015.

[94] Marc Andreessen: *Why Software Is Eating the World*. The Wall Street Journal, 20. August 2011.

[95] J. M. Porup: *'Internet of Things' Security Is Hilariously Broken and Getting Worse*. arstechnica.com, 23. Januar 2016.

[96] Bruce Schneier: *Data and Goliath: The Hidden Battles to Collect Your Data and Control Your World*. W. W. Norton, 2015. – ISBN 978-0-393-35217-7

[97] The Grugq: *Nothing to Hide*. grugq.tumblr.com, 15. April 2016.

[98] Tony Beltramelli: *Deep-Spying: Spying Using Smartwatch and Deep Learning*. Masters Thesis, IT University of Copenhagen, Dezember 2015. Verfügbar unter arxiv.org/abs/1512.05616.

[99] Shoshana Zuboff: *Big Other: Surveillance Capitalism and the Prospects of an Information Civilization*. Journal of Information Technology, Bd. 30, Nr. 1, S. 75–89, April 2015. doi:10.1057/jit.2015.5

[100] Carina C. Zona: *Consequences of an Insightful Algorithm*. GOTO Berlin, November 2016.

[101] Bruce Schneier: *Data Is a Toxic Asset, So Why Not Throw It Out?*. schneier.com, 1. März 2016.

[102] John E. Dunn: *The UK's 15 Most Infamous Data Breaches*. techworld.com, 18. November 2016.

[103] Cory Scott: *Data is not toxic – which implies no benefit – but rather hazardous material, where we must balance need vs. want*. twitter.com, 6. März 2016.

[104] Bruce Schneier: *Mission Creep: When Everything Is Terrorism*. schneier.com, 16. Juli 2013.

[105] Lena Ulbricht und Maximilian von Grafenstein: *Big Data: Big Power Shifts?*. Internet Policy Review, Bd. 5, Nr. 1, März 2016. doi:10.14763/2016.1.406

[106] Ellen P. Goodman und Julia Powles: *Facebook and Google: Most Powerful and Secretive Empires We've Ever Known*. theguardian.com, 28. September 2016.

[107] *Directive 95/46/EC on the protection of individuals with regard to the processing of personal data and on the free movement of such data*. Official Journal of the European Communities No. L 281/31, eur-lex.europa.eu, November 1995.

[108]Brendan Van Alsenoy: *Regulating Data Protection: The Allocation of Responsibility and Risk Among Actors Involved in Personal Data Processing.* Thesis, KU Leuven Centre for IT and IP Law, August 2016.

[109]Michiel Rhoen: *Beyond Consent: Improving Data Protection Through Consumer Protection Law.* Internet Policy Review, Bd. 5, Nr. 1, März 2016. doi:10.14763/2016.1.404

[110]Jessica Leber: *Your Data Footprint Is Affecting Your Life in Ways You Can't Even Imagine.* fastcoexist.com, 15. März 2016.

[111]Maciej Cegłowski: *Haunted by Data.* idlewords.com, Oktober 2015.

[112]Sam Thielman: *You Are Not What You Read: Librarians Purge User Data to Protect Privacy.* theguardian.com, 13. Januar 2016.

[113]Conor Friedersdorf: *Edward Snowden's Other Motive for Leaking.* theatlantic.com, 13. Mai 2014.

[114]Phillip Rogaway: *The Moral Character of Cryptographic Work.* Cryptology ePrint 2015/1162, Dezember 2015.

Glossar

Die Definitionen in diesem Glossar sind kurz und einfach gehalten. Sie sollen den Kerngedanken vermitteln, aber nicht sämtliche Details eines Begriffs. Um weitere Einzelheiten zu erfahren, folgen Sie bitte den Verweisen auf den Haupttext.

abgeleitete Daten (derived data)
: Eine Datenmenge, die aus einer anderen Datenmenge über einen wiederholbaren Vorgang erzeugt wird, den Sie bei Bedarf erneut ausführen können. Normalerweise sind abgeleitete Daten erforderlich, um eine bestimmte Art von Lesezugriff auf die Daten zu beschleunigen. Indizes, Caches und materialisierte Sichten sind Beispiele für abgeleitete Daten. Siehe die Einführung zu Teil III.

asynchron (asynchronous)
: Nicht warten, bis etwas fertiggestellt ist (zum Beispiel Daten über das Netzwerk an einen anderen Knoten gesendet sind), und keine Annahmen darüber treffen, wie lange es dauern wird. Siehe Abschnitt »Synchrone und asynchrone Replikation« auf Seite 161, Abschnitt »Synchrone und asynchrone Netzwerke« auf Seite 304 und Abschnitt »Systemmodell und Realität« auf Seite 329.

atomar (atomic)

1. Im Kontext gleichzeitiger Operationen: Beschreibt eine Operation, die zu einem einzelnen Zeitpunkt wirksam zu werden scheint, sodass ein anderer paralleler Prozess die Operation niemals in einem »halbfertigen« Zustand antreffen kann. Siehe auch *Isolation (isolation)*.
2. Im Kontext von Transaktionen: Beschreibt einen Satz von Schreibvorgängen, die entweder alle committet oder alle rückgängig gemacht werden müssen, selbst wenn Fehler auftreten. Siehe Abschnitt »Die Bedeutung von ACID« auf Seite 237 und Abschnitt »Atomarer Commit und Zwei-Phasen-Commit (2PC)« auf Seite 379.

begrenzt (bounded)
: Eine bekannte obere Grenze oder Größe haben. Wird zum Beispiel im Zusammenhang mit Netzwerkverzögerungen (siehe Abschnitt »Timeouts und unbeschränkte Verzögerungen« auf Seite 300) und Datenmengen (siehe die Einführung zu Kapitel 11) verwendet.

Byzantinischer Fehler (Byzantine fault)
: Ein Knoten, der sich auf beliebige Art und Weise unkorrekt verhält, zum Beispiel indem er widersprüchliche oder bösartige Nachrichten an andere Knoten sendet. Siehe Abschnitt »Byzantinische Fehler« auf Seite 326.

Cache (cache)
Eine Komponente, die kürzlich verwendete Daten zwischenspeichert, um zukünftige Lesevorgänge derselben Daten zu beschleunigen. Im Allgemeinen sind die Daten nicht vollständig: Wenn also irgendwelche Daten im Cache fehlen, müssen sie aus einem zugrunde liegenden, langsameren Datenspeichersystem abgerufen werden, in dem sich eine vollständige Kopie der Daten befindet.

CAP-Theorem (CAP theorem)
Ein weithin missverstandenes theoretisches Ergebnis, das in der Praxis nicht nützlich ist. Siehe Abschnitt »Das CAP-Theorem« auf Seite 360.

Data-Warehouse (data warehouse)
Eine Datenbank, in der Daten aus verschiedenen OLTP-Systemen für Analysezwecke zusammengefasst und vorbereitet wurden. Siehe Abschnitt »Data-Warehousing« auf Seite 98.

Datenflusskontrolle (flow control)
Siehe *Gegendruck (backpressure)*.

Datensystem, primäres
Siehe *Primäres Datensystem (system of record)*.

dauerhaft (durable)
Daten so speichern, dass man davon ausgehen kann, dass sie nicht verloren gehen, selbst wenn verschiedene Fehler auftreten. Siehe Abschnitt »Dauerhaftigkeit« auf Seite 242.

deklarativ (declarative)
Die Eigenschaften beschreibend, die etwas haben sollte, aber nicht die genauen Schritte, wie diese Eigenschaften zu erreichen sind. Im Kontext von Datenbankabfragen übernimmt ein Abfrageoptimierer eine deklarative Abfrage und entscheidet, wie sie am besten ausgeführt wird. Siehe Abschnitt »Abfragesprachen für Daten« auf Seite 45.

denormalisieren (denormalize)
Eine *normalisierte* Datenmenge mit einem gewissen Maß an Redundanz oder Duplizierung versehen, in der Regel in Form eines *Cache* oder *Index*, um Lesevorgänge zu beschleunigen. Ein denormalisierter Wert ist eine Art vorab berechnetes Abfrageergebnis, ähnlich einer materialisierten Sicht. Siehe Abschnitt »Einzelobjekt- und Multiobjektoperationen« auf Seite 242 und Abschnitt »Den aktuellen Zustand aus dem Ereignisprotokoll ableiten« auf Seite 492.

deterministisch (deterministic)
Beschreibt eine Funktion, die für die gleiche Eingabe immer die gleiche Ausgabe liefert. Eine solche Funktion kann also nicht von Zufallszahlen, der Tageszeit, der Netzwerkkommunikation oder anderen unvorhersehbaren Ereignissen abhängen.

ETL
Extract-Transform-Load. Der Prozess, Daten von einer Quelldatenbank zu extrahieren, sie in eine Form zu transformieren, die für analytische Abfragen geeigneter ist, und sie in ein Data-Warehouse oder System zur Batch-Verarbeitung zu laden. Siehe Abschnitt »Data-Warehousing« auf Seite 98.

Failover (failover)
In Systemen mit einem einzelnen Leader ist Failover der Vorgang, die Leader-Rolle von einem Knoten auf einen anderen zu verschieben. Siehe Abschnitt »Knotenausfälle behandeln« auf Seite 164.

fehlertolerant (fault-tolerant)
In der Lage sein, Fehler automatisch zu beheben, wenn etwas schiefgeht (wenn zum Beispiel ein Computer abstürzt oder eine Netzwerkverbindung ausfällt). Siehe Abschnitt »Zuverlässigkeit« auf Seite 6.

Flusskontrolle (flow control)
Siehe *Gegendruck (backpressure)*.

Follower (follower)
Ein Replikat, das Schreibvorgänge von Clients nicht direkt annimmt, sondern nur Datenänderungen verarbeitet, die es von einem Leader empfängt. Auch als *sekundäres*, *Slave-*, *Lese-Replikat* oder *Hot-Standby* bezeichnet. Siehe Abschnitt »Leader und Follower« auf Seite 160.

Gegendruck (backpressure)
Den Sender zwingen, Daten langsamer zu senden, wenn der Empfänger nicht mithalten kann. Auch als *(Daten-)Flusssteuerung*, *Flusskontrolle* oder *Stauvermeidung* bezeichnet. Siehe Abschnitt »Nachrichtensysteme« auf Seite 473.

Gespeicherte Prozedur (stored procedure)
Eine Methode, die Logik einer Transaktion so zu kodieren, dass sie sich vollständig auf einem Datenbankserver ausführen lässt, ohne dass während der Transaktion eine Kommunikation zwischen Server und Client (egal in welcher Richtung) erforderlich ist. Siehe Abschnitt »Tatsächliche serielle Ausführung« auf Seite 269.

Graph (graph)
Eine Datenstruktur, bestehend aus *Knoten* (auch als *Entitäten* bezeichnete Dinge, auf die man verweisen kann) und *Kanten* (Verbindungen von einem Knoten zu einem anderen, auch als *Beziehungen* oder *Bögen* bezeichnet). Siehe Abschnitt »Graphen-ähnliche Datenmodelle« auf Seite 52.

Hashfunktion (hash)
Eine Funktion, die eine Eingabe in eine zufällig aussehende Zahl überführt. Dieselbe Eingabe gibt immer dieselbe Zahl als Ausgabe zurück. Zwei verschiedene Eingaben sollen mit sehr hoher Wahrscheinlichkeit zwei verschiedene Zahlen als Ausgabe liefern, obwohl es auch möglich ist, dass zwei verschiedene Eingaben die gleiche Ausgabe erzeugen (was als *Kollision* bezeichnet wird). Siehe Abschnitt »Nach dem Hashwert des Schlüssels partitionieren« auf Seite 215.

idempotent (idempotent)
Beschreibt eine Operation, die sich gefahrlos wiederholen lässt. Wenn sie mehr als einmal ausgeführt wird, hat sie die gleiche Wirkung, als wenn sie nur einmal ausgeführt würde. Siehe Abschnitt »Idempotenz« auf Seite 515.

Index (index)
Eine Datenstruktur, die eine effiziente Suche nach allen Datensätzen mit einem bestimmten Wert in einem bestimmten Feld erlaubt. Siehe Abschnitt »Datenstrukturen, auf denen Ihre Datenbank beruht« auf Seite 74.

Isolation (isolation)
Beschreibt im Kontext von Transaktionen, inwieweit sich gleichzeitig ausgeführte Transaktionen gegenseitig stören können. *Serialisierbare* Isolation bietet die stärksten Garantien, doch es werden auch schwächere Isolationsstufen verwendet. Siehe Abschnitt »Isolation« auf Seite 240.

Kausalität (causality)
Die Abhängigkeit zwischen Ereignissen, die entsteht, wenn eine Operation in einem System »vor« einer anderen »stattfindet«, zum Beispiel ein späteres Ereignis, das als Reaktion auf ein früheres Ereignis auftritt oder auf einem früheren Ereignis aufbaut oder im Licht eines früheren Ereignisses verstanden werden sollte. Siehe den Abschnitt »Die Happens-Before-Beziehung und Gleichzeitigkeit« auf Seite 198 und Abschnitt »Ordnung und Kausalität« auf Seite 363.

Knoten (node)
Eine Instanz einer bestimmten Software, die auf einem Computer läuft, und mit anderen Knoten über ein Netzwerk kommuniziert, um eine bestimmte Aufgabe auszuführen.

Konsens (consensus)
: Ein grundlegendes Problem in verteilten Systemen, bei dem es darum geht, mehrere Knoten dazu zu bringen, über etwas übereinzukommen (zum Beispiel, welcher Knoten der Leader für einen Datenbankcluster sein sollte). Das Problem ist viel komplexer, als es auf den ersten Blick scheint. Siehe Abschnitt »Fehlertoleranter Konsens« auf Seite 391.

Leader (leader)
: Wenn Daten oder Dienste über mehrere Knoten repliziert werden, ist der Leader das designierte Replikat, das Änderungen vornehmen darf. Ein Leader kann über ein bestimmtes Protokoll oder manuell von einem Administrator ausgewählt werden. Auch als *primäres Replikat* oder *Master* bezeichnet. Siehe Abschnitt »Leader und Follower« auf Seite 160.

linearisierbar (linearizable)
: Sich so verhalten, als gäbe es im System nur ein einziges Exemplar der Daten, das durch atomare Operationen aktualisiert wird. Siehe Abschnitt »Linearisierbarkeit« auf Seite 346.

Lokalität (locality)
: Eine Leistungsoptimierung: Mehrere Bestandteile der Daten werden am selben Platz gespeichert, wenn sie häufig zur gleichen Zeit angesprochen werden. Siehe Abschnitt »Datenlokalität für Abfragen« auf Seite 44.

materialisieren (materialize)
: Eine Berechnung frühzeitig ausführen und ihre Ergebnisse speichern, im Unterschied zum Berechnen bei Bedarf auf Anforderung. Siehe Abschnitt »Aggregation: Datenwürfel und materialisierte Sichten« auf Seite 109 und Abschnitt »Zwischenzustände materialisieren« auf Seite 451.

Neuabgleichen (rebalance)
: Auch *Umschichten*. Daten oder Dienste von einem Knoten auf einen anderen verschieben, um die Last gerecht zu verteilen. Siehe Abschnitt »Rebalancing – Partitionen gleichmäßig belasten« auf Seite 222.

normalisiert (normalized)
: In einer Weise strukturiert, dass es weder Redundanz noch Duplizierung gibt. Wenn sich in einer normalisierten Datenbank ein Datenelement ändert, müssen Sie es nur an einer Stelle ändern und nicht mehrere Kopien an vielen verschiedenen Stellen bearbeiten. Siehe Abschnitt »n:1- und n:n-Beziehungen« auf Seite 35.

OLAP
: Online Analytical Processing. Zugriffsmuster, die durch Aggregieren (zum Beispiel Zählen, Summieren, Mittelwertbildung) über eine große Anzahl von Datensätzen charakterisiert werden. Siehe Abschnitt »Transaktionsverarbeitung oder Datenanalyse?« auf Seite 97.

OLTP
: Online Transaction Processing. Zugriffsmuster, die durch schnelle Abfragen charakterisiert sind. Die Abfragen lesen oder schreiben nur eine kleine Anzahl von Datensätzen, die normalerweise nach einem Schlüssel indiziert sind. Siehe Abschnitt »Transaktionsverarbeitung oder Datenanalyse?« auf Seite 97.

Partitionierung (partitioning)
: Eine große Datenmenge oder Berechnung, die für einen einzelnen Computer zu groß ist, in kleinere Teile zerlegen und sie auf mehrere Computer verteilen. Auch als *Sharding* bekannt. Siehe Kapitel 6.

Perzentil (percentile)
: Eine Methode, die Verteilung von Werten zu messen, indem gezählt wird, wie

viele Werte oberhalb oder unterhalb einer bestimmten Schwelle liegen. Wenn zum Beispiel das 95. Perzentil der Antwortzeit während einer bestimmten Zeitspanne die Zeit *t* beträgt, werden 95 % der Anfragen in dieser Zeitspanne in weniger als *t* abgeschlossen, und 5 % brauchen länger als *t*. Siehe Abschnitt »Performance beschreiben« auf Seite 14.

Primäres Datensystem (system of record)
Ein System, das die primäre, maßgebende Version bestimmter Daten speichert, auch als *Quelle der Wahrheit* bezeichnet. Änderungen werden zuerst hier geschrieben, und vom primären System können dann andere Datenmengen abgeleitet werden. Siehe die Einführung zu Teil III.

Primärschlüssel (primary key)
Ein Wert (typischerweise eine Zahl oder ein String), der einen Datensatz eindeutig identifiziert. In vielen Anwendungen generiert das System einen (sequenziellen oder zufälligen) Primärschlüssel, wenn ein Datensatz eingefügt wird. Normalerweise wird der Primärschlüssel nicht vom Benutzer vergeben. Siehe auch *Sekundärindex*.

Protokoll (log)
Eine Datei zum Speichern von Daten, wobei Daten immer nur am Ende angefügt werden können. Mit einem *Write-Ahead Log* (d.h. einem Protokoll, das im Voraus geschrieben wird) lässt sich eine Storage-Engine widerstandsfähig gegen Abstürze machen (siehe Abschnitt »B-Bäume zuverlässig machen« auf Seite 87), eine *protokollstrukturierte* Storage-Engine verwendet Protokolle als primäres Speicherformat (siehe Abschnitt »SSTables und LSM-Bäume« auf Seite 80), ein *Replikationsprotokoll* wird verwendet, um Schreibvorgänge von einem Leader auf Follower zu kopieren (siehe Abschnitt »Leader und Follower« auf Seite 160), und ein *Ereignisprotokoll* kann einen Datenstrom darstellen (siehe Abschnitt »Partitionierte Protokolle« auf Seite 479).

Quorum (quorum)
Die kleinste Anzahl von Knoten, die einer Operation zustimmen müssen, bevor sie als erfolgreich betrachtet wird. Siehe Abschnitt »Quoren zum Lesen und Schreiben« auf Seite 190.

Replikation (replication)
Eine Kopie der gleichen Daten auf mehreren Knoten (Replikaten) speichern, sodass sie auch dann noch zugänglich sind, wenn ein Knoten unerreichbar wird. Siehe Kapitel 5.

Schema (schema)
Eine Beschreibung der Struktur bestimmter Daten, einschließlich ihrer Felder und Datentypen. Ob bestimmte Daten einem Schema entsprechen, lässt sich an verschiedenen Punkten im Lebenszyklus der Daten überprüfen (siehe Abschnitt »Schemaflexibilität im Dokumentmodell« auf Seite 42). Zudem kann sich ein Schema im Laufe der Zeit verändern (siehe Kapitel 4).

Schiefe (skew)
Ungleichmäßige Belastung über Partitionen hinweg, die dazu führt, dass einige Partitionen Unmengen von Anfragen oder Daten verarbeiten müssen und andere Partitionen wesentlich weniger. Auch als *Hotspots* bezeichnet. Siehe Abschnitt »Schiefe Arbeitslasten und Entlastung von Hotspots« auf Seite 217 und Abschnitt »Mit Schiefe umgehen« auf Seite 437.

Sekundärindex (secondary index)
Eine zusätzliche Datenstruktur, die zusammen mit dem primären Datenspeicher verwaltet wird und die es erlaubt, effizient nach Datensätzen zu suchen, die einer bestimmten Bedingung entsprechen. Siehe Abschnitt »Andere Indizierungsstrukturen« auf Seite 91 und

Abschnitt »Partitionierung und Sekundärindizes« auf Seite 218.

serialisierbar (serializable)
: Eine Garantie, dass sich parallel ausgeführte Transaktionen genauso verhalten, als würden sie einzeln in sequenzieller Reihenfolge ausgeführt. Siehe Abschnitt »Serialisierbarkeit« auf Seite 268.

Shared-Nothing (shared-nothing)
: Eine Architektur, in der unabhängige Knoten – jeder mit eigenen CPUs, eigenem Arbeitsspeicher und eigenen Festplatten – über ein konventionelles Netzwerk verbunden sind, im Unterschied zu Shared-Memory- oder Shared-Disk-Architekturen. Siehe die Einführung zu Teil II.

Sperre (lock)
: Ein Mechanismus, um sicherzustellen, dass nur ein Thread, ein Knoten oder eine Transaktion auf etwas zugreifen kann. Jeder andere, der auf dasselbe Ding zugreifen möchte, muss warten, bis die Sperre freigegeben wird. Siehe Abschnitt »Zwei-Phasen-Sperrverfahren (2PL)« auf Seite 274 und Abschnitt »Der Leader und die Sperre« auf Seite 323.

Split Brain (split brain)
: Ein Szenario, in dem zwei verschiedene Knoten jeweils glauben, dass sie der Leader sind, wodurch Systemgarantien verletzt werden können. Siehe Abschnitt »Knotenausfälle behandeln« auf Seite 164 und Abschnitt »Die Wahrheit wird von der Mehrheit definiert« auf Seite 322.

Stapelprozess (batch process)
: Eine Berechnung, die eine feste (und üblicherweise große) Menge von Daten als Eingabe übernimmt und andere Daten als Ausgabe erzeugt, ohne die Eingabe zu verändern. Siehe Kapitel 10.

Stream-Prozess (stream process)
: Eine kontinuierlich laufende Berechnung, die einen niemals endenden Ereignisstrom als Eingabe konsumiert und davon eine bestimmte Ausgabe ableitet. Siehe Kapitel 11.

synchron (synchronous)
: Das Gegenstück zu *asynchron*.

Timeout (timeout)
: Eines der einfachsten Verfahren, einen Ausfall zu erkennen, indem das Fehlen einer Antwort innerhalb einer bestimmten Zeitspanne festgestellt wird. Allerdings lässt sich nicht unterscheiden, ob ein Timeout auf ein Problem mit dem anderen Knoten oder auf ein Problem im Netzwerk zurückzuführen ist. Siehe Abschnitt »Timeouts und unbeschränkte Verzögerungen« auf Seite 300.

totale Ordnung (total order)
: Eine Methode, um Dinge (zum Beispiel Zeitstempel) zu vergleichen, bei der man immer sagen kann, welches von zwei Dingen größer und welches kleiner ist. Eine Ordnung, in der einige Dinge nicht vergleichbar sind (man kann nicht sagen, welches größer oder kleiner ist), heißt *partielle Ordnung*. Siehe Abschnitt »Die kausale Ordnung ist keine totale Ordnung« auf Seite 365.

Transaktion (transaction)
: Zusammenfassung mehrerer Lese- und Schreibvorgänge zu einer logischen Einheit, um die Behandlung von Fehlern und Parallelitätsproblemen zu vereinfachen. Siehe Kapitel 7.

unbegrenzt (unbounded)
: Keine bekannte obere Grenze oder Größe besitzend. Das Gegenteil ist *begrenzt*.

Verknüpfung (join)
: Datensätze, die etwas gemeinsam haben, zusammenbringen. Am häufigsten verwendet, wenn ein Datensatz eine Referenz auf einen anderen Datensatz (einen Fremdschlüssel, eine Dokumentreferenz, eine Kante in einem Graphen) enthält und eine Abfrage

den Datensatz abrufen soll, auf den die Referenz zeigt. Siehe Abschnitt »n:1- und n:n-Beziehungen« auf Seite 35 und Abschnitt »Reduce-seitige Verknüpfungen und Gruppierungen« auf Seite 432.

Versatz (skew)
: Eine zeitliche Anomalie, durch die Ereignisse in einer unerwarteten, nicht sequenziellen Reihenfolge erscheinen. Siehe die Diskussion zum Leseversatz in Abschnitt »Snapshot-Isolation und Repeatable Read« auf Seite 252, Schreibversatz in Abschnitt »Schreibversatz und Phantome« auf Seite 262 und zum zeitlichen Versatz in Abschnitt »Sich auf synchronisierte Uhren verlassen« auf Seite 311.

verteilt (distributed)
: Auf mehreren Knoten laufend, die durch ein Netzwerk miteinander verbunden sind. Charakteristisch sind *teilweise Ausfälle*: Ein Teil des Systems kann ausgefallen sein, während andere Teile noch arbeiten. Oftmals kann die Software nicht feststellen, was genau ausgefallen ist. Siehe Abschnitt »Fehler und Teilausfälle« auf Seite 292.

Volltextsuche (full-text search)
: Durchsuchen von Text nach beliebigen Schlüsselwörtern, oftmals mit zusätzlichen Features wie zum Beispiel Vergleichen mit ähnlich geschriebenen Wörtern oder Synonymen. Ein Volltextindex ist eine Art *Sekundärindex*, der derartige Abfragen unterstützt. Siehe Abschnitt »Volltextsuche und Fuzzy-Indizes« auf Seite 94.

Zwei-Phasen-Commit (two-phase commit (2PC))
: Ein Algorithmus, um sicherzustellen, dass mehrere Datenbankknoten eine Transaktion entweder alle *atomar* committen oder alle abbrechen. Siehe Abschnitt »Atomarer Commit und Zwei-Phasen-Commit (2PC)« auf Seite 379.

Zwei-Phasen-Sperrverfahren (two-phase locking (2PL))
: Ein Algorithmus, um serialisierbare Isolation zu erreichen. Dabei erwirbt eine Transaktion eine Sperre auf alle Daten, die sie liest oder schreibt, und hält die Sperre bis zum Ende der Transaktion. Siehe Abschnitt »Zwei-Phasen-Sperrverfahren (2PL)« auf Seite 274.

Index

B

C

D

E

F

J

K

L

M

N

O

P

Q

R

S

T

U

V

W

Über den Autor

Martin Kleppmann ist Forscher auf dem Gebiet verteilter Systeme an der Universität Cambridge, Großbritannien. Zuvor war er Softwareentwickler und Unternehmer bei Internetfirmen wie LinkedIn und Rapportive, wo er an ausgedehnten Dateninfrastrukturen gearbeitet hat. Da er dabei auch einiges an Lehrgeld zahlen musste, hofft er, dass dieses Buch Sie davor bewahrt, die gleichen Fehler zu wiederholen.

Martin ist regelmäßig als Speaker auf Konferenzen anzutreffen, betätigt sich als Blogger und trägt zu Open-Source-Projekten bei. Er ist der Ansicht, dass fundiertes technisches Know-how für jeden zugänglich sein sollte und dass ein tieferes Verständnis uns helfen wird, bessere Software zu entwickeln.

Kolophon

Das Tier auf dem Cover von *Datenintensive Anwendungen designen* ist ein Indisches Wildschwein (*Sus scrofa cristatus*), eine Unterart des Wildschweins, die in Indien, Myanmar, Nepal, Sri Lanka und Thailand beheimatet ist. Die männlichen Tiere unterscheiden sich von europäischen Ebern dadurch, dass sie höhere Rückenborsten, keine Wollhaare und einen größeren, geraden Schädel haben. Das Indische Wildschwein hat ein graues oder schwarzes Fell mit steifen Borsten entlang der Wirbelsäule. Die Eber haben hervorstehende Eckzähne, die beim Kampf mit Rivalen oder zur Abwehr von Raubtieren eingesetzt werden. Sie sind deutlich größer als Weibchen. Im Durchschnitt haben sie eine Schulterhöhe von einem Meter und können bis zu 130 Kilogramm schwer werden. Ihre natürlichen Fraßfeinde sind Bären, Tiger und verschiedene Großkatzen.

Die Tiere sind nachtaktiv und Allesfresser und ernähren sich zum Beispiel von Wurzeln, Insekten, Aas, Nüssen, Beeren und Kleintieren. Wildschweine sind dafür bekannt, durch Getreidefelder zu ziehen und eine Schneise der Verwüstung zu hinterlassen, weswegen sie bei Bauern denkbar unbeliebt sind. Eber haben einen gut entwickelten Geruchssinn, der ihnen hilft, nach unterirdischem Pflanzenmaterial und vergrabenen Tieren zu suchen. Ihr Sehvermögen ist jedoch schlecht ausgebildet.

Wildschweine haben in der menschlichen Kulturgeschichte schon immer einen hohen Stellenwert gehabt. In der hinduistischen Überlieferung ist das Wildschwein eine Manifestation des Gottes Vishnu. Wegen seiner Aggressivität wurde es auf den Rüstungen und Waffen skandinavischer, germanischer und angelsächsischer Krieger dargestellt. Im chinesischen Tierkreis symbolisiert es Entschlossenheit und Unbesonnenheit.

Der Umschlagsentwurf dieses Buchs basiert auf dem Reihenlayout von Edie Freedman und stammt von Karen Montgomery und Michael Oreal, die hierfür einen

Stich aus Shaws *Zoology* verwendet haben. Auf dem Cover verwenden wir die Schriften URW Typewriter und Guardian Sans, als Textschrift die Linotype Birka, die Überschriftenschrift ist die Adobe Myriad Condensed, und die Nichtproportionalschrift für Codes ist LucasFont's TheSans Mono Condensed.